Monopolkommission

Hauptgutachten

Wettbewerb 2018

XXII. Hauptgutachten der Monopolkommission
gemäß § 44 Abs. 1 Satz 1 GWB

 Nomos

Die Deutsche Nationalbibliothek verzeichnet diese Publikation in
der Deutschen Nationalbibliografie; detaillierte bibliografische
Daten sind im Internet über http://dnb.d-nb.de abrufbar.

ISBN: 978-3-8487-5567-7 (Print)
ISBN: 978-3-8452-9745-3 (ePDF)

1. Auflage 2018
© Nomos Verlagsgesellschaft, Baden-Baden 2018. Gedruckt in Deutschland. Alle Rechte, auch die des Nachdrucks von Auszügen, der fotomechanischen Wiedergabe und der Übersetzung, vorbehalten. Gedruckt auf alterungsbeständigem Papier.

Hauptgutachten
der Monopolkommission XXII

Inhaltsverzeichnis

Vorwort 1

Kapitel I 5
Aktuelle Probleme der Wettbewerbspolitik 5
Reformen im Vergütungssystem für die Versorgung mit Arzneimitteln durch Großhändler und Apotheken 6
Kurz gefasst 7
Summary 8

1	Einleitung	9
2	Neuere Entwicklungen beim Preiswettbewerb im Handel mit Arzneimitteln	10
3	Probleme der Festsetzung einer einheitlichen Vergütung auf Basis der Arzneimittelpreisverordnung	18
4	Normative Analyse des Regulierungsbedarfs	25
5	Empfehlungen für strukturelle Reformen	34

Kartellrechtliche Ausnahmeregelungen 38
Kurz gefasst 39
Summary 40

1	Würdigung der neu eingeführten und diskutierten kartellrechtlichen Ausnahmeregelungen	41
2	Ausnahme vom deutschen Kartellverbot für die Presse	42
2.1	Erfüllung verfassungsrechtlicher Funktionen	42
2.2	Presse als Marktprodukt wirtschaftlichem Druck ausgesetzt	44
2.3	Würdigung der neuen Vorschriften	46
3	Beschränkte Ausnahmeregelung für die Kreditverbünde	49
4	Ausnahmen für die Waldbewirtschaftung auf Länderebene	53
4.1	Entwicklungen seit dem XXI. Hauptgutachten	53
4.2	Vorabentscheidung zu § 46 BWaldG brächte Klärung grundlegender Rechtsfragen für den gesamten EU-Binnenmarkt	54
4.3	Durchsetzung der Wettbewerbsregeln unabhängig von § 46 BWaldG geboten	55
4.4	Gestaltungsspielräume abhängig von den Zielen der Waldgesetze	57
5	Ausnahme für Kooperationen der öffentlich-rechtlichen Rundfunkanstalten	59

Algorithmen und Kollusion 62

Kurz gefasst 63

Summary 64

6   **Einleitung** 65

7   **Merkmale von Preisalgorithmen** 65

8   **Algorithmen und Kollusion** 66

8.1   Was ist Kollusion? (Ökonomische Grundlagen) 66

8.2   Einfluss von Algorithmen auf Kollusion 67

     8.2.1   Algorithmen können Kollusion begünstigen 67

     8.2.2   Die Rolle von Algorithmen bei Kollusion 68

     8.2.2.1   Algorithmen als Instrument 68

     8.2.2.2   Kollusion durch Nutzung desselben Algorithmus 69

     8.2.3   Zur Wirkung nachfrageseitiger Algorithmen 70

8.3   Zwischenfazit 71

9   **Weiterentwicklung des Rechtsrahmens** 71

9.1   Einführung 71

9.2   Reichen die Wettbewerbsregeln aus, um Kollusion zu verhindern? 73

     9.2.1   Kartellverbot auf explizite Kollusion grundsätzlich anwendbar 73

     9.2.2   Verbot des Marktmachtmissbrauchs erfasst implizite Kollusion nur eingeschränkt 76

     9.2.3   Sind die Wettbewerbsregeln zu ergänzen, um einen potenziellen Beitrag von Preisalgorithmen zu Kollusion zu neutralisieren? 78

     9.2.3.1   Kollusive Marktergebnisse als eigenständiges Wettbewerbsproblem 78

     9.2.3.2   Wie lässt sich Kollusion bei einer algorithmusbasierten Preissetzung identifizieren? 79

     9.2.3.3   Welche ergänzenden Maßnahmen sind zur Neutralisierung algorithmenspezifischer Kollusionsrisiken in Betracht zu ziehen? 81

9.3   Reicht es aus, für die rechtliche Verantwortlichkeit für das Entstehen kollusiver Marktergebnisse wie bisher an das Verhalten der Verwender anzuknüpfen? 84

     9.3.1   Kriterien für die Zurechnung wettbewerbsrechtlicher Verstöße bei Beteiligung Dritter 84

     9.3.2   Angemessene Haftung von Plattformbetreibern 85

     9.3.3   Problematische Haftung von IT-Dienstleistern 86

     9.3.4   Empfehlung: Überprüfung und gegebenenfalls Regelung der Verantwortlichkeit von Dritten nach ihrem jeweiligen Beitrag zu kollusiven Marktergebnissen 87

Kapitel II 89

Stand und Entwicklung der Unternehmenskonzentration in Deutschland 89

Kurz gefasst 90

Summary 91

11   **Einleitung** 92

12   **Konzentration und Verflechtung von Großunternehmen** 94

12.1	Ziel und Methodik der Untersuchung	94
	12.1.1 Ziel einer Analyse der aggregierten Unternehmenskonzentration	94
	12.1.2 Die Wertschöpfung des inländischen Konzerns als Größenkriterium	95
	12.1.3 Die Ermittlung der „100 Größten"	97
	12.1.4 Gang der Untersuchung	98
12.2	Die 100 größten Unternehmen in Deutschland	98
	12.2.1 Die Zusammensetzung des Kreises der 100 größten Unternehmen	98
	12.2.2 Die gesamtwirtschaftliche Bedeutung der „100 Größten"	108
12.3	Anteilseigner und Kapitalverflechtungen der „100 Größten"	115
12.4	Personelle Verflechtungen der „100 Größten"	125
12.5	Beteiligung der „100 Größten" an Unternehmenszusammenschlüssen	130
12.6	Die nach inländischem Geschäftsvolumen größten Unternehmen einer Branche	132
13	**Entwicklung von Marktmachtindikatoren in Deutschland und Europa**	**151**
13.1	Einleitung	151
13.2	Ursachen zunehmender sektorübergreifender Marktmacht	153
13.3	Makroökonomische Folgen zunehmender Marktmacht	155
	13.3.1 Wettbewerb und Produktivitätswachstum	156
	13.3.2 Wettbewerb und Lohnquoten	159
13.4	Empirische Marktmachtindikatoren	161
	13.4.1 Umsatzkonzentration	162
	13.4.2 Preisaufschläge	163
13.5	Ergebnisse: konstante Konzentration und steigende Preisaufschläge	164
	13.5.1 Konstante Konzentration	164
	13.5.2 Steigende Preisaufschläge	166
	13.5.3 Anstieg ausgewiesener Unternehmensgewinne	169
	13.5.4 Starke sektorspezifische Unterschiede	170
13.6	Zusammenfassung und Schlussfolgerungen	171
14	**Unternehmensverflechtungen über indirekte Minderheitsbeteiligungen**	**175**
14.1	Einleitung	175
14.2	Institutionelle Anleger und indirekte Horizontalverflechtungen	176
14.3	Einflussmöglichkeiten institutioneller Investoren	180
	14.3.1 Einführung	180
	14.3.2 Ziel: nachhaltige Unternehmensführung im Anlegerinteresse	184
	14.3.3 Umfang der Einflussmöglichkeiten	185
	14.3.4 Art der Einflussausübung im Rahmen der gegebenen Möglichkeiten	187
	14.3.4.1 Wahrnehmung von Stimmrechten	187
	14.3.4.2 Einflussnahme jenseits der Stimmrechtswahrnehmung	188
	14.3.4.3 Veräußerung von Unternehmensanteilen	190
	14.3.5 Zusammenfassung und Bewertung	190
14.4	Schadenstheorien im Zusammenhang mit wettbewerbsrelevanten Fragen	190

	14.4.1	Unilaterale Effekte	191
	14.4.2	Koordiniertes Verhalten	193
	14.4.2.1	Verbesserte Markttransparenz	194
	14.4.2.2	Unilaterale Effekte und Verhaltenskoordination	194
	14.4.2.3	Bedeutung von Einflussmöglichkeiten	194
	14.4.3	Zusammenfassung und Bewertung	195
14.5		Die Messung indirekter Horizontalverflechtungen und ihrer wettbewerblichen Effekte	196
	14.5.1	Einfache Kennzahlen für den Verflechtungsgrad	196
	14.5.2	Ökonomisch-theoretisch fundierte Maßzahlen	197
14.6		Empirische Hinweise auf wettbewerbsschädliche Effekte	200
	14.6.1	Marktspezifische Studien	200
	14.6.2	Marktübergreifende Studien	203
	14.6.3	Zusammenfassende Bewertung der empirischen Studien	203
14.7		Maßnahmen gegen potenzielle Wettbewerbsrisiken	204
	14.7.1	Vorschläge zur Begrenzung indirekter Horizontalverflechtungen	204
	14.7.1.1	Fusionskontrollrechtliche Prüfung von Minderheitsbeteiligungen diversifizierter Investoren	205
	14.7.1.2	Regulierungsmaßnahmen zur Begrenzung indirekter Horizontalverflechtungen	207
	14.7.1.3	Verschärfung der Corporate-Governance-Regeln	208
	14.7.2	Berücksichtigung von Horizontalverflechtungen bei Unternehmenszusammenschlüssen	209
	14.7.3	Abschließende Bewertung der Vorschläge	211
14.8		Zusammenfassung und Schlussfolgerungen	211

Kapitel III **214**

Würdigung der kartellrechtlichen Entscheidungspraxis **214**

Kurz gefasst **215**

Summary **216**

15		**Einleitung**	**217**
16		**Allgemeine Entwicklungen im Berichtszeitraum**	**217**
16.1		Legislative Entwicklungen: Nachbetrachtung zur 9. GWB-Novelle	217
	16.1.1	Umsetzung der Richtlinie 2014/104/EU	217
	16.1.1.1	Übergangsbestimmungen zu den Verjährungsregeln	218
	16.1.1.2	Offenlegung von Beweismitteln	219
	16.1.2	Erweiterung der Bußgeldhaftung	220
	16.1.3	Marktabgrenzung und Marktbeherrschung insbesondere in der Digitalökonomie	221
	16.1.4	Einführung einer Transaktionswertschwelle	222
	16.1.5	Kartellrechtliche Ausnahmebereiche	222
	16.1.6	Änderungen im Ministererlaubnisverfahren	223
	16.1.7	Neue Kompetenzen beim Verbraucherschutz	223
16.2		Überblick über die kartellrechtliche Entscheidungspraxis	224
	16.2.1	Fusionskontrolle	224
	16.2.1.1	Deutsche Fusionskontrolle	224
	16.2.1.2	Europäische Fusionskontrolle	231

	16.2.2	Missbrauchsaufsicht	233
	16.2.3	Horizontale und vertikale Vereinbarungen	236

17 Spezifische Probleme der Kartellrechtsanwendung 241

17.1	Abgrenzung mehrseitiger Märkte		241
	17.1.1	Besonderheiten bei der Abgrenzung mehrseitiger Märkte	242
	17.1.1.1	Unentgeltlichkeit von Märkten	242
	17.1.1.2	Einheitliche oder getrennte Marktabgrenzung	243
	17.1.1.3	Zur Anwendbarkeit quantitativer Methoden	245
	17.1.2	Marktabgrenzung im Fall Google Search (Shopping)	246
	17.1.3	Schlussfolgerungen und Empfehlung	249
17.2	Neue Entwicklungen bei wettbewerblichen Schadenstheorien		250
	17.2.1	Missbräuche im Umgang mit Kundendaten	250
	17.2.1.1	Prüfkonzept I (§ 19 Abs. 2 Nr. 2 GWB): Vorgehen wie bei Preishöhenmissbrauch	252
	17.2.1.2	Prüfkonzept II (§ 19 Abs. 1 GWB): Datenschutzrecht als Maßstab der Angemessenheit von Konditionen	254
	17.2.1.3	Kompetenzabgrenzung zu Datenschutzbehörden	258
	17.2.1.4	Schlussfolgerungen und Empfehlung	259
	17.2.2	Die Untersuchung des Wettbewerbsparameters Innovation wird (weiter)entwickelt	260
	17.2.2.1	Beschränkung des Innovationswettbewerbs im Fall Dow/DuPont	261
	17.2.2.2	Die Bewertung von Innovationsanreizen sollte weiterentwickelt und in den Horizontal-Leitlinien verdeutlicht werden	266
	17.2.3	Positive indirekte Netzwerkeffekte verstärken die Marktmacht von Plattformen	267
	17.2.3.1	§ 18 Abs. 3a GWB berücksichtigt Besonderheiten von Plattformen und Netzwerken	268
	17.2.3.2	§ 18 Abs. 3a GWB bei Ticketsystemen erstmals angewendet	270
	17.2.3.3	Indirekte Netzwerkeffekte erweitern die konventionelle Schadenstheorie	275
	17.2.3.4	Schlussfolgerungen und Empfehlung	276
	17.2.4	Schutzlücke in der Fusionskontrolle bei „schleichenden Übernahmen"?	277
	17.2.4.1	Beurteilung von Minderheitsbeteiligungen im Rahmen der Fusionskontrolle	278
	17.2.4.2	Bewertungsschwierigkeiten bei unilateralen Effekten im Fall EnBW/MVV	279
	17.2.4.3	Schlussfolgerungen und Empfehlung	283
17.3	Kartellrechtliche Kontrolle von Schlichtungsvereinbarungen am Beispiel des Falls Edeka/Kaiser's Tengelmann („Abkauf von Wettbewerb")		283
	17.3.1	Zusammenfassung der Beurteilungsgrundsätze für Patentvergleiche	285
	17.3.2	Übertragung auf den Fall Edeka/Tengelmann	287
	17.3.3	Schlussfolgerungen und Empfehlung	288
17.4	Drittplattformverbote		289
	17.4.1	Meinungsstand zu Drittplattformverboten	290
	17.4.2	EuGH-Urteil in der Rechtssache Coty	290
	17.4.2.1	Sachverhalt und Vorlagefragen	290
	17.4.2.2	Entscheidungsgründe	291
	17.4.3	Stellungnahme und Empfehlungen	293
	17.4.3.1	Keine Beschränkung auf Luxuswaren oder -image	293
	17.4.3.2	Intensivere Abstimmung der Kartellbehörden	296
	17.4.3.3	Mehr Vorabentscheidungsersuchen	297
17.5	Zentralvermarktung der Übertragungsrechte für die UEFA Champions League		297

	17.5.1	Entwicklungen bei der kartellrechtlichen Kontrolle der Vergabe von Übertragungsrechten für Fußballwettbewerbe	298
	17.5.2	Einordnung des Vermarktungsmodells für die UEFA Champions League-Vermarktung für die Spielzeiten 2018/19 bis 2020/21	300
	17.5.3	Erfordernis der kartellbehördlichen Überprüfung der Champions League-Vermarktung	302
	17.5.4	Schlussfolgerungen und Empfehlung	305
17.6	Einwand der Schadensweitergabe bei Kartellschadensersatzklagen		305
	17.6.1	Die Grundsätze zur Schadensweitergabe	305
	17.6.1.1	Grundsatzurteil des BGH in der Rechtssache ORWI	305
	17.6.1.2	Vorschriften zur Schadensabwälzung nach Inkrafttreten der 9. GWB-Novelle	307
	17.6.2	Die Rechtsprechung der Instanzgerichte zum Ausschluss des Passing-on-Einwands	308
	17.6.3	Stellungnahme und Empfehlungen	309
	17.6.3.1	Gründe für Ausschluss des Passing-on-Einwands nicht überzeugend	309
	17.6.3.2	Stärkung der privaten Kartellrechtsdurchsetzung für Verbraucher	311
17.7	Ministererlaubnisverfahren nach der 9. GWB-Novelle		314
	17.7.1	Beibehaltung der Entscheidungskompetenz des Ministers ist sachgerecht	315
	17.7.2	Verzicht auf gesetzliche Verankerung von Gemeinwohlgründen ist zu begrüßen	316
	17.7.3	Neue Fristenregelung verbesserungsbedürftig	316
	17.7.4	Falsches Signal durch beabsichtigte Einschränkung des Drittrechtsschutzes	317
	17.7.5	Schlussfolgerungen und Empfehlung	319
17.8	Datengestützte Analysen im Berichtszeitraum		319
	17.8.1	Marktabgrenzung anhand räumlich hochauflösender Daten	319
	17.8.2	Standardmethoden in der Amtspraxis	320
	17.8.3	Schlussfolgerungen und Empfehlung	321
17.9	Wettbewerbsschutz und Verbraucherschutz		322
	17.9.1	9. GWB-Novelle und Befugnisse des Bundeskartellamtes im Verbraucherschutz	322
	17.9.2	Politikziel: Stärkung des Verbraucherschutzes	323
	17.9.3	Bundeskartellamt als Verbraucherschutzbehörde?	324
	17.9.3.1	Das komplementäre Verhältnis von Wettbewerbsschutz und Verbraucherschutz	324
	17.9.3.2	Zielkonflikte zwischen Wettbewerbsschutz und Verbraucherschutz	326
	17.9.3.3	Konsequenzen für die Anwendung des Wettbewerbsrechts	326
	17.9.3.4	Wettbewerbliche Auswirkungen der organisatorischen Eingliederung des Verbraucherschutzes innerhalb des Bundeskartellamtes	327
	17.9.4	Schlussfolgerungen und Empfehlung	328

Kapitel IV **329**

Wettbewerb audiovisueller Medien im Zeitalter der Konvergenz **329**

Kurz gefasst **330**

Summary **331**

18 Einleitung **332**

19 Marktstruktur und Wettbewerbsentwicklung im Bereich audiovisueller Medien **333**

19.1 Der traditionelle Fernsehmarkt 333

19.2	Audiovisuelle Online-Medien	337
	19.2.1 Formen von Videostreaming-Diensten	337
	19.2.2 Marktentwicklung im Bereich Online-Videos	339
19.3	Nutzung von Fernsehen und Online-Videos im Vergleich	342
19.4	Wettbewerb zwischen Rundfunk und Presse mit Online-Angeboten	343
19.5	Die Entwicklung des Online-Werbemarktes	345

20 Der regulatorische Rahmen für audiovisuelle Medien ... 348

20.1	Verfassungsgerichtliche und unionsrechtliche Vorgaben zur Rundfunkregulierung	349
	20.1.1 Einführung	349
	20.1.2 Verfassungsrecht: Wirtschaftliche Tätigkeit ist privaten und öffentlich-rechtlichen Rundfunkanstalten in unterschiedlichem Umfang gestattet	349
	20.1.3 Zulässige wirtschaftliche Tätigkeit der öffentlich-rechtlichen Rundfunkanstalten unterliegt nur eingeschränkt EU-Wettbewerbsregeln (Art. 106 Abs. 2 AEUV i. V. m. Protokoll Nr. 29)	353
	20.1.4 Andere binnenmarktrelevante Regelungen auf der EU-Ebene	354
20.2	Umsetzung der Vorgaben höherrangigen Rechts durch das Rundfunkrecht	355
	20.2.1 Regulierung linearer Fernsehangebote	355
	20.2.2 Regulierung nicht-linearer Abrufdienste (Telemedien)	358
	20.2.3 Regulierung von Plattformen	359

21 Überarbeitung des regulatorischen Rahmens geboten ... 360

21.1	Beschreibung: Auftrag der Rundfunkanstalten und zulässige Online-Angebote	360
	21.1.1 Derzeitige Regelung des Telemedienangebots in §§ 11 ff. des RStV	360
	21.1.2 Diskussion um die Ausweitung der zulässigen Online-Angebote	361
21.2	Überarbeitung und Präzisierung des Auftrags der Rundfunkanstalten geboten	364
	21.2.1 Auftrag der Rundfunkanstalten beim Angebot von Inhalten über Online-Medien aus rechtlicher Sicht nicht hinreichend klar definiert	364
	21.2.2 Öffentlich-rechtliches Online-Angebot allenfalls für „Public-Value"-Inhalte zu rechtfertigen	365
	21.2.3 Bestehende Möglichkeiten Online-Verbreitung von „Public-Value"-Inhalten ausreichend	369
	21.2.4 Vereinbarkeit der Ausweitung der öffentlich-rechtlichen Online-Angebote mit EU-Beihilferegeln ist gegenwärtig fraglich	371
	21.2.4.1 Ausweitung der öffentlich-rechtlichen Online-Angebote unterliegt beihilferechtlicher Prüfung	371
	21.2.4.2 Drei-Stufen-Test als Verfahrensregelung auf nationaler Ebene effektiver gestalten	372
	21.2.5 Bei grundsätzlich beihilferechtskonformer Ausgestaltung bleiben Vorgaben der übrigen EU-Wettbewerbsregeln zu beachten	374
21.3	Rundfunkregulierung in anderen Bereichen überarbeitungsbedürftig	375
	21.3.1 Anpassung der Abgrenzung audiovisueller Mediendienste und des Zulassungsregimes	376
	21.3.2 Anpassung inhaltlicher Anforderungen – Novelle der AVMD-Richtlinie	378
	21.3.3 Anpassung der Medienkonzentrationskontrolle erforderlich	381
	21.3.4 Vorschläge zur Weiterentwicklung der Plattformregulierung zu weitgehend	383
	21.3.5 Medienrechtliche Vielfaltsregulierung von Intermediären abzulehnen	388
21.4	Weitere wettbewerbsrelevante Aspekte	390
	21.4.1 Grenzüberschreitende Nutzung audiovisueller Mediendienste	390
	21.4.2 Auswirkungen datenschutzrechtlicher Bestimmungen	393

22	Fazit mit Handlungsempfehlungen	395

A. Anhang zu Kapitel II **399**

23	Methodische Erläuterungen zu Kapitel II.2	399
23.1	Die Ermittlung der inländischen Wertschöpfung der Unternehmen	399
23.2	Verfahren zur Schätzung der inländischen Wertschöpfung	401
24	Ergänzende Tabellen zu Kapitel II.2	403
25	Formale Herleitung und Schätzung von Preisaufschlägen zu Kapitel II.3	424
26	Datengrundlage zu Kapitel II.3	426
27	Ergänzende Abbildung zu Kapitel II.3	428
28	Anhang zu Kapitel II.4	429
28.1	Modelltheoretische Herleitung des MHHI	429
28.2	Berechnungsbeispiele für den MHHI	430
28.3	Verbreitung indirekter Horizontalverflechtungen in Deutschland und Europa	435

B. Gesetz gegen Wettbewerbsbeschränkungen (Auszug: §§ 44 bis 47) **437**

C. Untersagungen durch das Bundeskartellamt **440**

D. Veröffentlichungen von im Auftrag der Monopolkommission erstellten Gutachten **459**

E. Gutachten der Monopolkommission **464**

Abbildungsverzeichnis

Abbildung I.1: Anzahl öffentliche Apotheken 2011–2017 (1 Hj.) 11
Abbildung I.2: Umsatzentwicklung des Apothekenmarktes seit 2011 (in Mrd. EUR) 12
Abbildung I.3: Absatzentwicklung des Apothekenmarktes seit 2011 (in Mio. Packungen) 12
Abbildung I.4: Umsatz des Apothekenversandhandels in Deutschland nach Produktsegmenten 2011–2016 (in Mio. EUR) 13
Abbildung II.1: Anzahl der Unternehmen, die 2016 zu den „100 Größten" zählen und die im entsprechenden Jahr bereits unter den „100 Größten" waren 108
Abbildung II.2: Entwicklung der Wertschöpfung im Zeitraum 1978 bis 2016 109
Abbildung II.3: Anteil der Ränge an der Wertschöpfung der „100 Größten" 110
Abbildung II.4: Die inländische und die ausländische Wertschöpfung der größten Unternehmen 2014 und 2016 111
Abbildung II.5: Entwicklung der Beschäftigung im Zeitraum 1978 bis 2016 113
Abbildung II.6: Anteil der Top-3-Unternehmen an der Wertschöpfung der „100 Größten" 114
Abbildung II.7: Die „100 Größten" nach der Kategorie ihrer Anteilseigner im Jahr 2016 117
Abbildung II.8: Durchschnittliche Wertschöpfung der Unternehmen nach Art der Anteilseigner 2016 und 2014 118
Abbildung II.9: Beteiligungsfälle von Unternehmen aus dem Kreis der „100 Größten" 121
Abbildung II.10: Entwicklung der Kapitalverflechtungen zwischen den „100 Größten" (1978–2016) 122
Abbildung II.11: Anteilsbesitz an den „100 Größten" nach Beteiligungsfällen des Investors 2016 123
Abbildung II.12: Indirekte Kapitalverflechtungen zwischen den „100 Größten" 2016 124
Abbildung II.13: Mehrfachmandatsträger in Geschäftsführungs- und Kontrollgremien 2016 und 2014 127
Abbildung II.14: Über personelle Verflechtung verbundene Unternehmen 128
Abbildung II.15: Personelle Verflechtungen der „100 Größten" in den Jahren 1978 bis 2016 129
Abbildung II.16: Zusammenschlussaktivitäten 2016/17 und 2014/15 130
Abbildung II.17: Zusammenschlussaktivitäten der „100 Größten" nach Ranggruppen 2016/17 und 2014/15 132
Abbildung II.18: Entwicklung der inländischen Umsätze in der Industrie (1978–2016) 139
Abbildung II.19: Entwicklung der inländischen Umsätze im Handel (1978–2016) 141
Abbildung II.20: Entwicklung der inländischen Umsätze im Verkehrs- und Dienstleistungssektor (1978–2016) 144
Abbildung II.21: Entwicklung der Bilanzsummen im Kreditgewerbe (1978–2016) 147
Abbildung II.22: Entwicklung der Beitragseinnahmen im Versicherungsgewerbe (1978–2016) 150
Abbildung II.23: Gewerbliche Unternehmensgründungen und -liquidationen in Deutschland 154
Abbildung II.24: Produktivitätswachstum in Deutschland 157
Abbildung II.25: Entwicklung der Lohnquote in Deutschland 160
Abbildung II.26: Konzentrationsentwicklung in Deutschland 166
Abbildung II.27: Preisaufschläge in Deutschland und Europa 167
Abbildung II.28: Verteilung von Preisaufschlägen in Deutschland 168
Abbildung II.29: Durchschnittliche Preisaufschläge nach HHI-Verteilung 169
Abbildung II.30: Entwicklung der ausgewiesenen Unternehmensgewinne in Deutschland und Europa 170
Abbildung II.31: Konzentration und Marktmacht im produzierenden Gewerbe 172
Abbildung II.32: Konzentration und Marktmacht im Dienstleistungssektor 172
Abbildung II.33: Konzentration und Marktmacht im Handel 173
Abbildung II.34: Konzentration und Marktmacht im Baugewerbe und Infrastrukturbereich 173
Abbildung II.35: Größte im Asset-Management tätige Unternehmen 177
Abbildung II.36: Größte 20 Investorengruppen im DAX (Dezember 2016) 178
Abbildung II.37: Arten von Minderheitsbeteiligungen 179
Abbildung II.38: Unternehmensanteile diversifizierter Investoren an Mineralölkonzernen 180
Abbildung II.39: Unternehmensanteile diversifizierter Investoren an Telekommunikationsunternehmen 181
Abbildung II.40: Unternehmensanteile diversifizierter Investoren an Chemieunternehmen 182
Abbildung II.41: Unternehmensanteile diversifizierter Investoren an Automobilkonzernen 183
Abbildung II.42: Einfluss und Kontrolle in der Fusionskontrolle 185

Abbildung III.1: Anzahl der Fusionskontrollverfahren und der Untersagungsentscheidungen 225
Abbildung III.2: Anzahl der Fusionskontrollanmeldungen und der Hauptprüfverfahren 227
Abbildung IV.1: Entwicklung der Zuschaueranteile in Deutschland von 2010 bis 2017 335
Abbildung IV.2: Entwicklung der Nettoumsätze mit TV-Werbung in Deutschland von 2010 bis 2017 336
Abbildung IV.3: Entwicklung der Video-on-Demand-Umsätze in Deutschland von 2010 bis 2017 340
Abbildung IV.4: Nutzung des klassischen linearen Fernsehens und von Online-Videos in Deutschland 2016/17 342
Abbildung IV.5: Entwicklung der täglichen TV-Sehdauer in Deutschland von 2010 bis 2017 343
Abbildung IV.6: Entwicklung der Werbeumsätze von Zeitungen in Deutschland von 2012 bis 2021 345
Abbildung IV.7: Entwicklung der Umsätze mit Online-Werbung in Deutschland von 2012 bis 2021 346
Abbildung IV.8: Anteile ausgewählter Unternehmen am weltweiten Umsatz mit digitaler Werbung 2017/19 347
Abbildung A.1: Überprüfte EU-Fusionsfälle nach Wirtschaftszweig und Ergebnis (2007–2015) 428

Tabellenverzeichnis

Tabelle I.1: Überblick über die Regulierung der Preisaufschläge für Arzneimittel in europäischen Ländern 14
Tabelle I.2: Beispielrechnung für die Preis- und Ertragskalkulation je Packung eines Fertigarzneimittels 19
Tabelle II.1: Die nach inländischer Wertschöpfung 100 größten Unternehmen im Berichtsjahr 2016 99
Tabelle II.2: Die nach Beschäftigten zehn größten Unternehmen 2016 112
Tabelle II.3: Aufschlüsselung der 100 größten Unternehmen 2014 und 2016 nach Wirtschaftsbereichen 115
Tabelle II.4: Kapitalverflechtungen aus dem Kreis der „100 Größten" 2014 und 2016 119
Tabelle II.5: Mandate in Geschäftsführungs- und Kontrollgremien der „100 Größten" 2016 und 2014 125
Tabelle II.6: Die nach Umsatz 50 größten Industrieunternehmen 2016 und 2014 133
Tabelle II.7: Die nach Umsatz zehn größten Handelsunternehmen 2016 und 2014 139
Tabelle II.8: Die nach Umsatz zehn größten Verkehrs- und Dienstleistungsunternehmen 2016 und 2014 142
Tabelle II.9: Die nach Bilanzsumme zehn größten Kreditinstitute 2016 und 2014 145
Tabelle II.10: Die nach Beitragseinnahmen zehn größten Versicherungsunternehmen 2016 und 2014 148
Tabelle II.11: Gemeinsame Investoren der größten Mineralölkonzerne 180
Tabelle II.12: Gemeinsame Investoren der größten Telekommunikationsunternehmen 181
Tabelle II.13: Gemeinsame Investoren der größten Chemieunternehmen 182
Tabelle II.14: Gemeinsame Investoren der größten Automobilkonzerne 183
Tabelle III.1: Übersicht über die Anzahl der angezeigten und vollzogenen Zusammenschlüsse und der vom Bundeskartellamt ausgesprochenen Untersagungen, gegliedert nach Berichtszeiträumen der Monopolkommission ... 226
Tabelle III.2: Übersicht über den Stand der deutschen Zusammenschlusskontrolle 2016 und 2017 228
Tabelle A.1 Reale Wertschöpfung der „100 Größten" im Zeitraum 1978 bis 2016 403
Tabelle A.2: Struktur der Anteilseigner aller Unternehmen aus dem Kreis der „100 Größten" 2016 und 2014 404
Tabelle A.3: Aufschlüsselung der „100 Größten" 2014 und 2016 nach Arten der Beteiligungsverhältnisse 412
Tabelle A.4: Die personellen Verflechtungen zwischen den „100 Größten" 2016 und 2014 412
Tabelle A.5: Zusammenschlussaktivitäten der „100 Größten" 416
Tabelle A.6: Entwicklung der inländischen Umsätze in der Industrie (1978–2016) 419
Tabelle A.7: Entwicklung der inländischen Umsätze im Handel (1978–2016) 420
Tabelle A.8: Entwicklung der inländischen Umsätze im Verkehrs- und Dienstleistungssektor (1978–2016) 421
Tabelle A.9: Entwicklung der Bilanzsummen im Kreditgewerbe (1978–2016) 422
Tabelle A.10: Entwicklung der Beitragseinnahmen im Versicherungsgewerbe (1978–2016) 423
Tabelle A.11: Fallzahlen und Verteilung nach Ländern im Beobachtungszeitraum 2007–2015 427
Tabelle A.12: MHHI – Ausgangsszenario 431
Tabelle A.13: MHHI – Alternativszenario I 431
Tabelle A.14: MHHI – Alternativszenario II 432
Tabelle A.15: MHHI – Alternativszenario III 433
Tabelle A.16: MHHI – Alternativszenario IV 433
Tabelle A.17: Anzahl Portfoliounternehmen nach größten Investoren in Deutschland (2014) 435
Tabelle A.18: Anzahl Portfoliounternehmen nach größten Investoren in Europa (2014) 436

Vorwort

[1.] Gemäß § 44 Abs. 1 des Gesetzes gegen Wettbewerbsbeschränkungen (GWB)[1] legt die Monopolkommission der Bundesregierung ihr alle zwei Jahre zu erstellendes Hauptgutachten vor. Es trägt den Titel

XXII. Hauptgutachten, Wettbewerb 2018

[2.] Das Hauptgutachten besteht aus einem Kapitel, in dem unterschiedliche aktuelle wettbewerbspolitische Themen behandelt werden, je einem Kapitel zur Konzentrationsentwicklung und zur Würdigung der Amtspraxis der Kartellbehörden sowie einem weiteren Kapitel zu einem aktuellen wettbewerbspolitisch relevanten Thema, welches in einem breiteren Rahmen untersucht wird. In diesem Gutachten betrifft dies die wettbewerbsrechtlichen und wettbewerbsökonomischen Entwicklungen bei audiovisuellen Medien.

[3.] Kapitel I behandelt aktuelle Probleme der Wettbewerbspolitik

- Es wird vermutet, dass der Einsatz von Preisalgorithmen die Koordination der Marktteilnehmer untereinander begünstigen kann, ohne dass sich diese Koordination wettbewerbsökonomisch und -rechtlich angemessen erfassen lässt. Die Monopolkommission greift dieses Thema auf und empfiehlt, den Verbraucherschutzverbänden ein Recht einzuräumen, die Durchführung kartellbehördlicher Sektoruntersuchungen zu initiieren. Daneben sollte die Haftung von Dritten, wie z. B. den an der Entwicklung des Algorithmus beteiligten IT-Dienstleistern, für durch eine algorithmische Preissetzung bewirkte Verbrauchernachteile geprüft werden. Eine weitergehende Regulierung, wie sie zum Teil vorgeschlagen wird, hält die Monopolkommission derzeit nicht für notwendig.

- Anknüpfend an frühere Stellungnahmen hat sich die Monopolkommission erneut mit Fragen der Preisregulierung von Apotheken und Arzneimittelgroßhändlern sowie der Arzneimittelversorgung durch Apotheken befasst. Sie kommt dabei zu dem Ergebnis, dass das Vergütungssystem einer grundsätzlichen Umgestaltung bedarf. In einem ersten Schritt sollte es den Apotheken gestattet werden, die Zuzahlungen gesetzlich krankenversicherter Patienten für verschreibungspflichtige Arzneimittel durch die Gewährung von Rabatten zu reduzieren. Zugleich sollte auf das im Koalitionsvertrag vorgesehene Verbot des Versandhandels mit verschreibungspflichtigen Arzneimitteln verzichtet werden.

- Der deutsche Gesetzgeber hat seit dem XXI. Hauptgutachten gesetzliche Ausnahmen vom deutschen Kartellrecht in den Bereichen Presse, Kreditwirtschaft und Forstwirtschaft definiert. Weitere Ausnahmen werden etwa für den Rundfunk diskutiert. Ausnahmen von den Wettbewerbsregeln sind aus Sicht der Monopolkommission allerdings problematisch, da sie mit einer pauschalen Privilegierung einzelner Wirtschaftssektoren einhergehen und Indiz für eine abnehmende bzw. fehlende Wettbewerbsfähigkeit der betreffenden Wirtschaftssektoren sein können. Die meisten der in diesem Hauptgutachten behandelten Ausnahmen dürften auch wegen des Vorrangs des EU-Rechts nur einen begrenzten Anwendungsbereich haben.

[4.] Kapitel II des Hauptgutachtens enthält eine Fortschreibung der Analyse der aggregierten Unternehmenskonzentration, eine Analyse von Stand und Entwicklung der sektorübergreifenden Marktmacht in Deutschland und Europa sowie eine Untersuchung der wettbewerblichen Bedeutung indirekter Horizontalverflechtungen durch institutionelle Investoren. Damit werden erstmals die wesentlichen Themen im Rahmen des gesetzlichen Auftrags zur Konzentrationsberichterstattung in einem Kapitel zusammengefasst. Der tendenziell rückläufige Trend bei der aggregierten Konzentration setzt sich im aktuellen Berichtszeitraum fort. Dies zeigt sich sowohl am Anteil der 100 größten Unternehmen an der gesamtwirtschaftlichen Wertschöpfung als auch bei der personellen und kapitalmäßigen Verflechtung der führenden Unternehmen untereinander. Die Konzentrationsberichterstattung wird im vorliegenden Gutachten um zwei aktuell diskutierte Aspekte in Bezug auf wirtschaftliche Konzentrationsentwicklungen ergänzt. Dies betrifft die Untersuchung von Unternehmenskonzentration und Marktmacht mittels konzentrationsstatistischer Kennzahlen und unternehmensspezifischer Preisaufschläge. Die Entwicklung der Konzentration in Deutschland weist keinen ansteigenden Trend auf,

---

[1] BGBl. I S. 2014. Ein Auszug aus dem Gesetz gegen Wettbewerbsbeschränkungen (§§ 44 bis 47 GWB) ist im Anhang des Gutachtens (Teil C) abgedruckt.

wie dies beispielsweise in den USA der Fall ist. Im Gegensatz zur relativ konstanten Konzentrationsentwicklung steigt jedoch der durchschnittliche Preisaufschlag in Deutschland seit 2013 und lag 2015 auf einem höheren Niveau als noch vor der Finanz- und Wirtschaftskrise im Jahr 2007. Die Untersuchungen zur Bedeutung institutioneller Investoren wurden fortgesetzt.

[5.] In Kapitel III würdigt die Monopolkommission die kartellrechtliche Entscheidungspraxis im Berichtszeitraum des Gutachtens. Dies umfasst die Anwendung der Vorschriften zur Fusionskontrolle, zur Missbrauchsaufsicht über marktbeherrschende Unternehmen und zum Kartellverbot durch das Bundeskartellamt sowie die Europäische Kommission. Neben der amtlichen Entscheidungspraxis werden auch Gerichtsentscheidungen in die Betrachtung mit einbezogen, soweit sie im Sinne des gesetzlichen Auftrags der Monopolkommission für die Berichterstattung relevant sind. Darüber hinaus werden ausgewählte Themen mit Bezügen zur aktuellen Fallpraxis und verfahrensrechtliche Aspekte behandelt. Wie in den vergangenen Hauptgutachten untersucht die Monopolkommission die Anwendung datengestützter Analysen im Rahmen der nationalen und europäischen Kartellrechtsanwendung.

[6.] In Kapitel IV diskutiert die Monopolkommission neuere Entwicklungen im Bereich audiovisueller Medien. Sie untersucht, inwieweit die medienrechtliche Regulierung zu Wettbewerbsverzerrungen führt, und unterbreitet Empfehlungen zur Anpassung des Regulierungsrahmens. Hierbei betrachtet sie insbesondere die unterschiedliche Regulierung von traditionellen Rundfunkangeboten und internetbasierten Telemedienangeboten. Daneben bewertet die Monopolkommission die Online-Aktivitäten des öffentlich-rechtlichen Rundfunks aus wettbewerbsökonomischer und -rechtlicher Sicht.

[7.] Zur Vorbereitung des XXII. Hauptgutachtens war die Monopolkommission wieder auf die Mitarbeit und den fachlichen Rat von Sachverständigen aus den verschiedensten Bereichen angewiesen. Die Kommission dankt allen im Gutachten genannten Wissenschaftlern sowie Angehörigen von Behörden, Gerichten, Unternehmen und Verbänden für ihre Unterstützung. Ebenso den Landeskartellbehörden, die für Auskünfte zur Verfügung standen.

[8.] Der Präsident des Bundeskartellamtes, Herr Andreas Mundt, der Vizepräsident, Herr Prof. Dr. Konrad Ost, sowie die zuständigen Beamten aus den Beschlussabteilungen und der Grundsatzabteilung haben zu den Vorarbeiten maßgeblich beigetragen. Sie haben der Monopolkommission und den Mitarbeitern des wissenschaftlichen Stabs in einer gemeinsamen Sitzung am 4. Mai 2018 und in zahlreichen Einzelgesprächen Gelegenheit zur Erörterung der Entscheidungspraxis wie auch allgemeiner wettbewerbspolitischer Fragestellungen gegeben.

[9.] Mit Vertretern der Europäischen Kommission – dem Generaldirektor der Generaldirektion Wettbewerb, Herrn Johannes Laitenberger, Herrn Rainer Wessely, Frau Julia Brockhoff, Herrn Alvaro Garcia-Delgado, Herrn Tobias Maass sowie Herrn Ansgar Held – hat die Monopolkommission am 22. Februar 2018 über Themen der europäischen Fusionskontrolle, die Kartell- und Missbrauchsaufsicht sowie die Entwicklungen im Bereich audiovisueller Medien gesprochen.

[10.] Die Unternehmen aus dem Berichtskreis der Untersuchungen zur aggregierten Konzentration stellten mit teilweise erheblichem Aufwand Jahresabschlussdaten für ihre inländischen Konzernteile zusammen. Das Bundeskartellamt lieferte der Monopolkommission Angaben zur Beteiligung der „100 Größten" an den gemäß § 39 GWB vor dem Vollzug anzumeldenden Zusammenschlüssen sowie an der Anzahl der Freigabeentscheidungen. Ferner übermittelte das Bundeskartellamt aktuelle Statistiken zur Amtspraxis in der Fusionskontrolle. Das Statistische Bundesamt stellte der Monopolkommission gesamtwirtschaftliche Daten zu der Anzahl der Beschäftigten, den Branchenumsätzen sowie der Wertschöpfung zur Verfügung. Zudem wurden im Rahmen der Umsetzung von § 47 GWB der Monopolkommission konzentrationsstatistische Daten aus amtlichen Wirtschaftsstatistiken übermittelt.

[11.] Im Rahmen der Vorbereitung der Stellungnahme zum Thema Kollusion durch Preisalgorithmen haben die Monopolkommission und Mitarbeiter des wissenschaftlichen Stabs am 8. März 2018 Gespräche mit Herrn Prof. Dr. Rainer Böhme, Department of Computer Science, Universität Innsbruck, Herrn Dr. Stefan Laube, Institut für Wirtschaftsinformatik, Universität Münster, und Herrn Bernhard Waltl, Fakultät für Informatik, Technische Universität München, geführt.

[12.] Während der Vorbereitung der Stellungnahme zur Arzneimittelversorgung und zum Versandhandelsverbot für verschreibungspflichtige Medikamente haben die federführenden Mitarbeiter des Stabs der Monopolkommission am 19. und 20. März Gespräche mit der Bundesvereinigung Deutscher Apothekerverbände (ABDA), dem Bundesverband des pharmazeutischen Großhandels (PHAGRO), dem Bundesverband Deutscher Versandapotheken (BVDVA), dem GKV-Spitzenverband sowie dem zuständigen Referat im Bundesministerium für Wirtschaft und Energie geführt.

[13.] Zur Vorbereitung der Stellungnahme zur wettbewerblichen Bedeutung institutioneller Investoren im Rahmen von Kapitel II haben die Monopolkommission und Mitarbeiter des wissenschaftlichen Stabs Gespräche mit Vertretern der Bundesanstalt für Finanzdienstleistungsaufsicht geführt sowie schriftliche Stellungnahmen folgender Unternehmen und Verbände eingeholt:

- BlackRock Asset Management Deutschland AG
- Deutsche Asset Management Investment GmbH
- Bundesverband Investment und Asset Management e. V.
- Bundesverband Deutscher Kapitalbeteiligungsgesellschaften e. V.

[14.] Während der Vorbereitung der Stellungnahme zur kartellrechtlichen Entscheidungspraxis (Kapitel III) haben die federführenden Mitarbeiter des wissenschaftlichen Stabs Gespräche geführt mit:

- Vertretern des Bundesministeriums der Justiz und für Verbraucherschutz
- Vertretern des Hamburgischen Beauftragten für Datenschutz und Informationsfreiheit
- Vertretern des Verbraucherzentrale Bundesverbands e. V.

[15.] Im Rahmen der Vorbereitung ihrer Stellungnahme zur Wettbewerbsentwicklung im Bereich audiovisueller Medien hat die Monopolkommission am 8. März 2018 eine nicht öffentliche Anhörung durchgeführt. In der Anhörung waren vertreten:

- Arbeitsgemeinschaft der öffentlich-rechtlichen Rundfunkanstalten der Bundesrepublik Deutschland (ARD)
- Zweites Deutsches Fernsehen (ZDF)
- Mediengruppe RTL Deutschland
- ProSiebenSat.1 Media SE
- Sky Deutschland GmbH
- Google Germany GmbH
- Verband Privater Rundfunk und Telemedien e. V. (VPRT)
- die medienanstalten

[16.] Die Anhörungsteilnehmer haben ihre mündlichen Äußerungen gegenüber der Monopolkommission durch schriftliche Stellungnahmen ergänzt. Schriftlich Stellung genommen haben ferner:

- Allianz Deutscher Produzenten – Film & Fernsehen (Produzentenallianz)
- Arbeitsgemeinschaft Privater Rundfunk (APR)
- Bundesverband Deutscher Zeitungsverleger e. V. (BDZV)
- Bundesverband Informationswirtschaft, Telekommunikation und Neue Medien e. V. (bitkom)
- Deutsche Telekom AG
- Gesellschaft zur Verwertung der Urheber- und Leistungsschutzrechte von Medienunternehmen mbH (VG Media)
- Spitzenorganisation der Filmwirtschaft e. V. (SPIO)
- Unitymedia GmbH
- Verband Deutscher Kabelnetzbetreiber e. V. (ANGA)

- Verband Deutscher Zeitschriftenverleger e. V. (VDZ)
- Verbraucherzentrale Bundesverband e. V. (vzbv)
- Vodafone GmbH

[17.] Die Monopolkommission und Mitarbeiter des wissenschaftlichen Stabs haben zum Thema audiovisuelle Medien darüber hinaus am 7. März 2018 ein Expertengespräch mit Herrn Professor Dr. Ralf Müller-Terpitz, Lehrstuhl für Öffentliches Recht, Recht der Wirtschaftsregulierung und Medien der Universität Mannheim, geführt. Gespräche auf der Arbeitsebene gab es zudem mit Vertretern des Digitalverbands Bitkom, des Verbands Deutscher Kabelnetzbetreiber e. V. (ANGA) sowie der Deutschen Telekom AG.

[18.] Mit Wirkung zum 1. Juli 2018 hat der Bundespräsident der Bundesrepublik Deutschland Herrn Prof. Achim Wambach, Ph.D., und Herrn Dr. Thomas Nöcker für jeweils eine weitere Amtsperiode bis zum 30. Juni 2022 berufen. Die Amtszeiten der Mitglieder Frau Dagmar Kollmann, Herr Prof. Dr. Jürgen Kühling, und Frau Dr. Angelika Westerwelle enden jeweils zum 30. Juni 2020.

[19.] Die Vorarbeiten zu diesem Zweijahresgutachten und zu den Sondergutachten in dieser Berichtsperiode wurden von den Mitarbeiterinnen und Mitarbeitern der Monopolkommission geleistet. Dem wissenschaftlichen Stab gehörten in diesem Zeitraum an: Herr Dr. Klaus Holthoff-Frank als Generalsekretär, Frau Dr. Juliane Scholl als Geschäftsführerin sowie Herr Dr. Marc Bataille, Herr Dr. Thiemo Engelbracht, Frau Maria Geilmann, Frau Dr. Katja Greer, Herr Daniel Richter, Frau Dr. Julia Rothbauer, Herr Dr. Per Rummel, Herr Nils-Peter Schepp, Herr Dr. John Weche, Herr Dr. Thomas Weck, und Herr Lars Zeigermann. Bis zu seinem Ausscheiden mitgewirkt hat zudem Herr Dr. Oliver Bischoff. Bei der Erstellung des Gutachtens mitgewirkt haben außerdem Frau Marion Schadowski, Frau Elke Windscheidt und Herr Robin-Alexander Drathen sowie bis zu seinem Ausscheiden Herr Christopfer Zensen. Die Monopolkommission dankt allen Mitarbeiterinnen und Mitarbeitern für die geleistete Arbeit, die insbesondere in der Schlussphase des Gutachtens weit über die Erfüllung der Dienstpflichten hinausgegangen ist.

Bonn, den 3. Juli 2018

Achim Wambach

Jürgen Kühling   Dagmar Kollmann   Thomas Nöcker   Angelika Westerwelle

Kapitel I
Aktuelle Probleme der Wettbewerbspolitik

Reformen im Vergütungssystem für die Versorgung mit Arzneimitteln durch Großhändler und Apotheken

Kartellrechtliche Ausnahmeregelungen

Algorithmen und Kollusion

Reformen im Vergütungssystem für die Versorgung mit Arzneimitteln durch Großhändler und Apotheken

Kurz gefasst

Summary

1 **Einleitung**

2 **Neuere Entwicklungen beim Preiswettbewerb im Handel mit Arzneimitteln**

3 **Probleme der Festsetzung einer einheitlichen Vergütung auf Basis der Arzneimittelpreisverordnung**

4 **Normative Analyse des Regulierungsbedarfs**

5 **Empfehlungen für strukturelle Reformen**

Kurz gefasst

Die Leistungen von Arzneimittelgroßhändlern und Apothekern sind hierzulande umfassend reguliert. Zwar setzt die bestehende Regulierung die Mechanismen des Marktes nicht völlig außer Kraft, doch verändert sie den hier stattfindenden Wettbewerb erheblich. Ein wichtiger Bestandteil der Regulierung in diesem Zusammenhang ist die Festlegung der Apothekenabgabepreise solcher Arzneimittel, die zulasten der gesetzlichen Krankenversicherung abgegeben werden. Zu den Medikamenten, für die ein einheitlicher Apothekenabgabepreis gilt, zählen vor allem solche, die zugleich nur auf Rezept abgegeben werden (auch als Rx-Arzneimittel bezeichnet). Für sie gibt der Gesetzgeber in der Arzneimittelpreisverordnung (AMPreisV) die Handelsspannen für Großhändler und Apotheken auf Basis einer Kostenkalkulation vor. Die Kalkulation fester Preise auf dieser Grundlage hat Auswirkungen auf die sich am Markt einstellenden Ergebnisse, wie z. B. die räumliche Verteilung der Apotheken und den finanziellen Aufwand der Patienten und des Krankenversicherungssystems.

Festzustellen ist, dass eine Regulierung gerade im pharmazeutischen Sektor aufgrund der enormen gesundheitlichen Gefahren einer Fehlmedikation grundsätzlich besonders berechtigt sein kann. Allerdings rechtfertigt dies nur eine solche Regulierung der Arzneimittelversorgung, die zielgenau der angemessenen Eindämmung entsprechender Risiken dient, da andernfalls die Gefahr eines ineffizienten bzw. verzerrten Preis- und Leistungsniveaus besteht. Die Frage, ob gerade die Beschränkung des Preiswettbewerbs in der bestehenden Form angemessen ist, ist zuletzt durch verschiedene Entwicklungen erneut in den Fokus der Diskussion gerückt. Dies betrifft zunächst ein Urteil des Europäischen Gerichtshofs aus dem Herbst 2016, das ausländischen Versandapotheken ermöglicht, deutschen Kunden bei der Bestellung von Rx-Arzneimitteln Rabatte zu gewähren und damit von der deutschen Preisregulierung abzuweichen. Im darauffolgenden Jahr hat zudem der Bundesgerichtshof bestätigt, dass die in der deutschen Preisregulierung festgelegten Großhandelszuschläge vollumfänglich rabattfähig sind. Vor allem im Zusammenhang mit der Diskussion um das Urteil des Europäischen Gerichtshofs ist schließlich auch eine Debatte um das Vergütungssystem in der Arzneimitteldistribution entstanden, die sich auch auf die Frage nach der Sicherstellung einer flächendeckenden Versorgung mit Apothekendiensten und die Aufrechterhaltung des Versandhandels für Rx-Arzneimittel erstreckt.

Argumente, die für eine Preisregulierung oder gar ein Versandhandelsverbot sprechen könnten, sind insbesondere die Einflüsse auf die Beratungsqualität und die flächendeckende Versorgung. Die vorliegende Untersuchung kommt jedoch zu dem Ergebnis, dass die Fortführung des bestehenden Systems der Arzneimittelpreisverordnung und eine den Preiswettbewerb ausschließende Vorgabe von Preisen auf Basis einer Kostenkalkulation auch vor dem Hintergrund dieser Argumente nicht zu empfehlen sind. Stattdessen sollte das Vergütungssystem strukturell so verändert werden, dass nur der Teil der Apothekenvergütung, der vor allem die isolierte Beratungsleistung betrifft, weiterhin fixiert wird. Dieser Teil ist zudem auch durch die gesetzliche Krankenversicherung zu tragen und gegebenenfalls auch von dieser zu verhandeln. Der übrige Teil der Finanzierung betrifft Serviceleistungen (bei Apotheken z. B. sehr kurze Distanzen aufgrund des Standorts, die Anzahl des Personals für kurze Wartezeiten, die Apothekenzeitung oder die Geschäftsausstattung). Die Höhe der Vergütung dieser Leistungen durch den Patienten ist Teil des Wettbewerbsprozesses und sollte individuell von den Apotheken festgelegt werden.

Zur Umgestaltung des Vergütungssystems sollte es den Apotheken in einem ersten Schritt gestattet werden, die Zuzahlungen gesetzlich krankenversicherter Patienten für Rx-Arzneimittel durch die Gewährung von Rabatten zu reduzieren. Aufgrund des höheren Wettbewerbsdrucks in Ballungsräumen, in denen viele Apotheken tätig sind, ist zu erwarten, dass daraufhin vor allem in diesen Regionen Rabatte eingeräumt werden. Dadurch würde das Vergütungssystem auch zu einer regionalen Verteilung der Apotheken beitragen, bei der ländliche Regionen gegenüber Ballungszentren stärker begünstigt werden, als dies heute der Fall ist. Sofern die Versorgung mit niedergelassenen Apotheken in ländlichen Regionen darüber hinaus gesichert werden soll, sind dazu spezifische wettbewerbskompatible Maßnahmen zu ergreifen. Auf das im Koalitionsvertrag vorgesehene Verbot des Versandhandels mit verschreibungspflichtigen Arzneimitteln sollte indes verzichtet werden, da der Versandhandel ein wichtiger Baustein der Versorgungsstruktur ist. Es sollte geprüft werden, ob durch den weiteren Abbau von Versorgungsbeschränkungen im Versandhandel (Verbot von Pick-up-Stellen und Arzneimittelautomaten) dieser auch für eine nachhaltige Verbesserung der flächendeckenden Versorgung aktiviert werden kann.

Summary

In Germany the services of pharmacists and wholesalers for pharmaceuticals are extensively regulated. While existing regulation does not entirely disable the mechanisms of the market, it does alter the competition taking place significantly. In this context, an important part of the regulation is the fixing of pharmacy sales prices of medicines which are supplied at the expense of statutory health insurance. Medicines to which a uniform pharmacy sales price applies are mostly those which are only available on prescription (also referred to as Rx drugs). In the Medicines Price Regulation, the legislator specifies the margins for wholesalers and pharmacies on the basis of a cost calculation. The calculation of fixed prices on this basis has an impact on the results in the market, such as the geographic allocation of pharmacies and the financial expenses for patients and for the health insurance system.

It must be observed with regard to the pharmaceutical sector that regulation can in principle be especially justified due to the enormous health risks of incorrect medication. However, this can only justify such regulation of medicines which serves to adequately contain these risks in a proportionate manner. Otherwise, there is a risk of inefficient or distorted prices and performances. Due to various developments, the question whether the restriction of price competition is appropriate in its existing form has recently become the focus of discussion. First of all, a judgment from the Court of Justice of the European Union (CJEU) of autumn 2016 enabled foreign mail-order pharmacies to grant discounts to German customers on orders of Rx drugs and thus to deviate from the German price regulation. In addition, in the following year the Federal Court of Justice confirmed that the full amount of wholesale surcharges stipulated under German price regulation can be subject to discounts. Lastly, especially in connection with the discussions around the ruling of the CJEU, a debate concerning the system of remuneration in the distribution of medicines arose as well. This discussion has been extended to the question of securing the nationwide supply of pharmacy services and maintaining the mail order business for Rx drugs.

Arguments in favour of price regulation and even a ban on mail order are in particular the effects on the quality of advice and the nationwide supply. However, in spite of these arguments, the present analysis comes to the conclusion that the continuation of the existing system under the Medicines Price Regulation and the fixing of prices on the basis of a cost calculation without competition cannot be recommended. Instead, the structure of the remuneration system should be changed in such a way that that part of the remuneration for pharmacies will stay fixed, which concerns only the advisory service. That part must be financed and, if necessary, negotiated by the statutory health insurance. The remaining part of the remuneration relates to other services (for pharmacies, for example, very short distances on the basis of their location, the number of staff in order to achieve short waiting times, the pharmacy newspaper, office equipment, etc.). The level of remuneration for such services, which is to be paid by the patient, is part of the competitive process and should be individually determined by pharmacies.

In order to restructure the remuneration system, pharmacies should, as a first step, be allowed to grant discounts on the surcharge which patients with statutory health insurance pay for Rx drugs. Due to the increased competitive pressure in metropolitan areas in which many pharmacies are active, it is to be expected that discounts will be granted especially in these regions. In this way, the remuneration system would also contribute to the regional allocation of pharmacies. In comparison to metropolitan areas, rural areas would benefit more than in the current system. If the supply of established pharmacies in rural areas were to be supported beyond that, specific measures compatible with competition law should be taken. However, the ban on the mail order of Rx drugs provided for in the coalition agreement should not be implemented, as mail order is an important component of the supply structure. It should be examined whether the further reduction of supply restrictions in the mail order business (ban on pick-up points and vending machines) can enable this business to contribute to the sustainable improvement in nationwide supply.

1 Einleitung

1. Die Versorgung der Bevölkerung mit zugelassenen Arzneimitteln erfolgt in einem Distributionsprozess von den Herstellern über spezialisierte Großhändler und Apotheken zu den Verbrauchern. Aufgrund ihrer erheblichen Relevanz für die Gesundheit der Bevölkerung kommt der gesicherten Versorgung in dieser Leistungskette eine hohe Bedeutung zu. Eine weitere Besonderheit bei der Abgabe von Arzneimitteln ist ihre Eigenschaft, dass der Patient oft den Nutzen, aber auch den möglichen Schaden der Einnahme nicht selbst einschätzen kann. Aus diesen Gründen unterliegen die Märkte für die Abgabe von Arzneimitteln oftmals einer vergleichsweise strengen Regulierung. In Deutschland sind fast alle Arzneimittel als apothekenpflichtig zu kennzeichnen; sie dürfen nur in zugelassenen Apotheken verkauft werden. Bei einem relevanten Teil der Präparate – den sog. Rx-Arzneimitteln – ist zudem ein ärztliches Rezept erforderlich.[1] Zudem sind weitere besondere Vorgaben einzuhalten. Zu diesen gehört etwa, dass eine Apotheke von einem approbierten Apotheker betrieben werden muss. Ihr werden, ebenso wie dem pharmazeutischen Großhandel, bestimmte Versorgungs- und Vorhaltepflichten auferlegt. Ein Fremd- und Mehrbesitzverbot verhindert den Betrieb von Apothekenketten in der Rechtsform einer Kapitalgesellschaft.[2]

2. Durch die bestehende Regulierung wird der Wettbewerb zwischen Apotheken in seinem Ergebnis erheblich verändert, aber nicht beseitigt. Die Gründung einer Apotheke unterliegt keiner Bedarfsplanung, sondern ist eine dem Markt überlassene unternehmerische Entscheidung und prinzipiell an jedem Standort und im Wettbewerb möglich. Eine erhebliche Einschränkung des Wettbewerbs besteht allerdings im Hinblick auf die Regulierung der Handelsspannen, die Großhändler und Apotheken in den Preis von Arzneimitteln einkalkulieren, sofern diese zulasten der gesetzlichen Krankenversicherung abgegeben werden. Die Vorgabe der Preisaufschläge auf diese Arzneimittel durch den Gesetzgeber, die vor allem die Rx-Arzneimittel betrifft, hat bei diesen eine Beseitigung des Preiswettbewerbs zwischen Apotheken zur Folge.

3. Die Zurückstellung des Markt- und Wettbewerbsschutzes kann gerade im pharmazeutischen Sektor aufgrund der enormen gesundheitlichen Gefahren einer Fehlmedikation besonders berechtigt sein. Allerdings rechtfertigt dies nur eine solche Regulierung der Arzneimittelversorgung, die zielgenau der angemessenen Eindämmung entsprechender Risiken dient. Zugleich besteht auch ein berechtigter Anspruch von Versicherten und Patienten gegenüber dem Staat, die knappen Ressourcen der gesundheitlichen Versorgung möglichst effizient einzusetzen. Vor diesem Hintergrund hat sich die Monopolkommission bereits in ihrem sechzehnten (2006)[3] und achtzehnten Hauptgutachten (2010)[4] mit den regulativen Vorgaben für die Versorgung mit Arzneimitteln durch Apotheken beschäftigt und eine Reihe von Anpassungen im Regulierungsrahmen vorgeschlagen. Neben generellen Erwägungen in Bezug auf den Abbau der Überregulierung betrafen die Empfehlungen insbesondere den Preiswettbewerb bei Rx-Arzneimitteln. In Bezug auf verschreibungspflichtige Präparate hat die Monopolkommission empfohlen, die Zuzahlung gesetzlich Versicherter bei der Abgabe von Rx-Arzneimitteln durch eine von den Apotheken individuell festzulegende und in einem bestimmten Rahmen begrenzte Servicepauschale zu ersetzen. Die Empfehlung der Monopolkommission zum Preiswettbewerb wurde zwischenzeitlich von verschiedenen Wissenschaftlern geteilt bzw. in ähnlicher Form vorgebracht.[5] Zuletzt hat im Jahr 2014 der Sachverständigenrat für Gesundheit die Einführung eines vergleichbaren Wettbewerbsmodells vorgeschlagen.[6]

---

[1] Die Bezeichnung „Rx" geht auf das Symbol ℞ aus mittelalterlichen Handschriften zurück, welches als Abkürzung für das lateinische Wort „recipe" („nimm" bzw. „man nehme") stand. Die Aufforderung „Nimm!" markiert den Anfang eines Rezeptes, das der Apotheker aufschrieb, bevor er die Medizin nach diesem Rezept zubereitete.

[2] Die Analyse in diesem Text bezieht sich auf sog. öffentliche Apotheken, also Apotheken, die Arzneimittel an den Endverbraucher abgeben. Nicht behandelt werden Krankenhausapotheken, die als wirtschaftlich unselbstständiger Teil eines Krankenhauses geführt werden, sowie Bundeswehrapotheken. Öffentliche Apotheken veräußern Arzneimittel entweder stationär oder über Versandapotheken. Aufgrund des Fremdbesitzverbotes darf eine Apotheke nur von einem Apotheker oder einer Apothekerin und nicht in Form einer Kapitalgesellschaft betrieben werden. Aufgrund des Mehrbesitzverbotes darf ein Apotheker neben seiner Hauptapotheke lediglich bis zu drei Filialapotheken im näheren Umkreis betreiben.

[3] Monopolkommission, XVI. Hauptgutachten, Mehr Wettbewerb auch im Dienstleistungssektor!, Baden-Baden 2006, Tz. 1157 ff.

[4] Monopolkommission, XVIII. Hauptgutachten, Mehr Wettbewerb, wenig Ausnahmen, Baden-Baden 2010, Tz. 26 ff.

[5] Cassel, D./Wille, E., Für mehr Markt und Wettbewerb in der GKV-Arzneimittelversorgung, GGW 1/2007 (Januar), 7. Jg.; Cassel, D., Funktionsgerechter Wettbewerb in der GKV-Arzneimittelversorgung, in: Willke, T. u. a., Arzneimittel-Supply-Chain, Baden-Baden,

4. Ende des Jahres 2010 hat die damalige Bundesregierung den Vorschlag der Monopolkommission zur Einführung eines „sanften Preiswettbewerbs" zwischen Apotheken mit Verweis auf die Finanzierung durch die gesetzliche Krankenversicherung abgelehnt.[7] Zwischenzeitlich ist die Frage des Preiswettbewerbs durch verschiedene Entwicklungen jedoch erneut in den Fokus gerückt. Dies betrifft zunächst ein Urteil des Europäischen Gerichtshofs (EuGH) aus dem Herbst 2016, das ausländischen Versandapotheken die Möglichkeit bestätigt hat, deutschen Kunden bei der Bestellung von Rx-Arzneimitteln Rabatte zu gewähren und damit von der deutschen Preisregulierung abzuweichen.[8] Im darauffolgenden Jahr hat der Bundesgerichtshof (BGH) bestätigt, dass die in der deutschen Preisregulierung festgelegten Großhandelszuschläge ebenfalls vollumfänglich rabattfähig sind.[9] Vor allem im Zusammenhang mit der Diskussion um das EuGH-Urteil ist eine Debatte um das Vergütungssystem in der Arzneimitteldistribution entstanden, die sich auch auf die Frage nach der Sicherstellung der Versorgung mit Apotheken auf dem Land und die Aufrechterhaltung des Versandhandels erstreckt. Zugleich beschäftigt sich das Bundesministerium für Wirtschaft und Energie mit der Anpassung der Vergütungssätze auf Basis eines von ihm in Auftrag gegebenen Gutachtens. Auf diese jüngeren Entwicklungen nimmt die Monopolkommission zunächst Bezug, um daraufhin auf ihrer Basis den Reformbedarf im Vergütungssystem für die Versorgung mit Arzneimitteln erneut zu prüfen.

2 Neuere Entwicklungen beim Preiswettbewerb im Handel mit Arzneimitteln

5. Mitte des Jahres 2017 gab es in Deutschland 19.880 öffentliche Apotheken (siehe Abbildung I.1). Ihre Anzahl hat in den vergangenen Jahren abgenommen. Als Ursachen nennt die Bundesvereinigung Deutscher Apothekerverbände (ABDA) den Wettbewerb der Apotheken untereinander und die gesundheitspolitischen Rahmenbedingungen.[10] Der Verband selbst geht davon aus, dass die flächendeckende Versorgung der Bevölkerung in Deutschland mit Arzneimitteln derzeit nicht gefährdet ist.[11]

6. Nach Angaben des Bundesverbands Deutscher Versandapotheken (BVDVA) besaßen in Deutschland im Jahr 2017 mehr als 3.000 Apotheken[12] eine Versandhandelserlaubnis.[13] Davon betrieben etwa 150 ein an den Umsätzen gemessen „ernsthaftes" Versandgeschäft.[14] Die umsatzstärksten Versandapotheken versenden aus dem europäischen Ausland, vornehmlich aus den Niederlanden. Der derzeit umsatzstärkste Versandhändler in Deutschland ist der zur schweizerischen Zur Rose AG gehörende und aus den Niederlanden agierende Versandhändler DocMorris.

2009, S. 43 ff; Coenen u. a., Wettbewerbspotenziale im deutschen Apothekenmarkt, Jahrbuch für die Ordnung von Wirtschaft und Gesellschaft, Bd. 62, Stuttgart 2011, S. 205 ff; Hermann, K., Der Wettbewerb im Einzelhandel mit Arzneimitteln, Wirtschaftsdienst, Heft 2, 2011, S. 121 ff.

[6] Bundesregierung, Gutachten 2014 des Sachverständigenrates zur Begutachtung der Entwicklung im Gesundheitswesen, Bedarfsgerechte Versorgung – Perspektiven für ländliche Regionen und ausgewählte Leistungsbereiche, BT-Drs. 18/1940 vom 26. Juni 2014, Tz. 36 ff., insbes. Tz. 39.

[7] Bundesregierung, Stellungnahme zum XVIII. Hauptgutachten der Monopolkommission, BT-Drs. 17/4305, Rn. 17.

[8] EuGH, Urteil vom 19. Oktober 2016, C-148/15 – Deutsche Parkinson Vereinigung, ECLI:EU:C:2016:776.

[9] BGH, Urteil vom 5. Oktober 2017, I ZR 172/16 – Großhandelszuschläge.

[10] Die Apotheke, Zahlen, Daten, Fakten 2017, herausgegeben von der ABDA – Bundesvereinigung Deutscher Apothekerverbände e. V., Berlin, S. 10.

[11] Ebenda.

[12] Bundesverband Deutscher Versandapotheken. Daten und Fakten, https://www.bvdva.de/daten-und-fakten. WANN ABGERUFEN?

[13] In Deutschland zugelassene Versandapotheken aus dem In- und dem Ausland müssen ebenfalls von Apothekern betrieben werden und eine Beratung durch pharmazeutisches Personal in deutscher Sprache sicherstellen. Eine Versanderlaubnis für Rx- und OTC-Medikamente (Erläuterung nachfolgend) wird nur Apothekern erteilt, die auch eine Präsenzapotheke, eine sog. Offizinapotheke, betreiben. Nicht öffentliche Apotheken, etwa Krankenhausapotheken, dürfen keine Arzneimittel versenden.

[14] Bundesverband Deutscher Versandapotheken. Daten und Fakten, a. a. O. Eine Umsatzgröße, ab der von einem „ernsthaften" Versandgeschäft zu sprechen ist, nennt der Verband nicht.

Abbildung I.1: Anzahl öffentliche Apotheken 2011–2017 (1 Hj.)

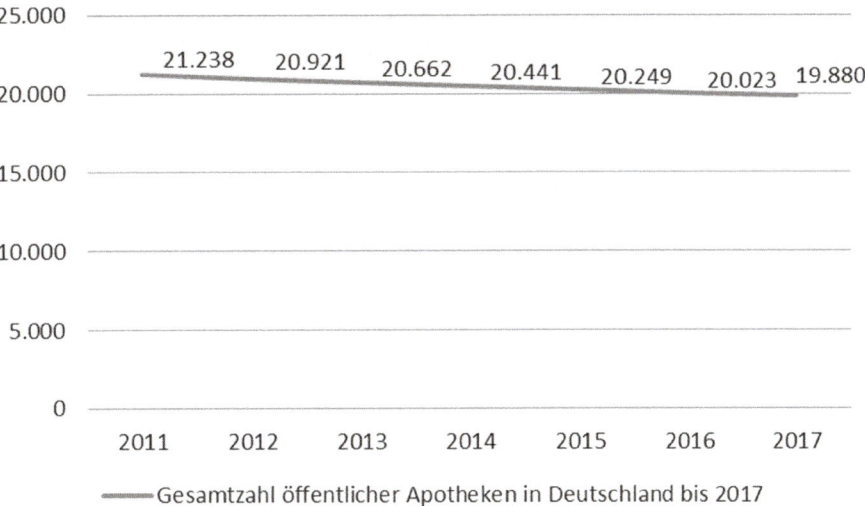

Quelle: ABDA, Zahlen, Daten, Fakten 2017, https://www.abda.de/fileadmin/assets/ZDF/ZDF_2017/ABDA_ZDF_2017_Brosch.pdf, Abruf am 14. April 2018, S. 10.

7. Bei den von Apotheken vertriebenen Arzneimitteln werden in der Regel drei Kategorien unterschieden:

- Rx-Arzneimittel
- OTC-Arzneimittel[15]
- freiverkäufliche Arzneimittel

Rx-Arzneimittel dürfen nur durch Apotheken an Patienten abgegeben werden (apothekenpflichtig), wenn ein entsprechendes Rezept eines Arztes vorgelegt wird (verschreibungspflichtig). OTC-Medikamente dürfen ebenfalls nur in Apotheken veräußert werden, es bedarf aber keines ärztlichen Rezeptes. Für freiverkäufliche Arzneimittel bedarf es keines ärztlichen Rezeptes und sie müssen nicht in Apotheken veräußert werden, sondern sind im Handel frei erhältlich. Eine Unterkategorie von OTC ist OTx. Gemeint sind damit verschreibungsfreie Medikamente, die aber von einem Arzt verordnet werden, etwa auf einem Privatrezept oder einem bestimmten Rezept für in der gesetzlichen Krankenversicherung (GKV) versicherte Patienten, was eine Abrechnung über die gesetzliche Krankenversicherung ermöglicht. OTx-Medikamente werden als Teil der OTC-Medikamente erfasst und nachfolgend nicht gesondert ausgewiesen.

8. Auf dem deutschen Apothekenmarkt wurden in öffentlichen Apotheken inklusive Apothekenversandhandel im Jahr 2016 EUR 51,65 Mrd. (2015: EUR 50,22 Mrd.) umgesetzt.[16] Der größte Umsatzanteil (2016: EUR 45,08 Mrd.; 2015: EUR 43,81 Mrd.) entfiel auf Rx-Medikamente. EUR 6,57 Mrd. (2015: EUR 6,41 Mrd.) entfielen auf OTC-Medikamente (siehe Abbildung I.2). Neben den Umsätzen werden für Apothekenmärkte regelmäßig die verkauften Packungseinheiten betrachtet (siehe Abbildung I.3). Im Jahr 2016 umfasste der Apothekenmarkt 1,481 Mrd. Packungseinheiten (2015: 1,469 Mrd.). Etwa 50 Prozent davon waren verschreibungspflichtige Medikamente (2016: 741 Mio. Packungen; 2015: 734 Mio.) und 50 Prozent OTC-Medikamente (2016: 740 Mio. Packungen, 2015: 735 Mio.).

---

[15] OTC steht für „Over-the-Counter".

[16] Gesundheitsberichterstattung des Bundes, Stand 19.04.2018, Abruf am 19. April 2018.

Abbildung I.2: Umsatzentwicklung des Apothekenmarktes seit 2011 (in Mrd. EUR)

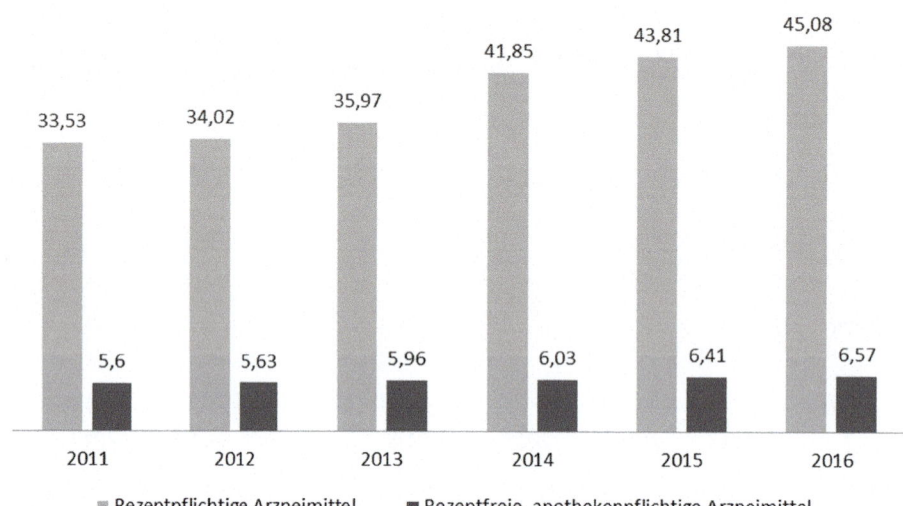

Quelle: Bundesverband der Arzneimittel-Hersteller e. V., Der Arzneimittelmarkt in Deutschland – Zahlen und Fakten 2016, https://www.bah-bonn.de/de/publikationen/zahlen-fakten/, Abruf am 14. April 2018.

Abbildung I.3: Absatzentwicklung des Apothekenmarktes seit 2011 (in Mio. Packungen)

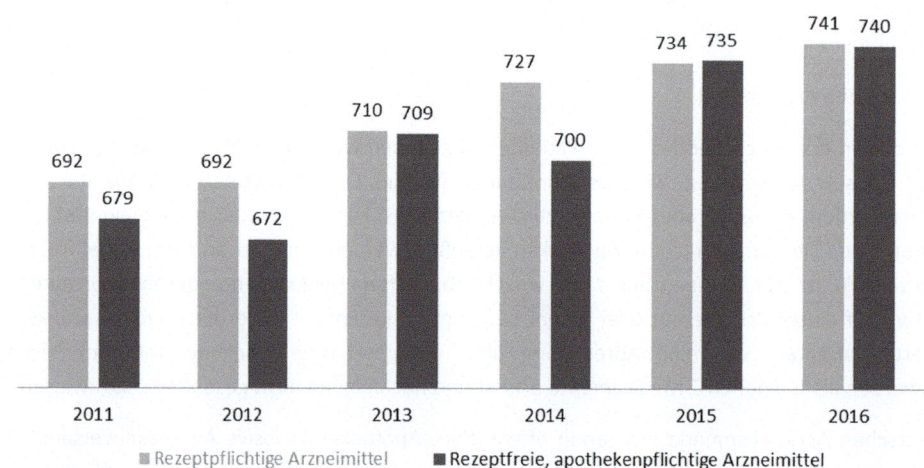

Quelle: Bundesverband der Arzneimittel-Hersteller e. V., Der Arzneimittelmarkt in Deutschland – Zahlen und Fakten 2016, https://www.bah-bonn.de/de/publikationen/zahlen-fakten/, Abruf am 14. April 2018.

9. Die Umsätze des Apothekenversandhandels nehmen in den letzten Jahren zu (siehe Abbildung I.4). Der Großteil der Umsätze wird mit OTC-Medikamenten erzielt. Der Anteil des Versandhandels am Gesamtumsatz der Apotheken mit OTC-Medikamenten lag in 2016 bei etwa 13,5 Prozent (ca. 13 Prozent nach Packungseinheiten).[17] Der Anteil des Ver-

---

[17] Korf, C.; Bauer, E., ABDA Apothekenwirtschaftsbericht 2017, https://www.abda.de/fileadmin/assets/Pressetermine/2017/WiFo_2017/Apothekenwirtschaftsbericht_2017_DAV_Wirtschaftsforum_Berlin.pdf, S. 33; IQVIA nennt für die ersten drei Quartalen 2017 einen Umsatzanteil des Versandhandels bei rezeptfreien Arzneimitteln von etwa 17 Prozent (ca. 13 Prozent nach Packungseinheiten), IMS Health, IQVIA™ Marktbericht, Entwicklung des deutschen Pharmamarktes im Dreivierteljahr 2017, Kommentierte Grafiken, S. 14, 17 und 18.

sandhandels an den Umsätzen mit Rx-Medikamenten betrug im selben Zeitraum ca. 1,3 Prozent (nach Packungseinheiten 0,9 Prozent).[18]

Abbildung I.4: Umsatz des Apothekenversandhandels in Deutschland nach Produktsegmenten 2011–2016 (in Mio. EUR)

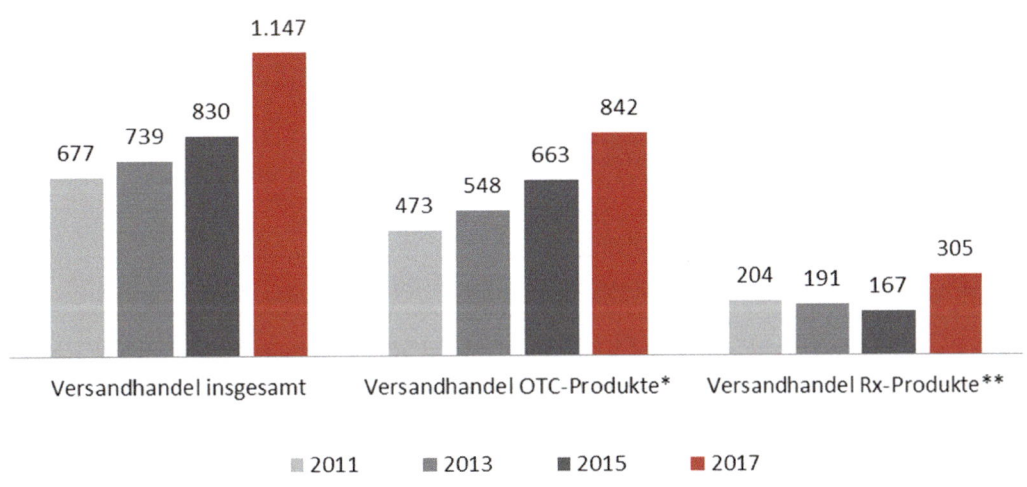

Quelle: IQVIA, Marktbericht (Januar bis Dezember 2017), S. 20, zit. nach STATISTA.

BGH 2017: Skonti des pharmazeutischen Großhandels bei Rx-Medikamenten zulässig

10. Kennzeichnend für die Regulierung der Märkte in der Arzneimittelversorgung ist die Regelung der Handelsspannen von Arzneimittelgroßhändlern und Apotheken, die auch in vielen anderen Ländern Europas in sehr unterschiedlicher Form praktiziert wird (siehe Tabelle I.1). In Deutschland sind die Handelsspannen in der Arzneimittelpreisverordnung (AMPreisVO) festgelegt. Der Arzneimittelgroßhandel darf gemäß § 2 AMPreisVO bei der Abgabe von Fertigarzneimitteln, die zur Anwendung bei Menschen bestimmt sind, an Apotheken auf den Abgabepreis des pharmazeutischen Unternehmers ohne die Umsatzsteuer höchstens einen Zuschlag von 3,15 Prozent auf den Herstellerabgabepreis (höchstens jedoch 37,80 Euro) zuzüglich eines Festzuschlags von 70 Cent sowie die Umsatzsteuer erheben. Die Frage, ob Rabatte auf diese festgelegten Zuschläge, etwa in Form von Skonti, zulässig sind, war lange Zeit rechtlich ungeklärt.[19]

---

[18] Korf, C.; Bauer, E., ABDA Apothekenwirtschaftsbericht 2017, https://www.abda.de/fileadmin/assets/Pressetermine/2017/WiFo_2017/Apothekenwirtschaftsbericht_2017_DAV_Wirtschaftsforum_Berlin.pdf, S. 33; IQVIA nennt für die ersten drei Quartalen 2017 einen Umsatzanteil des Versandhandels bei rezeptpflichtigen Arzneimitteln von etwa 1,05 Prozent (ca. 0,89 Prozent nach Packungseinheiten), IMS Health, IQVIA™ Marktbericht, Entwicklung des deutschen Pharmamarktes im Dreivierteljahr 2017, Kommentierte Grafiken, S. 13, 17 und 18.

[19] In der Begründung zum Entwurf des Arzneimittelmarktneuordnungsgesetzes (AMNOG) der Fraktionen der CDU/CSU und FDP aus dem Jahr 2011 wurde ausdrücklich angemerkt, dass der preisunabhängige Bestandteil als nicht rabattfähig vorgesehen sei, während der prozentuale Zuschlag insbesondere Funktionsrabatte ermöglichen solle. Vgl. Entwurf eines Gesetzes zur Neuordnung des Arzneimittelmarktes in der gesetzlichen Krankenversicherung (Arzneimittelmarktneuordnungsgesetz – AMNOG) vom 06.07.2010, BT-Drs. 17/2413, S. 36 f.

Tabelle I.1: Überblick über die Regulierung der Preisaufschläge für Arzneimittel in europäischen Ländern

Land	Großhandelsaufschlag		Apothekenaufschlag		Rx-Versand-verbot
	Art	Umfang	Art	Umfang	
Belgien	Fix / linear	Variabel (begrenzt)	Fix / linear + Pauschale	Variabel (begrenzt)	Ja
Dänemark	Verhandelbar	Variabel	Linear + Pauschale	2,30€/Packung, 9,1% Umverteilung	Nein
Deutschland	Linear (begrenzt) + Pauschale	3,15% (max. 37,80€) + 0,70€/Packung	Linear + Pauschale	3% + 8,35€/Packung + 0,16€	Nein
Finnland	Verhandelbar	Durchschnittlich 4,3%	Regressiv	Variabel	Nein
Frankreich	Linear (begrenzt)	6,68% des HP (min. 0,30€, max. 30,03€)	Variabel + Pauschale	Variabel + Pauschale	Ja
Griechenland	Regressiv	HP ≤ 200€: 4,9% 1,5% darüber	Regressiv	2-30%	Ja
Großbritannien	Verhandelbar	Variabel	Variabel	Variabel	Nein
Irland	Linear	8%	Regressive Pauschale	Variabel	Ja
Italien	Linear	3%	Linear mit progressiven Abzügen	11,35-26,6%	Ja
Niederlande	Verhandelbar	Variabel	Variabel + Pauschale	Variabel	Nein
Österreich	Regressiv	Variabel: 7-17,5% des EU-Ø	Regressiv	3,9-55%	Ja
Polen	Regressiv	5% (OTC ugf. 14,3%)	Regressiv	Variabel	Ja
Portugal	Regressiv + Pauschale	<5€: 2,24% + 0,25€ >50€: 1,18% + 3,68€	Regressiv + Pauschale	<5€: 5,58% + 0,63€ >50€: 2,66% + 8,28€	Ja
Schweden	Verhandelbar	2,50%	Regressiv	21%	Nein
Spanien	Regressiv	7,60%	Linear (begrenzt), darüber fixe Abstufung	26%	Ja

Anmerkung: Zwischenzeitlich können in einzelnen Ländern bereits Regelungen angepasst worden sein.

Quelle: eigene Darstellung, basierend auf: Panteli et al. 2016: Pharmaceutical regulation in 15 European countries – Review, in: Health Systems in Transition, Vol. 18 No. 5, 2016; Kanavos, P./Schurer, W./Vogler, S., The pharmaceutical distribution chain in the European Union: structure and impact on pharmaceutical prices. European Commission, Brussels, Belgium, 2011; https://www.gesundheit.gv.at/gesundheitssystem/leistungen/medikamente/arzneimittelpreise; Deutsche Apotheker Zeitung, https://www.deutsche-apotheker-zeitung.de/news/artikel/2016/10/28/was-darf-wo-verschickt-werden, Abruf am 2. April 2018.

11. Der im Jahr 2013 neu in den Markt eingetretene Großhändler AEP hatte allen Kunden ein transparentes Rabattsystem inklusive Skonti angeboten, bei dem die Vorgaben der AMPreisVO übertroffen wurden. AEP gewährte beim Bezug von verschreibungspflichtigen Arzneimitteln bis zu einem Herstellerabgabepreis von 70 Euro einen Nachlass von 5,5 Prozent (3 Prozent Rabatt und 2,5 Prozent Skonto). Bei Rx-Medikamenten über 70 Euro wurde ein Nachlass von 2 Prozent Rabatt plus 2,5 Prozent Skonto eingeräumt, d. h. insgesamt 4,5 Prozent. Die Wettbewerbszentrale mahnte AEP Ende des Jahres 2014 wegen dieses Rabattmodells zunächst ab und verklagte das Unternehmen schließlich. In den ersten zwei Instanzen kamen das Landgericht (LG) Aschaffenburg und das Oberlandesgericht (OLG) Bamberg zu unterschiedlichen Rechtsauslegungen.[20] Das LG hielt die Gewährung der Skonti für zulässig, das Oberlandesgericht (OLG) Bamberg dagegen nicht. Der BGH entschied in seinem Urteil vom 5. Oktober 2017, dass die Vorschrift des § 2 Abs. 1 Satz 1 AMPreisV für den pharmazeutischen Großhandel bei der Abgabe von verschreibungspflichtigen Fertigarzneimitteln an Apotheken mit den dort vorgesehenen Großhandelszuschlägen lediglich eine Preisobergrenze festlegt.[21] Der

---

[20] LG Aschaffenburg, Urteil vom 22. Oktober 2015, 1 HK O 24/15; OLG Bamberg, Urteil vom 29. Juni 2016, 3 U 216/15.

[21] BGH, Urteil vom 5. Oktober 2017, I ZR 172/16 – Großhandelszuschläge.

Großhandel ist danach nicht verpflichtet, einen Mindestpreis zu beanspruchen, der der Summe aus dem Abgabepreis des pharmazeutischen Unternehmers, der Umsatzsteuer und einem Festzuschlag von 70 Cent entspricht.[22] Er kann deshalb nicht nur auf den genannten preisabhängigen, bis zur Höchstgrenze von 3,15 Prozent veränderlichen Zuschlag, höchstens jedoch 37,80 Euro, sondern auch auf den Festzuschlag von 70 Cent ganz oder teilweise verzichten.[23] Nutznießer der Rabatte sind bei einem System fester Abgabepreise auf der Endkundenebene der Arzneimittelversorgung die Apotheken und nicht die Kunden oder die Krankenkassen. Ausgangspunkt für die Ermittlung des regulierten Apothekenabgabepreises für verschreibungspflichtige Arzneimittel ist der nominale Apothekeneinkaufspreis (Tabelle I.2). Da die Apotheken durchschnittlich mehr als 80 Prozent ihrer Umsätze mit Rx-Arzneien tätigen, führen Skonti des Arzneimittelgroßhandels zu einer unmittelbaren Verbesserung der Betriebsergebnisse.[24]

EuGH 2016: Rabatte ausländischer Versandapotheken bei Rx-Medikamenten zulässig

12. Der EuGH hat auf eine Vorlage des OLG Düsseldorf im Oktober 2016 entschieden, dass die deutsche Preisbindung für verschreibungspflichtige Medikamente gemäß § 1 i. V. m. § 3 AMPreisV gegen europäisches Recht verstößt und im grenzüberschreitenden Versandhandel mit Rx-Medikamenten nicht zulässig ist.[25] Ausgangspunkt des Verfahrens war eine Unterlassungsklage der Wettbewerbszentrale gegenüber DocMorris. Das Unternehmen hatte Mitgliedern der Deutschen Parkinson Vereinigung Bundesverband e. V. (DPV) Rabatte für bestimmte verschreibungspflichtige Medikamente eingeräumt. Im Verlauf der Verhandlung über die Unterlassungsklage legte das OLG Düsseldorf den Fall dem EuGH zu einer Vorabentscheidung nach Art. 267 AEUV vor, damit der Gerichtshof einen möglichen Verstoß des Gesetzes gegen Unionsrecht überprüft. Der EuGH kam zu dem Ergebnis, dass die Preisbindung für Rx-Medikamente eine Maßnahme mit gleicher Wirkung wie eine mengenmäßige Einfuhrbeschränkung im Sinne von Art 34 AEUV ist. Sie wirke sich stärker auf die Abgabe verschreibungspflichtiger Arzneimittel durch in anderen Mitgliedstaaten ansässige Apotheken aus als auf die Abgabe solcher Arzneimittel durch im Inland ansässige Apotheken. Um Marktanteile in Deutschland zu erobern, so der EuGH, seien Apotheken aus dem europäischen Ausland in Deutschland gerade auf die Möglichkeit des Preiswettbewerbs angewiesen. Inländische Apotheken dagegen hätten durch persönliche Beratung vor Ort einen Wettbewerbsvorteil. Dadurch, dass ausländische Apotheken dies nicht durch niedrigere Preise ausgleichen könnten, würde ihnen die Einfuhr von Medikamenten nach Deutschland erschwert.

13. Der EuGH entschied, dass die Argumentation Deutschlands zur Rechtfertigung von § 1 AMPreisV unzureichend war.[26] Es sei nicht dargetan, inwiefern durch die Festlegung einheitlicher Preise für verschreibungspflichtige Arzneimittel eine bessere geografische Verteilung der traditionellen Apotheken in Deutschland sichergestellt werden könne.[27] Zudem seien keine Belege dafür vorgelegt worden, dass sich die Versandapotheken ohne die Preisbindung einen ruinösen Preiswettbewerb liefern könnten, der in seinen Auswirkungen dazu führte, dass die Notfallversorgung in Deutschland nicht mehr zu gewährleisten wäre, weil sich die Zahl der Präsenzapotheken verringern würde.[28] Es sei auch nicht nachgewiesen, inwiefern durch die Festlegung einheitlicher Preise für verschreibungspflichtige Arzneimittel eine bessere geografische Verteilung der traditionellen Apotheken in Deutschland sichergestellt werden könne. Im Gegenteil würden Unterlagen, die dem Gerichtshof vorlagen, nahelegen, dass der Preiswettbewerb unter den Apotheken Anreize zur Niederlassung in Gegenden setzen würde, in denen wegen der geringeren Zahl an Apotheken höhere Preise verlangt wer-

---

[22] Ebenda, Rz. 29 ff.

[23] Ebenda, Rz. 31.

[24] So etwa der Marketing Verein Deutscher Apotheker (MVDA), der von einem durchschnittlich um 18.000 Euro besseren Betriebsergebnis pro 1 Prozent Skonto ausgeht, zitiert nach Ärztezeitung online vom 6. Oktober 2017, Pharmahändler dürfen kräftig zubuttern, https://www.aerztezeitung.de/praxis_wirtschaft/unternehmen/article/944681/skonto-rabatt-pharmahaendler-duerfen-kraeftig-zubuttern.html.

[25] EuGH, Urteil vom 19. Oktober 2016, C-148/15, ECLI:EU:C:2016:776.

[26] Ebenda, Rz. 34 ff.

[27] Ebenda, Rz. 37.

[28] Ebenda, Rz. 39.

den könnten.[29] Auch die vorgetragenen allgemeinen Überlegungen, dass der Patient, der sich in einem gesundheitlich geschwächten Zustand befindet, keine Preise vergleichen könne, reichten nach Auffassung des EuGH „in keiner Weise" zum Nachweis tatsächlicher Gefahren für die menschliche Gesundheit aus.[30]

14. In der Folge des Urteils des EuGH haben ausländische Versandapotheken seit dem Herbst 2016 Rabatte auf den Apothekenabgabepreis bei verschreibungspflichtigen Medikamenten gewährt. Für die im Inland ansässigen Apotheken – niedergelassene Apotheken und Versandapotheken – gilt weiterhin die Preisbindung des § 1 AMPreisV. Damit sind die deutschen Apotheker im Vergleich zu den ausländischen Versandapotheken im Hinblick auf die Möglichkeit, ihren Kunden Rabatte bei verschreibungspflichtigen Medikamenten einzuräumen, schlechtergestellt. Es besteht damit der Zustand einer sog. Inländerdiskriminierung.

Versandhandel mit Rx-Arzneimitteln in der Diskussion

15. Als Reaktion auf das EuGH-Urteil wird in Deutschland ein Verbot des Versandhandels mit verschreibungspflichtigen Medikamenten diskutiert. Das Bundesgesundheitsministerium hatte im Dezember 2016 und in einer nachgebesserten Form im Januar 2017 einen Referentenentwurf mit entsprechenden Gesetzesvorschlägen vorgelegt, der allerdings bis zum Ende der Legislaturperiode nicht mehr umgesetzt wurde.[31] Als Ziel des Entwurfs wurde genannt, durch ein Verbot des Versandhandels die flächendeckende, wohnortnahe und gleichmäßige Versorgung der Bevölkerung mit Arzneimitteln zu gewährleisten. Begründet wurde der Gesetzentwurf im Wesentlichen mit dem Argument, dass Versandapotheken zunehmend Marktanteile gewinnen und bereits geringe Verschiebungen der Marktanteile zulasten der nationalen Präsenzapotheken zu einer Ausdünnung des bestehenden Netzes öffentlicher Apotheken und einer Gefährdung der flächendeckenden Arzneimittelversorgung führen werde.[32] Unterstellt wurde damit eine Wirkungskette, nach der der Versandhandel (i) Marktanteile zulasten der Präsenzapotheken gewinnt, (ii) der Verlust von Marktanteilen die Anzahl der öffentlichen Apotheken verringert, (iii) vor allem die Apotheken in den schlechter versorgten ländlichen Räumen in wirtschaftliche Schwierigkeiten geraten und schließen und (iv) die Arzneimittelversorgung in Deutschland dadurch gefährdet wird. In dem aktuellen Koalitionsvertrag von CDU, CSU und SPD wurde vereinbart, dass sich die Koalition in der laufenden 19. Legislaturperiode für ein Verbot des Versandhandels mit verschreibungspflichtigen Arzneimitteln einsetzt.[33]

16. Allerdings bestehen Anhaltspunkte, dass ein Verbot auf erhebliche europarechtliche und gegebenenfalls verfassungsrechtliche Bedenken stoßen würde. Ein gesetzliches Verbot des Versandhandels mit Rx-Medikamenten wäre – wie die bisherige gesetzliche Preisbindung – eine Beschränkung der Warenverkehrsfreiheit. Für die Rechtfertigung einer so schwerwiegenden Beschränkung wäre etwa die Gefährdung der Gesundheitsversorgung in Deutschland nachzuweisen. Dazu reichen nach der bisherigen Rechtsprechung des EuGH rein hypothetische Annahmen nicht aus.[34] Nicht auszuschließen ist auch, dass das Verbot des Versandhandels gegen die grundgesetzlich geschützte Berufsfreiheit von Versandapothekern verstoßen würde.[35] Dies gilt vor allem vor dem Hintergrund, dass das Versandhandelsverbot eine seit dem Jahr 2004 in Deutschland zugelassene und ohne negative Auswirkungen auf die Gesundheitsversorgung praktizierte Geschäftstätigkeit treffen würde.

---

[29] Ebenda. Rz. 38.

[30] Ebenda, Rz. 42.

[31] Referentenentwurf des Bundesministeriums für Gesundheit, Entwurf eines Gesetzes zum Verbot des Versandhandels mit verschreibungspflichtigen Arzneimitteln, https://www.bundesgesundheitsministerium.de/fileadmin/Dateien/3_Downloads/Gesetze_und_Verordnungen/GuV/V/Versandhandel-Verbot_RefE.pdf.

[32] Ebenda, S. 11.

[33] Ein Aufbruch für Europa – Eine neue Dynamik für Deutschland – Ein neuer Zusammenhalt für unser Land, Koalitionsvertrag zwischen CDU, CSU und SPD, 19. Legislaturperiode, Rd.-Nr. 4559 f.

[34] EuGH, Urteil vom 19. Oktober 2016, C-148/15, ECLI:EU:C:2016:776, Rz. 35 f.; vgl. auch EuGH, Urteil vom 11. Dezember 2003, C-322/01 – Deutscher Apothekerverband, Slg. 2003, I-14887, ECLI:EU:C:2003:664, Rz. 74-76, 122 f.

[35] Art. 12 Abs. 1 GG.

Prüfung des Honorarsystems des Arzneimittelgroß- und -einzelhandels

17. Vorzugswürdig wäre eine Überarbeitung des Honorarsystems des Arzneimittelgroß- und -einzelhandels, mit der sich auch das seit November 2017 vorliegende sog. Honorargutachten befasst.[36] Das Bundesministerium für Wirtschaft und Energie hat gemäß § 78 Arzneimittelgesetz (AMG) i. V m. der AMPreisV den gesetzlichen Auftrag, die Preisspannen des pharmazeutischen Großhandels und der öffentlichen Apotheken festzusetzen. Bei sich ändernden Kosten wird eine Anpassung der Preise notwendig. Um dafür eine verlässliche Datenbasis zu haben, hat das Bundesministerium für Wirtschaft und Energie die Erstellung des sog. Honorargutachtens bei einer externen Beratungsgesellschaft in Auftrag gegeben. Das Gutachten untersucht die mit der AMPreisV verbundenen gesetzlichen Ziele, wie die Sicherstellung einer sicheren und flächendeckenden Versorgung mit Arzneimitteln, und prüft die daraus abzuleitenden Berechnungen der Preise. Das Forschungsprojekt wurde von einem Arbeitskreis des Bundeswirtschaftsministeriums begleitet, dem Vertreter des Bundesministeriums für Gesundheit, des Bundesfinanzministeriums, des Statistischen Bundesamtes, der Bundesvereinigung Deutscher Apothekerverbände (ABDA), des Spitzenverband Bund der Krankenkassen (GKV-Spitzenverband) und des Verbands der Privaten Krankenversicherung angehörten.

18. Vorgeschlagen wird in dem Gutachten unter anderem, in Bereichen, die bisher bei den Apotheken nicht kostendeckend vergütet werden (Standardrezepturen, Nacht- und Notdienstpauschalen), die Entgelte zum Teil deutlich anzuheben. In Bereichen, in denen Apotheken und Großhandel bisher über dem Niveau der Kostendeckung vergütet wurden, soll die Vergütung hingegen abgesenkt werden. Ein Grund für eine Absenkung ist die festgestellte Quersubventionierung der OTC-Arzneimittel durch Rx-Arzneimittel. Vorgeschlagen wird deshalb auch eine deutliche Absenkung des absoluten Festzuschlags bei Fertigarzneimitteln, was insgesamt zu einer Reduzierung der Vergütung der Apotheken im Rx-Bereich von durchschnittlich ca. 40.000 Euro pro Apotheke im Jahr führen würde.[37] Für den Großhandel werden von den Gutachtern auf Basis der Kosten ein geringerer prozentualer Zuschlag und ein höherer Festzuschlag empfohlen, was insgesamt eine Reduktion der nominell realisierbaren Zuschläge der Großhändler in Höhe von EUR 209 Mio. zur Folge hätte.[38]

19. Der Gutachtenauftrag wurde vor dem Hintergrund der laufenden Diskussion um das Versandhandelsverbot für verschreibungspflichtige Arzneimittel erweitert. In diesem Punkt kommt das Gutachten zu dem Ergebnis, dass die flächendeckende Versorgung mit Apotheken in Deutschland derzeit nicht gefährdet sei. Um eine Flächendeckung auch für die Zukunft zu sichern, schlagen die Gutachter vor, eine aktuelle Analyse der Erreichbarkeit von Präsenzapotheken vor dem Hintergrund der aktuellen Lebenswirklichkeit der Bevölkerung vorzunehmen. Aus Sicht der Autoren kann es nicht Ziel einer angemessenen Versorgung sein, voll ausgestattete Apotheken mit täglicher Öffnungszeit an Orten zur Verfügung zu stellen, an denen weder Ärzte noch ein Lebensmittelhandel verfügbar seien. Versandhandel und Botendienste der Präsenzapotheken seien effiziente ergänzende Versorgungsformen der Bevölkerung. Untersucht wurde zudem die wirtschaftliche Situation der Apotheken. Aufgezeigt wurde, dass bereits im Jahr 2015 etwa 7.600 Apotheken wirtschaftlich gefährdet waren. Betroffen davon seien städtische wie ländliche Apotheken. Grundsätzlich gelte, dass Apotheken in ländlichen Räumen wirtschaftlich nicht schlechter positioniert seien als Apotheken in städtischen Gebieten. Würde man alle derzeit bestehenden Apotheken erhalten wollen, müsse mit zusätzlichen jährlichen Kosten von EUR 2 Mrd. gerechnet werden. Eine gezielte Unterstützung der gefährdeten Apotheken in ländlichen Räumen würde dagegen nur etwa EUR 100 Mio. kosten. Zu empfehlen sei, die für eine flächendeckende Versorgung relevanten Apotheken zu identifizieren und gezielt zu unterstützen, etwa durch Mittel aus einem einzurichtenden Strukturfonds. Derzeit ist nicht ersichtlich, ob und wann die Empfehlungen des Honorargutachtens umgesetzt werden.

---

[36] Vgl. an der Heiden, I./Meyrahn, F. (2HM & Associates GmbH), Ermittlungen der Erforderlichkeit und des Ausmaßes von Änderungen der in der Arzneimittelpreisverordnung (AMPreisV) geregelten Preise, im Auftrag des Bundesministeriums für Wirtschaft und Energie, vorgelegt am 27. November 2017.

[37] 2HM & Associates GmbH, a. a. O., S. 171.

[38] Ebenda, S. 191.

3 Probleme der Festsetzung einer einheitlichen Vergütung auf Basis der Arzneimittelpreisverordnung

20. Die Preise für die Leistungen von Arzneimittelgroßhändlern und Apothekern sind in Anbetracht der jüngeren Entwicklungen einer intensiven politischen Diskussion ausgesetzt. Um die Angemessenheit der bestehenden Regulierung systematisch zu analysieren, sind unterschiedliche Stränge der Diskussion getrennt voneinander zu betrachten. Dies betrifft zunächst die Debatte um die Anpassung der Vergütungssätze für Großhändler und Apotheken bei Rx-Arzneimitteln auf Basis der Kostenentwicklung, die insbesondere durch das Honorargutachten neu entfacht wurde. Kennzeichnend für die regelmäßige Anpassung bestimmter Vergütungssätze der Arzneimittelpreisverordnung ist, dass mit ihr keine Veränderung an den strukturellen Vorgaben des Arzneimittelgesetzes verbunden ist. Insbesondere die Abgabe zu einheitlichen Preisen gemäß § 78 Abs. 2 Satz 2 des AMG ist eine solche Vorgabe, die erhebliche Auswirkung auf Bedeutung und Regelungsinhalt der Arzneimittelpreisverordnung hat. Aus ihr folgt, dass der Patient als Endkunde nicht auf Basis unterschiedlicher Preise über die Auswahl eines Leistungserbringers entscheiden soll und es einer abschließenden Regelung der im Wesentlichen von den Krankenversicherungen zu finanzierenden Preisaufschläge bedarf. Funktion, Wirkungen und Probleme, die mit der Kalkulation dieser Preisaufschläge in Verbindung stehen, sollen nachfolgend zunächst aufgezeigt werden.

Preisaufschläge, Erlöse, Kostenträger

21. Die auf Basis der Ermächtigung in § 78 Abs. 1 Arzneimittelgesetz erlassene Arzneimittelpreisverordnung normiert die Handelsspannen, die der pharmazeutische Handel bei der Abgabe verschreibungspflichtiger Arzneimittel aufschlagen kann. In der derzeit geltenden Fassung werden insbesondere Aufschläge auf Fertigarzneimitteln zwischen der Handelsstufe der Großhändler (§ 2) und den öffentlichen Apotheken (§ 3) sowie besondere Zuschläge für Stoffe (§ 4) bzw. Stoffzubereitung (§ 5), Abgabe im Notdienst (§ 6) und Betäubungsmittel (§ 7) unterschieden. Für den Umsatz von Großhändlern und Apotheken von besonderer Bedeutung sind die Handelsspannen bei der Abgabe eines typischen verschreibungspflichtigen Fertigarzneimittels, die an einem Beispiel in Tabelle I.2 dargestellt sind.[39] Je abgegebene Packung fällt hierfür eine regulierte Marge an.

22. Ausgangspunkt für die Berechnung der Apothekenverkaufspreise ist der Abgabepreis des Herstellers. Auf diesen Preis schlägt der Großhandel nach der AMPreisV grundsätzlich 70 Cent Festzuschlag und 3,15 Prozent preisabhängigen Zuschlag[40] auf. Die das Arzneimittel abgebende Apotheke schlägt ihrerseits einen Festzuschlag von 8,35 Euro und 3 Prozent auf den Apothekeneinkaufspreis auf, wobei der rechnerische Ertrag des Apothekers bei Abgabe des Arzneimittels an einen GKV-Patienten durch den Abschlag nach § 130 SGB V faktisch auf 6,58 Euro plus dem prozentualen Zuschlag gesenkt wird. Zur Kalkulation des Apothekenabgabepreises sind weitere Zuschläge (Notdienstzuschlag, Umsatzsteuer) zu berücksichtigen. Dieser Preis wird in der Regel von der Krankenversicherung getragen, wobei zum einen der versicherungsspezifische Herstellerabschlag (§ 130a Abs. 1 SGB V) sowie im Fall der GKV spezifische Abschläge berücksichtigt werden. GKV-Patienten müssen zudem für viele Fertigarzneimittel einen Eigenanteil tragen, der mindestens 5 Euro beträgt und abhängig vom Preis des Arzneimittels gegebenenfalls auf bis zu 10 Euro anwachsen kann.

---

[39] 96 Prozent der abgegebenen rezeptpflichtigen Arzneimittel sind Fertigarzneimittel. Vgl. an der Heiden, I./Meyrahn, F. (2HM & Associates GmbH), Ermittlungen der Erforderlichkeit und des Ausmaßes von Änderungen der in der Arzneimittelpreisverordnung (AMPreisV) geregelten Preise, im Auftrag des Bundesministeriums für Wirtschaft und Energie, 27. November 2017, S. 118.

[40] Begrenzt auf einen Höchstbetrag von 37,80 Euro.

Tabelle I.2: Beispielrechnung für die Preis- und Ertragskalkulation je Packung eines Fertigarzneimittels

	Kalkulation Arzn.preis	Ertrag Großhandel	Ertrag Apotheker
Herstellerabgabepreis	28,00 €		
Großhandel *(§ 2 AMPreisV)*			
+ Großhandelsaufschlag 3,15%	0,88 €	0,88 €	
+ Großhandelspauschale 0,70€	0,70 €	0,70 €	
Nominaler Apothekeneinkaufspreis entspr. AMPreisV	29,58 €		
- Rabatte/Skonti für Apotheken (0 bis ca. 6%), hier 3%	0,89 € -	0,89 €	0,89 €
Tatsächlicher Apothekeneinkaufspreis	28,69 €		
Apotheke *(§ 3 AMPreisV)*			
Nominaler Apothekeneinkaufspreis entspr. AMPreisV	29,58 €		
+ Apothekenaufschlag 3%	0,84 €		0,84 €
+ Packungspauschale 8,35€	8,35 €		8,35 €
+ Notdienstpauschale 0,16€	0,16 €		
Netto-Apothekenabgabepreis	38,93 €		
+ Umsatzsteuer	7,40 €		
Brutto-Apothekenabgabepreis (einheitlich)	46,33 €		
- GKV Rabatt *(§ 130 SGB V)*	1,77 €	-	1,77 €
- Gesetzl. Herstellerabschlag 7% v.HAP *(§130a Abs. 11 SGB V)*	1,96 €		
- GKV-Versichertenzuzahlung *(§ 61 i.V.m. § 31 Abs. 3 SGB V)*	5,00 €		
GKV (ca. 89,18% der Versicherten)	37,60 €	0,69 €	8,31 €
PKV (ca. 10,82% der Versicherten)	46,33 €	0,69 €	10,08 €
⌀		0,69 €	8,50 €

Anmerkungen: In die Ertragskalkulation gehen nur unmittelbare Erträge aus der Abgabe einer Fertigarzneimittel-Packung aus dem als Beispiel verwendeten Herstellerabgabepreis von 28 Euro ein. Besondere Erträge, etwa im Notdienst, bleiben unberücksichtigt.

Quelle: eigene Darstellung, BMG.

23. Auf den ersten Blick scheint die AMPreisV die Erträge sowohl des Großhandels als auch der Apothekern auf der Basis jeweils eines festen und eines preisabhängigen Anteils genau vorzugeben.[41] Allerdings sind in der Praxis beim Einkauf im Großhandel Rabatte möglich. Infolge des BGH-Urteils aus dem Oktober 2017 kann der in § 2 Abs. 1 AMPreisV geregelte Großhandelsaufschlag im Wettbewerb vollständig rabattiert werden. In der Praxis sind in Einzelfällen zurzeit auch sehr hohe Rabatte von im Einzelfall bis zu 6 Prozent des regulierten Apothekeneinkaufspreises zu beobachten. Auch ist zunehmend zu beobachten, dass Apotheken die Großhandelsebene „überspringen", indem sie z. B. einzelne Arzneimittel direkt beim Hersteller beziehen. Diese Möglichkeiten führen zu der Situation, dass derzeit die aus den Handelsspannen erzielbaren Erlöse des Großhandels gegebenenfalls geringer, die der Apotheke – als Empfängerin der Rabatte – demgegenüber höher ausfallen, als dies aus der Arzneimittelpreisverordnung unmittelbar sichtbar wäre.

---

[41] Die Zweiteiligkeit bezieht sich auf die Vergütung der hier im Fokus stehenden Abgabe von Fertigarzneimitteln.

Zielkonflikte bei gesetzlicher Festlegung einheitlicher Preisaufschläge

24. Zur Bestimmung der Höhe angemessener Preisaufschläge durch den Verordnungsgeber existieren keine klar operationalisierbaren Regeln, sondern verschiedene normierte Grundsätze, die gegeneinander abgewogen werden müssen. § 78 Abs. 2 AMG regelt, dass die Preise und Preisspannen den berechtigten Interessen von Arzneimittelverbrauchern, Apotheken und Großhandel Rechnung tragen müssen. Durch eine Gesetzesänderung im Jahr 2017 wurde die Vorschrift zudem dahingehend konkretisiert, dass die „Sicherstellung der Versorgung" als ein berechtigtes Interesse der Arzneimittelverbraucher explizit genannt wird.[42] Es liegt nahe, dass die Verbraucher (d. h. die Nachfrager) an Preis- (Wirtschaftlichkeit) und Qualitätsmerkmalen der Leistung interessiert sind, wobei in Bezug auf die Qualität auf die Versorgung aller Verbraucher abzustellen ist.[43] Da die gesetzliche Krankenversicherung für einen überwiegenden Teil der Verbraucher der relevante Kostenträger ist, spricht auch das Wirtschaftlichkeitsgebot des § 12 SGB V dafür, dass Wirtschaftlichkeitsinteressen zu beachten sind.[44] Das Bundesministerium für Wirtschaft und Energie soll zudem im Einvernehmen mit dem Bundesministerium für Gesundheit die Sätze für Apotheken gemäß § 78 Abs. 1 Satz 2 AMG der „Entwicklung der Kosten bei wirtschaftlicher Betriebsführung" anpassen, wodurch auch eine Verbindung zu Kostendeckung und Effizienz deutlich wird.

25. Die vom Bundesministerium für Wirtschaft und Energie zur Überprüfung der Sätze beauftragten Gutachter kommen vor dem Hintergrund einer Prüfung der gesetzlichen Grundlagen zu dem Schluss, dass die Preisaufschläge der AMPreisV kostendeckend festgelegt werden sollen.[45] Im Zusammenhang mit der administrativen Festlegung einer kostendeckenden Vergütung ist allerdings zu klären, für welches Leistungsniveau die Kostendeckung erfolgen muss. Hierbei stellen sich zahlreiche zu klärende Fragen, z. B. in Bezug auf die zu finanzierende Belieferungsfrequenz des Großhandels oder die angemessene Warte- oder Beratungszeit in Apotheken.

26. Ein herauszuhebendes Merkmal in Bezug auf die Festlegung des Leistungsniveaus betrifft die zu finanzierende Anzahl der Apotheken. Die fixe Vorgabe eines einheitlichen Preises, die Niederlassungsfreiheit der Apotheker[46] sowie eine regional sehr unterschiedlichen Bevölkerungs- (und damit auch Ärzte- bzw. Verschreibungs-)Dichte haben Auswirkungen auf die örtlich vorzufindende Apothekendichte. Regionen mit hoher Bevölkerungsdichte sind für Apotheken aufgrund der Rezeptzahlen auf den ersten Blick lukrativ, führen aber auch zu Neueröffnungen von Apotheken, sodass sich im Standortwettbewerb die Zahl der Rezepte auf mehr Apotheken verteilt.[47] Umgekehrt lässt die Eröffnung einer Apotheke in ländlichen Regionen erheblich geringere Rezepteinlösungen und damit niedrigere garantierte Umsätze erwarten, sodass für die Eröffnung weiterer Apotheken in kurzer Distanz zu einer bereits existierenden geringere Anreize bestehen. Wird der Preisaufschlag vom Gesetzgeber so angepasst, dass die Kosten einer Apotheke in einer Region mit niedrigen Rezeptzahlen gedeckt werden können, um dort ein bestimmtes Versorgungsniveau zu garantieren, dann kommt es durch die einheitliche Handelsspanne der Apotheken im Umkehrschluss in dichter besiedelten Regionen automatisch zu einem sehr hohen Versorgungsniveau.

27. Als Ergebnis der Regulierung sind deshalb in einzelnen städtischen Regionen zahlreiche räumlich eng beieinander liegende Apotheken mit hohen Komfortmerkmalen (z. B. kurzen Wartezeiten) in Einkaufsstraßen zu beobachten, wäh-

---

[42] Deutscher Bundestag (2016), Entwurf eines Gesetzes zur Stärkung der Arzneimittelversorgung in der GKV (GKV-Arzneimittelversorgungsstärkungsgesetz – AMVSG). Drucksache 18/10208.

[43] § 78 Abs. 2 Satz 1 2. HS AMG stellt ausdrücklich fest, dass die „Sicherstellung der Versorgung" eines von verschiedenen zu berücksichtigenden Interessen der Verbraucher ist; es wird allerdings nicht durch eine Hervorhebung wie „insbesondere" über andere Verbraucherinteressen gestellt. Die Konkretisierung dieses Interesses ist somit als ein Verteilungsmerkmal in Bezug auf eine Qualitätssicherstellung für alle Verbraucher (z. B. flächendeckende Versorgung) zu verstehen, da andernfalls unterschiedliche Qualitätsinteressen bei den Verbrauchern vorliegen können.

[44] Allerdings ist naheliegend, dass auch die Versicherten einer PKV ein Wirtschaftlichkeitsinteresse besitzen. Anders Dettling (2018), der als Kerninteresse der Verbraucher die gesundheitlichen Versorgungsinteressen sieht. Dettling, H. U., Ganzheitlicher Versorgungsauftrag als Maßstab der Arzneimittelpreisregulierung, Deutsche Apothekerzeitung (4), 25. Januar 2018, S. 1–11.

[45] 2HM & Associates GmbH, a. a. O., S. 85 f.

[46] Vgl. hierzu das Apothekenurteil des BVerfG, Urteil vom 11. Juni 1958, 1 BvR 596/56, 377 ff.

[47] Vgl. Monopolkommission, XVIII. Hauptgutachten, Mehr Wettbewerb, wenig Ausnahmen, Baden-Baden 2010, Tz. 37.

rend die Ertragslage dieser Apotheken aufgrund des stärkeren Wettbewerbs sogar unter der von Landapotheken liegen kann.[48] Es zeigt sich auch das Problem, dass mit der Sicherstellung der Versorgung des ländlichen Raums durch stationäre Apotheken automatisch ein Versorgungsniveau in urbanen Gegenden finanziert wird, das möglicherweise nicht mit einem Wirtschaftlichkeitsziel in Einklang gebracht werden kann.[49] Wirtschaftlichkeitsinteressen und das Interesse an einer Sicherstellung der (flächendeckenden) Versorgung stehen somit in einem Zielkonflikt, der durch das gewählte Regulierungsmodell nicht effizient gelöst wird.

28. Die vom Bundesministerium für Wirtschaft und Energie beauftragten Gutachter haben für Apotheken im Wesentlichen den Istzustand als das zu finanzierende Leistungsniveau festgelegt.[50] In Bezug auf den Großhandel haben die Gutachter insbesondere eine Änderung der Belieferungsfrequenz auf einmal täglich vorgeschlagen.[51] In der Studie wurden zudem für die Berechnung der kostendeckenden Sätze Istkosten zugrunde gelegt. Damit einher geht ein weiteres typisches Problem administrativer Preisfestlegung, bei der aus operationellen Gründen nicht überprüft wird, ob die zugrunde gelegten Kosten tatsächlich auf wirtschaftliche Betriebsführung oder auf Ineffizienzen zurückzuführen sind.[52]

29. Auf der Basis des dargestellten Kosten-Leistungs-Konzepts wurde eine Umrechnung der Kosten auf die Produkte vorgenommen, um die angemessenen Preisaufschläge zu ermitteln. Danach schlagen die Gutachter insbesondere vor:

- im Großhandel den Festzuschlag für Fertigarzneimittel von 70 Cent auf 96 Cent zu erhöhen und den packungspreisbezogenen prozentualen Zuschlag von 3,15 Prozent auf 0,53 Prozent zu senken;
- für öffentliche Apotheken den Festzuschlag für Fertigarzneimittel von 8,35 Euro auf 5,84 Euro zu senken und den packungspreisbezogenen prozentualen Zuschlag von 3 Prozent auf 5 Prozent zu erhöhen;
- den Notdienstzuschlag auf Fertigarzneimittel, durch den der Notdienstfonds finanziert wird, aus dem den Apotheken Nacht- und Notdienstzuschläge gezahlt werden, von 16 Cent auf 33 Cent zu erhöhen;
- die übrigen Zuschläge für die Zubereitung von Rezepturen und parenteralen Lösungen oder die Abgabe von Betäubungsmitteln anzupassen, sodass es insgesamt zu einer Absenkung des Gesamtvolumens der Apothekenvergütung kommt.

Strukturelle Probleme durch Beibehaltung expliziter Großhandelszuschläge

30. Die Überprüfung eines möglichen strukturellen Änderungsbedarfs bezüglich des Konzepts der AMPreisV war nicht Teil des vom Bundesministerium für Wirtschaft und Energie beauftragten Gutachtens. Die in der AMPreisV bisher bestehende Struktur mit verschiedenen Zuschlägen für Großhandel und Apotheken sowie für bestimmte Dienstleistungen wird von den Gutachtern daher nicht infrage gestellt. Ziel des Gutachtens war, den bereits vorgegebenen Vergütungsbestandteilen die jeweiligen Kosten nach betriebswirtschaftlichen Verfahren zuzurechnen. Mit Blick auf die kostenrechnerische Anwendung dieses Konzepts werden allerdings auch strukturelle Schwachpunkte der bestehenden Preisregulierung deutlich.

31. Ein logisches Problem weist etwa die zweistufige Regulierung und die damit einhergehende explizite Vorgabe eines Großhandelszuschlags auf. Zwar sieht das gegenwärtige Vergütungskonzept der AMPreisV vor, dass die Vollkosten von

---

[48] Dieser Wettbewerbseffekt hat zur Folge, dass die heute bestehenden Apotheken in Städten nicht grundsätzlich wirtschaftlich besser dastehen als Apotheken in ländlichen Regionen, die typischerweise ein wesentlich höheres Einzugsgebiet besitzen. Das dieses theoretisch naheliegende Ergebnis des Wettbewerbs auch in der Praxis zu beobachten ist, zeigen die Erhebungen des Honorargutachtens, in dem für Apotheken in dünn besiedelten Kreisen der höchste Betriebsüberschuss ermittelt wurde. Ein Rückgang der Apothekenzahl ist in der Stadt besser verkraftbar, da die Versorgungsaufgabe bei einer Betriebsaufgabe durch Konkurrenten wahrgenommen werden kann, ohne die Versorgung zu gefährden. Vgl. 2HM & Associates GmbH, a. a. O., S. 197.

[49] Konkret normiert § 12 SGB V, dass die Leistungen der GKV „das Maß des Notwendigen" nicht überschreiten dürfen. Es ist schwerlich zu argumentieren, dass das Maß des Notwendigen sich je nach Wohnort ganz erheblich unterscheidet.

[50] 2HM & Associates GmbH, a. a. O., S. 49 ff.

[51] Ebenda, S. 209.

[52] Was auch die Gutachter anerkennen. Vgl. 2HM & Associates GmbH, a. a. O., S. 50.

Großhandel und Apotheken allein aus den jeweils festgelegten Preisaufschlägen gedeckt werden. Weil die Großhändler derzeit jedoch den ihnen in der AMPreisV zugestandenen Preisaufschlag durch eigene Rabatte an die Apotheken weitergeben können, entfernt sich das Zurechnungskonzept faktisch bereits an dieser Stelle von der avisierten Kostendeckungslogik für beide Marktstufen.[53] Zudem wird der Großhandel durch die Rabattmöglichkeit vollumfänglich dem Effizienzdruck durch den Preiswettbewerb ausgesetzt. Der Endkunde (bzw. Kostenträger) profitiert von diesem Wettbewerb jedoch nicht direkt, da die möglichen Rabatte bei der Berechnung der Preisaufschläge für die Apotheken nicht berücksichtigt werden und damit den Preisaufschlag der Apotheken nicht unmittelbar reduzieren.[54]

32. Die Vorgehensweise, strukturell einerseits einen Preisaufschlag auf Kostenbasis zu normieren, andererseits aber durch Rabatte Preiswettbewerb zuzulassen, kann zudem auch unbeabsichtigte Effekte zeigen. Solche können in Form eines Selektionseffektes auftreten, wenn die Leistung des Großhandels nicht einheitlich festgelegt ist und die regulierten Preisaufschläge die durchschnittlichen, nicht aber die individuellen Kosten der Belieferung mit bestimmten Arzneimitteln decken. In diesem Fall könnte sich ein Großhändler auf bestimmte Produkte spezialisieren, deren Angebot für ihn lukrativ ist. Ein Beispiel für eine solche Spezialisierung zeigt sich in Bezug auf die Belieferungsfrequenz, mit der Großhändler die Apotheken bedienen. So werden die meisten Apotheken derzeit vom Großhandel mehrmals täglich beliefert, wobei die Belieferungshäufigkeit zwischen den Apotheken unterschiedlich ist. Eine konkrete gesetzliche Vorgabe einer bestimmten untertägigen Belieferungsfrequenz besteht nicht; in der Praxis liegt sie im Schnitt bei täglich ca. drei Lieferungen.[55] Als Ursache für den Bedarf mehrmaliger Belieferung wird von Marktteilnehmern unter anderem darauf verwiesen, dass infolge der unterschiedlichen Rabattverträge verschiedener Krankenversicherungen[56] die Vielfältigkeit der auf Rezept abzugebenden Arzneimittel zugenommen hat und die Apotheken einen Teil ihres Sortiments im Bedarfsfall „ad hoc" beim Großhändler bestellen. Gerade an Standorten mit höherer Apothekendichte ist die Belieferungsfrequenz zudem ein Wettbewerbsparameter, um Kunden zu binden. Die Kosten der mehrmaligen Belieferung gehen derzeit in die Kalkulation der Preisaufschläge aller Produkte ein. Allerdings liegt nicht für alle Produkte und alle Apotheken ein vergleichbarer Bedarf einer täglich mehrmaligen Belieferung vor. Im Hinblick auf die Produkte werden z. B. solche mit hoher gleichbleibender Nachfrage (sog. Schnelldreher) von Apotheken oft in regelmäßiger Stückzahl gekauft, sodass bei diesen eine tägliche Lieferung mit geringeren Vorhaltungsproblemen verbunden ist. Durch den für alle Produkte einheitlich festgelegten Preisaufschlag sind die Kosten der Produkte mit geringerem Lieferbedarf jedoch implizit „überdeckt", während Produkte mit Bedarf nach höherer Lieferfrequenz gegebenenfalls „unterdeckt" sind. Der vor einigen Jahren in den Markt eingetretene Großhändler AEP bietet nur eine Lieferung pro Tag an. Naheliegend ist, dass Apotheken insbesondere die „überdeckten" Produkte bei diesem Großhändler bestellen, um auf Basis der Überdeckung höhere Rabatte aushandeln zu können.

33. Zwar könnte es für erforderlich gehalten werden, für bestimmte Produkte eine mehrmals tägliche Lieferung aufrechtzuerhalten. Allerdings würde es dann bei diesen Produkten aufgrund der Unterdeckung der entsprechend höheren Lieferkosten zu Finanzierungsproblemen kommen. In der bestehenden Struktur der Finanzierung über regulierte Großhandelszuschläge ließe sich das Problem theoretisch nur dann lösen, wenn sich die in der Arzneimittelpreisverordnung festzulegenden Großhandelsspannen nicht an den durchschnittlichen Kosten, sondern an den Kosten der Produkte mit dem höchsten Belieferungserfordernis orientieren. Dadurch würde eine Unterdeckung der für die Lieferung einzelner Produkte bestehenden Kosten ausgeschlossen. Allerdings wäre damit auch eine Überdeckung der Gesamtkosten des Großhandels verbunden. Dadurch würden erhebliche Spielräume für Rabatte geschaffen. Alternativ zur Überdeckung

---

[53] Auch wenn der Festzuschlag als Teil des gesamten Großhandelszuschlags als nicht rabattfähig normiert würde, bliebe das grundsätzliche Problem bestehen. Der Effekt würde gegebenenfalls abgemildert.

[54] Was die Gutachter einräumen. Vgl. 2HM & Associates GmbH, a. a. O., S. 97.

[55] Dieser Wert wird im Honorargutachten unter Bezug auf eine Angabe des Großhandelsverbands PHAGRO ausgewiesen. Gegenüber der Monopolkommission wurden von Großhändlern auch geringfügig niedrigere Werte genannt. Vgl. 2HM & Associates GmbH, a. a. O, S. 209.

[56] § 130a Abs. 1 SGB V und § 130a Abs. 3b SGB V.

kann auf das besagte Problem auch dadurch reagiert werden, dass die Belieferungsfrequenz einheitlich festgelegt wird, was jedoch aufgrund der unterschiedlichen Anforderungen der Apotheken mit Ineffizienzen einherginge.[57]

34. Sofern der Verordnungsgeber die Rabattfähigkeit des Festbetrags, de lege ferenda, durch eine Änderung der Formulierung von § 2 AMPreisV ausschließen sollte, bliebe nur noch der prozentuale Zuschlag rabattfähig. Dadurch würde das beschriebene Selektionsproblem allerdings nicht vermieden, sondern allenfalls begrenzt. Gleichzeitig führte diese Lösung zu einer Verminderung des Wettbewerbs, insbesondere da die Gutachter des Bundesministeriums für Wirtschaft und Energie eine erhebliche Absenkung des prozentualen gegenüber dem (nicht rabattfähigen) Festzuschlag errechnet haben (siehe Tz. 29). Die damit einhergehende Begrenzung des Preiswettbewerbs würde die Effizienz im Großhandel schwächen und könnte gegenüber einer Marktlösung auch zu einer Überdeckung der Kosten führen.[58]

35. Nicht erwogen wurde bisher, dass auf eine explizite Regulierung von Großhandelsaufschlägen in § 2 AMPreisV verzichtet werden könnte. Infolge eines Wegfalls dieser Regelung würden die Arzneimittelgroßhändler ihre Handelsspannen frei im Wettbewerb setzen. Bei den Apotheken fallen die sich danach im Wettbewerb einstellenden Margen des Großhandels allerdings ihrerseits weiterhin als Kosten an, die im Rahmen der Festlegung der Zuschläge für Apotheken grundsätzlich zu berücksichtigen sind. Anders, als es heute bei der Ermittlung der expliziten Großhandelszuschläge in § 2 AMPreisV geschieht, würde sich die Erstattung dieser Kosten jedoch nicht auf kalkulatorisch ermittelte Werte der Produktionsprozesse des Großhandels selbst stützen, sondern auf die durchschnittliche Marge, die sich im Wettbewerb zwischen Apotheken und Großhändlern bei Rx-Arzneimitteln tatsächlich eingestellt hat. Diese könnte somit sehr viel unproblematischer ermittelt werden, als dies heute bei der expliziten Regulierung von Großhandelsaufschlägen der Fall ist, indem solche Margen auf Basis von Stichproben erhoben und hochgerechnet werden. Die in der AMPreisV regulierten Handelsspannen der Apotheken wären dann entsprechend den so ermittelten Kosten zu erhöhen. Weil infolge einer Einführung dieses Systems durch die AMPreisV keine allgemeinen Aufschläge mehr vorgegeben würden, könnten sich die im Wettbewerb auf der Großhandelsebene einstellenden Handelspannen an den individuellen Kosten der Belieferung bestimmter Produktgruppen orientieren. Dadurch würden systematische Über- oder Unterdeckungen auf der Großhandelsebene vermieden. Zugleich würde auch eine Überdeckung der bei effizientem Ressourceneinsatz entstehenden Gesamtkosten des Großhandels unwahrscheinlicher, weil anstelle von kalkulierten Kosten die tatsächlich im Wettbewerb realisierten Preisaufschläge in der Arzneimittelpreisverordnung berücksichtigt würden.

Kostenrechnerische Probleme der gesetzlichen Festlegung einheitlicher Preisaufschläge

36. Ein anderes, schwerwiegendes Problem der Kostendeckungsrechnung betrifft den Umgang mit sog. Gemeinkosten im Großhandel und in Apotheken. Dabei handelt es sich um solche Kosten, die sich nicht unmittelbar einem Kostenträger wie den Rx-Arzneimitteln zuordnen lassen. Das Problem der Gemeinkosten ist bei der Festlegung der Preisaufschläge für Rx-Arzneimittel deshalb schwerwiegend, weil Großhändler und Apotheken neben den Rx-Produkten auch apothekenpflichtige und freiverkäufliche Produkte (Non-Rx) vertreiben, deren Preise nicht reguliert werden. Ein großer Teil der Kosten des Vertriebs – in einer Apotheke z. B. die Miete der Verkaufsräume, das Personal, das sämtliche Produkte des Sortiments abgibt, oder der in einer Kostenrechnung anzusetzende Lohn des selbstständigen Apothekers – lässt sich nicht eindeutig der einen oder anderen Produktgruppe zuordnen. Wird aber eine für Rx-Arzneimittel kostendeckende Preisregulierung angestrebt, ist es erforderlich, einen Anteil der Gemeinkosten auf die Rx-Medikamente zu verrechnen. Dabei handelt es sich auch um den Anteil der Gemeinkosten, der zu einem erheblichen Teil von der Versichertengemeinschaft in der Krankenversicherung getragen wird.

37. Da Gemeinkosten per definitionem nicht ökonomisch korrekt zugerechnet werden können, ist die Wahl des verwendeten Zuordnungskriteriums (Zuordnungsschlüssel) aus wirtschaftswissenschaftlicher Sicht immer eine „willkürliche"

---

[57] Die Gutachter des Bundesministeriums für Wirtschaft und Energie schlagen vor, unabhängig von dem dargestellten Selektionsproblem gegebenenfalls grundsätzlich nur noch die Kosten einer einzigen Lieferung auf alle Produkte umzulegen. Dadurch würde der Standard der Belieferung allgemein absinken. Vgl. 2HM & Associates GmbH, a. a. O., S. 209.

[58] Für eine solche Überdeckung könnte es Anhaltspunkte geben, da gegenwärtig in der Praxis Großhandelsrabatte möglich sind, die den bestehenden prozentualen Zuschlag nach § 2 AMPreisV bereits übersteigen. Wird der prozentuale Rabatt auf Basis der Ergebnisse des Honorargutachtens nun zudem deutlich abgesenkt und der nicht rabattfähige Festzuschlag zugleich erhöht, dann muss die nicht rabattfähige Vergütung gegenüber heute faktisch ansteigen.

Entscheidung. Das Problem der Gemeinkostenschlüsselung ist durch das Honorargutachten besonders in den Fokus gerückt. So ist die von den Gutachtern vorgeschlagene Absenkung des Festbetrags für Apotheken bei der Abgabe von Fertigarzneimitteln nicht zuletzt auf die Änderung des Gemeinkostenschlüssels zurückzuführen. Bei früherer Bestimmung der Preisaufschläge wurden die Gemeinkosten jeweils zu gleichen Teilen auf Basis von Absatzmenge (Packungen) und Umsatzhöhe auf die Produktgruppen umgelegt. Die Gutachter haben eine Änderung des Verteilungsschlüssels zur reinen Berücksichtigung von Absatzmengen vorgeschlagen,[59] wie er auch im Großhandel Anwendung findet.[60] Dadurch wäre ein höherer Gemeinkostenanteil als bisher durch die Non-Rx-Produkte der Apotheken zu tragen.[61]

38. Stationärer Handel und Versandhandel werden im Rahmen der Gemeinkostenschlüsselung bisher nicht unterschieden. Die damit einhergehenden Wirkungen auf beide Absatzkanäle sind wettbewerbskonform und auf vielen Märkten effizient, da sich darauf basierend unter anderem ein geeignetes Verhältnis zwischen stationärem Handel und Versandhandel einstellen kann. Allerdings wäre infolge eines Rx-Versandhandelsverbotes (Tz. 15 f.) auch eine veränderte Gemeinkostenumlage zu erwarten. Dies ist darauf zurückzuführen, dass der Versandhandel im Vergleich zu niedergelassenen Apotheken einen erheblich geringeren Anteil von Rx-Arzneimitteln am Gesamtabsatz von ca. 1 Prozent besitzt.[62] Naheliegend ist, dass infolge der Begrenzung des Rx-Handels auf stationäre Apotheken auch die auf den Versand entfallenden Absätze aus der Kalkulation des Zuordnungsschlüssels für die Gemeinkostenumlage herausfallen. Weil der allein auf den stationären Handel entfallende Rx-Anteil jedoch höher liegt als der durchschnittliche aus stationärem Handel und Versand, stiege der auf Rx entfallende Gemeinkostenanteil.[63] Somit würde das Rx-Versandhandelsverbot mittelfristig zu höheren Preisaufschlägen zulasten der Krankenversicherten führen.

39. Schließlich betrifft ein schwieriges Problem der Preisfestlegung auch die Kalkulation eines Betriebsüberschusses, den eine Apotheke erwirtschaften muss, um den Apotheker für sein unternehmerisches Engagement zu entlohnen. Da der Betriebsüberschuss aus dem Verkauf aller Produkte des Apothekensortiments entstehen soll, wird er wie die anderen Gemeinkosten nur anteilsmäßig durch die Aufschläge bei Rx-Arzneimitteln finanziert. Der Betriebsüberschuss lässt sich logisch untergliedern in einen Lohn, den der Apotheker dafür erhält, dass er in seiner Apotheke arbeitet (kalkulatorischer Unternehmerlohn), und in einen kalkulatorischen Eigenkapitalzins, den der Apotheker erhält, wenn er durch den Betrieb der Apotheke sein Kapital einem Risiko aussetzt. Beide Berechnungen werfen sehr diffizile kostenrechnerische Fragen auf und sind derzeit Streitpunkt im Hinblick auf die Anpassung der Vergütungssätze.[64]

---

[59] Dies betrifft jedoch nur andere Gemeinkosten als Personalkosten. Personalkosten wurden im Honorargutachten auf der Grundlage eines angenommenen Bearbeitungszeitaufwandes für Rx-Arzneimittel zugerechnet. Hierbei wird etwa für die Beratung bei der Abgabe von Fertigarzneimitteln eine Beratungszeit von fünf bis sieben Minuten pro Packung angenommen. 2HM & Associates GmbH, a. a. O., S. 168 f.

[60] Die Gutachter argumentieren, dass der Festbetrag vom Gesetzgeber als vom Preis des Arzneimittels unabhängige Festvergütung zu berechnen sei. Durch eine am Umsatz orientierte Gemeinkostenschlüsselung wirke sich aber der Arzneimittelpreis indirekt auf die Höhe des Festzuschlags aus. Daher sei die packungsbezogene Zurechnung naheliegend.

[61] Die möglichen Folgen einer Umsetzung der Vorschläge des Honorargutachtens werden vor diesem Hintergrund kontrovers diskutiert. Um profitabel wirtschaften zu können, wären Apotheken gezwungen, einen höheren Teil der Kosten auf Non-Rx-Produkte umzulegen. Es ist deshalb zu erwarten, dass es zu einer Preiserhöhung bei Non-Rx-Produkten käme. Da Versandapotheken einen geringeren Anteil an Rx besitzen, fiele der Effekt und damit auch die Preiserhöhung bei diesen geringer aus. In der Folge sind Preiseffekte (Rückgang der Nachfrage bei Non-Rx) sowie Substitutionseffekte (höherer Marktanteil der Versandapotheken) möglich, deren Umfang jedoch von den konkreten Nachfragecharakteristika abhängen würde. Entsprechend könnte es auch zu Marktaustritten stationärer Apotheken kommen.

[62] 2HM & Associates GmbH, a. a. O., S. 213 sowie Tz. 9.

[63] Faktisch finanziert so der regulierte Rx-Handel den Verlust von Marktanteilen bei OTC oder Freiwahl an den Versandhandel.

[64] Im Honorargutachten wurde für Apotheker ein kalkulatorischer Unternehmerlohn berücksichtigt, der hilfsweise an einen tariflichen Lohn angelehnt wurde, welcher für einen angestellten Apotheker in einer Krankenhausapotheke mit mindestens 15 Jahren Berufserfahrung fällig wird. Derweil ist eine risikobasierte Eigenkapitalverzinsung des betriebsnotwendigen Kapitals nicht in die Kalkulation eingegangen. Anerkannt wurden ausschließlich Fremdkapitalzinsen. Da das Fremdkapital oftmals persönlich besichert sein dürfte, wäre es jedoch angemessen, stattdessen Eigenkapitalzinsen zu berücksichtigen.

4 Normative Analyse des Regulierungsbedarfs

40. Die Preisregulierung für Leistungen von Arzneimittelgroßhändlern und Apothekern hat in Deutschland eine lange Tradition. Sie reicht historisch über die Gründung der Bundesrepublik Deutschland hinaus zurück bis in die Frühphase der Krankenversicherung. Die Ermächtigung zur behördlichen Festsetzung war zunächst in der Gewerbeordnung enthalten, auf deren Grundlage eine sog. Arzneitaxe festgesetzt wurde.[65] Als der Gesetzgeber die Ermächtigung zur Festlegung von Preisaufschlägen in das 1961 neu geschaffene AMG überführt hat, wurde der Bedarf nach einheitlichen Preisen im Gesetzentwurf mit der „lebensrettenden Bedeutung" von Arzneimitteln begründet, deren Abgabe nicht nach „wirtschaftlichen Kriterien" erfolgen solle.[66] Im Entwurf eines Gesetzes über Regelungen auf dem Arzneimittelmarkt wurde die Festlegung einheitlicher Arzneimittelabgabepreise im Jahr 1976 mit „gesundheitspolitischen Bedürfnissen" begründet und zudem angeführt, dass durch die Einheitlichkeit das Verfahren der Abrechnung zwischen Apotheken und der GKV erleichtert werde.[67]

41. Durch das GKV-Modernisierungsgesetz (GMG) aus dem Jahr 2003 änderte sich die Preisregulierung erstmals grundsätzlich. Die Preisbindung für nicht verschreibungspflichtige Arzneimittel wurde aufgehoben, sofern diese nicht an die GKV abgegeben werden. Im Gesetzentwurf wurde dies damit begründet, dass die Preisfreigabe zu einer Stärkung des Wettbewerbs und tendenziell zu sinkenden Preisen führe. Nach Feststellung des Gesetzgebers ließen sich die für die Preisbindung vorgetragenen Argumente (Lagerrisiko und Kapitalbindung der Apotheke, Unzumutbarkeit von Preisvergleichen für den Patienten) zumindest bei nicht verschreibungspflichtigen Medikamenten nicht mehr halten.[68]

42. Die kosten- und risikobezogenen Argumente sind jedoch auch nicht überzeugend, um bei verschreibungspflichtigen Arzneimitteln den Bedarf einer Preisregulierung zu begründen. So unterliegen Großhandel und Apotheken zwar unstrittig unternehmerischen Risiken sowie umfangreichen Auflagen, etwa nach der Apothekenbetriebsordnung, die auch mit Kosten einhergehen. Allerdings ist nicht zu verkennen, dass es sich hierbei um keine außergewöhnlichen Merkmale von Märkten handelt. So sind z. B. auch im Handel mit Lebensmitteln (etwa verderblichen Fleischwaren) oder Versicherungen umfangreiche Auflagen zu beachten, ohne dass es hier einer generellen Regulierung gleicher Preise bedürfen würde.

43. Dessen ungeachtet weist die Versorgung mit Arzneimitteln auch Unterschiede zu anderen Gütern auf, die eine Preisregulierung in Betracht kommen lassen. Dies betrifft zum einen das Problem des Patienten, seinen Nutzen durch die von Pharmazeuten erbrachte Leistung bewerten zu können (Vertrauensgut). Zum anderen betrifft dies den politischen Anspruch zur (flächendeckenden) Sicherstellung der Arzneimittelversorgung für alle Bürger, der sowohl generell mit der Preisregulierung als auch mit dem geplanten Rx-Versandhandelsverbot in Verbindung gebracht wird.

44. In der Gesamtschau lassen sich drei Argumente für einen möglichen Regulierungsbedarf unterscheiden, die nachfolgend weitergehend auf ihre Plausibilität geprüft werden sollen: zunächst die ökonomischen Besonderheiten beim Angebot von Vertrauensgütern, sodann das Ziel der Sicherstellung der flächendeckenden Versorgung und schließlich versicherungstechnische Argumente.

---

[65] Seit der Bundeswirtschaftsminister 1951 die Verordnung zur Änderung der Preise der Deutschen Arzneitaxe (BAnz. Nr. 51 vom 14. März 1951) erlassen hat, sind die Arzneipreise auch in der Bundesrepublik Deutschland einheitlich geregelt.

[66] Vgl. Gesetzesbegründung zu § 33 AMG (1961), der die heute in § 78 AMG zu findende Ermächtigungsgrundlage für die behördliche Preissetzung enthielt: Entwurf eines Gesetzes über den Verkehr mit Arzneimitteln (Arzneimittelgesetz) vom 13. November 1958, BT-Drs. 654, S. 24 f.

[67] Vgl. Entwurf eines Gesetzes über Regelungen auf dem Arzneimittelmarkt vom 24. August 1976, BT-Drs. 7/4557, S. 5.

[68] Vgl. Entwurf eines Gesetzes zur Modernisierung der gesetzlichen Krankenversicherung (GKV-Modernisierungsgesetz – GMG) vom 8. September 2003, BT-Drs. 15/1525, S. 166.

Vertrauensgüter im Handel mit Arzneimitteln

45. Das Argument, dass Arzneimittel als Vertrauensgüter einen bestimmten Regulierungsbedarf begründen könnten, ist grundsätzlich zutreffend. Ökonomische Probleme beim Handel mit Vertrauensgütern (engl. „Credence Goods"[69]) stellen einen anerkannten Untersuchungsgegenstand der Ökonomie dar. Zwar handelt es sich bei Vertrauensgütern nicht ausschließlich um Arzneimittel, gleichwohl stellen Arzneimittel ein besonders naheliegendes Beispiel für die Charakteristik von Vertrauensgütern dar. Dies ist darauf zurückzuführen, dass ein Patient in der Regel nicht richtig einschätzen kann, ob und welches Arzneimittel er benötigt. Gleichwohl hat er den aus der Einnahme des Medikamentes gegebenenfalls erwachsenden gesundheitlichen Nutzen oder Schaden voll zu tragen.[70] Das dadurch bedingte Auseinanderfallen der Informationen zwischen Anbietern und Nachfragern beim Erwerb des Arzneimittels ist auch als Problem asymmetrischer Information bekannt und kann bei einem unregulierten Angebot ein Marktversagen zur Folge haben.[71] Abhängig von den Rahmenbedingungen eines Marktes, auf dem Vertrauensgüter gehandelt werden, kann es qualitativ sowohl zu einem überoptimalem Angebot (es wird zu viel Leistung verkauft) als auch zu einem unteroptimalen Angebot (es wird zu wenig Leistung verkauft) kommen. Ziel einer geeigneten Regulierung ist es daher, diese Situationen zu vermeiden.

46. Zwar ist das zugrunde liegende ökonomische Problem für das Angebot von Arzneimitteln anerkannt. Allerdings liegen die das Problem auslösenden Informationsunterschiede nicht auf allen Stufen der Leistungskette der Arzneimitteldistribution vor. So kann etwa der Regulierungsbedarf der Großhandelsstufe nicht mit dem Argument des Vertrauensgutes gerechtfertigt werden. Nachfrager der Großhändler sind die Apotheken, bei denen anzunehmen ist, dass sie keine systematischen Informationsdefizite in Bezug auf die Wirksamkeit von Arzneimitteln haben. Überdies ziehen Apotheken ihren Nutzen auch nicht aus dem Konsum der Arzneimittel und sind daher nicht sensibel für Anwendungsfehler.

47. In Apotheken weist hingegen vor allem das Beratungsangebot die beschriebene Informationsproblematik auf, weil die Patienten die Qualität dieser Leistung des Apothekers in der Regel nicht genau einschätzen können. Gerade bei den von einer Preisregulierung erfassten verschreibungspflichtigen Arzneimitteln ist der Beratungsbedarf jedoch zumindest dadurch begrenzt, dass das zu wählende Arzneimittel bereits durch das Rezept des Arztes vorbestimmt ist. Die Aufgabe des Apothekers zeigt sich darin, bei Patienten mit komplexer Medikation Einnahmeempfehlungen zu geben und über Wechselwirkungen aufzuklären sowie mögliche Fehler im Rezept abzuklären und gegebenenfalls auch die Medikation durch Rücksprache mit dem Arzt zu steuern. Insbesondere bei der Zubereitung parenteraler Lösungen und bei der Rezepturherstellung muss der Patient zudem auf die Sorgfalt des Apothekers vertrauen.[72] Diese Tätigkeiten spiegeln auch das Selbstverständnis der Apotheker als Heilberufler wider. In Bezug auf die dargestellten Leistungen ist deshalb zu klären, wie der Gesetzgeber das erkannte ökonomische Problem begrenzen kann.

48. Während das grundsätzliche Problem auf Märkten mit Vertrauensgütern gemeinhin anerkannt ist, sind die Forschungsergebnisse in Bezug auf die Rahmenbedingungen, die auf entsprechenden Märkten wieder zur Effizienz führen, nicht eindeutig. Studien, die diese Frage behandeln, untersuchen insbesondere den Einfluss von Haftungsregeln, der Beobachtbarkeit der angebotenen Qualität,[73] der Möglichkeit des Aufbaus von Reputation sowie der Möglichkeit des (Preis-)Wettbewerbs der Anbieter. Die vorhandenen theoretischen und experimentellen Studien zur Bedeutung dieser

---

[69] Der Begriff als Schlagwort für ein bestimmtes Forschungsfeld stammt aus einem Artikel von Darby und Karny aus dem Jahr 1973. Darby, M. R./Karni E., Free Competition and the Optimal Amount of Fraud, Journal of Law and Economics, 16(1), 1973, S. 67–88.

[70] Für die ökonomische Bewertung der Situation ist zudem relevant, dass der Patient auch nach der Medikamenteneinnahme eine bestimmte Wirkung nicht immer kausal auf eine gute oder schlechte Beratung zurückführen kann.

[71] Akerlof, G. A., The Market for 'Lemons': Quality Uncertainty and the Market Mechanism, Quarterly Journal of Economics, 84(3), 1970, S. 488–500.

[72] Jedoch ist auch festzustellen, dass die klassischen Aufgaben des Pharmazeuten bei der Rezepturherstellung und der Herstellung parenteraler Lösungen nur 3,5 Prozent der 2018 zu deckenden Gesamtkosten einer Apotheke für rezeptpflichtige Arzneimittel ausmachen. 2HM & Associates GmbH, a. a. O., Tabelle 29, S. 158.

[73] Das Merkmal „Beobachtbarkeit" bezieht sich darauf, dass Nachfrager zwar die erbrachte Leistung beobachten können, es ihnen allerdings nicht möglich ist, einzuschätzen, welche Leistung sie benötigt hätten. Bei Apotheken lässt sich z. B. die Dauer der Beratung beobachten, während z. B. die angewandte Sorgfalt bei der Herstellung der vom Apotheker erstellten Lösungen oder Rezepturen vom Patienten in der Regel nicht beobachtet werden kann.

Merkmale ergeben jedoch kein klares Bild.[74] Tendenziell tragen aber vor allem wirksame Haftungsregeln zu einem effizienten Marktergebnis bei.[75] Der Preiswettbewerb hat in den Studien isoliert betrachtet erhebliche Auswirkungen, allerdings ist nicht eindeutig, ob auch unter wirksamen Haftungsregeln ergänzend eine Vorgabe von Mindest- oder Fixpreisen erforderlich ist.[76]

49. Bezüglich der Abgabe von Arzneimitteln sind öffentlichen Apotheken genauso wie Versandapotheken umfangreiche Pflichten auferlegt, zu denen auch die Beratung der Patienten zählt.[77] Pflichtverletzungen können zu Strafen und gegebenenfalls sogar zum Entzug der Approbation eines Apothekers führen.[78] Festzustellen ist deshalb, dass die Apotheker bei Nichteinhaltung von Grundstandards, bei Pflichtverletzungen und bei der Nichterbringung bestimmter Leistungen einer Haftung unterliegen. Nicht abschließend geklärt werden kann jedoch, ob durch diese gesetzlichen Vorgaben aus ökonomischer Sicht der Bedarf nach einer (begrenzten) Preisregulierung entfällt.

50. Eine Preisregulierung wäre allerdings auch dann nur für solche Leistungen einer Apotheke erforderlich, für die das Vertrauensgutproblem tatsächlich vorliegt. Dies trifft jedoch nicht auf jedes Qualitätsmerkmal einer Apotheke zu. Zu den von Kunden geschätzten Qualitätsmerkmalen einer Apotheke gehören z. B. auch deren Standort und die damit verbundene Distanz, die der Kunde zurücklegen muss, die Wartezeit und die Freundlichkeit der Bedienung, die Größe und die Geschäftsausstattung oder mögliche Bonusangebote wie etwa die Apothekenzeitung. Das Vorhandensein und die Ausprägung solcher Merkmale kann der Patient in der Regel nicht nur vollständig beobachten, sondern auch über seine Zahlungsbereitschaft für ein „Mehr oder Weniger" dieser Leistung bestimmen. Wird die Vergütung für Leistungen einer Apotheke vollständig reguliert, wie dies heute nur für Rx-Arzneimittel der Fall ist, dann wird das Niveau dieser Leistun-

---

[74] Wissenschaftler auf dem Gebiet der Vertrauensgüterforschung heben etwa den Widerspruch zwischen den Ergebnissen von theoretischen und experimentellen Studien hervor. Diese ließen zum einen auf verhaltensökonomische Besonderheiten schließen und zum anderen die Anwendbarkeit der Ergebnisse der Vertrauensgüterforschung für Politikempfehlungen ungeeignet werden. Dulleck, U./Kerschbamer, R./Sutter, M., The Economics of Credence Goods: An Experiment on the Role of Liability, Verifiability, Reputation, and Competition, American Economic Review 101, April 2011, S. 530–559.

[75] Z. B. Dulleck, U./Kerschbamer, R., On Doctors, Mechanics, and Computer Specialists: The Economics of Credence Goods, Journal of Economic Literature, 44(1), 2006, S. 5–42; Dulleck, U./Kerschbamer, R./Sutter, M., The Economics of Credence Goods: An Experiment on the Role of Liability, Verifiability, Reputation, and Competition, American Economic Review 101, April 2011, S. 530–559; Chen Y./Li, J./Zhang J., Liability in Markets for Credence Goods, MPRA Paper No. 80206, Juli 2017.

[76] Dass Haftungsregeln eine Alternative zu einer Preisregulierung sein können, zeigen etwa Marette et al. (2000) oder Dulleck und Kerschbamer (2006). Auch Chen, Li und Zhang (2017) kommen in einer jüngeren Untersuchung zu dem Schluss, dass auch Preisunterschiede für Leistungen zu Effizienz führen können, sofern die Haftungsregeln so gestaltet werden, dass Schadensersatzzahlungen/Strafen höher sind als der eigentliche Schaden. Pesendorfer/Wolinsky (2003) berücksichtigen hingegen die Wirkung von Haftungsregeln nicht. In ihrem Modell wird ein Vertrauensgut erst bei zwei übereinstimmenden Beratungen verkauft. Dabei stellen sie einen Bedarf fixer auf Basis der Kosten kalkulierter Preise fest. Zu einem ähnlichen Ergebnis für den Bedarf einer Preisregulierung kommen Mimra, Rasch und Waibel (2016) auf Basis einer experimentellen Untersuchung. Mit Verweis auf die beiden letztgenannten Papiere sprechen sich Haucap, Rasch und Waibel (2017) in einem Gutachten für den Bundesverband der Freien Berufe für Mindestpreise bei bestimmten Tätigkeiten aus. Vgl. Marette u. a., Product Safety Provision and Consumers' Information, Australian Economic Papers, 39(4), 426–441 ; Pesendorfer, W./Wolinsky, A., Second Opinions and Price Competition: Inefficiency in the Market for Expert Advice, Review of Economic Studies, 70(2), 2003, S. 417–437; Dulleck, U./Kerschbamer, R., On Doctors, Mechanics, and Computer Specialists: The Economics of Credence Goods, a. a. O.; Mimra, W./Rasch, A./Waibel, C., Price competition and reputation in credence goods markets: Experimental evidence. Games and Economic Behavior 100, 2016, S. 337–352, Haucap, J./Rasch, A./Waibel, C., Aspekte der Deregulierung bei den Freien Berufe, Studie im Auftrag des Bundesverbands der Freien Berufe e. V. (BFB), 1. Juni 2017.

[77] Öffentliche Apotheken haben die Pflicht, ihre Patienten und andere Kunden beim Verkauf von apothekenpflichtigen Arzneimitteln und Arzneimitteln ohne Verschreibung zu informieren und zu beraten. Die Anforderungen an eine solche Beratung wurden vom Bundesgesundheitsministerium in einer Rechtsverordnung, der Apothekenbetriebsordnung (ApBetrO), im Einzelnen ausgearbeitet. So müssen Information und Beratung laut § 20 Abs. 1 Satz 2 ApBetrO durch einen Apotheker oder pharmazeutisches Personal ausgeführt werden. Dabei müssen nach § 20 Abs. 2 ApBetrO insbesondere Aspekte der Arzneimittelsicherheit berücksichtigt werden. Dies betrifft, soweit notwendig, die sachgerechte Anwendung, eventuelle Nebenwirkungen oder Wechselwirkungen und die sachgerechte Aufbewahrung oder Entsorgung des Arzneimittels.

[78] Ein Entzug der Approbation ist gemäß § 6 Abs. 2 i. V. m. § 4 Abs. 1 Ziff. 2 Bundes-Apothekerordnung dann möglich, wenn der Apotheker sich eines Verhaltens schuldig gemacht hat, aus dem sich seine Unwürdigkeit oder Unzuverlässigkeit zur Ausübung des Apothekerberufs ergibt. In der Praxis kommt es jedoch z. B. bei einem Verordnungsfehler des Arztes, der nicht vom Apotheker bemerkt wird, eher zu Geldstrafen. Vgl. beispielsweise: OLG Köln, Urteil vom 7. August 2013, I-5 U 92/12.

gen von der Zahlungsbereitschaft der Patienten abgekoppelt. Die Folge dieser Abkoppelung kann sowohl ein überoptimaler als auch ein unteroptimaler Service sein, der dann insbesondere durch das Krankenversicherungssystem finanziert wird (vgl. Tz. 27).

51. Insgesamt sprechen daher starke Argumente dafür, nur die Beratungsleistung der Apotheken fix zu vergüten, ohne die Vergütungshöhe jedoch mit dem Ziel einer pauschalen Deckung aller Istkosten nach heutigem Stand zu verknüpfen. Um den fixen Kostenanteil zu erheben, kämen entweder – wie bisher – eine gesetzliche Vorgabe auf Basis einer Kalkulation oder aber Verhandlungen zwischen einem Verband der Apotheker und den Spitzenverbänden der gesetzlichen und privaten Krankenversicherung in Betracht. Nicht durch eine fixe Vergütung zu decken wäre der Teil der Kosten einer Apotheke, der durch Serviceleistungen beeinflusst werden kann. Dieser sollte am Markt durch die Zahlungsbereitschaft der Patienten im Wettbewerb bestimmt werden. Unter diesen Teil fallen die Kosten für Leistungen, die ein Patient einzuschätzen vermag und die seinen Komfort beeinflussen, nicht aber seine Gesundheit gefährden. Apotheken könnten danach ein individuelles Entgelt für ihre Leistungen festlegen, das sich aus dem vorgegebenen festen Bestandteil zur Finanzierung der Beratungsleistung und einem individuellen Bestandteil zur Finanzierung des Service zusammensetzt. Ein im Grundsatz dieser Zusammensetzung entsprechendes Vergütungsmodell ist das des „sanften Preiswettbewerbs", das die Monopolkommission in früheren Gutachten vorgeschlagen hat.[79] In diesem Vorschlag bliebe es bei der Festlegung eines fixen Anteils durch den Gesetzgeber, finanziert durch das Krankenversicherungssystem, während die Serviceleistungen einer Apotheke individuell durch den Kunden finanziert und die heutige Zuzahlung für gesetzlich Versicherte ersetzen würden. Eine solche Finanzierung mit einer fixen und einer variablen Komponente könnte auch durch die Möglichkeit der Gewährung eines Rabattes auf die Zuzahlung umgesetzt werden, wie dies derzeit noch ausschließlich den ausländischen Versandapotheken möglich ist. Dabei markiert der gesetzlich geregelte Zuschlag nur noch die Obergrenze der Vergütung einer Apotheke, während die Vergütung bei maximal möglichem Rabatt dem fixen Vergütungsanteil entspricht, der nur auf die Beratungsleistung entfällt.

52. Gegen den Vorschlag einer entsprechenden zweiteiligen Vergütung für Rx-Arzneimittel ließe sich einwenden, dass der variable und der fixe Vergütungsanteil auf der Finanzierungsseite sich womöglich nicht ausreichend voneinander trennen lassen. D. h., Apotheken könnten den Anreiz besitzen, ein hohes Serviceniveau und eine schlechte Beratungsleistung anzubieten, um sich im Wettbewerb durch ein geringes Serviceentgelt für den Patienten Vorteile zu verschaffen. Hiergegen ist jedoch zunächst einzuwenden, dass – sofern sich hier tatsächlich ein Problem zeigen sollte – es schon derzeit im Rahmen einer im stationären Handel vollständig fixen Vergütung für Rx-Arzneimittel bestehen müsste. Denn auch hier stehen die aus der Beratung bei Rx-Arzneimitteln möglichen Deckungsbeiträge in einem Austauschverhältnis mit denen von anderen nicht preisgebundenen Produktgruppen, nämlich OTC und Freiwahl. Deshalb könnte eine Apotheke ihre Beratung bei Rx-Arzneimitteln theoretisch heute schon absenken, um somit die Gemeinkosten aus der regulierten Vergütung zu decken und OTC- und Freiwahlarzneimittel im Wettbewerb günstiger anbieten zu können. Falls sich aus dem geschilderten Zusammenhang ein grundsätzliches Anreizproblem ergeben sollte, könnte dies am geeignetsten dadurch gelöst werden, dass die Krankenversicherungen auch erweiterte Beratungsstandards als Gegenleistung für die fixe Vergütung der Beratung vereinbaren.

53. Auch vor dem Hintergrund des geschilderten Anreizproblems ist auf Überlegungen hinzuweisen, die Finanzierung von Beratungsleistungen der Apotheken noch grundsätzlicher zu überdenken und zielgerichteter umzusetzen. Dazu könnten Apotheken in solchen Fällen, in denen komplexe Medikationen abzustimmen sind, eine erweiterte Aufgabe in der pharmakologischen Beratung und Betreuung eines Patienten erhalten, dabei mit den behandelnden Ärzten zusammenarbeiten und für diese Leistungen eine spezifische Vergütung erhalten. Denkbar wäre in diesem Zusammenhang ein indikationsbasiertes Einschreibesystem, bei dem Patienten mit bestimmten eingegrenzten Indikationen eine Apotheke für ihre pharmakologische Betreuung wählen könnten. Die gewählte Apotheke erhielte in der Folge eine regelmäßige Vergütung aus dem Krankenversicherungssystem, die die Beratungskomponente im oben genannten Modell ersetzen könnte. Mit der Arzneimittelinitiative Sachsen-Thüringen (ARMIN) besteht bereits ein Pilotprojekt, bei dem ein ver-

---

[79] Monopolkommission, XVIII. Hauptgutachten, Mehr Wettbewerb, wenig Ausnahmen, Baden-Baden 2010, Tz. 26 ff.

gleichbares Aufgaben- und Finanzierungsmodell nach aktuellem Stand noch bis März 2022 getestet wird.[80] Durch die dabei entstehenden Beratungsstandards und die indirekte Kontrolle durch die Zusammenarbeit mit Ärzten könnte auch einem möglichen Anreizproblem, nach dem Apotheken aufgrund eines begrenzten Preiswettbewerbs die Qualität zugunsten des Service reduzieren, entgegengewirkt werden. Allerdings besteht in diesem Vergütungsmodell womöglich das Problem anderer unerwünschter Anreize, sofern Apotheken einen höheren Einfluss auf den Umfang der Medikation erhalten. Wenn der in das Programm eingeschriebene Patient weiterhin ein packungsbezogenes Serviceentgelt an den Apotheker leisten muss, könnte die Gefahr bestehen, dass eine umfangreichere Medikation als notwendig verordnet wird.[81] Diesem Problem ließe sich jedoch entgegenwirken, indem das Serviceentgelt bei den entsprechenden (chronischen) Patienten nur pauschal, z. B. bei der Einschreibung und danach quartalsweise, von der Apotheke erhoben würde.[82]

Flächendeckende Versorgung

54. Als Argument für die Beibehaltung der Preisbindung bei Rx-Arzneien wird vorgebracht, der Preiswettbewerb zwischen Apotheken könne in Konflikt mit dem Ziel stehen, eine flächendeckende Versorgung in Deutschland zu gewährleisten. Dahinter steht die These, ein stärkerer Preiswettbewerb, insbesondere aber ein stärkerer Preiswettbewerb mit dem Versandhandel gefährde den Bestand stationärer Apotheken, sodass das gesundheitspolitische Ziel der Sicherstellung einer flächendeckenden Versorgung mit Arzneimitteln nicht mehr zu erreichen sei. Aus dem Arzneimittelgesetz ergibt sich das entsprechende Ziel einer flächendeckenden Versorgung nicht direkt. § 1 AMG nennt als Zweck des Gesetzes eine „ordnungsgemäße Arzneimittelversorgung", während in § 78 Abs. 2 AMG in Bezug auf die Höhe der Preise vom Verbraucherinteresse an der „Sicherstellung der Versorgung" gesprochen wird. Das Ziel einer flächendeckenden Versorgung mit Arzneimitteln hat jedoch in der Rechtsprechung mehrfach Widerhall gefunden, und seine generelle politische und gesellschaftliche Akzeptanz steht auch aus Sicht der Monopolkommission nicht infrage.

55. Problematischer als die Anerkennung des grundsätzlichen Ziels ist einerseits die Frage, wann eine flächendeckende Versorgung vorliegt, und andererseits, wie die gestellten Anforderungen erreicht werden können. Bereits die Frage, ab wann eine flächendeckende Versorgung anzunehmen ist, wird nicht einheitlich beantwortet. So wird in einem Urteil des Bundesverwaltungsgerichts angenommen, dass für die Wegstrecke zur Besorgung von Arzneimitteln ein Zeitaufwand von mehr als etwa einer Stunde von der Abfahrt bis zur Rückkehr nicht mehr zumutbar sei und als grober Richtwert eine Wegstrecke von 6 km dienen solle.[83] Derweil hat der EuGH bei der Entscheidung in einem Fall der österreichischen Gebietsabgrenzung geäußert, dass sich für Personen, die nicht im Umkreis von 4 km Wegstrecke um die nächstgelegene öffentliche Apotheke wohnen, der Zugang zu Arzneimitteln als kaum angemessen erweisen könne.[84] Wie eine Studie von Neumeier (2013) zeigt, wird eine Distanz von 6 km Wegstrecke (Entfernung gemessen von Ortsmittelpunkten) in vielen Regionen Deutschlands bereits heute überschritten, in Mecklenburg-Vorpommern liegt die nach einem Raster-

---

[80] Deutsche Apotheker Zeitung, https://www.deutsche-apotheker-zeitung.de/news/artikel/2014/03/27/157-50-euro-honorar-fuer-apotheker-und-aerzte, Abruf am 12. April 2018; Deutsche Apotheker Zeitung, https://www.deutsche-apotheker-zeitung.de/daz-az/2014/daz-14-2014/startschuss-fuer-armin-gefallen, Abruf am 12. April 2018; Deutsche Apotheker Zeitung, https://www.deutsche-apotheker-zeitung.de/news/artikel/2017/09/27/armin-geht-in-die-verlaengerung, Abruf am 12. April 2018.

[81] Eine Studie für den japanischen Markt, in dem Ärzte an der Abgabe von Medikamenten verdienen können, zeigt einen Zusammenhang zwischen der verschriebenen Medikation und monetären Verdienstanreizen. Vgl Iizuka, T., Experts' Agency Problems: Evidence from the Prescription Drug Market in Japan; The RAND Journal of Economics, 38(3), S. 844 ff.

[82] Je nach Ausgestaltung könnten auf diese Weise zugleich Chroniker entlastet werden, da für sie die packungsbezogene Zuzahlung grundsätzlich eingeschränkt werden kann.

[83] In dem besagten Urteil ging es um die Einrichtung sog. Rezeptsammelstellen durch Apotheken. Rezeptsammelstellen können gemäß § 17 ApBetrO von Apotheken errichtet werden um die Versorgung in einem Ort bzw. Gebiet, in dem sie selbst nicht tätig sind, dennoch sicherzustellen. Da die Einrichtung solcher Sammelstellen nur zur Versorgungssicherstellung erlaubt ist und nicht im Wettbewerb zu bestehenden stationären Apotheken erfolgen soll, hatte das Gericht über die Grenze zu entscheiden, ab der eine Bedienung durch die stationäre Apotheke nicht mehr angemessen gewährleistet sei. Die vom BVerwG nur als grober Richtwert anerkannte Grenze von 6 km stützt sich auf einen Runderlass des Niedersächsischen Sozialministers vom 2. Dezember 1971 (Nds. MBl. 1972, 9); vgl. BVerwG, Urteil vom 9. Juli 1974 I C 24.73, NJW 1974, 2065.

[84] EuGH, Urteil vom 13. Februar 2014, C-367/12 – Sokoll-Seebacher, ECLI:EU:C:2014:68.

modell ermittelte durchschnittliche Wegstreckenentfernung zu einer Apotheke sogar bei 6,8 km.[85] Es muss auch vor diesem Hintergrund offen bleiben, ob die von den Gerichten genannten Distanzen tatsächlich für den Wohnsitz jedes einzelnen Bürgers gelten sollen oder ob die Angemessenheit im Einzelfall als Untergrenze auch deutlich von diesem Wert abweichen kann. Für die Akzeptanz einer im Einzelfall abweichenden Untergrenze spricht auch die von den Landesapothekerkammern organisierte Arzneimittelversorgung im Rahmen von Nacht- und Notdiensten, bei der Distanzen von 7,5 km bis 20 km in städtischen Gebieten und 20 bis 35 km in dünn besiedelten Gebieten als zumutbar angesehen werden.[86]

56. In Deutschland besteht für Apotheken zudem Niederlassungsfreiheit. Damit wird die Ansiedlung von Apotheken in der Fläche durch den Markt gesteuert und grenzt sich ab von einem System der Bedarfsplanung, wie es z. B. in skandinavischen Ländern oder in Österreich zu finden ist. Um dennoch Einfluss auf die Apothekendichte und damit auf die Sicherstellung der Versorgung zu nehmen, steht in der bestehenden Regulierung im Wesentlichen nur das Instrument des regulierten Preises für Rx-Arzneimittel zur Verfügung. Ein daraus resultierender möglicherweise erhöhter Preis würde dann auch zu einer höheren Apothekendichte führen. Wie bereits zuvor dargestellt wurde, verhält sich unter einheitlich geregelten Preisen die regionale Anzahl der Apotheken ungefähr proportional zu den dort lebenden Menschen bzw. den dort praktizierenden Ärzten (vgl. Tz. 26). Wäre die Apothekenvergütung allein danach zu bemessen, dass auf ihrer Basis die flächendeckende Versorgung gewährleistet werden soll, so müsste sich die Höhe der einheitlichen Vergütung ausschließlich an den Kosten der teuersten, gerade noch für die Einhaltung der Versorgungssicherheit notwendigen Apotheke ausrichten. Um etwa eine Wegstreckengrenze von 6 km deutschlandweit einzuhalten, wäre die Vergütung so stark anzuheben, dass sich auch in den bisher unterversorgten Regionen Deutschlands der Betrieb einer Apotheke zukünftig rentieren würde. Bei einheitlichen Preisen würde jedoch eine entsprechende Anhebung der Vergütung auch in allen übrigen Regionen zu einer Zunahme der Vergütung führen, entsprechend auch zu einer Zunahme der Apothekendichte und somit zu einer Überbesetzung der Angebotsseite.

57. Das Instrument der Festlegung eines entsprechend hohen einheitlichen Preises wäre ein wenig effizientes Vorgehen, um das regionale Versorgungsziel zu erreichen. Im Gegenteil spricht einiges dafür, dass der vollständige oder zumindest ein teilweise erfolgender Verzicht auf die Preisregulierung für Rx-Arzneimittel dazu beitragen könnte, die flächendeckende Versorgung zu verbessern. Im Preiswettbewerb würde sich der Preis für die Leistung einer stationären Apotheke nämlich unter anderem an der Bereitschaft der Patienten, für Serviceleistungen der Apotheke zu zahlen, bestimmen. Zu diesem Service gehört auch die vom Patienten zurückzulegende Distanz zu einer Apotheke. Patienten würden dabei einen geringfügig höheren Preis einer für sie näher gelegenen Apotheke mit dem Distanzvorteil abwägen. In unterversorgten Regionen wäre der Distanzvorteil, nicht zu einer entfernteren Apotheke fahren zu müssen, üblicherweise ungleich größer als in urbanen Gegenden, sodass die Nutzer hier eher ein entsprechendes Serviceentgelt bzw. etwas geringere Rabatte akzeptieren würden. Wird von einem begrenzten sog. sanften Preiswettbewerb ausgegangen, bei dem Unterschiede im Serviceentgelt in einem eingeschränkten Rahmen möglich sind, dann bliebe die positive regionale Steuerungswirkung des Preises entsprechend begrenzt und wäre gegebenenfalls nicht vollumfänglich.

58. Allerdings muss das Argument im Hinblick auf den Versandhandel gegebenenfalls eingeschränkt werden. So besteht die Sorge, dass der Versandhandel aufgrund seiner Kostenstruktur geringere Preise auf Rx-Arzneimittel gewähren könnte und dadurch stationäre Apotheken im Preiswettbewerb verdrängt. Auf diese Annahme stützt sich offenbar auch die Forderung nach einem Rx-Versandhandelsverbot. Vor allem unter Berücksichtigung der aktuellen Marktstellung des Versandhandels bei Rx-Arzneimitteln (Marktanteil ca. 1 Prozent [87]) ist eine nennenswerte Verdrängungswirkung derzeit

---

[85] Neumeier, S., Modellierung der Erreichbarkeit öffentlicher Apotheken – Untersuchung zum regionalen Versorgungsgrad mit Dienstleistungen der Grundversorgung, Thünen Working Paper 14, 2013.

[86] Deutsche Apotheker Zeitung, https://www.deutsche-apotheker-zeitung.de/daz-az/2012/daz-6-2012/dienstbereit, Abruf am 3. April 2018.

[87] Insbesondere bei den Rx-Medikamenten, die zu mehr als 80 Prozent des Umsatzes der Apotheken beitragen, hat der Versandhandel trotz der geltenden Inländerdiskriminierung bis Mitte 2017 zudem keine oder nur sehr geringfügig Marktanteile hinzugewonnen. Zu den Marktanteilen vgl. auch Tz. 9.

eher wenig wahrscheinlich und wird daher weder vom EuGH noch im Honorargutachten angenommen.[88] Nicht auszuschließen ist allerdings, dass sich dies in Zukunft mit einer Veränderung der Rahmenbedingungen – etwa der Einführung eines elektronischen Rezeptes und dem damit verbundenen Abbau von Nutzungshürden – ändern könnte. Eine gegebenenfalls folgende Verringerung der Anzahl der niedergelassenen Apotheken würde allerdings nicht zwingend mit einer geringeren Flächenversorgung einhergehen. Denn ein möglicher Effekt des Versandhandels auf niedergelassene Apotheken träte gemeinsam mit den zuvor genannten positiven regionalen Steuerungswirkungen des Preiswettbewerbs auf, die gerade die Flächenversorgung mit Apotheken verbessern.

59. Selbst im Fall einer Ausdünnung der Versorgung durch stationäre Apotheken stellt sich die Frage, ob dadurch die Versorgung in der Fläche überhaupt gefährdet wäre. Dagegen spricht, dass ein Vorteil des Versandhandels ja gerade in der Reduzierung der Wegstreckenentfernung zur Apotheke besteht, da die Medikamente frei Haus geliefert werden. Insbesondere in solchen Regionen, in denen Versorgungsdefizite in Bezug auf stationäre Apotheken bestehen, trägt der Versandhandel schon heute zur Sicherstellung des Zugangs zu Arzneimitteln bei. Diesem Vorteil, den der Versandhandel gegenüber stationären Apotheken bietet, stehen insbesondere die Einschränkungen bei der unmittelbaren Verfügbarkeit, die fehlende Bereitschaft bei Nacht- und Notdiensten sowie Unterschiede in der persönlichen Beratung gegenüber. In Bezug auf die direkte Verfügbarkeit und die Nacht- und Notbereitschaft des Versandhandels ließen sich die Defizite jedoch durch die Einrichtung von Pick-up-Stellen oder Arzneimittelausgabeautomaten beheben. Diese Mittel zur Verbesserung der Versorgung, insbesondere in Ortschaften, in denen heute bereits keine stationäre Apotheke mehr vorhanden ist, werden derzeit freilich durch die bestehende Rechtslage[89] verhindert, sodass hier Nachbesserungen erforderlich wären.[90] Schließlich bleibt die unterschiedliche Ausübung der Beratung als Abgrenzungsmerkmal zwischen Versandhandel und niedergelassenen Apotheken bestehen. Zu berücksichtigen ist hier allerdings, dass auch der Versandhandel grundsätzlich der Beratungspflicht einer Apotheke unterliegt und aufgrund seiner Größenvorteile gegebenenfalls auch eine indikationsbezogen spezialisierte Beratung (in der Regel telefonisch) anbieten kann.[91]

60. Sofern die Versorgung mit stationären Apotheken in manchen Regionen auch unter Preiswettbewerb von der Politik als nicht ausreichend betrachtet wird, sind Möglichkeiten in Betracht zu ziehen, das Versorgungsniveau in diesen Regionen zielgerichtet zu verbessern. Ursächlich für die auch in anderen Branchen bestehenden Probleme der Flächenversorgung, vor allem in ländlichen Regionen, ist die dort abnehmende Bevölkerungszahl.[92] Mit dieser ist auch eine Ausdünnung der Ärztedichte verbunden. Wesentlich für die wirtschaftliche Existenz niedergelassener Apotheken ist derzeit jedoch eine im Umfeld der Apotheke ausreichende Anzahl niedergelassener Ärzte, die entsprechende Rezepte ausstellen. Muss ein Patient für einen Arztbesuch in eine andere Stadt fahren, wird er dort mit einiger Wahrscheinlichkeit auch das ausgestellte Rezept einlösen. Würden den Apothekern zusätzliche Aufgaben in der Beratung übertragen, etwa im Rahmen eines Medikationsmanagements bei chronischen Patienten, das auf einem Einschreibesystem basiert (vgl. Tz. 53), könnte dies Anreize dafür setzen, dass sich auch in der Nähe zum Wohnort von Patienten Apotheken ansiedeln.

61. Soweit die Versorgung mit stationären Apotheken durch weitere Maßnahmen zu verbessern ist, sind vorrangig Instrumente zu empfehlen, die gezielt die Versorgung in den betreffenden Gebieten verbessern, ohne mit Ineffizienzen und Wettbewerbsverzerrungen an anderer Stelle verknüpft zu sein. Eine diskutierte Möglichkeit, um hier kurzfristig eine Lösung zu erreichen, betrifft den Vorschlag, die Nacht- und Notdienstvergütung durch einen Strukturzuschlag deutlich

---

[88] 2HM & Associates GmbH, a. a. O., S. 12; EuGH, Urteil vom 19. Oktober 2016, DocMorris, Deutsche Parkinson Vereinigung C-148/15.

[89] Ursächlich für das Verbot ist insbesondere § 7 Abs. 1 des Apothekengesetzes, wonach der Apotheker die Apotheke persönlich leiten muss. Das mit einer Versorgung durch Automaten sowie Pick-up-Stellen konfligierende Leitbild ist also das des „Apothekers in seiner Apotheke". Vgl. dazu BVerfG, Urteil vom 13. Februar 1964 – 1 BvL 17/61 –, BVerfGE 17, S. 232 ff., Rn. 37.

[90] Zur jüngeren Problematik in Bezug auf Einrichtung und Verbot eines Arzneimittelausgabeautomaten, der offenbar eine Versorgungsverbesserung herbeigeführt hätte, vgl. Kühling J./Weck, T., Rechtliche Herausforderungen durch Arzneimittelautomaten. Gefahrenabwehrrecht ohne Grundfreiheiten?, NVwZ 2017 Heft 23, 1725 ff.; zu den Pick-up-Stellen siehe auch die Forderung der Monopolkommission von 2010: Monopolkommission, XVIII. Hauptgutachten, Mehr Wettbewerb, wenig Ausnahmen, Baden-Baden 2010, Tz. 32 und 55.

[91] Vgl. § 11a Abs. 2 lit. d ApoG.

[92] Bundesamt für Bauwesen und Raumordnung (BBR), Raumordnungsbericht 2017, BT-Drcks. 18/13700, S. 29.

zu erhöhen. Da eine Apotheke tendenziell häufiger zu Notdiensten herangezogen wird, wenn in einem Notdienstbezirk weniger Apotheken ansässig sind, würde die Maßnahme vor allem die Vergütung solcher Apotheken erhöhen, die in geringer Zahl ein größeres Gebiet versorgen. Allerdings ist die Instrumentalisierung des Notdienstfonds als Strukturinstrument auch mit Problemen verbunden und deshalb als langfristige Lösung nicht empfehlenswert. So würde der Strukturzuschlag zur Notdienstvergütung auch Apotheken zugutekommen, die zur Sicherstellung der Versorgung nicht erforderlich sind. Vor allem aber entstünden unerwünschte Anreize bezüglich der von den Landesapothekerkammern individuell vorgenommenen Abgrenzung der Notdienstgebiete, wenn erhöhte Mittel aus diesem Topf bereitgestellt würden.[93]

62. Eine in unterschiedlichen Ausgestaltungsvorschlägen diskutierte Alternative ist die Einrichtung eines sog. Strukturfonds.[94] Ziel des Fonds solle es sein, eine Förderung an solche Apotheken auszuschütten, die eine Aufgabe zur Sicherstellung der flächendeckenden Versorgung übernehmen und zudem wirtschaftlich ohne Förderung nicht tragfähig sind. Zur Finanzierung eines solchen Fonds wird meist vorgeschlagen, einen Zuschlag – vergleichbar dem Notdienstzuschlag – auf die Abgabe von Arzneimitteln durch alle Apotheken zu erheben.[95] Die Problematik des Vorschlags liegt jedoch vor allem in der Auswahl der Apotheken, die zur Sicherstellung der Versorgung aus dem Fonds eine Förderung erhalten sollten. Die im Honorargutachten präsentierte Überlegung, die Mittel aus dem Fonds an 2.300 wirtschaftlich bedrohte Landapotheken auszuschütten, stellt aus Sicht der Monopolkommission keine effiziente Lösung dar. So können auch in Städten, z. B. in Randgebieten, unterversorgte Regionen vorliegen, die bei dieser Lösung nicht begünstigt würden. Im Gegenzug muss die wirtschaftlich schwierige Situation einer Landapotheke nicht zwingend und in allen Fällen auf die Gefahr einer Unterversorgung hindeuten. Schließlich würden Apotheken, die heute nicht existieren (und somit nicht zu den 2.300 gefährdeten gehören), auch nicht gefördert, und einer bereits bestehenden Unterversorgung würde nicht entgegengewirkt.

63. Im Hinblick auf die Zuweisung von Fördermitteln aus einem Strukturfonds wird im Honorargutachten auch auf das Konzept der Notapotheke gemäß § 17 Apothekengesetz hingewiesen. Notapotheken sind im Fall eines Notstands in der Arzneimittelversorgung (aufgrund fehlender Apotheken) von einer Gemeinde bzw. einem Gemeindeverbund zu betreiben. Tatsächlich ist der Monopolkommission kein Fall bekannt geworden, in dem es praktisch zum Betrieb einer Notapotheke gekommen wäre. Dies mag auf die unklare Definition eines Versorgungsnotstands sowie die Frage der Finanzierung zurückzuführen sein. Das Konzept eines Eingriffs durch eine Gebietskörperschaft, in der ein Versorgungsnotstand vorliegt, scheint der Monopolkommission jedoch im Grundsatz tauglich, um die Versorgung mit Apotheken sicherzustellen. Dazu müsste der Gesetzgeber zunächst den Begriff des Versorgungsnotstandes konkretisieren, indem Abgrenzungskriterien auf Basis einer Untergrenze zur Versorgungssicherstellung definiert werden. Der vom Gesetzgeber vorgesehene Betrieb einer öffentlichen Notapotheke durch die Kommune wäre aber wahrscheinlich zudem weder das effizienteste noch effektivste Mittel, um den Notstand zu beheben. Vielmehr bietet es sich an, die Gemeinden und Gemeindeverbünde zu verpflichten, Ausschreibungen für die Ansiedlung einer Apotheke durchzuführen, durch die die Versorgung sichergestellt werden könnte. Als Ausschreibungsparameter käme die Höhe einer z. B. regelmäßigen jährlichen finanziellen Förderung in Betracht, die für einen bestimmten Zeitraum – z. B. sechs Jahre – an den Gewinner der Ausschreibung fließen würde. Die Apotheke, die die geringste Förderung verlangt, erhielte den Zuschlag. Die Förderung könnte zudem aus dem Strukturfonds beglichen werden. Das Instrument wäre nach Auffassung der Monopolkommission unter diesen Voraussetzungen geeignet, um zielgerichtet und effizient die Versorgung in der Fläche sicherstellen, ohne dass zugleich eine Überversorgung an anderer Stelle finanziert würde.

---

[93] Ursächlich ist, dass der Notdienst durch einen finanziellen Zuschlag attraktiv werden könnte. Eine engere Abgrenzung von Notdienstgebieten hätte zur Folge, dass mehr Apotheken zu dem entsprechenden Notdienst herangezogen würden und auf den Strukturtopf zugreifen könnten.

[94] Z. B 2HM & Associates GmbH, a. a. O., S. 205 f.

[95] Durch diese Ausgestaltung würde die flächendeckende Versorgung durch die Arzneimittelkunden finanziert, die selbst oder über ihre Krankenversicherung den Aufschlag leisten würden. Es kann jedoch infrage stehen, ob die Sicherstellung der Versorgung als gesellschaftliche Aufgabe nicht vorzugsweise aus Steuermitteln zu finanzieren wäre. Zur Konzeption als Zuschlag vgl. 2HM & Associates GmbH, a. a. O., S. 206.

Versicherungstechnische Erwägungen zur Preisgestaltung

64. Ein grundsätzliches Anreizproblem auf Versicherungsmärkten besteht durch das Dreiecksverhältnis zwischen dem Patienten als Nachfrager einer Leistung, dem Leistungserbringer – z. B. Apotheken – als Anbieter einer Leistung und der Versicherung als Kostenträger. Der Preiswettbewerb im Verhältnis zwischen Patient und Leistungserbringer ist dann nicht effizient, wenn der Patient, der über die Auswahl einer Leistung entscheiden soll, für die entstehenden Kosten seiner Entscheidung nicht selbst aufkommen muss. Tendenziell stellt sich in dieser Konstellation ein überhöhter Preis ein. Das Problem lässt sich allerdings unterbinden und zugleich die Abrechnung vereinfachen, wenn die Apotheken einen vorab festgelegten einheitlichen Preis gegenüber der Krankenversicherung in Rechnung stellen können. Daraus ergibt sich ein Erfordernis, die Preise zu regulieren. Die vom Gesetzgeber in früheren Jahren vorgebrachten abrechnungstechnischen Argumente, die für eine Regulierung der Preise für die Versorgung mit Arzneimitteln durch Großhändler und Apotheken sprächen (vgl. Tz. 40), sind insbesondere auf dieses Problem zurückzuführen.

65. Die Gründe, die in diesem Zusammenhang gegen den Preiswettbewerb bei der Abgabe von Arzneimitteln durch Apotheken vorgebracht worden sind, vermögen heute allerdings nur noch bedingt zu überzeugen. So entspricht die dargestellte Konstellation, bei der die Versicherung die Kosten für den Patienten vollständig übernimmt, bereits in weiten Teilen des Krankenversicherungssystems weder der Praxis noch der heutigen Sichtweise des Gesetzgebers, der eine Steuerung durch die finanzielle Beteiligung der Nutzer in vielen Teile des Krankenversicherungssystems übernommen hat. In der privaten Krankenversicherung sind etwa Selbstbehalte, bis zu denen die Versicherten zunächst alleine für die Arzneimittelkosten aufkommen müssen, eine häufig anzutreffende Vereinbarung in Versicherungsverträgen. Ähnliche Regelungen gelten häufig für beihilfeberechtigte Beamte. Im Fall der GKV sind vor allem Zuzahlungsregelungen bei Arzneimitteln relevant, die mit der Reform des Krankenversicherungssystems zunehmend in die Regulierung Eingang gefunden haben. Derzeit beträgt die gewöhnliche Zuzahlung für ein rezeptgebundenes Arzneimittel gemäß § 61 i. V. m. § 31 Abs. 3 SGB V 10 Prozent des Abgabepreises, mindestens aber 5 und höchstens 10 Euro. Faktisch hat dies zur Folge, dass die Zuzahlung bis zu einem Arzneimittelpreis von 50 Euro somit stets 5 Euro beträgt, ab einem Medikamentenabgabepreis von 100 Euro stets 10 Euro.

66. In der in Tabelle I.2 dargestellten Beispielrechnung entspricht der Zuzahlungsbetrag für gesetzlich Versicherte etwa 60 Prozent der Gesamtvergütung des Apothekers bzw. 55 Prozent der Erträge des gesamten Vertriebsweges (Apotheker und Großhandel). Dieser Teil der Vergütung wird vom gesetzlich versicherten Patienten direkt bei Einlösung eines Rezeptes in der Apotheke bezahlt. Bei Abrechnung des Apothekers mit der gesetzlichen Krankenversicherung wird der vom Patienten gezahlte Zuzahlungsbetrag verrechnet. Dadurch besteht bereits heute eine Vergütung als zweiteiliges Entgelt, das sich zum einen aus einem vom Träger der Krankenversicherung finanzierten Anteil (regulierter Vergütung minus Zuzahlung) und zum anderen aus einem vom Patienten zu finanzierenden Anteil (Zuzahlung) zusammensetzt. Somit bestehen bereits die Voraussetzungen, um den von den Patienten zu tragenden Anteil für den Preiswettbewerb in ein apothekenindividuelles Entgelt zu überführen, ohne damit die Abrechnung gegenüber der Krankenversicherung grundlegend zu verändern. Ein zweiteiliges Entgelt, bei dem die Beratungsleistung fix durch den Träger der Krankenversicherung gedeckt wird, während die Serviceleistungen über den Markt im Wettbewerb finanziert wird, entspricht auch den Schlussfolgerungen aus der Analyse der ökonomischen Bedingungen des Angebots von Vertrauensgütern in der Arzneimittelversorgung (vgl. Tz. 51).

67. Zur Überführung der heute bestehende Zuzahlungsbeträge in eine apothekenindividuelle Vergütung wurden mit dem sog. Serviceentgelt und dem Rabattmodell zwei Ansätze zur Öffnung des Marktes für Preiswettbewerbs in die Debatte eingebracht, die beide an der Flexibilisierung des Zuzahlungsbetrags für die Patienten ansetzen. In Bezug auf die Zahlungsströme sind beide Modelle identisch. In beiden Modellen lässt sich bei Bedarf sowohl eine Ober- als auch eine Untergrenze für den Wettbewerb vorgeben.

68. Das Konzept des Serviceentgelts: Der Zuzahlungsbetrag von bisher fünf bis zehn Euro würde in diesem Modell in ein apothekenindividuelles Serviceentgelt überführt. Dazu würde die derzeit im Rahmen der Arzneimittelpreisverordnung festgelegte Vergütung der Apotheken um die Höhe der Zuzahlung gekürzt; die Zuzahlung nach § 31 Abs. 3 SGB V für Versicherte könnte vollständig entfallen. Um den dadurch bedingten Ausfall in Höhe der bisherigen Zuzahlung bei den Apotheken zu kompensieren, erhielten die Apotheken das Recht, das Serviceentgelt zu erheben. Der Gesetzgeber kann das Serviceentgelt eingrenzen, indem er für dieses Mindest- und Höchstbeträge festlegt. So kann das Serviceentgelt z. B. auf die frühere Zuzahlung begrenzt werden.

69. Das Konzept des Rabattsystems: In diesem Modell könnte der Gesetzgeber die Zuzahlungsregelung beibehalten, würde jedoch allgemein zulassen, dass Apotheken den Patienten einen Rabatt auf den Zuzahlungsbetrag gewähren. Dies entspricht etwa der Regelung, die derzeit infolge des EuGH-Urteils ausschließlich ausländischen Versandapotheken möglich ist (vgl. Tz. 14). Statt direkt um die Höhe einer Vergütung (wie bei einem Serviceentgelt) würden hier die Apotheken um den Rabatt auf eine vorgegebene Vergütung konkurrieren. Der Rabatt könnte auf die Höhe der Zuzahlung des Patienten begrenzt werden; ebenso ist auch eine noch engere Begrenzung möglich.

70. Zu berücksichtigen ist allerdings, dass der Preiswettbewerb abrechnungstechnisch dort auf Probleme stößt, wo ein Patient von einer Eigenleistung bzw. Zuzahlung befreit ist. Dies ist insbesondere der Fall

- bei Personen unter 18 Jahren, die in der gesetzlichen Krankenversicherung versichert sind und die gemäß § 31 Abs. 3 Satz 1 SGB V generell keine Zuzahlung leisten müssen,
- bei Arzneimitteln die unter die Festbetragsregelung nach § 35 SGB V fallen, bei denen der Festbetrag mehr als 30 Prozent unterschritten wird und für die gemäß § 31 Abs. 3 Satz 4 SGB V der GKV-Spitzenverband die Zuzahlung halbiert oder erlässt, sowie
- bei Versicherten, die eine Selbstbehaltsgrenze überschreiten (insbesondere bei Privatversicherten) bzw. in der gesetzlichen Krankenversicherung die Belastungsgrenzen gemäß § 62 SGB V erreicht haben, für die die Zuzahlung in der Regel vollständig entfällt.

Für den Umgang mit solchen Fällen, in denen derzeit keine Zuzahlung zu leisten ist, bestehen in den genannten Formen der Umsetzung des Preiswettbewerbs verschiedene Möglichkeiten. Grundlegend ist zunächst, dass der von der Krankenversicherung zu finanzierende Anteil sich erhöhen würde, sofern die Versicherung aus gesundheitspolitischen Gründen das Entgelt voll oder teilweise übernehmen will. Fraglich ist jedoch vor allem in Bezug auf gesetzlich Versicherte, ob die Erhöhung um den apothekenindividuellen Preis oder um einen festen, z. B. durchschnittlichen Preis erfolgen sollte. Wird ein fester Zuschlag erstattet, so könnte den Apotheken in allen oder einzelnen der genannten Fälle die Möglichkeit gelassen werden, einen möglichen Unterschiedsbetrag zwischen dem von den Kassen finanzierten Aufschlag und dem apothekenindividuellen Entgelt von den Patienten zu erheben. Allerdings wäre damit zumindest verbunden, dass es keine generelle Zuzahlungsbefreiung gäbe.

71. In Bezug auf die Zuzahlungsbefreiung ist allerdings zu berücksichtigen, dass die Wirkung des Preiswettbewerbs nur für die betroffenen Gruppen aufgehoben wird. Allerdings beträgt der Anteil Zuzahlungsbefreiter an allen GKV-Versicherten in Deutschland im Jahr 2015 lediglich 9,2 Prozent.[96] Es ist deshalb davon auszugehen, dass die positiven Wirkungen des Preiswettbewerbs auch dann vorliegen, wenn die Zuzahlungsbefreiung in den bisher geregelten Fällen vollständig bestehen bleibt und die Zuzahlung von der Krankenversicherung geleistet wird. Die Beibehaltung einer Teilfinanzierung dient daher eher Gerechtigkeitserwägungen, da Zuzahlungsbefreite ohne eigenen Beitrag Apotheken mit erhöhtem Serviceniveau wählen könnten.

5 Empfehlungen für strukturelle Reformen

72. In Anbetracht der jüngeren Entwicklungen um die Rabatte auf die Zuschläge im Arzneimittelgroßhandel, der Öffnung des Preiswettbewerbs für ausländische Versandapotheken sowie des Honorargutachtens zur Arzneimittelpreisverordnung ergibt sich ein dringender Anlass für den Gesetzgeber, das Vergütungssystem in der Arzneimittelversorgung durch Großhändler und Apotheken zu überarbeiten. Die Monopolkommission kommt auf Basis der vorliegenden Untersuchung zu dem Ergebnis, dass rein pekuniäre Anpassungen der AMPreisV sowie ein Versandhandelsverbot für verschreibungspflichtige Arzneimittel unzureichende bzw. falsche Instrumente darstellen, um die Ziele in der Arzneimittelversorgung zu erreichen. Vielmehr ist eine strukturelle Reform des Vergütungssystems erforderlich.

---

[96] ABDA, Die Apotheke 2017, Zahlen, Daten, Fakten, https://www.abda.de/fileadmin/assets/ZDF/ZDF_2017/ABDA_ZDF_2017_Brosch.pdf, Abruf am 23. April 2018, S. 36.

73. Für eine strukturelle Reform des Vergütungssystems spricht, dass das bestehende Konzept mit einer Reihe gewichtiger Nachteile verbunden ist. Die Festlegung fester Handelsspannen für Großhändler und Apotheken bei verschreibungspflichtigen Medikamenten führt nicht dazu, dass insbesondere die Ziele des Gesetzgebers betreffend die Sicherstellung der Versorgung und die Effizienz und Wirtschaftlichkeit in der Versorgung in Einklang gebracht werden können. Die strukturelle Schwäche des bestehenden Preisregulierungskonzepts ist vor allem auf die Kombination einer freien Ansiedlung von Apotheken und der Regelung einheitlicher Preise nach einem Kostendeckungsansatz zurückzuführen. Das letztgenannte Konzept hat starken Standortwettbewerb und eine hohe Dichte von Apotheken mit hohen Komfortstandards vorwiegend in Ballungszentren zur Folge, während der Betrieb einzelner Apotheken bei einer Vergütung auf Durchschnittskosten zugleich gefährdet ist (Tz. 25 ff.). Einer möglichen Unterversorgung mit Apotheken insbesondere in dünn besiedelten Regionen lässt sich jedoch in der bestehenden Struktur nur dadurch begegnen, dass die für alle geltenden Vergütungssätze der AMPreisV an den Kosten der teuersten Apotheke ausgerichtet werden, die gerade noch für die Versorgung notwendig ist. Eine solche Regulierung geht jedoch unmittelbar mit Effizienzproblemen einher (Tz. 56 f.). Schließlich ist auch die Regulierung von (rabattfähigen) Zuschlägen für verschreibungspflichtige Arzneimittel auf der Großhandelsebene nicht durch ökonomische Gründe zu rechtfertigen und führt gegebenenfalls zu unerwünschten Selektionseffekten (Tz. 32).

74. Die Monopolkommission empfiehlt, im Rahmen einer Reform des Vergütungssystems die Vorgabe eines einheitlichen Abgabepreises nach § 78 Abs. 2 Satz 2 AMG aufzuheben und durch eine einheitliche Vergütung heilberuflicher Leistungen von Apotheken, insbesondere in der Beratung, zu ersetzen. Der Apothekenabgabepreis sollte sich danach aus zwei Komponenten zusammensetzen: der einheitlichen standardisierten Vergütung heilberuflicher Leistungen einerseits und einer wettbewerblichen apothekenindividuellen Servicekomponente auf der anderen Seite. Die fixe Preiskomponente wäre von der gesetzlichen Krankenkasse zu finanzieren und bedürfte gegebenenfalls einer erweiterten Definition der Standards der Leistungserbringung (Tz. 52). Die Servicekomponente würde derweil die bestehende Zuzahlung ersetzen. Sie würde von jeder Apotheke individuell festgelegt und könnte Leistungsunterschiede abbilden, die sich z. B. auf einen besonders guten Standort, die Anzahl des Personals für kurze Wartezeiten, die Apothekenzeitung, die Geschäftsausstattung und andere Serviceleistungen beziehen (Tz. 50). Diese Serviceleistungen würden danach im Wettbewerb, abhängig von den Präferenzen der Kunden, erbracht und nicht mehr pauschal durch die gesetzliche Krankenversicherung oder eine fixe Zuzahlung der Kunden finanziert. Um eine Ausnutzung wirtschaftlicher Machtstellungen (z. B. bei Nachtdiensten) zu verhindern, sollte die Servicekomponente nach oben begrenzt werden. Zu erwarten ist, dass bei einer Umsetzung dieses Vorschlags die Profitabilität der Apotheken in schlecht versorgten Regionen zunähme, da die Errichtung einer Apotheke in diesen Regionen die Wegstrecke für die dortigen Patienten erheblich verringern würde, was sich wiederum in einer erhöhten Zahlungsbereitschaft für die Servicekomponente niederschlagen würde (Tz. 57). Eine diesem Vorschlag entsprechende Reform des Vergütungssystems in der Arzneimittelversorgung sollte in mehreren Schritten umgesetzt werden.

75. Die Monopolkommission empfiehlt, in einem ersten Schritt eine Anpassung der Arzneimittelpreisverordnung und die Öffnung für mehr Wettbewerb zu realisieren. Dazu ist Folgendes umzusetzen:

- Den Apotheken sollte gestattet werden, die mögliche Zuzahlung gesetzlich versicherter Patienten bei Abgabe von Rx-Arzneimitteln durch die Gewährung von Rabatten zu reduzieren (Tz. 69). Dazu ist eine Klarstellung in der relevanten Vorschrift des § 31 Abs. 3 i. V. m. § 61 SGB V erforderlich, wonach die Zuzahlung von den die Arzneimittel abgebenden Apothekern ganz oder teilweise übernommen werden kann. Zugleich ist die Regulierung einheitlicher Abgabepreise nach § 78 Abs. 2 Satz 2 AMG aufzuheben.

- Außerdem sollten die Vergütungssätze der Arzneimittelpreisverordnung so angepasst werden, dass sie die Kostenstruktur in der Arzneimittelversorgung abbilden. Eine Grundlage für eine entsprechende Anpassung der Vergütungssätze liefert das Honorargutachten (Tz. 29). Mit der Umsetzung der darin vorgeschlagenen neuen Vergütungssätze wäre auch eine Kürzung der Gesamtvergütung für die Abgabe von Rx-Arzneimitteln verbunden. Um die Sicherstellung der Versorgung durch die bestehenden Apotheken grundsätzlich weiterhin zu ermöglichen, sollte von dieser Kürzung abgesehen werden. Dazu könnte der Festbetrag für die Abgabe von Fertigarzneimitteln durch Apotheken gegenüber dem Vorschlag im Honorargutachten um mindestens 1,09 Euro angehoben werden.[97] Durch die gleichzeitige Einführung des Rabattsystems stellen die Zuschläge zukünftig Höchstwerte dar, die durch die Gewährung eines Rabattes auf die Zuzahlung der Versicherten faktisch apothekenindividuell reduziert werden können. Es ist zu erwarten, dass insbesondere in Regionen, in denen einzelne Apotheken heute die Versorgung sichern, aufgrund des geringen Wettbewerbs allenfalls geringe Rabatte angeboten werden. Dadurch kann das bestehende Vergütungsniveau in diesen Regionen aufrechterhalten werden, ohne zugleich eine effiziente Steuerung des Versorgungs- und Vergütungsniveaus in anderen Regionen auszuschließen (Tz. 57).

- Schließlich sollte die Regulierung der Zuschläge für den Großhandel in § 2 Arzneimittelpreisverordnung vollständig wegfallen. Die Zuschläge für Apotheken sind stattdessen um an den tatsächlich realisierten Handelsspannen bemessene Aufschläge für die Kosten der Großhandelsleistung zu erhöhen (Tz. 35).

In einem zweiten Schritt ist eine Weiterentwicklung des Vergütungssystems zu empfehlen:

- Die Festlegung von Vergütungssätzen auf Basis einer Kalkulation der Bundesregierung sollte ersetzt werden durch eine Festlegung auf Basis von Verhandlungen zwischen einem Spitzenverband der Apotheken und den Spitzenverbänden der privaten und der gesetzlichen Krankenversicherung. Die zu verhandelnden Vergütungssätze für verschreibungspflichtige Arzneimittel sollten die Vergütung der heilberuflichen Leistungen, insbesondere der Beratung, sicherstellen. Es sollte keine Deckung sämtlicher Istkosten der Apotheken angestrebt werden. Zudem sollten einzuhaltende Standards bei der Leistungserbringung der Apotheken sowie Strafen bei Nichteinhaltung festgelegt werden (Tz. 52).

- Die Apotheken könnten zudem eine erweiterte Aufgabe in der pharmakologischen Beratung und Betreuung von Patienten mit bestimmten Indikationen erhalten, die sich dazu bei einer Apotheke ihrer Wahl einschreiben. Eine regelmäßige pauschale Vergütung sollte in den Verhandlungen um die Vergütungssätze aufgenommen werden und würde bei den entsprechenden Patienten die packungsbezogene Festvergütung der heilberuflichen Leistungen ersetzen (Tz. 53 und 60).

- Die Zuzahlung der gesetzlich Versicherten gemäß § 31 Abs. 3 i. V. m. § 61 SGB V sollte vollständig abgeschafft und durch ein von den Apotheken individuell zu erhebendes Serviceentgelt ersetzt werden. Das Serviceentgelt wäre neben der von der Krankenversicherung für die heilberufliche Leistung festgelegten Festvergütung eine zweite Vergütungskomponente der Apotheken. Das Serviceentgelt könnte zudem auf die maximale vorher mögliche Zuzahlung begrenzt werden (Tz. 68).

- Für Patienten, die bisher von der Zuzahlung befreit waren, sollte die Krankenkasse den Apotheken ein pauschales Serviceentgelt auszahlen. Je nach Grund der Befreiung könnte den Apotheken erlaubt werden, in entsprechenden Fällen ein verringertes Serviceentgelt zu erheben (Tz. 70 f.).

- Sofern ein Bedarf zur Sicherstellung der flächendeckenden Versorgung mit niedergelassenen Apotheken verbleiben sollte, könnte eine Untergrenze z. B. auf Basis einer zu überwindenden Fahrzeit gesetzlich festgelegt werden. Bei Erreichen dieser Untergrenze würden Gemeinden und Gemeindeverbünde verpflichtet, die Versorgung sicherzustellen. Dazu sollte der § 17 Apothekengesetz so verändert werden, dass die Kommunen in diesen Fällen Ausschreibungen vornehmen. Der Apotheker, der den geringsten regelmäßigen Förderbetrag anbietet, um im Gegenzug die Versorgung durch die Eröffnung einer Apotheke sicherzustellen, erhielte den Zuschlag (Tz. 63).

76. Schließlich empfiehlt die Monopolkommission auch, auf das im Koalitionsvertrag vorgesehene Verbot des Versandhandels mit verschreibungspflichtigen Arzneimitteln zu verzichten. Ein solches Verbot wäre nicht nur europa- und verfassungsrechtlich problematisch, sondern auch in der Sache nicht zu rechtfertigen. Da der bisher geringe Anteil an Rx-

---

[97] Die Anhebung um 1,09 Euro ergibt sich wie folgt: Die Umsetzung der Vorschläge des Honorargutachtens führen zu einem Rückgang der jährlichen Gesamtvergütung aus Rx-Arzneimitteln von durchschnittlich 39.864 Euro pro Apotheke (S. 171). Die jährliche Zahl der abgegebenen Rx-Fertigarzneimittel beträgt 36.574 pro Apotheke (S. 76 und 137). Aus der Umlegung des Vergütungsrückgangs auf die Anzahl der abgegebenen Arzneimittel ergibt sich der anzupassende Festbetrag von 1,09 Euro. Vgl. 2HM & Associates GmbH, a. a. O.

Arzneimitteln im Versandhandel zu keinen erkennbaren Verdrängungswirkungen bei stationären Apotheken führt, andererseits aber gerade in bisher unterversorgten Gebieten den Arzneimittelzugang absichert, ist durch ein Verbot kurzfristig eher eine Verschärfung der Versorgungsprobleme zu erwarten (Tz. 58). Zudem hätte ein Verbot innerhalb des bestehenden Vergütungssystems eine veränderte Kalkulation der Apothekenzuschläge und höhere Kosten für das Krankenversicherungssystem zur Folge (Tz. 38). Stattdessen sollte geprüft werden, ob durch den Abbau der Versorgungsbeschränkungen im Versandhandel (Verbot von Pick-up-Stellen und Arzneimittelautomaten) dieser für eine nachhaltige Verbesserung der flächendeckenden Versorgung aktiviert werden kann (Tz. 59).

Kartellrechtliche Ausnahmeregelungen

Kurz gefasst

Summary

1 Würdigung der neu eingeführten und diskutierten kartellrechtlichen Ausnahmeregelungen

2 Ausnahme vom deutschen Kartellverbot für die Presse

2.1 Erfüllung verfassungsrechtlicher Funktionen

2.2 Presse als Marktprodukt wirtschaftlichem Druck ausgesetzt

2.3 Würdigung der neuen Vorschriften

3 Beschränkte Ausnahmeregelung für die Kreditverbünde

4 Ausnahmen für die Waldbewirtschaftung auf Länderebene

4.1 Entwicklungen seit dem XXI. Hauptgutachten

4.2 Vorabentscheidung zu § 46 BWaldG brächte Klärung grundlegender Rechtsfragen für den gesamten EU-Binnenmarkt

4.3 Durchsetzung der Wettbewerbsregeln unabhängig von § 46 BWaldG geboten

4.4 Gestaltungsspielräume abhängig von den Zielen der Waldgesetze

5 Ausnahme für Kooperationen der öffentlich-rechtlichen Rundfunkanstalten

Kurz gefasst

Der deutsche Gesetzgeber hat seit dem XXI. Hauptgutachten eine Reihe gesetzlicher Ausnahmen vom deutschen Kartellrecht definiert. Zurzeit wird außerdem die gesetzliche Betrauung der öffentlich-rechtlichen Rundfunkanstalten mit Dienstleistungen von allgemeinem wirtschaftlichem Interesse bei Kooperationen zur Herstellung und Verbreitung von Angeboten im Sinne der §§ 11a bis g RStV diskutiert. Im Koalitionsvertrag für die 19. Legislaturperiode werden weitere Sonderregelungen ins Auge gefasst.

Die Neueinführung von Ausnahmen von den Wettbewerbsregeln ist aus Sicht der Monopolkommission allerdings grundsätzlich problematisch, da sie mit einer neuen, pauschalen Sonderstellung einzelner Wirtschaftssektoren einhergeht. Wenn bestehende Wirtschaftssektoren vom Kartellrecht ausgenommen werden, kann dies zudem eine abnehmende bzw. fehlende Wettbewerbsfähigkeit der betreffenden Sektoren indizieren. Das gilt auch dann, wenn die Ausnahmen mit besonderen Zielen begründet werden, die sich bei Anwendung der Wettbewerbsregeln möglicherweise nicht erreichen lassen.

Die Presse ist über Verlagskooperationen hinaus Gegenstand einer Sonderbehandlung im deutschen Kartellrecht. Hintergrund ist zum einen, dass die Presse verfassungsrechtliche Funktionen erfüllt. Zum anderen erhöht sich der auf ihr lastende Wirtschaftlichkeitsdruck infolge der Digitalisierung und der sich dadurch ändernden Marktbedingungen. Der neue § 30 Abs. 2b des Gesetzes gegen Wettbewerbsbeschränkungen (GWB) dürfte vor allem für Kooperationen auf den Zeitungsmärkten relevant sein, auf denen die Digitalisierung die größten Umwälzungen mit sich bringt. Diese Kooperationen dürften häufig allerdings bereits durch die damit einhergehenden Effizienzen gerechtfertigt sein, weshalb es einer weitergehenden gesetzlichen Ausnahme nicht bedarf. Der neue § 30 Abs. 2b GWB dürfte sich somit vor allem bei überregional vereinbarten Kooperationen im Rahmen des Zeitungsvertriebs und im Onlinegeschäft auswirken. In diesen Fällen dürfte er wegen des vorrangigen Unionskartellrechts praktisch wirkungslos bleiben. Ein unionsrechtlich gangbarer Weg wäre allenfalls, dass Presseunternehmen mit Aufgaben betraut werden, bei deren Verfolgung sie im Einzelfall nach Art. 106 Abs. 2 des Vertrags über die Arbeitsweise der Europäischen Union (AEUV) von den EU-Wettbewerbsregeln freigestellt sein könnten.

Die in § 35 Abs. 2 Satz 3 GWB n. F. neu eingeführte Ausnahmeregelung entzieht wettbewerblich unbedenkliche ebenso wie bedenkliche Neustrukturierungen in den Kreditverbünden einer fusionskontrollrechtlichen Überprüfung durch das Bundeskartellamt. Damit macht sie allerdings eine stärkere kartellbehördliche Überwachung der Gesamtentwicklung notwendig. Wenn sich die Verbundstrukturen weiter verfestigen sollten, so könnte dies zumindest bei den Sparkassen dazu führen, dass der Verbund oder zumindest Teile davon nicht mehr als Verbund selbstständiger Unternehmen, sondern vielmehr als einheitliches Unternehmen anzusehen wären.

Die Vereinbarkeit von § 46 Abs. 2 Bundeswaldgesetz (BWaldG) mit europäischem Recht sollte im Wege einer Vorlage an den Europäischen Gerichtshof (EuGH) zur Vorabentscheidung geklärt werden. Dessen ungeachtet ist das Vorgehen des Bundeskartellamtes und der Länder, eine Einigung ohne Einbeziehung von § 46 Abs. 2 BWaldG zu suchen, zu begrüßen. Anstatt zu versuchen, die Anwendung der EU-Wettbewerbsregeln durch eine derartige Regelung auszuhebeln, sollten die im Bundeswaldgesetz und den Landeswaldgesetzen definierten Ziele überprüft und grundsätzlich auf Ziele der Daseinsvorsorge und Gefahrenabwehr beschränkt werden, sodass Konflikte mit dem EU-Recht vermieden werden. Das schließt nicht aus, dass der Gesetzgeber forstwirtschaftliche Unternehmen zur Erreichung der zulässigerweise definierten Ziele mit Aufgaben von allgemeinem wirtschaftlichem Interesse betraut, bei deren Verfolgung sie nach Art. 106 Abs. 2 AEUV im Einzelfall von den Wettbewerbsregeln freigestellt sein können.

In Bezug auf die diskutierte Vorschrift zur Betrauung der öffentlich-rechtlichen Rundfunkanstalten mit kooperativ erbrachten Dienstleistungen ist darauf hinzuweisen, dass eine solche Regelung nichts an der Notwendigkeit einer einzelfallbezogenen Prüfung ändern würde, ob die betreffenden Kooperationen den EU-Wettbewerbsregeln unterliegen und ob sie nach diesen Regeln zulässig sind. Der Gesetzgeber müsste insofern darlegen, welchen zusätzlichen Nutzen die Regelung – insbesondere für die Erfüllung der besonderen Aufgaben der Rundfunkanstalten – haben würde. Der Gewinn an Rechtssicherheit durch eine solche Regelung wäre somit überschaubar.

Summary

Since the XXIst Biennial Report, the German legislature has defined a number of legal exemptions to German competition law. Also, discussions are ongoing on whether to entrust public broadcasters with services of general economic interest concerning their cooperation for the production and dissemination of programmes within the meaning of Sec. 11a to g of the State Broadcasting Treaty. Further special provisions are envisaged in the coalition agreement for the 19th legislative period.

From the point of view of the Monopolies Commission, the introduction of new exemptions from the competition rules is generally problematic. The introduction of such exemptions establishes a new, blanket special treatment for individual economic sectors. Moreover, when existing economic sectors are exempted from competition law, this can indicate an ongoing decline or a lack of competitiveness in the sectors concerned. This is also true where proponents justify the exemptions with specific objectives which might not be achieved if competition rules applied.

The press has long been subject to special treatment in German competition law. The background is, on the one hand, that the press fulfils constitutional functions. On the other hand, the pressure on the press to maintain its economic viability is increasing as a result of digitalisation and the resulting changes in the market environment. The new Sec. 30 Para. 2b German Act against Restraints of Competition (ARC) is likely to be particularly relevant for cooperation in the newspaper markets, where digitalisation is causing the most radical changes. However, the relevant cooperation may often be justified by accompanying efficiencies, which is why further legal exemption is not required. Therefore, the new Sec. 30 Para. 2b ARC is likely to affect particularly nationwide cooperation agreements concerning newspaper distribution and the online business. In these cases, however, the new section is unlikely to have any practical effect due to the primacy of EU competition law. Under EU law, press companies can only be exempted from EU competition rules in individual cases according to Art. 106 para. 2 TFEU if they were entrusted with tasks the pursuit of which would fall under this provision.

The new exemption introduced in Sec. 35 Para. 2 third sentence ARC removes both innocuous as well as disputable restructurings of credit associations from the review of merger control by the Bundeskartellamt (Federal Cartel Office). However, this makes it necessary to have the competition authorities monitor the overall development more closely. If the associative structures were to concentrate any further, this could, at least for the German savings banks, mean that the association or at least parts of it would no longer be regarded as an association of independent companies, but rather as a single undertaking.

The compatibility of Sec. 46 Para. 2 of the Federal Forest Act with EU law should be clarified by means of a preliminary ruling by the European Court of Justice. That being said, it must be welcomed that the Bundeskartellamt and the Länder seek an agreement regardless of Sec. 46 Para. 2 Federal Forest Act. Instead of trying to undermine the application of the EU competition rules through such a provision, the objectives defined in the Federal Forest Act and the forest acts of the Länder should be reviewed and generally be limited to the objectives of general interest and hazard prevention. Conflicts with EU law would then be avoided. This does not preclude legislature from entrusting forestry undertakings with tasks of general economic interest in order to achieve legally defined objectives, the pursuit of which may justify an exemption from the competition rules in individual cases under Art. 106 para. 2 TFEU.

With regard to the currently debated provision entrusting public service broadcasters with general-interest services provided in cooperation, it should be noted that such a provision would not change the requirement for a case-by-case examination of whether the cooperation concerned is subject to EU competition rules and whether it is compatible with those rules. In this respect, the legislature would have to explain what additional benefits the provision would bring – in particular, regarding the fulfilment of the special tasks of the public service broadcasters. The gain in legal certainty through such a regulation would therefore be limited.

1 Würdigung der neu eingeführten und diskutierten kartellrechtlichen Ausnahmeregelungen

77. Im Rahmen der 9. GWB-Novelle hat der deutsche Gesetzgeber die folgenden neuen Ausnahmen vom deutsche Kartellrecht definiert für:

- wettbewerbsbeschränkende Vereinbarungen zwischen Zeitungs- oder Zeitschriftenverlagen über eine verlagswirtschaftliche Zusammenarbeit,[1]
- Zusammenschlüsse im Backoffice-Bereich einer kreditwirtschaftlichen Verbundgruppe[2]

sowie – außerhalb des Gesetzes gegen Wettbewerbsbeschränkungen (GWB) – für

- wettbewerbsbeschränkende Vereinbarungen über forstwirtschaftliche Dienstleistungen.[3]

Zurzeit wird eine Sonderregelung diskutiert, welche die

- Betrauung der öffentlich-rechtlichen Rundfunkanstalten mit der Erbringung von Dienstleistungen von allgemeinem wirtschaftlichem Interesse bei Kooperationen zur Herstellung und Verbreitung von Angeboten im Sinne der §§ 11a bis g Rundfunkstaatsvertrag (RStV)

zum Gegenstand haben soll. Im Koalitionsvertrag für die 19. Legislaturperiode werden noch weitere Sonderregelungen ins Auge gefasst, und zwar für die

- Vereinbarkeit des Kartellrechts mit dem Genossenschaftswesen, in Bezug auf
- Absprachen von Mobilfunkanbietern für ein nationales Roaming und
- um die Entstehung von Digitalkonzernen in Deutschland und Europa zu ermöglichen, die international eine wettbewerbsfähige Größe erreichen.[4]

78. Zu den zuletzt genannten, im Koalitionsvertrag ins Auge gefassten Sonderregelungen ist bislang unklar, worum es sich im Einzelnen handeln soll. Zu diesen Regelungen nimmt die Monopolkommission im vorliegenden Hauptgutachten deshalb auch keine Stellung.

79. Die Neueinführung von Ausnahmen von den Wettbewerbsregeln ist aus Sicht der Monopolkommission allerdings grundsätzlich problematisch, da sie mit einer neuen, pauschalen Sonderstellung einzelner Wirtschaftssektoren einhergeht. Wenn bestehende Wirtschaftssektoren vom Kartellrecht ausgenommen werden, kann dies zudem eine abnehmende bzw. fehlende Wettbewerbsfähigkeit der betreffenden Sektoren indizieren. Das gilt auch dann, wenn die Ausnahmen mit besonderen Zielen begründet werden, die sich bei Anwendung der Wettbewerbsregeln möglicherweise nicht erreichen lassen. Insofern ist die Zahl und Breite der bereits eingeführten oder gegenwärtig zumindest diskutierten Ausnahmen bedenklich.

80. In einer kurzen Stellungnahme zum Referentenentwurf der 9. GWB-Novelle hatte die Monopolkommission die (damals noch im Entwurfsstadium befindliche) Ausnahme für die verlagswirtschaftliche Zusammenarbeit von Presseunternehmen bereits als wettbewerbspolitisch fragwürdig kritisiert.[5] Zu den weiteren – tatsächlich umgesetzten oder geplanten – Ausnahmeregelungen hat sie sich dagegen noch nicht geäußert.

81. In den folgenden Abschnitten würdigt die Monopolkommission zunächst die bereits vorhandenen Sonderregelungen für die Presse (Abschn. 2), die kreditwirtschaftlichen Verbundgruppen (Abschn. 3) und forstwirtschaftliche Dienstleis-

---

[1] § 30 Abs. 2b GWB.

[2] § 35 Abs. 2 Satz 3 GWB.

[3] § 46 BWaldG.

[4] CDU/CSU und SPD, Ein neuer Aufbruch für Europa – Eine neue Dynamik für Deutschland – Ein neuer Zusammenhalt für unser Land, Koalitionsvertrag für die 19. Legislaturperiode, S. 38, 61, 64.

[5] Monopolkommission, XXI. Hauptgutachten, Wettbewerb 2016, Baden-Baden 2016, Tz. 29 ff.

tungen (Abschn. 4). Anschließend nimmt sie zu der von den öffentlich-rechtlichen Rundfunkanstalten geforderten Ausnahme für Rundfunkkooperationen Stellung (Abschn. 5).

2 Ausnahme vom deutschen Kartellverbot für die Presse

82. Der Gesetzgeber hat in der 9. GWB-Novelle eine weitere Sondervorschrift für die Presse eingeführt. Der neue § 30 Abs. 2b GWB sieht eine Ausnahme vom deutschen Kartellverbot (§ 1 GWB) für Vereinbarungen zwischen Zeitungs- oder Zeitschriftenverlagen über eine verlagswirtschaftliche Zusammenarbeit vor, soweit die Vereinbarung den Beteiligten ermöglicht, ihre wirtschaftliche Basis für den intermedialen Wettbewerb zu stärken. Dies gilt nicht für eine Zusammenarbeit im redaktionellen Bereich. Davon abgesehen haben die betreffenden Unternehmen bei einem erheblichen rechtlichen und wirtschaftlichen Interesse einen Anspruch, dass die Kartellbehörde ihnen gegenüber auf Antrag feststellt, dass eine Zusammenarbeit keinen Anlass zum behördlichen Tätigwerden wegen eines Verstoßes gegen das EU-Kartellverbot (Art. 101 AEUV) darstellt (§ 32c GWB).

83. Eine Freistellung von verlagswirtschaftlicher Zusammenarbeit im Pressebereich war bereits zur Zeit der 7. GWB-Novelle diskutiert worden.[6] Die Aspekte, die im Rahmen der 9. GWB-Novelle zur Begründung der nun eingeführten Sondervorschrift angeführt wurden, waren ebenso bei den Änderungen des Pressekartellrechts in der 8. GWB-Novelle von Bedeutung gewesen.[7] Die Monopolkommission hatte in Bezug auf die diskutierten bzw. eingeführten Änderungen jeweils Stellung genommen.[8]

84. Die Presse ist über Verlagskooperationen hinaus Gegenstand einer Sonderbehandlung im deutschen Kartellrecht. Hintergrund ist zum einen, dass die Presse verfassungsrechtliche Funktionen erfüllt (Abschn. 2.1). Zum anderen erhöht sich der auf ihr lastende Wirtschaftlichkeitsdruck infolge der Digitalisierung und der sich dadurch ändernden Marktbedingungen (Abschn. 2.2). Auch wenn man dies berücksichtigt, ist die Neuregelung allerdings kritisch zu sehen (Abschn. 2.3).

2.1 Erfüllung verfassungsrechtlicher Funktionen

85. Als „Presse" sind verfassungsrechtlich alle zur Verbreitung geeigneten und bestimmten Druckerzeugnisse zu verstehen, ungeachtet des Inhalts, des Herstellungsverfahrens oder des Verbreitungswegs.[9] Der Begriff umfasst die Gründung und Gestaltung von Presseorganen einschließlich aller Entscheidungen über Art und Ausrichtung sowie Inhalt und Form sowie aller wesensmäßig mit der Pressearbeit zusammenhängenden Tätigkeiten.[10]

86. Die Presse im vorgenannten Sinne ist Träger und Verbreiter der öffentlichen Meinung im Interesse einer freien Demokratie. Deshalb ist durch die Pressefreiheit nicht nur die Rechtsposition der im Pressewesen tätigen Personen, sondern auch die institutionelle Eigenständigkeit der Presse von der Beschaffung der Information bis zur Verbreitung der Nachricht und der Meinung geschützt.[11] Der Schutz bezieht sich dabei auf alle Arbeitsschritte von der Informationsge-

---

[6] Bundesregierung, Entwurf eines Siebten Gesetzes zur Änderung des Gesetzes gegen Wettbewerbsbeschränkungen, BT-Drs. 15/3640, S. 50 f.; Beschlussempfehlung und Bericht des Ausschusses für Wirtschaft und Arbeit (9. Ausschuss), BT-Drs. 15/5049, S. 47 ff.; Bundesrat, Ausschussempfehlungen, BR-Drs. 441/04 (Beschluss), S. 8 f.

[7] Bundesregierung, Entwurf eines Achten Gesetzes zur Änderung des Gesetzes gegen Wettbewerbsbeschränkungen (8. GWB-ÄndG), BT-Drs. 17/9852, S. 133, 149.

[8] Monopolkommission, XV. Hauptgutachten, Baden-Baden 2005, Tz. 146 ff.; XIX. Hauptgutachten, Baden-Baden 2012, Tz. 169 (S. 86); Sondergutachten 41, Baden-Baden 2004, Tz. 123 f.; Sondergutachten 63: Die 8. GWB-Novelle aus wettbewerbspolitischer Sicht, Baden-Baden 2012, Tz. 70 ff.

[9] BVerfG, Urteil vom 4. April 1967, 1 BvR 414/64, BVerfGE 21, 271 (278); Beschluss vom 25. Januar 1984, 1 BvR 272/81, BVerfGE 66, 116 (134); Beschluss vom 8. Oktober 1996, 1 BvR 1183/90, BVerfGE 95, 28 (34).

[10] BVerfG, Urteil vom 24. Januar 2001, 1 BvR 2623/95, 622/99, BVerfGE 103, 44 (59); Beschluss vom 6. Februar 1979 2 BvR 154/78, BVerfGE 50, 234 (240); Beschluss auch vom 14. Januar 1998, 1 BvR 1861/93, 1864/96, 2073/97, BVerfGE 97, 125 (144); Beschluss vom 9. Februar 2017, 1 BvR 967/15.

[11] BVerfG, Beschluss vom 6. Oktober 1959, 1 BvL 118/53, BVerfGE 10, 118 (121); siehe dazu auch Monopolkommission, Sondergutachten 42, Die Pressefusionskontrolle in der Siebten GWB-Novelle, Baden-Baden 2004, Tz. 48.

winnung bis zur Verbreitung von Nachrichten und Meinungen.[12] Das einfache Recht und die Rechtsprechung gestehen diesen Schutz zumindest organisatorisch in sich geschlossenen und autonomen Organisationseinheiten mit einer redaktionellen Tätigkeit zu.[13] Noch nicht abschließend entschieden ist, ob und in welchem Umfang er auch für Onlinemedien gilt.[14]

87. Anders als die öffentlich-rechtlichen Rundfunkanstalten bilden die Anbieter von Presseerzeugnissen die vorhandene Meinungsvielfalt nicht durch ihre innere Organisation ab.[15] Es handelt sich vielmehr um private Unternehmen, die durch ihre Tätigkeit im wirtschaftlichen Wettbewerb zur publizistischen Vielfalt beitragen.[16] Anders als beim Rundfunk handelt es sich bei der Presse zudem um eine textbasierte Tätigkeit.[17]

88. Die Sonderregelungen im GWB für Unternehmen, die mit der Herstellung und dem Vertrieb von Zeitungen oder Zeitschriften befasst sind, sollen sicherstellen, dass diese Unternehmen im Rahmen ihrer Markttätigkeit die verfassungsrechtlichen Funktionen der Presse dauerhaft erfüllen können. Dazu enthält das GWB die folgenden Sonderregelungen:

- Nach § 38 Abs. 3 GWB ist für die Beurteilung der Anmeldepflicht von Zusammenschlüssen zwischen Unternehmen in Presse und Rundfunk das Achtfache der Umsatzerlöse in Ansatz zu bringen. Mit dieser Verschärfung gegenüber den allgemeinen Vorschriften soll dem Umstand Rechnung getragen werden, dass eine auf Großzusammenschlüsse begrenzte Fusionskontrolle im Pressewesen, in dem es in besonderem Maße auf die Vielfalt des Angebots im regionalen und lokalen Bereich ankommt, möglicherweise nicht ausreicht.[18] Die ursprünglich noch strengeren Schwellenwerte (Zwanzigfaches der Umsatzerlöse) wurden allerdings im Rahmen der 8. GWB-Novelle erhöht, um es Presseunternehmen zu erleichtern, ihre wirtschaftliche Basis durch Fusionen abzusichern und so ihre Wettbewerbsfähigkeit auch in Konkurrenz zu anderen Mediengattungen zu behaupten.[19]

- Der Vorschrift des § 36 Abs. 1 Satz 2 Nr. 3 GWB zufolge ist ein Zusammenschluss im Pressebereich nicht zu untersagen, falls nachgewiesen wird, dass der übernommene Zeitungs- oder Zeitschriftenverlag in den letzten drei Jahren einen erheblichen Jahresfehlbetrag auszuweisen hatte und er ohne den Zusammenschluss in seiner Existenz gefährdet wäre. Ferner muss nachgewiesen werden, dass vor dem Zusammenschluss kein anderer Erwerber gefunden wurde, der eine wettbewerbskonformere Lösung sichergestellt hätte. Die in der 8. GWB-Novelle eingeführte Vorschrift soll verhindern, dass Verlage, die in eine finanzielle Schieflage geraten, den Markt verlassen müssen.[20]

---

[12] BVerfG, Teilurteil vom 5. August 1966, 1 BvR 586/62, 610/63 und 512/64, BVerfGE 20, 162 (176); Urteil vom 27. Februar 2007, 1 BvR 538, 2045/06, BVerfGE 117, 244 (259).

[13] Art. 1 Ziff. 14 des 9. RÄStV; BVerwG, Beschluss vom 29. Oktober 2015, 1 B 32/15, Rz. 5; VGH Baden-Württemberg, Urteil vom 9. Mai 2017, 1 S 1530/16, Rz. 69 (jeweils zit. nach Juris).

[14] Dazu Mann/Smid in: Spindler/Schuster, Recht der elektronischen Medien, 3. Aufl., München 2015, Presserecht, Rz. 5-7 m. Nachw.

[15] Vgl. BVerfG, Urteil vom 4. November 1986, 1 BvF 1/84, BVerfGE 73, 118, Rz. 9.

[16] Vgl. Monopolkommission, Sondergutachten 38, Zusammenschlussvorhaben der Georg von Holtzbrinck GmbH & Co. KG mit der Berliner Verlag GmbH & Co. KG. Ergänzendes Sondergutachten, Baden-Baden 2003, Tz. 100; Sondergutachten 42, a. a. O. (Fn. 11), Tz. 50; siehe ferner BGH, Urteil vom 26. Januar 2017, I ZR 207/14, zu den resultierenden Spannungsverhältnissen. Außerdem siehe Monopolkommission, Sondergutachten 42, Tz. 51 ff. speziell zu den wettbewerbspolitisch relevanten Merkmalen publizistischer Vielfalt.

[17] So zumindest die bisherige Rechtsprechung; siehe BGH, Urteil vom 30. April 2015, I ZR 13/14, Ls. d und Rz. 65 f.; BGH, Urteil vom 26. Januar 2017, I ZR 207/14, Rz. 33–35. Gegen die erstgenannte Entscheidung wurde allerdings Verfassungsbeschwerde eingelegt, über die beim Schluss der Bearbeitung dieses Hauptgutachtens noch nicht entschieden war.

[18] Vgl. Monopolkommission, Sondergutachten 42, a. a. O. (Fn. 11), Tz. 5.

[19] Bundesregierung, Entwurf eines Achten Gesetzes zur Änderung des Gesetzes gegen Wettbewerbsbeschränkungen (8. GWB-ÄndG), BT-Drs. 17/9852, S. 41; dazu auch BKartA, Stellungnahme des Bundeskartellamts zum Regierungsentwurf zur 8. GWB-Novelle, Bonn, 22. Juni 2012, S. 7 ff.

[20] Bundestag, Ausschuss für Wirtschaft und Technologie (9. Ausschuss), Beschlussempfehlung und Bericht, BT-Drs. 17/11053, S. 6 und 19.

- Nach § 30 Abs. 1 GWB gilt das deutsche Kartellverbot nicht für Vereinbarungen, durch die ein Unternehmen, das Zeitungen oder Zeitschriften herstellt, den Abnehmern eine Preisbindung auferlegt oder sie verpflichtet, ihren Abnehmern die gleiche Bindung bis zur Weiterveräußerung an den letzten Verbraucher aufzuerlegen. Die Vorschrift soll den Pressevertrieb schützen, indem sie den Presseunternehmen Zusatzeinnahmen durch den Wegfall des Preiswettbewerbs auf Handelsebene ermöglicht.[21] Ein Begleiteffekt ist, dass dort der Qualitätswettbewerb in den Vordergrund rückt und dass sich grundsätzlich auch der Preiswettbewerb auf vorgelagerten Ebenen erhöhen kann.[22]

- Der im Rahmen der 8. GWB-Novelle eingeführte § 30 Abs. 2a GWB nimmt Branchenvereinbarungen zwischen Vereinigungen von Presseverlagen und Presse-Grossisten für die von diesen Vereinigungen jeweils vertretenen Unternehmen vom deutschen Kartellverbot aus, soweit darin der flächendeckende und diskriminierungsfreie Vertrieb von Zeitungs- und Zeitschriftensortimenten durch die Presse-Grossisten, insbesondere dessen Voraussetzungen und dessen Vergütungen sowie die dadurch abgegoltenen Leistungen, geregelt sind. Insoweit sind nach dem Gesetz die Presseverlage und -Grossisten „mit Dienstleistungen von allgemeinem wirtschaftlichem Interesse betraut"[23]. Die Vorschrift soll die Überallerhältlichkeit von Pressetiteln und einen diskriminierungsfreien Zugang insbesondere auch von Titeln kleinerer Verlage und von Titeln mit kleineren Auflagen zum Lesermarkt kartellrechtlich absichern.[24]

- Die neue Ausnahmevorschrift in § 30 Abs. 2b GWB betrifft Vereinbarungen zwischen Zeitungs- oder Zeitschriftenverlagen über eine verlagswirtschaftliche Zusammenarbeit im nichtredaktionellen Bereich. Ziel der Regelung ist es laut Regierungsbegründung, Gefahren für die Pressevielfalt im Umbruch der Medienlandschaft zu begegnen und die wirtschaftliche Grundlage der beteiligten Presseverlage zu stärken, um ihnen zu ermöglichen, im Wettbewerb mit anderen Medien zu bestehen.[25]

89. Zusammenfassend stellen die Sonderregelungen in der Fusionskontrolle sicher, dass Zusammenschlüsse, durch die die Unabhängigkeit der Redaktionen der beteiligten Presseunternehmen wegfallen würde, einer besonders strengen Kontrolle unterliegen, außer das übernommene Presseunternehmen müsste sonst eventuell ganz aus dem Markt ausscheiden.[26] Dagegen sind wettbewerbsbeschränkende Vereinbarungen den Unternehmen im Pressebereich in weiterem Umfang gestattet als sonstigen Unternehmen. Insbesondere der neue § 30 Abs. 2b GWB soll die Spielräume für Kooperationen zwischen Presseunternehmen erweitern, die im wirtschaftlichen Wettbewerb mit anderen Medienanbietern stehen.

2.2 Presse als Marktprodukt wirtschaftlichem Druck ausgesetzt

90. Presseerzeugnisse stehen untereinander sowohl in einem publizistischen als auch in einem wirtschaftlichen Wettbewerb. Dabei hängt beides zusammen. Denn die Erlöse, welche die Presseanbieter im wirtschaftlichen Wettbewerb erzielen, ermöglichen es ihnen erst, ihre Beiträge zum publizistischen Wettbewerb zu finanzieren.

91. Die Presselandschaft war ursprünglich durch eine Vielzahl vergleichsweise eng abgegrenzter Märkte gekennzeichnet. So ist auf den Zeitungsmärkten herkömmlich zwischen Leser- und Anzeigenmärkten zu unterscheiden. Dabei wird

---

[21] Bundesregierung, Entwurf eines Gesetzes zur Regelung der Preisbindung bei Verlagserzeugnissen, BR-Drs. 334/02, S. 26.

[22] Vgl. Monopolkommission, Die Buchpreisbindung in einem sich ändernden Marktumfeld, 2018, Tz. 162 ff., insb. Tz. 173 ff., 228 ff. (zur gesetzlich vorgeschriebenen Buchpreisbindung).

[23] Dazu BGH, Urteil vom 6. Oktober 2015, KZR 17/14 – Zentrales Verhandlungsmandat, Rz. 44 ff.; zuvor OLG Düsseldorf, Urteil vom 26. Februar 2014, VI – U (Kart) 7/12; siehe zuletzt Monopolkommission, XXI. Hauptgutachten, a. a. O. (Fn. 5), Tz. 1023 ff.

[24] Ausschuss für Wirtschaft und Technologie (9. Ausschuss), Beschlussempfehlung und Bericht, BT-Drs. 17/11053, S. 18.

[25] Bundesregierung, Entwurf eines Neunten Gesetzes zur Änderung des Gesetzes gegen Wettbewerbsbeschränkungen, BR-Drs. 606/16, S. 36 f., 40, 55 f.; zum vorausgegangenen Referentenentwurf auch schon Bundeskartellamt, Stellungnahme zum Referentenentwurf zur 9. GWB-Novelle, Bonn, 25. Juli 2016, S. 2, 15 ff.; Monopolkommission, XXI. Hauptgutachten, a. a. O. (Fn. 5), Tz. 29 ff.

[26] Zum Erhalt der redaktionellen Unabhängigkeit in der Fusionskontrolle siehe z. B. Monopolkommission, Sondergutachten 38, a. a. O. (Fn. 86), Tz. 44 ff.

auf den Lesermärkten herkömmlich weiter nach der geografischen Ausrichtung (regionale/überregionale Zeitungen), der Erscheinungsweise (Tages-/Wochenzeitungen) und der Vertriebsmethode (Straßenverkaufs-/Abonnementzeitungen) differenziert.[27] Auf den Anzeigenmärkten sind neben Anzeigenblättern lokale und regionale Abonnementtageszeitungen sowie Straßenverkaufszeitungen einzubeziehen, die Anzeigen vertreiben.[28] Presseunternehmen, die sich über Anzeigen finanzieren, sind auf einem „mehrseitigen Markt" tätig, weil sie sich sowohl mit ihrem publizistischen Angebot als auch bei der Akquirierung von Anzeigenkunden im Wettbewerb befinden.[29] Das OLG Düsseldorf hat zuletzt Informationsangebote, die online erbracht werden, ebenso wie die Onlinewerbung nicht den herkömmlichen Märkten zugerechnet, sondern eigene Märkte angenommen.[30]

92. Im Rahmen der Marktabgrenzung bei Zeitschriften wird zwischen Publikums- und Fachzeitschriften unterschieden, wobei weiter zwischen Zeitschriften für unterschiedliche Adressatenkreise (z. B. populäre Wissensmagazine, Kosmetik-Fachzeitschriften) zu trennen ist.[31] Bei Fernsehzeitschriften ist umstritten, ob abhängig vom Erscheinungsrhythmus unterschiedliche Märkte anzunehmen sind.[32]

93. Sehr umstritten ist die Frage, ob die beschriebene Marktabgrenzung überhaupt noch zeitgemäß ist. Dabei dürfte immerhin dahingehend Einigkeit bestehen, dass die Digitalisierung das Marktgeschehen in großem Umfang sowohl auf den bisherigen relevanten Märkten als auch potenziell im Verhältnis der einzelnen Märkte zueinander verändert.[33] Die Digitalisierung führt auf den sachlich relevanten Märkten für online vertriebene Produkte dazu, dass die Alternativangebote anderer Presseunternehmen sprichwörtlich „nur einen Klick entfernt" sind. Daneben wird der Wettbewerb um die Aufmerksamkeit der Internetnutzer für Presseinhalte durch allgemeine Suchmaschinen und spezielle Nachrichtenaggregatoren verschärft. In räumlicher Hinsicht sorgt der Vertrieb über das Internet dafür, dass vormals nur lokal oder regional verfügbare Angebote im gesamten deutschen Sprachraum und darüber hinaus konsumierbar sind. Beides kann sich auf die Beurteilung der Wettbewerbswirkungen von Zusammenschlüssen und Kooperationen im Pressebereich auswirken.

94. Deutlich schwieriger ist zu entscheiden, in welchem Umfang auch medienübergreifende (sog. crossmediale) Substitutionseffekte bei der wettbewerblichen Beurteilung berücksichtigt werden müssen. Das betrifft das Verhältnis zwischen außerhalb des Internets und online erbrachten Informations- und Anzeige-/Werbediensten, aber auch das Verhältnis zwischen Presse und Rundfunk.[34] Wenn man das Zusammenspiel der Medienmärkte betrachtet, so ergibt sich eine gewisse Marktverknüpfung jedenfalls dadurch, dass die Akteure online und offline zum Teil die gleichen, ihre Kosten online und offline aber unterschiedlich sind. Die betreffenden Unternehmen können somit versuchen, mit den Einnahmen aus dem herkömmlichen Geschäft den Aufbau einer Vertriebsstruktur für digitale Inhalte zu finanzieren oder mit Einnahmen aus Onlinewerbung ihre Verluste im Printgeschäft auszugleichen. Davon abgesehen trägt die Digitalisierung bei einer marktübergreifenden Betrachtung dazu bei, dass sich mediale Angebote aufeinander zuentwickeln (Medienkonvergenz). Außerdem eröffnet sie aber auch neuen Anbietern mit innovativen Geschäftsmodellen Möglichkeiten zum Markteintritt.

---

[27] BGH, Beschluss vom 29. September 1981, KVR 2/80 – Zeitungsmarkt München; Beschluss vom 26. Mai 1987, KVR 3/86 – Niederrheinische Anzeigenblätter; OLG Düsseldorf, Beschluss vom 3. Dezember 2008, VI-Kart 7/06 (V), Rz. 188; Beschluss vom 22. Dezember 2010, VI Kart 4/09 (V), Rz. 60 ff.; Beschluss vom 27. Oktober 2004, VI-Kart 7/04 (V); BKartA, Beschluss vom 21. April 2009, B6 – 150/08; Beschluss vom 9. Juli 2009, B6-38-09.

[28] BGH, Beschluss vom 26. Mai 1987, KVR 3/86 – Niederrheinische Anzeigenblätter.

[29] Das gilt nach aktueller Rechtslage auch, soweit sie ihr publizistisches Angebot unentgeltlich erbringen; vgl. § 18 Abs. 2a GWB.

[30] OLG Düsseldorf, Urteil vom 22. Dezember 2010, VI Kart 4/09 (V), Rz. 65; BKartA, Beschluss vom 11. Juni 2015, B 6 – 22/15, Tz. 213.

[31] BGH, Urteil vom 16. Januar 2007, KVR 12/06 – National Geographic II; BKartA, Beschluss vom 29. August 2008, B6-52/08, Tz. 39 ff.

[32] LG München, Urteil vom 7. April 2004, 33 O 5243/04; Urteil vom 21. März 2006, 33 O 24781/04.

[33] Siehe dazu schon Monopolkommission, Sondergutachten 36, Zusammenschlussvorhaben der Georg von Holtzbrinck GmbH & Co. KG mit der Berliner Verlag GmbH & Co. KG, Baden-Baden 2003, Tz. 48 ff.; Sondergutachten 68, Wettbewerbspolitik: Herausforderung digitale Märkte, Baden-Baden 2015, Tz. 332, 553 f.

[34] Siehe erneut BGH, Urteil vom 30. April 2015, I ZR 13/14.

95. Die beschriebenen Entwicklungen führen nicht nur dazu, dass sich der wirtschaftliche Druck auf die Presseunternehmen erhöht, sondern sie können auch Auswirkungen auf den publizistischen Wettbewerb haben. Denn die Erstellung von Presseinhalten mittels eigenständiger Redaktionen ist ein nicht unerheblicher Kostenfaktor im Wettbewerb der Presseunternehmen. Der Gesetzgeber hat in jüngerer Zeit wiederholt versucht, den wirtschaftlichen Druck auf die Presse über verschiedene Maßnahmen zu reduzieren.[35]

2.3   Würdigung der neuen Vorschriften

96. Der im Rahmen der 9. GWB-Novelle normierte § 30 Abs. 2b GWB dient dazu, die publizistische Vielfalt abzusichern und zu fördern. Zu diesem Zweck ermöglicht die Vorschrift Kooperationen, die nach dem bisherigen deutschen Kartellverbot grundsätzlich unzulässig sind. Eine positive Würdigung setzt voraus, dass sie überhaupt geeignet ist, die damit verfolgten Ziele zu erreichen. Das ist – auch unter Berücksichtigung des gesetzgeberischen Einschätzungsspielraums – zweifelhaft. Die Vorschrift dürfte sich in der Sache kaum auf Kooperationen auswirken, die der publizistischen Vielfalt zugute kommen und zugleich kartellrechtswidrig sind. In Bezug auf die relevanten Kooperationen dürfte sich an der rechtlichen Beurteilung mithin kaum etwas ändern.

97. Der neue § 30 Abs. 2b GWB dürfte vor allem für Kooperationen auf den Zeitungsmärkten relevant sein, auf denen die Digitalisierung die größten Umwälzungen mit sich bringt. Die Formen der verlagswirtschaftlichen Zusammenarbeit auf den Zeitungsmärkten sind vielgestaltig:[36]

- Auf den Lesermärkten arbeiten Presseunternehmen in der Weise zusammen, dass Lokal- und Regionalzeitungen ihre überregionale Berichterstattung gemeinsam erstellen oder von einem größeren Zeitungsanbieter beziehen.

- Im Anzeigenbereich vertreiben Presseunternehmen einzelne Anzeigen zusammen (evtl. zu demselben Preis) oder bieten Kunden Kombinationstarife für den Fall an, dass diese dieselbe Anzeige im überregionalen Teil mehrerer Regional- oder Lokalzeitungen schalten.

- Außerdem kann es zur Zusammenarbeit beim Druck und bei der Zustellung von Zeitungen kommen. Neue Kooperationsformen entwickeln sich im Onlinebereich, etwa bei der Vermarktung von Werbeplätzen.

98. Die Beurteilung dieser Kooperationen ist grundsätzlich einzelfallabhängig. Dabei sind die damit einhergehenden wettbewerblichen Effizienzen, aber als außerwettbewerblicher Aspekt auch ihr Beitrag zum publizistischen Wettbewerb zu berücksichtigen.[37] Ferner spielt eine Rolle, ob die Kooperation sich in einer Vertragsregelung erschöpft oder ob die Beteiligten auch in struktureller Hinsicht ein Gemeinschaftsunternehmen bilden.

99. Unter diesen Voraussetzungen dürfte insbesondere die beschriebene Zusammenarbeit auf den Lesermärkten keiner zusätzlichen Ausnahme vom deutschen Kartellverbot bedürfen. Diese Zusammenarbeit macht Lokal- und Regionalzeitungen das Überleben mit einem gemeinsamen überregionalen Teil möglich. Sie dürfte damit in vielen Fällen als schon nicht wettbewerbsbeschränkend (Arbeitsgemeinschaftsgedanke)[38] oder zumindest als durch die damit einhergehenden Effizienzen gerechtfertigt anzusehen sein (§§ 2 f. GWB). Dem steht nicht entgegen, dass die Ausgestaltung im Einzelfall

---

[35] Siehe z. B. LG Berlin, Beschluss vom 9. Mai 2017, 16 O 546/15, und zuvor BKartA, Fallbericht vom 25. April 2016 zu Entscheidung 8. September 2015, B6-126/14; Monopolkommission, Sondergutachten 68, a. a. O. (Fn. 33), Tz. 287 zu dem zugunsten der Urheber von Presseartikeln eingeführten Leistungsschutzrecht.

[36] Dazu Rudolph, Erhalt von Vielfalt im Pressewesen, Frankfurt a. M. 2009, 172 ff.; Haus/Schmidt, ZWeR 2017, 240 (244 ff.).

[37] Die Rechtsgrundsätze, nach denen außerwettbewerbliche Belange außerhalb spezieller Vorschriften (z. B. Art. 106 Abs. 2 AEUV) bei Zielkonflikten im Rahmen der wettbewerbsrechtlichen Beurteilung von Kooperationen zu berücksichtigen sind, sind nur teilweise geklärt; siehe dazu Kirchhoff in: Monopolkommission, Politischer Einfluss auf Wettbewerbsentscheidungen, Tagungsband zum wissenschaftlichen Symposium anlässlich des 40-jährigen Bestehens der Monopolkommission, Baden-Baden 2015, S. 11 ff.; Kokott/Dittert, ebenda, S. 15 ff.; Schweitzer, ebenda, S. 21 ff.

[38] Siehe dazu EU-Kommission, Mitteilung – Leitlinien zur Anwendbarkeit von Artikel 101 des Vertrags über die Arbeitsweise der Europäischen Union auf Vereinbarungen über horizontale Zusammenarbeit, ABl. C 11 vom 14. Januar 2011, S. 1, Tz. 30 (zum Tatbestandsmerkmal „wettbewerbsbeschränkende Auswirkungen").

mit kartellrechtlich nicht vertretbaren Wettbewerbsbeschränkungen einhergehen kann und dass sie der publizistischen Vielfalt außerdem nur auf lokaler bzw. regionaler Ebene zuträglich ist.

100. Auf den Anzeigenmärkten ist eine Effizienzrechtfertigung ebenfalls möglich, wenn mit den Anzeigen zusätzliche Zeitungsangebote finanziert werden. In publizistischer Hinsicht dürfte es vor allem diese mittelbare Auswirkung sein, die im Interesse der Pressefreiheit liegt und somit zur Rechtfertigung der betreffenden Kooperationen beitragen kann. Demgegenüber sind Anzeigenkooperationen, die mit nicht unerlässlichen Wettbewerbsbeschränkungen (z. B. durch Preisabsprachen) einhergehen, normalerweise kartellrechtlich nicht zu rechtfertigen. Das schließt eine außerwettbewerbliche Rechtfertigung unter dem Gesichtspunkt, dass die Zeitungsunternehmen die kartellbedingten Mehreinnahmen für ihr publizistisches Überleben benötigen, nicht grundsätzlich aus.[39] Insofern ist eine Rechtfertigung für Sonderregelungen wie § 30 Abs. 2b GWB prinzipiell denkbar, wenn der Gesetzgeber diese im Rahmen der ihm zukommenden Einschätzungsprärogative für geeignet und erforderlich hält. Ähnliches gilt in Bezug auf Kooperationen bei Druck, Zustellung und ähnlichen Vertriebsdienstleistungen.[40]

101. Diese grundsätzliche Einschätzung lässt sich aber schon nicht unbesehen auf Kooperationen im Onlinegeschäft übertragen. So ist zu bedenken, dass die für den Gesetzgeber im Vordergrund stehende publizistische Vielfalt online und offline unterschiedlich zu bewerten ist. Das Internet ermöglicht den Lesern den Zugriff auf kostenlose und -pflichtige Informationsangebote, die ihnen in dieser Reichhaltigkeit im herkömmlichen Zeitungsvertrieb nicht geboten werden. Hinzu kommen internetspezifische Informationsangebote (Blogs, Foren usw.). Ebenso unterscheiden sich die möglichen Finanzierungsmodelle für publizistische Angebote online und offline erheblich. Auf der Seite des Vertriebs von Onlinewerbung stehen Zeitungsunternehmen nicht nur untereinander, sondern auch mit anderen Anbietern von Werbedienstleistungen im Wettbewerb.

102. Die Neuregelung des § 30 Abs. 2b GWB sieht ungeachtet der voranstehenden Ausführungen eine pauschale Ausnahme für alle Formen der verlagswirtschaftlichen Zusammenarbeit vor. Eine solche pauschale Regelung kann allerdings mit dem EU-Recht in Konflikt geraten. Denn nach dem bisher Ausgeführten dürfte sich die Ausnahme vor allem bei überregional vereinbarten Kooperationen im Rahmen des Zeitungsvertriebs und im Onlinegeschäft auswirken. In diesen Fällen ist zwingend die Anwendung der Art. 101 f. AEUV zu prüfen. Diese greifen immer dann ein, wenn die relevante Zusammenarbeit den zwischenstaatlichen Handel zu beeinträchtigen geeignet ist, wobei die Beeinträchtigung spürbar sein muss.[41] Das ist jedenfalls dann in Betracht zu ziehen, wenn eine solche Zusammenarbeit eine nicht nur rein lokale Bedeutung aufweist.[42] In den betreffenden Fällen ist Art. 101 AEUV neben dem einzelstaatlichen Wettbewerbsrecht anzuwenden.[43]

103. Die Neuregelung lässt sich insoweit auch nicht damit rechtfertigen, dass sie die Rechtssicherheit für die betroffenen Unternehmen erhöht. Das Kartellverbot in Art. 101 Abs. 1 AEUV verlangt nämlich eine Selbsteinschätzung der betroffenen Unternehmen in Bezug auf den Einzelfall, die durch eine pauschale gesetzliche Ausnahme nicht ersetzt wer-

---

[39] Siehe einschränkend unten Tz. 106.

[40] In diesem Kontext kann offenbleiben, ob ein Beitrag der Kooperationen zum publizistischen Wettbewerb schon als wirtschaftliche Effizienz im Sinne von § 2 GWB berücksichtigungsfähig ist.

[41] Dazu EuGH, Urteil vom 21. Januar 1999, C-215/96 und C-216/96 – Carlo Bagnasco, Slg. 1999, I-135, ECLI:EU:C:1999:12, Rz. 47; Urteil vom 23. November 2006, C-238/05 – Asnef-Equifax, Slg. 2006, I-11125, ECLI:EU:C:2006:734, Rz. 34; EuGH, Urteil vom 24. September 2009, C-125/07 P u. a. – Erste Group Bank AG u. a., Slg. 2009, I-8681, ECLI:EU:C:2009:576, Rz. 38 f.

[42] EU-Kommission, Bekanntmachung — Leitlinien über den Begriff der Beeinträchtigung des zwischenstaatlichen Handels in den Artikeln 81 und 82 des Vertrags, ABl. C 101 vom 27. April 2004, S. 81, Tz. 89 ff., insb. Tz. 91. Zu Umständen, unter denen sogar lokale Markttätigkeiten von den EU-Wettbewerbsregeln erfasst werden können, siehe zudem EU-Kommission, Entscheidung vom 23. Juli 2014, C(2014) 5077 final, Fall SA.33045 – Deutschland (Kristall Bäder), Tz. 40; Pressemitteilung vom 29. April 2015, IP/15/4889 (jeweils zu Art. 107 AEUV).

[43] EuGH, Urteil vom 15. Juli 1964, 6/64 – Costa/ENEL, Slg. 1964, 1251, 1269 f.; Art. 3 Abs. 1 S. 1 VO 1/2003.

den kann.[44] Dies gilt umso mehr, als dadurch die Beweislastverteilung für die Anwendung des Art. 101 Abs. 1 und 3 AEUV unter Abweichung von Grundsätzen des EU-Rechts verändert würde.[45]

104. Ein unionsrechtlich gegebenenfalls gangbarer Weg könnte darin bestehen, dass der deutsche Staat das Ziel einer Absicherung bzw. Förderung der publizistischen Vielfalt in den Vordergrund der Regulierung rückt. Im Hinblick auf dieses Ziel könnte er Presseunternehmen mit Aufgaben im allgemeinen wirtschaftlichen Interesse betrauen, bei deren Verfolgung sie nach Art. 106 Abs. 2 AEUV von den Wettbewerbsregeln freigestellt sind, soweit dies erforderlich ist, um ihnen die Erfüllung ihrer besonderen Aufgaben zu ermöglichen, und soweit die Entwicklung des Handelsverkehrs in keinem dem Unionsinteresse zuwiderlaufenden Ausmaße beeinträchtigt wird.[46] Dabei kann an dieser Stelle offenbleiben, ob es tatsächlich in erheblichem Umfang Fälle gibt, in denen eine solche Freistellung von den Wettbewerbsregeln überhaupt erforderlich ist. Die Ausnahmeregelung des § 30 Abs. 2b GWB stellt jedenfalls keine derartige Regelung dar.

105. Der heutige § 30 Abs. 2b GWB kann stattdessen möglicherweise sogar eine Haftung des deutschen Staates nach dem unionsrechtlichen Loyalitätsgrundsatz auslösen. Denn dieser verbietet es den Mitgliedstaaten, Maßnahmen zu treffen, durch die Kartellabsprachen vorgeschrieben, erleichtert oder deren Auswirkungen verstärkt werden oder bei denen der Mitgliedstaat seinen eigenen Regelungen dadurch ihren staatlichen Charakter nimmt, dass er die Verantwortung für in die Wirtschaft eingreifende Entscheidungen privaten Wirtschaftsteilnehmern überträgt.[47] Zwar ist der deutsche Staat grundsätzlich darin frei, wie er Sachverhalte ohne Binnenmarktrelevanz regelt. Doch ist es bedenklich, wenn er durch solche Regelungen neue Rechtsunsicherheit schafft und die Marktteilnehmer infolgedessen kartellrechtliche Freiräume in Anspruch nehmen, die ihnen nach Art. 101 f. AEUV nicht zukommen. Dies ist vorliegend der Fall, weil Presseunternehmen sich voraussichtlich auch bei tatsächlich binnenmarktrelevanten Sachverhalten auf § 30 Abs. 2b GWB berufen werden.

106. Die Neuregelung verstärkt zudem die Brüche, die das deutsche Pressekartellrecht schon seit einiger Zeit kennzeichnen. Dieses sieht für Zusammenschlüsse nach Maßgaben von § 38 GWB eine besonders weitgehende Überprüfung vor. Damit soll herkömmlich die Selbstständigkeit der Presseunternehmen bei der Erstellung redaktioneller Inhalte geschützt werden.[48] Dies spricht grundsätzlich auch für eine kritische Sicht auf Kooperationen zwischen Presseunternehmen unterhalb der Schwelle eines Zusammenschlusses. Dagegen lässt der Gesetzgeber seit der 8. GWB-Novelle verstärkt Kooperationen unterhalb der Schwelle eines Zusammenschlusses zu, obwohl diese ebenfalls die Autonomie der Presseunternehmen im publizistischen Wettbewerb vermindern können. Das gilt auch für Kooperationen im nicht redaktionellen Bereich, z. B. wenn diese zu finanziellen Abhängigkeiten zwischen mehreren Presseunternehmen untereinander führen.[49] Ohnehin kann bei solchen Kooperationen die Schwelle zu einem fusionskontrollrechtlich anmeldepflichtigen Gemeinschaftsunternehmen im Einzelfall überschritten werden.

107. Zuletzt erscheint rechtspolitisch fragwürdig, dass die pauschale Ausnahmeregelung des § 30 Abs. 2b GWB nach dem bisher Ausgeführten vor allem bei besonders schwerwiegenden Kartellabsprachen (sog. Hardcore-Verstößen) relevant werden könnte, da andernfalls ohnehin eine einzelfallbezogene Freistellung nach §§ 2 f. GWB oder aufgrund des außerwettbewerblichen Interesses am Erhalt publizistischer Vielfalt in Betracht kommt. Derartige Verstöße wirken sich grund-

---

[44] Vgl. Art. 1 Abs. 1 und 2 VO 1/2003.

[45] EuGH, Urteil vom 17. Dezember 1998, C-185/95 P – Baustahlgewebe, Slg. 1998, I-8417, ECLI:EU:C:1998:608, Rz. 58; Urteil vom 8. Juli 1999, C-49/92 P – Anic Partecipazioni, Slg. 1999, I-4125, ECLI:EU:C:1999:356, Rz. 87; Urteil vom 22. November 2012, C-89/11 P – E.ON Energie, ECLI:EU:C:2012:738, Rz. 71; vgl. auch Urteil vom 7. Januar 2004, C-204/00 P u. a. – Aalborg Portland, Slg. 2004, I-123, ECLI:EU:C:2004:6,Rz. 78 (unter Bezugnahme auf Erwägungsgrund 5 der VO 1/2003). Siehe ferner die ausdrückliche Beweisregelung in Art. 2 VO 1/2003.

[46] Art. 106 Abs. 2 AEUV. Siehe auch Art. 3 Abs. 3 VO 1/2003, wonach die mitgliedstaatliche Pflicht zur Anwendung der Art. 101 f. AEUV nicht der Anwendung von Bestimmungen des einzelstaatlichen Rechts entgegensteht, die überwiegend ein davon abweichendes Ziel verfolgen.

[47] EuGH, Urteil vom 21. September 1988, 267/86 – Van Eycke/ASPA, Slg. 1988, 4769, ECLI:EU:C:1988:427, Rz. 16.

[48] Vgl. Monopolkommission, Sondergutachten 42, a. a. O. (Fn. 11), Tz. 100 f.

[49] Vgl. hierzu Bundesrat, Ausschussempfehlungen, BR-Drs. 441/04 (Beschluss), S. 8 f.: „wirtschaftlicher und publizistischer Wettbewerb eng verknüpft".

sätzlich sehr nachteilig auf wirtschaftliche Verbraucherinteressen aus. Die veröffentlichten Gesetzesmaterialien lassen aber nicht erkennen, dass diese Verbraucherinteressen im Gesetzgebungsverfahren in irgendeiner Weise berücksichtigt worden wären.[50] Die angeführten Bedenken wiegen umso schwerer angesichts der Bestimmung des § 186 Abs. 6 GWB, der für Vereinbarungen, die vor Ende 2027 wirksam geworden sind, offenbar einen dauerhaften Bestandsschutz vorsieht.

108. In einer Gesamtschau verfolgt der neu eingeführte § 30 Abs. 2b GWB mit dem Schutz der publizistischen Vielfalt ein durchaus anzuerkennendes Ziel. Allerdings ist eine derart pauschale Ausnahmeregelung nicht ohne Weiteres mit EU-Recht vereinbar und dürfte wegen des Anwendungsvorrangs von Art. 101 AEUV auch nur einen geringen Anwendungsbereich haben. Daneben werden Haftungsrisiken nach dem unionsrechtlichen Loyalitätsgrundsatz begründet und die Brüche innerhalb des deutschen Pressekartellrechts verstärkt. § 30 Abs. 4 GWB sieht eine Evaluation des neu eingeführten § 30 Abs. 2b GWB durch das Bundesministerium für Wirtschaft und Energie nach Ablauf von fünf Jahren nach Inkrafttreten der Regelung vor. Die Monopolkommission spricht sich aus wettbewerbspolitischen Gründen schon jetzt für die Streichung von § 30 Abs. 2b GWB aus.

3 Beschränkte Ausnahmeregelung für die Kreditverbünde

109. Im Rahmen der Arbeiten an der 9. GWB-Novelle hatte der Deutsche Sparkassen- und Giroverband e. V. (DSGV) eine gesetzliche Freistellung der deutschen Kreditverbünde (Sparkassen- und Genossenschaftsverbund) von den Vorschriften der deutschen Fusionskontrolle angestrebt. Außerdem sollten verbundinterne Kooperationen (einschließlich Informationsaustausch) vom Kartellverbot des § 1 GWB ausgenommen werden.

110. Die Monopolkommission hatte bereits im XI. Hauptgutachten die – später auch erfolgte – Abschaffung der damaligen bundesgesetzlichen Ausnahmevorschriften für den Bereich Banken und Versicherungen gefordert und sich im XX. Hauptgutachten kritisch zu den Wettbewerbsbeschränkungen durch die landesgesetzliche Ausgestaltung des Sparkassenverbundes geäußert.[51] In der Zwischenzeit hat es mehrere Entwicklungen gegeben, welche zu weiteren Bedenken in Bezug auf gesetzliche Besserstellungen der Sparkassengruppe führen (dazu in den folgenden Textziffern). Hintergrund dieser Besserstellungen ist, dass sich die Sparkassengruppe – ebenso wie die Deutsche Kreditwirtschaft allgemein – durch die aufsichtsrechtliche Regulierung infolge der Finanzkrise, durch die Niedrigzinspolitik und die Anleihenkäufe der Notenbanken sowie durch die Digitalisierung und die zunehmende Bedeutung digitaler Finanztechnologiedienste erheblichen Herausforderungen ausgesetzt sieht.[52] Insbesondere die zuletzt genannte Entwicklung kann eine kartellbehördliche Kontrolle auslösen.

111. Dementsprechend hatte das Bundeskartellamt im Berichtszeitraum über mehrere Kooperationsprojekte zu entscheiden, mit denen die Sparkassengruppe ihr Angebot an digitalen Dienstleistungen für ihre Kunden (Frontoffice) erweitert:

- Ein erstes Verfahren betraf die gemeinschaftliche Vermarktung einer Applikation, die eine Kontoeröffnung und Kontoführung über das Mobiltelefon ermöglicht. Mit der Applikation sollte den beteiligten regionalen Sparkassen ein ortsungebundenes und bundesweit verfügbares Angebot von Finanzdienstleistungen ermöglicht werden. Das Bundeskartellamt hatte keine wettbewerblichen Bedenken gegen das Vorhaben in der dem Amt vorgelegten Ausgestaltung.[53]

- In einem weiteren Verfahren erhob das Bundeskartellamt keine Einwände gegen die Zahlungsfunktion „Kwitt", mit der Sparkassen-Kunden künftig Geldbeträge von Handy zu Handy senden können. Mit diesem Angebot, das sich nur an die vorhandenen Kunden der Sparkassen wendet, steht die Sparkassen-Gruppe im Wettbewerb

---

[50] Siehe insb. Bundesregierung, Entwurf eines Neunten Gesetzes zur Änderung des Gesetzes gegen Wettbewerbsbeschränkungen, BR-Drs. 606/16, S. 55 f. (Prüfung allein von Auswirkungen auf die Presseunternehmen).

[51] Monopolkommission, XI. Hauptgutachten, a. a. O. (Fn. 5), Tz. 1007; dazu auch Sondergutachten 41, Das allgemeine Wettbewerbsrecht in der Siebten GWB-Novelle, Baden-Baden 2004, Tz. 123.

[52] Dazu Monopolkommission, XXI. Hauptgutachten, a. a. O. (Fn. 5), Tz. 1339 ff.

[53] BKartA, Pressemitteilung vom 14. September 2016 – Yomo.

insbesondere mit Anbietern, die unabhängig von der Zugehörigkeit zu einer Bankengruppe entsprechende Apps am Markt anbieten und an Kreditinstitute lizenzieren.[54]

- In einem dritten Verfahren erhob das Bundeskartellamt keine kartellrechtlichen Einwände gegen die geplante Einführung einer neuen Zahlungsfunktion beim Internet-Bezahlverfahren paydirekt, mit der Kunden künftig kleinere Geldbeträge von Handy zu Handy überweisen können (sog. P2P-Zahlungsfunktion). Das paydirekt-System wird im Rahmen eines Gemeinschaftsunternehmens von führenden Unternehmen der privaten Banken, der Volks- und Raiffeisenbanken sowie aus dem Sparkassensektor betrieben und ist auf dem deutschen Markt für Internet-Bezahlverfahren tätig. Der führende Anbieter von Internet-Bezahlverfahren Paypal hat seine Applikation bereits seit geraumer Zeit mit einer vergleichbaren P2P-Funktion ausgestattet. Daneben bieten auch unabhängige Finanztechnologieunternehmen (z. B. Lendstar, Cringle, Tabbt) und die beiden deutschen Kreditverbünde solche Zahlungsfunktionen an (Kwitt, „Geld senden und empfangen").[55]

112. Die Beurteilung dieser Kooperationsprojekte durch das Bundeskartellamt begegnet keinen Bedenken. Die Sparkassengruppe ist ebenso wie die privaten und die genossenschaftlichen Banken berechtigt, sich Marktveränderungen aufgrund der zunehmenden Digitalisierung anzupassen. Es ist erfreulich, dass die Banken und Sparkassen sich dieser Herausforderung im Berichtszeitraum gestellt haben.

113. Dieser positiven wettbewerblichen Beurteilung steht auch nicht entgegen, dass es angeblich aus verfassungsrechtlichen Gründen unzulässig ist, dass speziell die Sparkassen außerhalb ihres durch die Sparkassengesetze definierten Tätigkeitsgebiets im Wettbewerb Finanzdienstleistungen erbringen und dort auch neue Kunden akquirieren. Der DSGV selbst hatte dies während der Vorbereitung des XX. Hauptgutachtens vertreten und dabei vor allem auf die kommunale Selbstverwaltungsgarantie nach Art. 28 Abs. 2 GG verwiesen, wonach die kommunalen Sparkassenträger das Recht haben, „alle Angelegenheiten der örtlichen Gemeinschaft im Rahmen der Gesetze in eigener Verantwortung zu regeln", und vor einer Tätigkeit benachbarter Gemeinden, die ihre legitimen Interessen nicht wahrt, geschützt zu werden.[56] Im Anschluss an den DSGV hatten zwar auch einige Vertreter des rechtswissenschaftlichen Schrifttums diese Position übernommen.[57] Die wettbewerbliche Freiheit der Sparkassen ist jedoch zumindest durch das europäische Recht geschützt. Die Monopolkommission sieht im Übrigen auch weiter keinen Anlass, ihre im XX. Hauptgutachten dargelegte Position zu revidieren, wonach die europäischen Wettbewerbsregeln nicht hinter eventuelle Vorgaben des nationalen Rechts zurückzutreten haben.[58]

114. Der gesetzliche Regelungsrahmen unterhalb des Verfassungsrechts, innerhalb dessen die Sparkassengruppe sich den derzeitigen Marktveränderungen anpasst, ist allerdings kritisch zu sehen. In einer Gesamtschau sorgt dieser Regelungsrahmen mit gesetzlichen Freistellungen von den Wettbewerbsregeln und gesetzlichen Wettbewerbsbeschränkungen zum Vorteil des Sparkassenverbunds dafür, dass ein Raum mit abgedämpftem Wettbewerbsdruck geschaffen wird, in dem die Sparkassen sich unter teilweise erleichterten Bedingungen den sich ändernden Marktverhältnissen anpassen können.

115. Den Sparkassen kommt im Wettbewerb mit anderen Finanzmarktteilnehmern namentlich zugute, dass ihr öffentlicher Auftrag so formuliert ist, dass Ziele im öffentlichen Interesse und die den Wettbewerbsregeln unterliegenden Mittel zu deren Erbringung vermischt werden, dass die Kooperation der Mitglieder der Sparkassengruppe innerhalb der Verbundstruktur intransparent ist, dass das sparkassengesetzliche Regionalprinzip zu einer europarechtlich bedenkli-

---

[54] BKartA, Pressemitteilung vom 25. November 2016 – Kwitt.

[55] BKartA, Pressemitteilung vom 12. April 2017 – paydirekt.

[56] DSGV, Stellungnahme vom 30. Januar 2014; dazu Monopolkommission, XX. Hauptgutachten, Eine Wettbewerbsordnung für die Finanzmärkte, Baden-Baden 2014, Tz. 1969, 1973–1984 m. Nachw.

[57] Henneke, ZVglRWiss 2014, 535 (543, 546–548); Kemmler, Die Verwaltung 2016, 397 (409 f.); Stern, Das sparkassenrechtliche Regionalprinzip – Verfassungsrechtliche Verankerung und Europarechtsgemäßheit, Baden-Baden 2014, S. 28, 30 f., 32; Thomas, Die kartellrechtliche Bewertung des sparkassenrechtlichen Regionalprinzips, Tübingen 2015, S. 8 f., 17; unklar Bunte, WM 2016, 905 (909); Eufinger, EWS 2014, 253 (257); Kerber, JZ 2014, 1044 (1044).

[58] Monopolkommission, XX. Hauptgutachten, a. a. O. (Fn. 56), Tz. 1923 ff.; insb. Tz. 1964–1967, 1973–1984 sowie 1985–1987.

chen Gebietsaufteilung führt, dass die Sparkassengruppe von beihilferechtlich relevanten Vorteilen profitiert (steuerliche Freistellungen) und dass eine Beteiligung privater Unternehmen an den Mitgliedern der Sparkassengruppe weitgehend ausgeschlossen ist.[59]

116. In ihrem XX. Hauptgutachten hatte die Monopolkommission infolgedessen schwerwiegende wettbewerbs- und beihilferechtliche Bedenken in Bezug auf bestimmte Regelungen in den landesrechtlichen Sparkassengesetzen formuliert.[60] Die Länder haben in Stellungnahmen bei der Vorbereitung des XXI. Hauptgutachtens gleichwohl eine kartellbehördliche Überprüfung dieser Bedenken abgelehnt.

117. Die bisherige Kritik ist auf die nun in § 35 Abs. 2 Satz 3 GWB n. F. neu eingeführte bundesrechtliche Ausnahmeregelung auszuweiten. Diese Ausnahmeregelung reicht zwar nicht so weit wie ursprünglich gefordert. Sie betrifft ausdrücklich nicht das Angebot von Finanzdienstleistungen im Frontoffice, sondern nur Zusammenschlüsse von Dienstleistern im Bereich der Abwicklungsdienstleistungen (Backoffice).[61] Nach der Gesetzesbegründung soll die Ausnahme außerdem nur dann gelten, wenn die Beteiligten zu mindestens 75 Prozent für ihren jeweiligen Verbund tätig sind.[62]

118. Wenn die Neuregelung dagegen so weit gefasst worden wäre, wie dies vom DSGV gefordert worden war, so wären die in Tz. 111 genannten Projekte in Bezug auf Sparkassen und Genossenschaftsbanken nach deutschem Recht (§§ 1 ff., 35 ff. GWB) freigestellt gewesen, obwohl das Bundeskartellamt teilweise Anlass zu Bedenken in Bezug auf den Innovationswettbewerb um digitale Finanzdienstleistungen sah.[63] In diesem Fall wäre nur ein kartellbehördliches Einschreiten nach europäischem Recht in Betracht gekommen.

119. Die Neuregelung ist allerdings auch für den Backoffice-Bereich bereits in wettbewerblich problematischer Weise genutzt worden. So hat der Sparkassendienstleister DSGF im August 2017 den Vollzug der Fusion mit dem Unternehmen S-Marktservice bekanntgegeben.[64] Nachdem die Transaktion zunächst auf durchgreifende Bedenken des Bundeskartellamtes gestoßen war, hatte ein Vertreter des DSGV angekündigt, dass das Vorhaben nach Inkrafttreten der 9. GWB-Novelle rückwirkend durchgeführt werde.[65] In Anbetracht der geringen Zeitspanne zwischen der Prüfung des Bundeskartellamtes und der Durchführung des Vorhabens ist nicht anzunehmen, dass sich die behördlichen Bedenken inzwischen erledigt hatten.

120. Die Neuregelung entzieht somit wettbewerblich unbedenkliche ebenso wie bedenkliche Neustrukturierungen in den Kreditverbünden einer fusionskontrollrechtlichen Überprüfung durch das Bundeskartellamt. Damit macht sie allerdings eine stärkere kartellbehördliche Überwachung der Gesamtentwicklung notwendig. Das gilt zumindest bezüglich des Sparkassenverbunds. Die verbundzugehörigen Institute werden bisher zwar als selbstständige Marktteilnehmer behandelt. Allerdings sind beide Kreditverbünde – vor allem aber der Sparkassenverbund – schon seit Jahren dadurch gekennzeichnet, dass die Selbstständigkeit der Verbundmitglieder schrittweise ausgehöhlt wird, während zugleich bedeutende Anreize zu Absprachen bestehen.[66]

---

[59] Siehe Monopolkommission, XX. Hauptgutachten, a. a. O. (Fn. 56), Tz. 1822, 1852 f., 1883 (Intransparenz); 1923 ff. (gesetzliches Regionalprinzip); 2011 ff. (steuerliche Freistellungen); 2043 ff. (Beteiligungsbeschränkungen). Das gesetzliche Regionalprinzip wirkt dabei nur zugunsten kleinerer Sparkassen als Wettbewerbsvorteil, da es sie vor einer Expansion größerer Sparkassen schützt; dazu insb. Monopolkommission, XX. Hauptgutachten, a. a. O., Tz. 1926, 1938, 1975; ferner Tz. 1963.

[60] Monopolkommission, XX. Hauptgutachten, a. a. O. (Fn. 56), Tz. 1794 ff., 1798 ff. (öffentlicher Auftrag); 1860 ff. (Ausgestaltung der Verbundkooperation); 1923 ff. (gesetzliches Regionalprinzip); 2011 ff. (steuerliche Freistellungen).

[61] Zur Unterscheidung schon Monopolkommission, XXI. Hauptgutachten, a. a. O. (Fn. 5), Tz. 1345.

[62] Siehe Beschlussempfehlung und Bericht des Ausschusses für Wirtschaft und Energie, BT-Drs. 18/11446, Begründung zu Nummer 21 Buchstabe b.

[63] Siehe erneut die in Fn. 53–55 zitierten Pressemitteilungen.

[64] DSGF, DSGF und S-Marktservice unter einem Dach, Pressemitteilung vom 24. August 2017.

[65] Bundeskartellamt, Fallbericht vom 30. Juni 2016; Prüfung einer Fusion von Back-Office-Dienstleistern der Sparkassenfinanzgruppe; o. A., Dienstleisterfusion ohne Kontrollverfahren, Sparkassen-Zeitung vom 5. April 2017.

[66] Monopolkommission, XX. Hauptgutachten, a. a. O. (Fn. 56), Tz. 1835 ff.; ebenso Scholl/Weck, WuW 2017, 261 (263 f.; auch zum Folgenden).

121. Wenn es zukünftig zu einer weiteren Verfestigung der Verbundstrukturen kommen sollte, so könnte dies zumindest bei den Sparkassen dazu führen, dass der Verbund oder zumindest Teile davon nicht mehr als Verbund selbstständiger Unternehmen, sondern vielmehr als einheitliches Unternehmen anzusehen wären. Insofern ist zu bedenken, dass ein wettbewerblich erheblicher Einfluss gemäß § 37 Abs. 1 Nr. 4 GWB schon dann zu bejahen ist, wenn die Möglichkeit zur Einflussnahme auf der Grundlage einer gesellschaftsrechtlichen oder einer dieser vergleichbaren rechtlichen Beziehung besteht. Der Einfluss ist wettbewerblich schon dann erheblich, wenn aufgrund des zwischen den Unternehmen bestehenden Beziehungsgeflechts zu erwarten ist, dass der Wettbewerb zwischen den einzelnen Unternehmen so wesentlich eingeschränkt ist, dass die Unternehmen nicht mehr unabhängig am Markt auftreten.[67]

122. Die Monopolkommission hat bereits darauf hingewiesen, dass die Verbundkooperation in den deutschen Kreditverbünden mangels einer derart hinreichenden strukturellen Verfestigung nicht die wirtschaftliche Selbstständigkeit der beteiligten Institute beseitigt, solange sichergestellt ist, dass Backoffice-Leistungen sowie der Zugang zu den Sicherungseinrichtungen allen Verbandsmitgliedern ohne Vorbedingung zur Verfügung stehen, und solange die Verbundausschüsse und anderen Verbandsgremien sich hinsichtlich der geschäftspolitischen Steuerung auf Empfehlungen beschränken und keine verbindlichen Vorgaben machen.[68]

123. Zumindest im Sparkassenverbund besteht jedoch die Gefahr, dass die Verbundmitglieder ihre wirtschaftliche Selbstständigkeit verlieren könnten. Denn wenn der Wettbewerb bei wesentlichen Leistungen im Backoffice-Bereich entfiele, könnten Sparkassen beim Bezug solcher Leistungen in die Abhängigkeit von Anbietern geraten, die im Wesentlichen nur für die Sparkassengruppe tätig sind.[69] Dadurch, dass die Möglichkeiten des Bundeskartellamtes zu einer fusionskontrollrechtlichen Überprüfung von Zusammenschlüssen im Backoffice-Bereich nunmehr eingeschränkt sind, ist die weitere Entwicklung nur schwer zu überblicken. Das Bundeskartellamt wird allerdings die eingeschränkten Kontrollbefugnisse im Backoffice-Bereich voraussichtlich zumindest teilweise dadurch kompensieren können, dass es bei zukünftigen Zusammenschlüssen im Frontoffice-Bereich zusätzliche Informationen über die Gesamtentwicklung des Sparkassenverbunds einholt.

124. Die Monopolkommission empfiehlt vor diesem Hintergrund zunächst dem Bundesgesetzgeber, die verfehlte Ausnahmeregelung des § 35 Abs. 2 Satz 3 GWB n. F. im Rahmen der nächsten Gesetzesnovelle wieder zu streichen. Davon abgesehen empfiehlt sie dem Bundeskartellamt, bei Vorhaben der Sparkassengruppe im Frontoffice-Bereich zusätzliche Informationen über die zwischenzeitlichen Entwicklungen im Backoffice-Bereich einzuholen, um zu gewährleisten, dass es erkennt, wenn der Sparkassenverbund sich in seiner Gesamtheit oder in Teilen weiter in Richtung eines einheitlichen Unternehmens entwickeln sollte.

125. Im Übrigen fordert die Monopolkommission die Länder auf, sich nicht länger einer kartellbehördlichen Überprüfung des sparkassenrechtlichen Regelungsrahmens zu versperren (vgl. Tz. 116). Sie erinnert daran, dass neben ihr selbst auch die Europäische Kommission bereits Bedenken zu diesem Regelungsrahmen geäußert hat.[70] Hinsichtlich der gebietsübergreifenden Zusammenarbeit der Sparkassen zeigen die Verfahren des Bundeskartellamtes im Berichtszeitraum (Tz. 111), dass die Sparkassen mittlerweile Angebote entwickeln, die ihnen ortsungebundene Finanzdienstleistungen über das Gebiet ihres Trägers hinaus ermöglichen, und dass sich die bestehenden gesetzlichen Beschränkungen aufgrund der Veränderung des Marktes somit jedenfalls überlebt haben.[71]

---

[67] Monopolkommission, XX. Hauptgutachten, a. a. O. (Fn. 56), Tz. 1845 m. Nachw.

[68] Monopolkommission, XX. Hauptgutachten, a. a. O. (Fn. 56), Tz. 1850.

[69] Ebenso Scholl/Weck, WuW 2017, 261 (264).

[70] EU-Kommission, Mitteilung – Untersuchung des Retail-Bankgeschäfts gemäß Artikel 17 der Verordnung (EG) Nr. 1/2003 (Abschlussbericht), 31. Januar 2007, KOM(2007) 33 endgültig, Tz. 31; Commission Staff Working Document, Report on the retail banking sector inquiry, 31. Januar 2007, SEC(2007) 106, S. 17, 23 f., 46–48, 170; dazu siehe auch BKartA, Beschluss vom 28. Februar 2012, B 4 – 51/11, Tz. 108 f., 165 f.; Stern, a. a. O. (Fn. 57), S. 13 f., 18, 76 m. weit. Nachw.

[71] Dazu vgl. schon Monopolkommission, XXI. Hauptgutachten, a. a. O. (Fn. 5), Tz. 1404.

4 Ausnahmen für die Waldbewirtschaftung auf Länderebene

4.1 Entwicklungen seit dem XXI. Hauptgutachten

126. Der Bundesgesetzgeber hat außerhalb der 9. GWB-Novelle durch das Dritte Änderungsgesetz zum Bundeswaldgesetz (BWaldG) die in diesem bislang bestehenden Ausnahmen von deutschen Wettbewerbsvorschriften (§ 40 Abs. 1 BWaldG) um eine neue Vermutungsregelung ergänzt.[72] Nach § 46 Abs. 1 BWaldG gelten die Voraussetzungen für eine Freistellung im Sinne des § 2 GWB in Bezug auf Beschlüsse und Vereinbarungen über die der Holzvermarktung nicht zuzurechnenden forstwirtschaftlichen Maßnahmen und wettbewerbsbeschränkende Kooperationen von nichtstaatlichen oder staatlichen Trägern als erfüllt. Soweit auf wettbewerbsbeschränkende Beschlüsse und Vereinbarungen die Regelungen des Art. 101 AEUV anzuwenden sind, wird nach § 46 Abs. 2 BWaldG „vermutet, dass die Voraussetzungen für eine Freistellung" im Sinne des Art. 101 Abs. 3 AEUV „erfüllt sind".

127. Die Neuregelungen haben den folgenden Hintergrund: Ursprünglich waren Einheitsforstverwaltungen für die sog. Bewirtschaftung von Staats-, Gemeinde- und Privatwäldern umfassend zuständig. Das Bundeskartellamt hat seit Jahren wiederholt Verfahren durchgeführt, um zu erreichen, dass die Waldbewirtschaftung in stärkerem Maße wettbewerbskonform ausgestaltet wird. Um den Jahreswechsel 2008/2009 herum hatten sich die Länder Baden-Württemberg, Nordrhein-Westfalen, Rheinland-Pfalz und Thüringen verpflichtet, an Holzvermarktungskooperationen mit privaten oder kommunalen Forstunternehmen und/oder mit Kooperationen solcher Forstunternehmen zukünftig nur dann teilzunehmen, wenn die Forstbetriebsfläche unterhalb bestimmter Schwellenwerte lag und wenn zugleich Maßnahmen zur Förderung einer privaten Bewirtschaftung getroffen wurden.

128. Dennoch ist es in der Folgezeit zu Beschwerden gekommen. Das Bundeskartellamt hat infolgedessen die gemeinsame Rundholzvermarktung durch das Land Baden-Württemberg im Juli 2015 untersagt.[73] Die Entscheidung ist auf europäisches und deutsches Kartellrecht gestützt. Das Amt hat festgestellt, dass die Holzvermarktung als Vertriebskartell (Kernbeschränkung) ausgestaltet ist, das nicht durch damit einhergehende Verbrauchereffizienzen gerechtfertigt ist.[74] Die Monopolkommission hat bereits im XXI. Hauptgutachten zu dieser Entscheidung Stellung genommen.[75] Dabei hat sie, ebenso wie das Bundeskartellamt, über den reinen Verkauf hinaus auch vorgelagerte und darauf bezogene Tätigkeiten als (auch) wirtschaftliche Tätigkeiten qualifiziert. Im konkreten Verfahren handelte es sich hierbei um den sog. forstlichen Revierdienst, die forsttechnische Betriebsleitung, die Erstellung periodischer Betriebspläne für dritte Waldbesitzer, Betreuung und technische Hilfe.

129. Das Land Baden-Württemberg hat gegen die Untersagungsentscheidung des Bundeskartellamtes Rechtsmittel eingelegt. Das Oberlandesgericht (OLG) Düsseldorf hat die Entscheidung des Amtes durch Beschluss im März 2017 mit einer geringfügigen Ausnahme bestätigt.[76] Das OLG Düsseldorf hat entschieden, dass es keine Anhaltspunkte für Fehlfunktionen des Marktes gebe, die aufgrund von Art. 106 Abs. 2 AEUV eine Freistellung der überprüften Tätigkeiten von den Wettbewerbsregeln rechtfertigen können.[77] Der gebündelte Verkauf von Stammholz aus Staatswäldern sowie Körperschafts- und Privatwäldern stelle ein auch nach Art. 101 AEUV verbotenes Vertriebskartell dar, das nicht durch damit einhergehende Verbrauchereffizienzen gerechtfertigt sei.[78]

130. Die oben zitierte Neuregelung des Dritten Änderungsgesetzes war zwei Monate vor dem Beschluss des OLG Düsseldorf in das Bundeswaldgesetz eingefügt worden. Sie hatte auf die Entscheidung des OLG Düsseldorf aber keine Auswirkungen. Das Gericht hat entschieden, dass dem Bundesgesetzgeber schon die formelle Kompetenz fehle, Regelungen

---

[72] Drittes Gesetz zur Änderung des Bundeswaldgesetzes, BGBl. 2017 I Nr. 4, S. 75.
[73] BKartA, Beschluss vom 9. Juli 2015, B 1 – 72/12.
[74] BKartA, Beschluss vom 9. Juli 2015, B 1 – 72/12, Tz. 370 ff.
[75] Monopolkommission, XXI. Hauptgutachten, a. a. O. (Fn. 5), Tz 1007 ff.
[76] OLG Düsseldorf, Beschluss vom 15. März 2017, VI – Kart 10/15 (V).
[77] OLG Düsseldorf, Beschluss vom 15. März 2017, VI – Kart 10/15 (V), Rz. 273 ff.
[78] OLG Düsseldorf, Beschluss vom 15. März 2017, VI – Kart 10/15 (V), Rz. 116 ff.

zu treffen, durch welche der Anwendungsbereich des europäischen Kartellverbots beschränkt werde.[79] Außerdem handle es sich hierbei um eine mit Art. 2 Abs. 2 VO 1/2003 nicht zu vereinbarende Vermutungsregelung, welche die Beweislast zulasten der Kartellbehörden umkehrt.[80]

131. Das Land Baden-Württemberg hat gegen den Beschluss des OLG Düsseldorf ein weiteres Rechtsmittel zum Bundesgerichtshof (BGH) eingelegt. Dieser hat dem Rechtsmittel im Juni 2018 stattgegeben.[81] Bereits im Juli 2017 hatte das Land zudem Eckpunkte für eine zukünftige Forstorganisation vorgelegt. Das Bundeskartellamt hat parallel hierzu einen Dialog auch mit den anderen zuvor genannten Ländern sowie Hessen gesucht. Dabei hat das Amt berücksichtigt, dass der Holzverkauf und die ihm vorgelagerten und darauf bezogenen wirtschaftlichen Tätigkeiten in den Ländern zwar denselben kartellrechtlichen Vorgaben unterliegen, dass die Gegebenheiten der Waldbewirtschaftung sich in den Ländern jedoch zum Teil deutlich voneinander unterscheiden. Unabhängig hiervon spielt die Neuregelung des Dritten Änderungsgesetzes zum Bundeswaldgesetz in den Verhandlungen des Amtes mit den Ländern praktisch keine Rolle. Die Länder haben Maßnahmen getroffen oder zumindest in Aussicht gestellt, welche den Bedenken des Bundeskartellamtes Rechnung tragen sollen und voraussichtlich eine stärker wettbewerblich orientierte Ausgestaltung der Waldbewirtschaftung zur Folge haben werden.

132. Die Monopolkommission nimmt die Entscheidung des BGH im Verfahren um die Holzvermarktung in Baden-Württemberg zur Kenntnis. Die pragmatische Vorgehensweise des Bundeskartellamtes und der Länder während des laufenden Rechtsstreits ist aus ihrer Sicht zu begrüßen. Dessen ungeachtet stellt sich die Frage, wie § 46 Abs. 2 BWaldG zu beurteilen ist. Im Einzelnen stellen sich folgende Teilfragen:

- Sollte die Vereinbarkeit von § 46 Abs. 2 BWaldG mit europäischem Recht im Wege einer Vorlage an den EuGH zur Vorabentscheidung geklärt werden (dazu Abschn. 4.2)?

- Wie ist das Vorgehen des Bundeskartellamtes und der Länder zu beurteilen, eine Einigung ohne Einbeziehung von § 46 Abs. 2 BWaldG zu suchen (dazu Abschn. 4.3)?

- Welche Gestaltungsspielräume verbleiben den Gesetzgebern des Bundeswaldgesetzes und der Landeswaldgesetze, soweit legitime Belange der Waldbewirtschaftung einer Durchsetzung der Wettbewerbsregeln entgegenstehen können (dazu Abschn. 4.4)?

4.2 Vorabentscheidung zu § 46 BWaldG brächte Klärung grundlegender Rechtsfragen für den gesamten EU-Binnenmarkt

133. Aus Sicht der Monopolkommission wäre es unabhängig vom Verfahren um die Holzvermarktung in Baden-Württemberg wünschenswert, dass die Vereinbarkeit der vom Bundesgesetzgeber getroffenen Regelung in § 46 Abs. 2 BWaldG im Rahmen einer Vorabentscheidung nach Art. 267 AEUV durch den EuGH geklärt wird. Die deutschen Gerichte sind zu einer Vorlage an den EuGH – vorbehaltlich einer im Einzelfall bestehenden Vorlagepflicht – immer dann berechtigt, wenn die von ihnen in Betracht gezogene Auslegung des EU-Rechts in einem nicht nur hypothetischen Zusammenhang mit dem Gegenstand des Ausgangsrechtsstreits bzw. mit der Realität steht.[82]

134. Die Vorlage zur Vorabentscheidung ist deshalb wettbewerbspolitisch bedeutsam, weil sie eine letztverbindliche Klärung binnenmarktrelevanter Rechtsfragen ermöglicht und dies zur Entwicklung des EU-Binnenmarktes beiträgt. Des Weiteren nimmt Deutschland in manchen Bereichen des Wettbewerbsschutzes innerhalb der EU eine Vorreiterrolle

---

[79] OLG Düsseldorf, Beschluss vom 15. März 2017, VI – Kart 10/15 (V), Rz. 366–368.

[80] OLG Düsseldorf, Beschluss vom 15. März 2017, VI – Kart 10/15 (V), Rz. 369–373; ähnlich schon Monopolkommission, XXI. Hauptgutachten (Fn. 5), Tz. 1021.

[81] BGH, Urteil vom 12. Juni 2018, KVR 38/17 und Pressemitteilung Nr. 103/2018.

[82] EuGH, Urteil vom 15. Dezember 1995, C-415/93 – Union royale belge des sociétés de football association/Bosman, Slg. 1995, I-4921, ECLI:EU:C:1995:463, Rz. 61; Urteil vom 9. Oktober 1997, C-291/96 – Grado und Bashir, Slg. 1997, I-5531, ECLI:EU:C:1997:479C-291/96, Rz. 12; Urteil vom 13. Juli 2000, C-36/99 – Idéal tourisme, Slg. 2000, I-6049, ECLI:EU:C:2000:405, Rz. 20; Urteil vom 8. Mai 2003, C-111/01 – Gantner Electronic, Slg. 2003, I-4207, ECLI:EU:C:2003:257, Rz. 35 f.

wahr, auch in verschiedenen staatlich regulierten Wirtschaftsbereichen. Gerade in solchen Bereichen ist anzunehmen, dass die Klärung von Vorlagefragen aus Deutschland für den europäischen Binnenmarkt förderlich sein kann.

135. Speziell im Kontext mit der Waldbewirtschaftung gilt, dass der mit Art. 101 AEUV angestrebte Wettbewerbsschutz auch dann sicherzustellen ist, wenn die vorhandenen Beweismittel keine Entscheidung darüber zulassen, ob eine Vereinbarung oder Verhaltensabstimmung unzulässig ist (non liquet). Derartige Vereinbarungen oder Verhaltensabstimmungen sind also zumindest für den Fall, dass sie die Verbotsvoraussetzungen des Art. 101 Abs. 1 AEUV erfüllen, rechtfertigungsbedürftig und nur dann zu rechtfertigen, wenn die in Art. 101 Abs. 3 AEUV festgelegten Voraussetzungen erfüllt sind. Die Beweislastregel in Art. 2 Abs. 2 VO 1/2003 dient dazu, dies zu gewährleisten. § 46 Abs. 2 BWaldG kehrt diese Beweisregel um. Das führt dazu, dass wettbewerbsbeschränkende Vereinbarungen entgegen Art. 101 AEUV grundsätzlich als erlaubt und nicht als verboten anzusehen sind.

136. Diese Fragen waren in letzter Instanz im Verfahren um die Holzvermarktung in Baden-Württemberg nicht mehr entscheidungserheblich. Denn nach der Entscheidung des BGH war das Bundeskartellamt schon nicht befugt, das im Jahr 2008 durch eine nicht befristete Entscheidung nach § 32b GWB beendete Verfahren wieder aufzunehmen. Damit konnte im konkreten Verfahren offenbleiben, ob der deutsche Gesetzgeber überhaupt berechtigt gewesen ist, § 46 Abs. 2 BWaldG zu erlassen.

137. Eine Vorabentscheidung könnte insoweit grundlegende Rechtsfragen in Bezug auf die Anwendung von Art. 101 AEUV für den gesamten Rechtsraum der EU und damit auch für den gesamten europäischen Binnenmarkt klären. Dies gilt sogar dann, wenn die nationalen Gerichte eine Vorlage nicht für erforderlich halten, da die Beurteilung von § 46 Abs. 2 BWaldG aus ihrer jeweiligen Sicht offenkundig ist.

4.3 Durchsetzung der Wettbewerbsregeln unabhängig von § 46 BWaldG geboten

138. Das Vorgehen des Bundeskartellamtes und der Länder, eine Einigung ohne Einbeziehung von § 46 Abs. 2 BWaldG zu suchen, ist zu begrüßen. Dem steht nicht entgegen, dass legitime Aspekte der Waldbewirtschaftung möglicherweise Ausnahmen von den EU-Wettbewerbsregeln rechtfertigen können. Die Regelung in § 46 Abs. 2 BWaldG erscheint insofern untauglich.

139. Die Neuregelungen des Dritten Änderungsgesetzes dienten dem Ziel, die Wahlfreiheit der Waldbesitzer bezüglich der fakultativen Inanspruchnahme forstlicher Dienstleistungen und der Gewährleistung des Zugangs zu diesen Dienstleistungen unabhängig von unterschiedlichen Besitzstrukturen zu sichern.[83] Damit sollte unter anderem „den aus der verdichteten Sozialpflichtigkeit des Waldeigentums resultierenden vielgestaltigen, auch im öffentlichen Interesse liegenden Anforderungen an die Waldbewirtschaftung" Rechnung getragen werden.[84] Speziell durch § 46 Abs. 2 BWaldG in seiner neuen Fassung sollten „Gemeinwohlleistungen" geschützt werden, für welche die privaten, kommunalen und staatlichen Waldeigentümer „verantwortlich" seien, „insbesondere durch die über Jahrzehnte währende Bestandspflege und nachhaltige Bewirtschaftung der Wälder".

140. Zunächst ist klarzustellen, dass die EU-Wettbewerbsregeln hinsichtlich des Schutzes des Waldes als Bestandteil der natürlichen Lebensgrundlagen neutral sind. Allerdings sind die Vorgaben der Wettbewerbsregeln zu beachten, soweit dieser Schutz im Rahmen einer wirtschaftlichen Tätigkeit erfolgt.

141. Die Waldbewirtschaftung im Sinne des Bundeswaldgesetzes ist eine wirtschaftliche Tätigkeit im Sinne der Art. 101 ff. AEUV. Ein Indiz hierfür ergibt sich schon aus der Zweckbestimmung des Bundeswaldgesetzes. Der in § 1 BWaldG definierte Zweck des Gesetzes ist es,

1. „den Wald wegen seines wirtschaftlichen Nutzens (Nutzfunktion) und wegen seiner Bedeutung für die Umwelt […] (Schutz- und Erholungsfunktion) zu erhalten, erforderlichenfalls zu mehren und seine ordnungsgemäße Bewirtschaftung nachhaltig zu sichern,

---

[83] Bundesregierung, Entwurf eines Dritten Gesetzes zur Änderung des Bundeswaldgesetzes, BT-Drs. 18/10456, S. 1.

[84] Bundesregierung, Entwurf eines Dritten Gesetzes zur Änderung des Bundeswaldgesetzes, BT-Drs. 18/10456, S. 7.

2. die Forstwirtschaft zu fördern und

3. einen Ausgleich zwischen dem Interesse der Allgemeinheit und den Belangen der Waldbesitzer herbeizuführen", wobei dies jedenfalls nach der Begründung des Regierungsentwurfs zum Dritten Änderungsgesetz vor allem in Bezug auf die „Anstrengungen der Waldbesitzer zur Erbringung der mit der nachhaltigen Waldbewirtschaftung und -pflege" gilt.[85]

1. Das Gesetz soll also unter anderem die Nutzbarkeit des Waldes im wirtschaftlichen Interesse sicherstellen. Diesem Befund steht nicht entgegen, dass es zugleich wirtschaftlich neutralen Interessen dient, d. h dem Erhalt des Waldes in seiner Schutz- und Erholungsfunktion.

142. Ungeachtet der mit dem Bundeswaldgesetz verfolgten Zwecke ergeben sich die Voraussetzungen einer wirtschaftlichen Tätigkeit im Sinne der Art. 101 ff. AEUV abschließend aus der europäischen Rechtsprechung. Danach umfasst der Begriff der wirtschaftlichen Tätigkeit jede Tätigkeit, die darin besteht, Güter oder Dienstleistungen auf einem bestimmten Markt entgeltlich anzubieten.[86] Eine derartige Tätigkeit stellt insbesondere der Holzverkauf dar. Neben diesem können jedoch auch vorbereitende Tätigkeiten als wirtschaftlich anzusehen sein. Die Monopolkommission hat bereits dargelegt, dass die gesamte Hege und Pflege des Waldes sowohl eigenständige Bedeutung im Rahmen forstbezogener Daseinsvorsorge und Gefahrenabwehr haben als auch wirtschaftlich ausgestaltet sein kann.[87] Die Feststellung des OLG Düsseldorf, dass es sich bei der Waldbewirtschaftung in Baden-Württemberg in der Sache vollumfänglich um wirtschaftliche Tätigkeiten handelt, begegnet infolgedessen keinen Bedenken.[88] Der BGH hat sich zu dieser Frage nicht geäußert.

143. Dem Umstand, dass es sich bei der Waldbewirtschaftung im jeweiligen Einzelfall um eine wirtschaftliche Tätigkeit handeln kann, steht auch nicht entgegen, dass das Bundeswaldgesetz selbst auf diese Tätigkeit vielfach nur indirekt Bezug nimmt. So definiert namentlich die amtlich mit „Bewirtschaftung des Waldes" überschriebene Regelung in § 11 BWaldG nicht, was als Bewirtschaftung des Waldes anzusehen ist, sondern legt lediglich Bedingungen für den Erhalt des Waldes im Rahmen seiner Bewirtschaftung fest. Das Unterlassen einer direkten Regelung hat aber nicht zur Folge, dass die Waldbewirtschaftung nicht mehr als wirtschaftlich anzusehen wäre.

144. Die Erbringung von Gemeinwohlaufgaben kann nach Art. 106 Abs. 2 AEUV freilich selbst dann, wenn sie im Rahmen einer wirtschaftlichen Tätigkeit erfolgt, vom Anwendungsbereich der Art. 101 ff. AEUV ausgenommen sein. Dazu genügt es jedoch nicht, dass der nationale Gesetzgeber ein im Allgemeininteresse liegendes Schutzziel definiert und auf eine damit im Zusammenhang stehende wirtschaftliche Tätigkeit vor allem indirekt Bezug nimmt (vgl. erneut § 11 BWaldG). Stattdessen ist erforderlich, dass es sich bei der betreffenden Tätigkeit selbst um eine Dienstleistung von allgemeinem wirtschaftlichem Interesse handelt.[89] Die mit der Erbringung solcher Dienstleistungen betrauten Unternehmen sind den EU-Wettbewerbsregeln zudem nur entzogen, soweit die Anwendung dieser Vorschriften die Erfüllung der ihnen übertragenen besonderen Aufgabe rechtlich oder tatsächlich verhindert.[90] Nach der Rechtsprechung des EuGH hat der nationale Gesetzgeber keinen – wie immer gearteten – Einschätzungs- oder Ermessensspielraum hinsichtlich der Frage, ob Letzteres der Fall ist.[91]

---

[85] Bundesregierung, Entwurf eines Dritten Gesetzes zur Änderung des Bundeswaldgesetzes, BT-Drs. 18/10456, S. 11.

[86] EuGH, Urteil vom 18. Juni 1998, C-35/96 – Kommission/Italien, Slg. 1998, I-3851, [...], Rz. 36; Urteil vom 12. September 2000, C-180-184/98 – Pavlov, Slg. 2000, I-6451, Rz. 75.

[87] Monopolkommission, XXI. Hauptgutachten, a. a. O. (Fn. 5), Tz. 1012 f.

[88] OLG Düsseldorf, Beschluss vom 15. März 2017, VI – Kart 10/15 (V), Rz. 117 ff.

[89] EuGH, Urteil vom 10. Dezember 1991, C-179/90 – Merci convenzionali porto di Genova/Siderurgica Gabrielli, Slg. 1991, I-5889, ECLI:EU:C:1991:464, Rz. 27; Urteil vom 17. Juli 1997, C-242/95 – GT-Link, Slg. 1997 I-4449, ECLI:EU:C:1997:376, Rz. 53; EuGH, Urteil vom 20. Dezember 2017, C-70/16 P – Comunidad Autónoma de Galicia u. a./Kommission, ECLI:EU:C:2017:1002, Rz. 77.

[90] Vgl. EuGH, Urteil vom 18. Juni 1991, C-260/89 – ERT/DEP, Slg. 1991, I-2925, ECLI:EU:C:1991:254, Rz. 33; Urteil vom 21. September 1999, C-67/96 – Albany, Slg. 1999, I-5751, ECLI:EU:C:1999:430, Rz. 102; Urteil vom 28. Februar 2013, C-1/12 – Ordem dos Técnicos Oficiais de Contas, ECLI:EU:C:2013:127, Rz. 104.

[91] Siehe dazu ausführlich Monopolkommission, Sondergutachten 75, Stand und Perspektiven des Wettbewerbs im deutschen Krankenversicherungssystem, Baden-Baden 2017, Tz. 442–444.

145. Das Bundeswaldgesetz und die Landeswaldgesetze enthalten Vorgaben, die für die Frage, ob einzelne vom Bundeskartellamt untersuchte Tätigkeiten nach Art. 106 Abs. 2 AEUV vom Anwendungsbereich der Art. 101 ff. AEUV ausgenommen sind, relevant sein können. Der Europäische Gerichtshof hat entschieden, dass eine Dienstleistung von allgemeinem wirtschaftlichem Interesse einen universalen und obligatorischen Charakter aufweisen muss.[92] Die vom Gericht weiter aufgestellte Voraussetzung, dass auch ein Marktversagen vorliegen muss, hat der Gerichtshof sich bisher nicht ausdrücklich zu eigen gemacht.[93] Die bundesrechtlichen Vorschriften über die Walderhaltung und -bewirtschaftung in §§ 9 ff. BWaldG dürften die Voraussetzungen der europäischen Rechtsprechung erfüllen, da sie sich speziell auf die Sozialbindung des Eigentums der Waldbesitzer beziehen und diese Sozialbindung im Einzelnen ausgestalten. Dagegen gilt dies nicht ohne Weiteres auch für die landesrechtliche Vorschriften über die Waldbewirtschaftung. Denn diese Vorschriften definieren zum Teil schon keine Pflichten im Allgemeininteresse und weisen demzufolge nicht den erforderlichen universalen und obligatorischen Charakter auf.[94] § 46 Abs. 2 BWaldG erfüllt die besagten Voraussetzungen ebenfalls nicht.

146. Wenn und soweit die EU-Wettbewerbsregeln infolgedessen auf die Waldbewirtschaftung anzuwenden sind, ist eher fraglich, ob die in diesem Rahmen vom Bundesgesetzgeber verfolgten außerwettbewerblichen Ziele auch im Rahmen von Art. 101 AEUV berücksichtigt werden können. Speziell der Neuregelung des § 46 Abs. 2 BWaldG liegt offenbar ein entsprechendes Rechtsverständnis zugrunde, da die Vorschrift Regelungen zu einer Freistellung im Sinne von Art. 101 Abs. 3 AEUV treffen soll. Die Frage kann hier allerdings dahinstehen, da die darin enthaltene Vermutungsregel, wonach wettbewerbsbeschränkende Vereinbarungen entgegen Art. 101 AEUV grundsätzlich als erlaubt und nicht als verboten anzusehen sind, eine von den im allgemeinen wirtschaftlichen Interesse liegenden Schutzzielen des Bundeswaldgesetzes unabhängige normative Vorgabe enthält. Eine derartige Regelung dürfte mit dem EU-Recht schon ihrer Art nach nicht zu vereinbaren sein.

147. Der Anwendungsbereich des § 46 Abs. 2 BWaldG beschränkt sich auf eine Umkehrung der Beweislast nach Art. 2 Abs. 2 VO 1/2003. Die letztgenannte Vorschrift ist gegenüber entgegenstehendem deutschem Recht vorrangig anwendbar. § 46 Abs. 2 BWaldG ist daher funktionslos. Die Monopolkommission empfiehlt, § 46 Abs. 2 BWaldG aus Gründen der Rechtsklarheit und Rechtssicherheit zu streichen.

4.4 Gestaltungsspielräume abhängig von den Zielen der Waldgesetze

148. Die bisherigen Ausführungen sprechen dafür, die Regelungen des Bundeswaldgesetzes und die ergänzenden Regelungen der Landeswaldgesetze zu überprüfen. Denn es besteht die Möglichkeit, dass gesetzliche Ziele, die nach Maßgabe der Wettbewerbsregeln legitimerweise verfolgt werden dürfen, deshalb nicht erreicht werden, weil die betreffenden Vorschriften unzureichend auf die Vorgaben der EU-Wettbewerbsregeln abgestimmt sind.[95] In diesem Fall sind die Wettbewerbsregeln zwingend durchzusetzen, während die etwaigen abweichenden Ziele des Bundeswaldgesetzes und der Landeswaldgesetze zurückzutreten haben.

149. Eine Ausgestaltung der Waldgesetze, nach der die darin festgelegten Ziele ohne Konflikt mit den EU-Wettbewerbsregeln verfolgt werden, erscheint aber nicht von vornherein ausgeschlossen. Zur Erhöhung der Rechtsklarheit ist vor allem zu empfehlen, in § 1 BWaldG und den entsprechenden Vorschriften der Landeswaldgesetze ausdrücklich zu definieren, welchen forstbezogenen Zielen die betreffenden Gesetze dienen. Dabei sollte es sich im Wesentlichen

---

[92] EuGH, Urteil vom 20. Dezember 2017, C-70/16 P – Comunidad Autónoma de Galicia u. a./Kommission, ECLI:EU:C:2017:1002, Rz. 76.

[93] Vgl. EuG, Urteil vom 16. September 2013, T-79/10 – Colt Télécommunications, ECLI:EU:T:2013:463, Rz. 88, 149 ff. unter Verweis auf Urteile vom 6. Oktober 2009, T-8/06 – FAB/Kommission, Slg. 2009, II-196, ECLI:EU:T:2009:386, Rz. 79–82; T-21/06 – Deutschland/Kommission, Slg. 2009, II-197, EC-LI:EU:T:2009:387, Rz. 53–60.

[94] Vgl. OLG Düsseldorf, Beschluss vom 15. März 2017, VI – Kart 10/15 (V), Rz. 277 ff. (dort auch zur Voraussetzung der „Betrauung").

[95] Insoweit handelt es sich um ein Problem, das die Monopolkommission wiederholt auch in Bezug auf andere Gesetze des Bundes und der Länder festgestellt hat; siehe z. B. dieses Hauptgutachtens, Kapitel IV, Abschn. 4.2.1 (zum Auftrag der öffentlich-rechtlichen Rundfunkanstalten); XX. Hauptgutachten, a. a. O. (Fn. 56), Tz. 1786 ff. (zum öffentlichen Auftrag der Sparkassen); Sondergutachten 80, a. a. O. (Fn. 22), Abschn. 4.1.3 (zur Buchpreisbindung).

um nichtwirtschaftliche Ziele der Daseinsvorsorge und Gefahrenabwehr handeln. Das schließt nicht aus, dass der Gesetzgeber im Hinblick auf die betreffenden Ziele Unternehmen im Forstbereich mit Aufgaben im allgemeinen wirtschaftlichen Interesse betraut, bei deren Verfolgung sie nach Art. 106 Abs. 2 AEUV von den Wettbewerbsregeln freigestellt sind, soweit dies erforderlich ist, um ihnen die Erfüllung ihrer besonderen Aufgaben zu ermöglichen, und soweit die Entwicklung des Handelsverkehrs in keinem dem Unionsinteresse zuwiderlaufenden Ausmaße beeinträchtigt wird.[96] Demgegenüber besteht bei wirtschaftlichen Zielen, nach denen die Gesetzgebung bestimmte Marktteilnehmer begünstigen soll, ein nicht unerhebliches Risiko, dass die nationalen Regelungen in Konflikt zum EU-Recht geraten.[97] Auf Basis des bestehenden Regelungsumfangs des Bundeswaldgesetzes wären zumindest folgende Gesetzesziele bzw. -zwecke zu unterscheiden:

1. der Zweck, den Wald wegen seiner Bedeutung für die Umwelt [...] (Schutz- und Erholungsfunktion) zu erhalten, erforderlichenfalls zu mehren,

2. der Zweck, eine im Allgemeininteresse liegende wirtschaftliche Nutzung durch die Waldbewirtschaftung sicherzustellen (Nutzfunktion), und

3. der Zweck, einen Ausgleich zwischen dem Interesse der Allgemeinheit und den Belangen der Waldbesitzer herbeizuführen.

150. Dagegen ist zu empfehlen, die Formulierung in § 1 Nr. 1 BWaldG zu streichen, wonach es auch ein Zweck des Gesetzes ist, „den Wald wegen seines wirtschaftlichen Nutzens [...] zu erhalten, erforderlichenfalls zu mehren und seine ordnungsgemäße Bewirtschaftung nachhaltig zu sichern". Denn dieser Zweck umfasst wirtschaftliche Nutzungen unabhängig davon, ob sie im Allgemeininteresse oder im Eigeninteresse der Waldbesitzer liegen. Der Schutz wirtschaftlicher Nutzungen im Eigeninteresse der Waldbesitzer erfolgt aber bereits durch die EU-Wettbewerbsregeln, die Grundfreiheiten und die Grundrechte (insb. Art. 14 GG). Daher bedarf es insoweit keines zusätzlichen Schutzes der wirtschaftlichen Betätigungsfreiheit durch das Bundeswaldgesetz. Davon abgesehen wurde bereits festgestellt, dass die bestehenden §§ 9 ff. BWaldG über die Walderhaltung und -bewirtschaftung nur die Sozialbindung des Eigentums der Waldbesitzer ausgestalten. Hingegen fehlt es dort an Regelungen, welche die wirtschaftliche Nutzung des Waldes im Eigeninteresse der Waldbesitzer schützen. Bei Vorgaben, die einen besonderen Schutz der Waldbesitzer bewirken, wäre zudem wahrscheinlich, dass sich Konflikte mit dem allgemeinen Schutz aller Marktteilnehmer durch die EU-Wettbewerbsregeln ergeben.[98]

151. Ebenso ist zu empfehlen, die Formulierung in § 1 Nr. 2 BWaldG zu streichen, wonach es ein Zweck des Gesetzes ist, „die Forstwirtschaft zu fördern". Dem steht nicht entgegen, dass die §§ 41 ff. BWaldG nähere Vorgaben zur wirtschaftlichen Förderung der Forstwirtschaft enthalten. Eine solche Förderung ist nur nach Maßgabe der Art. 107 ff. AEUV zulässig. Soweit die §§ 41 ff. BWaldG die Förderung zusätzlich davon abhängig machen, dass bestimmte gesetzliche Zwecke verfolgt werden, handelt es sich lediglich um die in Tz. 149 genannten Zwecke.

152. In Bezug auf den Zweck, eine im Allgemeininteresse liegende wirtschaftliche Nutzung durch die Waldbewirtschaftung sicherzustellen, sollte des Weiteren überprüft werden, in welchem Umfang die sonstigen Vorgaben des Bundeswaldgesetzes, die für die Erhaltung und Bewirtschaftung des Waldes relevant sind, einen universalen und obligatorischen Charakter aufweisen oder das Gesetz entsprechend anzupassen ist. Das gilt insbesondere bezüglich der Vorschriften über die Funktion und die Aufgaben der Forstbetriebsgemeinschaften (§§ 16 f. BWaldG), der Forstbetriebsverbände (§ 21 BWaldG), der forstwirtschaftlichen Vereinigungen (§ 37 Abs. 2 BWaldG).

---

[96] Art. 106 Abs. 2 AEUV. Siehe auch Art. 3 Abs. 3 VO 1/2003, wonach die mitgliedstaatliche Pflicht zur Anwendung der Art. 101 f. AEUV nicht der Anwendung von Bestimmungen des einzelstaatlichen Rechts entgegensteht, die überwiegend ein davon abweichendes Ziel verfolgen.

[97] Vgl. Monopolkommission, Sondergutachten 80, a. a. O. (Fn.22), Abschn. 4.1.3 und Tz. 299.

[98] Siehe zu derartigen Konflikten erneut OLG Düsseldorf, Beschluss vom 15. März 2017, VI – Kart 10/15 (V), Rz. 277 ff. (dort bezogen auf § 55 Abs. 3 LWaldG BW und den mit der bisherigen Praxis der Holzvermarktung einhergehenden Schutz der wirtschaftlichen Interessen privater Waldbesitzer).

153. Dabei ist zu beachten, dass die EU-Wettbewerbsregeln auf die Waldbewirtschaftung in allen genannten Fällen grundsätzlich anwendbar bleiben, zumindest soweit die relevanten wirtschaftlichen Tätigkeiten binnenmarktrelevant sind. Eine Ausnahme ist nach Art. 106 Abs. 2 Satz 1 AEUV lediglich dort zu machen, wo der Ausschluss der Wettbewerbsregeln erforderlich ist, damit sich die Erfüllung der betreffenden Aufgaben im allgemeinen wirtschaftlichen Interesse gewährleisten lässt.[99] Ein Einschätzungs- oder Ermessensspielraum steht den deutschen staatlichen Stellen insofern nicht zu.[100] Ferner darf nach Art. 106 Abs. 2 Satz 2 AEUV die Entwicklung des Handelsverkehrs nicht in einem Ausmaß beeinträchtigt werden, das dem Unionsinteresse zuwiderläuft.

154. In Bezug auf die Befreiung von den Vorgaben des § 1 GWB in § 40 Abs. 1 BWaldG für forstwirtschaftliche Erzeugerbetriebe, Forstbetriebsgemeinschaften, Forstbetriebsverbände und forstwirtschaftliche Vereinigungen sollte geprüft werden, ob diese Befreiung praktisch relevant und inwieweit sie mit Blick auf die Ziele des Bundeswaldgesetzes geeignet und erforderlich ist. In diesem Zusammenhang ist zu beachten, dass dem Anwendungsbereich der EU-Wettbewerbsregeln allenfalls rein lokale Belange der Waldbewirtschaftung entzogen sein können.[101]

5 Ausnahme für Kooperationen der öffentlich-rechtlichen Rundfunkanstalten

155. In Bezug auf den Rundfunk hatten die öffentlich-rechtlichen Rundfunkanstalten (ARD, ZDF und DLR) im Rahmen des Gesetzgebungsverfahrens zur Einführung der neuen Ausnahme vom deutschen Kartellverbot für die verlagswirtschaftliche Zusammenarbeit im Pressebereich (§ 30 Abs. 2b GWB n. F.) ebenfalls eine Ausnahme vom deutschen Kartellverbot gefordert und diese Forderung in einer öffentlichen Stellungnahme zum Referentenentwurf zur 9. GWB-Novelle untermauert.[102] Nachdem der Gesetzgeber sich diese Forderung nicht zu eigen gemacht hatte, haben sie vorgeschlagen, den Rundfunkstaatsvertrag zur Erhöhung der „Rechtssicherheit" um eine Vorschrift zur Betrauung der öffentlich-rechtlichen Rundfunkanstalten mit der Erbringung von Dienstleistungen von allgemeinem wirtschaftlichem Interesse im Sinne des Art. 106 Abs. 2 AEUV zu ergänzen, soweit sie zur Erfüllung ihres Auftrags bei der Herstellung und Verbreitung von Angeboten im Sinne der §§ 11a bis g RStV zusammenarbeiten.[103] Eine solche Regelung sollte – jedenfalls im Umfang der Betrauung – den Anwendungsbereich der EU-Wettbewerbsvorschriften beschränken. Die Monopolkommission sieht entsprechende Vorschläge nach Maßgabe der folgenden Ausführungen kritisch.

156. Die Rundfunkunternehmen unterliegen bei ihrer wirtschaftlichen Tätigkeit grundsätzlich den EU-Wettbewerbsregeln (Art. 101 ff., 107 ff. AEUV), soweit keine rundfunkspezifischen Besonderheiten gelten. Eine Tätigkeit, die nicht auch den Handel zwischen Mitgliedstaaten berührt, ist in diesem Zusammenhang kaum denkbar.[104] Denn eine lokale Markttätigkeit ohne spürbare weitergehende Auswirkungen, bei der dies der Fall wäre, entspräche mit Blick auf die

---

[99] Vgl. EuGH, Urteil vom 19. Mai 1993, C-320/91 – Corbeau, Slg. 1993, I-2533, ECLI:EU:C:1993:198, Rz. 16; ebenso EuGH, C-203/96 – Chemische Afvalstoffen Dusseldorp, Rz. 65; C-157/94 – Niederlande/Kommission, Rz. 52; Urteil vom 21. September 1999, Albany, C 67/96, Slg. 1999, I 5751; Rz. 107; C-162/06 – International Mail Spain, Rz. 34 (st. Rspr.).

[100] Siehe oben Tz. 144.

[101] Vgl. EU-Kommission, Bekanntmachung – Leitlinien über den Begriff der Beeinträchtigung des zwischenstaatlichen Handels in den Artikeln 81 und 82 des Vertrags, ABl. C 101 vom 27. April 2004, S. 81, Tz. 91; einschränkend allerdings EU-Kommission, Entscheidung vom 23. Juli 2014, C(2014) 5077 final, Fall SA.33045 – Deutschland (Kristall Bäder), Tz. 40; Pressemitteilung vom 29. April 2015, IP/15/4889 (jeweils zu Art. 107 AEUV).

[102] Arbeitsgemeinschaft der öffentlich-rechtlichen Rundfunkanstalten der Bundesrepublik Deutschland (ARD), Zweites Deutsches Fernsehen (ZDF) und Deutschlandradio (DLR), http://www.ard.de/download/3482062/Stellungnahme_von_ARD__ZDF_ und_DLR_zur_Aenderung_des_Gesetzes_gegen_Wettbewerbsbeschraenkungen.pdf (Abruf am 23. April 2018). Die Forderung stieß im Bundesrat auf Widerhall; siehe Bundesrat, Ausschussempfehlungen vom 11. November 2016, BR-Drs. 606/1/16, S. 6.

[103] Siehe dazu Stellungnahme von ARD, ZDF und Deutschlandradio im Rahmen der Online-Konsultation zum Regelungsvorschlag für eine Betrauungslösung i. S. v. Art. 106 Abs. 2 AEUV im Rundfunkstaatsvertrag, http://www.ard.de/download/4196056/ Stellungnahme_zum_Regelungsvorschlag_fuer_eine_Betrauungsloesung_.pdf, Abruf am 23. April 2018.

[104] Dazu EU-Kommission, Bekanntmachung – Leitlinien über den Begriff der Beeinträchtigung des zwischenstaatlichen Handels in den Artikeln 81 und 82 des Vertrags, ABl. C 101 vom 27. April 2004, S. 81, Tz. 91. Zu Umständen, unter denen sogar lokale Markttätigkeiten von den EU-Wettbewerbsregeln erfasst werden können, siehe zudem EU-Kommission, Entscheidung vom 23. Juli 2014, C(2014) 5077 final, Fall SA.33045 – Deutschland (Kristall Bäder), Tz. 40; Pressemitteilung vom 29. April 2015, IP/15/4889 (jeweils zu Art. 107 AEUV).

Verbreitung von Rundfunkinhalten grundsätzlich nicht dem öffentlichen Auftrag und den wirtschaftlichen Interessen der Rundfunkanstalten.

157. In Bezug auf die wirtschaftliche Rundfunktätigkeit treffen das Protokoll Nr. 29 zu den EU-Verträgen und die von der Europäischen Kommission gemäß Art. 106 Abs. 3 AEUV bekannt gemachte Rundfunkmitteilung sodann Regelungen, die die allgemeinen Wettbewerbsregeln modifizieren, um den besonderen Funktionen des öffentlich-rechtlichen Rundfunks Rechnung zu tragen.[105] Auf eine Tätigkeit der öffentlich-rechtlichen Rundfunkanstalten, für die nach diesen Regelungen keine Besonderheiten bei der Anwendung der Wettbewerbsregeln gelten, bleiben diese unmodifiziert anwendbar. Der deutsche Staat ist nach Art. 106 Abs. 1 AEUV unmittelbar gegenüber der EU verpflichtet, in Bezug auf die öffentlich-rechtlichen Rundfunkanstalten keine den zuvor genannten Regelungen widersprechende Maßnahmen zu treffen oder beizubehalten.

158. Innerhalb des Anwendungsbereichs der EU-Wettbewerbsregeln ist Art. 101 AEUV neben dem deutschen Wettbewerbsrecht auf wettbewerbsbeschränkende Kooperationsformen anzuwenden.[106] Ebenso ist Art. 102 AEUV neben dem deutschen Wettbewerbsrecht in Fällen, in denen die Rundfunkanstalten marktbeherrschend sind, auf deren einseitige wettbewerbsbeschränkende Verhaltensweisen anzuwenden.[107] In allen Verfahren, in denen eine Anwendung von Art. 101 oder Art. 102 AEUV in Betracht kommt, obliegt die Beweislast dafür, dass die Voraussetzungen einer Ausnahme von den Wettbewerbsregeln nach Art. 106 Abs. 2 AEUV i. V. m. dem Protokoll Nr. 29 oder einer Freistellung nach Art. 101 Abs. 3 AEUV vorliegen, den öffentlich-rechtlichen Rundfunkanstalten, sofern sie sich auf diese Bestimmungen berufen.[108]

159. Eine abweichende Regelung ist nach dem Unionsrecht grundsätzlich unzulässig. Das gilt ungeachtet des Umstands, dass die öffentlich-rechtlichen Rundfunkanstalten nach innerstaatlichem Verfassungsrecht wichtige Funktionen als Medium und Faktor der Meinungs- und Willensbildung erfüllen.[109] Diese Funktionen sind nach dem Unionsrecht außerhalb der zuvor dargestellten Modifikationen grundsätzlich nicht berücksichtigungsfähig.[110] Insofern bleibt es vielmehr beim Anwendungsvorrang der Art. 101 f. AEUV.[111]

160. Die zunächst erwogene, von einer Betrauung losgelöste Ausnahme vom deutschen Kartellverbot für Kooperationen im Rundfunkbereich dürfte sich daher noch weniger als § 30 Abs. 2b GWB im Pressebereich rechtfertigen lassen. Ein Anwendungsbereich, der sich daraus ergibt, dass der zwischenstaatliche Handel nicht berührt ist, wäre bei solchen Kooperationen noch weniger denkbar. Stattdessen könnten durch eine solche Ausnahmeregelung Konflikte mit dem EU-Recht dadurch entstehen, dass sich die Rundfunkunternehmen auch bei tatsächlich binnenmarktrelevanten Sachverhalten auf die Ausnahme berufen würden.

---

[105] EU-Kommission, Mitteilung über die Anwendung der Vorschriften über staatliche Beihilfen auf den öffentlich-rechtlichen Rundfunk (Rundfunkmitteilung), ABl. C 257 vom 27. Oktober 2009, S. 1. Siehe zu Protokoll Nr. 29 und der Rundfunkmitteilung ausführlich in diesem Hauptgutachten, Kapitel IV, Abschn. 3.1.3; außerdem zuletzt EuGH, Urteil vom 8. März 2017, C-660/15 P – Viasat Broadcasting UK, ECLI:EU:C:2017:178, Rz. 36 f.

[106] Art. 3 Abs. 1 Satz 1 VO 1/2003.

[107] Art. 3 Abs. 1 Satz 2 VO 1/2003.

[108] EuGH, Urteil vom 28. Februar 2013, C-1/12 – Ordem dos Técnicos Oficiais de Contas, EC-LI:EU:C:2013:127, Rz. 106 (zu Art. 106 Abs. 2 AEUV); Art. 2 S. 2 VO 1/2003 (zu Art. 101 Abs. 3 AEUV).

[109] Siehe hierzu BVerfG, Urteil vom 28. Februar 1961, 2 BvG 1, 2/60, BVerfGE 12, 205, Rz. 179; Urteil vom 4. November 1986, 1 BvF 1/84, BVerfGE 73, 118 Ls. 1.a); Urteil vom 5. Februar 1991, 1 BvF 1/85 und 1/88, BVerfGE 83, 238, Rz. 399; außerdem BVerfG, Beschluss vom 24. März 1987, 1 BvR 147, 478/86, BVerfGE 74, 297, Rn. 90; Urteil vom 16. Juni 1981, 1 BvL 89/78, BVerfGE 57, 295 (319 f.).

[110] Missverständlich insofern BKartA, Stellungnahme zum Regierungsentwurf zur 9. GWB-Novelle, in: Deutscher Bundestag, 18. Wahlperiode, Ausschuss für Wirtschaft und Energie, Ausdrucksache 18(9), 1093, 19. Januar 2017, Zusammenfassung der schriftlichen Stellungnahmen, Öffentliche Anhörung, Montag, 23. Januar 2017, S. 19 (ohne Bezugnahme auf Art. 101 f. AEUV).

[111] Siehe dazu EuGH, Urteil vom 15. Juli 1964, 6/64 – Costa/ENEL, Slg. 1964, 1251, 1269 f.; Art. 3 Abs. 1 VO 1/2003.

161. Denkbar ist lediglich eine mit einer Betrauung korrelierende Ausnahme innerhalb des Anwendungsbereichs der zuvor skizzierten Modifikationen. So ist es unionsrechtlich – ähnlich wie im Pressebereich[112] – nicht ausgeschlossen, dass der deutsche Staat die öffentlich-rechtlichen Rundfunkanstalten mit Aufgaben im allgemeinen wirtschaftlichen Interesse betraut, bei deren Verfolgung sie nach Art. 106 Abs. 2 AEUV i. V. m. Protokoll Nr. 29 nach Maßgabe der dortigen Vorgaben von den Wettbewerbsregeln freigestellt sein können. Die nunmehr diskutierte Regelung soll mit Blick auf die Rundfunk- und Telemedienangebote erfolgen, bei denen die Rundfunkanstalten solche Ziele verfolgen. Den Rundfunkanstalten ist insofern zugutezuhalten, dass bislang nicht geklärt ist, wie präzise die Dienstleistungen definiert sein müssen, mit denen sie betraut werden, und ob eine Betrauung, die auch die ins Auge gefassten Kooperationen einschließt, bereits aus den bestehenden §§ 11a ff. RStV folgt. Soweit dies nicht der Fall ist, kann der Gesetzgeber die genannten Vorschriften tatsächlich ergänzen, um solche Kooperationen zu ermöglichen bzw. abzusichern.

162. Allerdings würde auch eine Betrauungsregelung nichts daran ändern, dass im Einzelfall zu prüfen wäre, ob die betreffenden Kooperationen nach Maßgabe von Art. 106 Abs. 2 AEUV i. V. m. dem Protokoll Nr. 29 und der Rundfunkmitteilung den Wettbewerbsregeln (Art. 101 ff., 107 ff. AEUV) unterliegen und ob sie nach diesen Regeln zulässig sind. Der deutsche Rundfunkgesetzgeber könnte schon aus Kompetenzgründen keine „Rechtssicherheit" in dem Sinne schaffen, dass eine Einzelfallprüfung nach dem EU-Recht entbehrlich würde.[113] Aus einem Textvorschlag für die vorliegend angestrebte Betrauungsregelung lässt sich zwar immerhin schließen, für welche Tätigkeiten die Betrauung konkret gelten soll.[114] Der Gesetzgeber müsste aber gleichwohl darlegen, welchen zusätzlichen Nutzen die Regelung – insbesondere für die Erfüllung der besonderen Aufgaben der öffentlich-rechtlichen Rundfunkanstalten – haben würde. Jedenfalls muss die Notwendigkeit einer Einzelfallprüfung weiterhin gewährleistet sein. Daher ist der Gewinn an Rechtssicherheit durch eine solche Regelung auch überschaubar.

163. Aus Sicht der Monopolkommission müsste der Gesetzgeber darlegen, inwiefern der derzeitige Rechtszustand Kooperationen im Rundfunkbereich behindert und ob und inwiefern die Sonderregelung Kooperationen legitimieren könnte, die nur infolge einer zusätzlichen Betrauung zulässig wären. Eine Ausnahme vom deutschen Kartellverbot hätte daher nur eine entsprechend beschränkte Wirkung. Sie wäre auch nur unter den dargelegten sehr restriktiven Konditionen zulässig.

---

[112] Siehe oben Tz. 104.

[113] Siehe oben Tz. 126 ff. zur vergleichbaren Problematik bei § 46 Abs. 2 BWaldG.

[114] Land Baden-Württemberg, Regelungsvorschlag für eine Betrauungslösung i. S. v. Art. 106 Abs. 2 AEUV, Stand: 31. Mai 2017, https://beteiligungsportal.baden-wuerttemberg.de/fileadmin/redaktion/beteiligungsportal/StM/170531_%C3%84nderungsvorschlag-Rundfunkstaatsvertrag.pdf , Abruf am 28. April 2018: „Die Betrauung gilt insbesondere für die Bereiche Produktion, Produktionsstandards, Programmrechteerwerb, Programmaustausch, Verbreitung und Weiterverbreitung von Angeboten, Beschaffungswesen, Sendernetzbetrieb, (IT-)Infrastrukturen, Vereinheitlichung von Geschäftsprozessen, Beitragsservice und allgemeine Verwaltung."

Algorithmen und Kollusion

Kurz gefasst

Summary

1 Einleitung

2 Merkmale von Preisalgorithmen

3 Algorithmen und Kollusion

3.1 Was ist Kollusion? (Ökonomische Grundlagen)

3.2 Einfluss von Algorithmen auf Kollusion

3.3 Zwischenfazit

4 Weiterentwicklung des Rechtsrahmens

4.1 Einführung

4.2 Reichen die Wettbewerbsregeln aus, um Kollusion zu verhindern?

4.3 Reicht es aus, für die rechtliche Verantwortlichkeit für das Entstehen kollusiver Marktergebnisse wie bisher an das Verhalten der Verwender anzuknüpfen?

Kurz gefasst

Trotz der zahlreichen Vorteile, die mit der Verwendung von Preisalgorithmen einhergehen, werden zunehmend auch potenzielle Nachteile diskutiert. Wettbewerbshindernde Effekte durch den Einsatz von Preisalgorithmen werden insbesondere im Zusammenhang mit Kollusion für möglich gehalten. Unter Kollusion wird typischerweise ein Marktergebnis verstanden, bei dem Unternehmen durch eine Form von Koordinierung höhere Gewinne als im Wettbewerb erzielen, indem sie etwa Preise oder Mengen koordinieren. Kollusives Verhalten geht daher zulasten der Nachfrager und ist aus gesamtgesellschaftlicher Sicht unerwünscht.

Der Einfluss, den Preisalgorithmen auf Kollusion haben, hängt maßgeblich von den strukturellen Eigenschaften des jeweiligen Marktes sowie weiteren angebots- und nachfrageseitigen Faktoren ab. Je nachdem, wie diese Faktoren ausgestaltet sind, können Preisalgorithmen als weiteres Element Kollusion begünstigen. Verlässliche Aussagen dazu, ob es zukünftig öfter zu Kollusion kommen wird, lassen sich aus heutiger Sicht jedoch nicht treffen. Letztendlich wird Kollusion auch weiterhin vorrangig auf Märkten zu erwarten sein, die entsprechende Voraussetzungen dafür bieten. Hierzu zählen unter anderem hohe Markteintrittshürden, eine eher geringe Anzahl an Unternehmen und eine hohe Markttransparenz.

In datenintensiven Wirtschaftsbereichen wie der Internetwirtschaft können Preisalgorithmen Kollusion erleichtern, indem kollusives Verhalten automatisiert und damit technisch beschleunigt wird. Beispielsweise können sie Kollusion stabilisieren, indem Informationen über die Preise der Wettbewerber gesammelt und Abweichungen vom kollusiven Marktergebnis schneller sanktioniert werden. Der Einsatz von Preisalgorithmen kann zudem eine explizite wettbewerbsbeschränkende Vereinbarung bzw. Verhaltensabstimmung entbehrlich machen. Bei selbstlernenden Algorithmen ist schließlich die maßgebliche unternehmerische Entscheidung auf den Zeitpunkt der Entscheidung über den Preisalgorithmus vorverlagert und wird nicht erst im Rahmen der Preissetzung getroffen.

Die Entdeckung kollusiven Verhaltens aufseiten der Unternehmen durch Kartellbehörden ist regelmäßig schwierig. Dies betrifft zunächst die Feststellung der abgestimmten Verhaltensweisen als solches. Diese Schwierigkeiten werden beim Einsatz von Preisalgorithmen tendenziell zunehmen. Dies betrifft zudem den Nachweis einer möglichen Preisüberhöhung.

Daher sollten die Märkte im Hinblick auf Kollusionsrisiken beobachtet werden. Die Monopolkommission hält es insbesondere für geboten, die Marktbeobachtung im Wege kartellbehördlicher Sektoruntersuchungen zu verstärken. Da Informationen über möglicherweise kollusiv überhöhte Preise am ehesten bei den Verbraucherschutzverbänden anfallen, empfiehlt die Monopolkommission, den Verbraucherschutzverbänden ein Recht einzuräumen, die Durchführung kartellbehördlicher Sektoruntersuchungen zu initiieren. Die Ablehnung des Antrags wäre durch die Kartellbehörde näher zu begründen. Sollten sich im Rahmen der Marktbeobachtung konkrete Hinweise darauf ergeben, dass die Verwendung von Preisalgorithmen zum einen kollusive Marktergebnisse in beträchtlichem Umfang begünstigt und dass zum anderen die Durchsetzung der Wettbewerbsregeln dauerhaft unzureichend ist, könnte eine Beweislastumkehr in Bezug auf den durch einen wettbewerbsrechtlichen Verstoß verursachten Schaden in Betracht gezogen werden. Denn dadurch kann die Haftung für die Vermögensnachteile, die der kollusive Einsatz von Preisalgorithmen mit sich bringen kann, im Zweifel den Verwendern solcher Algorithmen zugewiesen werden.

Zuletzt werden Preisalgorithmen häufig nicht von den mit dem Vertrieb befassten Unternehmen selbst entwickelt, sondern von IT-Dienstleistern mit einer speziellen Expertise bereitgestellt. Die Frage, ob ein solcher Dritter für wettbewerbsrechtliche Verstöße haftet, ist typischerweise von der Verantwortlichkeit der Unternehmen, die den Algorithmus zur Preisfindung einsetzen, abhängig. Damit können IT-Dienstleister entweder einer besonders weitreichenden Haftung unterliegen oder umgekehrt von Haftungslücken profitieren, je nachdem, ob die Entscheidung über die Ausgestaltung des konkreten Preisalgorithmus eher bei den Verwendern oder bei dem jeweiligen IT-Dienstleister liegt. Die Haftung solcher Dritter sollte grundlegend überprüft werden.

Summary

Despite the numerous advantages associated with the use of price algorithms, potential disadvantages are likewise increasingly being discussed. Commentators consider anti-competitive effects in connection with collusion possible where price algorithms are used. Collusion is typically understood as a market result in which companies achieve higher profits than in competition where they coordinate, for example in relation to prices or quantities. Collusive behaviour is therefore to the detriment of the demand side of the market and is undesirable from the point of view of society as a whole.

The influence of price algorithms on collusion largely depends on the structural characteristics of the respective market and on other supply and demand factors. Depending on how these factors are shaped, price algorithms as one further element can promote collusion. However, from today's perspective, no reliable predictions can be made as to whether collusion will occur more frequently in the future. In the end, collusion can be expected primarily in markets that offer favourable conditions for collusion. Such conditions include high barriers to market entry, a relatively small number of companies and a high degree of market transparency.

In data-intensive sectors such as the Internet economy, price algorithms can facilitate collusion by automating collusive behaviour and, thus, accelerating it technically. For example, they can stabilise collusion by collecting information on competitors' prices and sanctioning deviations from collusive market outcomes more quickly. The use of price algorithms can also make explicit agreements or agreements restricting competition unnecessary. Lastly, in the case of self-learning algorithms, the relevant business decision is already made at the time of the decision regarding the price algorithm and is not made in the price-setting process.

The discovery of collusive behaviour of companies by competition authorities is generally difficult. This holds true for the determination of concerted practices as such. These difficulties tend to increase when price algorithms are used. This also concerns the proof of potentially excessive prices.

Therefore, markets should be monitored for collusive risks. In particular, the Monopolies Commission considers it necessary to strengthen market monitoring through competition sector inquiries. As information on possibly collusive excessive pricing is most likely to emerge through consumer associations, the Monopolies Commission recommends that consumer associations receive a right to initiate competition sector inquiries. Where the competition authorities reject the application, they would have to provide detailed reasons for their decision. If, in the context of market observation, concrete indications were to arise that the use of price algorithms favours collusive market results to a considerable extent and that the enforcement of the competition rules is insufficient, a reversal of the burden of proof with regard to the damage caused by an infringement of competition law could be considered. In that way, the liability for financial losses which the collusive use of price algorithms can entail could, in case of doubt, be assigned to the users of such algorithms.

Finally, price algorithms are often not designed by the companies themselves but are provided by IT service providers with special expertise. Whether such a third party is liable for violations of competition law typically depends on the responsibility of the companies using the price algorithm. This means that IT service providers can either be subject to particularly far-reaching liability or, conversely, benefit from liability gaps, depending on whether the decision on the design of the price algorithm in question lies more with the user or with the respective IT service provider. The liability of such third parties should be generally reviewed.

.

Einleitung

164. In der digitalen Wirtschaft gewinnen die Analyse und die wirtschaftliche Nutzung großer Datenmengen („Big Data") zunehmend an Bedeutung.[1] Die dazu verwendeten Instrumente werden schlagwortartig unter dem Begriff „Algorithmen" zusammengefasst. Derartige Algorithmen werden unter anderem zur Preisfindung eingesetzt (Preisalgorithmen).

165. Die Verwendung von Algorithmen – einschließlich Preisalgorithmen – ist für die Marktteilnehmer mit wirtschaftlichen Vorteilen verbunden. Auf Unternehmensseite werden Algorithmen unter anderem bei der Optimierung von Preisen und Mengen eingesetzt. Beispielsweise werden in der Luftverkehrs- und Hotelbranche Preisalgorithmen verwendet, um Preise für Sitzplätze bzw. Hotelübernachtungen dynamisch den sich ändernden Marktgegebenheiten anzupassen. Auch im E-Commerce-Bereich nutzt ein erheblicher Teil der Onlinehändler Softwarelösungen, um die Preise von Wettbewerbern zu beobachten und die eigenen Preise entsprechend anzupassen.[2] Zudem werden Algorithmen eingesetzt, um die Qualität von Produkten und Dienstleistungen wie Suchergebnissen oder personalisierten Produktempfehlungen zu verbessern.

166. Verbraucher können durch die Verwendung von Algorithmen direkt und indirekt profitieren, indem z. B. Such- und Transaktionskosten gesenkt werden. Vergleichsportale ermöglichen es beispielsweise, eine Vielzahl von Produkten und Dienstleistungen zu vergleichen und daraus das beste Angebot auszuwählen. Gleichzeitig können mögliche Informationsasymmetrien zwischen Unternehmen und Kunden sowie zwischen Kundengruppen abgebaut werden, was es Unternehmen erschwert, zwischen Kunden zu diskriminieren. Die größere Markttransparenz kann zudem dazu führen, dass sich der Wettbewerb zwischen Unternehmen intensiviert, wovon indirekt wiederum die Verbraucher profitieren.

167. Demgegenüber sind allerdings auch Bedenken geäußert worden. Diese beziehen sich darauf, dass die Verwendung von Preisalgorithmen das Risiko einer ökonomisch unerwünschten parallelen Preissetzung (Kollusion) erhöhen kann. Dabei kann die Kollusion zwar im Rahmen von Verstößen gegen die Wettbewerbsregeln erfolgen, doch können die Beteiligten dasselbe Ergebnis unter Umständen auch ohne einen solchen Verstoß erreichen, z. B. wenn sie die von IT-Dienstleistern bereitgestellten Preisalgorithmen ohne eine explizite Absprache auf einheitliche Weise verwenden. Damit besteht Anlass zur Prüfung, ob vom Markt selbst entwickelte Gegenmaßnahmen genügen oder ob zusätzliche regulatorische Maßnahmen erforderlich sind, um der erhöhten Kollusionsgefahr zu begegnen. Dieser Frage wird im vorliegenden Abschnitt nachgegangen.

168. Im Folgenden wird zunächst knapp die Funktionsweise von Preisalgorithmen umrissen (Abschn. 2). Anschließend wird erläutert, in welcher Hinsicht der Einsatz von Algorithmen das Risiko von Kollusion erhöht (Abschn. 3). Auf dieser Grundlage wird sodann erörtert, in welchem Umfang marktbasierte Lösungen zur Verminderung der bestehenden Kollusionsrisiken zu erwarten sind (Abschn. 3.2.3) bzw. ob und inwiefern eine Weiterentwicklung des Rechtsrahmens geboten erscheint (Abschn. 4).

2 Merkmale von Preisalgorithmen

169. Algorithmen sind Anweisungen in Form von Programmcode, mit denen bestimmte Probleme gelöst werden können. Die algorithmische Preisfindung erfolgt innerhalb eines mehr oder minder komplexen Systems, in dem einer oder mehrere Algorithmen zugleich eingesetzt werden können. Die Algorithmen bilden dabei jeweils Eingabewerte in deterministisch oder probabilistisch ermittelten Ausgabewerten ab. Deterministisch heißt, dass die Eingabewerte in den Ausgabewerten nach eindeutigen Vorgaben abgebildet werden (Wahr-falsch-Beziehung), wogegen eine probabilistische Abbildung auch Wahrscheinlichkeiten berücksichtigt. Preisalgorithmen ermöglichen somit eine mehr oder weniger re-

---

[1] Siehe Autorité de la concurrence/Bundeskartellamt, Competition Law and Data, 10. Mai 2016; JFTC, CPRC, Report of Study group on Data and Competition Policy, 6. Juni 2017; Competition Bureau, Big data and innovation: key themes for competition policy in Canada, Report vom 19. Februar 2018; sowie dasselbe, Big data and Innovation: Implications for Competition Policy in Canada, Draft Discussion Paper vom 18. September 2017, zur wettbewerbsökonomischen Beurteilung von Big Data.

[2] EU-Kommission, Staff Working Document accompanying the Final Report on the E-commerce Sector Inquiry, document SWD (2017) 154 final vom 10. Mai 2017, Tz. 149.

gelbasierte Preisfindung. Dazu ist eine vorab definierte Zielfunktion nötig, die die eingegebenen Daten nach Maßgabe vorgegebener oder ausgeschlossener Regeln auswertet.

170. Derzeit werden zur Preissetzung vorrangig statische und seltener dynamische Algorithmen eingesetzt. Algorithmen sind statisch, wenn sie für die Ausführung einzelner Aufgaben einem durch die Funktion vorbestimmten Ablaufplan folgen, der nach seiner Erstellung nicht mehr verändert wird. Bei dynamischen Algorithmen ist der Ablaufplan veränderlich. Die Grenze zwischen Eingangsparametern und Funktion ist allerdings fließend. Algorithmen können also, abhängig von den ihnen eingeräumten Handlungsspielräumen, die vorab festgelegten Abläufe weiterentwickeln bzw. vollständig umgehen und ihnen nicht explizit vorgegebene Parameter nutzen. Darüber hinaus sind die Ablaufpläne bei selbstlernenden Preisalgorithmen nicht nur veränderlich, sondern für Menschen auch nicht notwendigerweise interpretierbar. Solche Algorithmen decken Muster in Daten auf und finden selbstständig Lösungen, anstatt lediglich vorprogrammierten Regeln zu folgen. Insbesondere selbstlernende Algorithmen können folglich andere Regeln entwickeln, mit denen dasselbe oder ein besseres Ergebnis erzielt wird.[3]

171. Ein effektiver Ausschluss bestimmter Regeln ist je nach Algorithmus folglich schwierig oder gar nicht möglich. Ein Programmcode kann zudem so verändert werden, dass kein praktikabler Weg besteht, um den Code und damit den Lösungsweg nachzuvollziehen (sog. „obfuscation"). Das ist im hier interessierenden Kontext z. B. der Fall, wenn in einem Kartell eingesetzte Preisalgorithmen so programmiert werden, dass die Preissetzung der Beteiligten autonom erscheint und so der Nachweis eines abgestimmten Verhaltens erschwert wird. Das kann dazu führen, dass der Nachweis eines Kartells kaum und nur mit ganz erheblichem Aufwand zu führen ist.

3 Algorithmen und Kollusion

172. Vor dem Hintergrund der vielen Vorteile, die für die Wirtschaftsakteure mit der Verwendung moderner Algorithmen verbunden sind, werden zunehmend auch potenzielle Nachteile dieser neuen Technologie diskutiert. Wettbewerbshindernde Effekte durch den Einsatz moderner Algorithmen werden derzeit insbesondere im Zusammenhang mit Kollusion erwartet.[4]

3.1 Was ist Kollusion? (Ökonomische Grundlagen)

173. In der Ökonomie wird unter Kollusion typischerweise ein Marktergebnis verstanden, bei dem Wettbewerber durch eine Form von Koordinierung höhere Gewinne als im Wettbewerb erzielen, indem etwa Preise oder Mengen koordiniert werden.[5] Ein solches Verhalten geht zulasten der Verbraucher, weil sie z. B. höhere Preise zahlen müssen. Auch gesamtgesellschaftlich ist Kollusion unerwünscht, da der Rückgang der Verbraucherrente typischerweise höher ausfällt als die zusätzlichen Gewinne der Unternehmen.

174. Unterschieden werden zwei Arten von Kollusion. Bei der expliziten Kollusion kommt es zu einer direkten Form von Kommunikation der Wettbewerber miteinander – z. B. in schriftlicher oder mündlicher Form. Bei der impliziten Kollu-

---

[3] Der Einsatz selbstlernender Algorithmen ist ein Merkmal der sog. Künstlichen Intelligenz (KI); siehe dazu OECD (2017), Algorithms and Collusion: Competition Policy in the Digital Age, S. 8 ff., www.oecd.org/competition/algorithms-collusion-competition-policy-in-the-digital-age.htm, Abruf am 29. März 2018. Die Verbesserungspotenziale von selbstlernenden Algorithmen schließen nicht aus, dass eine fehlerhafte Konfiguration auch zu unklaren Verantwortlichkeiten beitragen kann; vgl. hierzu z. B. BITKOM e. V./DFKI, Entscheidungsunterstützung mit Künstlicher Intelligenz, 2017, S. 89 f., https://www.uni-kassel.de/fb07/fileadmin/datas/fb07/5-Institute/IWR/Hornung/170901-KI-Gipfelpapier-online.pdf, Abruf am 16. April 2018.

[4] OECD, a. a. O.; Ezrachi, A./Stucke, M. E., Virtual Competition, The Promise and Perils of the Algorithm-Driven Economy, Cambridge, Massachusetts 2016; Käseberg, T./von Kalben, J., Herausforderungen der Künstlichen Intelligenz für die Wettbewerbspolitik, Wirtschaft und Wettbewerb vom 5. Januar 2018, S. 2–8; Gal, M. S./Elkin-Koren, N., Algorithmic Consumers, Harvard Journal of Law and Technology, 2017.

[5] Neben Preisen und Mengen können im Rahmen von Kollusion z. B. auch Märkte etwa nach geografischen Merkmalen oder Kundengruppen aufgeteilt werden. Ivaldi, M. u. a. The Economics of Tacit Collusion, Final Report for DG Competition, European Commission, 2003, S. 58. http://ec.europa.eu/competition/mergers/studies_reports/the_economics_of_tacit_collusion_en.pdf, Abruf am 23. März 2018.

sion gleichen die Beteiligten ihr Verhalten einander ohne direkte Kommunikation an.[6] Beide Arten der Kollusion sind in vergleichbarer Weise wohlfahrtsschädigend.

175. Trotz der Aussicht auf höhere Gewinne ist Kollusion eher selten, da insbesondere explizite Kollusion in der Regel kartellrechtlich verboten ist. Hinzu kommt, dass die Unternehmen bei allen Kollusionsformen grundsätzlich ein Koordinierungsproblem haben. Unabhängig davon, ob eine explizite oder implizite Form von Kollusion angestrebt wird, muss eine Reihe von Voraussetzungen gegeben sein, damit Unternehmen das Koordinierungsproblem lösen und ihr Verhalten aufeinander abstimmen können.[7]

176. Erstens müssen Wettbewerber ein einheitliches Verständnis darüber haben, zu welchen Bedingungen (z. B. Preise und Mengen) sie ihre Güter am Markt anbieten wollen. Diese Bedingungen müssen so ausgestaltet werden, dass alle beteiligten Unternehmen bessergestellt werden als ohne Kollusion. Zweitens müssen potenzielle Abweichungen von dem vereinbarten Kollusionsziel beobachtbar sein. Wenn Abweichungen nicht zeitnah und mit ausreichender Sicherheit erkannt werden können, bestünde aus Sicht eines einzelnen Unternehmens ein Anreiz, vom Kollusionsergebnis abzuweichen, um den eigenen Gewinn zu maximieren. Drittens braucht es eine glaubhafte Androhung von Vergeltungsmaßnahmen gegenüber Abweichlern. Unter Vergeltungsmaßnahmen sind in diesem Zusammenhang Reaktionen der übrigen Unternehmen gemeint. Eine solche kann z. B. in einer Rückkehr zu Wettbewerbspreisen bestehen, wodurch mögliche Gewinne aus einem Abweichen vom Kollusionsergebnis verloren gingen. Ohne Vergeltungsmaßnahmen bliebe ein etwaiges Abweichen ohne Konsequenzen.

177. Zudem ist Kollusion nicht auf allen Märkten gleich wahrscheinlich. Die ökonomische Literatur hat eine Reihe von Faktoren identifiziert, die die Möglichkeit von Kollusion beeinflussen können. Diese Faktoren lassen sich grob den Kategorien (i) Marktstruktur (z. B. Anzahl der Wettbewerber, Markteintrittsbarrieren, Häufigkeit, mit der Unternehmen interagieren, und Markttransparenz), (ii) Eigenschaften der Nachfrageseite (Entwicklung der Nachfrage, Nachfrageschwankungen und -zyklen) und (iii) Eigenschaften der Angebotsseite (Grad der Produktdifferenzierung, Symmetrie der Unternehmen z. B. mit Blick auf Kostenstrukturen und Produktionskapazitäten, Häufigkeit von Innovationen) zuordnen.[8]

3.2 Einfluss von Algorithmen auf Kollusion

178. Mit Blick auf die zunehmende Verwendung von Preisalgorithmen stellt sich die Frage, inwieweit kollusive Marktergebnisse tatsächlich wahrscheinlicher werden. Dazu soll zunächst der Einfluss von Algorithmen auf bestimmte Markteigenschaften, die Kollusion begünstigen können, diskutiert werden (Abschn. 3.2.1). Danach werden verschiedene Kollusionsszenarien betrachtet, in denen Algorithmen eine Rolle spielen könnten (Abschn. 3.2.2). Abschließend wird dargestellt, welchen Einfluss die Verwendung von Algorithmen auf der Nachfrageseite auf das Entstehen von Kollusion auf der Anbieterseite haben kann (Abschn. 3.2.3).

3.2.1 Algorithmen können Kollusion begünstigen

179. Die Wahrscheinlichkeit von Kollusion wird durch eine Reihe verschiedener Faktoren beeinflusst. Nicht alle diese Faktoren werden durch Algorithmen in gleicher Weise verändert. Ein eher großer Einfluss von Algorithmen ist auf die beiden strukturellen Faktoren Häufigkeit von Preisanpassungen und Markttransparenz zu erwarten.

180. Kollusion ist leichter auf Märkten aufrechtzuerhalten, auf denen häufiger Interaktionen stattfinden, weil Abweichungen von der Kollusion schneller entdeckt und sanktioniert werden können.[9] In ähnlicher Weise erleichtern Märkte,

---

[6] Da es für implizite Kollusion keiner Kommunikation bedarf, wird der Begriff „Kollusion" in diesem Zusammenhang mitunter als irreführend empfunden. Einige Autoren schlagen daher vor, stattdessen von impliziter Koordinierung zu sprechen. Ivaldi, M. u. a., a. a. O., S. 4 (Fn. 2). Die Monopolkommission verwendet hier den gebräuchlicheren Begriff der impliziten Kollusion.

[7] Stigler, G. J., A Theory of Oligopoly, The Journal of Political Economy, Vol. 72, Issue 1, 1964, S. 44–61.

[8] Ivaldi, M. u. a., a. a. O.

[9] Daher kann es beispielsweise sinnvoll sein, Auktionen und andere Vergabeverfahren eher selten durchzuführen. Häufig stattfindende Vergabeverfahren erleichtern es den beteiligten Unternehmen, die Einhaltung von Absprachen, z. B. hinsichtlich des Biet-

auf denen Unternehmen ihre Preise häufig anpassen können, Kollusion. Häufige Preisanpassungen erlauben es den Unternehmen, schneller auf mögliche Abweichungen zu reagieren, was wiederum Anreize zu abweichendem Verhalten mindert. Besonders auf digitalen Märkten können Algorithmen eingesetzt werden, um Preise sehr schnell den jeweiligen Marktbedingungen dynamisch anzupassen. Damit können Unternehmen in Echtzeit auf mögliche Abweichungen reagieren bzw. diese sogar antizipieren. Die relativ hohe Geschwindigkeit, mit der reagiert werden kann, verhindert, dass Abweichungen zumindest kurzfristig profitabel sein können, da sie rasch identifiziert werden können.[10]

181. Eine hohe Markttransparenz kann die Wahrscheinlichkeit von Kollusion erhöhen.[11] Um auf mögliche Abweichungen reagieren zu können, ist es erforderlich, dass diese zeitnah erkennbar sind. Transparente Märkte, auf denen das Verhalten anderer Unternehmen leicht zu beobachten ist, machen daher Abweichungen unattraktiver. Durch die Verwendung von Algorithmen kann die Transparenz von Märkten zusätzlich ansteigen, weil sie in der Lage sind, auch aus sehr großen Datenmengen Informationen zu gewinnen, die mit herkömmlichen Methoden nicht zu erlangen wären. Auch ist es möglich, durch Algorithmen verlässlicher zwischen absichtlichen Abweichungen von der Kollusion und marktbedingten Anpassungen (z.B. an Nachfrageschwankungen), die keine Sanktionierung durch die anderen Unternehmen nach sich ziehen würden, zu unterscheiden.[12]

182. Hinzu kommt, dass weitere Einflussfaktoren, wie die Anzahl der Marktteilnehmer, die Möglichkeit des Zustandekommens von Kollusion beeinflussen. Beispielsweise erschwert eine größere Anzahl an beteiligten Unternehmen Kollusion, weil es aufwendiger wird, Absprachen zu treffen und deren Einhaltung zu überwachen. Kollusion ist daher traditionell insbesondere in relativ konzentrierten Märkten zu erwarten.[13] Durch die Möglichkeit, mithilfe von Algorithmen auch große Datenmengen schnell auszuwerten, wird es leichter, das Verhalten einer größeren Anzahl an Unternehmen zu koordinieren und zu überwachen. Kollusion wird mit dem Einsatz von Algorithmen daher auch auf weniger stark konzentrierten Märkten möglich.

183. Bei anderen für Kollusion wichtigen Faktoren ist derzeit weniger klar zu erkennen, was sich durch den Einsatz von Algorithmen verändern könnte. Beispielsweise ist nicht eindeutig zu beantworten, wie (Preis-)Algorithmen den Eintritt neuer Anbieter in einem Markt beeinflussen. Im Allgemeinen erschweren niedrige Markteintrittsbarrieren Kollusion, weil sich neue Anbieter entweder nicht an der Kollusion beteiligen oder sich die Anzahl der beteiligten Unternehmen und damit der Koordinierungsaufwand erhöht. Durch Algorithmen könnten Markteintrittsbarrieren einerseits sinken, wenn die Chancen und Risiken eines Markteintritts besser bewertet werden können. Andererseits ist denkbar, dass durch Algorithmen Markteintritte auch erschwert werden, wenn diese von etablierten Anbietern mithilfe von Algorithmen schneller erkannt und abgewehrt werden können.[14]

3.2.2 Die Rolle von Algorithmen bei Kollusion

3.2.2.1 Algorithmen als Instrument

184. Eine naheliegende und bereits heute zu beobachtende Rolle von Algorithmen in Kollusionsszenarien ist die eines Instruments, mit dem vorgelagerte wirtschaftliche Entscheidungen der Verwender des Algorithmus technisch umgesetzt

---

verhaltens, zu beobachten und bei Abweichungen schneller zu reagieren. Dadurch sinken die Anreize, sich nicht an die Absprache zu halten, weil die Vorteile aus einer Abweichung schneller verloren gehen. Ivaldi u. a., a. a. O., S. 19 ff.

[10] BKartA/Autorité de la concurrence, Competition Law and Data, Gemeinsames Arbeitspapier vom 10. Mai 2016, S. 14 f. https://www.bundeskartellamt.de/SharedDocs/Publikation/DE/Berichte/Big%20Data%20Papier.pdf?__blob=publicationFile&v=2, Abruf am 19. April 2018.

[11] Ivaldi u. a., a. a. O., S. 22 ff.

[12] OECD, a. a. O., S. 22.

[13] Gemessen an den zwischen den Jahren 2001 und 2015 von der Europäischen Kommission aufgedeckten Kartellen in der EU bestanden Kartelle im Durchschnitt aus sieben Unternehmen. Hellwig, M./Hüschelrath, K., Cartel Cases and the Cartel Enforcement Process in the European Union 2001 – 2015: A Quantitative Assessment, ZEW Discussion Paper No. 16-063 vom September 2016.

[14] OECD, a. a. O., S. 21.

werden. Hierzu gehört die Durchführung abgesprochener Preisanpassungen ebenso wie das Überwachen von Vereinbarungen. Auch das Signalisieren von Kollusionsabsichten lässt sich durch Algorithmen automatisieren.

185. In der auch als „Messenger-Szenario" bekannten Situation fungieren Algorithmen als Instrument, mit dessen Hilfe zuvor getroffene Absprachen im Rahmen expliziter Kollusion umgesetzt werden. Beispielhaft zu nennen sind hier die Verfahren des US-amerikanische Department of Justice (DoJ) und der Competition & Markets Authority (CMA) des Vereinigten Königreichs in Bezug auf den Vertrieb von Postern über den Amazon Marketplace.[15] Die beteiligten Unternehmen hatten sich zunächst per E-Mail darauf verständigt, sich nicht länger gegenseitig zu unterbieten. Nachdem sich eine manuelle Anpassung der Preise als zu aufwendig erwiesen hatte, setzten beide Unternehmen (unterschiedliche) Repricing-Software ein.[16] Diese Software erlaubt es unter anderem, die Preise der Wettbewerber zu beobachten und die eigenen Preise dynamisch denen der Wettbewerber anzupassen. In diesem Fall wurde die Software so eingestellt, dass die Produkte solange zum selben Preis angeboten wurden, wie kein dritter (unbeteiligter) Händler mit einem niedrigeren Preis am Markt aktiv war.

186. Zusätzlich zur Implementierung von Absprachen lassen sich Algorithmen auch dazu nutzen, die Einhaltung von Absprachen zu überwachen und, falls nötig, Abweichungen zu sanktionieren.[17] In dieser Funktion lassen sich Algorithmen grundsätzlich sowohl bei Szenarien mit expliziter Kollusion als auch impliziter Kollusion einsetzen. In dem oben genannten Beispiel müsste die Repricing-Software lediglich so konfiguriert werden, dass Preise der beteiligten Unternehmen unterhalb des vereinbarten Niveaus automatisch unterboten würden. Die Sanktionierung bestünde in dem Fall in der Rückkehr zu einem wettbewerblichen Preissetzungsverhalten.

187. Eine Methode, mit der Unternehmen das Koordinationsproblem lösen können, ohne direkt miteinander zu kommunizieren, ist das sog. Signalling. Ein solches Signalling kann auf Basis einer Absprache oder im Rahmen eines selbstständigen Verhaltens nebeneinander erfolgen. Unternehmen können ihre Bereitschaft für Kollusion signalisieren, indem sie unilateral ihre Preise zumindest kurzzeitig erhöhen. Andere Unternehmen können dann darauf reagieren, indem sie ebenfalls ihre Preise anheben, wobei die erste Preiserhöhung als gemeinsamer Orientierungspunkt fungiert. Eine solche Strategie birgt das Risiko, dass die Wettbewerber auf eine eigene Preisanhebung verzichten. In so einem Fall entstehen dem Unternehmen aufgrund der einseitigen Preiserhöhung Kosten in Form entgangener Umsätze.

188. Das Signalisieren einer Kollusionsbereitschaft und das Setzen von Orientierungspunkten können durch entsprechend programmierte Algorithmen ausgeführt werden. Andere Unternehmen, die ebenfalls Algorithmen nutzen, können diese Signale beobachten und ihre Preise entsprechend anpassen. Da dieser Prozess durch Algorithmen wesentlich schneller ablaufen kann als zuvor, können die Kosten des Signalling in Form entgangener Umsätze deutlich reduziert werden. Damit dürfte es durch die Nutzung von Algorithmen öfter zum Signalisieren einer Kollusionsbereitschaft und damit letztlich zu Kollusion selbst kommen.

3.2.2.2 Kollusion durch Nutzung desselben Algorithmus

189. Kollusive Marktergebnisse können sich auch in Szenarien ergeben, in denen es zu einer Angleichung von Verhaltensweisen von Unternehmen kommt, die ähnliche Algorithmen oder gar denselben Algorithmus verwenden.

190. Viele Märkte zeichnen sich durch eine Dynamik aus, die es erforderlich macht, dass Unternehmen ihr Verhalten laufend sich ändernden Gegebenheiten anpassen müssen. Wie eingangs bereits dargestellt, ist es in zahlreichen Branchen wie dem Hotelgewerbe und der Luftfahrt inzwischen üblich, Preise dynamisch dem Marktgeschehen anzupassen, was in vielen Fällen ein wettbewerbliches Preissetzungsverhalten der Unternehmen widerspiegeln dürfte. Gleichzeitig erschwert die Dynamik solcher Märkte Kollusion, weil Unternehmen ihre Preisanpassungen öfter koordinieren müssten.

---

[15] DoJ, Plea Agreement vom 30. April 2015, Case U.S. v. David Topkins; DoJ, Plea Agreement vom 11. August 2016, Case U.S. v. Daniel William Aston and Trod Limited; CMA, Case 50223 – Online sales of posters and frames, Entscheidung vom 12. August 2016.

[16] CMA, Case 50223 – Online sales of posters and frames, Entscheidung vom 12. August 2016, S. 25 (Rn. 3.62 f.).

[17] EU-Kommission, Staff Working Document accompanying the Final Report on the E-commerce Sector Inquiry, document SWD(2017) 154 final vom 10. Mai 2017, para. 608; zum Begriff der „monitoring algorithms" OECD, a. a. O., S. 26 f.

Durch die Verwendung desselben Algorithmus könnten Unternehmen ihre Verhaltensweisen zum Zwecke der Kollusion abstimmen und automatisch sich verändernden Marktgegebenheiten anpassen lassen.

191. Eine Variante dieses Szenarios stellt die Verwendung von Algorithmen in sog. Stern- oder Hub-and-Spoke-Kartellen dar. Diese zeichnen sich dadurch aus, dass nicht (nur) Wettbewerber auf der gleichen Wertschöpfungsstufe ihr Verhalten horizontal angleichen, sondern dass dieses Verhalten durch einen zentralen Akteur (Hub) gegenüber mehreren Unternehmen (Spokes) organisiert wird. In so einer Konstellation können dieselben oder ähnliche Algorithmen verwendet werden, um dafür zu sorgen, dass die Beteiligten ihr Verhalten einander angleichen.[18]

192. In der Internetökonomie kann dieses Szenario insbesondere in Bezug auf Plattformen relevant werden, die als Transaktionsplattformen für zwei oder mehr Nutzergruppen fungieren und zudem die Preise für diese Transaktionen bestimmen. Ein aktuelles Beispiel hierfür ist das Geschäftsmodell von Uber. Uber vermittelt auf seiner Plattform unter anderem Fahrdienstleistungen an Fahrgäste, die von Privatpersonen mit ihren eigenen Fahrzeugen erbracht werden.[19] Die Fahrer agieren als selbstständige Vertragspartner gegenüber Uber, womit kein Angestelltenverhältnis zur Vermittlungsplattform vorliegt. Der Fahrtpreis wird durch Uber mithilfe eines Preisalgorithmus festgelegt, der von allen Fahrern verwendet wird. Dabei werden neben der Fahrzeugklasse und der zurückzulegenden Distanz auch Nachfrageschwankungen in Echtzeit berücksichtigt und die Preise dynamisch angepasst (sog. „Surge Pricing").[20] Ein Preiswettbewerb zwischen den eigentlich selbstständigen Fahrern ist damit praktisch nicht mehr möglich, da der Preis für alle Fahrer über dieselbe Software gesteuert wird.

193. In dieser Konstellation agiert Uber als Hub und die einzelnen Fahrer als Spokes.[21] Sofern eine Plattform (Uber) bzw. Anbieter (Fahrer) über einen marktmachtbedingten Verhaltensspielraum verfügen, könnte bzw. könnten sie diesen nutzen, um überhöhte Preise zu verlangen.[22] Dies dürfte auf dem Markt für Fahrdienste eher unwahrscheinlich sein, solange klassische Taxis ein enges Substitut für Uber-Fahrten darstellen. Typischerweise unterbieten Uber-Fahrer derzeit die (regulierten) Preise der Taxi-Konkurrenz. Dort, wo Taxis z. B. aus Qualitätsgründen einen Wettbewerbsnachteil gegenüber Uber-Fahrern haben, kosten Uber-Fahrten jedoch bereits heute mehr als klassische Taxifahrten.[23]

194. Dessen ungeachtet deutet das Beispiel an, welche Auswirkung derartige algorithmenbasierte Preissetzungssysteme mit Blick auf eine koordinierte Preisgestaltung haben können. Dadurch, dass unabhängige Wettbewerber ihre Preissetzung einer Plattform überlassen, die Preise einheitlich auf Basis der ihr zur Verfügung stehenden Daten optimiert, kann es dazu kommen, dass eigentlich unabhängige Unternehmen ihre Preise aneinander gegebenenfalls branchenweit angleichen.[24]

3.2.3 Zur Wirkung nachfrageseitiger Algorithmen

195. Angesichts der potenziellen Gefahr algorithmischer Kollusion stellt sich die Frage, ob der Markt selbst Lösungen entwickelt, um dieser Gefahr zu begegnen. Von einigen Autoren wird die Position vertreten, dass Verbraucher selbst Algorithmen einsetzen könnten, um die negativen Auswirkungen von Kollusion zumindest teilweise auszugleichen.[25]

---

[18] Ezrachi, A./Stucke, M. E., a. a. O., S. 46 ff; Käseberg, T./von Kalben, J., a. a. O., S. 4.

[19] Vgl. für eine ausführliche Diskussion Monopolkommission, XXI. Hauptgutachten, Wettbewerb 2016, Baden-Baden 2016, Tz. 1242 ff.

[20] https://www.uber.com/de/drive/partner-app/how-surge-works/; Abruf am 28. März 2018.

[21] United States District Court Southern District of New York (S.D.N.Y.), Case Meyer v. Kalanick vom 31. März 2016. Ezrachi, A./Stucke, M. E., a. a. O., S. 50 ff. Kritisch auch Monopolkommission, XXI. Hauptgutachten, Wettbewerb 2016, Baden-Baden 2016, Tz. 1279.

[22] Ezrachi, A./Stucke, M. E., a. a. O., S. 55.

[23] The Economist, Where Uber costs more than a cab, 24. März 2018.

[24] OECD, Algorithmic Collusion: Problems and Counter-Measures – Note by A. Ezrachi & M. Stucke vom 31. Mai 2017, S. 10.

[25] Gal, M. S./Elkin-Koren, N., Algorithmic Consumers, Harvard Journal of Law and Technology, 2017; siehe auch OECD, Directorate for financial and enterprise affairs – Competition Committee, Algorithms and Collusion – Note from the European Union, 21.–23. Juni 2017, DAF/COMP/WD(2017)12, Tz. 31.

Unter dem Stichwort „Algorithmic Consumers" wird diskutiert, dass Algorithmen für Verbraucher Preise beobachten und deren Entwicklung vorhersagen könnten, um sie so bei Kaufentscheidungen zu beraten. Bereits heute unterstützen digitale persönliche Assistenten Verbraucher im Alltag, indem sie aktuelle Informationen (z. B. zu Verkehrslage oder Wetter) bereitstellen und Bestellungen entgegennehmen.[26] Es wird erwartet, dass Algorithmen zukünftig vermehrt Entscheidungen für Verbraucher treffen und Käufe autonom tätigen werden. Entscheidungsprozesse werden so schneller und effizienter gestaltet als bisher.

196. Mit Blick auf das Problem der algorithmenbasierten Kollusion könnten Verbraucher ihrerseits Algorithmen einsetzen, um überhöhten Preisen auszuweichen oder ihre Nachfragemacht zu bündeln. In beiden Fällen würde die Durchsetzung höherer Preise für die Angebotsseite erschwert werden. Die Effektivität solcher marktbasierten Lösungen erscheint aus heutiger Sicht zumindest fraglich. Im Endeffekt ginge es darum, welche Seite Zugang zu besseren Daten und Algorithmen besäße. Bei so einem Wettrennen zwischen Käufern und Verkäufern wären die Händler im Zweifelsfall in der besseren Position. Auch erscheint eine nachfrageseitige Koordinierung schwierig, weil die Anzahl der Verbraucher in der Regel deutlich höher ist als die der Unternehmen in einem oligopolistischen Markt. Zudem besteht die Gefahr, dass solche marktgetriebenen Lösungen zu spät oder möglicherweise gar nicht am Markt entstehen.

3.3 Zwischenfazit

197. Es lässt sich festhalten, dass der Einfluss von Algorithmen auf die Wahrscheinlichkeit eines kollusiven Marktergebnisses stark von den jeweiligen strukturellen Eigenschaften eines Marktes sowie weiteren angebots- und nachfrageseitigen Faktoren abhängt. Je nachdem, wie diese Faktoren ausgestaltet sind, können Algorithmen im Einzelfall als weiteres Element Kollusion begünstigen. Verlässliche Aussagen dazu, ob es zukünftig öfter zu Kollusion kommen wird, lassen sich aus heutiger Sicht nicht machen. Letztendlich wird Kollusion auch weiterhin vorrangig auf Märkten zu erwarten sein, die entsprechende Voraussetzungen dafür bieten. Hierzu zählen unter anderem hohe Markteintrittshürden, eine eher geringe Anzahl an Unternehmen und eine hohe Markttransparenz.

198. Insbesondere in datenintensiven Wirtschaftsbereichen wie der Internetwirtschaft kann die Verwendung von Algorithmen Kollusion erleichtern, indem kollusives Verhalten automatisiert und damit technisch beschleunigt wird. Beispielsweise können Algorithmen so gestaltet werden, dass sie durch Preisanpassungen Signale an Wettbewerber zur Preiserhöhung geben. Auch können Algorithmen helfen, Kollusion zu stabilisieren, indem Informationen über die Preise der Wettbewerber gesammelt und Abweichungen vom kollusiven Marktergebnis schneller sanktioniert werden.

199. Die Verwendung von Algorithmen könnte zudem Auswirkungen auf die Art der Kollusion haben. Es ist nicht auszuschließen, dass speziell implizite Kollusion zukünftig häufiger auftreten könnte, weil durch Algorithmen die Notwendigkeit expliziter Absprachen zwischen Unternehmen sinkt. So könnte es auf Märkten, auf denen Kollusion ohne Algorithmen nur mithilfe expliziter Absprachen zu erreichen war, häufiger zu impliziter Kollusion kommen. Explizite Kollusion würde in diesen Fällen also durch algorithmenbasierte implizite Kollusion ersetzt werden und dadurch seltener auftreten. Da es aber auch einen gegenläufigen Effekt gibt – explizite Kollusion wird durch Algorithmen erleichtert – ist der Gesamteffekt in Bezug auf das Auftreten expliziter Kollusion unklar.

4 Weiterentwicklung des Rechtsrahmens

4.1 Einführung

200. Die Wettbewerbsregeln (Art. 101 f. AEUV) enthalten kein allgemeines Verbot der Kollusion.[27] Dies gilt zumindest dann, wenn Kollusion als Marktergebnis verstanden wird.[28] Ein allgemeines Verbot kollusiver Marktergebnisse wäre nur

---

[26] Beispiele für solche Assistenten sind Alexa von Amazon, Cortana von Microsoft, Google Assistant und Siri von Apple.

[27] Siehe im deutschen Recht auch §§ 1 ff. GWB.

[28] Siehe oben Tz. 173 ff.; außerdem EU-Kommission, Leitlinien zur Anwendbarkeit von Artikel 101 des Vertrags über die Arbeitsweise der Europäischen Union auf Vereinbarungen über horizontale Zusammenarbeit (Horizontal-Leitlinien), ABl. C 11 vom 14. Januar 2011, S. 1, Tz. 65 ff.

schwer durchsetzbar, weil offenbliebe, wer dafür rechtlich verantwortlich ist, dieses Marktergebnis entweder zu vermeiden oder dafür einzustehen. Um eine solche Verantwortlichkeit festzulegen, knüpfen die Wettbewerbsregeln stets an ein von den Marktteilnehmern beherrschbares und wettbewerbsbeschränkendes Marktverhalten an. Soweit es um die Preissetzung geht, ist das Marktverhalten nach der Rechtsprechung des EuGH wettbewerbsbeschränkend, wenn die beteiligten Unternehmen

> „durch ihre Handlungsweise bei den Preisen [...] Wettbewerbsbedingungen des Marktes aus[schalten], die einem einheitlichen Parallelverhalten entgegen[stehen]"[29].

Dagegen reicht es für die Annahme eines wettbewerbsbeschränkenden Verhaltens im Rechtssinne noch nicht aus, dass sich ein Parallelverhalten als solches (d. h. ein gleichartiges Marktverhalten) feststellen lässt.[30] Das gilt ungeachtet der Tatsache, dass das Parallelverhalten möglicherweise zu gleichen Preisen und damit zu einem kollusiven Marktergebnis führt.

201. Die Wettbewerbsregeln sind auch dann zu beachten, wenn die Preissetzung algorithmusbasiert erfolgt und wenn dies seinerseits zu einem kollusiven Marktergebnis beitragen kann. Dabei kommt es nicht darauf an, ob sich die Kollusion durch den parallelen Einsatz statischer oder dynamischer Algorithmen ergibt oder ob der Algorithmus sogar selbstlernend ist und sich somit autonom dem Marktumfeld anpasst. Es kommt auch nicht darauf an, dass der Einsatz von Preisalgorithmen mit vorteilhaften ökonomischen Effekten einhergehen kann. Solche Effekte lassen sich im Rahmen der Wettbewerbsregeln berücksichtigen.

202. Bei der Anwendung der Wettbewerbsregeln ist allerdings zwei Herausforderungen zu begegnen, die diese Anwendung beim Einsatz von Preisalgorithmen erschweren:

- Die Erstellung solcher Algorithmen erfordert nach den mathematischen Gesetzmäßigkeiten lediglich die Definition einer Zielfunktion (z. B. Gewinnmaximierung). Dagegen ist der Übergang zwischen den Parametern, die in die Funktion eingehen, und der Funktion selbst – abhängig von der Gestaltung des Algorithmus – fließend.[31] Es fehlt somit an eindeutig abgrenzbaren Tatsachen, an die rechtliche Regelungen problemlos anknüpfen können.

- Ein kollusives Marktergebnis kommt auf Basis ökonomischer Gesetzmäßigkeiten zustande. Allerdings kann nicht nur ein im Rechtssinne wettbewerbsbeschränkendes Verhalten, sondern – abhängig von den Marktbedingungen – auch ein rechtlich nicht erfasstes Parallelverhalten zu einem solchen Marktergebnis führen.[32] Die Feststellung eines kollusiven Marktergebnisses ist regelmäßig sehr schwierig, da es dafür typischerweise eines Vergleichs mit der Situation auf Märkten ohne Kollusion bedarf. Diese Schwierigkeiten zeigen sich etwa bei der Ermittlung ersatzfähiger Schäden wegen Wettbewerbsverstößen.

Der Einsatz von Preisalgorithmen wirft in Bezug auf den Sachverhalt also Schwierigkeiten auf, und zwar sowohl was die Eingangsbedingungen als auch was das im Ausgang eintretende Ergebnis betrifft.

203. Zwar ging es in den bisher entschiedenen Wettbewerbsfällen vor allem um relativ einfache statische Preisalgorithmen, mit denen die Marktteilnehmer Strategien verfolgt haben, die auch unabhängig vom Algorithmus als wettbewerbswidrig anzusehen waren.[33] Die genannten Merkmale der Verwendung von Preisalgorithmen können die Anwendung der Wettbewerbsregeln zukünftig aber erschweren. Denn die Möglichkeit, dasselbe Ergebnis durch eine

---

[29] Siehe (gleichlautend) EuGH, Urteile vom 14. Juli 1972, 48/69 – ICI, Slg. 1972, 619, ECLI:EU:C:1972:70, Rz. 99/103; 49/69 – BASF, Slg. 1972, 713, ECLI:EU:C:1972:71, Rz. 30 f.; 51/69 – Bayer AG, Slg. 1972, 745, ECLI:EU:C:1972:72, Rz. 33; 52/69 – Geigy AG, Slg. 1972, 787, ECLI:EU:C:1972:73, Rz. 34; 54/69 – Francolor, Slg. 1972, 851, ECLI:EU:C:1972:75, Rz. 86/90; 55/69 – Cassella Farbwerke, Slg. 1972, 887, ECLI:EU:C:1972:76, Rz. 38.

[30] Vgl. hierzu EuGH, Urteil vom 31. März 1993, C-89/85 u. a. – Ahlström Osakeyhtiö, Slg. 1993, I-1307, ECLI:EU:C:1993:120, Rz. 71 ff.

[31] Siehe oben Tz. 170.

[32] Siehe oben Tz. 174 ff., 199.

[33] Siehe EuGH, Urteil vom 21. Januar 2016, C-74/14 – Eturas, ECLI:EU:C:2016:42; U.S. v. Airline Tariff Publishing Company, 836 F. Supp. 9 (D.D.C. 1993); CMA, Pressemitteilungen vom 21. Juli und 12. August 2016 – Trod Limited/GB eye Limited; U.S. v. Topkins, Case3:15-cr-00201-WHO, eingeleitet (filed): 6. April 2015 sowie unten Tz. 214.

unterschiedliche Ausgestaltung solcher Algorithmen zu erreichen, eröffnet einen Spielraum für die Umgehung bestehender Regelungen. Daneben wirft die Möglichkeit, dass das Ergebnis sowohl durch ein gegen die Wettbewerbsregeln verstoßendes als auch durch sonstiges Marktverhalten zustande gekommen sein kann, die Frage auf, welchen Mehrwert die Durchsetzung der Wettbewerbsregeln in den betreffenden Fällen hat. Außerdem folgen daraus Schwierigkeiten, eine etwaige Verletzung der Wettbewerbsregeln nachzuweisen.

204. In jedem Fall ist abzusehen, dass sich das möglicherweise kollusionsbegründende Verhalten zunehmend auf den Zeitpunkt der Entscheidung über einen mehr oder weniger komplexen Preisalgorithmus vorverlagert. Daneben hängt das Verhalten immer weniger lediglich von den Verwendern ab. Denn für diese sind gerade komplexere Algorithmen undurchschaubar („Black Box"). Die Verwender machen nur zu den von ihnen verfolgten Zielen Vorgaben, die anschließend unter Umständen von unabhängigen IT-Dienstleistern umgesetzt werden. Dabei berücksichtigen sie unter Umständen auch die Interessen von weiteren Dritten, etwa von Plattformbetreibern, auf deren Plattformen der Algorithmus eingesetzt werden soll. Bei der Ausgestaltung des Algorithmus im Einzelfall kommt es auf die Umsetzung der jeweiligen Vorgaben durch die IT-Dienstleister an.

205. Aus diesen Überlegungen folgen zwei Fragen:

- Reichen die Wettbewerbsregeln ihrem Ansatz nach aus, um Kollusion als solche zu verhindern?
- Reicht es aus, für die rechtliche Verantwortlichkeit für das Entstehen kollusiver Marktergebnisse wie bisher an das Verhalten der Verwender anzuknüpfen?

Diesen Fragen ist in den folgenden Abschnitten nachzugehen (Abschn. 4.2 und 4.3).

4.2 Reichen die Wettbewerbsregeln aus, um Kollusion zu verhindern?

206. Der Einsatz von Preisalgorithmen trägt nach den bisherigen Erkenntnissen möglicherweise dazu bei, dass kollusive Marktergebnisse in größerem Ausmaß als in früheren Zeiten eintreten können.[34] Während jedoch die Fälle der expliziten Kollusion grundsätzlich vom Kartellverbot des Art. 101 AEUV abgedeckt sind, lässt sich implizite Kollusion nur unter engen Voraussetzungen unter das Verbot des Marktmachtmissbrauchs (Art. 102 AEUV) fassen (Abschn. 4.2.1 und 4.2.2). Die bestehenden Wettbewerbsregeln sollten aus Sicht der Monopolkommission um Vorschriften ergänzt werden, mit denen ein potenzieller Beitrag von Preisalgorithmen zu kollusiven Marktergebnissen möglichst neutralisiert würde (Abschn. 4.2.3).

4.2.1 Kartellverbot auf explizite Kollusion grundsätzlich anwendbar

207. Art. 101 Abs. 1 AEUV verbietet Vereinbarungen und abgestimmte Verhaltensweisen, sofern diese einen Binnenmarktbezug aufweisen und eine Wettbewerbsbeschränkung bezwecken oder bewirken, vorbehaltlich einer Rechtfertigung durch damit einhergehende Verbrauchervorteile. Dabei erfordert eine Vereinbarung die Kommunikation eines gemeinsamen Willens (Willensäußerung). Ein abgestimmtes Verhalten erfordert ein durch einen gemeinsamen Willen zu erklärendes Marktverhalten (Willensbetätigung).

208. Eine solche Vereinbarung oder Verhaltensabstimmung ist gemäß Art. 101 Abs. 1 AEUV wettbewerbsbeschränkend, wenn sie spürbare negative Auswirkungen auf einen oder mehrere Wettbewerbsparameter zum Ziel hat oder solche Auswirkungen zu erwarten sind.[35] Es ist nicht erforderlich, dass tatsächlich ein kollusives Marktergebnis eintritt und es etwa zu einer Schädigung der Verbraucher kommt.[36] Ebenso wenig wird eine Wettbewerbsbeschränkung im Rechtssinn

---

[34] Siehe oben Abschn. 3.2.1 und 3.2.2.

[35] EuGH, Urteil vom 28. Mai 1998, C-7/95 P – Deere, Slg. 1998, I-3111, ECLI:EU:C:1998:256, Rz. 76 f.; EU-Kommission, Bekanntmachung zur Anwendung von Art. 81 Abs. 3 EG-Vertrag, ABl. C 101 vom 27. April 2004, S. 97, Tz. 24; Horizontal-Leitlinien, Tz. 72 f., 75 (zum Informationsaustausch).

[36] Deshalb ist es auch mit Art. 101 f. AEUV vereinbar, dass das deutsche Recht eine Beweislastumkehr in Bezug auf den Eintritt eines kartellbedingten Schadens vorsieht; § 33a Abs. 2 Satz 1 GWB.

dadurch ausgeschlossen, dass das relevante Verhalten mit vorteilhaften ökonomischen Effekten einhergeht. Solche Effekte können die Wettbewerbsbeschränkung allerdings rechtfertigen (Art. 101 Abs. 3 AEUV).

209. Im Gegensatz zu wettbewerbsbeschränkenden Vereinbarungen und Verhaltensabstimmungen bleibt ein wettbewerbsbeschränkendes Parallelverhalten nach Art. 101 AEUV zulässig. Ein solches Parallelverhalten kann nur ausnahmsweise nach Art. 102 AEUV als missbräuchliche Ausnutzung einer gemeinsamen marktbeherrschenden Stellung unzulässig sein, sofern marktmachtverstärkende Mittel eingesetzt werden.[37]

210. Der EuGH betont demgemäß in seiner ständigen Rechtsprechung zu Art. 101 AEUV, dass

> „jeder Wirtschaftsteilnehmer selbständig zu bestimmen hat, welche Politik er auf dem Gemeinsamen Markt zu betreiben gedenkt. [Dieses Erfordernis der Selbständigkeit steht] streng jeder unmittelbaren oder mittelbaren Fühlungnahme zwischen solchen Wirtschaftsteilnehmern entgegen, die geeignet ist, entweder das Marktverhalten eines [...] Wettbewerbers zu beeinflussen oder einen solchen Wettbewerber über das [eigene] Verhalten ins Bild zu setzen [...], wenn diese Kontakte bezwecken oder bewirken, dass Wettbewerbsbedingungen entstehen, die nicht den normalen Bedingungen des betreffenden Marktes entsprechen."[38]

211. Dabei ist unter Fühlungnahme jede von Art. 101 AEUV erfasste Vereinbarung oder abgestimmte Verhaltensweise zu verstehen. Bei Vereinbarungen und abgestimmten Verhaltensweisen handelt es sich nach der EuGH-Rechtsprechung um

> „Formen der Kollusion [...], die [...] in ihrer Art übereinstimmen [und] sich nur in ihrer Intensität und ihren Ausdrucksformen unterscheiden".[39]

Zwar genügt selbst eine Kontaktaufnahme, die lediglich im Versuch einer Einigung über die Preise besteht, da das Marktverhalten des betreffenden Wirtschaftsteilnehmers auch in diesem Fall dem Selbstständigkeitspostulat nicht mehr entspricht.[40] Allerdings ist es dennoch erforderlich, dass jeder beteiligte Wirtschaftsteilnehmer durch sein Verhalten zu dem kollusiven Marktergebnis

> „beitragen [will] und von dem von anderen Unternehmen in Verfolgung dieser Ziele beabsichtigten oder an den Tag gelegten Verhalten [weiß] oder es vernünftigerweise vorhersehen [kann] und bereit [ist], die daraus erwachsende Gefahr auf sich zu nehmen".[41]

Die Tatsache, dass ein kollusives Marktergebnis objektiv vorhersehbar ist, genügt also nicht, wenn nicht zugleich das Wissen und der Wille bestehen, ein solches kollusives Marktergebnis in Kauf zu nehmen.[42]

212. Die Voraussetzungen, unter denen die Rechtsprechung einen gemeinsamen Willen annimmt, sind zumindest im Fall eines wechselseitigen Informationsaustauschs gering. Denn

> „vorbehaltlich des den betroffenen Unternehmen obliegenden Gegenbeweises [besteht] die Vermutung, dass die an der Abstimmung beteiligten und weiterhin auf dem Markt tätigen Unternehmen die mit ihren Wettbewerbern ausgetauschten Informationen bei der Bestimmung ihres Marktverhaltens berücksichtigen"[43].

---

[37] Siehe nachfolgend Abschn. 4.2.2.

[38] EuGH, Urteil vom 16. Dezember 1975, 40/73 – Suiker Unie, Slg. 1975, S. 1663, ECLI:EU:C:1975:174, Rz. 173/174; Urteil vom 4. Juni 2009, C-8/08 – T-Mobile Netherlands, Slg. 2009, I-4529, ECLI:EU:C:2009:343, Rz. 32 f.; Urteil vom 21. Januar 2016, C-74/14 – Eturas, ECLI:EU:C:2016:42, Rz. 27; siehe auch EU-Kommission, Horizontal-Leitlinien (Fn. 35), Tz. 60 f.

[39] EuGH, Urteil vom 4. Juni 2009, C-8/08 – T-Mobile Netherlands, Slg. 2009, I-4529, ECLI:EU:C:2009:343, Rz. 23.

[40] EuGH, Urteil vom 26. Januar 2017, C-609/13 P – Duravit, ECLI:EU:C:2017:46, Rz. 73.

[41] EuGH, Urteil vom 8. Juli 1999, C-49/92 P – Anic Partecipazioni, Slg. 1999, I-4125, ECLI:EU:C:1999:356, Rz. 87; Urteil vom 21. Juli 2016, C-542/14 – VM Remonts, ECLI:EU:C:2016:578, Rz. 29.

[42] EuGH, Urteil vom 21. Januar 2016, C-74/14 – Eturas, ECLI:EU:C:2016:42, Rz. 45.

Dies gilt umso mehr, wenn die Abstimmung während eines längeren Zeitraums regelmäßig stattfindet.[44]

213. Die Frage, ob ein Informationsaustausch eine Wettbewerbsbeschränkung bezweckt oder bewirkt, ist getrennt von der nach dem Vorliegen einer Vereinbarung bzw. Verhaltensabstimmung zu beantworten. Hinsichtlich der möglichen Auswirkungen kommt es nach den einschlägigen Leitlinien auf die Marktstruktur, die Art der Informationen und die Art des Austauschs an.[45] Preisalgorithmen sind ein Instrument, das die Marktstruktur dadurch beeinflussen kann, dass es einen Informationsaustausch erleichtert und so zur Erhöhung der Markttransparenz beiträgt.[46]

214. Die bisher entschiedenen oder diskutierten Fälle bestätigen dieses Verständnis des Kartellverbots. Diese Fälle lassen sich mehreren Fallgruppen zuordnen:

2. Kartell durch eine Vereinbarung zwischen Wettbewerbern über Preisparameter oder die Funktionsweise eines Preisalgorithmus oder zur Herbeiführung von Preisgleichheit unter Nutzung von Algorithmen. Hier ist die Vereinbarung darauf gerichtet, Algorithmen als Mittel zur Preisabstimmung einzusetzen und dadurch ein Kollusionsergebnis herbeizuführen. Nicht anders zu beurteilen ist der Fall, dass Algorithmen eingesetzt werden, um die Einhaltung einer solchen Preisvereinbarung zu überwachen.[47]

3. Sternkartell durch Beteiligung eines Unternehmens, das nicht selbst auf dem jeweils betroffenen Markt tätig ist, um ein Kartell zwischen den dort Preise abstimmenden Unternehmen zu koordinieren (z. B. Plattformbetreiber, IT-Dienstleister).[48] Hier ist der Algorithmus insbesondere dann relevant, wenn gerade die externe Partei den Algorithmus konfiguriert, sodass sich dieser als Mittel zur Preisabstimmung einsetzen lässt.

4. Einsatz in Vertriebsbeziehungen, um es Herstellern oder anderen Händlern zu ermöglichen, die Einhaltung von Preisbindungen zu überwachen, oder um andere Beschränkungen entlang der Vertriebskette durchzusetzen.[49]

215. Der Algorithmus bildet in allen genannten Fällen jeweils nur den vorgelagerten Willen des Verwenders bei seiner Preissetzung im Markt ab. Beim Einsatz dynamischer bzw. selbstlernender Algorithmen kann es zu einer weiteren Vorverlagerung der Haftung kommen. Denn hier ist der Auftrag des Verwenders an seinen IT-Dienstleister maßgeblich, einen Algorithmus mit einem eigenen Handlungs- und (gegebenenfalls) Entwicklungsspielraum zu entwerfen. Ein solcher Auftrag kann noch vor einer Kartellvereinbarung liegen. Wenn der Algorithmus seine Preissetzung dann derjenigen der späteren Kartellbeteiligten anpasst, kann es wegen der ihm eingeräumten Spielräume gerechtfertigt sein, dass auch der Verwender des Algorithmus als Kartellbeteiligter haftet.[50]

216. Für die Beurteilung nach Art. 101 AEUV ist schließlich unerheblich, dass die Beteiligten dadurch, dass sie ohne Abstimmung nebeneinander vorgehen (Parallelverhalten), möglicherweise dieselbe Wettbewerbsbeschränkung wie in

---

[43] EuGH, Urteil vom 8. Juli 1999, C-49/92 P – Anic Partecipazioni, Slg. 1999, I-4125, ECLI:EU:C:1999:356, Rz. 121; Urteil vom 8. Juli 1999, C-199/92 P – Hüls, Slg. 1999, I-4287, ECLI:EU:C:1999:358, Rz. 162; Urteil vom 21. Januar 2016, C-74/14 – Eturas, ECLI:EU:C:2016:42, Rz. 44.

[44] EuGH, Urteil vom 8. Juli 1999, C-199/92 P – Hüls, Slg. 1999, I-4287, ECLI:EU:C:1999:358, Rz. 162; Urteil vom 4. Juni 2009, C-8/08 – T-Mobile Netherlands, Slg. 2009, I-4529, ECLI:EU:C:2009:343, Rz. 51.

[45] EU-Kommission, Horizontal-Leitlinien (Fn. 35), Tz. 72 ff.

[46] Siehe oben Tz. 181, 184 ff.

[47] Siehe die in Fn. 33 genannten Fälle; allgemein zur Problematik auch OECD, Directorate for Financial and Enterprise Affairs, Competition Committee, Algorithms and Collusion – Note from the European Union, 21.–23. Juni 2017, JT03415981, 17 ff.; Kanadisches Competition Bureau, Big data and Innovation: Implications for Competition Policy in Canada, Draft Disc. Paper, S. 28 ff.

[48] Siehe erneut EuGH, Urteil vom 21. Januar 2016, C-74/14 – Eturas, ECLI:EU:C:2016:42, Rz. 26 ff.

[49] Siehe beispielhaft: EU-Kommission, 40.469 Denon & Marantz – (vertical restraints); 40.308 – Holiday Pricing; 40.524 – REWE/DER (Holiday Pricing); 40.525 – TUI (Holiday Pricing); 40.526 – Thomas Cook (Holiday Pricing); 40.527 – Kuoni (Holiday Pricing); 40.528 – Melia (Holiday Pricing).

[50] Maßgeblich ist nach der Rechtsprechung zu Art. 101 AEUV, ob jeder Beteiligte das Verhalten der anderen Beteiligten zumindest „vernünftigerweise vorhersehen [kann] sowie bereit [ist], die daraus erwachsende Gefahr auf sich zu nehmen"; siehe EuGH, Urteil vom 8. Juli 1999, C-49/92 P – Anic Partecipazioni, Slg. 1999, I-4125, ECLI:EU:C:1999:356, Rz. 203.

zuvor beschriebenen Kartellfällen erreichen können. Denn für einen Verstoß gegen Art. 101 AEUV genügt das Vorliegen einer bestimmten Wettbewerbsbeschränkung isoliert betrachtet nicht.

4.2.2 Verbot des Marktmachtmissbrauchs erfasst implizite Kollusion nur eingeschränkt

217. Im Fall eines Parallelverhaltens kann ein kollusives Marktergebnis unter engen Voraussetzungen nach Art. 102 AEUV von den Wettbewerbsregeln erfasst werden. Das ist dann der Fall, wenn die Beteiligten gemeinsam marktbeherrschend sind und wenn sie nebeneinander (d. h. ohne einen gemeinsamen Willen) ein Verhalten zeigen, das zu dem Marktergebnis beiträgt und durch das sie ihre beherrschende Stellung missbrauchen. In der Praxis wirft der Nachweis dieser Tatbestandsmerkmale beträchtliche Schwierigkeiten auf.[51]

218. Mit „marktbeherrschender Stellung" ist

„*die wirtschaftliche Machtstellung eines Unternehmens gemeint, die dieses in die Lage versetzt, die Aufrechterhaltung eines wirksamen Wettbewerbs auf dem relevanten Markt zu verhindern, indem sie ihm die Möglichkeit verschafft, sich seinen Wettbewerbern, seinen Abnehmern und schließlich den Verbrauchern gegenüber in einem nennenswerten Umfang unabhängig zu verhalten*"[52].

Mehrere Unternehmen können gemeinsam marktbeherrschend sein, wenn sie „*auf einem bestimmten [relevanten] Markt eine kollektive Einheit*" darstellen.[53]

219. Die Feststellung einer marktbeherrschenden Stellung erfolgt in Bezug auf einzelne relevante Märkte. Im Fall von auch über das Internet vertriebenen Waren und Dienstleistungen sind die relevanten Märkte räumlich häufig weiter abzugrenzen, als dies vormals im ausschließlich stationären Handel der Fall war.[54] In sachlicher und eventuell zeitlicher Hinsicht können die Märkte hingegen eng abzugrenzen sein, sofern Preisdiskriminierung möglich ist.[55] Zum Beleg der Marktbeherrschung ist sodann nachzuweisen, dass das Unternehmen, das auf dem relevanten Markt tätig ist, unter den gegebenen Marktbedingungen über einen nicht nur unerheblichen Verhaltensspielraum verfügt, der seine Marktposition von der Position im Wettbewerb stehender Marktteilnehmer unterscheidet.

220. Bei möglicherweise gemeinsam marktbeherrschenden Unternehmen ist zu prüfen, ob eine enge wirtschaftliche Verbindung zwischen den betreffenden Unternehmen besteht, die es rechtfertigt, sie im Verhältnis zu den anderen Marktteilnehmern als kollektive Einheit zu betrachten.[56] Wenn die Unternehmen sich auf dem relevanten Markt im Innenverhältnis parallel verhalten, spricht dies für das Vorliegen einer engen wirtschaftlichen Verbindung. Zusätzlich müssen die Unternehmen im Außenverhältnis über einen nicht unerheblichen Verhaltensspielraum verfügen.[57] Aus ökonomischer Sicht hängt beides freilich zusammen.[58] Das spricht dafür, eine gemeinsame marktbeherrschende Stellung immer dann in Betracht zu ziehen, wenn kein Kartellverstoß vorliegt und die gegebenen Marktbedingungen als

---

[51] Vgl. BKartA, B8-200/09 – Sektoruntersuchung Kraftstoffe, Abschlussbericht vom Mai 2011, S. 138.

[52] EuGH, Urteil vom 14. Februar 1978, 27/76 – United Brands, Slg. 1978, 207, ECLI:EU:C:1978:2227/76, Rz. 65 f.; Urteil vom 13. Februar 1979, 85/76 – Hoffmann-La Roche, Slg. 1979, 461, ECLI:EU:C:1979:3685/76, Rz. 38.

[53] EuGH, Urteil vom 16. März 2000, C-395/96 P und C-396/96 P – Compagnie Maritime Belge Transports u. a., Slg. 2000, I-1365, ECLI:EU:C:2000:132, Rz. 39.

[54] EU-Kommission, GD Wettbewerb, Market definition in a globalised world, Policy Brief 2015-12, S. 1 (2 f.) m. Nachw.

[55] Siehe EU-Kommission, Bekanntmachung über die Definition des relevanten Marktes im Sinne des Wettbewerbsrechts der Gemeinschaft, ABl. C 372 vom 9. Dezember 1997, S. 5, Tz. 43; ausführlich ferner U.S. DOJ und FTC, Horizontal Merger Guidelines, Fassung vom 19. August 2010, Abschn. 3.

[56] Vgl. EuGH, Urteil vom 16. März 2000, C-395/96 P und C-396/96 P – Compagnie Maritime Belge Transports u. a., Slg. 2000, I-1365, ECLI:EU:C:2000:132, Rz. 41.

[57] EuGH, Urteil vom 31. März 1998, C-68/94 und C-30/95 – Frankreich und Société commerciale des potasses et de l'azote and Entreprise minière et chimique, Slg. 1998, I-1375, ECLI:EU:C:1998:148, Rz. 221.

[58] Siehe oben Tz. 177.

solche zum Auftreten von Parallelverhalten führen.[59] Etwas anderes dürfte allerdings im Hinblick auf Unternehmen gelten, die sich ohne einen eigenen marktbeherrschungsbedingten Verhaltensspielraum einem kollusiven Verhalten anderer Unternehmen anpassen (sog. Preisschirmeffekt).[60]

221. Das Vorliegen einer gemeinsamen marktbeherrschenden Stellung verstößt für sich genommen nicht gegen das Verbot des Marktmachtmissbrauchs. Hinzu muss ein missbräuchliches Verhalten kommen. Der EuGH verlangt insofern zu prüfen, ob das jeweilige, allein oder gemeinsam beherrschende Unternehmen

„Verhaltensweisen [zeigt], die die Struktur des Marktes beeinflussen können, auf dem der Wettbewerb gerade wegen der Anwesenheit des fraglichen Unternehmens bereits geschwächt ist, und die die Aufrechterhaltung des auf dem Markt noch bestehenden Wettbewerbs oder dessen Entwicklung durch die Verwendung von Mitteln behindern, welche von den Mitteln eines normalen Produkt- oder Dienstleistungswettbewerbs auf der Grundlage der Leistungen der Marktbürger abweichen"[61].

Dieser Missbrauchsbegriff besteht im Wesentlichen aus zwei Elementen. Zum einen muss die Marktstruktur bereits wegen der Anwesenheit des betreffenden Unternehmens geschwächt sein (= Folge der Marktbeherrschung). Zum anderen muss das Unternehmen ein Verhalten zeigen, das von einem normalen Wettbewerbsverhalten abweicht und den Wettbewerb zusätzlich beschränkt.[62]

222. Ein Missbrauch im zuvor genannten Sinn kann auch in einer Preissetzung bestehen, die zu – im Rechtssinne – „unangemessen" überhöhten Preisen führt. Dazu genügt es noch nicht, dass mehrere gemeinsam marktbeherrschende Unternehmen aufgrund der Marktbedingungen parallel Preise setzen, selbst wenn diese Preise im Vergleich mit Wettbewerbspreisen erhöht sind (sog. koordinierte Effekte). Denn die Preissetzung stellt unter solchen Bedingungen grundsätzlich ein normales Marktverhalten dar.[63] Die Voraussetzungen eines Missbrauchs sind nach der Rechtsprechung aber dann erfüllt, wenn die kollusive Preissetzung bei normativ-wertender Betrachtung für die Beteiligten beispielsweise zu einer überhöhten Gewinnspanne führt (= „übertriebenes Missverhältnis" zwischen Kosten und Preis) und der Preis entweder absolut oder im Vergleich zu Konkurrenzprodukten unangemessen ist.[64]

223. Wenn die gemeinsame Preissetzung in den zuvor genannten Fällen unter Verwendung von Preisalgorithmen erfolgt, ergibt sich auch hier eine Vorverlagerung der Haftung.[65] Denn maßgeblich für die rechtliche Anknüpfung des Missbrauchsvorwurfs ist, dass die Verwender durch ihre Vorgaben für die Ausgestaltung der betreffenden Preisalgorithmen dafür sorgen, dass es zu einer unangemessen überhöhten Preissetzung kommt. Die Preisalgorithmen setzen diese Vorgaben lediglich automatisiert um.

---

[59] In diese Richtung EU-Kommission, Entscheidung 89/93/EWG vom 7. Dezember 1988, 31.906 – Flachglas, ABl. L 33 vom 4. Februar 1989, S. 44, Tz. 78 ff.; siehe auch Weiß in: Calliess/Ruffert, EUV/AEUV, 5. Aufl. 2016, Art. 102 AEUV Rz. 20; Wessely, Frankfurter Kommentar Kartellrecht, FK Lfg. 57 (April 2005), Art. 82 EG (Normadressaten) Rz. 139 ff.; Wirtz in: Mäger, Europäisches Kartellrecht, 2. Aufl. 2011, Kap. 6, Rz. 26 ff.; Mestmäcker/Schweitzer, Europäisches Wettbewerbsrecht, 3. Aufl. 2014, § 17, Rz. 59.

[60] Dazu EuGH, Urteil vom 5. Juni 2014, C-557/12 – Kone, ECLI:EU:C:2014:1317, Rz. 29 ff.

[61] EuGH, Urteil vom 13. Februar 1979, 85/76 – Hoffmann-La Roche, Slg. 1979, 461, ECLI:EU:C:1979:36, Rz. 91 (st. Rspr.); dazu auch Monopolkommission, SG 68, Tz. 493.

[62] EuGH, Urteil vom 13. Februar 1979, 85/76 – Hoffmann-La Roche, Slg. 1979, 461, ECLI:EU:C:1979:36, Rz. 123.

[63] Das schließt nicht aus, dass ein Zusammenschluss, der die Marktbedingungen verändert, sodass koordinierte Effekte entstehen, grundsätzlich zu untersagen ist; vgl. Art. 2 Abs. 3 VO 139/2004 über die Kontrolle von Unternehmenszusammenschlüssen („EG-Fusionskontrollverordnung"), ABl. L 024 vom 29. Januar 2004, S. 1.; dazu EuGH, Urteil vom 10. Juli 2008, C-413/06 P – Bertelsmann and Sony Corporation of America/Impala, Slg. 2008, I-4951, ECLI:EU:C:2008:392, Rz. 119–125 (zur Vorgängerregelung in VO 4064/89); siehe auch EU-Kommission, Leitlinien zur Bewertung horizontaler Zusammenschlüsse gemäß der Ratsverordnung über die Kontrolle von Unternehmenszusammenschlüssen, ABl. C 31 vom 5. Februar 2004, S. 5, Tz. 39 ff.; Leitlinien zur Bewertung nichthorizontaler Zusammenschlüsse gemäß der Ratsverordnung über die Kontrolle von Unternehmenszusammenschlüssen, ABl. C 265 vom 18. Oktober 2008, S. 6, Tz. 79 ff., 119 ff.

[64] EuGH, Urteil vom 14. Februar 1978, 27/76 – United Brands, Slg. 1978, 207, ECLI:EU:C:1978:22, Rz. 248/257. Die Voraussetzungen einer unangemessenen Preisüberhöhung können freilich auch auf andere Weise festgestellt als durch den angeführten zweistufigen Test ermittelt werden.

[65] Vgl. Tz. 215.

224. Zusammenfassend genügt es für eine Missbrauchshaftung nach Art. 102 AEUV ebenso wenig wie für eine Kartellhaftung nach Art. 101 AEUV, dass die Beteiligten aufgrund des individuellen Einsatzes von Preisalgorithmen parallel Preise setzen. Etwas anderes gilt nur dann, wenn die Beteiligten außerdem marktbeherrschend sind und sich feststellen lässt, dass die Preissetzung zugleich die Voraussetzungen einer missbräuchlichen Preisüberhöhung erfüllt (d. h., dass die verlangten Preise ihrer Höhe nach unangemessen sind).

4.2.3 Sind die Wettbewerbsregeln zu ergänzen, um einen potenziellen Beitrag von Preisalgorithmen zu Kollusion zu neutralisieren?

4.2.3.1 Kollusive Marktergebnisse als eigenständiges Wettbewerbsproblem

225. Die Verwender setzen Preisalgorithmen zum eigenen Nutzen ein. Die Verbraucher sind an den zugrunde liegenden wirtschaftlichen Entscheidungen nicht beteiligt. Die Algorithmen können die Gewinne also unter anderem dadurch maximieren, dass sie zu kollusiven Marktergebnissen beitragen.[66]

226. EU-Wettbewerbskommissarin Vestager hat auf die Notwendigkeit hingewiesen, den Wettbewerb auch unter derartigen Bedingungen konsequent zu schützen:

> „[A]s competition enforcers, I think we need to make it very clear that companies can't escape responsibility for collusion by hiding behind a computer program"[67].

Denn auch in der Rechtsprechung zu Art. 101 f. AEUV ist anerkannt, dass dann, wenn Unternehmen kollusiv vorgehen, um so die eigenen Gewinne zu maximieren, dieses Vorgehen entsprechende nachteilige Wirkungen für die Verbraucher in Form von höheren Preisen und einer geringeren Angebotsvielfalt hat.[68]

227. Die Wettbewerbsregeln verbieten die Herbeiführung kollusiver Marktergebnisse allerdings trotzdem nicht allgemein, sondern nur dann, wenn sie auf den in den vorigen Abschnitten beschriebenen wettbewerbswidrigen Verhaltensweisen beruht.[69] Damit verbleibt ein gewisser Spielraum, der es Unternehmen gestattet, sich dem festgestellten oder erwarteten Verhalten ihrer Konkurrenten auf intelligente Weise anzupassen.[70] Ein solcher Spielraum besteht auch, wenn die Beteiligten Preisalgorithmen einsetzen. Denn deren Verwendung ist grundsätzlich zulässig, solange die Verwender diese lediglich nutzen, um ihre Preissetzung intelligent derjenigen ihrer Konkurrenten anpassen. Dem steht nicht entgegen, dass die Verwendung von Preisalgorithmen auch kollusive Marktergebnisse begünstigen kann.[71]

228. Hinsichtlich der Voraussetzungen eines Wettbewerbsverstoßes nach Art. 101 f. AEUV ergeben sich, bei Lichte betrachtet, ebenfalls keine Besonderheiten daraus, dass die Beteiligten Preisalgorithmen verwenden. So wurde bereits darauf hingewiesen, dass ein Verstoß gegen Art. 101 AEUV eine vorgelagerte wettbewerbsbeschränkende Vereinbarung bzw. Verhaltensabstimmung erfordert.[72] Ein Verstoß gegen Art. 102 AEUV erfordert stattdessen die Feststellung gemeinsamer Marktbeherrschung und den Nachweis, dass die – im Interesse des Marktbeherrschers stattfindende – Preisüberhöhung unangemessen ist. In beiden Fällen setzt der verwendete Preisalgorithmus den Willen der beteiligten Unternehmen lediglich informationstechnisch um.

---

[66] Siehe oben Abschn. 3.2.1 und 3.2.2.

[67] Kommissarin Vestager, Algorithms and competition, Bundeskartellamt 18th Conference on Competition, Berlin, 16. März 2017.

[68] Vgl. EuGH, Urteil vom 7. Januar 2004, C-204/00 P u. a. – Aalborg Portland, Slg. 2004, I-123, ECLI:EU:C:2004:6, Rz. 53. Vgl. auch Art. 101 Abs. 3 AEUV i. V. m. EU-Kommission, Bekanntmachung zu Art. 81 Abs. 3 EG, Tz. 13.

[69] Siehe Abschn. 4.2.1 und 4.2.2. Dem steht nicht entgegen, dass die Horizontalleitlinien ein Kollusionsergebnis ausdrücklich als zu verhinderndes Ziel ansprechen; siehe EU-Kommission, Mitteilung – Leitlinien zur Anwendbarkeit von Artikel 101 des Vertrags über die Arbeitsweise der Europäischen Union auf Vereinbarungen über horizontale Zusammenarbeit, Tz. 65 ff.

[70] Siehe zu dieser Formulierung EuGH, Urteil vom 26. Januar 2017, C-609/13 P – Duravit, ECLI:EU:C:2017:46, Rz. 72. Siehe ferner Tz. 209 f. und die in Fn. 38 zitierte Rechtsprechung.

[71] Siehe erneut oben Abschn. 3.2.1.

[72] Siehe oben Tz. 215.

229. Die Feststellung eines kollusiven Marktergebnisses hat beim Einsatz von Preisalgorithmen für den Schutz der Verbraucher gleichwohl eine hohe Bedeutung. Denn erstens lässt sich nicht von vornherein ausschließen, dass kollusive Preiserhöhungen (bzw. die damit einhergehenden Verbrauchernachteile) auf ein Kartell oder auf ein koordiniertes und gegen das Verbot des Marktmachtmissbrauchs verstoßendes Verhalten zurückzuführen sind (= Indizwirkung). Zweitens bemisst sich nach dem kollusiven Marktergebnis der Schaden, für den die Verbraucher im Fall eines nachweisbaren Wettbewerbsverstoßes Ersatz verlangen können.

230. Der zunehmende Einsatz von Preisalgorithmen macht kollusionsbedingte Verbrauchernachteile in Zukunft wahrscheinlicher. Denn überall dort, wo kollusive Marktergebnisse möglich sind, kann die Verwendung von Preisalgorithmen ein kollusives Parallelverhalten erleichtern. Zugleich kann sie insoweit wettbewerbsbeschränkende Vereinbarungen bzw. Verhaltensabstimmungen entbehrlich machen.[73] Damit ist es denkbar, dass Algorithmen zukünftig eingesetzt werden, um die Wirkung eines Kartells unter Verzicht auf wettbewerbsbeschränkende Vereinbarungen bzw. Verhaltensabstimmungen zu erzielen. Die relevanten Praktiken könnten stattdessen zwar anhand des Verbots des gemeinsamen Marktmachtmissbrauchs überprüft werden. Bei diesem Verbot ist freilich zu beachten, dass es auf implizite Kollusion nur unter einschränkenden Voraussetzungen anwendbar ist und dass seine Anwendung in der Praxis zudem erhebliche Schwierigkeiten aufwirft.[74]

231. In Anbetracht dessen stellt sich die Frage, ob die Verbraucher in Zukunft ausreichend vor dem Beitrag von Preisalgorithmen zum zunehmenden Risiko kollusiver Marktergebnisse geschützt sind. Diese Frage zerfällt erneut in zwei Teilfragen:

- Wie lässt sich Kollusion bei einer algorithmusbasierten Preissetzung identifizieren (Abschn. 4.2.3.2)?
- Welche ergänzenden Maßnahmen sind in Betracht zu ziehen, um die mit dem Einsatz von Preisalgorithmen einhergehenden zusätzlichen Kollusionsrisiken zu neutralisieren (Abschn. 4.2.3.3)?

4.2.3.2 Wie lässt sich Kollusion bei einer algorithmusbasierten Preissetzung identifizieren?

232. Ein Schutz der Verbraucher vor durch eine algorithmische Preissetzung herbeigeführten kollusionsbedingten Nachteilen setzt voraus, dass diese Kollusion überhaupt identifiziert wird. Das ist ermittlungstechnisch beispielsweise dadurch möglich, dass die Preissetzung auf verschiedenen räumlich bzw. sachlich relevanten Märkten oder zu unterschiedlichen Zeitpunkten miteinander verglichen wird, um so Muster oder (umgekehrt) Anomalien aufzudecken, die auf kollusive Marktergebnisse hindeuten können.[75]

233. Die Kartellbehörden verfügen insofern über wesentlich weiter reichende Ermittlungsbefugnisse als private Kläger (z. B. Verbraucherschutzverbände oder einzelne Verbraucher). Die Kartellbehörden beobachten die Marktentwicklung laufend zur Feststellung von Wettbewerbsverstößen und können Sektoruntersuchungen durchführen, wenn Anlass zu der Vermutung besteht, dass der Wettbewerb möglicherweise eingeschränkt oder verfälscht ist.[76] Die Behörden können dabei alle zur Aufdeckung etwaiger Wettbewerbsrechtsverstöße erforderlichen Ermittlungen durchführen und verfügen über sehr weitreichende Auskunftsbefugnisse.

---

[73] Siehe oben Tz. 199.

[74] Siehe oben Tz. 217.

[75] Vgl. (gleichlautend) EuGH, Urteile vom 14. Juli 1972, 48/69 – ICI, Slg. 1972, 619, ECLI:EU:C:1972:70, Rz. 64/67; 49/69 – BASF, Slg. 1972, 713, ECLI:EU:C:1972:71, Rz. 22; 51/69 – Bayer AG, Slg. 1972, 745, ECLI:EU:C:1972:72, Rz. 25; 52/69 – Geigy AG, Slg. 1972, 787, ECLI:EU:C:1972:73, Rz. 26; 54/69 – Francolor, Slg. 1972 p. 851, ECLI:EU:C:1972:75, Rz. 51/54; 55/69 – Cassella Farbwerke, Slg. 1972, 887, ECLI:EU:C:1972:76, Rz. 30; 57/69 – ACNA, Slg. 1972, 933, ECLI:EU:C:1972:78, Rz. 55/58; 53/69 – Sandoz AG, Slg. 1972, 845, ECLI:EU:C:1972:74, Ls. 10; 56/69 – Hoechst AG, Slg. 1972, 927, ECLI:EU:C:1972:77, Ls. 9 („Wettbewerbsbedingungen […], […] die nicht den normalen Marktbedingungen entsprechen").

[76] Art. 17 VO 1/2003; § 32e GWB. Dasselbe gilt nach deutschem Recht auch bei einem begründeten Verdacht auf erhebliche, dauerhafte oder wiederholte Verstöße gegen verbraucherrechtliche Vorschriften, z. B. solchen, die die Ausnutzung von Informationsvorteilen gegenüber den Verbrauchern betreffen (§ 32e Abs. 5 GWB).

234. Der durch die kartellbehördliche Marktbeobachtung mögliche Schutz kann allerdings nur dann effektiv sein, wenn allen Verdachtsfällen und nicht nur solchen Fällen nachgegangen wird, in denen die Kartellbehörden eine nähere Untersuchung selbst im Rahmen ihres Aufgreifermessens für geboten erachten. Insofern besteht ein Problem darin, dass die Kartellbehörden nur die Aufgabe haben, die Wettbewerbsregeln durchzusetzen. Dagegen ist es nicht ihre Aufgabe, kollusionsbedingte Preise als solche zu verhindern und den damit einhergehenden Vermögensvorteil abzuschöpfen.[77] Dies ist eher im Interesse der Verbraucherschutzverbände, da kollusive Preise mit einem entsprechenden Verbrauchernachteil einhergehen. Dieses Interesse dürfte mit der Zahl von Verdachtsfällen zunehmen, in denen eine algorithmenbasierte kollusive Preissetzung vermutet wird. Deshalb ist zu erwägen, den Verbraucherschutzverbänden das Recht einzuräumen, die kartellbehördliche Untersuchung bestimmter Sektoren zu verlangen, bei denen der Verdacht besteht, dass es zu verbraucherschädigender Kollusion durch überhöhte Preise kommt. Dies sollte zumindest dann gelten, wenn die Verbraucherschutzverbände die Ergebnisse der Sektoruntersuchung nutzen würden, um eine Klage auf Schadensersatz bzw. – im deutschen Recht – auf Vorteilsabschöpfung nach § 34a GWB zu erheben.[78]

235. Die Vorschrift des § 34a GWB führt bisher ein Schattendasein.[79] Das liegt daran, dass sie lediglich eine ergänzende Funktion hat (Abführung des Vorteils an den Bundeshaushalt!) und zugleich hohe Voraussetzungen an die Bezifferung des abzuschöpfenden Vorteils stellt.[80] Die Einführung eines Rechts, die kartellbehördliche Untersuchung bestimmter Sektoren zu verlangen, könnte somit auch dazu beitragen, dass die Verbraucherverbände den bestehenden § 34a GWB effektiver nutzen können.

236. Eine Regelung im Sinne der vorigen Textziffern könnte wie folgt gefasst werden:

> *„In den Fällen des [Art. 17 Abs. 1 VO 1/2003 bzw. § 32e Abs. 1 GWB] genügt es, dass die Vermutung durch begründeten Antrag einer Einrichtung im Sinne von [Art. 4 Abs. 3 RL 2009/22/EG bzw. § 4 UKlaG] geltend gemacht wird. In dem Antrag ist darzulegen, dass es in einem bestimmten Wirtschaftszweig vermutlich zu Verbrauchernachteilen durch überhöhte Preise kommt und dass die Einrichtung die Ergebnisse der Untersuchung zur Erhebung einer Klage [auf Schadensersatz nach einzelstaatlichem Recht/auf Vorteilsabschöpfung gemäß § 34a GWB] benötigt. Die Ablehnung des Antrags ist zu begründen."*

Dabei würde der letzte Satz (Satz 3) der Vorschrift klarstellen, dass die Kartellbehörde den Antrag ablehnen kann, z. B. wenn die Anforderungen an die Antragsbegründung (Satz 2 der Vorschrift) nicht erfüllt sind, wenn die Kartellbehörde entschieden hat, ein eigenes Verfahren zur Abschöpfung des Vermögensvorteil einzuleiten (im deutschen Recht: § 34 GWB), oder wenn der Aufwand der Sektoruntersuchung und der möglicherweise durch Kollusion erlangte Vermögensvorteil außer Verhältnis zueinander stehen.

237. Die Monopolkommission weist in diesem Kontext darauf hin, dass in Deutschland eine zunehmende Anzahl an Sektoruntersuchungen in Bereichen, in denen kollusionsbedingte oder sonstige Verbrauchernachteile vermutet werden, zu erwarten ist.[81] Das könnte es in absehbarer Zeit erforderlich machen, die Vorschriften zur Durchführung von Sektoruntersuchungen und auch zu dem in diesem Rahmen erforderlichen Rechtsschutz zu ergänzen.

---

[77] Dem steht nicht entgegen, dass die deutschen Kartellbehörden nach § 34 GWB die Abschöpfung des wirtschaftlichen Vorteils anordnen können, den Unternehmen aus einem Verstoß gegen die Wettbewerbsregeln erlangt haben. Die Vorschrift spielt in der kartellbehördlichen Praxis keine Rolle.

[78] Verbraucherschutzverbände sind nach deutschem Recht nur berechtigt, durch Klage den Vermögensvorteil abzuschöpfen, den Unternehmen durch einen Verstoß gegen Art. 101 f. AEUV oder deutsches Kartellrecht erlangen, können aber einen darüber hinausgehenden Verbraucherschaden nicht geltend machen.

[79] Raible in: Kamann/Ohlhoff/Völcker, Kartellverfahren und Kartellprozess, 1. Aufl. 2017, § 28 Rz. 2.

[80] Raible in: Kamann/Ohlhoff/Völcker, Kartellverfahren und Kartellprozess, 1. Aufl. 2017, § 28 Rz. 22.

[81] Siehe in diesem Hauptgutachten, Kapitel III, Abschn. 3.9.1, zu den in der 9. GWB-Novelle eingeführten kartellbehördlichen Befugnissen zu Sektoruntersuchungen in verbraucherschutzrelevanten Bereichen.

4.2.3.3 Welche ergänzenden Maßnahmen sind zur Neutralisierung algorithmenspezifischer Kollusionsrisiken in Betracht zu ziehen?

238. Die Einführung einer speziellen Regulierung von Preisalgorithmen zur Begrenzung der mit ihrer Verwendung einhergehenden Kollusionsrisiken wird zurzeit international diskutiert.[82] Die in der bisherigen Diskussion gemachten Regulierungsvorschläge setzen allerdings häufig ein genaueres behördliches Verständnis der eingesetzten Preisalgorithmen voraus.[83] Sie erfassen den Beitrag solcher Algorithmen zu kollusiven Marktergebnissen oft auch nur relativ grob und würden im Fall ihrer Umsetzung mit tiefgreifenden Markteingriffen einhergehen. Das gilt etwa, soweit grundlegende Änderungen der Wettbewerbsregeln (z. B. ein Verbot der Kollusion) oder ergänzende Beschränkungen für die algorithmische Preissetzung (z. B. Offenlegung von Algorithmen; asymmetrische Zulassung von Preiserhöhungen/-senkungen bzw. Preisobergrenzen) gefordert werden.[84]

239. In diesem Zusammenhang ist weiterhin vorgeschlagen worden, den Unternehmen, die Preisalgorithmen einsetzen, in Fällen, in denen sonstige Indizien auf ein rechtlich verbotenes Wettbewerbsverhalten hindeuten, die Beweislast dafür aufzuerlegen, dass der Einsatz des Algorithmus nicht zum Verstoß beigetragen hat.[85]

240. Aus Sicht der Monopolkommission sollte die Situation allerdings zunächst beobachtet werden. Denn es ist zu bedenken, dass Preisalgorithmen – ungeachtet der Diskussion um die damit möglicherweise einhergehenden Kollusionsrisiken – bisher nur ganz vereinzelt eine Rolle im Rahmen aktenkundiger Wettbewerbsverstöße gespielt haben. Dabei haben sich die Verstöße ohne Weiteres identifizieren lassen, nicht zuletzt, weil die Absprachen häufig einzelne Parameter der Preissetzung betrafen und die Verwendung komplexerer Preisalgorithmen, bei denen denkbar wäre, dass sie die Voraussetzungen der Preisfindung oder das Preisfindungsverfahren verschleiern, bisher wenig verbreitet ist. Hinzu kommen folgende Gesichtspunkte:

- Zum gegenwärtigen Zeitpunkt steht noch immer nicht fest, dass die kartellbehördliche und die zivilgerichtliche Durchsetzung der Wettbewerbsregeln in Zukunft nicht ausreichen werden, um die Verbraucher vor kollusionsbedingten Nachteilen durch den Einsatz von Preisalgorithmen zu schützen.

- Zugleich könnte ein gesetzlicher Eingriff die Marktentwicklung beeinträchtigen, wenn er mit Blick auf die Weiterentwicklung digitaler Preisfindungswerkzeuge abschreckend wirkt.[86]

Deshalb sollten weitergehende gesetzliche Maßnahmen nur dann erwogen werden, wenn sich bei der Beobachtung der Marktentwicklung konkrete Hinweise darauf ergeben, dass die Verwendung von Preisalgorithmen kollusive Marktergebnisse in beträchtlichem Umfang begünstigt und dass die Durchsetzung der Wettbewerbsregeln dauerhaft unzureichend ist, um die Verbraucher vor entsprechenden Schäden zu schützen.

241. Sofern unter solchen Umständen weitere Maßnahmen als geboten angesehen werden, erscheint der Vorschlag einer Beweislastumkehr sinnvoll. Denn dadurch kann die Haftung für die nachteiligen Folgen, die der Einsatz von Preisalgorithmen mit sich bringen kann, im Zweifel den Verwendern solcher Algorithmen zugewiesen werden. Dabei wäre freilich eine EU-weite Regulierung anzustreben, sodass die neuen Vorschriften die bestehenden Wettbewerbsregeln in deren gesamtem Anwendungsbereich ergänzen würden. Bei einer solchen Beweislastumkehr ist fraglich, ob sie sich auf

---

[82] Siehe z. B. OECD (2017), Algorithms and Collusion: Competition Policy in the Digital Age, Abschn. 5–6, www.oecd.org/competition/algorithms-collusion-competition-policy-in-the-digital-age.htm, Abruf am 17. April 2018, für einen Überblick.

[83] Siehe z. B. Ezrachi/Stucke, Algorithmic Collusion: Problems and Counter-Measures, Diskussionspapier (Note) zum Roundtable on Algorithms and Collusion, 21.–23. Juni 2017, DAF/COMP/WD(2017)25, Tz. 105 ff., 133 ff.; Mehra, S. K. (2015). Antitrust and the robo-seller: Competition in the time of algorithms, 100 Minn. L. Rev. 1323, 1368 ff. (2016).

[84] Siehe zum Stand der Diskussion z. B. Ezrachi, A./Stucke, M., a. a. O., Tz. 108 ff. 113 ff., 123 ff., 129 ff.; Haucap, J., WirtschaftsWoche 18/2018, 74; Mehra, S. K. (2015), a. a. O. 1323, 1371 ff. (2016); Göhsl, F., WuW 2018, 121 (123 f.); Janka, S. F./Uhsler, S. B., ECLR 2018, 112 (121 f.); Käseberg, T./von Kalben, J., WuW 2018, 2 (3, 5 ff.); Oxera, When algorithms set prices: winners and losers, Diskussionspapier vom 19. Juni 2017, S. 29 ff.; Pereira, V., ECLR 2018, 212 (220); Roman, V. D., ECLR 2018, 37 (42 ff.); allgemeiner auch Spindler, G., DB 2018, 41 (45 f.).

[85] Dazu Ezrachi, A./Stucke, M., a. a. O., Tz. 87; Roman, V. D., ECLR 37, 44 (2018).

[86] Siehe hierzu auch nachfolgend Tz. 249 (Gefährdungshaftung).

die Voraussetzungen eines Wettbewerbsverstoßes (Tz. 242 ff.) oder auf die Herbeiführung eines kollusiven Marktergebnisses (Tz. 246 ff.) beziehen sollte.

Keine Beweislastumkehr in Bezug auf die Voraussetzungen eines Wettbewerbsverstoßes

242. Eine Beweislastumkehr in Bezug auf die Voraussetzungen eines Wettbewerbsverstoßes würde den Kartellbehörden die Verfolgung von Wettbewerbsverstößen durch eine algorithmische Preissetzung erleichtern. Sie wäre rechtlich allerdings problematisch und dürfte auch tatsächlich nicht sachgerecht sein. Dem steht nicht entgegen, dass Befürworter einer solchen Regelung anführen, dass verhindert werden muss, dass die Wettbewerbsregeln im Fall des Einsatzes von Preisalgorithmen ohne sachliche Rechtfertigung leerlaufen.

243. Zum einen ist erneut zu bedenken, dass ein Parallelverhalten nach Art. 101 f. AEUV neutral zu beurteilen ist, außer die beteiligten Unternehmen schalten zusätzlich die Wettbewerbsbedingungen aus, die einem solchen Parallelverhalten entgegenstehen.[87] Der EuGH hat deshalb entschieden, dass

> „ein Parallelverhalten nur dann als Beweis für eine Abstimmung angesehen werden kann, wenn es sich nur durch die Abstimmung einleuchtend erklären lässt".[88]

Aus anerkannten Grundsätzen des Beweisverfahrens folgt zudem, dass die Partei oder Behörde, die sich darauf beruft, eine Zuwiderhandlung durch ein wettbewerbsbeschränkendes Verhalten im Sinne der Art. 101 f. AEUV nachweisen muss.[89] Zwar kann ein Parallelverhalten insofern ein wichtiges Indiz sein. Das gilt allerdings nur dann, wenn es zu Wettbewerbsbedingungen führt, die nicht den normalen Marktbedingungen entsprechen.[90] Eine von diesen Grundsätzen abweichende Regelung wäre jedenfalls von Art. 101 f. AEUV nicht gedeckt und somit nur außerhalb der bestehenden Wettbewerbsregeln möglich.

244. Zum anderen ist die parallele Preissetzung, wenn man von den Voraussetzungen der Art. 101 f. AEUV absieht, nur ein Marktergebnis. Wenn dieses Marktergebnis aufgrund einer Neubewertung als unerwünscht anzusehen ist, dann muss dies unabhängig davon gelten, ob es durch einen Verstoß gegen die Wettbewerbsregeln oder anderweitig zustande gekommen ist. Eine auf die Voraussetzungen eines Wettbewerbsverstoßes bezogene Beweislastumkehr kann dieser Wertung keine Rechnung tragen.

245. Diese Überlegungen werden schließlich auch nicht durch neuere Entwicklungen in anderen Rechtsordnungen in Zweifel gezogen. Das gilt insbesondere für das australische Recht, in dem es kürzlich zu Rechtsänderungen gekommen ist.[91] Die besagten Änderungen sollen abgestimmte Verhaltensweisen den Wettbewerbsregeln unterwerfen. Sie zielen damit lediglich auf eine Angleichung an das EU-Recht bzw. das britische Recht.[92] Eine Ahndung algorithmusbasierten Parallelverhaltens nach den Wettbewerbsregeln wird mit den Änderungen offensichtlich nicht angestrebt, auch wenn dies bisweilen anders kolportiert wird.

---

[87] Siehe oben Tz. 209 f. und 227.

[88] EuGH, Urteil vom 31. März 1993, C-89/85 u. a. – Ahlström Osakeyhtiö, Slg. 1993, I-1307, ECLI:EU:C:1993:120, Rz. 71.

[89] Vgl. EuGH, Urteil vom 17. Dezember 1998, C-185/95 P – Baustahlgewebe, Slg. 1998, I-8417, ECLI:EU:C:1998:608, Rz. 58; Urteil vom 8. Juli 1999, C-49/92 P – Anic Partecipazioni, Slg. 1999, I-4125, ECLI:EU:C:1999:356, Rz. 87; Urteil vom 22. November 2012, C-89/11 P – E.ON Energie, ECLI:EU:C:2012:738, Rz. 71; vgl. auch Urteil vom 7. Januar 2004, C-204/00 P u. a. – Aalborg Portland, Slg. 2004, I-123, ECLI:EU:C:2004:6,Rz. 78 (unter Bezugnahme auf Erwägungsgrund 5 der VO 1/2003). Siehe ferner die ausdrückliche Beweisregelung in Art. 2 Satz 1 VO 1/2003.

[90] Siehe erneut die in Fn. 76 zitierte Rechtsprechung (dort zu Art. 101 AEUV).

[91] Section 45 of the Competition and Consumer Act 2010; siehe dazu ACCC, New competition laws a protection against big data e-collusion, Pressemitteilung vom 16. November 2017. Die Vorschrift erweitert das Verbot der 2011 eingeführten Section 44ZZW betreffend Preissignale; siehe dazu Harper u. a., The Australian Government Competition Policy Review, Final Report vom 29. März 2015 („Harper Report"), Recommendation No. 29 und austral. Regierung, Australian Government Response to the Competition Policy Review, 24. November2015, S. 24; jeweils abrufbar: http://competitionpolicyreview.gov.au/.

[92] The Parliament of the Commonwealth of Australia, House of Representatives, Competition and Consumer Amendment (Competition Policy Review) Bill 2017, Explanatory Memorandum, Tz. 3.16 ff.; ACCC, Draft framework for concerted practices guidelines, September 2016, S. 2 f.

Gegebenenfalls Beweislastumkehr in Bezug auf die Herbeiführung eines kollusiven Marktergebnisses

246. Fraglich ist, ob eine Beweislastumkehr sinnvoll sein könnte, soweit es um die Frage geht, ob der Einsatz von Preisalgorithmen zur Herbeiführung eines kollusiven Marktergebnisses beitragen kann. In der Sache würde damit die widerlegliche Vermutung eines Kartellschadens nach der Richtlinie 2014/104/EU und der deutschen Umsetzungsvorschrift in § 33a Abs. 2 GWB auf alle Fälle erweitert, in denen Preisalgorithmen zu wettbewerbsrechtlichen Verstößen eingesetzt werden. Eine solche Regelung käme unmittelbar den durch kollusionsbedingte Preiserhöhungen benachteiligten Verbrauchern in Schadensersatzklagen zugute.

247. Die Beweislastumkehr hätte zur Folge, dass der Verwender nachweisen müsste, dass sein Preisalgorithmus nicht zum geltend gemachten Schaden beigetragen hat. Speziell in Fällen einer gemeinsamen marktbeherrschenden Stellung würde die Erweiterung zusätzlich dazu führen, dass sich die Anforderungen für die Kläger an den Nachweis eines Missbrauchs durch Preisüberhöhung vermindern würden. Dies würde freilich nur in Schadensersatzprozessen und nicht in kartellbehördlichen Verfahren gelten.[93]

248. Für eine solche Regelung spricht auf den ersten Blick, dass ein kollusives Marktergebnis wirtschaftliche Nachteile für die Verbraucher in Form höherer Preise als unter Wettbewerbsbedingungen bedeutet. Die Verbraucher sind auch nicht ohne Weiteres in der Lage, anderweitig ihre Interessen zu wahren. Sie können zwar Preisvergleichswerkzeuge, Preistracker und ähnliche Werkzeuge nutzen, um den günstigsten verfügbaren Preis im Internet zu identifizieren. Die Verwender von Preisalgorithmen können diese Werkzeuge aber ebenfalls nutzen und ihre Algorithmen daraufhin optimieren.[94]

249. Bei den bisher verwendeten Standardalgorithmen dürften die Verwender von Preisalgorithmen die zu ihrer Entlastung erforderlichen Nachweise zudem relativ einfach erbringen können. Denn die Verwender haben hier weitgehende Kontrolle über das Preissetzungsverhalten des Algorithmus. Bei komplexeren Preisalgorithmen (insb. selbstlernenden Algorithmen) wäre ein solcher Nachweis zwar kaum zu führen, da die Verwender das Preissetzungsverhalten eines solchen Algorithmus nicht beherrschen können.[95] Die Beweislastumkehr würde insofern folglich eine Art der Gefährdungshaftung begründen. Allerdings drängt sich in mancher Hinsicht eine Parallele zum Einsatz selbstfahrender Autos auf. Auch bei diesen können Gefährdungen von Leib und Leben im Straßenverkehr nicht von der Beherrschung der eingesetzten Algorithmen abhängig gemacht werden.[96]

250. Dennoch lässt sich die tatsächliche Situation zum jetzigen Zeitpunkt zu wenig überblicken, als dass auf Basis der vorhandenen Informationen die Einführung einer Beweislastumkehr bereits empfohlen werden kann. Denn es ist zu bedenken, dass die Beweislastumkehr sich nicht auf die digitale Wirtschaft begrenzen lassen dürfte und demzufolge auch in anderen Wirtschaftsbereichen anwendbar wäre, in denen Preisalgorithmen verwendet werden (z. B. auch auf den Tankstellenmärkten). Die tatsächlichen Gegebenheiten können sich im Einzelfall erheblich voneinander unterscheiden. Trotzdem entstünde auf allen relevanten Märkten ein nicht unerhebliches Haftungsrisiko; und zwar auch dann, wenn die algorithmusbasierte Preissetzung in den betreffenden Fällen rechtlich zulässig und ökonomisch effizient ist, weil die Unternehmen sich dadurch lediglich intelligent dem Verhalten ihrer Konkurrenten anpassen. Denn entscheidend wäre allein, ob die Unternehmen nachweisen können, dass der von ihnen eingesetzte Preisalgorithmus nicht zu dem geltend gemachten Schaden beigetragen hat.

251. Das angesprochene Haftungsrisiko ließe sich zwar durch eine entsprechende Auswahl bzw. Ausgestaltung der am Markt eingesetzten Algorithmen reduzieren (Compliance by Design). Hierdurch würden die Unternehmen aber auf Standards für die algorithmische Preissetzung festgelegt, bei denen derzeit noch unklar ist, ob sie überhaupt sachlich

---

[93] In kartellbehördlichen Bußgeldverfahren bliebe es hingegen beim Untersuchungsgrundsatz, nach dem die Behörde nachzuweisen hat, dass alle positiven und negativen Voraussetzungen eines Missbrauchs erfüllt sind. Eine abweichende Regelung wäre mit der Unschuldsvermutung als einem allgemeinen Rechtsgrundsatz der Mitgliedstaaten unvereinbar; dazu Rat, Dokument 15-435/02 ADD 1 vom 10. Dezember 2002.

[94] Siehe ergänzend oben Tz. 195 f.

[95] Siehe oben Tz. 204 (Black Box).

[96] Siehe z. B. Borges, NJW 2018, 977 (980 ff.) zu den Einzelheiten.

gerechtfertigt sind. Dies würde die Fähigkeit der Unternehmen zur Anpassung ihrer Preissetzung an die Marktverhältnisse beeinträchtigen und Marktzutrittshürden durch regulatorische Kosten errichten.[97]

4.3 Reicht es aus, für die rechtliche Verantwortlichkeit für das Entstehen kollusiver Marktergebnisse wie bisher an das Verhalten der Verwender anzuknüpfen?

252. Die Beteiligung von Dritten an einer etwaigen rechtswidrigen Kollusion liegt im Fall der Verwendung von Preisalgorithmen in der digitalen Wirtschaft besonders nahe. Zum einen sind hier beim Vertrieb von Waren und Dienstleistungen vielfach Plattformbetreiber als Intermediäre zwischengeschaltet. Zum anderen werden die Algorithmen, die bei online vertriebenen Waren und Dienstleistungen zur Preisfindung eingesetzt werden, häufig nicht von den mit dem Vertrieb befassten Unternehmen selbst entwickelt, sondern von IT-Dienstleistern mit einer speziellen Expertise bereitgestellt.

253. Die bestehenden Wettbewerbsregeln gestatten es unter bestimmten Bedingungen, wettbewerbsrechtliche Verstöße Dritten zuzurechnen (Abschn. 4.3.1). Der Beitrag von Plattformbetreibern ist über die bestehenden Wettbewerbsregeln in angemessener Weise erfasst (Abschn. 4.3.2). Dagegen erfassen die Wettbewerbsregeln das Verhalten von IT-Dienstleistern nur unvollständig und tragen dabei auch der besonderen Interessenlage solcher Drittbeteiligter keine Rechnung (Abschn. 4.3.3).

4.3.1 Kriterien für die Zurechnung wettbewerbsrechtlicher Verstöße bei Beteiligung Dritter

254. Die Frage, ob ein Dritter für einen wettbewerbsrechtlichen Verstoß haftet, ist von der Verantwortlichkeit der auf dem betreffenden Markt tätigen Unternehmen für diesen Verstoß abhängig. Hinsichtlich der zuletzt genannten Unternehmen ist in der europäischen Rechtsprechung anerkannt, dass das Verhalten eines selbstständigen Dienstleisters den an einem Kartell beteiligten Unternehmen zugerechnet werden kann, wenn sowohl der Dienstleister als auch die übrigen Kartellbeteiligten von den wettbewerbswidrigen Zielen der jeweils anderen Beteiligten Kenntnis haben und durch ihr eigenes Verhalten dazu beitragen wollen.[98]

255. Daneben kommt – jedenfalls bei Haftung der auf dem betreffenden Markt tätigen Unternehmen – auch eine Haftung des Dritten selbst in Betracht. Denn ein Verstoß gegen Art. 101 AEUV setzt nicht voraus, dass die daran beteiligten Unternehmen auf dem von den Wettbewerbsbeschränkungen betroffenen Markt oder einem bestimmten anderen Markt tätig sind.[99] Das Kartellverbot gilt im Grundsatz vielmehr

> *„unabhängig davon, auf welchem Markt die Parteien tätig sind, und unabhängig davon, dass nur das Geschäftsverhalten einer der Parteien durch die Bedingungen der in Rede stehenden Vereinbarungen betroffen ist"*[100].

256. Der Dritte haftet deshalb zumindest dann, wenn er sich aktiv und in voller Kenntnis der Sachlage an der Durchführung oder der Überwachung eines Kartells beteiligt.[101] Dabei ist der Kontext für die Frage relevant, ob die Beteiligung ihrer Art nach ausreicht.[102] Ein ausreichender Beitrag liegt zumindest nahe, wenn der Dritte Kenntnis von der Kollusion der anderen Beteiligten hatte und sein Beitrag eine ergänzende Funktion hatte, die über eine an sich neutrale Dienstleistung hinausgeht.[103] Dagegen reicht jedenfalls eine rein nebensächliche Dienstleistung, die nichts mit der Vereinbarung

---

[97] Siehe Gomes, Disruptive innovation, Big Data and Algorithms, Präsentation für die OECD vom 31. August 2017, Folie 40, http://www.sic.gov.co/sites/default/files/documentos/092017/antonio-ferreira-gomes-disruptive-innovation-big-data-and-algorithms.pptx, Abruf am 18. April 2018.

[98] EuGH, Urteil vom 21. Juli 2016, C-542/14 – VM Remonts, ECLI:EU:C:2016:578, Rz. 25, 28–30, 33. Siehe auch die britische Rechtsprechung in den Fällen Argos Ltd v Office of Fair Trading [2006] EWCA Civ 1318, Rz. 102 f.; Tesco Stores Ltd v Office of Fair Trading [2012] CAT 31, §§ 44 ff. (relev. EU-Rspr.), 57.

[99] EuGH, Urteil vom 22. Oktober 2015, C-194/14 P – AC-Treuhand, ECLI:EU:C:2015:717, Rz. 34.

[100] EuGH, Urteil vom 22. Oktober 2015, C-194/14 P – AC-Treuhand, ECLI:EU:C:2015:717, Rz. 35.

[101] EuGH, Urteil vom 22. Oktober 2015, C-194/14 P – AC-Treuhand, ECLI:EU:C:2015:717, Rz. 26, 36.

[102] EuGH, Urteil vom 22. Oktober 2015, C-194/14 P – AC-Treuhand, ECLI:EU:C:2015:717, Rz. 29-31; EuG, Urteil vom 10. November 2017, T-180/15 – Icap, ECLI:EU:T:2017:795, Rz. 100, 120 (nicht rechtskräftig).

[103] EuG, Urteil vom 10. November 2017, T-180/15 – Icap, ECLI:EU:T:2017:795, Rz. 142, 171, 180 (nicht rechtskräftig).

oder Verhaltensabstimmung der übrigen Beteiligten und den sich daraus ergebenden Wettbewerbsbeschränkungen zu tun hat, nicht aus.[104]

257. Zuletzt ist bislang auf EU-Ebene noch offen, ob Verstöße gegen Art. 101 AEUV auch dadurch möglich sind, dass die an einer Kollusion interessierten Wettbewerber auf einen Austausch untereinander verzichten und das Kartell allein durch voneinander unabhängige, bilaterale Abstimmung mit einem Dritten bilden. Ein solcher Verstoß erscheint immerhin dann denkbar, wenn der Dritte ein Lieferant der kartellinteressierten Wettbewerber ist und diese die Informationen, die der Lieferant über die Preise bzw. Konditionen der jeweils anderen Wettbewerber weitergibt, beim Vertrieb der an sie gelieferten Waren und Dienstleistungen berücksichtigen.[105]

4.3.2 Angemessene Haftung von Plattformbetreibern

258. Die Zurechnung wettbewerbsrechtlicher Verstöße zu Plattformbetreibern, über die andere Unternehmen die von dem Verstoß betroffenen Waren und Dienstleistungen vertreiben, wirft keine besonderen Probleme auf. Dabei ist unerheblich, dass die Rolle der Plattformbetreiber einzelfallabhängig sehr unterschiedlich ausgestaltet sein kann, je nachdem, welches Geschäftsmodell mit der Plattform verfolgt wird.

259. Die Plattformbetreiber haben grundsätzlich ein Interesse daran, viele Nutzer für ihre Plattform zu gewinnen. Aus diesem Grund können sie im Einzelfall auch ein Interesse daran haben, die Preisbildung für Waren und Dienstleistungen, die über ihre Plattform vertrieben werden, zu beeinflussen. Beispielsweise mag es in Fällen, in denen die Preisfindung für die Nutzer sowohl auf Anbieter- als auch auf Kundenseite schwierig ist, für einen Plattformbetreiber sinnvoll sein, dass er selbst einen algorithmisch ermittelten Preis vorgibt, der mehr oder weniger verbindlich ist und der beiden Seiten gerecht wird. Eine solche Preisvorgabe kann zwar den Wettbewerb beschränken, wenn die Nutzer auf der Anbieterseite die Preisvorgabe berücksichtigen und keine eigenen Preise mehr im Wettbewerb untereinander setzen (Art. 101 Abs. 1 AEUV). Sie kann aber trotzdem wegen der damit einhergehenden wirtschaftlichen Vorteile für die Verbraucher zu rechtfertigen sein (Art. 101 Abs. 3 AEUV). Derartige Preisvorgaben gibt es z. B. bei Übernachtungs- und Fahrtdienstleistungen.[106]

260. Bei Plattformen, deren Betreiber keinen Informationsvorteil gegenüber den Nutzern hat, können andere Faktoren wie z. B. der Wettbewerb auf Plattformebene und das Interesse, die Plattform speziell für eine der Nutzerseiten attraktiv zu gestalten, für die Frage bedeutsam werden, wie sich der Plattformbetreiber im Hinblick auf ein etwaiges Kartell der Plattformnutzer verhält. Zur aktiven Beteiligung an einem Kartell der Nutzer auf Anbieterseite kann es kommen, wenn der Plattformbetreiber aufgrund jener Faktoren ein eigenes Interesse daran hat, die algorithmisch ermittelten Preise der betreffenden Nutzer wettbewerbsbeschränkend zu beeinflussen (Art. 101 Abs. 1 AEUV).[107] Doch ist eine Rechtfertigung der Wettbewerbsbeschränkung grundsätzlich auch hier möglich (Art. 101 Abs. 3 AEUV). In den vergangenen Jahren gab es in der EU mehrere gerichtliche und behördliche Verfahren wegen Fällen, in denen die Betreiber von Flug- und Hotelbuchungsportalen oder von Onlinemarktplätzen aktiv Einfluss auf die Preissetzung der Plattformnutzer genommen hatten.[108] Diese Fälle waren im Einzelnen allerdings sehr unterschiedlich gelagert. Ihre ökonomische und rechtliche Beurteilung ist zum Teil umstritten geblieben.[109]

---

[104] EuGH, Urteil vom 22. Oktober 2015, C-194/14 P – AC-Treuhand, ECLI:EU:C:2015:717, Rz. 39.

[105] Dazu BKartA, Tätigkeitsbericht 2011/2012, BT-Drs. 17/13675, S. 59 f.; Becker, 45. FIW-Smposium, „Preis- und Markenpflege" bei Lebensmitteln im Lichte des Wettbewerbsschutzes, 2. März 2012, Folie 14.

[106] Vgl. Meyer v. Kalanick, Opinion and Order vom 31. März 2016, 15 Ci. 9796 (N.Y.S.D. 2016), wo eine Abstimmung im Sinne des US-Kartellverbots (15 U.S.C. § 1) angenommen wurde; vgl. auch oben Tz. 192 f.

[107] Siehe beispielhaft EuGH, Urteil vom 21. Januar 2016, C-74/14 – Eturas, ECLI:EU:C:2016:42.

[108] EuGH, Urteil vom 21. Januar 2016, C-74/14 – Eturas, ECLI:EU:C:2016:42, Rz. 43–45; BKartA, B6-46/12, Pressemitteilungen vom 27. August und vom 26. November 2013 und Fallbericht vom 9. Dezember 2013 – Amazon Marketplace; BKartA, Beschluss vom 20. Dezember 2013, B9-66/10 – HRS; Beschluss vom 22. Dezember 2015, B9-121/13 – Booking.

[109] Dies gilt insb. für die Fälle betreffend Hotelbuchungsportale; siehe dazu zuletzt Monopolkommission, XXI. Hauptgutachten, Tz. 980 ff.; im Schrifttum z. B. Hamelmann/Haucap/Wey, ZWeR 2015, 245.

261. In jedem Fall hat ein Plattformbetreiber, der sich im zuvor beschriebenen Sinne bewusst und aktiv an einem Verstoß unter Nutzung von Preisalgorithmen beteiligt, ein eigenes Interesse am herbeigeführten Marktergebnis. Daher erscheint es durchaus angemessen, wenn der Plattformbetreiber wegen der Beteiligung an einer wettbewerbsbeschränkenden Vereinbarung oder einem anderen Wettbewerbsverstoß haftet, vorbehaltlich einer Rechtfertigung durch damit einhergehende Verbrauchervorteile.

4.3.3 Problematische Haftung von IT-Dienstleistern

262. Eine völlig andere Situation besteht im Fall von IT-Dienstleistern, deren Algorithmus im Rahmen kollusiver Preissetzung verwendet wird. Dies gilt ungeachtet der Frage, ob diese Preissetzung im Rahmen eines Verstoßes gegen die Wettbewerbsregeln oder im Rahmen eines davon nicht erfassten Parallelverhaltens erfolgt. Bei den IT-Dienstleistern handelt es sich um Auftragnehmer, die den Preisalgorithmus als Produkt in einem vertraglichen Austauschverhältnis bereitstellen.

263. Zwar mag es vorkommen, dass ein solcher IT-Dienstleister einen Algorithmus vertreibt, von dem er weiß oder in Kauf nimmt, dass dieser zu einem kollusiven Marktergebnis beitragen kann. Denkbar ist sogar, dass einzelne IT-Dienstleister einen solchen Beitrag als Vorteil ansehen, da der Algorithmus so für die an Gewinnmaximierung interessierten Verwender attraktiver wird. Allerdings hat der betreffende IT-Dienstleister auch in diesem Fall grundsätzlich nur ein Interesse daran, den Preisalgorithmus als ein attraktives Produkt zu vermarkten. Dagegen hat er typischerweise kein weitergehendes Interesse an den mit der Kollusion einhergehenden Gewinnen.

264. Diesem Umstand lässt sich speziell im Rahmen von Art. 101 AEUV allerdings nicht gesondert Rechnung tragen. Art. 101 AEUV sieht beim Zustandekommen einer wettbewerbsbeschränkenden Vereinbarung lediglich eine einheitliche Haftung aller daran Beteiligten vor, ohne dass es auf besondere Interessen einzelner Beteiligter ankommt. Dies kann dazu führen, dass die Haftung von IT-Dienstleistern zu weit reicht oder umgekehrt nicht weit genug geht. Das hängt davon ab, ob die Entscheidung, den Preisalgorithmus so auszugestalten und einzusetzen, dass er zu einem kollusiven Marktergebnis beiträgt, eher bei den auf dem betroffenen Markt tätigen Unternehmen oder bei dem IT-Dienstleister liegt.

265. In dem Fall, dass diese Entscheidung von dem auf dem betroffenen Markt tätigen Unternehmen getroffen wird, besteht ein weitreichendes Haftungsrisiko für den IT-Dienstleister. Denn es genügt schon, wenn der Dienstleister den Preisalgorithmus in Kenntnis und mit Billigung der Tatsache bereitstellt, dass spätere Verwender den Algorithmus im Rahmen einer kollusiven Preissetzung einsetzen können (= er handelt sozusagen als „Beihelfer"). Das gilt ungeachtet der Tatsache, dass der IT-Dienstleister keinen Einfluss darauf hat, ob und wann die Kunden, die den Algorithmus verwenden, den für einen Verstoß gegen das Kartellverbot nötigen gemeinsamen Willen bilden.

266. Zu Haftungslücken kann es umgekehrt kommen, wenn der IT-Dienstleister ein kollusives Marktergebnis ohne Billigung der Beteiligten herbeiführt.[110] So kann es sein, dass mehrere Nutzer Preisalgorithmen einsetzen, deren Verwendung zu einer kollusiven Preissetzung führt. Die Nutzer können dieses kollusive Marktergebnis – z. B. aufgrund der Komplexität des Produktes oder der Marktverhältnisse – aber möglicherweise selbst nicht erkennen und daher auch keinen kartellbegründenden gemeinsamen Willen bilden. Zugleich kann es aber sein, dass der IT-Dienstleister, der die Preisalgorithmen bereitgestellt hat, sich der Möglichkeit einer kollusiven Preissetzung sehr wohl bewusst ist und diese auch billigt. Die Situation ist in einem solchen Fall mit der vergleichbar, dass ein externer Berater mehrere Unternehmen so berät, dass sie sich parallel verhalten, ohne dass dies auf einem gemeinsamen Willen aller Beteiligter beruht. Derartige Konstellationen (= der IT-Dienstleister handelt sozusagen als „mittelbarer Täter") lassen sich nicht oder nur unter Schwierigkeiten von Art. 101 AEUV erfassen.[111]

---

[110] EuGH, Urteil vom 21. Juli 2016, C-542/14 – VM Remonts, ECLI:EU:C:2016:578, Rz. 30; EuGH, Urteil vom 21. Januar 2016, C-74/14 – Eturas, ECLI:EU:C:2016:42, Rz. 45.

[111] Vgl. zur Haftung externer Berater nach Art. 101 AEUV grundlegend EuGH, Urteil vom 22. Oktober 2015, C-194/14 P – AC-Treuhand, ECLI:EU:C:2015:717.

267. Es erscheint auch nicht ohne Weiteres möglich, die Haftung des IT-Dienstleisters nach Art. 101 AEUV damit zu begründen, dass das kollusive Marktergebnis auf den Vertrag zur Bereitstellung des jeweiligen Algorithmus zurückgeführt werden kann und dass dieser eine Vereinbarung im Sinne der Vorschrift darstellt.[112] Denn Gegenstand des Vertrags ist allein die Bereitstellung des Algorithmus, nicht aber der Austausch strategischer Informationen oder die Verwendung des Algorithmus zur Verhaltensabstimmung. Die Nichthaftung des IT-Dienstleisters erscheint trotzdem unbillig, da ein Verhalten vorliegt, an das durchaus eine rechtliche Verantwortlichkeit anknüpfen könnte und das zu einem kollusiven Marktergebnis führt.

268. Die besondere Rolle des IT-Dienstleisters lässt sich nach Art. 101 AEUV lediglich in der zuvor zuerst beschriebenen Konstellation berücksichtigen. Dabei kommt es für die Beurteilung der Rolle von Dritten nach der Rechtsprechung unter anderem darauf an, in welchem Verhältnis sie zu dem von dem Verstoß betroffenen Markt stehen.[113] Bei Dritten, die wie IT-Dienstleister nicht auf dem betroffenen Markt tätig sind, spricht dies grundsätzlich dafür, dass die Kartellbehörden ihr Verfolgungsermessen zurückhaltend ausüben. In der als Zweites beschriebenen Konstellation ist Art. 101 AEUV auf das Verhalten der Unternehmen, die auf dem von der Kollusion betroffenen Markt tätig sind, nicht anwendbar. Damit fehlt ein rechtlicher Anknüpfungspunkt für die Haftung des IT-Dienstleisters.

4.3.4 Empfehlung: Überprüfung und gegebenenfalls Regelung der Verantwortlichkeit von Dritten nach ihrem jeweiligen Beitrag zu kollusiven Marktergebnissen

269. Zuvor wurde empfohlen, abhängig von den ermittelbaren Informationen über die Marktentwicklung eine Ergänzung der Wettbewerbsregeln in Betracht zu ziehen, um den Beitrag von Preisalgorithmen zu kollusiven Marktergebnissen zu neutralisieren. Ebenso erscheint es sinnvoll, ergänzende Regelungen zur Verantwortlichkeit von Dritten in Betracht zu ziehen, die dadurch, dass sie ihre informationstechnische Expertise in die algorithmische Preissetzung einbringen, einen eigenständigen Beitrag zu solchen kollusiven Marktergebnissen leisten, für die eine wettbewerbsrechtliche Haftung in Betracht kommt.

270. Die vorstehende Überlegung nimmt erneut eine Forderung der Europäischen Kommission auf, deren Wettbewerbskommissarin klargestellt hat:

> "[P]ricing algorithms need to be built in a way that doesn't allow them to collude"[114].

271. Die hier erwogene Regelung würde insbesondere IT-Dienstleister betreffen, die den Verwendern Preisalgorithmen als wirtschaftliche Produkte bereitstellen. Die Verantwortlichkeit sollte nach dem zuvor Ausgeführten so ausgestaltet werden, dass es für eine Haftung nicht wie bisher auf das Verhalten der Verwender des Algorithmus, sondern ausschließlich auf das Verhalten des IT-Dienstleisters selbst ankommt. Durch eine an das eigene Verhalten der IT-Dienstleister anknüpfende Verantwortlichkeit könnten die Dienstleister veranlasst werden, eine kollusionsförderliche Ausgestaltung des Algorithmus zu unterlassen oder Algorithmen, bei denen sich Wettbewerbsprobleme erst während ihres Einsatzes zeigen, abzuändern oder unbrauchbar zu machen, um so die eigenen Haftungsrisiken zu vermindern. Dies würde im Wesentlichen auf eine laufende Produktbeobachtungspflicht und gegebenenfalls eine Produkthaftung für die Funktionsweise des betreffenden Algorithmus hinauslaufen.

272. Allerdings wurde auch darauf hingewiesen, dass es um ein weiterreichendes Problem geht, da die Haftung Dritter insgesamt nur unvollständig geregelt ist.[115] Abgesehen von der Verantwortlichkeit von IT-Dienstleistern für die von ihnen bereitgestellten Preisalgorithmen kann es somit auch z. B. zu Haftungslücken kommen, wenn Berater oder andere nicht selbst auf dem relevanten Markt tätigen Unternehmen ein kollusives Verhalten der dort tätigen Unternehmen ohne

---

[112] Siehe oben Tz. 257.

[113] Vgl. EuG, Urteil vom 8. September 2010, T-29/05 – Deltafina, Slg. 2010, II-4077, ECLI:EU:T:2010:355,Rz. 51.

[114] Siehe Vestager (EU-Kommission), Algorithms and competition, Bundeskartellamt 18th Conference on Competition, Berlin, 16. März 2017.

[115] Siehe oben Tz. 266.

deren Wissen veranlassen. Die Frage, wie die Haftung von Beratern und anderen Dritten angemessen zu regeln ist, geht allerdings über das Thema dieses Abschnitts hinaus.

273. Die Monopolkommission empfiehlt deshalb, die Haftung von nicht selbst auf dem relevanten Markt tätigen Unternehmen für ein dort stattfindendes kollusives Verhalten der Marktteilnehmer grundlegend zu überprüfen. Ziel sollte es sein, die bislang unvollständige Haftungsregelung nach Art. 101 f. AEUV für alle relevanten Dritten in einheitlicher Weise zu ergänzen.

Kapitel II
Stand und Entwicklung der Unternehmenskonzentration in Deutschland

Kurz gefasst

Summary

1 Einleitung

2 Konzentration und Verflechtung von Großunternehmen

2.1 Ziel und Methodik der Untersuchung

2.2 Die 100 größten Unternehmen in Deutschland

2.3 Anteilseigner und Kapitalverflechtungen der „100 Größten"

2.4 Personelle Verflechtungen der „100 Größten"

2.5 Beteiligung der „100 Größten" an Unternehmenszusammenschlüssen

2.6 Die nach inländischem Geschäftsvolumen größten Unternehmen einer Branche

3 Entwicklung von Marktmachtindikatoren in Deutschland und Europa

3.1 Einleitung

3.2 Ursachen zunehmender sektorübergreifender Marktmacht

3.3 Makroökonomische Folgen zunehmender Marktmacht

3.4 Empirische Marktmachtindikatoren

3.5 Ergebnisse: konstante Konzentration und steigende Preisaufschläge

3.6 Zusammenfassung und Schlussfolgerungen

4 Unternehmensverflechtungen über indirekte Minderheitsbeteiligungen

4.1 Einleitung

4.2 Institutionelle Anleger und indirekte Horizontalverflechtungen

4.3 Einflussmöglichkeiten institutioneller Investoren

4.4 Schadenstheorien im Zusammenhang mit wettbewerbsrelevanten Fragen

4.5 Die Messung indirekter Horizontalverflechtungen und ihrer wettbewerblichen Effekte

4.6 Empirische Hinweise auf wettbewerbsschädliche Effekte

4.7 Maßnahmen gegen potenzielle Wettbewerbsrisiken

4.8 Zusammenfassung und Schlussfolgerungen

Kurz gefasst

Die Monopolkommission hat laut § 44 Abs. 1 Satz 1 GWB die Aufgabe, alle zwei Jahre den Stand und die Entwicklung der Unternehmenskonzentration in der Bundesrepublik Deutschland zu beurteilen. Im Rahmen ihres gesetzlichen Auftrags ermittelt sie seit Beginn der Berichterstattung die 100 größten Unternehmen in Deutschland zur Beurteilung der aggregierten, d. h. branchenübergreifenden, gesamtwirtschaftlichen Konzentration. Als Indikator für den Stand der aggregierten Konzentration wird der Anteil der „100 Größten" an der gesamtwirtschaftlichen Wertschöpfung verwendet. Im Berichtsjahr 2016 liegt dieser Anteil bei 14,9 Prozent und ist damit gegenüber dem Berichtsjahr 2014 mit 0,7 Prozentpunkten vergleichsweise deutlich gesunken. Der tendenziell rückläufige Trend seit Beginn der Berichterstattung setzt sich somit im aktuellen Berichtszeitraum fort. Weitere Indikatoren weisen ebenfalls auf eine Abnahme der aggregierten Unternehmenskonzentration hin. So ist auch in Bezug auf die Verflechtungen zwischen den „100 Größten" für das Berichtsjahr 2016 eine Fortsetzung des tendenziell rückläufigen Trends festzuhalten. Dieser äußert sich in einem Rückgang der Anzahl an Unternehmen, die mit mindestens einem weiteren Unternehmen über Kapitalanteile verbunden waren, auf 32 Unternehmen (nach 38 im Berichtsjahr 2014). Auch die Verbindungen von Unternehmen über Geschäftsführungsmitglieder sind von 45 Verbindungen im Jahr 2014 auf nur noch 34 Verbindungen im Jahr 2016 deutlich zurückgegangen.

Die Konzentrationsberichterstattung wird im vorliegenden Gutachten um zwei weitere aktuelle Aspekte ergänzt. So wird in den USA eine langfristige Zunahme von Unternehmenskonzentration und Marktmacht beobachtet und ein entsprechender wettbewerbspolitischer Handlungsbedarf diskutiert. Zur Analyse der Übertragbarkeit dieser Beobachtung auf Deutschland und Europa hat die Monopolkommission unter anderem konzentrationsstatistische Kennzahlen ausgewertet und unternehmensspezifische Preisaufschläge ermittelt. Die Entwicklung der Konzentration in Deutschland weist keinen ansteigenden Trend auf, wie dies in den USA der Fall ist. Im Gegensatz zur relativ konstanten Konzentrationsentwicklung steigt jedoch der durchschnittliche Preisaufschlag in Deutschland seit 2013 und lag 2015 auf einem höheren Niveau als noch vor der Finanz- und Wirtschaftskrise in 2007. Das Bild für Deutschland unterscheidet sich jedoch deutlich von dem für die USA, wo ein – zudem deutlich stärkerer – Anstieg von Preisaufschlägen vor allem in den Sektoren zu beobachten ist, die bereits hohe Preisaufschläge vorweisen.

Zudem wird die Möglichkeit diskutiert, dass indirekte Unternehmensverflechtungen über institutionelle Investoren wettbewerbsbeeinträchtigende Auswirkungen haben. Die Monopolkommission hat sich erneut mit diesem Thema beschäftigt und sieht weiterhin ein schwerwiegendes Problempotenzial. Grund hierfür ist, dass indirekte Unternehmensverflechtungen innerhalb eines Marktes über gemeinsame institutionelle Investoren die Wettbewerbsintensität zwischen den Wettbewerbern beeinträchtigen können, indem ein koordiniertes Verhalten vereinfacht wird oder einzelne Wettbewerber einseitig auf intensiven Wettbewerb verzichten. Die Monopolkommission hält es derzeit jedoch für verfrüht, weitreichende (wettbewerbs)rechtliche oder regulatorische Maßnahmen zu ergreifen. Die Monopolkommission begrüßt allerdings die Ankündigung der Generaldirektion Wettbewerb der Europäischen Kommission, sich dem Thema ausführlicher zu widmen. Positiv zu bewerten sind auch die Bestrebungen, mögliche Effekte indirekter Horizontalverflechtungen im Rahmen der ohnehin erfolgenden fusionskontrollrechtlichen Prüfung von Zusammenschlussvorhaben zu berücksichtigen.

Insgesamt stellt die Monopolkommission für die Unternehmenskonzentration in Deutschland keinen besorgniserregenden Trend fest. Insbesondere die untersuchten Konzentrationskennzahlen entwickeln sich konstant bis rückläufig. Allein der beobachtete Anstieg von Preisaufschlägen sowie die Unternehmensverflechtungen über indirekte Minderheitsbeteiligungen schränken den Eindruck einer tendenziell konstanten Entwicklung der Wettbewerbsintensität in der Bundesrepublik Deutschland ein. Diesen Anstieg gilt es auch zukünftig zu beobachten.

Summary

Every two years, the Monopolies Commission has the task under Sec. 44 Para. 1 first sentence ARC to examine the state and development of concentration among companies in the Federal Republic of Germany. Since the beginning of its reporting, it has identified the 100 largest companies in Germany as part of its statutory mandate in order to assess aggregate, i.e. cross-sectoral, macroeconomic concentration. The share of the 100 largest companies in overall economic value added is used as an indicator for the level of aggregate concentration. In the reporting year 2016, this share was 14.9 percent, 0.7 percentage points lower than in 2014. The downward trend tendency since the beginning of reporting has thus continued in the current reporting period. Other indicators also point to a decrease in aggregate concentration. With regard to the links between the 100 largest companies for the reporting year 2016, a continuing downward trend can be noted. This is reflected in a decrease in the number of companies that were affiliated with at least one other company through capital shares to 32 companies (as against 38 in the reporting year 2014). The number of links of companies via members of the management board has also declined significantly from 45 connections in 2014 to only 34 connections in 2016.

Concentration reporting has been supplemented in this Report by two further aspects with a current relevance. In the first place, in the USA a long-term increase in concentration among companies and market power has been observed and a corresponding need for action in terms of competition policy is being discussed. In order to analyse the transferability of this observation to Germany and Europe, the Monopolies Commission has, among other things, evaluated concentration statistics and determined company-specific price mark-ups. The development of concentration in Germany does not show an upward trend, as is the case in the USA. However, in contrast to the relatively constant development of concentration, the average price mark-up in Germany has risen since 2013. In 2015, it was at a higher level than before the economic and financial crisis in 2007. However, the picture for Germany differs significantly from that for the USA, where a – much stronger – increase in price mark-ups can be observed, particularly in the sectors where price mark-ups are already high.

In addition, the possibility is being discussed that indirect corporate links via institutional investors may have anti-competitive effects. The Monopolies Commission has addressed this issue again and still sees a significant potential for problems. The reason for this is that indirect corporate links within a market via joint institutional investors can impede the intensity of competition between competitors by facilitating coordinated behaviour or can make competitors avoid intensive competition unilaterally. However, the Monopolies Commission considers it premature at this moment to take far-reaching measures of (competition) law or regulation. But the Monopolies Commission does welcome the announcement by the European Commission's Directorate-General for Competition to address the issue in more detail. Also, the effort of taking the possible effects of indirect horizontal links into account within the framework of the merger control review of proposed mergers, which is already under way, is to be noted positively.

Overall, the Monopolies Commission does not see a worrying trend in the concentration of companies in Germany. In particular, the indicators of concentration examined remain stable or show a downward trend. This impression that the competitive intensity in the Federal Republic of Germany remains stable is restricted only by the observed increases in price mark-ups and corporate links via indirect minority shareholdings. Such increases will be monitored closely in the future.

1 Einleitung

274. Die Monopolkommission hat laut § 44 Abs. 1 Satz 1 GWB die Aufgabe, alle zwei Jahre den Stand und die Entwicklung der Unternehmenskonzentration in der Bundesrepublik Deutschland zu beurteilen. Im vorliegenden Kapitel führt die Monopolkommission ihre Berichterstattung zur Unternehmenskonzentration in Deutschland fort und greift aktuell diskutierte Aspekte in Bezug auf wirtschaftliche Konzentrationsentwicklungen auf. Fortgesetzt wird insbesondere die Berichterstattung zur aggregierten, d. h. gesamtwirtschaftlichen Unternehmenskonzentration (Abschnitt 2). Ergänzt wird sie im vorliegenden Gutachten zum einen durch eine Analyse der Entwicklung von Marktmachtindikatoren in Deutschland und Europa (Abschnitt 3), zum anderen durch eine Darstellung der Bedeutung von Unternehmensverflechtungen über indirekte Minderheitsbeteilungen (Abschnitt 4).

275. Der Auftrag zur Begutachtung der Unternehmenskonzentration in Deutschland wurde der Monopolkommission im Jahr 1973 übertragen,[1] als ausgehend von einer beobachteten Zunahme an Unternehmensakquisitionen in den USA eine intensive Konzentrationsdebatte geführt wurde.[2] Ähnlich hat sich im Berichtszeitraum die Konzentration wirtschaftlicher Aktivität erneut zunehmend zum Gegenstand internationaler wissenschaftlicher und wettbewerbspolitischer Debatten entwickelt.[3] Anlass hierzu gaben insbesondere kontrovers geführte Diskussionen über einen möglichen langfristigen Anstieg der Unternehmenskonzentration sowie indirekter Unternehmensverflechtungen über institutionelle Investoren. Ein Anstieg der Unternehmenskonzentration könnte, so die Befürchtung, zu Marktmacht auf wettbewerblich relevanten Märkten führen. In den USA wurden die zuständigen Behörden daher bereits aufgefordert, Vorschläge für einen effektiven Wettbewerbsschutz zu erarbeiten.[4] Neben den Folgen für den Wettbewerb auf einzelnen Märkten werden auch die gesamtwirtschaftlichen Folgen einer zunehmenden Konzentration wirtschaftlicher Aktivität diskutiert. Im Fokus stehen in diesem Zusammenhang insbesondere die großen amerikanischen Technologieunternehmen, beispielsweise Google oder Facebook.[5]

276. Die Monopolkommission untersucht die Bedeutung derartiger Großunternehmen für die Gesamtwirtschaft seit Beginn ihrer Berichterstattung im Rahmen ihrer Analyse der aggregierten Unternehmenskonzentration.[6] Die aggregierte Unternehmenskonzentration beschreibt die branchenübergreifende, gesamtwirtschaftliche Konzentration der Unternehmen in Deutschland. Davon zu unterscheiden ist eine Darstellung der Konzentration auf wettbewerblich relevanten Märkten. Ziel der Analyse der aggregierten Unternehmenskonzentration ist es, gesamtwirtschaftliche Konzentrationsentwicklungen zu beobachten, da Großunternehmen in der Regel auf mehreren Märkten tätig sind (Konglomerate). Zwar ist auf der Grundlage wettbewerbsökonomischer Theorien eine Konzentration wirtschaftlicher Aktivität durch Konglomerate regelmäßig weniger problematisch als die Konzentration wirtschaftlicher Aktivität innerhalb eines wettbewerblich relevanten Marktes. Gleichwohl beeinflussen Großunternehmen in besonderem Maße gesamtwirtschaftliche bzw. regionale Entwicklungen. Aus diesem Grund erhalten beispielsweise Entscheidungen von Großunternehmen über einzelne Produktionsstandorte eine erhöhte Aufmerksamkeit bei Medien und politischen Entscheidungsträgern.[7]

---

[1] § 24b Abs. 1 Zweites Gesetz zur Änderung des Gesetzes gegen Wettbewerbsbeschränkungen vom 4. August 1973, BGBl. I 1973, S. 917.

[2] Schefzig, J., Die Beurteilung konglomerater Unternehmenszusammenschlüsse in Europa und den USA, 2013, S. 44.

[3] Bspw. führte die OECD im Juni dieses Jahres eine Anhörung zum Thema internationale Konzentrations- und Marktmachtentwicklung durch. Vgl. OECD, Market Concentration, Issues Paper by the Secretariat, DAF/COMP/WD(2018)46, 20. April 2018.

[4] Executive Order Nr. 13725 vom 15. April 2016.

[5] Autor, D. u. a., The Fall of the Labor Share and the Rise of Superstar Firms, IZA Discussion Paper, Nr. 10756, Mai 2017; The Economist, The rise of the superstars, Special Report, 17. September 2016, S. 3–16.; sueddeutsche.de, Die Ungleichheit wächst, denn Super-Firmen greifen an (abrufbar unter: http://www.sueddeutsche.de/wirtschaft/ungleichheit-super-firmen-greifen-an-1.3649240, zuletzt abgerufen am 15. Mai 2018).

[6] Monopolkommission, I. Hauptgutachten, Mehr Wettbewerb ist möglich, Baden-Baden 1976, Tz. 209. Seit dem IV. Hauptgutachten dient dabei die Wertschöpfung als Größenkriterium. Zuvor wurden die größten Unternehmen anhand des Umsatzes abgegrenzt (Monopolkommission, IV. Hauptgutachten, Fortschritte bei der Konzentrationserfassung, Baden-Baden 1982, Tz. 345).

[7] Zuletzt sorgte beispielsweise die Ankündigung der Siemens AG, Standorte in Ostdeutschland schließen zu wollen, für Aufsehen (Köhn, R., Siemens schließt Standorte in größter Konzernsparte, FAZ online, 2017, abrufbar unter http://www.faz.net/aktuell/

Mit dieser Aufmerksamkeit können wiederum Möglichkeiten zur Mitgestaltung politischer Rahmenbedingungen einhergehen.[8] Daher wird eine übermäßige Konzentration wirtschaftlicher Verfügungsgewalt insbesondere aus gesellschaftspolitischer Sicht als problematisch eingeschätzt.[9] Insofern scheint eine Beobachtung gesamtwirtschaftlicher Konzentrationsentwicklungen aus gesellschaftspolitischer Sicht angebracht. Zur Beurteilung von Stand und Entwicklung der aggregierten Unternehmenskonzentration ermittelt die Monopolkommission seit Beginn ihrer Berichterstattung die 100 größten Unternehmen in Deutschland (im Folgenden die „100 Größten"). Ihr aggregierter Anteil an der gesamtwirtschaftlichen Wertschöpfung wird anschließend als Indikator für den Stand der aggregierten Konzentration verwendet. Kapitalverflechtungen sowie personelle Verflechtungen zwischen den „100 Größten" dienen als weitere Indikatoren.

277. Im vorliegenden Gutachten ergänzt die Monopolkommission ihre Berichterstattung zur aggregierten Unternehmenskonzentration in Deutschland durch eine Analyse der Entwicklung von Marktmachtindikatoren in Deutschland und Europa. Anlass sind aktuelle Studien aus den USA, die für die USA eine Zunahme von Unternehmenskonzentration und Marktmacht, gemessen durch unternehmensspezifische Preisaufschläge, beobachten. Zur Analyse der Übertragbarkeit der Beobachtungen in den USA auf Deutschland und Europa werden deshalb im Folgenden unter anderem konzentrationsstatistische Kennzahlen ausgewertet und unternehmensspezifische Preisaufschläge ermittelt.

278. Die Untersuchung der Unternehmenskonzentration schließt mit einer Analyse der wettbewerblichen Bedeutung institutioneller Investoren. International wird in diesem Zusammenhang derzeit diskutiert, dass indirekte Unternehmensverflechtungen über institutionelle Investoren wettbewerbsbeeinträchtigende Auswirkungen haben könnten. Grund hierfür ist, dass indirekte Unternehmensverflechtungen innerhalb eines Marktes über gemeinsame Anteilseigner möglicherweise die Wettbewerbsintensität zwischen den Wettbewerbern beeinträchtigen können, indem ein koordiniertes Verhalten vereinfacht wird oder einzelne Wettbewerber einseitig auf intensiven Wettbewerb verzichten. Im vorliegenden Kapitel analysiert die Monopolkommission die in diesem Zusammenhang diskutierten Schadenstheorien, Möglichkeiten der empirischen Messung des Ausmaßes indirekter Horizontalverflechtungen sowie Vorschläge (wettbewerbs)rechtlicher oder regulatorischer Maßnahmen.

---

wirtschaft/unternehmen/siemens-schliesst-standorte-in-groesster-konzernsparte-15253775.html, zuletzt abgerufen am 12. März 2018).

[8] Dazu ausführlich Tz. 282.

[9] So auch der Gesetzgeber in seiner Begründung zur zweiten GWB-Novelle (Gesetzentwurf der Fraktionen der SPD, FDP, Entwurf eines Zweiten Gesetzes zur Änderung des Gesetzes gegen Wettbewerbsbeschränkungen, BT.-Drs. 7/76 vom 25. Januar 1973, S. 15 f.)

2 Konzentration und Verflechtung von Großunternehmen

2.1 Ziel und Methodik der Untersuchung

2.1.1 Ziel einer Analyse der aggregierten Unternehmenskonzentration

279. Die aggregierte Unternehmenskonzentration beschreibt die branchenübergreifende, gesamtwirtschaftliche Konzentration der Unternehmen in Deutschland. Davon zu unterscheiden ist eine Darstellung der Konzentration auf wettbewerblich relevanten Märkten. Die Analyse der aggregierten Unternehmenskonzentration hat ihren Ursprung in der Überprüfung konglomerater Fusionen. So wurde von US-amerikanischen Wettbewerbsbehörden vorübergehend die Ansicht vertreten, dass ein Zusammenschluss untersagt werden sollte, wenn er die aggregierte Unternehmenskonzentration erhöhen würde.[10] Allerdings wurde dieses Kriterium nie gesetzlich verankert.[11]

280. Moderne wettbewerbsökonomische Theorien legen nahe, dass konglomerate Fusionen von Unternehmen, die auf unterschiedlichen Märkten tätig sind, für den Wettbewerb regelmäßig weniger schädlich sind als horizontale Unternehmenszusammenschlüsse. Gleichwohl berücksichtigen Wettbewerbsbehörden in den USA, Europa und Deutschland potenzielle Gefahren für den Wettbewerb auf einzelnen Märkten, die von konglomeraten Fusionen ausgehen können. Beispielsweise genehmigte die Europäische Kommission die Übernahme von LinkedIn durch Microsoft nur unter Bedingungen, die sicherstellen sollten, dass Microsoft seine starke Position auf dem Markt für PC-Betriebssysteme (Windows) nicht nutzen kann, um die Position von LinkedIn im Markt für Karrierenetzwerke zu stärken.[12]

281. Neben ihrem Bezug zur Beurteilung konglomerater Fusionen gibt die Analyse der Konzentration und Verflechtung von Großunternehmen (aggregierte Unternehmenskonzentration) Aufschluss darüber, wie stark gesamtwirtschaftliche Entwicklungen von einzelnen, gegebenenfalls miteinander verflochtenen Großunternehmen abhängen, und trägt damit zur Transparenz über die Verteilung wirtschaftlicher Verfügungsgewalt bei. Diesen Aspekt hatte auch der Gesetzgeber bei der zweiten GWB-Novelle im Blick. In der Gesetzesbegründung wird ausgeführt: „da[ss] Konzentration an sich weder als gut noch als schlecht zu beurteilen" sei. Weiter heißt es, dass eine „Einschränkung des Wettbewerbs durch Konzentration [...] auch die Erhaltung einer freiheitlichen und sozial befriedigenden Wirtschafts- und Gesellschaftsordnung" gefährde. Es sei daher auch aus gesellschaftspolitischer Sicht „unerwünscht, wenn wirtschaftliche Verfügungsgewalt von einem immer kleiner werdenden Personenkreis ausgeübt"[13] werde.

282. Die gesellschaftspolitische Bedeutung von Großunternehmen ergibt sich aus ihrem Einfluss auf volkswirtschaftliche Größen und wirtschaftspolitische Rahmenbedingungen. Eine große wirtschaftliche Bedeutung kann mit einer erhöhten politischen Aufmerksamkeit einhergehen. So gilt in der empirischen Literatur neben der Wettbewerbs- bzw. Regulierungsintensität einer Branche insbesondere die Unternehmensgröße als entscheidender Faktor für die Intensität des Austauschs zwischen Unternehmensvertretern und politischen Entscheidungsträgern.[14] Dieser Austausch ist zu begrüßen, wenn er dem besseren Verständnis der Wirkungen wirtschaftspolitischer Maßnahmen aufseiten politischer Entscheidungsträger dient. Da ein solcher allerdings auch genutzt werden kann, um bei politischen Entscheidungsträgern für die Interessen der Unternehmen zu werben, können Beeinträchtigungen des Wettbewerbs resultieren. So können beispielsweise die in einem Markt etablierten Unternehmen die Aufmerksamkeit politischer Entscheidungsträger nut-

---

[10] Schefzig, J., a. a. O., S. 58.

[11] BKartA, Konglomerate Zusammenschlüsse in der Fusionskontrolle – Bestandsaufnahme und Ausblick, Diskussionspapier, 2006, S. 4.

[12] Europäische Kommission, Fusionskontrolle: Kommission genehmigt Übernahme von LinkedIn durch Microsoft unter Bedingungen, Pressemitteilung vom 6. Dezember 2016.

[13] Gesetzentwurf der Fraktionen der SPD, FDP, Entwurf eines Zweiten Gesetzes zur Änderung des Gesetzes gegen Wettbewerbsbeschränkungen, BT.-Drs. 7/76 vom 25. Januar 1973, S. 15 f.

[14] Vgl. Dellis, K./Sondermann, D., Lobbying in Europe: new firm-level evidence, European Central Bank working paper series 2071, 2017, Figueiredo, J. M./Richter, B. K., Advancing the empirical research on lobbying, Annual review of political science 17, 2014, S. 163–185 und Borghesi, R./Chang, K., The determinants of effective corporate lobbying, Journal of economics and finance 39(3), 2015, S. 606–624.

zen, um Markteintritte zu erschweren oder gar zu verhindern.[15] Die Nutzung politischer Verbindungen kann in derartigen Fällen zu erheblichen Wohlfahrtseinbußen führen.[16] Die Produktionsstandorte von Großunternehmen sind für die betroffenen Regionen mitunter von großer Bedeutung. Aus diesem Grund erhalten Unternehmensentscheidungen über einzelne Produktionsstandorte eine erhöhte Aufmerksamkeit bei Medien und politischen Entscheidungsträgern. So sorgte zuletzt die Ankündigung der Siemens AG, Standorte in Ostdeutschland schließen zu wollen, für Aufsehen.[17]

283. Eine besondere Bedeutung haben Großunternehmen für politische Entscheidungsträger auch, weil die wirtschaftliche Situation von Großunternehmen einen Einfluss auf gesamtwirtschaftliche Größen hat. In Volkswirtschaften, in denen es relativ wenige sehr große Unternehmen gibt, gleichen sich Veränderungen der wirtschaftlichen Lage von Unternehmen nicht aus. Vielmehr können Veränderungen der wirtschaftlichen Lage von Großunternehmen einen erheblichen Anteil der gesamtwirtschaftlichen Entwicklung determinieren. So kann ein Drittel der Veränderungen des US-amerikanischen Bruttoinlandsproduktes auf Veränderungen der wirtschaftlichen Lage der 100 größten amerikanischen Unternehmen zurückgeführt werden.[18] Auch für Deutschland gibt es Hinweise, dass Großunternehmen Einfluss auf aggregierte Größen ausüben. So erklären Schwankungen des Umsatzes der zehn größten Industrieunternehmen in Deutschland mehr als ein Drittel der Schwankungen des Umsatzes aller Industrieunternehmen.[19]

284. Hat die wirtschaftliche Entwicklung einzelner Unternehmen einen signifikanten Anteil an der wirtschaftlichen Entwicklung Deutschlands, werden politische Entscheidungsträger die Wirkungen politischer Maßnahmen auf diese Unternehmen in besonderem Maße berücksichtigen. Da Großunternehmen neben Steuereinnahmen auch verhältnismäßig viele Arbeitsplätze sichern, kann es politisch vorteilhaft sein, einzelne Großunternehmen oder Branchen zu stützen, indem wirtschaftliche Rahmenbedingungen geschaffen werden, die die wirtschaftliche Position dieser Unternehmen sichern. Großunternehmen der Automobilbranche kommt in Deutschland daher eine ähnlich große Aufmerksamkeit seitens der politischen Entscheidungsträger zu wie den als systemrelevant geltenden Banken oder Unternehmen der netzgebundenen Industrien, die als für die Versorgungssicherheit entscheidend angesehen werden. Auf der Grundlage von Veränderungen der aggregierten Konzentration können somit auch Rückschlüsse auf die politische Bedeutung von Großunternehmen gezogen werden.

2.1.2 Die Wertschöpfung des inländischen Konzerns als Größenkriterium

285. Zur Beurteilung der aggregierten Unternehmenskonzentration ermittelt die Monopolkommission seit Beginn ihrer Berichterstattung die 100 größten Unternehmen in Deutschland (im Folgenden die „100 Größten").[20] Unter Unternehmen werden in diesem Zusammenhang inländische Konzerne verstanden. Das Konzept des inländischen Konzerns betrachtet alle Unternehmen einer Unternehmensgruppe in der Bundesrepublik Deutschland als wirtschaftliche Einheit. Regelmäßig stellt die Untersuchung somit auf (Teil-)Konzerne ab, deren oberste Gesellschaft (Mutterunternehmen) im Inland gemäß § 290 HGB verpflichtet ist, einen Konzernabschluss aufzustellen. In diesen werden alle Unternehmen einbezogen, die unter der einheitlichen Leitung des inländischen Mutterunternehmens stehen oder bei denen die inländische Muttergesellschaft über die Mehrheit der Stimmrechte verfügt, die Mehrheit der Mitglieder des Verwaltungs-, Leitungs- oder Aufsichtsgremiums bestellen bzw. abberufen oder aufgrund der Satzung bzw. eines Beherrschungsver-

---

[15] Matsumura, T./Yamagishi, A., Lobbying for regulatory reform by industry leaders, Journal of regulatory economics 52(1), 2017, S. 63–76.

[16] Magnolfi, L./Roncoroni, C., Political connections and market structure, Working paper, 2016, abrufbar unter https://warwick.ac.uk/fac/soc/economics/staff/croncoroni/politicalconnectionsmarketstructure.pdf (zuletzt abgerufen am 16. Januar 2018).

[17] Köhn, R., Siemens schließt Standorte in größter Konzernsparte, FAZ online, 2017, abrufbar unter http://www.faz.net/aktuell/wirtschaft/unternehmen/siemens-schliesst-standorte-in-groesster-konzernsparte-15253775.html (zuletzt abgerufen am 12. März 2018).

[18] Gabaix, X., The granular origins of aggregate fluctuations, Econometrica 79(3), 2011, S. 733–772.

[19] Wagner, J., The german manufacturing sector is a granular economy, Applied Economics Letters 19(17), 2012, S. 1663 ff.

[20] Monopolkommission, I. Hauptgutachten, Mehr Wettbewerb ist möglich, Baden-Baden 1976, Tz. 209.

trags einen beherrschenden Einfluss ausüben kann.[21] Zwar können zum Konsolidierungskreis der inländischen Muttergesellschaft auch Unternehmen gehören, die ihren Sitz im Ausland haben, diese bleiben jedoch unberücksichtigt.

286. Als Größenkriterium zur Abgrenzung des Kreises der „100 Größten" verwendet die Monopolkommission seit dem IV. Hauptgutachten die Wertschöpfung.[22] Wie die gesamtwirtschaftliche Wertschöpfung kann die Wertschöpfung eines Unternehmens aus zwei Perspektiven betrachtet werden: Aus realgüterwirtschaftlicher Sicht entspricht sie dem Wert, den ein Unternehmen den Vorprodukten beispielsweise durch Umwandlung hinzufügt. In der volkswirtschaftlichen Gesamtrechnung spiegelt sich diese Betrachtungsweise in der Entstehungsrechnung wider. Wie in der Verteilungsrechnung der volkswirtschaftlichen Gesamtrechnung kann die Wertschöpfung auch aus der nominalgüterwirtschaftlichen Perspektive betrachtet werden. Dann entspricht die Wertschöpfung eines Unternehmens den Einkommen, die es für die am Unternehmen beteiligten Parteien generiert. Dazu zählen neben Gewinnen und Zinsen der Kapitalgeber auch die Arbeitseinkommen der Arbeitnehmer und die Steuern, die dem Staat zufließen.[23]

287. Die Verwendung der Wertschöpfung als Größenkriterium bietet sich vor dem Hintergrund des Ziels der Erfassung der aggregierten Unternehmenskonzentration an. Sollen unabhängig von der Branche, in denen Unternehmen tätig sind, alle Großunternehmen zur Beurteilung der aggregierten Konzentration herangezogen werden, ist die Wertschöpfung als Größenkriterium gegenüber anderen Größen, wie den Umsätzen von Industrie-[24], Handels- und Dienstleistungsunternehmen, den Bilanzsummen bei Kreditinstituten[25] oder den Bruttobeitragseinnahmen bei Versicherungsunternehmen[26], vorzugswürdig, da sie einen Vergleich der Leistungsfähigkeit von Unternehmen über Branchen hinweg ermöglicht. Branchenübergreifende Vergleiche auf der Grundlage des Geschäftsvolumens sind dagegen nicht aussagekräftig. Sollen neben Industrieunternehmen beispielsweise auch Kreditunternehmen in die Beurteilung der aggregierten Konzentration eingehen, ist eine Gegenüberstellung der Bilanzsummen aufseiten der Kreditinstitute und der Umsätze aufseiten der Industrieunternehmen nicht zielführend.[27]

288. Insbesondere vor dem Hintergrund, dass die Berichterstattung zur aggregierten Unternehmenskonzentration Aufschluss über die Verteilung wirtschaftlicher Verfügungsgewalt geben soll, ergibt sich ein weiterer Vorteil aus der Verwendung der Wertschöpfung als Größenkriterium. Das Bruttoinlandsprodukt, das annähernd der volkswirtschaftlichen Bruttowertschöpfung entspricht,[28] gilt neben der Arbeitslosenquote als entscheidender Maßstab für die wirtschaftliche Leistungsfähigkeit eines Landes und den Erfolg politischer Entscheidungsträger. Der Anteil von Großunternehmen an dieser Größe spiegelt somit einerseits ihren Anteil an der wirtschaftlichen Leistungsfähigkeit eines Landes und andererseits ihre Bedeutung für politische Entscheidungsträger – zusammengefasst ihre gesellschaftspolitische Bedeutung – wider. Sollen Unternehmen bezüglich ihrer gesellschaftspolitischen Bedeutung beurteilt werden, bietet die Wertschöpfung gegenüber den branchenspezifischen Geschäftsvolumina als Größenkriterium auch hier den Vorteil, dass sie branchenübergreifende Vergleiche ermöglicht. Verglichen mit einem Handelsunternehmen generiert ein Industrieunter-

---

[21] Es werden aber auch Teilkonzerne erfasst, die kein inländisches Mutterunternehmen haben. Dies können Unternehmen mit einem ausländischen Mutterunternehmen, wie die Shell-Gruppe Deutschland, sein, aber auch Gleichordnungskonzerne, wie die Debeka-Versicherungsgruppe, oder von der Monopolkommission als wettbewerbliche Einheit betrachtete Unternehmen, wie die EDEKA-Gruppe.

[22] Zuvor wurden die größten Unternehmen anhand des Umsatzes abgegrenzt (Monopolkommission, IV. Hauptgutachten, Fortschritte bei der Konzentrationserfassung, Baden-Baden 1982, Tz. 345).

[23] Die konkrete Berechnung der Wertschöpfung auf der Grundlage von Jahresabschlussdaten wird detailliert im Anhang zu diesem Gutachten beschrieben (Anhang Abschnitt 1.1.).

[24] Im Folgenden bezeichnet der Begriff „Industrie" das produzierende Gewerbe. Nach der Einteilung des Statistischen Bundesamtes (Klassifikation der Wirtschaftszweige, Ausgabe 2008) sind diesem die Wirtschaftsabschnitte B (Bergbau), C (verarbeitendes Gewerbe), D (Energieversorgung), E (Wasserversorgung, Abwasser- und Abfallentsorgung) sowie F (Baugewerbe) zugeordnet.

[25] Im Folgenden bezeichnet der Begriff „Kreditinstitute" das Kreditgewerbe (WZ 2008: Abteilung K 64, Gruppen K 66.1, K 66.3).

[26] Im Folgenden bezeichnet der Begriff „Versicherungen" das Versicherungsgewerbe (WZ 2008: Abteilung K 65, Gruppe K 66.2).

[27] Eine Verwendung des Unternehmenswerts ließe diesen Vergleich zwar zu, wäre aber insbesondere bei nicht börsennotierten Unternehmen mit erheblichen methodischen Problemen verbunden.

[28] Im Jahr 2016 betrug der Anteil der Bruttowertschöpfung am Bruttoinlandsprodukt mehr als 90 Prozent (Statistisches Bundesamt, Fachserie 18 Reihe 1.5 vom 5. September 2017).

nehmen beispielsweise bei gleichem Umsatz aufgrund einer stärkeren vertikalen Integration regelmäßig höhere Einkommen für die an ihm beteiligten Gruppen (Arbeitnehmer, Kapitalgeber, Staat) und hat aus diesem Grund auch ein größeres gesellschaftspolitisches Gewicht.

2.1.3 Die Ermittlung der „100 Größten"

289. Um den Kreis der „100 Größten" abzugrenzen, wurden auf Basis von Abfragen der Datenbank „Orbis Europe All Companies" des Anbieters Bureau van Dijk und von Pressemitteilungen die für das Berichtsjahr 2016 potenziell zum Kreis gehörenden Unternehmen bestimmt. Zur Ermittlung ihrer inländischen Wertschöpfung wurden aus diesem Kreis 202 Unternehmen befragt. 174 Unternehmen (86,1 Prozent) stellten der Monopolkommission die benötigten Kennzahlen zur Verfügung, davon 74 Unternehmen (36,6 Prozent) auf der Grundlage eines verkürzten Fragebogens. Die inländische Wertschöpfung der Unternehmen, die keine Daten zur Verfügung stellten, wurde geschätzt.

290. Die Befragung der Unternehmen ist in der Regel notwendig, weil die Wertschöpfung des inländischen Konzerns regelmäßig nicht auf der Grundlage eines veröffentlichten Konzernabschlusses erhoben werden kann. Die Veröffentlichungspflichten für publizitätspflichtige Unternehmen (gemäß § 325 Abs. 1 HGB) sind relativ großzügig gehalten. Börsennotierte Unternehmen müssen ihre Jahresabschlussunterlagen zwar bereits nach Ablauf von vier Monaten beim Betreiber des elektronischen Bundesanzeigers einreichen, ansonsten liegt die Frist bei zwölf Monaten. Da für das Berichtsjahr 2016 alle Jahresabschlüsse einbezogen werden, die den 30. Juni 2016 einschließen, müssen einige Unternehmen ihren Jahresabschluss erst kurz vor Erscheinen der vorliegenden Untersuchung publizieren. Zudem kann die rechtliche Ausgestaltung der Konzernstruktur dazu führen, dass kein Konzernabschluss vorliegt, auf dessen Grundlage die inländische Wertschöpfung ermittelt werden kann. So ist die zu betrachtende wirtschaftliche Einheit im Inland nicht zur Aufstellung eines (Teil-)Konzernabschlusses verpflichtet, wenn eine ausländische Konzernobergesellschaft einen Konzernabschluss aufstellt, der bestimmte Kriterien erfüllt (§§ 291 f. HGB).

291. Selbst in Fällen, in denen ein (Teil-)Konzernabschluss eines inländischen Mutterunternehmens vorliegt, kann die inländische Wertschöpfung nicht ermittelt werden, wenn es sich um eine Personengesellschaft mit vollhaftendem Gesellschafter oder Einzelkaufmann handelt, da in diesem Fall die zur Ermittlung der Wertschöpfung notwendige Gewinn- und-Verlust-Rechnung nicht offengelegt werden muss (§ 9 Abs. 2 PublG), wenn in der Anlage zur Bilanz bestimmte Erfolgspositionen genannt werden (§ 5 Abs. 5 Satz 3 PublG). Zudem sind Konzernobergesellschaften national (§ 290 HGB) und international (IFRS 10)[29] verpflichtet, alle Tochterunternehmen unabhängig von deren Standort in ihren Konzernabschluss einzubeziehen bzw. zu konsolidieren. Da Mutterunternehmen im Inland regelmäßig auch Tochterunternehmen im Ausland konsolidieren, ist es auf der Grundlage des Konzernabschlusses auch in diesen Fällen nicht möglich, die inländische Wertschöpfung zu bestimmen.

292. Hat die Befragung der Unternehmen nicht alle erforderlichen Daten zur Ermittlung der Wertschöpfung liefern können, wurde die inländische Wertschöpfung der betroffenen Unternehmen geschätzt.[30] Die Wahl des Schätzverfahrens wurde von der im Einzelfall vorliegenden Konzernstruktur und dem verfügbaren Datenmaterial abhängig gemacht. Beruhte die Wertschöpfung des inländischen Konzerns beispielsweise überwiegend auf der Geschäftstätigkeit einer Gesellschaft, wurde die inländische Wertschöpfung auf der Grundlage der Daten des Einzelabschlusses dieser Gesellschaft ermittelt. Konnte eine begrenzte Anzahl an Gesellschaften im Inland identifiziert werden, die einen Großteil der inländischen Wertschöpfung erwirtschafteten, wurden die Einzelabschlüsse dieser Gesellschaften ausgewertet und die inländische Wertschöpfung als Summe der Wertschöpfung dieser Gesellschaften dargestellt.

293. In vielen Fällen lagen zwar Konzernabschlussdaten zur Ermittlung der Wertschöpfung des gesamten Konzerns vor, die Wertschöpfung im Inland konnte jedoch nicht ermittelt werden, da ausländische Tochterunternehmen einbezogen wurden. Hier wurde auf der Grundlage vorliegender Größenrelationen von der weltweiten Wertschöpfung auf die in-

---

[29] Die International Financial Reporting Standards (IFRS) werden vom International Accounting Standards Board herausgegeben und im Anschluss an ein Bestätigungsverfahren in der EU verpflichtend. Mit der Verordnung (EU) Nr. 1254/2012 der Kommission vom 11. Dezember 2012 wurde IFRS 10, der Regelungen zur Aufstellung von Konzernabschlüssen enthält, verpflichtend.

[30] Die dabei verwendeten Verfahren werden im Anhang zu diesem Gutachten detailliert beschrieben (Anhang Abschnitt 1.2).

ländische Wertschöpfung eines Unternehmens geschlossen. Ähnlich wurde auch die inländische Wertschöpfung von Unternehmen im Lebensmitteleinzelhandel geschätzt. Da im Lebensmitteleinzelhandel häufig eine Vielzahl rechtlich selbstständiger Einzelhändler oder Genossenschaften einer Unternehmensgruppe zuzuordnen sind, liegt hier regelmäßig kein die gesamte Unternehmensgruppe umfassender Konzernabschluss zur Ermittlung der Wertschöpfung vor. Unter Zuhilfenahme der Publikation „Top-Firmen – Das Nachschlagewerk zum deutschen Lebensmittelhandel – Edition 2017" des Anbieters TradeDimensions, und vereinzelt auch von Pressemitteilungen, wurde in diesen Fällen von Größenrelationen bei einzelnen Händlern bzw. Genossenschaften auf die gesamte Wertschöpfung eines Unternehmens geschlossen.

2.1.4 Gang der Untersuchung

294. In Abschnitt 2.2 werden die „100 Größten" mit ihrer Branchenzugehörigkeit, der Wertschöpfung, dem Geschäftsvolumen und der Anzahl der Beschäftigten in der Bundesrepublik Deutschland dargestellt. Anschließend werden die „100 Größten" im Hinblick auf diese Kennzahlen analysiert und diese in Bezug zu gesamtwirtschaftlichen Vergleichsgrößen gesetzt. Da Verflechtungen von Unternehmen aus dem Kreis der „100 Größten" untereinander die gesamtwirtschaftliche Bedeutung dieser Unternehmen noch verstärken können, folgen in den Abschnitten 2.3 und 2.4 Analysen zu den Kapital- und personellen Verflechtungen zwischen den „100 Größten". Um mögliche Konzentrationstendenzen durch externes Wachstum der „100 Größten" beobachten zu können, wird zudem erfasst, wie häufig Unternehmen aus dem Kreis der „100 Größten" beim Bundeskartellamt Zusammenschlüsse angemeldet haben und wie häufig diese Anmeldungen freigegeben wurden (Abschnitt 2.5). Die Analyse der aggregierten Unternehmenskonzentration schließt mit einer branchenspezifischen Betrachtung von Großunternehmen, bei der die branchenspezifischen Geschäftsvolumina als Größenkriterium herangezogen werden (Abschnitt 2.6). So können aggregierte Konzentrationsprozesse auch auf einer kleineren als der gesamtwirtschaftlichen Ebene eingeschätzt werden.

2.2 Die 100 größten Unternehmen in Deutschland

2.2.1 Die Zusammensetzung des Kreises der 100 größten Unternehmen

295. Tabelle II.1 zeigt die 100 größten Unternehmen in der Bundesrepublik Deutschland im Berichtsjahr 2016 geordnet nach der Höhe ihrer Wertschöpfung im Inland. Neben der inländischen Wertschöpfung wird ausgewiesen in welchen Wirtschaftszweigen die Unternehmen tätig sind, welches Geschäftsvolumen sie im Berichtsjahr erzielt und wie viele Personen sie beschäftigt haben.[31] Die genannten Merkmale beziehen sich auf Konzernbereiche im Inland. Bei der Größe „Geschäftsvolumen" handelt es sich bei Industrie-, Handels- und Dienstleistungsunternehmen um die Umsatzerlöse, bei Kreditinstituten um die Bilanzsumme und bei Versicherungsunternehmen um die Bruttobeitragseinnahmen.

---

[31] Auf eine Ermittlung des inländischen Cashflows sowie der Sachanlagen im Inland wurde in der vorliegenden Untersuchung verzichtet. Zwar können Cashflow und Sachanlagen zu einer Einschätzung der Marktstellung eines Unternehmens herangezogen werden, allerdings erfordern konkrete wettbewerbspolitische Entscheidungen eine detaillierte Analyse von Marktpositionen und Aktivitäten von Unternehmen in relevanten Märkten. Die vorliegende Untersuchung kann hier ohnehin lediglich als Orientierungshilfe für weiterführende Analysen dienen (vgl. Monopolkommission, XX. Hauptgutachten, Eine Wettbewerbsordnung für die Finanzmärkte, Baden-Baden 2014, Tz. 400).

Tabelle II.1: Die nach inländischer Wertschöpfung 100 größten Unternehmen im Berichtsjahr 2016

Rang	Jahr	Unternehmen[1]	Wirtschafts-zweig[2]	Wertschöp-fung[3]	Geschäftsvolu-men[4]	Beschäftig-te
				in Mio. EUR		
1	2016	Volkswagen AG	29	24.847	147.318	281.518
1	2014			29.595	139.525	271.043
2	2016	Daimler AG	29	21.188	106.142	170.034
2	2014			19.481	85.637	168.909
3	2016	Bayerische Motoren Werke AG	29, 30	14.209	76.180	88.445
3	2014			14.631	68.181	83.128
4	2016	Robert Bosch GmbH	26, 27, 28	12.938	43.064	133.974
7	2014		29, 46	9.173	32.296	105.429
5	2016	Siemens AG[c]	26, 27,	11.987	33.892	113.000
4	2014		28, 30	13.648*	32.118	115.000
6	2016	Deutsche Bahn AG	49, 52	11.782	23.772	187.395
6	2014			11.669	23.464	187.882
7	2016	Deutsche Telekom AG	61	11.711	25.273	104.662
5	2014			13.071	25.742	114.749
8	2016	Deutsche Post AG	52, 53	7.991*	17.910	174.537
8	2014			7.309*	17.367	170.596
9	2016	INA-Holding Schaeffler	22, 25,	7.591*	20.308	88.061
30	2014	GmbH & Co. KG	28, 29	2.937	7.947	30.525
10	2016	Bayer AG	20, 21	7.342	23.285	37.013
12	2014			5.634	21.373	35.791
11	2016	Commerzbank AG	64	6.944	437.643	33.843
23	2014			3.939	512.801	39.779
12	2016	BASF SE	06, 20,	6.676	17.540	51.557
9	2014		21, 22	6.492	32.241	53.277
13	2016	Deutsche Lufthansa AG	33, 51,	6.066	22.947	68.181
13	2014		56	5.160	22.009	60.274
14	2016	SAP SE	62	5.698	14.132	18.866
14	2014			5.045	10.197	17.673
15	2016	Fresenius SE & Co. KGaA	20, 21, 26	5.230	9.365	84.165
15	2014		32, 46	4.740	8.594	79.328

Rang	Jahr	Unternehmen[1]	Wirtschafts-zweig[2]	Wertschöp-fung[3]	Geschäftsvolu-men[4]	Beschäftig-te
				in Mio. EUR		
16	2016	REWE-Gruppe	46, 47,	4.974*	38.964	161.067
17	2014		79	4.462*	37.204	153.782
17	2016	Schwarz-Gruppe[f]	47	4.845*	34.000*	156.000*
19	2014			4.383*	30.964*	71.500*
18	2016	Airbus-Gruppe Deutschland	25, 30	4.711*	18.194	46.713
16	2014			4.691*	14.553	48.374
19	2016	Vonovia SE	68	4.636	3.437	7.067
–	2014					
20	2016	thyssenkrupp AG[5, c]	24, 28,	4.337	19.158	59.930
26	2014		29, 30	3.570	19.091	59.783
21	2016	Allianz SE	65	4.189	27.350	40.167
27	2014			3.382	28.157	40.692
22	2016	Deutsche Bank AG	64	4.176	899.209	44.600
10	2014			6.463	983.981	45.392
23	2016	EDEKA-Gruppe	46, 47	4.087*	49.622*	352.000
25	2014			3.768*	46.542*	336.100
24	2016	ZF Friedrichshafen AG	28, 29	4.028	11.451	41.483
24	2014			3.798	10.999	41.188
25	2016	Roche-Gruppe Deutschland	20, 21,	3.482*	6.464	13.207
53	2014		32, 46	1.405[E]	4.195[E]	11.970[E]
26	2016	Aldi-Gruppe	46, 47	3.228*	25.472*	75.100*
28	2014			2.991*	24.849*	64.700*
27	2016	METRO AG[6, c]	46, 47	3.226	22.622	70.714
21	2014			4.242	25.478	87.255
28	2016	Ford-Gruppe Deutschland	29	3.074	22.474	25.399
52	2014			1.411[E]	17.466[E]	24.469[E]
29	2016	Bertelsmann SE & Co. KGaA	18, 58,	3.041	6.936	36.064
29	2014		59	2.979*	6.931	40.846
30	2016	Evonik Industries AG	20	3.013	6.906	21.783
32	2014			2.640	7.720	21.439
31	2016	Münchener Rückversicherungs-	65	2.907	35.443	21.077
31	2014	Gesellschaft AG		2.797	35.280	21.899

Rang	Jahr	Unternehmen[1]	Wirtschafts-zweig[2]	Wertschöp-fung[3]	Geschäftsvolu-men[4]	Beschäftig-te
				in Mio. EUR		
32	2016	Sanofi-Gruppe Deutschland[E]	21	2.861	4.723	7.837
20	2014			4.378	6.081	7.562
33	2016	C. H. Boehringer Sohn	21	2.516*	9.636	13.968
38	2014	AG & Co. KG		2.091*	7.902	13.367
34	2016	KfW Bankengruppe	64	2.302	507.013	5.944
35	2014			2.231	489.072	5.518
35	2016	Asklepios Kliniken GmbH	86	2.244	3.211	34.887
37	2014			2.137	3.020	34.255
36	2016	IBM-Gruppe Deutschland	26, 62, 63	2.145	4.898	10.725
36	2014			2.142	4.905	14.105
37	2016	Rethmann SE & Co. KG	21, 38, 52	1.926*	7.609	38.907
41	2014			1.660*	7.746	36.961
38	2016	General Motors-Gruppe Deutschland[E]	29	1.882	12.294	20.034
33	2014			2.414	13.487	19.521
39	2016	HGV Hamburger Gesellschaft für Vermögens und Beteiligungsmanagement mbH	36, 49, 52, 68	1.670	4.491	21.023
45	2014			1.523	4.185	19.120
40	2016	Adolf Würth GmbH & Co. KG	25, 46	1.632	5.086	21.697
46	2014			1.488	4.590	20.226
41	2016	Sana Kliniken AG	86	1.617	2.404	22.342
50	2014			1.418	2.156	20.848
42	2016	Fraport AG Frankfurt Airport Services Worldwide	52	1.584	2.115	17.772
56	2014			1.328	2.072	18.667
43	2016	Otto Group[f]	47	1.565*	8.349	26.653
43	2014			1.538*	7.741	26.531
44	2016	BP-Gruppe Deutschland	06, 19, 46	1.565	20.704	4.887
–	2014					
45	2016	UniCredit-Gruppe Deutschland	64	1.559	206.135	13.367
40	2014			1.740	197.323	16.296
46	2016	DZ Bank AG	64	1.540	455.363	26.924
39	2014			1.855	362.243	26.294
47	2016	STRABAG-Gruppe Deutschland	41, 42	1.510*	6.270	28.846
44	2014			1.537*	6.080	27.551

Rang	Jahr	Unternehmen[1]	Wirtschafts-zweig[2]	Wertschöp-fung[3]	Geschäftsvolu-men[4]	Beschäftig-te
				in Mio. EUR		
48	2016	Adecco-Gruppe Deutschland[E]	82	1.467	1.659	2.793
–	2014					
49	2016	Deutsche Börse AG	62, 63,	1.457	1.807	2.067
57	2014		66, 82	1.297	1.462	1.920
50	2016	Salzgitter AG	24, 25,	1.436	7.099	19.095
49	2014		28, 46	1.429	8.398	19.821
51	2016	MERCK KGaA[7]	20, 21,	1.389	4.582	12.450
51	2014		32	1.414	4.189	11.191
52	2016	Henkel AG & Co. KGaA	20, 22	1.357	3.299	8.242
54	2014			1.342	4.083	8.180
53	2016	Carl Zeiss AG[c]	26, 32	1.345*	3.062	10.814
64	2014			1.137*	2.762	10.773
54	2016	Procter & Gamble-Gruppe	20, 22,	1.267	1.894	10.953
61	2014	Deutschland[S, a]	27, 46	1.180	1.828	11.990
55	2016	Wacker Chemie AG	20, 26	1.237	4.241	12.138
47	2014			1.477	4.007	12.366
56	2016	maxingvest AG	10, 12,	1.232*	3.818	13.961
63	2014		20, 46	1.138*	3.877	14.441
57	2016	Nestlé-Gruppe Deutschland	10, 46	1.225*	4.276	12.209
98	2014			801*	3.863	12.970[13)]
58	2016	PricewaterhouseCoopers	69	1.208	1.778	9.666
65	2014	Aktiengesellschaft Wirtschaftsprüfungs-gesellschaft[a]		1.106	1.545	9.500
59	2016	KPMG AG Wirtschaftsprüfungs-	69	1.190	1.544	9.737
68	2014	gesellschaft[c]		1.041	1.335	9.297
60	2016	Norddeutsche Landesbank	64	1.185	161.175	5.596
92	2014	Girozentrale		851	158.806	5.787
61	2016	AXA-Gruppe Deutschland	65	1.167	10.395	9.217
–	2014					
62	2016	Landesbank Baden-	64	1.134	214.409	8.792
55	2014	Württemberg		1.334	234.009	9.905
63	2016	Bayerische Landesbank	64	1.114	208.237	6.300
62	2014			1.146	232.224	5.919

Rang	Jahr	Unternehmen[1]	Wirtschafts-zweig[2]	Wertschöp-fung[3]	Geschäftsvolu-men[4]	Beschäftig-te
				in Mio. EUR		
64	2016	HDI Haftpflichtverband der	65	1.112*	8.793	10.983
75	2014	Deutschen Industrie V. a. G.		942*	9.335	11.142
65	2016	AVECO Holding AG	81	1.109*	1.887	47.156
71	2014			1.001	1.727	45.299
66	2016	DEKRA SE	70, 71	1.108*	1.740	19.719
70	2014			1.022*	1.566	19.353
67	2016	Rheinmetall AG	25, 26,	1.088*	2.795	10.181
97	2014		28, 30	814*	2.330	9.827
68	2016	INGKA-Gruppe Deutschland[b]	47	1.081*	5.013	12.675
–	2014					
69	2016	Liebherr-International-Gruppe	27, 28,	1.073*	2.959	18.289
58	2014	Deutschland	30	1.277*	4.593	17.362
70	2016	EWE AG	35	1.058	6.838	8.083
87	2014			869	7.361	7.704
71	2016	Axel Springer SE	18, 58	1.039	1.949	8.096
95	2014			840	1.918	8.715
72	2016	ProSiebenSat.1 Media SE[8]	60	1.030*	2.970	4.568
82	2014			889*	2.477	3.188
73	2016	Dr. August Oetker KG	10, 11,	1.030*	9.270	17.010
84	2014		46, 50	879*	8.594	14.811
74	2016	B. Braun Melsungen AG	21, 32	1.029	3.141	14.876
86	2014			874	2.745	13.616
75	2016	LANXESS AG	20	1.028	3.925	7.600
76	2014			917	4.127	7.582
76	2016	ABB-Gruppe Deutschland	26, 27,	1.022	4.287	10.526
73	2014		43	977	2.973	10.898
77	2016	dm-drogerie markt	47	1.003	6.364	23.922
77	2014	Verwaltungs-GmbH[c]		909	5.454	27.238
78	2016	Vivantes – Netzwerk	86	1.001	1.160	11.845
–	2014	für Gesundheit GmbH				
79	2016	MAHLE GmbH[9]	29	1.001	2.750	12.415
–	2014					

Rang	Jahr	Unternehmen[1]	Wirtschafts-zweig[2]	Wertschöp-fung[3]	Geschäftsvolu-men[4]	Beschäftig-te
				in Mio. EUR		
80	2016	Ernst & Young-Gruppe	64, 69,	990	1.558	9.350
85	2014	Deutschland[a]	70	878	1.373	8.043
81	2016	Rolls-Royce-Gruppe	28, 45,	981*	1.037	10.700
96	2014	Deutschland	46	822*	2.520	8.265
82	2016	Miele & Cie. KG[a]	27, 46	978	2.729	10.327
94	2014			843	2.416	10.412
83	2016	Stadtwerke Köln GmbH	35, 36,	969	4.959	12.473
81	2014		38, 49	898	4.556	11.834
84	2016	Shell-Gruppe Deutschland[s]	06, 19,	957	13.591	3.680
–	2014		35, 46			
85	2016	Hella KGaA Hueck & Co.[g]	25, 27,	953	2.631	9.707
74	2014		29	956	2.718	9.584
86	2016	Saint-Gobain-Gruppe	23, 24,	946	4.055	14.445
66	2014	Deutschland	25, 46	1.091	4.546	16.432
87	2016	Freudenberg & Co. KG	13, 20,	940	2.621	11.812
78	2014		22, 29	908	2.326	9.647
88	2016	HUK-COBURG	65	939	6.928	10.031
90	2014			862	6.321	10.029
89	2016	DFS Deutsche	52	926	1.170	5.632
80	2014	Flugsicherung GmbH		901	1.106	5.879
90	2016	LyondellBasell-Gruppe	20	923	3.667	2.066
–	2014	Deutschland[E]				
91	2016	VINCI-Gruppe Deutschland	41, 42	894*	2.387	12.379
–	2014					
92	2016	Linde AG	20, 71	887	2.707	8.014
72	2014			1.000	2.987	8.090
93	2016	United Internet AG	62	871*	3.515	6.438
–	2014					
94	2016	Krones AG	28	870	2.688	10.055
99	2014			788	2.567	9.344

Rang	Jahr	Unternehmen[1]	Wirtschafts-zweig[2]	Wertschöp-fung[3]	Geschäftsvolu-men[4]	Beschäftig-te
				in Mio. EUR		
95	2016	Philip Morris International-	12, 46	867	6.601	531
–	2014	Gruppe Deutschland[E]				
96	2016	K+S AG	08, 20,	857	1.975	10.018
60	2014		38	1.225	2.277	9.986
97	2016	Rhön-Klinikum AG	86	857	1.176	16.486
34	2014			2.297	1.511	15.602
98	2016	Debeka-Gruppe	65	824	9.792	16.352
69	2014			1.038	9.830	16.881
99	2016	Charité Universitätsmedizin	86	819	1.174	9.708
–	2014	Berlin KöR				
100	2016	Stadtwerke München GmbH	35, 36,	817	6.321	9.022
91	2014		49	855	6.095	8.660
–	2016	RWE AG	35, 36	–1.472	41.032	34.835
11	2014			6.186	49.083	36.411
–	2016	Continental AG	22, 29	–	–	–
18	2014			4.461	12.045	52.411
–	2016	E.ON SE	20, 35	–27	21.985	16.695
22	2014			4.052	98.457	22.290
–	2016	Vattenfall-Gruppe Deutschland	05, 35,	–2.012	12.552	7.505
42	2014		36	1.592	14.654	17.476
–	2016	EnBW Energie	35	–159	18.189	17.182
48	2014	Baden-Württemberg AG[10]		1.461	19.509	17.008
–	2016	BSH Hausgeräte GmbH	27, 46	–	–	–
59	2014			1.247	6.380	15.987
–	2016	HP-Gruppe	26, 77,	208	2.703	976
67	2014	Deutschland[E, d, 11]	62, 95	1.076	6.484	10.218
–	2016	Signal-Iduna-Gruppe	65	692	5.360	9.965
79	2014			906	5.500	11.244
–	2016	TOTAL-Gruppe Deutschland[12]	19, 46	706	9.360	2.005
83	2014			884*	12.714	3.572
–	2016	H & M Hennes & Mauritz-	47	759*	3.304	14.261
88	2014	Gruppe Deutschland[e]		866*	3.233	14.050

Rang	Jahr	Unternehmen[1]	Wirtschafts-zweig[2]	Wertschöp-fung[3]	Geschäftsvolu-men[4]	Beschäftig-te
				in Mio. EUR		
–	2016	Voith GmbH[c]	28	418*	519	7.363
89	2014			862*	1.078	14.434
–	2016	Bilfinger SE	41, 42,	296	1.000	8.961
93	2014		43, 68	844	2.751	24.408
–	2016	Kühne + Nagel-Gruppe	52	728	3.207	13.659
100	2014	Deutschland		782	3.219	13.689

[1] Zusätzlich zu den 100 größten Unternehmen im Berichtsjahr 2016 werden am Tabellenende auch diejenigen Unternehmen aufgeführt, die im Berichtsjahr 2014 noch unter den 100 größten Unternehmen waren, im Berichtsjahr 2016 jedoch nicht weiter zu diesem Kreis zählen. Es werden die Daten des den 30. Juni 2016 einschließenden Geschäftsjahres für die Erhebung zugrunde gelegt. Falls das Geschäftsjahr nicht mit dem Kalenderjahr übereinstimmt, wird der Bilanzstichtag durch einen entsprechenden Verweis angezeigt:
   [a] 30.06.2016   [b] 31.08.2016   [c] 30.09.2016   [d] 31.10.2016   [e] 30.11.2016   [f] 28.02.2017   [g] 31.05.2017
Mit [S] gekennzeichnete Angaben beziehen sich auf den Summenabschluss und [E] steht für den Einzelabschluss.

[2] Statistisches Bundesamt, Klassifikation der Wirtschaftszweige, Ausgabe 2008 (WZ 2008). Es werden jeweils nur die Wirtschaftszweige auf der Gliederungsebene der 88 Abteilungen angeführt, die einen erheblichen Anteil an den Unternehmensumsätzen haben.

[3] Wenn nicht anders vermerkt, Wertschöpfung der konsolidierten inländischen Konzerngesellschaft. Sofern eine Zahlenangabe mit einem * versehen ist, bedeutet dies, dass die Wertschöpfung des Unternehmens in dem betreffenden Jahr geschätzt werden musste. Die für die entsprechenden Fälle herangezogenen Schätzmethoden werden detailliert in den Anlagen zu diesem Gutachten dargestellt.

[4] Bei Kreditinstituten wird die Bilanzsumme, bei Versicherungsunternehmen werden die Beitragseinnahmen und bei Nicht-Finanzinstituten die Umsatzerlöse angegeben. Ist eine Angabe mit einem * versehen, so handelt es sich um einen Schätzwert. Die Größe umfasst die konsolidierten Umsätze der inländischen Konzerngesellschaft inklusive der Umsätze mit ausländischen verbundenen Unternehmen.

[5] 2014: ThyssenKrupp AG
[6] 2014: Metro AG
[7] 2014: E. Merck KG
[8] 2014: ProSiebenSat.1 Media AG
[9] 2014: Mahle GmbH
[10] 2014: Energie Baden-Württemberg AG
[11] 2014: Hewlett-Packard-Gruppe Deutschland
[12] 2014: Total-Gruppe Deutschland
[13] Gegenüber dem XXI. Hauptgutachten aktualisierter Wert. Auf eine Anpassung der Schätzung der inländischen Wertschöpfung wurde verzichtet.

Quelle: eigene Erhebungen.

296. Gegenüber dem Berichtsjahr 2014 hat sich der Kreis der 100 größten Unternehmen in Deutschland im Berichtsjahr 2016 verändert. Die inländische Wertschöpfung von Unternehmen kann sich aufgrund von externen oder internen Wachstums- bzw. Schrumpfungsprozessen bei den betroffenen Unternehmen verändern. Externe Wachstums- bzw. Schrumpfungsprozesse beruhen auf einer Veränderung des Konsolidierungskreises durch Kauf bzw. Verkauf von Konzerngesellschaften. Interne Wachstums- bzw. Schrumpfungsprozesse resultieren dagegen beispielsweise aus Produktivitätsveränderungen, einer veränderten Produktstrategie oder einer Verlagerung von Produktionsprozessen in ausländische Konzerngesellschaften oder zu unverbundenen Lieferanten.

297. 13 Unternehmen, die im Berichtsjahr 2014 noch unter den „100 Größten" waren, zählen im Berichtsjahr 2016 nicht weiter zu diesem Kreis (Rang 2014 in Klammern). Es handelt sich um die RWE AG (11), die Continental AG (18), E.ON SE (22), die Vattenfall-Gruppe Deutschland (42), die EnBW Energie Baden-Württemberg AG (48), die BSH Hausgeräte GmbH (59), die HP-Gruppe Deutschland (67), die Signal-Iduna Gruppe (79), die TOTAL-Gruppe Deutschland (83), die

H & M Hennes & Mauritz-Gruppe Deutschland (88), die Voith GmbH (89), Bilfinger SE (93) und die Kühne + Nagel-Gruppe Deutschland (100).

298. Der Austritt der BSH Hausgeräte GmbH ist darauf zurückzuführen, dass das Unternehmen, das ursprünglich ein Gemeinschaftsunternehmen der Robert Bosch GmbH und der Siemens AG war, seit dem Jahr 2015 ein Tochterunternehmen der Robert Bosch GmbH ist. Die Continental AG wird im Berichtsjahr 2016 erstmalig als Teilkonzern der INA-Holding Schaeffler GmbH & Co. KG betrachtet und daher nicht weiter gesondert aufgeführt.[32] Weiterhin fallen vor allem die Austritte der großen deutschen Energieversorger auf. Bei diesen Unternehmen kommt es infolge der Energiewende zu erheblichen Umstrukturierungsprozessen.[33] So lagerte RWE die Geschäftsbereiche Vertrieb und Netze sowie die Erzeugung aus erneuerbaren Energien in sein Tochterunternehmen Innogy aus. E.ON verlagerte dagegen seine gesamte konventionelle Erzeugung, ausschließlich des Kernkraftwerksbetriebs, in die eigens zu diesem Zweck gegründete Gesellschaft Uniper.[34] Die im Rahmen der Umstrukturierungsprozesse erfolgten Wertberichtigungen auf die konventionellen Erzeugungskapazitäten wirkten sich negativ auf die operativen Ergebnisse und damit auch auf die Wertschöpfung dieser Unternehmen aus. Von den „großen vier" Energieversorgungsunternehmen gehört im Berichtsjahr 2016 keines mehr zum Kreis der 100 größten Unternehmen in Deutschland, nachdem diese Unternehmen seit dem Berichtsjahr 2002 ununterbrochen unter den „100 Größten" waren.

299. Neu im Kreis der größten Unternehmen sind Vonovia SE (19), die BP-Gruppe Deutschland (44), die Adecco-Gruppe Deutschland (48), die AXA-Gruppe Deutschland (61), die INGKA-Gruppe Deutschland (68), die Vivantes – Netzwerk für Gesundheit GmbH (78), die MAHLE GmbH (79), die Shell-Gruppe Deutschland (84), die LyondellBasell-Gruppe Deutschland (90), die VINCI-Gruppe Deutschland (91), die United Internet AG (93), die Philip Morris International-Gruppe Deutschland (95) und die Charité Universitätsmedizin Berlin KöR (99).

300. Für einige Unternehmen konnte der Grund für den Eintritt ermittelt werden. So ist Vonovia SE im Jahr 2015 durch einen Zusammenschluss der Deutschen Annington und der GAGFAH entstanden. Es handelte sich somit um einen externen Wachstumsprozess, der zum Neueintritt dieses Unternehmens in den Kreis der „100 Größten" führte. Mit der AXA-Gruppe Deutschland, der BP-Gruppe Deutschland und der Shell-Gruppe Deutschland sind drei Unternehmen wieder unter den „100 Größten", die erst im vergangenen Berichtsjahr 2014 aus diesem Kreis ausgeschieden waren. Die beiden Mineralölkonzerne waren zwischenzeitlich ausgeschieden, nachdem der Rohölpreis und damit auch die Umsatzerlöse dieser Unternehmen Mitte des Jahres 2014 stark eingebrochen waren.[35] Weiterhin fällt der Eintritt zweier Unternehmen aus dem Gesundheitswesen auf. Sowohl die Vivantes – Netzwerk für Gesundheit GmbH als auch die Charité Universitätsmedizin Berlin KöR sind im Berichtsjahr 2016 in den Kreis der „100 Größten" eingetreten. Mit der Asklepios Kliniken GmbH, der Sana Kliniken AG und der Rhön-Klinikum AG sind nun fünf Unternehmen aus dem Gesundheitswesen unter den „100 Größten". Im Berichtsjahr 2002 war noch keines dieser Unternehmen in diesem Kreis vertreten.

301. Langfristig geringe Veränderungen bei der Zusammensetzung des Kreises der „100 Größten" können darauf hindeuten, dass sich eine starke wirtschaftliche Position im Zeitverlauf verfestigt. Abbildung II.1 gibt einen Überblick über die Anwesenheit der 100 größten Unternehmen des Berichtsjahres 2016 im Kreis der „100 Größten" über den Zeitraum seit dem Berichtsjahr 1978. Insgesamt waren von den 100 größten Unternehmen des Berichtsjahres 2016 32 Unternehmen bereits im Berichtsjahr 1978 unter den „100 Größten". Die Persistenz nimmt mit der Größe des Unternehmens zu. Von den 25 größten Unternehmen des Berichtsjahres 2016 waren 13 Unternehmen bereits im Jahr 1978 unter den „100 Größten". Das entspricht einem Anteil von 52 Prozent. Dagegen waren lediglich 8 derjenigen Unternehmen bereits

---

[32] Die gemeinsame Erfassung der Continental AG und der INA-Holding Schaeffler GmbH & Co. KG wird vorgenommen, weil die INA-Holding Schaeffler GmbH & Co. KG seit dem Berichtsjahr 2016 einen die Continental AG einschließenden Konzernabschluss aufstellt.

[33] Als weiterer Aspekt in Bezug auf die zu beobachtenden Umstrukturierungsprozesse wird auch die Liberalisierung des Energiemarkts in Form des regulierten Netzzugangs und der Entflechtung der Netzbereiche angeführt (vgl. Bettzüge, Marc O., Die Auflösung des integrierten EVU, energate messenger (26.03.2018).

[34] Monopolkommission, 77. Sondergutachten, Energie 2017: Gezielt vorgehen, Stückwerk vermeiden, Baden-Baden 2017, Tz. 91.

[35] Monopolkommission, XXI. Hauptgutachten, Wettbewerb 2016, Baden-Baden 2016, Tz. 523.

im Jahr 1978 unter den „100 Größten", die im Berichtsjahr 2016 auf den Rängen 26 bis 50 rangierten. Das entspricht einem Anteil von 32 Prozent.

Abbildung II.1: Anzahl der Unternehmen, die 2016 zu den „100 Größten" zählen und die im entsprechenden Jahr bereits unter den „100 Größten" waren

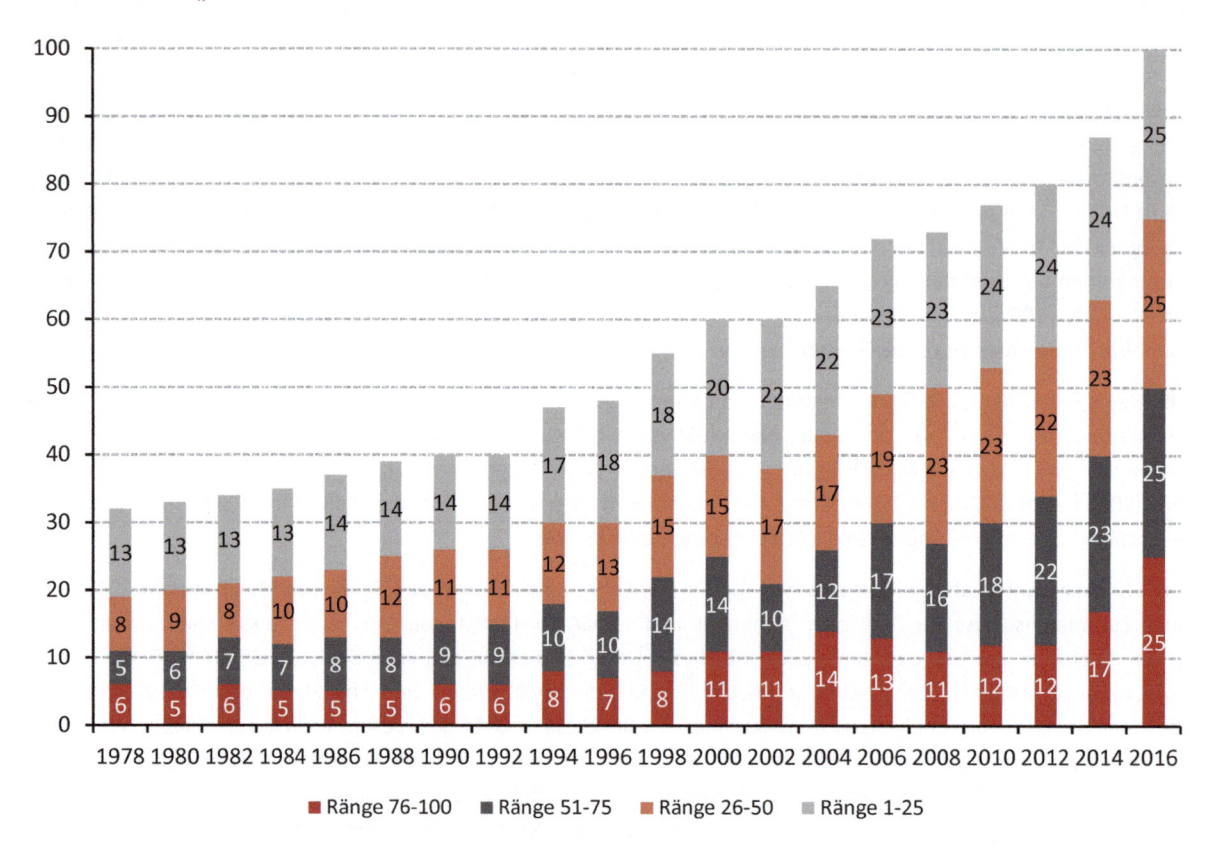

Quelle: eigene Erhebungen

2.2.2 Die gesamtwirtschaftliche Bedeutung der „100 Größten"

302. Im vorliegenden Abschnitt werden die „100 Größten" hinsichtlich ihrer Bedeutung für die Gesamtwirtschaft untersucht. Dies geschieht insbesondere durch eine Betrachtung des Anteils der „100 Größten" an der gesamtwirtschaftlichen Wertschöpfung sowie eine Gegenüberstellung der Beschäftigten bei den „100 Größten" und den Beschäftigten aller Unternehmen in Deutschland. Abschließend wird auf die Bedeutung einzelner Branchen innerhalb der „100 Größten" eingegangen.

Anteil an der Wertschöpfung

303. Für die Gegenüberstellung der Wertschöpfung der 100 größten Unternehmen in Deutschland und der Wertschöpfung der Gesamtwirtschaft werden im vorliegenden Bericht preisbereinigte Größen verwendet.[36] Abbildung II.2 zeigt die Entwicklung der realen Wertschöpfung aller Unternehmen in Deutschland sowie der inländischen realen Wertschöpfung der „100 Größten" seit dem Berichtsjahr 1978. Die reale Wertschöpfung aller Unternehmen in der Bundesrepublik Deutschland ist gegenüber dem Berichtsjahr 2014 um 3,4 Prozent gestiegen und lag im Berichtsjahr 2016 bei EUR 1.890

---

[36] Sowohl die Summe der Wertschöpfung der 100 größten Unternehmen in Deutschland als auch die gesamtwirtschaftliche Vergleichsgröße wurden mit Hilfe des impliziten Preisindex der gesamtwirtschaftlichen Wertschöpfung deflationiert (Vorjahrespreisbasis, Referenzjahr: 2010; Quelle: eigene Berechnungen auf der Grundlage von Daten des Statistischen Bundesamtes, Fachserie 18 Reihe 1.5, S. 53, Rechenstand August 2017).

Mrd.[37] Im gleichen Zeitraum ist die inländische reale Wertschöpfung der 100 größten Unternehmen in Deutschland um 1,6 Prozent auf EUR 281 Mrd. gesunken.[38] Zwar haben die „100 Größten" ihre Wertschöpfung nominal von EUR 304 Mrd. auf EUR 311 Mrd. ausgedehnt. Dieser Anstieg um 2,0 Prozent wird jedoch durch die Preisentwicklung aufgehoben.

304. Abbildung II.2 zeigt die Entwicklung des Anteils der „100 Größten" an der gesamtwirtschaftlichen realen Wertschöpfung seit dem Berichtsjahr 1978. Im Berichtsjahr 2016 lag der Anteil der „100 Größten" an der gesamtwirtschaftlichen Wertschöpfung bei 14,9 Prozent. Gegenüber dem Berichtsjahr 2014 sank der Anteil mit 0,7 Prozentpunkten damit vergleichsweise deutlich. Auch im Vergleich zum langfristigen Durchschnitt ist der Anteil der „100 Größten" an der gesamtwirtschaftlichen Vergleichsgröße im Berichtsjahr 2016 relativ gering. Über alle Berichtsjahre hinweg lag der Anteil im Durchschnitt bei 17,8 Prozent. Werden ausschließlich die vergangenen zehn Berichtsjahre betrachtet, liegt der Anteil der „100 Größten" nur noch bei durchschnittlich 15,6 Prozent. Der Wert für das Berichtsjahr 2016 unterschreitet auch diesen Wert um 0,7 Prozentpunkte.

Abbildung II.2: Entwicklung der Wertschöpfung im Zeitraum 1978 bis 2016

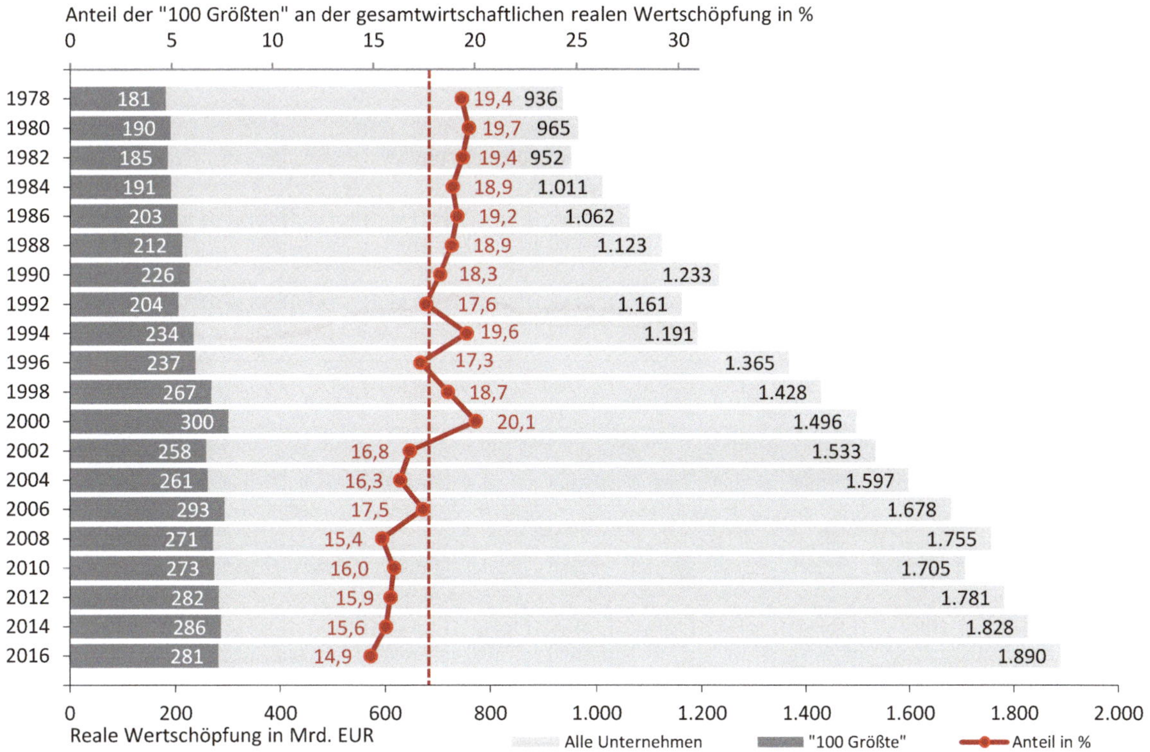

Anteil der "100 Größten" an der gesamtwirtschaftlichen realen Wertschöpfung in %
0 5 10 15 20 25 30
1978 181 19,4 936
1980 190 19,7 965
1982 185 19,4 952
1984 191 18,9 1.011
1986 203 19,2 1.062
1988 212 18,9 1.123
1990 226 18,3 1.233
1992 204 17,6 1.161
1994 234 19,6 1.191
1996 237 17,3 1.365
1998 267 18,7 1.428
2000 300 20,1 1.496
2002 258 16,8 1.533
2004 261 16,3 1.597
2006 293 17,5 1.678
2008 271 15,4 1.755
2010 273 16,0 1.705
2012 282 15,9 1.781
2014 286 15,6 1.828
2016 281 14,9 1.890
0 200 400 600 800 1.000 1.200 1.400 1.600 1.800 2.000
Reale Wertschöpfung in Mrd. EUR
Alle Unternehmen
"100 Größte"
Anteil in %

Anm.: Gesamtwirtschaftliche Vergleichsgröße ist bis 2002 die preisbereinigte Nettowertschöpfung, ab 2004 die preisbereinigte Bruttowertschöpfung ohne Staatssektor, private Organisationen ohne Erwerbszweck und zusätzlich ohne Grundstücks- und Wohnungswesen. Die Deflationierung erfolgte mithilfe des impliziten Preisindexes der gesamtwirtschaftlichen Wertschöpfung (Vorjahrespreisbasis, Referenzjahr: 2010; Quelle: eigene Berechnungen auf der Grundlage von Daten des Statistischen Bundesamtes, Fachserie 18 Reihe 1.5, S. 53, Rechenstand August 2017). Detaillierte Angaben zu den abgebildeten Größen sind in den Anlagen zu diesem Gutachten veröffentlicht.

Quelle: eigene Berechnungen auf der Grundlage eigener Erhebungen sowie von Daten des Statistischen Bundesamtes

305. Die beschriebene Entwicklung des Anteils der „100 Größten" an der gesamtwirtschaftlichen Wertschöpfung zeigt somit eine aus wettbewerbs- und gesellschaftspolitischer Sicht als positiv zu beurteilende Abnahme der aggregierten Unternehmenskonzentration. Allerdings kann die Gesamtbetrachtung der größten 100 Unternehmen zu falschen

[37] Abbildung II.2 sowie Tabelle A.1, Quelle: Statistisches Bundesamt, Wiesbaden.

[38] Abbildung II.2 sowie Tabelle A.1, Quelle: eigene Erhebungen.

Schlussfolgerungen führen. Dies wäre dann der Fall, wenn die zunehmende Konzentration der wirtschaftlichen Aktivität in der Spitzengruppe durch gegenläufige Entwicklungen bei weiteren Unternehmen aus dem Kreis der „100 Größten" ausgeglichen oder sogar überkompensiert würde. Abbildung II.3 zeigt daher den Anteil der Ränge an der Wertschöpfung der „100 Größten". Für diese Darstellung wurden die „100 Größten" nach ihrem Rang innerhalb der „100 Größten" in Gruppen von jeweils 25 Unternehmen unterteilt.

306. Seit dem Berichtsjahr 1978 erwirtschaften die 25 größten Unternehmen regelmäßig mehr als 60 Prozent der Wertschöpfung der „100 Größten". Der Durchschnitt liegt über alle Berichtsjahre hinweg bei 65 Prozent. Im Berichtsjahr 2016 liegt der Anteil bei 66,2 Prozent und damit 1,2 Prozentpunkte höher als im langfristigen Durchschnitt. Werden nur die vergangenen zehn Berichtsjahre betrachtet, liegt dieser Wert sogar 1,7 Prozentpunkte oberhalb des Durchschnitts von 64,5 Prozent. Insgesamt ist seit Beginn der Berichterstattung ein leicht ansteigender Trend zu beobachten, während der Anteil der unteren Ränge tendenziell rückläufig ist. Wird die Wertschöpfung der 25 größten Unternehmen allerdings der Wertschöpfung aller Unternehmen gegenübergestellt, wie in Abbildung II.2 für die 100 größten Unternehmen geschehen, ist auch für diese Spitzengruppe kein Anstieg des Anteils an der Wertschöpfung zu beobachten. Vielmehr ergibt sich hier ebenfalls ein rückläufiger Trend. Die 25 größten Unternehmen bündeln somit relativ zum Bezugsjahr 1978 keinen größeren Anteil der Wirtschaftsleistung in Deutschland auf sich, lediglich einen größeren Anteil an der inländischen Wertschöpfung der „100 Größten".

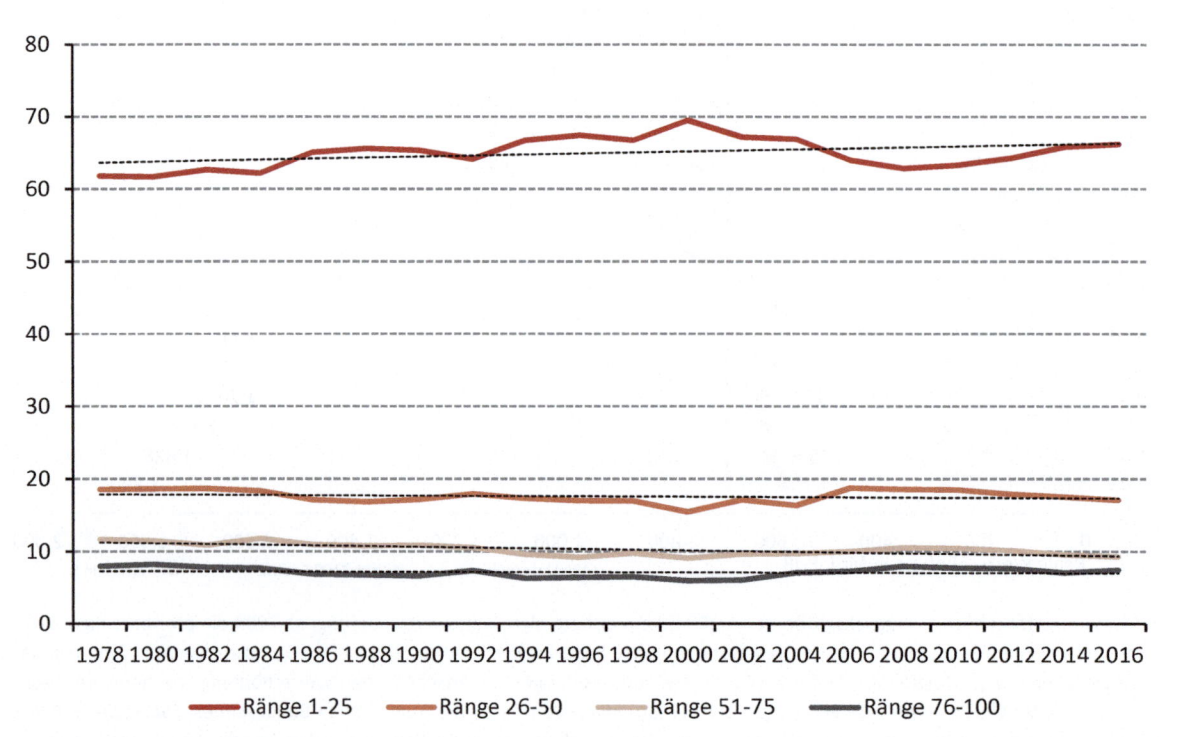

Abbildung II.3: Anteil der Ränge an der Wertschöpfung der „100 Größten"

Quelle: eigene Erhebungen

307. Die inländische Wertschöpfung der „100 Größten" bildet häufig nur einen Teil der wirtschaftlichen Leistungsfähigkeit eines Unternehmens ab. Aufgrund der Internationalisierung von Produktions- und Beschaffungsprozessen wird mitunter ein Teil der gesamten Wertschöpfung eines Unternehmens durch Konzernbereiche im Ausland erwirtschaftet. Um beurteilen zu können, welches wirtschaftliche Gewicht den in Deutschland ansässigen Konzerngesellschaften für den gesamten Konzern zukommt, wird in Abbildung II.4 für einige Unternehmen die inländische Wertschöpfung der weltweiten Wertschöpfung gegenübergestellt. Ausgewählt wurden die Unternehmen aus den Wirtschaftsbereichen

Kapitel II · Stand und Entwicklung der Unternehmenskonzentration in Deutschland

Industrie, Handel und Verkehr und Dienstleistungen mit einer Konzernobergesellschaft im Inland, die in den Berichtsjahren 2014 und 2016 zu den „100 Größten" zählten.

Abbildung II.4: Die inländische und die ausländische Wertschöpfung der größten Unternehmen 2014 und 2016

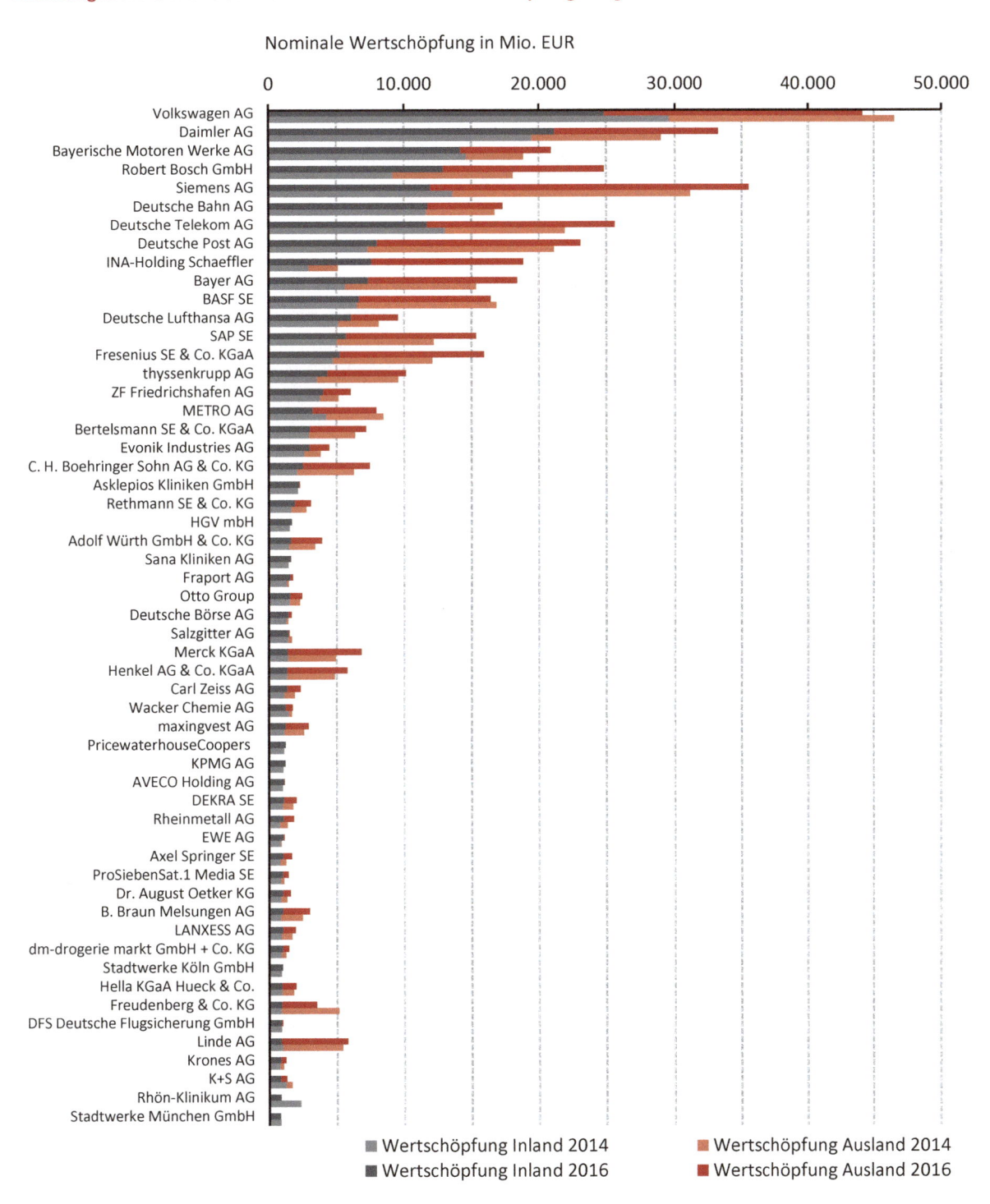

Nominale Wertschöpfung in Mio. EUR

Volkswagen AG
Daimler AG
Bayerische Motoren Werke AG
Robert Bosch GmbH
Siemens AG
Deutsche Bahn AG
Deutsche Telekom AG
Deutsche Post AG
INA-Holding Schaeffler
Bayer AG
BASF SE
Deutsche Lufthansa AG
SAP SE
Fresenius SE & Co. KGaA
thyssenkrupp AG
ZF Friedrichshafen AG
METRO AG
Bertelsmann SE & Co. KGaA
Evonik Industries AG
C. H. Boehringer Sohn AG & Co. KG
Asklepios Kliniken GmbH
Rethmann SE & Co. KG
HGV mbH
Adolf Würth GmbH & Co. KG
Sana Kliniken AG
Fraport AG
Otto Group
Deutsche Börse AG
Salzgitter AG
Merck KGaA
Henkel AG & Co. KGaA
Carl Zeiss AG
Wacker Chemie AG
maxingvest AG
PricewaterhouseCoopers
KPMG AG
AVECO Holding AG
DEKRA SE
Rheinmetall AG
EWE AG
Axel Springer SE
ProSiebenSat.1 Media SE
Dr. August Oetker KG
B. Braun Melsungen AG
LANXESS AG
dm-drogerie markt GmbH + Co. KG
Stadtwerke Köln GmbH
Hella KGaA Hueck & Co.
Freudenberg & Co. KG
DFS Deutsche Flugsicherung GmbH
Linde AG
Krones AG
K+S AG
Rhön-Klinikum AG
Stadtwerke München GmbH

■ Wertschöpfung Inland 2014　　■ Wertschöpfung Ausland 2014
■ Wertschöpfung Inland 2016　　■ Wertschöpfung Ausland 2016

Quelle: eigene Erhebungen sowie veröffentlichte Geschäftsberichte

308. Es wurden 55 Unternehmen aus den Wirtschaftsbereichen Industrie, Handel und Verkehr und Dienstleistungen identifiziert, die ihre Konzernobergesellschaft im Inland haben und sich in den Berichtsjahren 2014 und 2016 unter den „100 Größten" befanden.[39] Diese Unternehmen erhöhten im Vergleich zum Berichtsjahr 2014 ihre Wertschöpfung im Inland um 4,2 Prozent. Die gesamte Wertschöpfung dieser Unternehmen stieg im selben Zeitraum um 14,6 Prozent. Lediglich 9 Unternehmen erhöhten den Anteil der inländischen Wertschöpfung an ihrer gesamten Wertschöpfung, in 39 Fällen wurde der Inlandsanteil reduziert.[40] Allerdings war der Rückgang des Inlandsanteils lediglich in 7 Fällen mit einem Rückgang der inländischen Wertschöpfung bei gleichzeitiger Erhöhung der gesamten Wertschöpfung verbunden. In der überwiegenden Zahl der Fälle erhöhten die betrachteten Großunternehmen ihre gesamte Wertschöpfung somit nicht zulasten der inländischen Gesellschaften. Dennoch sank der durchschnittliche Inlandsanteil der betrachteten Großunternehmen im Vergleich zur Vorperiode um 3,4 Prozentpunkte auf 54,2 Prozent.

Anteil an der Beschäftigung

309. Die Anzahl der Beschäftigten der inländischen Konzernbereiche konnte für alle Unternehmen aus dem Kreis der „100 Größten" ermittelt werden. 60 der Unternehmen erhöhten die Anzahl der im Inland Beschäftigten gegenüber dem Berichtsjahr 2014, während bei 36 Unternehmen die Mitarbeiterzahl im Inland zurückging. Die „100 Größten" beschäftigten im Berichtsjahr 2016 in Deutschland insgesamt 3,71 Mio. Mitarbeiter und erhöhten somit die Anzahl der Beschäftigten im Inland um etwa 50.000 Mitarbeiter gegenüber dem Jahr 2014. Tabelle II.2 zeigt diejenigen zehn Unternehmen aus dem Kreis der „100 Größten", die im Berichtsjahr 2016 die meisten Mitarbeiter in Deutschland beschäftigten. Mit insgesamt etwa 1,8 Mio. Beschäftigten im Inland beträgt ihr Anteil an allen im Inland Beschäftigten der „100 Größten" 49,4 Prozent. Gegenüber dem Berichtsjahr 2014 entspricht dies einem Anstieg um 2,6 Prozentpunkte (2014: 46,8 Prozent).

Tabelle II.2: Die nach Beschäftigten zehn größten Unternehmen 2016

Rang nach Beschäftigten	Rang nach Wertschöpfung	Unternehmen	Beschäftigte Inland	Beschäftigte Welt	Inlandsanteil (%)
1	23	EDEKA-Gruppe	352.000	352.000	100,0
2	1	Volkswagen AG	281.518	601.443	46,8
3	6	Deutsche Bahn AG	187.395	306.368	61,2
4	8	Deutsche Post AG	174.537	459.262	38,0
5	2	Daimler AG	170.034	282.488	60,2
6	13	REWE-Gruppe	161.067	213.761	75,3
7	16	Schwarz-Gruppe	156.000	375.000	41,6
8	4	Robert Bosch GmbH	133.974	389.000	34,4
9	5	Siemens AG	113.000	351.000	32,2
10	7	Deutsche Telekom AG	104.662	218.341	47,9
		Insgesamt	1.834.187	3.548.663	53,8

Quelle: eigene Erhebungen sowie veröffentlichte Geschäftsberichte

---

[39] Mit der Miele & Cie. KG würden sich 56 Unternehmen ergeben. Da die Miele & Cie. KG nicht alle zur Berechnung der Wertschöpfung notwendigen Daten veröffentlicht, wurde das Unternehmen an dieser Stelle ausgeklammert.

[40] Bei der AVECO Holding AG und der DFS Deutsche Flugsicherung GmbH ist der Rückgang des Anteils der Wertschöpfung im Inland an der gesamten Wertschöpfung erhebungstechnisch bedingt, da im Berichtsjahr 2014 aufgrund der untergeordneten Bedeutung der Geschäftstätigkeit im Ausland auf eine genaue Erfassung der inländischen Wertschöpfung verzichtet wurde.

310. Da in der Regel ein wesentlicher Teil der Wertschöpfung auf den Personalaufwand entfällt, welcher wiederum in hohem Maße von der Zahl der Beschäftigten bestimmt wird, steht die Zahl der Beschäftigten der „100 Größten" im Inland in einem engen Zusammenhang mit der inländischen Wertschöpfung dieser Unternehmen. Für das Berichtsjahr 2016 beträgt der Korrelationskoeffizient 0,73. Der Korrelationskoeffizient misst den linearen Zusammenhang zwischen zwei Größen. Er kann einen Wert zwischen −1 und 1 annehmen, wobei bei einem Wert von 0 kein linearer Zusammenhang besteht. Ein Wert von 0,73 zeigt somit einen relativ deutlichen positiven linearen Zusammenhang zwischen der Zahl der Beschäftigten und der Wertschöpfung an. Entsprechend entwickelt sich der Anteil der bei den „100 Größten" im Inland Beschäftigten an den Beschäftigten aller Unternehmen in Deutschland, wie die folgende Abbildung zeigt, ähnlich wie der Anteil der „100 Größten" an der inländischen Wertschöpfung aller Unternehmen.

Abbildung II.5: Entwicklung der Beschäftigung im Zeitraum 1978 bis 2016

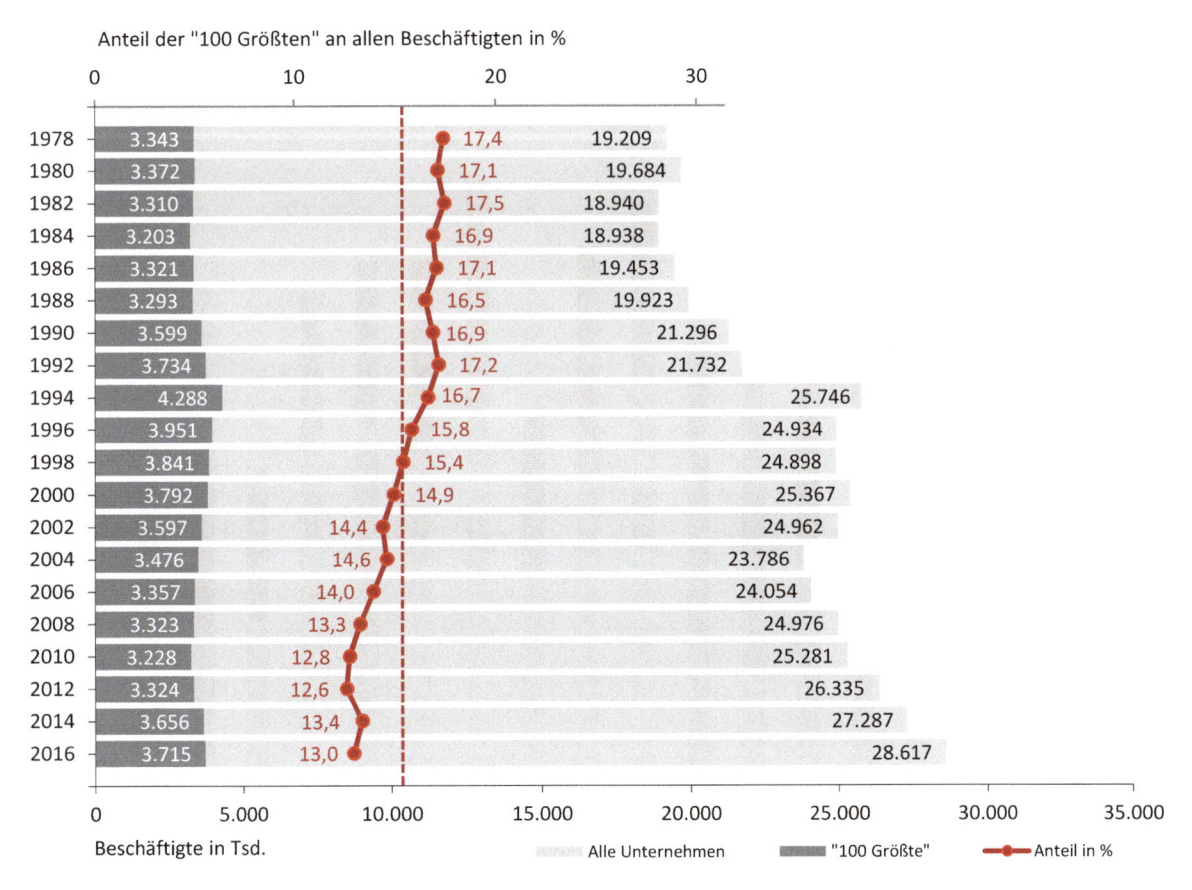

Jahr	"100 Größte"	Anteil in %	Alle Unternehmen
1978	3.343	17,4	19.209
1980	3.372	17,1	19.684
1982	3.310	17,5	18.940
1984	3.203	16,9	18.938
1986	3.321	17,1	19.453
1988	3.293	16,5	19.923
1990	3.599	16,9	21.296
1992	3.734	17,2	21.732
1994	4.288	16,7	25.746
1996	3.951	15,8	24.934
1998	3.841	15,4	24.898
2000	3.792	14,9	25.367
2002	3.597	14,4	24.962
2004	3.476	14,6	23.786
2006	3.357	14,0	24.054
2008	3.323	13,3	24.976
2010	3.228	12,8	25.281
2012	3.324	12,6	26.335
2014	3.656	13,4	27.287
2016	3.715	13,0	28.617

Beschäftigte in Tsd.

Quelle: eigene Berechnungen auf der Grundlage eigener Erhebungen sowie von Auswertungen des Statistischen Bundesamtes aus der Beschäftigungsstatistik der Bundesagentur für Arbeit

311. Abbildung II.5 stellt die Anzahl der Beschäftigten der „100 Größten" sowie die Gesamtzahl aller von Unternehmen in Deutschland sozialversicherungspflichtig Beschäftigten im Zeitraum von 1978 bis 2016 dar. Gegenüber dem Berichtsjahr 2014 erhöhte sich die Zahl der Beschäftigten aller Unternehmen um 4,9 Prozent auf 28,6 Mio. (2014: 27,3 Mio.). Der Anstieg der Beschäftigtenzahl bei den „100 Größten" fiel mit 1,6 Prozent geringer aus, sodass auch der Anteil der „100 Größten" an der gesamtwirtschaftlichen Bezugsgröße um 0,4 Prozentpunkte auf 13 Prozent sank. Über den gesamten Zeitraum seit dem Berichtsjahr 1978 liegt der durchschnittliche Anteil der „100 Größten" bei 15,4 Prozent. Der für das Berichtsjahr 2016 erfasste Anteil liegt somit 2,4 Prozentpunkte unterhalb dieses langfristigen Durchschnitts.

Die Bedeutung einzelner Branchen

312. Unternehmen unterschiedlicher Branchen beeinflussen die inländische Wertschöpfung der „100 Größten" in unterschiedlichem Ausmaß. Beispielsweise generierten die großen deutschen Automobilkonzerne in den Berichtsjahren 2014 und 2016 etwa jeweils 20 Prozent der Wertschöpfung der „100 Größten" (2014: 20,9 Prozent; 2016: 19,4 Prozent). Auch die Betrachtung des Zeitraums seit dem Berichtsjahr 1978 zeigt die große wirtschaftliche Bedeutung der Automobilbranche (vgl. Abbildung II.6). In allen Berichtsjahren war das größte Unternehmen ein Automobilkonzern.[41] Ähnliches gilt für die Betrachtung dieser Unternehmen nach ihrer Zugehörigkeit zu den Branchen produzierendes Gewerbe, Handel, Verkehr und Dienstleistungen, Kreditgewerbe und Versicherungsgewerbe. Unter den drei größten Unternehmen in Deutschland war mit der Deutschen Telekom AG in den Jahren 1994 bis 2006 lediglich ein Unternehmen, welches der Branche Verkehr und Dienstleistungen zuzuordnen war.

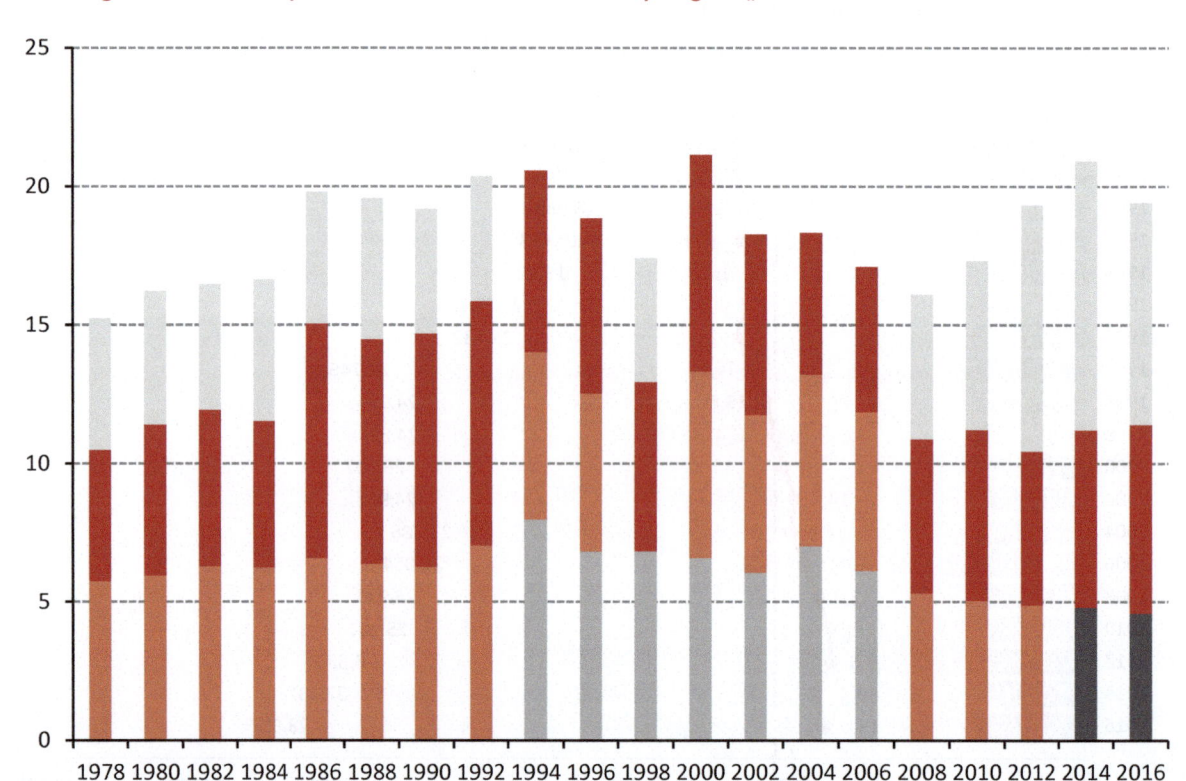

Abbildung II.6: Anteil der Top-3-Unternehmen an der Wertschöpfung der „100 Größten"

Quelle: eigene Erhebungen

313. Das produzierende Gewerbe generiert einen Großteil der Wertschöpfung der „100 Größten". Tabelle II.3 gibt einen Überblick über die Bedeutung der Wirtschaftsbereiche in den Berichtsjahren 2014 und 2016. In den Berichtsjahren 2014 und 2016 waren der Handel mit jeweils 9 Unternehmen, das Kreditgewerbe mit jeweils 8 Unternehmen und das Versicherungsgewerbe mit jeweils 6 Unternehmen im Kreis der „100 Größten" vertreten. Aus dem Wirtschaftsbereich Verkehr und Dienstleistungen waren 2016 mit 25 Unternehmen 4 Unternehmen mehr vertreten als im Berichtsjahr 2014. Mit 52 Unternehmen ist die größte Zahl an Unternehmen jedoch weiterhin schwerpunktmäßig dem produzieren-

---

[41] Die große Bedeutung der Automobilbranche für die deutsche Wirtschaft zeigt sich nicht nur in ihrer Bedeutung für die Wertschöpfung der „100 Größten". Das Statistische Bundesamt meldete im September 2017 einen Wertschöpfungsanteil des Wirtschaftsbereichs „Herstellung von Kraftwagen und Kraftwagenteilen" an der gesamten Wertschöpfung von 4,5 Prozent für das Jahr 2015 (Statistisches Bundesamt, Pressemitteilung vom 14. September 2017 – 326/17).

den Gewerbe zuzuordnen. Dieser Wirtschaftsbereich generiert im Berichtsjahr 2016 einen Anteil an der Wertschöpfung der „100 Größten" in Höhe von 58,1 Prozent (2014: 61,3 Prozent).

Tabelle II.3: Aufschlüsselung der 100 größten Unternehmen 2014 und 2016 nach Wirtschaftsbereichen

Wirtschaftsbereich	Anzahl der Unternehmen		Anteil an der Wertschöpfung der „100 Größten" (in %)		Durchschnittliche Wertschöpfung (in Mio. EUR)	
	2014	2016	2014	2016	2014	2016
Produzierendes Gewerbe	56	52	61,3	58,1	3.331	3.470
Verkehr und Dienstleistungen	21	25	21,0	23,6	3.040	2.935
Handel	9	9	8,1	8,3	2.738	2.849
Kreditgewerbe	8	8	6,4	6,4	2.445	2.494
Versicherungsgewerbe	6	6	3,3	3,6	1.654	1.856
Alle Unternehmen	100	100	100,0	100,0	3.045	3.106

Quelle: eigene Erhebungen

2.3 Anteilseigner und Kapitalverflechtungen der „100 Größten"

314. Die Analyse der Struktur der Anteilseigner sowie der Kapitalverflechtungen der „100 Größten" soll Aufschluss über die Ziele dieser Großunternehmen geben. In der Regel ist davon auszugehen, dass es das Ziel eines Unternehmens bzw. seiner Anteilseigner ist, den Gewinn, d. h. das Jahresergebnis, zu maximieren. In das Jahresergebnis eines Unternehmens fließen über das sog. Beteiligungsergebnis allerdings auch Gewinne von Unternehmen ein, an denen ein Unternehmen über Minderheitsbeteiligungen beteiligt ist (Beteiligungsunternehmen). Die Anteilseigner dürften daher sowohl am Erfolg des eigenen Unternehmens als auch am Erfolg des Beteiligungsunternehmens interessiert sein.[42] Dies kann Anreize hervorrufen, sich hinsichtlich des Beteiligungsunternehmens weniger kompetitiv zu verhalten.[43] Insofern kann selbst bei Kapitalverflechtungen über Minderheitsanteile eine Gleichrichtung von Interessen bestehen, die bei der Beurteilung der aggregierten Konzentration zu berücksichtigen ist. Es gilt jedoch zu beachten, dass die betrachteten Großunternehmen zumeist auf mehreren Märkten tätig sind. Daher ist eine detaillierte Aussage zu den Wirkungen auf wettbewerblich relevanten Märkten auf der Grundlage dieser Analyse nicht möglich. Verflechtungen zwischen Großunternehmen, die eine Gleichrichtung von Interessen mit sich bringen, sind jedoch auch gesellschaftspolitisch von Bedeutung, da sie potenzielle Einflussmöglichkeiten auf gesamtwirtschaftliche und politische Entwicklungen verstärken können. Gleichwohl ist anzuerkennen, dass die erhöhten Möglichkeiten zur Steuerung und Kontrolle, die von Verflechtungen ausgehen, auch zu einer effizienteren Koordination ökonomischer Aktivität beitragen und somit effizienzsteigernde Wirkungen entfalten können.

315. Zur Ermittlung der Anteilseigner der „100 Größten" und der Kapitalverflechtungen zwischen diesen Unternehmen wird seit dem XX. Hauptgutachten die in der Datenbank „Orbis Europe All Companies" des Anbieters Bureau van Dijk berichtete Eigentümerstruktur zugrunde gelegt (Stand: Januar 2017).[44] Diese Angaben wurden mit Angaben zu Anteilseigner- bzw. Aktionärsstrukturen in veröffentlichten Geschäftsberichten abgeglichen und bei Abweichungen ergänzt bzw. berichtigt. Die Verwendung der Datenbank „Orbis Europe All Companies" ermöglicht es, einem Anteilseigner auch

---

[42] Aus Sicht des Beteiligungsunternehmens wurde daher ursprünglich von einem Unternehmen als unabhängiger Entscheidungseinheit gesprochen, wenn bei dem betrachteten Unternehmen kein anderes Großunternehmen eine Beteiligung hielt, die größer als 25 Prozent war (vgl. Monopolkommission, I. Hauptgutachten, Mehr Wettbewerb ist möglich, Baden-Baden 1976, Tz. 290).

[43] Reynolds, R. J./Snapp, B. R., The competitive effects of partial equity interest and joint ventures, International Journal of Industrial Organization 4, 1986, S. 141–153; Monopolkommission, XXI. Hauptgutachten, Wettbewerb 2016, Baden-Baden 2016, Kap. III.

[44] Berichtsjahr 2014: Dezember 2014. Für eine Beschreibung der Orbis-Unternehmensdatenbank vgl. Abschnitt 4 im Anhang zu diesem Kapitel.

dann kumulierte Kapitalanteile zuzuordnen, wenn diese Information nicht aus veröffentlichten Geschäftsberichten hervorgeht.

316. Kapitalgesellschaften müssen gemäß § 285 Nr. 11 HGB Anteile an anderen Unternehmen im Anhang zum Jahresabschluss aufführen, sofern diese mindestens 20 Prozent betragen. Handelt es sich um börsennotierte Kapitalgesellschaften, müssen bereits Beteiligungen ausgewiesen werden, bei denen 5 Prozent der Stimmrechte an einer großen Kapitalgesellschaft überschritten werden (§ 285 Nr. 11b HGB). Oftmals ist es aber auch möglich, Kapitalanteile von unter 5 Prozent dem entsprechenden Anteilseigner zuzuordnen. Erreicht, überschreitet oder unterschreitet ein Anteilseigner durch Erwerb, Veräußerung oder auf sonstige Weise 3 Prozent der Stimmrechte an einem Emittenten, hat er dies dem Emittenten und der Bundesanstalt für Finanzdienstleistungsaufsicht gemäß § 33 Abs. 1 WpHG unverzüglich mitzuteilen. Da Inlandsemittenten ihrerseits gemäß § 40 Abs. 1 WpHG dazu verpflichtet sind, diese Mitteilung zu veröffentlichen, können auch Kapitalanteile in dieser Höhe dem entsprechenden Anteilseigner zugeordnet werden.

317. Mithilfe der Datenbank „Orbis Europe All Companies" konnten darüber hinaus auch kumulierte Kapitalanteile, die ein Prozent überschreiten, dem entsprechenden Anteilseigner zugeordnet werden. Kapitalanteile von weniger als ein Prozent wurden im Rahmen der Untersuchung dem Streubesitz zugeordnet.[45] Zudem werden neben direkten auch indirekte Beteiligungen berücksichtigt. Bei indirekten Beteiligungen wurde eine Beteiligung dem Unternehmen am obersten Ende der Beteiligungskette zugerechnet, wenn dieses Unternehmen zwischengeschaltete Beteiligungsgesellschaften mehrheitlich kontrolliert. Ziel der Untersuchung der Kapitalverflechtungen ist es, abzubilden, inwiefern ein Anteilseigner die Möglichkeit hat, Einfluss auf die Steuerung des Beteiligungsunternehmens auszuüben. Aus diesem Grund beziehen sich die berichteten Kapitalanteile auf Stammaktien. Da Vorzugsaktien in der Regel stimmrechtslos sind und damit allenfalls einen geringen Einfluss auf die Unternehmenspolitik erlauben, bleiben diese unberücksichtigt.[46]

318. Die Struktur der Anteilseigner wird erfasst, indem identifizierbare Kapitalanteile von mehr als einem Prozent nach der Art des Anteilseigners kategorisiert werden. Dabei wird zugeordnet, ob die Kapitalanteile von Anteilseignern aus dem Kreis der „100 Größten", ausländischen Investoren, der öffentlichen Hand oder Einzelpersonen bzw. Familien oder Familienstiftungen gehalten werden. Anteile von Unternehmen außerhalb des Kreises der „100 Größten" und institutionelle Investoren mit Sitz im Inland sowie Kapitalanteile von Genossenschaften und nicht identifizierbare Beteiligungen werden in der Kategorie „Sonstige" erfasst. Eine Zuordnung zu der Kategorie „identifizierbare ausländische Investoren" erfolgt nur insoweit, als in den vorliegenden Datenquellen Beteiligungen ausländischer Investoren explizit ausgewiesen werden, die jeweils ein Prozent übersteigen.

319. Die Struktur der Anteilseigner der „100 Größten" wird in Abbildung II.7 und Abbildung II.8 zusammengefasst.[47] Zu diesem Zweck wurde jedes Unternehmen aus dem Kreis der „100 Größten" der Anteilseignerkategorie zugeordnet, in die zum Stichtag mindestens 50 Prozent der Anteile fielen. Abbildung II.7 zeigt neben der Anzahl der Unternehmen aus dem Kreis der „100 Größten", die der entsprechenden Kategorie zuzuordnen waren, auch den Anteil an der Wertschöpfung der „100 Größten", der durch die entsprechenden Unternehmen erwirtschaftet wurde.

---

[45] Hier wird in der vorliegenden Untersuchung von der Definition der Deutschen Börse AG abgewichen, die kumulierte Kapitalanteile von weniger als 5 Prozent am Grundkapital einer Gesellschaft dem Streubesitz zurechnet.

[46] Da sich die vorliegende Untersuchung in Bezug auf die berichteten Anteilswerte auf die Datenbank „Orbis Europe All Companies" stützt, in der wiederum Informationen aus verschiedenen Quellen zusammengetragen werden, ist nicht vollständig auszuschließen, dass die berichteten Anteile auch für Dritte gehaltene Anteile einschließen.

[47] Eine Übersicht über die Anteilseigner nach Gruppen für jedes Unternehmen aus dem Kreis der „100 Größten" in den Berichtsjahren 2016 und 2014 wird im Anhang zu diesem Gutachten veröffentlicht. Dort werden zudem die im Folgenden dargestellten Ergebnisse in Bezug auf die Anteilseignerstruktur der „100 Größten" tabellarisch zusammengefasst.

Abbildung II.7: Die „100 Größten" nach der Kategorie ihrer Anteilseigner im Jahr 2016

Anzahl Unternehmen/Anteil an der Wertschöpfung (%)

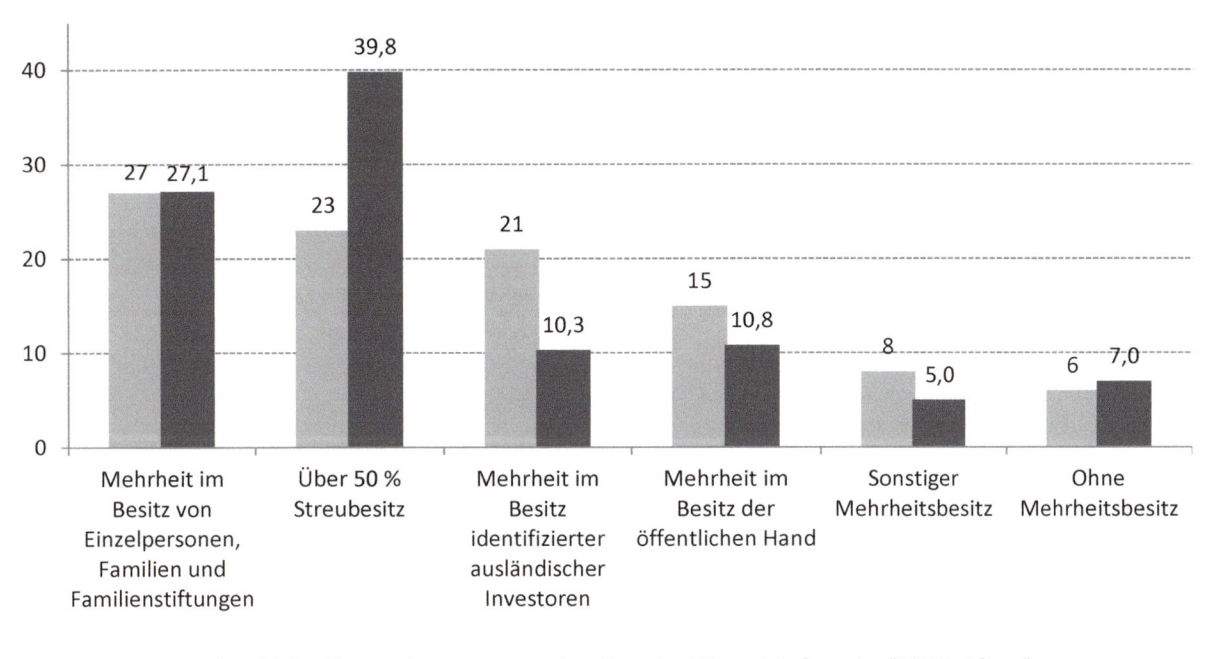

Kategorie	Anzahl der Unternehmen	Anteil an der Wertschöpfung der "100 Größten"
Mehrheit im Besitz von Einzelpersonen, Familien und Familienstiftungen	27	27,1
Über 50 % Streubesitz	23	39,8
Mehrheit im Besitz identifizierter ausländischer Investoren	21	10,3
Mehrheit im Besitz der öffentlichen Hand	15	10,8
Sonstiger Mehrheitsbesitz	8	5,0
Ohne Mehrheitsbesitz	6	7,0

Quelle: eigene Berechnungen auf der Grundlage der Datenbank „Orbis Europe All Companies" des Anbieters Bureau van Dijk (Stand: Januar 2017) sowie veröffentlichte Geschäftsberichte

320. Im Berichtsjahr 2016 befindet sich, wie im Berichtsjahr 2014, keines der Unternehmen aus dem Kreis der „100 Größten" mehrheitlich im Besitz eines anderen Unternehmens aus diesem Kreis.[48] Allerdings findet eine Zuordnung zu dieser Kategorie nur dann statt, wenn ein einzelnes Unternehmen aus dem Kreis der „100 Größten" einen Mehrheitsanteil an einem Unternehmen aus diesem Kreis hält. Halten mehrere Unternehmen aus dem Kreis der „100 Größten" gemeinsam mehr als 50 Prozent der Anteile, bleibt eine Zuordnung an dieser Stelle aus.[49] Mit 27 Unternehmen sind diejenigen Unternehmen, die sich mehrheitlich im Besitz von Einzelpersonen, Familien oder Familienstiftungen befinden, im Kreis der „100 Größten" am häufigsten vertreten (Berichtsjahr 2016: 27). Ihr Anteil an der Wertschöpfung der „100 Größten" beträgt 27,1 Prozent. Der Wertschöpfungsanteil der Unternehmen, die sich überwiegend in Streubesitz befinden, fällt mit 39,8 Prozent deutlich höher aus, obwohl es sich hier lediglich um 23 Unternehmen handelt.[50] Weiterhin fällt auf, dass Unternehmen, die der Kategorie „identifizierte ausländische Investoren" zuzuordnen waren, mit 10,3 Prozent einen vergleichsweise geringen Wertschöpfungsanteil an den „100 Größten" erwirtschaften, obwohl diese Kategorie mit 21 Unternehmen ähnlich stark vertreten ist wie die Kategorie „über 50 Prozent Streubesitz".

---

[48] Wenn sich ein Unternehmen mehrheitlich im Besitz eines anderen Unternehmens befindet, wird es gemäß § 290 HGB in der Regel in dessen Konzernabschluss einbezogen und von der Monopolkommission nicht gesondert betrachtet. Allerdings kann das Mutterunternehmen darauf verzichten, ein Tochterunternehmen in den Konzernabschluss einzubeziehen, wenn es beispielsweise dessen Anteile ausschließlich zum Zwecke der Weiterveräußerung hält (§ 296 Abs. 1 Nr. 3 HGB). Aus diesem Grund könnten grundsätzlich auch Unternehmen im Kreis der „100 Größten" ausgewiesen werden, die sich mehrheitlich im Besitz eines anderen Unternehmens aus diesem Kreis befinden.

[49] Im Berichtsjahr 2014 traf dies auf die Sana Kliniken AG sowie die BSH Hausgeräte GmbH zu.

[50] Auf der Grundlage der vorliegenden Untersuchung kann kein kausaler Zusammenhang abgeleitet werden. Einerseits kann das Vorliegen von Streubesitz dazu führen, dass Unternehmen eine hohe Wertschöpfung erzielen. Umgekehrt ist aber auch denkbar, dass Unternehmen, die eine höhere Wertschöpfung erzielen, auf ein größeres Interesse bei Investoren stoßen und Streubesitz somit attraktiver wird.

321. Diese Ergebnisse spiegeln sich auch in Abbildung II.8 wider. Dort wird für jede Anteilseignerkategorie die durchschnittliche Wertschöpfung im Berichtsjahr 2016 derjenigen des Berichtsjahres 2014 gegenübergestellt. Die größte durchschnittliche Wertschöpfung wird von Unternehmen erwirtschaftet, deren Anteile sich zu mindestens 50 Prozent im Streubesitz befinden. Gegenüber dem Berichtsjahr 2014 hat sich ihre durchschnittliche Wertschöpfung um 221 Mio. Euro auf 5.373 Mio. Euro erhöht. Die durchschnittliche Wertschöpfung der Unternehmen, die sich mehrheitlich in Besitz ausländischer Investoren befinden, ist gegenüber dem Berichtsjahr 2014 zwar ebenfalls gestiegen; mit 1.521 Mio. Euro fällt die durchschnittliche inländische Wertschöpfung dieser Unternehmen allerdings weiterhin geringer aus als diejenige der in den übrigen Kategorien vertretenen Unternehmen.

Abbildung II.8: Durchschnittliche Wertschöpfung der Unternehmen nach Art der Anteilseigner 2016 und 2014

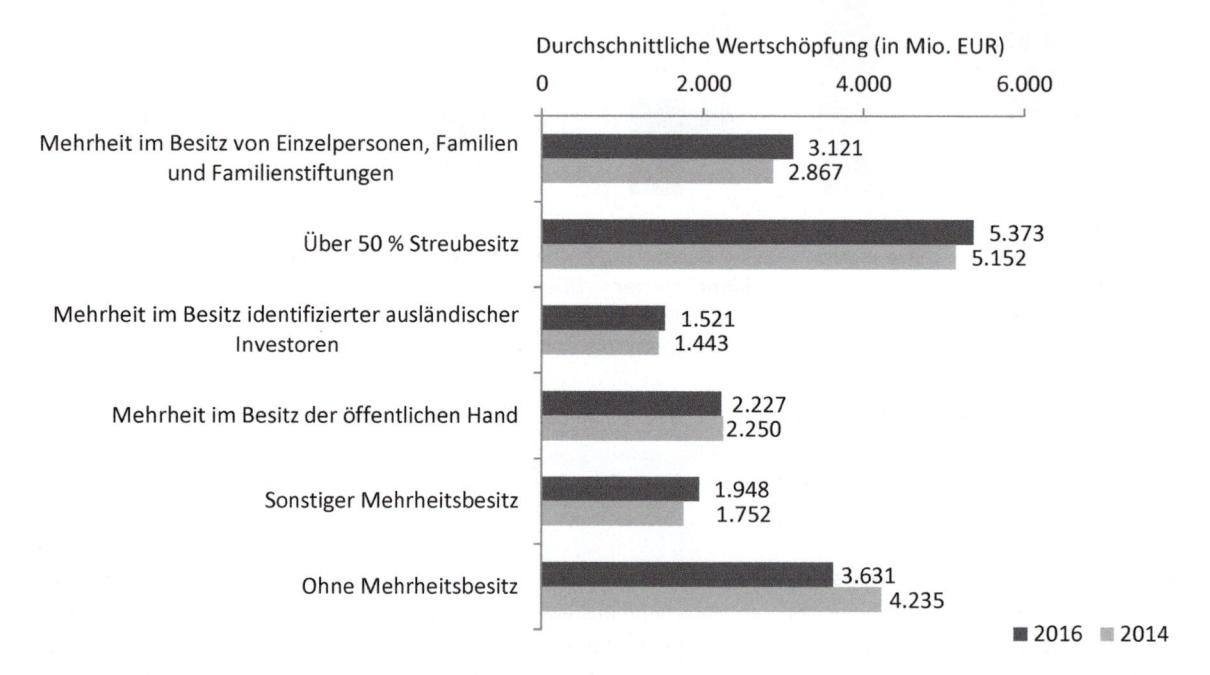

Durchschnittliche Wertschöpfung (in Mio. EUR)

Kategorie	2016	2014
Mehrheit im Besitz von Einzelpersonen, Familien und Familienstiftungen	3.121	2.867
Über 50 % Streubesitz	5.373	5.152
Mehrheit im Besitz identifizierter ausländischer Investoren	1.521	1.443
Mehrheit im Besitz der öffentlichen Hand	2.227	2.250
Sonstiger Mehrheitsbesitz	1.948	1.752
Ohne Mehrheitsbesitz	3.631	4.235

Quelle: eigene Berechnungen auf der Grundlage der Datenbank „Orbis Europe All Companies" des Anbieters Bureau van Dijk (Stand: Januar 2017) sowie veröffentlichte Geschäftsberichte

322. Einige der Unternehmen aus dem Kreis der „100 Größten" sind im Berichtsjahr 2016 über Minderheitsanteile miteinander verbunden. Diese Kapitalverflechtungen werden in Tabelle II.4 für die Berichtsjahre 2016 und 2014 aufgeführt. Im Berichtsjahr 2016 sind gegenüber dem Berichtsjahr 2014 drei vergleichsweise hohe Kapitalbeteiligungen zwischen den „100 Größten" weggefallen. Die BSH Hausgeräte GmbH, die im Berichtsjahr 2014 noch jeweils zu einem Anteil von 50 Prozent der Siemens AG und der Robert Bosch GmbH gehörte, gehört nun vollständig zur Robert Bosch GmbH, sodass es in Bezug auf die Kapitalverflechtungen zu einem Rückgang kam. Dieses Beispiel macht deutlich, dass ein Rückgang der Kapitalverflechtungen nicht unbedingt auf Dekonzentrationsprozesse schließen lässt, da auch Unternehmenszusammenschlüsse bzw. Übernahmen zu einem Rückgang der Kapitalverflechtungen führen können. Neben den Beteiligungen an der BSH Hausgeräte GmbH wird auch die Beteiligung der INA-Holding Schaeffler GmbH & Co. KG an der Continental AG im Berichtsjahr 2016 nicht weiter ausgewiesen, weil die Continental AG erstmalig der INA-Holding Schaeffler GmbH & Co. KG als Tochterunternehmen zugeordnet wurde.[51]

---

[51] Im Rahmen der Analyse der „100 Größten" erfolgt eine gemeinsame Erfassung der INA-Holding Schaeffler GmbH & Co. KG und der Continental AG aufgrund der Vollkonsolidierung der Continental AG im Konzernabschluss der INA-Holding Schaeffler GmbH & Co. KG.

Tabelle II.4: Kapitalverflechtungen aus dem Kreis der „100 Größten" 2014 und 2016

Anteilseigner			Beteiligungsunternehmen			Kapitalanteil (%)	
Rang		Unternehmen	Rang		Unternehmen		
2016	2014		2016	2014		2016	2014
2	2	Daimler AG	18	16	Airbus-Gruppe Deutschland	–	3,68
5	4	Siemens AG	–	59	BSH Hausgeräte GmbH	–	50,00
4	7	Robert Bosch GmbH	–	59	BSH Hausgeräte GmbH	–	50,00
9	30	INA-Holding Schaeffler GmbH & Co. KG	–	18	Continental AG	–	46,00
11	23	Commerzbank AG	13	13	Deutsche Lufthansa AG	2,68	2,77
			19	–	Vonovia SE	1,28	–
			20	26	thyssenkrupp AG	–	2,11
			22	10	Deutsche Bank AG	1,74	1,10
			27	21	METRO AG	–	2,32
			31	31	Münchener Rückversicherungs-Gesellschaft AG	1,21	–
			96	60	K+S AG	1,88	–
			–	11	RWE AG	–	1,39
13	13	Deutsche Lufthansa AG	42	56	Fraport AG Frankfurt Airport Services Worldwide	8,44	8,45
21	27	Allianz SE	5	4	Siemens AG	–	3,00
			14	14	SAP SE	1,51	1,30
			15	15	Fresenius SE & Co. KGaA	5,22	1,19
			31	31	Münchener Rückversicherungs-Gesellschaft AG	2,20	1,78
			41	50	Sana Kliniken AG	14,4	13,9
			55	47	Wacker Chemie AG	2,96	1,41
			67	97	Rheinmetall AG	1,85	–
			72	82	ProSiebenSat.1 Media SE	1,27	2,25
			75	76	LANXESS AG	3,03	1,91
			85	74	Hella KGaA Hueck & Co.	1,92	–
			92	72	Linde AG	–	1,06
			93	–	United Internet AG	4,78	–
			94	99	Krones AG	1,36	1,02
			97	34	Rhön-Klinikum AG	–	1,69
			–	18	Continental AG	–	1,08
			–	22	E.ON SE	–	1,79
22	10	Deutsche Bank AG	2	2	Daimler AG	1,14	1,20
			5	4	Siemens AG	–	1,04
			8	8	Deutsche Post AG	2,36	1,27
			10	12	Bayer AG	–	1,09
			11	23	Commerzbank AG	1,44	–
			12	9	BASF SE	1,33	1,46
			13	13	Deutsche Lufthansa AG	2,90	1,21
			14	14	SAP SE	1,30	3,73
			15	15	Fresenius SE & Co. KGaA	1,25	1,66
			19	–	Vonovia SE	1,25	–
			21	27	Allianz SE	2,96	1,98
			30	32	Evonik Industries AG	1,01	–

Anteilseigner			Beteiligungsunternehmen			Kapitalanteil (%)	
Rang 2016	Rang 2014	Unternehmen	Rang 2016	Rang 2014	Unternehmen	2016	2014
			31	31	Münchener Rückversicherungs-Gesellschaft AG	1,25	–
			42	56	Fraport AG Frankfurt Airport Services Worldwide	1,48	–
			49	57	Deutsche Börse AG	1,11	–
			67	97	Rheinmetall AG	1,34	–
			72	82	ProSiebenSat.1 Media SE	1,96	1,60
			75	76	LANXESS AG	2,14	–
			92	72	Linde AG	1,06	1,79
			93	–	United Internet AG	1,94	–
			94	99	Krones AG	3,25	1,79
			–	18	Continental AG	–	1,24
			–	93	Bilfinger SE	–	2,49
31	31	Münchener Rückversicherungs-Gesellschaft AG	5	4	Siemens AG	1,29	1,29
			41	50	Sana Kliniken AG	22,40	21,70
34	35	KfW Bankengruppe	7	5	Deutsche Telekom AG	14,50	17,40
			8	8	Deutsche Post AG	20,50	21,00
			18	16	Airbus-Gruppe Deutschland	11,09	9,21
35	37	Asklepios Kliniken GmbH	97	34	Rhön-Klinikum AG	17,57	15,25
74	86	B. Braun Melsungen AG	97	34	Rhön-Klinikum AG	21,60	18,01
98	69	Debeka-Gruppe	41	50	Sana Kliniken AG	10,50	10,20
–	79	Signal-Iduna Gruppe	41	50	Sana Kliniken AG	–	14,60
–	48	Energie Baden-Württemberg AG	70	87	EWE AG	–	26,00

[1] In Fällen, in denen anstelle einer Rangangabe ein Strich erscheint, befand sich das betreffende Unternehmen in dem Jahr nicht unter den „100 Größten".

[2] Kapitalanteile auf zwei Nachkommastellen gerundet. In Fällen, in denen anstelle eines Kapitalanteils ein Strich erscheint, wurde die Beteiligung aufgrund des Ein- bzw. Austritts aus dem Kreis der „100 Größten" nicht verfolgt oder keine Beteiligung identifiziert, die ein Prozent übersteigt.

Quelle: eigene Berechnungen auf der Grundlage der Datenbank „Orbis Europe All Companies" des Anbieters Bureau van Dijk (Stand: Januar 2017 bzw. Dezember 2014) sowie veröffentlichter Geschäftsberichte

323. Abbildung II.9 und Abbildung II.10 fassen die Ergebnisse von Tabelle II.4 grafisch zusammen. Abbildung II.9 zeigt die Anzahl an Beteiligungsfällen von Unternehmen aus dem Kreis der „100 Größten", die an mehr als einem Unternehmen aus diesem Kreis beteiligt sind. Sowohl im Berichtsjahr 2014 als auch im Berichtjahr 2016 handelt es sich jeweils um 5 Unternehmen aus dem Kredit- und Versicherungswesen. Die größte Anzahl an Beteiligungen an Unternehmen aus dem Kreis der „100 Größten" hielt im Berichtsjahr 2016 mit 19 Beteiligungsfällen die Deutsche Bank AG. Gegenüber dem Berichtsjahr 2016 sind 5 Beteiligungsfälle hinzugekommen (2016: 14 Beteiligungsfälle). Wie im Berichtsjahr 2014 hält die Allianz SE mit 11 Beteiligungsfällen die zweitgrößte Anzahl an Beteiligungsfällen, wenngleich es im Berichtsjahr 2014 noch 13 Beteiligungsfälle waren. Bei der Commerzbank AG, der KfW Bankengruppe und der Allianz SE blieb die Anzahl der Beteiligungsfälle gegenüber dem Berichtsjahr 2014 unverändert.

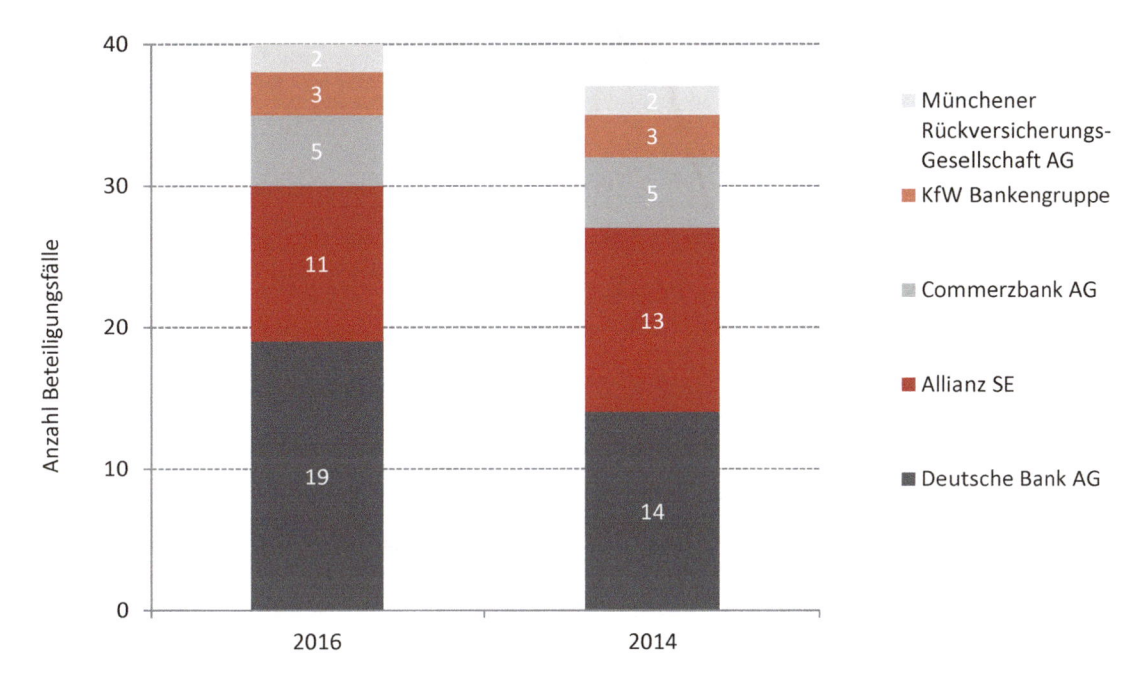

Abbildung II.9: Beteiligungsfälle von Unternehmen aus dem Kreis der „100 Größten"

Stapelbalkendiagramm, Anzahl Beteiligungsfälle:

2016 (gesamt 40): Deutsche Bank AG 19, Allianz SE 11, Commerzbank AG 5, KfW Bankengruppe 3, Münchener Rückversicherungs-Gesellschaft AG 2

2014 (gesamt 37): Deutsche Bank AG 14, Allianz SE 13, Commerzbank AG 5, KfW Bankengruppe 3, Münchener Rückversicherungs-Gesellschaft AG 2

Anm.: Erfasst wurden Beteiligungsfälle von Unternehmen aus dem Kreis der „100 Größten", die an mehr als einem Unternehmen aus diesem Kreis beteiligt sind.

Quelle: eigene Berechnungen auf der Grundlage der Datenbank „Orbis Europe All Companies" des Anbieters Bureau van Dijk (Stand: Januar 2017 bzw. Dezember 2014) sowie veröffentlichter Geschäftsberichte

324. Im Januar 2017 hielten insgesamt 9 Unternehmen aus dem Kreis der „100 Größten" Kapitalanteile an mindestens einem Unternehmen aus diesem Kreis. Gegenüber dem Berichtsjahr 2014, in dem dies noch auf 15 Unternehmen zutraf, ist es somit zu einem deutlichen Rückgang der Anzahl an Anteilseignern von Beteiligungen innerhalb des Kreises der „100 Größten" gekommen. Ein Rückgang ist auch bei weiteren Kennzahlen zu beobachten. So ist die Gesamtzahl an Kapitalverflechtungen zwischen Unternehmen aus dem Kreis der „100 Größten" von 47 im Berichtsjahr 2014 auf 44 Beteiligungsfälle im Berichtsjahr 2016 zurückgegangen, und auch die Anzahl der Unternehmen aus dem Kreis der „100 Größten", die mit mindestens einem anderen Unternehmen aus diesem Kreis verflochten waren, ist auf 32 Unternehmen gesunken (Berichtsjahr 2014: 38 Unternehmen). Abbildung II.10 stellt zusätzlich zur Entwicklung im Vergleich zum Berichtsjahr 2014 auch die langfristige Entwicklung der Kapitalverflechtungen der „100 Größten" im Zeitraum von 1978 bis 2016 dar. In den Jahren 1978 bis 2012 war es zu einem deutlichen Rückgang der Kapitalverflechtungskennzahlen gekommen. Im Berichtsjahr 2012 erfolgte eine Umstellung der Datengrundlage, sodass die zwischenzeitliche Erhöhung der Kennzahlen im Jahr 2012 erhebungstechnisch bedingt sein kann. Dafür spricht, dass die Kennzahlen der Jahre 2014 und 2016 einen weiteren Rückgang der Kapitalverflechtungen zwischen Unternehmen aus dem Kreis der „100 Größten" andeuten.

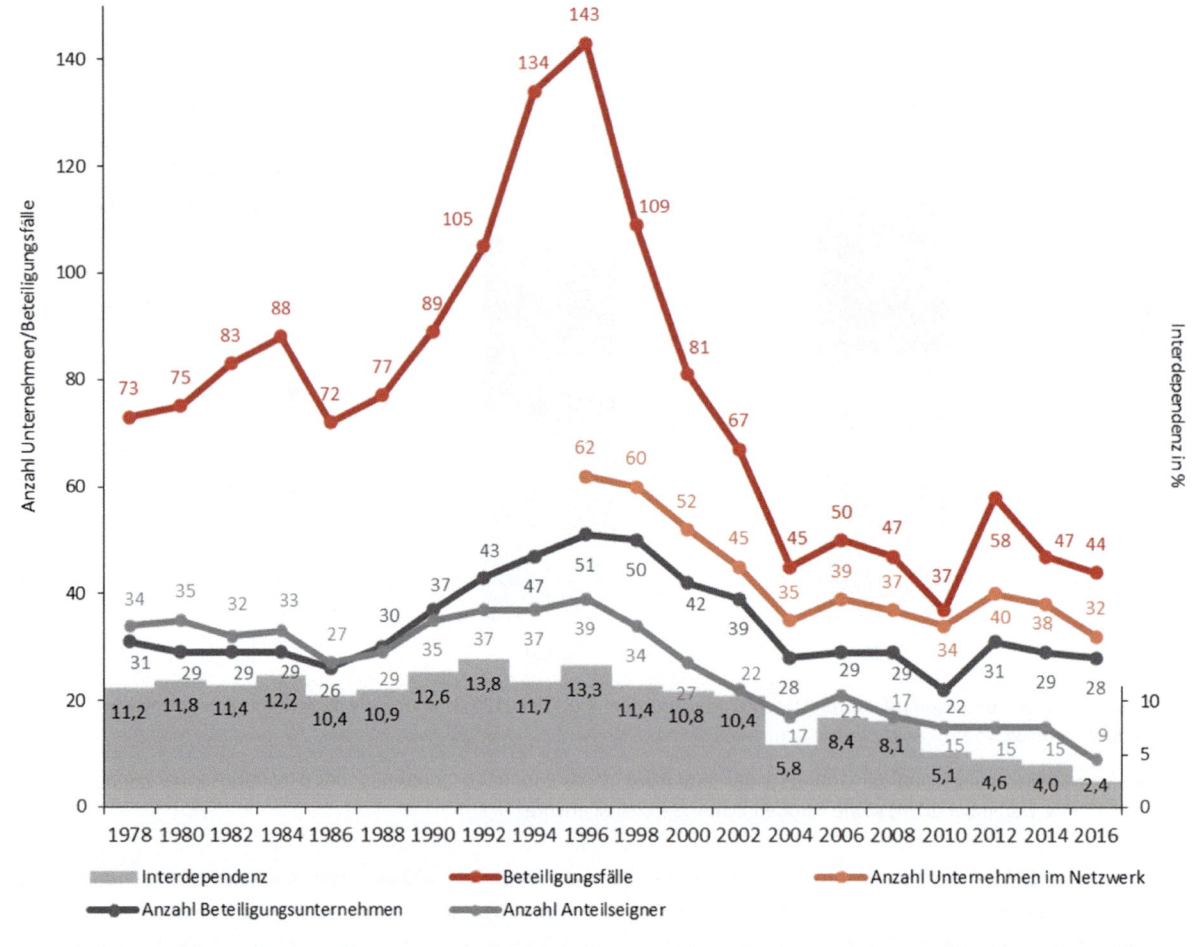

Abbildung II.10: Entwicklung der Kapitalverflechtungen zwischen den „100 Größten" (1978–2016)

[Diagramm: Entwicklung der Kapitalverflechtungen zwischen den „100 Größten" von 1978 bis 2016]

Beteiligungsfälle: 73 (1978), 75 (1980), 83 (1982), 88 (1984), 72 (1986), 77 (1988), 89 (1990), 105 (1992), 134 (1994), 143 (1996), 109 (1998), 81 (2000), 67 (2002), 45 (2004), 50 (2006), 47 (2008), 37 (2010), 58 (2012), 47 (2014), 44 (2016)

Anzahl Unternehmen im Netzwerk: 62 (1996), 60 (1998), 52 (2000), 45 (2002), 35 (2004), 39 (2006), 37 (2008), 34 (2010), 40 (2012), 38 (2014), 32 (2016)

Anzahl Beteiligungsunternehmen: 31, 29, 29, 29, 26, 29, 35, 37, 37, 51, 50, 42, 39, 28, 29, 29, 22, 31, 29, 28

Anzahl Anteilseigner: 34, 35, 32, 33, 27, 30, 37, 43, 47, 39, 34, 22, 17, 21, 17, 15, 15, 15, 9

Interdependenz in %: 11,2 · 11,8 · 11,4 · 12,2 · 10,4 · 10,9 · 12,6 · 13,8 · 11,7 · 13,3 · 11,4 · 10,8 · 10,4 · 5,8 · 8,4 · 8,1 · 5,1 · 4,6 · 4,0 · 2,4

Legende: Interdependenz · Beteiligungsfälle · Anzahl Unternehmen im Netzwerk · Anzahl Beteiligungsunternehmen · Anzahl Anteilseigner

Anm.: Da mit dem Berichtsjahr 2012 eine Umstellung der Datengrundlage erfolgte, sind die Werte ab dem Berichtjahr 2012 nicht vollständig mit denjenigen der Vorjahre vergleichbar. Die Interdependenz gibt an, wie groß der Anteil der Gesamtwertschöpfung der „100 Größten" ist, an dem Unternehmen aus dem Kreis der „100 Größten" über Kapitalbeteiligungen beteiligt sind (vgl. Tz. 325 f.). Die Anzahl an Beteiligungsfällen gibt die Anzahl an Unternehmensverbindungen über Kapitalbeteiligungen an. Als Beteiligungsunternehmen wird ein Unternehmen aus dem Kreis der „100 Größten" erfasst, wenn ein anderes Unternehmen aus dem Kreis der „100 Größten" eine Kapitalbeteiligung an diesem Unternehmen hält, die ein Prozent übersteigt. Als Anteilseigner wird ein Unternehmen aus dem Kreis der „100 Größten" erfasst, das an einem weiteren Unternehmen aus dem Kreis der „100 Größten" eine Kapitalbeteiligung hält, die ein Prozent übersteigt. Als Netzwerkunternehmen wird ein Unternehmen erfasst, wenn es ein Beteiligungsunternehmen, Anteilseigner oder beides ist.

Quelle: eigene Berechnungen auf der Grundlage veröffentlichter Geschäftsberichte sowie seit 2012 der Datenbank „Orbis Europe All Companies" des Anbieters Bureau van Dijk

325. In Abbildung II.10 wird ergänzend die Entwicklung der Interdependenz zwischen den 100 größten Unternehmen veranschaulicht. Der Interdependenzgrad liefert im Vergleich zu den übrigen Kennzahlen zusätzliche Informationen zur Höhe der Kapitalbeteiligungen zwischen den „100 Größten" und zum betroffenen Wertschöpfungsanteil. Er gibt an, welcher Anteil an der Gesamtwertschöpfung der „100 Größten" auf Kapitalbeteiligungen aus diesem Kreis entfällt. So würde sich ein Wert von 100 Prozent ergeben, wenn jedes Unternehmen aus dem Berichtskreis einem oder mehreren anderen Unternehmen aus diesem Kreis gehörte.[52] Gegenüber dem Berichtsjahr 2014 ist der Interdependenzgrad vergleichsweise deutlich von 4,0 auf 2,4 Prozent gesunken, weil relativ hohe Kapitalbeteiligungen zwischen den „100 Größ-

---

[52] Der Interdependenzgrad entspricht rechnerisch dem Anteil der Summe der mit den entsprechenden Kapitalanteilen gewichteten Wertschöpfung aller Beteiligungsunternehmen an der Gesamtwertschöpfung der „100 Größten".

ten" im Berichtsjahr 2016 weggefallen sind. So wird die BSH Hausgeräte GmbH im aktuellen Berichtsjahr der Robert Bosch GmbH vollständig zugeordnet. Die Beteiligungen der Siemens AG und der Robert Bosch GmbH an der BSH Hausgeräte GmbH in Höhe von 50 Prozent[53] fallen somit weg und werden bei der Berechnung des Interdependenzgrades nicht weiter berücksichtigt. Wie dieses Beispiel zeigt, lässt sich von einem Rückgang des Interdependenzgrades nicht direkt auf eine Verringerung der Konzentration schließen, da eine Verringerung des Interdependenzgrades auch durch Unternehmensübernahmen hervorgerufen werden kann.

326. Zudem können Unternehmen aus dem Kreis der „100 Größten" indirekt über weitere Unternehmen außerhalb des Kreises der „100 Größten" miteinander verflochten sein.[54] Im Berichtsjahr 2016 ist dies insbesondere aufgrund von Beteiligungen institutioneller Investoren mit Sitz im Ausland, wie beispielsweise BlackRock oder Vanguard, der Fall. Abbildung II.11 zeigt die Bedeutung indirekter Kapitalverflechtungen zwischen den „100 Größten" für das Berichtsjahr 2016 auf. Dort wird dargestellt, welchen Anteil Investoren mit mehr als einer Beteiligung an Unternehmen aus dem Kreis der „100 Größten" am gesamten Kapital der „100 Größten" hielten. Insgesamt wurden im Berichtsjahr 2016 9 Prozent des Kapitals der „100 Größten" von Investoren gehalten, die an mehreren Unternehmen aus dem Kreis der „100 Größten" beteiligt waren. Davon wurden 2 Prozent von Unternehmen aus demselben Kreis gehalten. Hierbei handelt es sich um die in Abbildung II.9 dargestellten Beteiligungen von Banken und Versicherungen aus dem Kreis der „100 Größten". Die Bedeutung der indirekten Kapitalverflechtungen über Unternehmen aus dem Kreis der „100 Größten" ist im Berichtsjahr 2016 im Vergleich zu den indirekten Verflechtungen über sonstige Investoren vergleichsweise gering. Mit 7 Prozent halten Investoren, die nicht zu den „100 Größten" gehören, aber mehrere Beteiligungen an Unternehmen aus diesem Kreis halten, mehr als das Dreifache am Kapital der „100 Größten". Insgesamt lässt sich allerdings feststellen, dass mit 91 Prozent der überwiegende Teil des Kapitals von Investoren gehalten wird, die lediglich an einem der Unternehmen aus dem Kreis der „100 Größten" beteiligt sind.

Abbildung II.11: Anteilsbesitz an den „100 Größten" nach Beteiligungsfällen des Investors 2016

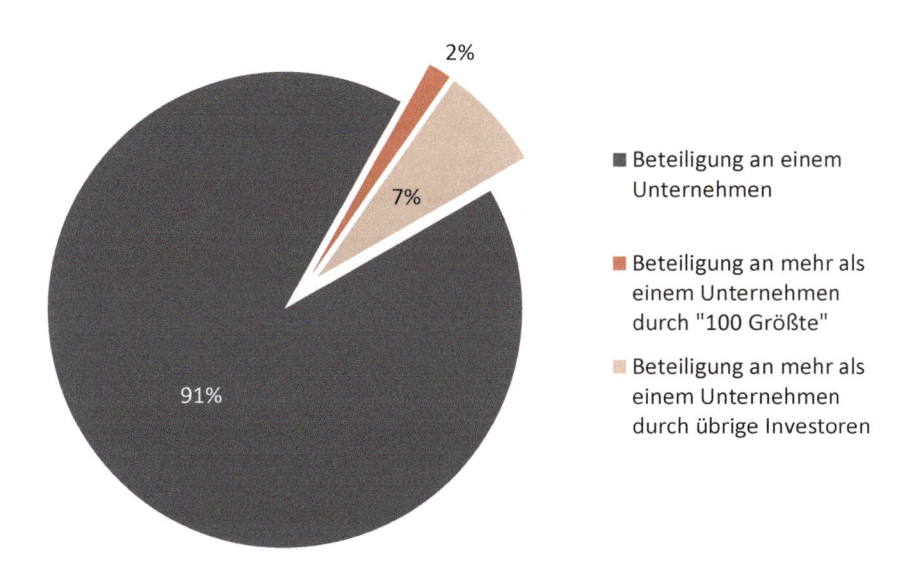

Anm.: Unter den Kategorien „Beteiligung an mehr als einem Unternehmen durch ‚100 Größte' bzw. übrige Investoren" werden Beteiligungen erfasst, die ein Prozent übersteigen. Betrachtet werden Beteiligungen an den in Tabelle A.2 aufgeführten rechtlichen Unternehmenseinheiten.

Quelle: eigene Berechnungen auf der Grundlage der Datenbank „Orbis Europe All Companies" des Anbieters Bureau van Dijk (Stand: Januar 2017) sowie veröffentlichter Geschäftsberichte

---

[53] Tabelle II.4.

[54] Vgl. zu indirekten Unternehmensverflechtungen über kapitalmäßige Minderheitsbeteiligungen auch Abschnitt 4 in diesem Kapitel.

327. Neben der Deutschen Bank AG (19 Beteiligungsfälle) und der Allianz SE (11 Beteiligungsfälle)[55] halten 4 weitere Investoren an mehr als 10 Unternehmen aus dem Kreis der „100 Größten" Kapitalanteile von über einem Prozent.[56] Es handelt sich um die BlackRock Inc. (29 Beteiligungsfälle), die Vanguard Group Inc. (26 Beteiligungsfälle), den Staat Norwegen (26 Beteiligungsfälle)[57] und die State Street Corporation (16 Beteiligungsfälle). Diese vier Investoren halten Kapitalanteile an insgesamt 33 Unternehmen aus dem Kreis der „100 Größten", wobei nicht jeder dieser Investoren an allen 33 Unternehmen beteiligt ist. Abbildung II.12 stellt die indirekten Kapitalverflechtungen zwischen den 33 Unternehmen aus dem Kreis der „100 Größten" dar, an denen mindestens einer der genannten Investoren beteiligt ist. An 6 der 33 Unternehmen ist lediglich einer dieser Investoren – entweder die BlackRock Inc. oder der Staat Norwegen – beteiligt. An 14 der 33 Unternehmen sind alle vier Investoren beteiligt. Bei diesen Unternehmen halten die vier Investoren im Durchschnitt einen aggregierten Kapitalanteil in Höhe von 10,4 Prozent.

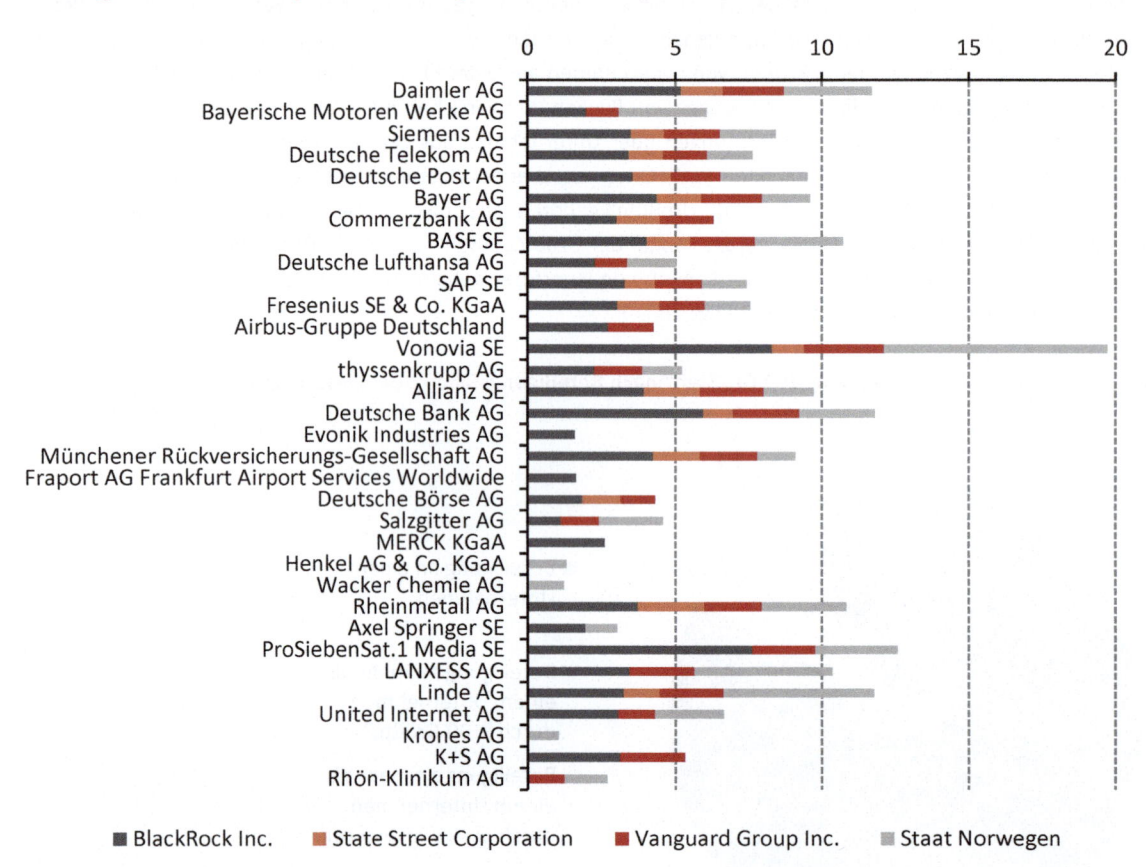

Abbildung II.12: Indirekte Kapitalverflechtungen zwischen den „100 Größten" 2016

■ BlackRock Inc. ■ State Street Corporation ■ Vanguard Group Inc. ■ Staat Norwegen

Anm.: Dargestellt werden indirekte Kapitalverflechtungen durch Beteiligungen von Investoren an mehr als zehn Unternehmen aus dem Kreis der „100 Größten", sofern sie ein Prozent übersteigen. Betrachtet werden die in Tabelle A.2 ausgewiesenen rechtlichen Unternehmenseinheiten.

Quelle: eigene Berechnungen auf der Grundlage der Datenbank „Orbis Europe All Companies" des Anbieters Bureau van Dijk (Stand: Januar 2017) sowie veröffentlichter Geschäftsberichte

---

[55] Vgl. Abbildung II.9.

[56] Der Übersichtlichkeit halber beschränken sich die nachfolgenden Ausführungen exemplarisch auf diese vier Investoren. Da über weitere Investoren zusätzliche indirekte Kapitalverflechtungen zwischen den „100 Größten" vorliegen, wird die Bedeutung indirekter Kapitalverflechtungen aufgrund dieses Vorgehens tendenziell unterschätzt.

[57] Bei den Kapitalanteilen, bei denen als Eigentümer der Staat Norwegen ausgewiesen wird, handelt es sich in der Regel um Anteile des norwegischen Staatsfonds, der von der Norges Bank verwaltet wird.

2.4 Personelle Verflechtungen der „100 Größten"

328. Zur Beurteilung der Marktstellung eines Unternehmens sind gemäß § 18 Abs. 3 GWB unter anderem die Verflechtungen mit anderen Unternehmen heranzuziehen. Die Monopolkommission ermittelt daher neben den Verflechtungen über Kapitalbeteiligungen zwischen den „100 Größten" auch die personellen Verflechtungen über Mehrfachmandatsträger in Geschäftsführungs- und Kontrollgremien dieser Unternehmen. Es kann davon ausgegangen werden, dass Personen, die in mehreren Unternehmen eine Geschäftsführungs- oder Kontrollfunktion einnehmen, grundsätzlich am Erfolg aller dieser Unternehmen interessiert sind. Somit sind personelle Verflechtungen geeignet, eine Gleichrichtung von Interessen herbeizuführen, die eine Abschwächung von Wettbewerbsanreizen zur Folge haben kann. Begünstigend kann sich dabei auch der Zugang zu internen Unternehmensinformationen auswirken, der ein koordiniertes Marktverhalten und informelle Verhaltensabstimmungen erleichtert. Detaillierte Aussagen zur Wirkung von Verflechtungen in einem konkreten Fall lassen sich auf der Grundlage der vorliegenden Analyse allerdings nicht ableiten. Eine Analyse der personellen Verflechtungen zwischen Großunternehmen ist gleichwohl aus gesellschaftspolitischer Sicht relevant, da es hiernach als unerwünscht gilt, wenn wirtschaftliche Verfügungsgewalt von einem kleinen Personenkreis ausgeübt wird.[58]

329. Zur Untersuchung der personellen Unternehmensverflechtungen wurden die veröffentlichten Geschäftsberichte der „100 Größten" herangezogen. Konnten keine Informationen über die Besetzung der Geschäftsführungs- und Kontrollgremien gewonnen werden, wurden die betroffenen Unternehmen aus der Analyse der personellen Verflechtungen ausgeschlossen. Im Berichtsjahr 2016 konnten für 97 Unternehmen aus dem Untersuchungskreis die erforderlichen Daten ermittelt werden (2014: 97 Unternehmen). Tabelle II.5 gibt einen Überblick zu den erfassten Geschäftsführungs- und Kontrollgremienmandaten im Berichtsjahr 2016 und dem vorangegangenen Berichtsjahr 2014.

Tabelle II.5: Mandate in Geschäftsführungs- und Kontrollgremien der „100 Größten" 2016 und 2014

Gruppenzugehörigkeit[1]	Zahl der Mandate		Anteil an der jeweiligen Gruppe (in %)	
	2016	2014	2016	2014
Mandatsträger in den Kontrollgremien:	1.524	1.543		
Arbeitgebervertreter:	881	863	57,8	55,9
Mitglieder der Geschäftsführung von Unternehmen aus dem Kreis der „100 Größten"	34	50	3,9	5,8
Vertreter der öffentlichen Hand[3]	94	104	10,7	12,1
Sonstige Arbeitgebervertreter	753	709	85,5	82,2
Arbeitnehmervertreter:	643	680	42,2	44,1
Gewerkschaftsvertreter[2]	149	171	23,2	25,1
Angestellte des Unternehmens (Betriebsräte, leitende Angest.)	494	509	76,8	74,9
Geschäftsführer:	572	535		
Mehrfachmandatsträger	27	42	4,7	7,9

[1] Die Daten beziehen sich auf die 97 (2014: 97) Unternehmen aus dem Kreis der „100 Größten", für die ein Kontrollgremium ermittelt werden konnte. Alle Anteilswerte auf eine Nachkommastelle gerundet.
[2] Gewerkschaftsvertreter gemäß § 7 Abs. 2, § 16 MitbestG.
[3] Politische Entscheidungsträger auf Bundes-, Länder- und kommunaler Ebene.

Quelle: eigene Berechnungen auf der Grundlage veröffentlichter Geschäftsberichte

330. Aus wettbewerbsökonomischer Sicht ist einerseits relevant, welcher Anteil an Mandaten in Kontrollgremien von Mitgliedern der Geschäftsführung von Unternehmen aus dem Kreis der „100 Größten" ausgeübt wird; andererseits der Anteil an Geschäftsführungsmandaten, der von Mandatsträgern gehalten wird, die gleichzeitig ein Mandat im Kontroll-

---

[58] Gesetzentwurf der Fraktionen der SPD, FDP, Entwurf eines Zweiten Gesetzes zur Änderung des Gesetzes gegen Wettbewerbsbeschränkungen, BT.-Drs. 7/76 vom 25. Januar 1973, S. 15 f.

gremium eines anderen Unternehmens aus dem Kreis der „100 Größten" ausüben. Im Vergleich zum Berichtsjahr 2014 ist die Bedeutung dieser beiden Gruppen gesunken. Während im Berichtsjahr 2014 noch 5,8 Prozent der Mandate in den Kontrollgremien von Geschäftsführern aus dem Kreis der „100 Größten" gehalten wurden, traf dies im Berichtsjahr 2016 lediglich auf 3,9 Prozent der Mandate zu. Diese Entwicklung ist vorrangig auf die Veränderung des Kreises der „100 Größten" zurückzuführen. Bleiben Unternehmen, die in einem der Berichtsjahre nicht unter den „100 Größten" waren, unberücksichtigt, reduziert sich die Anzahl der entsprechenden Mandate im Vergleich der beiden Berichtsjahre lediglich um jeweils ein Mandat. Die im Berichtsjahr 2016 ausgeschiedenen Unternehmen waren somit innerhalb des Kreises der „100 Größten" stärker über Geschäftsführungsmitglieder vernetzt als die neu eingetretenen Unternehmen.

331. Aus gesellschaftspolitischer Sicht ist insbesondere die Bedeutung von Mandaten in den Kontrollgremien der „100 Größten" relevant, die von politischen Entscheidungsträgern ausgeübt werden (Kategorie „Vertreter der öffentlichen Hand). In diesem Zusammenhang ist allerdings zu berücksichtigen, dass politische Entscheidungsträger vorwiegend Mandate in den Kontrollgremien von Unternehmen ausüben, an denen die öffentliche Hand auch Kapitalanteile hält. Die Bedeutung dieser Kategorie hat sich, auch aufgrund des Ausscheidens der großen Energieversorger, ebenfalls verringert. Im Berichtsjahr 2014 waren 104 Mandate in den Kontrollgremien der „100 Größten" durch Vertreter der öffentlichen Hand besetzt. Im Berichtsjahr 2016 traf dies auf 94 Mandate zu. Allein 11 Mandate, die im Geschäftsjahr 2014 von Vertretern der öffentlichen Hand ausgeübt wurden, entfielen auf die im Berichtsjahr 2016 ausgeschiedenen Energieversorger EnBW Energie Baden-Württemberg AG, RWE AG und Vattenfall GmbH.

332. Von den Vertretern der in Tabelle II.5 aufgeführten Gruppen wurden zum Teil Mandate in den Gremien mehrerer Unternehmen aus dem Kreis der „100 Größten" ausgeübt. Abbildung II.13 gibt eine Übersicht über die Anzahl an Mandaten von Mehrfachmandatsträgern in den Jahren 2016 und 2014. Dabei wurde unterschieden, ob ein Mitglied der Geschäftsführung eines Unternehmens aus dem Kreis der „100 Größten" gleichzeitig einem oder mehreren Kontrollgremien eines weiteren Unternehmens aus diesem Kreis angehörte (hellgrau) oder eine Person ohne Geschäftsführungsmandat den Kontrollgremien mehrerer Unternehmen aus dem Kreis der „100 Größten" angehörte (dunkelgrau). Gegenüber dem Berichtsjahr 2016 ist die Bedeutung von Mehrfachmandatsträgern gesunken. So waren beispielsweise im Berichtsjahr 2014 noch 18 Personen Mitglieder der Kontrollgremien von drei Unternehmen aus dem Kreis der „100 Größten". Im Berichtsjahr 2016 traf dies lediglich auf 8 Personen zu. Auch bei den Mitgliedern der Geschäftsführungsgremien der „100 Größten" ist zu beobachten, dass die Ausübung von Mandaten in den Kontrollgremien weiterer Unternehmen aus diesem Kreis rückläufig ist. So ist die Anzahl der Geschäftsführungsmitglieder der „100 Größten", die gleichzeitig ein Mandat in einem Kontrollgremium eines weiteren Unternehmens aus dem Kreis der „100 Größten" ausüben, von 36 Personen im Jahr 2014 auf 21 Personen im Jahr 2016 gesunken.

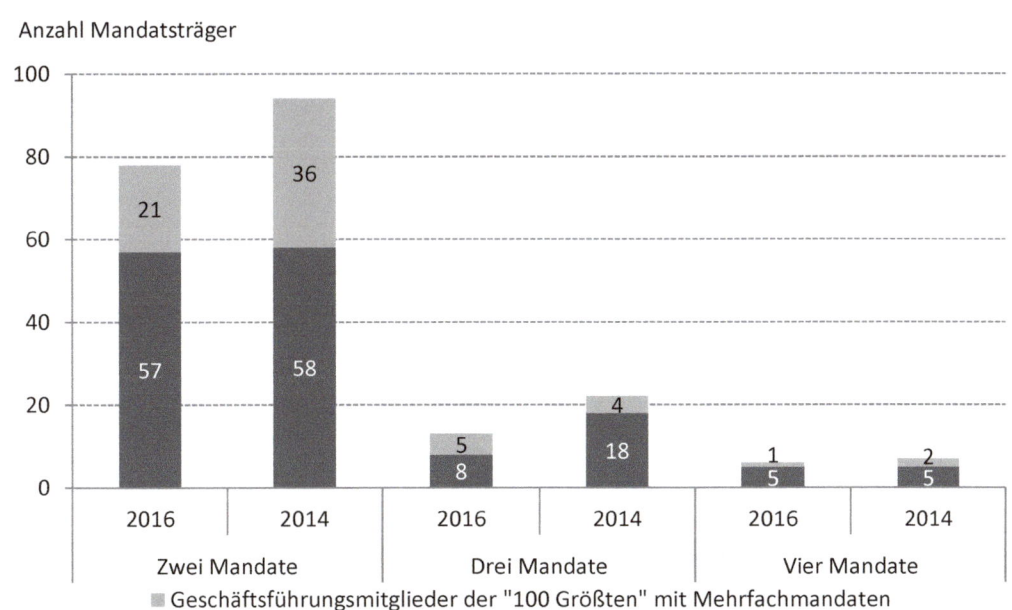

Abbildung II.13: Mehrfachmandatsträger in Geschäftsführungs- und Kontrollgremien 2016 und 2014

Anzahl Mandatsträger

	Zwei Mandate		Drei Mandate		Vier Mandate	
	2016	2014	2016	2014	2016	2014
Geschäftsführungsmitglieder der "100 Größten" mit Mehrfachmandaten	21	36	5	4	1	2
Mehrfachmandatsträger in den Kontrollgremien der "100 Größten"	57	58	8	18	5	5

Anm.: Erfasst wurden Personen mit Mandaten in Geschäftsführungs- bzw. Kontrollgremien mehrerer Unternehmen aus dem Kreis der „100 Größten".

Quelle: eigene Berechnungen auf der Grundlage veröffentlichter Geschäftsberichte

333. Mandatsträger in Geschäftsführungs- bzw. Kontrollgremien der „100 Größten", die Mandate in weiteren Kontrollgremien von Unternehmen aus diesem Kreis ausüben, führen zu Verbindungen zwischen diesen Unternehmen. Daher wird im Folgenden eine Auswertung auf Unternehmensebene vorgenommen, bei der eine Verbindung ausgewiesen wird, wenn eine Person gleichzeitig dem Geschäftsführungsgremium (bzw. Vorstand) und einem Kontrollgremium (Aufsichtsrat, Verwaltungsrat, Gesellschafterausschuss, Vermittlungsausschuss, Unternehmensrat etc.) von mindestens einem weiteren Unternehmen aus dem Kreis der „100 Größten" angehört. Darüber hinaus werden auch Verflechtungen über Mehrfachmandatsträger in den Kontrollgremien von zwei oder mehr Unternehmen aus dem Kreis der „100 Größten" berücksichtigt. In Abhängigkeit von der Rechtsform und den Gesellschaftsverträgen der Unternehmen können sich die Befugnisse der betrachteten Kontrollgremien unterscheiden. Dennoch werden die Unternehmen ungeachtet dieser Unterschiede in die Untersuchung einbezogen, da die Analyse der personellen Verflechtungen weniger auf die Überwachungsbefugnisse der Kontrollgremien abstellt als auf ihre Eignung, auf hoher hierarchischer Ebene Kontakte zwischen Unternehmen herzustellen.

334. Konkret wurde für jedes[59] Unternehmen aus dem Kreis der „100 Größten" erfasst:

- in wie vielen weiteren Unternehmen Mitglieder der Geschäftsführung des betrachteten Unternehmens als Mandatsträger vertreten sind (Kategorie „über das eigene Geschäftsführungsgremium"),

- in wie vielen weiteren Unternehmen Mandatsträger im Kontrollgremium des betrachteten Unternehmens Geschäftsführer sind (Kategorie „über Geschäftsführer im eigenen Kontrollgremium"),

- in wie vielen weiteren Unternehmen sonstige Mandatsträger im Kontrollgremium des genannten Unternehmens ein Mandat in einem Kontrollgremium ausüben (Kategorie „über sonstige Mandatsträger im eigenen Kontrollgremium").

---

[59] Von der Untersuchung ausgeschlossen wurden Unternehmen, für die die Zusammensetzung des Kontrollgremiums nicht bestimmt werden konnte. Dies traf in den Berichtsjahren 2016 und 2014 jeweils auf drei Unternehmen zu.

Eine Verbindung zweier Unternehmen wird unter der Kategorie „über sonstige Mandatsträger im eigenen Kontrollgremium" erfasst, wenn eine Person, die nicht bereits in den anderen Kategorien erfasst wurde, in den Kontrollorganen beider Unternehmen vertreten war. Abbildung II.14 zeigt die Anzahl an Unternehmen aus dem Kreis der „100 Größten", die über die entsprechenden Kategorien in den Berichtsjahren 2016 und 2014 miteinander verbunden waren.[60]

Abbildung II.14: Über personelle Verflechtung verbundene Unternehmen

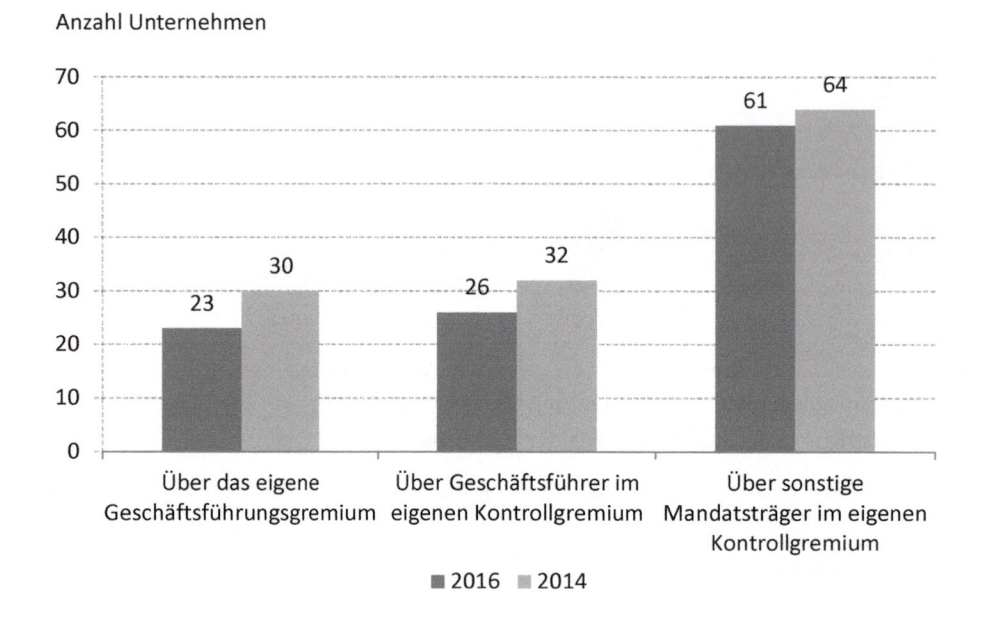

Anzahl Unternehmen

Kategorie	2016	2014
Über das eigene Geschäftsführungsgremium	23	30
Über Geschäftsführer im eigenen Kontrollgremium	26	32
Über sonstige Mandatsträger im eigenen Kontrollgremium	61	64

Anm.: Angegeben ist die Anzahl der Unternehmen aus dem Kreis der „100 Größten", die mit weiteren Unternehmen aus diesem Kreis über Mehrfachmandatsträger in Geschäftsführungs- und Kontrollgremien verbunden waren.

Quelle: eigene Berechnungen auf der Grundlage veröffentlichter Geschäftsberichte

335. Die Anzahl der Unternehmen aus dem Kreis der „100 Größten", die über Mehrfachmandatsträger in den Geschäftsführungs- und Kontrollgremien mit weiteren Unternehmen aus diesem Kreis verbunden waren, ist im Vergleich zum Berichtsjahr 2014 in allen Kategorien gesunken. Im Berichtsjahr 2016 war in 23 Unternehmen (2014: 30 Unternehmen) mindestens ein Mitglied der Geschäftsführung auch Mandatsträger im Kontrollgremium eines oder mehrerer weiterer Unternehmen aus dem Kreis der „100 Größten". Diese Mehrfachmandatsträger übten Mandate in den Kontrollgremien von 26 Unternehmen (2014: 32 Unternehmen) aus dem Kreis der „100 Größten" aus. Dies entspricht einem Rückgang um 23,3 bzw. 18,8 Prozent. Hier spiegelt sich die Entwicklung wider, dass die neu in den Kreis eingetretenen Unternehmen weniger Verbindungen über ihre Geschäftsführungsgremien aufweisen als die aus dem Kreis der „100 Größten" ausgeschiedenen Unternehmen. Werden von der Analyse diejenigen Unternehmen ausgeschlossen, die in einem der Berichtsjahre 2014 und 2016 nicht unter den „100 Größten" waren, verändert sich die Anzahl an Unternehmen, die über Geschäftsführungsmitglieder mit mindestens einem weiteren Unternehmen aus dem Kreis der „100 Größten" verbunden waren, vergleichsweise geringfügig.

336. Auch die Entwicklung der Gesamtzahl an Unternehmensverbindungen über Personen in den Geschäftsführungs- und Kontrollgremien der „100 Größten" ist durch die Veränderung des Kreises der „100 Größten" beeinflusst. Abbildung II.15 stellt die Entwicklung dieser Verflechtungen zwischen den Unternehmen im Kreis der „100 Größten" für den Zeitraum von 1978 bis 2016 dar. Nachdem die Anzahl der Verflechtungen über Geschäftsführer der „100 Größten" seit dem

---

[60] Eine Übersicht über die Anzahl der Unternehmen, mit denen jedes Unternehmen aus dem Kreis der „100 Größten" in den Berichtsjahren 2016 und 2014 in Form der entsprechenden Kategorie verbunden war, wird im Anhang zu diesem Gutachten veröffentlicht.

Jahr 1996 kontinuierlich gesunken war, war sie im Berichtsjahr 2014 leicht auf 45 angestiegen. Mit 34 Verbindungen liegt die Zahl der personellen Verflechtungen über Geschäftsführungsmitglieder im Berichtsjahr 2016 deutlich unterhalb des Niveaus des Jahres 2012 (41 Verbindungen). Werden bei dem Vergleich der Berichtsjahre 2014 und 2016 allerdings ausschließlich Unternehmen berücksichtigt, die in beiden Jahren unter den „100 Größten" waren, hätte sich die Anzahl der Verbindungen lediglich um eine Verbindung reduziert. Gleiches gilt für den zu beobachtenden Rückgang der Verflechtungen über sonstige Mehrfachmandatsträger in den Kontrollgremien der „100 Größten". Gegenüber dem Berichtsjahr 2014 ist hier ein Rückgang der Verflechtungen um 19,3 Prozent auf 113 Verbindungen zu verzeichnen. Unter Ausschluss derjenigen Unternehmen, die in einem der beiden Jahre nicht zu den „100 Größten" zählten, wäre der Rückgang der Verflechtungen mit 3,8 Prozent deutlich geringer ausgefallen. Insgesamt setzt sich der Trend abnehmender Unternehmensverbindungen durch Mehrfachmandatsträger in den Kontrollgremien der „100 Größten" fort. Gegenüber dem Berichtsjahr 1996, in dem noch 420 derartige Verflechtungen ermittelt wurden, ist im Berichtsjahr 2016 lediglich etwa ein Viertel dieser Fälle zu beobachten.

Abbildung II.15: Personelle Verflechtungen der „100 Größten" in den Jahren 1978 bis 2016

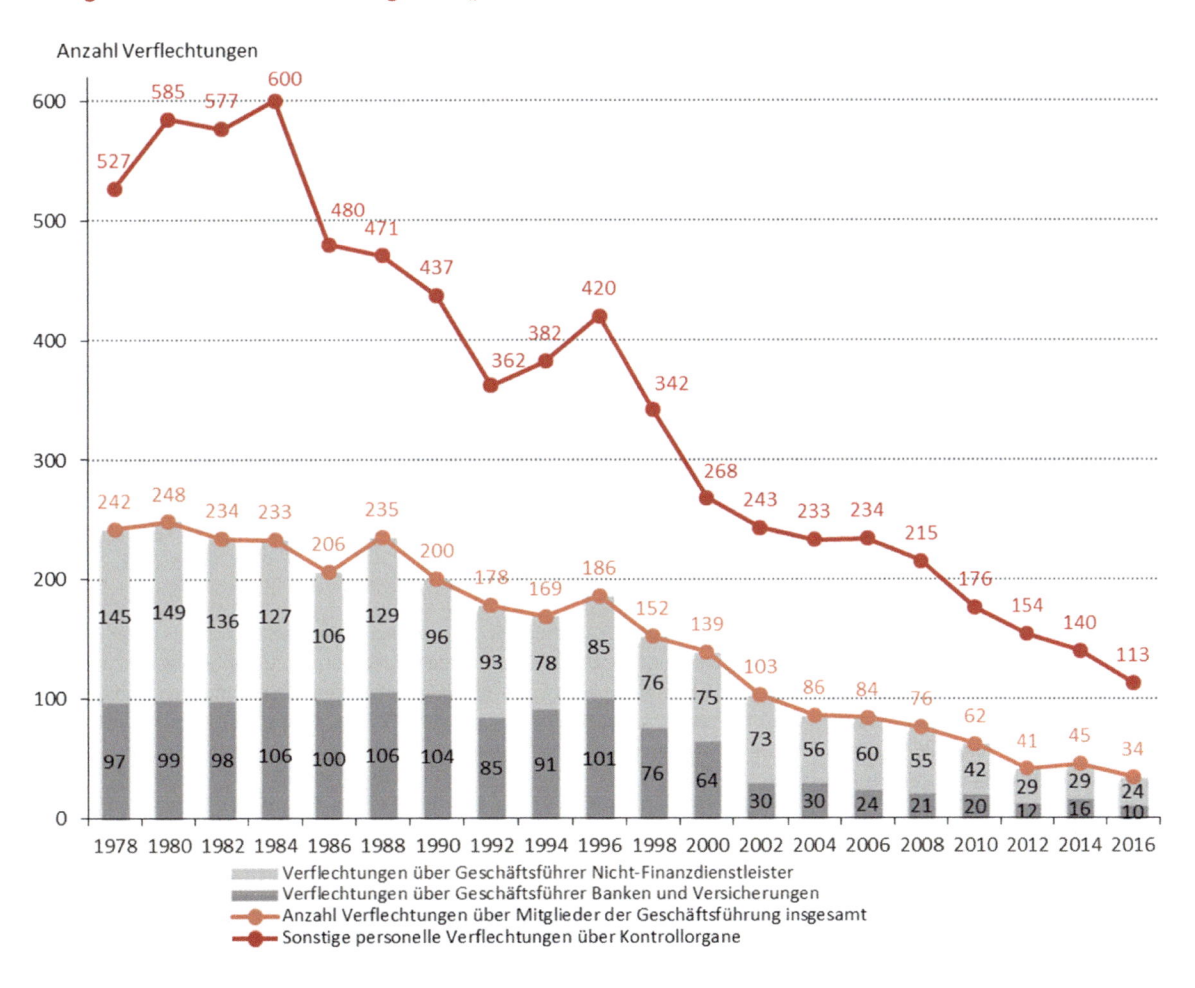

Quelle: eigene Berechnungen auf der Grundlage veröffentlichter Geschäftsberichte

2.5 Beteiligung der „100 Größten" an Unternehmenszusammenschlüssen

337. Da auch externes Unternehmenswachstum durch Unternehmenszusammenschlüsse zu Veränderungen bei der aggregierten Konzentration beitragen kann, werden abschließend die Zusammenschlussaktivitäten der „100 Größten" betrachtet.[61] Einbezogen werden unmittelbare und mittelbare Beteiligungen der „100 Größten" an den beim Bundeskartellamt vor dem Vollzug angemeldeten Unternehmenszusammenschlüssen.[62] Im Rahmen der vorliegenden Untersuchung wird davon ausgegangen, dass Zusammenschlüsse, die angemeldet und vom Bundeskartellamt freigegeben werden, von den Beteiligten auch vollzogen werden. Unter dieser Annahme kann mithilfe der Zahl der angemeldeten Zusammenschlussvorhaben sowie der Zahl der Freigabeentscheidungen die Zahl der Zusammenschlüsse mit Beteiligung eines Unternehmens aus dem Kreis der „100 Größten" abgeleitet werden. Abbildung II.16 stellt die Zusammenschlussaktivitäten der „100 Größten" der Zahl aller beim Bundeskartellamt angezeigten Fälle für die Berichtszeiträume 2016/17 und 2014/15 gegenüber.

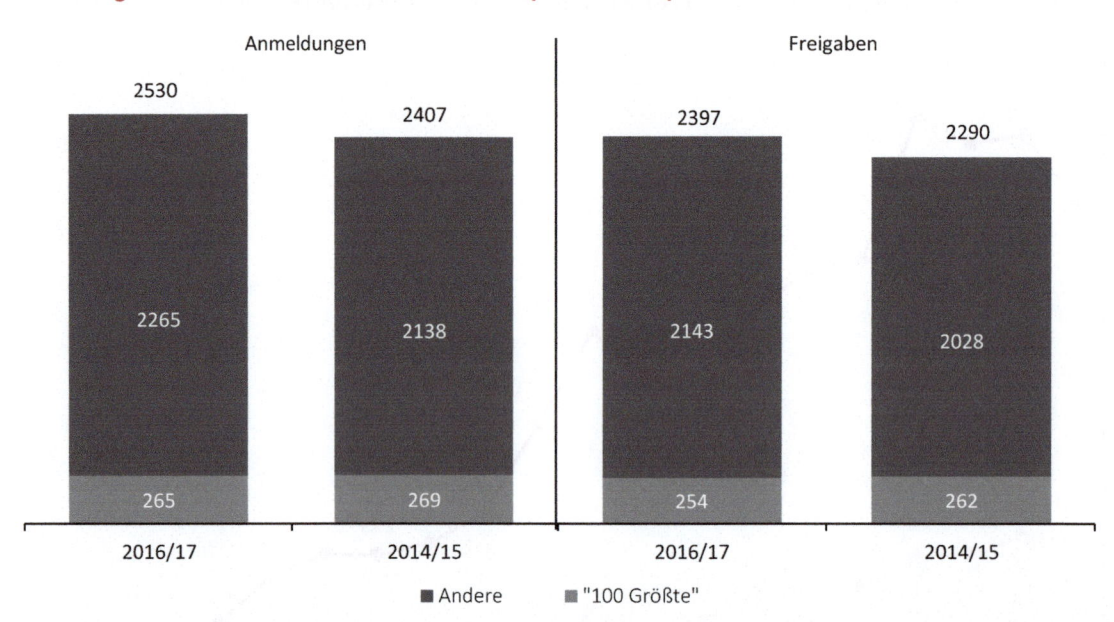

Abbildung II.16: Zusammenschlussaktivitäten 2016/17 und 2014/15

	Anmeldungen		Freigaben	
	2016/17	2014/15	2016/17	2014/15
Gesamt	2530	2407	2397	2290
Andere	2265	2138	2143	2028
"100 Größte"	265	269	254	262

Anm.: Es wurden Vorgänge zwischen dem 1. Januar und dem 31. Dezember der jeweiligen Jahre berücksichtigt. Unter „Anmeldungen" wurden Zusammenschlussvorhaben gezählt, die beim Bundeskartellamt angemeldet wurden. Unter „Freigaben" wurden Vorgänge erfasst, bei denen im Vor- oder Hauptprüfverfahren eine Freigabe mit oder ohne Nebenbestimmungen erfolgte. War ein Unternehmen aus dem Kreis der „100 Größten" entweder selbst oder seine Obergesellschaft Erwerber oder selbst Erworbener, werden entsprechende Anmeldungen und Freigaben unter der Kategorie „100 Größte" erfasst (hier werden unter „Freigaben" auch Fälle erfasst, in denen keine Kontrollpflicht bestand).

Quelle: eigene Berechnungen auf der Grundlage von Daten des Bundeskartellamtes

338. Gegenüber dem Berichtszeitraum 2014/15 ist im Berichtszeitraum 2016/17 insgesamt eine Abnahme des Anteils der „100 Größten" an den Zusammenschlussaktivitäten zu verzeichnen. Sowohl ihr Anteil an allen beim Bundeskartellamt angemeldeten Zusammenschlussvorhaben als auch an den freigegebenen Zusammenschlüssen ist gesunken. Im

---

[61] Zur Rolle externer Wachstumsprozesse bei der Entstehung oder Verfestigung von Marktmacht vgl. Abschnitt 3.2 im vorliegenden Kapitel.

[62] Die Vorschriften über die Zusammenschlusskontrolle finden grundsätzlich Anwendung, sofern die Umsatzerlöse der beteiligten Unternehmen im letzten Geschäftsjahr vor dem Zusammenschluss weltweit insgesamt EUR 500 Mio. überschreiten und mindestens ein beteiligtes Unternehmen im Inland Umsatzerlöse von mehr als EUR 25 Mio. und ein anderes beteiligtes Unternehmen Umsatzerlöse von mehr als EUR 5 Mio. erzielt haben (§ 35 Abs. 1 GWB). Gemäß dem im Rahmen der 9. GWB-Novelle neu ins Gesetz eingefügten § 35 Abs. 1a GWB kommt eine Anmeldepflicht des Zusammenschlussvorhabens zudem auch dann in Betracht, wenn der Wert der Gegenleistung für den Zusammenschluss mehr als EUR 400 Mio. beträgt.

Berichtszeitraum 2016/17 betrug der Anteil der „100 Größten" an den beim Bundeskartellamt angemeldeten Zusammenschlüssen 10,5 Prozent (Berichtszeitraum 2014/15: 11,2 Prozent), ihr Anteil an allen freigegebenen Zusammenschlüssen 10,6 Prozent (Berichtszeitraum 2014/15: 11,4 Prozent). Ursächlich für diese Entwicklung ist einerseits eine Erhöhung der Gesamtzahl an Anmeldungen und Freigaben,[63] andererseits ein Rückgang der Anzahl an Fällen, in denen ein Unternehmen aus dem Kreis der „100 Größten" beteiligt war. Im Berichtszeitraum 2016/17 ist die Anzahl aller Anmeldungen um 5,1 Prozent auf 2.530 Fälle gestiegen, während die Anzahl der Anmeldungen unter Beteiligung eines Unternehmens aus dem Kreis der „100 Größten" um 1,5 Prozent auf 265 Fälle gesunken ist. Die Zahl der vom Bundeskartellamt freigegebenen Zusammenschlüsse stieg gegenüber dem vergangenen Berichtszeitraum um 4,7 Prozent auf 2.397 Fälle, bei denen in 254 Fällen ein Unternehmen aus dem Kreis der „100 Größten" beteiligt war (Berichtszeitraum 2014/15: 262 Fälle).

339. Aus dem Kreis der „100 Größten" wiesen im Berichtszeitraum 2016/17 die Rethmann SE & Co. KG mit 23 Anmeldungen und die DZ Bank AG mit 21 Anmeldungen die höchsten Zusammenschlussaktivitäten auf,[64] gefolgt von 3 weiteren Unternehmen, die ebenfalls mindestens 10 Zusammenschlussvorhaben anmeldeten. Somit ist die Anzahl derjenigen Unternehmen, die mindestens 10 Zusammenschlussvorhaben angemeldet haben, gegenüber dem Berichtszeitraum 2014/15, in dem dies noch auf 8 Unternehmen zutraf, gesunken (Berichtszeitraum 2016/17: 5 Unternehmen). Gleichzeitig hat sich die Anzahl an Unternehmen aus dem Kreis der „100 Größten" erhöht, die an einem Zusammenschlussvorhaben beteiligt waren. So waren im Berichtszeitraum 2016/17 etwas mehr als 70 Unternehmen aus dem Kreis der „100 Größten" an mindestens einem Zusammenschlussvorhaben beteiligt (unter der Kategorie „Anmeldungen" 73 Unternehmen; unter der Kategorie „Freigaben" 72 Unternehmen). Im Berichtszeitraum 2014/15 waren etwa 5 Unternehmen weniger beteiligt (unter der Kategorie „Anmeldungen" 65 Unternehmen; unter der Kategorie „Freigaben" 66 Unternehmen). Somit ist im aktuellen Berichtszeitraum nur jedes vierte Unternehmen aus dem Kreis der „100 Größten" nicht an Zusammenschlussvorhaben beteiligt gewesen.

340. Die Zusammenschlussaktivität, gemessen an der Anzahl an Anmeldungen und Freigaben, ist bei Unternehmen in den vorderen Rängen größer als bei Unternehmen, die sich auf den hinteren Rängen befinden. Abbildung II.17 zeigt die Anmeldungen und Freigaben der „100 Größten" nach Ranggruppen. Zu diesem Zweck wurden jeweils 25 Unternehmen in einer Ranggruppe zusammengefasst. Im aktuellen Berichtszeitraum entfielen etwa 70 Prozent der beim Bundeskartellamt angemeldeten Zusammenschlussvorhaben sowie der Freigaben, unter Beteiligung der „100 Größten", auf die größten 50 Unternehmen aus diesem Kreis. Gegenüber dem Berichtszeitraum 2014/15 ist allerdings ein leichter Rückgang des Anteils dieser Unternehmen an der Zusammenschlussaktivität der „100 Größten" zu erkennen (2014/15: 73,2 bzw. 74,4 Prozent; 2016/17: jeweils 70,9 Prozent).

---

[63] Seit dem Jahr 2011 bis Anfang 2017 war insgesamt ein durchschnittlicher Aufwärtstrend für Fusionen und Übernahmen unter Beteiligung deutscher Unternehmen zu beobachten (vgl. Tz. 365 bzw. ZEW/BvD, M&A Report, Deutscher M&A-Index deutet Trendwende an, Oktober 2017).

[64] Eine Übersicht über die Beteiligung an den Anmeldungen und Freigabeentscheidungen für jedes einzelne Unternehmen aus dem Kreis der „100 Größten" ist im Anhang zu diesem Gutachten veröffentlicht.

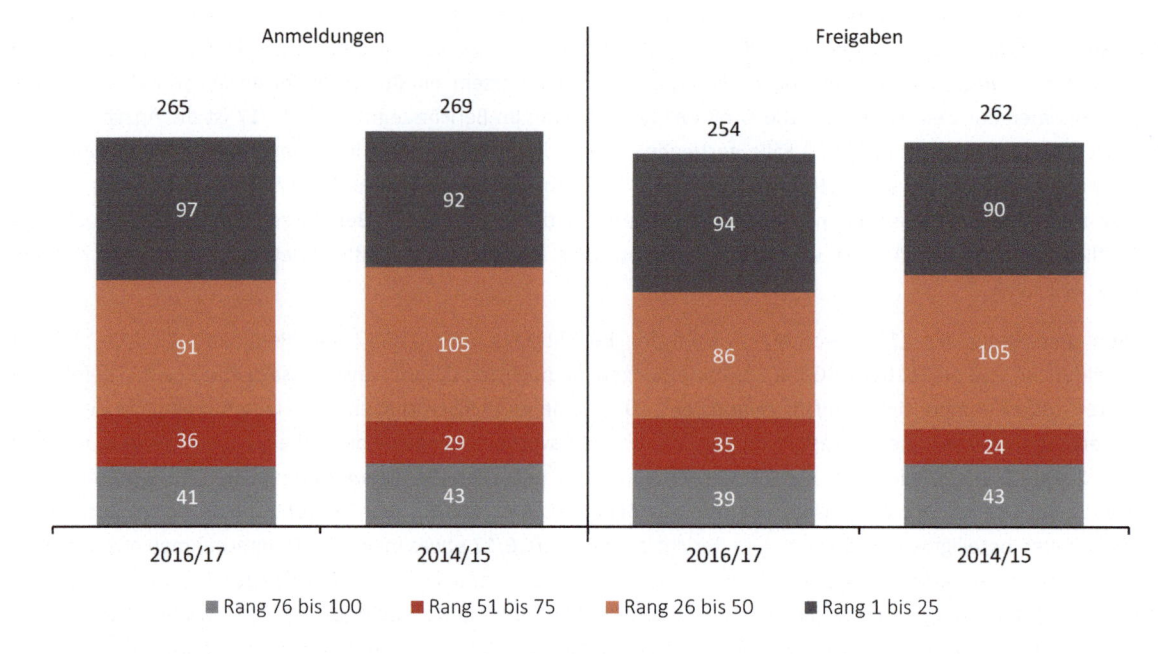

Abbildung II.17: Zusammenschlussaktivitäten der „100 Größten" nach Ranggruppen 2016/17 und 2014/15

Anmeldungen		Freigaben	
2016/17: 265 (97, 91, 36, 41)	2014/15: 269 (92, 105, 29, 43)	2016/17: 254 (94, 86, 35, 39)	2014/15: 262 (90, 105, 24, 43)

■ Rang 76 bis 100   ■ Rang 51 bis 75   ■ Rang 26 bis 50   ■ Rang 1 bis 25

Anm.: War ein Unternehmen aus dem Kreis der „100 Größten" entweder selbst oder seine Obergesellschaft Erwerber oder selbst Erworbener, werden entsprechende Anmeldungen und Freigaben erfasst. Unter „Anmeldungen" wurden dabei Zusammenschlussvorhaben gezählt, die beim Bundeskartellamt angemeldet wurden. Unter „Freigaben" wurden Vorgänge erfasst, bei denen im Vor- oder Hauptprüfverfahren eine Freigabe mit oder ohne Nebenbestimmungen erfolgte oder keine Kontrollpflicht bestand.

Quelle: eigene Berechnungen auf der Grundlage von Daten des Bundeskartellamtes

2.6 Die nach inländischem Geschäftsvolumen größten Unternehmen einer Branche

341. Ergänzend zur Analyse der „100 Größten" ermittelt die Monopolkommission die größten Unternehmen nach Branchen. Unternehmen, die derselben Branche angehören, werden auf der Grundlage des spezifischen Geschäftsvolumens der betrachteten Branche wie folgt erfasst und analysiert:

- die 50 größten Industrieunternehmen nach Umsatz
- die 10 größten Handelsunternehmen nach Umsatz
- die 10 größten Verkehrs- und Dienstleistungsunternehmen nach Umsatz
- die 10 größten Kreditinstitute nach Bilanzsumme
- die 10 größten Versicherungsunternehmen nach Bruttobeitragseinnahmen

Die Betrachtung der größten Unternehmen nach Branchen bezieht sich, wie die Untersuchung der „100 Größten", auf (Teil-)Konzerne im Inland. Sie ermöglicht einen Vergleich der Entwicklung von Wertschöpfung und Geschäftsvolumen bei einem Großteil der Unternehmen, die sich unter den „100 Größten" befinden.

342. Die branchenspezifischen Geschäftsvolumina verdeutlichen die Bedeutung der Unternehmen als Anbieter von Produkten oder Dienstleistungen innerhalb einer Branche. Um die Bedeutung von Großunternehmen innerhalb einer Branche beurteilen zu können, wird die Summe der Geschäftsvolumina der größten Unternehmen einer Branche preisbereinigt und der entsprechenden gesamtwirtschaftlichen realen Vergleichsgröße gegenübergestellt.[65] Es ist allerdings

---

[65] Zur Deflationierung der nominalen Größen wird, wie zur Deflationierung der Wertschöpfungsgrößen in Abschnitt 2.2.2, der implizite Preisindex der gesamtwirtschaftlichen Wertschöpfung verwendet (vgl. für ein ähnliches Vorgehen P. Lopez-Garcia, F. di Mauro

darauf hinzuweisen, dass sich auf der Grundlage dieser Betrachtung keine konkreten Schlüsse in Bezug auf die wettbewerbliche Stellung einzelner Unternehmen ableiten lassen, da keine Abgrenzung wettbewerblich relevanter Märkte erfolgt.

343. Die Zuordnung der Unternehmen zu den fünf Branchen wird anhand der Angaben in der Segmentberichterstattung der Konzernabschlüsse der Unternehmen und der in der Datenbank Orbis des Anbieters Bureau van Dijk aufgeführten Informationen vorgenommen. Zu den betrachteten Unternehmen gehören in vielen Fällen auch Tochterunternehmen, die nicht derselben Branche zuzuordnen sind wie der Gesamtkonzern. Beispielsweise gehören zu einigen Kreditinstituten auch Versicherungs- und Dienstleistungsunternehmen. Gleichwohl werden die betrachteten Unternehmen entsprechend dem Schwerpunkt der Geschäftstätigkeit des gesamten inländischen Konzerns einer Branche zugeordnet.[66]

Die 50 größten Industrieunternehmen

Tabelle II.6: Die nach Umsatz 50 größten Industrieunternehmen 2016 und 2014

Jahr	Rang nach		Unternehmen[1]	Konsolidierter Umsatz der	
	Umsatz	Wertschöpfung		inländischen Gesellschaften[2]	Gesamtkonzerne
	der inländischen Gesellschaften			in Mio. EUR	
2016	1	1	Volkswagen AG	147.318	217.267
2014	1	1		139.525	202.458
2016	2	2	Daimler AG	106.142	153.261
2014	3	2		85.637	129.872
2016	3	3	Bayerische Motoren Werke AG	76.180	94.163
2014	4	3		68.181	80.401
2016	4	–	Uniper SE	66.372	67.285
2014	–	–			
2016	5	4	Robert Bosch GmbH	43.064	73.129
2014	7	7		32.296	48.951
2016	6	–	RWE AG	41.032	43.590
2014	5	11		49.083	46.149
2016	7	5	Siemens AG	33.892	79.644
2014	9	4		32.118	71.920
2016	8	10	Bayer AG	23.285	46.769
2014	11	12		21.373	42.239
2016	9	28	Ford-Gruppe Deutschland	22.474	137.136
2014	14	52		17.466	108.447

and the CompNet Task Force, Assessing European competitiveness: the new CompNet micro-based database, European Central Bank – Working Paper Series No 1764, 2015, S. 12).

[66] Eine Ausnahme stellt die DZ Bank dar, die mit ihrer Bilanzsumme als Kreditinsitut und über die Bruttobeitragseinnahmen der R+V Versicherung als Versicherungsunternehmen erfasst wird.

Jahr	Rang nach		Unternehmen[1]	Konsolidierter Umsatz der	
	Umsatz	Wertschöpfung		inländischen Gesellschaften[2]	Gesamtkonzerne
	der inländischen Gesellschaften			in Mio. EUR	
2016	10	–	E.ON SE	21.985	38.173
2014	2	22		98.457	111.556
2016	11	44	BP-Gruppe Deutschland	20.704	165.329
2014	6	–		39.951	266.131
2016	12	9	INA-Holding Schaeffler	20.308	53.686
2014	27	30	GmbH & Co. KG	7.947	12.124
2016	13	20	thyssenkrupp AG	19.158	39.263
2014	13	26		19.091	41.304
2016	14	18	Airbus-Gruppe Deutschland	18.194	66.581
2014	16	16		14.553	60.713
2016	15	–	EnBW Energie Baden-	18.189	19.368
2014	12	48	Württemberg AG	19.509	21.003
2016	16	12	BASF SE	17.540	57.550
2014	8	9		32.241	74.326
2016	17	84	Shell-Gruppe Deutschland	13.591^S	211.026
2014	10	–		29.886^S	316.966
2016	18	–	Vattenfall-Gruppe Deutschland	12.552	14.700
2014	15	42		14.654	18.237
2016	19	38	General Motors-Gruppe	12.294^E	150.308
2014	17	33	Deutschland	13.487^E	117.368
2016	20	24	ZF Friedrichshafen AG	11.451	35.166
2014	20	24		10.999	18.415
2016	21	33	C. H. Boehringer Sohn AG & Co. KG	9.636	15.850
2014	28	38		7.902	13.317
2016	22	15	Fresenius SE & Co. KGaA	9.365	29.471
2014	24	15		8.594	23.231
2016	23	–	Total-Gruppe Deutschland	9.360	135.278
2014	18	83		12.714	159.586
2016	24	73	Dr. August Oetker KG	9.270	11.704
2014	25	84		8.594	10.935

Jahr	Rang nach Umsatz	Rang nach Wertschöpfung	Unternehmen[1]	Konsolidierter Umsatz der inländischen Gesellschaften[2]	Gesamtkonzerne
	der inländischen Gesellschaften			in Mio. EUR	
2016	25	–	Heraeus Holding GmbH	8.356	21.516
2014	21	–		9.999	15.589
2016	26	50	Salzgitter AG	7.099	7.893
2014	26	49		8.398	9.040
2016	27	–	Aurubis AG	6.937	9.475
2014	29	–		7.825	11.335
2016	28	30	Evonik Industries AG	6.906	12.732
2014	30	32		7.720[E]	12.917
2016	29	70	EWE AG	6.838	7.566
2014	31	87		7.361	8.134
2016	30	95	Philip Morris International-Gruppe Deutschland	6.601	24.107
2014	34	–		6.322	22.406
2016	31	25	Roche-Gruppe Deutschland	6.464	46.393
2014	46	53		4.195	39.075
2016	32	–	VNG-Verbundnetz Gas AG	6.420	7.214
2014	23	–		9.180	9.978
2016	33	100	Stadtwerke München GmbH	6.321	6.321
2014	35	91		6.095	6.095
2016	34	47	STRABAG-Gruppe Deutschland	6.270	13.491
2014	37	44		6.080	13.566
2016	35	–	Umicore-Gruppe Deutschland	5.889	10.444
2014	45	–		4.319	8.829
2016	36	–	ExxonMobil-Gruppe Deutschland	5.442	197.490
2014	22	–		9.294	296.643
2016	37	83	Stadtwerke Köln GmbH	4.959	4.959
2014	42	81		4.556	4.556
2016	38	36	IBM-Gruppe Deutschland	4.898	72.199
2014	39	36		4.905	69.845
2016	39	32	Sanofi-Gruppe Deutschland	4.723[E]	33.821
2014	36	20		6.081[E]	33.770

Jahr	Rang nach		Unternehmen[1]	Konsolidierter Umsatz der	
	Umsatz	Wertschöpfung		inländischen Gesellschaften[2]	Gesamtkonzerne
	der inländischen Gesellschaften			in Mio. EUR	
2016	40	51	Merck KGaA	4.582	15.024
2014	47	51		4.189	11.291
2016	41	39	HGV Hamburger Gesellschaft für Vermögens- und Beteiligungs-management mbH	4.491	4.491
2014	48	45		4.185	4.185
2016	42	76	ABB-Gruppe Deutschland	4.287	30.560
2014	–	73			
2016	43	57	Nestlé-Gruppe Deutschland	4.276	82.070
2014	–	98			
2016	44	55	Wacker Chemie AG	4.241	5.404
2014	–	47			
2016	45	86	Saint-Gobain-Gruppe Deutschland	4.055	39.093
2014	43	66		4.546	41.054
2016	46	75	LANXESS AG	3.925	7.699
2014	49	76		4.127	8.006
2016	47	–	ArcelorMittal-Gruppe Deutschland	3.901[S]	51.305
2014	44	–		4.533[S]	59.676
2016	48	–	Novartis-Gruppe Deutschland	3.863	43.831
2014	–	–			
2016	49	–	Thüga AG	3.848	3.848
2014	–	–			-
2016	50	56	maxingvest AG	3.818	10.062
2014	–	63			
2016	–	–	Continental AG	–	–
2014	19	18		12.045	34.506
2016	–	–	HP-Gruppe Deutschland	–	–
2014	32	67		6.484[S]	83.891
2016	–	–	BSH Hausgeräte GmbH	–	–
2014	33	59		6.380	11.389
2016	–	–	Johnson Controls-Gruppe Deutschland	-	-
2014	38	–		5.443	32.237

Jahr	Rang nach Umsatz	Rang nach Wertschöpfung	Unternehmen[1]	Konsolidierter Umsatz der inländischen Gesellschaften[2]	Konsolidierter Umsatz der Gesamtkonzerne
	der inländischen Gesellschaften			in Mio. EUR	
2016	–	69	Liebherr-International-Gruppe Deutschland	2.959	9.009
2014	40	58		4.593[S]	8.823
2016	–	90	LyondellBasell-Gruppe Deutschland	3.667[E]	26.364
2014	41	–		4.559[E]	33.656
2016	–	52	Henkel AG & Co. KGaA	3.299	18.714
2014	50	54		4.083	16.428

[1] Zusätzlich zu den 50 größten Industrieunternehmen im Berichtsjahr 2016 werden am Tabellenende auch diejenigen Unternehmen aufgeführt, die im Berichtsjahr 2014 noch unter den 50 größten Industrieunternehmen waren, im Berichtsjahr 2016 jedoch nicht weiter zu diesem Kreis zählen.

[2] Konsolidierte Umsätze der inländischen Konzerngesellschaften inklusive der Umsätze mit ausländischen verbundenen Unternehmen. Mit [S] gekennzeichnete Angaben beziehen sich auf den Summenabschluss, und [E] steht für den Einzelabschluss.

Quelle: eigene Erhebungen sowie veröffentlichte Geschäftsberichte

344. In Tabelle II.6 werden die nach ihrem inländischen Umsatz 50 größten Industrieunternehmen in der Bundesrepublik Deutschland für die Jahre 2016 und 2014 ausgewiesen. Gegenüber dem Berichtsjahr 2014 hat sich der Kreis der 50 größten Industrieunternehmen in Deutschland leicht verändert. Folgende Unternehmen sind neu in diesen Kreis eingetreten: Uniper SE (4), ABB-Gruppe Deutschland (42), Nestlé-Gruppe Deutschland (43), Wacker Chemie AG (44), Novartis-Gruppe Deutschland (48), Thüga AG (49), maxingvest AG (50) (Rang 2016 in Klammern). Aus dem Kreis der 50 größten Industrieunternehmen ausgeschieden sind die Continental AG (19), die HP-Gruppe Deutschland (32), die BSH Hausgeräte GmbH (33), die Johnson-Controls-Gruppe Deutschland (38), die Liebherr-International-Gruppe Deutschland (40), die LyondellBasell-Gruppe Deutschland (41) und die Henkel AG & Co. KGaA (50) (Rang im Jahr 2014 in Klammern).

345. Die großen vier Energieversorgungsunternehmen EnBW Energie Baden-Württemberg AG, E.ON SE, RWE AG und Vattenfall-Gruppe Deutschland, die im Berichtsjahr 2016 aus dem Kreis der „100 Größten" ausgeschieden sind, befinden sich weiterhin unter den 50 größten Industrieunternehmen. Mit Uniper SE gehört sogar ein weiteres Energieversorgungsunternehmen zu diesem Kreis. In Bezug auf die aus dem Kreis der 50 größten Industrieunternehmen ausgeschiedenen Unternehmen fallen insbesondere größere Umstrukturierungsprozesse bei vier dieser Unternehmen auf. So gehen die inländischen Umsätze der BSH Hausgeräte GmbH im Berichtsjahr 2016 in die inländischen Umsätze der Robert Bosch GmbH ein, da diese die BSH Hausgeräte GmbH im Berichtsjahr 2016 als Tochterunternehmen führt. Auch die inländischen Umsätze der Continental AG gehen im Berichtsjahr 2016 in die inländischen Umsätze der weiterhin im Kreis der 50 größten Industrieunternehmen vertretenen INA-Holding Schaeffler GmbH & Co. KG ein. Diese stellt seit dem Jahr 2016 einen Konzernabschluss auf, der die Continental AG einschließt. Die Johnson Controls-Gruppe Deutschland hat die Sparte für Autositze und Fahrzeuginnenräume in das eigenständige Unternehmen Adient ausgegliedert. In der Folge reichten weder die inländischen Umsätze der neuen Adient-Gruppe Deutschland noch diejenigen der Johnson Controls-Gruppe Deutschland aus, um in den Kreis der 50 größten Industrieunternehmen einzutreten bzw. in diesem zu verbleiben. Hewlett-Packard hat sich im Jahr 2015 in die Konzerne HP Inc. und Hewlett Packard Enterprise aufgespalten, sodass beide Konzerne im Berichtsjahr 2016 nicht zu den 50 größten Industrieunternehmen zählen.

346. In Tabelle II.6 werden die inländischen Umsätze der 50 größten Industrieunternehmen den weltweiten Umsätzen für die Jahre 2016 und 2014 gegenübergestellt. Etwa die Hälfte der 50 größten Industrieunternehmen hat ihren inländischen Umsatz erhöht. Bei den Unternehmen, die ihren inländischen Umsatz gegenüber dem Berichtsjahr 2014 verringert haben, ist dieser Rückgang in der überwiegenden Zahl der Fälle nicht durch eine Verlagerung von Geschäftsaktivitäten in das Ausland begründet. Bei lediglich fünf Unternehmen ging eine weltweite Steigerung des Umsatzes mit einem Rückgang der Umsätze der Gesellschaften im Inland einher.

347. Insgesamt haben die 50 größten Industrieunternehmen im Vergleich zum Berichtsjahr 2014 ihre inländischen Umsätze um 3,0 Prozent auf EUR 922,8 Mrd. im Berichtsjahr 2016 verringert. Preisbereinigt fiel der Rückgang noch deutlicher aus. Die realen Umsätze der 50 größten Industrieunternehmen betragen im Berichtsjahr 2016 EUR 835,2 Mrd. Um die Umsätze dieser Großunternehmen mit denjenigen aller Industrieunternehmen in Deutschland zu vergleichen, wird der preisbereinigte Gesamtumsatz aller Unternehmen des produzierenden Gewerbes verwendet.[67] Zwar ist auch diese Größe gegenüber dem Berichtsjahr 2014 auf EUR 2.484,3 Mrd. gesunken. Dieser Rückgang fiel mit 1,5 Prozent jedoch verhältnismäßig gering aus. Aus diesem Grund ist der Anteil der 50 größten Industrieunternehmen an den Umsätzen aller Industrieunternehmen gegenüber dem Berichtsjahr 2014 um 1,8 Prozentpunkte gesunken und beträgt im Berichtsjahr 2016 33,6 Prozent. Abbildung II.18 zeigt die Entwicklung des Anteils der 50 größten Industrieunternehmen am Umsatz aller Industrieunternehmen in Deutschland für die Berichtsjahre 1978 bis 2016. Der durchschnittliche Anteil der Großunternehmen am Umsatz aller Industrieunternehmen lag über alle Berichtsjahre hinweg bei 31,9 Prozent. Mit 33,6 Prozent liegt der Anteil im Berichtsjahr 2016 trotz des Rückgangs gegenüber dem Berichtsjahr 2014 weiterhin oberhalb des Durchschnitts.

---

[67] Als Grundlage dient die Umsatzsteuerstatistik des Statistischen Bundesamtes. Die Nominalwerte entsprechen der Summe der Umsatzerlöse der Wirtschaftsabschnitte B (Bergbau), C (verarbeitendes Gewerbe), D (Energieversorgung), E (Wasserversorgung, Abwasser- und Abfallentsorgung) sowie F (Baugewerbe). Diese wurden mithilfe des impliziten Preisindex der gesamtwirtschaftlichen Wertschöpfung deflationiert (Vorjahrespreisbasis, Referenzjahr: 2010; Quelle: eigene Berechnungen auf der Grundlage von Daten des Statistischen Bundesamtes, Fachserie 18 Reihe 1.5, S. 53, Rechenstand August 2017).

Abbildung II.18: Entwicklung der inländischen Umsätze in der Industrie (1978–2016)

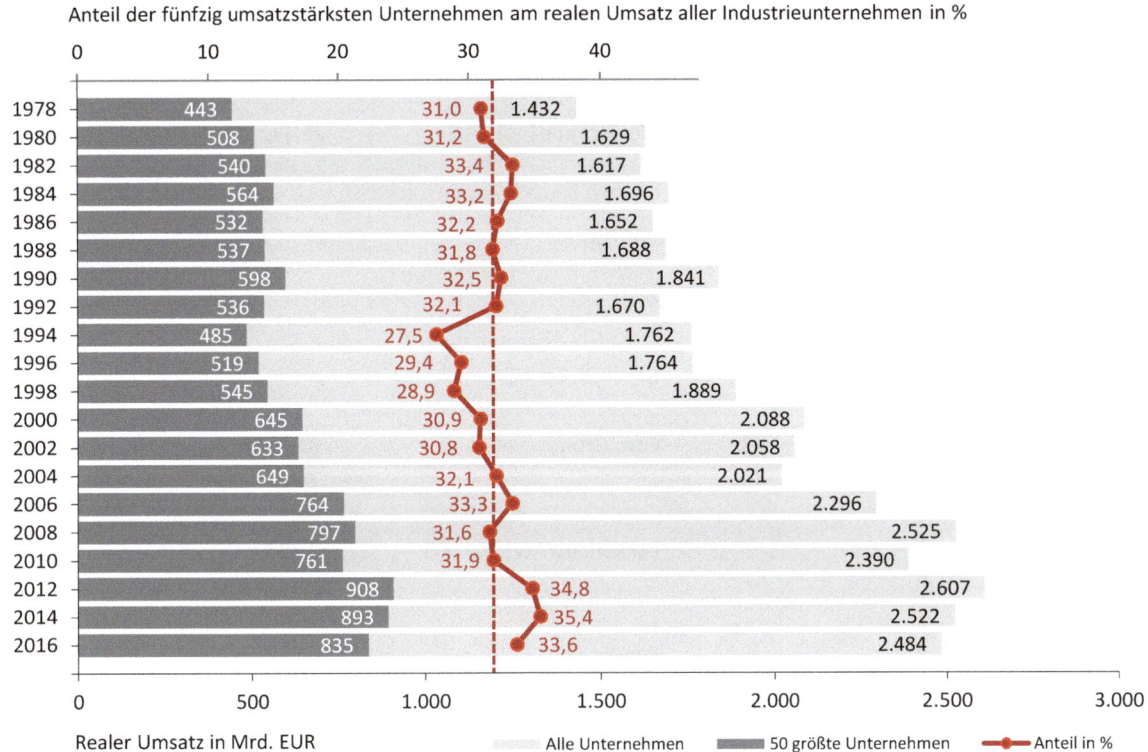

Anteil der fünfzig umsatzstärksten Unternehmen am realen Umsatz aller Industrieunternehmen in %

Jahr	50 größte Unternehmen (Mrd. EUR)	Anteil in %	Alle Unternehmen (Mrd. EUR)
1978	443	31,0	1.432
1980	508	31,2	1.629
1982	540	33,4	1.617
1984	564	33,2	1.696
1986	532	32,2	1.652
1988	537	31,8	1.688
1990	598	32,5	1.841
1992	536	32,1	1.670
1994	485	27,5	1.762
1996	519	29,4	1.764
1998	545	28,9	1.889
2000	645	30,9	2.088
2002	633	30,8	2.058
2004	649	32,1	2.021
2006	764	33,3	2.296
2008	797	31,6	2.525
2010	761	31,9	2.390
2012	908	34,8	2.607
2014	893	35,4	2.522
2016	835	33,6	2.484

Realer Umsatz in Mrd. EUR

Anm.: Die Angaben für die 50 größten Industrieunternehmen beziehen sich auf die inländischen Konzernbereiche. Als Vergleichsgröße dient der preisbereinigte Gesamtumsatz aller Unternehmen des produzierenden Gewerbes gemäß Umsatzsteuerstatistik des Statistischen Bundesamtes (Voranmeldungen). Die Nominalwerte entsprechen der Summe der Umsatzerlöse der Wirtschaftsabschnitte B (Bergbau), C (verarbeitendes Gewerbe), D (Energieversorgung), E (Wasserversorgung, Abwasser- und Abfallentsorgung) sowie F (Baugewerbe). Alle Umsätze wurden mithilfe des impliziten Preisindexes der gesamtwirtschaftlichen Wertschöpfung deflationiert (Vorjahrespreisbasis, Referenzjahr: 2010; Quelle: eigene Berechnungen auf der Grundlage von Daten des Statistischen Bundesamtes, Fachserie 18 Reihe 1.5, S. 53, Rechenstand August 2017). Eine detaillierte Übersicht über die einzelnen Umsatzangaben, die jeweiligen Anteilswerte sowie die Veränderungsraten ist in den Anlagen zu diesem Gutachten veröffentlicht.

Quelle: eigene Berechnungen auf der Grundlage eigener Erhebungen sowie der Umsatzsteuerstatistik (Voranmeldungen) des Statistischen Bundesamtes

Die zehn größten Handelsunternehmen

Tabelle II.7: Die nach Umsatz zehn größten Handelsunternehmen 2016 und 2014

Jahr	Rang nach Umsatz	Rang nach Wertschöpfung	Unternehmen[1]	Konsolidierter Umsatz der inländischen Gesellschaften[2] (in Mio. EUR)	Konsolidierter Umsatz der Gesamtkonzerne (in Mio. EUR)
	der inländischen Gesellschaften				
2016	1	23	EDEKA-Gruppe*	49.622	49.622
2014	1	25		46.542	46.542
2016	2	16	REWE-Gruppe	38.964	45.636
2014	2	17		37.204	51.106
2016	3	17	Schwarz-Gruppe*	34.000	90.200
2014	3	19		30.964	79.300

Jahr	Rang nach		Unternehmen[1]	Konsolidierter Umsatz der	
	Umsatz	Wertschöpfung		inländischen Gesellschaften[2]	Gesamtkonzerne
	der inländischen Gesellschaften			in Mio. EUR	
2016	4	26	Aldi-Gruppe*	25.472	74.227
2014	5	28		24.849	65.857
2016	5	27	METRO AG	22.622	58.417
2014	4	21		25.478	63.035
2016	6	–	PHOENIX Pharmahandel GmbH & Co. KG	8.624	24.437
2014	–	–		–	–
2016	7	43	Otto Group	8.349	12.512
2014	7	43		7.741	12.057
2016	8	–	Lekkerland AG & Co. KG	7.737	13.003
2014	8	–		7.443	11.985
2016	9	–	BayWa AG	6.522	15.410
2014	9	–		7.296	15.202
2016	10	–	Marquard & Bahls AG	6.434	10.104
2014	6	–		9.386	14.112
2016	–	–	Agravis Raiffeisen AG	–	–
2014	10	–		7.292	7.364

[1] Bei mit * gekennzeichneten Unternehmen handelt es sich um Schätzwerte. Zusätzlich zu den zehn größten Handelsunternehmen im Berichtsjahr 2016 werden am Tabellenende auch diejenigen Unternehmen aufgeführt, die im Berichtsjahr 2014 noch unter den zehn größten Handelsunternehmen waren, im Berichtsjahr 2016 jedoch nicht weiter zu diesem Kreis zählen.

[2] Konsolidierte Umsätze der inländischen Konzerngesellschaften inklusive der Umsätze mit ausländischen verbundenen Unternehmen.

Quelle: eigene Erhebungen sowie veröffentlichte Geschäftsberichte. Die Umsatzerlöse der Aldi-, der EDEKA- und der Schwarz-Gruppe wurden den um die Umsatzsteuer korrigierten Angaben in den Veröffentlichungen des Datenanbieters TradeDimensions entnommen.

348. Gegenüber dem Berichtsjahr 2014 hat sich der Kreis der zehn größten Handelsunternehmen lediglich um ein Unternehmen verändert. Neu eingetreten ist die PHOENIX Pharmahandel GmbH & Co. KG (Rang 2016: 6). Ausgeschieden ist die Agravis Raiffeisen AG, die sich im Berichtsjahr 2014 auf Rang 10 der größten Handelsunternehmen befand. Angeführt wird die Liste der größten Handelsunternehmen weiterhin durch die Lebensmitteleinzelhändler Die EDEKA-Gruppe (1), die REWE-Gruppe (2) und Schwarz-Gruppe (3); auf Rang 4 folgt im Berichtsjahr 2016 mit der Aldi-Gruppe ebenfalls ein Lebensmitteleinzelhandelsunternehmen.

349. Die zehn größten Handelsunternehmen haben ihren inländischen Gesamtumsatz gegenüber dem Berichtsjahr 2014 um 2,0 Prozent auf EUR 208,3 Mrd. erhöht. Preisbereinigt ist ihr Gesamtumsatz allerdings auf EUR 188,6 Mrd. gesunken. Da im selben Zeitraum die reale gesamtwirtschaftliche Vergleichsgröße um 0,9 Prozent auf EUR 1.784,1 Mrd. gestiegen ist, ist der Anteil der Großunternehmen am Umsatz aller Handelsunternehmen um 0,2 Prozentpunkte auf 10,6

Prozent gesunken.[68] Abbildung II.19 stellt die Entwicklung der preisbereinigten aggregierten inländischen Umsätze der zehn größten Handelsunternehmen, die realen Umsätze aller Handelsunternehmen in Deutschland sowie den Anteil der Großunternehmen an den realen Umsätzen im Handel seit Beginn der Berichterstattung im Jahr 1978 dar. Der durchschnittliche Anteil der Großunternehmen an den realen Umsätzen im Handel beträgt über alle Jahre hinweg 8,6 Prozent. Damit liegt der Anteil im Berichtsjahr 2016 2 Prozentpunkte über diesem Durchschnittswert.

Abbildung II.19: Entwicklung der inländischen Umsätze im Handel (1978–2016)

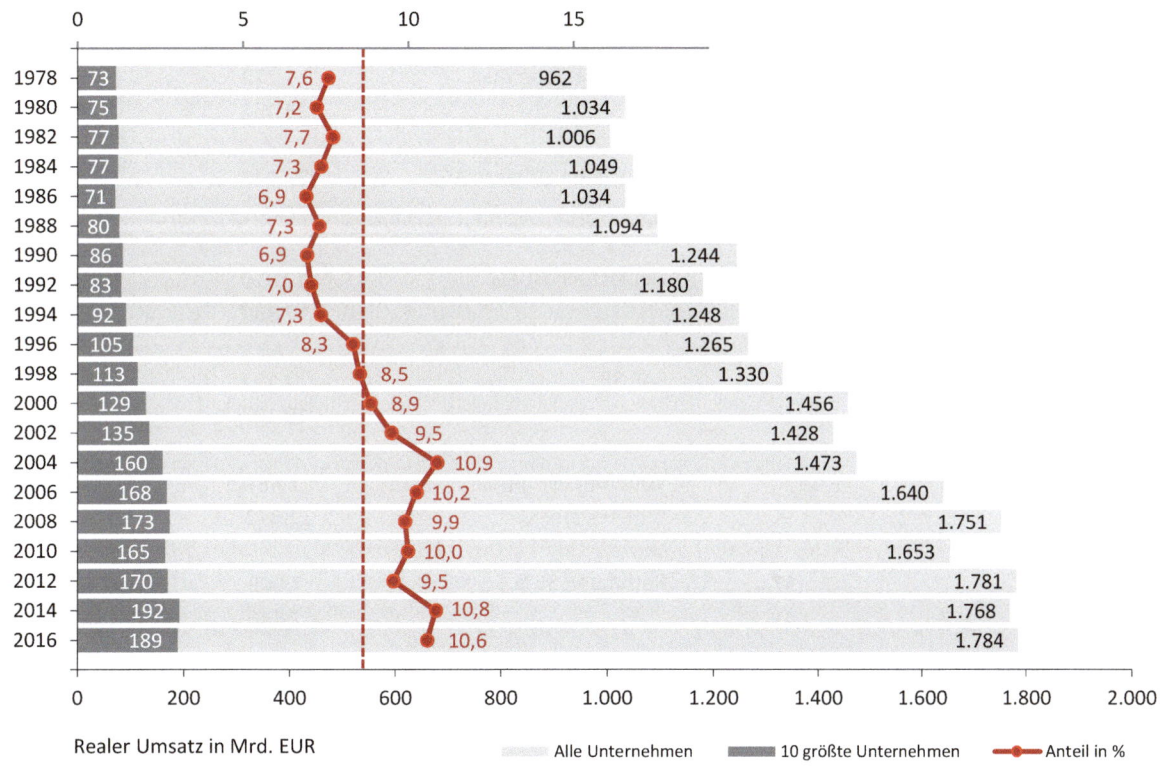

Anteil der zehn umsatzstärksten Unternehmen am realen Umsatz aller Handelsunternehmen in %

Jahr	10 größte Unternehmen	Anteil in %	Alle Unternehmen
1978	73	7,6	962
1980	75	7,2	1.034
1982	77	7,7	1.006
1984	77	7,3	1.049
1986	71	6,9	1.034
1988	80	7,3	1.094
1990	86	6,9	1.244
1992	83	7,0	1.180
1994	92	7,3	1.248
1996	105	8,3	1.265
1998	113	8,5	1.330
2000	129	8,9	1.456
2002	135	9,5	1.428
2004	160	10,9	1.473
2006	168	10,2	1.640
2008	173	9,9	1.751
2010	165	10,0	1.653
2012	170	9,5	1.781
2014	192	10,8	1.768
2016	189	10,6	1.784

Realer Umsatz in Mrd. EUR

Anm.: Die Angaben für die zehn größten Handelsunternehmen beziehen sich auf die inländischen Konzernbereiche. Als Vergleichsgröße dient der preisbereinigte Gesamtumsatz aller Handelsunternehmen gemäß Umsatzsteuerstatistik des Statistischen Bundesamtes (Voranmeldungen). Die Nominalwerte entsprechen den Umsatzerlösen des Wirtschaftsabschnitts G (Handel; Instandhaltung und Reparatur von Kraftfahrzeugen). Alle Umsätze wurden mithilfe des impliziten Preisindexes der gesamtwirtschaftlichen Wertschöpfung deflationiert (Vorjahrespreisbasis, Referenzjahr: 2010; Quelle: eigene Berechnungen auf der Grundlage von Daten des Statistischen Bundesamtes, Fachserie 18 Reihe 1.5, S. 53, Rechenstand August 2017). Eine detaillierte Übersicht über die einzelnen Umsatzangaben, die jeweiligen Anteilswerte sowie die Veränderungsraten ist in den Anlagen zu diesem Gutachten veröffentlicht.

Quelle: eigene Berechnungen auf der Grundlage eigener Erhebungen sowie der Umsatzsteuerstatistik (Voranmeldungen) des Statistischen Bundesamtes

---

[68] Als Grundlage dient die Umsatzsteuerstatistik des Statistischen Bundesamtes. Die Nominalwerte entsprechen den Umsatzerlösen des Wirtschaftsabschnitts G (Handel; Instandhaltung und Reparatur von Kraftfahrzeugen). Diese wurden mithilfe des impliziten Preisindex der gesamtwirtschaftlichen Wertschöpfung deflationiert (Vorjahrespreisbasis, Referenzjahr: 2010; Quelle: eigene Berechnungen auf der Grundlage von Daten des Statistischen Bundesamtes, Fachserie 18 Reihe 1.5, S. 53, Rechenstand August 2017).

Die zehn größten Verkehrs- und Dienstleistungsunternehmen

Tabelle II.8: Die nach Umsatz zehn größten Verkehrs- und Dienstleistungsunternehmen 2016 und 2014

Jahr	Rang nach Umsatz	Rang nach Wertschöpfung	Unternehmen	Konsolidierter Umsatz der inländischen Gesellschaften	Konsolidierter Umsatz der Gesamtkonzerne
	der inländischen Gesellschaften			in Mio. EUR	
2016	1	7	Deutsche Telekom AG	25.273	73.095
2014	1	5		25.742	62.658
2016	2	6	Deutsche Bahn AG	23.772	40.557
2014	2	6		23.464	39.728
2016	3	13	Deutsche Lufthansa AG	22.947	31.660
2014	3	13		22.009	30.011
2016	4	8	Deutsche Post AG	17.910	57.334
2014	4	8		17.367	56.630
2016	5	14	SAP SE	14.132	22.062
2014	6	14		10.197	17.560
2016	6	–	Vodafone-Gruppe Deutschland	11.487[S]	47.631
2014	5	–		11.372[S]	52.383
2016	7	37	Rethmann SE & Co. KG	7.609	12.663
2014	7	41		7.746	12.260
2016	8	–	Telefónica-Gruppe Deutschland	7.503	52.036
2014	9	–		5.522	50.377
2016	9	29	Bertelsmann SE & Co. KGaA	6.936	16.950
2014	8	29		6.931	16.675
2016	10	–	TUI AG	5.414	17.185
2014	10	–		5.146	18.715

[1] Konsolidierte Umsätze der inländischen Konzerngesellschaften inklusive der Umsätze mit ausländischen verbundenen Unternehmen. Mit [S] gekennzeichnete Angaben beziehen sich auf den Summenabschluss.

Quellen: eigene Erhebungen sowie veröffentlichte Geschäftsberichte

350. Der Kreis der zehn größten Verkehrs- und Dienstleistungsunternehmen hat sich gegenüber dem Berichtsjahr 2016 nicht verändert. Mit Ausnahme der ersten vier Ränge kam es allerdings zu geringfügigen Rangverschiebungen. Die Vodafone-Gruppe Deutschland hat im Berichtsjahr 2016 einen kleineren inländischen Umsatz erwirtschaftet als die SAP SE und ist daher im Berichtsjahr 2016 auf Rang 6 zurückgefallen (SAP: Rang 5). Der inländische Umsatz der Telefónica-Gruppe Deutschland ist aufgrund des Zusammenschlusses mit der E-Plus-Gruppe im Oktober 2014 deutlich angestiegen, sodass die Telefónica-Gruppe Deutschland im Berichtsjahr 2016 auf Rang 8 der größten Verkehrs- und Dienstleistungsunternehmen zu finden ist (Berichtsjahr 2014: Rang 9). Wie im Berichtsjahr 2014 sind auch im Berichtsjahr 2016 drei der zehn größten Verkehrs- und Dienstleistungsunternehmen nicht im Kreis der „100 Größten" vertreten: die Vodafone-Gruppe Deutschland, die Telefónica-Gruppe Deutschland und die TUI AG.

351. Insgesamt haben die zehn größten Verkehrs- und Dienstleistungsunternehmen ihre inländischen Umsatzerlöse um 5,5 Prozent auf etwa EUR 143 Mrd. erhöht. Dies entspricht im Berichtsjahr 2016 einem Anteil von 13,3 Prozent an der gesamtwirtschaftlichen Vergleichsgröße.[69] Während die zehn Großunternehmen ihre realen Umsatzerlöse um 1,8 Prozent steigern konnten, haben alle Verkehrs- und Dienstleistungsunternehmen ihre aggregierten realen Umsatzerlöse um 2,8 Prozent gesteigert. Gegenüber dem Berichtsjahr 2014 ist der Anteil der Großunternehmen an den inländischen Umsatzerlösen aller Verkehrs- und Dienstleistungsunternehmen daher um 0,1 Prozentpunkte auf 13,3 Prozent gesunken. Abbildung II.20 zeigt die Entwicklung des Anteils der Großunternehmen an der gesamtwirtschaftlichen Vergleichsgröße seit dem Berichtsjahr 1978. Im Berichtsjahr 2016 setzt sich der leicht rückläufige Trend fort. Zwar liegt der durchschnittliche Anteil der Großunternehmen an der gesamtwirtschaftlichen Vergleichsgröße über alle Berichtsjahre hinweg bei 11,2 Prozent und der Anteil des aktuellen Berichtsjahres damit 2,1 Prozentpunkte oberhalb dieses Werts. Werden jedoch ausschließlich die Berichtsjahre seit der erstmaligen Einbeziehung der ehemaligen Deutschen Bundespost sowie der Deutschen Bahn AG im Berichtsjahr 1994 betrachtet, liegt der durchschnittliche Anteil mit 14,2 Prozent 0,9 Prozentpunkte oberhalb des Anteils im Berichtsjahr 2016.

---

[69] Als Grundlage dient die Umsatzsteuerstatistik des Statistischen Bundesamtes. Der Nominalwert entspricht der Summe der Umsatzerlöse der Wirtschaftsabschnitte H (Verkehr und Lagerei), J (Information und Kommunikation), L (Grundstücks- und Wohnungswesen), M (Erbringung von freiberuflichen, wissenschaftlichen und technischen Dienstleistungen), N (Erbringung von sonstigen wirtschaftlichen Dienstleistungen), R (Kunst, Unterhaltung und Erholung) sowie S (Erbringung von sonstigen Dienstleistungen). Dieser wurde mithilfe des impliziten Preisindex der gesamtwirtschaftlichen Wertschöpfung deflationiert (Vorjahrespreisbasis, Referenzjahr: 2010; Quelle: eigene Berechnungen auf der Grundlage von Daten des Statistischen Bundesamtes, Fachserie 18 Reihe 1.5, S. 53, Rechenstand August 2017).

Abbildung II.20: Entwicklung der inländischen Umsätze im Verkehrs- und Dienstleistungssektor (1978–2016)

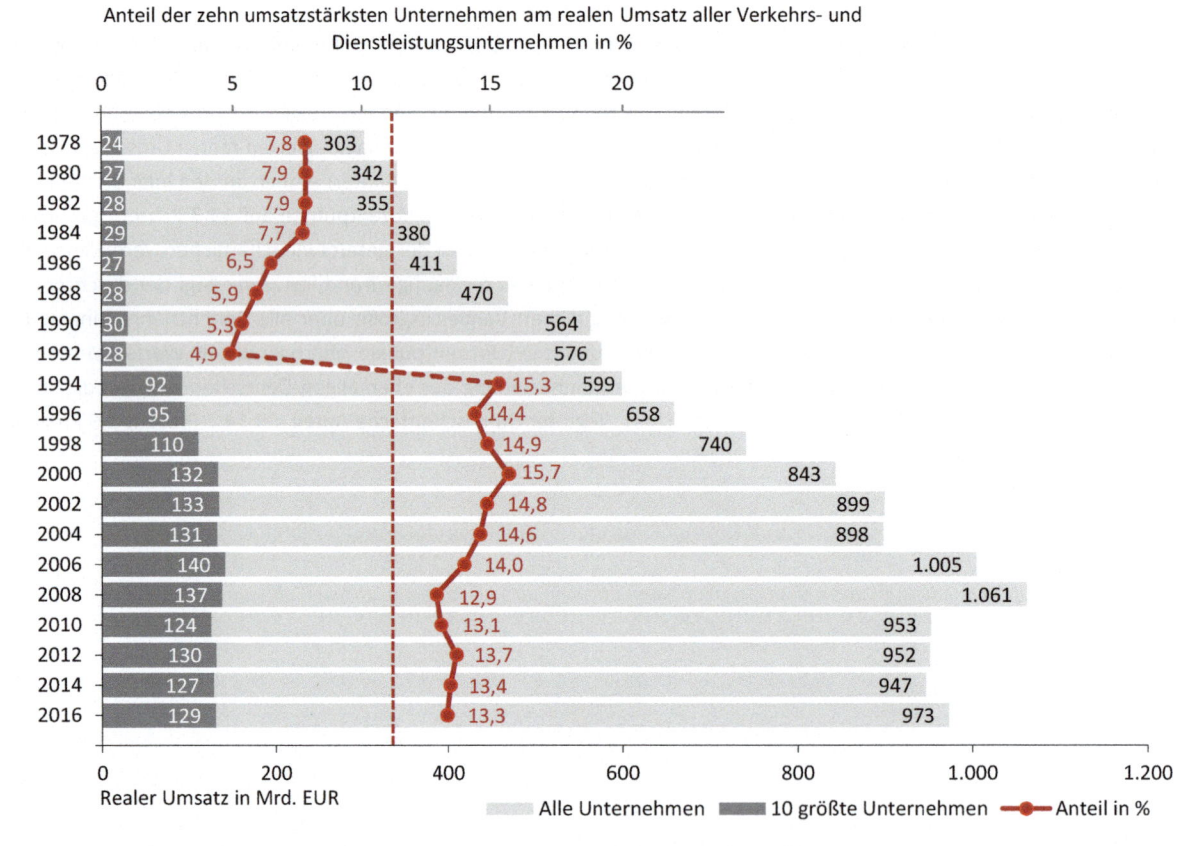

Anteil der zehn umsatzstärksten Unternehmen am realen Umsatz aller Verkehrs- und Dienstleistungsunternehmen in %

Jahr	10 größte Unternehmen (Mrd. EUR)	Anteil in %	Alle Unternehmen (Mrd. EUR)
1978	24	7,8	303
1980	27	7,9	342
1982	28	7,9	355
1984	29	7,7	380
1986	27	6,5	411
1988	28	5,9	470
1990	30	5,3	564
1992	28	4,9	576
1994	92	15,3	599
1996	95	14,4	658
1998	110	14,9	740
2000	132	15,7	843
2002	133	14,8	899
2004	131	14,6	898
2006	140	14,0	1.005
2008	137	12,9	1.061
2010	124	13,1	953
2012	130	13,7	952
2014	127	13,4	947
2016	129	13,3	973

Realer Umsatz in Mrd. EUR — Alle Unternehmen — 10 größte Unternehmen — Anteil in %

Anm.: Die Angaben für die zehn größten Verkehrs- und Dienstleistungsunternehmen beziehen sich auf die inländischen Konzernbereiche. Als Vergleichsgröße dient der preisbereinigte Gesamtumsatz aller Verkehrs- und Dienstleistungsunternehmen gemäß Umsatzsteuerstatistik des Statistischen Bundesamtes (Voranmeldungen). Die Nominalwerte entsprechen der Summe der Umsatzerlöse der Wirtschaftsabschnitte H (Verkehr und Lagerei), J (Information und Kommunikation), L (Grundstücks- und Wohnungswesen), M (Erbringung von freiberuflichen, wissenschaftlichen und technischen Dienstleistungen), N (Erbringung von sonstigen wirtschaftlichen Dienstleistungen), R (Kunst, Unterhaltung und Erholung) sowie S (Erbringung von sonstigen Dienstleistungen). Alle Umsätze wurden mithilfe des impliziten Preisindexes der gesamtwirtschaftlichen Wertschöpfung deflationiert (Vorjahrespreisbasis, Referenzjahr: 2010; Quelle: eigene Berechnungen auf der Grundlage von Daten des Statistischen Bundesamtes, Fachserie 18 Reihe 1.5, S. 53, Rechenstand August 2017). Eine detaillierte Übersicht über die einzelnen Umsatzangaben, die jeweiligen Anteilswerte sowie die Veränderungsraten ist in den Anlagen zu diesem Gutachten veröffentlicht. Die außergewöhnliche Umsatzsteigerung der zehn größten Verkehrs- und Dienstleistungsunternehmen zwischen 1992 und 1994 ist auf die erstmalige Einbeziehung der Unternehmen der ehemaligen Deutschen Bundespost sowie der Deutschen Bahn AG in die Untersuchung zurückzuführen.

Quelle: eigene Berechnungen auf der Grundlage eigener Erhebungen sowie der Umsatzsteuerstatistik (Voranmeldungen) des Statistischen Bundesamtes

Die zehn größten Kreditinstitute

Tabelle II.9: Die nach Bilanzsumme zehn größten Kreditinstitute 2016 und 2014

Jahr	Rang nach		Unternehmen	Konsolidierte Bilanzsumme der	
	Bilanzsumme	Wertschöpfung		inländischen Gesellschaften	Gesamtkonzerne
	der inländischen Konzerngesellschaften			in Mrd. EUR	
2016	1	22	Deutsche Bank AG	899	1.591
2014	1	10		984	1.709
2016	2	34	KfW Bankengruppe	507	507
2014	3	35		489	489
2016	3	46	DZ Bank AG	455	509
2014	4	39		362	403
2016	4	11	Commerzbank AG	438	480
2014	2	23		513	558
2016	5	62	Landesbank Baden-Württemberg	214	244
2014	5	55		234	266
2016	6	63	Bayerische Landesbank	208	212
2014	6	62		232	232
2016	7	45	UniCredit-Gruppe Deutschland	206	860
2014	7	40		197	844
2016	8	60	Norddeutsche Landesbank Girozentrale	161	175
2014	9	92		159	198
2016	9	–	Landesbank Hessen-Thüringen Girozentrale	152	165
2014	8	–		166	179
2016	10	–	NRW.BANK	142	142
2014	10	–		144	144

Quelle: eigene Erhebungen sowie veröffentlichte Geschäftsberichte

352. Gegenüber dem Berichtsjahr 2014 hat sich der Kreis der zehn größten Kreditinstitute nicht verändert. Allerdings kam es zu geringfügigen Rangverschiebungen. So hat die Commerzbank AG im Gegensatz zur KfWBankengruppe und der DZ Bank AG die Bilanzsumme ihrer Gesellschaften im Inland reduziert und rangiert im Berichtsjahr 2016 mit einer Bilanzsumme von EUR 438 Mrd. hinter der Deutschen Bank AG (1), der KfWBankengruppe (2) und der DZ Bank AG (3) auf Rang 4 (Rang 2016 in Klammern). Auch die Landesbank Hessen-Thüringen Girozentrale hat die Bilanzsumme ihrer Gesellschaften im Inland reduziert, sodass sie im Vergleich zum Berichtsjahr 2014 um einen Rang auf Rang 9 zurückgefallen ist.

353. Die aggregierte konsolidierte Bilanzsumme der zehn größten Kreditinstitute in Deutschland beträgt im Berichtsjahr 2016 EUR 3.384 Mrd. und hat sich somit gegenüber dem Berichtsjahr 2014 nur geringfügig verringert (Berichtsjahr

2014: EUR 3.481 Mrd.). Um diese Größe in Bezug zu einer gesamtwirtschaftlichen Vergleichsgröße zu setzen, wird die Statistik der Deutschen Bundesbank zur Bilanzsumme aller Kreditinstitute einschließlich ausländischer Filialen herangezogen.[70] Die Deutsche Bundesbank stützt sich bei ihren Erhebungen zur Ermittlung der Bilanzsummen auf die Einzelabschlüsse der Kreditinstitute. Aus diesem Grund werden zur Ermittlung des Anteils der zehn größten Kreditinstitute die unkonsolidierten Bilanzsummen dieser Kreditinstitute verwendet. Beide Größen werden zudem preisbereinigt.[71] Die reale unkonsolidierte Bilanzsumme der zehn größten Kreditinstitute ist gegenüber dem Berichtsjahr 2016 um 5,8 Prozent auf EUR 4.033 Mrd. gesunken. Da der Rückgang der realen Bilanzsumme aller Kreditinstitute im selben Zeitraum mit 5,1 Prozent auf EUR 7.649 Mrd. geringer ausfiel, ist der Anteil der zehn größten Kreditinstitute an der Bilanzsumme aller Kreditinstitute um 0,4 Prozentpunkte auf 52,7 Prozent gesunken.

354. Abbildung II.21 zeigt die Entwicklung des Anteils der zehn größten Kreditinstitute an der Bilanzsumme aller Kreditinstitute. Im Berichtsjahr 2016 liegt der Anteil deutlich oberhalb des durchschnittlichen Anteils von 44,6 Prozent. Werden ausschließlich die Berichtsjahre seit dem Jahr 1998 betrachtet, in dem erstmalig die unkonsolidierte Bilanzsumme der zehn größten Kreditinstitute verwendet wurde, beträgt der durchschnittliche Anteil dieser Kreditinstitute an der Bilanzsumme aller Kreditinstitute 51,2 Prozent. Der Anteil im Berichtsjahr 2016 liegt, trotz des Rückgangs gegenüber dem Berichtsjahr 2014, noch 1,5 Prozentpunkte oberhalb dieses Wertes.

---

[70] Vgl. Deutsche Bundesbank, Bankenstatistik, Statistisches Beiheft 1 zum Monatsbericht, Januar 2018, S. 106.

[71] Die unkonsolidierte Bilanzsumme der zehn größten Kreditinstitute in Deutschland sowie diejenige aller Kreditinstitute wurde mithilfe des impliziten Preisindex der gesamtwirtschaftlichen Wertschöpfung deflationiert (Vorjahrespreisbasis, Referenzjahr: 2010; Quelle: eigene Berechnungen auf der Grundlage von Daten des Statistischen Bundesamtes, Fachserie 18 Reihe 1.5, S. 53, Rechenstand August 2017).

Abbildung II.21: Entwicklung der Bilanzsummen im Kreditgewerbe (1978–2016)

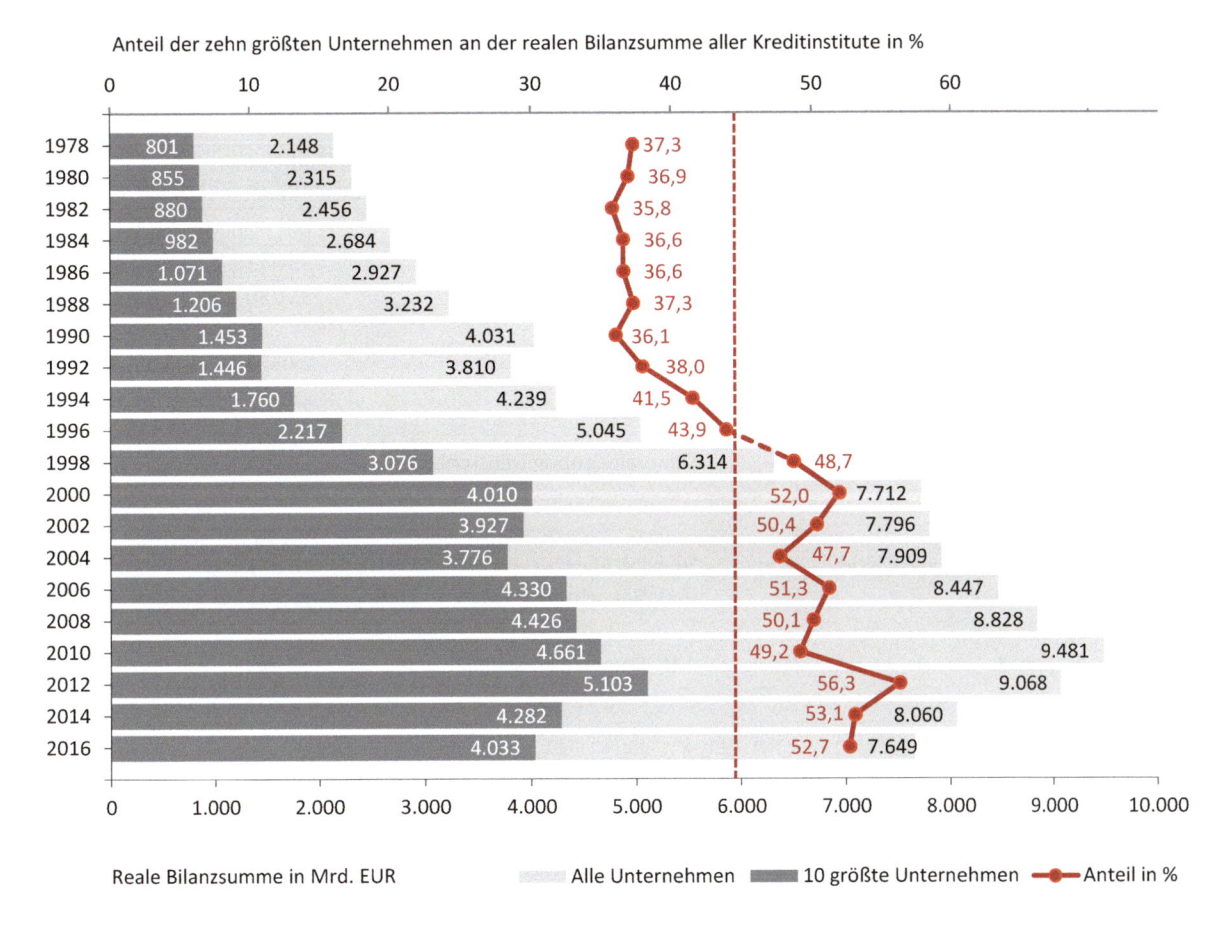

Anteil der zehn größten Unternehmen an der realen Bilanzsumme aller Kreditinstitute in %

Jahr	10 größte Unternehmen	Alle Unternehmen	Anteil in %
1978	801	2.148	37,3
1980	855	2.315	36,9
1982	880	2.456	35,8
1984	982	2.684	36,6
1986	1.071	2.927	36,6
1988	1.206	3.232	37,3
1990	1.453	4.031	36,1
1992	1.446	3.810	38,0
1994	1.760	4.239	41,5
1996	2.217	5.045	43,9
1998	3.076	6.314	48,7
2000	4.010	7.712	52,0
2002	3.927	7.796	50,4
2004	3.776	7.909	47,7
2006	4.330	8.447	51,3
2008	4.426	8.828	50,1
2010	4.661	9.481	49,2
2012	5.103	9.068	56,3
2014	4.282	8.060	53,1
2016	4.033	7.649	52,7

Reale Bilanzsumme in Mrd. EUR

Anm.: Bei der Bilanzsumme der zehn größten sowie derjenigen aller Kreditinstitute handelt es sich um preisbereinigte Größen. Die nominalen Werte wurden mithilfe des impliziten Preisindexes der gesamtwirtschaftlichen Wertschöpfung deflationiert (Vorjahrespreisbasis, Referenzjahr: 2010; Quelle: eigene Berechnungen auf der Grundlage von Daten des Statistischen Bundesamtes, Fachserie 18 Reihe 1.5, S. 53, Rechenstand August 2017). Bis einschließlich 1996 ist in der Abbildung die preisbereinigte konsolidierte Bilanzsumme der zehn größten Kreditinstitute dargestellt. Ab 1998 handelt es sich um die preisbereinigte unkonsolidierte Bilanzsumme. Eine detaillierte Übersicht über die einzelnen Angaben zur Bilanzsumme, die jeweiligen Anteilswerte sowie die Veränderungsraten ist in den Anlagen zu diesem Gutachten veröffentlicht.

Quelle: eigene Berechnungen auf der Grundlage eigener Erhebungen sowie der Bankenstatistik der Deutschen Bundesbank (Statistisches Beiheft 1 zum Monatsbericht, Januar 2018, S. 106)

Die zehn größten Versicherungsunternehmen

Tabelle II.10: Die nach Beitragseinnahmen zehn größten Versicherungsunternehmen 2016 und 2014

Jahr	Rang nach		Unternehmen	Konsolidierte Beitragseinnahmen der	
	Beitragseinnahmen	Wertschöpfung		inländischen Gesellschaften	Gesamtkonzerne
	der inländischen Konzerngesellschaften			in Mio. EUR	
2016	1	31	Münchener Rückversiche-	35.443	48.851
2014	1	31	rungs-Gesellschaft AG	35.280	48.848
2016	2	21	Allianz SE	27.350	76.331
2014	2	27		28.157	73.883
2016	3	–	Generali-Gruppe Deutschland	15.924	67.176
2014	3	–		13.659	70.430
2016	4	–	DZ Bank AG	12.829	14.767
2014	4	–	(R+V Versicherung AG)	12.031	14.040
2016	5	61	AXA-Gruppe Deutschland	10.395	94.220
2014	5	–		10.162	86.267
2016	6	98	Debeka-Gruppe	9.792	9.782
2014	6	69		9.830	9.830
2016	7	64	HDI Haftpflichtverband der	8.793	31.107
2014	7	75	Deutschen Industrie V. a. G.	9.335	28.995
2016	8	–	Versicherungskammer	7.799	7.825
2014	8	–	Bayern VöR	7.267	7.267
2016	9	88	HUK-COBURG	6.928	6.928
2014	9	90		6.321	6.321
2016	10	–	Zurich Insurance-Gruppe	6.047[u]	43.551
2014	10	–	Deutschland	6.241	39.192

[u] Unkonsolidierte Beitragseinnahmen der inländischen Gesellschaften.

Quelle: eigene Erhebungen sowie veröffentlichte Geschäftsberichte

355. Tabelle II.10 führt die zehn größten Versicherungsunternehmen mit den konsolidierten Beitragseinnahmen ihrer inländischen Gesellschaften im Berichtsjahr 2016 auf. Der Kreis der zehn größten Versicherungsunternehmen hat sich gegenüber dem Berichtsjahr 2014 nicht verändert. Auch zu Rangverschiebungen innerhalb dieser zehn Unternehmen kam es nicht. Die aggregierten konsolidierten Beitragseinnahmen dieser Unternehmen sind gegenüber dem Berichtsjahr 2014 um 2,2 Prozent auf 141,3 Mrd. Euro gestiegen.

356. Um einen Bezug zum gesamten Versicherungsgewerbe in Deutschland herzustellen, wird auf die Statistik der Bundesanstalt für Finanzdienstleistungsaufsicht zum Beitragsvolumen aller Versicherungsunternehmen zurückgegriffen.[72] Da die Bundesanstalt für Finanzdienstleistungsaufsicht das Beitragsvolumen aller Versicherungsunternehmen auf der Grundlage von Einzelabschlussdaten ermittelt, wird für die Gegenüberstellung der zehn größten Versicherungsunternehmen mit der gesamtwirtschaftlichen Vergleichsgröße die Summe der unkonsolidierten Beitragseinnahmen dieser Unternehmen verwendet. Zudem werden die genannten Größen um Preisentwicklungen bereinigt.[73] Im Berichtsjahr 2016 betrug das preisbereinigte unkonsolidierte Beitragsvolumen der zehn größten Versicherungsunternehmen EUR 143,3 Mrd. und ist damit gegenüber dem Berichtsjahr 2014 um 1,8 Prozent gestiegen. Das preisbereinigte Beitragsvolumen aller Versicherungsunternehmen ist im selben Zeitraum um lediglich 0,3 Prozent gestiegen, sodass sich der Anteil der zehn größten Versicherungsunternehmen um 0,9 Prozentpunkte auf 59,5 Prozent erhöht hat.

357. Abbildung II.22 stellt die Entwicklung des Anteils der zehn größten Versicherungsunternehmen am Beitragsvolumen aller Versicherungsunternehmen in Deutschland seit dem Jahr 1978 dar. Während seit dem Berichtsjahr 2008 ein Rückgang des Anteils der zehn größten Versicherungsunternehmen zu beobachten war, ist er im aktuellen Berichtszeitraum auf 59,5 Prozent gestiegen und liegt damit 4 Prozentpunkte oberhalb des durchschnittlichen Anteils von 55,5 Prozent, wenn der Zeitraum seit dem Jahr 1990 betrachtet wird. Wird ausschließlich der Zeitraum seit Beginn der Verwendung der unkonsolidierten Beitragseinnahmen der zehn größten Versicherungsunternehmen betrachtet, liegt ihr durchschnittlicher Anteil an der gesamtwirtschaftlichen Vergleichsgröße bei 59,4 Prozent. Der Wert für das Berichtsjahr 2016 übertrifft diesen Wert um lediglich 0,1 Prozentpunkte.

---

[72] Vgl. Bundesanstalt für Finanzdienstleistungsaufsicht, Statistik der Bundesanstalt für Finanzdienstleistungsaufsicht – Erstversicherungsunternehmen und Pensionsfonds – 2016, S. 9.

[73] Die unkonsolidierten Beitragseinnahmen in jeweiligen Preisen wurden mit Hilfe des impliziten Preisindex der gesamtwirtschaftlichen Wertschöpfung deflationiert (Vorjahrespreisbasis, Referenzjahr: 2010; Quelle: Eigene Berechnungen auf der Grundlage von Daten des Statistischen Bundesamtes, Fachserie 18 Reihe 1.5, S. 53, Rechenstand August 2017).

Abbildung II.22: Entwicklung der Beitragseinnahmen im Versicherungsgewerbe (1978–2016)

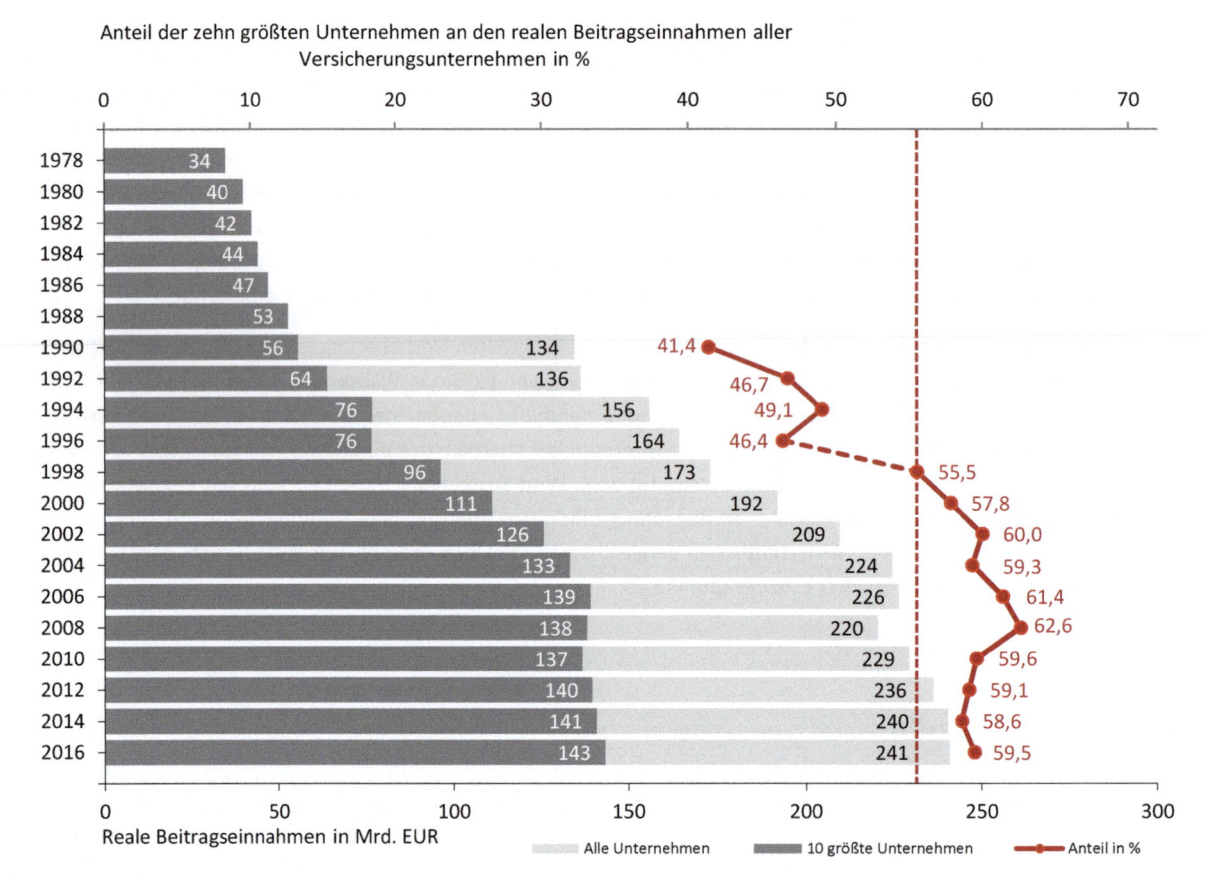

Anteil der zehn größten Unternehmen an den realen Beitragseinnahmen aller Versicherungsunternehmen in %

Jahr	10 größte Unternehmen	Alle Unternehmen	Anteil in %
1978	34		
1980	40		
1982	42		
1984	44		
1986	47		
1988	53		
1990	56	134	41,4
1992	64	136	46,7
1994	76	156	49,1
1996	76	164	46,4
1998	96	173	55,5
2000	111	192	57,8
2002	126	209	60,0
2004	133	224	59,3
2006	139	226	61,4
2008	138	220	62,6
2010	137	229	59,6
2012	140	236	59,1
2014	141	240	58,6
2016	143	241	59,5

Reale Beitragseinnahmen in Mrd. EUR

Anm.: Ab 1995 sind in der Abbildung die unkonsolidierten Beitragseinnahmen der zehn größten Versicherungskonzerne dargestellt. Bis einschließlich 1996 wurde der Anteil anhand der konsolidierten Beitragseinnahmen der zehn größten Versicherungskonzerne ermittelt. Alle Größen wurden mithilfe des impliziten Preisindexes der gesamtwirtschaftlichen Wertschöpfung deflationiert (Vorjahrespreisbasis, Referenzjahr: 2010; Quelle: eigene Berechnungen auf der Grundlage von Daten des Statistischen Bundesamtes, Fachserie 18 Reihe 1.5, S. 53, Rechenstand August 2017). Ausführliche Angaben zu den Beitragseinnahmen, den jeweiligen Anteilswerten sowie den Veränderungsraten sind in den Anlagen zu diesem Gutachten veröffentlicht.

Quelle: eigene Berechnungen auf der Grundlage eigener Erhebungen sowie der Statistik der Bundesanstalt für Finanzdienstleistungsaufsicht (Statistik der Bundesanstalt für Finanzdienstleistungsaufsicht – Erstversicherungsunternehmen und Pensionsfonds – 2016, S. 9)

3 Entwicklung von Marktmachtindikatoren in Deutschland und Europa

3.1 Einleitung

358. Der vorliegende Berichtsteil ergänzt die von der Monopolkommission traditionell durchgeführte Untersuchung der 100 größten Unternehmen in Deutschland im Rahmen ihres gesetzlichen Auftrags zur Konzentrationsberichterstattung nach § 44 Abs. 1 Satz 1 GWB. In der internationalen wirtschaftswissenschaftlichen und wettbewerbspolitischen Debatte hat die Konzentration wirtschaftlicher Aktivität im Berichtszeitraum deutlich an Aufmerksamkeit gewonnen.[74] Grund hierfür ist vor allem eine in den USA kontrovers geführte Diskussion über einen möglichen sektorübergreifenden Anstieg der dortigen Unternehmenskonzentration und einen entsprechenden wettbewerbspolitischen Handlungsbedarf.[75] Empirische Untersuchungen der Unternehmenskonzentration in den USA ergeben beispielsweise, dass sich die Anzahl börsennotierter Unternehmen über die letzten zwei Jahrzehnte halbiert hat und dass die Unternehmenskonzentration seit 2000 in 75 Prozent aller Wirtschaftsbereiche angestiegen ist.[76] Darüber hinaus werden Ergebnisse zu ansteigenden Unternehmensgewinnen als Hinweis darauf gewertet, dass sich auch die durchschnittliche Marktmacht von Unternehmen in den USA deutlich erhöht hat.[77] Wettbewerbliche Bedenken äußerte auch der Sachverständigenrat für Wirtschaftsfragen des Präsidenten der USA in einer Stellungnahme im April 2016 und forderte ein Überdenken der aktuellen Wettbewerbspolitik.[78] Diesen Bedenken folgend, erließ der Präsident eine Verordnung, in welcher die zuständigen Behörden zur Erarbeitung von Vorschlägen für einen effektiveren Wettbewerbsschutz aufgefordert wurden.[79]

359. Während zu Zeiten der Finanz- und Wirtschaftskrise und in deren unmittelbaren Nachgang aus der Sicht der Monopolkommission keine Notwendigkeit zur Untersuchung eines branchenübergreifenden Anstiegs der Unternehmenskonzentration in Deutschland bestand, so haben sich die strukturellen Rahmenbedingungen nach einer Erholungsphase der deutschen Wirtschaft aus einer Marktstrukturperspektive möglicherweise verändert. Grund hierfür ist, dass es auf Märkten nach einer Rezession zu unternehmensdemografischen Restrukturierungsprozessen kommen kann.[80] Anders ausgedrückt ist anzunehmen, dass weniger wettbewerbsfähige Anbieter in einer Rezession leichter aus Märkten ausscheiden, weil sie einen Nachfragerückgang und verschlechterte Finanzierungsmöglichkeiten nicht kompensieren können. Dies könnte in der Folge einen Anstieg der Unternehmenskonzentration auf diesen Märkten nach sich ziehen, welche sich zwar einerseits negativ auf den Wettbewerb auswirken könnte, jedoch andererseits auch die Begleiterscheinung einer insgesamt effizienteren Produktion sein könnte.

360. Die Konzentration wirtschaftlicher Aktivität kann für eine Volkswirtschaft von großem Vorteil sein, solange der Wettbewerb nicht außer Kraft gesetzt wird. Rückschlüsse von der Konzentration eines Marktes auf die tatsächliche Wettbewerbsintensität in diesem sind nicht möglich, da auch – und mitunter gerade – wenige große Anbieter in intensivem Wettbewerb miteinander stehen können. So kann beispielsweise die umfassende Nutzung von Skalen- und Verbundvorteilen eine effizientere Produktion ermöglichen, welche auf der Kundenseite für niedrigere Preise sorgen und die internationale Wettbewerbsfähigkeit sicherstellen kann. In diesem Zusammenhang kommt auch der Bestreitbarkeit von Märkten eine wesentliche Rolle zu, denn sogar ein Monopolist könnte durch hinreichenden potenziellen Wettbe-

---

[74] Bspw. führte die OECD im Juni dieses Jahres eine Anhörung zum Thema internationale Konzentrations- und Marktmachtentwicklung durch. Vgl. OECD, Market Concentration, Issues Paper by the Secretariat, DAF/COMP/WD(2018)46, 20. April 2018.

[75] Stiglitz, J. E., The new era of monopoly is here, The Guardian, 13. Mai 2016; Ohlhausen, M. K., Does the U.S. Economy Lack Competition, And If So What To Do About It?, Speech at Hogan Lovells, Hongkong, 1. Juni 2016; The Economist, The rise of the superstars, Special Report, 17. September 2016, S. 3–16; The Economist, Too much of a good thing, 26. März 2016, S. 21–24.

[76] Grullon, G./Larkin, Y./Michaely, R., Are US Industries Becoming More Concentrated?, Working Paper, Oktober 2016.

[77] The Economist, The rise of the superstars, a. a. O.; The Economist, Too much of a good thing, a. a. O.; De Loecker, J./Eeckhout, J.: The Rise of Market Power and the Macroeconomic Implications, NBER Working Paper, Nr. 23687, 2017.

[78] Council of Economic Advisers, Benefits of Competition and Indicators of Market Power, CEA Issue Brief, April 2016.

[79] Executive Order Nr. 13725 vom 15. April 2016.

[80] Duval, R./Hong, G. H./Timmer, Y., Financial Frictions and the Great Productivity Slowdown, IMF Working Paper, Nr. 17/129, Mai 2017; Foster, L./Grim, C./Haltiwanger, J., Reallocation in the Great Recession: Cleansing or Not?, Journal of Labor Economics, 34(1), 2016, S. 293–331.

werb ein wettbewerbliches Marktergebnis hervorbringen.[81] Zudem können ressourcenintensive Forschungs- und Entwicklungsprogramme unter Umständen leichter von investitionsstarken Großunternehmen finanziert werden, womit diesen eine tragende Rolle für die Innovativität einer Volkswirtschaft zukommt.

361. Nichtsdestotrotz bedürfen hoch konzentrierte Märkte aus einer wettbewerbspolitischen Perspektive besonderer Aufmerksamkeit. Grund hierfür ist, dass das Risikopotenzial für Wettbewerbsbeeinträchtigungen in derartigen Märkten in der Regel ebenfalls hoch ist. Zum einen wird durch eine abnehmende Anzahl von Anbietern in einem Markt ein koordiniertes Verhalten dadurch erleichtert, dass sowohl die Anzahl der Abstimmungspartner abnimmt als auch die Transparenz im Markt insgesamt steigt. Im Fall eines abgestimmten Verhaltens steigt hierdurch auch die Möglichkeit, abweichendes Verhalten einzelner Kartellanten zu identifizieren und zu sanktionieren. Zum anderen sind die Marktzutrittshürden in hoch konzentrierten Märkten in der Regel ebenfalls hoch, was den Wettbewerbsdruck auf potenzielle neue Konkurrenten verringert. Hierdurch wird der Verhaltensspielraum der Anbieter im Markt erweitert, welche dadurch beispielsweise höhere Preise für ihre Produkte nehmen könnten, die nicht durch ihren Produktionsaufwand gerechtfertigt wären. Marktzutrittshürden können zum Beispiel in Form hoher Skaleneffekte oder hoher Fixkosten für Entwicklung, Produktion oder Werbung bestehen. Darüber hinaus können Innovationsimpulse ausbleiben, wenn jungen innovativen Unternehmen der Marktzutritt erschwert wird.

362. Aber auch aus einer makroökonomischen Perspektive bergen hoch konzentrierte Märkte ein Risikopotenzial. Dies gilt vor allem dann, wenn Märkten ein hohes gesamtwirtschaftliches Gewicht zukommt. Grund hierfür ist eine dann bestehende Abhängigkeit aggregierter volkswirtschaftlicher Größen, wie etwa des Bruttoinlandsproduktes, des Außenhandelsbeitrags oder der Arbeitslosenquote, von einigen wenigen Unternehmen.[82]

363. Einen zusätzlichen Risikofaktor einer gesamtwirtschaftlichen oder marktbezogenen Konzentration wirtschaftlicher Aktivität stellen die daraus erwachsenden Möglichkeiten zur politischen Einflussnahme für individuelle Marktteilnehmer dar. Weder eine formale noch eine informale Beteiligung von Privatwirtschaftsvertretern an wirtschaftspolitischen Entscheidungsprozessen ist grundsätzlich als problematisch zu bewerten. Aus wettbewerbspolitischer Sicht kann sich dies jedoch anders darstellen, wenn politischer Einfluss zum Beispiel von etablierten Anbietern zum Aufbau oder Erhalt von Marktzutrittsschranken genutzt wird.[83]

364. Zusammenfassend gilt, dass die Unternehmenskonzentration von entscheidender wettbewerblicher Relevanz sein kann, sowohl bezogen auf die aggregierte Konzentration wirtschaftlicher Aktivität im Sinne konglomerater Unternehmensgruppen – wie bereits im Rahmen der Berichterstattung zu den 100 größten Unternehmen erläutert – als auch bezogen auf sachlich und räumlich relevante Märkte. Zur Analyse der Übertragbarkeit der Beobachtung einer gesamtwirtschaftlichen Zunahme von Unternehmenskonzentration und Marktmacht in den USA auf Deutschland und Europa werden deshalb im Folgenden unter anderem konzentrationsstatistische Kennzahlen der amtlichen Statistik ausgewertet.[84] Wesentlich bedeutsamer für die Beurteilung der vorherrschenden Wettbewerbssituation und dafür, ob durch eine konzentrierte Marktstruktur über ein wettbewerbliches Risiko hinaus wettbewerbsbeeinträchtigende Effekte tatsächlich eintreten, ist allerdings die Betrachtung der Marktergebnis-seite. Aus diesem Grund werden Indikatoren zur Entwicklung der Marktmacht berechnet und analysiert, welche sich an Unternehmensgewinnen orientieren. Letztere werden ebenfalls für andere europäische Länder berechnet, um einen Vergleich mit den Ergebnissen für Deutschland zu ermöglichen. Ziel der nachfolgenden empirischen Analysen ist die Evaluierung der Hypothese einer durchschnittlichen Zunahme von Unternehmenskonzentration und Marktmacht aus einer gesamtwirtschaftlichen Perspektive. Die Ergebnisse lassen daher weder konkrete Rückschlüsse auf die Wettbewerbsintensität in sachlich und räumlich relevanten Märkten zu,

---

[81] Baumol, W. J., Contestable Markets: An Uprising in the Theory of Industry Structure, American Economic Review, 72(1), 1982, S. 1–15.

[82] Vgl. hierzu Tz. 283 sowie Tz. 371.

[83] Vgl. hierzu Tz. 282.

[84] Seit der Modernisierung ihrer Konzentrationsberichterstattung sieht die Monopolkommission von einer regelmäßigen Berichterstattung zu umsatzbasierten konzentrationsstatistischen Kennzahlen der amtlichen Statistik ab. Grund hierfür ist die mangelnde Aussagekraft bezüglich der vorherrschenden Wettbewerbsintensität auf einzelnen Märkten (Monopolkommission, XVIII. Hauptgutachten, Mehr Wettbewerb, wenig Ausnahmen, Baden-Baden 2010, Tz. 89ff. und Gliederungspunkt 3.4.1 in diesem Gutachten).

noch können daraus wettbewerbspolitische Empfehlungen für einzelne Märkte abgeleitet werden. Folglich ist die nachfolgende Untersuchung als Komplement zu sektorspezifischen Analysen zu verstehen.

3.2 Ursachen zunehmender sektorübergreifender Marktmacht

365. Die Ursachen für das Entstehen, die Festigung oder den Ausbau der Marktmacht einzelner Unternehmen können vielfältig sein. Grundsätzlich wird unternehmerischem Handeln in einer Marktwirtschaft ein Streben nach Agglomeration wirtschaftlicher Tätigkeit und nach der Umgehung intensiven Wettbewerbs zugestanden. Dies entspricht dem ökonomischen Prinzip der Gewinnmaximierung und sorgt für Produktivitätswachstum und Innovationen. Größen- und Verbundvorteile bei der Produktion von Gütern und Dienstleistungen sowie Wettbewerbsvorteile durch innovative Produkte und Produktionsprozesse sind hierfür wesentliche Gründe. Diese Bestimmungsgründe der Wettbewerbsintensität sind keinesfalls neu, allerdings könnte deren Bedeutung in den letzten Jahren zugenommen haben. So kommt Größen- und Verbundvorteilen insbesondere vor dem Hintergrund globalisierter Märkte und internationaler Konkurrenz eine entscheidende Rolle zu. Zu beobachten ist in diesem Zusammenhang auch das Verfolgen externer Wachstumsstrategien in Form von Fusionen und Übernahmen. So konnte bspw. zwischen 2011 und Anfang 2017 ein durchschnittlicher Aufwärtstrend für Fusionen und Übernahmen unter Beteiligung deutscher Unternehmen beobachtet werden.[85] Bezüglich der Innovativität wurden kürzlich Hinweise darauf gefunden, dass sich international eine anzahlmäßig kleine Gruppe von Unternehmen im Hinblick auf Innovativität und Produktivität immer weiter von anderen Unternehmen absetzt. Dies wird vor allem auf eine sich verschlechternde Technologiediffusion zurückgeführt.[86] Auch speziell in Deutschland sind über die vergangenen Jahrzehnte einerseits ansteigende Gesamtausgaben für Forschung und Entwicklung, andererseits jedoch eine abnehmende Anzahl von Unternehmen zu beobachten, die in Forschung und Entwicklung investieren.[87]

366. Weiterhin könnte auch ein Vollzugsdefizit der Wettbewerbsbehörden ursächlich für einen sektorübergreifenden Marktmachtanstieg sein. Insbesondere auf europäischer Ebene wird von Wettbewerbsexperten teilweise ein unzureichender Vollzug der Fusionskontrollverordnung durch die Europäische Kommission kritisiert.[88] Im Rahmen eines solchen Vollzugsdefizits würden zu wenige wettbewerblich problematische Zusammenschlüsse untersagt und/oder komme man bei der Formulierung von Bedingungen und Auflagen den Zusammenschlussbeteiligten zu sehr entgegen. In diesem Zusammenhang deuten einige Untersuchungen in der Tat darauf hin, dass wettbewerbsbeeinträchtigende Fälle von der Europäischen Kommission genehmigt wurden bzw. die ausgehandelten Bedingungen und Auflagen unzureichend waren.[89] Aktuelle Untersuchungen ergeben jedoch zumindest keinen systematischen Preisanstieg nach genehmigten europäischen Zusammenschlüssen.[90] Ob es tatsächlich ein Vollzugsdefizit im Rahmen der Zusammenschlusskontrolle gibt, lässt sich nicht sagen. Im Zusammenhang mit der Kartellverfolgung muss ferner auch unklar bleiben, wie viele Fälle illegaler Absprachen unentdeckt bleiben. Hierbei ist festzuhalten, dass Wettbewerbsbehörden nahezu ausschließlich auf

---

[85] ZEW/BvD, M&A Report, Deutscher M&A-Index deutet Trendwende an, Oktober 2017.

[86] Andrews, D./Criscuolo, C./Gal, P. N., Frontier Firms, Technology Diffusion and Public Policy: Micro Evidence from OECD Countries, OECD Background Paper, OECD Publishing, Paris, 2015.

[87] Rammer, C./Schubert, T., Concentration on the few: mechanisms behind a falling share of innovative firms in Germany, Research Policy, 47(2), 2018, S. 343–542.

[88] Motta, M., The Problems with Merger Control, Präsentation auf der MaCCI-Jahreskonferenz, Mannheim, am 17. März 2017, https://sites.google.com/site/massimomottawebpage/presentations. Gründe für ein Vollzugsdefizit könnten beispielsweise eine unterschätzte Bedeutung von Innovationen und Zukunftsmärkten sowie von Übernahmen als Markteintrittshürde sein (vgl. hierzu ausführlicher Gliederungspunkt 3.2.2 in Kapitel III in diesem Gutachten). Darüber hinaus könnte auch eine Vernachlässigung von Gewinnmargen im Rahmen der Zusammenschlussprüfung einen Grund darstellen.

[89] Duso, T./Neven, D. J./Röller, L. H., The Political Economy of European Merger Control: Evidence using Stock Market Data, Journal of Law and Economics, 50, 2007, S. 455–489; Duso, T./Gugler, K./Szücs, F., An empirical assessment of the 2004 EU merger policy reform, The Economic Journal, 123(572), 2013, S. F596–F619; Monopolkommission, XVIII. Hauptgutachten, a. a. O., Tz. 664 ff. Für die USA finden Kwoka, J., Mergers, Merger Control, and Remedies. A Retrospective Analysis of U.S. Policy, MIT Press, Cambridge u. a., 2016, und Blonigen, B. A./Pierce, J. R., Evidence for the Effect of Mergers on Market Power and Efficiency, NBER Working Paper, Nr. 22750, Oktober 2016, anti-wettbewerbliche Effekte zugelassener Zusammenschlüsse.

[90] Mariuzzo, F./Ormosi, P. L./Havell, R., What Can Merger Retrospectives Tell Us? An Assessment of European Mergers, CCP Working Paper Nr. 16-4, 2016. Die Autoren werten insgesamt 29 Untersuchungen von Preiseffekten durch Zusammenschlüsse zwischen 1995 und 2009 aus.

die Kronzeugenregelung angewiesen sind, anstatt eine proaktive Kartellverfolgung zu betreiben, die vermutlich jedoch auch wesentlich ineffizienter wäre.[91]

367. Einen weiteren Anlass zur Untersuchung der branchenübergreifenden Marktmacht geben indes neuere Entwicklungen. Wie weiter oben bereits erläutert, ist es möglich, dass sich im Nachgang zur globalen Finanz- und Wirtschaftskrise die strukturellen Bedingungen auf vielen Märkten in Form disruptiver Auswirkungen negativer Nachfrageschocks und verschlechterter Finanzierungsmöglichkeiten dahingehend verändert haben, dass eine Vielzahl von Anbietern aus Märkten ausgeschieden ist. In der ökonomischen Theorie scheiden zunächst jene Unternehmen aus Märkten aus, die gegenüber ihren Wettbewerbern Produktivitätsnachteile aufweisen.[92] In der Folge steigt einerseits die aggregierte Produktivität, andererseits aber auch die Unternehmenskonzentration und damit die Wahrscheinlichkeit einer Zunahme der Marktmacht einzelner Anbieter. Zahlen für Deutschland weisen allerdings darauf hin, dass unternehmensdemografische Restrukturierungseffekte im Krisenjahr 2009 kein dramatisches Ausmaß hatten, die Anzahl der gemeldeten Insolvenzen jedoch – entgegen einem allgemein rückläufigen Trend seit 2003 – während der Krise kurzzeitig angestiegen ist.[93] Abbildung II.23 veranschaulicht den seit Mitte der 2000er-Jahre abnehmenden Trend der Unternehmensschließungen anhand der Entwicklung gewerblicher Unternehmensliquidationen. Allerdings nimmt gleichzeitig auch die Anzahl der Unternehmensgründungen in Deutschland ab, und zwar mitunter stärker als die Anzahl der Schließungen.[94] Abbildung II.23 ist zu entnehmen, dass die Anzahl der gewerblichen Gründungen in den vergangenen Jahren deutlich unter der Anzahl der Liquidationen lag. Insgesamt deuten diese Zahlen auf eine abnehmende Unternehmensfluktuation hin und können Indizien für steigende Marktein- und -austrittshürden sein.

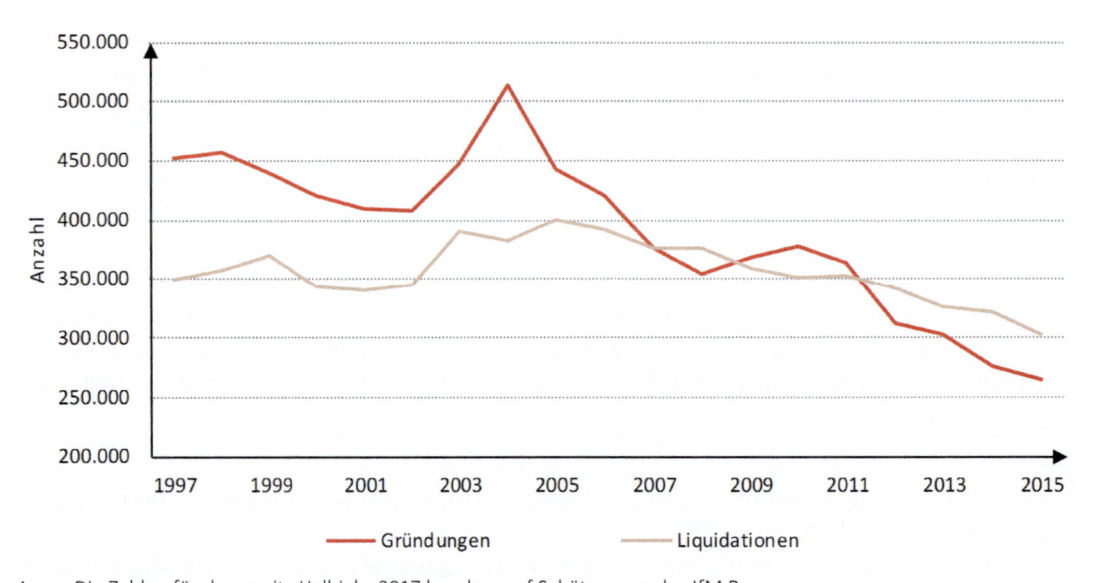

Abbildung II.23: Gewerbliche Unternehmensgründungen und -liquidationen in Deutschland

Anm.: Die Zahlen für das zweite Halbjahr 2017 beruhen auf Schätzungen des IfM Bonn.

Quelle: Gründungs- und Liquidationsstatistik des IfM Bonn auf Basis der Gewerbeanzeigenstatistik des Statistischen Bundesamtes

---

[91] Monopolkommission, XX. Hauptgutachten, Eine Wettbewerbsordnung für die Finanzmärkte, Baden-Baden 2014, Tz. 815 ff.

[92] Foster, L./Grim, C./Haltiwanger, J., a. a. O.

[93] Röhl, K.-H./Vogt, G., Zahl der Unternehmensinsolvenzen rückläufig, Wirtschaftsdienst, 11/2016, S. 852 ff.; Statistisches Bundesamt, Unternehmen und Arbeitsstätten – Insolvenzverfahren, Fachserie 2, Reihe 4.1.

[94] Vgl. hierzu auch Rink, A./Seiwert, I., Unternehmensdemografie: methodischer Ansatz und Ergebnisse 2005 bis 2010, Wirtschaft und Statistik, Statistisches Bundesamt, 2013, S. 422–439, und ZEW Gründungsreport, Weiterer Einbruch der Gründungstätigkeit, 13(1), Dezember 2013.

368. Eine weitere mögliche Ursache steigender Marktmacht könnte in der zunehmenden Bedeutung internet- und datenbasierter Geschäftsmodelle liegen. In diesem Kontext liegen häufig mehrseitige Plattformmärkte vor, in welchen zumindest auf einer Seite Netzwerkeffekte von Bedeutung sind, weswegen Leistungen auf dieser Seite oft ohne monetäre Preise erbracht werden. Als klassische Beispiele sind hier die Bereiche soziale Medien, Datingportale, Internet-Suchmaschinen, Lieferdienste und Hotelbuchungsportale zu nennen. Im Kontext einer digitalen Ökonomie nimmt demnach die Bedeutung von „winner-takes-most markets" zu, auf welchen aufgrund von Netzwerkeffekten hauptsächlich ein Anbieter über hohe Marktanteile und auch ein gewisses Maß an Marktmacht verfügt.[95] Ob die Bedeutung derartiger Märkte bereits heute ausreicht, um über einzelne Märkte hinaus zu einem gesamtwirtschaftlichen Anstieg von Konzentration und Marktmacht zu führen, ist allerdings – insbesondere für Deutschland – fraglich.

369. Weiterhin hat ein in den vergangenen Jahren angestiegenes Investitionsvolumen institutioneller Anleger in vielen Märkten zu einer Konzentration von Unternehmensbeteiligungen bei einigen wenigen Anlegern geführt.[96] Die hierdurch entstehenden indirekten Horizontalverflechtungen zwischen Wettbewerbern könnten durch geringere Anreize zu wettbewerblichem Verhalten zu einer geringeren Wettbewerbsintensität beitragen. Durch die Existenz derartiger Eigentümerstrukturen auf vielen Märkten mit großem volkswirtschaftlichem Gewicht besteht hier Potenzial für gesamtwirtschaftliche Wettbewerbseffekte. Allerdings ist das tatsächliche Eintreten wettbewerbsbeeinträchtigender Effekte durch Minderheitsbeteiligungen institutioneller diversifizierter Anleger derzeit noch Gegenstand einer kontroversen Diskussion.

370. Insgesamt ist festzuhalten, dass einzelne Aspekte aktueller wirtschaftlicher Entwicklungen Anlass für die Untersuchung der Unternehmenskonzentration und Marktmacht bieten. Es ist allerdings keineswegs der Fall, dass die aufgezeigten Entwicklungen zwangsläufig die Vermutung einer gestiegenen durchschnittlichen Marktmacht in Deutschland nahelegen. Auch in der US-amerikanischen Diskussion von Konzentrations- und Marktmachtproblemen können Ursachen und Wirkungen bisher nicht eindeutig identifiziert werden.

3.3 Makroökonomische Folgen zunehmender Marktmacht

371. Auf ein höheres wettbewerbliches Risikopotenzial konzentrierter Märkte wurde bereits einleitend zu diesem Abschnitt hingewiesen. Würde es in einer Volkswirtschaft tatsächlich zu einer branchenübergreifenden Abnahme der Wettbewerbsintensität kommen, so könnte dies weitreichende makroökonomische Auswirkungen zur Folge haben. Gründe hierfür sind vor allem eine suboptimale Allokation volkswirtschaftlicher Ressourcen und die zunehmende Abhängigkeit volkswirtschaftlicher Parameter von Einzelakteuren. Der letzte Aspekt wird in der wirtschaftswissenschaftlichen Forschung bereits seit Längerem unter dem Schlagwort „Granularitätshypothese" untersucht, worunter im Allgemeinen die Konzentration wirtschaftlicher Aktivität verstanden wird.[97] Eine makroökonomische Sicht, die Einzelunternehmen in ihrer Bedeutung für aggregierte Größen – wie etwa Produktivität, Außenhandelsbeitrag oder Arbeitslosenquote – ignoriert, ist aus dieser Perspektive heute nicht mehr vertretbar. Vielmehr müssen Performance und Verhalten einzelner Großunternehmen als entscheidende Erklärungsgrößen makroökonomischer Parameter verstanden werden. Dies trifft beispielsweise auch auf das deutsche verarbeitende Gewerbe zu.[98] In der Folge birgt eine allgemeine Unternehmenskonzentration zugunsten von Effizienzgewinnen gleichsam das Risiko der gesamtwirtschaftlichen Abhängigkeit von einzelnen Unternehmen oder gar einzelnen privatwirtschaftlichen Entscheidungsträgern. Als Beispiel für unternehmerische Entscheidungen mit weitreichenden negativen Folgen nicht nur für ein jeweiliges Unternehmen, sondern auch

---

[95] Monopolkommission, Sondergutachten 68, Baden-Baden 2015; Monopolkommission, XXI. Hauptgutachten, Wettbewerb 2016, Baden-Baden 2016, Kapitel V.

[96] Vgl. hierzu Abschnitt 4 in diesem Kapitel.

[97] Gabaix, X., The Granular Origins of Aggregate Fluctuations, Econometrica, 79(3), 2011, S. 733–772; Ghironi, F., Macro needs micro, Oxford Review of Economic POlicy, 34(1-2), 2018, S. 195–218; Di Giovanni, J./Levchenko, A. A./Mejean, I., The Micro Origins of International Business-Cycle Comovement, American Economic Review, 108(1), 2018, S. 82–108; Ebeke, C./Eklou, K. M., The Granular Origins of Macroeconomic Fluctuations in Europe, IMF Working Paper, Nr. 17/229, November 2017; Zingales, L., Towards a Political Theory of the Firm, Journal of Economic Perspectives, 31(3), 2017, S. 113–130, sowie Tz. 283 in diesem Kapitel.

[98] Wagner, J., The German manufacturing sector is a granular economy, Applied Economics Letters, 19(17), 2012, S. 1663 ff.

für den betroffenen Markt und sogar die gesamte Volkswirtschaft kann hier die sogenannte Abgasaffäre, in die deutsche Automobilhersteller verwickelt sind, genannt werden.

372. Vor dem Hintergrund einer möglichen ineffizienten Allokation volkswirtschaftlicher Ressourcen wird derzeit in der wirtschaftswissenschaftlichen Forschung der Frage nachgegangen, ob eine Veränderung der gesamtwirtschaftlichen Wettbewerbsintensität ursächlich für aktuell beobachtete makroökonomische Trends sein kann.[99] Beispielsweise wird in diesem Kontext untersucht, ob ein international abnehmendes Produktionswachstum sowie sinkende Lohnquoten mit einer Abnahme der Wettbewerbsintensität zusammenhängen. Beide möglichen Zusammenhänge werden im Folgenden exemplarisch näher erläutert und diskutiert.[100] Zum einen geschieht dies, um die wirtschaftspolitische Relevanz der anschließenden empirischen Untersuchung zu verdeutlichen, zum anderen, um eine Einschätzung der aktuellen Bedeutung dieser Debatte für Deutschland zu ermöglichen.

3.3.1 Wettbewerb und Produktivitätswachstum

373. In vielen OECD-Ländern konnte über die letzten Jahrzehnte eine Verlangsamung des gesamtwirtschaftlichen Produktivitätswachstums beobachtet werden.[101] Für Deutschland trifft dies sowohl für die Arbeitsproduktivität als auch die Multifaktorproduktivität zu, wie Abbildung II.24 veranschaulicht. Während die Arbeitsproduktivität die gesamte Ausbringungsmenge lediglich der Arbeitsleistung gegenüberstellt, berücksichtigt die Multifaktorproduktivität neben dem Arbeitsfaktor auch andere Produktionsfaktoren wie etwa Kapital. Diese Entwicklung und insbesondere die Ursachendiskussion erfährt derzeit sowohl von Wirtschaftswissenschaftlern als auch von wirtschaftspolitischen Entscheidungsträgern große Aufmerksamkeit.[102] Angesichts eines fortwährenden technologischen Fortschritts und großer vorhandener Innovationspotenziale, beispielsweise durch Digitalisierungsprozesse, einer immer besseren Qualifizierung von Arbeitskräften, einer zunehmenden Bedeutung immateriellen Vermögens und der Internationalisierung von Wertschöpfungsketten mag eine Verlangsamung des Produktivitätswachstums verwundern. Aus diesem Grund ist in diesem Zusammenhang auch von einem „Produktivitätsparadox" die Rede, und die Ursachenforschung erscheint umso anspruchsvoller.

374. Die genauen Ursachen des verlangsamten Produktivitätswachstums sind bislang nicht geklärt.[103] Zu beachten ist jedoch, dass diese Entwicklung nicht in allen Wirtschaftsbereichen gleichermaßen zu beobachten ist. Da diese Verlangsamung auch nicht für alle Unternehmen gleichermaßen gilt, wird in diesem Zusammenhang unter anderem eine verschlechterte Technologiediffusion diskutiert.[104] Es wird vermutet, dass innovative Produktionstechnologien sich zunehmend innerhalb einer kleinen Gruppe von Unternehmen konzentrieren, welche an der globalen Produktivitätsgrenze operieren. Gleichzeitig vergrößert sich der Produktivitätsabstand dieser Gruppe zu den übrigen Unternehmen. Möglicherweise nimmt auch das produktivitätssteigernde Potenzial von Innovationen im Allgemeinen in den vergangenen Jahren ab, was die Innovationsanstrengungen von Unternehmen zudem negativ beeinflussen könnte.[105] Eine wesentli-

---

[99] U. a. De Loecker, J./Eeckhout, J., The Rise of Market Power and the Macroeconomic Implications, NBER Working Paper, Nr. 23687, 2017; Autor, D. u. a., The Fall of the Labor Share and the Rise of Superstar Firms, IZA Discussion Paper, Nr. 10756, Mai 2017.

[100] De Loecker, J./Eeckhout, J., a. a. O., legen für die USA darüber hinaus einen Zusammenhang mit einer sinkenden Kapitalquote, sinkenden Arbeitsentgelten für gering qualifizierte Beschäftigte, einer sinkenden Erwerbsbeteiligungsquote und einer sinkenden Arbeitsmarktfluktuation nahe.

[101] Besonders deutlich ist diese Beobachtung bezüglich der Arbeitsproduktivität, sie trifft aber in vielen Ländern auch auf die Multifaktorproduktivität zu. Siehe hierzu u. a. OECD, OECD Compendium of Productivity Indicators 2017, OECD Publishing, Paris, und für die USA Gordon, R. J., The rise and fall of American growth: The US standard of living since the civil war, Princeton University Press, 2016.

[102] Sachverständigenrat, Zukunftsfähigkeit in den Mittelpunkt, Jahresgutachten 2015/16, Wiesbaden, 2015; IfW, Produktivität in Deutschland – Messbarkeit und Entwicklung, Beiträge zur Wirtschaftspolitik Nr. 12, November 2017.

[103] Zum Teil werden für die Beobachtung einer Verlangsamung des Produktivitätswachstums Messprobleme verantwortlich gemacht. Obgleich eine Anpassung statistischer Messkonzepte geboten erscheint, werden die Messfehler als nicht ausreichend eingeschätzt, um den beobachteten Trend in Gänze zu erklären (vgl. hierzu Ahmad, N./Ribarsky, J./Reinsdorf, M., Can potential mismeasurement of the digital economy explain the post-crisis slowdown in GDP and productivity growth?, OECD Statistics Working Paper, Nr. 2017/09, 2017, und IfW, a. a. O.).

[104] Andrews, D./Criscuolo, C./Gal, P. N., a. a. O.

[105] Gordon, R. J., a. a. O.

che Rolle für die Verlangsamung des Produktivitätswachstums während und nach der Finanz- und Wirtschaftskrise dürfte auch die verschlechterte Finanzierungssituation in Kombination mit einer bereits vor der Krise bestehenden finanziellen Anfälligkeit einiger Unternehmen spielen.[106] Für Deutschland identifiziert ein aktuelles Gutachten des Kieler Instituts für Weltwirtschaft hauptsächlich fünf Faktoren für eine Verlangsamung des Produktivitätswachstums:[107] So habe sich ein „Normalisierungsprozess" nach der Wiedervereinigung dämpfend ausgewirkt; Investitionen in Informations- und Kommunikationstechnologien sowie deren produktivitätssteigernder Einsatz fielen vergleichsweise gering aus; der Tertiarisierungsprozess begünstigte hauptsächlich auch den Bereich der unternehmensnahen Dienstleistungen, dessen Produktivität sich im Vergleich zu anderen Bereichen über die Jahre verschlechterte; der demografische Wandel hat sich negativ auf die Entwicklung der Produktivität der Erwerbsbevölkerung ausgewirkt; schließlich hat sich auch eine erfolgreiche Arbeitsmarktintegration unterdurchschnittlich produktiver Arbeitskräfte seit Mitte der 2000er-Jahre negativ auf das Produktivitätswachstum ausgewirkt. Insgesamt sei daher der konjunkturelle Charakter der Produktivitätswachstumsschwäche in Deutschland zu betonen und keinerlei Anlass zu einem „säkularen Produktivitätspessimismus"[108] gegeben.

Abbildung II.24: Produktivitätswachstum in Deutschland

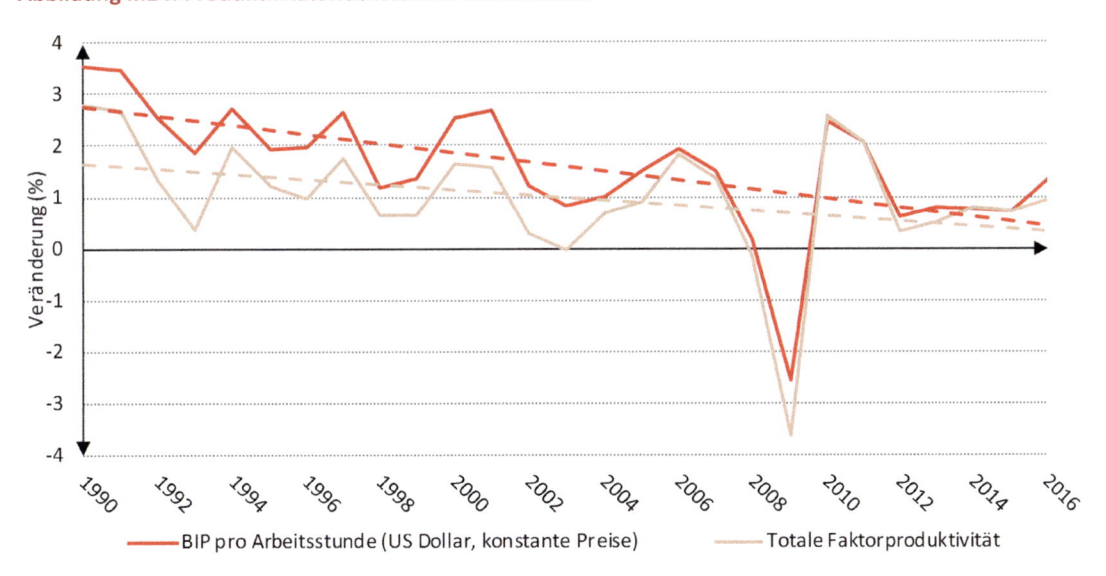

Anm.: Angegeben ist die prozentuale Veränderung gegenüber dem Vorjahr. Gestrichelte Linien bezeichnen den linearen Trend.
Quelle: eigene Darstellung auf Basis der OECD-Produktivitätsstatistik

375. Eine möglicherweise branchenübergreifend abnehmende Wettbewerbsintensität hat erst kürzlich Eingang in die breite Debatte über die Ursachen des abnehmenden Produktivitätswachstums gefunden.[109] Dies ist zunächst verwunderlich, da der Zusammenhang zwischen Wettbewerb und Produktivität seit jeher Gegenstand theoretischer und empirischer Forschung ist.[110] Ausschlaggebend hierfür mag sein, dass die Diskussion der Verringerung aggregierter Produkti-

---

[106] Duval, R./Hong, G. H./Timmer, Y., a. a. O.

[107] IfW, a. a. O.

[108] IfW, a. a. O.

[109] Auch das zitierte Gutachten des Kieler Instituts für Weltwirtschaft untersucht die Wettbewerbsintensität nicht explizit als Erklärungsfaktor der Produktivitätsentwicklung. Allerdings wird eine niedrigere Wettbewerbsintensität als potenzieller Erklärungsfaktor für Produktivitätsschwächen angeführt (IfW, a. a. O., S. 195 f.).

[110] Beispielsweise deuten zahlreiche Studien auf produktivitätssteigernde Auswirkungen wettbewerbsfördernder Politikmaßnahmen hin, vgl. hierzu Nicoletti, G./Scarpetta, S., Regulation, productivity and growth: OECD evidence, Economic Policy, 18(36), 2014, S. 9–72; Griffith, R./Harrison, R./Simpson, H., Product Market Reform and Innovation in the EU, Scandinavian Journal of Economics, 112(2), 2014, S. 389–415; Aghion, P., u. a., Entry and Productivity Growth: Evidence from Microlevel Panel Data, Journal of the European Economic Association, 2(2-3), 2004, 265–276. Weiterhin deuten beispielsweise die Untersuchungen von Ospina, S./Schiffbauer, M., Competition and Firm Productivity: Evidence from Firm-Level Data, IMF Working Paper, Nr. 10/67, März 2010,

vitätswachstumsraten bislang vorwiegend im Rahmen einer makroökonomischen Perspektive geführt wurde, wohingegen ein Großteil der entsprechenden Forschung im Wettbewerbsbereich aus einer mikroökonomischen Perspektive erfolgt. Zunehmend verbinden aktuelle Studien diese beiden Perspektiven, wie etwa jene von De Loecker und Eeckhout.[111] Die Autoren zeigen, dass nach dem Jahr 2000 für die USA keine Verlangsamung des Produktivitätswachstums zu beobachten ist, sondern stattdessen sogar eine Steigerung, wenn die Marktmacht von Unternehmen konstant gehalten wird. Damit legen die Autoren eine wesentliche Rolle der Wettbewerbsintensität auf einzelnen Märkten für das aggregierte Produktivitätswachstum nahe.

376. In der Wirtschaftswissenschaft wird gemeinhin davon ausgegangen, dass die Produktivität eines Unternehmens durch dessen Wettbewerbsdruck beeinflusst wird. Die klassischen Wirkungskanäle, über die sich diese Wirkung entfaltet, sind zum einen die Innovationstätigkeit des Unternehmens und zum anderen die allgemeine allokative Effizienz im Sinne einer volkswirtschaftlich optimalen Ressourcenallokation. Bezüglich der Innovationstätigkeit wird davon ausgegangen, dass ein höherer Wettbewerbsdruck gleichfalls für ein Unternehmen die Anreize erhöht, innovativ zu sein. Vorausgesetzt jedoch, diese Innovativität verspricht einen Wettbewerbsvorteil und damit einen – zumindest zeitweise – geringeren Wettbewerbsdruck.[112] Andererseits kann hoher Wettbewerbsdruck einen negativen Effekt auf die Innovationstätigkeit von Unternehmen haben, wenn die Gewinnmargen in einem Markt durch intensiven Wettbewerb hinreichend niedrig sind: Zum einen fallen dadurch die durch Innovationen erwarteten Renten ebenfalls entsprechend niedrig aus, zum anderen sind Neueintritte dadurch weniger attraktiv.[113] Die intra- oder intersektorale Diffusion neuer Technologie oder anderweitiger Innovationen dürfte ebenfalls mit der Wettbewerbsintensität zusammenhängen. Beispielsweise können die wettbewerblichen Anreize weniger innovativer Wettbewerber steigen, wenn diese im Rahmen externer Effekte – wie etwa positiver Wissens- und Produktivitätseffekte – von den Innovationen der Marktführer profitieren können. Gleichfalls dürften die Anreize, dies zu verhindern, aufseiten der Marktführer ebenfalls steigen. Je nachdem, welcher Effekt überwiegt, könnte auch eine verschlechterte Technologiediffusion – wie oben als mögliche Ursache eines abnehmenden Produktivitätswachstums erläutert – auf eine geringere Wettbewerbsintensität zurückzuführen sein.

377. Über den Innovationskanal hinaus kann Wettbewerbsdruck auch die allgemeine allokative Effizienz, also die volkswirtschaftlich optimale Ressourcenallokation, beeinflussen. Die Effizienz der Verteilung von Produktionsressourcen – in dem Sinne, dass Ressourcen sich dorthin bewegen, wo sie am produktivsten einsetzbar sind – erscheint zum einen unternehmensintern umso wichtiger, je höher der Wettbewerbsdruck ausfällt. Zum anderen wird sie sich auch im Marktaggregat erhöhen, wenn intensiver Wettbewerb herrscht und sich somit langfristig die produktivsten Anbieter am Markt behaupten können. Decker u. a. sowie Bartelsman, Haltiwanger und Scarpetta haben in diesem Zusammenhang Untersuchungen vorgelegt, die eine sinkende wirtschaftliche Dynamik – gemessen durch einen Rückgang der Gründungsaktivität, der Anzahl schnell wachsender junger Unternehmen sowie von Arbeitnehmerwechseln – als Erklärung für eine sinkende allokative Effizienz und ein sinkendes aggregiertes Produktivitätswachstum nahelegen.[114] Hierbei gilt zu beachten, dass sich zum Beispiel durch eine unternehmensdemografische Umstrukturierung von Märkten und ganzer Volkswirtschaften durch Wettbewerb die aggregierte Produktivität verändern kann, auch ohne dass die Wettbewerbsintensität signifikanten Einfluss auf die Produktivität individueller Wettbewerber hat. Ebenso kann sich durch eine solche Umstrukturierung oder Verlagerung wirtschaftlicher Aktivität das ökonomische Gewicht zwischen volkswirtschaftlichen Sektoren verschieben, was somit zu Veränderungen der aggregierten Produktivität führen kann. In Deutschland lässt sich seit 2000 eine solche Verschiebung der wirtschaftlichen Aktivität vom produzierenden Gewerbe hin zu vergleichs-

---

sowie Hynes, K./Opoku, E. E. O./Yan, I. K. M., Reaching Up and Reaching Out: The Impact of Competition on Firms' Productivity and Export Decisions, UCD Centre for Economic Research Working Paper, Nr. 17/19, September 2017, auf einen Kausalzusammenhang zwischen Wettbewerbsintensität und Produktivität auf Unternehmensebene hin.

[111] De Loecker, J./Eeckhout, J., a. a. O.

[112] Aghion, P., An Inverted-U Relationship, The Quarterly Journal of Economics, 120(2), 2005, S. 701–728.

[113] Ebenda und Referenzen darin.

[114] Decker, R. A. u. a., a. a. O.; Bartelsman, E./Haltiwanger, J./Scarpetta, S., Cross-Country Differences in Productivity: The Role of Allocation and Selection, American Economic Review, 103(1), 2013, S. 305–334; Bijnens, G./Konings, J., Declining Business Dynamism, CEPR Discussion Paper, Nr. DP12615, Januar 2018, finden ähnliche Ergebnisse für Belgien.

weise arbeitsintensiveren und dadurch – im Sinne der Arbeitsproduktivität – weniger produktiven Dienstleistungen beobachten.[115]

3.3.2 Wettbewerb und Lohnquoten

378. Wirtschaftswissenschaftler haben in letzter Zeit vermehrt auf international langfristig sinkende Lohnquoten hingewiesen, auch wenn dieser Trend nicht ausnahmslos für alle Länder zutrifft.[116] Die Lohnquote gibt an, welcher Anteil des gesamten Einkommens einer Volkswirtschaft auf Arbeitnehmer entfällt. Karabarbounis und Neiman verzeichnen beispielsweise ein durchschnittliches Absinken weltweiter Lohnquoten um 5 Prozentpunkte während der vergangenen 35 Jahre.[117] Von den 59 untersuchten Ländern weisen dabei etwa 70 Prozent einen negativen Trend auf. Diese Beobachtung wird vor allem auch im Zusammenhang mit einer in vielen Ländern zunehmenden Einkommensungleichheit diskutiert, weil dem Arbeitseinkommen in Haushalten mit niedrigen und mittleren privaten Einkommen tendenziell mehr Gewicht zukommt.[118] Aber auch eine zunehmend ungleiche Verteilung lediglich der Arbeitseinkommen kann für eine steigende Einkommensungleichheit verantwortlich sein. Ursächlich für eine zunehmend ungleiche Verteilung der Arbeitseinkommen wiederum können, aufgrund der Zunahme marktmächtiger Unternehmen, ungleich verteilte Unternehmensrenditen sein.[119]

379. Die Entwicklung der bereinigten Lohnquote in Deutschland in Abbildung II.25 zeigt einen langfristig leicht negativen Trend, jedoch starke konjunkturelle Schwankungen. Deutlich wird der zumeist gegenläufige Verlauf von Lohnquote und BIP-Wachstum aufgrund der sich dynamischer entwickelnden Unternehmensgewinne.

380. Wie auch für die gesamtwirtschaftliche Produktivität kann die Ursache einer sinkenden volkswirtschaftlichen Lohnquote in inter- oder intrasektoralen Kompositionseffekten liegen oder auf unternehmensinterne Prozesse zurückzuführen sein. Technologischer Fortschritt und eine überproportionale Produktivitätssteigerung des Kapitalfaktors gegenüber dem Faktor Arbeit sowie eine Steigerung von Lohnnebenkosten können zu einer Substitution von Arbeit durch Kapital führen und damit eine Auswirkung sowohl auf sektoraler als auch auf Unternehmensebene entfalten.[120] Zu beachten gilt hier, dass es sich bei Veränderungen des Einsatzverhältnisses bzw. des Kostenverhältnisses von Produktionsfaktoren auf Unternehmensebene nicht um die Lohnquote im klassischen volkswirtschaftlichen Sinne handelt, sondern um den Anteil der Personalkosten an den gesamten Produktionskosten. Ein wesentlicher Unterschied ist hier, dass Unternehmensgewinne nicht als Kapitaleinkommen bzw. Kapitalkosten betrachtet werden. Eine Veränderung des Einsatz- oder Kostenverhältnisses der Produktionsfaktoren Arbeit und Kapital kann sich auf die volkswirtschaftliche Lohnquote auswirken. Als Ursache für Veränderungen des Produktionsfaktoreinsatzes auf Unternehmensebene wird darüber hinaus auch eine zunehmende Kapitalmarkt- bzw. Shareholderorientierung des Managements und damit verbundene Effizienzsteigerungen zulasten von Arbeitnehmern angeführt.[121] Eine verschlechterte Verhandlungsmacht der Arbeitnehmerseite

---

[115] Sachverständigenrat, a. a. O., S. 288f.; IfW, a. a. O., S. 290.

[116] Dao, M. u. a., Why is Labor Receiving a Smaller Share of Global Income? Theory and Empirical Evidence, IMF Working Paper, Nr. 17/169, July 2017; Karabarbounis, L./Neiman, B., The global decline of the labor share, The Quarterly Journal of Economics, 129(1), 2013, S. 61–103; Krämer, H., Die Entwicklung der funktionalen Einkommensverteilung und ihrer Einflussfaktoren in ausgewählten Industrieländern 1960–2010, IMK Studie, Nr. 1/2011; Autor, D. u. a., a. a. O.

[117] Karabarbounis, L./Neiman, B., a. a. O.

[118] Bourguignon, F., World changes in inequality: an overview of facts, causes, consequences and policies, BIS Working Paper, Nr. 654, August 2017.

[119] Furman, J./Orszag, P., A Firm-Level Perspective on the Role of Rents in the Rise in Inequality, Präsentation an der Columbia-Universität, 16. Oktober 2015; für einen aktuellen Literaturüberblick über die Untersuchung des Zusammenhangs zwischen Einkommensungleichheit und Wettbewerbsintensität siehe Ennis, S. F. u. a., Inequality: A Hidden Cost of Market Power, Working Paper, 6. März 2017. Die Autoren simulieren die Auswirkungen von Marktmacht auf die Einkommensverteilung der Länder Kanada, Frankreich, Deutschland, Korea, Japan, Spanien sowie des Vereinigten Königreichs und der Vereinigten Staaten von Amerika. Im Ergebnis finden sie eine durchschnittliche Zunahme der Einkommensungleichheit durch das Vorliegen von Marktmacht.

[120] Aretz, B. u. a., Ursachenanalyse der Verschiebung in der funktionalen Einkommensverteilung in Deutschland, ZEW-Projektbericht, Mannheim, Oktober 2009; Dao, M. u. a., a. a. O.; Karabarbounis, L./Neiman, B., a. a. O.

[121] Krämer, H., a. a. O.; Bassanini, A./Manfredi, T., Capital's Grabbing Hand? A Cross-Country/Cross-Industry Analysis of the Decline of the Labour Share, OECD Working Paper, Nr. 133, Juli 2012.

durch eine Schwächung von Gewerkschaften könnte hierzu beitragen.[122] Neben Ursachen auf Unternehmensebene kann auch eine intersektorale Verschiebung wirtschaftlicher Aktivität, wie sie in vielen Volkswirtschaften zu beobachten ist, für eine Veränderung der Lohnquote verantwortlich sein. Eine intersektorale Verschiebung wirtschaftlicher Aktivität ist insbesondere auf Tertiarisierungsprozesse und eine zunehmende internationale Arbeitsteilung zurückzuführen.[123] Für Deutschland spielt diese Entwicklung eine wichtige Rolle: Wird die Sektorstruktur in Deutschland bei der Berechnung der Lohnquote konstant gehalten, so weist Letztere keinen deutlichen Negativtrend mehr auf.[124] Für andere Länder zeigt sich jedoch, dass ein solcher Kompositionseffekt eine eher nachrangige Rolle spielt und eine Veränderung der Lohnquote hauptsächlich auf Entwicklungen innerhalb von Wirtschaftsbereichen zurückzuführen ist.[125]

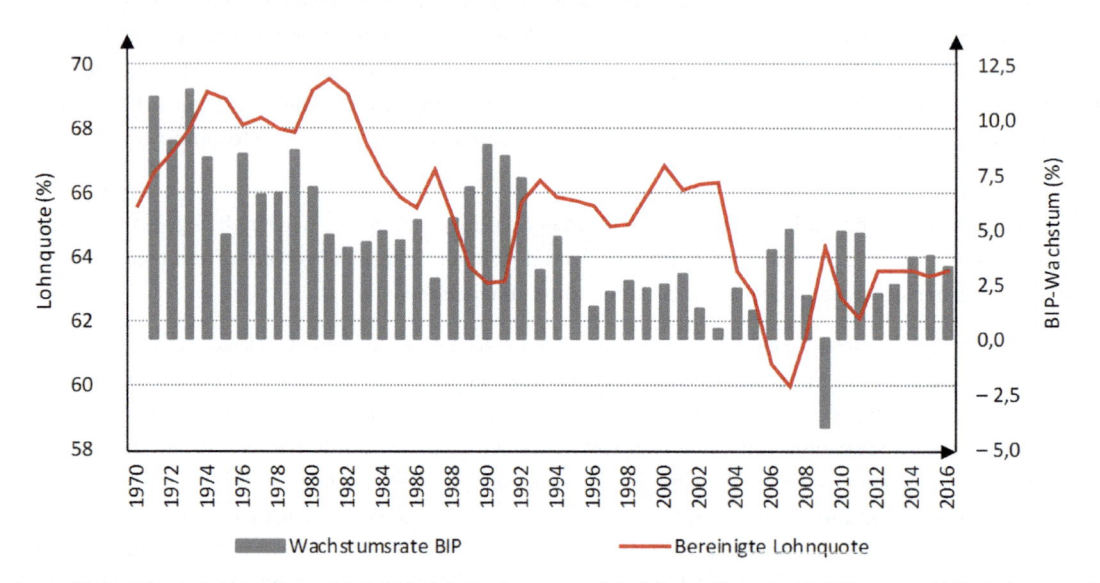

Abbildung II.25: Entwicklung der Lohnquote in Deutschland

Anm.: Die bereinigte Lohnquote ergibt sich als Arbeitnehmerentgelt je Arbeitnehmer im Verhältnis zum Volkseinkommen je Erwerbstätigen, gewichtet mit dem Verhältnis von Arbeitnehmern zu Erwerbstätigen im Basisjahr 1970. Vor 1991: Werte des früheren Bundesgebiets auf der Grundlage der VGR-Revision 2005. Seit 1991: wiedervereinigtes Bundesgebiet auf der Grundlage der VGR-Revision 2014.

Quelle: eigene Berechnung mit Daten des Statistisches Bundesamtes

381. Wie bei der Produktivität werden auch wettbewerbliche Gründe als mögliche Ursache für ein Sinken der Lohnquote diskutiert. Barkai (2016) beispielsweise findet einen sinkenden Anteil der Kapitalkosten an der Bruttowertschöpfung in den USA zwischen 1984 und 2014.[126] Aufgrund einer gleichzeitig sinkenden Lohnquote schlussfolgert der Autor, dass die Ursache für eine sinkende Lohnquote nicht eine Substitution von Arbeit durch Kapital sein kann. Gleichzeitig findet der Autor für den Untersuchungszeitraum ansteigende Unternehmensgewinne, die als Betriebsüberschuss abzüglich der

---

[122] Aretz, B. u. a., a. a. O.

[123] Nach dem Heckscher-Ohlin-Theorem spezialisieren sich Volkswirtschaften beim Außenhandel auf den Einsatz von Produktionsfaktoren, mit denen sie relativ gut ausgestattet sind. Vor dem Hintergrund einer zunehmenden Handelsliberalisierung seit den 1980er-Jahren hat eine unterschiedliche Faktorausstattung so zu einer intersektoralen Verlagerung wirtschaftlicher Aktivität geführt (Aretz, B. u. a., a. a. O.; Dao, M. u. a., a. a. O.).

[124] Aretz, B. u. a., a. a. O.

[125] Elsby, M. W./Hobijn, B./Sahin, A., The decline of the US labor share, Brookings Papers on Economic Activity, 2013(2); Dao, M. u. a., a. a. O.; Karabarbounis, L./Neiman, B., a. a. O.

[126] Barkai, S., Declining labor and capital shares, Stigler Center for the Study of the Economy and the State New Working Paper Series, Nr. 2, November 2016. Die Kapitalkosten werden hier bestimmt als Produkt der erforderlichen Kapitalrendite und des Kapitalstocks aus physischem und immateriellem Anlagevermögen.

Kapitalkosten[127] definiert werden und auf steigende Preisaufschläge der Unternehmen zurückzuführen sein könnten.[128] Ein Indiz für einen solchen Zusammenhang ist eine gleichzeitig beobachtete Zunahme der Unternehmenskonzentration.[129] Da jedoch ein nachlassender Wettbewerbsdruck bei Unternehmen mit geringeren Anreizen zu Effizienzsteigerungen einhergeht und daher Optimierungsmöglichkeiten ungenutzt bleiben könnten, sind hier zumindest theoretisch zwei gegenläufige Wirkungsmechanismen auszumachen: Eine steigende Marktmacht könnte demnach, durch sinkenden Kostendruck und steigende Preissetzungsspielräume, ein Sinken des Anteils der Personalkosten an den gesamten Produktionskosten auf Unternehmensebene verhindern, selbst wenn der Produktionsfaktor Kapital vergleichsweise günstiger wäre. Gleichzeitig könnte eine gestiegene Marktmacht auch für ein Sinken der Lohnquote verantwortlich sein, indem höhere Preisaufschläge nicht durch Arbeitskosten absorbiert werden, sondern zu höheren Unternehmensgewinnen führen, welche die Kapitalquote einer Volkswirtschaft erhöhen würden.

382. Auch die Autoren Autor u. a. sowie Kehring und Vincent machen insbesondere eine international gestiegene Wettbewerbsintensität zusammen mit einem hohen Druck zu Produktivitätssteigerungen dafür verantwortlich, dass sich „hyperproduktive" oder „Superstar"-Unternehmen herausgebildet haben, die über enorme Produktivitätsvorteile verfügen.[130] Dieser Logik folgend, ist die Lohnquote in der Folge dadurch gesunken, dass sich Arbeitsplätze hin zu diesen besonders produktiven Unternehmen verlagert haben. Kehring und Vincent (2017) erläutern darüber hinaus jedoch auch, dass sich die Lohnquote innerhalb von Unternehmen zugunsten von Produktivitätsverbesserungen verändert hat. Die Gruppe besonders produktiver Unternehmen verfügt durch ihre Wettbewerbsvorteile nun allerdings wiederum über eine ausgeprägte Marktmacht. Aus einer statischen Perspektive erscheint daher die gleichzeitige Beobachtung einer hohen Marktmacht und niedriger Lohnquoten nicht unplausibel. Im Fall eines funktionierenden Marktmechanismus ist im Rahmen einer dynamischen Perspektive anzunehmen, dass bei Erreichen eines hinreichenden Grades an Marktmacht der mangelnde Druck zu Effizienzsteigerungen zunächst zu einer Lohnquotensteigerung und schließlich wiederum zum Verlust von Marktmacht führen wird.

383. Bassanini und Manfredi errechnen in diesem Zusammenhang, dass zwischen 1990 und 2007 in den OECD-Ländern 80 Prozent des Rückgangs der Lohnquote auf ein Wachstum der totalen Faktorproduktivität und Kapitalvertiefung, jedoch nur ein vergleichsweise geringer Teil auf einen Anstieg des nationalen und internationalen Wettbewerbs zurückzuführen ist.[131] Bedenkt man jedoch, dass Produktivitätssteigerungen die Folge von Wettbewerb sein können, so sprechen diese Ergebnisse dafür, dass Wettbewerb in bestimmten Ländern zwar ein Faktor für einen geringeren relativen Einsatz von Arbeit ist, weniger Wettbewerb allerdings durch höhere Unternehmensgewinne zu einer geringeren Lohnquote führt.

3.4 Empirische Marktmachtindikatoren

384. Die Messung von Wettbewerbsintensität oder tatsächlicher Marktmacht einzelner Anbieter stellt sowohl die empirische Forschung als auch die Kartellbehörden grundsätzlich vor große Herausforderungen. Dies gilt in der empirischen Forschung insbesondere für breit angelegte sektorübergreifende Untersuchungen, in welchen weder angemessene Marktabgrenzungen noch Informationen über Preise und Mengen verfügbar sind.[132] Deshalb stützt sich die Monopolkommission in ihrer folgenden Untersuchung auf mehrere Indikatoren zur Messung von Marktmacht.

---

[127] Vgl. Fn. 126.

[128] Siehe für diese Argumentation u. a. auch Karabarbounis, L./Neiman, B., a. a. O., und De Loecker, J./Eeckhout, J., a. a. O.

[129] Barkai, S., a. a. O., und auch Hutchinson, J./Persyn, D., Globalisation, concentration and footloose firms: in search of the main cause of the declining labour share, Review of World Economics, 148(1), 2012, S. 17–43.

[130] Autor, D. u. a., a. a. O.; Kehrig, M./Vincent, N., Growing Productivity without Growing Wages: The Micro-Level Anatomy of the Aggregate Labor Share Decline, CESifo Working Paper, No. 6454, 2017.

[131] Bassanini, A./Manfredi, T., a. a. O.

[132] Für eine umfassende Diskussion empirischer Strategien zur Wettbewerbsmessung siehe u. a. Perloff, J. M./Karp, L. S./Golan, A., Estimating Market Power and Strategies, Cambridge University Press, Cambridge u. a., 2007.

3.4.1 Umsatzkonzentration

385. Ein seit Langem und noch immer oft verwendeter Indikator für Marktmacht ist die Umsatzkonzentration nach Anbietern eines Marktes. Hier ergeben sich jedoch zum einen inhaltliche bzw. validitätsbezogene und zum anderen methodische bzw. reliabilitätsbezogene Probleme, von denen einige im Folgenden kurz erläutert werden.

386. Die Umsatzkonzentration ist zwar ein an sich interessanter Parameter, weil sich hieran ein gewisses Risiko für wettbewerbsbeeinträchtigendes Verhalten ermitteln lässt. Sie ist jedoch nicht aussagekräftig in Bezug auf die tatsächlich auf einem Markt vorherrschende Wettbewerbsintensität.[133] Darüber hinaus ist die Auffassung im Rahmen eines Structure-Conduct-Performance-Paradigmas, dass die Marktstruktur ein bestimmtes Marktergebnis ursächlich hervorbringt, überholt.[134] Es erscheint ebenso möglich, dass sich die Marktstruktur in umgekehrter Weise (auch) aus dem Marktergebnis ergibt. Es besteht also grundsätzlich weder notwendigerweise eine korrelative Beziehung noch eine einseitig kausale Beziehung zwischen den beiden Parametern Konzentration und Wettbewerbsintensität. Nichtsdestotrotz ist die Umsatzkonzentration aufgrund des sich ergebenden Risikopotenzials, beispielsweise für koordiniertes Verhalten, von wettbewerblichem Interesse.

387. Bezüglich der Reliabilität konzentrationsstatistischer Kennzahlen ergeben sich in sektorübergreifenden Untersuchungen ohne marktspezifische Erhebungen ebenfalls Einschränkungen der Aussagekraft. So ist es in diesem Kontext nahezu unmöglich, die untersuchten Märkte in sachlicher wie geografischer Hinsicht in Einklang mit wettbewerbsökonomischen Überlegungen abzugrenzen. Behelfsweise werden in der Literatur daher standardmäßig statistische Wirtschaftszweigklassifikationen verwendet, die alle Unternehmen (meistens eines Landes) erfassen, die ihren Umsatzschwerpunkt in einem jeweiligen Wirtschaftszweig berichten. Es ist zumeist nicht möglich, die für statistische Konzentrationskennzahlen verwendeten Unternehmensumsätze in einzelne Tätigkeitsbereiche zu zerlegen, sodass die Summe der gesamten Unternehmensumsätze nach dem Schwerpunktprinzip einem jeweiligen Wirtschaftsbereich zugeordnet wird. Dies führt zu umso schwerwiegenderen Verzerrungen der errechneten Kennzahlen, je feingliedriger die Wirtschaftsbereiche unterteilt sind. Ebenso wird jegliche Außenhandelstätigkeit in den allermeisten Untersuchungen ausgeblendet, indem aufgrund fehlender Informationen weder Exporte noch Importe Berücksichtigung finden.

388. Trotz der diskutierten Probleme stehen häufig keine alternativen Wettbewerbsindikatoren zur Verfügung, was die noch immer häufige Nutzung von Konzentrationskennzahlen als Indikator für Wettbewerbsintensität in wissenschaftlichen Studien und der Kartellrechtspraxis erklärt.[135] Allerdings verwundert das oftmalige Fehlen einer angemessenen Diskussion der Aussagefähigkeit konzentrationsstatistischer Kennzahlen gerade in der empirischen Wirtschaftswissenschaft. Dies gilt gerade auch im Kontext der Diskussion um ein US-amerikanisches Konzentrations- und Wettbewerbsproblem.[136] Die Monopolkommission hält eine sektorübergreifende Auswertung konzentrationsstatistischer Kennzahlen auf der Grundlage der amtlichen Unternehmensstatistik für stark disaggregierte Wirtschaftsbereiche für zu wenig aussagefähig bis irreführend.[137] Aus einer stark aggregierten Analyse können hingegen allgemeine Aussagen über die gesamtwirtschaftliche Unternehmenskonzentration abgeleitet werden, die insbesondere einen Vergleich mit Studien für die USA ermöglichen. Hierbei gilt jedoch stets die eingeschränkte Aussagekraft insbesondere der absoluten Werte statistischer Konzentrationskennzahlen. Beispielsweise ist für die tatsächliche Konzentration von Marktanteilen auf deutschen Märkten möglicherweise wenig aussagekräftig, wie konzentriert sich die insgesamt im In- und Ausland generierten Umsätze von im Inland ansässigen Unternehmen darstellen. Dies trifft insbesondere auf eine stark in den internationalen Handel integrierte Volkswirtschaft wie Deutschland zu. Nichtsdestotrotz kann die Entwicklung derartiger Kennzahlen

---

[133] Vgl. Gliederungspunkt 3.1.

[134] U. a. Schmalensee, R., Inter-industry studies of structure and performance, in Schmalensee, R./Wittig, R. T. (Hrsg.), Handbook of industrial organization Vol. 2, Amsterdam, Elsevier, 1989, S. 951–1009.

[135] Valletti, T., Concentration trends in Europe, Präsentation CRA-Jahreskonferenz in Brüssel am 12 Dezember 2017; Autor, D. u. a., a. a. O.

[136] Vgl. hierzu Ohlhausen, M. K., a. a. O.

[137] In der Vergangenheit hat die Monopolkommission in ihren Hauptgutachten derartige Kennzahlen regelmäßig ausgewiesen (vgl. Monopolkommission, XVIII. Hauptgutachten, a. a. O., Tz. 89ff.).

über die Zeit ein Indikator für eine Zu- oder Abnahme der Unternehmenskonzentration sein, wenn man von ansonsten hinreichend unveränderten Bedingungen ausgeht.

389. Die Monopolkommission analysiert im Folgenden die Entwicklung durchschnittlicher Herfindahl-Hirschman-Indizes des Statistischen Bundesamtes für den Zeitraum 2007 bis 2015. Der Herfindahl-Hirschman-Index (HHI) berechnet sich für ein Jahr (t) als Summe der quadrierten Umsatzanteile (s) aller Anbieter (i) eines Marktes (j) und ist damit ein Maß für die Konzentration der Umsatzanteile auf einem Markt:

$$HHI_{jt} = \sum_{i \in j, t} s_{ijt}^2$$

Der Wertebereich des HHI liegt hier zwischen 0 und 10.000, wobei 10.000 den Monopolfall beschreibt. Für die nachfolgende Untersuchung wurden jeweils die Umsatzanteile innerhalb eines 4-Steller-Wirtschaftszweigs nach der Wirtschaftszweigklassifikation 2008 verwendet, dem die Unternehmen nach dem Umsatzschwerpunktprinzip zugerechnet wurden. Im Rahmen einer Sonderauswertung für die Monopolkommission auf der Grundlage des Unternehmensregisters des Statistischen Bundesamtes wurden bei der Umsatzanteilsbestimmung alle Unternehmen eines Wirtschaftszweiges (im amtsstatistischen Sinne rechtlich selbstständiger Einheiten) zu Wirtschaftseinheiten zusammengefasst, wenn sie über mehrheitliche Kapitalbeteiligungen einem gemeinsamen Gruppenoberhaupt zugerechnet werden können und damit als Unternehmensgruppe gelten. Da derartige Unternehmensverflechtungen nicht im Rahmen einer Primärerhebung vom Statistischen Bundesamt erfasst werden, wurden diese Informationen von privaten Datenanbietern zugespielt.[138] Aus wettbewerblicher Sicht würde die Konzentration andernfalls stark unterschätzt.

3.4.2 Preisaufschläge

390. Zur Messung der tatsächlichen Wettbewerbsintensität auf Märkten werden bevorzugt Kennzahlen verwendet, die sich an ökonomischen Gewinnmargen orientieren. Ökonomische Gewinnmargen (μ) beschreiben die Spanne zwischen den Grenzkosten der Produktion eines Gutes (λ), d. h. den Kosten der letzten produzierten Einheit dieses Gutes, und dessen Preis (P):

$$\mu_{it} = \frac{P_{it}}{\lambda_{it}}.$$

Im Gegensatz zu ausgewiesenen Gewinnen werden im theoretischen Fall des perfekten Wettbewerbs keine ökonomischen Gewinne erwirtschaftet, weil die Produktpreise den Grenzkosten der Produktion entsprechen. Sobald ein Unternehmen jedoch über die Möglichkeit verfügt, seine Produktpreise über Grenzkosten- bzw. Wettbewerbsniveau anzuheben, erwirtschaftet es ökonomische Gewinne. Diesem Konzept folgend, sind ökonomische Gewinnaufschläge ein geeigneter Indikator zur Bestimmung von Marktmacht. Hierbei gilt es jedoch zu bedenken, dass auf realen Märkten in aller Regel kein idealtypischer Wettbewerb anzunehmen ist und jedem Anbieter, etwa durch Produktheterogenität, ein gewisses Maß an Marktmacht zukommt. Neben dem wesentlichen Validitätsvorteil bezüglich der Wettbewerbsmessung gewinnorientierter Kennzahlen haben diese insbesondere im Rahmen intersektoraler Untersuchungen den Vorteil, anbieterspezifisch berechnet werden zu können und dadurch keiner Marktabgrenzung zu bedürfen.

391. Die empirische Ermittlung ökonomischer Gewinnmargen einzelner Unternehmen ist jedoch nicht unproblematisch. Grund hierfür ist hauptsächlich die fehlende Verfügbarkeit von Informationen zu den Grenzkosten bzw. den ökonomischen Kosten der Produktion. Zusätzlich sind in länder- und sektorübergreifenden Unternehmensdatenbanken keine produktspezifischen Informationen verfügbar, da diese hauptsächlich Informationen aus dem externen Rechnungswesen erfassen. Eine Methode, die Marktmacht von Unternehmen auf der Grundlage von Bilanzdaten zu approximieren, wurde kürzlich von De Loecker sowie De Loecker und Warzynski vorgeschlagen und findet seither in der empirischen wirtschaftswissenschaftlichen Forschung regelmäßig Anwendung.[139] Neben der generellen Möglichkeit, Preisaufschläge

---

[138] Sturm, R./Tümmler, T./Opfermann, R., Unternehmensverflechtungen im statistischen Unternehmensregister, Wirtschaft und Statistik 8/2009, S. 764–773.

[139] De Loecker, J., Recovering markups from production data, International Journal of Industrial Organization, 29(3), 2011, S. 350–355; De Loecker, J./Warzynski, F., Markups and Firm-Level Export Status, American Economic Review, 102(6), 2012, S. 2437–2471.

auf Unternehmensebene aus Bilanzdaten zu approximieren, sind weitere Vorteile dieser Methode unter anderem, dass weder eine Zeitkonstanz dieser Preisaufschläge noch konstante Skalenerträge angenommen werden müssen, wie es bei anderen Methoden der Fall ist.[140] Die Monopolkommission verwendet diese Methode im Folgenden, um eine Einschätzung der Entwicklung der Marktmacht in Deutschland und Europa zu ermöglichen.

392. Ein Preisaufschlag (μ) im Sinne ökonomischer Gewinnmargen kann nach De Loecker und Warzynski durch das Verhältnis der Faktorpreiselastizität der Ausbringung für einen variablen Produktionsfaktor (θ_{it}^X) und des Umsatzanteils der Kosten dieses Produktionsfaktors bestimmt werden:

$$\mu_{it} = \theta_{it}^X \left(\frac{P_{it}^X X_{it}}{P_{it} Q_{it}}\right)^{-1}.$$

Die Faktorpreiselastizität der Ausbringung wird hierbei mittels ökonometrischer Schätzung einer Produktionsfunktion ermittelt.[141] Diese Methode basiert auf der Annahme, dass ein Anbieter unter hohem Wettbewerbsdruck seine Preise senken (erhöhen) wird, wenn die Kosten der jeweiligen variablen Produktionsfaktoren sinken (steigen). Betrachtet man lediglich einen Produktionsfaktor, so verändert sich der Preis proportional zum Anteil dieses Produktionsfaktors an den gesamten Produktionskosten, wenn perfekter Wettbewerb herrscht und die Preise den Grenzkosten entsprechen. In diesem Fall gäbe es keinen Preisaufschlag und μ hätte den Wert 1. Senkt ein Anbieter seine Preise gar nicht oder unterproportional zu einer Kostensenkung bezüglich des benötigten Produktionsfaktors, so werden Kostenvorteile nicht an die Kunden weitergegeben. In diesem Fall ist anzunehmen, dass ein Anbieter über eine gewisse Marktmacht verfügt, da er andernfalls auf einem idealtypischen Wettbewerbsmarkt nicht konkurrenzfähig wäre. In diesem Fall würde μ einen Wert über 1 annehmen.

393. Bei der zur Ermittlung von Preisaufschlägen verwendeten Datengrundlage handelt es sich um eine europäische Unterstichprobe der Unternehmensdatenbank Orbis des Datenanbieters Bureau van Dijk.[142] Die verwendeten Informationen zu Finanzkennzahlen werden durch nationale Vertragspartner des Datenanbieters aus Handelsbilanzen und Gewinn-und-Verlust-Rechnungen zusammengetragen und vor dem Hintergrund internationaler Vergleichbarkeit in einem standardisierten Format aufbereitet. Dies ermöglicht eine grenzübergreifende mikrodatenbasierte Untersuchung, die mit Daten nationaler statistischer Ämter nicht mit vergleichbarem Aufwand durchführbar ist. Die für die folgenden Auswertungen aufbereiteten Unternehmensdaten umfassen die Zeitspanne 2007 bis 2015 und ermöglichen so eine Betrachtung der Entwicklung der Marktmacht vor, nach und während der Krise. Wesentlicher Vorteil der aufbereiteten Datengrundlage ist weiterhin, dass nicht lediglich öffentlich gehandelte Unternehmen erfasst werden, sondern das gesamte Spektrum privater Unternehmen abgedeckt wird. Nichtsdestotrotz handelt es sich bei der Datenbasis weder um eine Vollerhebung, noch liegt ihr eine repräsentative Stichprobenziehung zugrunde, womit Rückschlüsse auf die gesamte Unternehmenspopulation nur eingeschränkt möglich sind.[143]

3.5 Ergebnisse: konstante Konzentration und steigende Preisaufschläge

3.5.1 Konstante Konzentration

394. Die durchschnittliche Umsatzkonzentration in deutschen Wirtschaftsbereichen war über den betrachteten Zeitraum 2007 bis 2015 weitgehend konstant. Abbildung II.26 zeigt die Entwicklung des ungewichteten Mittelwertes (arith-

---

[140] Vgl. hierzu zeitkonstante Schätzungen von Preisaufschlägen auf Wirtschaftszweigebene u. a. bei Christopoulou, R./Vermeulen, P., Markups in the Euro Area and the US over the Period 1981-2004, ECB Working Paper, Nr. 856, Januar 2008.

[141] Eine formale Herleitung von μ sowie eine detaillierte Beschreibung der Produktionsfunktionsschätzung finden sich in Abschnitt 3 des Anhangs.

[142] Eine ausführliche Beschreibung der Datenaufbereitung findet sich in Abschnitt 4 des Anhangs.

[143] Allerdings ergab eine Gegenüberstellung der in den Daten erfassten Umsätze, mit Umsatzschätzungen von Eurostat für das produzierende Gewerbe auf Länderebene im Rahmen des XXI. Hauptgutachtens der Monopolkommission, dass die Abdeckungsquote in immerhin 24 von 30 Ländern über 50 Prozent liegt, in 17 Ländern über 70 Prozent und in 12 Ländern über 80 Prozent (Monopolkommission, XXI. Hauptgutachten, a. a. O., B. Anhang Kapitel III).

metisches Mittel) der Ausprägungen des Herfindahl-Hirschman-Indexes (HHI) für alle 4-Steller-Wirtschaftszweige.[144] Der Wertebereich des HHI liegt hier zwischen 0 und 10.000, wobei 10.000 den Monopolfall beschreibt. Die durchschnittliche Konzentration bewegt sich deutlich unter einem HHI-Wert von 1.500. Der Median, also der Wert, über und unter welchem jeweils genau die Hälfte der Beobachtungen liegt, liegt in allen Jahren konstant unter einem Wert von 1.000. In der US-amerikanischen Kartellrechtspraxis gelten Märkte unter einem HHI-Wert von 1.500 als nicht konzentriert.[145] Im Rahmen der europäischen Fusionskontrolle gelten HHI-Werte zwischen 1.000 und 2.000 grundsätzlich als kartellrechtlich unbedenklich, wenn die Veränderung der Konzentration durch einen Zusammenschluss einen Wert von 250 nicht übersteigt oder der HHI über 2.000 liegt und die Veränderung durch den Zusammenschluss weniger als 150 beträgt.[146] Bei derartigen Schwellenwerten zur Interpretation der HHI-Werte kann es sich jedoch lediglich um eine grobe Orientierungshilfe handeln. Zudem ist erneut darauf hinzuweisen, dass die hier ausgewiesenen Werte auf einer Wirtschaftszweigklassifikation der amtlichen Statistik beruhen und daher von der Konzentration in ökonomisch definierten Märkten abweichen können und weder Exporte noch Importe berücksichtigt wurden. Grundsätzlich ist weiterhin anzumerken, dass die Berechnungen zur Unternehmenskonzentration des Statistischen Bundesamtes für die jeweiligen Erhebungsjahre durch methodische Änderungen nicht uneingeschränkt miteinander vergleichbar sind. Beispielsweise wurden Informationen zu Unternehmensgruppen für die Berichtsjahre 2007, 2009, 2011 und 2013 von einem anderen privaten Datenanbieter bezogen als Informationen für das Jahr 2015.

395. Während die ungewichtete mittlere Konzentration keine nennenswerten Veränderungen zeigt, weist die nach Umsatzanteilen gewichtete durchschnittliche Konzentration in den letzten Jahren einen sehr leichten Anstieg auf (Abbildung II.26). Eine Gewichtung des durchschnittlichen HHI nach den Umsatzanteilen der jeweiligen Wirtschaftsbereiche am Gesamtumsatz sorgt dafür, dass Wirtschaftsbereiche mit einem größeren gesamtwirtschaftlichen Gewicht auch stärker im Konzentrationsdurchschnitt berücksichtigt werden. Der geringe Anstieg des gewichteten HHI seit 2009 beruht auf dem relativen Umsatzanstieg stärker konzentrierter Wirtschaftsbereiche oder der Konzentrationszunahme in umsatzstarken Wirtschaftsbereichen. So zeigt Abbildung II.26, dass der Umsatzanteil der am stärksten konzentrierten 10 Prozent der Wirtschaftsbereiche von etwa 7 Prozent in 2009 auf fast 9 Prozent in 2015 angestiegen ist.

396. Auch an der Spitze der Konzentrationsverteilung, d. h., wenn lediglich die am höchsten konzentrierten Wirtschaftszweige betrachtet werden, ist kein ansteigender Trend zu beobachten. Im Gegenteil ist anstelle einer Konzentrationszunahme in ohnehin hoch konzentrierten Wirtschaftsbereichen ein leichter Rückgang der Konzentration zu beobachten. Während das 90. Perzentil sich über den Beobachtungszeitraum um einen Wert von 3.000 bewegt, sinkt das 95. Perzentil von etwa 4.500 in 2007 auf ungefähr 4.000 in 2015. Das 95. (90.) Perzentil beschreibt den HHI-Wert, über welchem die höchsten 5 (10) Prozent der Beobachtungen liegen. Nichtsdestotrotz deuten die HHI-Werte am oberen Rand der Verteilung auf eine hohe Konzentration in den jeweiligen Wirtschaftszweigen hin. Die US-amerikanischen Wettbewerbsbehörden gehen grundsätzlich bereits bei einem HHI von 2.500 in einem Markt von einem hoch konzentrierten Markt aus.[147] Allerdings liegen gleichfalls 75 Prozent der betrachteten Wirtschaftszweige unter einem HHI von 2.000 (75. Perzentil).

397. Insgesamt weist die Entwicklung der Konzentration in Deutschland keinen ansteigenden Trend auf, wie dies beispielsweise in den USA der Fall ist. Gleichfalls gibt es keine Anzeichen für eine überproportionale Konzentrationszunahme in ohnehin hoch konzentrierten Wirtschaftsbereichen. Auch scheint die Wirtschafts- und Finanzkrise nicht zu einer Zunahme der durchschnittlichen Konzentration geführt zu haben. Allerdings weisen immerhin 10 Prozent der untersuchten Wirtschaftszweige in 2015 HHI-Werte von über 3.000 auf, zudem ist eine Verschiebung von Umsatzanteilen in hoch konzentrierte Wirtschaftsbereiche oder eine stärkere Konzentration umsatzstarker Wirtschaftsbereiche zu beobachten. Rückschlüsse auf die tatsächlich vorherrschende Wettbewerbsintensität in den untersuchten Wirtschaftsbereichen sind indes nicht ohne Weiteres möglich. Neben methodischen Gründen ist dies darauf zurückzuführen, dass die Wettbe-

---

[144] Nach der Wirtschaftszweigklassifikation WZ 2008; vgl. hierzu auch Gliederungspunkt 3.4.1.

[145] DOJ/FTC, Horizontal Merger Guidelines, 19. August 2010.

[146] Leitlinien zur Bewertung horizontaler Zusammenschlüsse gemäß der Ratsverordnung über die Kontrolle von Unternehmenszusammenschlüssen (2004/C 31/03).

[147] DOJ/FTC, Horizontal Merger Guidelines, 19. August 2010.

werbsintensität auch in hoch konzentrierten Märkten hoch sein kann und Konzentrationskennzahlen in derartigen Fällen allenfalls ein wettbewerbliches Risikopotenzial beschreiben.[148]

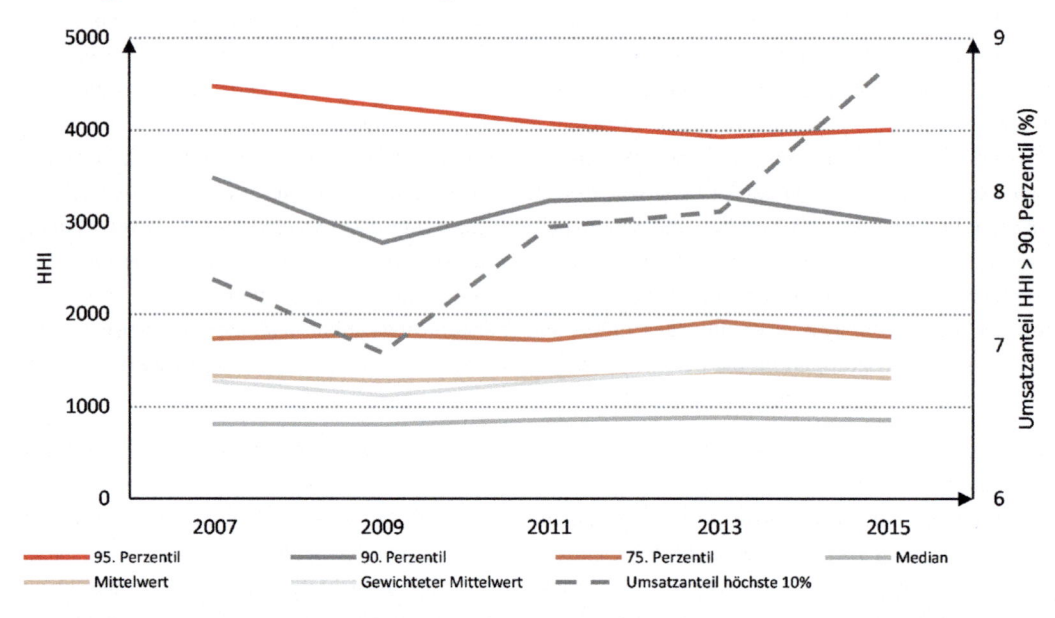

Abbildung II.26: Konzentrationsentwicklung in Deutschland

Anm.: Berechnungen auf der Grundlage von Herfindahl-Hirschman-Werten für 4-Steller-Wirtschaftszweige nach WZ 2008 unter Berücksichtigung von Unternehmensgruppen.

Quelle: eigene Berechnungen auf der Grundlage des amtlichen Unternehmensregisters des Statistischen Bundesamtes

3.5.2 Steigende Preisaufschläge

398. Im Gegensatz zur relativ konstanten Konzentrationsentwicklung steigt der durchschnittliche Preisaufschlag in Deutschland seit 2013 an. Der für jeweils einzelne Unternehmen berechnete Preisaufschlag ist ein Indikator für deren Marktmacht, indem er das Verhältnis von tatsächlichen Preisen zu Preisen unter idealen Wettbewerbsbedingungen approximiert.[149] Abbildung II.27 zeigt einen sehr deutlichen Anstieg sowohl des ungewichteten als auch des mit den Umsatzanteilen der Anbieter gewichteten durchschnittlichen Preisaufschlags in Deutschland im Nachgang zur Krise seit 2013 bzw. bereits 2012.[150] Der durchschnittliche Preisaufschlag liegt in Deutschland dabei im Jahr 2015 über dem vor der Krise im Jahr 2007 und deutet somit auf einen Anstieg der Marktmacht auch im Vergleich zum Vorkrisenniveau hin. Im Vergleich mit anderen EU-Mitgliedstaaten fällt der beobachtete Anstieg ebenfalls relativ stark aus (Abbildung II.27). Der ungewichtete Preisaufschlag zeigt für europäische Mitgliedstaaten ohne Deutschland einen nur sehr schwachen Anstieg in den letzten Jahren, und das Vorkrisenniveau wurde 2015 nicht erreicht.[151]

---

[148] Vgl. Gliederungspunkt 3.4.

[149] Vgl. Gliederungspunkt 3.4.2.

[150] Bei einer Interpretation der absoluten Werte der Preisaufschläge beschreibt hier ein Preisaufschlag von 1 den Fall, in welchem die Preise den Grenzkosten entsprechen und keine Preisaufschläge aufgrund von Marktmacht festzustellen sind. Ein Preisaufschlag von beispielsweise 2,5 beschreibt einen Preisaufschlag von 150 Prozent. Die hier ermittelten Preisaufschläge für Deutschland und Europa erscheinen sehr hoch, und die geschätzte absolute Höhe kann insbesondere durch das Fehlen von Preis- und Mengeninformationen methodisch bedingt verzerrt sein. Aus diesem Grund wird auf eine ausführliche Interpretation der absoluten Höhen verzichtet und der Fokus stattdessen auf die Veränderung der geschätzten Aufschläge über die Zeit gelegt (vgl. hierzu ausführlicher Anhang 3).

[151] Berücksichtigt wurden folgende EU-Mitgliedstaaten: Belgien, Bulgarien, Tschechien, Deutschland, Estland, Spanien, Finnland, Frankreich, Kroatien, Ungarn, Italien, Norwegen, Polen, Portugal, Rumänien, Schweden, Slowenien, Slowakei. Für eine vergleich-

399. Der Anstieg der durchschnittlichen Marktmacht in Deutschland zeigt sich ebenfalls, wenn lediglich Unternehmen in der Stichprobe berücksichtigt sind, für die für den gesamten Zeitraum des beobachteten Anstiegs (2012–2015) Werte zur Verfügung stehen (gestrichelte Linien in Abbildung II.27). In einer so balancierten Stichprobe sind demnach keine Anbieter berücksichtigt, die in dieser Zeit aus den jeweilgen Märkten ausgeschieden oder in diese neu eingetreten sind. Ein Vergleich der Ergebnisse auf Basis der unbalancierten und der balancierten Stichprobe ermöglicht Rückschlüsse darauf, ob der Anstieg der durchschnittlichen Preisaufschläge möglicherweise auf unternehmensdemografische Veränderungen zurückzuführen ist. Beispielsweise könnten Markteintritte innovativer Anbieter mit Wettbewerbsvorteilen die Ursache sein oder auch Marktaustritte nicht konkurrenzfähiger Anbieter – insbesondere im Rahmen zusätzlicher Belastungen durch die Wirtschafts- und Finanzkrise. Aber auch aus einer methodischen Perspektive ist die Analyse einer balancierten Stichprobe im vorliegenden Kontext geboten. Grund hierfür ist, dass die Finanzinformationen einzelner Unternehmen nicht zeitgleich, sondern mitunter mit großer zeitlicher Verzögerung vom Anbieter in die Datenbank eingepflegt werden. Hieraus ergibt sich ein Abfallen der Anzahl der Beobachtungen zum Ende der Zeitreihe hin („sample attrition"). Ist diese Verzögerung systematisch mit dem beobachteten Merkmal korreliert, führt sie zu einer Verzerrung der Ergebnisse. Um sicherzustellen, dass der Anstieg von Preisaufschlägen nicht allein auf eine datenadministrative Verzögerung zurückzuführen ist, kann eine balancierte Stichprobe mit konstanter Beobachtungsanzahl analysiert werden. Allerdings kann hier wiederum kein unternehmensdemografischer Effekt berücksichtigt werden. Die Entwicklung der Preisaufschläge in der balancierten Stichprobe in Abbildung II.27 zeigt einerseits, dass der beobachtete Anstieg robust gegenüber Veränderungen der Stichprobengröße ist, und andererseits, dass ein Anstieg der Preisaufschläge nicht allein durch unternehmensdemografische Entwicklungen verursacht wird, sondern sich auch bei Anbietern zeigt, die durchweg auf Märkten aktiv waren.

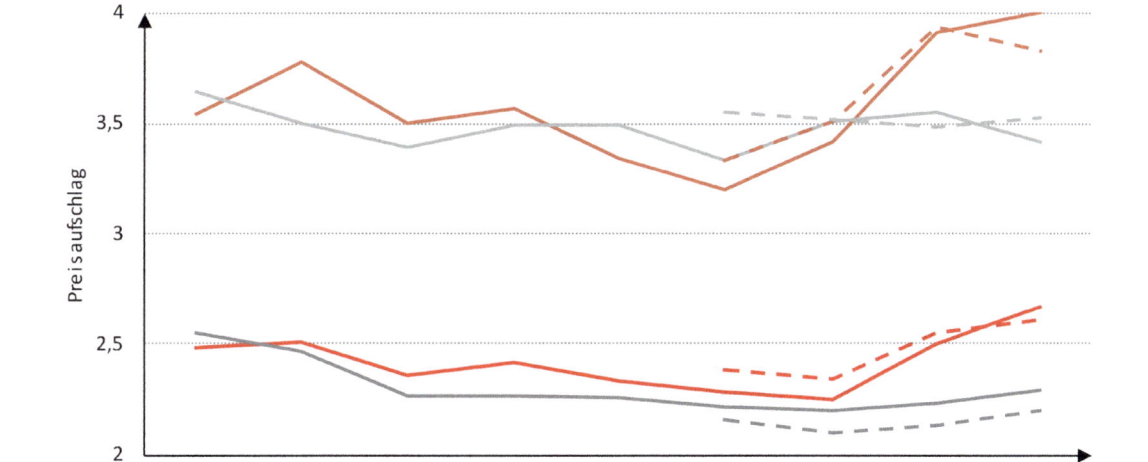

Abbildung II.27: Preisaufschläge in Deutschland und Europa

Anm.: Gestrichelte Linien bezeichnen Werte für balancierte Stichproben. Gewichtung nach Umsatzanteilen. Für die im europäischen Durchschnitt berücksichtigten Mitgliedstaaten vgl. Fn. 151.

Quelle: eigene Berechnungen auf der Grundlage der Orbis-Unternehmensdatenbank (Bureau van Dijk)

400. Die Analyse der Entwicklung von Preisaufschlägen entlang ihrer Verteilung zeigt einen überproportionalen Anstieg von Preisaufschlägen an der Verteilungsspitze, d. h. bei Unternehmen, die ohnehin hohe Preisaufschläge aufweisen (Abbildung II.28a und b). Je höher das betrachtete Perzentil, desto stärker fällt in den Jahren 2014 und 2015 der Anstieg aus. Ein Perzentil p mit einem Wert x gibt an, wie viel Prozent p der Beobachtungen der Stichprobe eine Ausprägung

bare Untersuchung von Preisaufschlägen in Europa siehe Weche, J./Wambach, A., The Fall and Rise of Market Power in Europe, ZEW Discussion Paper, Nr. 18-003, Januar 2018.

unterhalb eines Wertes x aufweisen. Dies ist ein Hinweis darauf, dass zuletzt ohnehin marktmächtige Unternehmen ihre Marktmacht weiter ausgebaut haben, und zwar in größerem Umfang, als dies Unternehmen mit relativ geringerer Marktmacht getan haben. Allerdings ist für alle betrachteten Perzentile ein absoluter Anstieg zu beobachten, sogar für den Median, den Wert, unter und über welchem genau 50 Prozent der Beobachtungen liegen. Damit unterscheidet sich das Bild für Deutschland deutlich von dem für die USA, wo ein – zudem deutlich stärkerer – Anstieg von Preisaufschlägen ausschließlich in der oberen Verteilungshälfte zu beobachten ist.[152] Die Veränderungen von Preisaufschlägen in anderen EU-Mitgliedstaaten verlaufen entlang ihrer Verteilung weitestgehend symmetrisch.

401. Bemerkenswert erscheint weiterhin, dass die Unternehmen mit den höchsten Preisaufschlägen ihren Umsatzschwerpunkt in den vergleichsweise hoch konzentrierten Wirtschaftszweigen haben. Abbildung II.29 zeigt die Entwicklung der durchschnittlichen Preisaufschläge nach Konzentration der Wirtschaftszweige. Dafür wurde die Menge der Wirtschaftszweige in vier gleich große Gruppen unterteilt, die jedoch nach der Höhe des HHI sortiert sind. Deutlich ist zu erkennen, dass Unternehmen, die ihren Umsatzschwerpunkt in der höchsten und zweithöchsten HHI-Gruppe haben, auch den höchsten und zweithöchsten durchschnittlichen Preisaufschlag aufweisen, und zwar über die gesamte Beobachtungsperiode hinweg. Der durchschnittliche Preisaufschlag in den unteren beiden HHI-Gruppen folgt dieser positiven Korrelation in den meisten Jahren, jedoch nicht in allen.

Abbildung II.28: Verteilung von Preisaufschlägen in Deutschland

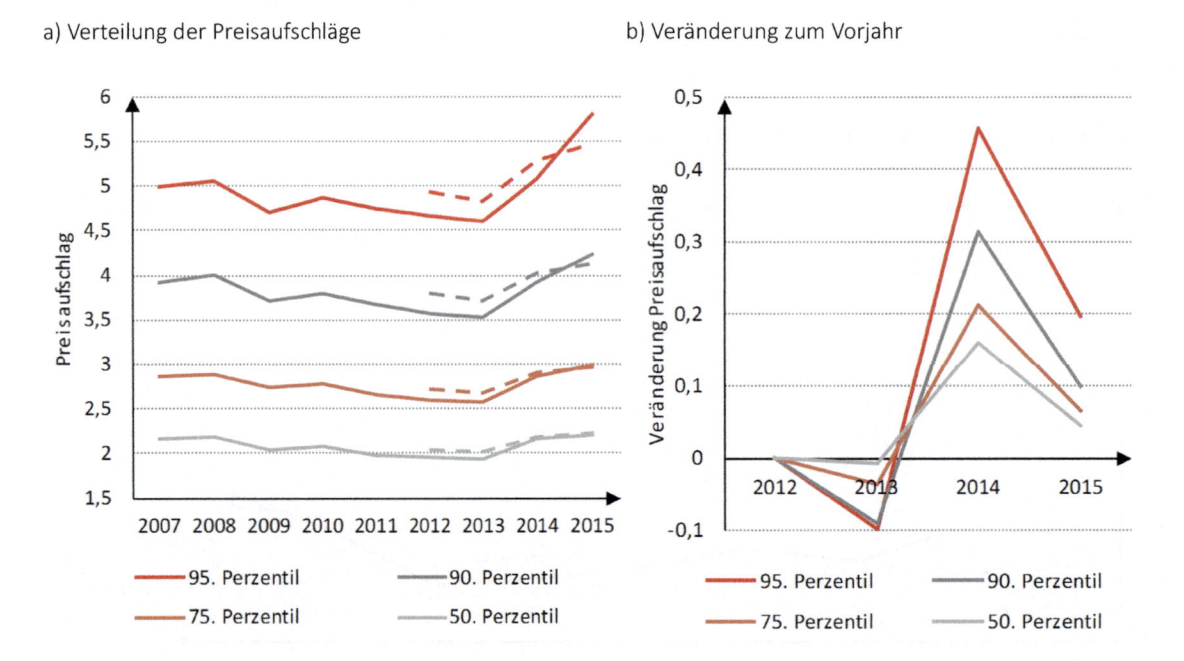

a) Verteilung der Preisaufschläge

b) Veränderung zum Vorjahr

Anm.: Gestrichelte Linien bezeichnen Werte für eine balancierte Stichprobe. In Abbildung b) sind alle Werte für eine balancierte Stichprobe.

Quelle: eigene Berechnungen auf der Grundlage der Orbis-Unternehmensdatenbank (Bureau van Dijk)

---

[152] De Loecker, J./Eeckhout, J., a. a. O.

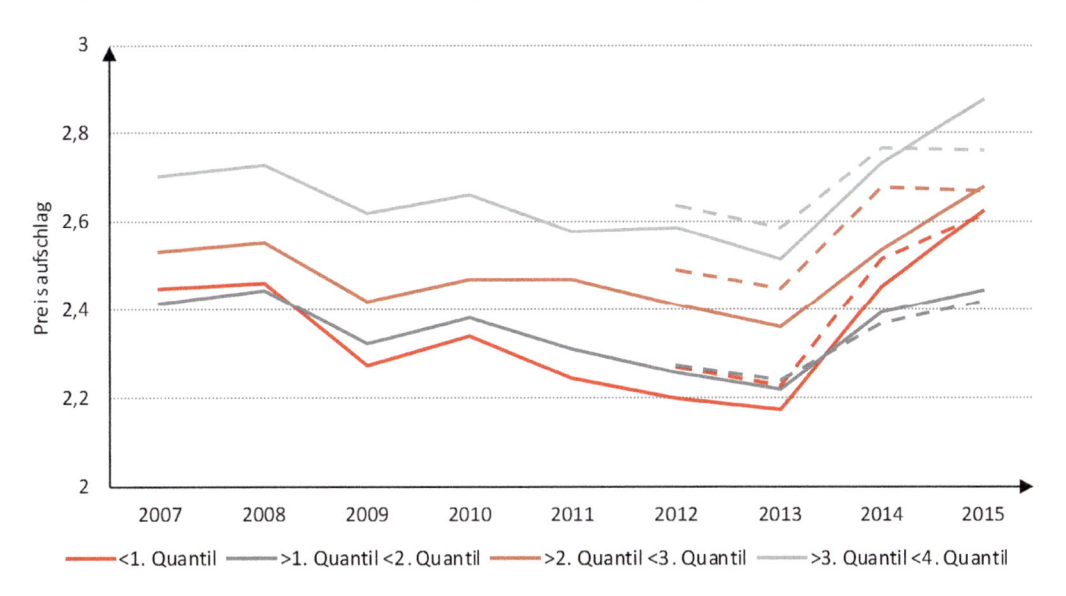

Abbildung II.29: Durchschnittliche Preisaufschläge nach HHI-Verteilung

Anm.: Gestrichelte Linien bezeichnen Werte für eine balancierte Stichprobe.

Quelle: eigene Berechnungen auf der Grundlage der Orbis-Unternehmensdatenbank (Bureau van Dijk)

3.5.3 Anstieg ausgewiesener Unternehmensgewinne

402. Parallel zum Anstieg der Preisaufschläge steigen in Deutschland auch die durchschnittlichen ausgewiesenen Unternehmensgewinne. Die in Abbildung II.30 betrachteten durchschnittlichen Gewinnmargen beziehen sich auf Umsatzrenditen, gemessen als das Verhältnis von Gewinnen vor Zinsen und Steuern (EBIT) zu den Umsätzen.[153] Der Anstieg der Gewinnmargen ist in Abbildung II.30 nicht nur für Deutschland, sondern ebenso im europäischen Durchschnitt zu erkennen. Darüber hinaus steigen die Gewinnmargen sowohl in den unbalancierten als auch in den balancierten Stichproben.

403. Steigende buchhalterische Gewinnmargen deuten darauf hin, dass steigende Preisaufschläge tatsächlich ein Indikator für steigende Marktmacht sein können. Grund hierfür ist, dass die berechneten Preisaufschläge auf der Faktorpreiselastizität der Ausbringung für variable Produktionsfaktoren beruhen.[154] Wenn also die Gewinne bezüglich eines variablen Produktionsfaktors steigen, könnten diese zur Deckung von Fixkosten benötigt werden und würden somit keine Gewinne über Wettbewerbsniveau bedeuten.[155] Wären jedoch steigende Fixkosten für den beobachteten Anstieg der Preisaufschläge verantwortlich, zum Beispiel im Rahmen eines technologischen Wandels, so blieben die ausgewiesenen Unternehmensgewinne – unter sonst gleichen Umständen – unverändert.

404. Ein Anstieg der ausgewiesenen Unternehmensgewinne zeigt sich in Deutschland nicht, wenn diese mit Umsatzanteilen der Unternehmen gewichtet werden. Dies könnte den stärkeren Anstieg der Preisaufschläge im gewichteten Durchschnitt (vgl. Abbildung II.30) mit den höheren Investitionskosten relativ umsatzstarker Anbieter erklären. Auch im europäischen Durchschnitt ist kein deutlicher Anstieg der gewichteten EBIT-Margen zu erkennen.

---

[153] Bleiben buchhalterische Abschreibungen bei der Ermittlung der Gewinnmarge unberücksichtigt (EBITDA), so ist auch bezüglich des gewichteten Durchschnitts ein Anstieg zu erkennen.

[154] Vgl. Gliederungspunkt 3.4.2.

[155] De Loecker, J./Eeckhout, J., a. a. O.

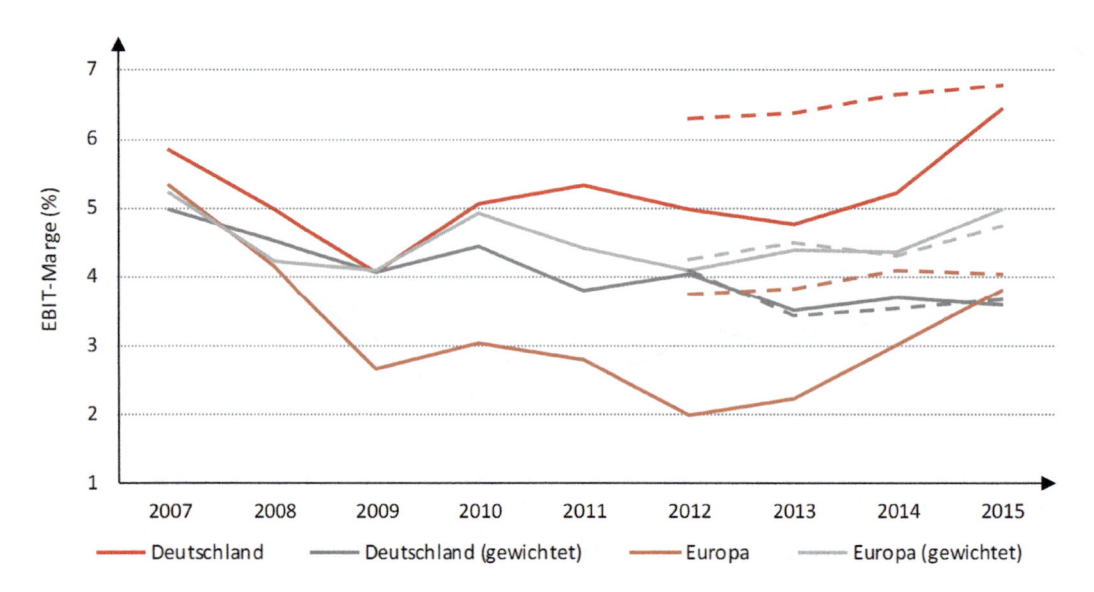

Abbildung II.30: Entwicklung der ausgewiesenen Unternehmensgewinne in Deutschland und Europa

Anm.: Gestrichelte Linien bezeichnen Werte für eine balancierte Stichprobe. Die EBIT-Marge beschreibt das Verhältnis buchhalterischer Gewinne vor Zinsen und Steuern zum Umsatz.

Quelle: eigene Berechnungen auf der Grundlage der Orbis-Unternehmensdatenbank (Bureau van Dijk)

3.5.4 Starke sektorspezifische Unterschiede

405. Die Betrachtung der Entwicklung von Umsatzkonzentration und Preisaufschlägen in einzelnen Wirtschaftsbereichen zeigt große Unterschiede. Bezüglich der Umsatzkonzentration zeigt sich im produzierenden Gewerbe ein ähnliches Bild wie im gesamtwirtschaftlichen Durchschnitt (Abbildung II.31a). Im Dienstleistungssektor jedoch ist bei konstantem ungewichtetem durchschnittlichem HHI ein leicht sinkender gewichteter durchschnittlicher HHI erkennbar (Abbildung II.32a). Dies liegt entweder an einer Verlagerung von Umsatzanteilen von hoch konzentrierten Bereichen hin zu weniger konzentrierten Bereichen oder an einer stärker steigenden Konzentration in umsatzschwächeren Bereichen. Veranschaulicht wird dieser Prozess durch das Sinken des Umsatzanteils der am höchsten konzentrierten 10 Prozent der Wirtschaftszweige von 17 Prozent in 2007 auf unter 11 Prozent in 2015. Im Dienstleistungssektor weisen sowohl das 95. Perzentil als auch das 90. Perzentil in 2015 ein niedrigeres Niveau als noch vor der Krise in 2007 auf. Im Handel stellt sich der gewichtete HHI-Durchschnitt über die Zeit konstant dar, und der ungewichtete Durchschnitt steigt leicht an (Abbildung II.33a). Anders als im produzierenden Gewerbe und im Dienstleistungssektor steigen im Handel jedoch die oberen Perzentile ab 2011 überproportional zum Median. Für die Sektoren Bau und Infrastruktur ist über die beobachtete Zeitspanne kein Konzentrationstrend erkennbar (Abbildung II.34a). Auffällig sind jedoch deutliche Ausschläge am oberen Ende der HHI-Verteilung sowie bezüglich des Umsatzanteils der konzentriertesten 10 Prozent der Wirtschaftszweige, die möglicherweise auf Auswirkungen der Krise und die damit einhergehenden Konjunkturförderprogramme zurückzuführen sind. Das Niveau der durchschnittlichen Konzentration (arithmetisches Mittel) liegt in fast allen Sektoren etwa zwischen 1.500 und 2.000. Im Handel bewegt sich die durchschnittliche Konzentration jedoch um einen Wert von 1.000. Die oberen HHI-Perzentile (Perzentil 90 und 95) liegen im Bau- und Infrastruktursektor 2015 mit über 4.000 bzw. 6.000 deutlich höher als in den anderen betrachteten Sektoren.

406. Bezüglich der Preisaufschläge ist im produzierenden Gewerbe ein Anstieg lediglich im gewichteten Durchschnitt, nach einem Tiefpunkt in 2012, erkennbar (Abbildung II.31b). Dies entspricht dem Ergebnis der Konzentrationsanalyse, dass sich im produzierenden Gewerbe entweder die Umsätze anteilsmäßig in höher konzentrierte Wirtschaftszweige verlagern oder sich umsatzstarke Wirtschaftszweige stärker konzentrieren. Im europäischen Durchschnitt lässt sich kein nennenswerter Anstieg der Preisaufschläge im produzierenden Gewerbe ausmachen. Im Dienstleistungssektor ist nach der Krise ein Anstieg insbesondere der ungewichteten Preisaufschläge in Deutschland ersichtlich, und das Niveau in

2015 übersteigt dasjenige vor der Krise in 2007 (Abbildung II.32b). Für andere europäische Länder ist kein vergleichbarer Anstieg im Nachgang zur Krise erkennbar, und das Niveau der Preisaufschläge liegt 2015 deutlich unter dem Niveau von 2007. Im Handel ist ebenfalls ein Anstieg der Preisaufschläge in Deutschland erkennbar, welcher sich im europäischen Vergleich nicht zeigt (Abbildung II.33b). Für den Bau- und Infrastruktursektor ist weder für Deutschland noch für Europa ein eindeutiger Entwicklungstrend bis 2015 erkennbar (Abbildung II.34b).

407. Zusammenfassend lässt sich festhalten, dass selbst zwischen sehr grob definierten Wirtschaftsbereichen enorme Unterschiede bezüglich des Stands und der Entwicklung sowohl von Konzentrationskennzahlen als auch von Preisaufschlägen zu beobachten sind. Eine pauschale Übertragung gesamtwirtschaftlicher Trends auf einzelne Wirtschaftsbereiche und Märkte ist daher nicht möglich. Ein grundsätzlicher Konzentrationstrend ist allerdings auch auf sektoraler Ebene nicht erkennbar. Aus wettbewerblicher Perspektive bemerkenswert sind allenfalls über die Zeit relativ konstant hohe HHI-Werte in manchen Wirtschaftszweigen, wie etwa im Bau- und Infrastruktursektor, und ein überproportionaler Anstieg der HHI-Werte in ohnehin hoch konzentrierten Wirtschaftszweigen im Handel. Hier könnten weitergehende Untersuchungen angebracht erscheinen. Dagegen scheint ein Anstieg der marktmachtbedingten Preisaufschläge wesentlich bedeutsamer.

3.6 Zusammenfassung und Schlussfolgerungen

408. Die Entwicklung der Konzentration in Deutschland weist keinen ansteigenden Trend auf, wie dies beispielsweise in den USA der Fall ist. Gleichfalls gibt es keine Anzeichen für eine überproportionale Konzentrationszunahme in ohnehin hoch konzentrierten Wirtschaftsbereichen. Auch scheint die Wirtschafts- und Finanzkrise nicht zu einer Zunahme der durchschnittlichen Konzentration geführt zu haben. Allerdings ist ein immer ausgeprägteres Zusammentreffen einer überdurchschnittlichen Konzentration und des gesamtwirtschaftlichen Gewichts im Sinne des Umsatzanteils von Wirtschaftszweigen zu beobachten. Dies liegt entweder daran, dass sich Umsatzanteile zu höher konzentrierten Wirtschaftszweigen verlagern oder dass sich umsatzstarke Wirtschaftszweige überdurchschnittlich konzentrieren. Rückschlüsse auf die tatsächlich vorherrschende Wettbewerbsintensität in den untersuchten Wirtschaftsbereichen sind indes nicht ohne Weiteres möglich. Neben methodischen Gründen ist dies darauf zurückzuführen, dass die Wettbewerbsintensität auch in hoch konzentrierten Märkten hoch sein kann und Konzentrationskennzahlen in derartigen Fällen allenfalls ein wettbewerbliches Risikopotenzial beschreiben.

409. Im Gegensatz zur relativ konstanten Konzentrationsentwicklung steigt der durchschnittliche Preisaufschlag in Deutschland seit 2013 und lag 2015 auf einem höheren Niveau als noch vor der Finanz- und Wirtschaftskrise in 2007. Dieser Anstieg ist nicht allein auf unternehmensdemografische Ursachen zurückzuführen. Weiterhin zeigt die Analyse der Entwicklung von Preisaufschlägen entlang ihrer Verteilung einen überproportionalen Anstieg an der Verteilungsspitze, d. h. bei Unternehmen mit ohnehin hohen Preisaufschlägen. Allerdings ist in der gesamten oberen Verteilungshälfte und sogar für den Median, den Wert, unter- und oberhalb dessen genau 50 Prozent der Beobachtungen liegen, ein absoluter Anstieg zu beobachten. Damit unterscheidet sich das Bild für Deutschland deutlich von dem für die USA, wo ein – zudem deutlich stärkerer – Anstieg von Preisaufschlägen ausschließlich in der oberen Verteilungshälfte zu beobachten ist.

410. Eine pauschale Übertragung dieser Ergebnisse auf einzelne Wirtschaftsbereiche ist jedoch nicht möglich, da die Betrachtung der Entwicklung von Umsatzkonzentration und Preisaufschlägen in einzelnen Sektoren große Unterschiede zeigt. Ein grundsätzlicher Konzentrationstrend ist allerdings auch auf sektoraler Ebene nicht erkennbar. Aus wettbewerblicher Perspektive bemerkenswert sind allenfalls über die Zeit relativ konstant hohe HHI-Werte in manchen Wirtschaftszweigen, wie etwa im Bau- und Infrastruktursektor, und ein überproportionaler Anstieg der HHI-Werte in ohnehin hoch konzentrierten Wirtschaftszweigen im Handel. Demgegenüber kann im Dienstleistungsbereich sogar ein leicht rückläufiger gewichteter HHI-Durchschnitt beobachtet werden. Der beobachtete Anstieg von Preisaufschlägen erscheint aus einer Wettbewerbsperspektive bedeutsamer als die Konzentrationsentwicklung: Mit Ausnahme der Bereiche Bau und Infrastruktur ist ein solcher Anstieg in Deutschland in allen untersuchten Sektoren zu verzeichnen. Dieser Trend hebt sich von einer relativ konstanten Entwicklung der Preisaufschläge im europäischen Durchschnitt ab.

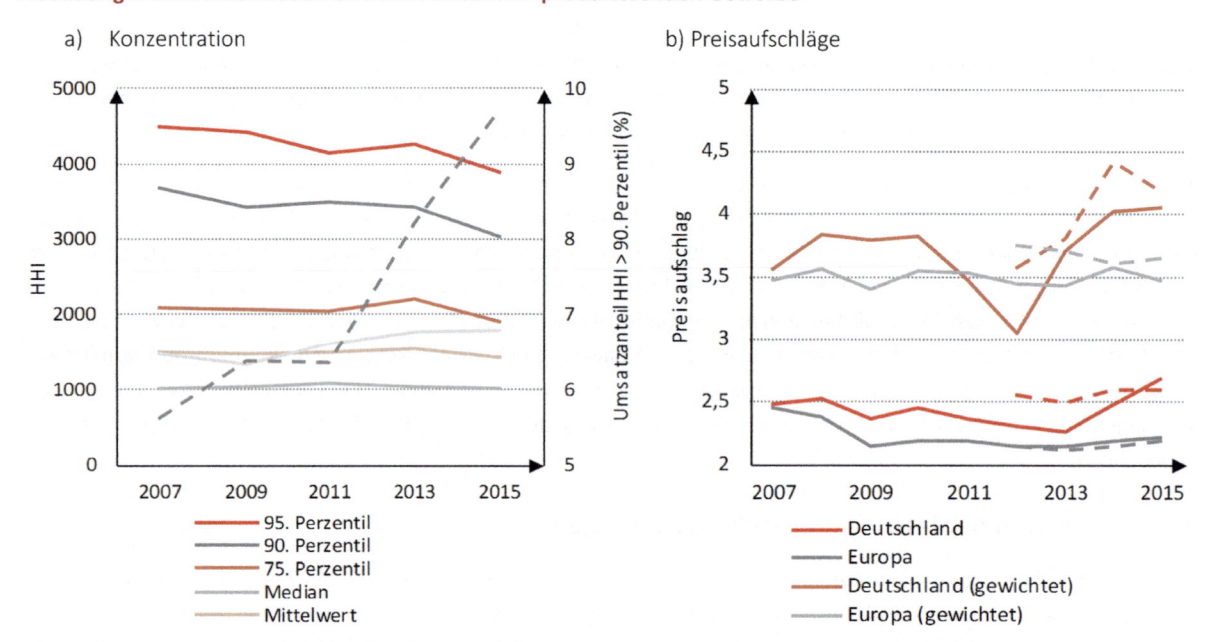

Abbildung II.31: Konzentration und Marktmacht im produzierenden Gewerbe

a) Konzentration

b) Preisaufschläge

Anm.: a) Berechnungen auf der Grundlage von Herfindhal-Hirschman-Werten für 4-Steller-Wirtschaftszweige nach WZ 2008 unter Berücksichtigung von Unternehmensgruppen. b) Gestrichelte Linien bezeichnen Werte für eine balancierte Stichprobe. Gewichtung nach Umsatzanteilen.

Quelle: eigene Berechnungen auf der Grundlage a) des amtlichen Unternehmensregisters des Statistischen Bundesamtes, b) der Orbis-Unternehmensdatenbank (Bureau van Dijk)

Abbildung II.32: Konzentration und Marktmacht im Dienstleistungssektor

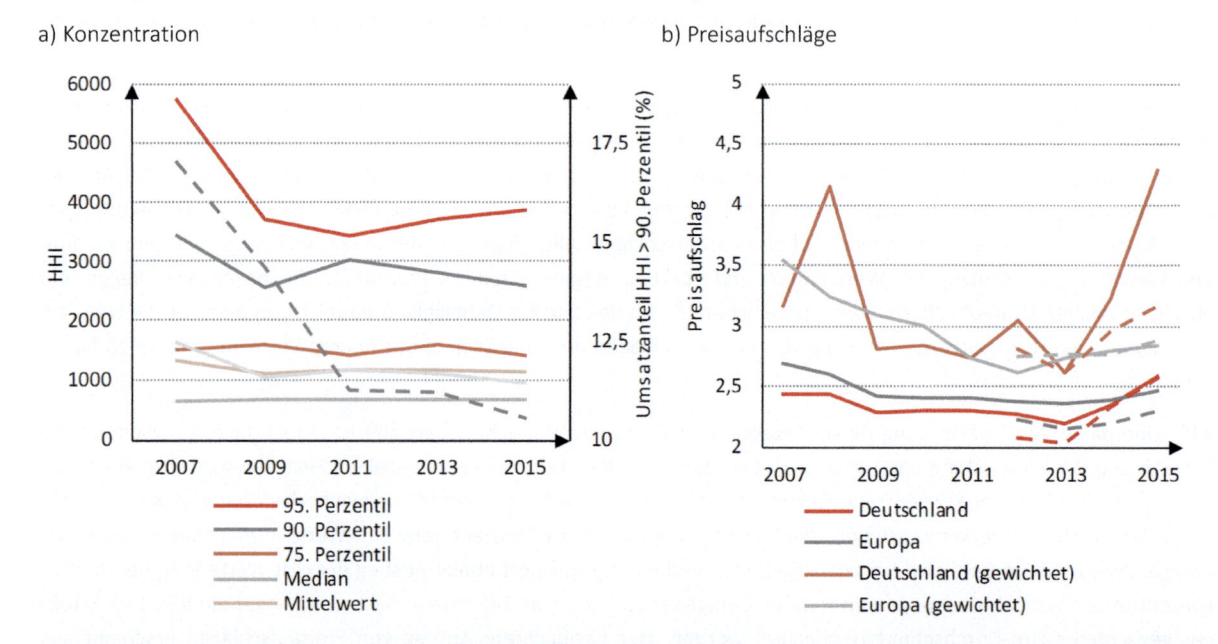

a) Konzentration

b) Preisaufschläge

Anm.: a) Berechnungen auf der Grundlage von Herfindhal-Hirschman-Werten für 4-Steller-Wirtschaftszweige nach WZ 2008 unter Berücksichtigung von Unternehmensgruppen. b) Gestrichelte Linien bezeichnen Werte für eine balancierte Stichprobe. Gewichtung nach Umsatzanteilen

Quelle: eigene Berechnungen auf der Grundlage a) des amtlichen Unternehmensregisters des Statistischen Bundesamtes, b) der Orbis-Unternehmensdatenbank (Bureau van Dijk)

Abbildung II.33: Konzentration und Marktmacht im Handel

a) Konzentration

b) Preisaufschläge

Anm.: a) Berechnungen auf der Grundlage von Herfindhal-Hirschman-Werten für 4-Steller-Wirtschaftszweige nach WZ 2008 unter Berücksichtigung von Unternehmensgruppen. b) Gestrichelte Linien bezeichnen Werte für eine balancierte Stichprobe. Gewichtung nach Umsatzanteilen

Quelle: eigene Berechnungen auf der Grundlage a) des amtlichen Unternehmensregisters des Statistischen Bundesamtes, b) der Orbis-Unternehmensdatenbank (Bureau van Dijk)

Abbildung II.34: Konzentration und Marktmacht im Baugewerbe und Infrastrukturbereich

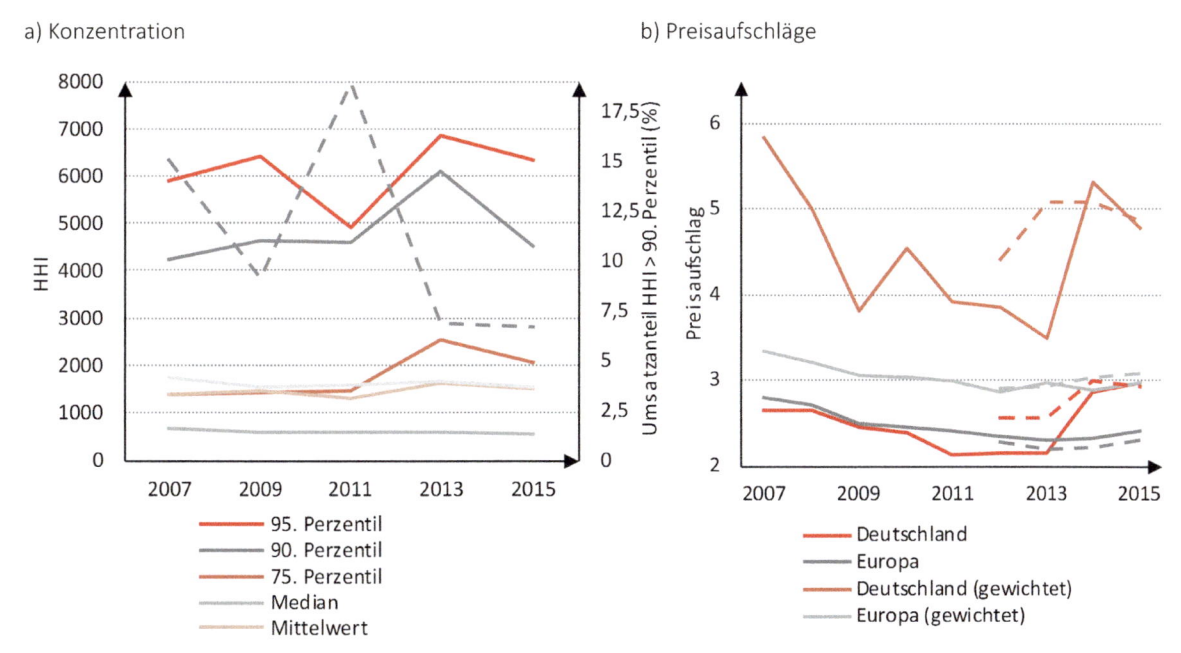

a) Konzentration

b) Preisaufschläge

Anm.: a) Berechnungen auf der Grundlage von Herfindhal-Hirschman-Werten für 4-Steller-Wirtschaftszweige nach WZ 2008 unter Berücksichtigung von Unternehmensgruppen. b) Gestrichelte Linien bezeichnen Werte für eine balancierte Stichprobe. Gewichtung nach Umsatzanteilen

Quelle: eigene Berechnungen auf der Grundlage a) des amtlichen Unternehmensregisters des Statistischen Bundesamtes, b) der Orbis-Unternehmensdatenbank (Bureau van Dijk)

411. Die Monopolkommission sieht demnach Anzeichen für eine durchschnittlich steigende Marktmacht in Deutschland. Diese Entwicklung erscheint jedoch weit weniger dramatisch als in den USA und beschreibt zumindest teilweise eine Wiederherstellung des Vorkrisenniveaus. Allerdings führt die Diskussion um die makroökonomische Bedeutung der Wettbewerbsintensität einmal mehr die grundlegende Bedeutung eines intakten Wettbewerbs für das Funktionieren einer marktwirtschaftlichen Wirtschaftsordnung vor Augen. Dabei darf jedoch nicht außer Acht gelassen werden, dass Marktmacht nicht grundsätzlich zu verurteilen ist und sowohl Investitionsmöglichkeiten schaffen kann als auch Anreize für innovatives Verhalten der Unternehmen bietet.

412. Über die Ursachen einer durchschnittlich gestiegenen Marktmacht lässt sich derzeit wenig sagen. Von besonderem Interesse aus der wettbewerbsökonomischen Perspektive ist, ob und inwiefern ein Vollzugsdefizit der Kartellbehörden für einen Marktmachtanstieg verantwortlich sein kann. Ein Blick auf die absolute Anzahl europäischer Fusionsfälle im Beobachtungszeitraum zwischen 2007 und 2015 legt hier keine eindeutigen Schlüsse nahe (vgl. Abbildung A.1): Die weit überwiegende Anzahl von Zusammenschlüssen wurde im Bereich des produzierenden Gewerbes genehmigt, welches jedoch weder den ausgeprägtesten Marktmachtanstieg noch einen grundsätzlichen Konzentrationstrend aufweist. Gerade das Auseinanderfallen der Entwicklung dieser beiden Marktmachtindikatoren, Konzentration und Preisaufschläge, legt nahe, im Rahmen von Zusammenschlusskontrollverfahren verstärkt die Höhe von Preisaufschlägen zu berücksichtigen, um wettbewerbsbeeinträchtigende Effekte nicht zu unterschätzen. Eine Debatte über die verstärkte Berücksichtigung von Preisaufschlägen in der Fusionskontrolle wird bereits geführt.[156] Diese Debatte wird von der Monopolkommission begrüßt.

---

[156] Padilla, J., Should Profit Margins Play a More Decisive Role in Horizontal Merger Control?, Journal of European Competition Law and Practice, 2018, S. 260–266; Valletti, T./Zenger, H., Should Profit Margins Play a More Decisive Role in Horizontal Merger Control? – A Rejoinder to Jorge Padilla, Journal of European Competition Law and Practice, 2018, S. 1–7.

4 Unternehmensverflechtungen über indirekte Minderheitsbeteiligungen

4.1 Einleitung

413. Im nachfolgenden Abschnitt untersucht die Monopolkommission die wettbewerbliche Bedeutung institutioneller Investoren. Sie knüpft damit an die Ausführungen im XXI. Hauptgutachten zu diesem Thema an. International wird in diesem Zusammenhang diskutiert, dass Unternehmensverflechtungen über institutionelle Investoren wettbewerbsmindernde Effekte haben könnten. Grund hierfür ist, dass indirekte Unternehmensverflechtungen innerhalb eines Marktes über gemeinsame Anteilseigner möglicherweise die Wettbewerbsintensität zwischen den Wettbewerbern beeinträchtigen könnten, indem sie ein koordiniertes Verhalten vereinfachen könnten oder einzelne Wettbewerber einseitig auf intensiven Wettbewerb verzichten könnten. Die Schadenstheorien zu indirekten Horizontalverflechtungen werden indes bereits international von Kartellbehörden, wie etwa der Europäischen Kommission, im Rahmen von Fusionskontrollentscheidungen berücksichtigt, und die OECD führte kürzlich eine Anhörung zum Thema durch.[157] Dabei darf nicht vergessen werden, dass indirekte Verflechtungen von Wettbewerbern über Beteiligungen branchenfremder Anteilseigner zunächst lediglich ein Marktstrukturphänomen darstellen, welches nicht notwendigerweise negative Auswirkungen auf das Wettbewerbsgeschehen hat. Ebenso wie hoch konzentrierte Märkte mit wenigen Anbietern von intensivem Wettbewerb geprägt sein können, können Anbieter eines Marktes mit denselben Anteilseignern in intensivem Wettbewerb miteinander stehen. Darüber hinaus liegen bislang keine abschließenden Beweise für tatsächlich auftretende Wettbewerbsbeeinträchtigungen vor. Eine wichtige Frage bei der Beurteilung des Problempotenzials indirekter Horizontalverflechtungen ist jene nach Einflussmöglichkeiten von institutionellen Investoren, die in der Regel Beteiligungen von deutlich weniger als 10 Prozent halten, gegenüber ihren Portfoliounternehmen und wie sie diese einsetzen.

414. Auslöser der von Wissenschaftlern und Praktikern geführten Debatte waren empirische Studien aus den USA, die erstmals empirische Hinweise auf einen möglichen Zusammenhang zwischen dem Verflechtungsgrad durch institutionelle Investoren und antikompetitiven Effekten finden. Die beiden viel beachteten Forschungsarbeiten haben weitere empirische Studien in diesem noch jungen Forschungsgebiet angestoßen. Eine weitere Folge ist eine andauernde und kontrovers geführte Debatte darüber, ob es (wettbewerbs-)rechtlicher oder regulatorischer Maßnahmen bedarf, um Verflechtungsgrade zu limitieren und potenzielle damit verbundene Wettbewerbsrisiken zu reduzieren. Im Rahmen dieser Diskussion sind eine Reihe unterschiedlicher Konzepte vorgeschlagen worden, die sich stark hinsichtlich des mit ihnen verfolgten Ansatzes und ihrer Reichweite unterscheiden.

415. Der folgende Gliederungspunkt 4.2 zeigt den Stand des Verflechtungsgrades durch Minderheitsbeteiligungen institutioneller Investoren in Deutschland und Europa anhand einiger Beispiele. Gliederungspunkt 4.3 befasst sich mit den Kanälen, über die institutionelle Investoren potenziell Einfluss auf ihre Portfoliounternehmen ausüben können. Dort werden ferner praktische und rechtliche Hürden erörtert, die sich beschränkend auf die Einflussmöglichkeiten auswirken. Die Schadenstheorien zu potenziell wettbewerbsschädlichen Effekten aufgrund einseitiger Verhaltensweisen (unilateraler Effekte) und koordinierter Effekte werden in Gliederungspunkt 4.5 ausführlich thematisiert. Gliederungspunkt 4.6 beschreibt einige einfache Kennzahlen und Indikatoren, die den Verflechtungsgrad zwischen Unternehmen oder innerhalb eines Marktes aufgrund gemeinsamer Anteilseigner beziffern. Außerdem werden theoretisch fundierte Indikatoren vorgestellt, die Konzentrationseffekte aufgrund von Verflechtungen durch institutionelle Investoren quantifizieren und unter gewissen Annahmen Aussagen über wettbewerbsmindernde Effekte zulassen. Empirische Studien zu (potenziell antikompetitiven) Effekten von indirekten Horizontalverflechtungen werden in Gliederungspunkt 4.7 dargestellt. Anschließend werden in Gliederungspunkt 4.8 unterschiedliche Konzepte diskutiert, die als Maßnahmen gegen einen zu hohen Verflechtungsgrad bzw. die damit verbundenen theoretisch möglichen Wettbewerbsrisiken vorgeschlagen wurden. Die Monopolkommission schließt die Analyse mit einer zusammenfassenden Bewertung in Gliederungspunkt 4.9.

---

[157] Vgl. hierzu Tz. 457 und Gliederungspunkt 4.8.2 sowie OECD, www.oecd.org/competition/common-ownership-and-its-impact-on-competition.htm, Abruf am 12. Juni 2018.

4.2 Institutionelle Anleger und indirekte Horizontalverflechtungen

416. Institutionelle Investoren sind spezialisierte Finanzinstitutionen, die Kapital von einer Vielzahl von Anlegern[158] in deren Auftrag gebündelt anlegen und dabei das Ziel der Renditemaximierung bei vertretbarem Risiko verfolgen. Als institutionelle Investoren gelten unter anderem Versicherungen, Vermögensverwalter sowie Investment- und Pensionsfonds, aber auch Banken und Staatsfonds. Unter institutionellen Investoren kann demnach eine Vielzahl von Finanzinstitutionen verstanden werden, die sich hinsichtlich ihrer Geschäftsmodelle, ihrer Strategien und ihrer Arbeitsweise, wie beispielsweise ihrer Vorgehensweise bei der Ausübung von Stimmrechten im Zusammenhang mit Portfoliounternehmen, unterscheiden können.[159] Bei (den Teilen von) institutionellen Investoren, die auf Aktieninvestitionen spezialisiert sind, unterscheidet man zwischen aktiven und passiven Anlagestrategien. Aktive Anleger können unter anderem zwischen Wert- (Value), Wachstums- (Growth) und Kombinationsstrategien (z. B. „GARP", i. e. Growth at a Reasonable Price) wählen. Passive Investoren trachten die Wertentwicklung von Indizes oder Indexgruppen z. B. mithilfe von ETFs (Exchange Traded Funds) zu replizieren. Im Kontext des DAX, des bedeutendsten deutschen Aktienindexes, stellt der von institutionellen Investoren 2017 gehaltene Anteil 61,8 Prozent des Streubesitzes dar, während auf Privatinvestoren 17,2 Prozent und strategische Investoren 18,4 Prozent entfielen. Strategische Investoren sind Ankerinvestoren wie Familien(unternehmen), Stiftungen und strategische Beteiligungen der Bundesrepublik Deutschland. Unterscheidet man zwischen aktiven und passiven institutionellen Investoren, liegt ein Verhältnis von ungefähr 75 zu 25 Prozent vor; dies entspricht in der Regel der Verteilung in anderen europäischen Leitindizes.[160]

417. Im Allgemeinen trifft bei aktiv verwalteten Portfolios ein Manager (Anlageverwalter), in den meisten Institutionen mit Unterstützung einer Gruppe von Experten, die Entscheidungen über die Zusammensetzung des Portfolios und versucht dabei, eine möglichst hohe Rendite zu erzielen. Dabei ist die Anlagestrategie in der Regel darauf ausgerichtet, eine bessere Rendite als ein Vergleichsindex zu erzielen. Bei passiven Anlagestrategien wird ein Index, wie beispielsweise der DAX 30, nachgebildet, wodurch zwar die Verwaltungskosten wesentlich niedriger ausfallen, jedoch lediglich die Renditeperformance des jeweiligen Indexes angestrebt wird.[161] Passiv verwaltete Anlagemöglichkeiten haben über die vergangenen Jahre einen bemerkenswerten Kapitalzuwachs erfahren. Im Jahr 2003 betrug z. B. das gesamte im Rahmen passiv verwalteter börsengehandelter Indexfonds (ETF) angelegte Vermögen weltweit etwa noch USD 204 Mrd., im Jahr 2016 bereits USD 3.422 Mrd.[162] Insgesamt ist das von institutionellen Investoren weltweit verwaltete Vermögen in den letzten Jahrzehnten ebenfalls stark angestiegen. Allein in Deutschland stieg das verwaltete Vermögen der deutschen Investmentbranche nach Angaben des Deutschen Fondsverbands von EUR 129 Mrd. im Jahr 1990 auf EUR 2.400 Mrd. im Jahr 2016.[163] Weltweit stieg das verwaltete Vermögen von USD 37 Bio. im Jahr 2004 auf USD 85 Bio. im Jahr 2016, und bis zum Jahr 2025 wird ein weiterer Anstieg auf bis zu USD 145 Bio. prognostiziert.[164]

418. Abbildung II.35 zeigt die größten in der Vermögensverwaltung tätigen Unternehmen nach weltweit verwaltetem Vermögen im Jahr 2016. An erster Stelle steht der Vermögensverwalter BlackRock, mit deutlichem Abstand gefolgt von Vanguard und State Street. Abbildung II.36 zeigt die 20 größten Investorengruppen in DAX-Unternehmen. Auch hier

---

[158] Als Anleger (gleichbedeutend: Vermögensinhaber, Kunden) werden in diesem Kapitel die in Fondsprodukten anlegenden (End-)Anleger bezeichnet (im Gegensatz zu institutionellen Investoren, auch Vermögensverwaltern); vgl. Art. 4 Abs. 1 lit. ag und lit. aj RL 2011/61/EU i. V. m. Anhang II der Richtlinie 2004/39/EG; Art. 4 Abs. 1 Nr. 9–11 RL 2014/65/EU); so auch im deutschen Recht § 1 Abs. 19 Nr. 31–33 KAGB.

[159] Çelik, S./Isaksson, M., Institutional Investors as Owners: Who Are They and What Do They Do?, OECD Corporate Governance Working Papers, No. 11, OECD Publishing, S. 21.

[160] DIRK/Ipreo, Investoren der Deutschland AG 5.0. Die Aktionärsstruktur des deutschen Leitindex DAX 30, Juni 2018.

[161] Zur Unterscheidung aktiver und passiver Anlagestrategien siehe auch Davies, E.P./Steil, B., Institutional Investors, MIT Press, 2001, S. 58 ff.

[162] Deutsche Bank, ETF Annual Review & Outlook, 31. Januar 2017.

[163] BVI, Jahrbuch 2017, S. 58. Angaben ohne geschlossene Fonds und freie Mandate.

[164] PWC, Asset & Wealth Management Revolution: Embracing Exponential Change, 2017. Zu den Gründen für dieses Wachstum des Investitionsvolumens in den vergangenen Jahrzehnten zählen eine generelle Institutionalisierung der Finanzverwaltung, eine zunehmende Deregulierung, die Privatisierung der Altersvorsorge, ein allgemein gestiegener Wohlstand und aktuell die Niedrigzinspolitik der Zentralbanken. Vgl. hierzu auch Davies, E. P./Steil, B., Institutional Investors, MIT Press, 2001.

stellt die BlackRock-Unternehmensgruppe mit deutlichem Abstand den anteilsmäßig größten institutionellen Investor dar. Insgesamt ist die BlackRock-Unternehmensgruppe mit mehr als USD 62 Mrd. (2017: USD 72,2 Mrd.) in DAX-Unternehmen investiert. Damit ist die BlackRock-Gruppe der bedeutendste Investor in DAX-Unternehmen; sie hält 10,7 Prozent des identifizierten institutionellen Streubesitzes und 6,6 Prozent des gesamten Streubesitzes im DAX. Im Durchschnitt ist die BlackRock-Gruppe mit 5,2 Prozent des Grundkapitals an jedem DAX-Unternehmen beteiligt. Sie ist in Höhe von 80 Prozent mit passiven Mandaten im DAX investiert. Norges Bank, die norwegische Zentralbank und der nach allgemeiner Einschätzung größte Staatsfonds der Welt, stellt den größten Einzelinvestor dar.[165]

Abbildung II.35: Größte im Asset-Management tätige Unternehmen

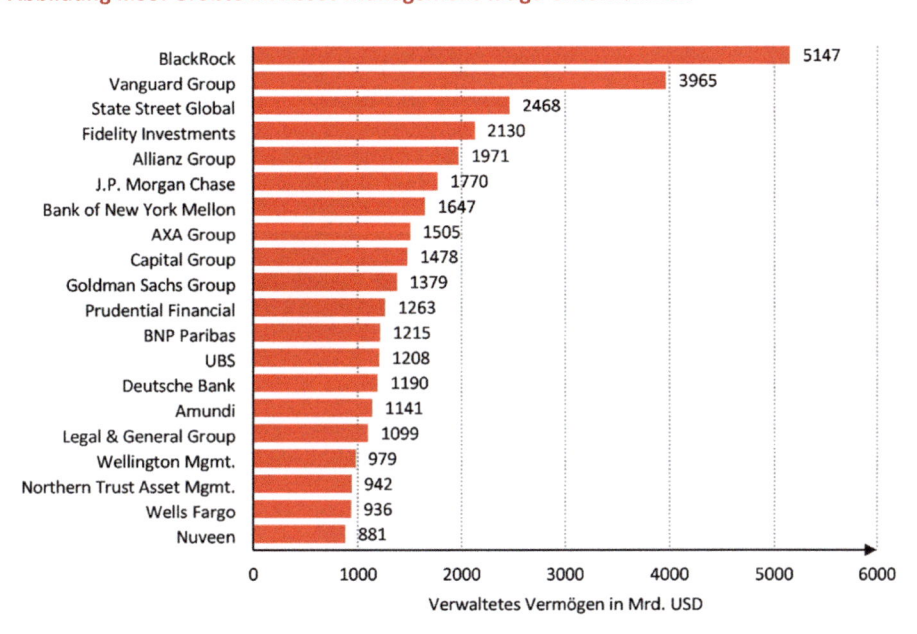

Unternehmen	Verwaltetes Vermögen in Mrd. USD
BlackRock	5147
Vanguard Group	3965
State Street Global	2468
Fidelity Investments	2130
Allianz Group	1971
J.P. Morgan Chase	1770
Bank of New York Mellon	1647
AXA Group	1505
Capital Group	1478
Goldman Sachs Group	1379
Prudential Financial	1263
BNP Paribas	1215
UBS	1208
Deutsche Bank	1190
Amundi	1141
Legal & General Group	1099
Wellington Mgmt.	979
Northern Trust Asset Mgmt.	942
Wells Fargo	936
Nuveen	881

Anm.: Angegeben ist das verwaltete Gesamtvermögen weltweit. Stand Dezember 2016.

Quelle: Willis Towers Watson

419. Zur Risikominimierung verfolgen aktive institutionelle Investoren vielfach Diversifizierungsstrategien. D. h., dass viele institutionelle Anleger ihr Investitionsvolumen streuen und z. B. vorzugsweise Beteiligungen von geringer Höhe an mehreren Unternehmen einer Branche halten statt lediglich an einem Unternehmen dieser Branche, damit die Beteiligungsrendite nicht ausschließlich vom unternehmerischen Erfolg dieses einen Unternehmens abhängt. Durch die Diversifizierung von Unternehmensbeteiligungen im Rahmen der Anlagestrategien sind institutionelle Anleger oft an mehreren Unternehmen einer Branche mit relativ geringen Anteilshöhen gleichzeitig beteiligt. Damit besteht zwischen den Portfoliounternehmen eine indirekte Verbindung über die Minderheitsbeteiligungen ihrer gemeinsamen Eigentümer.[166] Von einer indirekten Horizontalverflechtung über Minderheitsbeteiligungen wird im Folgenden dann gesprochen, wenn ein Anteilseigner Beteiligungen an mehreren Unternehmen hält, die in einem (horizontalen) Wettbewerbsverhältnis zueinander stehen. Eine derartige Eigentümerkonstellation wird im Englischen „common ownership" genannt (vgl. hierzu Abbildung II.37). Damit sind indirekte Unternehmensverflechtungen von einseitigen oder wechselseitigen direkten Unternehmensbeteiligungen abzugrenzen (vgl. Abbildung II.37). Inwiefern die wettbewerblichen Auswirkungen direkter und indirekter Minderheitsbeteiligungen zwischen Wettbewerbern miteinander vergleichbar sind, wird nachfolgend diskutiert.

---

[165] DIRK/Ipreo, a. a. O., Juni 2018.

[166] Unter Minderheitsbeteiligungen werden allgemein Beteiligungen verstanden, bei denen Anteilseigner über weniger als die Hälfte der gesamten Unternehmensanteile verfügen. Beteiligungen institutioneller Investoren übersteigen jedoch in der Regel einen Anteil von 10 Prozent der gesamten Unternehmensanteile eines Portfoliounternehmens nicht.

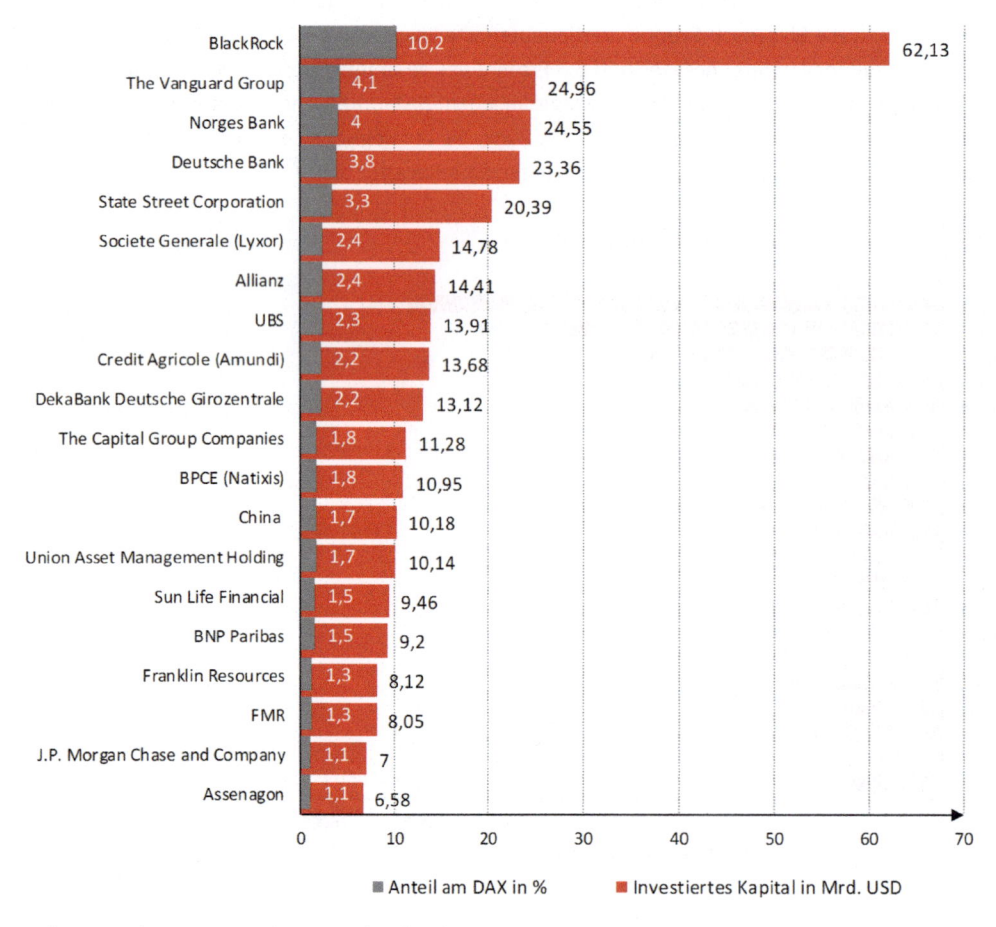

Abbildung II.36: Größte 20 Investorengruppen im DAX (Dezember 2016)

Investor	Anteil am DAX in %	Investiertes Kapital in Mrd. USD
BlackRock	10,2	62,13
The Vanguard Group	4,1	24,96
Norges Bank	4	24,55
Deutsche Bank	3,8	23,36
State Street Corporation	3,3	20,39
Societe Generale (Lyxor)	2,4	14,78
Allianz	2,4	14,41
UBS	2,3	13,91
Credit Agricole (Amundi)	2,2	13,68
DekaBank Deutsche Girozentrale	2,2	13,12
The Capital Group Companies	1,8	11,28
BPCE (Natixis)	1,8	10,95
China	1,7	10,18
Union Asset Management Holding	1,7	10,14
Sun Life Financial	1,5	9,46
BNP Paribas	1,5	9,2
Franklin Resources	1,3	8,12
FMR	1,3	8,05
J.P. Morgan Chase and Company	1,1	7
Assenagon	1,1	6,58

Quelle: Deutscher Investor Relations Verband und Ipreo

420. Indirekte Horizontalverflechtungen sind kein seltenes Phänomen, sondern in Deutschland und Europa häufig zu beobachten.[167] Um einen Eindruck vom Verbreitungsgrad indirekter Horizontalverflechtungen zu erhalten, hat die Monopolkommission erneut eine eigene empirische Analyse auf der Grundlage der Unternehmensdatenbank Orbis des Anbieters Bureau van Dijk durchgeführt.[168] Es wurden Unternehmen identifiziert, an denen die größten institutionellen Investoren Kapitalbeteiligungen halten, unabhängig von der jeweiligen Höhe. Berücksichtigt wurden die nach verwaltetem Vermögen weltweit größten in der Vermögensverwaltung tätigen Unternehmen sowie zusätzlich die größten Anleger im DAX.[169] Die Ergebnisse zeigen, dass große institutionelle Investoren in vielen Wirtschaftsbereichen in Deutschland und in Europa an mehreren Unternehmen gleichzeitig beteiligt sind.[170] Auch ein Blick auf einzelne Märkte zeigt, dass

---

[167] Monopolkommission, XXI. Hauptgutachten, Wettbewerb 2016, Baden-Baden 2016.

[168] Für eine Beschreibung dieser Datenbank siehe Gliederungspunkt 4 im Anhang zu Kapitel II.

[169] Vgl. Abbildung II.35 und Abbildung II.36. Für eine jeweilige Beteiligung wurden sowohl direkte Beteiligungen von Muttergesellschaften berücksichtigt als auch solche, die über mehrheitlich kontrollierte Tochtergesellschaften bestehen. Eine Auswertung nach Wirtschaftsbereichen ermöglicht somit Informationen darüber, an wie vielen Unternehmen in einem Wirtschaftsbereich ein jeweiliger Investor beteiligt ist. Dabei ist zu berücksichtigen, dass es sich bei der verwendeten Wirtschaftszweigklassifikation nicht um ökonomisch abgegrenzte Märkte handelt (vgl. hierzu Gliederungspunkt 3.4.1). Um trotz Zuordnung der Unternehmen zu den einzelnen Wirtschaftsbereichen nach deren Umsatzschwerpunkt eine möglichst adäquate Zuordnung von Portfoliounternehmen zu den einzelnen Wirtschaftsbereichen zu erreichen, wurden Unternehmen auf der niedrigsten verfügbaren Konsolidierungsstufe berücksichtigt.

[170] Detaillierte Ergebnisse finden sich in Tabelle A.17 und Tabelle A.18 im Anhang zu diesem Kapitel. Es ist zu berücksichtigen, dass die Verbreitung indirekter Horizontalverflechtungen in der hier durchgeführten Analyse tendenziell unterschätzt wird, da zum

indirekte Horizontalverflechtungen sehr ausgeprägt auftreten können. Z. B. sind an den fünf umsatzstärksten Mineralölkonzernen mit einem Tankstellennetz in Deutschland Investoren beteiligt, die gleichzeitig an allen anderen untersuchten Anbietern Anteile halten. Die Größenordnung der gehaltenen Anteile ist dabei keineswegs gering; so werden an allen fünf Anbietern mindestens etwa 20 Prozent der Anteile von Anteilseignern gehalten, die an allen anderen Anbietern ebenfalls beteiligt sind. Bei zwei der Anbieter liegt dieser Anteil sogar bei etwa 45 Prozent (siehe Abbildung II.38 und Tabelle II.11). Ein ähnliches Bild zeigt sich bei einer Untersuchung der großen europäischen Telekommunikationsanbieter. Hier sind bei sechs Anbietern institutionelle Investoren zu deutlich über 10 Prozent beteiligt, die gleichzeitig an allen anderen untersuchten Anbietern Anteile halten. Berücksichtigt man den Anteil diversifizierter Anteilseigner, die an mindestens fünf der sechs untersuchten Anbieter beteiligt sind, liegt der Anteil bei etwa 25 Prozent (siehe Abbildung II.39 und Tabelle II.12).

Abbildung II.37: Arten von Minderheitsbeteiligungen

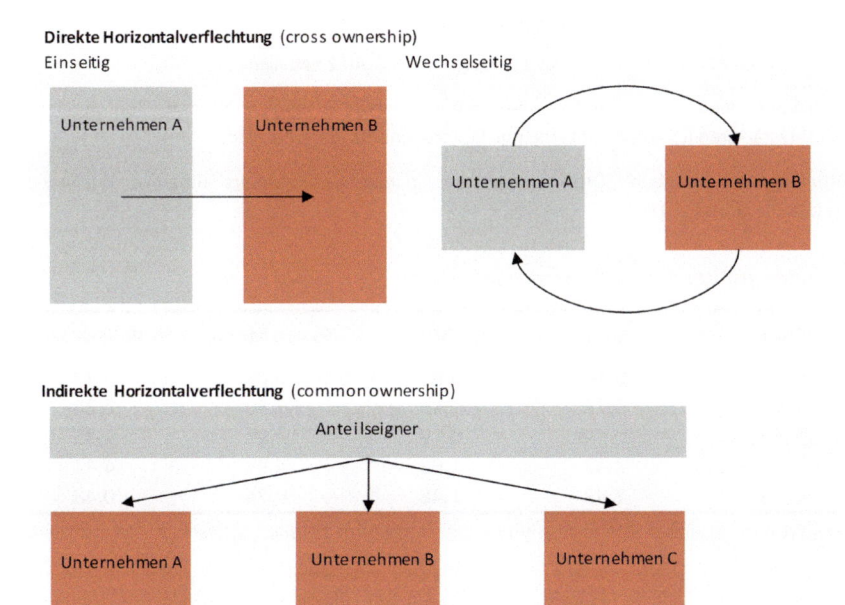

Quelle: eigene Darstellung in Anlehnung an OECD

421. In anderen Branchen, wie etwa der chemischen Industrie und der Automobilproduktion, zeigt sich ein anderes Bild: Trotz indirekter Horizontalverflechtungen spielen hier – insbesondere in Deutschland – Eigentümer eine wichtige Rolle, die lediglich an einem Anbieter beteiligt sind. Bei einer Betrachtung der Eigentümerstrukturen der umsatzstärksten Chemieunternehmen in privater Hand zeigt sich beispielsweise, dass zwar der Anteil an den meisten Anbietern, der von diversifizierten Anteilseignern gehalten wird, hoch sein kann, jedoch auch ein Unternehmen existiert – Henkel –, welches sich mehrheitlich in Familienbesitz befindet (siehe Abbildung II.40 und Tabelle II.13). Ein weiteres Beispiel für die Bedeutung nicht diversifizierter Anteilseigner in Deutschland ist die Automobilindustrie, in welcher zwar ebenfalls diversifizierte Anteilseigner eine Rolle spielen, aber die indirekte Horizontalverflechtung wesentlich geringer ausfällt als in anderen Branchen. Im Automobilbereich halten Kernaktionäre (Familienunternehmen) bei Volkswagen AG und BMW AG große Anteile; sie werden nur zu einem geringen Anteil von diversifizierten Anteilseignern gehalten (siehe Abbildung II.41 und Tabelle II.14).

---

einen die verfügbaren Informationen zu Anteilseignern der Unternehmen teilweise unvollständig sind und zum anderen, weil lediglich die größten Investoren berücksichtigt wurden.

Indirekte Horizontalverflechtungen der größten Mineralölkonzerne

Abbildung II.38: Unternehmensanteile diversifizierter Investoren an Mineralölkonzernen

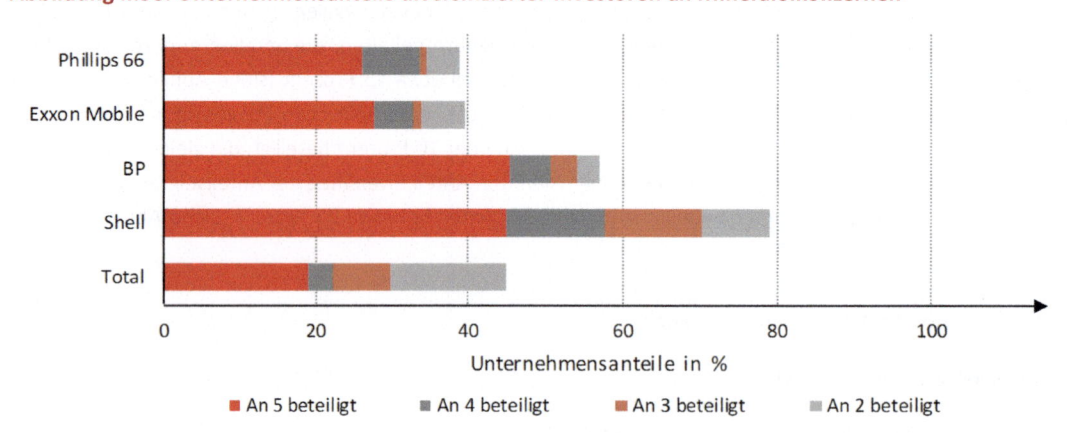

Lesehilfe: 26,09 Prozent der Anteile von Phillips 66 werden von Investoren gehalten, die Anteile an insgesamt fünf der fünf untersuchten Unternehmen halten. Auswahl der umsatzstärksten Mineralölkonzerne mit Tankstellennetz in Deutschland.

Quelle: eigene Berechnungen auf der Grundlage der Datenbank „Orbis Europe All Companies" des Anbieters Bureau van Dijk und der Datenbank Nasdaq Institutional Holdings (Stand: Januar 2018)

Tabelle II.11: Gemeinsame Investoren der größten Mineralölkonzerne

Investor	Total	Shell	BP	Exxon Mobile	Phillips 66
BlackRock	3,74	6,18	5,82	6,07	5,42
Vanguard	2,04	2,72	1,49	7,40	6,28
Bank of New York Mellon	0,45	15,93	0,16	1,25	1,35
State Street	0,86	3,47	1,63	4,93	4,41
Capital Group	2,13	7,43	1,48	0,74	0,48

Anm.: gehaltene Unternehmensanteile in Prozent. In dieser Darstellung sind lediglich die fünf beteiligungsstärksten diversifizierten Investoren berücksichtigt.

Quelle: eigene Berechnungen auf der Grundlage der Datenbank „Orbis Europe All Companies" des Anbieters Bureau van Dijk und der Datenbank Nasdaq Institutional Holdings (Stand: Januar 2018).

4.3 Einflussmöglichkeiten institutioneller Investoren

4.4 Einführung

422. Für institutionelle Investoren ist eine gute Performance essenziell; mit einer vergleichsweise guten Performance kann der Kundenbestand (Endanleger) nachhaltig stabil gehalten, können neue Kunden angeworben und somit das Fondsvolumen (Anlagekapital) vergrößert werden. Steigt der Gesamtwert des Portfolios, so steigt unmittelbar auch der Ertrag eines Vermögensverwalters. Institutionelle Investoren profitieren von einer guten Performance ihrer Portfoliounternehmen, auch wenn sie lediglich als Vermögensverwalter auftreten und die Unternehmensanteile treuhänderisch im Namen ihrer Kunden halten. Beispielsweise gehört der Anlageertrag eines Kundenportfolios dem jeweiligen Kunden, doch verlangen Vermögensverwalter für ihre Dienstleistung in aller Regel eine Gebühr, die unter anderem auf dem Gesamtwert des jeweiligen Kundenportfolios basiert. Somit haben institutionelle Anleger, die im Namen ihrer Kunden Unternehmensbeteiligungen halten, ebenso wie deren Kunden ein Interesse an einer guten Performance ihrer Portfoliounternehmen. Zudem sind treuhänderisch agierende Anleger gesetzlich verpflichtet, die Interessen ihrer Kunden wahrzunehmen.[171]

Indirekte Horizontalverflechtungen der größten Telekommunikationsunternehmen

Abbildung II.39: Unternehmensanteile diversifizierter Investoren an Telekommunikationsunternehmen

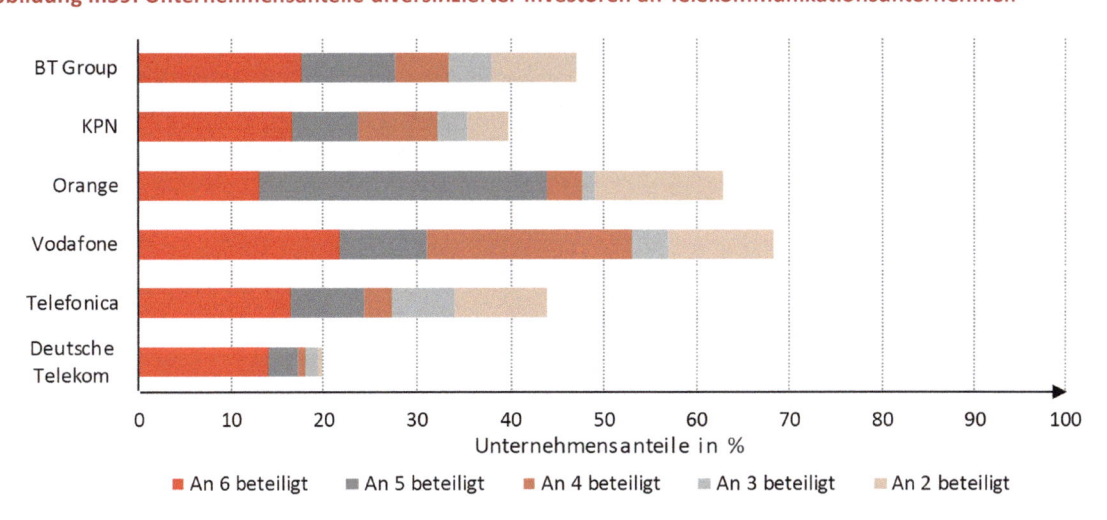

[Balkendiagramm: Unternehmensanteile in % nach Beteiligungsanzahl (An 6, An 5, An 4, An 3, An 2 beteiligt) für BT Group, KPN, Orange, Vodafone, Telefonica, Deutsche Telekom]

Lesehilfe: 17,71 Prozent der Anteile der BT Group werden von Investoren gehalten, die Anteile an insgesamt sechs der sechs untersuchten Unternehmen halten. Auswahl der umsatzstärksten europäischen Unternehmen sowie von KPN aufgrund der Verflechtungen mit Telefónica Deutschland.

Quelle: eigene Berechnungen auf der Grundlage der Datenbank „Orbis Europe All Companies" des Anbieters Bureau van Dijk (Stand: Januar 2018)

Tabelle II.12: Gemeinsame Investoren der größten Telekommunikationsunternehmen

Investor	Deutsche Telekom	Telefónica	Vodafone	Orange	KPN	BT Group
BlackRock	3,29	4,87	6,08	2,54	4,75	5,11
Vanguard	1,69	1,02	2,94	1,80	1,82	2,50
Norwegen	1,58	1,43	2,32	1,88	2,72	1,61
State Street	1,23	0,98	2,72	0,61	0,36	2,04
Invesco	0,75	0,55	1,23	1,23	0,37	3,13
Capital Group	0,27	3,07	2,93	-	3,01	2,00

Anm.: gehaltene Unternehmensanteile in Prozent. In dieser Darstellung sind lediglich die sechs beteiligungsstärksten diversifizierten Investoren berücksichtigt.

Quelle: eigene Berechnungen auf der Grundlage der Datenbank „Orbis Europe All Companies" des Anbieters Bureau van Dijk (Stand: Januar 2018)

423. Zu dieser Interessenwahrnehmung gehört die Ausübung von Eigentumsrechten im Zusammenhang mit Aktienanteilen. Während viele Anleger die ihnen zustehenden Stimmrechte persönlich ausüben, werden Stimmrechte im Fall institutionell verwalteter Vermögen überwiegend auf die institutionellen Investoren (Vermögensverwalter) übertragen. Nach aktuellen Einschätzungen stimmen über 86 Prozent der Topinvestoren in DAX-Unternehmen bei Hauptversammlungen ab; zusätzlich geben 9 Prozent dieser Investorengruppe an, „wahrscheinlich abzustimmen". Dabei erfolgt bei über 70 Prozent die Entscheidungsfindung auf Basis der Analyse unternehmensinterner Spezialisten in Kombination mit Ana-

---

[171] Siehe im deutschen Recht v. a. §§ 92 Abs. 1 Satz 1, 93 KAGB. Die Anleger sind danach wirtschaftliche (§ 92 Abs. 1 Satz 1 Alt. 1 KAGB) oder rechtliche (§ 92 Abs. 1 Satz 1 Alt. 2 KAGB) Miteigentümer des Sondervermögens, das den Fonds bildet. Wenn das Sondervermögen aus Aktien besteht, werden sie deshalb auch als (wirtschaftliche) Aktionäre angesehen.

lysen externer, auf Stimmrechtsabgabeprozesse spezialisierter Unternehmen (Proxy Advisors). Um die 20 Prozent der verbleibenden Topinvestoren kommen ausschließlich hausintern zu ihren Entscheidungen, und etwa 7,4 Prozent haben die Stimmrechtsfindung auf die oben genannten Stimmrechtsberater ausgelagert. Teilweise nehmen die bei institutionellen Investoren investierten Anleger ihre Stimmrechte aber auch selbst wahr oder bestellen sonstige Vertreter.[172] Festzuhalten ist, dass kapitalmäßige Beteiligungen institutioneller Investoren an börsennotierten Portfoliounternehmen in der Regel einen Anteil von 10 Prozent deutlich unterschreiten. Zu bedenken ist insbesondere, dass neben den hier betrachteten institutionellen Investoren andere Anleger mit unter Umständen höheren Anteilsbeständen an den Portfoliounternehmen beteiligt sind, die mit ihrer Beteiligung strategische Ziele (d. h. nicht nur Anlageziele) verfolgen, die kurz- oder langfristig orientiert sein können, oder bei denen es sich um Banken handelt, die Stimmrechte im Rahmen ihrer Depotverwaltung ausüben und deren Einflusspotenzial von außen schwer abschätzbar ist.

Indirekte Horizontalverflechtungen der größten Chemieunternehmen

Abbildung II.40: Unternehmensanteile diversifizierter Investoren an Chemieunternehmen

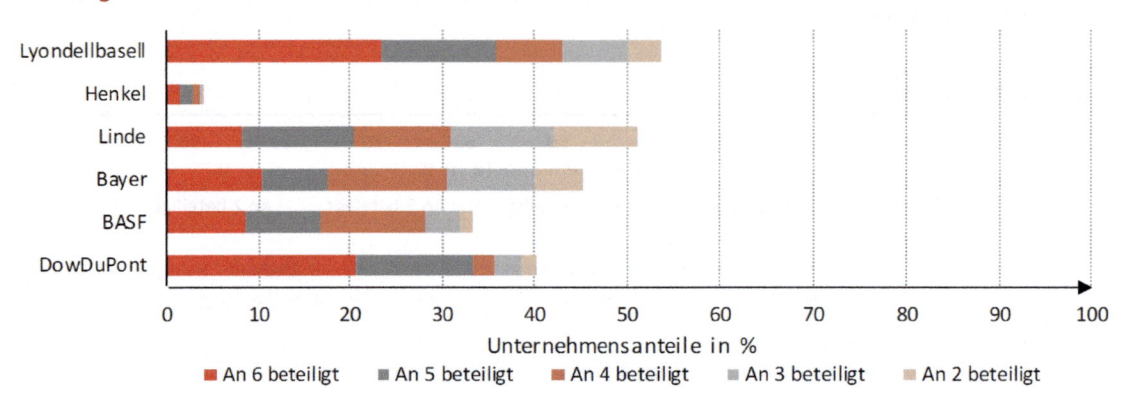

Lesehilfe: 23,52 Prozent der Anteile von LyondellBasell werden von Investoren gehalten, die Anteile an insgesamt sechs der sechs untersuchten Unternehmen halten. Auswahl der umsatzstärksten Unternehmen in privater Hand.

Quelle: eigene Berechnungen auf der Grundlage der Datenbank „Orbis Europe All Companies" des Anbieters Bureau van Dijk und der Datenbank Nasdaq Institutional Holdings (Stand: Januar 2018)

Tabelle II.13: Gemeinsame Investoren der größten Chemieunternehmen

Investor	DowDuPont	BASF	Bayer	Linde	Henkel	LyondellBasell
BlackRock	6,63	4,22	5,12	3,65	0,55	5,64
Vanguard	7,27	2,52	2,53	2,51	0,66	6,23
Fidelity	2,47	0,37	1,10	1,00	0,12	7,85
State Street	4,27	1,44	1,55	1,00	0,11	3,80
Capital Group	6,44	0,91	1,17	2,99	–	5,43
Norwegen	–	3,02	2,12	5,16	1,23	0,89

Anm.: gehaltene Unternehmensanteile in Prozent. In dieser Darstellung sind lediglich die sechs beteiligungsstärksten diversifizierten Investoren berücksichtigt.

Quelle: eigene Berechnungen auf der Grundlage der Datenbank „Orbis Europe All Companies" des Anbieters Bureau van Dijk und der Datenbank Nasdaq Institutional Holdings (Stand: Januar 2018)

---

[172] DIRK/Ipreo, a. a. O., Juni 2018.

Indirekte Horizontalverflechtungen der größten Automobilkonzerne

Abbildung II.41: Unternehmensanteile diversifizierter Investoren an Automobilkonzernen

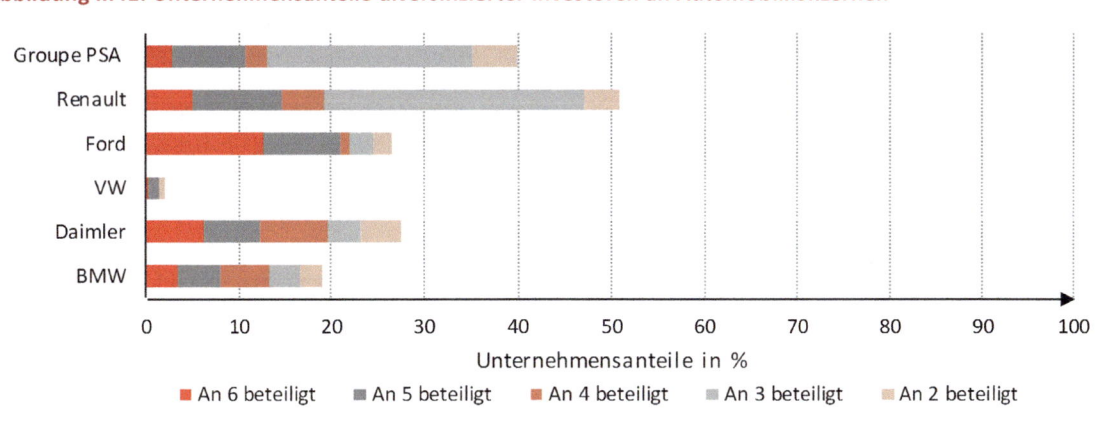

Lesehilfe: 2,92 Prozent der Anteile der Groupe PSA werden von Investoren gehalten, die Anteile an insgesamt sechs der sechs untersuchten Unternehmen halten. Auswahl der umsatzstärksten Unternehmen in Europa.

Quelle: eigene Berechnungen auf der Grundlage der Datenbank „Orbis Europe All Companies" des Anbieters Bureau van Dijk und der Datenbank Nasdaq Institutional Holdings (Stand: Januar 2018)

Tabelle II.14: Gemeinsame Investoren der größten Automobilkonzerne

Investor	BMW	Daimler	VW	Ford	Renault	Groupe PSA
BlackRock	2,19	3,95	0,15	5,83	3,51	1,67
Vanguard	1,26	2,27	0,14	6,87	1,44	1,25
Capital Group	0,26	0,35	-	0,61	4,93	4,78
Norwegen	2,63	2,52	1,12	-	2,69	0,64
State Street	0,69	1,35	-	4,01	0,29	0,26
Dimensional Fund Advisors	0,39	0,64	-	1,02	0,66	0,71

Anm.: gehaltene Unternehmensanteile in Prozent. In dieser Darstellung sind lediglich die sechs beteiligungsstärksten diversifizierten Investoren berücksichtigt.

Quelle: eigene Berechnungen auf der Grundlage der Datenbank „Orbis Europe All Companies" des Anbieters Bureau van Dijk und der Datenbank Nasdaq Institutional Holdings (Stand: Januar 2018)

424. Auch außerhalb der Hauptversammlungen ist eine regelmäßige Berichterstattung großer börsennotierter Unternehmen (Portfoliounternehmen) an den Kapitalmärkten seit einigen Jahrzehnten Standard. Im Rahmen der regelmäßig stattfindenden Finanzberichterstattung, aber auch anlassbezogen (etwa im Rahmen von Konferenzen) finden sog. Roadshows statt, in deren Rahmen Einzeltermine mit professionellen, in der Regel großen institutionellen Investoren oder auch Gruppentermine mit institutionellen Investoren stattfinden. Dabei unterliegt die Informationsweitergabe strengen Regeln, die sicherstellen sollen, dass kein einzelner Investor oder keine Gruppe von Investoren Informationen erhält, die nicht bereits öffentlich zugänglich sind.

425. Unter Umständen bestehen Möglichkeiten, dass institutionelle Investoren Einfluss nehmen auf Entscheidungsprozesse der Unternehmensführung börsennotierter Unternehmen. Dies prinzipiell auch in Fällen, in denen ein institutioneller Investor den Willen hat, eine wettbewerbsgefährdende Einflussnahme auszuüben. Die in diesem Gutachten betrachteten institutionellen Investoren sind grundsätzlich an einer nachhaltigen und langfristig wertsteigernden Unternehmensstrategie interessiert (Abschnitt 4.4.1). Die Möglichkeit zur Einflussnahme und die Art, in der die institutionellen Investoren ihren Einfluss ausüben, werden in weiterer Folge untersucht (Abschnitt 4.4.2 und 4.4.3).

4.4.1 Ziel: nachhaltige Unternehmensführung im Anlegerinteresse

426. Die Tätigkeit institutioneller Investoren kann Problemen entgegenwirken, die sich durch die Trennung von Eigentum und Unternehmensführung ergeben, und für eine nachhaltige Unternehmensführung sowie effektive Kapitalallokation sorgen.[173] Sie kann darüber hinaus zu einer verantwortungsbewussten Unternehmensführung beitragen.

427. Die Anleger bei den hier betrachteten institutionellen Investoren verfolgen in der Regel diversifizierte Anlagestrategien und verfügen über inhomogene Interessen. Diese uneinheitlichen Anlagestrategien und -interessen erschweren es den Anlegern, ihre Rechte koordiniert und in Bezug auf Vermögensbildung und -erhalt sinnvoll auszuüben. Die institutionellen Investoren bündeln das Kapital ihrer Anleger und können für eine wertsteigernde Verwaltung der Anlagen sorgen. Ihre eigene Anlagestrategie gegenüber den Portfoliounternehmen ist deshalb grundsätzlich auf eine nachhaltige und langfristig orientierte Begleitung der strategischen Unternehmensentwicklung gerichtet, die auf eine kurzfristige und spekulativ orientierte Gewinnerzielung verzichtet.

428. Eine nachhaltige Unternehmensführung ist für aktive institutionelle Anleger, aber auch solche, die vorwiegend passive Anlagestrategien verfolgen, wichtig. Denn passive Anleger können ihrer Missbilligung der Unternehmensführung nicht durch den vollständigen Verkauf der relevanten Aktien etwa aus einem Index, den sie nachbilden, Ausdruck verleihen. Dabei muss man bei passiven Anlegern zwischen ihrer passiven Anlagestrategie und der Ausübung von Rechten als Anteilseigner unterscheiden, wie Äußerungen der ehemaligen Leitung der Corporate-Governance-Abteilung eines der weltgrößten Pensionsfonds (TIAA) nahelegen:

> *"Having a passive investment strategy has nothing to do with your behavior as an owner."*[174]

Der Deutsche Investor Relations Verband hat in einer Studie der Aktionärsbasis des DAX-30-Index bestätigt, dass auch bei vorwiegend passiven Anlagestrategien die Bedeutung der in Indexfonds angelegten Kundengelder bei der Abstimmung eine große Rolle spielt. Bei deutschen Portfoliounternehmen fließen demnach in der Regel aktive und passive Investments in ihre Entscheidungsprozesse ein.[175]

429. Als professionelle Anleger üben die institutionellen Investoren ihren Einfluss somit nicht nur wie andere Mitinhaber (Aktionäre) des Unternehmens aus, sondern auch mit dem Ziel, den langfristigen Unternehmenserfolg im Interesse ihrer Anleger zu überwachen. Diese Überwachungsaufgabe wird vor allem bei unterbewerteten oder schlecht geführten Unternehmen bzw. Unternehmensteilen relevant, bei einer mangelhaften Unternehmensstrategie oder einer ungünstigen Kapitalstruktur (Verschuldung). Daneben tritt das Gesellschafterinteresse an einer kontinuierlichen Dividendenausschüttung und gegebenenfalls der Einhegung eines – im Hinblick auf die verfolgten Ziele – ineffektiven Managements. Immer wichtiger werden ferner Ziele einer gesellschaftlich verantwortungsbewussten Unternehmensführung (Corporate Social Responsibility). Hierbei werden die nachhaltige Fokussierung und die Integration von etwa Umweltschutz-, Governance- und sozialen Themen in die Unternehmensstrategie durch börsennotierte Unternehmen zunehmend stark eingefordert.

430. Angesichts ihrer Ausrichtung auf eine strategische Unternehmensentwicklung messen die hier betrachteten institutionellen Investoren zudem Reputationserwägungen große Bedeutung bei. Denn eine gute Reputation ist für sie wichtig, um Vertrauen bei Portfoliounternehmen und im Markt zu bilden und zu erhalten. In der Vergangenheit sahen sich institutionelle Investoren Vorwürfen ausgesetzt, sich im Rahmen der Corporate Governance nicht ausreichend für ihre Portfoliounternehmen zu engagieren.[176] Daraufhin wurden vermehrt sog. Corporate- bzw. Investment-Stewardship-

---

[173] Çelik, S./Isaksson, M., a. a. O.; OECD, The Role of Institutional Investors in Promoting Good Corporate Governance, Corporate Governance, OECD Publishing, 2011, Paris.

[174] Financial Times, Passive investment, active ownership, 6. April 2014, Abruf am 17. Mai 2018. Eine aktuelle empirische Studie findet in diesem Zusammenhang positive Auswirkungen auf die Managementqualität durch eine größere Beteiligung durch Indexfonds (Mullins, W., The Governance Impact of Index Funds: Evidence from Regression Discontinuity, MIT-Arbeitspapier, 7. Januar 2014.).

[175] DIRK/Ipreo, Investoren in der Deutschland AG 3.0, Mai 2016, S. 13.

[176] Vgl. auch Erwägungsgrund 2 der Richtlinie 2017/828 zur Änderung der Richtlinie 2007/36/EG im Hinblick auf die Förderung der langfristigen Mitwirkung der Aktionäre, ABl. L 132 vom 20. Mai 2017, S. 1.

Abteilungen mit dem Ziel aufgebaut, ebendieses Engagement im Sinne einer (nachhaltigen) Unternehmensführung (= „stewardship") zu verstärken.

4.4.2 Umfang der Einflussmöglichkeiten

431. Institutionelle Investoren können trotz der Tatsache, dass sie anteilsmäßig in der Regel nur in einem geringen Umfang an den Portfoliounternehmen beteiligt sind, grundsätzlich Einfluss auf die strategische Unternehmensentwicklung nehmen. Diese Einflussmöglichkeiten werden durch den gesetzlichen Regelungsrahmen und die eigenen Anlagegrundsätze und Corporate-Governance-Prinzipien der Investoren mitbestimmt.

432. Dabei bewegen sich die durch den Anteilsbesitz vermittelten Einflussmöglichkeiten deutlich unterhalb eines „bestimmenden Einflusses" im Sinne der Fusionskontrolle. Abbildung II.42 veranschaulicht eine mögliche Abstufung zwischen Einfluss- und Kontrollmöglichkeiten und ist dabei an Definitionen im Rahmen von Fusionskontrollregimen in OECD-Ländern angelehnt. Bei den hier im Fokus stehenden Unternehmensbeteiligungen institutioneller Investoren handelt es sich um kapitalmäßige Minderheitsbeteiligungen, in der Regel von deutlich unter 10 Prozent, die für sich genommen grundsätzlich keine Kontrolle von (strategischen) Unternehmensentscheidungen ermöglichen, da ein Minderheitsanteilseigner bei Abstimmungen immer von den übrigen Anteilseignern überstimmt werden könnte. Zudem sitzen grundsätzlich keine Vertreter institutioneller Investoren in Aufsichtsräten von Portfoliounternehmen.

Abbildung II.42: Einfluss und Kontrolle in der Fusionskontrolle

Vollständige Kontrolle

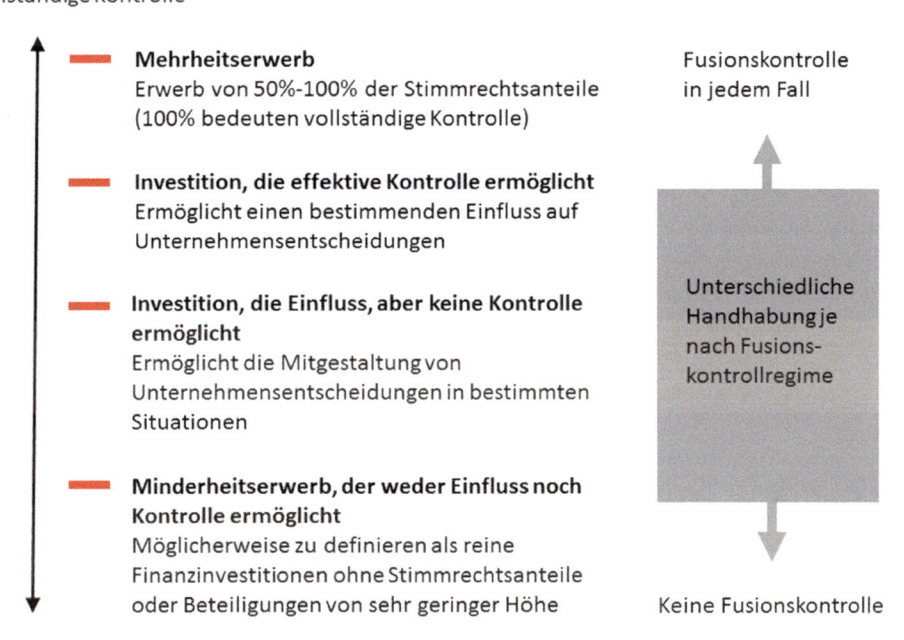

- **Mehrheitserwerb**
  Erwerb von 50%-100% der Stimmrechtsanteile
  (100% bedeuten vollständige Kontrolle)

- **Investition, die effektive Kontrolle ermöglicht**
  Ermöglicht einen bestimmenden Einfluss auf
  Unternehmensentscheidungen

- **Investition, die Einfluss, aber keine Kontrolle ermöglicht**
  Ermöglicht die Mitgestaltung von
  Unternehmensentscheidungen in bestimmten
  Situationen

- **Minderheitserwerb, der weder Einfluss noch Kontrolle ermöglicht**
  Möglicherweise zu definieren als reine
  Finanzinvestitionen ohne Stimmrechtsanteile
  oder Beteiligungen von sehr geringer Höhe

Weder Kontrolle noch Einfluss

Fusionskontrolle in jedem Fall

Unterschiedliche Handhabung je nach Fusionskontrollregime

Keine Fusionskontrolle

Quelle: eigene Darstellung in Anlehnung an OECD

433. Die Kartellbehörden berücksichtigen in ihrer Praxis, dass auch die Größe bzw. Finanzkraft, die Marktreputation und andere Merkmale eines Investors (gleich welcher Art) grundsätzlich für seine Einflussmöglichkeiten relevant sein können.[177] So stellte die Europäische Kommission erst vor Kurzem in ihrer Entscheidung zum Übernahmefall Dow/DuPont fest, dass den Zusammenschlussbeteiligten im konkreten Fall im Umgang mit großen Anteilseignern eine Sonderbehand-

---

[177] Siehe z. B. EU-Kommission, Konsolidierte Mitteilung zu Zuständigkeitsfragen gemäß der Verordnung (EG) Nr. 139/2004 des Rates über die Kontrolle von Unternehmenszusammenschlüssen, berichtigte Fassung, ABl. C 43 vom 21. Februar 2009, S. 10, Tz.16 ff.

lung unterstellt werden könne, da diese großen Anteilseigner über einen privilegierten Zugang zur Unternehmensführung verfügen, somit ihre Ansichten mitteilen und die Anreize der Unternehmensführung entsprechend mitprägen könnten. Die Europäische Kommission sah sich infolgedessen in der grundsätzlichen Annahme bestätigt, dass Anteilseignern mit Minderheitsbeteiligungen im Einzelfall mehr Einflussmöglichkeiten zufallen können, als ihre tatsächlichen Anteile vermuten lassen.

434. Der gesetzliche Regelungsrahmen schließt einen Einfluss institutioneller Investoren mit dem Ziel einer nachhaltigen Unternehmensführung im Anlegerinteresse (Corporate Stewardship) nicht aus. Die institutionellen Investoren müssen bei der Einflussausübung jedoch aufsichts- und andere ordnungsrechtliche Vorgaben beachten. Diese Vorgaben können von vornherein die Höhe des Investments begrenzen. So dürfen die von ihnen angebotenen Fonds zur Risikomischung z. B. nur bis zu bestimmten Schwellenwerten in die Finanzinstrumente einzelner Emittenten investieren.[178] Zumeist handelt es sich allerdings um keine derartigen absoluten Grenzen, sondern der mit einer Beteiligung verbundene Einfluss wird mittelbar dadurch begrenzt, dass er nur in einer bestimmten Weise oder zu bestimmten Zwecken ausgeübt werden kann. Derartige mittelbare Einflussbegrenzungen folgen z. B. aus Wohlverhaltenspflichten zur Vermeidung von Interessenkonflikten, dem Marktmissbrauchsverbot und den kartellrechtlichen Verboten gegen abgestimmtes Verhalten.[179]

435. Zum Teil können aufsichtsrechtliche Vorgaben dazu beitragen, dass die Investoren auf rechtlich zulässige Einflussmöglichkeiten verzichten. Beispielsweise stellen sich insbesondere Vertreter großer Vermögensverwalter wegen ihrer Wohlverhaltenspflichten und der zu erwartenden Interessenkonflikte üblicherweise den Hauptversammlungen nicht zur Wahl in die Aufsichtsräte von Portfoliounternehmen.

436. Weitere Begrenzungen des Investoreneinflusses folgen aus Pflichten, welche die Investoren unter anderem gegenüber ihren eigenen Kapitalgebern oder den Unternehmen haben, in die sie das Kapital ihrer Kunden anlegen. Im Verhältnis zu ihren Kapitalgebern sind die Investoren Treuhänder und handeln auch bei der Nutzung von Einflussmöglichkeiten im Auftrag ihrer Kunden. Einige Kunden nehmen ihre Stimmrechte selbst in Anspruch oder setzen für die Abstimmung in der Hauptversammlung ein internes Team oder einen Dritten ein.

437. Im Verhältnis des institutionellen Investors zum Portfoliounternehmen ist insbesondere zu beachten, dass nach deutschem Recht in der Hauptversammlung, in welcher der Investor Stimmrechte ausüben kann, keine operativen Fragen zur Abstimmung kommen und auch keine Entscheidungskompetenz bei der Bestellung des Vorstands vorliegt. In Aktiengesellschaften ausländischen Rechts kann die Kompetenz der Gesellschafterversammlung abweichend ausgestaltet sein. Die Investoren unterliegen als Aktionäre daneben aber, jedenfalls in allen Rechtsordnungen mit entwickeltem Aktiengesellschaftsrecht (z. B. EU, USA), auch einer Treuepflicht gegenüber der Aktiengesellschaft, mit der eine Schädigung des Portfoliounternehmens durch den Investor nicht zu vereinbaren wäre. Darauf ist an den relevanten Stellen im Folgenden näher einzugehen.

438. Davon abgesehen erzwingen sowohl aufsichtsrechtliche Vorgaben als auch die eigenen Corporate-Governance-Prinzipien der Investoren und der Portfoliounternehmen ein hohes Maß an Transparenz. Auf ihren Websites haben viele namhafte Investoren deshalb auch die Richtlinien veröffentlicht, nach denen sie ihre Einflussmöglichkeiten nutzen und z. B. Stimmrechte ausüben.[180]

---

[178] Siehe z. B. §§ 196 f. KAGB.

[179] Siehe zu Wohlverhaltenspflichten im EU-Recht z. B. Art. 24 Abs. 1 und Art. 16 Abs. 3 UA 1, 23 RL 2014/65/EU; im deutschen Recht §§ 26 ff. KAGB; zum Marktmissbrauch Art. 8 (Insidergeschäfte), Art. 10 (unrechtmäßige Offenlegung von Insiderinformationen) und Art. 12 (Marktmanipulation) i. V. m. Art. 14 f. VO 596/2014, Art. 3 ff. RL 2014/57/EU; im Kartellrecht Art. 101 AEUV, § 1 GWB.

[180] Siehe z. B. BlackRock Investment Stewardship, Richtlinien, Berichte und Positionspapiere, verfügbar unter https://www.blackrock.com/corporate/about-us/investment-stewardship/voting-guidelines-reports-position-papers#guidelines. Abstimmungsrichtlinien werden auch von institutionellen Stimmrechtsberatern, die mit der Wahrnehmung der Stimmrechte beauftragt sind, veröffentlicht; siehe z. B. https://www.issgovernance.com/policy-gateway/voting-policies/ sowie http://www.glasslewis.com/guidelines/.

4.4.3 Art der Einflussausübung im Rahmen der gegebenen Möglichkeiten

439. Die Art, in der institutionelle Investoren ihren Einfluss ausüben, wird durch ihre Stellung als Finanzintermediäre definiert. Denn zum einen nehmen sie in den Unternehmen, in die sie investieren, Gesellschafterrechte wahr und müssen ihren Einfluss daher zum Wohle des betreffenden Unternehmens ausüben. Zum anderen sind sie dem wohlverstandenen Interesse der Anleger als ihrer Kapitalgeber verpflichtet. Sie müssen daher bei Ausübung ihres Einflusses stets Abwägungsentscheidungen treffen. Dies gilt sowohl bei der Entscheidung, ob eine Einflussnahme nötig ist, als auch bei der Entscheidung darüber, wie der Einfluss im Einzelnen ausgeübt werden soll.

4.4.3.1 Wahrnehmung von Stimmrechten

440. Institutionelle Investoren können auf Hauptversammlungen grundsätzlich die ihrem Anteil entsprechenden Stimmrechte wahrnehmen. Zumindest teilweise werden Stimmrechte allerdings nicht vom Investor selbst ausgeübt. So wurde bereits darauf hingewiesen, dass einige Kunden ihre Stimmrechte selbst in Anspruch nehmen. Außerdem entscheiden sich insbesondere kleinere Vermögensverwalter und deren Kunden häufig für ein Outsourcing an Stimmrechtsberater. Dies hat zur Folge, dass je nach Investorenbasis und Unternehmensgröße auf Stimmrechtsberater schätzungsweise zwischen 10 Prozent und 25 Prozent der abgegebenen Stimmen bei Aktionärsversammlungen zurückzuführen sind.

441. Das Abstimmungsverhalten der institutionellen Investoren ist – im Einklang mit dem Ziel einer Begleitung der strategischen Unternehmensentwicklung – darauf ausgerichtet, dass die langfristigen Interessen der Anleger der Investoren bestmöglich geschützt werden. Bei Ausübung des Stimmrechts erfolgt die Abstimmung in der Regel gemäß den eigenen investorspezifischen Richtlinien. Im Rahmen von Aktionärsabstimmungen wird grundsätzlich nicht unmittelbar über wettbewerbsrelevante Strategien und das operative Tagesgeschäft eines Unternehmens abgestimmt. Anleger können über die Ausübung ihrer Stimmrechte operative Entscheidungen lediglich (sehr) mittelbar beeinflussen, indem sie an Hauptversammlungsentscheidungen z. B. über die Entlastung von Mitgliedern des Vorstands und die Bestellung bzw. Entlastung der Mitglieder des Aufsichtsrates oder über die Kapitalbeschaffungsmaßnahmen mitwirken.[181] Über externe (= anorganische) Wachstumsstrategien eines Unternehmens, etwa über Übernahmen und Fusionen mit Wettbewerbern, kann jedoch beispielsweise in der Regel direkt abgestimmt werden.

442. Wenn ein Investor Bedenken hat hinsichtlich dessen, wie ein Portfoliounternehmen an Fragen der Unternehmensführung herangeht, so kann er nach Angabe von Branchenvertretern Maßnahmen ergreifen, um diese Bedenken gegenüber Management und Aufsichtsrat zu kommunizieren. Großen institutionellen Investoren werden, wie zuvor beschrieben, regelmäßig Einzel- oder Gruppentreffen angeboten. Die Durchführung solcher Kontakte ist streng reglementiert, insbesondere aus insiderrechtlichen Gründen. Wenn der Investor trotz Kontakten mit den jeweiligen Unternehmensvertretern der Meinung ist, dass der gewählte Ansatz eines Unternehmens nicht im besten Interesse der Anleger ist, kann er gemäß seinem Stimmrechtsmandat dergestalt abstimmen, dass er seine Bedenken und die Erwartung eines Kurswechsels zum Ausdruck bringt.

443. Zwar entfällt auf einzelne institutionelle Anleger in der Regel lediglich ein geringer Anteil der gesamten Stimmrechte. Dennoch kann ihr Einfluss aus verschiedenen Gründen größer sein, als es ihre Kapital- und Stimmrechtsanteile bei einer isolierten Betrachtung vermuten lassen. Insbesondere wenn sich ein börsennotiertes Unternehmen vorwiegend in Streubesitz befindet, können institutionelle Investoren unter Umständen – trotz ihrer geringen Anteile – den größten Einzelinvestor darstellen. Eine wichtige Rolle spielt in diesem Zusammenhang die Präsenzquote bei Abstimmungen. So betrug beispielsweise die Präsenzquote auf Hauptversammlungen der DAX-30-Unternehmen 2015 weniger als 55 Prozent, womit durchschnittlich bereits mit etwa 28 Prozent der Stimmrechte eine einfache Stimmenmehrheit bestanden hätte.[182]

---

[181] Siehe z. B. § 119 AktG im deutschen Recht. In Großbritannien kann die Aktionärsversammlung auch über die Vergütung von Direktoren börsennotierter Gesellschaften („quoted companies") entscheiden; siehe §§ 226B, 439 ff. des U.K. Companies Act 2006 (2006 c. 46).

[182] Schutzgemeinschaft der Kapitalanleger e. V., SdK-Präsenzstatistik, Stand 30. September 2015, https://sdk.org/assets/Statistiken/HV-Praesenzen/praesenz-dax15.pdf, Abruf am 12. Juni 2018.

444. Die Möglichkeit für einen Anteilseigner, sich im Rahmen einer Abstimmung gegen andere Anteilseigner durchzusetzen, ist insbesondere dann von Bedeutung, wenn bei einer Abstimmung unterschiedliche Ziele verfolgt werden. Verfolgen mehrere Anteilseigner mit Minderheitsbeteiligungen dieselben Ziele, so kann es unter Umständen sinnvoll sein, deren Anteile – selbst wenn kein abgestimmten Verhalten in Bezug auf einen Emittenten (sog. „Acting in Concert") vorliegt – aggregiert zu betrachten. Denn so lässt sich tatsächlich das gesamte Stimmgewicht erfassen, das im Verhältnis zur Gesamtzahl der abgegebenen Stimmen eingesetzt wird, um das jeweilige Abstimmungsziel zu erreichen.

445. Bei der Stimmrechtsausübung von Aktionären im Rahmen der Hauptversammlung einer Aktiengesellschaft ist einschränkend erneut zu berücksichtigen, dass Aktionäre nach deutschem und europäischem Recht einer Treuepflicht gegenüber der Aktiengesellschaft unterliegen. Handelt ein Aktionär vorsätzlich unter Benutzung seines Einflusses zum Schaden seines Portfoliounternehmens, so ist er grundsätzlich schadensersatzpflichtig gegenüber der Gesellschaft und anderen Aktionären.[183] Für die Zwecke dieses Gutachtens kann unterstellt werden, dass institutionelle Investoren ein solches Verhalten zu vermeiden suchen; nicht zuletzt, da es auch ihrer Ausrichtung an einer langfristigen und nachhaltigen Begleitung der strategischen Unternehmensentwicklung im wohlverstandenen Anlegerinteresse widersprechen würde.

446. Außerdem sind bei der Stimmrechtsausübung aufsichtsrechtliche Vorgaben zu beachten. Insbesondere müssen die Investoren Vorkehrungen treffen, um den Vorwurf eines Acting in Concert zu vermeiden. Ein solches abgestimmtes Verhalten führt zur gegenseitigen Zurechnung von Stimmrechten mit der Folge, dass die zugerechneten Stimmrechte zu melden sind und im Fall eines Kontrollerwerbs eine Pflicht zur Veröffentlichung eines Übernahmeangebots entstehen kann.

4.4.3.2 Einflussnahme jenseits der Stimmrechtswahrnehmung

447. Im Rahmen der Beteiligung an der strategischen Unternehmensentwicklung sind für institutionelle Investoren auch Einflussmöglichkeiten außerhalb der Wahrnehmung von Stimmrechten von hoher Bedeutung. Dies gilt insbesondere für den Fall von Unternehmensbeteiligungen, die bei Unzufriedenheit des Investors nicht einfach veräußert werden können, wie dies bei passiven Anlagestrategien grundsätzlich der Fall ist.

448. Die Investoren können in diesem Kontext auf bilateraler Ebene gegenüber dem Unternehmensmanagement (Vorstand) die schon angesprochenen Gruppen- und Einzeltreffen nutzen. Diese Kontakte sind, wie erläutert, allerdings reglementiert. Insbesondere die Gruppentreffen gestatten auch keine Diskussion von Detailfragen. Davon abgesehen können Investoren dem Management eigene Positionen auch durch öffentliche Äußerungen (z. B. durch öffentliche Briefe, in der Presse) mitteilen. Nicht üblich ist hingegen eine Aufnahme des Kontaktes zum Aufsichtsrat bei Aktiengesellschaften deutschen Rechts, außer etwa zu Fragen der Vorstandsvergütung.

449. Investoren fokussieren sich im Dialog mit dem Management auf Themen, welche die nachhaltige unternehmerische Strategie betreffen.[184] Sie geben häufig Empfehlungen zur Vergütungspolitik ab, um sicherzustellen, dass die Vergütungssysteme wettbewerbsfähig sind und somit eine nachhaltige Unternehmensführung sichergestellt wird. Des Weiteren adressieren sie Themen wie die Qualifikation von Aufsichtsratsmitgliedern oder die Zeit, die diese jeweils zur Erfül-

---

[183] Hierzu heißt es in § 117 Abs. 1 AktG: „Wer vorsätzlich unter Benutzung seines Einflusses auf die Gesellschaft ein Mitglied des Vorstands oder des Aufsichtsrates, einen Prokuristen oder einen Handlungsbevollmächtigten dazu bestimmt, zum Schaden der Gesellschaft oder ihrer Aktionäre zu handeln, ist der Gesellschaft zum Ersatz des ihr daraus entstehenden Schadens verpflichtet." In einer weiteren Konkretisierung der Treuepflicht in § 243 Abs. 2 AktG ist festgelegt, dass ein Beschluss der Hauptversammlung anfechtbar ist, wenn „ein Aktionär mit der Ausübung des Stimmrechts für sich oder einen Dritten Sondervorteile zum Schaden der Gesellschaft oder der anderen Aktionäre zu erlangen suchte und der Beschluss objektiv geeignet ist, diesem Zweck zu dienen".

[184] Dies dürfte im Wesentlichen deckungsgleich sein mit der Bestimmung der Geschäftspolitik im wettbewerbsrechtlichen Sinne; siehe dazu EU-Kommission, Konsolidierte Mitteilung zu Zuständigkeitsfragen gemäß der Verordnung (EG) Nr. 139/2004 des Rates über die Kontrolle von Unternehmenszusammenschlüssen, berichtigte Fassung, ABl. C 43 vom 21. Februar 2009, S. 10, Tz. 57, 62, 66 f., 69 ff. Danach umfassen „strategische geschäftspolitische Entscheidungen" und darauf bezogene Rechte „in der Regel Entscheidungen über Budget, Geschäftsplan, größere Investitionen und die Besetzung der Unternehmensleitung".

lung ihrer Pflichten aufbringen, sowie Umwelt-, Sozial- und Governance-Themen. Eine solche Einflussnahme wird zum Teil auch durch aufsichtsrechtliche Pflichten zur Wahrung von Anlegerinteressen gefordert.

450. Für die Einflussnahme jenseits der Stimmrechtswahrnehmung zur Begleitung der strategischen Unternehmensentwicklung hat sich der englische Begriff „Shareholder-Engagement" eingebürgert. Hierunter ist hauptsächlich ein direkter Dialog von Anlegern mit dem Management (und gegebenenfalls den Aufsichtsräten) zu Fragen der Unternehmensführung außerhalb von Aktionärsversammlungen zu verstehen, welcher sowohl regelmäßig als auch anlassbezogen stattfinden kann. Ein solcher Dialog wird von Anteilseignern auch dazu genutzt, eigene Ansichten im Vorfeld von Abstimmungen zu kommunizieren.[185] Eine Befragung von 143 großen institutionellen Investoren zeigt ebenfalls, dass informellen Gesprächen zwischen Vertretern institutioneller Investoren und Managern sowie Aufsichtsratsmitgliedern der Portfoliounternehmen im Rahmen des Shareholder-Engagements große Bedeutung beigemessen werden muss.[186] Als einer von wenigen institutionellen Investoren, die sich öffentlich zu ihrer Tätigkeit äußern, hat BlackRock sich zum Shareholder-Engagement jenseits von Stimmrechten wie folgt positioniert:

> „We believe that shareholders should largely support management and that when it is necessary to challenge management and boards, the most effective means for communicating concerns is through direct engagement. We engaged with roughly 1,600 companies around the world in 2017. When we engage successfully and companies adjust their approach, most observers are never aware of that engagement. [...] We typically only vote against management when direct engagement has failed. At BlackRock, engagement encompasses a range of activities from brief conversations to a series of one-on-one meetings with companies. [...] Our preferred approach is to encourage companies to change their practices where we feel it is needed, rather than to divest their shares [...]."[187]

451. Die Interessen und Ansichten großer institutioneller Investoren finden aufseiten des Managements eines Portfoliounternehmens in der Regel Berücksichtigung, auch wenn die gehaltenen Kapital- und Stimmrechtsanteile von geringer Höhe sind. Nach Aussage von Investoren sind Unternehmen daran interessiert, von ihren Investoren zu erfahren, wie sie die Unternehmensführung, die Wertentwicklung und die langfristigen Finanzziele beurteilen. Nach Investorenaussage hilft es den Unternehmen, die unterschiedlichen Perspektiven ihrer Aktionäre in Bezug auf Governance-Themen zu verstehen und die Möglichkeit zu haben, in ihren Offenlegungen den gewählten Ansatz zu erläutern und zu begründen.

452. Bei der Berücksichtigung der Interessen großer institutioneller Investoren kann infolgedessen auch deren Bedeutung für einen zukünftigen Finanzierungsbedarf des Unternehmens eine Rolle spielen sowie eine möglicherweise starke Signalwirkung für andere Investoren im Fall einer Desinvestition.[188]

453. Auch bei der Berücksichtigung des Investoreneinflusses jenseits der Stimmrechtswahrnehmung gibt es formale Grenzen. Denn sowohl die Aktionäre als auch die Mitglieder des Vorstands und Aufsichtsrates einer Aktiengesellschaft sind gesetzlich zur Loyalität gegenüber der Gesellschaft verpflichtet. Zudem sind Vorstandsmitglieder bei ihrer Geschäftsführung über die Einhaltung ihrer Pflichten laut Anstellungsvertrag hinaus nach dem Aktiengesetz zu Sorgfalt und Verantwortlichkeit verpflichtet und müssen in diesem Sinne ihre unternehmerischen Entscheidungen zum Wohle der Gesellschaft treffen.[189]

---

[185] Vgl. die Äußerung der Verantwortlichen für Unternehmensdialog und Stimmrechte für europäische Beteiligungen von BlackRock, Amra Balic: „Wenn es so weit kommt, dass wir auf einer Hauptversammlung sprechen müssen, um unsere Interessen durchzusetzen, ist das doch ein Zeichen dafür, dass der Dialog mit einem Unternehmen gescheitert ist" (Wirtschaftswoche, Interview: Blackrock – „Wir können nicht einfach verkaufen und weglaufen", 8. April 2016, S. 83).

[186] McCahery, J. A./Sautner, Z./Starks, L. T., Behind the Scenes: The Corporate Governance Preferences of Institutional Investors, Journal of Finance, 2016, 71(6), S. 2905–2932.

[187] BlackRock, Proxy Voting and Shareholder Engagement FAQ, https://www.blackrock.com/corporate/literature/fact-sheet/blk-responsible-investment-faq-global.pdf, Abruf am 21. Mai 2018.

[188] Siehe hierzu Gliederungspunkt 4.4.3.3.

[189] § 93 Abs. 1 AktG.

4.4.3.3 Veräußerung von Unternehmensanteilen

454. Unabhängig davon, ob es sich bei einem Anteilseigner mit größerer Beteiligung um einen institutionellen oder einen anderen Investor handelt, misst das Unternehmensmanagement dem Interesse des Anteilseigners ein größeres Gewicht bei, wenn die Möglichkeit zur Veräußerung von Unternehmensanteilen besteht. Die Möglichkeit bzw. Ankündigung einer solchen Anteilsveräußerung kann von anderen Marktteilnehmern als Signal aufgefasst werden und unter Umständen eine disziplinierende Wirkung auf das Management des Portfoliounternehmens haben.[190] Grund hierfür ist z. B. ein erwarteter Wertverlust der Unternehmensaktie und damit z. B. das Risiko einer Steigerung der Finanzierungskosten, falls sich das Rating des Unternehmens hierdurch verschlechtert. Als ein solches Signal mag beispielsweise auch die Ankündigung des Vorstandsvorsitzenden von BlackRock gegenüber seinen Portfoliounternehmen anzusehen sein, Verkäufe (im Rahmen des nach der Investmentstrategie Möglichen) in Betracht zu ziehen, wenn Zweifel bezüglich der strategischen Ausrichtung und der Wachstumsaussichten eines Unternehmens bestünden.[191]

4.4.4 Zusammenfassung und Bewertung

455. Zusammenfassend lässt sich festhalten, dass institutionelle Investoren grundsätzlich trotz ihrer anteilsmäßig relativ geringen Beteiligung prinzipiell Möglichkeiten haben, einen gewissen Einfluss auf die Entscheidungen ihrer Portfoliounternehmen zu nehmen. Eine aktive Beteiligung von Anteilseignern an der Diskussion zu Fragen einer nachhaltigen und strategischen Unternehmensentwicklung ist mit Blick auf die Corporate Governance der Portfoliounternehmen und zur Wahrung der Anlegerinteressen grundsätzlich zu begrüßen. Institutionellen Investoren steht im Rahmen ihres Shareholder-Engagements nicht nur die Wahrnehmung von Stimmrechten zur Verfügung, sondern auch eine darüber hinausgehende Kommunikation mit dem Management (und selten dem Aufsichtsrat). Dabei kommt institutionellen Investoren mit aktiven und passiven Anlagestrategien, Letzteren wegen der eingeschränkten Möglichkeit zu Anteilsveräußerungen, -reduktionen oder auch deren Androhung, Bedeutung zu.

456. Die Einflussmöglichkeiten und insbesondere die Stimmrechtsausübung beziehen sich grundsätzlich auf die Begleitung der strategischen Unternehmensentwicklung und nicht auf das operative Geschäft.[192] Die institutionellen Investoren können über Themen des operativen Geschäfts allenfalls indirekt Einfluss nehmen, z. B., indem sie über die Entlastung von Mitgliedern des Vorstands oder die Bestellung bzw. Entlastung des Aufsichtsrates abstimmen oder sich zu Vergütungsfragen positionieren.

4.5 Schadenstheorien im Zusammenhang mit wettbewerbsrelevanten Fragen

457. Die indirekte Verflechtung von Wettbewerbern über Beteiligungen branchenfremder Anteilseigner stellt zunächst ein Marktstrukturphänomen dar, welches nicht notwendigerweise negative Auswirkungen auf das Wettbewerbsgeschehen hat. Ebenso wie hoch konzentrierte Märkte mit wenigen Anbietern von intensivem Wettbewerb geprägt sein können, können Anbieter eines Marktes mit denselben Anteilseignern in intensivem Wettbewerb miteinander stehen. Vergleichbar dem Thema einer hohen Marktkonzentration wird derzeit jedoch diskutiert, ob indirekte Horizontalbeteiligungen auch ein wettbewerbsbeeinträchtigendes Verhalten der Marktakteure erleichtern oder gar verursachen könnten.[193]

---

[190] Vgl. Hirschman, A., Exit, Voice and Loyalty: Responses to Decline in Firms, Organizations, and States, Cambridge, MA, Harvard University Press, 1971.

[191] „BlackRock can choose to sell the securities of a company if we are doubtful about its strategic direction or long-term growth" (https://www.blackrock.com/corporate/investor-relations/larry-fink-ceo-letter, Abgerufen am 17. Mai 2018).

[192] Vgl. EU-Kommission, Konsolidierte Mitteilung zu Zuständigkeitsfragen gemäß der Verordnung (EG) Nr. 139/2004 des Rates über die Kontrolle von Unternehmenszusammenschlüssen, berichtigte Fassung, ABl. C 43 vom 21. Februar 2009, S. 10, Tz. 67 („Tagesgeschäft").

[193] Für eine Zusammenfassung der einzelnen Schadenstheorien und deren Diskussion vgl. auch OECD, Common Ownership by Institutional Investors and its Impact on Competition, Background Note by the Secretariat, DAF/COMP(2017)10, 29. November 2017.

Die Schadenstheorien zu indirekten Horizontalverflechtungen werden indes bereits international von Kartellbehörden, wie etwa der Europäischen Kommission, im Rahmen von Fusionskontrollentscheidungen berücksichtigt.[194]

458. Im Folgenden werden die in der Literatur diskutierten Möglichkeiten bzw. Wirkungskanäle zusammengefasst, durch welche eine indirekte Verflechtung von Wettbewerbern über Minderheitsbeteiligungen diversifizierter Anteilseigner sich wettbewerbsbeeinträchtigend auswirken könnte. Dabei handelt es sich zunächst um konzeptionelle Überlegungen, welche einer Bewertung unter Berücksichtigung realer Marktgegebenheiten und insbesondere der im vorangegangenen Gliederungspunkt diskutierten Möglichkeiten des Einflusses institutioneller Investoren auf ihre Portfoliounternehmen bedürfen. Bei der Kategorisierung der diskutierten Schadenstheorien wird die in diesem Zusammenhang übliche Unterscheidung zwischen Auswirkungen aufgrund einseitigen Unternehmensverhaltens (unilaterale Effekte) und koordinierten Verhaltens vorgenommen.[195]

4.5.1 Unilaterale Effekte

459. Im Allgemeinen werden unter unilateralen Effekten Auswirkungen auf das Marktergebnis verstanden, die durch einseitige Unternehmensentscheidungen verursacht werden. Ein solcher Effekt liegt z. B. vor, wenn ein Anbieter durch den Zusammenschluss mit einem Konkurrenten seine Preise erhöhen kann, ohne dass sich ein Nachfragerückgang negativ auf seine Profitabilität auswirkt. Einen derartigen Verhaltensspielraum hätte dieser Anbieter bei einem hinreichenden Wettbewerb nicht, da seine Kunden bei einer Preiserhöhung auf die Konkurrenz ausweichen würden. Über Produktpreise hinaus kann geringerer Wettbewerb auch Anpassungen bezüglich anderer Wettbewerbsparameter, wie etwa Produktqualität, Angebotsvielfalt oder Innovationstätigkeit, zur Folge haben. Wesentliches Merkmal unilateraler Effekte ist, dass sich diese aus einseitig getroffenen Unternehmensentscheidungen ergeben und keine Koordination der Anbieter untereinander erfordern.

460. In der Diskussion um mögliche Effekte indirekter Horizontalverflechtungen stehen bislang unilaterale Effekte im Vordergrund. Dazu mag beigetragen haben, dass die prominentesten empirischen Forschungsarbeiten zum Thema als Maß für den Verflechtungsgrad über diversifizierte Anteilseigner einen modifizierten Herfindahl-Hirschman-Index (MHHI) verwenden, der ursprünglich zur Untersuchung unilateraler Effekte durch direkte Minderheitsbeteiligungen zwischen Wettbewerbern entwickelt worden ist.[196] Neben der grundsätzlichen Frage, ob die Schadenstheorie zu unilateralen Effekten im Zusammenhang mit direkten Minderheitsbeteiligungen zwischen Wettbewerbern auf Konstellationen mit indirekten Verflechtungen übertragbar ist,[197] hat die Verwendung des MHHI zu einer bisweilen zu kurz greifenden Diskussion der Schadenstheorien im Zusammenhang mit indirekten Horizontalverflechtungen geführt. Insbesondere wird die mögliche Erleichterung kooperativen Verhaltens von Wettbewerbern nicht ausreichend berücksichtigt, was im nachfolgenden Gliederungspunkt 4.5.2 erörtert wird.[198]

461. Aus einer modelltheoretischen Perspektive erscheinen unilaterale Effekte bei indirekter Horizontalverflechtung möglich. Wenn ein Unternehmen direkt mit seinem Wettbewerber über eine Kapitalbeteiligung verbunden ist, ist es an den Gewinnen des Konkurrenten beteiligt. Ist dieses Unternehmen bestrebt, seinen Gewinn zu maximieren, so wird es

---

[194] Die Europäische Kommission stellt in ihrer Entscheidung im Fall Dow/DuPont fest, dass „concentration measures, such as market shares or the Herfindahl-Hirschman index (,HHI'), are likely to underestimate the level of concentration of the market structure and, thus, the market power of the Parties" und dass „common shareholding in the agrochemical industry is to be taken as an element of context in the appreciation of any significant impediment to effective competition that is raised in this Decision" (Europäische Kommission, a. a. O., S. 4).

[195] Europäische Kommission, Leitlinien zur Bewertung horizontaler Zusammenschlüsse gemäß der Ratsverordnung über die Kontrolle von Unternehmenszusammenschlüssen, Amtsblatt der Europäischen Union, 2004/C 31/03, http://eur-lex.europa.eu/legal-content/DE/TXT/PDF/?uri=CELEX:52004XC0205(02)&from=EN; Leitlinien zu nichthorizontalen Zusammenschlüssen, ABl. C 265 vom 18. Oktober 2008, S. 6.

[196] Siehe hierzu Abschnitt 4.6.

[197] Rock, E. B./Rubinfeld, D. L., Defusing the Antitrust Threat to Institutional Investor Involvement in Corporate Governance, Law & Economics Research Paper Series, Working Paper No. 17-05, 2017.

[198] Patel, M. S., Common Ownership, Institutional Investors, and Antitrust, Antitrust Law Journal (im Erscheinen). Verfügbar als SSRN Working Paper, 2. Januar 2018.

die Auswirkungen des eigenen Verhaltens auf die Gewinne seiner Wettbewerber berücksichtigen und sich unter Umständen weniger wettbewerblich verhalten.[199] Eine solche Internalisierung der Auswirkungen des eigenen Handelns auf Wettbewerber findet nicht nur statt, wenn Anbieter direkt miteinander über Kapitalbeteiligungen verflochten sind, sondern kann auch dann stattfinden, wenn sie denselben Anteilseigner haben und sich Shareholder-orientiert verhalten, also bei ihren Entscheidungen nicht lediglich ihre eigenen operativen Gewinne berücksichtigen, sondern zusätzlich die Rendite ihrer Anteilseigner. Wenn ein Unternehmen im Rahmen einer Shareholder-Value-Strategie beabsichtigt, die Rendite seiner Anteilseigner zu maximieren, dann könnten – ähnlich wie bei einer direkten Beteiligung – bei unternehmerischen Entscheidungen auch die Auswirkungen auf Wettbewerber berücksichtigt werden, an deren Gewinnen seine Anteilseigner ebenfalls beteiligt sind.[200] Ein zusätzlicher Verhaltensspielraum entstünde einem Unternehmen dann beispielsweise, wenn sich ohne Verflechtung eine Preiserhöhung aufgrund sinkender Nachfrage negativ für dieses auswirken würde, jedoch bei indirekter Horizontalverflechtung dieser Verlust aus der Sicht gemeinsamer Anteilseigner durch die zusätzlichen Gewinne der Konkurrenz überkompensiert würde. Ebenso könnte auf Preissenkungen im Sinne eines Preiswettbewerbs verzichtet werden.[201]

462. Die Annahme eines Interesses diversifizierter Anleger an weniger wettbewerblichem Verhalten ihrer Portfoliounternehmen greift hier möglicherweise zu kurz. Zwar ergibt sich das Interesse diversifizierter Anleger an der Gesamtmarktrendite unmittelbar aus deren Kapitalbeteiligungen an mehreren Wettbewerbern eines Marktes. Jedoch ist es überwiegend wahrscheinlich, dass das Renditeinteresse institutioneller Anleger damit vereinfacht dargestellt wird und dass diversifizierte Anleger ungeachtet der bestehenden Beteiligungsstruktur in der Regel ein Interesse an wettbewerblichem Verhalten im jeweiligen Markt haben. Hinzu kommt, dass in vielen Fällen zusätzliche Beteiligungen in vor- und nachgelagerten Märkten gehalten werden. Hat ein Anleger ein Interesse an der Gesamtmarktrendite eines Marktes, dessen Produkte gleichzeitig Vorprodukte für einen – entlang der Wertschöpfungskette – nachgelagerten Markt darstellen, so kann sich ein geringerer Wettbewerb auf der vorgelagerten Produktionsstufe insgesamt nachteilig für die Gesamtrendite des Anlegers auswirken. Ein Grund hierfür könnte sein, dass beispielsweise durch höhere Vorproduktpreise die Gewinnmargen auf der nachgelagerten Wertschöpfungsstufe geschmälert werden, wenn diese nicht an die Endkunden weitergegeben werden können. Darüber hinaus könnte ein weniger intensiver Wettbewerb in einem Portfoliomarkt langfristig zu ausbleibenden Innovationen und somit zu langfristig geringeren Gewinnmargen führen.

463. Bei der Beurteilung des Zustandekommens unilateraler Effekte ist zu berücksichtigen, dass nach geltendem Recht sowohl Aktionäre als auch die Vorstands- und Aufsichtsratsmitglieder gesetzlich dem Unternehmenswohl verpflichtet sind.[202] Sollte ein Unternehmensmanagement sich weniger wettbewerblich verhalten, so könnte dies grundsätzlich einen Verstoß gegen die gesetzlichen Treuepflichten des Managements darstellen. Voraussetzung für einen derartigen Verstoß gegen Treuepflichten ist allerdings ein Handeln entgegen dem Wohl der eigenen Gesellschaft. Würde jedoch beispielsweise eine aggressive Wettbewerbsstrategie im Sinne eines Preiswettbewerbs unterlassen, um ein mittel- bis langfristiges Sinken der Gewinnmargen – im gesamten Markt und damit auch der eigenen – zu vermeiden, so würde eine solche Strategie dem Unternehmenswohl nicht zwangsläufig zuwiderlaufen. Eine derartige Strategie wäre dann denkbar, wenn einzelne Portfoliounternehmen Grund zu der Annahme haben, dass ihre Wettbewerber ebenfalls eine in diesem Sinne langfristigere Strategie verfolgen, was einen gewissen Grad an expliziter oder impliziter Koordinierung voraussetzt.

---

[199] Reynolds, R./Snapp, B., The Competitive Effects of Partial Equity Interests and Joint Ventures, International Journal of Industrial Organization 4(2), 1986, S. 141–153; Flath, D., When Is It Rational for Firms to Acquire Silent Interests In Rivals?, International Journal of Industrial Organization 9, 1991, S. 573–583; Salop, S./O'Brian, D., Competitive Effects of Partial Ownership: Financial Interest and Corporate Control, Antitrust Law Journal, 67, 2000, S. 559–614; vgl. auch Monopolkommission, XXI. Hauptgutachten, a. a. O., Kapitel III.

[200] Eine formale Beschreibung der Zielfunktion eines Unternehmens bei indirekter Horizontalverflechtung findet sich im Anhang dieses Kapitels.

[201] In diesem Zusammenhang kann in modelltheoretischen Arbeiten ein positiver Zusammenhang zwischen dem Diversifizierungsgrad von Anteilseignern über die Anbieter eines Marktes und dem Marktpreis der Produkte gezeigt werden; siehe Azar, J., A New Look at Oligopoly: Implicit Collusion Through Portfolio Diversification, Ph.D. Thesis, Princeton University, 2012.

[202] Vgl. hierzu Gliederungspunkt 4.3.

4.5.2 Koordiniertes Verhalten

464. Wenn Anbieter innerhalb eines Marktes ihr Verhalten erfolgreich einander angleichen und dadurch ein Marktergebnis ermöglichen, welches über dem Wettbewerbsniveau liegt, spricht man von wettbewerbsbeeinträchtigenden Effekten durch koordiniertes Verhalten bzw. von Kollusion. Klassischerweise handelt es sich hierbei um Preisabsprachen, in welchen unter Wettbewerbern ein Preis vereinbart wird, welcher nicht zum Vorteil eines Unternehmens unterschritten werden darf, um durch zusätzliche Nachfrage die Gewinne zu steigern. Durch derartige Absprachen steigen die Gewinne aller beteiligten Anbieter innerhalb eines Marktes zulasten ihrer Kunden. Im Allgemeinen lässt sich kollusives Verhalten in Formen explizit abgestimmten Parallelverhaltens und impliziter bzw. stillschweigender Kollusion unterteilen. Bei impliziter Kollusion geschieht die Koordinierung der Unternehmen nicht durch explizite Kommunikation oder Informationsaustausch, sondern es können beispielsweise Preise über Wettbewerbsniveau durch ein implizites Parallelverhalten erreicht oder aufrechterhalten werden.[203] Beide Formen des kollusiven Verhaltens sind im vorliegenden Kontext relevant.

465. In der aktuellen Diskussion um Wettbewerbseffekte indirekter Horizontalverflechtungen wurde ein koordiniertes Verhalten bisher tendenziell vernachlässigt. Dabei ist zu berücksichtigen, dass Anreize zur Koordination unter Wettbewerbern grundsätzlich bestehen und nicht erst durch das Vorliegen kapitalmäßiger Verflechtungen zwischen diesen. Nichtsdestotrotz könnte eine Koordinationsfunktion von Unternehmensverflechtungen erleichtert werden. Spezifische modelltheoretische Arbeiten zum Zusammenhang zwischen kollusivem Verhalten und Minderheitsbeteiligungen zwischen Wettbewerbern liegen bisher lediglich für direkte Beteiligungen zwischen Wettbewerbern vor. Im Folgenden wird sowohl die Übertragbarkeit der bestehenden modelltheoretischen Arbeiten auf indirekt verflochtene Wettbewerber geprüft als auch eine Bewertung, insbesondere vor dem Hintergrund gesetzlicher Verhaltensvorschriften, vorgenommen.

466. Für direkte finanzielle Minderheitsbeteiligungen zwischen Wettbewerbern existieren in der wirtschaftswissenschaftlichen Literatur generell zwei Ansatzpunkte, die ein koordiniertes Verhalten fördern können: Zum einen wird angenommen, dass direkte Unternehmensverflechtungen die Transparenz in einem Markt erhöhen können. Dabei können theoretisch selbst Minderheitsbeteiligungen dem Anteilseigner einen Zugang zu Informationen ermöglichen, über die seine Wettbewerber nicht verfügen.[204] Dieser Wirkungskanal dürfte in der EU jedoch nur eine sehr begrenzte Bedeutung haben. Denn jede Mitteilung kursrelevanter Informationen an die Anteilseigner ist insiderrechtlich relevant. Theoretisch könnten direkte finanzielle Minderheitsbeteiligungen die Anreize der Unternehmen zwar verändern. Unternehmen könnten sich entscheiden, ob sie sich kollusiv oder einseitig wettbewerbsbeeinträchtigend verhalten. Bei dieser Entscheidung könnten sie, zumindest unter anderem, einerseits die erwarteten Kollusionsgewinne und andererseits die Summe aus den Abweichungsgewinnen und den erwarteten Gewinnen ohne Kollusion (Wettbewerbsgewinne) berücksichtigen. Direkte Minderheitsbeteiligungen zwischen Wettbewerbern können die Anreize zu kollusivem Verhalten verändern, weil sie sowohl Auswirkungen auf die Abweichungsgewinne als auch auf die Wettbewerbsgewinne haben.[205] Während bei der Übertragung dieser Überlegungen auf Fälle indirekter Horizontalbeteiligungen eine Verbesserung der Markttransparenz möglich erscheint, bleiben Auswirkungen indirekter Verflechtungen auf die Anreize zu kollusivem Verhalten fraglich. Beide Aspekte werden im Folgenden näher erläutert und diskutiert.

---

[203] Ivaldi, M. u. a., The Economics of Tacit Collusion, Final Report for DG Competition, European Commission, IDEI Toulouse, 2003; siehe auch EU-KOM, LL zur Bewertung horizontaler Zusammenschlüsse, ABl. C31 v. 5. Februar 2004, S. 5, Tz. 39 ff.; LL zur Bewertung nicht horizontaler Zusammenschlüsse, ABl. C 265 v. 18. Oktober 2008, S. 6, Tz. 79 ff., 119 ff.

[204] OECD, Antitrust Issues Involving Minority Shareholding and Interlocking Directorates, Competition Policy Roundtables, 2008. Verfügbar unter: https://www.oecd.org/competition/mergers/41774055.pdf, S. 30 (dort bezogen auf unternehmensinterne Planungen).

[205] Malueg, D., Collusive Behavior and Partial Ownership of Rivals, International Journal of Industrial Organization 10(1), 1992, S. 27–34; Gilo, D./Moshe, Y./Spiegel, Y., Partial Cross Ownership and Tacit Collusion, The RAND Journal of Economics 37, 2006, S. 81–99.

4.5.2.1 Verbesserte Markttransparenz

467. Es ist denkbar, dass die Weitergabe von Marktkenntnissen und Markteinschätzungen unter Beteiligung institutioneller Investoren die Markttransparenz in einer Weise erhöhen kann, welche institutionelle Investoren besserstellt als andere Anleger (z. B. Kleinanleger). Dies kann nach Stimmen in der Literatur die Bedingungen für koordiniertes Verhalten erleichtern, auch ohne dass die Investoren einen aktiven Einfluss auf ihre Portfoliounternehmen ausüben müssten.

4.5.2.2 Unilaterale Effekte und Verhaltenskoordination

468. In der modelltheoretischen Literatur finden Anreize der Unternehmen zu einem potenziell kollusiven Verhalten in der Regel mehr Berücksichtigung als die allgemeine Markttransparenz. Direkte Überkreuzbeteiligungen zwischen Wettbewerbern erzeugen in der Theorie grundsätzlich zwei gegenläufige Effekte bezüglich der Anreize zu koordiniertem Verhalten: Einerseits können derartige Beteiligungsstrukturen kollusionsfördernd wirken, weil ein Unternehmen, welches von der kollusiven Vereinbarung abweicht, einen Teil der negativen Auswirkungen seines Verhaltens auf seine Wettbewerber mitberücksichtigt und sich somit sein erwarteter Abweichungsgewinn verringert. Andererseits kann ein möglicher unilateraler Effekt durch Überkreuzbeteiligungen, wie unter 4.5.1 erläutert, dazu führen, dass sich der Wettbewerb zwischen den Unternehmen ohnehin vermindert. Dadurch ist auch der erwartete (Wettbewerbs-)Gewinn ohne kollusives Verhalten für die Unternehmen höher, womit der prognostizierte Verlust eines Anbieters beim Abweichen von der Koordinierungsstrategie geringer ausfällt.[206]

469. Überträgt man die Ergebnisse der theoretischen Literatur zu direkten Minderheitsbeteiligungen auf indirekte Horizontalverflechtungen, ist für eine Beurteilung der Wahrscheinlichkeit koordinierten Verhaltens von Bedeutung, ob gleichzeitig unilaterale Effekte zu erwarten sind. Wenn durch indirekte Horizontalverflechtungen unilaterale Effekte zu erwarten wären, müsste ein Zustandekommen koordinierter Effekte als geringer eingeschätzt werden, da der erwartete Kollusionsgewinn bzw. die Differenz zwischen dem Gewinn ohne Koordination und dem Gewinn mit Koordination, abnehmen würde.[207] Wie in Gliederungspunkt 4.5.1 erörtert, erscheinen wettbewerbsbeeinträchtigende unilaterale Effekte durch indirekte Horizontalverflechtungen grundsätzlich nur denkbar, wenn ein weniger intensiver Wettbewerb im Sinne des aktienrechtlichen Unternehmenswohls wäre, andernfalls würden die handelnden Personen gegen gesetzliche Treuepflichten verstoßen. Zudem ist es wahrscheinlich, dass beispielsweise der Verzicht auf intensiven Wettbewerb eines Unternehmens zugunsten einer langfristigen Gewinnmaximierung und damit zugunsten des langfristigen Unternehmenswohls zumindest einer impliziten Koordinierung bedarf.[208]

4.5.2.3 Bedeutung von Einflussmöglichkeiten

470. Auch wenn Anbieter eines Marktes in keiner Weise über Kapitalbeteiligungen miteinander verbunden sind, können für sie grundsätzlich Anreize bestehen, ihr Verhalten zu koordinieren. Das gilt unabhängig von der Frage, ob eine solche Koordinierung, wenn sie tatsächlich erfolgen sollte, kartellrechtlich zulässig ist oder möglicherweise gegen Art. 101 Abs. 1 AEUV bzw. § 1 GWB verstößt.

471. Berücksichtigt man bei indirekten Horizontalverflechtungen zusätzlich die Eigentümerstruktur der Anbieter, könnten zusätzlich zu den Portfoliounternehmen auch diversifizierte ebenso wie nicht diversifizierte Anteilseigner von einer Koordination profitieren. Wenn eine indirekte Horizontalverflechtung über institutionelle Investoren in einer solchen Situation eine Koordination der Wettbewerber durch eine höhere Markttransparenz erleichtern würde, wie unter 4.5.2.1 beschrieben, dann wäre für eine koordinationsfördernde Wirkung keinerlei Möglichkeit des Einflusses diversifizierter Investoren auf die Entscheidungen ihrer Portfoliounternehmen vonnöten, da eine Kollusionsstrategie dieser

---

[206] Olczak, M., Unilateral versus Coordinated Effects: Comparing the Impact on Consumer Welfare of Alternative Merger Outcomes, ESRC Centre for Competition Policy Working Paper 10-3, 2009; Reynolds, R./Snapp, B., a. a. O.; Salop, S./O'Brien, D., a. a. O.

[207] Auch bei direkten Überkreuzbeteiligungen sind Situationen denkbar, in denen derartige Beteiligungsstrukturen kollusionshemmend wirken können (Malueg, D., a. a. O.).

[208] Vgl. Tz. 463.

Investoren auf keinen Widerstand stoßen würde und nicht dem Unternehmenswohl der einzelnen Anbieter zuwiderlaufen würde.

472. Zusätzlich zu einer höheren Markttransparenz könnten indirekte Horizontalverflechtungen dazu beitragen, dass Anbieter aufgrund individueller Entscheidung von intensivem Wettbewerb absehen. Dies wäre insbesondere dann denkbar, wenn Wettbewerber ihre indirekte Verflechtung miteinander als ein Signal verstehen, ihr Verhalten (implizit) zu koordinieren. Wenn beispielsweise das Management eines Portfoliounternehmens von aggressivem Wettbewerb absehen möchte, könnte es dies in dem Maße leichter tun, in welchem es davon ausgehen könnte, dass die Wettbewerber ebenfalls keine aggressiven Wettbewerbsstrategien verfolgen. Bei dem Versuch einer Einschätzung des Wettbewerbsverhaltens der Konkurrenz könnte es möglicherweise berücksichtigt werden, wenn dieselben Anteilseigner sich bei allen Wettbewerbern für langfristige Strategien einsetzen. Würde ein Anbieter aus diesem Grund zu dem Schluss gelangen, dass seine Wettbewerber eher von aggressivem Wettbewerb absehen, könnte eine indirekte Horizontalverflechtung somit implizite Kollusion erleichtern. Es erscheint in diesem Zusammenhang jedoch fraglich, ob die Möglichkeiten des Einflusses institutioneller Investoren auf ihre Portfoliounternehmen ausreichen, um entsprechende Verhaltensanpassungen – im verwendeten Beispiel eine langfristigere Gewinnorientierung – realistisch bzw. ursächlich erscheinen zu lassen.[209] Denn nur dann könnte eine diversifizierte Eigentümerstruktur eine Signalwirkung für eine implizite Verhaltensabstimmung darstellen.

473. In diesem Zusammenhang ist darauf hinzuweisen, dass bei der Existenz mehrerer diversifizierter Investoren in einem Markt möglicherweise entscheidend ist, ob jeweils eine konkrete Beteiligung eines Investors die Beeinflussung von Unternehmensentscheidungen ermöglicht oder ob der gesamte an einem Unternehmen von diversifizierten Investoren gehaltene Anteil Einflussmöglichkeiten bietet. Darüber hinaus könnten selbst nicht diversifizierte Anleger, die nur an einem Wettbewerber in einem Markt beteiligt sind, ein Interesse an koordiniertem Verhalten haben, wenn sie an einer langfristigen Gewinnmaximierung interessiert sind.

4.5.3 Zusammenfassung und Bewertung

474. Indirekte Horizontalbeteiligungen könnten wettbewerbsschädigendes Verhalten der Marktakteure erleichtern. Eine konkrete Schadenstheorie kann sich dabei sowohl im Bereich unilateraler als auch koordinierter Effekte bewegen. Eine Gewichtung der tatsächlichen Bedeutung einzelner Schadenstheorien über Märkte hinweg erscheint in Anbetracht des allgemeinen Marktstrukturcharakters und marktspezifischer Umstände und Eigentumsverhältnisse nicht möglich.

475. Im Rahmen unilateraler Effekte könnten Unternehmen durch indirekte Horizontalverflechtungen einen zusätzlichen Verhaltensspielraum nutzen und damit für weniger intensiven Wettbewerb in einem Markt sorgen. Allerdings erscheinen unilaterale Wettbewerbseffekte durch indirekte Horizontalverflechtungen nur denkbar, wenn ein weniger intensiver Wettbewerb im Sinne des Unternehmenswohls wäre; andernfalls würden die handelnden Personen gegen gesetzliche Treuepflichten verstoßen. Zudem erscheint es wahrscheinlich, dass beispielsweise der Verzicht auf intensiven Wettbewerb eines Unternehmens zugunsten einer langfristigen Gewinnmaximierung und damit zugunsten des langfristigen Unternehmenswohls zumindest einer impliziten Koordinierung bedarf. Weiterhin stellen sich die Anreize zur Einflussnahme durch diversifizierte Investoren als nicht eindeutig dar, weil diese z. B. über einen betrachteten Markt hinaus auch ein finanzielles Interesse an vor- und nachgelagerten Märkten haben können.

476. Auch im Rahmen einer Erleichterung des koordinierten Verhaltens von Marktteilnehmern könnten indirekte Horizontalverflechtungen zu Wettbewerbsbeeinträchtigungen führen. Gründe hierfür könnten insbesondere eine mögliche Erhöhung der allgemeinen Markttransparenz, die Ermöglichung zusätzlicher Kommunikationswege zwischen Wettbewerbern oder eine kollusionsfördernde Signalwirkung durch indirekte Verflechtungen sein. Zu beachten gilt hier, dass von einem etwaigen koordinierten Verhalten mittel- bis langfristig alle beteiligten Unternehmen sowie deren diversifizierte als auch nicht diversifizierte Anteilseigner profitieren könnten. Da Anreize zu koordiniertem Verhalten in Märkten unabhängig von diversifizierten Anlegern bestehen könnten, ist im Zusammenhang mit koordinierten Effekten insbeson-

---

[209] Vgl. Gliederungspunkt 4.3.

dere auch von einer erleichternden Wirkung auszugehen. Deshalb dürften koordinierte Effekte – wenn überhaupt – vorzugsweise in Märkten eine Rolle spielen, die ohnehin günstige Bedingungen für Verhaltensabstimmungen bieten.

4.6 Die Messung indirekter Horizontalverflechtungen und ihrer wettbewerblichen Effekte

477. Eine indirekte Horizontalverflechtung liegt vor, wenn zwei oder mehrere Unternehmen über einen oder mehrere gemeinsame Anteilseigner verbunden sind (vgl. Abbildung II.37). Anhand dieser intuitiven Definition lässt sich relativ einfach feststellen, ob indirekte Horizontalverflechtungen innerhalb eines Marktes bestehen. Die Messung allerdings, wie stark die Verflechtungen durch gemeinsame Anteilseigner zwischen zwei oder mehreren Unternehmen ausgeprägt sind bzw. wie hoch der Verflechtungsgrad innerhalb eines Marktes ist, ist nicht trivial. In der ökonomischen Literatur ist hierzu eine Reihe unterschiedlicher Maßzahlen vorgeschlagen worden, die den Verflechtungsgrad durch Minderheitsbeteiligungen diversifizierter Anteilseigner messen. Neben diesen einfachen Kennzahlen existieren komplexere, aus der ökonomischen Theorie abgeleitete Indikatoren. Diese quantifizieren die Auswirkungen indirekter Horizontalverflechtungen auf die Marktkonzentration und lassen – unter zusätzlichen Annahmen – Rückschlüsse auf daraus resultierende wettbewerbsmindernde Anreize für Portfoliounternehmen zu. Ein gutes Verständnis der Indikatoren für den Verflechtungsgrad ist wichtig für die Interpretation der empirischen Arbeiten und die Bewertung der diskutierten Maßnahmen zur Eindämmung potenzieller Wettbewerbsrisiken. Daher sollen einige wichtige Indikatoren nachfolgend näher beleuchtet werden.

4.6.1 Einfache Kennzahlen für den Verflechtungsgrad

478. Einfache Kennzahlen für den Verflechtungsgrad aus der Perspektive eines Unternehmens sind etwa (i) die Zahl der konkurrierenden Unternehmen, mit denen das Unternehmen über gemeinsame Anteilseigner verbunden ist, (ii) die durchschnittliche Anzahl der Konkurrenzunternehmen, an denen die eigenen Anteilseigner außerdem beteiligt sind, oder (iii) die Summe der Beteiligungen, die diversifizierte Anteilseigner an einem Unternehmen halten.[210] Die Verflechtung zweier Unternehmen aufgrund gemeinsamer Anteilseigner kann mithilfe von Überschneidungsmaßen bestimmt werden. Die Überschneidung bemisst sich anhand der – je nach Indikator unterschiedlich erfassten bzw. gewichteten – Beteiligungshöhen eines oder mehrerer Anteilseigner, die Anteile an beiden Unternehmen halten.[211] Sowohl die Indikatoren, die den Verflechtungsgrad aus der Sicht eines Unternehmens quantifizieren, als auch die Überschneidungsmaße lassen sich aggregieren, um den durchschnittlichen Verflechtungsgrad mehrerer Unternehmen oder des gesamten Marktes zu beschreiben.

479. Die angesprochenen Maßzahlen eignen sich grundsätzlich dafür, die Entwicklung des Verflechtungsgrades über einen Zeitraum darzustellen.[212] Ebenso kann die Bedeutung indirekter Horizontalverflechtungen zwischen unterschiedlichen Unternehmen einer Branche oder aber zwischen Branchen in Relation zueinander gesetzt und verglichen werden. Neben rein deskriptiven Darstellungen finden solche Maße auch Verwendung in ökonometrischen Modellen, die den Zusammenhang zwischen Marktindikatoren und dem Verflechtungsgrad untersuchen.[213] Für sich genommen, d. h. ohne Vergleichsgröße, haben diese Maße allerdings nur eine begrenzte Aussagekraft. Sie sind weder modelltheoretisch fun-

---

[210] He, J./Huang, J., Product Market Competition in a World of Cross-Ownership: Evidence from Institutional Blockholdings, The Review of Financial Studies 30(8), 2017, S. 2674–2718.

[211] Die Verflechtung zwischen zwei Unternehmen A und B aufgrund von Beteiligungen durch M diversifizierte Anleger kann etwa auf Basis der durchschnittlichen Beteiligungshöhen berechnet werden, i. e. $\emptyset\_Ueberschneidung = \sum_{i=1}^{M} \frac{a_{i,A}+a_{i,B}}{2}$, wobei $a_{i,A}$ und $a_{i,B}$ die von Anteilseigner i gehaltenen Anteile an Unternehmen A bzw. B darstellen. Alternativ kann die Überschneidung auch anhand der jeweils geringeren Beteiligungshöhe, die ein Anteilseigner an A und B hält, ermittelt werden, i. e. $\min\_Ueberschneidung = \sum_{i=1}^{M} \min\{a_{i,A}, a_{i,B}\}$ oder mittels der nach der relativen Größe der Portfoliounternehmen gewichteten Beteiligungen, i. e. $gew\_Ueberschneidung = \sum_{i=1}^{M}(a_{i,A} * \frac{v_A}{v_A+v_B} + a_{i,B} * \frac{v_B}{v_A+v_B})$, wobei v_a und v_b die Marktwerte von A und B darstellen, Gilje, E./Gormley, T./Levit, D., The Rise of Common Ownership, SSRN Working Paper, 19. April 2018, S. 7 f.

[212] Beispiele für die deutsche Chemie- und Autoindustrie finden sich bei Seldeslachts, J./Newham, M./Banal-Estanol, A., Veränderungen bei gemeinsamen Eigentümerstrukturen deutscher Unternehmen, DIW-Wochenbericht 30/2017, S. 619.

[213] He, J./Huang, J., a. a. O.; Freeman, K., The Effects of Common Ownership on Customer-Supplier Relationships, Kelley School of Business Research Paper No. 16-84, 17. August 2017, und Gilje, E./Gormley, T./Levit, D., a. a. O.

diert noch stehen sie notwendigerweise in einem direkten Zusammenhang mit (potenziell antikompetitiven) Auswirkungen indirekter Horizontalverflechtungen auf die Anreizstrukturen der Portfoliounternehmen. Belastbare Aussagen über Wettbewerbseffekte von Minderheitsbeteiligungen diversifizierter Anleger lassen sich auf ihrer Basis nicht treffen.

4.6.2 Ökonomisch-theoretisch fundierte Maßzahlen

480. Neben den einfachen Verflechtungsmaßen existieren Indikatoren, die aus der Modelltheorie abgeleitet sind. Der bekannteste und am weitesten verbreitete ist der modifizierte Herfindahl-Hirschman-Index (MHHI).[214] Während der klassische HHI die Marktkonzentration auf der Grundlage der Anzahl der im Markt tätigen Unternehmen sowie der jeweils gehaltenen Marktanteile bestimmt,[215] kann der MHHI zusätzliche Konzentrationseffekte, die aus Horizontalverflechtungen resultieren, erfassen. Ursprünglich ist der MHHI im Kontext direkter Horizontalverflechtungen entwickelt worden, allerdings lässt sich die zugrunde liegende Logik auch auf indirekte Horizontalverflechtungen übertragen.

481. Ausgangspunkt ist die Annahme, dass die Unternehmen nicht nach der Maximierung der eigenen Gewinne streben, sondern die gewichteten Renditen ihrer Anteilseigner maximieren.[216] Hält ein Anteilseigner gleichzeitig Beteiligungen an konkurrierenden Unternehmen, berücksichtigen seine Portfoliounternehmen die Effekte ihrer unternehmerischen Entscheidungen auf die Gewinne der über gemeinsame Anteilseigner mit ihnen verbundenen Konkurrenten, da diese wiederum die Rendite des Anteilseigners beeinflussen. Daher wird angenommen, dass Unternehmen in der Folge weniger kompetitiv auftreten, wodurch die tatsächliche Konzentration im Markt höher ausfällt, als es sich aus der ausschließlichen Betrachtung von Marktanteilen ergeben würde.

482. Für einen Markt mit N konkurrierenden Unternehmen und M Anteilseignern ist der MHHI durch folgende Formel beschrieben:

$$MHHI = \sum_{j=1}^{N} \sum_{k=1}^{N} \frac{\sum_{i=1}^{M} \gamma_{ij}\beta_{ik}}{\sum_{i=1}^{M} \gamma_{ij}\beta_{ij}} s_j s_k$$

483. Der Marktanteil von Unternehmen j ist gegeben durch s_j. Die Höhe der finanziellen Beteiligung von Anteilseigner i an Unternehmen j ist β_{ij}. Der Ausdruck γ_{ij} beschreibt den relativen Einfluss[217], den Investor i auf die Unternehmensentscheidungen von Unternehmen j ausüben kann.[218] Alternativ kann der Ausdruck als Gewicht interpretiert werden, mit dem das Unternehmen die finanziellen Interessen von Investor i bei seinen Unternehmensentscheidungen berücksichtigt. Der Anreizterm, $\sum_{i=1}^{M} \gamma_{ij}\beta_{ik} / \sum_{i=1}^{M} \gamma_{ij}\beta_{ij}$, bildet den Einfluss auf Unternehmen j ab, den Investoren, die gleichzeitig auch am Konkurrenten k beteiligt sind, ausüben.[219]

484. Eine wichtige Eigenschaft des MHHI ist, dass er als Summe des traditionellen HHI und des MHHI-Deltas[220] – das die auf indirekte Horizontalverflechtungen zurückzuführende Konzentration misst – dargestellt werden kann:

---

[214] Bresnahan, T./Salop, S., Quantifying the competitive effects of production joint ventures, International Journal of Industrial Organization 4(2), 1986, S. 155–175. Die hier dargestellte Variante geht zurück auf Salop, S./O'Brien, D., a. a. O.

[215] Der HHI ist für einen Markt mit N Unternehmen wie folgt definiert: $HHI = \sum_{j=1}^{N} s_j^2$, wobei s_j der Marktanteil von Unternehmen j ist.

[216] Eine formelle Darstellung der dem MHHI zugrunde liegenden Gewinnfunktion sowie eine Herleitung und Veranschaulichung anhand von Zahlenbeispielen findet sich im Anhang zu diesem Abschnitt.

[217] Die englischsprachige Literatur spricht hier von „control weights", allerdings ist der Kontrollbegriff dort weiter zu verstehen als Kontrolle im Sinne des Wettbewerbsrechts („bestimmender Einfluss").

[218] Zu den unterschiedlichen Ansätzen, Einflussgewichte zu bestimmen, siehe auch Tz. 489.

[219] Siehe hierzu auch Tz. 1229 ff. im Anhang zu diesem Abschnitt.

[220] Das MHHI-Delta ist nicht zu verwechseln mit dem HHI-Delta, das im Fall einer Unternehmensfusion die Erhöhung der durch den HHI gemessenen Marktkonzentration beziffert.

$$MHHI = \underbrace{\sum_{j=1}^{N} s_j^2}_{HHI} + \underbrace{\sum_{j=1}^{N} \sum_{\substack{k=1 \\ k \neq j}}^{N} \frac{\sum_{i=1}^{M} \gamma_{ij} \beta_{ik}}{\sum_{i=1}^{M} \gamma_{ij} \beta_{ij}} s_j s_k}_{MHHI-Delta}$$

485. Bestehen keine indirekten Horizontalverflechtungen, ist das MHHI-Delta gleich 0 und der MHHI entspricht exakt dem HHI. Gleiches gilt, wenn zwar diversifizierte Anteilseigner existieren, ihre Portfoliounternehmen die unmittelbaren Auswirkungen ihres Handelns auf die Gewinne der Konkurrenten und damit mittelbar auf die Investorenrendite aber nicht berücksichtigen, etwa, weil die Anteilseigner keinen Einfluss geltend machen können. In diesen Fällen maximieren die Portfoliounternehmen weiterhin ihre eigenen Gewinne. Ein Risiko für den Wettbewerb aufgrund indirekter Horizontalverflechtungen besteht nicht.

486. Üben diversifizierte Investoren allerdings einen gewissen Einfluss auf ihre Portfoliounternehmen aus, ist das MHHI-Delta positiv und der MHHI folglich höher als der HHI. Grundsätzlich gilt, dass das MHHI-Delta zunimmt, je stärker indirekte Horizontalverflechtungen ausgeprägt sind und je größer der Einfluss diversifizierter Investoren auf Unternehmensentscheidungen ist. Unter den zusätzlichen Annahmen, dass die Unternehmen im Mengenwettbewerb (Cournot-Wettbewerb) stehen und ein homogenes Produkt herstellen, ist der MHHI proportional zu den industrieweiten Margen.[221] Je höher der MHHI ist, desto niedriger ist die von den Unternehmen gewählte Ausbringungsmenge, die mit höheren Preisen und einer geringeren Konsumentenwohlfahrt einhergeht.

487. Trotz dieser Eigenschaften, die den MHHI als Kennzahl des Verflechtungsgrades und Indikator möglicher Wettbewerbsrisiken auszeichnen, besteht eine Reihe methodischer Kritikpunkte. Anders als der HHI, der Werte zwischen 0 (vollständiger Wettbewerb) und 1 bzw. 10.000[222] (Monopol) annimmt, hat der MHHI keinen definierten Wertebereich. Zwar ist der MHHI nach unten auf 0 begrenzt und niemals kleiner als der HHI. Allerdings kann der MHHI in gewissen Konstellationen Werte oberhalb von 1 bzw. 10.000 erreichen und – in Extremfällen – sogar gegen unendlich tendieren.[223] Extreme Werte können zwar dadurch verhindert werden, dass geringfügige Beteiligungen unterhalb eines Schwellenwertes nicht berücksichtigt werden. Dennoch ist die Interpretation des ermittelten MHHI ebenso erschwert wie die Bestimmung kritischer Werte, die anzeigen, ab wann ein Markt als konzentriert anzusehen ist. Kritisch zu beurteilen sind außerdem die restriktiven modelltheoretischen Annahmen, die in der Regel nicht den tatsächlichen Marktgegebenheiten realer Märkte entsprechen. Inwiefern der MHHI hinreichend valide Aussagen zulässt, wenn eine oder mehrere der ihm zugrunde gelegten Annahmen nicht der Realität entsprechen, ist unklar.[224] Ferner bildet der MHHI ausschließlich Konzentrationseffekte ab, die auf unilaterale Verhaltensweisen zurückzuführen sind. Koordiniertes Verhalten, das durch indirekte Horizontalverflechtungen potenziell erleichtert werden kann,[225] wird nicht erfasst. Die tatsächliche Marktkonzentration und mögliche Risiken für den Wettbewerb können in solchen Fällen systematisch unterschätzt werden.

---

[221] Zum Zusammenhang von branchenweiten Margen und dem MHHI siehe auch Tz. 1231 im Anhang zu diesem Abschnitt.

[222] Wird der HHI auf Basis von Marktanteilen in absoluten Zahlen berechnet, d. h., der Marktanteil eines Monopolisten beträgt 1, ist der $HHI = 1^2 = 1$ im Monopolfall. Wird der HHI hingegen auf Basis von Prozentwerten berechnet, ist der $HHI = 100^2 = 10.000$.

[223] Werte über 10.000 können etwa entstehen, wenn neben diversifizierten institutionellen Investoren eine Vielzahl kleiner nicht diversifizierter Anleger existiert, die keinen Einfluss auf die Unternehmensentscheidung ausüben; vgl. hierzu die Beispiele von Lambert, T./Sykuta, M., The Case for Doing Nothing about Institutional Investors' Common Ownership of small Stakes in Competing Firms, University of Missouri School of Law Legal Studies Research Paper No. 2018-21, 4. Mai 2018, Fn. 49, und Gramlich, J./Grundl, S., Estimating the Competitive Effects of Common Ownership, Finance and Economics Discussion Series 29/2017, Divisions of Research & Statistics and Monetary Affairs Federal Reserve Board, Washington, S. 11. Die extremen Werte kommen hier zustande, weil die tatsächlichen der Berechnung zugrunde gelegten Marktanteile stark von denen abweichen, die sich eigentlich aufgrund des Einflusses der Investoren ergeben müssten.

[224] Vergleiche explizit zum Zusammenhang zwischen Preisniveau und MHHI bei abweichenden Annahmen auch O'Brien, D., Price-Concentration Analysis: Ending the Myth, and Moving Forward, SSRN Working Paper, 24. Juli 2017, und allgemeiner zum Zusammenhang von Preisen und Konzentrationsmaßen bei Mengenwettbewerb bereits Whinston, M., Antitrust Policy Toward Horizontal Mergers, in: Armstrong, M./Porter, R. (Hrsg.): Handbook of Industrial Organization, 3, 2007, S. 2369–2440.

[225] Siehe hierzu Gliederungspunkt 4.5.2.

488. In der Literatur ist der MHHI verallgemeinert worden, um ein breiteres Spektrum an Konstellationen etwa hinsichtlich der Beteiligungsstrukturen und Einflussmöglichkeiten abbilden zu können. Das oftmals als generalisierter HHI (GHHI) bezeichnete Maß kann sowohl direkte als auch indirekte Horizontalverflechtungen berücksichtigen sowie den kombinierten Einfluss, den ein Investor durch direkte und indirekte Beteiligungen[226] auf Unternehmensentscheidungen nehmen kann.[227]

489. Eine praktische Herausforderung bei der Berechnung des MHHI stellen zudem die im Vergleich zum HHI erhöhten Datenanforderungen dar.[228] Neben den Marktanteilen der Portfoliounternehmen sind die jeweiligen Beteiligungshöhen aller Anteilseigner zu erheben und die Einflussgewichte zu bestimmen. Obwohl die Beteiligungshöhen wie auch die Marktanteile grundsätzlich objektiv messbare Größen darstellen, kann es sich in der Praxis als schwierig herausstellen, alle Anteilseigner und ihre Beteiligungen zu ermitteln. Eine gängige Methode ist es, nur größere Investoren, die Anteile oberhalb eines kritischen Wertes halten, zu berücksichtigen. Weitere Schwierigkeiten sind mit der Bestimmung der Einflussgewichte verbunden. Hierbei handelt es sich um nicht beobachtbare Größen, die auf Basis nicht verifizierbarer Annahmen bestimmt werden müssen. Im einfachsten Fall wird von proportionalem Einfluss („proportional control") ausgegangen, d. h., der relative Einfluss entspricht der finanziellen Beteiligung oder den Stimmrechtsanteilen des jeweiligen Investors. Alternativ kann der Einfluss etwa auch proportional zu den Beteiligungen der größten Investoren angenommen werden[229] oder danach bestimmt sein, wie wichtig die Stimmen des jeweiligen Investors zur Erreichung der Stimmrechtsmehrheit sind[230]. Die Frage, ob und wie Anteilseigner Einfluss auf ihre Portfoliounternehmen ausüben und wie diese gegebenenfalls abweichende und gegenläufige Interessen von Investoren berücksichtigen, ist ungeklärt und umstritten. Daher kann nicht abschließend bewertet werden, welches Szenario die Realität am besten abbildet.[231]

490. Mithilfe des MHHI kann nicht nur die Marktkonzentration aus einer statischen Perspektive betrachtet werden, sondern es können auch Konzentrationsveränderungen infolge von Veränderungen der Eigentümerstruktur quantifiziert werden. So kann etwa gezeigt werden, wie sich die Konzentration verändert, wenn ein Investor die Höhe seiner Minderheitsbeteiligungen an einem oder mehreren Portfoliounternehmen steigert bzw. ein oder mehrere Unternehmen neu in sein Portfolio aufnimmt. Gleiches gilt für Zusammenschlüsse von Investoren. Da sich in den hier beschriebenen Fällen lediglich die Beteiligungsstruktur und die damit zusammenhängenden Einflussgewichte ändern, schlägt sich dies ausschließlich in einer Veränderung des MHHI-Delta nieder. Dagegen bleiben die Marktanteile der Portfoliounternehmen unberührt und folglich auch der HHI. Ebenso lassen sich anhand der Veränderung des MHHI auch die Auswirkungen von Zusammenschlüssen auf Ebene der Portfoliounternehmen darstellen. Die Steigerung des HHI spiegelt dabei die Konzentrationszunahme durch die reduzierte Anzahl an Marktteilnehmern wider. Die Veränderung des MHHI-Delta wiederum zeigt, wie sich zusammenschlussbedingte Änderungen der indirekten Horizontalverflechtungen auf die Marktkonzentration durchschlagen. Findet eine Beurteilung in letztgenanntem Fall lediglich auf Basis des HHI statt, wird somit nicht nur das Ausgangsniveau der Marktkonzentration unterschätzt, sondern gegebenenfalls auch die Konzentrationszunahme infolge der Übernahme.

---

[226] Ein Anteilseigner hält eine indirekte Beteiligung an einem Unternehmen j, wenn er an einem Unternehmen k beteiligt ist, das wiederum eine Beteiligung an Unternehmen j hält.

[227] Brito, D. u. a., Unilateral Effects Screens for Partial Horizontal Acquisitions: The Generalized HHI and GUPPI, International Journal of Industrial Organization 59, Juli 2018, S. 127–189, und Azar, J./Raina, S./Schmalz, M., Ultimate Ownership and Bank Competition, SSRN Working Paper, 23. Juli 2016.

[228] Aus Gründen der besseren Lesbarkeit wird im Folgenden ausschließlich der MHHI genannt. Die aufgezeigten Schwierigkeiten treffen gleichermaßen auf den GHHI zu.

[229] Azar, J./Schmalz, M./Tecu, I., Anti-Competitive Effects of Common Ownership, Journal of Finance (im Erscheinen), berechnen unterschiedliche MHHI auf Basis der größten zehn, fünf und drei Investoren sowie ausschließlich des größten Investors. Das Papier ist verfügbar als SSRN Working Paper, 13. Mai 2018.

[230] Als Gewichte dienen in diesen Fällen sog. Machtindizes, wie beispielsweise der Shapley-Shubik-Index oder der Banzhaf-Index. Systematische Darstellungen der Indizes und Anwendungsbeispiele finden sich etwa bei Brito, D. u. a., Unilateral Screens for Partial Horizontal Acquisitions: The Generalized HHI and GUPPI, a. a. O., und Campos, J./Vega, G., Concentration Measurement under Cross-Ownership: The Case of the Spanish Electricity Sector, Journal of Industry, Competition and Trade 3(4), 2003, S. 313–335.

[231] Zu den Möglichkeiten der Einflussnahme von Investoren auf Portfoliounternehmen siehe auch Gliederungspunkt 4.3.

491. Auswirkungen von Veränderungen der Markt- oder Beteiligungsstruktur auf das Preissetzungsverhalten können mittels des Pricing-Pressure-Indexes (PPI)[232] bzw. des generalisierten Gross-Upward-Pricing-Pressure-Indexes (GGUPPI)[233] dargestellt werden. Im Gegensatz zum MHHI gehen diese Ansätze davon aus, dass die Unternehmen im Preiswettbewerb (Bertrand-Wettbewerb) stehen und differenzierte Produkte herstellen. Die Indikatoren approximieren den Preiseffekt aufgrund von Veränderungen der Beteiligungen der Investoren oder durch Unternehmenszusammenschlüsse unter Berücksichtigung der horizontalen Verflechtungen.[234] Für jedes von der Veränderung der Marktstruktur unmittelbar betroffene Unternehmen ergibt sich ein eigener PPI- bzw. GGUPPI-Wert, der den entstehenden Preissetzungsspielraum für das jeweilige Unternehmen abschätzt unter der vereinfachenden Annahme, dass alle anderen Unternehmen ihre Preise konstant halten. Neben den Schwierigkeiten bei der Bestimmung der Einflussgewichte, die ebenso auf den PPI bzw. GGUPPI zutreffen,[235] sind die Datenanforderungen deutlich höher als bei der Berechnung des MHHI. Anstelle der Marktanteile werden nicht nur Preisdaten benötigt, sondern zusätzlich auch Informationen zu den Substitutionsbeziehungen zwischen den Unternehmen und den jeweiligen Grenzkosten der Produktion. Insbesondere bei den beiden Letztgenannten handelt es sich um Größen, die in vielen Fällen nicht beobachtbar sind und oftmals mithilfe aufwendiger Methoden geschätzt werden müssen.

4.7 Empirische Hinweise auf wettbewerbsschädliche Effekte

492. Obwohl die potenziell antikompetitiven Wirkungen von Horizontalverflechtungen in der ökonomischen Theorie seit Langem bekannt sind[236] und die Investitionsvolumina dieser Investoren kontinuierlich zunehmen, existierte lange Zeit keine empirische Literatur zu diesem Phänomen. Zwei aktuelle empirische Arbeiten,[237] die Hinweise auf wettbewerbsmindernde Effekte finden, haben nicht nur eine kontrovers geführte Debatte über die wettbewerblichen Gefahren durch institutionelle Investoren und mögliche Regulierungsmaßnahmen ausgelöst,[238] sondern auch weitere empirische Forschung in diesem Feld angestoßen. Die Erkenntnisse der noch jungen empirischen Literatur zum Zusammenhang zwischen Wettbewerbsintensität und Verflechtungen durch institutionelle Investoren sollen nachstehend zusammengefasst werden. Grundsätzlich zu unterscheiden sind hier Studien, die (i) den Zusammenhang zwischen diversifizierten Anlagestrategien institutioneller Investoren und dem Marktergebnis – oftmals dem Preis – innerhalb einer Branche untersuchen, von solchen, die (ii) den Zusammenhang zwischen dem Verflechtungsgrad aufgrund von Investorenbeteiligungen und einer Reihe von Marktindikatoren über eine Vielzahl von Branchen analysieren.

4.7.1 Marktspezifische Studien

493. Eine viel beachtete Arbeit von Azar, Schmalz und Tecu untersucht antikompetitive Effekte von Beteiligungen durch institutionelle Investoren im US-amerikanischen Flugverkehr.[239] Dazu nutzen die Autoren streckenspezifische Daten zu Ticketpreisen und Marktanteilen der Fluggesellschaften. Als Indikator für horizontale Verflechtungen dient der MHHI der jeweiligen Strecke. Die Ergebnisse der Panelregressionsanalyse zeigen, dass das Preisniveau – ceteris paribus – mit steigendem Grad der horizontalen Verflechtung statistisch signifikant zunimmt. Die Autoren testen die Robustheit der Resultate anhand einer Reihe unterschiedlicher Modellspezifikationen, verschiedener Varianten des MHHI und alternativer

---

[232] Der PPI geht zurück auf Salop, S./O'Brien, D., a. a. O.

[233] Der GGUPPI wurde entwickelt von Brito, D. u. a., a. a. O. Es handelt sich hierbei um eine verallgemeinerte Form des ursprünglichen GUPPI, der zurückgeht auf Salop, S./Moresi, S., Updating the Merger Guidelines: Comments, Georgetown Law Journal, 9. November 2009.

[234] PPI und GGUPPI verfolgen den gleichen Ansatz. Sie unterscheiden sich allerdings dahingehend, dass der GGUPPI den durch die Veränderung der Markt- oder Beteiligungsstruktur bedingten Preiseffekt in Relation zum Preis setzt, während der PPI diesen relativ zu den Grenzkosten der Produktion darstellt.

[235] Siehe hierzu bereits Tz. 489.

[236] Zu den Schadenstheorien vgl. bereits Abschnitt 4.5.

[237] Azar, J./Schmalz, M./Tecu, I., Anti-Competitive Effects of Common Ownership, a. a. O., und Azar, J./Raina, S./Schmalz, M., a. a. O.

[238] Zu den in die Diskussion eingebrachten Regulierungsvorschlägen siehe Abschnitt 4.8.

[239] Azar, J./Schmalz, M./Tecu, I., Anti-Competitive Effects of Common Ownership, a. a. O.

Maße für indirekte Horizontalverflechtungen. Zusätzlich nutzen die Autoren die Übernahme des institutionellen Investors Barclays Global Investors durch den Konkurrenten BlackRock im Jahr 2009 für eine sog. Differenzen-in-Differenzen-Analyse. Dabei wird die Marktentwicklung auf Märkten, in denen die horizontale Verflechtung durch die Investorenübernahme steigt, verglichen mit Kontrollmärkten, die vom Zusammenschluss nicht betroffen waren. Die Resultate dieser Analyse bestätigen die Erkenntnisse aus der Panel-Regression. Infolge der Barclays-Übernahme ist auf den betroffenen Strecken, auf denen der MHHI übernahmebedingt sprunghaft angestiegen ist, im Vergleich zu nicht betroffenen Strecken ein statistisch signifikanter Preisanstieg erfolgt. Je nach Modell bzw. Modellspezifikation sind die tatsächlichen Preise zwischen 3 und 12 Prozent höher als in einem hypothetischen Markt, in dem keine horizontalen Verflechtungen durch institutionelle Investoren bestehen. Die Autoren finden außerdem einen negativen Zusammenhang zwischen der Anzahl der verkauften Tickets und dem MHHI-Delta. Dies wird als Indiz dafür gesehen, dass die Preiseffekte nicht durch eine erhöhte Nachfrage getrieben sind, sondern auf die Verflechtung der Fluggesellschaften über gemeinsame Investoren zurückzuführen sind.

494. Eine methodisch vergleichbare Studie von Azar, Raina und Schmalz analysiert den Effekt von Horizontalverflechtungen auf Zinsen und Kontoführungsgebühren in den USA.[240] Im Gegensatz zum Luftverkehrsmarkt bestehen nicht nur indirekte, sondern auch direkte Horizontalverflechtungen, da viele Banken Anteile an direkten Konkurrenten halten. Als Indikator für den Verflechtungsgrad wird daher der GHHI, der beide Arten der Verflechtung abbildet, verwendet.[241] Die Ergebnisse geben Hinweise darauf, dass die Kontoführungsgebühren statistisch signifikant mit dem Verflechtungsgrad zunehmen. Sparzinsen hingegen nehmen gleichzeitig ab. Wie auch in der Untersuchung zum Luftverkehrsmarkt deuten unterschiedliche Spezifikationen und Schätzmodelle auf die Robustheit der Ergebnisse hin.

495. Die beiden genannten Studien sind in einer Reihe von Arbeiten kritisiert worden.[242] Die geäußerten Kritikpunkte lassen sich grob in drei Kategorien einteilen. Erstens wird argumentiert, dass in der Oligopoltheorie kein eindeutiger Zusammenhang zwischen Konzentrationsmaßen und Marktindikatoren wie Preis und Menge besteht, wenn die restriktiven, dem MHHI zugrunde liegenden Annahmen nicht zutreffen.[243] Somit ließen die Schätzmodelle auch keine Aussagen darüber zu, ob ein höherer Grad der Verflechtung zu antikompetitiven Effekten führt. Zweitens sind die Papiere aufgrund der ökonometrischen Vorgehensweise angegriffen worden. Die empirischen Ergebnisse seien verzerrt, da die Autoren die Endogenität[244] des MHHI bzw. des GHHI nicht vollständig identifiziert hätten und die gewählten ökonometrischen Methoden zu deren Behebung unzulänglich seien.[245] Neben diesen grundsätzlichen Kritikpunkten ist drittens der Umgang mit fehlenden Daten und Unternehmensinsolvenzen im Beobachtungszeitraum hinterfragt worden, die die

---

[240] Azar, J./Raina, S./Schmalz, M., a. a. O.

[241] Zum GHHI siehe oben Tz. 488.

[242] Einige der kritischen Arbeiten sind zum Teil durch das Investment Company Institute (ICI) – die weltweit größte Interessenvertretung von Investoren – finanziert worden, vgl. O'Brien, D./Waehrer, K., The Competitve Effects of Common Ownership: We know less than we think, Antitrust Law Journal 81(3), 2017, S. 729, und Kennedy, P. u. a., The Competitive Effects of Common Ownership: Economic Foundations and Empirical Evidence, SSRN Working Paper, 24. Juli 2017, S. 1.

[243] Siehe hierzu bereits Tz. 487 und O'Brien, D., Price-Concentration Analysis: Ending the Myth, and Moving Forward, a. a. O.; O'Brien, The Competitive Effects of Common Ownership: Ten Points on the Current State of Play, Hintergrundpapier zum 128. Meeting des Wettbewerbskomitees der OECD, 5. und 6. Dezember 2017, S. 6 f., und Patel, M., a. a. O., S. 24 ff.

[244] Endogenität bedeutet in der Ökonometrie, dass die erklärende Variable (hier MHHI bzw. HHI und MHHI-Delta) mit dem Fehlerterm korreliert ist und somit der kausale Effekt der erklärenden Variable auf die erklärte Variable (hier Ticketpreise bzw. Bankgebühren) verzerrt gemessen wird.

[245] O'Brien, D., Price-Concentration Analysis: Ending the Myth, and Moving Forward, a. a. O.; O'Brien, The Competitive Effects of Common Ownership: Ten Points on the Current State of Play, a. a. O., S. 6 f.; O'Brien, D./Waehrer, K., a. a. O., und Gramlich, J./Grundl, J., a. a. O., S. 6.

Ergebnisse potenziell verfälschen können.[246] In der überarbeiteten Fassung der Luftverkehrsstudie haben die kritisierten Autoren zusätzliche Spezifikationen aufgenommen, die auf die Robustheit der Ergebnisse hindeuten.[247]

496. Drei der kritischen Papiere führen eigene empirische Untersuchungen durch. Kennedy u. a. nutzen dazu einen vergleichbaren Datensatz zum Luftverkehrsmarkt, kommen jedoch zu grundlegend abweichenden Ergebnissen.[248] Zwar replizieren die Autoren in einem ersten Schritt die Resultate der angegriffenen Studie, verwerfen diese jedoch aus den dargelegten Gründen (vgl. Tz. 495). Eine alternative Spezifikation des Panelregressionsmodells, das anstelle des MHHI Anreizterme[249] als Indikator für Horizontalverflechtungen verwendet, zeigt hingegen sogar einen statistisch signifikanten negativen Zusammenhang zwischen dem Preisniveau und dem Verflechtungsgrad. Zusätzlich verwenden die Autoren ein sog. strukturelles Modell, das Angebot und Nachfrage für Flugtickets explizit modelliert. Die Ergebnisse weisen keinen statistisch signifikanten Effekt indirekter Horizontalverflechtungen auf Ticketpreise nach. Allerdings sind auch methodische Bedenken gegen die beiden alternativen ökonometrischen Analysen erhoben und Zweifel an der Interpretation der Ergebnisse geäußert worden.[250] Auch die Studie von Dennis, Gerardi und Schenone verwendet in einem ersten Schritt einen vergleichbaren Datensatz und gelangt zu sehr ähnlichen Ergebnissen wie das ursprüngliche Papier von Azar, Schmalz und Tecu.[251] In der weiterführenden Analyse generieren die Autoren einen um potenzielle Fehlerquellen bereinigten Datensatz und schlagen alternative Instrumente als Lösung für das Endogenitätsproblem vor. Die Ergebnisse zeigen keinen statistisch signifikanten Zusammenhang zwischen dem Verflechtungsgrad und den durchschnittlichen Ticketpreisen. Sowohl die Vorgehensweise als auch die Ergebnisse bzw. ihre Interpretation sind angegriffen worden.[252] Gramlich und Grundl nutzen einen eigenständigen Datensatz aus dem Bankensektor in den USA.[253] Anstelle des MHHI nutzen die Autoren Anreizterme.[254] Die vorläufigen Ergebnisse[255] zeigen je nach Spezifikation pro- oder antikompetitive Effekte von indirekten Horizontalverflechtungen und lassen keine eindeutigen Rückschlüsse auf wettbewerbliche Wirkungen indirekter Horizontalverflechtungen zu. Die Validität auch dieser Studienergebnisse ist infrage gestellt worden.[256]

497. Newham, Seldeslachts und Banal-Estanol untersuchen die Effekte von indirekten Horizontalverflechtungen auf Markteintritte in der Pharmaindustrie.[257] Dazu analysieren die Autoren Entscheidungen von Generikaherstellern, nach Auslaufen von Patenten von Wettbewerbern selbst ein Nachahmerpräparat auf dem amerikanischen Markt anzubieten.

---

[246] Dennis, P./Gerardi, K./Schenone, C., Common Ownership Does Not Have Anti-competitive Effects in the Airline Industry, SSRN Working Paper, 5. Februar 2018.

[247] Azar, J./Schmalz, M./Tecu, I., Reply to: „Common Ownership Does Not Have Anti-Competitive Effects in the Airline Industry", SSRN Working Paper, 24. April 2018, und Elhauge, E., New Evidence, Proofs, and Legal Theories on Horizontal Shareholding, SSRN Working Paper, 4. Januar 2018.

[248] Kennedy, P. u. a., a. a. O.

[249] Zu Anreiztermen, die Teil des MHHI sind, siehe bereits Tz. 483 sowie im Anhang Tz. 1229 ff. Vorteilhaft bei der Verwendung von Anreiztermen ist, dass das mit dem MHHI verbundene Endogenitätsproblem nicht besteht oder weniger stark ausgeprägt ist, vgl. Kennedy, P. u. a., a. a. O., S. 14 f. Allerdings werden so lediglich die aus der Verflechtung durch gemeinsame Investoren entstehenden antikompetitiven Anreize erfasst, nicht jedoch, ob es sich bei den Unternehmen um große Marktteilnehmer mit entsprechendem starken Einfluss auf das Marktergebnis handelt oder um kleine Anbieter; vgl. Elhauge, E., The Growing Problem of Horizontal Shareholding, Antitrust Chronicle 3(1), 2017, S. 8 f.

[250] Azar, J./Schmalz, M./Tecu, I., The Competitive Effects of Common Ownership: Economic Foundations and Empirical Evidence: Reply, SSRN Working Paper, 28. September 2017, und Elhauge, E., New Evidence, Proofs, and Legal Theories on Horizontal Shareholding, a. a. O., S. 19 ff.

[251] Dennis, P./Gerardi, K./Schenone, C., Common ownership does not have anti-competitive effects in the airline industry, a. a. O.

[252] Elhauge, E., New Evidence, Proofs, and Legal Theories on Horizontal Shareholding, a. a. O., S. 21 f.

[253] Gramlich, J./Grundl, S., a. a. O.

[254] Vgl. hierzu bereits Fn. 249.

[255] Die Autoren bezeichnen ihre Ergebnisse als vorläufig, da Irregularitäten in den Daten bestehen, vgl. Gramlich, J./Grundl, S, a. a. O., S. 1.

[256] Elhauge, E., New Evidence, Proofs, and Legal Theories on Horizontal Shareholding, a. a. O., S. 22.

[257] Newham, M./ Seldeslachts, J./Banal-Estanol, A., Common Ownership and Market Entry: Evidence from the Pharmaceutical Industry, DIW Discussion Paper No. 1738, Mai 2018.

Die Ergebnisse deuten darauf hin, dass ein Markteintritt eines Generikaherstellers weniger wahrscheinlich ist, wenn dieser mit dem Hersteller des Originalpräparats über gemeinsame Anteilseigner verbunden ist. Die Autoren sehen die Gefahr, dass dadurch die Intensität des Preiswettbewerbs eingeschränkt wird, woraus höhere Arzneimittelpreise und folglich höhere Kosten im Gesundheitswesen resultieren können. Xie und Gerakos finden außerdem Hinweise darauf, dass die Wahrscheinlichkeit sogenannter „Pay for Delay"-Vereinbarungen mit steigendem Verflechtungsgrad zunimmt.[258] Hierbei verzichtet der Generikahersteller auf einen Markteintritt oder verzögert diesen, wird dafür jedoch von dem Hersteller des Originalpräparats kompensiert, der so weniger Wettbewerb fürchten muss. Die Autoren werten Aktienkursgewinne bei Herstellern von Originalpräparaten um den Zeitpunkt der „Pay for Delay"-Vereinbarung als Indiz dafür, dass ein solcher Abkauf von Wettbewerb antikompetitive Effekte hat.[259]

4.7.2 Marktübergreifende Studien

498. Azar untersucht mittels einer Panelregressionsanalyse den Zusammenhang zwischen der Verbreitung institutioneller Investoren und der Unternehmensprofitabilität in den USA.[260] Als Datenbasis dienen Informationen zu rund 7.300 Unternehmen in 210 Industriezweigen über einen Zeitraum von 42 Quartalen. Die Ergebnisse liefern Indizien für antikompetitive Wirkungen und zeigen, dass eine höhere Verflechtung durch diversifizierte Investoren innerhalb einer Industrie zu statistisch signifikant höheren Margen führt.

499. Eine weitere branchenübergreifende Untersuchung von He und Huang analysiert, wie sich der Verflechtungsgrad durch Beteiligungen diversifizierter Investoren auf eine Reihe von Unternehmensindikatoren auswirkt.[261] Als Datengrundlage dienen Quartalsdaten von börsengehandelten Unternehmen in den USA aus den Jahren 1980 bis 2014. Es zeigt sich, dass die Unternehmen mit horizontalen Verflechtungen im Beobachtungszeitraum ein stärkeres Marktanteilswachstum bei gleichzeitig höherer Profitabilität aufweisen. Im Gegensatz zur erstgenannten Studie deuten die Resultate eher darauf hin, dass indirekte Horizontalverflechtungen mit Effizienzvorteilen einhergehen und nicht (vorrangig) auf antikompetitive Verhaltensweisen zurückzuführen sind. Die Autoren zeigen außerdem, dass die Kooperationshäufigkeit in Form von Gemeinschaftsunternehmen und strategischen Partnerschaften sowie die Wahrscheinlichkeit von Unternehmensübernahmen und die Innovationstätigkeit mit zunehmendem Verflechtungsgrad steigen. Ein positiver Zusammenhang zwischen der Innovationstätigkeit und Minderheitsbeteiligungen durch diversifizierte Investoren wird zudem in weiteren empirischen Arbeiten bestätigt.[262] Allerdings existieren auch Hinweise darauf, dass die Investitionen der Unternehmen mit steigendem Verflechtungsgrad abnehmen.[263]

4.7.3 Zusammenfassende Bewertung der empirischen Studien

500. Zusammenfassend ist festzuhalten, dass die Anzahl der bislang vorliegenden empirischen Studien zu Wettbewerbseffekten indirekter Horizontalverflechtungen gering ist. Ihre Ergebnisse sind zum Teil widersprüchlich. Insbesondere bei den marktspezifischen Studien ist zudem die methodische Vorgehensweise umstritten. Dies gilt sowohl für die Studien, die wettbewerbsschädliche Effekte aufzeigen, als auch für solche, die einen solchen Zusammenhang bestreiten. Die Studien beschränken sich zudem auf drei ausgewählte Märkte in den USA und sind aufgrund der dort vorherrschenden Marktgegebenheiten nur bedingt auf andere Märkte übertragbar. Die Tatsache, dass bislang keine eindeutigen empirischen Belege für antikompetitive Effekte indirekter Horizontalverflechten erbracht worden sind, lässt jedoch auch

---

[258] Xie, J./Gerakos, J., Institutional cross-holdings and generic entry in the pharmaceutical industry, Working Paper, 10. Mai 2018.

[259] Siehe zur "Pay for Delay"-Problematik auch Monopolkommission, XXI. Hauptgutachten, a. a. O., Tz. 1031 ff. und dieses Hauptgutachten, Tz. 797 ff.

[260] Azar, J., A new look at oligopoly: Implicit collusion through portfolio diversification, Dissertation, Princeton, Mai 2012, Kapitel 6.

[261] He, J./Huang, J., a. a. O.

[262] Anton, M. u. a., Innovation: The Bright Side of Common Ownership?, SSRN Working Paper, 10. März 2017; Geng, H./Hau, H./Lai, S., Patent Success, Patent Holdup, and the Structure of Property Rights, Working Paper, 21. Januar 2018; Kostovetsky, L./Manconi, A., Common Institutional Ownership and Diffusion of Innovation, SSRN Working Paper, 15. Mai 2018.

[263] Gutiérrez, G./Philippon, T., Investmentless Growth: An Empirical Investigation, Brookings Papers on Economic Activity, Herbst 2017, S. 89–169, und Gutiérrez, G./Philippon, T., Governance, short-termism, and investment, Working Paper, März 2017.

nicht den Rückschluss zu, dass dieser Zusammenhang nicht besteht. Es ist bislang auch nicht erwiesen, dass die in der ökonomischen Theorie aufgezeigten antikompetitiven Effekte in der Realität nicht existieren. Die Studien zur Innovationstätigkeit können als Indiz dafür gewertet werden, dass Beteiligungen diversifizierter Investoren effizienzsteigernde Effekte haben können. Gleichzeitig liefern sie zusätzliche Hinweise darauf, dass diversifizierte Investoren prinzipiell einen Einfluss auf Unternehmensentscheidungen ausüben können, der in der Folge auch zur Beschränkung der Intensität des Wettbewerbs zwischen den Portfoliounternehmen führen könnte.

4.8 Maßnahmen gegen potenzielle Wettbewerbsrisiken

501. Die empirischen Studien zum Flugverkehrs- und Bankenmarkt haben eine kontrovers geführte Debatte darüber entfacht, ob (i) Handlungsbedarf besteht und wie (ii) mögliche Maßnahmen zur Eindämmung indirekter Horizontalverflechtungen bzw. ihrer potenziell antikompetitiven Effekte ausgestaltet sein könnten. Die Diskussion ist fast ausschließlich von Wissenschaftlern und Praktikern in den USA geführt worden. Ihre Vorschläge sind daher stark im US-amerikanischen (Wettbewerbs-)Recht verankert. Aufgrund systematischer Unterschiede zwischen dem amerikanischen Recht auf der einen Seite und dem deutschen und europäischen auf der anderen, kann an dieser Stelle auf eine konkrete Darstellung der einzelnen Vorschläge verzichtet werden. Allerdings sollen die zugrunde liegenden Regelungskonzepte im Folgenden gewürdigt werden.

502. Eine weitere in diesem Kontext zu erörternde Frage ist die nach der Berücksichtigung von Minderheitsbeteiligungen diversifizierter Investoren in der Fusionskontrolle, wenn die Zusammenschlussbeteiligten und bzw. oder weitere Marktteilnehmer über gemeinsame Investoren miteinander verbunden sind. Diese Frage hat bislang kaum Eingang in die Debatte gefunden, ist jedoch von der Europäischen Kommission im Fall Dow/DuPont thematisiert worden (Abschnitt 4.8.2).

4.8.1 Vorschläge zur Begrenzung indirekter Horizontalverflechtungen

503. Die im Folgenden dargestellten Konzepte zur Eindämmung indirekter Horizontalverflechtungen bzw. potenziell hieraus resultierender antikompetitiver Effekte lassen sich grob in drei Bereiche einteilen: (i) die Prüfung von Minderheitsbeteiligungen diversifizierter Investoren im Rahmen der Fusionskontrolle, (ii) regulatorische Ansätze zur Begrenzung indirekter Horizontalverflechtungen sowie (iii) Verschärfungen der Corporate-Governance-Regeln für institutionelle Investoren.

504. Eine ausschließlich auf die Wettbewerbswirkung ausgerichtete Bewertung der Vorschläge würde allerdings zu kurz greifen, da die Maßnahmen zum Teil weitreichende Konsequenzen für die Portfoliodiversifikation institutioneller Anleger haben, Eigentumsrechte gegebenenfalls massiv einschränken und bzw. oder deren Rolle in der Corporate Governance verändern. Dies gilt insbesondere, weil ein Zielkonflikt zwischen der – aus wettbewerblichen Gesichtspunkten möglicherweise wünschenswerten – Begrenzung des Verflechtungsgrades und der – aus einer Finanzmarktperspektive wünschenswerten – Portfoliodiversifikation durch institutionelle Anleger und einer aktiven Rolle im Rahmen der Corporate Governance bestehen kann.[264] In diesem Zusammenhang darf beispielsweise auch die wichtige Rolle institutioneller Investoren für eine marktbasierte Unternehmensfinanzierung nicht außer Acht gelassen werden.

505. Für eine systematische Bewertung der Konzepte ist es hilfreich, die mit ihnen verbundenen Kosten zu analysieren. Zu differenzieren sind administrative Kosten und sog. Fehlerkosten. Administrative Kosten fallen unmittelbar aufgrund der (wettbewerbs)behördlichen Durchsetzung der Regelung an. Ferner sind hierunter auch Kosten zu fassen, die den betroffenen Marktteilnehmern – hier den Investoren und ihren Portfoliounternehmen – aufgrund der Regelung entstehen. Diese können durch die vorherige Prüfung, ob ein Verhalten regelkonform ist, entstehen, aus Rechtsunsicherheit erwachsen oder bei der Befolgung der Regeln anfallen.

506. Fehlerkosten entstehen, wenn aufgrund der Regelanwendung unerwünschte Effekte eintreten. Fehler lassen sich in zwei Kategorien unterteilen. Unterbindet eine Regelung wohlfahrtsförderndes Verhalten, spricht man von einem Fehler erster Ordnung oder Typ-I-Fehler. Verhindert eine Regelung ein Verhalten nicht, obwohl mit ihm wohlfahrtsschädigende

---

[264] Azar, J./Schmalz, M./Tecu, I., Why Common Ownership Creates Antitrust Risks, CPI Antitrust Chronicle, Juni 2017, S. 7 f.

Effekte verbunden sind, entsteht ein Fehler zweiter Ordnung oder Typ-II-Fehler. Eine optimale Maßnahme vermeidet idealerweise beide Fehlertypen. Da allerdings ein grundsätzlicher Zielkonflikt zwischen wettbewerblichen Zielen und einer Finanzmarktperspektive herrscht, kann es notwendig werden, zwischen den Zielen abzuwägen. Eine restriktive Regel, die indirekte Horizontalverflechtungen stark beschränkt, senkt das Risiko wettbewerbsmindernder Effekte. Gleichzeitig steigt aber die Gefahr, dass die aus einer Finanzmarktperspektive begrüßenswerte Diversifikation reduziert wird. Im umgekehrten Fall einer sehr zurückhaltenden Regelung sind eine starke Diversifikation und eine aktive Rolle in der Corporate Governance weiterhin möglich, aber potenziell wettbewerbsschädliches Verhalten wird gegebenenfalls nicht effektiv verhindert.

507. In der gegenwärtigen Situation, in der indirekte Horizontalverflechtungen durch Minderheitsbeteiligungen diversifizierter Investoren keiner Beschränkung unterliegen, besteht ein potenziell höheres Risiko für Fehler zweiter Ordnung, da es keine Handhabe gibt, potenziell wettbewerbsschädliche Effekte aufgrund indirekter Horizontalverflechtungen zu verhindern. Gleichzeitig sind Fehler erster Ordnung ausgeschlossen, da weder die Diversifikation der Portfolios noch das Engagement in der Corporate Governance über die bestehenden sonstigen gesetzlichen Bestimmungen eingeschränkt werden. Administrative Kosten fallen ebenso keine an.

4.8.1.1 Fusionskontrollrechtliche Prüfung von Minderheitsbeteiligungen diversifizierter Investoren

508. Ein denkbares Mittel, um potenziellen Wettbewerbsrisiken entgegenzuwirken, ist eine Erstreckung der Fusionskontrolle auf nicht kontrollierende Minderheitsbeteiligungen durch diversifizierte Investoren. Da eine Prüfung aller Minderheitsbeteiligungen eine große Anzahl an Fällen mit unverhältnismäßig hohen administrativen Kosten für alle Beteiligten zur Folge hätte, sind in der Literatur Aufgreifschwellen für eine behördliche Kontrolle bzw. Safe-Harbour-Regeln vorgeschlagen worden. Eine Safe-Harbour-Regel definiert einen Grenzwert, unterhalb dessen Beteiligungen diversifizierter Anteilseigner als wettbewerblich unbedenklich eingestuft werden. Nur wenn die Aufgreifschwelle bzw. der Safe Harbour infolge einer Veränderung der Beteiligungsstruktur erreicht oder überschritten wird, würde eine (dem Beteiligungserwerb vor- oder nachgelagerte) einzelfallspezifische Untersuchung der erwartbaren (wettbewerblichen) Auswirkungen erfolgen. Ergäbe die anschließende Prüfung, dass eine Verringerung der Wettbewerbsintensität wahrscheinlich wäre, wäre die Beteiligung zu untersagen oder könnte nur unter Auflagen freigegeben werden.

509. Unabhängig von der Art der Aufgreifschwelle bzw. des Safe Harbours gilt grundsätzlich, dass ein niedrig angesetzter Schwellenwert mit hohen administrativen Kosten einhergeht, da (zumindest bei einer vorgelagerten Untersuchung) viele Fälle aufgegriffen und einer formellen Prüfung zu unterziehen wären. Dabei müsste es nicht zwangsläufig zu einem Fehler erster Ordnung durch eine übermäßige Einschränkung wettbewerblich unkritischer Minderheitsbeteiligungen kommen, da die Entscheidung über die Zulässigkeit des Anteilserwerbs erst im Rahmen der anschließenden Prüfung erfolgt. Eine zu hohe Aufgreifschwelle würde hingegen die Anzahl der zu prüfenden Fälle und damit die administrativen Kosten senken, gleichzeitig aber das Risiko von Fehlern zweiter Ordnung durch das Zustandekommen potenziell wettbewerbsschädlicher Beteiligungen ohne Prüfungsmöglichkeiten erhöhen.

510. Um nähere Aussagen über Fehler- und Durchsetzungskosten treffen zu können, muss die spezifische Ausgestaltung der jeweiligen Regelung beachtet werden. Vorgeschlagen wurden etwa Schwellenwerte auf der Grundlage des MHHI bzw. des MHHI-Deltas.[265] Vorteil einer solchen Herangehensweise ist, dass die Entscheidung, ob eine Prüfung im Rahmen der Fusionskontrolle eingeleitet wird, auf Basis eines theoretisch fundierten Maßes erfolgt. Zwar kann aus dem MHHI kein unmittelbarer Wettbewerbseffekt abgeleitet werden, dennoch dürfte das Maß als Indikator eine gewisse Aussagekraft haben und hilfreich dabei sein, unkritische von potenziell problematischen Fällen zu unterscheiden. Allerdings ergibt sich eine Reihe von Schwierigkeiten bei der Bestimmung des MHHI.[266] Zunächst ist es notwendig, eine Marktabgrenzung vorzunehmen. Da es sich in der Realität oft um Mehrproduktunternehmen handelt, sind in diesen Fällen alle relevanten Märkte abzugrenzen, um marktspezifische MHHIs ermitteln zu können. Schließlich müssen ausreichende Informationen über die Beteiligungsstrukturen nicht nur von den unmittelbar betroffenen Unternehmen vorlie-

---

[265] Elhauge, E., Essay – Horizontal Shareholding, a. a. O., S. 1301 ff.

[266] Siehe hierzu bereits Tz. 489.

gen, sondern von allen im Markt tätigen Anbietern. Damit geht ein erheblicher Aufwand für die zuständige Behörde einher. Ferner würde die Rechtsunsicherheit aufseiten der Investoren erhöht, da sie aufgrund fehlender Informationen, unterschiedlicher Berechnungsmöglichkeiten des MHHI und abweichender Marktabgrenzungen nur schwerlich in der Lage sein dürften, abzuschätzen, ob der Erwerb einer Minderheitsbeteiligung kontrollpflichtig wäre.[267]

511. Zudem stellt sich die Frage nach der Höhe des Schwellenwertes. Elhauge schlägt vor, dass eine behördliche Prüfung dann erfolgen soll, wenn eine Minderheitsbeteiligung dazu führt, dass der MHHI den Wert von 2.500 überschreitet und gleichzeitig das MHHI-Delta einen Wert von mehr als 200 erreicht.[268] Die Werte orientieren sich an den US-amerikanischen Merger Guidelines für den traditionellen HHI.[269] Allerdings weicht der Vorschlag systematisch von der in den Merger Guidelines festgeschriebenen Vorgehensweise ab. Dort kommt es darauf an, dass sich der HHI infolge des Anteilserwerbs um 200 Punkte erhöht. Das MHHI-Delta hingegen bemisst nicht den zusätzlichen Konzentrationseffekt, sondern den Konzentrationseffekt der Gesamtheit aller Minderheitsbeteiligungen innerhalb eines Marktes. Somit könnten bereits marginale Veränderungen eine Vielzahl von Prüfungen erforderlich machen, wenn der MHHI und das MHHI-Delta bereits über 2.500 bzw. 200 liegen, wodurch erhebliche administrative Kosten entstehen können. O'Brien und Waehrer halten eine Safe-Harbour-Regelung auf Basis des MHHI für denkbar.[270] Dies setze aber voraus, dass die Behörden belastbare Erkenntnisse hinsichtlich der zur Berechnung des MHHI benötigten Einflussgewichte haben. Konkrete Schwellenwerte schlagen die Autoren nicht vor.

512. Der Alternativvorschlag von Rock und Rubinfeld sieht einen Safe Harbour für Minderheitsbeteiligungen unterhalb von 15 Prozent vor, wenn der Anteilseigner nicht im Aufsichtsrat vertreten ist und sein Engagement in der Corporate Governance nicht über das übliche Maß hinausgeht.[271] Ob eine Minderheitsbeteiligung unterhalb der Schwelle bleibt oder aber eine Prüfung möglicher wettbewerbsschädlicher Effekte erfolgen muss, ist anhand dieser Regelung einfach festzustellen. Von Vorteil ist dabei, dass es weder einer vorherigen Marktabgrenzung noch näherer Informationen zu Marktanteilen und Beteiligungsstrukturen des betroffenen Unternehmens und seiner Konkurrenten bedarf. Die Vorhersehbarkeit für Investoren und Portfoliounternehmen ist entsprechend größer, und es entstehen geringe administrative Kosten bei der behördlichen Ermittlung, ob eine Prüfung erforderlich ist.

513. Die 15-Prozent-Regelung vermeidet zwar einige mit dem vorhergehenden Ansatz verbundene Herausforderungen, ist ihrerseits jedoch mit grundlegenden Problemen behaftet. Zunächst erscheinen 15 Prozent recht hoch gegriffen zu sein, da institutionelle Investoren häufig wesentlich geringere Beteiligungen halten. Somit besteht die Gefahr, dass zu viele wettbewerblich bedenkliche Fälle nicht aufgegriffen werden (Fehler zweiter Ordnung). Aus den Ausführungen der Autoren wird deutlich, dass der Vorschlag weniger von der Sorge um antikompetitive Effekte von Horizontalverflechtungen getrieben ist als von der Sorge, dass bei einer zu niedrigen Aufgreifschwelle erhebliche Rechtsunsicherheiten für Investoren bestehen können.[272]

514. Entscheidender als die Höhe des Schwellenwerts sind die konzeptionellen Probleme dieses Ansatzes. Wie die vorhergehenden Ausführungen zeigen, ist nicht die Anteilshöhe der Minderheitsinvestoren als solche problematisch, sondern vielmehr die Verflechtung im Markt und die Interessenlage der institutionellen Investoren. So könnte es bereits bei geringen Beteiligungshöhen zu starken Wettbewerbseffekten kommen, wenn die Investoren breit im Markt diversifiziert und gleichmäßige Anteile an den Portfoliounternehmen halten. Dies gilt insbesondere, wenn die einzelnen Investoren

---

[267] Posner, E./Scott Morton, F./Weyl, G., A Proposal to Limit the Anti-Competitive Power of Institutional Investors, Antitrust Law Journal (im Erscheinen). Verfügbar als SSRN Working Paper, 22. März 2017, S. 9.

[268] Elhauge, E., Essay – Horizontal Shareholding, a. a. O., S. 1303.

[269] Die U.S. Merger Guidelines klassifizieren einen Markt mit einem HHI oberhalb von 2.500 als hoch konzentriert und gehen davon aus, dass eine Fusion wahrscheinlich die Marktmacht erhöht, wenn der HHI in einem konzentrierten Markt durch die Übernahme um 200 oder mehr Punkte ansteigt; siehe U.S. Department of Justice and the Federal Trade Commission, Horizontal Merger Guidelines, 19. August 2010, S. 18.

[270] O'Brien, D./Waehrer, K., a. a. O., S. 34.

[271] Rock, E./Rubinfeld, D., Antitrust for Institutional Investors, a. a. O., S. 42 ff.

[272] Ebenda, S. 1, und Patel, M., a. a. O., S. 3.

zwar deutlich unterhalb des Schwellenwertes liegen, aber ähnliche Interessen geltend machen.[273] Die 15-Prozent-Regel würde solche Fälle trotz potenzieller Risiken nicht aufgreifen. Andererseits ist es möglich, dass eine nicht unerhebliche Erhöhung einer Minderheitsbeteiligung prokompetitive Effekte haben kann, wenn dadurch der Investor verstärkt auf die Gewinne des betroffenen Unternehmens achtet und die Gewinne der Konkurrenten weniger wichtig für die Gesamtrendite werden. In diesem Fall entstehen zumindest administrative Kosten durch die Einleitung einer Prüfung, obwohl wettbewerbsbehindernde Effekte von vornherein nicht zu erwarten sind.

515. Grundsätzlich gilt bei allen beschriebenen Ansätzen, dass sie lediglich bestimmen, ob eine Minderheitsbeteiligungen fusionskontrollrechtlich zu prüfen ist. Wie im Fall einer Prüfung weiter zu verfahren ist und nach welchen Kriterien zu entscheiden ist, bleibt davon unberührt. Über die voranstehenden grundsätzlichen Aussagen hinaus lassen sich folglich keine Aussagen über in der Prüfung anfallende administrative Kosten oder Kosten aufgrund von möglichen Fehlentscheidungen treffen.

4.8.1.2 Regulierungsmaßnahmen zur Begrenzung indirekter Horizontalverflechtungen

516. Alternativ zu den Aufgriffsschwellen bzw. Safe-Harbour-Regeln im Rahmen der Fusionskontrolle sind Regulierungsvorschläge unterbreitet worden, die eine feste Obergrenze für Minderheitsbeteiligungen durch diversifizierte Investoren ziehen. Damit geht einher, dass nicht nur die Erhöhung des Verflechtungsgrades eingeschränkt wird, sondern dass auch bereits heute bestehende Anlagestrukturen aufgebrochen und grundlegende Veränderungen der Geschäftsmodelle institutioneller Investoren notwendig werden können.

517. Nach dem Vorschlag von Posner, Scott Morton und Weyl dürfte – vereinfacht dargestellt – kein diversifizierter Investor mehr als ein Prozent des Marktanteils an einem oligopolistisch strukturierten Markt halten. Diese Regelung soll keine Anwendung finden, wenn der Investor eine ausschließlich passive Investmentstrategie verfolgt und keinen Einfluss auf seine Portfoliounternehmen ausübt.[274] Als passiv soll ein Investor gelten, wenn er nicht mit dem Management oder Aufsichtsrat kommuniziert, proportional zu den Stimmen der anderen Anteilseigner abstimmt („mirror voting") und seine Investitionsstrategie öffentlich zugänglichen und ermessensfreien Regeln folgt.

518. Auf den ersten Blick erscheint eine solche Regelung – unabhängig vom kritischen Prozentsatz – mit geringeren administrativen Kosten als eine fusionskontrollrechtliche Prüfung von Minderheitsbeteiligungen verbunden zu sein. Aufwendige Einzelfallprüfungen würden entfallen, und die Rechtssicherheit stiege aufgrund der Einfachheit der Regeln. Allerdings bedürfte es einer Festlegung, welche Märkte als Oligopol einzustufen sind. Um hieraus entstehenden Rechtsunsicherheiten vorzubeugen, soll nach Auffassung der Autoren von der zuständigen Behörde eine jährlich aktualisierte Liste aller oligopolistischen Branchen veröffentlicht werden.[275] Damit dürfte ein beträchtlicher Aufwand einhergehen.[276] Die Autoren selbst schlagen als Hauptkriterium für einen Oligopolmarkt einen HHI von mindestens 2.500 vor. Daneben könnten weitere marktspezifische Faktoren einbezogen werden.[277] Dessen ungeachtet bestünde jedoch weiterhin Rechtsunsicherheit dahingehend, dass eine Minderheitsbeteiligung, die zu einem früheren Zeitpunkt nicht von der Ein-Prozent-Regel erfasst wurde, zu einem späteren Zeitpunkt zu beanstanden sein könnte. Gründe hierfür könnten eine Veränderung der Marktstruktur – etwa durch Verschiebungen der Marktanteile oder Marktaustritte – oder aber die Neuklassifizierung einer Branche als Oligopolmarkt sein.

519. Im Hinblick auf die Höhe des kritischen Prozentwertes gilt der in Tz. 505 dargestellte Trade-off zwischen einer zu restriktiven und einer zu zurückhaltenden Regulierung. Posner, Scott Morton und Weyl selbst führen aus, dass eine Ein-Prozent-Regelung gegebenenfalls nicht restriktiv genug ist,[278] andere halten den Wert für deutlich zu niedrig.[279] Kritisiert

---

[273] OECD, Common Ownership by Institutional Investors and its Impact on Competition, Hintergrundpapier zum 128. Meeting des Wettbewerbskomitees der OECD, 5. und 6. Dezember 2017, S. 34.

[274] Posner, E./Scott Morton, F./Weyl, G., a. a. O., S. 33 ff.

[275] Ebenda, S. 34.

[276] Lambert, T./Sykuta, M., a. a. O., S. 44 ff.

[277] Posner, E./Scott Morton, F./Weyl, G., a. a. O., S. 25.

[278] Ebenda, S. 46.

wurde auch, dass eine solche Regulierung auf Basis einer einfachen Maßzahl den komplexen Zusammenhang zwischen dem Verflechtungsgrad und potenziellen Wettbewerbsrisiken nicht adäquat erfassen kann. Demnach könnten einerseits unkritische Minderheitsbeteiligungen verhindert werden, während andererseits Beteiligungen mit erheblichen Wettbewerbsrisiken potenziell unberührt blieben.[280]

520. Um die Auswirkungen einer solchen Regulierungsmaßnahme einschätzen zu können, muss zwischen drei Szenarien unterschieden werden.[281] Im ersten Szenario würden Investoren der Regelung Genüge tun, wenn sie die Diversifikation innerhalb eines Marktes aufgeben und entsprechend größere Anteile an einem einzelnen Portfoliounternehmen halten. Dies hätte zur Folge, dass diversifizierte Investoren ihre Portfolios systematisch umstrukturieren müssten. Es ist umstritten und nicht abschließend zu beurteilen, ob und wie stark sich die notwendigerweise daraus ergebende Reduktion der Diversifikation auswirken würde. Die Urheber des Vorschlags sehen aufgrund der Vielzahl der unterschiedlichen Branchen weiterhin ausreichende Diversifizierungsmöglichkeiten.[282] Andere hingegen bewerten die Einschränkung der Portfoliodiversifikation innerhalb eines Marktes als problematisch.[283] Ferner ist ungeklärt, ob der Kapitalmarkt die notwendigen Veränderungen der Beteiligungsstrukturen – wie von den Autoren angenommen – abfedern kann oder es aber zu erheblichen Verwerfungen an den Finanzmärkten kommen kann.

521. Im zweiten Szenario würden diversifizierte Investoren ihre Anteile entsprechend auf ein Prozent des gesamten Marktes reduzieren müssen. Damit wäre es weiterhin möglich, auch innerhalb einer Branche diversifiziert zu sein. Allerdings müssten die großen Investoren ihre Investitionsvolumina entweder stark reduzieren oder in einzelne, unabhängige Investmentgesellschaften ausgliedern, was ebenfalls unerwünschte Auswirkungen auf die Finanzmärkte haben könnte.

522. Drittens könnten diversifizierte Investoren ihr Anlagevolumen beibehalten und sich auf eine rein passive Anlagestrategie zurückziehen. Die Auswirkungen einer solchen Strategie werden im folgenden Gliederungspunkt 4.8.1.3 dargestellt.

523. Welches der aufgezeigten Szenarien im Fall der beschriebenen Regulierungsmaßnahme vermutlich eintreten würde, ist nur schwer abzuschätzen. Die Autoren selbst gehen davon aus, dass die dritte Option von geringerer praktischer Relevanz sein dürfte, da sie mit dem Geschäftsmodell vieler institutionellen Investoren – die sowohl passive als auch aktive Investmentstrategien verfolgen – nicht vereinbar wäre. Daher sei es realistischer, dass große Investoren ihre Beteiligungen zulasten einer geringeren Diversifikation innerhalb einzelner Märkte umgestalten.[284] Andere Autoren halten es für wahrscheinlicher, dass bei einer Begrenzung von Horizontalverflechtungen die Beteiligungsstruktur unangetastet bliebe, aber auf die Einflussnahme im Rahmen der Corporate Governance verzichtet würde.[285]

4.8.1.3 Verschärfung der Corporate-Governance-Regeln

524. Weitere Vorschläge zielen darauf ab, die Möglichkeiten diversifizierter institutioneller Investoren, auf ihre Portfoliounternehmen Einfluss zu nehmen, durch schärfere Corporate-Governance-Regeln zu beschneiden.[286] Dies könnte einerseits dadurch erreicht werden, dass die Kommunikation und direkte Kontakte zwischen institutionellen Investoren und Portfoliounternehmen stärker reglementiert oder gänzlich untersagt werden. Andererseits könnte die Ausübung der Stimmrechte unterbunden bzw. eine Stimmrechtsabgabe proportional zum Abstimmungsverhalten („mirror voting") vorgeschrieben werden. Neben einer verbindlichen Verschärfung der Regeln für die Corporate Governance für alle di-

---

[279] Rock, E./Rubinfeld, D., Antitrust for Institutional Investors, a. a. O., S. 36 f.

[280] Siehe hierzu Elhauge, E., The Growing Problem of Horizontal Shareholding, a. a. O., S. 14.

[281] Siehe hierzu auch Rock, E./Rubinfeld, D., Antitrust for Institutional Investors, a. a. O., S. 36 ff.

[282] Posner, E./Scott Morton, F./Weyl, G., a. a. O., S. 35 f.

[283] Lambert, T./Sykuta, M., a. a. O., S. 47 ff.

[284] Posner, E./Scott Morton, F./Weyl, G., a. a. O., S. 44 f.

[285] Rock, E./Rubinfeld, D., Antitrust for Institutional Investors, a. a. O., S. 38.

[286] Posner, E./Scott Morton, F./Weyl, G., a. a. O., S. 44 f.

versifizierten institutionellen Investoren könnte ein freiwilliger Verzicht auf eine Beteiligung an der Corporate Governance auch eine mögliche Abhilfe darstellen, um anderen Auflagen zu entgehen (vgl. Tz. 517 u. 522).[287]

525. Durch eine Beschränkung der Kommunikation und der Abstimmungsrechte könnte das Risiko gesenkt werden, dass institutionelle Investoren ihren Einfluss auf Portfoliounternehmen geltend machen, um potenziell antikompetitives Verhalten zu befördern. Selbst wenn eine solche Einflussnahme nicht erfolgt oder nicht möglich ist, können schärfere Corporate-Governance-Regeln zu einer Intensivierung des Wettbewerbs führen. Sie stärken mittelbar den Einfluss aktivistischer nicht diversifizierter Investoren, die ein größeres Interesse an der Performance des Einzelunternehmens haben und dementsprechend auf ein kompetitiveres Unternehmenshandeln hinwirken könnten.[288] Allerdings sprechen einige Argumente gegen diese beschriebenen Vorschläge. Zunächst bedarf es für antikompetitive Effekte nicht zwangsläufig der Möglichkeit einer aktiven Einflussnahme durch den Investor.[289] Somit können trotz strikter Regeln für die Corporate Governance Wettbewerbsrisiken bestehen. Ferner stehen solche Regeln den Bestrebungen entgegen, dass institutionelle Investoren ihre Aktionärsverantwortung für eine gute Corporate Governance intensiver wahrnehmen.[290]

526. Alternative Maßnahmen im Hinblick auf die Corporate Governance sehen vor, die Rolle von Stimmrechtsberatern zu begrenzen.[291] Stimmrechtsberater bündeln die Stimmrechte verschiedener Investoren bzw. sprechen entsprechende Abstimmungsempfehlungen aus. Verfolgen unterschiedliche institutionelle Anleger ähnliche Ziele, steigt durch die Einschaltung von Stimmrechtsberatern das Risiko eines Parallelverhaltens, ohne dass es einer Koordination zwischen den Investoren bedarf. Anders als bei den verschärften Regeln für institutionelle Investoren im Rahmen der Corporate Governance muss eine Begrenzung der Stimmrechtsberatungen nicht zwangsläufig den Zielen einer aktiven Corporate Governance entgegenstehen. So ist unter anderem umstritten, ob die Stimmrechtsberatungen Investoren bei der Wahrnehmung ihrer Aktionärsverantwortung helfen oder gerade erst dazu führen, dass der Anteilseigner sich noch weniger selbsttätig engagiert.

4.8.2 Berücksichtigung von Horizontalverflechtungen bei Unternehmenszusammenschlüssen

527. Die voranstehenden Vorschläge haben gemein, dass sie möglichen Wettbewerbsrisiken entgegenwirken, indem sie den Umfang der Beteiligungen institutioneller Investoren in einer Branche bzw. ihre Einflussmöglichkeiten begrenzen. Von der Diskussion weitestgehend unberührt ist die Frage, wie die Rolle institutioneller Investoren zu würdigen ist, wenn sich Unternehmen in einem durch einen hohen Verflechtungsgrad geprägten Markt zusammenschließen wollen. Die Europäische Kommission hat sich in ihrer Entscheidung zum Zusammenschlussvorhaben der US-amerikanischen Chemiekonzerne Dow und DuPont erstmals mit dieser Problemstellung befasst.[292] Ein Schwerpunkt der Analyse liegt bei den Auswirkungen des Zusammenschlusses auf der Innovationstätigkeit innerhalb der untersuchten Branche.[293] Dabei finden auch theoretische Überlegungen zu indirekten Horizontalverflechtungen sowie empirische Belege für einen erheblichen Verflechtungsgrad auf dem Markt für agrochemische Produkte Berücksichtigung. Die Vorgehensweise und die Erkenntnisse zu indirekten Horizontalverflechtungen im Allgemeinen sowie im konkreten Zusammenschlussvorhaben dokumentiert die Europäische Kommission in einem eigenen Annex zur Entscheidung.[294]

528. In ihrer Entscheidung stellt die Europäische Kommission einige grundlegende Überlegungen zu wettbewerblichen Auswirkungen indirekter Horizontalverflechtungen an. Dazu analysiert sie die einschlägige theoretische und empirische

---

[287] Vergleiche den Vorschlag in Gliederungspunkt 4.8.1.2 und dort insbesondere Tz. 516 und 522.

[288] Siehe hierzu die Ausführungen in Shapiro Lund, D., Nonvoting Shares and Efficient Corporate Governance, The Journal of Corporation Law (im Erscheinen), verfügbar als SSRN Working Paper, 28. April 2018.

[289] Siehe hierzu bereits Gliederungspunkt 4.5.

[290] Siehe hierzu die Ausführungen in Gliederungspunkt 4.3.

[291] Siehe hierzu OECD, Common Ownership by Institutional Investors and its Impact on Competition, a. a. O., S. 36.

[292] EU-Kommission, Beschluss vom 27. März 2017, M.7932 – Dow/DuPont.

[293] Siehe hierzu auch die Ausführungen in Abschnitt 3.2.2 in Kapitel III.

[294] Ebenda, Annex 5.

Literatur und gelangt zu der Einschätzung, dass mit indirekten Horizontalverflechtungen potenzielle Wettbewerbsrisiken einhergehen.[295] Die antikompetitiven Effekte auf das Preissetzungsverhalten der Marktteilnehmer, die in der Literatur vorrangig thematisiert werden, lassen sich nach Auffassung der Europäischen Kommission auf die Innovationstätigkeit übertragen. Demnach sei es wahrscheinlich, dass die Intensität des Innovationswettbewerbs geringer ist, wenn die Marktteilnehmer durch signifikante Beteiligungen gemeinsamer Anteilseigner verflochten sind. Weiterhin sieht die Europäische Kommission starke Anhaltspunkte dafür, dass große institutionelle Investoren – insbesondere auch solche, die eine passive Anlagestrategie verfolgen – einen privilegierten Zugang zum Management ihrer Portfoliounternehmen haben und ihre langfristigen Anlageziele gegenüber ihren Portfoliounternehmen aktiv kommunizieren, auch wenn sie lediglich Minderheitsbeteiligungen halten.

529. Zur Analyse der konkreten Beteiligungsstrukturen im Markt für agrochemische Produkte hat die Europäische Kommission Informationen zu institutionellen Anteilseignern von den Zusammenschlussbeteiligten sowie ihren Wettbewerbern BASF, Bayer, Monsanto und Syngenta angefordert. Auf Basis unterschiedlicher Beteiligungs- und Verflechtungsmaße kommt sie zu dem Schluss, dass die Wettbeweber über gemeinsame Anteilseigner stark verflochten sind und einige Investoren signifikante Anteile an allen sechs Unternehmen halten.[296] Demnach halten 17 institutionelle Investoren zusammen rund 21 Prozent an BASF, Bayer und Syngenta. Ihr gemeinsamer Anteil an Monsanto, Dow und DuPont wird sogar auf 29 bis 36 Prozent beziffert.[297] Bedingt durch den ausgeprägten Streubesitz – ein bedeutender Anteil der Beteiligungen wird durch Anteilseigner mit einer Beteiligung von weniger als 0,01 Prozent gehalten – schätzt die Europäische Kommission die Bedeutung institutioneller Investoren und ihre Einflussmöglichkeiten größer ein, als es die Beteiligungshöhen vermuten lassen würden.[298]

530. Aufgrund dieser Zusammenhänge geht die Europäische Kommission davon aus, dass die Marktanteile und Konzentrationsmaße wie der traditionelle HHI die Marktkonzentration und die Marktmacht der Unternehmen unterschätzen.[299] Daher diskutiert sie den modifizierten HHI (MHHI) als alternatives Konzentrationsmaß. Obwohl sie ausführt, dass die zur Berechnung des MHHI notwendigen Einflussgewichte unterschiedlich bestimmt werden können, beschränkt sie sich bei der eigenen Berechnung auf die Annahme, dass der Einfluss proportional zu den gehaltenen Anteilen ist. Die Vorgehensweise der Europäischen Kommission ist von den Zusammenschlussbeteiligten kritisiert worden, weil das zugrunde gelegte Einflussszenario nicht evidenzbasiert und allgemein umstritten sei.[300] Letztlich verzichtet die Europäische Kommission darauf, die mit dem MHHI ermittelte Konzentration in die Entscheidung einfließen zu lassen. Allerdings hält die Europäische Kommission in der Entscheidung ausdrücklich fest, dass die ausgewiesenen traditionellen HHI-Werte die Konzentration im Markt unterschätzen.[301]

531. Zusammenfassend kommt die Europäische Kommission zu dem Ergebnis, dass die agrochemische Industrie durch einen hohen Verflechtungsgrad gekennzeichnet ist und dadurch wahrscheinlich der Innovationswettbewerb gehemmt wird.[302] Die betrachteten Marktanteile und der traditionelle HHI unterschätzen die tatsächliche Marktkonzentration und damit die Marktmacht der Marktteilnehmer.[303] Daher sind nach Auffassung der Europäischen Kommission indirekte

---

[295] Ebenda, Annex 5, Tz. 40 ff.

[296] Ebenda, Annex 5, Tz. 8 ff. In der öffentlichen Fassung der Entscheidung sind die disaggregierten Daten zu den Beteiligungshöhen einzelner Investoren sowie ihre Namen geschwärzt.

[297] Ebenda, Annex 5, Tz. 80.

[298] Ebenda, Tz. 2340, und Annex 5, Tz. 32.

[299] Ebenda, Annex 5, Tz. 61 ff.

[300] EU-Kommission, Beschluss vom 27. März 2017, M.7932 – Dow/DuPont, Tz. 76 ff.

[301] Ebenda, Annex 5, Tz. 4.

[302] Ebenda, Annex 5, Tz. 56 ff.

[303] Ebenda, Annex 5, Tz. 4.

Horizontalverflechtungen im Rahmen der Prüfung, ob infolge des Zusammenschlusses erhebliche Behinderungen wirksamen Wettbewerbs zu erwarten wären, eigenständig zu bewerten.[304]

4.8.3 Abschließende Bewertung der Vorschläge

532. Bereits heute existieren einige – im Kontext des US-amerikanischen Wettbewerbsrechts entwickelte – Konzepte zur Eindämmung potenzieller Wettbewerbsrisiken aufgrund indirekter Horizontalverflechtungen. Sie verfolgen verschiedene Ansätze und unterscheiden sich hinsichtlich ihrer Reichweite und Eingriffsintensität. Die Analyse der Vorschläge verdeutlicht außerdem die mit ihnen verbundenen, teilweise erheblichen administrativen Kosten und Risiken aufgrund von Fehlern erster und zweiter Ordnung. Dabei wird deutlich, dass der Zielkonflikt zwischen einer – aus wettbewerblichen Erwägungen möglicherweise gewünschten – Begrenzung des Verflechtungsgrades und einem – aus einer Finanzmarktperspektive erwünschten – hohen Diversifizierungsgrad eine hohe Hürde für die Ausgestaltung angemessener (Regulierungs-)Maßnahmen darstellt. Ob solche erforderlich werden, lässt sich nach gegenwärtigem Kenntnisstand noch nicht beurteilen.

533. Die Konzepte zeigen wichtige Grundprinzipien auf und lassen Ansätze dafür erkennen, wie mögliche Maßnahmen in der Praxis ausgestaltet sein könnten. Allerdings erscheinen sie in ihrer gegenwärtigen Form nicht ausgereift und nur bedingt praxistauglich. Sollten Maßnahmen ergriffen werden, bedürfte es einer weiteren Verfeinerung und Anpassung der Ansätze an die Marktgegebenheiten sowie sonstigen rechtlichen Vorschriften. Dabei wäre ein stärkerer Ausgleich zwischen der Wettbewerbs- und der Finanzmarktperspektive vonnöten als in den vorliegenden Vorschlägen, die jeweils eines der Ziele deutlich überbetonen.

534. Anders stellt sich die Situation allerdings bei der fusionskontrollrechtlichen Kontrolle von Zusammenschlussvorhaben von Unternehmen dar, die in Märkten mit einer ausgeprägten Verflechtung tätig sind. Hier gilt es im Rahmen der ohnehin erfolgenden Prüfung die möglichen Effekte durch indirekte Verflechtungen zwischen den Marktteilnehmern zu berücksichtigen. Im Rahmen der Entscheidung im Fusionsvorhaben Dow/DuPont hat die Europäische Kommission erstmals entsprechende Erwägungen berücksichtigt.

4.9 Zusammenfassung und Schlussfolgerungen

535. In der Regel halten institutionelle Investoren deutlich weniger als 10 Prozent an ihren Portfoliounternehmen. Trotz der verhältnismäßig geringen Beteiligungshöhe geht die Monopolkommission davon aus, dass institutionelle Investoren unter Umständen die Möglichkeit haben, gewisse Entscheidungen ihrer Portfoliounternehmen zu beeinflussen. Neben der Ausübung von Stimmrechten im Rahmen von Aktionärsversammlungen bestehen Einflussmöglichkeiten auch jenseits der Stimmrechtswahrnehmung durch den Dialog mit Portfoliounternehmen. Diese bestehenden Einflussmöglichkeiten sind jedoch nicht mit einem bestimmenden Einfluss im Sinne der Fusionskontrolle zu verwechseln. Die Einflussmöglichkeiten werden zudem durch einen eng gezogenen Regelungsrahmen beschränkt. In der Regel sind institutionelle Investoren im Dialog mit Unternehmensführungen fokussiert auf eine nachhaltige Unternehmensführung, die strategische Positionierung von Unternehmen, die Kapitalstruktur und CSR-Themen.

536. Indirekte Verflechtungen von Wettbewerbern über Beteiligungen branchenfremder Anteilseigner stellen zunächst lediglich ein Marktstrukturphänomen dar. Dies muss nicht zwangsläufig negative Auswirkungen auf das Marktgeschehen haben. Allerdings existieren in der ökonomischen Theorie unterschiedliche Schadenstheorien dazu, wie indirekte Horizontalverflechtungen wettbewerbsbeeinträchtigendes Verhalten erleichtern oder ermöglichen können. Es bestehen unterschiedliche Wirkungskanäle durch indirekte Verflechtungen zwischen Wettbewerbern, über die gemeinsame Anteilseigner sich wettbewerbsbeeinträchtigend auswirken können. Zu unterscheiden sind hier Auswirkungen aufgrund einseitigen Unternehmensverhaltens (unilaterale Effekte) von solchen, die durch koordiniertes Verhalten zustande kommen könnten.

537. Der Grad der Verflechtung zwischen Unternehmen innerhalb eines Marktes kann mithilfe unterschiedlicher Kennzahlen quantifiziert werden. Einfache Indikatoren können die Veränderung des Verflechtungsgrades im Zeitverlauf abbil-

---

[304] Ebenda, Annex 5, Tz. 4 u. 81.

den oder einen Vergleich zwischen Märkten ermöglichen, haben aber für sich genommen nur eine begrenzte Aussagekraft. Daneben existieren theoretisch fundierte Indikatoren, welche die auf indirekte Horizontalverflechtungen zurückzuführende Marktkonzentration abbilden sollen. Der prominenteste und am weitesten verbreitete ist der modifizierte Herfindahl-Hirschman-Index (MHHI). Unter weiteren Annahmen kann ein theoretischer Zusammenhang zwischen dem MHHI und branchenweiten Margen hergestellt werden. Mithilfe des MHHI kann die Marktkonzentration nicht nur aus einer statischen Perspektive betrachtet werden, sondern auch die Konzentrationsveränderungen durch Änderungen der Markt- und Beteiligungsstrukturen veranschaulicht werden. Die Berechnung dieser Maße ist jedoch mit einigen Schwierigkeiten verbunden, und es ist unklar, inwiefern sie auch dann belastbare Erkenntnisse liefern, wenn die tatsächlichen Marktgegebenheiten von den zugrunde liegenden Annahmen abweichen.

538. Der Zusammenhang zwischen Verflechtungsgrad und antikompetitiven Effekten ist in einer Reihe empirischer Studien untersucht worden. Große Aufmerksamkeit hat insbesondere eine Untersuchung zu wettbewerbsmindernden Effekten auf dem amerikanischen Luftverkehrsmarkt erlangt. Die Ergebnisse sollen demonstrieren, dass die Ticketpreise um bis zu 12 Prozent über dem Niveau liegen, das in einem hypothetischen Markt ohne indirekte Horizontalverflechtungen zu erwarten wäre. Ein methodisch vergleichbares Forschungspapier zum Bankenmarkt deutet ebenfalls darauf hin, dass die Wettbewerbsintensität mit steigendem Verflechtungsgrad sinkt. Außerdem existieren Hinweise darauf, dass der Eintritt eines Generikaherstellers im amerikanischen Pharmamarkt umso weniger wahrscheinlich ist, je stärker der Generikahersteller mit dem Hersteller des Originalpräparats über gemeinsame Anteilseigner verbunden ist. Die Ergebnisse der beiden erstgenannten Studien sind aufgrund der Annahmen über den Zusammenhang zwischen dem verwendeten Marktkonzentrationsindikator (MHHI) und dem Preisniveau sowie für die ökonometrische Vorgehensweise kritisiert worden. Einige der kritischen Studien führen eigene Untersuchungen mit vergleichbaren Daten aus dem amerikanischen Flugverkehrs- und Bankenmarkt durch, finden jedoch keine Belege für antikompetitive Effekte. Allerdings sind auch diese Studien für ihr methodisches Vorgehen und die Interpretation der empirischen Ergebnisse kritisiert worden. Aber selbst wenn sich die Kritik an den empirischen Hinweisen auf antikompetitive Effekte indirekter Horizontalverflechtungen erhärten lässt, lässt dies nicht den Rückschluss zu, dass die in der ökonomischen Theorie aufgezeigten antikompetitiven Effekte in der Realität nicht existieren. Auch branchenübergreifende Studien kommen zu keinem eindeutigen Ergebnis hinsichtlich der Wettbewerbswirkungen.

539. Die genannten Studien haben eine Diskussion darüber ausgelöst, ob Handlungsbedarf besteht und wie ggf. Maßnahmen ausgestaltet sein könnten. Die Vorschläge lassen sich grob in drei Kategorien einordnen: (i) fusionskontrollrechtliche Prüfungen von Minderheitsbeteiligungen durch institutionelle Investoren, (ii) mögliche Regulierungsmaßnahmen und (iii) verschärfte Corporate-Governance-Regeln. Um die administrativen Kosten einer Prüfung im Rahmen der Fusionskontrolle zu reduzieren, werden unterschiedlich ausgestaltete Aufgreifschwellen bzw. Safe-Harbour-Regeln diskutiert. Die Diskussion verdeutlicht, dass ein grundlegender Zielkonflikt zwischen einer möglicherweise wettbewerblich wünschenswerten Begrenzung indirekter Verflechtungen einerseits und einer aus einer Eigentums- und Finanzmarktperspektive erwünschten uneingeschränkten Wahlmöglichkeit zwischen Investitionsstrategien, z. B. einer starken Portfoliodiversifizierung, andererseits besteht. Ferner sind einige Regulierungsmaßnahmen vorgeschlagen worden, die Beteiligungen diversifizierter Investoren in Oligopolmärkten auf eine Obergrenze beschränken sollen. Solche Maßnahmen könnten zum Teil weitreichende Auswirkungen auf die Geschäftsmodelle großer institutioneller Investoren haben und gegebenenfalls erhebliche negative Folgen für Finanzmärkte bergen. Es könnten sich erhebliche Kosten für Behörden und Marktteilnehmer ergeben. Schließlich ist vorgeschlagen worden, das Engagement institutioneller Investoren im Rahmen der Corporate Governance zu begrenzen, um Investoren daran zu hindern, auf wettbewerbsminderndes Verhalten ihrer Portfoliounternehmen hinzuwirken. Dieser Vorschlag steht jedoch im Konflikt mit Bestrebungen, institutionelle Investoren zu mehr Verantwortung in der Wahrnehmung der Aktionärspflichten anzuhalten. Allen diskutieren Vorschlägen ist gemein, dass sie die bereits vorhandenen Strukturen und Einschränkungen nicht ausreichend abzuwägen scheinen.

540. Die Monopolkommission ist der Auffassung, dass es – obwohl ein Risikopotenzial besteht – zum gegenwärtigen Zeitpunkt verfrüht wäre, (wettbewerbs)rechtliche oder regulatorische Maßnahmen zu ergreifen. Zuvor bedarf es weiterer wissenschaftlicher Erkenntnisse und empirischer Belege für einen Zusammenhang zwischen indirekten Horizontalverflechtungen und antikompetitiven Effekten. Insbesondere in Europa sind diese Zusammenhänge bislang nicht systematisch erforscht worden. Daher begrüßt die Monopolkommission die Ankündigung der Generaldirektion Wettbewerb der Europäischen Kommission, sich dem Thema ausführlicher zu widmen.

541. Anders stellt sich die Situation bei der fusionskontrollrechtlichen Prüfung von Zusammenschlussvorhaben von Unternehmen dar, die in Märkten mit einer ausgeprägten Verflechtung tätig sind. Hier gilt es im Rahmen der ohnehin erfolgenden Prüfung, die möglichen Effekte durch indirekte Verflechtungen zwischen den Marktteilnehmern zu berücksichtigen. Im Rahmen der Entscheidung im Fusionsvorhaben Dow/DuPont hat die Europäische Kommission erstmals entsprechende Erwägungen berücksichtigt. Die Monopolkommission begrüßt, dass die Europäische Kommission auch über den Fall Dow/DuPont hinaus plant, indirekte Horizontalverflechtungen in ihren Entscheidungen zu berücksichtigen. Die Monopolkommission regt an, dass auch das Bundeskartellamt bei Vorliegen eines relevanten Falles die Verflechtungen durch institutionelle Investoren würdigt.

Kapitel III
Würdigung der kartellrechtlichen Entscheidungspraxis

Kurz gefasst

Summary

1   Einleitung

2   Allgemeine Entwicklungen im Berichtszeitraum

2.1   Legislative Entwicklungen: Nachbetrachtung zur 9. GWB-Novelle

2.2   Überblick über die kartellrechtliche Entscheidungspraxis

3   Spezifische Probleme der Kartellrechtsanwendung

3.1   Abgrenzung mehrseitiger Märkte

3.2   Neue Entwicklungen bei wettbewerblichen Schadenstheorien

3.3   Kartellrechtliche Kontrolle von Schlichtungsvereinbarungen am Beispiel des Falls Edeka/Kaiser's Tengelmann („Abkauf von Wettbewerb")

3.4   Drittplattformverbote

3.5   Zentralvermarktung der Übertragungsrechte für die UEFA Champions League

3.6   Einwand der Schadensweitergabe bei Kartellschadensersatzklagen

3.7   Ministererlaubnisverfahren nach der 9. GWB-Novelle

3.8   Datengestützte Analysen im Berichtszeitraum

3.9   Wettbewerbsschutz und Verbraucherschutz

Kurz gefasst

In Kapitel III (vormals Kapitel IV) des Hauptgutachtens entwickelt die Monopolkommission auf der Grundlage der deutschen und europäischen kartellrechtlichen Entscheidungspraxis in den Berichtsjahren 2016/2017 Handlungsempfehlungen an Gesetzgeber und Kartellbehörden.

Mit der zunehmenden Bedeutung internetbasierter Geschäftsmodelle hat in der kartellbehördlichen Praxis auch die Frage nach der richtigen Abgrenzung mehrseitiger Plattformmärkte an Relevanz gewonnen. Die Monopolkommission begrüßt die im Rahmen der 9. GWB-Novelle vorgenommenen Klarstellungen, sieht jedoch aktuell keinen Bedarf nach weiteren gesetzlichen Regelungen in diesem Bereich.

Anlässlich aktueller Fallpraxis untersucht die Monopolkommission neue Entwicklungen bei wettbewerblichen Schadenstheorien und beschäftigt sich in diesem Zusammenhang mit dem Verhältnis von Datenschutz und Missbrauchsaufsicht, dem Innovationswettbewerb, Netzwerkeffekten sowie „schleichenden Übernahmen". Sie empfiehlt unter anderem eine zurückhaltende Anwendung des Missbrauchsverbots im Hinblick auf den Umgang mit Daten und eine Anpassung der Horizontal-Leitlinien der Europäischen Kommission auf Basis der Erkenntnisse zum Innovationswettbewerb.

Prozessvergleiche, die eine Rücknahme von Rechtsbehelfen in Wettbewerbsfällen zur Folge haben, können den Wettbewerb beschränken. Sie sollten von den Kartellbehörden jedenfalls dann einer genauen Prüfung unterzogen werden, wenn schwerwiegende Wettbewerbsbeschränkungen in Rede stehen, hohe Gegenleistungen für die Rücknahme von Rechtsmitteln geleistet werden oder die Vergleichsparteien dem Rechtsmittel hohe Erfolgsaussichten beimessen.

Der Europäische Gerichtshof hat in seinem Urteil in der Rechtssache Coty verschiedene Fragen im Zusammenhang mit Vertriebsverträgen geklärt. Die Entscheidung enthält insbesondere Ausführungen zur kartellrechtlichen Relevanz der Pflege eines bestimmten Produkt- bzw. Markenimages sowie zur Bewertung von Drittplattformverboten. Die Monopolkommission begrüßt die Klärung dieser Fragen durch den Europäischen Gerichtshof. Sie spricht sich unter anderem für eine kartellrechtliche Anerkennung des Images auch von Markenprodukten jenseits des Luxussegments aus.

Die Zentralvermarktung der Übertragungsrechte für die UEFA Champions League für die Spielzeiten ab 2018/19 erscheint aus wettbewerblicher Sicht – auch im Vergleich mit der früheren Vermarktung von Fußballwettbewerben – kritisch. Die Monopolkommission empfiehlt dem Bundeskartellamt, die Vermarktung der Champions League in Zukunft kartellbehördlich zu begleiten und insbesondere darauf hinzuwirken, dass die Vermarktungsmodelle ausreichend wettbewerbliche Elemente aufweisen und eine Beteiligung der Verbraucher sichergestellt ist.

In der jüngeren Rechtsprechung wurde der von Kartellanten in Zivilrechtsstreitigkeiten erhobene Einwand der Schadensweitergabe teilweise mit im Einzelfall wenig überzeugenden Argumenten ausgeschlossen. Die Zulassung des sog. „Passing-on"-Einwands in diesen Fällen könnte allerdings zu einer unbilligen Entlastung der Kartellanten führen. Nach der Auffassung der Monopolkommission kann diesem Risiko begegnet werden, indem die private Kartellrechtsdurchsetzung für Verbraucher durch die Einführung einer allgemeinen Gruppenklage gestärkt wird.

Im Hinblick auf die Änderungen des Ministererlaubnisverfahrens anlässlich der 9. GWB-Novelle ist die Einführung einer vergleichsweise kurzen Soll-Frist für die obligatorische Stellungnahme der Monopolkommission problematisch. Darüber hinaus setzt die Einschränkung des Rechtsschutzes Dritter gegen Ministererlaubnisentscheidungen ein falsches Signal. Die Monopolkommission empfiehlt deshalb, die entsprechenden Regelungen im Zuge der nächsten GWB-Reform wieder aus dem Gesetz zu streichen.

Die Notwendigkeit einer allgemeinen behördlichen Durchsetzung des Verbraucherschutzes in Deutschland ist umstritten. Sofern eine Verbraucherschutzbehörde auf Bundesebene geschaffen wird, bestehen Gründe für und gegen eine Übertragung von Durchsetzungsbefugnissen im Verbraucherschutz an das Bundeskartellamt. Wenn eine Aufgabenerweiterung des Bundeskartellamtes erfolgt, sollte innerhalb der Behörde eine organisatorische Trennung zwischen der Anwendung von Verbraucherschutzrecht und Wettbewerbsrecht vorgesehen werden.

Summary

In Chapter III (formerly Chapter IV) of the Biennial Report, the Monopolies Commission develops recommendations on actions for legislators and competition authorities on the basis of the German and EU competition decision-making practice for the reporting years 2016/2017.

With the increasing importance of Internet-based business models, the question of the correct definition of multi-sided platform markets has become more relevant in decision-making practice as well. The Monopolies Commission welcomes the clarifications provided in the context of the 9th amendment of the German Act against Restraints of Competition (ARC), but currently sees no need for further provisions in this area.

On the basis of current case-law and decision-making, the Monopolies Commission investigates new developments in competition theories of harm. In this context, topics such as the relationship between data protection and abuse control, competition in innovation, network effects and "sneaky takeovers" are being dealt with. Among other things, a cautious application of the prohibition of abuse of a dominant position with regard to the handling of data is recommended, as well as a revision of the European Commission's horizontal merger guidelines on the basis of the findings on competition in innovation.

Out-of-court settlements which result in the withdrawal of appeals against competition cases may restrict competition. Such settlements should at least be closely examined by the competition authorities if they concern serious restrictions of competition, if high compensation is paid for the withdrawal of an appeal or if the parties to the settlement expect high chances of success for the appeal.

In its Coty judgment, the European Court of Justice clarified various issues concerning contracts on selective distribution agreements. In particular, the judgment contains explanations on the relevance under competition law of maintaining a certain product or brand image as well as on the assessment of third-party platform prohibitions. The Monopolies Commission welcomes the clarification of these issues by the European Court of Justice. Among other things, it recommends recognising the image of brand products beyond the luxury segment under EU competition law.

The central marketing of the broadcasting rights for the UEFA Champions League for the seasons as of 2018/19 seems critical from a competitive point of view – also in comparison with the earlier marketing of football competitions. The Monopolies Commission recommends that the Bundeskartellamt (Federal Cartel Office) should supervise the marketing of the Champions League in the future. In particular, the Bundeskartellamt should work towards ensuring that the marketing models have sufficient competitive elements and securing a fair share for consumers in the resulting benefit.

In recent case-law, the defence raised by cartelists in civil law proceedings that damages have been passed on was rejected in some instances. This rejection was based on arguments which were not very convincing in the individual cases. However, the admission of the so-called "passing-on" defence in these cases could lead to an unfair relief for cartelists. In the opinion of the Monopolies Commission, this risk can be countered by strengthening private enforcement of competition law for consumers through the introduction of a general class action.

With regard to the amendments to the ministerial authorisation procedure on the occasion of the 9th amendment to the ARC, the differentiation between the deadlines provided for the minister on the one hand and the Monopolies Commission on the other hand is problematic. In addition, the restriction of the legal remedies for third parties against ministerial authorisations sends the wrong signal. The Monopolies Commission therefore recommends that the relevant provisions be removed in the course of the next amendment to the ARC.

The necessity of a general public enforcement of consumer protection in Germany is controversial. If a consumer protection authority is created at federal level, there are reasons for and against transferring enforcement powers in consumer protection to the Bundeskartellamt. Should the Bundeskartellamt's tasks be extended, then the authority should provide for an organisational separation between the application of consumer protection and competition law.

1 Einleitung

542. Entgegen dem Vorgehen in früheren Gutachten strebt die Monopolkommission, beginnend mit dem vorliegenden Gutachten, eine stärker themenbezogene Würdigung der kartellrechtlichen Entscheidungspraxis in Kapitel III (vormals Kapitel IV) des Hauptgutachtens an. Dadurch nimmt die Berichterstattung über einzelne Entscheidungen in der Breite zwar tendenziell ab, die Entscheidungspraxis kann jedoch gezielter gewürdigt werden. Gegenüber der bisherigen Unterteilung entsprechend den drei „Säulen" des Kartellrechts – (i) Fusionskontrolle, (ii) Missbrauchsaufsicht sowie (iii) horizontale und vertikale Vereinbarungen, neben denen aber auch bereits in der Vergangenheit weitere Themen behandelt worden sind – berücksichtigt eine themenbezogene Behandlung der Fälle zudem den Umstand, dass zahlreiche Aspekte säulenübergreifend vergleichbare Probleme aufwerfen. Dies gilt etwa für die Marktabgrenzung sowie die Bewertung der Marktstellung eines Unternehmens, die insbesondere für die Fusionskontrolle und die Missbrauchsaufsicht von Bedeutung sind. Im Zuge der zunehmenden Digitalisierung, die wiederum Einfluss auf alle kartellrechtlichen Säulen hat, ergaben sich etwa bei der Abgrenzung mehrseitiger Märkte und der Beurteilung von Netzwerkeffekten sowohl im Bereich der Fusionskontrolle als auch der Missbrauchsaufsicht Anwendungsfälle im Berichtszeitraum.

543. Danach gliedert sich das Kapitel III nunmehr in die folgenden Abschnitte. In einem Einleitungsteil werden neue Entwicklungen im Berichtszeitraum dargestellt, was etwaige Gesetzesänderungen und Gesetzesvorhaben sowie einen Überblick über die kartellrechtliche Entscheidungspraxis umfasst (2). Im vorliegenden Gutachten erfolgt in diesem Zusammenhang zunächst eine Nachbetrachtung zu der am 9. Juni 2017 in Kraft getretenen 9. GWB-Novelle (2.1), ehe über einzelne Entscheidungen aus den Bereichen Fusionskontrolle, Missbrauchsaufsicht sowie horizontale und vertikale Vereinbarungen berichtet wird (2.2). Neben diesen Einleitungsteil tritt ein Abschnitt, in dem – wie eingangs erwähnt – ausgewählte Themen mit Bezügen zur kartellrechtlichen Entscheidungspraxis tiefergehend behandelt werden (3); im vorliegenden Gutachten handelt es sich hierbei um die folgenden Themen: Abgrenzung mehrseitiger Märkte (3.1), neue Entwicklungen bei wettbewerblichen Schadenstheorien (3.2), kartellrechtliche Kontrolle von Schlichtungsvereinbarungen am Beispiel des Falls Edeka/Kaiser's Tengelmann (3.3), Drittplattformverbote (3.4), Zentralvermarktung der Übertragungsrechte für die UEFA Champions League (3.5), Einwand der Schadensweitergabe bei Kartellschadensersatzklagen (3.6), Ministererlaubnisverfahren nach der 9. GWB-Novelle (3.7), datengestützte Analysen im Berichtszeitraum (3.8) sowie Wettbewerbsschutz und Verbraucherschutz (3.9).

2 Allgemeine Entwicklungen im Berichtszeitraum

2.1 Legislative Entwicklungen: Nachbetrachtung zur 9. GWB-Novelle

544. Die Monopolkommission hat sich in ihrem XXI. Hauptgutachten ausschließlich zu dem Referentenentwurf der 9. GWB-Novelle[1] äußern können, sodass im Folgenden eine Nachbetrachtung zu ausgewählten Vorschriften der mittlerweile in Kraft getretenen Gesetzesänderung erfolgt. Im Rahmen dieser Nachbetrachtung werden entweder bereits an dieser Stelle Querbezüge zur aktuellen Entscheidungspraxis hergestellt oder es wird auf den sich anschließenden Abschnitt „Spezifische Probleme der Kartellrechtsanwendung" verwiesen, in dem einzelne Themen tiefergehend behandelt werden.

2.1.1 Umsetzung der Richtlinie 2014/104/EU

545. Einen Schwerpunkt der 9. GWB-Novelle bildete die Umsetzung der Richtlinie 2014/104/EU,[2] deren Ziel es ist, die private Kartellrechtsdurchsetzung in den Mitgliedstaaten zu vereinheitlichen und zu erleichtern. An dieser Stelle soll nicht (erneut) im Einzelnen auf die Regelungen zur Umsetzung der EU-Kartellschadensersatzrichtlinie eingegangen wer-

---

[1] BMWi, Referentenentwurf vom 1. Juli 2016, Entwurf eines Neunten Gesetzes zur Änderung des Gesetzes gegen Wettbewerbsbeschränkungen (9. GWB-ÄndG) („Referentenentwurf").

[2] Richtlinie 2014/104/EU des Europäischen Parlaments und des Rates vom 26. November 2014 über bestimmte Vorschriften für Schadensersatzklagen nach nationalem Recht wegen Zuwiderhandlungen gegen wettbewerbsrechtliche Bestimmungen der Mitgliedstaaten und der Europäischen Union, ABl. vom 5. Dezember 2014 L 349/1 („EU-Kartellschadensersatzrichtlinie").

den; insofern kann auf die Würdigung im XXI. Hauptgutachten verwiesen werden.[3] Dies gilt umso mehr, als ein Großteil insbesondere der materiell-rechtlichen Vorschriften nicht auf solche Ansprüche anwendbar ist, die vor dem 27. Dezember 2016[4] entstanden sind, mit der Folge, dass sie in derzeit anhängigen Kartellschadensersatzverfahren insoweit noch keine Rolle spielen. Lediglich auf den – mittlerweile in § 33c GWB gesetzlich geregelten – Einwand der Schadensweitergabe wird noch näher einzugehen sein (3.5).

546. Dagegen beschränken sich die folgenden Ausführungen auf zwei ausgewählte Aspekte der Umsetzung der EU-Kartellschadensersatzrichtlinie, und zwar (i) die Übergangsbestimmungen zu den Verjährungsregeln, die erst in einem fortgeschrittenen Stadium Eingang in das Gesetzgebungsverfahren gefunden haben und dann noch einmal überarbeitet wurden (2.1.1.1), sowie (ii) die Vorschriften über die Offenlegung von Beweismitteln, die bereits in laufenden Verfahren Anwendung finden (2.1.1.2).

2.1.1.1 Übergangsbestimmungen zu den Verjährungsregeln

547. In dem Referentenentwurf fanden sich bis auf eine Vorschrift zur Bußgeldverantwortlichkeit im Übergangszeitraum (§ 186 Abs. 3 GWB-RefE) noch keine Regelungen betreffend das intertemporale Recht. Bereits der Gesetzentwurf enthielt jedoch Übergangsbestimmungen für die Verjährungsregeln. Ausweislich der Gesetzesbegründung sollte durch sie gewährleistet sein,

„dass das neue Verjährungsrecht [...] auch für Ansprüche gilt, die vor Inkrafttreten des neuen Verjährungsrechts zwar schon entstanden sind, aber bei Inkrafttreten des neuen Verjährungsrechts noch nicht verjährt sind"[5].

Die Übergangsbestimmungen wurden kurz vor der Verabschiedung des Gesetzentwurfs im Bundestag erneut geändert und im Hinblick auf ihre rückwirkende Anwendbarkeit klarer gefasst.[6]

548. Nunmehr sind die neuen Verjährungsregeln gemäß § 186 Abs. 3 Satz 2 GWB zunächst auf alle Ansprüche anzuwenden, die nach dem 26. Dezember 2016 entstanden sind. Sie sind ferner auch auf solche Ansprüche anzuwenden, die vor dem 27. Dezember 2016 entstanden sind und am 9. Juni 2017 (dem Zeitpunkt des Inkrafttretens der 9. GWB-Novelle) noch nicht verjährt waren. Eine spezielle Regelung gilt jedoch für den Beginn, die Hemmung, die Ablaufhemmung und den Neubeginn der Verjährung: Für Ansprüche, die vor dem 27. Dezember 2016 entstanden sind, finden für den Zeitraum bis zum 8. Juni 2017 die alten Verjährungsvorschriften Anwendung (§ 186 Abs. 3 Satz 3 GWB).[7]

549. Hintergrund der stark ausdifferenzierten Regelung ist die kontroverse Auslegung des § 33 Abs. 5 GWB a. F., wonach die Verjährung eines Schadensersatzanspruchs nach § 33 Abs. 3 GWB a. F. gehemmt ist, solange ein kartellbehördliches Verfahren anhängig und noch nicht rechtskräftig entschieden ist (nun im Wesentlichen: § 33h Abs. 6 GWB). Streitig ist, ob diese Regelung auch „Altfälle" erfasst, bei denen die Ansprüche vor Inkrafttreten der 7. GWB-Novelle am 1. Juli 2005 entstanden sind. Während etwa das Oberlandesgericht (OLG) Düsseldorf, das OLG Thüringen sowie das OLG München die Auffassung vertreten, die Regelung finde auch auf solche Altfälle Anwendung, ist das OLG Karlsruhe der Ansicht, die Hemmung gelte nur für Schadensersatzansprüche, die nach dem Stichtag des 1. Juli 2005 entstanden sind.[8] Über die

---

[3] Monopolkommission, XXI. Hauptgutachten: Wettbewerb 2016, Baden-Baden 2016, Tz. 39 ff.

[4] Bis zu diesem Datum wäre die EU-Kartellschadensersatzrichtlinie in nationales Recht umzusetzen gewesen.

[5] Gesetzentwurf der Bundesregierung, Entwurf eines Neunten Gesetzes zur Änderung des Gesetzes gegen Wettbewerbsbeschränkungen, BT-Drs. 18/10207 vom 7. November 2016, S. 107.

[6] Dazu im Einzelnen Beschlussempfehlung und Bericht des Ausschusses für Wirtschaft und Energie (9. Ausschuss), BT-Drs. 18/11446 vom 8. März 2017, S. 31 f. Kritisch zu den Formulierungen des Gesetzentwurfs Pohlmann, P., 9. GWB-Novelle: Bitte mehr Rechtssicherheit in intertemporalen Verjährungsfragen, WRP 2/2017, Editorial.

[7] Zur Vereinbarkeit der Regelungen mit den Vorgaben der EU-Kartellschadensersatzrichtlinie Petrasincu, A./Schaper, F., Intertemporale Anwendung des Kartelldeliktsrechts nach der 9. GWB-Novelle, WuW 2017, S. 306, 310 f.

[8] OLG München, Urteil vom 8. März 2018, U 3497/16 Kart – Schienenkartell; OLG Thüringen, Urteil vom 22. Februar 2017, 2 U 583/15 Kart, ECLI:DE:OLGTH:2017:0222.2U583.15KART.0A – Schienenkartell; OLG Karlsruhe, Urteil vom 9. November 2016, 6 U 204/15 Kart (2), ECLI:DE:OLGKARL:2016:1109.6U204.15KART2.0A – Zementkartell; OLG Düsseldorf, Urteil vom 18. Februar 2015, VI-U (Kart) 3/14 – Zementkartell.

Frage der zeitlichen Anwendbarkeit der Hemmungsvorschrift des § 33 Abs. 5 GWB a. F. wird voraussichtlich in Kürze der Bundesgerichtshof (BGH) entscheiden.[9]

550. Angesichts der unterschiedlichen Auslegung des § 33 Abs. 5 GWB a. F. und der damit verbundenen jahrelangen Unsicherheit bei der (Nicht-)Berücksichtigung kartellbedingter Schäden, die bereits vor Inkrafttreten der 7. GWB-Novelle entstanden sein sollen, sind die nunmehr sehr differenziert ausgestalteten Übergangsbestimmungen zu den Verjährungsregeln zu begrüßen.

2.1.1.2 Offenlegung von Beweismitteln

551. § 33g GWB sieht – in Abweichung von den Vorgaben der EU-Kartellschadensersatzrichtlinie (Art. 5) – einen eigenen materiell-rechtlichen Anspruch auf Offenlegung von Beweismitteln vor, der seitens eines potenziell Geschädigten auch vorprozessual geltend gemacht werden kann. Gemäß § 33g Abs. 1 GWB hat einerseits eine Person, die glaubhaft macht, dass sie einen Anspruch auf Kartellschadensersatz hat, und die dazu erforderlichen Beweismittel mit zumutbarem Aufwand identifizieren kann, gegen denjenigen, in dessen Besitz sich die Beweismittel befinden, einen Herausgabe- und Auskunftsanspruch. Andererseits ist auch derjenige, der im Besitz von Beweismitteln ist, die für die Verteidigung gegen einen Anspruch auf Kartellschadensersatz in einem bereits rechtshängigen Verfahren erforderlich sind, verpflichtet, die Beweismittel offenzulegen, § 33g Abs. 2 Satz 1. GWB. In beiden Fällen ist die Offenlegung der Beweismittel allerdings ausgeschlossen, soweit sie unverhältnismäßig ist (§ 33g Abs. 3 GWB) oder Kronzeugenanträge und Vergleichsausführungen betroffen sind (§ 33g Abs. 4 GWB). Zudem sieht § 33g Abs. 7 GWB einen Aufwendungsersatzanspruch des zur Offenlegung Verpflichteten vor. Dieser kann von demjenigen, der die Offenlegung der Beweismittel verlangt, für die Aufwendungen, die der Verpflichtete den Umständen nach für erforderlich halten durfte, Ersatz verlangen.

552. Da § 33g GWB gemäß § 186 Abs. 4 GWB jedenfalls in solchen Rechtsstreitigkeiten Anwendung findet, in denen nach dem 26. Dezember 2016 Klage erhoben worden ist,[10] sind in der Praxis bereits erste Erfahrungen mit der neuen Möglichkeit zur Offenlegung von Beweismitteln gemacht worden. Danach erscheint vor allem der Aufwendungsersatzanspruch aus § 33g Abs. 7 GWB problematisch. So wurde bereits darauf hingewiesen, dass die Offenlegung von Beweismitteln angesichts der Pflicht zur Erstattung der der Gegenpartei hierfür entstandenen Kosten – jedenfalls vonseiten der mutmaßlich durch das Kartell Geschädigten – eher zögerlich geltend gemacht werde. Zudem sei der zur Offenlegung Verpflichtete grundsätzlich in der Lage, die Offenlegung durch die Anforderung eines Vorschusses oder die Geltendmachung eines Zurückbehaltungsrechts zu verzögern oder gar zu blockieren.[11]

553. Dass die Aufwendungen für die Offenlegung durchaus ein erheblicher Kostenfaktor sein können, ergibt sich aus dem Umstand, dass die Identifizierung der relevanten Dokumente möglicherweise eine IT-forensische Aufbereitung und von (externen) Juristen begleitete Durchsicht der Daten erfordert.[12] Sollte sich der Aufwendungsersatzanspruch deshalb in der Praxis tatsächlich als Hindernis für die Geltendmachung der Offenlegung von Beweismitteln erweisen – noch scheint es für dahingehende Schlussfolgerungen zu früh –, wäre darüber nachzudenken, den Aufwendungsersatzanspruch der Höhe nach zu begrenzen oder gänzlich zu streichen. Dies ist insofern möglich, als ein solcher Anspruch in der

---

[9] Eine Revision gegen das Urteil des OLG Thüringen ist beim BGH unter dem Aktenzeichen KZR 24/17 und gegen das Urteil des OLG Karlsruhe unter dem Aktenzeichen KZR 56/16 anhängig.

[10] Zur zeitlichen Geltung der Vorschrift OLG Düsseldorf, Beschluss vom 3. April 2018, VI-W (Kart) 2/18 – Herausgabe von Beweismitteln, ECLI:DE:OLGD:2018:0403.VI.W.KART2.18.00.

[11] Fiedler, L./Niermann, M., Neue Regeln zur Offenlegung von Beweismitteln: Wer zahlt die Zeche für die Kosten der Disclosure? NZKart 2017, S. 497, 498 f. Zwar hätte der durch einen Kartellrechtsverstoß Geschädigte für den Fall, dass er vor Gericht in dem Schadensersatzprozess obsiegt, seinerseits einen Anspruch auf Erstattung der ihm durch die Rechtsverfolgung entstandenen Kosten, den er dem Schädiger – nicht jedoch einem Dritten – im Wege der Aufrechnung entgegenhalten könnte. Allerdings dürfte der Aufwendungsersatzanspruch bereits fällig sein, wenn der Kostenerstattungsanspruch noch nicht einmal dem Grunde nach feststeht; vgl. Klumpe, G./Thiede, T., Regierungsentwurf zur 9. GWB-Novelle: Änderungsbedarf aus Sicht der Praxis, BB 2016, S. 3011, 3015 f.

[12] Fiedler, L./Niermann, M., a. a. O., S. 497; Rosenfeld, A./Brand, P.-A., Die neuen Offenlegungsregeln für Kartellschadensersatzansprüche nach der 9. GWB-Novelle, WuW 2017, S. 247, 248. Was den Maßstab für den Umfang des Aufwendungsersatzes betrifft, dürfte auf die Rechtsprechung zu dem insoweit gleichlautenden § 670 BGB zurückgegriffen werden können; dazu Sprau, in: Palandt, Bürgerliches Gesetzbuch, 76. Aufl., München 2017, § 670 Tz. 4.

EU-Kartellschadensersatzrichtlinie nicht enthalten ist, sondern die Kosten der Offenlegung lediglich im Rahmen der Verhältnismäßigkeitsprüfung gemäß § 33g Abs. 3 GWB berücksichtigt werden.[13] Im Gegenteil: Gelangte man zu dem Ergebnis, dass die Vorgaben der EU-Kartellschadensersatzrichtlinie nicht korrekt umgesetzt worden sind, weil der Aufwendungsersatzanspruch die Offenlegung von Beweismitteln praktisch unmöglich macht oder übermäßig erschwert, wäre eine Anpassung des deutschen Rechts sogar unionsrechtlich geboten.

2.1.2 Erweiterung der Bußgeldhaftung

554. Die – nach der Umsetzung der EU-Kartellschadensersatzrichtlinie – wohl bedeutendste Änderung des GWB betrifft das Bußgeldrecht. Danach wurde die Haftung für einen Kartellrechtsverstoß insofern der Rechtsprechung der Unionsgerichte angeglichen, als jene nunmehr materiell bei dem Unternehmen im Sinne der wirtschaftlichen Einheit liegt, auch wenn das Rechtsträgerprinzip formell beibehalten worden ist. Die Gesetzesänderungen haben zudem insbesondere die Schließung der sog. Wurstlücke zur Folge, wonach sich Unternehmen in der Vergangenheit durch gezielte gesellschaftsrechtliche Umstrukturierungen der bußgeldrechtlichen Haftung entziehen konnten. Daran hatte die Erstreckung der Haftung auf den Gesamtrechtsnachfolger im Rahmen der 8. GWB-Novelle gemäß § 30 Abs. 2a OWiG zunächst nur wenig geändert, da nach dessen Satz 2 die Geldbuße den Wert des übernommenen Vermögens sowie die Höhe der gegenüber dem Rechtsvorgänger angemessenen Geldbuße nicht übersteigen darf.[14] So stellte das Bundeskartellamt im Berichtszeitraum – und sogar noch kurz vor Inkrafttreten der 9. GWB-Novelle – mehrere Ordnungswidrigkeitenverfahren gegen Hersteller von Wurstwaren ein, wodurch Geldbußen in Höhe von insgesamt EUR 228 Mio. (von ursprünglich EUR 338 Mio.) nicht vollstreckt werden konnten.[15]

555. Die neu ins Gesetz eingefügten Haftungstatbestände bewirken im Wesentlichen Folgendes:

- Für den Kartellverstoß einer Tochtergesellschaft haftet auch die Muttergesellschaft, die zum Zeitpunkt des Verstoßes unmittelbar oder mittelbar beherrschenden Einfluss auf die Tochtergesellschaft ausgeübt hat, § 81 Abs. 3a GWB.

- Für den Kartellverstoß einer Tochtergesellschaft haftet auch der (Gesamt-)Rechtsnachfolger der Muttergesellschaft (im Sinne des § 81 Abs. 3a GWB), § 81 Abs. 3b Satz 1 GWB. Zudem gilt die Beschränkung des § 30 Abs. 2a Satz 2 OWiG zur Höhe der Geldbuße nicht, § 81 Abs. 3b Satz 3 GWB.

- Für den Kartellverstoß eines Rechtsvorgängers haftet auch der (Einzel-)Rechtsnachfolger, der nur einzelne Vermögensgegenstände übernimmt und das Unternehmen somit in „wirtschaftlicher Kontinuität" fortführt, § 81 Abs. 3c GWB.

- Für den Fall, dass der Kartellrechtsverstoß vor Inkrafttreten der 9. GWB-Novelle beendet war, besteht eine Haftung der Muttergesellschaft bzw. des Rechtsnachfolgers bereits dann, wenn nach Inkrafttreten der 9. GWB-Novelle (§ 186 Abs. 5 Satz 1 GWB) die Gesellschaft, die den Kartellverstoß begangen hat, erlischt oder ihr Vermögen verschoben wird und die Geldbuße deshalb nicht gegen diese Gesellschaft verhängt werden kann, § 81a GWB (sog. Ausfallhaftung im Übergangszeitraum).

556. Eine Konzernhaftung sowie eine wirksame Haftung des Rechtsnachfolgers sind auch zentrale Forderungen der Europäischen Kommission aus ihrem im Frühjahr 2017 veröffentlichten Vorschlag zur sog. ECN+-Richtlinie, mit dem die Durchsetzung der Wettbewerbsvorschriften des Unionsrechts durch die nationalen Wettbewerbsbehörden verbessert werden soll.[16] So bestimmt Art. 12 Abs. 3 des Richtlinienvorschlags:

---

[13] Art. 5 Abs. 3 lit. b der EU-Kartellschadensersatzrichtlinie. Dies ist im deutschen Recht zusätzlich in § 33g Abs. 3 Satz 2 Nr. 2 GWB vorgesehen.

[14] Dazu Haus, F., Kartellordnungswidrigkeiten nach der 9. GWB-Novelle, ZWeR 2018, S. 20, 36 ff.

[15] BKartA, Fallbericht vom 1. September 2017, B12-13/09.

[16] EU-Kommission, Vorschlag für eine Richtlinie des Europäischen Parlaments und des Rates zur Stärkung der Wettbewerbsbehörden der Mitgliedstaaten im Hinblick auf eine wirksamere Durchsetzung der Wettbewerbsvorschriften und zur Gewährleistung des reibungslosen Funktionierens des Binnenmarkts, COM(2017) 142 final, 22. März 2017.

„Die Mitgliedstaaten stellen sicher, dass für die Zwecke der Verhängung von Geldbußen gegen Muttergesellschaften sowie rechtliche und wirtschaftliche Nachfolger von Unternehmen der Begriff des Unternehmens angewandt wird."

Begründet wird diese Vorschrift mit dem Umstand, dass in einigen Mitgliedstaaten das Mutterunternehmen nicht für einen Kartellverstoß des Tochterunternehmens und der rechtliche oder wirtschaftliche Nachfolger nicht für einen Kartellverstoß der Vorgängergesellschaft herangezogen werden kann.[17]

557. Wie weit der bestimmende Einfluss im Hinblick auf die Haftung einer Mutter- für ihre Tochtergesellschaft verstanden wird, haben im Berichtszeitraum wiederholt Entscheidungen des Europäischen Gerichtshofs (EuGH) gezeigt. In der Rechtssache Evonik Degussa und AlzChem stellte der EuGH fest, dass die Haftung der Muttergesellschaft für den Kartellverstoß einer Tochtergesellschaft nicht dadurch ausgeschlossen sei, dass jene diese angewiesen habe, sich nicht an dem Kartell zu beteiligen. Vielmehr könne eine solche Weisung ein Anhaltspunkt für die tatsächliche Ausübung eines bestimmenden Einflusses der Muttergesellschaft auf die Tochtergesellschaft sein.[18] Im Hinblick auf die (Mit-) Haftung einer Muttergesellschaft für den Kartellverstoß eines Gemeinschaftsunternehmens könne – so der EuGH in der Rechtssache Toshiba – vernünftigerweise angenommen werden, dass, wenn das Marktverhalten eines Gemeinschaftsunternehmens nach gesetzlichen Bestimmungen oder vertraglichen Regelungen von mehreren Muttergesellschaften gemeinsam festgelegt werden müsse, dieses Verhalten tatsächlich gemeinsam festgelegt worden sei.[19] Ferner sei der bloße Besitz bestimmter Vetorechte zur Begründung der Annahme, dass eine Muttergesellschaft tatsächlich einen bestimmenden Einfluss auf das Gemeinschaftsunternehmen ausübe, ausreichend; eine Ausübung des Vetorechts sei dagegen nicht erforderlich.[20]

2.1.3 Marktabgrenzung und Marktbeherrschung insbesondere in der Digitalökonomie

558. Im Rahmen der 9. GWB-Novelle sind zwei Vorschriften in das Gesetz eingefügt worden, die vor allem in der Digitalökonomie – und dort wiederum in Bezug auf mehrseitige Märkte (Plattformen) – von Bedeutung sind. So bestimmt § 18 Abs. 2a GWB nunmehr, dass der Annahme eines Marktes nicht entgegenstehe, dass eine Leistung unentgeltlich erbracht werde. Dies nimmt in den Blick, dass bei Plattformen die Leistung für eine Seite entgeltlich (etwa für Werbetreibende) und für die andere Seite unentgeltlich (etwa für Nutzer) sein kann. Das OLG Düsseldorf hatte im Hinblick auf Hotelbuchungsplattformen zuvor noch das Vorliegen eines Marktes im Verhältnis zwischen Plattform und Nutzer abgelehnt, da die Hotelsuche über die Plattform für den Nutzer kostenlos sei und bei einer Buchung nur das Hotel die Buchungsgebühr an die Plattform entrichte.[21] Gleichwohl bringt die Unentgeltlichkeit einer Leistung gewisse Besonderheiten mit sich, insbesondere bei der Marktabgrenzung. Die Monopolkommission befasst sich in diesem Kapitel noch tiefergehend mit der Abgrenzung mehrseitiger Märkte (3.1). Dagegen kann bei der Berechnung von Marktanteilen statt auf den Umsatz, der mit der Nutzerseite eben nicht erzielt wird, etwa auf Einschaltquoten (Free-TV) oder die Anzahl der regelmäßigen Besucher (z. B. einer Website) abgestellt werden.[22]

559. In § 18 Abs. 3a GWB sind – klarstellend – fünf Faktoren eingefügt worden, die bei der Bewertung der Marktstellung eines Unternehmens *„insbesondere bei mehrseitigen Märkten und Netzwerken"* jedenfalls auch zu berücksichtigen sind. Neu ist eine Heranziehung der dort genannten Faktoren nicht; so wurden insbesondere Netzwerkeffekte vom Bundeskartellamt bereits in früheren Fällen berücksichtigt.[23] Gleichwohl ist zu erwarten, dass ihnen bei der Prüfung von „digitalen Fällen" künftig neben den bereits in § 18 Abs. 3 GWB genannten Faktoren sowie dem Marktanteil eines Unterneh-

---

[17] EU-Kommission, ECN+-Richtlinie, a. a. O., S. 21.

[18] EuGH, Urteil vom 16. Juni 2016, C-155/14 P – Evonik Degussa und AlzChem, ECLI:EU:C:2016:446, Rz. 40 f.

[19] EuGH, Urteil vom 18. Januar 2017, C-623/15 P – Toshiba, ECLI:EU:C:2017:21, Rz. 51.

[20] EuGH, Urteil vom 18. Januar 2017, C-623/15 P – Toshiba, ECLI:EU:C:2017:21, Rz. 73.

[21] OLG Düsseldorf, Beschluss vom 9. Januar 2015, Kart 1/14 (V) – HRS-Bestpreisklauseln. Vgl. auch den Überblick über Rechtsprechung und behördliche Entscheidungspraxis bei Podszun, in: Kersting/Podszun, Die 9. GWB-Novelle, München 2017, Kap. 1, Tz. 14 ff.

[22] Monopolkommission, XXI. Hauptgutachten, a. a. O., Tz. 756.

[23] Dazu Monopolkommission, XXI. Hauptgutachten, a. a. O., Tz. 745 ff.

mens (vgl. § 18 Abs. 4 und 6 GWB) größere Bedeutung beigemessen wird. Im Berichtszeitraum zog das Bundeskartellamt die Vorschrift des § 18 Abs. 3a GWB bereits in zwei Fällen bei der Bewertung der Marktstellung betreffend den Ticketanbieter CTS Eventim heran, und zwar sowohl in einem Missbrauchs- als auch in einem Zusammenschlussfall.[24] Die Monopolkommission befasst sich in diesem Kapitel noch tiefergehend mit Netzwerkeffekten (3.2.3).

2.1.4 Einführung einer Transaktionswertschwelle

560. Das Bundeskartellamt prüfte erste Fälle, die unter der neuen Transaktionswertschwelle[25] des § 35 Abs. 1a GWB angemeldet wurden. Als in der Praxis schwierig stellte sich dabei neben der Berechnung des Wertes der Gegenleistung im Sinne des § 35 Abs. 1a Nr. 3 GWB[26] insbesondere die Feststellung einer Inlandstätigkeit in erheblichem Umfang im Sinne des § 35 Abs. 1a Nr. 4 GWB dar. Das Bundeskartellamt arbeitet deshalb zusammen mit der österreichischen Bundeswettbewerbsbehörde an einem Leitfaden, der schwerpunktmäßig diese beiden Aspekte adressiert und den Unternehmen eine Hilfestellung bei der Einschätzung geben soll, ob ein Zusammenschlussvorhaben anmeldepflichtig ist.[27] Nach dem Entwurf des Leitfadens besteht in Deutschland mangels einer gegenwärtigen Inlandstätigkeit in erheblichem Umfang keine Anmeldepflicht, wenn das Zielunternehmen auf einem durch Umsätze geprägten Markt tätig ist oder wenn es ein Produkt anbietet, das nicht erst kürzlich auf den Markt gekommen ist, und im abgeschlossenen Geschäftsjahr inländische Umsatzerlöse unter EUR 5 Mio. (= 2. Inlandsumsatzschwelle) erzielte; auf einem solchen Markt spiegeln die Umsatzerlöse die wettbewerbliche Bedeutung des Unternehmens angemessen wider.[28] Werden die betreffenden Produkte bzw. Dienstleistungen dagegen noch überwiegend kostenfrei angeboten oder sollen Forschungs- und Entwicklungstätigkeiten erworben werden, sind Umsätze gerade kein taugliches Kriterium, um die Bedeutung des Zielunternehmens zu erfassen. In diesem Fall ist eine erhebliche Inlandstätigkeit naheliegend, auch wenn die inländischen Umsatzerlöse – gegebenenfalls deutlich – unter EUR 5 Mio. liegen, sodass eine Anmeldepflicht gemäß § 35 Abs. 1a GWB in Betracht kommt.

2.1.5 Kartellrechtliche Ausnahmebereiche

561. Es wurden zwei Sonderregelungen für Kooperationen von Zeitungs- und Zeitschriftenverlagen sowie für Zusammenschlüsse von Dienstleistungsunternehmen der Kreditwirtschaft ins Gesetz aufgenommen.[29] In § 30 Abs. 2b GWB findet sich nun eine weitreichende Ausnahme vom Kartellverbot des § 1 GWB für die verlagswirtschaftliche Zusammenarbeit von Presseunternehmen, die selbst Hardcore-Kartelle (z. B. Preis-, Mengen- und Gebietsabsprachen) erlaubt und

---

[24] BKartA, Beschluss vom 4. Dezember 2017, B6-132/14-2 – CTS Eventim Exklusivvereinbarungen; Beschluss vom 22. November 2017, B6-35/17 – CTS Eventim/Four Artists. Auch die Europäische Kommission befasste sich im Berichtszeitraum mit Netzwerkeffekten; vgl. EU-Kommission, Beschluss vom 27. Juni 2017, AT.39740 – Google Search (Shopping), und Beschluss vom 6. Dezember 2016, M.8124 – Microsoft/LinkedIn.

[25] Grundlegend zum Vorschlag, das Transaktionsvolumen als ergänzendes Aufgreifkriterium in der Fusionskontrolle zu berücksichtigen, Monopolkommission, Sondergutachten 68, Wettbewerbspolitik: Herausforderung digitale Märkte, Baden-Baden 2015, Tz. 459 ff.

[26] § 38 Abs. 4a GWB bestimmt: „Die Gegenleistung nach § 35 Absatz 1a umfasst 1. alle Vermögensgegenstände und sonstigen geldwerten Leistungen, die der Veräußerer vom Erwerber im Zusammenhang mit dem Zusammenschluss nach § 37 Absatz 1 erhält (Kaufpreis), und 2. den Wert etwaiger vom Erwerber übernommener Verbindlichkeiten."

[27] BKartA/BWB, Leitfaden Transaktionswert-Schwellen für die Anmeldung von Zusammenschlussvorhaben (§ 35 Abs. 1a GWB und § 9 Abs. 4 KartG 2005), Entwurf für die öffentliche Konsultation, Stand: 14. Mai 2018. Bei Bearbeitungsschluss dieses Gutachtens war die finale Fassung des Leitfadens noch nicht veröffentlicht. In Österreich sind Zusammenschlussvorhaben seit dem 1. November 2017 unter Umständen anmeldepflichtig, sofern der Wert der Gegenleistung EUR 200 Mio. übersteigt (§ 9 Abs. 4 KartG).

[28] BKartA/BWB, a. a. O., Tz. 78 f. Dazu bereits Gesetzentwurf der Bundesregierung, Entwurf eines Neunten Gesetzes zur Änderung des Gesetzes gegen Wettbewerbsbeschränkungen, BT-Drs. 18/10207 vom 7. November 2016, S. 75.

[29] Anlässlich der Entscheidung des Bundeskartellamtes, den zentralen Vertrieb von Rundholz sowie die Übernahme bestimmter forstwirtschaftlicher Maßnahmen durch das Land Baden-Württemberg (Beschluss vom 9. Juli 2015, B1-72/12) zu untersagen, hat zudem § 46 BWaldG eine Änderung dahingehend erfahren, dass eine gemeinsame Rundholzvermarktung vom Kartellverbot freigestellt gilt. Dazu – sowie zum die Entscheidung des Bundeskartellamtes bestätigenden Beschluss des OLG Düsseldorf vom 15. März 2017, VI-Kart 10/15 (V) – Scholl, J./Weck, T., Die Neuregelung der kartellrechtlichen Ausnahmebereiche, WuW 2017, S. 264 f.

nicht auf kleine und mittlere Verlage beschränkt ist.[30] Wegen des Anwendungsvorrangs des Unionsrechts gilt die Ausnahme nicht, sofern der zwischenstaatliche Handel betroffen ist, also das Kartellverbot des Art. 101 AEUV einschlägig ist. Eine weitere Sonderregel betrifft die Ausnahme von der deutschen Fusionskontrollaufsicht für Dienstleistungsunternehmen der Kreditwirtschaft (§ 35 Abs. 2 Satz 3 GWB). Diese Gesetzesänderung erfolgte im Nachgang zu einem Fusionskontrollverfahren zwischen den sog. Backoffice-Dienstleistern zweier Sparkassen aus dem Frühjahr 2016, in dem das Bundeskartellamt wettbewerbliche Bedenken geäußert hatte, bevor die Anmeldung des Zusammenschlussvorhabens schließlich zurückgenommen wurde.[31] Solche Unternehmen dürfen nunmehr fusionieren, ohne dass das Bundeskartellamt den Zusammenschluss auf seine wettbewerblichen Auswirkungen überprüfen und gegebenenfalls untersagen könnte. Sowohl das Bundeskartellamt als auch die Monopolkommission haben die – damals noch im Entwurfsstadium – befindlichen Regelungen zu den Ausnahmebereichen als wettbewerbspolitisch fragwürdig kritisiert.[32] Die Monopolkommission befasst sich in diesem Gutachten ausführlich mit den kartellrechtlichen Ausnahmebereichen (Tz. 77 ff. in Kapitel I).

2.1.6 Änderungen im Ministererlaubnisverfahren

562. Regelungen zum Ministererlaubnisverfahren waren weder im Referenten- noch im Regierungsentwurf zur 9. GWB-Novelle enthalten. Sie flossen erst durch die Beschlussempfehlung des Ausschusses für Wirtschaft und Energie – als Reaktion auf das vorangegangene Ministererlaubnisverfahren Edeka/Kaiser's Tengelmann – in das Gesetzgebungsverfahren ein und haben das Ziel, das Ministererlaubnisverfahren straffer, transparenter und objektiver zu machen. Die Monopolkommission befasst sich in diesem Kapitel noch tiefergehend mit den Änderungen im Ministererlaubnisverfahren (3.7).

2.1.7 Neue Kompetenzen beim Verbraucherschutz

563. Ebenfalls sehr spät im Gesetzgebungsverfahren sind Regelungen eingebracht worden, die dem Bundeskartellamt neue Kompetenzen im Bereich des Verbraucherschutzes zuweisen.[33] Insbesondere kann es bei begründetem Verdacht auf *„erhebliche, dauerhafte oder wiederholte Verstöße gegen verbraucherrechtliche Vorschriften, die nach ihrer Art oder ihrem Umfang die Interessen einer Vielzahl von Verbraucherinnen und Verbrauchern beeinträchtigen"*, Sektoruntersuchungen durchführen (§ 32e Abs. 5 GWB). Das Bundeskartellamt hat bereits in zwei Fällen von dieser neuen Kompetenz Gebrauch gemacht und im Oktober 2017 eine erste Sektoruntersuchung „Vergleichsportale im Internet" sowie im Dezember 2017 eine Sektoruntersuchung zum Umgang der Hersteller sog. Smart TVs mit Nutzerdaten eingeleitet. Ferner kann sich das Bundeskartellamt an Zivilprozessen beteiligen, die solche verbraucherrechtlichen Verstöße zum Gegenstand haben, indem es gemäß § 90 Abs. 6 GWB Einsicht in die Unterlagen des Gerichts erhält (§ 90 Abs. 1 Satz 4 GWB) und das Recht zur Stellungnahme (§ 90 Abs. 2 GWB) hat. Die Monopolkommission befasst sich in diesem Kapitel noch tiefergehend mit dem Verhältnis von Wettbewerbs- und Verbraucherschutz (3.9).

---

[30] Im Gesetzgebungsverfahren hat der Bundesrat zudem vorgeschlagen, die vorgenannte Ausnahme vom Kartellverbot auf die Kooperation von öffentlich-rechtlichen Rundfunkanstalten auszudehnen; vgl. Stellungnahme des Bundesrates vom 25. November 2016, BR-Drs. 606/16, S. 4 ff. Dem Vorschlag wurde allerdings nicht entsprochen.

[31] BKartA, B4-74/15 – DSGF/Sparkassen-Marktservice, Fallbericht vom 30. Juni 2016.

[32] Stellungnahme des Bundeskartellamtes zum Regierungsentwurf zur 9. GWB-Novelle vom 18. Januar 2017, S. 16 ff.; Monopolkommission, XXI. Hauptgutachten, a. a. O., Tz. 29 ff. (zu Pressekooperationen). Vgl. auch Scholl, J./Weck, T., Die Neuregelung der kartellrechtlichen Ausnahmebereiche, WuW 2017, S. 261 ff.

[33] Dazu Beschlussempfehlung und Bericht des Ausschusses für Wirtschaft und Energie (9. Ausschuss), BT-Drs. 18/11446 vom 8. März 2017.

2.2 Überblick über die kartellrechtliche Entscheidungspraxis

2.2.1 Fusionskontrolle

2.2.1.1 Deutsche Fusionskontrolle

564. Im Berichtszeitraum wurden 2.530 Zusammenschlussvorhaben zur fusionskontrollrechtlichen Prüfung beim Bundeskartellamt angemeldet, von denen 1.229 Anmeldungen auf das Jahr 2016 und 1.301 auf das Jahr 2017 entfallen. Dies bedeutet eine leichte Steigerung gegenüber dem Berichtszeitraum 2014/2015, in dem insgesamt 2.407 Zusammenschlussvorhaben angemeldet wurden. Die angemeldeten Zusammenschlussvorhaben konnten ganz überwiegend im Vorprüfverfahren freigegeben werden, in lediglich 20 Fällen – jeweils zehn in beiden Jahren – wurde das Hauptprüfverfahren eingeleitet. Im Berichtszeitraum untersagte das Bundeskartellamt lediglich ein Zusammenschlussvorhaben.[34] Allerdings wurde in sieben Fällen – vier im Jahr 2016 und drei im Jahr 2017 – die Anmeldung im Hauptprüfverfahren zurückgenommen, nachdem das Bundeskartellamt den Zusammenschlussbeteiligten seine wettbewerblichen Bedenken mitgeteilt hatte. Einzelheiten zur Statistik können den folgenden Abbildungen und Tabellen entnommen werden:

---

[34] BKartA, Beschluss vom 23. November 2017, B6-35/17 – CTS Eventim/Four Artists.

Kapitel III · Würdigung der kartellrechtlichen Entscheidungspraxis

Abbildung III.1: Anzahl der Fusionskontrollverfahren und der Untersagungsentscheidungen

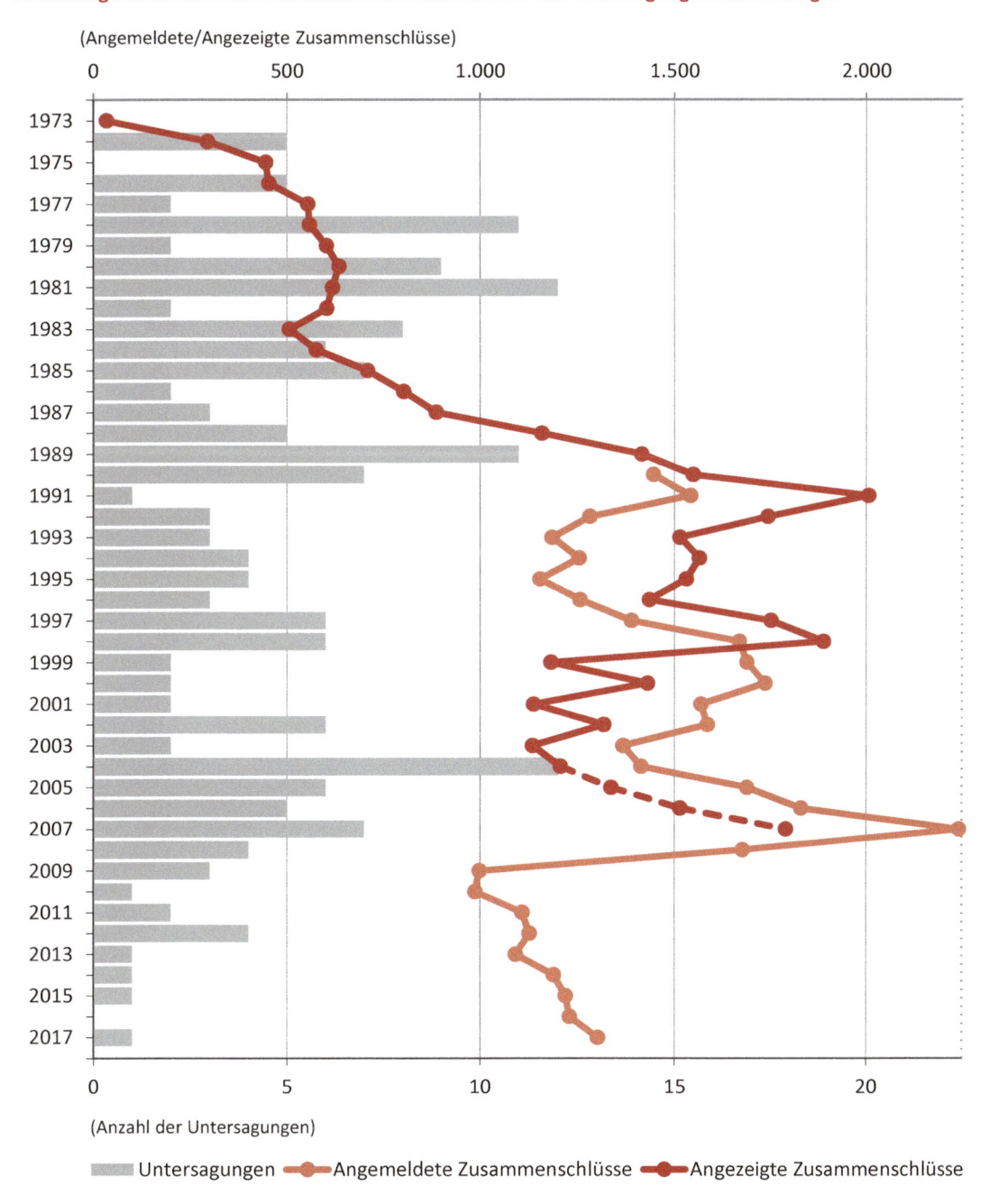

(Angemeldete/Angezeigte Zusammenschlüsse)

(Anzahl der Untersagungen)

■ Untersagungen ●─ Angemeldete Zusammenschlüsse ●─ Angezeigte Zusammenschlüsse

Quelle: eigene Darstellung nach Angaben des Bundeskartellamtes

Tabelle III.1: Übersicht über die Anzahl der angezeigten und vollzogenen Zusammenschlüsse und der vom Bundeskartellamt ausgesprochenen Untersagungen, gegliedert nach Berichtszeiträumen der Monopolkommission

Jahr	Anzeigen vollzogener Zusammenschlüsse	Angemeldete Zusammenschlüsse	Untersagungen
1973/1975	773		5
1976/1977	1.007		7
1978/1979	1.160		13
1989/1981	1.253		21
1982/1983	1.109		10
1984/1985	1.284		13
1986/1987	1.689		5
1988/1989	2.573		16
1990/1991	3.555	2.986	8
1992/1993	3.257	2.467	6
1994/1995	3.094	2.408	8
1996/1997	3.185	2.644	9
1998/1999	3.070	3.354	8
2000/2001	2.567	3.303	4
2002/2003	2.452	2.950	8
2004/2005	2.541	3.099	18
2006/2007	3.303	4.071	12
2008/2009	–	2.673	7
2010/2011	–	2.095	3
2012/2013	–	2.218	5
2014/2015	–	2.407	2
2016/2017	–	2.530	1
Davon:			
2016	–	1.229	0
2017	–	1.301	1
Insgesamt	(bis 2007) 37.872	39.205	189

Anm.: Über den Vollzug von Zusammenschlüssen liegen seit 2008 keine verlässlichen Zahlen mehr vor. Daher wird ab diesem Zeitpunkt nunmehr auf die Zahl der Anmeldungen abgestellt. Zur besseren Vergleichbarkeit sind die Zahlen über Vollzugsanzeigen bis 2007 weiterhin aufgeführt.

Quelle: Bundeskartellamt

Kapitel III · Würdigung der kartellrechtlichen Entscheidungspraxis

Abbildung III.2: Anzahl der Fusionskontrollanmeldungen und der Hauptprüfverfahren

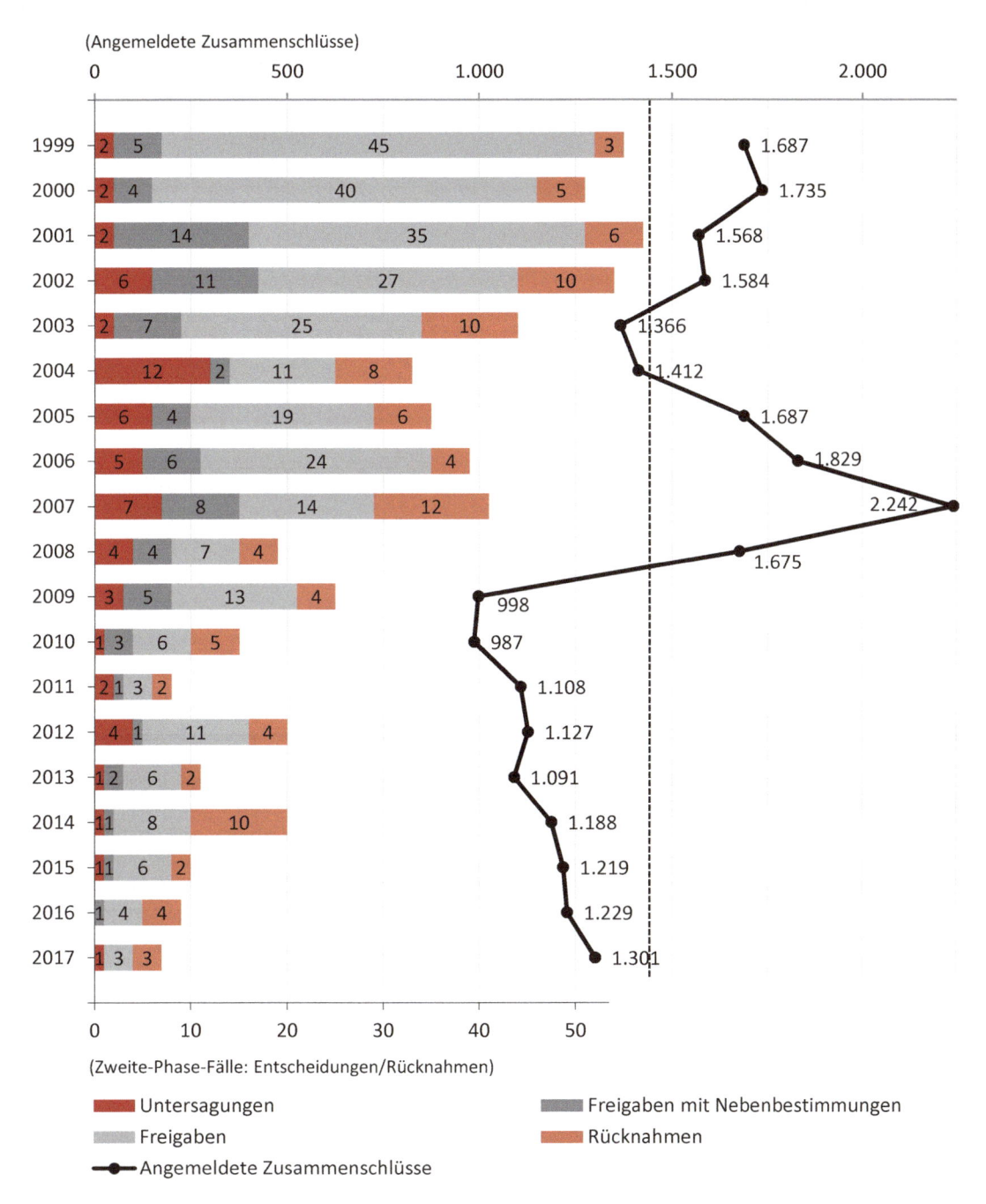

Jahr	Untersagungen	Freigaben mit Nebenbestimmungen	Freigaben	Rücknahmen	Angemeldete Zusammenschlüsse
1999	2	5	45	3	1.687
2000	2	4	40	5	1.735
2001	2	14	35	6	1.568
2002	6	11	27	10	1.584
2003	2	7	25	10	1.366
2004	12	2	11	8	1.412
2005	6	4	19	6	1.687
2006	5	6	24	4	1.829
2007	7	8	14	12	2.242
2008	4	4	7	4	1.675
2009	3	5	13	4	998
2010	1	3	6	5	987
2011	2	1	3	2	1.108
2012		4	1	11	4	1.127
2013	1	2	6	2	1.091
2014	1	1	8	10	1.188
2015	1	1	6	2	1.219
2016	1		4	4	1.229
2017	1		3	3	1.301

(Zweite-Phase-Fälle: Entscheidungen/Rücknahmen)

Quelle: eigene Darstellung nach Angaben des Bundeskartellamtes

Tabelle III.2: Übersicht über den Stand der deutschen Zusammenschlusskontrolle 2016 und 2017

	2015	2016	2017
I. Fusionskontrollverfahren insgesamt			
Eingegangene Anmeldungen nach § 39 GWB	1.219	1.229	1.301
Vorfeldfälle	4	10	8
II. Vorprüfverfahren (Erste-Phase-Fälle)			
Freigabe	1.169	1.150	1.239
Keine Anmeldepflicht	47	27	33
Rücknahme der Anmeldung	15	7	18
III. Hauptprüfverfahren (Zweite-Phase-Fälle)			
Entscheidungen	8	5	4
davon: Freigabe ohne Nebenbestimmungen	6	4	3
Freigabe mit Nebenbestimmungen	1	1	0
Untersagung	1	0	1
Rücknahme der Anmeldung	2	4	3

Anm.: Die Zahlen beziehen sich auf alle in den jeweiligen Jahren ergangenen Entscheidungen oder sonstige Erledigungen, unabhängig vom Zeitpunkt der Anmeldung; aus diesem Grund können die Zahlen der angemeldeten und der erledigten Fälle divergieren. Vorfeldfälle sind Zusammenschlussvorhaben, die wegen wettbewerblicher Bedenken des Bundeskartellamtes entweder nicht bzw. modifiziert angemeldet oder zurückgenommen worden sind. In diesen Fällen kann auch ohne abschließende Verfügung die Entstehung oder Verstärkung einer marktbeherrschenden Stellung verhindert werden. Die Erfassung dieser Fälle ist naturgemäß schwierig, sodass die angegebenen Werte nur eine Annäherung darstellen können. Nach Angaben des Bundeskartellamtes geht nur ein geringer Teil der Rücknahmen von Fusionskontrollanmeldungen auf Bedenken des Bundeskartellamtes zurück.

Quelle: Bundeskartellamt

565. Einen branchenspezifischen Schwerpunkt der Fusionskontrollpraxis des Bundeskartellamtes bildete erneut der Lebensmitteleinzelhandel.[35] So gab das Bundeskartellamt das Zusammenschlussvorhaben Rewe/Coop mit Nebenbestimmungen und den Erwerb von Edeka-Filialen durch Rewe, auf den sich die Unternehmen zur Beilegung ihres Rechtsstreits betreffend die Ministererlaubnis im Fall Edeka/Kaiser's Tengelmann außergerichtlich geeinigt hatten, ohne Nebenbestimmungen frei.[36] Das OLG Düsseldorf wies die gegen den Beschluss des Bundeskartellamtes im Fall Edeka/Kaiser's Tengelmann eingelegten Beschwerden, die teilweise als Fortsetzungsfeststellungsbeschwerden weiterverfolgt wurden, zurück.[37] Dabei beschränkte sich das OLG Düsseldorf in materieller Hinsicht auf die Prüfung des Entste-

---

[35] Im Jahr 2015 untersagte das Bundeskartellamt das Zusammenschlussvorhaben Edeka/Kaiser's Tengelmann (Beschluss vom 31. März 2015, B2-96/14), dem schließlich jedoch mit Nebenbestimmungen die Ministererlaubnis gemäß § 42 GWB erteilt wurde.

[36] BKartA, Beschluss vom 28. Oktober 2016, B2-51/16 – Rewe/Coop; Beschluss vom 8. Dezember 2016, B2-51/16 – Rewe/Edeka. Zur kartellrechtlichen Beurteilung der außergerichtlichen Einigung zwischen Edeka einerseits und Rewe, Markant und Norma andererseits Abschnitt 3.3 in diesem Kapitel.

[37] OLG Düsseldorf, Beschluss vom 23. August 2017, VI-Kart 5/16 (V) – Edeka/Kaiser's Tengelmann, ECLI:DE:OLGD:2017:0823. VI8211KART5.16V.00.

hens einer beherrschenden Stellung auf regionalen Absatzmärkten im Berliner Stadtgebiet. Zudem befasste sich der BGH im Zusammenhang mit dem Fall Edeka/Kaiser's Tengelmann mit der Abgrenzung zwischen Maßnahmen, die einen Zusammenschluss bereits verwirklichen – und deshalb gegen das Verbot des vorzeitigen Vollzugs (§ 41 Abs. 1 GWB) verstoßen –, und solchen, die einen Zusammenschluss lediglich vorbereiten.[38] Der BGH entschied, dass auch Maßnahmen, die selbst keinen Zusammenschlusstatbestand verwirklichen, unter das Vollzugsverbot fallen, wenn sie geeignet sind, die Wirkungen des beabsichtigten Zusammenschlusses zumindest teilweise vorwegzunehmen, und bestätigte damit letztinstanzlich entsprechende Verbotsverfügungen des Bundeskartellamtes aus seinem Beschluss vom 31. März 2015.[39]

566. Im Berichtszeitraum war zudem der Anbieter von Veranstaltungstickets CTS Eventim an zwei Zusammenschlussvorhaben beteiligt, die Gegenstand von Hauptprüfverfahren waren: Während der Erwerb des Konzertveranstalters FKP Scorpio zu Beginn des Jahres 2017 freigegeben wurde, untersagte das Bundeskartellamt später den geplanten Zusammenschluss mit der Konzertagentur Four Artists.[40] Bei der Prüfung des Bundeskartellamtes spielten indirekte Netzwerkeffekte eine wesentliche Rolle.[41]

567. Auch der Entsorgungsbereich stand im Fokus des Bundeskartellamtes. Zunächst gab das Bundeskartellamt das Zusammenschlussvorhaben Remondis/Bördner im Hauptprüfverfahren frei.[42] In dem Fall Rhenus/G.R.I. konnte das Zusammenschlussvorhaben wegen der Anwendung der Bagatellmarktklausel (§ 36 Abs. 1 Satz 2 Nr. 2 GWB) nicht untersagt werden, obgleich das Bundeskartellamt feststellte, dass der gemeinsame Marktanteil der beteiligten Unternehmen deutlich über der Schwelle für die Vermutung einer marktbeherrschenden Stellung (§ 18 Abs. 4 GWB) lag.[43] Das Bundeskartellamt prüfte zudem die Erhöhung einer Minderheitsbeteiligung von EnBW an MVV. Dabei gelangte es unter anderem zu dem Ergebnis, dass durch die Transaktion – trotz des erstmaligen Erwerbs einer aktienrechtlichen Sperrminorität – keine wettbewerbliche Einheit begründet werde.[44] Die Monopolkommission befasst sich in diesem Kapitel noch tiefergehend mit dem Erwerb von Minderheitsbeteiligungen (3.2.4).

568. Im Rahmen der räumlichen Marktabgrenzung führte das Bundeskartellamt in zwei Fällen sog. Lieferstromanalysen durch, bei denen die Abgrenzung der räumlich relevanten Märkte anhand einer Analyse der tatsächlichen Lieferströme – statt einer Radiusbetrachtung – erfolgte.[45] Das Bundeskartellamt hatte zwar auch schon in früheren Berichtszeiträumen solche Lieferstromanalysen durchgeführt, diese nun aber erstmals bis auf fünf Stellen bei den Postleitzahlen und mithin sehr hochauflösend angewendet. Die Monopolkommission befasst sich in diesem Kapitel noch weitergehend mit Lieferstromanalysen (Tz. 923 ff.).

569. Wie bereits im Rahmen der „Sektoruntersuchung Walzasphalt" stellte das Bundeskartellamt auch im Rahmen der „Sektoruntersuchung Zement und Transportbeton" von Juli 2017 eine Reihe kartellrechtswidriger Gemeinschaftsunter-

---

[38] BGH, Beschluss vom 14. November 2017, KVR 57/16 – Edeka/Kaiser's Tengelmann, ECLI:DE:BGH:2017:141117BKVR57.16.0.

[39] So auch OLG Düsseldorf, Beschluss vom 26. Oktober 2016, VI-Kart 5/15 (V) – Edeka/Kaiser's Tengelmann, ECLI:DE:OLGD:2016:1026.VI.KART5.15V.00.

[40] BKartA, Beschluss vom 3. Januar 2017, B6-53/16 – CTS Eventim/FKP Scorpio; Beschluss vom 23. November 2017, B6-35/17 – CTS Eventim/Four Artists. Gegen die Untersagungsentscheidung des Bundeskartellamtes wurde Beschwerde beim OLG Düsseldorf eingelegt, VI-Kart 3/18.

[41] Dazu Abschnitt 3.2.3 in diesem Kapitel.

[42] BKartA, Beschluss vom 4. Juli 2016, B4-31/16 – Remondis/Bördner.

[43] BKartA, Beschluss vom 2. August 2017, B4-31/17 – Rhenus/G.R.I. Die Unternehmen Rhenus und Remondis gehören beide zur Rethmann-Gruppe.

[44] BKartA, Beschluss vom 14. Dezember 2017, B4-80/17 – EnBW/MVV. Gegen den Freigabebeschluss legte MVV Beschwerde zum OLG Düsseldorf ein, VI-2 Kart 1/18 (V).

[45] BKartA, Beschluss vom 16. März 2017, B5-50/17 – Cordes & Graefe/Gienger. Die Anmeldung des Zusammenschlussvorhabens in seiner ursprünglichen Form wurde von den Zusammenschlussbeteiligten zunächst wegen wettbewerblicher Bedenken zurückgenommen (B5-37/16). Das Zusammenschlussvorhaben wurde sodann in modifizierter Form erneut angemeldet und schließlich vom Bundeskartellamt freigegeben. BKartA, B1-47/17 – Schwenk/Opterra, Rücknahme der Anmeldung vom 15. November 2017, Fallbericht vom 12. Januar 2018.

nehmen fest.[46] Im Gegensatz zum Unionsrecht (Art. 2 Abs. 4 der Verordnung (EG) Nr. 139/2004, „FKVO") sieht das deutsche Recht keine Prüfung der Gründung eines Gemeinschaftsunternehmens im Hinblick auf seine Vereinbarkeit mit dem Kartellverbot (Art. 101 AEUV / § 1 GWB) innerhalb des Fusionskontrollverfahrens vor. Die Freigabe eines solchen Zusammenschlussvorhabens durch das Bundeskartellamt bedeutet deshalb nicht zugleich, dass es kartellrechtlich unproblematisch ist.[47] Vielmehr kann das Bundeskartellamt die Gründung des Gemeinschaftsunternehmens auch noch im Nachhinein für kartellrechtswidrig erklären, weil eine Koordinierung der Mütterunternehmen bezweckt oder bewirkt ist. Aus Gründen der fehlenden Rechtssicherheit wird deshalb zuweilen eine Reform des deutschen Fusionskontrollrechts nach Maßgabe des Unionsrechts – aber mit längeren Prüffristen – erwogen.[48] Jedenfalls im Hinblick auf die vom Bundeskartellamt im Rahmen der vorgenannten Sektoruntersuchungen identifizierten kartellrechtswidrigen Gemeinschaftsunternehmen gilt indes, dass deren Gründung in vielen Fällen ohnehin nicht in den Anwendungsbereich der Fusionskontrolle fiel.[49]

570. Das Bundeskartellamt hat einen Leitfaden für Zusagen in der Fusionskontrolle veröffentlicht, der Erkenntnisse aus seiner Praxis enthält.[50] Gleichsam „überholt" worden ist dieser Leitfaden jedoch durch das Fusionskontrollverfahren Schwenk/Opterra, in dem eine bislang nur in vereinzelten Fällen gebräuchliche Zusage in Rede stand. In diesem Fall bot Schwenk an, das Recht zum Abruf bestimmter Kapazitäten aus einem von Schwenk betriebenen Zementwerk sowie den Zugriff auf einen Kundenstamm mit einem bestimmten Zementbedarf an einen unabhängigen Dritten abzugeben (sog. Zementwerksscheibe).[51] Hierbei handelt es sich nicht um eine – grundsätzlich vorzugswürdige – strukturelle Zusage, ein Unternehmen oder einen Unternehmensteil zu veräußern. Vielmehr wäre es zu einem Dauerschuldverhältnis mit Schwenk und dem Erwerber gekommen, das den Erwerber so hätte stellen sollen, als wäre er selbst Inhaber des Zementwerks geworden. In dem vom Bundeskartellamt durchgeführten Markttest stellte sich die Zementwerksscheibe als nicht geeignet dar, um die von einem Zusammenschluss ausgehende Beeinträchtigung des Wettbewerbs auszugleichen. Die befragten Kunden kritisierten insbesondere die faktische Abhängigkeit eines Erwerbers von Schwenk, die Möglichkeit von Schwenk, Einfluss auf die Wettbewerbsfähigkeit der Zementwerksscheibe zu nehmen, und die Gefahr eines koordinierten Verhaltens zwischen Schwenk und einem Erwerber.[52]

571. Dagegen wurde das Zusammenschlussvorhaben VTG/CIT, das die Vermietung von Eisenbahngüterwagen betrifft, mit umfangreichen Nebenbestimmungen freigegeben.[53] Der Freigabebeschluss des Bundeskartellamtes erging unter der aufschiebenden Bedingung, dass insbesondere das Geschäft der deutschen und luxemburgischen Tochter von CIT an ein unabhängiges drittes Unternehmen veräußert werde. Nach den Feststellungen des Bundeskartellamtes hätte der Erwerb von CIT durch VTG anderenfalls zu einer erheblichen Behinderung wirksamen Wettbewerbs auf den EWR-weiten Märkten für die Vermietung von Kesselwaggons sowie von Trockengüterwaggons geführt.

---

[46] BKartA, Sektoruntersuchung Zement und Transportbeton, Abschlussbericht gemäß § 32e GWB, Juli 2017; Sektoruntersuchung Walzasphalt, Abschlussbericht gemäß § 32e GWB, September 2012.

[47] Siehe aber BKartA, Beschluss vom 17. März 2011, B6-94/10 – Amazonas.

[48] Bien, F., Kartellrechtskontrolle von Gemeinschaftsunternehmen ex ante und ex post, NZKart 2014, S. 214, 218 f.; Kersting, in: Loewenheim u. a., Kartellrecht, 3. Aufl., München 2016, Anh. zu § 1 GWB Tz. 17.

[49] BKartA, Sektoruntersuchung Zement und Transportbeton, a. a. O., Tz. 511; Sektoruntersuchung Walzasphalt, a. a. O., Tz. 125. Bei der Frage einer Angleichung des deutschen an das Unionsrecht sollte zudem berücksichtigt werden, dass die Europäische Kommission bislang in keinem Fall die Gründung eines Gemeinschaftsunternehmens auf der Grundlage des Art. 2 Abs. 4 FKVO untersagt hat; vgl. Käseberg, in: Langen/Bunte, Europäisches Kartellrecht, 13. Aufl., Köln 2018, Art. 2 FKVO Tz. 343.

[50] BKartA, Leitfaden Zusagen in der Fusionskontrolle, Mai 2017.

[51] Zum Zusagenangebot einer Kraftwerksscheibe vgl. BKartA, Beschluss vom 20. November 2003, B8-84/03 – E.ON/Hansestadt Lübeck.

[52] Rücknahme der Anmeldung vom 15. November 2017, B1-47/17, Fallbericht vom 12. Januar 2018 – Schwenk/Opterra.

[53] BKartA, Beschluss vom 21. März 2018, B9-124/17 – VTG/CIT. Dieser Fall ist eines von nur zwei beim Bundeskartellamt angemeldeten Zusammenschlussvorhaben, die im Berichtszeitraum mit Nebenbestimmungen freigegeben wurden. Zu dem Fall Rewe/Coop bereits Tz. 565.

2.2.1.2 Europäische Fusionskontrolle

572. Die Europäische Kommission hat – wie schon im vorangegangenen Berichtszeitraum 2014/2015 – in den Jahren 2016 und 2017 erneut mehr fusionskontrollrechtliche Anmeldungen geprüft, und zwar sowohl im Berichtszeitraums- als auch im Jahresvergleich.[54] Waren es in den Jahren 2014 und 2015 noch insgesamt 640 angemeldete Zusammenschlussvorhaben (davon 303 im Jahr 2014 und 337 im Jahr 2015), prüfte die Europäische Kommission im Berichtszeitraum 2016/2017 insgesamt bereits 742 Anmeldungen (davon 362 im Jahr 2016 und 380 im Jahr 2017). Etwas mehr als zwei Drittel der Fälle wurden im vereinfachten Verfahren geprüft; im Vergleich zum vorangegangenen Berichtszeitraum erhöhte sich der Anteil leicht.

573. In insgesamt 15 Fällen leitete die Europäische Kommission das Hauptprüfverfahren ein (davon acht im Jahr 2016 und sieben im Jahr 2017). Nur im Jahr 2016 wurde ein Zusammenschlussvorhaben ohne, im Übrigen wurden acht Zusammenschlussvorhaben mit Nebenbestimmungen freigegeben. Nachdem es im vorangegangenen Berichtszeitraum keine Untersagung eines Zusammenschlussvorhabens gegeben hatte, untersagte die Europäische Kommission im Jahr 2016 ein und im Jahr 2017 zwei Zusammenschlussvorhaben.[55] Die Anzahl der Untersagungsentscheidungen seit Inkrafttreten der Fusionskontrollverordnung stieg damit von 24 auf 27. Zusätzlich wurden im Berichtszeitraum insgesamt 18 Anmeldungen zurückgenommen, und zwar jeweils neun in beiden Jahren bzw. 15 im Vorprüf- und drei im Hauptprüfverfahren.

574. Wie bereits im vorangegangenen Berichtszeitraum stellten die Zusammenschlussbeteiligten 29 Anträge auf Verweisung eines Fusionskontrollverfahrens an einen Mitgliedstaat. In fünf Fällen gab die Europäische Kommission das Verfahren nur teilweise an einen Mitgliedstaat ab, allen übrigen Anträgen gab sie – wie bereits im vorangegangenen Berichtszeitraum – vollumfänglich statt. Die Anzahl der Anträge der Zusammenschlussbeteiligten auf Abgabe des Fusionskontrollverfahrens an die Europäische Kommission blieb mit 38 Anträgen etwa auf dem Niveau des vorangegangenen Berichtszeitraums. In keinem Fall wurde die Verfahrensabgabe verweigert. Wie im vorangegangenen Berichtszeitraum gab es lediglich zwei Verweisungsanträge, die von einem oder mehreren Mitgliedstaaten mit dem Ziel gestellt wurden, ein Zusammenschlussvorhaben ohne gemeinschaftsweite Bedeutung durch die Europäische Kommission prüfen zu lassen. Es wurde kein Antrag abgelehnt. Die Anzahl der Anträge, mit denen ein Mitgliedstaat die Verfahrensabgabe an die jeweilige nationale Wettbewerbsbehörde zu erreichen beabsichtigte, beläuft sich – wie bereits im vorangegangenen Berichtszeitraum – auf fünf. Im aktuellen Berichtszeitraum gab es erneut keine vollumfängliche und nur eine teilweise Verfahrensabgabe. In zwei Fällen verweigerte die Europäische Kommission die Verfahrensabgabe vollumfänglich.

575. In zwei Fällen verhängte die Europäische Kommission Geldbußen wegen Verstößen gegen die Fusionskontrollvorschriften. Im Rahmen der Anmeldung der Übernahme von WhatsApp hatte Facebook gegenüber der Europäischen Kommission wahrheitswidrig verneint, dass eine Verknüpfung der Benutzerkonten der beiden Unternehmen technisch möglich sein werde. In diesem Fall erhielt Facebook eine Geldbuße in Höhe von EUR 110 Mio. wegen falscher oder irreführender Angaben in einem Fusionskontrollverfahren.[56] Zudem verhängte die Europäische Kommission eine Geldbuße in Höhe von EUR 124,5 Mio. gegen Altice wegen eines Verstoßes gegen das Vollzugsverbot. Bereits vor Freigabe der Übernahme von PT Portugal waren Altice Vetorechte bei bestimmten Entscheidungen von PT Portugal eingeräumt worden, hatte Altice teilweise tatsächlich bestimmenden Einfluss auf die Geschäftstätigkeiten von PT Portugal ausgeübt und hatte ein Austausch sensibler Geschäftsinformationen über PT Portugal stattgefunden.[57] Anlässlich des Vorabentschei-

---

[54] Die statistischen Angaben der Europäischen Kommission zu ihrer Fusionskontrollpraxis sind auf der Website der Behörde unter dem Link http://ec.europa.eu/competition/mergers/statistics.pdf abrufbar.

[55] EU-Kommission, Beschluss vom 5. April 2017, M.7878 – HeidelbergCement/Schwenk/Cemex Hungary/Cemex Croatia (gegen die Entscheidung der Europäischen Kommission ist eine Nichtigkeitsklage beim EuG anhängig, T-380/17); Beschluss vom 29. März 2017, M.7995 – Deutsche Börse/London Stock Exchange Group; Beschluss vom 11. Mai 2016, M.7612 – Hutchison 3G UK/Telefónica UK.

[56] EU-Kommission, Beschluss vom 17. Mai 2017, M.8228 – Facebook/WhatsApp. Das Zusammenschlussvorhaben Facebook/WhatsApp war von der Europäischen Kommission mit Beschluss vom 3. Oktober 2014, M.7217, freigegeben worden.

[57] EU-Kommission, Beschluss vom 24. April 2018, M.7993 – Altice/PT Portugal. Das Zusammenschlussvorhaben Altice/PT Portugal war von der Europäischen Kommission mit Beschluss vom 20. April 2015, M.7499, freigegeben worden.

dungsersuchens eines dänischen Gerichts entschied der EuGH, dass der Vollzug eines Zusammenschlussvorhabens im Sinne des Art. 7 Abs. 1 FKVO einen Vorgang voraussetze, der zur Veränderung der Kontrolle über das Zielunternehmen beitrage.[58] Die dänische Wettbewerbsbehörde hatte einen Verstoß gegen das Verbot des vorzeitigen Vollzugs nach nationalem Recht angenommen, indem die Zielgesellschaften (KPMG Dänemark) nach Abschluss des Unternehmenskaufvertrages mit dem Erwerber (Ernst & Young) – aber noch vor der Freigabe des Zusammenschlussvorhabens – die Kooperation mit einem Unternehmensnetzwerk (KPMG International) aufkündigten.[59] Der EuGH stellte klar, dass ein solches Verhalten, unabhängig davon, ob es Auswirkungen auf den Markt hat, keinen vorzeitigen Vollzug darstelle.

576. Einen branchenspezifischen Schwerpunkt der Fusionskontrollpraxis der Europäischen Kommission bildete im Berichtszeitraum die agrochemische Industrie, mit der sich die Behörde in zwei Fällen im Hauptprüfverfahren befasste: Zunächst gab sie den Zusammenschluss Dow/DuPont mit Nebenbestimmungen frei,[60] ehe sie das Zusammenschlussvorhaben Bayer/Monsanto – ebenfalls mit Nebenbestimmungen – freigab.[61] Eine große Rolle spielte in beiden Fällen eine mögliche Beschränkung des Innovationswettbewerbs. Näher untersucht wurde ferner der Umstand, dass die in dem Markt tätigen Unternehmen über Minderheitsbeteiligungen verschiedener institutioneller Investoren miteinander verflochten sind. Die Monopolkommission befasst sich in diesem Kapitel tiefergehend mit dem Innovationswettbewerb (3.2.2) und ausführlich mit Unternehmensverflechtungen über indirekte Minderheitsbeteiligungen in Kapitel II (dort 4).

577. Bedingt durch die Insolvenz von Air Berlin stand zuletzt ferner der Flugverkehr im Fokus der Europäischen Kommission.[62] Diese gab die Übernahme von Vermögen von Air Berlin (insbesondere Flughafenslots) durch Easyjet im Vorprüfverfahren frei[63] und befasste sich nahezu zeitgleich mit dem wettbewerblich komplexeren Zusammenschlussvorhaben Lufthansa/Air Berlin. Lufthansa meldete zunächst den Erwerb der beiden nicht im Insolvenzverfahren befindlichen Air-Berlin-Tochtergesellschaften Niki und Luftfahrtgesellschaft Walter („LGW") sowie weiteren Vermögens von Air Berlin (insbesondere Flughafenslots), das noch vor dem Vollzug des Zusammenschlusses an LGW übertragen werden sollte, an.[64] Nachdem die Europäische Kommission hinsichtlich des Erwerbs von Niki allerdings wettbewerbliche Bedenken geäußert hatte, nahm Lufthansa die Anmeldung insoweit zurück, und die Europäische Kommission konnte den Erwerb von LGW sowie des weiteren Vermögens im Vorprüfverfahren mit Nebenbestimmungen freigeben.[65] In seiner zunächst angemeldeten Form hätte der Zusammenschluss nach den Feststellungen der Europäischen Kommission zu einer beherrschenden Stellung von Lufthansa im Hinblick auf den Besitz von – nicht an bestimmte Flugstrecken gebundenen – Slots am Flughafen Düsseldorf während der IATA-Sommersaison (Ende März bis Ende Oktober) geführt.

578. Der Fall Microsoft/LinkedIn betraf einen konglomeraten Zusammenschluss, bei dem es vor allem um die Prüfung von Netzwerkeffekten und den Zugang zu Daten ging. Die Europäische Kommission gab das Zusammenschlussvorhaben mit der Nebenbestimmung frei, dass Microsoft sich verpflichtet, das Karrierenetzwerk LinkedIn nicht in seinem Be-

---

[58] EuGH, Urteil vom 31. Mai 2018, C-633/16 – Ernst & Young, ECLI:EU:C:2018:371.

[59] Die dänischen Regelungen zur Fusionskontrolle und insbesondere der dortige Zusammenschlussbegriff orientieren sich maßgeblich an der FKVO.

[60] EU-Kommission, Beschluss vom 27. März 2017, M.7932 – Dow/DuPont.

[61] EU-Kommission, Beschluss vom 21. März 2018, M.8084 – Bayer/Monsanto. Einem Antrag von Bayer auf nachträgliche Änderung zweier für bindend erklärter Verpflichtungszusagen gab die Europäische Kommission mit Beschluss vom 11. April 2018 statt.

[62] Noch vor der Insolvenz von Air Berlin gab das Bundeskartellamt einen vorsorglich als Zusammenschluss angemeldeten sog. Wetlease-Vertrag über 38 Passagierflugzeuge zwischen Lufthansa (als Leasingnehmer) und Air Berlin frei. Da das Zusammenschlussvorhaben keinen Anlass zu wettbewerblichen Bedenken gab, konnte das Bundeskartellamt offenlassen, ob überhaupt ein Zusammenschlusstatbestand des § 37 GWB erfüllt war. Die Europäische Kommission, bei der die Transaktion zunächst angezeigt worden war, hatte das Vorliegen eines Zusammenschlusstatbestandes im Sinne des Art. 3 FKVO abgelehnt und mithin eine Anmeldepflicht verneint. Dazu BKartA, Beschluss vom 30. Januar 2017, B9-190/16 – Lufthansa/Air Berlin, Fallbericht vom 31. Januar 2017.

[63] EU-Kommission, Beschluss vom 12. Dezember 2017, M.8672 – Easyjet/Air Berlin.

[64] Zuvor hatte Lufthansa bereits eine Freistellung von dem Vollzugsverbot gemäß Art. 7 Abs. 3 FKVO beantragt, die die Europäische Kommission mit Bedingungen gewährte; vgl. EU-Kommission, Beschluss vom 27. Oktober 2017, M.8633 – Lufthansa/Air Berlin.

[65] EU-Kommission, Beschluss vom 21. Dezember 2017, M.8633 – Lufthansa/Air Berlin.

triebsprogramm Windows vorzuinstallieren, damit die Sichtbarkeit und Erreichbarkeit anderer Karrierenetzwerke nicht von vorneherein eingeschränkt werde.[66]

579. Erwähnenswert ist schließlich der Umstand, dass das Gericht der Europäischen Union (EuG) zwei Fusionskontrollentscheidungen der Europäischen Kommission aus vorangegangenen Berichtszeiträumen aufhob. Auf die Beschwerde eines Wettbewerbers stellte das EuG fest, dass der Freigabebeschluss der Europäischen Kommission zu dem Zusammenschlussvorhaben Liberty Global/Ziggo aus dem Jahr 2014 an Begründungsmängeln litt, weil sich die Europäische Kommission dort nicht mit bestimmten, möglicherweise wettbewerbsbeschränkenden Auswirkungen befasst hatte.[67] Zudem erklärte das EuG den Untersagungsbeschluss der Europäischen Kommission zu dem Zusammenschlussvorhaben TNT/UPS aus dem Jahr 2013 wegen einer Verletzung der Verteidigungsrechte für nichtig. UPS war die Endfassung eines ökonometrischen Modells, auf das die Europäische Kommission ihre Entscheidung stützte, nicht zugänglich gemacht worden.[68]

2.2.2 Missbrauchsaufsicht

580. Das Bundeskartellamt schloss im Jahr 2016 42 Verfahren wegen Verstößen gegen das Verbot des Missbrauchs einer marktbeherrschenden Stellung aus Art. 102 AEUV bzw. §§ 19 ff. GWB ab und leitete 15 neue Missbrauchsverfahren ein.[69] Ein Verfahren endete mit Verpflichtungszusagen,[70] die übrigen Verfahren wurden aus anderen Gründen ohne Verfügung eingestellt.[71] Nach Angaben des Bundeskartellamtes wurden im Jahr 2017 22 Missbrauchsverfahren abgeschlossen und erneut 15 Verfahren eingeleitet. Das Bundeskartellamt erließ in diesem Zeitraum eine Feststellungs-/Abstellungsentscheidung[72] sowie zwei Entscheidungen mit Verpflichtungszusagen.[73]

581. Ein Verwaltungsverfahren des Bundeskartellamtes gegen die Deutsche Bahn im Zusammenhang mit dem Vertrieb von Fahrkarten für den Schienenpersonenverkehr endete mit Verpflichtungszusagen.[74] Das Verfahren betraf mehrere Verhaltensweisen der Deutschen Bahn gegenüber ihren Wettbewerbern, und zwar (i) die Kopplung von Tarif- und Vertriebskooperationen, (ii) die Provisionsgestaltung für die Erbringung bzw. die Inanspruchnahme von Vertriebsdienstleistungen und (iii) den Zugang zu Vertriebskanälen für Fahrkarten (Verweigerung der Möglichkeit des Verkaufs von Fernverkehrstickets der Deutschen Bahn sowie Behinderung des Verkaufs von eigenen Fahrkarten in Bahnhofsläden). Das Bundeskartellamt hat die von der Deutschen Bahn angebotenen Verpflichtungszusagen zur Ausräumung seiner kartellrechtlichen Bedenken einem Markttest unterzogen und sie schließlich für verbindlich erklärt.

582. Das Bundeskartellamt befasste sich in zwei Verwaltungsverfahren mit der Höhe der Entgelte, die für die Nutzung von Geldautomaten außerhalb des eigenen Geldautomatenverbundes (sog. Fremdabhebeentgelte) anfallen.[75] Die Verfahren wurden eingestellt. Der zuvor bestehenden mangelnden Transparenz bei der Entgelthöhe begegneten die Ban-

---

[66] EU-Kommission, Beschluss vom 6. Dezember 2016, M.8124 – Microsoft/LinkedIn. Dazu – insbesondere zu den Netzwerkeffekten – Abschnitt 3.2.3 in diesem Kapitel.

[67] EuG, Urteil vom 26. Oktober 2017, T-394/15 – KPN, ECLI:EU:T:2017:756; EU-Kommission, Beschluss vom 10. Oktober 2014, M.7000 – Liberty Global/Ziggo. Die Europäische Kommission hat den Zusammenschluss mit Beschluss vom 30. Mai 2018 erneut freigegeben.

[68] EuG, Urteil vom 7. März 2017, T-194/13 – UPS, ECLI:EU:T:2017:144; EU-Kommission, Beschluss vom 30. Januar 2013, M.6570 – UPS/TNT Express.

[69] BKartA, Tätigkeitsbericht 2015/2016, BT-Drs. 18/12760 vom 15. Juni 2017, S. 147.

[70] BKartA, Beschluss vom 24. Mai 2016, B9-136/13 – Deutsche Bahn; dazu sogleich Tz. 581.

[71] In Betracht kommt eine Verfahrenseinstellung z. B. aus Ermessenserwägungen oder weil sich der Verdacht eines kartellrechtswidrigen Verhaltens nicht bestätigt hat.

[72] BKartA, Beschluss vom 4. Dezember 2017, B6-132/14-2 – CTS Eventim Exklusivvereinbarungen; dazu Tz. 583.

[73] BKartA, Beschluss vom 13. Februar 2017, B8-31/13 – Danpower; Beschluss vom 13. Februar 2017, B8-30/13 – innogy.

[74] BKartA, Beschluss vom 24. Mai 2016, B9-136/13. Vgl. auch Monopolkommission, Sondergutachten 76, Bahn 2017: Wettbewerbspolitische Baustellen, Baden-Baden 2017, Tz. 117 ff.

[75] BKartA, Beschlüsse vom 24. Juli 2017, B4-13/10 und B4-117/15. Vgl. auch Monopolkommission, XX. Hauptgutachten: Eine Wettbewerbsordnung für die Finanzmärkte, Baden-Baden 2014, Tz. 2123 ff.

kenverbände während des laufenden Verfahrens dadurch, dass die Interbankenentgelte durch direkte Kundenentgelte ersetzt wurden. Darüber hinaus sah das Bundeskartellamt keinen Bedarf nach einer Regulierung der Höhe der Fremdabhebeentgelte, sondern verwies auf die Möglichkeit ihrer kartellrechtlichen Überprüfung im Einzelfall, sofern der Geldautomatenbetreiber in einem bestimmten räumlichen Gebiet marktbeherrschend ist und somit der Missbrauchsaufsicht unterliegt.

583. In einem gegen das Ticketing-Unternehmen CTS Eventim geführten Verwaltungsverfahren untersagte das Bundeskartellamt CTS Eventim mit Beschluss vom 4. Dezember 2017 die Verwendung von mit Konzertveranstaltern sowie Vorverkaufsstellen geschlossenen Exklusivvereinbarungen.[76] Hiernach dürfen Veranstaltungstickets ausschließlich oder zu einem erheblichen Anteil nur über eine von CTS Eventim betriebene Ticketing-Plattform vertrieben werden. Das Bundeskartellamt wertete dies als missbräuchliche Ausnutzung der marktbeherrschenden Stellung von CTS Eventim und hat dem Unternehmen aufgegeben, die Vereinbarungen dergestalt zu ändern, dass seine Vertragspartner künftig die Möglichkeit haben, mindestens 20 Prozent ihres jährlichen Ticketvolumens nach ihrem freien Ermessen über dritte Ticketsysteme zu vermitteln, sofern die Laufzeit der Vereinbarung mehr als zwei Jahre beträgt oder unbefristet ist.

584. In einem noch laufenden Verwaltungsverfahren gegen den Deutschen Olympischen Sportbund („DOSB") sowie gegen das Internationale Olympische Komitee („IOC") prüft das Bundeskartellamt, ob diese Verbände die Regel 40 der Olympischen Charta im Hinblick auf Werbebeschränkungen für Athleten zu restriktiv anwenden und dadurch ihre marktbeherrschende Stellung missbräuchlich ausnutzen.[77] Nachdem IOC und DOSB zugesagt haben, die Beschränkungen für auf Deutschland ausgerichtete Werbemaßnahmen angesichts der vergangenen Olympischen Winterspiele in Pyeongchang im Februar 2018 – jedenfalls vorläufig – weniger restriktiv zu handhaben, führte das Bundeskartellamt zu den geplanten Veränderungen einen Markttest mittels Befragung von Verbänden, Sportlern und Sponsoren durch.

585. Das Bundeskartellamt untersucht in einem ebenfalls noch laufenden Verwaltungsverfahren, ob der Umgang von Facebook mit den Daten seiner Nutzer eine missbräuchliche Ausnutzung einer marktbeherrschenden Stellung darstellt.[78] Es geht in einer vorläufigen Einschätzung davon aus, dass Facebook (i) auf dem deutschen Markt für soziale Netzwerke marktbeherrschend ist und (ii) missbräuchlich handelt, indem es die Nutzung von Facebook davon abhängig macht, bestimmte Nutzerdaten aus Drittquellen – einschließlich konzerneigener Dienste wie WhatsApp und Instagram – zu sammeln und mit dem Facebook-Konto zusammenzuführen. Die Monopolkommission befasst sich in diesem Kapitel noch tiefergehend mit Missbräuchen im Umgang mit Daten der Marktgegenseite (3.2.1).

586. Im Rahmen von Vorermittlungen untersuchte das Bundeskartellamt, ob Lufthansa eine auf verschiedenen innerdeutschen Flugstrecken bestehende marktbeherrschende Stellung nach dem insolvenzbedingten Wegfall von Air Berlin durch überhöhte Ticketpreise ausnutzte. Es wurde letztlich kein (formelles) Verfahren wegen Preishöhenmissbrauchs gegen Lufthansa eingeleitet.[79] Das Bundeskartellamt gelangte nach einer stichprobenartigen Auswertung von Preisdaten von Lufthansa zu dem Ergebnis, dass die Flugpreise für einige Flugstrecken im November und Dezember 2017 zwar teilweise über dem Vorjahresniveau lagen. Wegen des Markteintritts von Easyjet in den innerdeutschen Flugverkehr seien die Preiserhöhungen für die Mehrzahl der Flugstrecken indes nicht von Dauer gewesen. Das Bundeskartellamt stellt zudem klar, dass die Insolvenz von Air Berlin eine erhebliche Reduzierung der insgesamt vorhandenen Sitzplatzkapazitäten zur Folge hatte, die auch bei funktionierendem Wettbewerb zu steigenden Preisen geführt hätte.

587. Mit Beschluss vom 23. Januar 2018 bestätigte der BGH die Auslegung des Anzapfverbotes gemäß § 19 Abs. 2 Nr. 5 GWB durch das Bundeskartellamt aus dessen Verbotsverfügung gegen Edeka anlässlich der Übernahme von rund 2.300

---

[76] BKartA, Beschluss vom 4. Dezember 2017, B6-132/14-2. Zu diesem Fall auch Abschnitte 3.1 (zur Abgrenzung mehrseitiger Märkte) und 3.2.3 (zu den Netzwerkeffekten) in diesem Kapitel.

[77] BKartA, Pressemitteilung vom 21. Dezember 2017.

[78] BKartA, Pressemitteilung vom 19. Dezember 2017; Hintergrundpapier vom 19. Dezember 2017, Hintergrundinformationen zum Facebook-Verfahren des Bundeskartellamtes.

[79] Bundeskartellamt, Fallbericht vom 29. Mai 2018, B9-175/17. Zu den Fusionskontrollverfahren der Europäischen Kommission Easyjet/Air Berlin sowie Lufthansa/Air Berlin siehe Tz. 577.

Filialen der Discounterkette Plus.[80] Das Bundeskartellamt hatte festgestellt, dass Edeka, indem es im Nachgang zu dieser Transaktion die rückwirkende Anpassung bestimmter Einkaufskonditionen – sog. Hochzeitsrabatte – verlangt hatte, seine gegenüber diesen Lieferanten bestehende marktmächtige Stellung missbräuchlich ausgenutzt habe.[81] Das OLG Düsseldorf war dagegen der Auffassung, die vereinbarten Konditionen seien nicht Ausdruck der Verhandlungsmacht von Edeka, sondern das Ergebnis kaufmännischer Verhandlungen zwischen (annähernd) gleich starken Geschäftspartnern, und hob die Verbotsverfügung des Bundeskartellamtes auf.[82] Auf die Rechtsbeschwerde des Bundeskartellamtes entschied der BGH, dass ein Verstoß gegen das Anzapfverbot nicht voraussetze, dass die marktstarke Stellung kausal für die Aufforderung zur Gewährung von sachlich nicht gerechtfertigten Vorteilen sei.[83]

588. Die Europäische Kommission erließ in den Jahren 2016 und 2017 vier Entscheidungen wegen Verstößen gegen das Missbrauchsverbot, eine im Jahr 2016 und drei im Jahr 2017.[84] Drei Missbrauchsverfahren wurden mit Feststellungs-/Abstellungsentscheidungen[85] und ein Verfahren mit Verpflichtungszusagen[86] abgeschlossen. Eine weitere Feststellungs-/Abstellungsentscheidung, die – wie gegen Google – mit einer hohen Geldbuße einherging, war im Januar 2018 an Qualcomm gerichtet.[87]

589. Ein Missbrauchsverfahren der Europäischen Kommission gegen Amazon wegen der Verwendung von Meistbegünstigungsklauseln gegenüber Verlegern von E-Books wurde mit Verpflichtungszusagen abgeschlossen.[88] Die Meistbegünstigungsklauseln verpflichteten die Verleger etwa dazu, Amazon von gegenüber seinen Wettbewerbern verwendeten günstigeren Konditionen zu unterrichten und/oder Amazon solche Konditionen ebenfalls einzuräumen. Nach vorläufiger Einschätzung der Europäischen Kommission behinderte Amazon dadurch konkurrierende E-Book-Händler und nutzte seine beherrschende Stellung auf den Märkten für den Vertrieb deutsch- bzw. englischsprachiger E-Books aus. Die von Amazon schließlich vorgelegten Verpflichtungszusagen, die streitgegenständlichen Klauseln in bestehenden und zukünftigen Verträgen nicht mehr durchzusetzen bzw. zu streichen, wurden von der Europäischen Kommission für bindend erklärt.

---

[80] BGH, Beschluss vom 23. Januar 2018, KVR 3/17 – Hochzeitsrabatte I, ECLI:DE:BGH:2018:230118BKVR3.17.0.

[81] BKartA, Beschluss vom 3. Juli 2014, B2-58/09.

[82] OLG Düsseldorf, Beschluss vom 18. November 2015, VI-Kart 6/14 (V).

[83] Bereits zuvor war im Rahmen der 9. GWB-Novelle das Erfordernis der Ausnutzung der Marktstellung in § 19 Abs. 2 Nr. 5 GWB gestrichen worden, um klarzustellen, dass die sachlich nicht gerechtfertigte Aufforderung zur Vorteilsgewährung selbst einen Missbrauch von Marktmacht darstellt. Außerdem wurde die sachliche Rechtfertigung in § 19 Abs. 2 Nr. 5 GWB dahingehend konkretisiert, dass die Aufforderung zur Vorteilsgewährung insbesondere nachvollziehbar begründet ist und der geforderte Vorteil in einem angemessenen Verhältnis zum Grund der Forderung steht. Siehe dazu den Gesetzentwurf der Bundesregierung, Entwurf eines Neunten Gesetzes zur Änderung des Gesetzes gegen Wettbewerbsbeschränkungen, BT-Drs. 18/10207 vom 7. November 2016, S. 52; Monopolkommission, XXI. Hauptgutachten, a. a. O., Tz. 201 ff. Die Entscheidung des BGH erging indes noch zur alten Rechtslage vor Inkrafttreten der GWB-Novelle.

[84] Zu den Statistiken der Europäischen Kommission in Missbrauchs- und Kartellverfahren siehe auch EU-Kommission, Annual Activity Report 2017, S. 18; Bericht über die Wettbewerbspolitik 2016, SWD(2017) 175 final, 31. Mai 2017, S. 15.

[85] EU-Kommission, Beschluss vom 27. Juni 2017, AT.39740 – Google Search (Shopping); Beschluss vom 2. Oktober 2017, AT.39813 – Baltic Rail; Beschluss vom 20. September 2016, AT. 39759 – ARA foreclosure.

[86] EU-Kommission, Beschluss vom 4. Mai 2017, AT.40153 – E-book MFNs and related matters (Amazon); dazu sogleich Tz. 589.

[87] EU-Kommission, Beschluss vom 25. Januar 2018, AT.40220 – Qualcomm (exclusivity payments). Zu den Entscheidungen gegen Google und Qualcomm siehe Tz. 590 f.

[88] EU-Kommission, Beschluss vom 4. Mai 2017, AT.40153 – E-book MFNs and related matters (Amazon). Das Bundeskartellamt führte bereits im Jahr 2013 ein Verfahren gegen Amazon wegen der Verwendung von Meistbegünstigungsklauseln gegenüber Dritthändlern auf seiner Verkaufsplattform Amazon Marketplace. Das auf der Grundlage des Kartellverbots geführte Verfahren wurde eingestellt, nachdem Amazon das beanstandete Verhalten aufgegeben hatte; vgl. BKartA, Beschluss vom 26. November 2013, B6-46/12, Fallbericht vom 9. Dezember 2013. Eine weitere kartellbehördliche Untersuchung im Zusammenhang mit Amazon aus dem Berichtszeitraum betraf dessen Tochterunternehmen Audible sowie Apple, die für den Vertrieb digitaler Hörbücher eine Exklusivitätsvereinbarung geschlossen hatten. In diesem Fall führten das Bundeskartellamt und die Europäische Kommission parallele Verfahren, stellten diese jedoch ein, nachdem die Unternehmen die Vereinbarung aufgegeben hatten. Vgl. BKartA, Pressemitteilung vom 19. Januar 2017; EU-Kommission, Pressemitteilung vom 19. Januar 2017.

590. Am 27. Juni 2017 verhängte die Europäische Kommission gegen Google eine Geldbuße in Höhe von rund EUR 2,42 Mrd.[89] Google habe seine beherrschende Stellung auf dem Markt für allgemeine Suchdienste missbraucht, indem es seinen eigenen Preisvergleichsdienst „Google Shopping" auf der Suchergebnisseite ganz oben platziert und Preisvergleichsdienste von Wettbewerbern herabgestuft habe. Das Verhalten von Google sei missbräuchlich, da es seinem eigenen Preisvergleichsdienst einen unrechtmäßigen Vorteil verschafft und dadurch den Wettbewerb auf den Preisvergleichsmärkten behindert habe. Die Europäische Kommission hat Google in seinem Beschluss eine Frist von 90 Tagen zur Abstellung des beanstandeten Verhaltens gesetzt. Google hat die Kommissionsentscheidung umgesetzt, indem es die Anzeigenplätze auf seinen Suchergebnisseiten nunmehr an den höchstbietenden Preisvergleichsdienst versteigert, wobei „Google Shopping" als unabhängiger Bieter gilt.[90]

591. Ein weiteres Missbrauchsverfahren, das die Europäische Kommission mit einer hohen Geldbuße abschloss, betrifft den Chiphersteller Qualcomm.[91] Die Europäische Kommission verhängte gegen Qualcomm am 24. Januar 2018 eine Geldbuße in Höhe von rund EUR 997 Mio., da das Unternehmen Zahlungen an seinen Kunden Apple unter der Bedingung geleistet habe, dass Apple in seinen „iPhone"- und „iPad"-Geräten ausschließlich Chipsätze von Qualcomm verwende. Nach Auffassung der Europäischen Kommission hat Qualcomm eine beherrschende Stellung auf dem weltweiten Markt für LTE-Basisband-Chipsätze. Diese marktbeherrschende Stellung habe das Unternehmen missbraucht, indem es seine Wettbewerber (insbesondere Intel) durch die Ausschließlichkeitsvereinbarung mit Apple auf dem Markt für solche Chipsätze behindert habe.

592. Ein ähnlicher Tatvorwurf liegt der Rechtssache Intel zugrunde. Bereits im Jahr 2009 hatte die Europäische Kommission festgestellt, dass Intel seine beherrschende Stellung auf dem weltweiten Markt für x86-Prozessoren durch die Gewährung von Treuerabatten ausgenutzt habe.[92] Die dagegen gerichtete Nichtigkeitsklage von Intel wies das EuG im Jahr 2014 ab, wobei das Gericht die Auffassung der Europäischen Kommission bestätigte, dass Treuerabatte eines marktbeherrschenden Unternehmens bereits ihrer Art nach geeignet seien, den Wettbewerb zu beschränken.[93] Mit Urteil vom 6. September 2017 hob der EuGH die Entscheidung des EuG auf und verwies die Sache an das EuG zurück.[94] Der EuGH entschied, dass sich das EuG mit dem Vorbringen von Intel zu den tatsächlichen Auswirkungen der Rabatte auf den Wettbewerb hätte befassen müssen. Dies schließe insbesondere die Ausführungen der Europäischen Kommission im Rahmen des von ihr durchgeführten sog. AEC-Tests[95] ein. Dagegen hatte das EuG die von Intel gegen die konkrete Durchführung des AEC-Tests geäußerten Kritikpunkte unter Verweis auf das missbräuchliche Wesen der Treuerabatte noch als von vornherein nicht maßgeblich zurückgewiesen und war folglich nicht näher auf das entsprechende Vorbringen von Intel eingegangen.

2.2.3 Horizontale und vertikale Vereinbarungen

593. Das Bundeskartellamt schloss im Jahr 2016 60 Verfahren wegen Verstößen gegen das Kartellverbot aus Art. 101 AEUV bzw. § 1 GWB ab und leitete 41 neue Kartellverfahren ein.[96] In vier Fällen ergingen Bußgeldbescheide, und zwar

---

[89] EU-Kommission, Beschluss vom 27. Juni 2017, AT.39740 – Google Search (Shopping). Gegen die Entscheidung der Europäischen Kommission ist eine Nichtigkeitsklage beim EuG anhängig, T-612/17. Zum Google-Fall – insbesondere zur Marktabgrenzung – Abschnitt 3.1 in diesem Kapitel.

[90] Dazu ausführlich Vesterdorf, B./Fountoukakos, K., An Appraisal of the Remedy in the Commission's Google Search (Shopping) Decision and a Guide to its Interpretation in Light of an Analytical Reading of the Case Law, Journal of European Competition Law & Practice 2018, S. 3 ff.

[91] EU-Kommission, Beschluss vom 25. Januar 2018, AT.40220 – Qualcomm (exclusivity payments). Gegen die Entscheidung der Europäischen Kommission ist eine Nichtigkeitsklage beim EuG anhängig, T-235/18.

[92] EU-Kommission, Beschluss vom 13. Mai 2009, COMP/C-3/37.990 – Intel.

[93] EuG, Urteil vom 12. Juni 2014, T-286/09 – Intel, ECLI:EU:T:2014:547.

[94] EuGH, Urteil vom 6. September 2017, C-413/14 P – Intel, ECLI:EU:C:2017:632.

[95] AEC = as efficient competitor. Der AEC-Test dient der Feststellung, ob ein als ebenso effizient geltender Wettbewerber durch die Rabatte vom Markt gedrängt worden wäre.

[96] BKartA, Tätigkeitsbericht 2015/2016, BT-Drs. 18/12760 vom 15. Juni 2017, S. 147.

wegen zweier horizontaler und zweier vertikaler Verstöße. Jeweils ein Verfahren wurde mit Feststellungs-/Abstellungsentscheidungen bzw. mit Verpflichtungszusagen beendet. Das Bundeskartellamt stellte 54 der 60 abgeschlossenen Kartellverfahren ein, wobei das beanstandete Verhalten in 11 Fällen aufgegeben wurde, während die übrigen Verfahren aus anderen Gründen eingestellt wurden.[97] Für das Jahr 2017 liegen der Monopolkommission keine vollständigen Daten vor. Das Bundeskartellamt verhängte aber jedenfalls in sieben – horizontalen und vertikalen – Kartellfällen Geldbußen.[98]

594. Das Bundeskartellamt hat ein Hinweispapier zum Preisbindungsverbot im Lebensmitteleinzelhandel veröffentlicht.[99] In dem Hinweispapier werden die kartellrechtlichen Maßgaben zum Verbot vertikaler Preisbindung unter anderem mittels zahlreicher Fallbeispiele für die Praxis erläutert. Die Hinweise richten sich ausdrücklich auch an nicht speziell kartellrechtlich beratene Unternehmen kleinerer oder mittlerer Größe und dürften zudem für Unternehmen außerhalb der Lebensmittelbranche eine praktische Hilfe darstellen. Anlass für die Veröffentlichung des Hinweispapiers war der sog. Vertikalfall im Lebensmitteleinzelhandel, in dem das Bundeskartellamt wegen Verstößen gegen das Verbot vertikaler Preisbindung bei verschiedenen Warengruppen Geldbußen in Höhe von insgesamt rund EUR 260 Mio. verhängte.[100] In diesen Fällen wurden nicht nur die Hersteller, sondern auch die Händler wegen ihrer aktiven Beteiligung an den Verstößen sanktioniert.[101] Ein weiterer Fall aus dem Berichtszeitraum, in dem das Bundeskartellamt sowohl gegen den Hersteller als auch gegen einen Händler Geldbußen verhängte, betraf einen Verstoß gegen das Verbot vertikaler Preisbindung im Bereich Bekleidung. So hat das betroffene Einzelhandelsunternehmen Peek & Cloppenburg (Düsseldorf) den Jackenhersteller Wellensteyn unter anderem dazu veranlasst, andere Anbieter von Wellensteyn-Produkten zur Einhaltung der vereinbarten Ladenverkaufspreise zu bewegen.[102]

595. Der BGH hob eine Entscheidung des OLG Celle zur vertikalen Preisbindung auf. In dem der Rechtssache zugrunde liegenden Sachverhalt bot der Diätkosthersteller Almased Apotheken im Rahmen einer zeitlichen befristeten und mengenmäßig beschränkten Aktion die Gewährung von Rabatten an, falls sie bei dem Verkauf von Almased-Produkten einen bestimmten Preis nicht unterschritten. Das OLG Celle hatte entschieden, dass eine lediglich vorübergehende Preisbindung keine spürbare Wettbewerbsbeschränkung darstelle und deshalb nicht den Tatbestand des Kartellverbots erfülle.[103] Der BGH stellte dagegen fest, dass die Vereinbarung eines Mindestverkaufspreises als bezweckte Wettbewerbsbeschränkung grundsätzlich unabhängig von ihren konkreten Auswirkungen spürbar sei.[104] In seinem Urteil nimmt der BGH Bezug auf die EuGH-Rechtsprechung und grenzt den vorliegenden Fall von seiner – vom OLG Celle herangezogenen – Entscheidung „1 Riegel extra" ab, die nicht die Vereinbarung eines Mindest-, sondern eines Höchstverkaufspreises betraf.

596. Während das OLG Düsseldorf zunächst einen Antrag des Hotelbuchungsportals Booking.com auf Anordnung der aufschiebenden Wirkung seiner Beschwerde gegen eine Entscheidung des Bundeskartellamtes, in der das Amt dem Unternehmen die Verwendung enger Bestpreisklauseln (Meistbegünstigungsklauseln) untersagt hatte, zurückwies,[105] gelangte das Landgericht (LG) Köln zu dem Ergebnis, dass die Verwendung enger und weiter Bestpreisklauseln durch das

---

[97] Zur Einstellung mehrerer Verfahren aufgrund der erst im Rahmen der 9. GWB-Novelle geschlossenen sog. Wurstlücke siehe bereits Tz. 554.

[98] Quelle: Bundeskartellamt.

[99] BKartA, Hinweise zum Preisbindungsverbot im Bereich des stationären Lebensmitteleinzelhandels, Juli 2017.

[100] BKartA, Pressemitteilung vom 15. Dezember 2016.

[101] Siehe etwa zur Warengruppe Bier BKartA, Fallbericht vom 14. Dezember 2016, B10-20/15.

[102] BKartA, Beschluss vom 21. Juli 2017, B2-62/16.

[103] OLG Celle, Urteil vom 7. April 2016, 13 U 124/15 (Kart) – Almased, ECLI:DE:OLGCE:2016:0407.13U124.15KART.0A.

[104] BGH, Urteil vom 17. Oktober 2017, KZR 59/16 – Almased Vitalkost, ECLI:DE:BGH:2017:171017UKZR59.16.0; so im Ergebnis bereits in erster Instanz LG Hannover, Urteil vom 25. August 2015, 18 O 91/15 – Preisuntergrenze, ECLI:DE:LGHANNO:2015:0825.18O91.15.0A.

[105] OLG Düsseldorf, Beschluss vom 4. Mai 2016, VI-Kart 1/16 (V) – Enge Bestpreisklausel; BKartA, Beschluss vom 22. Dezember 2015, B9-121/13 – Booking.com.

Hotelbuchungsportal Expedia von dem Kartellverbot freigestellt sei.[106] Expedia profitierte maßgeblich davon, dass der Marktanteil des Unternehmens auf dem Hotelportalmarkt in Deutschland nicht die Schwelle von 30 Prozent überschritt und das LG Köln auch keine Kernbeschränkung annahm mit der Folge, dass die Bestpreisklauseln automatisch nach der Verordnung (EU) 330/2010 („Vertikal-GVO") gruppenfreigestellt waren. Die gegen das Expedia-Urteil des LG Köln eingelegte Berufung wies das OLG Düsseldorf mit Beschluss vom 4. Dezember 2017 zurück.[107] Entgegen den in den vorangegangenen Entscheidungen des Gerichts zu Hotelbuchungsportalen geäußerten Zweifeln an dem Vorliegen eines Vertikalverhältnisses im Sinne der Vertikal-GVO zwischen den Buchungsportalen einerseits sowie den Hotels andererseits bejahte das OLG Düsseldorf nunmehr die Anwendbarkeit der Vertikal-GVO auf die in Rede stehenden Bestpreisklauseln. Dagegen kam im Booking-Beschluss – mangels Anwendbarkeit der Vertikal-GVO – nur eine Einzelfreistellung gemäß Art. 101 Abs. 3 AEUV in Betracht, wobei das OLG Düsseldorf jedoch nicht die hierfür erforderlichen Effizienzvorteile feststellte.

597. Anlässlich eines Vorabentscheidungsersuchens des OLG Frankfurt am Main entschied der EuGH mit Urteil vom 6. Dezember 2017 in der Rechtssache Coty, dass die Pflege eines bestimmten Produkt- bzw. Markenimages die Einrichtung eines selektiven Vertriebssystems rechtfertigen könne sowie dass ein Drittplattformverbot keine Kernbeschränkung im Sinne der Vertikal-GVO darstelle.[108] Auf eine Nichtzulassungsbeschwerde des Sportartikelherstellers Asics gegen einen Beschluss des OLG Düsseldorf bestätigte der BGH mit Beschluss vom 12. Dezember 2017 die Auffassung des Bundeskartellamtes, dass Asics seinen Händlern nicht pauschal die Nutzung von Preissuchmaschinen untersagen dürfe.[109] Der BGH maß den ihm vorliegenden Sachverhalt dabei bereits an dem nur kurz zuvor erschienenen Coty-Urteil des EuGH und stellte fest, dass aufgrund der Kombination verschiedener Vertriebsbeschränkungen, die Asics seinen Vertragshändlern auferlege, anders als in der Rechtssache Coty nicht gewährleistet sei, dass die Kunden in praktisch erheblichem Umfang Zugang zum Internetangebot der Vertragshändler haben.[110] Die Monopolkommission befasst sich in diesem Kapitel noch tiefergehend mit Drittplattformverboten (3.4).

598. Der BGH deutete in einer Entscheidung zum Steuerstrafrecht an, dass die Existenz eines Compliance-Programms Relevanz für die Bußgeldbemessung habe.[111] Obgleich das Urteil des BGH keine kartellrechtliche Sache betrifft, stellt sich die Frage, ob das Bundeskartellamt künftig Compliance-Maßnahmen von Unternehmen bei der Bemessung der für einen Kartellrechtsverstoß zu verhängenden Geldbuße als mildernden Umstand zu berücksichtigen hat. Bislang ist dies

---

[106] LG Köln, Urteil vom 16. Februar 2017, 88 O (Kart) 17/16 – Expedia, ECLI:DE:LGK:2017:0216.88O.KART17.16.00. Enge Bestpreisklauseln gestatten den Hotels die Nutzung des Buchungsportals nur unter der Bedingung, dass sie ihre Hotelzimmer auf den eigenen Absatzkanälen (etwa auf den Websites der Hotels) nicht zu besseren Konditionen als auf dem jeweiligen Buchungsportal anbieten. Sofern die Konditionen der Hotels auch auf Absatzkanälen von Dritten (etwa auf anderen Hotelbuchungsportalen) nicht besser als auf dem jeweiligen Buchungsportal sein dürfen, handelt es sich um weite Bestpreisklauseln. Zum Verbot dieser Klauseln bereits OLG Düsseldorf, Beschluss vom 9. Januar 2015, VI-Kart 1/14 (V) – HRS-Bestpreisklauseln; BKartA, Beschluss vom 20. Dezember 2013, B9-66/10 – HRS. Vgl. auch Monopolkommission, XXI. Hauptgutachten, a. a. O., Tz. 980 ff.

[107] OLG Düsseldorf, Beschluss vom 4. Dezember 2017, VI-U (Kart) 5/17 – Expedia, ECLI:DE:OLGD:2017:1204.VI.U.KART5.17.00.

[108] EuGH, Urteil vom 6. Dezember 2017, C-230/16 – Coty Germany, ECLI:EU:C:2017:941.

[109] BGH, Beschluss vom 12. Dezember 2017, KVZ 41/17 – Preisvergleichsmaschinenverbot II, ECLI:DE:BGH:2017:121217BKVZ41.17.0; OLG Düsseldorf, Beschluss vom 5. April 2017, VI-Kart 13/15 (V) – Preisvergleichsmaschinenverbot I, ECLI:DE:OLGD:2017:0405.VI.KART13.15V.00.

[110] Das Bundeskartellamt hatte sowohl das Verbot der Nutzung von Preissuchmaschinen sowie das der Verwendung von Markenzeichen auf Drittseiten als Kernbeschränkung im Sinne des Art. 4 lit. c Vertikal-GVO angesehen. Ob ein Drittplattformverbot ebenfalls eine solche Kernbeschränkung darstellt, hatte es dagegen ausdrücklich offengelassen; vgl. BKartA, Beschluss vom 26. August 2015, B2-98/11.

[111] BGH, Urteil vom 9. Mai 2017, 1 StR 265/16, ECLI:DE:BGH:2017:090517U1STR265.16.0, Rz. 118 (zit. nach Juris): *„Für die Bemessung der Geldbuße ist zudem von Bedeutung, inwieweit die Nebenbeteiligte ihrer Pflicht, Rechtsverletzungen aus der Sphäre des Unternehmens zu unterbinden, genügt und ein effizientes Compliance-Management installiert hat, das auf die Vermeidung von Rechtsverstößen ausgelegt sein muss [...]. Dabei kann auch eine Rolle spielen, ob die Nebenbeteiligte in der Folge dieses Verfahrens entsprechende Regelungen optimiert und ihre betriebsinternen Abläufe so gestaltet hat, dass vergleichbare Normverletzungen zukünftig jedenfalls deutlich erschwert werden."*

vom Bundeskartellamt – wie auch von der Europäischen Kommission – abgelehnt worden. Auch die Monopolkommission hat sich gegen eine bußgeldmindernde Berücksichtigung von Compliance-Maßnahmen ausgesprochen.[112]

599. Die Europäische Kommission erließ in den Jahren 2016 und 2017 17 Entscheidungen wegen Verstößen gegen das Kartellverbot, und zwar in acht Kartellverfahren im Jahr 2016 und in neun Kartellverfahren im Jahr 2017.[113] Darunter waren 13 Bußgeldentscheidungen – insbesondere im Automobilsektor –,[114] eine Feststellungs-/Abstellungsentscheidung[115] sowie drei Entscheidungen mit Verpflichtungszusagen.[116] Sie erließ unter anderem im März 2017 erneut einen Bußgeldbeschluss im Zusammenhang mit dem sog. Luftfrachtkartell.[117] Im Dezember 2015 hatte das EuG den ursprünglichen Beschluss der Europäischen Kommission aus dem Jahr 2010 für die Luftfahrtunternehmen, die Nichtigkeitsklage gegen die Entscheidung eingelegt haben, aus Verfahrensgründen aufgehoben.[118] Erwähnenswert ist schließlich die Gesamtsumme der von der Europäischen Kommission in den Jahren 2016 und 2017 verhängten Geldbußen wegen Verstößen gegen das Kartellverbot, die mit rund EUR 5,67 Mrd. außerordentlich hoch war.

600. Einen industriespezifischen Tätigkeitsschwerpunkt der Europäischen Kommission bei der Kartellverfolgung bildete erneut der Automobilsektor,[119] in dem die Behörde zahlreiche Bußgeldentscheidungen erließ. Besonders hervorzuheben ist in diesem Zusammenhang das sog. LKW-Kartell, in dessen Rahmen Hersteller aus mehreren Mitgliedstaaten über einen Zeitraum von 14 Jahren unter anderem die Bruttolistenpreise mittelschwerer und schwerer Lastkraftwagen abgesprochen haben.[120] Während die Europäische Kommission mit den Unternehmen MAN, Volvo/Renault, Daimler, Iveco und DAF im Juli 2016 zu einer einvernehmlichen Verfahrensbeendigung gelangte, wurde das streitige Kartellverfahren gegen Scania erst über ein Jahr später, im September 2017, abgeschlossen. Insgesamt verhängte die Europäische Kommission gegen die Hersteller Geldbußen in Höhe von EUR 3,8 Mrd. Weitere Bußgeldentscheidungen der Europäischen Kommission im Automobilsektor betrafen Anbieter von Zündkerzen[121], Bremssystemen[122], Insassenschutzsystemen[123], Fahrzeugbeleuchtungssystemen[124] sowie Fahrzeugklimatisierungs- und Motorkühlsystemen[125]. Zurzeit untersucht die Europäische Kommission ein möglicherweise kartellrechtlich relevantes Verhalten mehrerer deutscher Automobilhersteller, die sich insbesondere über technische Spezifikationen bei den Tanks von Adblue, einem Mittel zur Reduzierung von Stickoxiden, abgestimmt haben sollen.

---

[112] Monopolkommission, XXI. Hauptgutachten, a. a. O., Tz. 994 ff.

[113] Gegen mehrere Beteiligte des sog. LKW-Kartells erging bereits im Jahr 2016 ein (Settlement-)Beschluss, abgeschlossen wurde das Verfahren indes erst im Jahr 2017; dazu sogleich Tz. 599.

[114] Dazu sogleich Tz. 599. Zusätzlich zu dem erneuten Beschluss der Europäischen Kommission gegen das sog. Luftfrachtkartell (dazu sogleich) zählen zu den hier erfassten Bußgeldentscheidungen auch die Änderungsbeschlüsse im sog. Umschlägekartell (Beschluss vom 16. Juni 2017, AT.39780 — Envelopes) und in der Sache Rohtabak Spanien (Beschluss vom 16. Juni 2017, AT.38238 — Raw Tobacco (ES)).

[115] EU-Kommission, Beschluss vom 8. Dezember 2017, AT.40208 – International Skating Union's Eligibility rules; dazu Tz. 601.

[116] EU-Kommission, Beschluss vom 26. Juli 2016, AT.40023 – Cross-border access to pay-TV; Beschluss vom 20. Juli 2016, AT.39745 – CDS Information Market; Beschluss vom 7. Juli 2016, AT.39850 – Container Shipping.

[117] EU-Kommission, Beschluss vom 17. März 2017, AT.39258 – Airfreight.

[118] EuG, Urteile vom 16. Dezember 2015, T-9/11, T-28/11, T-36/11, T-38/11, T-39/11, T-40/11, T-43/11, T-46/11, T-48/11, T-56/11, T-62/11, T-63/11, T-67/11; vgl. EuG, Pressemitteilung Nr. 147/15 vom 16. Dezember 2015. Mittlerweile haben die Luftfahrtunternehmen auch gegen die neue Entscheidung der Europäischen Kommission Nichtigkeitsklage beim EuG erhoben; T-323/17; T-324/17: T-325/17; T-326/17; T-334/17; T-337/17; T-338/17; T-340/17; T-341/17; T-342/17; T-343/17; T-344/17; T-350/17.

[119] Siehe bereits Monopolkommission, XXI. Hauptgutachten, a. a. O., Tz. 1002.

[120] EU-Kommission, Beschlüsse vom 19. Juli 2016 (Settlement) und 27. September 2017, AT.39824 – Trucks. Scania hat gegen die Entscheidung der Europäischen Kommission Nichtigkeitsklage zum EuG erhoben, T-799/17.

[121] EU-Kommission, Beschluss vom 21. Februar 2018, AT.40113 – Spark plugs.

[122] EU-Kommission, Beschluss vom 21. Februar 2018, AT.39920 – Braking systems.

[123] EU-Kommission, Beschluss vom 22. November 2017, AT.39881 – Occupant safety systems.

[124] EU-Kommission, Beschluss vom 21. Juni 2017, AT.40013 – Lighting systems.

[125] EU-Kommission, Beschluss vom 8. März 2017, AT.39960 – Thermal systems.

601. Die Europäische Kommission stellte fest, dass einzelne Bestimmungen der Internationalen Eislaufunion („ISU") gegen das Kartellverbot verstoßen.[126] Die ISU ist der einzige vom IOC anerkannte Dachverband für den Eiskunstlauf und den Eisschnelllauf. Ihre Mitglieder sind die nationalen Eislaufverbände. Die Zulassungsbestimmungen der ISU sehen strenge Sanktionen – bis hin zu einer lebenslangen Sperre der Sportler für die Teilnahme an von der ISU oder ihren Mitgliedern organisierten Eisschnelllaufveranstaltungen – vor, falls die Sportler an nicht von der ISU genehmigten Wettkämpfen anderer Veranstalter teilnehmen. Dadurch werden die Sportler an der Teilnahme an unabhängigen Eisschnelllaufwettkämpfen gehindert, was wiederum dazu führt, dass unabhängige Veranstalter keinen Anreiz haben, eigene Wettkämpfe zu organisieren. Nach den Feststellungen der Kommission verfolgt die ISU mit ihren Zulassungsbestimmungen keine spezifischen, den Sport betreffenden Ziele (wie den Schutz der Integrität und der regelkonformen Ausübung des Sports oder die Gesundheit und Sicherheit der Sportler), sondern geschäftliche Interessen.

602. Mit Urteil vom 9. September 2016 in der Rechtssache Lundbeck bestätigte das EuG die Auffassung der Europäischen Kommission zu sog. „Pay-for-delay"-Vereinbarungen.[127] Hierbei zahlt der Hersteller eines pharmazeutischen Originalpräparats, dessen Patent abzulaufen droht, einem (potenziellen) Generikahersteller im Rahmen eines Patentvergleichs eine Gegenleistung dafür, dass dieser das Patent nicht mehr angreift. Eine solche Vereinbarung hat zur Folge, dass der Generikahersteller nicht in den entsprechenden Markt eintritt.[128] Nach – vom EuG geteilter – Einschätzung der Europäischen Kommission kommen „Pay-for-delay"-Vereinbarungen deshalb einem wettbewerbswidrigen Abkauf von Wettbewerb gleich. Die Monopolkommission befasst sich in diesem Kapitel noch tiefergehend mit „Pay-for-delay"-Vereinbarungen (3.3).

603. Das EuG kritisierte in zwei Entscheidungen die mangelnde Wahrung der Verteidigungsrechte der betroffenen Unternehmen durch die Europäische Kommission im Rahmen von einvernehmlichen Verfahrensbeendigungen (sog. Settlements). In einem Fall sei die Begründung der verfahrensbeendenden Entscheidung, die in Settlement-Fällen bewusst sehr knapp gehalten ist, unzureichend gewesen, was gegen den Gleichbehandlungsgrundsatz verstoße.[129] In einem anderen Fall erließ die Europäische Kommission die verfahrensbeendenden Entscheidungen im Settlement-Verfahren einerseits sowie im Standard-Verfahren andererseits (sog. Hybrid-Fälle) zeitversetzt, erwähnte die Beteiligung des sich streitig verteidigenden Unternehmens an den Tatvorwürfen aber bereits in der Entscheidung im Settlement-Verfahren. Das EuG sah darin einen Verstoß gegen den Grundsatz der Unschuldsvermutung.[130]

604. In der Rechtssache VM Remonts präzisierte der EuGH die Voraussetzungen der Haftung eines Auftraggebers für das wettbewerbswidrige Verhalten einen externen Dienstleisters, der zugleich für Konkurrenten des Auftraggebers tätig war und zwischen den Unternehmen eine abgestimmte Verhaltensweise herbeiführte. Während Generalanwalt Wathelet in seinen Schlussanträgen vorschlug, eine widerlegliche Vermutung der Verantwortlichkeit des Auftraggebers für das Verhalten eines Dritten aufzustellen,[131] entschied der EuGH, dass eine Haftungszurechnung nur in den folgenden Fällen besteht: (i) Der Dienstleister war in Wirklichkeit unter der Leitung oder der Kontrolle des beschuldigten Unternehmens tätig, (ii) das Unternehmen hatte von den wettbewerbswidrigen Zielen seiner Konkurrenten und des Dienstleisters Kenntnis und wollte durch sein eigenes Verhalten dazu beitragen oder (iii) das Unternehmen konnte das wettbewerbs-

---

[126] EU-Kommission, Beschluss vom 8. Dezember 2017, AT.40208 – International Skating Union's Eligibility rules. Gegen die Entscheidung der Europäischen Kommission ist eine Nichtigkeitsklage beim EuG anhängig, T-93/18.

[127] EuG, Urteil vom 8. September 2016, T-472/13 – Lundbeck, ECLI:EU:T:2016:449; EU-Kommission, Beschluss vom 19. Juni 2013, AT.39226 – Lundbeck. Gegen das Urteil des EuG wurde Rechtsmittel zum EuGH eingelegt, C-591/16 P.

[128] Zu Patentvergleichen zwischen Pharmaunternehmen bereits Monopolkommission, XXI. Hauptgutachten, a. a. O., Tz. 1031 ff.

[129] EuG, Urteil vom 13. Dezember 2016, T-95/15 – Printeos u. a., ECLI:EU:T:2016:722; EU-Kommission, Beschluss vom 10. Dezember 2014, AT.39780 – Envelopes. Vor dem Hintergrund des EuG-Urteils hat die Europäische Kommission gegen Printeos zwischenzeitlich einen Änderungsbeschluss erlassen; vgl. EU-Kommission, Beschluss vom 16. Juni 2017, AT.39780 – Envelopes.

[130] EuG, Urteil vom 10. November 2017, T-180/15 – ICAP u. a., ECLI:EU:T:2017:795; EU-Kommission, Beschlüsse vom 4. Dezember 2013 (Settlement) und 4. Februar 2015, AT.39861 – Yen Interest Rate Derivatives.

[131] GA Wathelet, Schlussanträge vom 3. Dezember 2015, C-542/14 – VM Remonts u. a., ECLI:EU:C:2015:797.

widrige Verhalten seiner Konkurrenten und des Dienstleisters vernünftigerweise vorhersehen und war bereit, die daraus erwachsende Gefahr auf sich zu nehmen.[132]

3 Spezifische Probleme der Kartellrechtsanwendung

3.1 Abgrenzung mehrseitiger Märkte

605. Die Abgrenzung relevanter Märkte spielt eine zentrale Rolle bei der Bestimmung von Marktmacht und Marktbeherrschung und bildet damit eine wesentliche Grundlage für kartellrechtliche Untersuchungen jeglicher Art.[133] Eine fehlerhafte Marktabgrenzung kann erhebliche Auswirkungen auf die darauf aufbauende Analyse der Wettbewerbsverhältnisse haben. Beispielsweise könnte eine zu enge Marktabgrenzung dazu führen, dass wichtige Wettbewerber eines Unternehmens nicht berücksichtigt werden, wodurch die Marktmacht eines Unternehmens überschätzt werden könnte.

606. Speziell die Abgrenzung zwei- oder mehrseitiger Märkte (auch: Plattformmärkte) stellt die Wettbewerbsbehörden vor Herausforderungen, die sich aus den besonderen Eigenschaften von Plattformmärkten ergeben. Plattformmärkte zeichnen sich insbesondere dadurch aus, dass es mehrere Nachfragergruppen gibt, deren jeweiliger Nutzen aus der Verwendung einer Plattform von der Größe der anderen Nutzergruppe(n) beeinflusst wird.[134] Diese sog. indirekten Netzwerkeffekte sorgen dafür, dass eine Zunahme der Nutzer auf einer Plattformseite die Attraktivität der Plattform für die andere Nutzergruppe erhöht.

607. Auch wenn Plattformmärkte nicht nur im Online-Bereich auftreten, so haben sie dennoch durch den Erfolg namhafter Unternehmen mit internetbasierten Geschäftsmodellen wie Amazon, Apple, Google, Facebook und Microsoft an Relevanz gewonnen. Die Monopolkommission hat sich im Juni 2015 intensiv mit den Besonderheiten von Plattformmärkten im Rahmen eines Sondergutachtens auseinandergesetzt und das Themengebiet auch in nachfolgenden Gutachten weiter begleitet.[135] Weitere wichtige Impulse lieferte das Bundeskartellamt, das im Juni 2016 das Arbeitspapier „Marktmacht von Plattformen und Netzwerken" veröffentlichte, das sich mit den ökonomischen Besonderheiten digitaler Plattformen und Netzwerke befasst.[136] Auf internationaler Ebene wurde die Rolle von Plattformmärkten weiter diskutiert; dies mündete in einer Anhörung der OECD, deren Ergebnisse in einem Bericht zusammengefasst wurden.[137]

608. Zudem hat es im Rahmen der 9. GWB-Novelle einige gesetzliche Klarstellungen zur kartellrechtlichen Bewertung von Plattformen gegeben. Diese betreffen zum einen Märkte, auf denen Leistungen unentgeltlich erbracht werden, und zum anderen Faktoren, die bei der Bewertung der Marktstellung eines Unternehmens zu berücksichtigen sind. Weitere

---

[132] EuGH, Urteil vom 21. Juli 2016, C-542/14 – VM Remonts u. a., ECLI:EU:C:2016:578, Rz. 33.

[133] Schwalbe, U./Zimmer, D., Kartellrecht und Ökonomie, 2. Aufl., Frankfurt am Main 2011; Kaplow, L., Why (Ever) Define Markets, Harvard Law Review 124, 2010, S. 437–517.

[134] Evans, D. S./Schmalensee, R., The Industrial Organization of Markets with Two-Sided Platforms, Competition Policy International 3 (1), 2007, S. 151–179; Evans, D. S./Schmalensee, R., Markets with two-sided platforms, Issues in competition law and policy (ABA section of antitrust law), 2008; Evans, D. S./Schmalensee, R., The antitrust analysis of multi-sided platform businesses, in: Blair, R./Sokol, D. (Hrsg.), Oxford Handbook on International Antitrust Economics, Oxford University Press 2013. Rochet, J. C./Tirole, J., Platform competition in two-sided markets, Journal of the European Economic Association, 1(4), 2003, S. 990–1029; Rochet, J. C./Tirole, J., Two-sided markets: A progress report, The RAND Journal of Economics, 37(3), 2006, S. 645–667; Armstrong, M., Competition in two-sided markets, The RAND Journal of Economics, 37(3), 2006, S. 668–691; Rysman, M., The economics of two-sided markets, The Journal of Economic Perspectives, 2009, S. 125–143.

[135] Monopolkommission, Sondergutachten 68, Baden Baden 2016; Monopolkommission, XXI. Hauptgutachten: Wettbewerb 2016, Baden Baden 2016.

[136] BKartA, Arbeitspapier – Marktmacht von Plattformen und Netzwerken, Juni 2016, B6–113/15. Zur Sammlung und Verwertung von Daten in der Digitalwirtschaft siehe auch Autorité de la concurrence und Bundeskartellamt, Competition Law and Data, Bericht vom 10. Mai 2016. https://www.bundeskartellamt.de/SharedDocs/Meldung/EN/Pressemitteilungen/2016/10_05_2016_Big%20Data%20Papier.html, Abruf am 25. Mai 2018.

[137] EU-Kommission, Mitteilung der Kommission an das Europäische Parlament, den Rat, den Europäischen Wirtschaftsausschuss und den Ausschuss der Regionen, Online-Plattformen im digitalen Binnenmarkt – Chancen und Herausforderungen für Europa, COM (2016) 288 final vom 25. Mai 2016; OECD (2018), Rethinking Antitrust Tools for Multi-Sided Platforms, www.oecd.org/competition/rethinking-antitrust-tools-for-multi-sided-platforms.htm, 25. Mai 2018.

Änderungen sind im aktuellen Koalitionsvertrag in Form einer „Neufassung der Marktabgrenzung" vorgesehen, mit denen der Entwicklung der Plattformökonomie Rechnung getragen werden soll.[138]

3.1.1 Besonderheiten bei der Abgrenzung mehrseitiger Märkte

3.1.1.1 Unentgeltlichkeit von Märkten

609. Das Vorliegen indirekter Netzwerkeffekte und die damit verbundene zwischen den verschiedenen Plattformseiten asymmetrische Preisstruktur auf Plattformmärkten führen dazu, dass nicht selten Leistungen auf einer Plattformseite unentgeltlich angeboten werden. Mit Blick auf die Marktabgrenzung stellt sich somit die Frage, ob trotz der Unentgeltlichkeit ein Markt im kartellrechtlichen Sinn vorliegt.

610. In der Vergangenheit wurde diese Frage durchaus unterschiedlich beantwortet. In der nationalen Rechtsprechung und Kartellrechtspraxis wurden unentgeltliche Beziehungen bis vor einiger Zeit nicht als Marktbeziehungen im kartellrechtlichen Sinne behandelt. Beispielsweise hat das OLG Düsseldorf noch im Jahr 2015 mit Blick auf Hotelbuchungsplattformen entschieden, dass nur die Leistungen, die gegen Entgelt erbracht werden, Teil des Marktes seien.[139] Auch das Bundeskartellamt hatte in der Vergangenheit eine solche Auffassung vertreten, als etwa das frei empfangbare Fernsehen wegen des fehlenden Entgelts bei der Abgrenzung eines Fernsehzuschauermarktes nicht berücksichtigt wurde.[140]

611. Eine zunehmend andere Position wurde in der jüngeren Fallpraxis vertreten. Beispielsweise hat das Bundeskartellamt im Jahr 2015 in Bezug auf die Marktabgrenzung bei Datingplattformen auch solche Plattformseiten in die Marktbetrachtung miteinbezogen, auf denen Leistungen ohne Entgelt bereitgestellt werden.[141] In ähnlicher Weise hat auch die Europäische Kommission in ihrer jüngeren Praxis zuletzt wiederholt das Vorliegen eines Marktes trotz unentgeltlich bereitgestellter Leistungen etwa in Bezug auf soziale Netzwerke bejaht.[142]

612. Auch in dem für dieses Gutachten relevanten Berichtszeitraum hat sich die Frage nach der Berücksichtigung unentgeltlicher Marktleistungen auf Plattformmärkten sowohl auf europäischer als auch nationaler Ebene gestellt.

613. Auf europäischer Ebene betraf dies beispielsweise den Fall der Europäischen Kommission gegen Google Inc. (kurz Google) bzw. Alphabet Inc. auf den Märkten für allgemeine Suchdienste bzw. Preisvergleichsdienste. In Bezug auf die unentgeltliche Bereitstellung des allgemeinen Suchdienstes für die Nutzer stellte die Kommission explizit fest, dass es sich hierbei um eine wirtschaftliche Tätigkeit handele, und begründete dies unter anderem damit, dass die Nutzer indirekt zur Monetarisierung des Suchdienstes beitragen, indem sie der Verwendung von Daten, die im Rahmen der Suchmaschinennutzung erzeugt werden, zustimmen.[143]

614. Zu einer ähnlichen Auffassung hinsichtlich der Bereitstellung kostenloser Leistungen dürfte die Europäische Kommission auch im noch laufenden Missbrauchsverfahren gegen Google bezüglich seines Betriebssystems „Android" kommen.[144] Darin definiert die Europäische Kommission insgesamt drei Märkte, auf denen Google marktbeherrschend sein soll und Leistungen unentgeltlich bereitstellt. Dabei handelt es sich neben dem bereits genannten Markt für allgemeine

---

[138] Koalitionsvertrag zwischen CDU, CSU und SPD vom 12. März 2018, Ein neuer Aufbruch für Europa – Eine neue Dynamik für Deutschland – Ein neuer Zusammenhalt für unser Land, S. 44, https://www.bundestag.de/blob/543200/9f9f21a92a618c77aa330f00ed21e308/kw49_koalition_koalitionsvertrag-data.pdf, Abruf am 25. Mai 2018.

[139] OLG Düsseldorf, Beschluss vom 9. Januar 2015, VI Kart 1/14 (V), Rz. 42 ff.

[140] BKartA, Beschluss vom 19. Januar 2006, B6-103/05 – Springer/ProSieben, S. 23.

[141] BKartA, Beschluss vom 22. Oktober 2015, B6–57/15; dazu ausführlich Monopolkommission, XXI. Hauptgutachten, a. a. O., Tz. 751 ff.

[142] EU-Kommission, Beschluss vom 3. Oktober 2014, M.7217 – Facebook/WhatsApp; EU-Kommission, Beschluss vom 7. Oktober 2011, M.6281 – Microsoft/Skype.

[143] EU-Kommission, Beschluss vom 27. Juni 2017, AT.39740 – Google Search (Shopping), Tz. 158. Zur Frage der Unentgeltlichkeit des Marktes ausführlich in Abschnitt 3.1.1.1 in diesem Kapitel.

[144] EU-Kommission, Pressemitteilung vom 20. April 2016, IP/16/1492.

Internetsuche auch um einen Markt für lizenzpflichtige Betriebssysteme für intelligente Mobilgeräte wie Smartphones und Tablets sowie um einen weiteren Markt für App-Stores für das Android-Betriebssystem für Mobilgeräte.

615. Auf nationaler Ebene betrifft die unentgeltliche Bereitstellung von Leistungen auf einer Plattformseite das aktuell noch laufende Verfahren des Bundeskartellamtes gegen Facebook.[145] Die vorläufigen Einschätzungen des Bundeskartellamtes zu diesem Fall legen nahe, dass das Amt bei Facebook von einer mehrseitigen, werbefinanzierten Plattform ausgeht, durch die Leistungen auf einer Marktseite kostenlos bereitgestellt werden.

616. Die Monopolkommission begrüßt die stärkere Berücksichtigung unentgeltlicher Marktbeziehungen in der nationalen und europäischen kartellrechtlichen Praxis. Zumindest auf nationaler Ebene dürfte der Gesetzgeber im Rahmen der 9. GWB-Novelle für mehr Rechtssicherheit bei der Berücksichtigung neuerer ökonomischer Forschung zu Netzwerken und Plattformen in dieser Frage gesorgt haben. Durch den neu geschaffenen § 18 Abs. 2a GWB wurde klargestellt, dass die unentgeltliche Bereitstellung einer Leistung der Annahme eines Marktes nicht entgegensteht.[146]

617. Gleichzeitig liefert die Betrachtung der Eigenschaften mehrseitiger Märkte eine Antwort auf die Frage, ob Daten als Gegenleistung für unentgeltlich bereitgestellte Dienste gesehen werden sollten, damit ein Markt im kartellrechtlichen Sinne festgestellt werden kann.[147] Dies kann mit Blick auf mehrseitige Plattformmärkte verneint werden, da Nullpreise zumindest auf einer Plattformseite schon aufgrund der Preisstruktur solcher Märkte nicht unüblich sind. Daher bedarf es keiner gesonderten Gegenleistung z. B. in Form von Daten, um eine Marktbeziehung feststellen zu können.[148]

3.1.1.2 Einheitliche oder getrennte Marktabgrenzung

618. Anders als bei einseitigen Märkten müssen bei der Abgrenzung mehrseitiger Märkte verschiedene Marktseiten mit unterschiedlichen Nutzergruppen in die Betrachtung einbezogen werden. Dabei reicht es für eine korrekte Beurteilung der Wettbewerbsverhältnisse auf einem mehrseitigen Markt nicht aus, die beiden Plattformseiten getrennt zu betrachten. Stattdessen sollte die Marktabgrenzung so erfolgen, dass Wechselbeziehungen zwischen den Plattformseiten angemessen berücksichtigt werden. Dies kann prinzipiell auf zwei verschiedene Arten und Weisen erfolgen. Die Abgrenzung kann entweder einheitlich für den gesamten Plattformmarkt erfolgen oder getrennt, entlang der unterschiedlichen (Teil-)Märkte, wobei die Interdependenzen zwischen Plattformseiten gesondert zu berücksichtigen sind.[149]

619. Die Unterscheidung nach einer einheitlichen oder getrennten Abgrenzung mehrseitiger Märkte dürfte zumindest für die wettbewerbsökonomische Beurteilung von nachgelagerter Relevanz sein, solange die Interdependenzen zwischen den Nutzergruppen in angemessener Weise erfasst werden.[150] Aus juristischer Sicht könnte es sich jedoch um eine wichtige Unterscheidung handeln, wenn es etwa darum geht, auf einem bestimmten Markt wettbewerbshindernde und wettbewerbsfördernde Effekte (Effizienzen) einer Verhaltensweise gegeneinander abzuwägen. In solch einem Fall könnte es von Bedeutung sein, ob im juristischen Sinn ein oder zwei Märkte abgegrenzt werden, da die wettbewerblichen Effekte gegebenenfalls auf unterschiedlichen Plattformseiten und damit möglicherweise auf unterschiedlichen Märkten auftreten.

---

[145] BKartA, Hintergrundinformationen zum Facebook-Verfahren des Bundeskartellamtes, 19. Dezember 2017; BKartA, Pressemitteilung vom 19. Dezember 2017.

[146] Vgl. hierzu bereits Monopolkommission, XXI. Hauptgutachten, a. a. O., Tz. 5 f.; und Monopolkommission, 68. Sondergutachten, a. a. O., Tz. 471 ff.

[147] Schepp, N.-P./Wambach, A., On Big Data and Its Relevance for Market Power Assessment, Journal of European Competition Law and Practice 7, (2016) S. 120; Körber, T., Analoges Kartellrecht für digitale Märkte?, Wirtschaft und Wettbewerb 2, 2015, S. 120–133.

[148] OECD, Market definition in multi-sided markets – Note by Sebastian Wismer & Arno Rasek vom 15. November 2017, S. 8.

[149] Wismer, S./Bongard, C./Rasek, A., Multi-Sided Market Economics in Competition Law Enforcement, Journal of European Competition Law & Practice, 2017, 8 (4), S. 257–262; BKartA, B6-113/15, Arbeitspapier – Marktmacht von Plattformen und Netzwerken, Juni 2016, S. 28 ff.

[150] OECD, Market definition in multi-sided markets – Note by Sebastian Wismer & Arno Rasek vom 15. November 2017, S. 5.

620. In Bezug auf die Abgrenzung mehrseitiger Märkte schlagen einige Autoren vor, dass ein einheitlicher, beide Plattformseiten umfassender Markt nur im Fall sog. Transaktionsplattformen definiert werden sollte.[151] Als Transaktionsplattformen werden Plattformen bezeichnet, deren Intermediärsleistung im Wesentlichen darin besteht, eine für die Plattform beobachtbare Transaktion zwischen zwei Nutzergruppen zu ermöglichen.[152] Beispiele hierfür sind Online-Marktplätze wie Amazon Marketplace oder Airbnb, auf denen der Handel zwischen zwei Nutzergruppen (hier: Käufern und Verkäufern bzw. Mietern und Vermietern) im Mittelpunkt der Vermittlungsleistung steht.

621. Im Gegensatz dazu sollen bei Nicht-Transaktionsmärkten getrennte, aber miteinander verbundene Märkte abgrenzt werden. Nicht-Transaktionsplattformen treten zwar ebenfalls als Vermittler zwischen zwei oder mehreren Nutzergruppen auf. Anders als bei Transaktionsplattformen können Transaktionen zwischen Nutzergruppen – sofern sie überhaupt stattfinden – nicht von der Plattform beobachtet werden. Gleichwohl bestehen indirekte Netzeffekte zwischen den Nutzergruppen. Ein Beispiel für Nicht-Transaktionsplattformen sind werbefinanzierte Medien wie Zeitungen, die einer Nutzergruppe Inhalte und einer anderen Nutzergruppe Werbeflächen anbieten.

622. In solchen Fällen spricht für die getrennte Abgrenzung von zwei verbundenen Märkten, dass den jeweiligen Nutzergruppen weitgehend unterschiedliche Leistungen angeboten werden. Eine Beziehung zwischen den Nutzergruppen in Form positiver indirekter Netzwerkeffekte besteht insofern, als die Attraktivität der Plattform für Werbetreibende mit der Anzahl der Leser steigt. Auch der Umstand, dass das Geschäftsmodell der Plattform ohne die Einbeziehung einer Nutzergruppe (Verzicht auf Werbeeinnahmen) erbracht werden könnte, spricht für die Abgrenzung getrennter, aber verbundener Märkte.

623. Das Beispiel anderer Nicht-Transaktionsplattformen verdeutlicht jedoch, dass es in bestimmten Fällen auch bei Nicht-Transaktionsplattformen sinnvoller sein kann, einen gemeinsamen Markt zu definieren. Bei berufsbezogenen Online-Netzwerken, wie LinkedIn oder Xing, handelt es sich ebenfalls um Nicht-Transaktionsplattformen, da das Zustandekommen eines Beschäftigungsverhältnisses nicht von der Plattform beobachtet werden kann. Eine wesentliche Leistung solcher Plattformen besteht vielmehr darin, Übereinstimmungen zwischen Arbeitnehmern und Arbeitgebern herzustellen („Matching"). Gleichwohl erscheint es passend, einen einheitlichen Plattformmarkt mit zwei Plattformseiten abzugrenzen.

624. Damit wird klar, dass die Frage, wie mehrseitige Plattformmärkte abzugrenzen sind, nicht pauschal am Kriterium der Beobachtbarkeit von Transaktionen festgemacht werden kann. Die Marktabgrenzung sollte so erfolgen, dass alle Nutzergruppen und die zwischen ihnen auftretenden indirekten Netzwerkeffekte adäquat berücksichtigt werden. Andernfalls bestünde die Gefahr, dass es zu einer fehlerhaften Analyse der Wettbewerbsverhältnisse kommt.

625. In dem für dieses Gutachten relevanten Berichtszeitraum stellte sich die Frage nach einer einheitlichen oder getrennten Marktabgrenzung auf Plattformmärkten auf nationaler Ebene in den Fällen des Bundeskartellamtes betreffend den Ticketanbieter CTS Eventim.[153]

626. CTS tritt im Geschäftsfeld Ticketing als Ticketsystemdienstleister auf.[154] Als solcher betreibt CTS eine Plattform in Form einer Datenbank, auf der eine Vermittlungsleistung zwischen zwei unterschiedlichen Nutzergruppen, den Veranstaltern und den Vorverkaufsstellen (VVK-Stellen), erbracht wird. Auf der einen Seite wird Veranstaltern der Vertrieb von Tickets über VVK-Stellen ermöglicht. Auf der anderen Seite können VVK-Stellen die Tickets verschiedener Veranstaltun-

---

[151] Filistrucchi, L. u. a., Market Definition in Two-Sided markets: Theory and Practice, Journal of Competition Law and Economics, 2014, 10 (2), S. 293–339.

[152] Zudem hat die Beobachtbarkeit von Transaktionen auf einer Plattform wichtige Implikationen z.B. für deren Preisstruktur. Sind Transaktionen beobachtbar, können Plattformen diese in ihrer Preisgestaltung berücksichtigen und Preise so setzen, dass der zusätzliche Nutzen aus der Transaktion von der Plattform internalisiert wird.

[153] BKartA, Beschluss vom 4. Dezember 2017, B6-132/14-2 – CTS Eventim Exklusivvereinbarungen; Beschluss vom 23. November 2017, B6-35/17 – CTS Eventim/Four Artists. Zu anderen Aspekten dieser Fälle vgl. auch Abschnitt 3.2.3 in diesem Kapitel.

[154] Darüber hinaus betreibt CTS auch eigene Vorverkaufsstellen und tritt als Veranstalter auf. BKartA, Beschluss vom 4. Dezember 2017, B6-132/14-2, Tz. 56.

gen buchen.[155] Damit fungiert CTS nach Auffassung des Bundeskartellamtes als Transaktionsplattform, die ein Matching zwischen Veranstaltern und VVK-Stellen ermöglicht. Um diese Leistung sinnvoll erbringen zu können, müssen beide Marktseiten in ausreichender Anzahl auf der Plattform vertreten sein („kritische Masse"). Zudem bestehen zwischen beiden Nutzergruppen positive indirekte Netzwerkeffekte.[156]

627. Trotz der Klassifizierung des Ticketsystems als Matching-Plattform mit Transaktionen hat die Beschlusskammer von einer einheitlichen Marktabgrenzung abgesehen und zwei voneinander getrennte (aber verbundene) Märkte definiert, und zwar einen Markt für Ticketsystemdienstleistungen für Veranstalter und einen für Ticketsystemdienstleistungen für VVK-Stellen. Der Grund hierfür liegt in der zusätzlichen Handelsvertreterfunktion, die CTS gegenüber Veranstaltern einnimmt, indem CTS im Auftrag der Veranstalter über eigene VVK-Stellen Tickets an Endkunden vertreibt.[157] Damit tritt CTS nicht nur als Intermediär zwischen zwei Nutzergruppen auf, sondern übernimmt zusätzlich eine Vertriebsfunktion für eine der Nutzergruppen. Um die separate Betrachtung des Vermittlungsverhältnisses zu ermöglichen, war nach Ansicht der Beschlusskammer eine getrennte Betrachtung der Marktseiten geboten.[158]

628. Aus Sicht der Monopolkommission ist das Vorgehen des Bundeskartellamtes nachvollziehbar. Zwar spricht die Rolle des Ticketsystemdienstleisters als Matching-Plattform mit Transaktionen zunächst für die Abgrenzung eines einheitlichen Plattformmarktes. Die zusätzliche Rolle des Ticketsystems als Handelsvertreter auf einer Plattformseite lässt allerdings eine getrennte Betrachtung der Seiten in diesem Fall vorteilhaft erscheinen. Auch ist nicht ersichtlich, dass aus der getrennten Behandlung der Marktseiten Schwierigkeiten für die wettbewerbsrechtliche Beurteilung entstanden wären.

3.1.1.3 Zur Anwendbarkeit quantitativer Methoden

629. Das auf europäischer und deutscher Ebene überwiegend verwendete ökonomische Konzept zur Abgrenzung relevanter Märkte ist das Bedarfsmarktkonzept.[159] Dieses stellt auf die funktionelle Austauschbarkeit von Produkten und Dienstleistungen ab. Von besonderer Bedeutung ist dabei die Substituierbarkeit von Produkten und Dienstleistungen aus der Sicht der Nachfrager, die als wirksamste disziplinierende Wettbewerbskraft auf die Anbieter eines Produktes wirkt. Weitere wichtige Faktoren, die eine disziplinierende Wirkung haben können, sind die angebotsseitige Substituierbarkeit und der potenzielle Wettbewerb.[160]

630. Eine ebenfalls etablierte, aber weniger häufig angewendete Methode zur Abgrenzung von Märkten ist der aus dem amerikanische Antitrust-Recht übernommene hypothetische Monopoltest, der typischerweise in Form eines SSNIP-Tests durchgeführt wird.[161] Dieser ursprünglich für einseitige Märkte entwickelte Test untersucht die Reaktion der Nachfrager auf eine angenommene kleine, aber nicht unbedeutende dauerhafte Erhöhung des Preises eines betreffenden Produktes durch einen hypothetischen Monopolisten. Ist die angenommene Preiserhöhung für den Monopolisten nicht profitabel, deutet dies drauf hin, dass enge Substitute nicht berücksichtigt und der Markt zu eng abgegrenzt wurde.

631. Wie auch das Bundeskartellamt in seinem Arbeitspapier zur Marktmacht von Plattformen und Netzwerken festgestellt hat, ist die Anwendung des SSNIP-Tests auf Plattformmärkte zwar prinzipiell möglich, stellt sich aber in der praktischen Umsetzung eher schwierig dar.[162]

---

[155] Endkunden sind keine (direkten) Nutzer des Ticketsystems, sondern als Nachfrager der Veranstaltungen und der Leistungen der VVK-Stellen Teil der nachgelagerten Märkte oder Marktstufen; BKartA, Beschluss vom 4. Dezember 2017, B6-132/14-2, Tz. 87.

[156] BKartA, Beschluss vom 4. Dezember 2017, B6-132/14-2, Tz. 91.

[157] Ebenda, Tz. 97 ff.

[158] Ebenda, Tz. 110.

[159] Schwalbe, U./Zimmer, D., a.a.O., S. 112 ff.

[160] Bekanntmachung der Kommission über die Definition des relevanten Marktes im Sinne des Wettbewerbsrechts der Gemeinschaft, ABl. EG vom 9. Dezember 1997 C 372/5, Tz. 13.

[161] SSNIP steht für „Small but Significant and Non-transitory Increase in Price".

[162] BKartA, Arbeitspapier – Marktmacht von Plattformen und Netzwerken, Juni 2016, B6-113/15, S. 44 ff. Ebenfalls kritisch dazu Evans, D. S./Noel, M., Defining Antitrust Markets When Firms Operate Two-sided Platforms", Columbia Business Law Review 2005.

632. Da der originäre SSNIP-Test die für mehrseitige Märkte typischen Wechselwirkungen zwischen Nutzergruppen nicht berücksichtigt, kann der Test in vielen Fällen nicht wie gewohnt angewendet werden. Würde z. B. der unveränderte SSNIP-Test im Fall einer mehrseitigen Plattform auf nur eine Plattformseite angewendet, so blieben die Effekte der Preiserhöhung auf die jeweils andere Plattformseite und deren anschließende Rückwirkung auf die betrachtete Plattformseite unberücksichtigt. Somit würden bei Vorliegen positiver indirekter Netzwerkeffekte die tatsächlichen Auswirkungen der Preiserhöhung unterschätzt und im Ergebnis die betrachtete Marktseite zu eng abgegrenzt werden. Umgekehrt würden bei negativen indirekten Netzwerkeffekten die Auswirkungen überschätzt und der Markt zu weit definiert werden. Der unveränderte SSNIP-Test liefert damit bei positiven indirekten Netzwerkeffekten allenfalls eine Untergrenze für die Marktdefinition und bei negativen indirekten Netzwerkeffekten entsprechend nur eine Obergrenze.

633. Einige Autoren schlagen daher die Anwendung eines modifizierten SSNIP-Tests vor, bei dem insbesondere die Auswirkungen indirekter Netzwerkeffekte berücksichtigt werden sollen.[163] Demnach sollen bei Transaktionsmärkten die Preise auf beiden Seiten gemeinsam, d. h. die Preisstruktur der Plattform, untersucht werden, während bei Nicht-Transaktionsplattformen die Auswirkungen der Preiserhöhung für die Marktseiten getrennt (unter Berücksichtigung der indirekten Netzwerkeffekte) analysiert werden.

634. Durch dieses Vorgehen können unter anderem Schwierigkeiten bei der Anwendung des SSNIP-Tests in Bezug auf unentgeltlich bereitgestellte Dienste zumindest eingegrenzt werden. Bei Preisen von null ist eine prozentuale Preiserhöhung nicht sinnvoll darstellbar. Dieses Problem wird bei Transaktionsplattformen durch die gemeinsame Betrachtung der Preise auf den Plattformseiten umgangen. Sofern Nullpreise auf einer Plattformseite auftreten, gehen diese in einer einheitlichen Betrachtung der Preisstruktur auf. Dieses Vorgehen ist jedoch bei Nicht-Transaktionsplattformen nicht anwendbar, da hier getrennte, aber verbundene Märkte abgegrenzt werden. Der (modifizierte) SSNIP-Test kann hier nur für die Abgrenzung derjenigen Marktseite verwendet werden, auf der ein Entgelt entrichtet wird. Für die unentgeltliche Marktseite wird daher vorgeschlagen, nicht auf den Preis, sondern auf Veränderungen in der Angebotsqualität abzustellen. Statt des SSNIP-Tests könnte demnach der sog. SSNDQ-Test genutzt werden.[164] Hieraus ergeben sich aber wiederum andere Schwierigkeiten, z. B. in Bezug auf die Messbarkeit von Qualität.

635. Es lässt sich festhalten, dass die Schwierigkeiten bei der Anwendung quantitativer Methoden wie des SSNIP-Tests bei Abgrenzung mehrseitiger Plattformmärkte eher zu- als abnehmen. Dies ist zum einen darin begründet, dass die Wechselbeziehungen zwischen Nutzergruppen für eine korrekte Marktabgrenzung berücksichtigt werden müssen. Geschieht dies nicht, werden mehrseitige Märkte beim Vorliegen positiver indirekter Netzwerkeffekte systematisch zu eng bzw. bei negativen indirekten Netzwerkeffekten zu weit abgegrenzt. Ein weiteres Hindernis kann die unentgeltliche Bereitstellung von Leistungen für eine Nutzergruppe darstellen. Dies gilt insbesondere für Nicht-Transaktionsplattformen wie z. B. Suchmaschinen, deren Nutzung für eine Nachfragergruppe typischerweise kostenlos ist. Der in solchen Fällen als Alternative denkbare SSNDQ-Test könnte in der praktischen Anwendung ebenfalls problematisch sein, wenn sich etwa die zu berücksichtigenden Qualitätsmerkmale eines Dienstes nicht zweifelsfrei messen lassen.

3.1.2 Marktabgrenzung im Fall Google Search (Shopping)

636. Auch im Missbrauchsverfahren Europäische Kommission gegen Google Inc. („Google"), bzw. dessen Dachgesellschaft Alphabet Inc., spielte die Abgrenzung mehrseitiger Geschäftsmodelle eine wichtige Rolle.[165] Die EU-Kommission wirft Google vor, den Wettbewerb auf Preisvergleichsmärkten behindert zu haben, indem es seine marktbeherrschende Stellung auf den Märkten für allgemeine Internetsuche nutzte, um die Ergebnisse seines eigenen Preisvergleichsdienstes

---

Evans, D. S., Two-sided Market Definition, in: ABA Section of Antitrust Law, Market Definition in Antitrust: Theory and case studies, 2009; https://ssrn.com/abstract=1396751, Abruf am 25. Mai 2018. Hesse, R. B., Two-Sided Platform Markets and the Application of the Traditional Antitrust Analytical Framework, Competition Policy International 3(1), 2007; https://ssrn.com/abstract=987843, Abruf am 25. Mai 2018.

[163] Filistrucchi, L. u. a., Market Definition in Two-Sided markets: Theory and Practice, Journal of Competition Law and Economics, 2014, 10 (2), S. 293–339.

[164] SSNDQ steht für „Small but Significant Non-transitory Decrease in Quality".

[165] EU-Kommission, Beschluss vom 27. Juni 2017, AT.39740 – Google Search (Shopping).

"Google Shopping" bevorzugt auf der Ergebnisseite der allgemeinen Suche anzuzeigen. Die Bevorzugung bestand darin, dass Google Ergebnisse des eigenen Preisvergleichsdienstes ganz oben anzeigte, während konkurrierende Dienste weiter unten dargestellt wurden. Durch diese bevorzugte Platzierung stiegen die Nutzerzugriffe auf den Google-eigenen Preisvergleichsdienst teilweise um das 45-Fache[166], während die Aufrufe konkurrierender Websites um bis zu 92 Prozent zurückgingen.[167]

637. Die EU-Kommission verhängte gegen das Unternehmen eine Geldbuße in Höhe von rund EUR 2,42 Mrd.[168] Zudem musste Google sein Verhalten innerhalb von 90 Tagen nach Erlass des Beschlusses abstellen, indem es seinen eigenen und die konkurrierenden Preisvergleichsdienste gleich behandelt. Die konkrete Umsetzung dieser Vorgabe hat die EU-Kommission dem Unternehmen überlassen. In der Folge entschied sich Google dazu, die gesonderten Anzeigeflächen für Preisvergleichsdienste in den allgemeinen Suchergebnissen – die sog. Shopping Unit – nicht länger exklusiv für den eigenen Preisvergleichsdienst zu nutzen, sondern als Werbeplätze an den eigenen und an fremde Preisvergleichsdienste zu versteigern.[169]

Der Markt für allgemeine Suchdienste

638. Die EU-Kommission hat in ihrer Untersuchung zwei relevante Produktmärkte abgegrenzt – einen für allgemeine Suchdienstleistungen und einen für Preisvergleichsdienste.[170]

639. Allgemeine Suchdienste werden von einer Reihe verschiedener Unternehmen angeboten, die wie Google, Microsoft (Bing) und das tschechische Seznam eigene Suchtechnologien verwenden. Andere Anbieter wie Yahoo oder Ask greifen auf die generischen Suchergebnisse von Bing bzw. Google zurück.

640. In Bezug auf allgemeine Suchdienste stellt die EU-Kommission zunächst fest, dass es sich bei der Bereitstellung allgemeiner Suchdienste um eine wirtschaftliche Tätigkeit handelt, und zwar trotz der Tatsache, dass die Nutzer keine monetäre Gegenleistung erbringen. Stattdessen tragen sie zur Monetarisierung des Dienstes dadurch bei, dass sie mit jeder Suchanfrage Daten liefern, die von Google genutzt werden, um die Qualität des Suchdienstes und der eingeblendeten Werbung zu verbessern.[171] Zudem sei die unentgeltliche Bereitstellung Teil des zweiseitigen Geschäftsmodells, bei dem auf der einen Plattformseite allgemeine Suchdienste und auf der anderen Seite Suchwerbung angeboten werde. Die Höhe der Werbeeinnahmen werde durch die Anzahl der Suchmaschinennutzer mitbestimmt.[172]

641. Mit Blick auf die sachliche Marktdefinition grenzt die EU-Kommission einen eigenen Markt für allgemeine Suchdienstleistungen ab. Dies begründet sie in erster Linie mit einer fehlenden nachfrageseitigen Substituierbarkeit gegenüber anderen Diensten.[173] Aus Sicht der EU-Kommission sind allgemeine Suchdienste wie Google und Bing von anderen Inhalteanbietern wie Wikipedia[174] und IMDb[175] abzugrenzen, da allgemeine Suchdienste in erster Linie darauf aus seien,

---

[166] Im Vereinigten Königreich um das 45-Fache, in Deutschland um das 35-Fache, in Frankreich um das 19-Fache, in den Niederlanden um das 29-Fache, in Spanien um das 17-Fache und in Italien um das 14-Fache.

[167] Im Vereinigten Königreich um 85 Prozent, in Deutschland um 92 Prozent und in Frankreich um 80 Prozent.

[168] Grundlage der Berechnung waren die Umsätze Googles mit seinem Preisvergleichsdienst in den betreffenden 13 Mitgliedstaaten seit Beginn des rechtswidrigen Verhaltens. Dabei handelt es sich um das Vereinigte Königreich und Deutschland (beide seit 2008), Frankreich (seit 2010), Italien, die Niederlande und Spanien (alle seit 2011) sowie Belgien, Dänemark, Norwegen, Österreich, Polen, Schweden und die Tschechische Republik (alle seit 2013).

[169] Inside AdWords blog, Changes to Google Shopping in Europe vom 27. September 2017, https://adwords.googleblog.com/2017/09/changes-to-google-shopping-in-europe.html, Abruf am 11. Mai 2018.

[170] EU-Kommission, Beschluss vom 27. Juni 2017, AT.39740 – Google Search (Shopping), Tz. 145 ff.

[171] Ebenda, Tz. 158.

[172] Ebenda, Tz. 159.

[173] Ebenda, Tz. 161 ff.

[174] Wikipedia ist ein gemeinnütziges Projekt zur Erstellung einer mehrsprachigen, kostenlosen und internetbasierten Enzyklopädie.

[175] Die Internet Movie Database (IMDb) ist eine Datenbank, die Informationen zu Filmen, Fernsehserien, Videoproduktionen und Computerspielen sowie über Personen, die daran mitgewirkt haben, enthält.

Nutzer zu den gesuchten Inhalten anderer Websites weiterzuleiten. Im Gegensatz dazu versuchten Inhalteanbieter selbst den Nutzern Informationen bereitzustellen.[176] Gegen diese Abgrenzung spreche auch nicht, dass Inhalteanbieter auf ihren Websites mitunter selbst ausgefeilte Suchfunktionen anbieten, da diese anders als allgemeine Suchdienste auf die Website des jeweiligen Inhalteanbieters begrenzt seien.[177]

642. Spezialisierte Suchdienste, die etwa Produktsuchen ermöglichen oder Hotelzimmer und Flüge vermitteln, sind nach Ansicht der EU-Kommission ebenfalls nicht demselben sachlichen Markt zuzuordnen wie allgemeine Suchdienste.[178] Zur Begründung wird angeführt, dass spezialisierte Suchdienste nur Ergebnisse für bestimmte Bereiche anzeigen, während allgemeine Suchdienste das gesamte Internet nach Informationen durchsuchen und daher breiter gefächerte Antworten liefern. Zudem gebe es technische Unterschiede, die eine Abgrenzung rechtfertigen. Zum einen nutzen spezialisierte Suchdienste als Datenbasis oftmals Daten, die von Nutzern oder Dritten bereitgestellt werden. Demgegenüber verwenden allgemeine Suchdienste sog. Web-Crawler, die das Internet automatisiert durchsuchen und Informationen für die spätere Verwendung speichern. Zum anderen werden spezialisierte Suchdienste oftmals anders finanziert. Zusätzlich zu suchgebundener Werbung werden weitere Umsätze durch Gebühren und Provisionen erzielt.[179]

643. Schließlich spreche auch die bisherige Entwicklung der verschiedenen Suchplattformen für unterschiedliche Märkte. Auf der einen Seite würden spezialisierte Suchdienste seit einigen Jahren als eigenständige Dienste angeboten, ohne dass einer dieser Anbieter zusätzlich einen allgemeinen Suchdienst betreibe. Auf der anderen Seite unterscheide auch Google als integriertes Unternehmen selbst zwischen seinem allgemeinen und seinen spezialisierten Suchdiensten wie Google Shopping, indem es diese auf seiner Website als eigenständige Dienste mit unterschiedlichen Funktionen beschreibe.[180]

Der Markt für Preisvergleichsdienste

644. Als weiteren relevanten Markt grenzt die Europäische Kommission den Markt für Preisvergleichsdienste ab.[181] Preisvergleichsdienste wie Idealo, billiger.de oder Google Shopping bieten im Wesentlichen zwei Funktionen: Zum einen ermöglichen sie Nutzern das Vergleichen von Produkten unterschiedlicher Online-Händler anhand verschiedener Produktmerkmale einschließlich des Preises. Zum anderen stellen sie Links zu den Webseiten der Online-Händler bereit.

645. Nicht Teil dieses Marktes sind nach Ansicht der EU-Kommission andere spezialisierte Suchdienste z. B. für die Flug- oder Hotelsuche, Online-Suchwerbe-Anbieter, Online-Händler, Händlerplattformen und Offline- Preisvergleichsdienste wie Kataloge und Magazine.[182]

646. Hinsichtlich ihres methodischen Vorgehens ist zu bemerken, dass die EU-Kommission ihre obligatorische qualitative Analyse um quantitative Untersuchungen ergänzte. So wurden als Beweismittel nicht nur diverse Dokumente von Google und anderen Marktteilnehmern, sondern auch 5,2 Terabyte (entspricht 5.200 Gigabyte) an Daten zu Suchergebnissen von Google ausgewertet. Hinzu kamen Versuche und Umfragen, anhand derer insbesondere die Auswirkungen der Sichtbarkeit in den Suchergebnissen auf das Verbraucherverhalten und die Klickrate untersucht wurden, sowie eine umfassende Marktuntersuchung durch Befragung von Kunden und Wettbewerbern auf den betroffenen Märkten.[183] Von der Durchführung eines SSNIP-Tests hat die EU-Kommission hingegen abgesehen. Dies begründete sie zum einen

---

[176] EU-Kommission, a. a. O., Tz. 164.

[177] Ebenda, Tz. 165.

[178] Ebenda, Tz. 166 ff.

[179] EU-Kommission, a. a. O., Tz. 168.

[180] Ebenda, Tz. 172.

[181] Ebenda, Tz. 191 ff.

[182] Ebenda, Tz. 192.

[183] EU-Kommission, Pressemitteilung IP/17/1784 vom 27. Juni 2017; Beschluss, a. a. O., Tz. 111.

damit, dass der SSNIP-Test nicht die einzige Methode zur Marktdefinition sei. Zum anderen sei dieser in dem vorliegenden Fall nicht angemessen, da Google seine Suchdienste den Nutzern unentgeltlich anbiete.[184]

647. Die von der EU-Kommission vorgenommene Marktabgrenzung wurde insbesondere dahingehend kritisiert, dass Plattformen für Online-Händler, wie z. B. Amazon Marketplace und eBay Marketplace, nicht demselben sachlichen Markt zugeordnet wurden wie Googles Preisvergleichsdienst „Google Shopping". Für eine solche Marktabgrenzung spreche, dass beide Arten von Diensten von den Nutzern in ähnlicher Weise im Rahmen der Produktsuche verwendet würden.[185]

648. Die Untersuchungen der Europäischen Kommission haben demgegenüber ergeben, dass nur eine begrenzte Austauschbarkeit zwischen Preisvergleichsdiensten und Händlerplattformen besteht, da diese unterschiedliche Zwecke für Verbraucher und Online-Händler erfüllten.[186] So seien Preisvergleichsdienste Intermediäre zwischen Kunden einerseits sowie Online-Händlern und Händlerplattformen andererseits. Als solche böten Preisvergleichsdienste – anders als Händlerplattformen – Kunden keine Möglichkeit, Produkte direkt auf der Plattform zu erwerben. Vielmehr beschränkten sie sich darauf, Kunden für die Durchführung von Käufen zu den Websites der Händler und Händlerplattformen weiterzuleiten. Zudem gebe es bei Händlerplattformen typischerweise einen Kundendienst, der von Preisvergleichsdiensten typischerweise nicht angeboten werde.[187] Die Erkenntnis, dass Preisvergleichsdienste keine Substitute für Händlerplattformen sind, werde auch dadurch gestützt, dass Händlerplattformen im Gegensatz zu konkurrierende Preisvergleichsdiensten Kunden bei Google Shopping seien. Schließlich gab die Mehrzahl der von der Europäischen Kommission befragten Preisvergleichsdienste und Händlerplattform an, in einem vertikalen Geschäftsverhältnis zu einander zu stehen und keine direkten Wettbewerber zu sein.[188]

649. Letztendlich dürfte es aber für die wettbewerbliche Beurteilung von nachgelagerter Bedeutung gewesen sein, ob Online-Händler und Händlerplattformen bei der Abgrenzung des Marktes für Preisvergleichsdienste berücksichtigt werden oder nicht. Im weiteren Verlauf ihrer Analyse hat die EU-Kommission eine marktbeherrschende Stellung Googles nur für den allgemeinen Suchmarkt festgestellt und argumentiert, dass ebendiese Stellung missbräuchlich verwendet wurde, um den eigenen Preisvergleichsdienst zu bevorzugen. Eine Miteinbeziehung von Händlerplattformen auf dem Markt für Preisvergleichsdienste hätte an dieser Feststellung nichts geändert. Entscheidend ist vielmehr die Fokussierung auf einen Markt für allgemeine Suchdienste.

3.1.3 Schlussfolgerungen und Empfehlung

650. Aus den aktuellen Fällen im Berichtszeitraum und der bisherigen kartellbehördlichen Erfahrung lassen sich derzeit keine grundsätzlichen Schwierigkeiten bei der Abgrenzung mehrseitiger Märkte erkennen. Rechtliche Unklarheiten, wie sie in der Vergangenheit bei der Definition von Märkten in Bezug auf unentgeltlich bereitgestellte Leistungen bestanden haben, wurden durch die 9. GWB-Novelle beseitigt. Die vorhandenen kartellrechtlichen Instrumente zur Marktabgrenzung sind grundsätzlich auch für die Abgrenzung mehrseitiger Märkte geeignet. Vor diesem Hintergrund ist aus der Sicht der Monopolkommission eine Neufassung der Marktabgrenzung, wie sie derzeit im Koalitionsvertrag vorgesehen ist, nicht erforderlich.

651. Das Beispiel des Falls Google Search (Shopping) der Europäischen Kommission verdeutlicht, dass der Marktabgrenzung auch bei mehrseitigen Plattformen eine hohe Relevanz zukommt. Ein wesentlicher Kritikpunkt bezüglich der Entscheidung der EU-Kommission, die in einer Rekordstrafe in Höhe von rund EUR 2,4 Mrd. für Google mündete, betrifft eine vermeintlich zu enge Abgrenzung, die dazu führt, dass Online-Händler wie Amazon und eBay, die im Bereich der

---

[184] EU-Kommission, a. a. O., Tz. 242 ff.

[185] Ebenda, Tz. 227 und 608 ff.; Walker, K., The European EC decision on online shopping: the other side of the story, The Keyword blog, 27. Juni 2017. https://www.blog.google/topics/google-europe/european-commission-decision-shopping-google-story/, Abruf am 25. Mai 2018.

[186] Vergleichsweise ausführlich dazu EU-Kommission, a. a. O., Tz. 216 ff.

[187] Ebenda, Tz. 218 f.

[188] Ebenda, Tz. 220.

Produktsuche eine wichtige Rolle spielen, bei der Marktdefinition nicht berücksichtigt wurden. Nicht zuletzt vor diesem Hintergrund erscheint es wünschenswert, dass die teilweise noch bestehenden konzeptionellen Schwierigkeiten bei der Anwendung quantitativer Methoden wie des SSNIP-Tests überwunden werden können, um die qualitative Analyse sinnvoll zu ergänzen.

3.2 Neue Entwicklungen bei wettbewerblichen Schadenstheorien

652. Der Begriff „Schadenstheorie" („theory of harm") hat mit der stärker ökonomischen, auf der Betrachtung von Effekten basierten Herangehensweise unter dem Schlagwort „more economic approach" vermehrt Einzug in die Kartellrechtsanwendung gehalten.[189] Damit wurde die Untersuchung von Effekten anhand potenziell wettbewerbsschädlicher Szenarien eines Marktverhaltens („Schadenstheorie") eingeführt. Schadenstheorien drücken aus, wie der Wettbewerb im Vergleich zu einem angemessenen Alternativszenario („counterfactual") beeinträchtigt würde und dies letztendlich zu einem Schaden für die anderen Marktteilnehmer führt. Insoweit füllt die Schadenstheorie den Tatbestand der Wettbewerbsbeschränkung aus. Insbesondere wurden zunächst vielfältige Modelle und Theorien zu den Preiseffekten von Fusionen entwickelt. Mit der Prioritätenmitteilung der Europäischen Kommission zum Behinderungsmissbrauch[190] wurden ökonomische Modelle auch verstärkt in die Bewertung von Marktmachtmissbräuchen einbezogen.

653. Im Folgenden sollen Anwendungen von Schadenstheorien analysiert werden, welche die Europäische Kommission und das Bundeskartellamt während des aktuellen Berichtszeitraums im Rahmen der Fusionskontrolle (weiter)entwickelt haben. Zunächst wird auf mögliche Ausbeutungsmissbräuche im Zusammenhang mit der Verarbeitung personenbezogener Daten eingegangen, wie sie aktuell in dem laufenden Verfahren des Bundeskartellamtes gegen das Unternehmen Facebook eine Rolle spielen (Abschnitt 3.2.1).[191] Die Europäische Kommission hat im Fall Dow/DuPont[192] einen Zusammenschluss zwischen engen Wettbewerbern auf die Effekte hinsichtlich des Innovationswettbewerbs untersucht, was die Monopolkommission zur Empfehlung einer Anpassung der Horizontal-Leitlinien bringt (Abschnitt 3.2.2). Zudem wird die erweiterte Beurteilung von Plattformen und Netzwerken, wie sie durch das Bundeskartellamt in den Fällen zu CTS Eventim[193] erfolgt ist, analysiert (Abschnitt 3.2.3). Zuletzt wird auf eine Schadenstheorie zu „schleichenden Übernahmen" hingewiesen, die aus der Sicht der Monopolkommission in der fusionskontrollrechtlichen Amtspraxis stärker berücksichtigt werden sollte, wie der Fall EnBW/MVV zeigt (Abschnitt 3.2.4).

3.2.1 Missbräuche im Umgang mit Kundendaten

654. Vor dem Hintergrund, dass in vielen Bereichen der Wirtschaft datenbasierte Geschäftsmodelle weiterhin zunehmen, wird diskutiert, inwieweit das Wettbewerbsrecht auf den Umgang von Unternehmen mit Daten Anwendung finden kann. Im Fokus steht dabei, ob das kartellrechtliche Missbrauchsverbot auf den Umgang von marktbeherrschenden Unternehmen mit personenbezogenen Daten anzuwenden ist. Ein Problemkreis entsprechender Schadenstheorien betrifft die Kontrolle von Verhaltensweisen, durch die personenbezogene Daten der Kunden des Unternehmens möglicherweise in einem missbräuchlichen Umfang verarbeitet werden.

---

[189] Monopolkommission, XIX. Hauptgutachten, Stärkung des Wettbewerbs bei Handel und Dienstleistungen, Baden-Baden 2012, Tz. 446, 448.

[190] EU-Kommission, Mitteilung der Kommission – Erläuterungen zu den Prioritäten der Kommission bei der Anwendung von Artikel 82 des EG-Vertrags auf Fälle von Behinderungsmissbrauch durch marktbeherrschende Unternehmen, ABl. C45 vom 24. Februar 2009, S. 7.

[191] Siehe BKartA, Hintergrundinformationen zum Facebook-Verfahren des Bundeskartellamtes, 19. Dezember 2017.

[192] EU-Kommission, Beschluss vom 27. März 2017, M.7932 – Dow/DuPont.

[193] BKartA, Beschluss vom 23. November 2017, B6-35/17 – CTS Eventim/Four Artists, und Beschluss vom 4. Dezember 2017, B6-132/14-2 – Exklusivvereinbarungen.

655. Hintergrund für die Feststellung eines missbräuchlichen Umfangs einer Datenverarbeitung[194] kann die Annahme sein, dass Kunden ihre personenbezogenen Daten als eine Art Zahlungsmittel einsetzen. Insbesondere Unternehmen, die auf Plattformmärkten agieren, bieten verschiedenen Nutzergruppen teils unentgeltlich Leistungen an, die mit bestimmten Konditionen der Datenverarbeitung verbunden sind. Sofern einem marktbeherrschenden Unternehmen nachgewiesen wird, dass diese Konditionen zu weitgehend sind, könnte dies einen Konditionenmissbrauch darstellen.

656. Konditionenmissbräuche stellen typischerweise einen Unterfall des Ausbeutungsmissbrauchs dar. Ausbeutungsmissbräuche zeichnen sich dadurch aus, dass die Kunden einen Schaden erleiden. Gesetzlich normiert ist der Ausbeutungsmissbrauch in § 19 Abs. 2 Nr. 2 GWB sowie in Art. 102 Abs. 2 lit. a AEUV. Nach den Vorgaben des GWB liegt ein Missbrauch vor, wenn ein marktbeherrschendes Unternehmen „Entgelte oder sonstige Geschäftsbedingungen fordert, die von denjenigen abweichen, die sich bei wirksamem Wettbewerb mit hoher Wahrscheinlichkeit ergeben würden[...]".[195] Ein Missbrauch ist also gegeben, wenn Preise oder Konditionen oberhalb dessen liegen, was sich bei wirksamem Wettbewerb einstellen würde.

657. Abzugrenzen von den Ausbeutungsmissbräuchen sind Behinderungsmissbräuche, die nicht auf die Kunden, sondern in erster Linie auf die Wettbewerber eines marktbeherrschenden Unternehmens abzielen. Allerdings sind auch Mischformen von Ausbeutungs- und Behinderungstatbeständen möglich, bei denen eine Ausbeutung der Kunden auch oder insbesondere zu einer Behinderung der Wettbewerber bzw. einer Absicherung der Marktbeherrschung führt. In der jüngeren Vergangenheit wurden durch die Rechtsprechung des BGH die Voraussetzungen für eine alternative Argumentationsstruktur geschaffen, bei der diesem Mischcharakter stärker Rechnung getragen werden kann. Die Wettbewerbsbehörde stützt sich dabei statt auf § 19 Abs. 2 Nr. 2 GWB auf die Generalklausel des § 19 Abs. 1 GWB. Anstelle eines Vergleichs mit der Situation bei wirksamem Wettbewerb könnten dann Wertungen des Gesetzgebers, d. h. der bestehende Rechtsrahmen, als Wertungsmaßstab herangezogen werden. Bei der Prüfung eines Rechtsverstoßes im Rahmen der Missbrauchsprüfung kann Berücksichtigung finden, dass das zugrunde liegende Verhalten nicht zwingend (alleine) auf die von dem Verstoß direkt betroffenen Kunden zielt. Neben der Ausbeutung der Kunden kann von dem Verhalten auch eine Behinderungswirkung auf die Wettbewerber des marktbeherrschenden Unternehmens ausgehen.

658. Die Anwendung der beschriebenen Schadenstheorien auf die Datenverarbeitung durch marktbeherrschende Unternehmen ist aktuell relevant, weil das Bundeskartellamt derzeit prüft, ob der Umgang des Unternehmens Facebook mit den Daten seiner Nutzer gegen das Verbot des Missbrauchs einer marktbeherrschenden Stellung des § 19 GWB verstößt.[196] Laut der veröffentlichten Hintergrundinformation zu dem laufenden Verfahren geht das Amt davon aus, dass ein Konditionenmissbrauch vorliegen kann, wenn sich ein marktbeherrschendes Unternehmen als Voraussetzung für die Nutzung seines Dienstes einen umfangreichen Spielraum bei der Verarbeitung personenbezogener Daten einräumen lässt.[197] Der Schaden für den Nutzer liege in dem Kontrollverlust, dass der Nutzer nicht mehr selbstbestimmt über seine persönlichen Daten verfügen und überschauen könne, welche Daten aus welchen Quellen für welche Zwecke zu einem

---

[194] Für eine Begriffsbestimmung siehe Art. 4 Nr. 2 der Verordnung (EU) 2016/679 des Europäischen Parlaments und des Rates vom 27. April 2016 zum Schutz natürlicher Personen bei der Verarbeitung personenbezogener Daten, zum freien Datenverkehr und zur Aufhebung der Richtlinie 95/46/EG (Datenschutz-Grundverordnung), ABl. L119 vom 4. Mai 2016, S. 1.

[195] Nach Art. 102 Abs. 2 lit. a AEUV besteht ein Missbrauch in der „unmittelbaren oder mittelbaren Erzwingung von unangemessenen Einkaufs- oder Verkaufspreisen oder sonstigen Geschäftsbedingungen". Die Bezugnahme auf die Bedingungen bei wirksamem Wettbewerb findet sich hier nicht. Da dennoch naheliegend ist, die Unangemessenheit von Preisen und sonstigen Geschäftsbedingungen anhand eines wettbewerblichen Vergleichsmarkts zu untersuchen, gelten die folgenden Überlegungen grundsätzlich ebenfalls für das Unionsrecht.

[196] Untersucht wird der Umgang mit Daten aus Drittquellen, d. h. von Internetseiten außerhalb Facebooks. Vgl. Bundeskartellamt, Hintergrundinformationen zum Facebook-Verfahren des Bundeskartellamtes, 19. Dezember 2017, S. 2. Der Umgang des Unternehmens mit personenbezogenen Daten von Internetnutzern, die nicht bei Facebook registriert sind, wird in dem Verfahren nicht untersucht. Auch hierin könnte jedoch ein Missbrauch einer marktbeherrschenden Stellung liegen. Es wäre jedoch nicht auf den Nutzermarkt des sozialen Netzwerks abzustellen, sondern auf das Marktverhältnis zwischen Facebook und Unternehmen, die Facebook Nutzerdaten zur Verfügung stellen.

[197] Ebenda, S. 4.

detaillierten Profil zusammengeführt werden.[198] Dies sei auch ein Eingriff in das grundrechtlich geschützte Recht auf informationelle Selbstbestimmung.[199]

659. Das Facebook-Verfahren steht nicht im Zusammenhang mit den neuen Ermittlungskompetenzen des Amtes im Verbraucherschutz[200] und hat nach den Kriterien des Wettbewerbsrechts zu erfolgen. Eine über die gesetzlichen Vorgaben des Wettbewerbsrechts bzw. die Konkretisierungen der Rechtsprechung hinausgehende Berücksichtigung von Verbraucher- oder Datenschutzbelangen würde eine Ausweitung des Kartellrechts in andere Rechtsbereiche darstellen. Auch deshalb sind das bei Verfahren dieser Art zugrunde zu legende Prüfungskonzept und die damit verbundenen Wirkungen von besonderem Interesse.

660. Im Folgenden werden zwei konzeptionelle Arten des Herangehens an den Nachweis eines solchen Missbrauchs bei Daten und die damit verbundenen Probleme untersucht. Im Anschluss daran wird auf die Problematik möglicher Kompetenzüberschneidungen zwischen Wettbewerbs- und Datenschutzbehörden eingegangen, die daraus resultieren, dass eine Wettbewerbsbehörde im Rahmen der Missbrauchsprüfung das Datenschutzrecht als Angemessenheitsmaßstab heranzieht.

3.2.1.1 Prüfkonzept I (§ 19 Abs. 2 Nr. 2 GWB): Vorgehen wie bei Preishöhenmissbrauch

661. Als erste Variante wäre denkbar, dass eine Kartellbehörde zum Nachweis eines Konditionenmissbrauchs im Zusammenhang mit der Verarbeitung personenbezogener Daten analog zu der Prüfung eines Preishöhenmissbrauchs vorgeht. Dazu wäre erstens die Marktbeherrschung des mutmaßlich missbräuchlich handelnden Unternehmens nachzuweisen. Zweitens wäre nachzuweisen, dass durch das mutmaßlich missbräuchliche Verhalten eine Ausbeutung der Kunden erfolgt. Drittens wäre ein kausaler Zusammenhang zwischen der marktbeherrschenden Stellung des Unternehmens und dem mutmaßlich missbräuchlichen Verhalten nachzuweisen.

Marktstellung des betroffenen Unternehmens

662. Die Verbotsnormen des § 19 GWB bzw. Art. 102 AEUV richten sich an Unternehmen mit einer marktbeherrschenden Stellung.[201] Diese Begrenzung entspricht dem Regelungsziel der Missbrauchsaufsicht, die darauf abzielt, ungewünschte Wirkungen von Marktmacht einzudämmen. Marktbeherrschung ist als besonders weitreichende Form der Marktmacht anzusehen, sodass der Gesetzgeber hier eine hohe Schwelle für das Tätigwerden der Wettbewerbsbehörden vorgesehen hat.

663. Auch wenn die Schwelle der Marktbeherrschung formal erreicht ist, betrifft gerade die Verfolgung von Ausbeutungsmissbräuchen der als marktbeherrschend eingestuften Unternehmen ein umstrittenes Anwendungsgebiet des Kartellrechts. Dies ist darauf zurückzuführen, dass vor allem zeitlich begrenzte Preisüberhöhungen durchaus mit einem funktionierenden Wettbewerbsgeschehen in Einklang stehen können. Liegen keine unüberwindbaren Marktzutrittsbarrieren vor, dann können hohe Preise eines Marktführers zu Markteintritten anreizen. Gerade hier liegt die Ambivalenz bei der Verfolgung von Ausbeutungsmissbräuchen. Denn es besteht die Gefahr, dass der Eingriff einer Kartellbehörde zu wettbewerblichen Fehlwirkungen führt. Die Monopolkommission hat vor diesem Hintergrund schon früher darauf hingewiesen, dass die Verfolgung von Ausbeutungsmissbräuchen vor allem dann angemessen ist, wenn eine strukturell nachhaltig abgesicherte Marktstellung vorliegt.[202]

664. Bei der Prüfung eines Ausbeutungsmissbrauchs im Zusammenhang mit Daten handelt es sich oftmals um Sachverhalte, die digitale Märkte betreffen. Hier ist es besonders relevant, neben der bloßen Marktstellung des Unternehmens

---

[198] Ebenda, S. 4.

[199] Ebenda, S. 5.

[200] Dazu Abschnitt 3.9 in diesem Kapitel.

[201] Im deutschen Recht gibt es allerdings noch die Norm des § 20 GWB, die sich an marktstarke Unternehmen richtet.

[202] So bereits Monopolkommission, Sondergutachten 59, Energie 2011: Wettbewerbsentwicklung mit Licht und Schatten, Baden-Baden 2011, Tz. 713 f., sowie Monopolkommission, Sondergutachten 47, Preiskontrollen in Energiewirtschaft und Handel? Zur Novellierung des GWB, Baden-Baden 2007, Tz. 42.

auch die zu erwartende Marktentwicklung zu beachten. Im Beispiel des derzeit vom Bundeskartellamt geprüften Falls des Unternehmens Facebook ist zu berücksichtigen, dass zwar einerseits aufgrund sog. Netzwerkeffekte Marktzutrittsbarrieren vorliegen,[203] aber andererseits die Dynamik des Marktes auch gegen eine strukturell nachhaltig abgesicherte Marktstellung sprechen könnte. So hätte beispielsweise das Unternehmen Instagram, das im Jahr 2012 von Facebook erworben wurde, ein starker Wettbewerber für Facebook werden bzw. einen Wettbewerber wie Google+ stärken können. Zudem existieren heute zumindest für einzelne Dienstleistungen von Facebook konkurrierende Plattformen wie Snapchat, YouTube und Twitter. Andererseits können die starken indirekten Netzwerkeffekte auf plattformbasierten Märkten Marktzutrittsbarrieren darstellen, die für eine strukturell abgesicherte Stellung marktbeherrschender Unternehmen sprechen könnten.

Nachweis der Ausbeutung bei Daten

665. Für den Nachweis eines Ausbeutungsmissbrauchs ist nach § 19 Abs. 2 Nr. 2 GWB im nächsten Schritt aufzuzeigen, dass Preise oder Konditionen von dem marktbeherrschenden Unternehmen anders gesetzt werden, als dies bei wirksamem Wettbewerb möglich wäre. Bei einem Konditionenmissbrauch in Bezug auf die Verarbeitung personenbezogener Daten wird von der Annahme ausgegangen, dass die umfassendere Freigabe ihrer Daten einem höheren Preis der Nutzer entspricht. Ein marktbeherrschendes Unternehmen könnte also einen Konditionenmissbrauch begehen, indem es mehr Daten verlangt, als dies bei funktionierendem Wettbewerb möglich wäre.

666. Der Nachweis einer Ausbeutung dürfte im Fall der Verarbeitung personenbezogener Daten deutlich schwieriger sein als im Fall eines klassischen Preishöhenmissbrauchs. Die Bedeutung der Daten aus Sicht von Unternehmen und Verbrauchern ist unterschiedlich zu bewerten. Anders als bei überhöhten Preisen ist ein möglicher Schaden der Verbraucher aus einer weitreichenden Verarbeitung personenbezogener Daten nicht eindeutig bestimmbar, und die Wahrnehmung, ob tatsächlich ein Schaden oder gar ein Nutzen vorliegt, kann zwischen den Verbrauchern variieren. Anstelle der Entstehung eines Schadens kann man auch in Betracht ziehen, dass die Nutzerdaten aus Sicht eines Diensteanbieters auch ein Mittel darstellen, um die Qualität der angebotenen Dienstleistung zu verbessern. Zudem werden Daten gerade auf digitalen Märkten auch dazu verwendet, die eingeblendete Werbung zu personalisieren. Nutzer könnten es tendenziell eher positiv sehen, wenn die ihnen gezeigte Werbung, die ohnehin eingeblendet wird, zumindest ihren Interessen entspricht. Daher könnte zumindest ein Teil der Verbraucher auch im Fall von wirksamem Wettbewerb bereit sein, in eine weitreichende Verarbeitung seiner Daten einzuwilligen, was den Nachweis wiederum erschwert.

667. In diesem Zusammenhang stellt sich zudem die Frage, wie bemessen werden soll, welcher Umfang an verarbeiteten Daten sich bei wirksamem Wettbewerb ergeben würde. Es gilt also nicht nur nachzuweisen, dass der Umfang der Verarbeitung von Nutzerdaten auf dem infrage stehenden Markt ein relevanter Wettbewerbsfaktor ist und dass sich Unternehmen bei funktionierendem Wettbewerb durch eine zurückhaltende Verarbeitung personenbezogener Daten Wettbewerbsvorteile verschaffen können. Vielmehr muss darüber hinaus die Schwelle ermittelt werden, ab der das marktbeherrschende Unternehmen mehr Daten von den Nutzern abverlangt, als bei wirksamem Wettbewerb möglich gewesen wäre.

668. Aufgrund der dargestellten ambivalenten Wirkungen von Daten in verschiedenen Geschäftsmodellen dürfte, alleine auf Basis von Plausibilitätsüberlegungen, der beschriebene Nachweis einer Ausbeutung oftmals schwierig zu erbringen sein. Alternativ könnte der Nachweis deshalb über die Analyse vergleichbarer Wettbewerbsmärkte erfolgen, wie dies beim Preishöhenmissbrauch üblich ist. Auch könnte die Kartellbehörde eine Nutzerbefragung mit dem Zweck durchführen, herauszufinden, ob aus Nutzersicht die Menge und Verwendung erhobener Daten für die Auswahlentscheidung der Konsumenten Bedeutung besitzt und zudem mehr Daten verarbeitet werden, als für die vom Verbraucher als wichtig eingestuften Qualitätsmerkmale des Angebots erforderlich sind. Bei einer derartigen Befragung ist darauf zu achten, zwischen einer allgemeinen datenschutzrechtlichen Unbekümmertheit („Privacy Paradox") und einer (erzwungenen) Zustimmung zur weitreichenden Datenverarbeitung durch das marktbeherrschende Unternehmen über das generelle Maß hinaus zu unterscheiden.

---

[203] Monopolkommission, Sondergutachten 68, a. a. O., Tz. 45 ff.

669. Sofern der Nachweis eines Konditionenmissbrauchs in der dargestellten Art und Weise gelingt, ist denklogisch auch die Voraussetzung der Kausalität zwischen Missbrauch und Ausbeutung erfüllt. Da der Nachweis der Ausbeutung durch den Vergleich mit den Konditionen bei funktionsfähigem Wettbewerb erfolgt, ist gleichzeitig belegt, dass das mutmaßlich missbräuchliche Verhalten dem Unternehmen nur aufgrund seiner marktbeherrschenden Stellung möglich ist.

670. Im Ergebnis ist festzuhalten, dass eine zu weitreichende Verarbeitung personenbezogener Daten durch ein marktbeherrschendes Unternehmen als Konditionenmissbrauch vergleichbar dem Preishöhenmissbrauch geahndet werden sollte, sofern die dargestellten Voraussetzungen erfüllt sind. In der kartellrechtlichen Praxis dürfte der Nachweis einer Ausbeutung im Einzelfall allerdings schwer zu erbringen sein.

3.2.1.2 Prüfkonzept II (§ 19 Abs. 1 GWB): Datenschutzrecht als Maßstab der Angemessenheit von Konditionen

671. Alternativ zu dem zuvor dargestellten Prüfkonzept könnte ein bisher nicht erprobter Prüfansatz darin liegen, einen Missbrauch gegenüber den Kunden im Zusammenhang mit Datenverarbeitung nach der Generalklausel des § 19 Abs. 1 GWB zu verfolgen und in einen Bezug zum Datenschutzrecht zu setzen. Grundsätzlich sind auch bei diesem Vorgehen die Marktbeherrschung, die Ausbeutung der Kunden sowie die Kausalität nachzuweisen. Allerdings ändern sich die Nachweisanforderungen ganz erheblich.

672. Bei diesem Vorgehen ist die Prüfung im Hinblick auf die Marktbeherrschung gegenüber dem ersten Prüfkonzept unverändert vorzunehmen (Abschnitt 3.2.1.1). Der Vorwurf eines Missbrauchs nach § 19 Abs. 1 GWB wird indes anhand der datenschutzrechtlichen Vorgaben geprüft, indem das Datenschutzrecht als Maßstab der Angemessenheit bestimmter Konditionen eines marktbeherrschenden Unternehmens herangezogen wird.[204] Gleichzeitig spielt auch der Nachweis der Kausalität eine größere Rolle. Das Vorgehen im Rahmen dieses Prüfkonzepts wirft dabei verschiedene ungeklärte rechtliche Fragen auf.

Feststellung eines Rechtsverstoßes als Missbrauchsmaßstab

673. Ausgangspunkt für die nachfolgenden Überlegungen ist, dass ein Missbrauch gegenüber den Kunden bei Daten darauf beruht, dass die Vertragsparität, d. h. das Machtverhältnis zwischen dem Anbieter und seinen Abnehmern auf einem Markt, gestört ist. Als Maßstab für ein Ungleichgewicht in diesem Machtverhältnis könnten Wertungen des Gesetzgebers insbesondere aus dem AGB-Recht, aber auch aus dem Datenschutzrecht dienen.[205]

674. Der BGH hat sich in seiner jüngeren Rechtsprechung mit der Prüfung eines mutmaßlichen Missbrauchs anhand eines aus rechtlichen Vorschriften entwickelten Angemessenheitsmaßstabs beschäftigt. In den einschlägigen Urteilen wird festgestellt, dass die Verwendung unzulässiger allgemeiner Geschäftsbedingungen einen Konditionenmissbrauch darstellen kann, der unter die Generalklausel[206] des § 19 Abs. 1 GWB fällt.[207] Streitgegenstand in diesen Verfahren war eine Klausel in den Vertragsbedingungen der Versorgungsanstalt des Bundes und der Länder (VBL), nach der ausscheidende Beteiligte dazu verpflichtet waren, einen Gegenwert zur Deckung der aus dem Anstaltsvermögen nach dem Ausscheiden der Beteiligten zu erfüllenden Verpflichtungen zu zahlen. Ebenso hat der BGH festgestellt, dass zivilrechtliche Generalklauseln, zu denen auch § 19 Abs. 1 GWB zählt, zur Sicherung des Grundrechtsschutzes heranzuziehen sind.[208]

---

[204] Allgemein zur Schadenstheorie bei Rechtsverstößen, allerdings mit Fokus auf die sich daraus ergebenden Behinderungswirkungen, siehe: Monopolkommission, Sondergutachten 68, a. a. O., Tz. 515 ff.

[205] Ob eine Störung der Vertragsparität anzunehmen ist, ist nach § 157 BGB ausgehend von einem objektiven Empfängerhorizont zu beurteilen. Insofern dienen Wertungen des Gesetzgebers in anderen Rechtsquellen auch als Bewertungsmaßstab dieses objektiven Empfängerhorizonts.

[206] Als Generalklausel wird in der Rechtswissenschaft eine Norm verstanden, deren Tatbestand weit gefasst ist. Häufig ergeben sich hieraus Anwendungsfragen in Bezug auf die Reichweite, die durch die Rechtsprechung geklärt werden müssen.

[207] BGH, Urteil vom 6. November 2013, KZR 61/11 – VBL-Gegenwert, Rz. 68 (zit. nach Juris), sowie BGH, Urteil vom 24. Januar 2017, KZR 47/14 – VBL-Gegenwert II, ECLI:DE:BGH:2017:240117UKZR47.14.0, Rz. 35 (zit. nach Juris).

[208] BGH, Urteil vom 7. Juni 2016, KZR 6/15 – Pechstein/International Skating Union, ECLI:DE:BGH:2016:070616UKZR6.15.0, Rz. 57 f.

Auch in der Verletzung von Grundrechten könnte eine Art Konditionenmissbrauch begründet sein, der auf Basis der Generalklausel zu prüfen wäre.

675. Unklar ist, ob bei dieser Prüfung über das Vorliegen eines Rechtsverstoßes hinaus nachzuweisen wäre, dass der infrage stehende Umgang des marktbeherrschenden Unternehmens mit den Daten zu einer Ausbeutung der Nutzer führt. Dafür spricht, dass ansonsten die Entscheidung des Gesetzgebers über die an den Nachweis eines Konditionenmissbrauchs zu stellenden Anforderungen, die sich aus § 19 Abs. 2 Nr. 2 GWB ergibt, sowie die Auslegung der spezielleren Norm durch die Rechtsprechung keine Anwendung finden würden. Allerdings geht aus den Urteilen des BGH grundsätzlich nicht hervor, ob ein belastender Charakter der Verhaltensweise bei einem Vorgehen auf der Grundlage der Generalklausel nachzuweisen ist. Sowohl Verstöße gegen die Regelungen der Allgemeinen Geschäftsbedingungen im BGB als auch die Verletzung von Grundrechten können zwar eine Ausbeutung der Betroffenen darstellen. Der Umstand, dass der BGH anerkennt, dass derartige Verhaltensweisen missbräuchlich sein können, besagt jedoch nicht, dass sich dadurch der Nachweis der Ausbeutung erübrigt.

Kausalität zwischen Marktbeherrschung und Missbrauch

676. Eine weitere wesentliche Voraussetzung für die Anwendung des Missbrauchsverbots ist die Kausalität zwischen der marktbeherrschenden Stellung und dem mutmaßlich missbräuchlichen Verhalten. Die Kausalität spielt bei der Prüfung eines Ausbeutungsmissbrauchs auf Basis eines Rechtsverstoßes eine gewichtige Rolle, da durch ihre Prüfung sichergestellt wird, dass nicht beliebige Rechtsverstöße ohne wettbewerblichen Zusammenhang auf dem Wege des Kartellrechts verfolgt werden. Vielmehr soll die Missbrauchsaufsicht der Durchsetzung wettbewerblicher Ziele dienen, indem die wettbewerbswidrigen Auswirkungen von Marktmacht unterbunden werden.

677. Die Erforderlichkeit eines Nachweises der Kausalität ergibt sich aus dem Gesetz. Sowohl § 19 GWB als auch Art. 102 AEUV verbieten dem Wortlaut nach die „missbräuchliche Ausnutzung" einer marktbeherrschenden Stellung. Die Notwendigkeit einer Kausalbeziehung zwischen Marktmacht und Missbrauch kann angesichts des Wortlauts der Norm kaum infrage gestellt werden. Fraglich ist allerdings, wie dieser Kausalzusammenhang zu erfüllen ist. Nach überwiegender Rechtsprechung des EuGH[209] bedarf es zum Nachweis eines Missbrauchs grundsätzlich zweier Elemente. Erstens muss die Marktstruktur infolge der Marktbeherrschung bereits geschwächt sein. Zweitens muss das Verhalten des marktbeherrschenden Unternehmens von einem normalen Wettbewerbsverhalten abweichen und den Wettbewerb zusätzlich beschränken.[210] Für die Anwendung des Missbrauchsverbots ist es insofern ausreichend, wenn eine Kausalbeziehung zwischen Marktmacht und missbräuchlichem Verhalten insoweit vorliegt, als das missbräuchliche Verhalten die Marktstellung des marktbeherrschenden Unternehmens weiter verstärkt (normative Kausalität bzw. Ergebniskausalität). Eine Kausalitätsbeziehung, nach der ein Unternehmen lediglich aufgrund seiner marktbeherrschenden Stellung ein mutmaßlich missbräuchliches Verhalten durchsetzen kann (strenge Kausalität oder Verhaltenskausalität), genügt freilich umso mehr als Voraussetzung im Rahmen des Missbrauchsverbots. Ein entsprechender Nachweis ist aber nicht erforderlich. Der Ansatz des EuGH, bei einem Missbrauch die Ergebniskausalität, die letztlich eine Umkehrung der Kausalitätsbeziehung der strengen Verhaltenskausalität ist, zu fordern, kann damit begründet werden, dass Sinn und Zweck des Missbrauchsverbots gerade darin liegt, wettbewerbliche Fehlentwicklungen auf den Märkten zu verhindern.[211]

678. In Bezug auf einen Missbrauch durch Rechtsbruch ist festzustellen, dass das EU-Recht nur den leistungsgerechten Wettbewerb schützt und dass ein Unternehmen seine marktbeherrschende Stellung nicht dadurch missbrauchen darf, dass es sich durch gesetzwidriges bzw. irreführendes Vorgehen einen Vorteil verschafft, der ihm den Ausschluss wirksamen Wettbewerbs ermöglicht.[212] Allerdings handelte es sich bei den Fällen, die der EuGH zu entscheiden hatte, stets um

---

[209] EuGH, Urteil vom 13. Februar 1979, C-85/76 – Hoffmann-La Roche, ECLI:EU:C:1979:36, Rz. 91 sowie 123. Einschränkend ist zu erwähnen, dass der EuGH dieser Linie nicht immer treu geblieben ist und im Urteil Tetra Pak II feststellt, dass die Anwendung des Missbrauchsverbots „einen Zusammenhang zwischen der beherrschenden Stellung und dem angeblich missbräuchlichen Verhalten voraussetzt", EuGH, Urteil vom 14. November 1996, C-333/94 P – Tetra Pak II, ECLI:EU:C:1996:436, Rz. 27.

[210] Siehe bereits Monopolkommission, Sondergutachten 68, a. a. O., Tz. 493.

[211] Hierzu ausführlich: Bien/Eilmansberger, in: Münchener Kommentar, Europäisches Wettbewerbsrecht, § 102 AEUV Tz. 131 ff.

[212] EuG, Urteil vom 1. Juli 2010, T-321/05 – AstraZeneca, ECLI:EU:T:2010:266, Rz. 355, bestätigt durch: EuGH, Urteil vom 6. Dezember 2012, C-457/10 – AstraZeneca, ECLI:EU:C:2012:770, siehe insbesondere Rz. 149 f.; vgl. auch: EuG, Urteil vom 12. Juni 2014, T-

typische Behinderungsmissbräuche. Im Fall eines möglichen Missbrauchs durch die rechtswidrige Verarbeitung von Daten spielen hingegen sowohl Ausbeutungs- als auch Behinderungsaspekte eine Rolle. Denn während der Rechtsbruch durch eine Form der Ausbeutung der Kunden erfolgt, kann möglicherweise die damit einhergehende Behinderungswirkung gegenüber Wettbewerbern die erforderliche Kausalität begründen. In einer solchen Konstellation ist allerdings unklar, ob durch den Rechtsbruch die Kausalitätsvoraussetzungen eines Marktmachtmissbrauchs bereits erfüllt sind.[213] Es könnte anzunehmen sein, dass mit einem Verstoß gegen das Datenschutzrecht, der zur erweiterten Verarbeitung von Daten durch den Marktbeherrscher führt, stets auch eine zusätzliche Absicherung von dessen Marktposition verbunden ist und damit eine normative Kausalität vorliegt. Andererseits kann die wettbewerbliche Behinderungswirkung aufgrund eines Verstoßes gegen das Datenschutzrecht im Einzelfall auch sehr klein ausfallen, etwa wenn sich die Marktstellung des Marktbeherrschers primär auf andere Charakteristika eines Marktes (z. B. Netzwerkeffekte) stützt. Es wäre zu empfehlen, dass hier eine Spürbarkeitsgrenze anzulegen ist und die Kartellbehörde die Prüfung von Vorschriften aus anderen Rechtsgebieten als Mittel des Wettbewerbsschutzes begründen muss.

Besonderheiten der Kausalitätsanforderungen nach deutschem Recht

679. Aus der deutschen Rechtsprechung ergibt sich weniger eindeutig, welche Nachweise zur Darlegung eines Kausalzusammenhangs zu erbringen sind. So hat der BGH in dem bereits zitierten Urteil VBL-Gegenwert II[214] ausgeführt, dass ein Missbrauch bei der Verwendung allgemeiner Geschäftsbedingungen insbesondere dann vorliege, wenn die Vereinbarung der infrage stehenden Klausel „Ausfluss der Marktmacht oder der großen Marktüberlegenheit des Verwenders ist". Diese Formulierung ist eng an die Vorgaben des § 19 Abs. 1 GWB angelehnt und deutet auf die Erforderlichkeit einer strengen Verhaltenskausalität hin. Der geforderte strenge Kausalzusammenhang ist nur erfüllt, wenn ein Unternehmen lediglich aufgrund seiner marktbeherrschenden Stellung ein mutmaßlich missbräuchliches Verhalten durchsetzen kann. Einschränkend ist darauf hinzuweisen, dass durch die Verwendung des Wortes „insbesondere" die Möglichkeit einer Ergebniskausalität durch den BGH nicht ausgeschlossen wird. Zudem finden sich in der Rechtsprechung des BGH zu § 19 GWB Anhaltspunkte dafür, dass die Norm sowohl bei strenger als auch bei normativer Kausalität Anwendung findet.[215]

680. Sofern nach deutschem Recht eine strenge Kausalität erforderlich ist, ergibt sich der Nachweis eines Ausbeutungsmissbrauchs anhand eines Datenschutzrechtsverstoßes auch nicht zwangsläufig aus dem Nachweis der Ausbeutung, wie dies beim Prüfkonzept I anzunehmen ist. So scheinen Kunden unabhängig von der Marktstellung des Vertragspartners häufig sehr freigiebig mit ihren Daten umzugehen. Sofern eine mutmaßlich missbräuchliche Verarbeitung von Daten nicht über das Verhalten anderer, nicht marktbeherrschender Unternehmen auf anderen Märkten hinausgeht, dürfte keine strenge Kausalität zwischen Marktmacht und mutmaßlich missbräuchlichem Verhalten vorliegen. Dies lässt sich auch anhand des laufenden Facebook-Verfahrens des Bundeskartellamtes illustrieren: Selbst wenn festgestellt würde, dass das Unternehmen durch die Verarbeitung der personenbezogenen Daten seiner Nutzer gegen das Datenschutzrecht verstößt, wäre dadurch keineswegs nachgewiesen, dass nicht auch andere Unternehmen, die nicht über eine marktbeherrschende Stellung verfügen, vergleichbare Datenschutzrechtsverstöße begehen könnten. Wäre dies der Fall, bestünde kein kausaler Zusammenhang zwischen dem mutmaßlich missbräuchlichen Verhalten des Unternehmens und seiner etwaigen marktbeherrschenden Stellung.

681. Ein strenger Kausalzusammenhang könnte sich jedoch ergeben, wenn zur Bewertung des mutmaßlich missbräuchlichen Umgangs mit Daten die Wertungen des Gesetzgebers im Datenschutzrecht herangezogen werden und dabei auf eine Norm rekurriert wird, die nur auf Unternehmen mit Marktmacht Anwendung findet. Wenn eine datenschutzrechtliche Norm nur Anwendung auf marktbeherrschende Unternehmen findet, könnten auch nur marktbeherrschende

---

286/09 – Intel, ECLI:EU:T:2014:547, Rz. 219; EuG, Urteil vom 17. September 2007, T-201/04 – Microsoft, ECLI:EU:T:2007:289, Rz. 1070, zum Schutz des leistungsgerechten Wettbewerbs.

[213] Vgl. die Vorgaben der Rechtsprechung aus Tz. 677.

[214] BGH, Urteil vom 24. Januar 2017, KZR 47/14 – VBL-Gegenwert II, ECLI:DE:BGH:2017:240117UKZR47.14.0, Rz. 35 (zit. nach Juris). Zuvor bereits zurückhaltender in BGH, Urteil vom 6. November 2013, KZR 61/11 – VBL-Gegenwert, Rz. 68 (zit. nach Juris).

[215] BGH, Urteil vom 4. November 2003, KZR 16/02 – Strom und Telefon I, Rz. 21 (zit. nach Juris). So auch Fuchs, in: Immenga/Mestmäcker, GWB, § 19 Tz. 82.

Unternehmen gegen diese Norm verstoßen, was für eine strenge Kausalität zwischen der marktbeherrschenden Stellung und dem Rechtsverstoß sprechen könnte.

682. Zu denken ist hier an das Kopplungsverbot aus Art. 7 Abs. 4 Datenschutz-Grundverordnung.[216] Das Kopplungsverbot besagt, dass bei der Beurteilung, ob eine Einwilligung in die Verarbeitung personenbezogener Daten freiwillig erteilt wurde, dem Umstand Rechnung zu tragen ist, ob unter anderem die Erfüllung des Vertrags von der Einwilligung abhängig gemacht wurde. Hierbei könnte zu berücksichtigen sein, ob zwischen den Betroffenen und dem Verantwortlichen ein klares Ungleichgewicht besteht.[217] Von einem solchen Ungleichgewicht wäre bei einer Marktmacht möglicherweise auszugehen, sofern sie die Möglichkeit der Kunden einschränkt, auf alternative Produkte auszuweichen.[218]

683. Eine derartige Argumentation vermag jedoch nicht zu überzeugen. Zweck der datenschutzrechtlichen Prüfung durch die Kartellbehörde ist nämlich nicht die Durchsetzung des Datenschutzrechts, sondern die Durchsetzung des Wettbewerbsrechts. Der heranzuziehende Maßstab muss daher die Grundsätze des Wettbewerbsrechts erfüllen. Nur wenn diese Grundsätze erfüllt sind, kann der Nachweis einer Kausalität, die im Wettbewerbsrecht gefordert wird, anhand einer anderen, inzident geprüften Rechtsmaterie erbracht werden.

Merkmale und offene Probleme des Prüfkonzepts

684. Wie gezeigt wurde, ist das Konzept, einen Missbrauch gegenüber den Kunden an das Datenschutzrecht zu knüpfen, mit einigen ungeklärten Rechtsfragen verbunden. Zwar werden die erforderlichen Anforderungen an den Beleg eines Missbrauchs gegenüber dem Prüfkonzept I womöglich so weit reduziert, dass eine Kartellbehörde erheblich wirksamer gegen bestimmte Verhaltensweisen eines marktbeherrschenden Unternehmens in datenbasierten Märkten vorgehen könnte. Diese Wirksamkeit hängt allerdings auch vom Ausgang einer Klärung der offenen Rechtsfragen ab und ist zudem vor dem Hintergrund der Ziele des Wettbewerbsrechts zu bewerten.

685. Klärungsbedürftig ist insbesondere, wie die Verwendung datenschutzrechtlicher Vorschriften als Angemessenheitsmaßstab für die Feststellung eines Missbrauchs nach § 19 Abs. 1 GWB zu erfolgen hat und ob eine Ausbeutung der Nutzer durch dieses Verhalten nachzuweisen ist. Unklarheit besteht weiter in Bezug auf die Kausalitätsanforderungen, weil die Frage, ob eine normative Kausalität im Fall des Vorwurfs der Ausbeutung der Kunden als ausreichend angesehen wird, insbesondere im deutschen Recht nicht abschließend geklärt ist. Während bei Anwendung der strengen Verhaltenskausalität als Maßstab hohe Nachweishürden für die Kartellbehörde bestehen, würde durch die Akzeptanz einer normativen Kausalität der Anwendungsbereich des Missbrauchsverbots erheblich erweitert. In letzterem Fall bleibt allerdings weiterhin offen, ob und inwieweit nachzuweisen ist, dass ein anhand des Datenschutzrechts bewertetes missbräuchliches Verhalten zu einer Verbesserung der Marktposition des Marktbeherrschers bzw. zu einer Behinderung der Wettbewerber führt. Wird eine Schutzwirkung im Fall der Verfolgung von Rechtsbrüchen durch die Kartellbehörde abstrakt unterstellt, dann müsste die Behörde allerdings in diesem Prüfschritt auch nur wenige Nachweise erbringen.

686. Wären für die Feststellung einer normativen Kausalität nur geringe Nachweisanforderungen anzunehmen, so hätte dies zur Folge, dass die Kartellbehörden bei marktbeherrschenden Unternehmen weitgehend identisch mit einer Datenschutzbehörde agieren könnten. Unter geringen Kausalitätserfordernissen bliebe allerdings intransparent, in welchem Umfang ein entsprechendes Vorgehen der Kartellbehörden bei der Anwendung des Datenschutzrechts tatsächlich dem Wettbewerbsschutz dient. Den Kosten und Risiken, die mit einem Vorgehen nach diesem Konzept verbunden sind, ist daher besonderes Gewicht beizumessen.

---

[216] Verordnung (EU) 2016/679 des Europäischen Parlaments und des Rates vom 27. April 2016 zum Schutz natürlicher Personen bei der Verarbeitung personenbezogener Daten, zum freien Datenverkehr und zur Aufhebung der Richtlinie 95/46/EG (Datenschutz-Grundverordnung), ABl. L119 vom 4. Mai 2016, S. 1.

[217] Dies legt insbesondere Erwägungsgrund 43 der Datenschutz-Grundverordnung nahe: „Um sicherzustellen, dass die Einwilligung [zur Datenverarbeitung] freiwillig erfolgt ist, sollte diese in besonderen Fällen, wenn zwischen der betroffenen Person und dem Verantwortlichen ein klares Ungleichgewicht besteht [...] und es deshalb in Anbetracht aller Umstände in dem speziellen Fall unwahrscheinlich ist, dass die Einwilligung freiwillig gegeben wurde, keine gültige Rechtsgrundlage liefern."

[218] Hinzuweisen ist aber darauf, dass eine solche Marktmacht im datenschutzrechtlichen Zusammenhang nicht gleichbedeutend mit der Marktmacht im Wettbewerbsrecht sein muss. Insofern sind entsprechende Normen des Datenschutzrechts nicht als speziellere Gesetzgebung zur Missbrauchsaufsicht anzusehen.

3.2.1.3 Kompetenzabgrenzung zu Datenschutzbehörden

687. Die Einbeziehung außerkartellrechtlicher Normverstöße innerhalb des Prüfkonzepts II kann das Entstehen paralleler behördlicher Durchsetzungszuständigkeiten zur Folge haben. Bei den Sachverhalten, in denen sich der BGH für eine Berücksichtigung gesetzlicher Wertungen in der Missbrauchsaufsicht aussprach, stellte sich diese Frage nicht. So werden die verbraucherschützenden Normen des AGB-Rechts, die der BGH in seinen Urteilen VBL-Gegenwert[219] und VBL-Gegenwert II[220] als Wertungsmaßstab heranzieht, lediglich im Wege der privatrechtlichen Rechtsdurchsetzung verfolgt.[221] Damit ist in diesen Fällen die Möglichkeit einer behördlichen Doppelzuständigkeit ausgeschlossen. Soweit sich der BGH für eine Berücksichtigung grundrechtlich gewährter Schutzinteressen über allgemeine gesetzliche Verbotsnormen wie § 19 Abs. 1 GWB ausspricht,[222] existiert ebenfalls kaum eine direkte behördliche Durchsetzung.

688. Im Datenschutzrecht hingegen existiert eine behördliche Durchsetzung, die im Hinblick auf private Unternehmen im Wesentlichen von den 16 unabhängigen Landesdatenschutzbehörden ausgeübt wird. Somit ist nicht auszuschließen, dass durch ein Tätigwerden der Wettbewerbsbehörden bei Verstößen gegen das Datenschutzrecht Doppelzuständigkeiten begründet werden.

689. Dem könnte entgegengehalten werden, dass die Prüfungsschwerpunkte einer Wettbewerbsbehörde und einer Datenschutzbehörde auseinanderfallen. Eine eigenständige Verfolgung und Ahndung des Datenschutzrechtsverstoßes wird von den Wettbewerbsbehörden nicht angestrebt und würde auch die behördlichen Kompetenzen überschreiten. Vielmehr hätte die Wettbewerbsbehörde den Missbrauch einer marktbeherrschenden Stellung durch den Umgang mit personenbezogenen Daten nachzuweisen und dabei gegebenenfalls eine relevante datenschutzrechtliche Norm, die als Bewertungsmaßstab für das Verhalten dienen soll, inzident zu prüfen. Diese inzidente Prüfung ist jedoch wie gezeigt der Kern der kartellrechtlichen Prüfung nach dem Prüfkonzept II, sodass Kompetenzüberschneidungen kaum zu vermeiden sind.

690. Es besteht also das Risiko sachlich einander widersprechenden Entscheidungen in Bezug auf die Auslegung einer datenschutzrechtlichen Norm. Dem kann – jedenfalls teilweise – durch eine Abstimmung und Koordinierung der Behörden entgegengewirkt werden. Diesem Umstand hat der Gesetzgeber im Zuge der 9. GWB-Novelle in Bezug auf den Datenschutz und die notwendige Zusammenarbeit der Kartellbehörden mit den Datenschutzbehörden in § 50c Abs. 1 GWB Rechnung getragen, indem die Möglichkeit zur Zusammenarbeit nun auch auf den oder die Bundesbeauftragte für den Datenschutz und die Landesdatenschutzbehörden erweitert wurde. Hierdurch wird die Gefahr einander widersprechenden Entscheidungen reduziert, aber nicht völlig ausgeschlossen.

691. Hierbei sind die aktuellen Entwicklungen im Datenschutzrecht zu berücksichtigen. Am 25. Mai 2018 trat mit der EU-Datenschutz-Grundverordnung und dem neu gefassten Bundesdatenschutzgesetz ein neues Regelungsregime in Kraft, das insbesondere deutlich verschärfte Sanktionen für Datenschutzrechtsverstöße[223] und ein Kohärenzverfahren der zuständigen Datenschutzbehörden zur Abstimmung auf EU-Ebene[224] enthält. Vor diesem Hintergrund sollte eine stärkere Sanktionierung von Datenschutzrechtsverstößen durch die Datenschutzbehörden zu erwarten sein, wodurch anzunehmen ist, dass Unternehmen auch in geringerem Ausmaß gegen den Datenschutz verstoßen werden. Datenschutzrechtsverstöße als Maßstab im Wettbewerbsrecht werden dadurch auch weniger häufig zu erwarten sein.

692. Hinzu kommt, dass die Neuregelungen des Datenschutzrechts eine gewisse Unsicherheit für die betroffenen Unternehmen mit sich bringen, die erst durch Entscheidungen der für den Datenschutz zuständigen Aufsichtsbehörden und daran anknüpfende Rechtsprechung aufgelöst werden kann. In dieser Hinsicht wäre es eher kontraproduktiv, wenn

---

[219] BGH, Urteil vom 6. November 2013, KZR 61/11 – VBL-Gegenwert, Rz. 68 (zit. nach Juris).

[220] BGH, Urteil vom 24. Januar 2017, KZR 47/14 – VBL-Gegenwert II, ECLI:DE:BGH:2017:240117UKZR47.14.0, Rz. 35 (zit. nach Juris).

[221] Rechtsgrundlage dafür ist insbesondere § 2 Abs. 2 UKlaG.

[222] BGH, Urteil vom 7. Juni 2016, KZR 6/15 – Pechstein/International Skating Union, ECLI:DE:BGH:2016:070616UKZR6.15.0, Rz. 57 f. (zit. nach Juris).

[223] Siehe insbesondere Art. 83 DSGVO.

[224] Art. 63 ff. DSGVO.

die Wettbewerbsbehörden, die nicht originär für die Durchsetzung des Datenschutzrechts zuständig sind, eigene Bewertungen vornehmen würden. Hierdurch könnte die im Unionsrecht angelegte Entwicklung zu einer konsistenten Anwendung des Datenschutzrechts in allen Mitgliedstaaten verlangsamt werden.

3.2.1.4 Schlussfolgerungen und Empfehlung

693. Grundsätzlich ist denkbar, dass ein marktbeherrschendes Unternehmen seine Marktstellung in Form einer weitreichenden Verarbeitung personenbezogener Daten seiner Kunden missbraucht. Gerade in einem dynamischen Marktumfeld ist die Abgrenzung zwischen einem solchen Ausbeutungsmissbrauch, der einer Verfolgung durch die Kartellbehörden bedarf, und einem gewöhnlichen Wettbewerbsgeschehen oft schwierig. Daher besteht die erhöhte Gefahr eines zu weitgehenden behördlichen Eingriffs, wenn eine Wettbewerbsbehörde gegen Ausbeutungsmissbräuche vorgeht. Ausbeutungsmissbräuche sollten deshalb nur auf Märkten mit strukturell nachhaltig abgesicherter Marktstellung eines marktbeherrschenden Unternehmens verfolgt werden.

694. Im Fall einer Ausbeutung im Zusammenhang mit Daten sind oftmals Plattformmärkte im Internet betroffen, mit deren Marktstellung die Behörden noch wenig Erfahrung besitzen, sodass streitbar ist, ob hier eine solche abgesicherte Stellung vorliegt. Andererseits könnte gerade vor diesem Hintergrund eine Schutzlücke vorliegen und mit der Ausbeutung auch Behinderungswirkungen verbunden sein. Deshalb hält es die Monopolkommission für vertretbar, wenn die Kartellbehörden in entsprechenden Fällen ein Vorgehen gegen Konditionenmissbräuche prüfen und einschreiten, sofern die erforderlichen Nachweise eines missbräuchlichen Verhaltens erbracht werden können. Die Monopolkommission sieht vor allem zwei Prüfkonzepte, nach denen die Kartellbehörde einen entsprechenden Missbrauch gegenüber den Kunden bei Daten feststellen könnte.

695. Im ersten Fall erfolgt der Nachweis der Ausbeutung durch den Vergleich mit einer Situation wirksamen Wettbewerbs (Prüfkonzept I), vergleichbar dem Vorgehen bei einem Preishöhenmissbrauch. Hierfür ist insbesondere nachzuweisen, dass die Verarbeitung personenbezogener Daten ein für Nutzer relevantes Entscheidungskriterium ist. Zweitens ist nachzuweisen, dass das marktbeherrschende Unternehmen mehr Daten verarbeitet, als dies bei wirksamem Wettbewerb möglich wäre. Bei der Erbringung dieses Nachweises sollte die Kartellbehörde Vergleichsmärkte sowie Marktbefragungen zur Bewertung heranziehen und nur bei klaren Schlussfolgerungen einen Verstoß weiterverfolgen. Allerdings ist gerade die Erbringung dieser Nachweise erheblich schwieriger als bei einem Preishöhenmissbrauch, da die Wirkungen der Verarbeitung personenbezogener Daten auf den Verbrauchernutzen nur schwierig zu bewerten und abzugrenzen sind. Der Nachweis eines Missbrauchs bei Daten nach dem Prüfkonzept I dürfte in der Anwendungspraxis der Kartellbehörden daher Schwierigkeiten bereiten.

696. Alternativ könnten die Kartellbehörden neue Wege suchen, um einen Missbrauch gegenüber den Kunden im Zusammenhang mit Datenverarbeitung festzustellen. Es besteht hier insbesondere die Möglichkeit, den Missbrauch auf Basis eines Verstoßes gegen das Datenschutzrecht festzustellen (Prüfkonzept II). Eine besondere Herausforderung für die Kartellbehörden könnte hierbei im Nachweis der Kausalität zwischen der marktbeherrschenden Position eines Unternehmens und der Ausübung des Rechtsverstoßes liegen. Gegebenenfalls lassen sich die Nachweisanforderungen allerdings auf die Feststellung einer gestärkten Marktposition des marktbeherrschenden Unternehmens reduzieren.

697. Zu bedenken ist, dass die Prüfung eines Missbrauchs nach diesem Prüfkonzept zur Folge haben kann, dass die Wettbewerbsbehörden gegenüber marktbeherrschenden Unternehmen analog zu einer Datenschutzbehörde agieren. Denn die Kartellbehörden bewerten bei diesem Vorgehen im Kern die Angemessenheit eines bestimmten Verhaltens nach den Maßstäben des Datenschutzrechts. Sofern eine solche Auslegung des Datenschutzrechts durch die Kartellbehörden parallel zu den Datenschutzbehörden erfolgt, sind potenziell Widersprüche in den Auslegungen der Behörden denkbar. Aus der Sicht der Monopolkommission wäre ein Vorgehen der Wettbewerbsbehörden im Rahmen des Prüfkonzepts II deshalb dann zu rechtfertigen, wenn die Behörde solche Fälle aufgreift, bei denen der Datenschutzrechtsverstoß auch zu einer spürbaren Beeinträchtigung wirksamen Wettbewerbs (Ausbeutung der Kunden oder Behinderung von Wettbewerbern) führt. Sofern aus rechtlicher Sicht keine erheblichen Kausalitätserfordernisse an das Vorgehen der Kartellbehörden gestellt werden, bliebe jedoch intransparent, in welchem Umfang ein Vorgehen auf der Grundlage des Datenschutzrechts tatsächlich dem Wettbewerbsschutz dient.

3.2.2 Die Untersuchung des Wettbewerbsparameters Innovation wird (weiter)entwickelt

698. Im Berichtszeitraum hat die Frage nach der Berücksichtigung von Innovationen in der Fusionskontrolle die Europäische Kommission besonders beschäftigt. In ihrem Beschluss Deutsche Börse/London Stock Exchange Group[225] äußerte sie Bedenken, dass der Zusammenschluss den Anreiz zur Innovation im Wettbewerb um den Kunden beschränken oder mindestens reduzieren würde. Allerdings nahmen diese Bedenken im Beschluss nur einen sehr geringen Umfang an.[226] Wesentlich weiter ging die umfangreiche Analyse der Innovationsanreize im Beschluss der Europäischen Kommission im Fall Dow/DuPont.[227] In diesem Fall wurde auf der Basis einer umfangreichen Untersuchung eine neue Schadenstheorie zum Innovationswettbewerb entwickelt und angewandt, die maßgeblich zur Feststellung einer erheblichen Behinderung wirksamen Innovationswettbewerbs und zu Abhilfemaßnahmen in Form der Veräußerung der Forschungs- und Entwicklungsorganisation von DuPont beitrug. Die Anwendung dieser Schadenstheorie und die damit einhergehende Weiterentwicklung der Fusionskontrollpraxis sollen daher in diesem Abschnitt analysiert werden. Auch im Fall des jüngst unter Bedingungen freigegebenen Zusammenschlusses Bayer/Monsanto gelangte die Europäische Kommission zu dem Ergebnis, dass der Zusammenschluss in seiner ursprünglich angemeldeten Form zu einer erheblichen Beschränkung des Innovationswettbewerbs auf verschiedenen europäischen und weltweiten Märkten geführt hätte.[228] Die Beschränkung des Innovationswettbewerbs führte auch in diesem Fall dazu, dass die Europäische Kommission die Freigabe nur unter der Bedingung der Veräußerung umfangreicher Forschungs- und Entwicklungsaktivitäten („FuE") erteilte.[229]

699. Die Monopolkommission beschäftigte sich bereits im XXI. Hauptgutachten mit Fällen, in denen die Europäische Kommission mögliche Auswirkungen des Zusammenschlusses auf den Innovationswettbewerb bewertet hatte.[230] Diese Beschlüsse betrafen einerseits die Märkte für Hochleistungs-Gasturbinen in dem Verfahren General Electric/Alstom, andererseits die Märkte für Medizingerätetechnik (Medtronic/Covidien) und die Pharmabranche (Novartis/GlaxoSmithKline Oncology Business, Pfizer/Hospira).[231] In den genannten Fällen bestätigte die Europäische Kommission ihre frühere Entscheidungspraxis, wonach Produkte, die sich noch in der Entwicklung befinden (sog. Pipeline-Produkte), unter bestimmten Umständen bei der wettbewerblichen Prüfung berücksichtigt werden müssen. In dem Verfahren Novartis/GlaxoSmithKline Oncology Business entwickelte die Europäische Kommission ihre Grundsätze zur Beurteilung des Innovationswettbewerbs weiter.

700. Die Berücksichtigung des Einflusses von Innovationen auf den Wettbewerb im Rahmen der Fusionskontrolle der Europäischen Kommission hat im Berichtszeitraum weiter an Bedeutung gewonnen. In den Fällen Dow/DuPont und Bayer/Monsanto wurde der Innovationswettbewerb insbesondere auf dem Markt für Pestizide untersucht. Neu sind die angewandten Schadenstheorien, die Ausführlichkeit, mit welcher der Innovationswettbewerb untersucht wird, die Bewertung des Innovationswettbewerbs auf Industrieebene statt nur im Bezug auf einzelne Produkte und die ökonomische Ausarbeitung spezifischer Kriterien für die Prüfung des Innovationswettbewerbs. Bei der Ausarbeitung dieser Kriterien orientierte sich die Europäische Kommission an der Praxis der US-amerikanischen Kartellbehörden, die ihre Erkenntnisse zur Bewertung des Innovationswettbewerbs bereits 2010 in ihren Leitlinien zu horizontalen Zusammenschlüssen aus-

---

[225] EU-Kommission, Beschluss vom 29. März 2017, M.7995 – Deutsche Börse/London Stock Exchange Group.

[226] Ebenda, Tz. 394, 642, 905.

[227] EU-Kommission, Beschluss vom 27. März 2017, M.7932 – Dow/DuPont.

[228] EU-Kommission, Pressemitteilung vom 21. März 2018, abrufbar unter: http://europa.eu/rapid/press-release_IP-18-2282_de.htm. Der Beschluss wurde noch nicht veröffentlicht.

[229] Insbesondere musste Bayer seine gesamte FuE-Sparte zum Gemüsesamengeschäft veräußern, sodass die Zahl der weltweiten Akteure, die FuE für Gemüsesamen betreiben, unverändert bleibt. Zudem musste Bayer sein gesamtes weltweites Geschäft inklusive der FuE-Sparte für Saatgut, agronomische Merkmale für den großflächigen Anbau, Glufosinat und wichtige Forschungsprogramme für Totalherbizide veräußern. EU-Kommission, Pressemitteilung vom 21. März 2018, abrufbar unter: http://europa.eu/rapid/press-release_IP-18-2282_de.htm. Der Beschluss wurde noch nicht veröffentlicht.

[230] Monopolkommission, XXI. Hauptgutachten, a. a. O., Tz. 909 ff.

[231] EU-Kommission, Beschluss vom 8. September 2015, M.7278 – General Electric/Alstom; Beschluss vom 28. November 2014, M.7326 – Medtronic/Covidien; Beschluss vom 28. Januar 2015, M.7275 Novartis/GlaxoSmithKline Oncology; Beschluss vom 4. August 2015, M. 7559 – Pfizer/Hospira.

führten.²³² Bei der Beurteilung des Innovationswettbewerbs hinsichtlich einzelner zukünftiger Produkte bezog die Europäische Kommission zudem auch die Entdeckungsphase und die darin enthaltenen Forschungslinien und „Frühen-Pipeline-Produkte" ein, anstatt wie im vergangenen Berichtszeitraum nur „Pipeline-Produkte" in der Entwicklungsphase zu prüfen.

701. Dabei bezieht sich die Europäische Kommission zwar explizit auf entsprechende Ausführungen zur Untersuchung des Innovationswettbewerbs in ihren Horizontal-Leitlinien. Allerdings wird in den folgenden Abschnitten deutlich, dass die Horizontal-Leitlinien mit ihren kurzen und eher pauschalen Aussagen zum ambivalenten Zusammenhang von Innovationen und Wettbewerb die Weiterentwicklung der Fallpraxis zur Bewertung von Innovationen nicht widerspiegeln.²³³ Auch darauf soll im Folgenden eingegangen werden.

3.2.2.1 Beschränkung des Innovationswettbewerbs im Fall Dow/DuPont

702. Im Fall Dow/DuPont hat die eingehende Untersuchung der Europäischen Kommission zu der Feststellung geführt, dass der angemeldete Zusammenschluss nicht nur den Wettbewerb in Bezug auf Preise und Wahlmöglichkeiten der Verbraucher eingeschränkt, sondern auch eine erhebliche Reduzierung des Innovationswettbewerbs bedeutet hätte. Der Zusammenhang zwischen Innovation und Wettbewerb wurde somit in den Fokus dieses Verfahrens gerückt.

703. In diesem Fall stand ein Zusammenschluss der beiden weltweit tätigen Hersteller von Pestiziden und Saatgutprodukten zur Entscheidung an. Durch die Fusion entstand das weltweit größte integrierte Pestizid- und Saatgutunternehmen. Die Europäische Kommission hatte zunächst Bedenken aufgrund einer erheblichen Beeinträchtigung des Wettbewerbs auf einer Reihe von Märkten für bereits erhältliche Pestizide. Daher musste DuPont die Geschäftstätigkeiten zu bestimmten Herbiziden und Insektiziden und eine Exklusiv-Lizenz für bestimmte Fungizide veräußern. Zudem hatte die Europäische Kommission Bedenken in Bezug auf die Überschneidungen der beiden Unternehmen bei der Herstellung bestimmter petrochemischer Erzeugnisse für Verpackungs- und Klebstoffanwendungen. Dow musste daher zwei Produktionsstätten für petrochemische Spezialprodukte veräußern und einen Liefervertrag für einen chemischen Stoff mit Dritten kündigen.

704. Darüber hinaus stellte die Europäische Kommission eine erhebliche Behinderung des Innovationswettbewerbs in der Pestizidbranche fest. Einerseits wären die Anreize für die fusionierenden Unternehmen, weiterhin parallel zueinander neue Produkte zu entdecken und zu entwickeln, beseitigt worden. Andererseits hätte das aus dem Zusammenschluss hervorgehende Unternehmen nicht im selben Umfang die Fähigkeit gehabt, Innovationen hervorzubringen, wie Dow und DuPont getrennt. Auf dieser Basis hat die Europäische Kommission den Zusammenschluss unter der Bedingung freigegeben, dass nahezu die gesamten weltweiten Forschungs- und Entwicklungsaktivitäten von DuPont veräußert werden mussten.

705. Die Europäische Kommission untersuchte im Hinblick auf Pestizide umfangreich sowohl den Produkt- und Preiswettbewerb als auch den Innovationswettbewerb. Der Umfang der Untersuchung spiegelt sich auch im Umfang des Beschlusses wider, der insgesamt 646 Seiten umfasst, davon 194 Seiten zur Beurteilung des Innovationswettbewerbs.

706. Nach der Schadenstheorie der Europäischen Kommission zum Innovationswettbewerb wird ein Zusammenschluss zwischen zwei bedeutenden Innovatoren wahrscheinlich zu weniger Produktinnovationen führen, da die Anreize zur Innovation erheblich verringert werden.²³⁴ Die theoretischen Überlegungen auf Basis der bisherigen Literatur zu dieser

---

[232] Department of Justice und Federal Trade Commission, Horizontal Merger Guidelines, 19. August 2010, Abschnitt 6.4.

[233] In den Horizontal-Leitlinien verweist die EU-Kommission lediglich darauf, dass der Ausdruck „erhöhte Preise" als Kurzform für die verschiedenen Arten der Schädigung des Wettbewerbs auch „Innovation" aufgrund eines Zusammenschlusses umfasse; EU-Kommission, Leitlinien zur Bewertung horizontaler Zusammenschlüsse, ABl. C 31, 5. Februar 2004, S.3, Tz. 8. Die einzigen inhaltlichen Aussagen, die zur Bewertung von Zusammenschlüssen bezüglich Innovationswettbewerb getroffen werden, sind, dass ein Zusammenschluss sowohl negative als auch positive Auswirkungen auf den Innovationswettbewerb haben kann; vgl. Tz. 38.

[234] EU-Kommission, Beschluss vom 27. März 2017, M.7932 – Dow/DuPont, Annex 4, Tz. 5 f. Vgl. dazu auch Department of Justice und Federal Trade Commission, Horizontal Merger Guidelines, 19. August 2010, S. 21.

Schadenstheorie stellte sie in einem eigenen Annex zusammen.[235] Die Europäische Kommission prüfte diese Schadenstheorie sodann in Bezug auf zwei Formen von Schäden: zum einen auf eine Verringerung von Wettbewerb im Bezug auf konkrete existierende und zukünftige Produkte und zum anderen eine Verringerung des Innovationswettbewerbs allgemein durch die Verringerung der Anzahl der Marktteilnehmer.

707. Die Europäische Kommission prüfte in ihrem Beschluss im Wesentlichen die Faktoren, die nachfolgend zunächst genannt und anschließend näher erläutert werden.[236] Negative Effekte auf die Anreize zur Innovation durch einen Zusammenschluss wurden ökonomisch allgemein vermutet[237] unter der Annahme, dass:

- Innovation ein wichtiger Parameter in den betroffenen Märkten ist;
- der relevante Markt hoch konzentriert ist und hohe Zutrittsschranken bestehen;
- relevante Innovationen relativ gut voraussehbar sind;
- die Zusammenschlussbeteiligten wahrscheinliche zukünftige Innovatoren im selben Produktsegment und auf Industrieebene sind;
- hohe Kannibalisierungseffekte zu erwarten sind, also eine hohe Überschneidung in den Entdeckungszielen („discovery targets"), sog. Pipeline-Produkten und fertigen Produkten, gemessen am vergangenen und aktuellen Innovationswettbewerb;
- die Möglichkeit der Gewinnaneignung aus den Innovationen („appropriation") bereits hoch ist und „Spill-over"-Effekte gering sind;
- wenige starke Innovationsanreize abgesehen von Wettbewerb bestehen, wie zum Beispiel der Anreiz, bei lange haltbaren Gütern neue Nachfrage durch verbesserte Produkte zu erzeugen;
- keine Effizienzen vorhanden sind, die die vorgenannten Punkte aufwiegen oder abmildern könnten; und
- es keine effektiven Abhilfen gibt, die die negativen Effekte des Zusammenschlusses auf den Innovationswettbewerb verringern würden.

708. Die Europäische Kommission prüfte zunächst, ob Innovationen allgemein ein wichtiger Faktor für den betroffenen Markt sind.[238] Eine weitergehende Prüfung des Innovationswettbewerbs wird erst relevant, wenn dies der Fall ist. Die Europäische Kommission nahm in diesem Fall an, dass Innovationen im Pestizidmarkt eine treibende Kraft für den Wettbewerb sind. Als Gründe dafür nannte sie, dass Schädlinge über die Zeit eine Resistenz gegen bestimmt Pestizide entwickeln und dass Pestizide einen bedeutenden Beitrag zur Lebensmittelversorgung der Welt liefern.[239]

709. Des Weiteren ging sie der Frage nach, ob die Innovationen auf dem relevanten Markt relativ gut voraussehbar sind.[240] Zwar besteht allgemein eine inhärente Prognoseunsicherheit in Bezug auf den tatsächlichen Erfolg von Forschungs- und Entwicklungsbemühungen sowie den wirtschaftlichen Erfolg der daraus resultierenden Innovationen.[241] Auch besteht in einigen Branchen eine höhere Wahrscheinlichkeit auf Erfolg bei der Entdeckung und Entwicklung eines Produktes als in anderen. Trotzdem besteht die Möglichkeit, anhand der vorhandenen Innovationsvorhaben und der aktuellen Forschungsstränge der Unternehmen zu prognostizieren, welche Innovationen die Unternehmen konkret

---

[235] EU-Kommission, Beschluss vom 27. März 2017, M.7932 – Dow/DuPont, Annex 4.

[236] Vgl. Ebenda, Annex 4, Tz. 12 ff. und 14 ff.

[237] Es handelt sich hier ausdrücklich um eine ökonomische Vermutung und keine rechtliche. Vgl. EU-Kommission, Beschluss vom 27. März 2017, M.7932 – Dow/DuPont, Tz. 2120.

[238] EU-Kommission, Beschluss vom 27. März 2017, M.7932 – Dow/DuPont, Tz. 1975.

[239] Ebenda, Tz. 1975 ff.

[240] Ebenda, Tz. 2168.

[241] Ebenda, Tz. 48. Vgl. dazu auch Kerber, W., Competition, innovation, and competition laws: dissecting the interplay, Joint Discussion Paper Series in Economics, Nr. 42, 2017, S. 9.

vorantreiben und welche Erfolgschancen die gegebenenfalls resultierenden Innovationen haben werden. Nur wenn solche Prognosen möglich sind, können die Wirkungen eines Zusammenschlusses auf den Innovationswettbewerb in Bezug auf bestimmte Produkte geprüft werden. Die Europäische Kommission stellte im Fall Dow/DuPont fest, dass die Unternehmen in der Pestizidbranche hinsichtlich der zu erfindenden oder zu entwickelnden Produkte auf Basis sehr weitgehender Marktbeobachtung sehr konkrete Entdeckungsziele verfolgten, die auf wahrscheinliche zukünftige Produkte hindeuten würden.[242] Des Weiteren prüfte sie, ob es sich bei den Zusammenschlussparteien um wahrscheinliche Innovatoren in denselben Produktmärkten handelt.[243] Auch dies hielt die Europäische Kommission aufgrund ihrer Analyse der bisherigen und aktuellen Überschneidungen in den Patenten für wahrscheinlich.[244] Die Europäische Kommission untersuchte weiter, ob der relevante Markt hoch konzentriert sei und hohe Eintrittsschranken bestünden. Nach der Berechnung eines Indexes für Marktkonzentration, des Herfindahl-Hirschman-Indexes („HHI"),[245] sowie qualitativer Analysen bejahte die Europäische Kommission dies.[246]

710. Die Europäische Kommission prüfte sodann, ob ein zunehmender Kannibalisierungseffekt zwischen den Unternehmen wahrscheinlich sei. Von einem Kannibalisierungseffekt spricht man, wenn Forschungsergebnisse eines Zusammenschlussbeteiligten die Gewinne aus Produkten des anderen Beteiligten kannibalisieren und die fusionsbedingte Internalisierung dieses Effektes zu einem Rückgang der Anreize für Forschung und Entwicklung führt. Auch dies bejahte die Europäische Kommission. Die Schadenstheorie beruhte dabei auf einem umfassenderen Konzept des Innovationswettbewerbs, bei dem das Ausmaß untersucht wurde, in dem durch innovative Produkte eines Unternehmens die Gewinne des anderen Unternehmens sowohl bei bestehenden als auch bei innovativen zukünftigen Produkten beeinträchtigt werden können.[247]

711. Zudem prüfte die Europäische Kommission eingehend, ob die Möglichkeit der Gewinnaneignung aus Innovationen vor der Fusion bereits hoch war und sich durch den Zusammenschluss nicht wesentlich erhöhen würde. Sog. „Spillover"-Effekte müssten gleichzeitig sinken.[248] Die Möglichkeit einer erhöhten Gewinnaneignung wäre ein positiver Innovationsanreiz, der als fusionsspezifische Effizienz gesehen wurde. Die Anreize, Innovationen zu entwickeln, sind vorhanden, wenn die Möglichkeit besteht, sich die daraus entstehenden Gewinne anzueignen. Dies ist vor allem dann gegeben, wenn verhindert werden kann, dass sich Konkurrenten, z. B. durch Imitation, einen Teil der Gewinne aneignen können („spillovers"). Ein hohes Maß an Gewinnaneignung kann durch Patentrechte hergestellt werden, die die Innovation schützen.[249] Nach der Analyse der Europäischen Kommission sei in der Pestizidbranche durch den wirksamen Schutz von Patentrechten bereits ein hohes Maß an Gewinnaneignung der Fall, dieses würde durch den Zusammenschluss wahrscheinlich nicht weiter erhöht.[250] Gleichzeitig sei die Möglichkeit von „Spillover"-Effekten bereits gering und würde infolge des Zusammenschlusses noch geringer. Es wurden von den Parteien zudem keine substanziierten Argumente für andere Effizienzen in Form zunehmender Innovationsanreize oder von Größenvorteilen bei der Forschung und Entwicklung durch den Zusammenschluss vorgebracht.[251]

---

[242] Vgl. EU-Kommission, Beschluss vom 27. März 2017, M.7932 – Dow/DuPont, unter anderem Tz. 350 f., 2122, 2168 und Tz. 2871 ff. und Annex 4, Tz. 12 unter d).

[243] EU-Kommission, Beschluss vom 27. März 2017, M.7932 – Dow/DuPont, Tz. 2532 ff.

[244] Ebenda, Tz. 1813, 2568, 2604 ff.

[245] Ebenda, Tz. 378.

[246] Ebenda, Tz. 2394, 2532, 2541, 2547, 2553. Die Europäische Kommission weist ebenfalls auf die Tatsache hin, dass die Pestizidbranche zudem durch viele Verflechtungen durch institutionelle Investoren charakterisiert wird. Diese Überlegung und ihre Überlegungen zu Berechnungen dieser Eigenschaft mittels eines modifizierten HHI („MHHI") gingen letztlich jedoch nicht in die Prüfung zur Marktkonzentration ein. Zur Analyse der Minderheitsbeteiligungen Tz. 233 und Fn. 85, Tz. 2338 ff. und Annex 5. Vgl. hierzu auch ausführlicher Gliederungspunkte 4.2 und 4.3 in Kapitel II in diesem Gutachten.

[247] EU-Kommission, Beschluss vom 27. März 2017, M.7932 – Dow/DuPont, Tz. 2108. Siehe auch Tz. 244.

[248] Ebenda, Annex 4, Tz. 92, 94 f.

[249] Ebenda, Annex 4, Tz. 19 f.

[250] Ebenda, Annex 4, Tz. 96.

[251] Ebenda, Tz. 3265 ff. und Annex 4, Tz. 9 f. und Tz. 109.

712. Aufgrund dieser Bewertung nahm die Europäische Kommission im Fall Dow/DuPont in ihrer Schadenstheorie eine allgemeine Reduzierung des Innovationswettbewerbs an. Nach der Ansicht der Europäischen Kommission lassen sich Auswirkungen auf den Innovationswettbewerb für Pestizide hinsichtlich der Innovationsphasen oder -räume („innovation spaces", auch „Innovationsmarkt" bzw. „FuE-Markt" genannt) untersuchen, welche eine „Input-Aktivität" sowohl für die vorgelagerten Technologiemärkte als auch für die nachgelagerten Produktmärkte darstellen.[252] Die erste Stufe des Innovationsraums, die sog. Entdeckungsphase, dauert zwischen drei und vier Jahren. In der Entdeckungsphase bestehen Vorhaben für neue Produkte als Forschungslinien oder als „Frühe-Pipeline-Produkte", also Produkte, die Zwischenergebnisse von Forschungslinien sind. Diese haben eine geringere Erfolgswahrscheinlichkeit als die „Pipeline-Produkte" in der nächsten Phase, der Entwicklungsphase, deren Erfolgswahrscheinlichkeit zwischen 80 und 90 Prozent liegt. Die Entwicklungsphase in der betrachteten Industrie dauert mindestens fünf bis sechs Jahre. Während der Entwicklungsphase experimentieren die Firmen mit verschiedenen Formeln eines neuen, wirksamen Inhaltsstoffes („active ingredient") und führen Sicherheits-, Wirksamkeits- und Biologietests durch. Wenn wirksame Inhaltsstoffe entwickelt worden sind, verlagert sich der Wettbewerb weg von der Forschung und Entwicklung hin zu den relevanten Produkt- und Technologiemärkten.[253]

713. Darüber hinaus untersuchte die Europäische Kommission Effekte auf den Innovationswettbewerb bei konkret existierenden und zukünftigen Produkten. Dabei ging es um einen möglichen Schaden durch die Verringerung von Innovationsanreizen durch die Einstellung, Umleitung oder Verzögerung aktueller Forschungslinien einer der Zusammenschlussparteien.[254] Die Europäische Kommission stellte fest, dass die Zusammenschlussbeteiligten über wichtige Forschungslinien und daraus resultierende Frühe-Pipeline-Produkte[255] verfügen, die denselben Produktmarkt betreffen.[256] Wenn diese Produkte auf den Markt kämen, stünden die Zusammenschlussbeteiligten damit direkt im Wettbewerb zueinander. Eine der Parteien verfolgte zudem eine Forschungslinie mit Frühen-Pipeline-Produkten in einem Markt, in dem die andere Partei schon präsent ist.

714. Eine produktbezogene Prüfung hinsichtlich von Innovationen hatte die Europäische Kommission auch in früheren Fällen, wie zum Beispiel im Fall Pfizer/Hospira[257] oder bei dem Zusammenschluss General Electric/Alstom[258], durchgeführt.[259] In beiden Fällen wurde der Zusammenhang zwischen Wettbewerb und Pipeline-Produkten, die schon in der Entwicklung waren, berücksichtigt. Im Fall Pfizer/Hospira musste Pfizer auf der Basis dieser Prüfung ein in der Entwicklung befindliches biotechnologisches Arzneimittel veräußern, da sonst die Gefahr bestanden hätte, dass dies nach der Übernahme nicht mehr weiterentwickelt worden wäre.[260] Allerdings bezog die Europäische Kommission in den genann-

---

[252] Die US-amerikanischen Kartellbehörden Department of Justice und Federal Trade Commission gehen in ihren Leitlinien in Bezug auf Innovationen von einem Produktmarkt, einem Technologiemarkt und einem FuE-Markt („goods markets, technology markets and R&D markets") aus. In der US-amerikanischen Wissenschaft wurde auch häufig vom Konzept des „innovation market" gesprochen; vgl. Gilbert, R./Sunshine, S., Incorporating dynamic efficiency concerns in merger analysis: the use of innovation markets, Antitrust Law Journal 63, 1997, S. 569–601. Die Bezeichnung „innovation market" bzw. „Innovationsmarkt" stieß jedoch auf Kritik, da das Konzept tatsächlich nicht auf einen Markt als solchen, sondern auf eine Aktivität, die einen Beitrag („input") für einen tatsächlichen Markt liefert, hinweist. Daher verwendet die Europäische Kommission den Begriff „innovation spaces", dieser Begriff ist aber als Synonym der vorgenannten Begriffe zu verstehen.

[253] EU-Kommission, Beschluss vom 27. März 2017, M.7932 – Dow/DuPont, Abschnitt 1.4.1 und 1.4.2. Vgl. auch Petit, N., Innovation competition, unilateral effects and merger control policy, 29. Januar 2018, SSRN-Paper, abrufbar unter https://ssrn.com/abstract=3113077.

[254] EU-Kommission, Beschluss vom 27. März 2017, M.7932 – Dow/DuPont, Tz. 1956.

[255] Zu einer Forschung („line of research") gehören nach der Definition der Europäischen Kommission die Wissenschaftler, Patente, Wertgegenstände, Ausrüstungen und chemischen Klassen, die einem größeren Entdeckungsziel gewidmet werden. Vgl. EU-Kommission, Beschluss vom 27. März 2017, M.7932 – Dow/DuPont, Tz. 1958 ff.

[256] EU-Kommission, Beschluss vom 27. März 2017, M.7932 – Dow/DuPont, Tz. 3056.

[257] EU-Kommission, Beschluss vom 4. August 2015, M.7559 – Pfizer/Hospira.

[258] EU-Kommission, Beschluss vom 8. September 2015, M.7278 – General Electric/Alstom.

[259] Vgl. zur Prüfung des Innovationswettbewerbs in Bezug auf Pipeline-Produkte in vorhergehenden Fällen, vor allem in der pharmazeutischen Industrie, Monopolkommission, XXI. Hauptgutachten, a. a. O., Tz. 909 ff.

[260] EU-Kommission, Beschluss vom 4. August 2015, M.7559 – Pfizer/Hospira, Tz.58, 309 ff.

ten Fällen nicht die möglichen zukünftigen Produkte mit ein, die sich zum Zeitpunkt der Prüfung noch als Forschungslinie oder „Frühes-Pipeline-Produkt" in der Entdeckungsphase befanden.

715. Im Fall Dow/DuPont untersuchte sie zudem den Einfluss des Zusammenschlusses auf der Industrieebene, also hinsichtlich der allgemeinen Forschungskapazitäten in der Industrie und des daraus resultierenden Innovationsniveaus in der Branche insgesamt. Auf dieser Ebene prüfte die Europäische Kommission die Auswirkungen des Zusammenschlusses auf die Forschungsabteilungen. Die Zusammenschlussbeteiligten betrieben zwei der wenigen, weltweit konkurrierenden Forschungs- und Entwicklungsabteilungen im Bereich der Pestizide, von denen eine infolge des Zusammenschlusses geschlossen worden wäre. Dadurch würde das allgemeine Niveau des Innovationswettbewerbs erheblich reduziert.[261] Auch hier geht die Europäische Kommission einen Schritt weiter in ihrer Untersuchung und ihrer Schadenstheorie als zuvor. Die Schadenstheorie der allgemeinen Reduzierung des Innovationswettbewerbs in den Innovationsräumen durch den Zusammenschluss von Forschungs- und Entwicklungskapazitäten ist ein neuer Ansatz und verlagert den Analyserahmen, der aktuell für bestehende Märkte gilt, auf die FuE-Aktivitäten.

716. Die weiterentwickelten Schadenstheorien überzeugen insgesamt. Der Zusammenhang zwischen Innovationen und Wettbewerbsintensität wird in der ökonomischen Literatur kontrovers diskutiert und lässt sich letztlich auf Schumpeter (1911) zurückführen.[262] Demnach steigt die Innovationstätigkeit von Unternehmen auf konzentrierteren Märkten, da auf diesen die für Innovationen notwendigen Gewinne erwirtschaftet werden können. Demgegenüber vertritt Arrow (1962) die Position, dass den Monopolisten die Anreize zu innovativem Handeln fehlen und ein wettbewerbliches Marktumfeld Innovationen wahrscheinlicher macht.[263] Aghion et al. (2005) haben diese beiden scheinbar widersprüchlichen Sichtweisen zusammengeführt.[264] Sie gehen davon aus, dass es ein optimales Wettbewerbsniveau gibt, bei dem die Innovationstätigkeit der Unternehmen am höchsten ist. Ein höheres oder niedrigeres Wettbewerbsniveau sorgt für weniger Innovationen („invertierte U-Beziehung"). Die Intuition dahinter ist, dass die Anreize für Innovationen sinken, wenn ein zu intensiver Wettbewerb das Aneignen von Gewinnen aus der Forschungstätigkeit erschwert. Dies kann etwa dann der Fall sein, wenn ein wirksamer Patentschutz fehlt und Wettbewerber Innovationen leicht imitieren können. In dem vorliegenden Fall Dow/DuPont ist ein solches Szenario hingegen nicht zu erwarten. Vor diesem Hintergrund erscheint die Annahme der EU-Kommission, dass ein Zusammenschluss negative Auswirkungen auf den Innovationswettbewerb haben dürfte, gerechtfertigt. Durch die Fusion der beiden Unternehmen würde ein wichtiger Wettbewerber auf dem Innovationsmarkt entfallen und damit Anreize zu innovativem Handeln verloren gehen. Dieser Rückgang der Innovationsanreize kann nicht dadurch ausgeglichen werden, dass durch den Zusammenschluss das Aneignen von Gewinnen erleichtert wird, da dies durch den bestehenden Patentschutz bereits ermöglicht wird.

717. Es scheint allerdings gerade im Hinblick auf den Innovationswettbewerb fragwürdig, ob es Zusammenschlussbeteiligten möglich sein wird, positive Anreize zur Innovation als Effizienzen erfolgreich geltend zu machen. Effizienzen werden durch die Kartellbehörden streng geprüft, der Nachweis liegt bei den Parteien und unterliegt einem strengen Beweismaß. Bisher führten die vorgetragenen Effizienzen in keinem Fall dazu, dass die festgestellten negativen Effekte eines Zusammenschlusses vollständig ausgeräumt werden konnten.[265] Zu Effizienzen in Bezug auf Innovationen werden vor allem zwei Kritikpunkte vorgetragen. Erstens stelle der Nachweis für Effizienzen in Form positiver Innovationsanreize eine noch größere Herausforderung dar. Anders als bei Effizienzen in Bezug auf statische Kostensenkungen seien dynamische Effizienzen, wie Innovationsanreize dies sind, schwieriger nachzuweisen und träten erst über eine längere Zeit

---

[261] EU-Kommission, Beschluss vom 27. März 2017, M.7932 – Dow/DuPont, Tz. 278, 3058.

[262] Schumpeter, J., Theorie der wirtschaftlichen Entwicklung: eine Untersuchung über Unternehmergewinn, Kapital, Kredit, Zins und den Konjunkturzyklus, 1911.

[263] Arrow, K., Economic welfare and the allocation of resources for invention, in: Nelson, R. (Hrsg.), The Rate and Direction of Inventive Activity, Princeton University Press, 1962, S. 609–625.

[264] Aghion, P. u. a., Competition and Innovation: An Inverted U Relationship, The Quarterly Journal of Economics, 120 (2), Mai 2005, S. 701–728. Diese Zusammenführung wurde jedoch auch kritisiert, vgl. beispielsweise Shapiro, C., Competition and Innovation: Did Arrow Hit the Bull's Eye? in: Lerner, J./Stern, S. (Hrsg.), The Rate and Direction of Inventive Activity Revisited, London 2012, S. 361–404, S. 371 ff.

[265] BKartA, Innovationen – Herausforderungen für die kartellrechtliche Praxis, Hintergrundpapier vom 5. Oktober 2017, S. 29 ff.

auf. Zweitens sei unklar, wie groß eine Erhöhung der Wahrscheinlichkeit erfolgreicher Innovationen durch fusionsspezifische Effizienzen sein müsste, um einen unbestimmten Rückgang an Innovationsanreizen auszugleichen.[266]

718. Die ökonomische Analyse im Annex des Beschlusses und die Schadenstheorien zum Innovationswettbewerb erfuhren grundsätzlich Zustimmung in der Wissenschaft.[267] Ähnliche Annahmen zum Zusammenhang zwischen Innovationen und Wettbewerb hatten schon die US-amerikanischen Kartellbehörden auf der Basis ihrer Fallpraxis eingeführt.[268]

719. Die US-amerikanischen Kartellbehörden hatten im Jahr 2010 ihre Leitlinien zu horizontalen Zusammenschlüssen nach mehreren Fällen mit vertieften Untersuchungen und Schlussfolgerungen zu den nicht koordinierten Effekten des Innovationswettbewerbs angepasst und einen eigenen Abschnitt zur Bewertung des Innovationswettbewerbs eingefügt.[269] Darin wird insbesondere auf die beiden Schadenstheorien, die auch im Fall Dow/DuPont überprüft wurden, eingegangen und geschildert, wann diese Effekte wahrscheinlich auftreten.

720. Die erste Schadenstheorie geht von einem reduzierten Anreiz zur Fortführung einer bestehenden Produktentwicklung nach dem Zusammenschluss aus. Dies wird als wahrscheinlich erachtet, wenn mindestens eine der Zusammenschlussbeteiligten Bemühungen unternimmt, ein Produkt einzuführen, dass die Gewinne der anderen Zusammenschlussbeteiligten in erheblicher Weise beeinträchtigen würde. Die zweite Schadenstheorie geht von einem reduzierten Anreiz zur Entwicklung neuer Produkte aus. Dieser längerfristige Effekt tritt am ehesten ein, wenn mindestens eines der fusionierenden Unternehmen über Kapazitäten verfügt, die es wahrscheinlich in die Lage versetzen, in Zukunft neue Produkte zu entwickeln, die erhebliche Auswirkungen auf die Einnahmen des anderen fusionierenden Unternehmens haben würden.

3.2.2.2 Die Bewertung von Innovationsanreizen sollte weiterentwickelt und in den Horizontal-Leitlinien verdeutlicht werden

721. Grundsätzlich unstreitig ist, dass Innovation ein wichtiger Wettbewerbsfaktor sein kann.[270] Zudem ist rechtlich unstreitig, dass die Horizontal-Leitlinien eine Berücksichtigung dieses Wettbewerbsfaktors nicht nur zulassen, sondern vielmehr verlangen. Seit der Einführung des „more economic approach" lag der Fokus der kartellrechtlichen Praxis jedoch stark auf der Bewertung statischer Effekte wie Preis und Qualität auf Basis dafür entwickelter ökonomischer Modelle.[271] Die Bewertung des Wettbewerbs im Hinblick auf dynamischen Wettbewerb wie um Innovationen stand dagegen nicht im Fokus.[272]

---

[266] Lofaro, A./Lewis, S./Abecasis, P., An Innovation in Merger Assessment?: The European Commission's Novel Theory of Harm in the Dow/DuPont Merger, Antitrust, Fall 2017, Volume 32, Number 1, S. 100–107, 103. Haucap, J., Merger effect on innovation: a rationale for stricter merger control?, Competition Law Review, 2017, S. 9 f.

[267] BKartA, a. a. O., S. 35; Federico, G./Langus, G./Valletti, T., A Simple Model of Mergers and Innovation, CESifo Working Papers, Nr. 6539, Juni 2017; McGeown, P./Barthélemy, A., Recent Developments in EU Merger Control, Journal of European Competition Law & Practice 7 (8), 2016; Petit, N., Innovation competition, unilateral effects and merger control policy, 29. Januar 2018, SSRN-Paper, abrufbar unter https://ssrn.com/abstract=3113077.

[268] Department of Justice und Federal Trade Commission, Horizontal Merger Guidelines, 19. August 2010, Abschnitt 6.4.

[269] Ebenda.

[270] BKartA, a. a. O., S. 4. Kerber, W., Competition, innovation, and competition laws: dissecting the interplay, Joint Discussion Paper Series in Economics, Nr. 42, 2017, S. 2.

[271] EU-Kommission, Leitlinien zur Bewertung horizontaler Zusammenschlüsse, ABl. C 31 vom 5. Februar 2004, S. 3, Tz. 24 ff., welche die möglichen nicht koordinierten wettbewerbswidrigen Wirkungen eines Zusammenschlusses erläutern und darin hauptsächlich auf Preiseffekte abstellen. Dabei verweist die EU-Kommission auch darauf, dass der Ausdruck „erhöhte Preise" in den Horizontal-Leitlinien häufig als Kurzform für die verschiedenen Arten der Schädigung des Wettbewerbs aufgrund eines Zusammenschlusses gelten würde, vgl. Tz. 8.

[272] Bzw. „dynamische Effizienzen", vgl. dazu kritisch Kerber, W., a. a. O., S. 7; Curzon Price, T./Walker, M., Incentives to Innovate v Short-term Price Effects in Antitrust Analysis, Journal of European Competition Law & Practice 7 (7), 2016, S. 475–482; Comanor, W. S./Scherer, F. M., Mergers and innovation in the pharmaceutical industry, Journal of Health Economics 32(1), 2013, S. 106–113; Gilbert, R./Greene, H., Merging innovation into antitrust agency enforcement of the Clayton Act, George Washington Law Review

722. Die Monopolkommission begrüßt die Weiterentwicklung und Vertiefung der kartellrechtlichen Praxis, nach der Innovationen in der kartellrechtlichen Prüfung von Fusionen zunehmend Berücksichtigung finden. Es ist der Europäischen Kommission darin zuzustimmen, dass unter bestimmten Umständen der Rückgang von Innovationsanreizen prognostiziert werden kann. In diesem Bereich ist aufgrund noch nicht ausreichender Erkenntnisse gleichzeitig ein hohes Maß an Vorsicht geboten. Hier sind die Wissenschaft und die Kartellbehörden gefordert, die Erkenntnisse, Modelle und Prüfkonzepte zum Verhältnis von Wettbewerb und Innovationen weiterzuentwickeln.[273]

723. Zwar können allgemein gültige Aussagen zum Verhältnis von Innovationen und Wettbewerb nicht getroffen werden.[274] Eine Analyse muss daher stets bezogen auf den Einzelfall stattfinden, da die Wirkung von Zusammenschlüssen auf Innovationen sehr unterschiedlich ausfallen kann. Allerdings sind die Faktoren, anhand derer eine Analyse der Anreize zur Innovation durchgeführt werden kann, in der bisherigen Fallpraxis, wie oben dargestellt wurde, und in der Wissenschaft[275] zunehmend aufgearbeitet worden. Auf der Basis dieser fortentwickelten Erkenntnisse sollte daher eine Anpassung der Horizontal-Leitlinien der Europäischen Kommission erfolgen.

724. Eine solche Anpassung in den Horizontal-Leitlinien der Europäischen Kommission würde erheblich zur Rechtssicherheit beitragen. Der Beschluss im Fall Dow/DuPont und dessen Annex 4 können zwar eine gewisse Orientierung geben. Die allgemeinen Bestimmungen zu nicht koordinierten Effekten in den aktuellen Horizontal-Leitlinien sind, wie die Europäische Kommission im Fall Dow/DuPont angibt, jedoch nur „wenigstens teilweise"[276] anwendbar und führen daher nicht zu ausreichender Rechtssicherheit. Die beiden Aussagen in Randziffer 38 der Horizontal-Leitlinien, nach denen ein Zusammenschluss sowohl die Anreize für Innovationen erhöhen als auch bezogen auf Innovatoren den wirksamen Wettbewerb erheblich behindern kann,[277] bieten in ihrer Pauschalität ebenfalls wenig Anleitung für betroffene Unternehmen.[278]

3.2.3 Positive indirekte Netzwerkeffekte verstärken die Marktmacht von Plattformen

725. Das Bundeskartellamt hat sich im Berichtszeitraum sowohl in seiner Fallpraxis als auch in seinem Arbeitspapier „Marktmacht von Plattformen und Netzwerken"[279] mit der Plattformökonomie auseinandergesetzt. Im Berichtszeitraum beurteilte das Bundeskartellamt in zwei Fällen erneut, nach Fällen zu Online-Datingplattformen[280] und Online-Immobilienplattformen[281], die Marktmacht in einem Plattformmarkt. In dem Fall CTS Eventim ging es um die Beurteilung einer Ticketingplattform.[282] Die Beurteilung der Marktmacht von CTS Eventim[283] stützte sich neben seinem starken Marktanteil vor allem auf die Feststellung von wechselseitigen positiven indirekten Netzwerkeffekten auf der Plattform. Diese Beurteilung nahm das Amt erstmals auf Basis der in der 9. GWB-Novelle eingeführten Marktmachtfaktoren des § 18 Abs. 3a GWB vor.

---

83 (6), 2015, S. 1919–1947; Haucap, J., Merger Effect on Innovation: A Rationale for Stricter Merger Control?, Competition Law Review, 2017, S. 4.

[273] Dies fordern auch Federico, G./Langus, G./Valletti, T., a. a. O., S. 9; Kerber, W., a. a. O.; Haucap, J., a. a. O., S. 3.

[274] Vgl. Gilbert, R. J., Competition and innovation, S. 18, in: ABA Section of Antitrust Law (Ed.), Issues in Competition Law and Policy, American Bar Association, 2009, 3. Aufl.; BKartA, Innovationen – Herausforderungen für die kartellrechtliche Praxis, Hintergrundpapier vom 5. Oktober 2017, S. 2; Haucap, J., a. a. O., S. 7; Federico, G./Langus, G./Valletti, T., a. a. O., S. 2.

[275] Vgl. Federico, G./Langus, G./Valletti, T., a. a. O.; zum Thema Schadenstheorie vgl. Gilbert, R. J., a. a. O.; Gilbert, R./Greene, H., a. a. O.; Shapiro, C., Merger guidelines: hedgehog to fox, Antitrust Law Journal, 77, 2010, S. 701–759.

[276] EU-Kommission, Beschluss vom 27. März 2017, M.7932 – Dow/DuPont, Tz. 1993.

[277] Vgl. Fn. 233.

[278] Petit, N., a. a. O., S. 7.

[279] BKartA, Arbeitspapier – Marktmacht von Plattformen und Netzwerken, Juni 2016, B6 – 113/15.

[280] BKartA, Beschluss vom 22. Oktober 2015, B6-57/15 – Online-Datingplattformen.

[281] BKartA, Beschluss vom 20. April 2015, B6-29/15 – Online-Immobilienplattformen.

[282] BKartA, Beschluss vom 4. Dezember 2017, B6-132/14-2 – Exklusivvereinbarungen, Tz. 256, und BKartA, Beschluss vom 23. November 2017, B6-35/17 – CTS Eventim/Four Artists, Tz. 278.

[283] Die Beurteilung des § 18 Abs. 3a GWB ist in beiden genannten Fällen vom Wortlaut her gleich.

726. Mit den in § 18 Abs. 3a GWB genannten Marktmachtfaktoren sollten Missbrauchsaufsicht und Fusionskontrolle den Anforderungen der digitalisierten Wirtschaft angepasst und die besonderen Eigenschaften der Plattformökonomie in die Gesamtbetrachtung aller Umstände eingebettet werden. Wie im Sondergutachten 68 der Monopolkommission bereits ausgeführt, erfordert die besondere Dynamik der Plattformmärkte eine neue ökonomische Beurteilung, da Standardmodelle zur Beurteilung klassischer Marktstrukturen die Besonderheiten dieser Märkte nicht vollständig erfassen.[284] In den folgenden Abschnitten wird daher eine Analyse der Prüfung von § 18 Abs. 3a GWB im Fall CTS Eventim folgen, aus der Erkenntnisse über die aktuelle Anwendungspraxis im Bereich der Plattformökonomie gewonnen werden können.

3.2.3.1 § 18 Abs. 3a GWB berücksichtigt Besonderheiten von Plattformen und Netzwerken

727. In ihrem Sondergutachten zur digitalen Ökonomie[285] und in ihrem XXI. Hauptgutachten[286] hat sich die Monopolkommission mit den Besonderheiten von Plattformmärkten auseinandergesetzt und Empfehlungen zur Anwendung des Kartellrechts in diesem Bereich ausgesprochen. Plattformen sind Intermediäre in mehrseitigen Märkten und gekennzeichnet durch das Auftreten indirekter Netzwerkeffekte zwischen den Nutzergruppen, die sie zusammenbringen.[287] Mit den in § 18 Abs. 3a GWB eingeführten zusätzlichen Faktoren sollen direkte und vor allem indirekte Netzwerkeffekte „insbesondere" bei einer Beurteilung der Wettbewerbsverhältnisse auf Plattformmärkten berücksichtigt werden. Es ist somit nicht ausgeschlossen, dass einzelne dieser Kriterien in anderen Märkten ebenfalls berücksichtigt werden können.[288]

728. Nach § 18 Abs. 3a GWB sind insbesondere bei mehrseitigen Märkten und Netzwerken bei der Beurteilung der Marktmacht eines Unternehmens auch folgende Faktoren zu berücksichtigen:

1. direkte und indirekte Netzwerkeffekte,

2. die parallele Nutzung mehrerer Dienste und der Wechselaufwand für die Nutzer,

3. seine Größenvorteile im Zusammenhang mit Netzwerkeffekten,

4. sein Zugang zu wettbewerbsrelevanten Daten,

5. innovationsgetriebener Wettbewerbsdruck.

729. Diese speziellen Marktmachtfaktoren sind laut Regierungsbegründung insbesondere für mehrseitige Märkte und Netzwerke kennzeichnend und unterscheiden diese von einseitigen Märkten. Es sind sog. Plusfaktoren, die zusammen mit den Marktanteilen nach § 18 Abs. 3 Nr. 1, Abs. 4 und Abs. 6 GWB und den weiteren Faktoren in § 18 Abs. 3 GWB bei der Analyse der Marktstellung eines Unternehmens heranzuziehen sind.[289] Es sind allerdings keine Plusfaktoren in dem Sinne, dass eines oder mehrere Kriterien für die Feststellung einer Marktbeherrschung erfüllt sein müssten.[290] Im Gegenteil sprechen einige Faktoren für eine große Marktmacht und bringen eine erhöhte Konzentrationstendenz zum Ausdruck, wohingegen andere Faktoren einer Konzentrationstendenz entgegenwirken. Aus ökonomischer Sicht bedingen sich einige dieser Faktoren untereinander oder können eine Wechselbeziehung zueinander haben.

---

[284] Monopolkommission, XXI. Hauptgutachten, a. a. O., Tz. 745 ff.

[285] Monopolkommission, Sondergutachten 68, a. a. O., Tz. 34 ff.

[286] Monopolkommission, XXI. Hauptgutachten, a. a. O., Tz. 745 ff.

[287] Vgl. dazu auch Monopolkommission, XXI. Hauptgutachten, a. a. O., Tz. 745 ff.

[288] Regierungsbegründung, Entwurf eines Neunten Gesetzes zur Änderung des Gesetzes gegen Wettbewerbsbeschränkungen, BT-Drs. 18/10207, S. 48.

[289] Regierungsbegründung, Entwurf eines Neunten Gesetzes zur Änderung des Gesetzes gegen Wettbewerbsbeschränkungen, BT-Drs. 18/10207, S. 48.

[290] Grave, C., in: Podszun, R./Kersting, C., Die 9. GWB-Novelle, 2017, München, S. 27; BKartA, Arbeitspapier – Marktmacht von Plattformen und Netzwerken, Juni 2016, B6 – 113/15, S. 50 ff.

730. Direkte und, vor allem, indirekte Netzwerkeffekte sind das wesentliche Merkmal mehrseitiger Märkte.[291] Direkte Netzwerkeffekte beziehen sich auf die Größe der Nutzergruppe in einem Netzwerk oder auf einer Plattformseite und liegen vor, wenn der Nutzen des Produktes oder der Dienstleistung mit der Anzahl der Teilnehmer steigt. Indirekte Netzwerkeffekte treten auf, wenn eine steigende Anzahl der Nutzer einer Plattformseite die Nutzung für die andere Plattformseite attraktiver macht. Eine Zunahme an Nutzern auf der einen Seite der Plattform führt damit zu einer höheren Anzahl von Nutzern auf der Gegenseite, woraus, wenn es sich um wechselseitige Effekte handelt, wiederum ein sich verstärkender Effekt auf die erste Seite resultiert. Diese Effekte können Konzentrationstendenzen verstärken und Preisstrategien beeinflussen.[292] Zudem können diese Konzentrationstendenzen insbesondere eine marktbeherrschende Stellung noch verstärken.[293]

731. Das wettbewerbspolitische Problem dieser Konzentrationstendenz ist im Wesentlichen jedoch nicht die mögliche Entstehung von Monopolen.[294] Gerade in Plattformmärkten kann eine Monopolisierung des Marktes unter Umständen ökonomisch effizient sein.[295] Vielmehr ergeben sich aus den Netzwerkeffekten hohe Marktzutrittsschranken, die zu einer erschwerten Bestreitbarkeit der Plattform führen.[296] Die Konzentrationstendenzen und Marktzutrittsschranken, die sich aus indirekten Netzwerkeffekten ergeben, können durch Größenvorteile und den Zugang zu relevanten Daten noch weiter verstärkt werden. Dahingegen können die parallele Nutzung mehrerer Dienste („Multi-Homing") und innovationsgetriebener Wettbewerb diesen Effekten entgegenwirken.[297]

732. Die grundsätzliche Relevanz der Kriterien ist nicht umstritten.[298] Die gesetzliche Klarstellung in der 9. GWB-Novelle hielt die Monopolkommission im XXI. Hauptgutachten zwar nicht für zwingend, da bereits mehrere der im bestehenden § 18 Abs. 3 GWB enthaltenen Kriterien eine Berücksichtigung von Besonderheiten der Plattformmärkte ermöglichen. Dennoch erachtete sie eine gesetzliche Konkretisierung für vertretbar, sofern durch die ausdrückliche Aufzählung einzelner Kriterien die Berücksichtigung weiterer wichtiger Kriterien nicht ausgeschlossen würde. Die im Referentenentwurf vorgeschlagene Aufzählung erschien der Monopolkommission allerdings nicht gänzlich überzeugend. Nach der ökonomischen Theorie ebenfalls bedeutende Kriterien wie Nutzungsbeschränkungen oder der Grad der Plattformdifferenzierung wurden nur in der Gesetzesbegründung benannt, wohingegen andere Kriterien nicht ausschließlich in Bezug auf mehrseitige Märkte und Netzwerke bedeutsam sind.[299]

733. Mit der ausdrücklichen Aufnahme der neuen Merkmale in den Katalog des § 18 GWB soll zudem laut Regierungsbegründung die Analyse der Markt- und Wettbewerbsverhältnisse und die Prüfung, ob Marktbeherrschung vorliegt, verbessert werden. Die Einführung der Vorschrift sollte insgesamt dazu führen, dass die ökonomischen Effekte auf Plattformmärkten von Rechtsanwendern stärker beachtet werden und die Rechtsentwicklung beschleunigt wird.[300]

---

[291] Regierungsbegründung, a. a. O., S. 50; grundlegend dazu: Evans, D. S./Schmalensee, R., The Industrial Organization of Markets with Two-Sided Platforms, in Competion Policy International Vol. 3 (1), 2007, S. 151 ff. Vgl. dazu auch Monopolkommission, Sondergutachten 68, a. a. O., Tz. 37 ff.

[292] Zu den Wirkungsweisen indirekter Netzwerkeffekte auf Plattformmärkten in Bezug auf Konzentrationstendenzen und Preissetzung vgl. Monopolkommission, Sondergutachten 68, a. a. O., Tz. 39 ff.

[293] BKartA, Beschluss vom 23. November 2017, B6-35/17 – CTS Eventim/Four Artists, und Beschluss vom 4. Dezember 2017, B6-132/14-2 – Exklusivvereinbarungen.

[294] Grave, C., in: a. a. O., S. 29.

[295] Monopolkommission, Sondergutachten 68, a. a. O., Tz. 42 ff.

[296] Grave, C., in: ebenda; Regierungsbegründung, Entwurf eines Neunten Gesetzes zur Änderung des Gesetzes gegen Wettbewerbsbeschränkungen, BT-Drs. 18/10207, S. 51.

[297] Regierungsbegründung, a. a. O., S. 50 f.; Monopolkommission, Sondergutachten 68, a. a. O., Tz. 45 ff.

[298] Grave, C., in: a. a. O., S. 17, 21.

[299] Monopolkommission, XXI. Hauptgutachten, a. a. O., Tz. 7 ff.

[300] Pohlmann, P./Wismann, T., Markt, Marktmacht und Transaktionswertschwelle in der 9. GWB-Novelle, WuW, 2017, S. 257, 259.

734. Gleichzeitig bleibt die Reichweite des Amtsermittlungsgrundsatzes im behördlichen Verfahren unberührt.[301] Das Bundeskartellamt muss demnach alle Ermittlungen führen und alle Beweise erheben, die erforderlich sind.[302] Es hat daher den Sachverhalt von Amtes wegen auch in Bezug auf die Kriterien des § 18 Abs. 3a GWB zu erforschen, soweit er relevant ist.[303]

3.2.3.2   § 18 Abs. 3a GWB bei Ticketsystemen erstmals angewendet

735. Im Berichtszeitraum untersuchte das Bundeskartellamt in den Fällen zu CTS Eventim den Markt für Ticketsystemdienstleistungen. Einerseits prüfte das Amt im Zusammenschlussverfahren den geplanten Erwerb der Mehrheit der Anteile an den Gesellschaften der Konzert- und Veranstaltungsagentur Four Artists durch CTS Eventim.[304] Andererseits untersuchte das Bundeskartellamt die Exklusivvereinbarungen, die CTS Eventim mit Veranstaltern sowie mit Vorverkaufsstellen („VVK-Stellen") im Bereich „Live-Entertainment" geschlossen hatte, wegen des Verdachts eines Marktmachtmissbrauchs.[305]

736. Das Zusammenschlussverfahren zwischen CTS Eventim und Four Artists befasste sich mit der weiteren vertikalen Integration von CTS Eventim, die selbst und über Tochtergesellschaften in den Bereichen Live-Entertainment und Ticketing aktiv ist. Dabei ist CTS Eventim sowohl mit konzerneigenen Veranstaltern als auch mit konzerneigenen VVK-Stellen aktiv. Im Marktmissbrauchsverfahren wurden Exklusivvereinbarungen von CTS Eventim mit externen Veranstaltern und VVK-Stellen untersucht, nach denen diese über mehrere Jahre mit mehr als 80 Prozent ihres Ticketvolumens an CTS Eventim gebunden wurden. Bei einem Ticketsystem, wie es CTS Eventim betreibt, handelt es sich nach der Beurteilung des Bundeskartellamtes um eine Plattform mit zwei Marktseiten. Auf der einen Seite ermöglicht ein Ticketsystem Veranstaltern den Vertrieb von Tickets für Veranstaltungen über verschiedene VVK-Stellen und Online-Shops. Auf der anderen Seite können VVK-Stellen über die Plattform Tickets von verschiedenen Veranstaltungen buchen. Der Endkunde ist dagegen kein Nutzer eines Ticketsystems, sondern Nachfrager der Veranstaltungen sowie der Leistungen der VVK-Stellen auf nachgelagerten Märkten. Der Markt für Ticketsysteme wurde als nicht austauschbar mit Eigenvertriebssystemen von Veranstaltern oder einem direkten Anschluss der Veranstalter an reine Online-Portale oder einzelne VVK-Stellen abgegrenzt, da ein Ticketsystem eine größere Reichweite als andere Vertriebsarten habe.[306] Zudem sei das Ticketsystem von CTS Eventim für viele Veranstalter möglicherweise sogar unverzichtbar, da es vorrangig vor anderen Systemen genutzt werde. Ob das System von CTS Eventim daher potenziell sogar einen eigenen Markt darstellen könnte, ließ das Amt jedoch offen, da CTS Eventim auf dem Markt für Ticketingplattformen auch bei Einbeziehung nachrangiger, alternativer Anbieter eine herausragende Marktstellung habe.[307]

737. Die Marktposition von CTS Eventim auf dem Markt für Ticketingplattformen beurteilte das Bundeskartellamt als marktbeherrschend. Auf der Grundlage der in 2016 erzielten Umsätze mit konzernfremden Veranstaltungen kam CTS Eventim im Markt für Ticketsysteme auf einen Marktanteil von 50 bis 60 Prozent und erfüllte damit die Marktbeherrschungsvermutung nach § 18 Abs. 4 GWB. Mit den internen Umsätzen, also Umsätzen mit den eigenen Veranstaltungen und über die eigenen Vorverkaufsstellen, erreichte CTS Eventim einen Marktanteil von 60 bis 70 Prozent. Das Bundeskartellamt hielt es für gerechtfertigt, diese internen Umsätze in die Berechnung miteinzubeziehen, da die konzerneigenen Inhalte im Ticketsystem und die konzerneigenen VVK-Stellen erheblich zu wechselseitigen positiven indirekten Netzwerkeffekten beitrügen.[308] Ein Wettbewerber, Reservix/Ad Ticket, kam im Markt für Ticketsysteme auf 10 bis 20

---

[301] Grave, C., in: a.a. O., S. 27 f.

[302] § 57 Abs. 1 GWB.

[303] Dazu Schneider, in: Langen/Bunte, Deutsches Kartellrecht, 13. Aufl., Köln 2018, § 57 Tz. 12 f.

[304] BKartA, Beschluss vom 23. November 2017, B6-35/17 – CTS Eventim/Four Artists.

[305] BKartA, Beschluss vom 4. Dezember 2017, B6-132/14-2 – Exklusivvereinbarungen.

[306] BKartA, Beschluss vom 23. November 2017, B6-35/17 – CTS Eventim/Four Artists, Tz. 94 ff., und Beschluss vom 4. Dezember 2017, B6-132/14-2 – Exklusivvereinbarungen, Tz. 115 ff.

[307] Ebenda, Tz. 124, und Beschluss vom 4. Dezember 2017, B6-132/14-2 – Exklusivvereinbarungen, Tz. 145.

[308] Ebenda, Tz. 147.

Prozent Marktanteil, zwei weitere erreichten einen Marktanteil zwischen 5 und 10 Prozent, und andere, teils regionale Anbieter hielten in diesem Markt nur jeweils unter 5 Prozent.

738. Für die Marktbeherrschung sprach zudem die Bewertung der Marktmachtfaktoren nach § 18 Abs. 3a GWB. Das Bundeskartellamt hielt in diesem Fall alle Kriterien des § 18 Abs. 3a GWB für bedeutsam und prüfte diese nacheinander.[309] Die Anwendung der einzelnen Kriterien des § 18 Abs. 3a GWB wird im Folgenden analysiert.

Direkte und indirekte Netzwerkeffekte (§ 18 Abs. 3a Nr. 1 GWB)

739. Bei der Plattform von CTS Eventim kommt es laut Bundeskartellamt zu wechselseitigen positiven indirekten Netzwerkeffekten zwischen den angeschlossenen Veranstaltern auf der einen und den VVK-Stellen und Endkunden auf der anderen Seite. Je mehr VVK-Stellen bei dem Ticketsystem angeschlossen seien, desto größer sei die Reichweite des Vertriebs der Tickets. Je mehr Veranstaltungen über das Ticketsystem angeboten würden, desto attraktiver werde der Anschluss für eine VVK-Stelle.[310]

740. Die wechselseitigen positiven indirekten Netzwerkeffekte ergäben im Fall CTS Eventim einen Selbstverstärkungseffekt der Plattform und einen erheblichen Bindungseffekt bezüglich der beiden Nutzergruppen. Ein Wechsel werde dadurch erheblich behindert und es ergebe sich daraus eine massive Marktzutrittsschranke. CTS Eventim werde aufgrund der positiven indirekten Netzeffekte attraktiver als seine Wettbewerber, vor allem durch die höhere Anzahl an attraktiven und hochpreisigen Veranstaltern. Seine erhebliche vertikale Integration mit konzerninternen Veranstaltern und VVK-Stellen stärke seine Position weiter.[311] Inwieweit dabei wegen eines Selbstverstärkungseffektes schon ein Market-Tipping, d. h. ein Zustand, in dem ein einzelner Anbieter nicht mehr bestreitbar ist, gedroht oder bereits eingesetzt hat, ließ das Bundeskartellamt allerdings offen.

741. Die Bewertung, dass beim Ticketsystem CTS Eventim von wechselseitigen positiven indirekten Netzwerkeffekten auszugehen ist, die als Marktzutrittsschranke wirken, ist nachvollziehbar. Es hätte jedoch nahegelegen, auch die Möglichkeit des Tippings des Marktes genauer zu betrachten. Die Faktoren aus § 18 Abs. 3a GWB sollen gerade die bei mehrseitigen Märkten und Netzwerken in bestimmten Fällen drohende Monopolisierungsgefahr durch den Selbstverstärkungseffekt, also ein Tipping des Marktes, ebenfalls erfassen.[312]

742. Werden Aussagen getroffen, dass wechselseitige positive indirekte Netzwerkeffekte nicht nur vorliegen, sondern auch stark sind, sodass aus ökonomischer Sicht möglicherweise auch ein Market-Tipping entstehen könnte, so müsste sichergestellt sein, dass alle Kriterien, die für eine solche Tendenz sprechen, ökonomisch ermittelt und erfüllt sind. Gleichzeitig sollten nur sehr geringe Effekte vorliegen, die einer solchen Tendenz entgegenwirken würden. In den Fällen zu CTS Eventim wurden, wie die nachstehenden Abschnitte zeigen, wechselseitige positive indirekte Netzwerkeffekte, ein beschränktes Multi-Homing, Größenvorteile und ein Datenvorsprung festgestellt, woraus ein Selbstverstärkungseffekt gefolgert wurde. Es wurden zudem keine Effekte, zum Beispiel durch innovationsgetriebenen Wettbewerb, festgestellt, die einer Konzentrationstendenz entgegenwirken könnten.

Multi-Homing und Wechselkosten (§ 18 Abs. 3a Nr. 2 GWB)

743. Multi-Homing (parallele Nutzung mehrerer Anbieter) kann die durch wechselseitige positive indirekte Netzwerkeffekte entstehende Marktzutrittsschranke absenken und hat daher in diesem Zusammenhang eine erhebliche Bedeutung. In den Fällen zu CTS Eventim findet laut Bundeskartellamt allerdings nur eingeschränkt ein paralleles Nutzungsverhalten statt, das den Selbstverstärkungseffekt der wechselseitigen positiven indirekten Netzwerkeffekte mindern und

---

[309] Ebenda, Tz. 144, vgl. auch Tz. 155, und Beschluss vom 4. Dezember 2017, B6-132/14-2 – Exklusivvereinbarungen, Tz. 151.

[310] BKartA, Beschluss vom 23. November 2017, B6-35/17 – CTS Eventim/Four Artists, Tz. 72, und Beschluss vom 4. Dezember 2017, B6-132/14-2 – Exklusivvereinbarungen, Tz. 93.

[311] Ebenda, Tz. 162 ff., und Beschluss vom 4. Dezember 2017, B6-132/14-2 – Exklusivvereinbarungen, Tz. 170.

[312] BKartA, Beschluss vom 23. November 2017, B6-35/17 – CTS Eventim/Four Artists, Tz. 154, und Beschluss vom 4. Dezember 2017, B6-132/14-2 – Exklusivvereinbarungen, Tz. 161. Vgl. auch Regierungsbegründung, Entwurf eines Neunten Gesetzes zur Änderung des Gesetzes gegen Wettbewerbsbeschränkungen, BT-Drs. 18/10207, S. 50.

dem möglicherweise drohenden Tipping-Prozess gegensteuern könnte. Sowohl bei Veranstaltern als auch bei VVK-Stellen würden konkurrierende Systeme nur nachrangig eingesetzt. Multi-Homing sei für Veranstalter von vornherein nur beschränkt möglich, da nur vorab festgelegte Ticketkontingente auf die Systeme verteilt werden können. Für eine Veranstaltung würde die große Mehrzahl der Veranstalter nur ein Ticketsystem zum Vertrieb nutzen. Die Befragung einer Zufallsstichprobe von ca. 200 Veranstaltern durch das Bundeskartellamt zeigte allerdings, dass 10 Prozent der Veranstalter, die zusammen 50 Prozent aller Tickets vertrieben, für ihre Veranstaltungen neben CTS Eventim auch andere Ticketsysteme benutzten. Dies zeigt, dass einige große Veranstalter allgemein Multi-Homing betreiben. Allerdings werde dabei das Ticketsystem von CTS Eventim vorrangig genutzt und als unverzichtbar angesehen.

744. Bei VVK-Stellen finde ebenfalls nur beschränktes Multi-Homing statt. Zwar nutzten VVK-Stellen in der Regel mehrere Ticketsysteme parallel, doch würden andere Ticketsysteme eher komplementär genutzt. Das Multi-Homing werde zudem durch die Exklusivvereinbarungen von CTS Eventim mit Veranstaltern und VVK-Stellen weiter beschränkt.[313]

745. Die Schlussfolgerung des Bundeskartellamtes stützt sich auf Befragungen der Nutzergruppen. Dieses Vorgehen ist auch bei der Europäischen Kommission zu beobachten. Diese führte im Fall Google Shopping beispielsweise mehrere Studien an, aus denen hervorging, dass nur eine sehr geringe Anzahl an Nutzern in der Europäischen Union, die Googles Suchmaschine nutzen, auch andere allgemeine Suchmaschinen benutzen.[314]

746. Bei dieser Beurteilung wurden jedoch nicht die Wechselkosten eines Wechsels zwischen den Ticketsystemen bewertet. Eine solche Analyse ist aber im Rahmen des § 18 Abs. 3a GWB geboten, soweit kein ausschließliches Single-Homing vorliegt.[315] Bei geringen Wechselkosten ist der Wettbewerbsdruck auf einen Anbieter hoch; sind diese hingegen hoch, kann der Anbieter über höhere Preise die Wechselkosten „abschöpfen", ohne eine Abwanderung der Nutzer fürchten zu müssen. Zwar weist das Bundeskartellamt an mehreren Stellen darauf hin, dass aufgrund der wechselseitigen positiven indirekten Netzwerkeffekte nur eine geringe Wechselbereitschaft der Nutzer besteht.[316]

747. Allerdings hätte eine Analyse der konkreten direkten und indirekten Wechselkosten bzw. des Wechselaufwandes für die Kunden der Plattform nahegelegen. Grundsätzlich weist die Tatsache, dass es technisch keine Hindernisse für einen Veranstalter oder eine VVK-Stelle gibt, andere Ticketsysteme als das CTS-System für eine Veranstaltung zu verwenden, auf einen niedrigen Wechselaufwand hin. Auch können für den Vertrieb einer Veranstaltung grundsätzlich verschiedene Ticketsysteme gleichzeitig angewandt werden. Daher verfolgten nach den Ermittlungen des Bundeskartellamtes insbesondere große Veranstalter teilweise Multi-Homing-Strategien.

748. Wäre die Analyse der Wechselkosten zu dem Ergebnis gekommen, dass die Wechselkosten hoch sind und CTS Eventim diese Tatsache bereits nutzt, worauf beispielsweise das Verfahren zu Exklusivitätsvereinbarungen hinweist, so hätte das die Feststellung von Marktmacht gestärkt. Wäre die Analyse dagegen zu dem Ergebnis gekommen, dass die Wechselkosten relativ niedrig ausfallen, worauf das beschränkt bestehende Multi-Homing und die Tatsache, dass rein technisch die Nutzung jedes Ticketsystems für Veranstalterkunden möglich ist, so hätte dies grundsätzlich für die Möglichkeit des Multi-Homings und gegen eine Konzentrationstendenz gesprochen.

749. Im Zusammenhang mit seiner Beurteilung des Zugangs zu Daten führte das Bundeskartellamt zudem beispielsweise aus, dass wechselwillige Veranstalterkunden in bestimmten Situationen ihre Kundendaten aus dem CTS-System nicht erhalten können, um diese zu anderen Systemen mitzunehmen.[317] Wie wichtig eine solche Mitnahme von Kundendaten ist und ob daraus eine Wechselhürde entsteht, wird aus dem Beschluss nicht klar.

---

[313] BKartA, Beschluss vom 23. November 2017, B6-35/17 – CTS Eventim/Four Artists, Tz. 174 ff., und Beschluss vom 4. Dezember 2017, B6-132/14-2 – Exklusivvereinbarungen, Tz. 191 ff.

[314] EU-Kommission, Beschluss vom 27. Juni 2017, AT. 39740 – Google Search (Shopping), Tz. 311 f.

[315] Regierungsbegründung, Entwurf eines Neunten Gesetzes zur Änderung des Gesetzes gegen Wettbewerbsbeschränkungen, BT-Drs. 18/10207, S. 50; Grave, C., in: a. a. O., S. 33.

[316] BKartA, Beschluss vom 4. Dezember 2017, B6-132/14-2 – Exklusivvereinbarungen, Tz. 179.

[317] BKartA, Beschluss vom 4. Dezember 2017, B6-132/14-2 – Exklusivvereinbarungen, Tz. 200.

Größenvorteile (§ 18 Abs. 3a Nr. 3 GWB)

750. Die Größenvorteile können bei der Prüfung von Marktmacht als Markteintrittsbarrieren eine Rolle spielen. In der Sache geht es damit zunächst um die Frage, ob Wettbewerber sich im Markt halten können, sowie um die Aufholbarkeit des Vorsprungs einer führenden Plattform.

751. Im Fall von CTS Eventim wurden die Größenvorteile im Zusammenhang mit Netzwerkeffekten vom Bundeskartellamt zwar bewertet. So stellte das Amt fest, dass die Größenvorteile des Ticketsystems von CTS Eventim als Konsequenz der wechselseitigen positiven indirekten Netzwerkeffekte die Aufholbarkeit für Wettbewerber weiter verringerten. Allerdings basierte diese Beurteilung auf eher allgemeinen Überlegungen, nach denen eine Plattform „regelmäßig" eine Kostenstruktur mit einem vergleichsweise hohen Anteil an Fixkosten und oft geringen konstanten variablen Kosten aufweist, sodass die Stückkosten mit steigender Ausbringungsmenge sinken und Größenvorteile („economies of scale") realisiert werden können. Die Realisierung von Größenvorteilen wurde daher angesichts verschiedener Merkmale der Plattform von CTS Eventim angenommen. Dazu gehörten die Tatsachen, dass es sich um ein Softwareprodukt und eine Datenbank handle, die hohe Fixkosten beim Aufbau, aber geringe Kosten beim Verkauf dieser Dienstleistung verursache. Die Kostenstrukturen von Wettbewerbern, die teilweise ähnliche Systeme anbieten, wurden nicht behandelt.

752. Das Argument von CTS Eventim, nach dem die Kosten des Konzerns anders aussähen, wurde mit der Begründung abgewiesen, dass dies keinen Hinweis auf die Kostenstruktur bei Wettbewerbern geben könne. Diese Argumentation des Amtes überzeugt jedoch nicht. Hinweise auf eine andere Kostenstruktur, als durch das Bundeskartellamt aufgrund allgemeiner Überlegungen zu fixen Kosten bei Ticketsystemen angenommen wurde, hätten möglicherweise konkrete Hinweise darauf ergeben können, dass in diesem Fall nicht nur die typischen Größenvorteile eines Ticketsystems vorliegen. Das Bundeskartellamt hat in diesem Fall davon abgesehen, die Kostenstrukturen von CTS Eventim und den Wettbewerbern zu vergleichen. Ein solcher Vergleich hätte hilfreiche Erkenntnisse zu den tatsächlich vorliegenden Größenvorteilen ergeben können. Es ist nicht ersichtlich, wieso Hinweise von CTS Eventim bezüglich seiner Kostenstruktur nur dann relevant wären, wenn sie Rückschlüsse auf die Kostenstruktur von Wettbewerbern zuließen, vor allem, da die Auseinandersetzung mit der Kostenstruktur von Wettbewerbern insgesamt fehlt. Zudem hätte hier, wie bei der Bewertung von Größenvorteilen im Rahmen des § 18 Abs. 3 Nr. 5 GWB[318], auch die Möglichkeit betrachtet werden können, dass Größenvorteile ab einer bestimmten Größe nicht mehr weiter zunehmen.[319]

Wettbewerblich relevanter Datenvorsprung (§ 18 Abs. 3a Nr. 4 GWB)

753. Bei diesem Kriterium sind lediglich „wettbewerbsrelevante" Datenvorsprünge zu beachten. Ähnlich wie beim Kriterium des Zugangs zu Beschaffungsmärkten als Kriterium von Marktmacht nach § 18 Abs. 3 Nr. 3 GWB ist der Zugang zu Daten ambivalent zu beurteilen. Generell verbessert der Zugang zu Daten erst einmal Produkte und Dienstleistungen und wirkt normalerweise wettbewerbsfördernd. Zu prüfen ist bei diesem Kriterium daher, inwieweit ein Unternehmen einen besonderen Zugang zu Daten hat, den seine Wettbewerber nicht haben und mit dem es sich dem Wettbewerbsdruck entziehen kann.[320]

754. CTS Eventim verfügt nach der Beurteilung des Bundeskartellamtes über einen wesentlichen und wettbewerblich relevanten Datenvorsprung. Das Unternehmen verfügt bei Tickets, die durch den eigenen Online-Shop verkauft werden, über Daten der Endkunden wie E-Mail-Adresse, Name, Anschrift etc. Bei Tickets, die über VVK-Stellen verkauft werden, fallen Verkaufsdaten an, die die Verteilung der Nachfrage nach den bestimmten Events erkennen lassen. Der Wert der Daten im Fall von CTS Eventim liege zum einen in den im Vergleich zu Wettbewerbern besseren Möglichkeiten der zielgerichteten Endkundenansprache und der Endkundenbindung, die den Veranstalterkunden glaubhaft als bessere Werbung angeboten werden könnte. Daneben könnten diese Daten zur erhöhten Ausschöpfung der Zahlungsbereitschaft bei den Endkunden verwendet werden. Auch würden Daten zum Vorteil der konzerneigenen Veranstalter genutzt, um

---

[318] Nach § 18 Abs. 3 Nr. 5 GWB werden „rechtliche oder tatsächliche Schranken für den Marktzutritt anderer Unternehmen" bewertet. Größenvorteile werden in konventionellen Märkten unter diesem Unterabsatz beurteilt.

[319] Grave, C., in: a. a. O., S. 35.

[320] Ebenda, S. 36 f.

so die Marktmacht vom Systemmarkt auf die Veranstaltungsmärkte zu übertragen. Zudem seien die Daten von CTS Eventim für andere Ticketsysteme nicht duplizierbar, da die Quantität der CTS-Daten durch dessen Online-Shop-Kundenstamm die der Wettbewerber übertrifft und Veranstalter ihre Veranstaltungsdaten nicht mit anderen Ticketsystemen teilen oder diese von CTS Eventim zu anderen Ticketsystemen mitnehmen können.

755. Diese Feststellungen stellen auf einen Zugang zu besonders vielen Daten ab. In diesem Fall wäre allerdings auch relevant gewesen, ob mehr Daten jenseits einer bestimmten Grenze noch einen Wettbewerbsvorteil bewirken oder ob vielmehr ab einem bestimmten Punkt der Nutzen zusätzlicher Daten schnell abnimmt.[321] In solchen Fällen kann es ebenfalls erforderlich sein, zu prüfen, ob die Wettbewerber eine effiziente Größe an Daten erreichen können, die sog. „minimum efficient scale", um in einen Wettbewerb treten zu können. Immerhin können andere Ticketsysteme eigene Daten sammeln und nutzen. Dies hätte Aufschluss darüber geben können, wie gravierend der Datenvorsprung von CTS Eventim im Vergleich zu den Wettbewerbern ist und ob CTS Eventim sich aufgrund des Zugang zu seinen Daten dem Wettbewerb entziehen kann.

Innovationsgetriebener Wettbewerbsdruck (§ 18 Abs. 3a Nr. 5 GWB)

756. Der innovationsgetriebene Wettbewerbsdruck kann indirekte Netzwerkeffekte dadurch abschwächen, dass innovative, disruptive Veränderungen zur Angreifbarkeit der starken Marktposition eines Unternehmens führen.[322] Der Gesetzgeber und das Bundeskartellamt haben in der Regierungsbegründung und der Amtspraxis zu diesem Kriterium bereits herausgearbeitet, dass es im Einzelfall sorgfältig geprüft werden muss. Das pauschale Argument, dass die Internetmärkte allgemein dynamischer und innovativer seien, weshalb die Marktmacht einzelner Unternehmen schneller angegriffen werden könne, ist demnach abzulehnen.[323] Trotz der dem Innovationswettbewerb inhärenten Prognoseunsicherheit muss das Bundeskartellamt daher im Einzelfall mittels Ermittlungen potenziell innovativen Wettbewerb und den daraus resultierenden Wettbewerbsdruck ausmachen und bewerten.

757. Die Schwierigkeiten, die mit dieser Beurteilung einhergehen, können in den beiden Fällen zu CTS Eventim beobachtet werden. Das Bundeskartellamt kam zu dem Ergebnis, dass kein besonderer Innovationsdruck durch andere, innovative Unternehmen bestehe, der den Effekt der Kundenbindung, zu dem indirekte Netzwerkeffekte führen, erheblich abschwächen könne.[324] Grundsätzlich biete der Markt für Ticketsysteme im Hinblick auf die Softwarefunktionalitäten zwar technische Innovationsmöglichkeiten. Daher seien Marktzutritte aufgrund besserer Produkte möglich. Die von CTS angeführten Beispiele für potenzielle neue Online-Wettbewerber wie Amazon oder Facebook überzeugten das Bundeskartellamt jedoch nicht, obwohl Amazon in Großbritannien bereits im Ticketing aktiv war. Es ist nach Ansicht des Amtes offen, ob, wann und in welchem Umfang ein Marktzutritt beider Unternehmen in Deutschland zu erwarten wäre.

758. Zudem könnten reine Online-Vertriebsprodukte im Prognosezeitraum allenfalls begrenzte wettbewerbliche Wirkungen zeigen, da nach wie vor 35 Prozent der Tickets über den stationären Handel vertrieben würden. Ein innovatives Internetprodukt müsste daher in der Lage sein, erhebliches stationäres Umsatzvolumen auf sich zu ziehen.[325] Dieses Argument überzeugt allerdings nicht. Im Online-Handel wurden im Jahr 2017 etwa 40 Prozent der gesamten Ticketmenge vertrieben.[326] Zudem hat das Bundeskartellamt an einer anderen Stelle seiner Entscheidung eine feststellbare Verschiebung der Vertriebspräferenzen in Richtung Online-Verkauf akzeptiert. Reine Online-Vertriebsprodukte könnten

---

[321] Ebenda.

[322] Regierungsbegründung, Entwurf eines Neunten Gesetzes zur Änderung des Gesetzes gegen Wettbewerbsbeschränkungen, BT-Drs. 18/10207, S. 48, 51.

[323] BKartA, Arbeitspapier – Marktmacht von Plattformen und Netzwerken, Juni 2016, B6 – 113/15, S. 10; vgl. auch Beschluss vom 23. November 2017, B6-35/17 – CTS Eventim/Four Artists, Tz. 198, und Beschluss vom 4. Dezember 2017, B6-132/14-2 – Exklusivvereinbarungen, Tz. 203.

[324] BKartA, Beschluss vom 23. November 2017, B6-35/17 – CTS Eventim/Four Artists, Tz. 198, und Beschluss vom 4. Dezember 2017, B6-132/14-2 – Exklusivvereinbarungen, Tz. 201.

[325] BKartA, Beschluss vom 23. November 2017, B6-35/17 – CTS Eventim/Four Artists, Tz. 202 ff., und Beschluss vom 4. Dezember 2017, B6-132/14-2 – Exklusivvereinbarungen, Tz. 209 ff.

[326] Ebenda. Die Verteilung der Ticketkontingente insgesamt wird aus der Entscheidung nicht deutlich.

somit aktuell – und bei Annahme einer steigenden Präferenz in Zukunft noch mehr – auch ohne stationären Handel für nennenswerten Wettbewerb sorgen. Die allgemeine Tendenz der Verlagerung des Ticketvertriebs zu Internetvertriebsformen könnte sich zudem noch schneller entwickeln, wenn beim Online-Handel innovative Angebote durch neue Marktteilnehmer gemacht würden.

759. Die Europäische Kommission hat im Berichtszeitraum in Plattformfällen ebenfalls das Potenzial des Wettbewerbs durch innovative Anbieter geprüft. Im Fall Microsoft/LinkedIn kam sie bei der Beurteilung von möglicherweise disziplinierendem Innovationsdruck insbesondere zu dem Ergebnis, dass ein Marktzutritt durch ein innovatives Produkt in dem von LinkedIn beherrschten Markt für Karrierenetzwerke wegen hoher Hürden schwierig wäre.[327] Die Marktuntersuchung der Europäischen Kommission hatte ergeben, dass das Erreichen einer kritischen Masse an Nutzern für ein Karrierenetzwerk eine hohe, zuweilen unüberwindbare Marktzutrittsschranke darstellen kann.[328] Zudem war festgestellt worden, dass Anbieter auf benachbarten Märkten wenig Anreiz und wenig Möglichkeiten zum Eintritt in den Markt hätten.[329] Auch im Fall Google Search (Shopping) stellte die Europäische Kommission fest, dass der Aufbau einer vollwertigen allgemeinen Suchmaschine erhebliche Investitionen hinsichtlich Zeit und Ressourcen mit sich bringe. Zudem müssten allgemeine Suchdienste ständig in die Verbesserung ihres Produktes investieren. Ein neuer Anbieter müsse, um konkurrieren zu können, ebenfalls Investitionen in Milliardenhöhe tätigen.[330] Insgesamt orientiert sich die Europäische Kommission in ihrer Untersuchung des Innovationsdrucks seitens anderer Unternehmen also an der Höhe der Marktzutrittsschranken und den Anreizen möglicher zukünftiger Wettbewerber.

760. Inhaltlich handelt es sich bei dieser Prüfung des innovationsgetriebenen Wettbewerbsdrucks um eine Analyse des aktuellen und zukünftigen Innovationswettbewerbs und der Begrenzung der Marktmacht durch diesen potenziellen Wettbewerb.[331] Dass es nicht einfach zu entscheiden ist, ob innerhalb des Prognosezeitraums mit einiger Wahrscheinlichkeit Verschiebungen bestehender Marktstellungen eintreten, die schon die Annahme der Marktbeherrschung ausschließen, hat auch der Gesetzgeber in der Gesetzesbegründung anerkannt.[332] Die Prüfung nach § 18 Abs. 3a Nr. 5 GWB erfordert, wie die Beispiele zeigen, gegebenenfalls auch einen hohen Ermittlungsaufwand. Konkrete Anhaltspunkte für einen dynamischen oder disruptiven Vorgang innerhalb des Prognosezeitraums, welche das Bundeskartellamt für erforderlich hält, hätten mittels eigener Ermittlungen, wie beispielsweise durch Nachfrage bei Facebook und Amazon, abgesichert werden können. Denn es erscheint plausibel, dass eines dieser großen Unternehmen, die über eine große Sichtbarkeit und Kenntnisse über die Unterhaltungspräferenzen ihrer Nutzer verfügen, wie im Übrigen auch Spotify oder YouTube, in den Online-Vertrieb von Tickets einsteigen und dort erfolgreich werden könnte.

3.2.3.3 Indirekte Netzwerkeffekte erweitern die konventionelle Schadenstheorie

761. Das Bundeskartellamt stellte somit in beiden Fällen zu CTS Eventim fest, dass eine marktbeherrschende Stellung auf dem Markt für Ticketsysteme vorliegt. Im Fusionskontrollverfahren CTS Eventim/Four Artists prüfte es dann, ob diese marktbeherrschende Stellung durch die Fusion verstärkt würde. Im Marktmissbrauchsverfahren CTS Eventim – Exklusivvereinbarungen prüfte es, ob die marktbeherrschende Stellung missbraucht wurde.

762. Im Fusionskontrollverfahren würde laut Bundeskartellamt der Erwerb von Four Artists zu einer Verstärkung der schon bestehenden marktbeherrschenden Stellung von CTS Eventim auf dem zweiseitigen Markt für Ticketsystemdienstleistungen gegenüber Veranstaltern und VVK-Stellen führen. Dies würde eine erhebliche Behinderung wirksamen Wettbewerbs auf den betroffenen Märkten darstellen. Der Zusammenschluss wurde daher untersagt. Im Marktmissbrauchsverfahren wurde CTS Eventim die Verwendung von Exklusivvereinbarungen mit VVK-Stellen und Veranstaltern, nach

---

[327] EU-Kommission, Beschluss vom 6. Dezember 2016, M.8124 – Microsoft/LinkedIn.

[328] Ebenda, Tz. 346.

[329] EU-Kommission, Beschluss vom 6. Dezember 2016, M.8124 – Microsoft/LinkedIn, Tz. 341 ff.

[330] EU-Kommission, Beschluss vom 27. Juni 2017, AT.39740 – Google Search (Shopping).

[331] Vgl. auch BKartA, Arbeitspapier – Marktmacht von Plattformen und Netzwerken, Juni 2016, B6-113/15, S. 86 f.

[332] Regierungsbegründung, Entwurf eines Neunten Gesetzes zur Änderung des Gesetzes gegen Wettbewerbsbeschränkungen, BT-Drs. 18/10207, S. 51. Vgl. dazu auch Grave, C., a. a. O., S. 38 f.

denen diese Vertragspartner Tickets ausschließlich oder zu einem erheblichen Anteil über das CTS-System vertreiben dürfen, untersagt.

763. Das Amt entwickelte dabei sowohl im Fusionskontrollverfahren als auch im Marktmissbrauchsverfahren die Schadenstheorie, nach der mittels einer kartellrechtswidrigen Gesamtabschottungsstrategie eine Kundenabschottung bewirkt würde. Einerseits würde durch die aufgrund vertikaler Integration zu erwartende Exklusivität bei den konzerneigenen Veranstaltern und VVK-Stellen eine Kundenabschottung bewirkt. Andererseits würde durch die Exklusivvereinbarungen mit VVK-Stellen und Veranstaltern eine Kundenabschottung stattfinden.

764. Bei dieser Schadenstheorie wurden die Zweiseitigkeit des Marktes und die festgestellten wechselseitigen positiven indirekten Netzwerkeffekte vom Bundeskartellamt miteinbezogen. So hätten diese Effekte zur Folge, dass die festgestellte Abschottungswirkung und die bereits bestehende Abhängigkeit der VVK-Stellen vom Ticketsystem von CTS Eventim noch erhöht würden.[333] Dies würde wiederum dazu führen, dass das System auch für die Veranstalterseite attraktiver würde, da sie davon ausgehen könnte, dass die Anzahl der VVK-Stellen eher zunehmen als sinken würde.

765. Im Fall des Marktmissbrauchsverfahrens ging das Bundeskartellamt zudem darauf ein, dass die Schadenstheorie der Kundenabschottung („customer foreclosure") oder der Vorleistungsabschottung („input foreclosure") im Fall einer Plattform um das Problem des Market-Tippings sowie das durch Exklusivität auf eine Plattform konzentrierte Single-Homing zu ergänzen sei.[334] Diese Gefahr ist nach Auffassung des Bundeskartellamtes neben der gewöhnlichen Schadenstheorie auch ein Grund, warum Exklusivvereinbarungen bei einer marktbeherrschenden Plattform im Ausmaß wie bei CTS Eventim festgestellt einem Per-se-Verbot unterliegen müssten. Bei einem vorherrschenden Single-Homing würden Exklusivvereinbarungen eine erhebliche Wettbewerbsbeschränkung darstellen, da sie Wechselmöglichkeiten beseitigten und einen drohenden Tipping-Prozess beschleunigten.[335] Im konkreten Fall ließ das Amt jedoch offen, ob ein Market-Tipping droht oder besteht.

3.2.3.4 Schlussfolgerungen und Empfehlung

766. Insgesamt besteht an der Einschätzung des Bundeskartellamtes, dass CTS Eventim eine marktbeherrschende Stellung hat, wenig Zweifel. Angesichts der Marktanteile und der auf der Plattform typischerweise auftretenden wechselseitigen positiven indirekten Netzwerkeffekte ist der Argumentation des Bundeskartellamtes grundsätzlich zuzustimmen.

767. In Bezug auf die Beurteilung des Vorliegens der Kriterien des § 18 Abs. 3a GWB ist der Amtsermittlungsgrundsatz uneingeschränkt anwendbar. Insofern kann festgestellt werden, dass vor allem das Bestehen der indirekten Netzwerkeffekte und die Frage nach bestehendem Multi-Homing ausführlich ermittelt und begründet wurden. In Bezug auf Multi-Homing wäre jedoch eine Beurteilung auch der Wechselkosten für die Nutzer angebracht gewesen. Gleichzeitig hätte ein Vergleich der Kostenstrukturen von CTS Eventim und den Wettbewerbern hilfreiche Erkenntnisse zu den tatsächlich vorliegenden Größenvorteilen ergeben können. Im Hinblick auf die Bewertung des innovationsgetriebenen Wettbewerbsdrucks scheint das Bundeskartellamt keine eigenen Ermittlungen vorgenommen zu haben. In den konkreten Fällen wurde die Frage nach einem Market-Tipping offengelassen. Dieser Aspekt wurde bei der Feststellung des Marktmachtmissbrauchs nur abstrakt einbezogen. Allerdings lassen sich nur auf Basis einer Analyse der mit indirekten Netzwerkeffekten zusammenhängenden Gefahr eines Market-Tippings auch die damit einhergehenden absichernden bzw. verstärkenden Wirkungen der Marktstellung des betreffenden Unternehmens hinreichend belegen.

---

[333] BKartA, Beschluss vom 23. November 2017, B6-35/17 – CTS Eventim/Four Artists, Tz. 272, 282 f., und Beschluss vom 4. Dezember 2017, B6-132/14-2 – Exklusivvereinbarungen, Tz. 253, 260 f.

[334] BKartA, Beschluss vom 4. Dezember 2017, B6-132/14-2 – Exklusivvereinbarungen, Tz. 256.

[335] Ebenda, Tz. 283.

3.2.4 Schutzlücke in der Fusionskontrolle bei „schleichenden Übernahmen"?

768. Ein Problem, das in der wettbewerbspolitischen Diskussion seit Langem thematisiert wird, betrifft das wettbewerbsverzerrende Potenzial horizontaler und vertikaler nicht kontrollierender Minderheitsbeteiligungen.[336] Theoretisch bestehen insbesondere bei horizontalen Minderheitsbeteiligungen zwischen Unternehmen im selben relevanten Markt Anreize zur Wettbewerbsminderung. Grundsätzlich lassen sich wettbewerbsmindernde Wirkungen nach erhöhten Koordinierungsmöglichkeiten (beispielsweise durch personelle Verflechtungen) und unilateralen Effekten (beispielsweise durch erhöhte Anreize zur einseitigen Preiserhöhung oder Mengenanpassung) unterscheiden.[337]

769. Sind Unternehmen durch eine Beteiligung direkt an den Gewinnen ihrer Wettbewerber beteiligt, so haben sie Anreize, die Auswirkungen des eigenen Verhaltens auf die Gewinne des Wettbewerbers zu berücksichtigen. Minderheitsbeteiligungen führen somit potenziell zu einem weniger wettbewerblichen Verhalten desjenigen Unternehmens, das die Minderheitsbeteiligung hält, und somit zu einer Reduzierung der Wettbewerbsintensität. Bei der Kontrolle des Erwerbs einer Minderheitsbeteiligung kann es jedoch schwierig sein, eine erhebliche Behinderung wirksamen Wettbewerbs auf der Basis unilateraler Effekte festzustellen. Denn diese sind einerseits je nach Höhe der Beteiligung gering und andererseits schwer nachweisbar.

770. Nach deutschem Recht sind horizontale Minderheitsbeteiligungen grundsätzlich kontrollfähig. Danach ist die Anmeldung solcher Beteiligungen vorgeschrieben, durch die ein Gesamtanteil von 25 Prozent überschritten wird. Außerdem müssen Beteiligungen unterhalb der Schwelle von 25 Prozent angemeldet werden, wenn sie dem Erwerber der Anteile einen „wettbewerblich erheblichen Einfluss" verschaffen.[338] Im Zusammenhang mit einer entsprechenden Prüfung von Minderheitsbeteiligungen wird auf die zusätzliche Gefahr einer „schleichenden Übernahme" hingewiesen.[339] Erwirbt ein Unternehmen nacheinander in mehreren Schritten geringe Anteile in Form von nicht kontrollierenden Minderheitsbeteiligungen an einem anderen Unternehmen, kommt es nach und nach zu einem größeren, wettbewerblich relevanten Anteil an diesem Unternehmen.

771. Die besondere Gefahr einer schleichenden Übernahme ist auf ein Zusammenwirken der Kriterien zur Prüfung von Zusammenschlüssen und der Probleme der Kartellbehörden beim Nachweis einer Wettbewerbsbeschränkung zurückzuführen. Zunächst ist festzustellen, dass bei einem kontinuierlichen Aufstocken einer Minderheitsbeteiligung ohne wettbewerblich erheblichen Einfluss nur ein einzelner Zukauf das formale Zusammenschlusskriterium eines Anteilserwerbs von 25 Prozent erfüllt. Das Zusammenschlusskriterium eines wettbewerblich erheblichen Einflusses führt unter der Schwelle einer 25-prozentigen Beteiligung nur zu einer fusionskontrollrechtlichen Prüfung, wenn neben dem Anteilserwerb sog. Plusfaktoren[340] vorliegen, die eine Einflussnahme ermöglichen.[341] Diese gegebenenfalls geringen einzelnen Anteilserwerbe werden materiell einzeln nach dem SIEC-Test geprüft.[342] Bedenklich ist, dass die einzelne materielle

---

[336] Die Monopolkommission hat sich mit diesem wettbewerbsverzerrenden Potenzial bereits ausführlich beschäftigt, vgl. unter anderem: Monopolkommission, V. Hauptgutachten, Ökonomische Kriterien für die Rechtsanwendung, Baden-Baden 1983, Tz. 449 ff.; Monopolkommission, XXI. Hauptgutachten, a. a. O., Tz. 604 ff.; XVII. Hauptgutachten, Mehr Wettbewerb im Dienstleistungssektor, Baden-Baden 2006, Tz. 440 ff.; hierzu auch ausführlicher Gliederungspunkte 4.2 und 4.3 in Kapitel II in diesem Gutachten.

[337] Hierzu auch ausführlicher Gliederungspunkte 4.2 und 4.3 in Kapitel II in diesem Gutachten; siehe auch Monopolkommission, XXI. Hauptgutachten, a. a. O., Tz. 613.

[338] Thomas, in: Immenga/Mestmäcker, GWB, 5. Aufl., München 2014, § 37 Tz. 309; Richter/Steinvorth in: Wiedemann, Handbuch des Kartellrechts, 3. Aufl., München 2016, § 19 Tz. 99.

[339] Jovanovic, D./Wey, C., Passive Partial Ownership, Sneaky Takeovers, and Merger Control, Economics Letters, 125 (2014), S. 32–35.

[340] Als „Plusfaktoren" werden über die Minderheitsbeteiligung hinausgehende besondere Informations-, Mitsprache- und Kontrollmöglichkeiten bezeichnet. Vgl. dazu Kallfaß, in: Langen/Bunte, Deutsches Kartellrecht, 13. Aufl., Köln 2018, § 37 Tz. 54 f.

[341] Im Extremfall könnte ein Unternehmen im Verlaufe mehrerer Jahre erst 24 Prozent, dann 2 Prozent und dann noch einmal bis zu 24 Prozent erwerben. Dabei würde nur die Aufstockung um 2 Prozent als Anteilserwerb geprüft werden, da hierbei die Grenze von 25 Prozent überschritten wird. Das Bundeskartellamt hat zwar die Möglichkeit, mehrere Anteilserwerbe als einen einheitlichen Vorgang zu betrachten und gemeinsam zu bewerten. Dafür ist jedoch eine enge zeitliche und wirtschaftliche Verbindung zwischen den Anteilserwerben nötig. Dies wird bei Anteilserwerben im Abstand von mehreren Jahren regelmäßig nicht der Fall sein.

[342] SIEC = „Significant Impediment to Effective Competition"; vgl. dazu Tz. 777 f.

Prüfung eines solchen Anteilserwerbs wiederum davon geprägt ist, dass die unilateralen Effekte bei Anteilserwerben in geringer Höhe auch nur verhältnismäßig gering ausfallen. Dies ist darauf zurückzuführen, dass bei der Analyse der Wettbewerbseffekte im jeweiligen fusionskontrollrechtlichen Vergleichsszenario auf die Situation unmittelbar vor dem zu prüfenden Zusammenschluss Bezug genommen wird, in der bereits eine Minderheitsbeteiligung besteht.

772. Im Berichtszeitraum prüfte das Bundeskartellamt ein Zusammenschlussvorhaben, bei dem die oben genannten Merkmale der Probleme bei der Bewertung horizontaler Minderheitsbeteiligungen zum Tragen kamen. Der Fall betrifft die Erhöhung einer Minderheitsbeteiligung der EnBW an der MVV von 22,48 Prozent auf 28,76 Prozent.[343] Das Zusammenschlussvorhaben stellte den dritten Erwerb einer Minderheitsbeteiligung der EnBW an der MVV dar. Die EnBW hatte bereits im Jahr 2004 Anteile in Höhe von 15,05 Prozent und im Jahr 2014 weitere Anteile in Höhe von 7,43 Prozent erworben.[344] Zu klären ist vor diesem Hintergrund, ob in der deutschen Fusionskontrolle eine Schutzlücke bei mehrfachem Erwerb kleiner Anteile besteht und der aktuelle Fall diese These untermauern kann. Eine solche Schutzlücke könnte durch das beschriebene Zusammenspiel von formellen Anmeldeschwellen und materieller fusionskontrollrechtlicher Prüfung entstehen.

3.2.4.1 Beurteilung von Minderheitsbeteiligungen im Rahmen der Fusionskontrolle

773. Für die Prüfung, ob ein Zusammenschluss von Unternehmen vorliegt, sind die formellen Tatbestände relevant, die in § 37 GWB geregelt sind. Minderheitsbeteiligungen werden insbesondere durch zwei formelle Kriterien erfasst.[345] Gemäß § 37 Abs. 1 Nr. 3 lit. b GWB sind Anteilserwerbe zu prüfen, die 25 Prozent der Anteile am Kapital oder an den Stimmrechten eines Unternehmens erreichen. Es besteht daher für Anteilserwerbe, die zu einer Beteiligung von 25 Prozent oder mehr führen, eine formelle Aufgreifschwelle, unabhängig von der materiellen Bewertung der Einflussnahme des Unternehmens. Nach § 37 Abs. 1 Nr. 4 GWB ist zudem jede Verbindung von Unternehmen, aufgrund derer ein oder mehrere Unternehmen einen wettbewerblich erheblichen Einfluss auf ein anderes ausüben können, kontrollpflichtig. Damit besteht ein subsidiäres Aufgreifkriterium für Fälle, in denen die Voraussetzungen des § 37 Abs. 1 Nr. 1, Nr. 2 oder Nr. 3 GWB nicht vorliegen, die aber als wettbewerblich relevante Zusammenschlüsse zu werten sind. Besteht bereits eine Beteiligung von 25 Prozent, so werden weitere Anteilserwerbe nicht mehr geprüft, bis sich mit einer Aufstockung aufgrund der Satzung oder den faktischen Gegebenheiten die Kontrollverhältnisse ändern.[346]

774. Der weite Begriff des formellen Tatbestandes des Zusammenschlusses nach § 37 GWB bedeutet insbesondere im Fall einer Minderheitsbeteiligung jedoch nicht, dass auf Basis dieser formellen Aufgreifschwellen auch von einem vollständigen Zusammenwachsen des Wettbewerbspotenzials der beiden einzelnen Unternehmen ausgegangen werden muss. Vielmehr ist in der materiellen Prüfung festzustellen, welche konkreten Auswirkungen der Zusammenschluss hat und ob danach ein Zusammenwachsen des Wettbewerbspotenzials der beteiligten Unternehmen anzunehmen ist.

775. Im Zusammenhang mit der Prüfung, welcher Grad des Zusammenwachsens der beteiligten Unternehmen erreicht wird, spielt das in der Rechtsprechung entwickelte Konzept der wettbewerblichen Einheit eine Rolle.[347] Eine wettbewerbliche Einheit ist danach dann anzunehmen, wenn der Zusammenschluss dazu führt, dass die beteiligten Unterneh-

---

[343] BKartA, Beschluss vom 14. Dezember 2017, B4-80/17 – EnBW/MVV, Fallbericht vom 16. Februar 2018.

[344] Das Bundeskartellamt hatte in beiden Fällen den Erwerb eines wettbewerblich erheblichen Einflusses der EnBW auf die MVV nach § 37 Abs. 1 Satz 1 Nr. 4 GWB und damit die Anmeldepflicht der jeweiligen Anteilserwerbe verneint. Vgl. Bericht des Bundeskartellamtes über seine Tätigkeit in den Jahren 2003/2004 sowie über die Lage und Entwicklung in seinem Aufgabengebiet, BT-Drs. 15/5790 vom 22. Juni 2005, S. 131.

[345] Zu bemerken ist, dass im Unterschied zu § 37 GWB die Aufgreifkriterien des Art. 3 FKVO nicht die Möglichkeit zulassen, nicht kontrollierende Minderheitsbeteiligungen eigenständig zu prüfen. Eine entsprechende Erweiterung des Anwendungsbereichs der FKVO wird allerdings derzeit von der Europäischen Kommission geprüft; vgl. dazu bereits Monopolkommission, XXI. Hauptgutachten, a. a. O., Tz. 648.

[346] Thomas, in: Immenga/Mestmäcker, GWB, 5. Aufl., München 2014, § 37 Tz. 309; Richter/Steinvorth, in: Wiedemann, Handbuch des Kartellrechts, 3. Aufl., München 2016, § 19 Tz. 99 f., 112 ff.

[347] Bei einer Beherrschung bzw. einer Kontrolle über das gesamte Kapital durch das Beteiligungsunternehmen wird von einer „wirtschaftlichen Einheit" ausgegangen. Liegt eine wirtschaftliche Einheit vor, ist stets auch eine wettbewerbliche Einheit anzunehmen.

men am Markt „wie ein Unternehmen" auftreten.[348] Die Prüfung, ob dies beispielsweise im Fall einer kontrollpflichtigen Minderheitsbeteiligung der Fall ist, stellt letztendlich auf den Grad der Koordinierung des Wettbewerbsverhaltens im Innenverhältnis der beiden Unternehmen ab.

776. Liegt eine wettbewerbliche Einheit vor, so kann dies nach Auffassung des BGH bei der Entscheidung der Frage herangezogen werden, ob ein Zusammenschluss eine marktbeherrschende Stellung entstehen lässt oder verstärkt und aufgrund dessen zu untersagen ist.[349] Wird im Einzelfall eine wettbewerbliche Einheit zwischen zwei Zusammenschlussbeteiligten angenommen, so sind einem beteiligten Unternehmen – wie bei einer wirtschaftlichen Einheit – die Ressourcen des anderen Unternehmens für die fusionskontrollrechtliche Prüfung zuzurechnen. Im Fall einer Minderheitsbeteiligung, die zur Entstehung einer wettbewerblichen Einheit führt, ist eine vergleichbare Prüfung der Wettbewerbsverhältnisse zu erwarten, wie dies bei einem Kontrollerwerb der Fall wäre.

777. Im Umkehrschluss bedeutet die Ablehnung einer wettbewerblichen Einheit allerdings nicht, dass der Zusammenschluss nicht untersagt werden kann. Denn auch in einem solchen Fall kann die Beteiligung wettbewerbliche Bedenken auslösen. Bei der Prüfung einer Minderheitsbeteiligung können insbesondere unilaterale Effekte dafür ursächlich sein, dass es zu einer erheblichen Beeinträchtigung wirksamen Wettbewerbs (SIEC-Test)[350] kommt.[351] Der SIEC-Test in § 36 Abs. 1 GWB stellt in der deutschen Fusionskontrolle seit der 8. GWB-Novelle den materiellen Test dafür dar, ob ein Zusammenschluss zu untersagen ist. Die dafür notwendige erhebliche Behinderung wirksamen Wettbewerbs liegt insbesondere vor, wenn zu erwarten ist, dass eine marktbeherrschende Stellung begründet oder verstärkt wird. Gerade unter dem SIEC-Test kann eine Untersagung aufgrund der wettbewerbsschädlichen Wirkungen durch unilaterale Effekte infolge einer Minderheitsbeteiligung eher erfolgen als unter dem Kriterium der Marktbeherrschung, weil die wettbewerbsbeschränkenden Effekte der Minderheitsbeteiligung unabhängig von der Entstehung der Marktbeherrschung zu prüfen sind.[352]

778. Grundsätzlich erlaubt der SIEC-Test den Kartellbehörden daher eine umfassende Betrachtung des wegfallenden Wettbewerbsdrucks, auch durch unilaterale Effekte. Fraglich ist, wonach festzustellen ist, ob die konkret vorliegenden unilateralen Effekte bei Minderheitsbeteiligungen den Wettbewerb auch so weit mindern, dass ein behördlicher Eingriff sachgerecht ist. Nach dem SIEC-Test muss eine Wettbewerbsbehinderung auch erheblich sein („Spürbarkeitsschwelle"), um zu einer Untersagung zu führen. Als problematisch könnte sich darstellen, wenn anzunehmen wäre, dass im Fall einer erheblichen Wettbewerbsbehinderung durch unilaterale Effekte die Kartellbehörde die Spürbarkeit positiv feststellen müsste.[353]

3.2.4.2 Bewertungsschwierigkeiten bei unilateralen Effekten im Fall EnBW/MVV

779. In dem im Dezember 2017 freigegebenen Zusammenschlussfall EnBW/MVV wurde vom Bundeskartellamt keine Behinderung des wirksamen Wettbewerbs durch den Erwerb weiterer Anteile festgestellt. Nach der Prüfung des Bundeskartellamtes erfüllte die Aufstockung der EnBW-Anteile zunächst den formellen Zusammenschlusstatbestand nach § 37 Abs. 1 Nr. 3 lit. b GWB, da die Aufgreifschwelle der 25-Prozent-Beteiligung erreicht wurde. Im Rahmen der materiel-

---

[348] BGH, Beschluss vom 19. Dezember 1995, KVR 6/95, Rz. 17 (zit. nach Juris); Beschluss vom 8. Mai 1979, KVR 1/78, BGHZ 74, 359–370.

[349] BGH, Beschluss vom 19. Dezember 1995, KVR 6/95, Rz. 17 (zit. nach Juris).

[350] SIEC = „Significant Impediment to Effective Competition".

[351] Bechtold/Bosch, GWB (Kartellgesetz), 8. Aufl., München 2015, § 36 Tz. 14.

[352] Das wettbewerbsschädigende Potenzial unilateraler Effekte trat seit der Einführung dieses Kriteriums in die deutsche Fusionskontrolle in einigen Fällen, in denen das Bundeskartellamt seinen Beschluss ganz oder überwiegend auf die befürchteten unilateralen Effekte stützte, bereits in den Vordergrund. Kallfaß, in: Langen/Bunte, Deutsches Kartellrecht, 13. Aufl., Köln 2018, § 36 Tz. 16. Darin wird insbesondere auf folgende Fälle verwiesen: BKartA, Fallbericht vom 23. September 2016, B 2-58/16, Ahlstrom/Owens Corning; Beschluss vom 31. März 2015, B2-96/14 – Edeka/Tengelmann; Beschluss vom 25. August 2016, B 9-50/16 – Nagel Group/MUK Transthermos; Beschluss vom 28. Oktober 2016, B2-51/16 – Rewe/Coop. Siehe dazu auch Monopolkommission, XXI. Hauptgutachten, a. a. O., Tz. 700 ff.

[353] Kallfaß, in: Langen/Bunte, Deutsches Kartellrecht, 13. Aufl., Köln 2018, § 36 Tz. 30.

len Prüfung wurden mehrere Energie- und Entsorgungsmärkte, unter anderem der Ausschreibungsmarkt für die Verwertung unvorbehandelter Siedlungsabfälle im Ausschreibungsgebiet Mannheim/Stuttgart, als betroffene Märkte abgegrenzt.

780. Das Bundeskartellamt stellte in keinem Bereich der Energieversorgung eine Behinderung wirksamen Wettbewerbs fest. Der Zusammenschluss führte hiernach auf den im Energiebereich betroffenen Märkten bei einer Abgrenzung, die die Märkte Deutschland, Österreich und Luxemburg einbezieht, nicht zu kritischen Marktanteilen. Selbst bei einer engeren Abgrenzung und damit einer rein auf Deutschland bezogenen Betrachtung würde die geringe Höhe der Marktanteile deutlich gegen eine erhebliche Behinderung wirksamen Wettbewerbs sprechen.

781. Das Bundeskartellamt analysierte die Wettbewerbssituation auf den betroffenen Entsorgungsmärkten mittels einer Bieteranalyse. Dabei untersuchte sie Ausschreibungen der letzten zehn Jahre im relevanten Ausschreibungsmarkt. Der Ausschreibungsmarkt für die Verwertung von Siedlungsabfällen Mannheim/Stuttgart ist nach Auffassung des Amtes durch sehr lange Vertragslaufzeiten und daher seltene Aufeinandertreffen der Bieter gekennzeichnet. Dieser Markt sei zudem von der Homogenität der Güter und einer geringen Flexibilität bei der Erweiterung der Kapazitäten von Müllverbrennungsanlagen geprägt.[354] Im Folgenden werden die Bewertungsaspekte nacheinander analysiert.

Prüfung des Konzepts der wettbewerblichen Einheit

782. Zu prüfen war, ob die Erhöhung der Beteiligung über die aktienrechtliche Sperrminoritätsgrenze von 25 Prozent eine Änderung der bisherigen Wettbewerbsbedingungen hervorrufen könnte, wodurch eine wettbewerbliche Einheit anzunehmen wäre. Von einigen der im Aktiengesetz niedergelegten Entscheidungsmehrheiten kann in der Satzung des Unternehmens abgewichen werden. In diesem Fall kam das Bundeskartellamt zu dem Schluss, dass der Erwerb der aktienrechtlichen Sperrminorität an der MVV durch die EnBW nicht für die Annahme der Entstehung einer wettbewerblichen Einheit ausreiche.[355] Durch die Erhöhung der Beteiligung von 22,48 Prozent auf 28,76 Prozent sei zunächst zwar der formelle Tatbestand des Zusammenschlusses nach § 37 Abs. 1 Nr. 3 lit. b GWB erfüllt. Grundsätzlich sei nach Ansicht des Bundeskartellamtes in solchen Fällen von der Entstehung einer wettbewerblichen Einheit auszugehen, da die Entscheidung zum Kauf einer solchen Minderheitsbeteiligung gemeinhin aus Gründen der Minderung des Wettbewerbsdrucks getroffen würde.[356] Allerdings bedürfe diese Beurteilung immer einer Prüfung der Gesamtumstände im Einzelfall, ob einem Unternehmen bei dem anderen Leitungsmacht in Richtung eines den Wettbewerb unter den gegebenen Verhältnissen hemmenden Einflusses zukommt.[357] Ausnahmsweise sei dies im vorliegenden Fall nicht gegeben.

783. Gegen das Entstehen einer wettbewerblichen Einheit sprach nach Auffassung des Bundeskartellamtes, dass zwischen der EnBW, der MVV und den übrigen Marktteilnehmern derzeit intensiver Wettbewerb herrsche, obwohl die EnBW seit 2004 bereits 15 Prozent und seit 2014 etwa 22 Prozent an der MVV halte. Es sei trotz dieser bereits substanziellen Beteiligung nach der Bieteranalyse kein Rückgang des Binnenwettbewerbs der MVV und der EnBW zu verzeichnen gewesen und auch für die Zukunft sei dies nicht zu erwarten. Außerdem spräche gegen die Annahme von Leitungsmacht insbesondere die Satzung der MVV, durch die die Sperrminorität der EnBW auf den unabdingbaren gesetzlichen Aktionärsschutz beschränkt sei. Zwar werde EnBW durch die 25-prozentige Beteiligung die gesellschaftsrechtliche Möglichkeit eröffnet, solche Unternehmensentscheidungen der MVV in der Hauptversammlung zu blockieren, für die eine Dreiviertelmehrheit der Stimmrechte erforderlich ist. In der Satzung der MVV wurden jedoch Abstimmungsgegenstände, bei denen eine Dreiviertelmehrheit erforderlich wäre, auf das gesetzlich vorgeschriebene Minimum reduziert. Eine Dreiviertelmehrheit ist dann zum Beispiel noch beim Abschluss von Beherrschungs- und Gewinnabführungsverträgen erforderlich. Bei den Abstimmungen, die die Geschäftstätigkeit betreffen, sei weiter eine einfache Mehrheit der anwesenden Stimmberechtigten ausreichend.[358] Es lagen auch keine sog. Plusfaktoren vor. Der EnBW fielen durch den Erwerb

---

[354] Die Kapazitäten der Müllverbrennungsanlagen können nicht kurzfristig erweitert werden, da Entwicklung und Bau einer Müllverbrennungsanlage etwa fünf Jahre dauern.

[355] BKartA, Beschluss vom 14. Dezember 2017, B4-80/17 – EnBW/MVV, Tz. 295.

[356] Ebenda, Tz. 296.

[357] BGH, Beschluss vom 12. Februar 1980, KVR 4/79 – Bituminöses Mischgut, Rz. 22 (zit. nach Juris).

[358] BKartA, Beschluss vom 14. Dezember 2017, B4-80/17 – EnBW/MVV, Tz. 304 f.

also keine Rechte zu, mittels derer sie auf die Geschäftstätigkeit der MVV unmittelbaren Einfluss nehmen könnte. Es wurde daher nicht angenommen, dass die EnBW den Druck durch den Zuwachs von 6 Prozent auf die mit 51 Prozent allein kontrollierende Gesellschafterin MVV Verkehr GmbH so erhöhen könnte, dass die wettbewerblichen Interessen der EnBW stärkere Berücksichtigung fänden, als dies mit den bereits gehaltenen 22 Prozent der Fall war.[359]

784. Die Möglichkeit der Anteilserhöhung auf bis zu 49,99 Prozent sei dabei nicht zu berücksichtigen.[360] Dadurch, dass der andere große Anteilseigner Rheinenergie und die MVV Verkehr GmbH als allein kontrollierende Mehrheitseignerin[361] nach eigenen Angaben nicht gewillt seien, ihre Anteile zu verkaufen, sei die Möglichkeit einer weiteren Aufstockung rein hypothetisch. Es käme nach Ansicht des Bundeskartellamtes auch nicht zur Verflechtung der Unternehmen im Sinne des § 18 Abs. 3 Nr. 4 GWB, also beispielsweise durch personelle Verflechtungen.

785. Die Bewertung des Bundeskartellamtes, in diesem Fall nicht von einer wettbewerblichen Einheit auszugehen, kann insgesamt überzeugen. Es ist anzunehmen, dass der EnBW durch den Anteilserwerb in Bezug auf die Geschäftstätigkeit der MVV keine koordinierende Einflussnahme zukommt. Im Innenverhältnis der beiden Unternehmen würde daher im Grundsatz weiterhin ein Konkurrenzverhältnis bestehen und sie würden somit am Markt wie zwei Unternehmen auftreten.

Prüfung der unilateralen Effekte

786. Wie bereits oben ausgeführt, kann ein Anteilserwerb auch wettbewerbliche Bedenken auslösen, wenn keine wettbewerbliche Einheit zwischen den Zusammenschlussparteien angenommen werden kann. Solche Bedenken können im Fall einer Minderheitsbeteiligung insbesondere auf das Problem der durch die Beteiligung entstehenden Anreize (unilaterale Effekte) zurückzuführen sein.

787. Das Bundeskartellamt hat auch die erhebliche Behinderung des wirksamen Wettbewerbs durch unilaterale Effekte geprüft. Zwar sieht das Bundeskartellamt durchaus die Gefahr, dass eine Wettbewerbsbehinderung grundsätzlich dadurch entstehen kann, dass die EnBW ihr künftiges Verhalten an den Gewinnen der MVV orientiere. Nach dem Zusammenschluss könnte die EnBW potenziell Preise erhöhen und mögliche Rückgänge in der Nachfrage durch die Gewinne der MVV mindestens kompensieren. Dies ist nach der Analyse des Bundeskartellamtes aufgrund der wirtschaftlichen Risiken für die EnBW aber unwahrscheinlich.

788. Unilaterale Effekte sind nach Ansicht des Amtes bei einer Minderheitsbeteiligung allgemein deutlich schwächer ausgeprägt als bei einem Kontrollerwerb bzw. bei einer vollständigen Übernahme der Anteile.[362] Für die fusionskontrollrechtliche Prüfung sei auf die Höhe des Anteilszuwachses von 6,28 Prozent abzustellen.[363] Um zu prognostizieren, ob durch den Zusammenschluss erhebliche unilaterale Effekte zu erwarten sind, wurden vom Bundeskartellamt die Marktanteile, die Wettbewerbsnähe der Beteiligten, die Ausweichmöglichkeiten der Nachfrager, die Marktzutrittsschranken und die gegengewichtige Marktmacht beurteilt.[364]

789. Dabei kam das Bundeskartellamt zu dem Schluss, dass nicht zu erwarten sei, dass einseitige Preiserhöhungen für die EnBW profitabel seien. Die EnBW könnte die Preise erhöhen, um selbst zu profitieren oder am Unternehmenserfolg der MVV teilzuhaben.[365] Eine solche Preiserhöhung der EnBW brächte zunächst jedoch das Risiko eines Verlustes von Aufträgen zugunsten der MVV mit sich. Dass die EnBW dieses Risiko eingehen würde, wurde vor dem Hintergrund ihrer

---

[359] Ebenda, Tz. 303.

[360] Ebenda, Tz. 325. Siehe hierzu BGH, Urteil vom 19. April 1983, KVR 1/82 – VEW-Gelsenwasser, Rz. 30 (zit. nach Juris).

[361] Unmittelbare Mehrheitseignerin ist die MVV Verkehr GmbH, diese wird zu 99,99 Prozent von der Stadt Mannheim gehalten, die somit die mittelbare Mehrheitseignerin ist.

[362] BKartA, Beschluss vom 14. Dezember 2017, B4-80/17 – EnBW/MVV, Tz. 333.

[363] Vgl. ebenda, Tz. 333 und 342. Für die Bewertung des Anreizeffektes nimmt das Bundeskartellamt jedoch in einigen Textziffern auch auf die Beteiligung in Höhe von rund 28 Prozent Bezug, vgl. ebenda, Tz. 340.

[364] Ebenda, Tz. 330.

[365] Ebenda, Tz. 337 f.

Kapazitätsauslastung als unwahrscheinlich angesehen.[366] Eine Fehleinschätzung zur Preissetzung und ein damit verbundener Vertragsverlust könnten in diesem Markt zudem wegen der sehr langen Vertragslaufzeiten auch nicht kurzfristig bereinigt werden. Es entstehe daher kein fusionsbedingter Preiserhöhungsdruck aufgrund unilateraler Effekte, der eine wesentliche Wettbewerbsbeschränkung ergeben könnte. Dabei verweist das Bundeskartellamt zudem darauf, dass dies insbesondere auch der Fall sei, da der Anteilszuwachs lediglich 6,28 Prozent beträgt.

790. Die Feststellung des Bundeskartellamtes, nach der im konkreten Fall aufgrund der wirtschaftlichen Risiken für die EnBW keine erheblichen unilateralen Effekte zu erwarten seien, kann nur bedingt überzeugen. Zwar erscheint es im Grundsatz plausibel, dass aufgrund der Marktgegebenheiten und des Wettbewerbs durch Dritte eine bestimmte Einschränkung des Handlungsspielraums des Erwerbers vorliegen kann. Auf Basis der vorgebrachten Tatsachen scheinen diese Einschränkungen jedoch nicht unüberwindbar. So ist nicht eindeutig auszuschließen, dass die EnBW ihre Kapazitäten mittel- bis langfristig anpassen kann, um auf die neue Situation unter einer höheren Beteiligung zu reagieren. Auch scheint nicht ausreichend dargebracht, dass eine Gebietsverlagerung der EnBW in andere Randgebiete ihres Tätigkeitsgebiets, die sich nicht mit dem Kerngebiet der MVV überschneiden, nicht zu erwarten ist.[367] Dass die sich hieraus ergebenden Potenziale einer Schwächung des wirksamen Wettbewerbs im vorliegenden Fall tatsächlich nicht zum Tragen kommen, ist zumindest auf Basis der Angaben des Beschlusses nicht ersichtlich.

791. Festzustellen ist außerdem, dass unilaterale Effekte bei einer Minderheitsbeteiligung zwar geringer ausfallen als bei einer vollständigen Übernahme der Anteile. Die hier zu prüfende Aufstockung betrifft in der Tat einen geringen Anteilserwerb. Allerdings sind die von diesem Anteilserwerb ausgehenden unilateralen Effekte deshalb in Bezug auf den Wettbewerb nicht unbedingt weniger problematisch, wenn die EnBW infolge der Anteilsaufstockung mit etwa 28 Prozent am Gewinn der MVV beteiligt ist. Vor diesem Hintergrund stellt sich hier das Problem der schleichenden Übernahme, wenn im Rahmen der kartellrechtlichen Kontrolle als Referenzrahmen vor allem der unilaterale Effekt einer Aufstockung der Anteile um 6,28 Prozent bewertet wird. Der Effekt einer einzelnen Teilaufstockung ist selbst bei engen Wettbewerbern nur bedingt quantifizier- bzw. erfassbar. Der Rückgriff des Bundeskartellamtes auf die zu beobachtende Wettbewerbssituation unter einer bereits bestehenden Minderheitsbeteiligung von etwa 22 Prozent lässt zudem insbesondere außer Acht, wie sich der Wettbewerb ohne die über die Jahre gewachsene Minderheitsbeteiligung entwickelt hätte und welche Wirkungen die bereits gehaltene Minderheitsbeteiligung entfaltet hat.

792. Grundsätzlich zeigt sich bei der Prüfung der unilateralen Effekte – wie schon bei der Frage der wettbewerblichen Einheit – das Problem, welches fusionskontrollrechtliche Vergleichsszenario heranzuziehen ist. Zwar muss der Zusammenschluss für eine erhebliche Behinderung wirksamen Wettbewerbs kausal sein, um zu einer Untersagung führen zu können. Bereits in ihrem V. Hauptgutachten hat die Monopolkommission darauf hingewiesen, dass die Zusammenschlusskontrolle sich jedoch grundsätzlich auf die von Unternehmensverbindungen ausgehenden Wirkungen, die die Marktstruktur ändern, beziehen. Die strukturelle Änderung der Wettbewerbsbedingungen auf einem Markt sollte dabei maßgeblich sein, nicht die – möglicherweise nur – marginale Verfestigung bereits kontrollfrei eingetretener Änderungen. Diese Erwägungen müssen auch der Kausalitätsbetrachtung zugrunde gelegt werden.[368] Dies gilt umso mehr bei einer auf unilaterale Effekte abstellenden Betrachtung.

793. Im konkreten Fall der Aufstockung einer bestehenden Minderheitsbeteiligung auf eine Beteiligung über 25 Prozent könnte es zu Kontrolldefiziten kommen, wenn in der Zusammenschlusskontrolle maßgeblich auf die wettbewerbliche Wirkung des Beteiligungszuwachses im Rahmen eines Vergleichs der Wettbewerbsbedingungen ohne und mit dem Zusammenschluss abgestellt würde. Werden hierbei die unilateralen Effekte der bereits bestehenden Unternehmens-

---

[366] Ebenda, Tz. 339.

[367] Im Übrigen kann ein solcher Ausweicheffekt auch schon bei der bereits bestehenden Minderheitsbeteiligung eingetreten sein. Hier besteht auch die Gefahr eines Zirkelschlusses, wenn das unter der bestehenden Minderheitsbeteiligung bestehende Überschneidungsgebiet die räumliche Marktabgrenzung beeinflusst und die so gefundene Marktabgrenzung der Analyse des bisherigen Wettbewerbsverhaltens der am Zusammenschluss Beteiligten zugrunde gelegt wird. Zur Marktabgrenzung auf Basis des Überschneidungsgebiets vgl. BKartA, Beschluss vom 14. Dezember 2017, B4-80/17 – EnBW/MVV, Tz. 242.

[368] Monopolkommission, V. Hauptgutachten, Ökonomische Kriterien für die Rechtsanwendung, Baden-Baden 1983, Tz. 449 ff.; Thomas, in: Immenga/Mestmäcker, GWB, 5. Aufl., München 2014, § 36 Tz. 677.

verbindung – im Extremfall bis zu 24,9 Prozent – aus der Betrachtung herausgenommen, bestünde die Gefahr, dass sich Unternehmen strategisch der Zusammenschlusskontrolle entziehen. Dazu könnten sie eine Beteiligung sukzessive aufstocken, sodass die unilateralen Effekte der Teilaufstockung über 25 Prozent so gering ausfallen, dass ihre Wirkung kaum mehr nachzuweisen ist.

794. Vor dem Hintergrund, dass eine weitere Anteilsaufstockung ohne eine damit einhergehende Änderung der Kontrollverhältnisse keiner fusionskontrollrechtlichen Prüfung unterzogen werden kann, hat die Monopolkommission zudem bereits früher empfohlen, auch die Möglichkeit einer Aufstockung bis auf einen Anteil unterhalb der Kontrollerwerbsgrenze von in der Regel 50 Prozent bei der fusionskontrollrechtlichen Prüfung zu berücksichtigen.[369] Eine Prüfung, inwieweit eine solche weitere Aufstockung wahrscheinlich ist, hatte das Bundeskartellamt auch im Fall EnBW/MVV vorgenommen und festgestellt, dass diese nicht zu erwarten sei.[370] Dass ein Verkauf von Anteilen durch den anderen größeren Gesellschafter und die MVV Verkehr GmbH bzw. die mittelbare Anteilseignerin Stadt Mannheim aktuell nicht in Betracht gezogen wird, steht einer Berücksichtigung der Möglichkeit einer höheren Beteiligung jedoch nicht entgegen.[371] Kurz- bis mittelfristig kann sich diese Haltung beispielsweise bei einem entsprechend hohen Angebot durch die EnBW oder finanziellen Schwierigkeiten dieser Anteilseigner ändern.

3.2.4.3 Schlussfolgerungen und Empfehlung

795. Minderheitsbeteiligungen können durch ihre unilateralen Effekte erhebliche Schadenspotenziale entfalten, die in der Fusionskontrolle derzeit zu wenig Berücksichtigung finden. Eine besondere Problematik besteht bei der Prüfung der Wirkungen unilateraler Effekte bei Minderheitsbeteiligungen, da diese Wirkungen entfalten, die schwierig zu identifizieren und zu quantifizieren sind. Gerade bei sog. schleichenden Übernahmen kann dies zu einem „under-enforcement", also einer Freigabe von Fusionen führen, die aufgrund ihres wettbewerbsschädigenden Potenzials hätten untersagt werden sollen.

796. Die Monopolkommission empfiehlt daher, bei der Prüfung von Minderheitsbeteiligungen in der Fusionskontrolle die unilateralen Effekte besonders kritisch zu berücksichtigen. Weil die unilateral wettbewerbsbeschränkenden Effekte mit der Höhe einer Minderheitsbeteiligung zunehmen, zugleich aber gegebenenfalls erst mit Überschreitung der Schwelle von 25 Prozent eine fusionskontrollrechtliche Prüfung auf Basis eines Anteilserwerbs ausgelöst wird, ist eine Bewertung der gesamten Minderheitsbeteiligung erforderlich, um eine Schutzlücke zu vermeiden. Dazu sollte das Bundeskartellamt die wettbewerblichen Effekte einer Anteilsaufstockung auf über 25 Prozent auch auf Basis der Effekte der bereits bestehenden Beteiligung bewerten und dabei prüfen, ob – auch unter Berücksichtigung der bestehenden Beteiligung – der Wettbewerb erheblich eingeschränkt wird. Sofern auf Basis einer bestehenden Beteiligung von einer solchen Wettbewerbsbeschränkung auszugehen ist, führt jede weitere Anteilsaufstockung, auch eine solche in geringer Höhe, zu der Annahme einer erheblichen Behinderung wirksamen Wettbewerbs. Zudem sollte die Kartellbehörde im Fall einer Prüfung die Möglichkeit einer weiteren Aufstockung bis auf einen Anteil in Höhe der Kontrollerwerbsgrenze von in der Regel 50 Prozent inzident berücksichtigen und die damit einhergehenden Anreizwirkungen und Einflussmöglichkeiten in die Wettbewerbsprüfung aufnehmen.

3.3 Kartellrechtliche Kontrolle von Schlichtungsvereinbarungen am Beispiel des Falls Edeka/Kaiser's Tengelmann („Abkauf von Wettbewerb")

797. Vergleiche zur Beendigung rechtlicher Streitigkeiten haben eine Reihe positiver Effekte: Sie stiften Rechtssicherheit und tragen dazu bei, sowohl die Kosten der Parteien zu senken als auch die Gerichte zu entlasten. Allerdings können Vergleiche auch wettbewerbsbeschränkende Wirkungen entfalten, die die Effizienz solcher Vergleiche im Einzelfall infra-

---

[369] Monopolkommission, V. Hauptgutachten, Ökonomische Kriterien für die Rechtsanwendung, Baden-Baden 1983, Tz. 453.

[370] Vgl. Tz. 784 und BKartA, Beschluss vom 14. Dezember 2017, B4-80/17 – EnBW/MVV, Tz. 325.

[371] Grundsätzlich muss dem Umstand, dass weitere Anteilserwerbe ab 25 Prozent bis unter die Grenze des Kontrollerwerbs von in der Regel 50 Prozent kontrollfrei erfolgen können, in der materiellen Beurteilung Rechnung getragen werden; vgl. dazu Kallfaß, in: Langen/Bunte, Deutsches Kartellrecht, 13. Aufl., Köln 2018, § 36 Tz. 7. Hierfür sollten nach Auffassung des BGH jedoch konkrete Anhaltspunkte vorliegen; vgl. BGH, Urteil vom 19. April 1983, KVR 1/82 – VEW/Gelsenwasser, Rz. 30 (zit. nach Juris).

ge stellen. Eine solche Konstellation kann dann gegeben sein, wenn ohne den Abschluss des Vergleichs eine aus Wettbewerbssicht günstigere Situation vorliegt.

798. Im Berichtszeitraum gibt die Schlichtung in dem Fall Edeka/Kaiser's Tengelmann im Anschluss an die Anfechtung der Ministererlaubnis Anlass zu einer Analyse der dargestellten Problematik. Diese beschränkt sich allerdings nicht auf Ministererlaubnisverfahren, sondern kann immer dann auftreten, wenn das Bundeskartellamt im Rahmen der Zusammenschlusskontrolle eine Freigabe erteilt und hiergegen Drittrechtsschutz gesucht wird.[372] In der jüngeren Vergangenheit haben sich darüber hinaus die Europäische Kommission und der Europäische Gerichtshof anlässlich von Patentstreitigkeiten mit der Thematik befasst.

799. Der Fall Edeka/Tengelmann betraf das Vorhaben der Edeka Zentrale AG & Co. KG (Edeka), verschiedene Gesellschaften der Tengelmann Warenhandelsgesellschaft KG (Tengelmann) zu übernehmen. Das Übernahmevorhaben wurde durch eine Ministererlaubnis unter Nebenbestimmungen nach Untersagung des Bundeskartellamtes und einer negativen Stellungnahme der Monopolkommission erlaubt.[373]

800. Die zum Ministererlaubnisverfahren beigeladenen Unternehmen Markant, Norma und Rewe haben gegen die Entscheidung des Ministers zunächst Beschwerde beim OLG Düsseldorf eingelegt und die Beigeladenen Markant und Rewe zusätzlich Eilrechtsschutz gesucht.[374] Die Entscheidung des OLG Düsseldorf im Eilverfahren war Gegenstand einer Nichtzulassungsbeschwerde zum BGH.[375]

801. Markant und Norma haben nach einer Einigung mit Edeka im Oktober 2016 ihre Rechtsbehelfe gegen die Ministererlaubnis zurückgenommen. Im Oktober und November 2016 fanden Schlichtungsverhandlungen zwischen der Beschwerdeführerin Rewe und Edeka statt, nach denen auch Rewe am 8. Dezember 2016 seine Beschwerde beim OLG Düsseldorf zurückgenommen hat.[376] Das Bundesministerium für Wirtschaft und Energie und das Bundeskartellamt waren an den Schlichtungsverhandlungen beteiligt.[377]

802. Die Einigung bezog sich im Verhältnis zwischen Edeka und Rewe bzw. Norma auf die von Edeka übernommenen Vermögenswerte. Sie war nur unter der Prämisse möglich, dass die Ministererlaubnis zunächst vollzogen wird und Edeka die betreffenden Vermögenswerte erwirbt. Dagegen war der Eigentümer von Tengelmann nicht bereit, an der Aufteilung der betreffenden Vermögenswerte unter allen Beteiligten mitzuwirken.[378] In den Schlichtungsverhandlungen war infolgedessen vereinbart worden, dass Edeka im Gegenzug für die Zurücknahme der Rechtsbehelfe 63 Filialen in Berlin, jeweils zwei Filialen in Nordrhein-Westfalen bzw. im Großraum München sowie ein Fleischwerk und bestimmte rückwärtige Dienste auf Rewe sowie elf ehemalige Filialen der Edeka-Gruppe auf Norma übertragen würde. Markant sollte von Edeka eine finanzielle Kompensation erhalten.

803. Das Bundeskartellamt hat mit Blick auf das ursprüngliche Zusammenschlussvorhaben Edeka/Tengelmann die Übertragung der Filialen, des Fleischwerks und der rückwärtigen Dienste als dekonzentrativen Vorgang eingestuft. Die Übertragung dieser Vermögenswerte auf Rewe und Norma unterlag ihrerseits der Fusionskontrolle und wurde in beiden

---

[372] FRK-Pressemitteilung vom 28. Mai 2015 und o. A., Unitymedia einigt sich mit Telekom und Netcologne, 16. Februar 2015, https://www.internetanbieter.de/news/12702-unitymedia-einigt-sich-mit-telekom-und-netcologne/, Abruf am 8. Mai 2018, zum Fall Liberty Global/Kabel BW (BKartA Az. B7-66/11).

[373] Siehe Bundesministerium für Wirtschaft und Energie, Verfügung vom 9. März 2016, I B 2 – 22 08 50/01; dazu Pressemitteilung vom 17. März 2016; BKartA, Beschluss vom 31. März 2015, B2-96/14; Monopolkommission, XXI. Hauptgutachten, Wettbewerb 2016, 1. Aufl. 2016, Kurzfassung zu Kap. IV, S. 238 und Tz. 692, 704 ff.; Sondergutachten 70, Zusammenschlussvorhaben der Edeka Zentrale AG & Co. KG mit der Kaiser's Tengelmann GmbH, Baden-Baden 2015.

[374] OLG Düsseldorf, Beschwerdeverfahren VI-Kart 4/16 (V); Beschluss vom 12. Juli 2016, VI-Kart 3/16 (Eilverfahren).

[375] BGH, KVR 38/16; dazu Pressemitteilung Nr. 159/2016 vom 14. September 2016.

[376] OLG Düsseldorf, Pressemitteilung Nr. 39/2016 vom 8. Dezember 2016.

[377] Schulte, S., Schröder kommt bei der Tengelmann-Schlichtung voran, WAZ.de vom 27. Oktober 2016.

[378] Ebenda.

Fällen freigegeben.[379] Die fusionskontrollrechtliche Beurteilung des Bundeskartellamtes begegnet aus der Sicht der Monopolkommission keinen Bedenken.

804. Fraglich ist hingegen, wie die Schlichtungsvereinbarungen von Edeka mit Markant, Norma und Rewe kartellrechtlich nach Art. 101 AEUV, § 1 GWB zu beurteilen sind. Das Bundeskartellamt hat hierzu bereits in einem Fallbericht Stellung genommen.[380] Das deutsche Recht schließt eine derartige Prüfung neben der fusionskontrollrechtlichen Prüfung der betreffenden Zusammenschlussvorgänge nicht aus.[381] Insofern ergeben sich gewisse Parallelen zur Problematik der Patentvergleiche („pay for delay"), welche die Monopolkommission im XXI. Hauptgutachten aufbereitet hatte.[382] In den folgenden Abschnitten fasst sie diese Grundsätze unter Berücksichtigung der seither ergangenen Rechtsprechung zusammen (3.3.1), arbeitet darauf die Parallelen und Unterschiede bei den Schlichtungsvereinbarungen heraus (3.3.2) und nimmt zuletzt eine wettbewerbspolitische Würdigung im Hinblick auf künftige Fälle vor (3.3.3).

3.3.1 Zusammenfassung der Beurteilungsgrundsätze für Patentvergleiche

805. Patentvergleiche werden zwischen dem Inhaber einer patentrechtlich geschützten Rechtsposition und einem anderen Wirtschaftsteilnehmer abgeschlossen, der das betreffende Patent entweder nicht anerkennt oder es aus der Sicht des Patentinhabers verletzt. Ziel ist es, einen Interessenausgleich zwischen den Streitparteien herzustellen. Patentvergleiche können in Konflikt mit Allgemeininteressen geraten, wenn sie wettbewerbsbeschränkend sind und folglich die Verbraucher benachteiligen.

806. Derartige Nachteile sind dann möglich, wenn der Patentinhaber erstens über Marktmacht verfügt (insbesondere, wenn er Inhaber einer marktbeherrschenden Stellung ist) und wenn der Patentvergleich zweitens zur Folge hat, dass dem „Angreifer" im Rahmen einer Marktzutritte behindernden Einigung eine Teilhabe an den Profiten des Marktbeherrschers eingeräumt wird.[383] Von der dadurch erzielten Marktsituation bei Aufrechterhaltung des Patents profitiert insbesondere das über die Marktmacht verfügende Unternehmen, während es bei dem angreifenden Unternehmen und den Verbrauchern gewöhnlich zu Nachteilen kommt. Dabei wird das angreifende Unternehmen für diese Nachteile im Rahmen des Vergleichs kompensiert, während die Verbraucher eine solche Kompensation nicht erhalten. Möglich ist, dass eine Kompensation, die bei allen Parteien einschließlich der Verbraucher auf Zustimmung stößt, auch gar nicht vereinbar gewesen wäre. In diesem Fall ist der geschlossene Patentvergleich ineffizient und geht vor allem mit Nachteilen für die Verbraucher einher.

807. Ein wichtiges Indiz dafür, dass mit dem Patentvergleich zugleich wettbewerbsbeschränkende Zwecke verfolgt werden, kann sein, wenn im Vergleich eine Zahlung (oder andere Leistung) an die Gegenpartei des Patentinhabers vorgesehen ist, die im Hinblick auf den zugrunde liegenden Rechtsstreit unangemessen erscheint (insbesondere eine „umgekehrte Zahlung" vom Patentinhaber an einen mutmaßlichen Verletzer). Denn in diesem Fall liegt es nahe, dass die Parteien unter sich die Gewinne des Patentinhabers aufteilen und die Streitbeilegung nicht nur aufgrund geringer Erfolgsaussichten des angreifenden Unternehmens und der Einsparung hoher Prozesskosten erfolgt. Aus der Sicht der Europäischen Kommission sind Patentvergleiche deshalb wegen eines möglichen Verstoßes gegen das Kartellverbot (Art. 101 AEUV) zu überprüfen, wenn Dritte infolge des Vergleichs in ihrem Marktzutritt behindert werden und wenn zusätzlich ein Werttransfer zwischen den Parteien stattfindet.[384]

---

[379] BKartA, Entscheidungen B2-140/16 – Rewe und B2-38/17 – Norma.

[380] BKartA, Fallbericht vom 16. November 2017, B2-31/17.

[381] BGH, Beschluss vom 1. Oktober 1985, KVR 6/84 – Mischwerke, BGHZ 96, 69; Beschluss vom 8. Mai 2001, KVR 12/99 – Ostfleisch; Beschluss vom 4. März 2008, KVZ 55/07 – NordKS/Xella.

[382] Monopolkommission, XXI. Hauptgutachten, a. a. O., Tz. 1031 ff.

[383] Vgl. Monopolkommission, XXI. Hauptgutachten, a. a. O., Tz. 1061 ff., 1067 ff., ebenda, Tz. 1045.

[384] EU-Kommission, Pharmaceutical Sector Inquiry, Preliminary Report, 28. November 2008, Tz. 610 ff.; Contribution to the Roundtable on: Role of Competition in the Pharmaceutical Sector and its Benefits for Consumers, Seventh United Nations Conference to review the UN set on Competition Policy, 6./7. Juli 2015; dazu auch Monopolkommission, XXI. Hauptgutachten, a. a. O., Tz. 1053 f., 1061 ff.

808. Das EuG hat die Kommissionspraxis in einem Urteil des Jahres 2016 in der Sache bestätigt.[385] In dem Urteil hat es hervorgehoben, dass ein Vergleich, den ein Patentinhaber und ein marktzutrittswilliges Unternehmen in Anbetracht unterschiedlicher Anschauungen über die Gültigkeit eines Patents schließen, eine wettbewerbliche Unsicherheit untereinander durch Sicherheit auf Basis einer Gewinnverschiebung ersetze.[386] Es komme insofern zu einem Abkaufen von Wettbewerb.[387] Zumindest wenn der Patentinhaber marktbeherrschend ist, kann eine solche Vereinbarung sogar eine Kernbeschränkung in Form einer Marktaufteilung und einer Produktionsbeschränkung bedeuten, da es für Dritte in diesem Fall besonders schwierig ist, die durch den Vergleich geregelten Marktverhältnisse infrage zu stellen.[388]

809. In einem solchen Fall ist letztendlich entscheidend, dass die Parteien eine wettbewerbsrechtlich relevante Unsicherheit untereinander durch Sicherheit ersetzen. Dagegen ist nicht entscheidend, dass der betreffende Vergleich gerade eine patentgeschützte Rechtsposition betrifft. Denn Patente berechtigen ohnehin nur zur Abwehr von Angriffen auf das geschützte Recht, beinhalten aber kein Recht, von Patentangriffen verschont zu bleiben.[389] Die Gültigkeit des relevanten Patents kann bei der wettbewerbsrechtlichen Überprüfung eines Patentvergleichs sogar offengelassen werden, zumindest wenn der Patentvergleich nach seinem Inhalt in jedem Fall über einen zulässigen Patentschutz hinausgeht und den Wettbewerb beschränkt.[390] Denn ein Patentvergleich beseitigt dann zwangsläufig eine wettbewerbsrechtlich relevante Unsicherheit zwischen den Parteien.

810. Des Weiteren ist nicht entscheidend, dass die Einigung gerade zur Vermeidung oder im Rahmen eines Rechtsstreits getroffen wird. Zwar sind die Marktteilnehmer berechtigt, Vergleiche abzuschließen, um die Kosten eines Rechtsstreits zu vermeiden. Sie können bei Abschluss eines solchen Vergleichs auch berücksichtigen, welchen Schaden sie durch einen etwaigen Verlust des Rechtsstreits zu gewärtigen haben. Dennoch ist ein solcher Vergleich nicht schon deshalb zulässig, weil eine wettbewerbsbeschränkende Streitbeilegung für die daran Beteiligten am kostengünstigsten ist und die von ihnen zu tragenden Risiken am besten ausschließt.[391] Das gilt insbesondere dann, wenn der abgeschlossene Vergleich den zugrunde liegenden Rechtsstreit (z. B. über eine Patentverletzung) gar nicht wirklich beilegt, sondern eine davon letztlich unabhängige Vereinbarung enthält.[392] Bei der Einschätzung, ob ein solcher Vergleich mit dem Kartellverbot zu vereinbaren ist, ist er jedoch in einer Gesamtschau unter Berücksichtigung seines ökonomischen und rechtlichen Kontextes zu beurteilen. Außerdem bleibt selbst im Fall einer wettbewerbsbeschränkenden Vereinbarung grundsätzlich eine Effizienzrechtfertigung möglich (Art. 101 Abs. 3 AEUV).

811. Nach der Rechtsprechung ist zusammenfassend somit maßgeblich, dass der Patentinhaber aus der Sicht der Vergleichsparteien in wettbewerbsbeschränkender Weise den wirtschaftlichen Wert einer gesicherten Marktstellung teilweise auf die Gegenpartei des Vergleichs überträgt und dass diese im Gegenzug eine Zusicherung abgibt, wonach sie darauf verzichtet, die Marktstellung des Patentinhabers in der Weise, die Gegenstand des Vergleichs ist, anzugreifen.[393]

---

[385] EuG, Urteil vom 8. September 2016, T-472/13 – Lundbeck, ECLI:EU:T:2016:449, insbesondere Rz. 352–354.

[386] Ebenda, Rz. 122 ff., 363, 369, 382, 401, 429, 539, 840.

[387] EuG, Urteil vom 8. September 2016, T-472/13 – Lundbeck, ECLI:EU:T:2016:449, Rz. 352–354.

[388] Ebenda, Rz. 435; ebenso EU-Kommission, By-Object Guidance, S. 8.

[389] EuGH, Urteil vom 25. Februar 1986, 193/83 – Windsurfing International, Slg. 1986, 611, ECLI:EU:C:1986:75, Rz. 92.

[390] EuG, Urteil vom 8. September 2016, T-472/13 – Lundbeck, ECLI:EU:T:2016:449, Rz. 353 f., 384; siehe auch EuGH, Urteil vom 25. Februar 1986, 193/83 – Windsurfing International, Slg. 1986, 611, ECLI:EU:C:1986:75, Rz. 92 f. (zu nicht exklusiven Lizenzen); Urteil vom 4. Oktober 2011, C-403/08 und C-429/08 – Football Association Premier League u. a., Slg. 2011, I-9083, ECLI:EU:C:2011:631, Rz. 137 ff. Einschränkend EuGH, Urteil vom 27 September 1988, 65/86 – Bayer/Süllhöfer, Slg. 1988, 5249, ECLI:EU:C:1988:448, Rz. 19.

[391] Vgl. EuG, Urteile vom 8. Juli 2004, T-48/00 – Corus, Slg. 2004, II-2325, ECLI:EU:T:2004:219, Rz. 73; T-50/00 – Dalmine, Slg. 2004, II-2395, ECLI:EU:T:2004:220, Rz. 211, rechtskräftig bestätigt durch EuGH, Urteil vom 25. Januar 2007, C-407/04 P – Dalmine, Slg. 2007, I-829, ECLI:EU:C:2007:53.

[392] EuG, Urteil vom 8. September 2016, T-472/13 – Lundbeck, ECLI:EU:T:2016:449, Rz. 354; vgl. auch EuGH, Urteil vom 27 September 1988, 65/86 – Bayer/Süllhöfer, Slg. 1988, 5249, ECLI:EU:C:1988:448, Rz. 15 f.

[393] Zur möglichen Rechtfertigung durch wirtschaftliche Effizienzen (Art. 103 AEUV) wurde in den bisherigen Fällen nicht ausreichend vorgetragen; vgl. EuG, Urteil vom 8. September 2016, T-472/13 – Lundbeck, ECLI:EU:T:2016:449, Rz. 710 ff.; dazu auch Monopolkommission, XXI. Hauptgutachten, a. a. O., Tz. 1046.

Dagegen kommt es auf weitere Aspekte nicht an, also auch nicht etwa darauf, ob die Gegenpartei darin frei bleibt, sonstige Wettbewerbsvorstöße zu unternehmen, oder ob am Vergleich nicht beteiligte Dritte grundsätzlich noch Wettbewerbsvorstöße unternehmen können.

3.3.2 Übertragung auf den Fall Edeka/Tengelmann

812. Die Schlichtung zwischen Edeka und den Unternehmen Rewe und Norma weist offensichtliche Parallelen zu Patentvergleichen auf.[394] Wie die Patentinhaber in den bisher wegen solcher Vergleiche geführten Verfahren verfügte Edeka auf den relevanten Märkten über Marktmacht. Da das Bundeskartellamt in seiner Prüfung des Zusammenschlusses von Edeka und Tengelmann festgestellt hat, dass dieser zu einer Beschränkung wirksamen Wettbewerbs führe, ist folglich die Marktmacht von Edeka auch mit dem Zusammenschluss verbunden. Mit den Beschwerden von Rewe und Norma gegen die den Zusammenschluss ermöglichende Ministererlaubnis bestand Unsicherheit darüber, ob die den Wettbewerb beschränkende Marktstellung von Edeka in dieser Weise aufrechterhalten werden konnte. Entsprechend sicherte die Einigung von Edeka mit den Wettbewerbern Rewe und Norma die Marktstellung von Edeka ab, da sie zwischen den Beteiligten die Unsicherheit beseitigte, die infolge der Beschwerden gegen die Ministererlaubnis bestand. Rewe und Norma verzichteten nämlich im Gegenzug dafür, dass Edeka sie durch die Übertragung von Filialen und anderen Vermögenswerten an der erworbenen Marktstellung teilhaben ließ, darauf, diese Marktstellung durch Aufrechterhaltung ihrer Beschwerde gegen die Ministererlaubnis weiter infrage zu stellen.

813. Die Einigung beschränkte damit den Wettbewerb, indem sie – vor dem Hintergrund der zunächst bestehenden Unsicherheit über den Ausgang des Beschwerdeverfahrens – die Marktposition von Edeka strukturell gegenüber Rewe bzw. Norma absicherte und indem sie es zugleich für unbeteiligte Dritte schwieriger machte, die von Edeka erworbene Marktstellung anzugreifen. Diese Beschränkung kann, wie im Fall der Patentvergleiche, mit Effizienzverlusten und mit Nachteilen für die Verbraucher verbunden sein, weil deren Interesse an einer Marktsituation mit weniger beschränktem Wettbewerb im Schlichtungsergebnis keine unmittelbare Berücksichtigung fand.

814. Für die wettbewerbsrechtliche Relevanz in diesem konkreten Fall spricht auch, dass die Einigung mit der Übertragung von Filialen und anderen Vermögenswerten von Edeka an die Beschwerdeführer auch eine nicht allein mit dem Vergleichscharakter der Einigung zu erklärende und damit „angemessene" Leistung vorsah. Denn im zugrunde liegenden Rechtsstreit über die Wirksamkeit der Ministererlaubnis war gar nicht Edeka, sondern der Bund der Verfahrensgegner von Rewe und Norma. Die Einigung konnte den zugrunde liegenden Rechtsstreit somit auch nicht im Sinne eines Prozessvergleichs beenden. Die Beendigung des Rechtsstreits war vielmehr lediglich Gegenstand der zwischen einerseits Edeka und andererseits Rewe bzw. Norma getroffenen wettbewerbsbeschränkenden Vereinbarung.

815. Bei näherer Betrachtung lässt sich auch nicht einwenden, dass es Edeka, abweichend von den Patentvergleichsfällen, nicht darum gegangen sei, dass Rewe und Norma von einem Marktzutritt absehen oder einen solchen Zutritt zumindest verzögern.[395] Denn bei den inkriminierten Patentvergleichen kommt es, wie zuvor dargestellt (Tz. 806 f. und 811), nicht in erster Linie darauf an, ob die Gegenpartei des Vergleichs in den Markt eintreten will. Ausschlaggebend ist vielmehr, dass die Einigung die Marktposition des Patentinhabers absichert, was aufgrund der dargestellten Konstellation anzunehmen ist. Zugleich geht es darum, dass das marktmächtige Unternehmen den wirtschaftlichen Wert der Absicherung der Marktstellung teilweise auf den Beschwerdeführer überträgt und der Beschwerdeführer eine Zusicherung abgibt, wonach er darauf verzichtet, die Marktstellung in der Weise anzugreifen, die Gegenstand des Vergleichs ist (hier: Beschwerde gegen die Ministererlaubnis). Eine darüber hinausgehende Zusicherung des Beschwerdeführers, künftige Wettbewerbsvorstöße zu unterlassen, ist nicht erforderlich.

816. Des Weiteren lässt sich nicht einwenden, dass eine Einigung zwischen Edeka und Rewe bzw. Norma in dem der Beschwerde gegen die Ministererlaubnis zugrunde liegenden wirtschaftlichen Konflikt nur unter der Prämisse in Betracht kam, dass Edeka zunächst Tengelmann erwarb, und dass die Einigung und die darin vorgesehene Übertragung von

---

[394] Vgl. schon Kühling, J./Wambach, A., Standpunkt: Gegen den Abkauf von Wettbewerb, Frankfurter Allgemeine Zeitung vom 17. Oktober 2016, S. 17.

[395] Vgl. BKartA, Fallbericht vom 29. November 2017, B2-31/17.

Vermögenswerten somit zwangsläufig dekonzentrativ wirken würden.[396] Denn bei dieser Argumentation müsste unterstellt werden, dass die Beschwerde von Rewe und Norma gegen die Ministererlaubnis keine Erfolgsaussicht hatte. Wenn die Beschwerde hingegen auch erfolgreich sein konnte, so war der Verfahrensausgang unsicher, und es bestand ebenfalls die Möglichkeit, dass die Beschwerde von Rewe und Norma erfolgreich sein würde. In diesem Fall konnte die Einigung mit Edeka, die den Erwerb von Tengelmann absicherte, somit auch eine konzentrative Wirkung haben. Für eine solche Wirkung bestand im vorliegenden Fall aufgrund der Verfügung des OLG Düsseldorf im einstweiligen Rechtsschutzverfahren sogar eine hohe Wahrscheinlichkeit.[397]

817. Darüber hinaus ist es ohne Bedeutung, dass der Veräußerer von Tengelmann sich an einer Aufteilung nicht beteiligen wollte, sodass möglicherweise ein Risiko entstand, dass die Vermögenswerte von Tengelmann aus dem Markt ausscheiden mussten. Denn die in einem Markt vorhandenen Vermögenswerte sind kartellrechtlich nicht um ihrer selbst willen schutzwürdig. Die Einigung zwischen Edeka und Rewe bzw. Norma über die Übertragung relevanter Vermögenswerte könnte kartellrechtlich allenfalls dann hingenommen werden, falls es auch bei einem Erfolg der Rechtsbehelfe von Rewe bzw. Norma gegen die Ministererlaubnis aller Voraussicht nach dazu gekommen wäre, dass gerade die Beschwerdeführer Rewe und Norma (und nicht etwa auch Dritte) die Marktposition von Tengelmann übernommen hätten.[398] Dies lässt sich aber nicht unterstellen.

818. Zuletzt ergab sich für die an der Schlichtung unbeteiligten Marktteilnehmer nicht zwangsläufig ein ausreichender Schutz dadurch, dass der Erwerb der betreffenden Vermögenswerte durch Rewe und Norma fusionskontrollrechtlich überprüft werden musste. Denn nach der Einigung musste diese Prüfung von vornherein unter der Prämisse einer wirksamen Ministererlaubnis erfolgen, sodass Rewe bzw. Norma die mit diesen Vermögenswerten verbundene Marktstellung gerade vom marktführenden Unternehmen Edeka übernehmen würden. Außerdem betraf die Prüfung nur die von Rewe und Norma jeweils erworbene Marktstellung. Sie betraf zudem nicht die mögliche Absicherung dieser Marktstellungen durch eine Marktaufteilungsvereinbarung sowie die Aufteilung der mit den betreffenden Filialen erzielbaren Erträge zwischen Edeka und Rewe bzw. Norma.

819. Die Schlichtung zwischen Edeka und Markant erscheint demgegenüber in einem anderen Licht. Markant war, anders als Rewe und Norma, kein Wettbewerber von Edeka. Tengelmann wickelte zunächst einen Teil des Verrechnungsgeschäfts über Markant ab und bezog über eine Tochtergesellschaft von Markant einen Teil seiner Handelsmarken.[399] Edeka plante, diese Geschäftsbeziehung nach der Übernahme von Tengelmann zu beenden. Im Rahmen der Schlichtung vereinbarten Edeka und Markant, dass Markant sämtliche gegen die Ministererlaubnis erhobenen Rechtsbehelfe zurücknahm und im Gegenzug eine finanzielle Kompensation zum Ausgleich sämtlicher Nachteile aus der Beendigung der Geschäftsbeziehung erhielt (insbesondere Wettbewerbs- und Konditionennachteile). Die Zahlungen von Edeka an Markant dürften in diesem Kontext in erster Linie als Kompensation für das wegfallende Geschäft mit Tengelmann gedient haben.

3.3.3 Schlussfolgerungen und Empfehlung

820. Die Kartellbehörden haben Vergleiche zur Beendigung wettbewerbsrechtlicher Streitigkeiten, die eine Veränderung der Wettbewerbssituation zwischen aktuellen oder potenziellen Wettbewerbern zur Folge haben, in der Vergangenheit nur selten einer näheren Prüfung unterzogen. Für eine zurückhaltende Amtspraxis spricht, dass derartige Vergleiche häufig positive Effekte haben, weil sie die Rechtssicherheit erhöhen, zu Kostensenkungen bei den Vergleichsparteien führen und die Gerichte entlasten. Darüber hinaus können Vergleiche eine für den Wettbewerb günstigere Situation schaffen, als wenn das marktmächtige Unternehmen in dem betreffenden Rechtsstreit ohne Vergleich obsiegen würde.

---

[396] Vgl. BKartA, Fallbericht vom 29. November 2017, B2-31/17.

[397] OLG Düsseldorf, Beschluss vom 12. Juli 2016, VI-Kart 3/16 (V), ECLI:DE:OLGD:2016:0712.VI.KART3.16V.00.

[398] Siehe EU-Kommission, Leitlinien zur Bewertung horizontaler Zusammenschlüsse gemäß der Ratsverordnung über die Kontrolle von Unternehmenszusammenschlüssen, ABl. C 031 vom 5. Februar 2004, S. 5, Tz. 89 ff. (zu den Grundsätzen für sog. Sanierungsfusionen).

[399] Monopolkommission, Sondergutachten 70, Zusammenschlussvorhaben der Edeka Zentrale AG & Co. KG mit der Kaiser's Tengelmann GmbH, 1. Aufl. 2015.

Allerdings kann auch der gegenteilige Effekt eintreten: Vergleiche können eine Situation herbeiführen, die sich aus wettbewerblicher Sicht ungünstiger als ohne den Vergleich darstellt. Dieser Möglichkeit ist durch die Wettbewerbsbehörden Rechnung zu tragen.

821. Angesichts der ambivalenten Wirkungen von Vergleichen zur Beendigung rechtlicher Streitigkeiten und zur Vermeidung von Fehlanreizen erscheint ein graduelles Vorgehen der Wettbewerbsbehörden sachgerecht. Daraus folgt, dass diese nur in Fällen schwerwiegender bzw. naheliegender Wettbewerbsbeeinträchtigungen tätig werden sollten. Zur Abgrenzung ebendieser Konstellationen von anderen – eher unproblematischen Fällen – sind geeignete Kriterien aufzustellen:

- Ein erstes Kriterium dafür, wann ein Einschreiten der Kartellbehörden geboten ist, könnte die Höhe der vereinbarten Kompensation sein, die im Gegenzug zu der Rechtsmittelrücknahme erfolgt. Ist die Kompensationsleistung unverhältnismäßig hoch, könnte dies für das Vorliegen wettbewerbsbeschränkender Wirkungen des Vergleichs streiten. Dabei ließe sich die Verhältnismäßigkeit beispielsweise anhand der Umsätze, die auf den betroffenen Märkten mit den streitbefangenen Produkten erzielt werden, beurteilen. Dagegen würde eine Kompensation ausschließlich der zu erwartenden Prozesskosten gegen einen wettbewerbsbeeinträchtigenden Charakter des Vergleichs sprechen.

- Als weiteres Kriterium könnten die Erfolgsaussichten des eingelegten Rechtsmittels bzw. die entsprechenden Erwartungen der Vergleichsparteien herangezogen werden. Dabei dürfte ein enger Zusammenhang mit der Höhe der vereinbarten Kompensation bestehen. Der wettbewerbsbeschränkende Charakter eines Vergleichs ließe sich insbesondere aus dem Umstand ableiten, dass die Vergleichspartner von einem Erfolg des eingelegten Rechtsmittels ausgehen. Ein Indiz für derartige Erwartungen könnte es wiederum sein, wenn ein Rechtsbehelf im einstweiligen Rechtsschutzverfahren oder in der ersten Instanz bereits erfolgreich war und die Vereinbarung mit dem Ziel getroffen wird, das Hauptsacheverfahren bzw. die Rechtsmittelinstanz zu beenden.

- Als dritter Anhaltspunkt könnte das Ausmaß der Wettbewerbsbeeinträchtigung und der damit verbundenen negativen Folgen für die Verbraucher – gemessen an einer Fortführung des Rechtsstreits – dienen. Von einer schwerwiegenden Wettbewerbsbeeinträchtigung wäre jedenfalls immer bei einer Anfechtung von Ministererlaubnisentscheidungen auszugehen.[400] Denn der Ministererlaubnis geht stets eine Untersagung seitens des Bundeskartellamtes voran, das gerade eine solche erhebliche Wettbewerbsbeeinträchtigung festgestellt hat.

822. Die Monopolkommission empfiehlt den Kartellbehörden aufgrund der vorstehenden Erwägungen, Vereinbarungen der in diesem Abschnitt beschriebenen Art, die eine Rücknahme von Rechtsbehelfen zur Folge haben, in jedem Fall zu prüfen und auf Basis der oben genannten Kriterien die Einleitung eines Verfahrens zu erwägen.

3.4   Drittplattformverbote

823. Aufgrund eines Vorabentscheidungsersuchens des OLG Frankfurt am Main[401] hat sich der EuGH in einem Urteil vom 6. Dezember 2017[402] erstmals mit der kartellrechtlichen Zulässigkeit von sog. Drittplattformverboten befasst. Hierbei handelt es sich um eine Vertriebsbeschränkung, bei der ein Hersteller seinen Händlern den Verkauf auf Online-Marktplätzen, die von Dritten betrieben werden und möglicherweise als solche erkennbar sind (z. B. Amazon Marketplace, eBay), untersagt. Der EuGH hat in diesem Zusammenhang zwei bislang streitige Fragen positiv beantwortet, und zwar: (i) Kann die Pflege eines bestimmten Markenimages[403] ein selektives Vertriebssystem rechtfertigen, ohne den

---

[400] Mit der Änderung von § 63 Abs. 2 GWB durch die 9. GWB-Novelle beabsichtigte der Gesetzgeber eine Beschränkung des Rechtsschutzes gegen die Entscheidungen des Bundesministers für Wirtschaft und Energie. Vgl. zur Kritik Abschnitt 3.7.4 in diesem Kapitel.

[401] Beschluss vom 19. April 2016, 11 U 96/14 (Kart), ECLI:DE:OLGHE:2016:0419.11U96.14KART.0A.

[402] C-230/16 – Coty Germany, ECLI:EU:C:2017:941.

[403] Sofern nicht das Image einer gesamten Marke, sondern das eines einzelnen Produktes im Vordergrund steht, geht es – streng genommen – um das Produktimage. Die Begriffe „Markenimage" und „Produktimage" werden im Folgenden jedoch aus Gründen

Tatbestand des Art. 101 Abs. 1 AEUV zu verwirklichen, und (ii) darf ein Hersteller seinen Händlern im Rahmen eines selektiven Vertriebssystems den Verkauf auf Online-Marktplätzen unter Verweis auf das Markenimage untersagen?

3.4.1 Meinungsstand zu Drittplattformverboten

824. Die kartellrechtliche Zulässigkeit von Drittplattformverboten war in der Vergangenheit wiederholt Gegenstand von Streitigkeiten vor deutschen Zivilgerichten und dem Bundeskartellamt. Die deutsche Rechtsprechung ist bislang uneinheitlich gewesen.[404] Vor dem Coty-Urteil des EuGH hat sich zuletzt das OLG Frankfurt am Main mit Drittplattformverboten befasst und sie für zulässig erachtet; daneben hat es auch die Möglichkeit der Berücksichtigung des Markenimages als qualitatives Selektionskriterium bejaht.[405] Das Bundeskartellamt sieht Drittplattformverbote eher kritisch, ohne jedoch bislang die Frage ihrer Zulässigkeit abschließend beantwortet zu haben.[406] Die Europäische Kommission bezeichnet Drittplattformverbote in ihren Vertikal-Leitlinien aus dem Jahr 2010 als grundsätzlich legitime qualitative Anforderungen an den Online-Vertrieb[407] und bestätigt diese Einschätzung im Wesentlichen in ihrem Zwischenbericht zur Sektoruntersuchung zum elektronischen Handel aus dem Jahr 2016.[408] Der EuGH hat sich vor dem Coty-Urteil zwar noch nicht zur Zulässigkeit von Drittplattformverboten geäußert, aber in einer markenrechtlichen Entscheidung aus dem Jahr 2009 die Frage bejaht, ob das Markenimage im Rahmen eines selektiven Vertriebssystems Berücksichtigung finden kann.[409] Die Äußerung der Europäischen Kommission in den Vertikal-Leitlinien und die markenrechtliche Entscheidung des EuGH wurden zwischenzeitlich infrage gestellt durch das EuGH-Urteil in der Rechtssache Pierre Fabre, in dem dieser – nun in einer kartellrechtlichen Streitigkeit – die Berücksichtigung des Markenimages verneint hat.[410] Allerdings betraf diese Entscheidung ein vollständiges Verbot des Internetvertriebs. Die Monopolkommission steht der Berücksichtigung des Markenimages bei selektiven Vertriebssystemen positiv gegenüber und empfiehlt, die Zulässigkeit von Drittplattformverboten im Einzelfall davon abhängig zu machen, ob die aus dem Schutz des Markenimages folgende Belebung des markeninternen Wettbewerbs die negativen Auswirkungen auf den markenübergreifenden Wettbewerb überwiegt.[411]

3.4.2 EuGH-Urteil in der Rechtssache Coty

825. Im Rahmen der nachfolgenden Darstellung des EuGH-Urteils in der Rechtssache Coty werden zunächst der wesentliche Sachverhalt des den Vorlagefragen des OLG Frankfurt am Main zugrunde liegenden Rechtsstreits sowie die Vorlagefragen selbst (3.4.2.1) und anschließend die Entscheidungsgründe des EuGH-Urteils (3.4.2.2) dargestellt.

3.4.2.1 Sachverhalt und Vorlagefragen

826. Den Vorlagefragen des OLG Frankfurt am Main an den EuGH liegt ein Rechtsstreit zwischen der deutschen Vertriebsgesellschaft des Markenparfümherstellers Coty, Coty Germany GmbH („Coty"), und dem Einzelhändler Parfümerie Akzente GmbH („Parfümerie Akzente") zugrunde. Coty betreibt ein selektives Vertriebssystem, zu dem die Parfümerie

---

der Vereinfachung sowie der besseren Lesbarkeit grundsätzlich synonym verwendet. Entsprechendes gilt für die Begriffe „Marke" und „Produkt".

[404] Monopolkommission, Sondergutachten 68, a. a. O., Tz. 420.

[405] OLG Frankfurt am Main, Urteil vom 22. Dezember 2015, 11 U 84/14 (Kart) – Funktionsrucksäcke, ECLI:DE:OLGHE:2015:1222. 11U84.14KART.0A.

[406] BKartA, Beschluss vom 26. August 2015, B2-98/11 – Asics; Beschluss vom 27. Juni 2014, B3-137/12 – Adidas; Beschluss vom 15. Oktober 2013, B7-1/13-35 – Sennheiser. Vgl. auch BKartA, Vertikale Beschränkungen in der Internetökonomie, Hintergrundpapier vom 10. Oktober 2013, S. 24 ff.

[407] So eine – nicht unumstrittene – Interpretation der sog. Logoklausel in Tz. 54 der Leitlinien für vertikale Beschränkungen, ABl. C 130, 19. Mai 2010, S. 1 („Vertikal-Leitlinien"); dazu Kumkar, Online-Märkte und Wettbewerbsrecht, Baden-Baden 2017, S. 345 ff.

[408] EU-Kommission, Preliminary Report on the E-commerce Sector Inquiry, SWD(2016) 312 final, 15. September 2016, Tz. 465 ff.

[409] EuGH, Urteil vom 23. April 2009, C-59/08 – Copad, ECLI:EU:C:2009:260, Rz. 29 f. So auch das EuG, Urteil vom 12. Dezember 1996, T-88/92 – Leclerc, ECLI:EU:T:1996:192, Rz. 109, zum Kartellrecht.

[410] EuGH, Urteil vom 13. Oktober 2011, C-439/09 – Pierre Fabre Dermo-Cosmétique, ECLI:EU:C:2011:649.

[411] Monopolkommission, Sondergutachten 68, a. a. O., Tz. 420 ff., insbesondere Tz. 436.

Akzente als sog. Depositär zugelassen ist. Zu diesem Zweck besteht zwischen Coty und der Parfümerie Akzente ein Depotvertrag, in dem unter anderem bestimmte Anforderungen an die Gestaltung der Verkaufsräume der Händler sowie die Präsentation der Waren festgelegt sind und der Luxuscharakter der Prestige-Marken von Coty hervorgehoben wird. Parfümerie Akzente bietet die von Coty bezogenen Parfüms sowohl in stationären Geschäften als auch im Internet und hier wiederum in einem eigenen Onlineshop und auf der Drittplattform Amazon Marketplace („amazon.de") an. Zwischenzeitlich überarbeitete Coty den Depotvertrag mit seinen Händlern. In den neuen Vertragsbedingungen findet sich auch eine Klausel, die den Vertrieb auf solchen Online-Plattformen, die erkennbar von Dritten betrieben werden und deren Betreiber keine autorisierten Händler von Coty sind, verbietet.

827. Da Parfümerie Akzente dieser Vertragsänderung nicht zustimmte und den Verkauf auf Amazon Marketplace fortführte, klagte Coty vor dem LG Frankfurt am Main auf Unterlassung. Das LG Frankfurt am Main wies die Klage mit der Begründung ab, die streitige Vertragsklausel verstoße gegen das Kartellverbot (Art. 101 AEUV und § 1 GWB). Insbesondere tauge die Aufrechterhaltung eines prestigeträchtigen Markenimages nicht zur Rechtfertigung eines selektiven Vertriebssystems, stelle das Drittplattformverbot eine sog. Kernbeschränkung im Sinne der Vertikal-GVO dar und sei auch keiner Einzelfreistellung zugängig.[412] Gegen die Entscheidung des LG Frankfurt am Main legte Coty Berufung zum OLG Frankfurt am Main ein, das das Verfahren aussetzte und dem EuGH – verkürzt dargestellt – folgende Fragen zur Vorabentscheidung vorlegte:

(i) Ist die Sicherstellung des „Luxusimages" eines Produktes ein im Rahmen eines selektiven Vertriebssystems berücksichtigungsfähiges Kriterium, das mit Art. 101 Abs. 1 AEUV vereinbar ist?

(ii) Ist ein pauschales Verbot eines Herstellers an einen Händler, seine Produkte auf der Website eines Dritten, die als solche erkennbar ist und deren Betreiber nicht zu dem selektiven Vertriebssystem zugelassen ist, an Endkunden zu verkaufen, mit Art. 101 Abs. 1 AEUV vereinbar?

(iii) Stellt ein solches Drittplattformverbot eine bezweckte Beschränkung der Kundengruppe des Einzelhändlers im Sinne des Art. 4 lit. b Vertikal-GVO (dritte Vorlagefrage) und/oder eine bezweckte Beschränkung des passiven Verkaufs an Endverbraucher im Sinne des Art. 4 lit. c Vertikal-GVO (vierte Vorlagefrage) dar?

3.4.2.2 Entscheidungsgründe

828. Ein selektives Vertriebssystem ist nach der Rechtsprechung des EuGH nicht wettbewerbsbeschränkend, wenn es bestimmte Anforderungen erfüllt. Diese sog. Metro-Kriterien setzen voraus, dass (i) die Auswahl der Wiederverkäufer anhand objektiver Gesichtspunkte qualitativer Art erfolgt, die einheitlich für alle in Betracht kommenden Wiederverkäufer festgelegt und ohne Diskriminierung angewendet werden, (ii) die Eigenschaften des fraglichen Erzeugnisses zur Wahrung seiner Qualität und zur Gewährleistung seines richtigen Gebrauchs ein solches Vertriebsnetz erfordern und (iii) die festgelegten Kriterien schließlich nicht über das erforderliche Maß hinausgehen.[413] Sind diese Anforderungen erfüllt, ist die Vereinbarung bereits nicht von Art. 101 Abs. 1 AEUV erfasst, und eine (Gruppen- oder Einzel-)Freistellung ist von vornherein nicht erforderlich.

Erste Vorlagefrage: Schutz des Produktimages als legitimes Ziel?

829. Im streitgegenständlichen Fall wollte das OLG Frankfurt am Main mit seiner ersten Vorlagefrage vom EuGH wissen, ob im Rahmen des zweiten „Metro-Kriteriums" (Erforderlichkeit des selektiven Vertriebssystems zur Wahrung der Qualität und zur Gewährleistung des richtigen Gebrauchs des Erzeugnisses) das mit dem selektiven Vertriebssystem verfolgte Ziel auch dann ein legitimes ist, wenn die Qualität des betreffenden Produktes nicht auf seinen materiellen Eigenschaften, sondern auf seinem Prestigecharakter beruht. Der EuGH bejaht diese Frage im vorliegenden Urteil und führt zur Begründung aus, dass die luxuriöse Ausstrahlung eines Produktes für den Verbraucher ein wesentliches Element dafür

---

[412] LG Frankfurt am Main, Urteil vom 31. Juli 2014, 2-03 O 128/13, ECLI:DE:LGFFM:2014:0731.2.3O128.13.0A.

[413] EuGH, Urteil vom 6. Dezember 2017, C-230/16 – Coty Germany, ECLI:EU:C:2017:941, Rz. 24; Urteil vom 13. Oktober 2011, C-439/09 – Pierre Fabre Dermo-Cosmétique, ECLI:EU:C:2011:649, Rz. 41. Grundlegend: EuGH, Urteil vom 25. Oktober 1977, C-26/76 – Metro I, ECLI:EU:C:1977:167, Rz. 20.

sei, dieses Produkt von anderen Produkten zu unterscheiden, und dass die Schädigung der luxuriösen Ausstrahlung geeignet sei, die Qualität des Produktes selbst zu beeinträchtigen.[414] Dabei verweist der EuGH auch auf seine Rechtsprechung zum Markenrecht, wo er bereits festgestellt hat, dass eine bestimmte Form der Darbietung von Waren zu deren Ansehen und somit zur Wahrung ihrer luxuriösen Ausstrahlung beitragen könne.[415] Danach könne nicht ausgeschlossen werden, dass der Verkauf von Prestigewaren durch Dritte, die nicht dem selektiven Vertriebssystem angehören, die Qualität dieser Waren selbst beeinträchtigt.[416] Zudem macht der EuGH deutlich, dass diese Schlussfolgerung nicht durch das zeitlich nachfolgende, kartellrechtliche Urteil in der Rechtssache Pierre Fabre entkräftet werde.[417] Diese Entscheidung, in der der EuGH die Aussage getroffen hat, dass der Schutz des Prestigecharakters kein legitimes Ziel zur Beschränkung des Wettbewerbs sein könne,[418] wurde in der Vergangenheit wiederholt als Argument gegen die Möglichkeit der Berücksichtigung des Markenimages und der Zulässigkeit von Drittplattformverboten insgesamt angeführt. Der EuGH stellt nun klar, dass sich die Pierre Fabre-Entscheidung von der Rechtssache Coty insofern unterscheide, als es dort (i) um ein pauschales Verbot des Onlinevertriebs und (ii) nicht um Luxuswaren, sondern um Kosmetika und Körperpflegeprodukte ging.[419]

Zweite Vorlagefrage: Drittplattformverbot mit Kartellverbot vereinbar?

830. Mit seiner zweiten Vorlagefrage möchte das OLG Frankfurt am Main vom EuGH wissen, ob im Hinblick auf ein Drittplattformverbot, das das legitime Ziel der Sicherstellung eines bestimmten Produktimages verfolgt (so die Antwort des EuGH auf die erste Vorlagefrage), die „Metro-Kriterien" auch im Übrigen erfüllt sind, d. h., das Drittplattformverbot diskriminierungsfrei angewendet wird sowie zur Sicherstellung eines bestimmten Produktimages geeignet und erforderlich ist. Da die Prüfung dieser Voraussetzungen im Wesentlichen eine von dem vorlegenden Gericht für den Einzelfall zu klärende Frage darstellt, können sich die diesbezüglichen Ausführungen des EuGH nur auf grundsätzliche Erwägungen zu den Vorgaben des Unionsrechts beschränken. In diesem Zusammenhang entnimmt der EuGH den Akten des OLG Frankfurt am Main zunächst, dass das Drittplattformverbot von Coty diskriminierungsfrei angewendet wird, um sodann seine Geeignetheit zur Sicherstellung des Produktimages sowie seine Erforderlichkeit näher zu untersuchen.[420] Dabei kommt der EuGH zu dem Ergebnis, dass das Drittplattformverbot – vorbehaltlich der von dem OLG Frankfurt am Main vorzunehmenden Einzelfallprüfung – die „Metro-Kriterien" erfüllt und damit bereits nicht wettbewerbsbeschränkend im Sinne des Art. 101 Abs. 1 AEUV ist.

831. Die Geeignetheit des Drittplattformverbotes stützt der EuGH auf folgende Argumente:[421]

> (iv) Das Drittplattformverbot gewährleistet, dass die Waren des Herstellers nicht mit Händlern in Verbindung gebracht werden, die nicht zu dem selektiven Vertriebssystem zugelassen sind.

> (v) Es dient dem Hersteller außerdem dazu, die von ihm im Rahmen des selektiven Vertriebssystems festgelegten Qualitätsanforderungen zu überprüfen und – notfalls – durchzusetzen. Im Verhältnis zu dem Betreiber einer (nicht autorisierten) Drittplattform hätte er hierzu mangels einer entsprechenden Vertragsbeziehung keine Möglichkeit.

---

[414] EuGH, Urteil vom 6. Dezember 2017, C-230/16 – Coty Germany, ECLI:EU:C:2017:941, Rz. 25.

[415] EuGH, Urteil vom 23. April 2009, C-59/08 – Copad, ECLI:EU:C:2009:260, Rz. 29.

[416] Ebenda, Rz. 30.

[417] EuGH, Urteil vom 6. Dezember 2017, C-230/16 – Coty Germany, ECLI:EU:C:2017:941, Rz. 30.

[418] EuGH, Urteil vom 13. Oktober 2011, C-439/09 – Pierre Fabre Dermo-Cosmétique, ECLI:EU:C:2011:649, Rz. 46.

[419] EuGH, Urteil vom 6. Dezember 2017, C-230/16 – Coty Germany, ECLI:EU:C:2017:941, Rz. 32. Obwohl das Pierre Fabre-Urteil ein vollständiges Verbot des Internetvertriebs zum Gegenstand hat, verneinte das EuG unter Bezugnahme auf diese Entscheidung und noch kurz vor Erlass des Coty-Urteils den Schutz des Prestigecharakters von Luxusuhren als legitimes Ziel im Rahmen eines selektiven Reparatursystems; EuG, Urteil vom 23. Oktober 2017, T-712/14 – CEAHR, ECLI:EU:T:2017:748, Rz. 65.

[420] EuGH, Urteil vom 6. Dezember 2017, C-230/16 – Coty Germany, ECLI:EU:C:2017:941, Rz. 42 f.

[421] Ebenda, Rz. 44 ff.

(vi) Das Luxusimage bestimmter Waren wäre gefährdet, wenn diese auf einer Plattform angeboten würden, die einen „Verkaufskanal für Waren aller Art" darstellt.

832. Die Erforderlichkeit des Drittplattformverbotes wird vom EuGH wie folgt begründet:[422]

(i) Anders als in der Rechtssache Pierre Fabre geht es vorliegend nicht um ein pauschales Verbot des Internetvertriebs, sondern nur um ein Verbot des Vertriebs über Drittplattformen, die als solche erkennbar sind und nicht zu dem selektiven Vertriebssystem des Herstellers zugelassen sind.

(ii) Nach der Sektoruntersuchung der Europäischen Kommission zum elektronischen Handel stellen eigene Onlineshops der Händler – mehr als 90 Prozent der befragten Einzelhändler betreiben solche Onlineshops – trotz der zunehmenden Bedeutung von Drittplattformen den wichtigsten Verkaufskanal im Rahmen des Internetvertriebs dar.[423]

(iii) Mangels Vertragsbeziehung zwischen dem Hersteller und dem Betreiber einer (nicht autorisierten) Drittplattform wäre eine Erlaubnis des Drittplattformvertriebs, die an die Bedingung geknüpft ist, dass beim Vertrieb über die Drittplattform bestimmte, vom Hersteller festgelegte Qualitätsanforderungen erfüllt werden, nicht ebenso wirksam wie das streitgegenständliche pauschale Drittplattformverbot.

Dritte und vierte Vorlagefrage: Drittplattformverbot als Kernbeschränkung?

833. Obgleich der EuGH nach den bisherigen Ausführungen und vorbehaltlich der ausstehenden Einzelfallprüfung durch das OLG Frankfurt am Main bereits eine tatbestandsmäßige Wettbewerbsbeschränkung ausschließen konnte, befasst er sich abschließend mit der Freistellung eines etwaigen Verstoßes gegen Art. 101 Abs. 1 AEUV gemäß der Vertikal-GVO.[424] Entsprechend der dritten und vierten Vorlagefrage prüft der EuGH, ob das Drittplattformverbot als Beschränkung der Kundengruppe (Art. 4 lit. b Vertikal-GVO) und/oder als Beschränkung des passiven Verkaufs an Endverbraucher (Art. 4 lit. c Vertikal-GVO) zu qualifizieren ist. Der EuGH verneint sowohl das Vorliegen der einen als auch der anderen Kernbeschränkung. Zu Art. 4 lit. b Vertikal-GVO stellt er fest, *„dass innerhalb der Gruppe der Online-Käufer die Kunden von Drittplattformen nicht abgrenzbar sein dürften"*, diese mithin keine separate Kundengruppe im Sinne der Vorschrift darstellen.[425] Zu Art. 4 lit. c Vertikal-GVO führt der EuGH aus, dass nach dem Depotvertrag mit Coty die Möglichkeit bestehe, *„über das Internet auf Drittplattformen und mittels Suchmaschinen Werbung zu betreiben, so dass die Kunden [...] mittels solcher Suchmaschinen Zugang zum Internetangebot der autorisierten Händler haben dürften"* und es folglich zu keiner – relevanten – Beschränkung des Internetvertriebs (= passiver Verkauf) an Endverbraucher kommt.[426]

3.4.3 Stellungnahme und Empfehlungen

3.4.3.1 Keine Beschränkung auf Luxuswaren oder -image

834. Die Klarstellung des EuGH, dass der Schutz des Images einer Marke oder eines Produktes grundsätzlich auch im Hinblick auf die Wettbewerbsregeln ein legitimes Ziel zur Einrichtung eines selektiven Vertriebssystems darstellt, ist zu

---

[422] EuGH, Urteil vom 6. Dezember 2017, C-230/16 – Coty Germany, ECLI:EU:C:2017:941, Rz. 52 ff.

[423] Europäische Kommission, Abschlussbericht über die Sektoruntersuchung zum elektronischen Handel vom 10. Mai 2017, COM(2017) 229 final, Rz. 39.

[424] Eine (Einzel- oder Gruppen-)Freistellung ist erforderlich, wenn im rein qualitativen selektiven Vertrieb die „Metro-Kriterien" nicht erfüllt werden oder eine andere Vertriebsform (einfacher Vertrieb oder quantitativer selektiver Vertrieb) gewählt wird. Scheidet eine Freistellung nach der Vertikal-GVO aus, etwa weil die doppelte Marktanteilsschwelle des Art. 3 Abs. 1 Vertikal-GVO (jeweils 30 Prozent auf Anbieter- und Abnehmerseite) überschritten ist oder eine Kernbeschränkung im Sinne des Art. 4 Vertikal-GVO vorliegt, bleibt schließlich noch die Möglichkeit der Einzelfreistellung gemäß Art. 101 Abs. 3 AEUV.

[425] EuGH, Urteil vom 6. Dezember 2017, C-230/16 – Coty Germany, ECLI:EU:C:2017:941, Rz. 66.

[426] EuGH, Urteil vom 6. Dezember 2017, C-230/16 – Coty Germany, ECLI:EU:C:2017:941, Rz. 67. Auch die Europäische Kommission lehnt das Vorliegen einer Kernbeschränkung in ihrem Zwischenbericht zur Sektoruntersuchung zum elektronischen Handel ab; vgl. Preliminary Report on the E-commerce Sector Inquiry vom 15. September 2016, SWD(2016) 312 final, Tz. 472.

begrüßen. Sie anerkennt, dass der Aufbau und die Pflege eines Marken- bzw. Produktimages aus ökonomischer Sicht den Nutzen für die Verbraucher erhöhen können.[427] Damit hat der EuGH in dem Coty-Urteil für das Wettbewerbsrecht erstmals entschieden, dass der Vertriebsweg Teil des Produktes bzw. der Marke sein kann.

835. Allerdings hat der EuGH insofern Anlass zu neuerlichen Diskussionen gegeben, als er den dem Coty-Urteil zugrunde liegenden Sachverhalt von der Pierre Fabre-Entscheidung dadurch abgrenzt, dass jener Luxusprodukte und dieser lediglich Kosmetika und Körperpflegeprodukte betreffe.[428] Nachdem sich der EuGH in seinem Coty-Urteil positiv dazu geäußert hat, dass das Image einer Marke überhaupt berücksichtigungsfähig im Sinne der „Metro-Kriterien" ist, liegt der Schwerpunkt der Kontroverse nunmehr auf der Frage, ob dies nur für Luxuswaren gilt oder ob auch das Image von Produkten jenseits des Luxussegments die Einrichtung eines selektiven Vertriebssystems rechtfertigen kann. Das Bundeskartellamt, das sich bereits zuvor in mehreren Fällen kritisch zur Möglichkeit der Berücksichtigung des Produktimages geäußert hat,[429] hat unmittelbar im Anschluss an die Veröffentlichung des Coty-Urteils die Bedeutung der Entscheidung in einer ersten Einschätzung dahingehend relativiert, dass sich ihr Anwendungsbereich auf Luxuswaren beschränke.[430]

836. Fraglich ist also, ob auch das Markenimage von Produkten jenseits des Luxussegments von der Coty-Entscheidung erfasst ist bzw. erfasst sein sollte. Die Wortwahl des EuGH deutet weder eindeutig in die eine noch in die andere Richtung. Tatsächlich verwendet der EuGH in seiner Entscheidung zwar wiederholt die Begriffe „Luxuswaren" bzw. „Luxusimage". Allerdings spricht bereits das OLG Frankfurt am Main in seinem Beschluss, und zwar in der ersten Vorlagefrage selbst und auch in den Gründen zu den Vorlagefragen, von „Luxus- und Prestigewaren" bzw. einem „Luxusimage", sodass sowohl die Diktion des EuGH als auch die (vermeintliche) Beschränkung auf das „Luxussegment" entsprechend vorgeprägt sein könnten. Sofern der EuGH den Sachverhalt des Coty-Urteils – wie dargestellt – von dem der Rechtssache Pierre Fabre abgrenzt, ist seine Wortwahl aber durchaus zweideutig. So betont der EuGH zwar, dass sich das Pierre Fabre-Urteil von dem Coty-Urteil unter anderem dadurch unterscheide, dass jenes ein selektives Vertriebssystem betreffe, das nicht Luxuswaren, sondern Kosmetika und Körperpflegeprodukte zum Gegenstand habe. Hier macht der EuGH also einen Unterschied zwischen Luxuswaren und sonstigen Produkten. An anderer Stelle führt er jedoch aus, dass seine Äußerungen in der Pierre Fabre-Entscheidung nicht dahingehend zu verstehen seien, *„dass der Schutz des Prestigecharakters eine Wettbewerbsbeschränkung, wie sie sich aus der Existenz eines selektiven Vertriebsnetzes ergibt, nunmehr für sämtliche Waren, insbesondere Luxuswaren, nicht mehr rechtfertigen könnte [...]".*[431] Hier scheint der EuGH Luxuswaren zwar eine besondere Relevanz zukommen zu lassen („insbesondere"), zugleich sollen sie aber offenbar nur ein Beispiel für solche Waren sein, bei denen das Produktimage berücksichtigungsfähig ist. Schließlich war bereits Generalanwalt Wahl in seinen Schlussanträgen der Auffassung, dass sowohl „Luxuswaren" als auch „sogenannte Qualitätswaren" den selektiven Vertrieb rechtfertigten,[432] ohne dass sich der EuGH in seinem Urteil mit dieser Unterscheidung auseinandersetzt.

837. Sofern sich die Ausführungen des EuGH in der Rechtssache Coty aber tatsächlich auf Waren des Luxussegments beschränken sollten, stellt sich die Frage, ob auch der Schutz des Images von Marken bzw. Produkten jenseits des Luxussegments ein legitimes Ziel zur Einrichtung eines selektiven Vertriebssystems ist. Hierfür spricht, dass das Image eines Produktes auch bei sonstigen Markenwaren ein wertbildender Faktor sein kann, sodass ein Abnehmer deshalb bereit ist, mehr Geld für sie auszugeben. Es geht also ohnehin weniger um echte Luxuswaren, die nur für eine kleine, besonders

---

[427] Monopolkommission, Sondergutachten 68, a. a. O., Tz. 424.

[428] EuGH, Urteil vom 6. Dezember 2017, C-230/16 – Coty Germany, ECLI:EU:C:2017:941, Rz. 32; dazu bereits Tz. 829.

[429] BKartA, Beschluss vom 26. August 2015, B2-98/11 – Asics, Tz. 250, 590 ff.; BKartA, Beschluss vom 27. Juni 2014, B3-137/12 – Adidas, Fallbericht vom 19. August 2014, S. 7.

[430] BKartA, Twittermeldung vom 6. Dezember 2017: *„#AMundt zu „Coty"-Urteil: Der #EuGH hat sich große Mühe gegeben, seine Aussagen auf den Bereich der Luxusprodukte zu beschränken. #Markenhersteller haben nach wie vor keinen Freibrief bei #Plattformverboten. Erste Einschätzung: Begrenzte Auswirkung auf unsere Praxis."* Zur Möglichkeit der Markenbeeinträchtigung bei Luxusprodukten bereits BKartA, Beschluss vom 26. August 2015, B2-98/11 – Asics, Tz. 616 f.

[431] EuGH, Urteil vom 6. Dezember 2017, C-230/16 – Coty Germany, ECLI:EU:C:2017:941, Rz. 35.

[432] GA Wahl, Schlussanträge vom 26. Juli 2017, C-230/06 – Coty Germany, ECLI:EU:C:2017:603, Rz. 92.

finanzstarke Kundschaft erschwinglich sind, als vielmehr um eine „Aura von Luxus"[433], mit der sich unter Umständen auch vergleichsweise günstige Produkte besonders vermarkten lassen. Letztlich dürften auch Parfüms – wie die in der Rechtssache Coty streitgegenständlichen – sogar günstiger oder jedenfalls nicht wesentlich teurer sein als die Produkte der Marken, gegenüber denen sich das Bundeskartellamt bei der Berücksichtigung ihres Images eher kritisch geäußert hat, namentlich Adidas (Sport-/Lifestylebekleidung und -schuhe) und Asics (Sportbekleidung und -schuhe, insbesondere Laufschuhe).

838. Es erscheint jedoch nicht einmal erforderlich, dass einem Produkt überhaupt ein Luxusimage anhaftet. So kann etwa ein Lifestyle- oder Sportimage für den Verbraucher – je nach seinen individuellen Vorlieben – gegenüber einem Luxusimage vorzugswürdig sein.[434] Ein wertiges Einkaufserlebnis kann deshalb aus Verbrauchersicht bei Lifestyle- oder Sportprodukten ebenfalls von Bedeutung sein, während aus Herstellersicht die Investitionen in den Aufbau und die Pflege des Images solcher Produkte ähnlich schützenswert sind.[435] Auch aus Gründen der Kohärenz mit markenrechtlichen Erwägungen wäre eine Einbeziehung von Markenwaren insgesamt angezeigt; denn bei Produkten jenseits des Luxussegments ist eine Beeinträchtigung des Ansehens der Marke ebenfalls denkbar.[436] Schließlich würde dann auch die unter Umständen schwierige Abgrenzung zwischen Luxus- und „einfachen" (aber hochwertigen) Markenwaren entfallen. Entscheidend für die Möglichkeit der Berücksichtigung eines bestimmten Images sollte deshalb letztlich die Frage sein, ob das Image im Einzelfall wesentlich zu der immateriellen Qualität des betreffenden Produktes beiträgt.

839. Vor diesem Hintergrund spricht sich die Monopolkommission für eine grundsätzliche Anerkennung des Images auch von Markenprodukten jenseits des Luxussegments aus. Die im Rahmen selektiver Vertriebssysteme nach den „Metro-Kriterien" zu prüfenden weiteren Voraussetzungen der Geeignetheit und Erforderlichkeit der qualitativen Vorgaben stellen ausreichende Korrektive dar, um besonders restriktive Vorgaben als im Einzelfall tatbestandsmäßig im Sinne des Art. 101 Abs. 1 AEUV einordnen zu können.[437]

840. Sofern ein Hersteller seinen Händlern den Vertrieb über Drittplattformen unter Verweis auf das Markenimage verbietet, aber seine Produkte selbst über eine Plattform verkauft oder den Plattformbetreiber als Händler autorisiert, würde das Drittplattformverbot zudem nicht diskriminierungsfrei angewendet. Denn die durch das Drittplattformverbot bezweckte Pflege des Markenimages würde konterkariert, wenn der betreffende Hersteller es bei dem Eigenvertrieb oder dem Verkauf durch den Plattformbetreiber zulässt, dass seine Produkte auf einem Online-Marktplatz angeboten werden, der ihrem Image angeblich abträglich ist.[438] In diesem Fall wären die „Metro-Kriterien" nicht erfüllt mit der Folge, dass das Drittplattformverbot in den Anwendungsbereich des Kartellverbots fiele.

---

[433] EuG, Urteil vom 12. Dezember 1996, T-88/92 – Leclerc, ECLI:EU:T:1996:192, Rz. 109. Hier stellt das EuG sowohl darauf ab, dass es sich bei Luxuskosmetika um *„verfeinerte und hochwertige Erzeugnisse, die Ergebnis besonderer Forschung sind und bei denen hochwertige Materialien, insbesondere für ihre Verpackung, verwendet werden"* handele, als auch darauf, dass *„diese Produkte ein ‚Luxusimage' [haben], das sie von anderen ähnlichen Produkten, die kein solches Image haben, unterscheiden soll"*; a. a. O., Rz. 108.

[434] Siegert, R., Selektivvertrieb – ein Luxusphänomen?, BB 2018, S. 131, 134.

[435] Monopolkommission, Sondergutachten 68, a. a. O., Tz. 424.

[436] Monopolkommission, XX. Hauptgutachten, a. a. O., Tz. 906, 915. Siehe auch Brömmelmeyer, C., Selektive Vertriebssysteme und Marktplatzverbote für Luxusartikel, NZKart 2018, S. 62, 63 f. Für ein kohärentes Verständnis von Marken- und Kartellrecht grundsätzlich auch Kumkar, L. K., Online-Märkte und Wettbewerbsrecht, Baden-Baden 2017, S. 313 f., und dies., Zur Zulässigkeit pauschaler Plattformverbote im Internetvertrieb von Luxuswaren, ZWeR 2018, S. 119, 125, die sich jedoch kritisch gegenüber der Berücksichtigung des Images „einfacher" Markenprodukte zeigt; vgl. Kumkar, L. K., Online-Märkte und Wettbewerbsrecht, Baden-Baden 2017, S. 282 ff., und dies., Zur Zulässigkeit pauschaler Plattformverbote im Internetvertrieb von Luxuswaren, ZWeR 2018, S. 119, 137 ff.

[437] Vereinbarungen, die nicht einen rein qualitativen selektiven Vertrieb zum Gegenstand haben, erfüllen ohnehin grundsätzlich den Tatbestand des Art. 101 Abs. 1 AEUV; vgl. Europäische Kommission, Vertikal-Leitlinien, Tz. 175. Insofern hat der EuGH im Hinblick auf Drittplattformverbote die praktisch bedeutsame Aussage getroffen, dass diese keine Kernbeschränkung darstellen (dazu bereits Tz. 833), sodass eine Freistellung nach der Vertikal-GVO möglich ist (dazu bereits Fn. 424).

[438] KG Berlin, Urteil vom 19. September 2013, 2 U 8/09 Kart – Schulranzen und -rucksäcke, Rz. 64 ff. (zit. nach Juris). In dem der Entscheidung zugrunde liegenden Sachverhalt verbot ein Hersteller von Schulranzen und -rucksäcken seinen Händlern den Vertrieb „über eBay oder gleichartige Auktionsplattformen", verkaufte Restposten sowie Auslauf- und Vorjahresmodelle aber gleich-

841. Mit der Argumentation des EuGH in seinem Coty-Urteil scheint im Übrigen sogar ein (pauschales) Verbot des Vertriebs über eine Drittplattform, auf der ausschließlich bestimmte Luxus- und/oder Markenprodukte angeboten werden, im Hinblick auf Art. 101 Abs. 1 AEUV begründbar. So misst der EuGH bei der Prüfung der Geeignetheit und der Erforderlichkeit des Drittplattformverbotes unter der zweiten Vorlagefrage dem Umstand, dass der – als solcher erkennbare – Betreiber der Drittplattform (im vorliegenden Fall: Amazon) möglicherweise kein autorisierter Vertragshändler ist, große Bedeutung bei.[439] Denn der Hersteller habe zum einen ein legitimes Interesse daran, dass seine Produkte mit einem solchen Händler nicht in Verbindung gebracht werden sollen. Zum anderen stehen dem Hersteller – so der EuGH – mangels Vertragsbeziehung nur eingeschränkte rechtliche Mittel zur Durchsetzung etwaiger qualitativer Vorgaben gegen den Betreiber der Drittplattform, der nicht autorisierter Händler ist, zu. Beide Argumente sind jedenfalls insofern folgerichtig, als es gerade einen wesentlichen Bestandteil selektiver Vertriebssysteme darstellt, dass den Händlern der Weiterverkauf der Vertragsprodukte an nicht zu dem selektiven Vertriebssystem zugelassene gewerbliche Abnehmer untersagt werden kann (vgl. Art. 4 lit. b iii) Vertikal-GVO). Es ist jedoch auch zu berücksichtigen, dass die Rollenverteilung auf Online-Marktplätzen aus Verbrauchersicht klarer verteilt sein kann, als es in der Argumentation des EuGH scheint. So dürfte für die Verbraucher regelmäßig durchaus erkennbar – und ihnen entsprechend bewusst – sein, ob der Plattformbetreiber als bloßer Intermediär oder als autorisierter Händler auftritt.[440] Im Hinblick auf die fehlende rechtliche Möglichkeit des Herstellers zur Durchsetzung seiner qualitativen Vorgaben gegenüber dem Plattformbetreiber gilt zudem, dass die Einhaltung der qualitativen Vorgaben des Herstellers stets lediglich eine Pflicht des Vertragshändlers, nicht des Betreibers des (Online-)Marktplatzes darstellt.[441]

3.4.3.2 Intensivere Abstimmung der Kartellbehörden

842. Der EuGH macht schließlich an mehreren Stellen deutlich, dass ein Drittplattformverbot nicht mit einem Verbot des Vertriebs über das Internet insgesamt gleichzusetzen ist. Den Ausführungen des EuGH lässt sich insbesondere entnehmen, dass die Beschränkung nur einer bestimmten Form des Internetvertriebs nicht den Grad einer relevanten Kernbeschränkung im Sinne des Art. 4 lit. b oder c Vertikal-GVO überschreitet. Dies ist auch vor dem Hintergrund zu sehen, dass der EuGH Bezug nimmt auf die Sektoruntersuchung der Europäischen Kommission zum elektronischen Handel, gemäß der der Vertrieb über Drittplattformen unionsweit lediglich eine begrenzte Bedeutung hat.[442] Danach nutzen im EU-Durchschnitt 31 Prozent der befragten Einzelhändler auch, aber nur 4 Prozent von ihnen ausschließlich Drittplattformen für den Vertrieb ihrer Waren. In Deutschland ist der Anteil der befragten Einzelhändler, die Drittplattformen nutzen, mit 62 Prozent dagegen doppelt so hoch wie im EU-Durchschnitt,[443] sodass der Plattformvertrieb dort eine größere Bedeutung hat und sich Drittplattformverbote in der Breite tendenziell stärker auf den markeninternen Wettbewerb auswirken.

843. Die Monopolkommission empfiehlt wegen des immer noch in der Entwicklung befindlichen, insbesondere grenzüberschreitenden Online-Handels und des Bedarfs für eine unionsweit einheitliche Anwendung der Wettbewerbsvorschriften eine intensivere Abstimmung der Kartellbehörden der Mitgliedstaaten mit der Europäischen Kommission in

---

zeitig in Discountmärkten. Siehe auch BKartA, Beschluss vom 15. Oktober 2013, B7-1/13-35 – Sennheiser, Fallbericht vom 24. Oktober 2013, S. 1 f., wonach Sennheiser seinen Händlern den Vertrieb über Amazon Marketplace verbot, obgleich Amazon zu dem selektiven Vertriebssystem von Sennheiser zugelassen war.

[439] Linsmeier, P., /Haag, K., Selektive Vertriebssysteme: Mehr Klarheit dank des Coty-Urteils, WuW 2018, S. 54, 58.

[440] Brömmelmeyer, C., Selektive Vertriebssysteme und Marktplatzverbote für Luxusartikel, NZKart 2018, S. 62, 66; Janal, R., Die Plattform-Ökonomie vor dem EuGH, EuZW 2017, S. 844, 847; Kumkar, L. K., Zur Zulässigkeit pauschaler Plattformverbote im Internetvertrieb von Luxuswaren, ZWeR 2018, S. 119, 129.

[441] Janal, R., ebenda; Kumkar, L. K., ebenda. So wird darauf hingewiesen, dass auch im stationären Vertrieb der Hersteller nur gegen seinen Händler vorgehen könne, da ihm gegen den Betreiber einer Shoppingmall oder den Inhaber eines Kaufhauses keine unmittelbaren Rechte zustünden; vgl. Brömmelmeyer, C., a. a. O., S. 62, 67.

[442] Die Bezugnahme des EuGH erfolgt allerdings im Rahmen der zweiten Vorlagefrage, die nicht das Vorliegen einer Kernbeschränkung betrifft; dazu Tz. 832.

[443] Europäische Kommission, Abschlussbericht über die Sektoruntersuchung zum elektronischen Handel vom 10. Mai 2017, COM(2017) 229 final, Rz. 39. Zur Bedeutung des Drittplattformvertriebs in Deutschland vgl. auch die Ergebnisse der Ermittlungen des Bundeskartellamtes im Bereich Sportschuhe: BKartA, Beschluss vom 26. August 2015, B2-98/11 – Asics, Tz. 535 ff.

diesem Bereich. Zwar ist die Auslegung des Unionsrechts durch den EuGH für die Kartellbehörden und Gerichte bindend; jedoch dürften seine Aussagen – jedenfalls in Teilen – durchaus unterschiedlich bewertet werden, wie an der Diskussion um die mögliche Beschränkung auf Waren des Luxussegments deutlich wird.

3.4.3.3 Mehr Vorabentscheidungsersuchen

844. Sowohl die Zulässigkeit von Drittplattformverboten als auch die vorgelagerte Frage der Berücksichtigung des Markenimages als qualitatives Selektionskriterium waren bislang in der deutschen Rechtsprechung umstritten und durch den EuGH nur scheinbar geklärt. Insbesondere eine unkritische Berufung auf das Urteil des EuGH in der Rechtssache Pierre Fabre und die dortige Aussage, der Schutz des Markenimages könne kein legitimes Ziel zur Beschränkung des Wettbewerbs sein, hat in der Vergangenheit dazu geführt, dass die streitgegenständlichen Vorlagefragen nicht bereits früher einer Klärung zugeführt werden konnten. Im vorliegenden Fall hat sich das erstinstanzlich zuständige LG Frankfurt am Main unter Verweis auf das Pierre Fabre-Urteil gegen eine Vorlage an den EuGH entschieden,[444] obgleich die Übertragbarkeit der dort getroffenen Aussage wegen des der Entscheidung zugrunde liegenden besonderen Sachverhalts wiederholt bezweifelt wurde.[445] So betraf die Rechtssache ein vollständiges Verbot des Vertriebs über das Internet, während es in den seitdem strittigen Fällen jeweils nur um ein Verbot einer bestimmten Form des Internetvertriebs ging. In der vom OLG Frankfurt am Main entschiedenen Rechtssache Funktionsrucksäcke,[446] die ebenfalls ein Drittplattformverbot zum Gegenstand hatte und in der die Rechtsbeschwerde zum BGH schließlich zurückgenommen wurde, hat sich auch das Bundeskartellamt für eine Vorlage an den EuGH ausgesprochen.[447] Vor dem Hintergrund, dass im Bereich des Internetvertriebs zahlreiche Rechtsfragen noch nicht durch den EuGH geklärt sind (z. B. zur Nutzung von Preisvergleichsportalen[448] sowie zu Preisparitätsklauseln[449]), wären mehr Vorabentscheidungsersuchen seitens deutscher Gerichte an den EuGH durchaus wünschenswert.[450]

3.5 Zentralvermarktung der Übertragungsrechte für die UEFA Champions League

845. Die zentrale Vermarktung von Rechten zur medialen Verwertung durch einen Sportverband oder eine Ligaorganisation[451] ist in der Vergangenheit immer wieder Gegenstand kartellbehördlicher Untersuchungen gewesen. Ein

---

[444] LG Frankfurt am Main, Urteil vom 31. Juli 2014, 2-03 O 128/13, ECLI:DE:LGFFM:2014:0731.2.3O128.13.0A, Rz. 72.

[445] Relativierend ist jedoch zu berücksichtigen, dass sich jüngst auch das EuG ablehnend gegenüber der Berücksichtigung des Markenimages im Rahmen eines selektiven Vertriebssystems gezeigt hat; dazu bereits Fn. 419.

[446] Dazu bereits Tz. 824.

[447] BKartA, Tätigkeitsbericht 2015/2016, BT-Drs. 18/12760 vom 15. Juni 2017, S. 61.

[448] Die Entscheidung des OLG Düsseldorf, Beschluss vom 5. April 2017, VI-Kart 13/15 (V) – Preisvergleichsmaschinenverbot I, ECLI:DE:OLGD:2017:0405.VI.KART13.15V.00, betrifft im Kern ein Verbot, Preissuchmaschinen zu nutzen, das jedoch mit weiteren Beschränkungen einherging. Das OLG Düsseldorf hat ein Vorabentscheidungsersuchen an den EuGH abgelehnt (a. a. O., Rz. 125; zit. nach Juris), und der BGH hat diese Entscheidung in seiner Zurückweisung der Nichtzulassungsbeschwerde bestätigt; vgl. BGH, Beschluss vom 12. Dezember 2017, KVZ 41/17 – Preisvergleichsmaschinenverbot II, ECLI:DE:BGH:2017:121217BKVZ41.17.0, Rz. 20 ff. (zit. nach Juris).

[449] Zuletzt: OLG Düsseldorf, Urteil vom 4. Dezember 2017, VI-U (Kart) 5/17 – Expedia, ECLI:DE:OLGD:2017:0517.VI.U.KART3.17.00.

[450] Allerdings besteht bei Auslegungsfragen, die nicht durch den EuGH entschieden sind, keine Vorlagepflicht eines letztinstanzlichen Gerichts gemäß Art. 267 Abs. 3 AEUV, wenn die richtige Anwendung des Unionsrechts offenkundig ist, die Auslegungsfrage also auch ohne Klärung durch den EuGH keinem vernünftigen Zweifel unterliegt; vgl. Gaitanides, in: von der Groeben/Schwarze/Hatje, Europäisches Unionsrecht, Band 3, 7. Aufl., Baden-Baden 2015, Art. 267 AEUV Tz. 66. Für eine aktive Vorlagepraxis und mit Hinweisen auf die restriktiven Anforderungen an einen „acte clair" Kühling, J./Drechsler, S., Alles „acte clair"? – Die Vorlage an den EuGH als Chance, NJW 2017, S. 2950 ff. Im „Asics"-Fall (dazu Fn. 448) nahm der BGH eine Kernbeschränkung gemäß Art. 4 lit. c Vertikal-GVO an, da bei der dort vorliegenden Kombination des Preissuchmaschinenverbots mit weiteren Beschränkungen nicht gewährleistet sei, dass die Verbraucher in praktisch erheblichem Umfang Zugang zum Internetangebot der Vertragshändler haben; vgl. BGH, Beschluss vom 12. Dezember 2017, KVZ 41/17 – Preisvergleichsmaschinenverbot II, ECLI:DE:BGH:2017:121217BKVZ41.17.0, Rz. 30 (zit. nach Juris). Dadurch unterscheidet sich der dortige Sachverhalt von der Rechtssache Coty, in der der EuGH einen solchen Zugang bejaht und das Vorliegen einer Kernbeschränkung im Sinne des Art. 4 lit. c Vertikal-GVO ablehnt (dazu bereits Tz. 833).

[451] Nachfolgend auch „Zentralvermarktung der Übertragungsrechte".

Schwerpunkt liegt dabei auf der Überprüfung der wirtschaftlich bedeutenden Rechte für Vereinsfußballübertragungen. Der rechtliche Hintergrund hierfür ist, dass das Zusammenwirken der Fußballvereine bei der Vergabe der Übertragungsrechte als eine Vereinbarung im Sinne des Kartellverbotes (Art. 101 Abs. 1 AEUV, § 1 GWB) angesehen werden kann (horizontale Wettbewerbsbeschränkung). Zudem bestehen die Möglichkeiten eines wettbewerbsbeschränkenden Zusammenwirkens mit erfolgreichen Bietern im Rahmen der Übertragungsverträge (vertikale Wettbewerbsbeschränkung) sowie eines Missbrauchs einer marktbeherrschenden Stellung bei der Durchsetzung von Vermarktungsbedingungen.[452] Vor diesem Hintergrund hat in der Vergangenheit eine Überprüfung der Vermarktung sowohl europäischer als auch nationaler Wettbewerbe durch die Europäische Kommission und nationale Kartellbehörden stattgefunden. Aufgrund der sich dabei stellenden vielfältigen Rechts- und Tatsachenfragen sowie der besonderen Schwierigkeit einer ökonomischen Bewertung hatte sich die Monopolkommission in ihrem XXI. Hauptgutachten ausführlich der Thematik der kartellrechtlichen Prüfung der Zentralvermarktung gewidmet und am Beispiel der Fußball-Bundesliga beleuchtet.[453]

846. Während das im XXI. Hauptgutachten relevante Vergabeverfahren zur Fußball-Bundesliga zum Zeitpunkt der Stellungnahme der Monopolkommission im Jahr 2016 bereits vom Bundeskartellamt geprüft und abgeschlossen worden ist, sind im Berichtszeitraum mit den Rechten an der Champions League und der Europa League durch die europäische Fußballunion (UEFA) weitere auch monetär bedeutende Sportwettbewerbe zentral vergeben worden. Auffällig ist, dass sich insbesondere bei der Vergabe der Champions League das Vermarktungsmodell in Deutschland so verändert hat, dass Zweifel bestehen können, ob die Bedingungen für eine Freistellung nach Art. 101 Abs. 3 AEUV bzw. § 2 GWB weiterhin gegeben sind. Allerdings ist das Vergabeverfahren – im Unterschied zu den Vermarktungsrunden der Fußball-Bundesliga – von den Kartellbehörden bislang nicht aufgegriffen worden. Daher soll nachfolgend untersucht werden, ob Gründe für diese Disparität der kartellrechtlichen Behandlung bestehen oder ob die kartellrechtliche Untersuchung dieser Rechtevergabe auch aus Konsistenzgründen zukünftig zu empfehlen ist.

3.5.1 Entwicklungen bei der kartellrechtlichen Kontrolle der Vergabe von Übertragungsrechten für Fußballwettbewerbe

847. In den letzten 15 Jahren haben die deutschen und europäischen Kartellbehörden die zentrale Vermarktung von Sportmedienrechten wiederholt überprüft. Die Europäische Kommission hatte in einer ersten Entscheidung im Jahr 2003 die Rechtevermarktung der UEFA im Fall der Vermarktung der Champions League freigestellt.[454] Im Jahr 2005 hatte die Europäische Kommission auch im Fall der Vermarktung der deutschen Bundesliga durch die DFL und anschließend im Jahr 2006 bei der Vermarktung der englischen Premier League Verpflichtungszusagen der Verfahrensbeteiligten für bindend erklärt und die Verfahren eingestellt.[455] In der Gesamtschau der kartellrechtlichen Untersuchungen aus jüngerer Zeit lassen sich diese Kommissionsverfahren als Musterverfahren bewerten. Auf dieser Grundlage haben in den darauf folgenden Vermarktungsperioden die Kartellbehörden der Mitgliedstaaten die Vermarktungsmodelle für die Übertragungsrechte an der jeweiligen nationalen Liga überprüft. In Deutschland hat das Bundeskartellamt in den Jahren 2008, 2012 und 2016 im Rahmen der einzelnen Vermarktungsmodelle für die Fußball-Bundesliga jeweils ein Verfahren eingeleitet und die Verfahrenseinstellung stets an zunehmend strengere Verpflichtungszusagen geknüpft.[456]

848. Grundsätzlich kann festgestellt werden, dass die Zentralvermarktung von Übertragungsrechten Bedenken nach den deutschen und europäischen Wettbewerbsregeln auslösen kann. Allerdings ist die tatbestandliche Einordnung nicht eindeutig, da sowohl horizontale als auch vertikale Wettbewerbsbeschränkungen angenommen werden können.[457] Eine weitere Schwierigkeit ergibt sich aus der Unklarheit darüber, was das relevante Produkt ist (Definition des Übertragungs-

---

[452] Monopolkommission, XXI. Hauptgutachten, a. a. O., Tz. 411.

[453] Ebenda, Tz. 35 ff.

[454] EU-Kommission, Mitteilung vom 17. August 2002 und Entscheidung vom 23. Juli 2003, COMP/C-2/37.398.

[455] EU-Kommission, Entscheidung vom 19. Januar 2005, COMP/C-2/37.214; Entscheidung vom 22. März 2006, COMP/C-2/38.173.

[456] BKartA, Beschluss vom 12. Januar 2012, B6-114/10; BKartA, Beschluss vom 11. April 2016, B6-32/15.

[457] Monopolkommission, XXI. Hauptgutachten, a. a. O., Tz. 411.

rechts) und wer über das ursprüngliche Eigentumsrecht an der Vermarktung des Produktes verfügt.[458] Die Wettbewerbsbehörden waren sich in den vorliegenden Beschlüssen jedoch darin einig, dass die Abreden über die gemeinsame Vermarktung als wettbewerbsbeschränkende Vereinbarung im Sinne des Art. 101 AEUV bzw. § 1 GWB zu behandeln sind, während eine Anwendung der Missbrauchsvorschriften bisher nicht näher geprüft wurde. Tatbestandlich führe die gemeinsame Vermarktung insbesondere zu einer geringeren Konkurrenz der Vereine im Vergleich zur Einzelvermarktung. Darüber hinaus wird in der Regel eine Verdrängungswirkung auf dem Übertragungsmarkt angenommen. Bei der Beurteilung der Zentralvermarktung kommt es deshalb darauf an, ob die dargelegte Wettbewerbsbeschränkung durch die mit ihr einhergehenden Effizienzvorteile gerechtfertigt werden kann.

849. In den genannten Verfahren war von den Kartellbehörden jeweils zu prüfen, ob die Voraussetzungen einer Effizienzrechtfertigung gemäß Art. 101 Abs. 3 AEUV, § 2 GWB vorliegen. Dazu ist festzustellen, ob ein Zentralvermarktungsmodell auf dem Markt, auf dem der Wettbewerb beschränkt wird, (i) zu einer Verbesserung der Warenerzeugung oder -verteilung führt, (ii) die (unmittelbare oder mittelbare) Marktgegenseite an dem entstehenden Gewinn angemessen beteiligt wird, (iii) die Zentralvermarktung zur Verwirklichung dieser Ziele unerlässlich ist und (iv) eine Ausschaltung des Wettbewerbs für einen wesentlichen Teil der betreffenden Waren nicht anzunehmen ist. Bei einer Prüfung dieser Tatbestände lassen sich zur weiteren Systematisierung zunächst solche positiven Wirkungen bestimmen, die grundsätzlich von den meisten Zentralvermarktungsvereinbarungen ausgehen. Zu diesen generellen Vorteilen gehören etwa eine Verbesserung der Warenverteilung durch den Aufbau eines Markenimages, die Senkung der Unsicherheit bei der Programmplanung oder die Senkung von Transaktionskosten sowie damit zum Teil einhergehende Verbrauchervorteile wie eine erhöhte Übertragungsqualität und Effizienzen durch Bündelung des Angebotes. Die Kartellbehörden sehen die Zentralvermarktung auch als unerlässlich an, um diese Vorteile zu generieren. Schließlich werde der Wettbewerb nicht ausgeschaltet, da auch andere Fußballwettbewerbe existierten.

850. Ein besonderes Augenmerk liegt auf den Effizienzen, die sich auf Basis eines konkret zu prüfenden Vermarktungsmodells einstellen. Aus ökonomischer Sicht bestehen insbesondere durch das Auktionsdesign und die darin angelegte Ausgestaltung verschiedener Rechtepakete für zum Teil unterschiedliche Übertragungsformen erhebliche Auswirkungen auf die Preise und die Qualität der dem Zuschauer angebotenen Fußballübertragungen. Danach werden im Rahmen der kartellrechtlichen Kontrolle insbesondere folgende Anforderungen an die Ausgestaltung der konkreten Zentralvermarktungsmodelle gestellt:

- Üblich ist, dass das Vermarktungsmodell so gestaltet sein muss, dass nicht nur ein einzelnes, sondern mehrere Rechtepakete angeboten werden. Das Angebot verschiedener Rechtepakete, die auch von unterschiedlichen Nachfragern auf Basis verschiedener Verbreitungsarten und -wege erworben werden können, soll die Möglichkeit eines breiten Zugriffs auf die Rechte sichern und einen Ausschluss des Wettbewerbs auf dem Rechtemarkt verhindern.

- Seit der Entscheidung der Europäischen Kommission im Zusammenhang mit der Zentralvermarktung der englischen Liga spielen zudem sog. Alleinerwerbsverbote („No-Single-Buyer-Rule") bei den Freistellungsvoraussetzungen eine zunehmend wichtige Rolle. Alleinerwerbsverbote können sehr unterschiedlich streng ausgestaltet sein. Ist in einem Vermarktungsmodell vorgesehen, dass die Übertragungsrechte zwischen den Bietern aufgeteilt werden, kann dies zur Folge haben, dass der Zuschauer einen Vertrag mit mehreren Medienanbietern benötigt, wodurch auch bestimmte Vorteile verloren gehen.[459] Wird das Alleinerwerbsverbot allerdings so ausgestaltet, dass dieselben Übertragungsrechte an mindestens zwei unterschiedliche Bieter gehen, muss es hingegen nicht zu einem entsprechenden Effizienzverlust kommen. Das Verbot, dass ein Bieter alle Rechtepakete der englischen Fußballliga erwerben kann, war in dem Verfahren aus dem Jahr 2006 Teil der Verpflichtungszusagen gegenüber der Europäischen Kommission.[460] In Bezug auf die Zentralvermarktung der Bundesliga hat das Bundeskartellamt in dem im Jahr 2016 abgeschlossenen Verfahren für die Vermarktung der Spielzeiten

---

[458] Ebenda, Tz. 354 ff.

[459] Der Verlust dieser sog. Bündelungseffizienzen ist umso größer, wenn es sich um engere Substitute bei den geteilten Rechten handelt. Monopolkommission, XXI. Hauptgutachten, a. a. O., Tz. 453 ff.

[460] EU-Kommission, Entscheidung vom 22. März 2006, COMP/C-2/38.173.

2017/18 bis 2021/22 erstmals ein Alleinerwerbsverbot gefordert, das im entsprechenden Vermarktungsmodell, zu dem sich die DFL verpflichtet hatte, dann enthalten war.[461]

- Eine Verbraucherbeteiligung kann durch eine Free-TV-Ausstrahlung einzelner Inhalte im Rahmen der Produktspezifikation erreicht werden.[462] Dies hatte die Europäische Kommission bereits bei der Freistellung der Zentralvermarktung der Champions League angedeutet.[463] Im Kommissionsverfahren zur Bundesligazentralvermarktung im Jahr 2005 gehörte die Ausstrahlung einer Highlight-Berichterstattung im Free-TV zu den von der DFL abgegebenen Verpflichtungszusagen. Im Jahr 2008 hatte das Bundeskartellamt in seiner Entscheidung zur darauf folgenden Vermarktungsrunde die Anforderungen an die Verbraucherbeteiligung noch verschärft und eine Highlight-Berichterstattung im Free-TV vor 20 Uhr vorausgesetzt.[464] Von diesem Merkmal des Vermarktungsmodells der Fußball-Bundesliga wurde in folgenden Vermarktungsperioden zudem nicht mehr abgewichen.

- Schließlich können die gewählten Parameter für das Auktionsverfahren, z. B. die Vorgabe von Gebotsrunden, die Wahl offener oder verdeckter Gebote und die Vorgabe von (verdeckten) Mindestpreisen, Wettbewerbsprobleme hervorrufen. Allerdings haben die Wettbewerbsbehörden in diesem Zusammenhang bisher kaum generelle Vorgaben gemacht. Die Monopolkommission hatte indes darauf hingewiesen, dass gerade die in jüngeren Zentralvermarktungsmodellen übliche Berücksichtigung verdeckter Mindestpreise (Vorbehalts- und Reservationspreise) die Wettbewerbsbeschränkung zusätzlich verstärken und eine Freistellung erschweren.[465]

3.5.2 Einordnung des Vermarktungsmodells für die UEFA Champions League-Vermarktung für die Spielzeiten 2018/19 bis 2020/21

851. Während die Vermarktung der Übertragungsrechte für nationale Fußballligen in den letzten 15 Jahren einer kontinuierlichen Kontrolle durch die Kartellbehörden ausgesetzt war, wurde die Champions-League-Zentralvermarktung durch die UEFA nur im Rahmen der initialen Freistellung der Europäischen Kommission im Jahr 2003 überprüft. Seit der damaligen Überprüfung hat sich jedoch auch für diesen Fußballwettbewerb das Vergabeverfahren erheblich weiterentwickelt. Im Juni 2017 hat die UEFA das Ergebnis der Vermarktung der Champions League für die Spielzeiten 2018/19 bis 2020/21 bekannt gegeben. Zwar ist das dabei zugrunde gelegte Vermarktungsmodell nicht im Detail öffentlich bekannt geworden, jedoch lassen sich aus dem Vermarktungsergebnis Rückschlüsse auf das Verfahren ziehen und mit den Anforderungen an eine kartellrechtliche Freistellung vergleichen.

852. In dem im Jahr 2003 von der Europäischen Kommission freigegebenen Vermarktungsmodell war die Entbündelung der Champions-League-Rechte vorgesehen.[466] Die UEFA vermarktete unter anderem zwei Pakete mit Übertragungsrechten mit je zwei vom Erwerber wählbaren Spielen pro Spielabend,[467] sodass wohl auch eine parallele Übertragung durch mehrere Sender möglich war. Die Pakete sollten zudem an unterschiedliche Abnehmer verkauft werden, um den wettbewerbsrechtlichen Bedenken der Europäischen Kommission Rechnung zu tragen.[468] Demgegenüber war es in der im Jahr 2017 abgeschlossenen Vermarktungsrunde offenbar möglich, dass ein Bieter sämtliche Rechte für die Übertragung von 146 Partien exklusiv erwirbt.[469] Die ausschließlichen Übertragungsrechte für die Spielzeiten 2018/19 bis 2020/21

---

[461] BKartA, Beschluss vom 11. April 2016, B6-32/15; Monopolkommission, XXI. Hauptgutachten, a. a. O., Tz. 465 f. und 470.

[462] Monopolkommission, XXI. Hauptgutachten, a. a. O., Tz. 448 ff.

[463] Vgl. EU-Kommission, Mitteilung vom 17. August 2002 und Entscheidung vom 23. Juli 2003, COMP/C-2/37.398, Tz. 173.

[464] BKartA, Pressemitteilung vom 17. Juli 2008.

[465] Monopolkommission, XXI. Hauptgutachten, a. a. O., Tz. 467 ff.

[466] EU-Kommission, Entscheidung vom 23. Juli 2003, COMP/C-2/37.398, Tz. 22.

[467] Ebenda, Tz. 33.

[468] Ebenda, Tz. 22.

[469] Focus Online, Pay-TV-Sender könnte alle Rechte kaufen, 15. Februar 2017, https://www.focus.de/sport/videos/champions-league-nicht-mehr-im-free-tv-pay-tv-sender-koennte-alle-rechte-kaufen_id_6650490.html.

sicherte sich für Deutschland der Pay-TV-Sender Sky, der bereits vor dem genannten Zeitraum über umfangreiche Rechte zur Übertragung aller Partien der Champions League verfügte. Allerdings wird Sky nicht sämtliche Spiele der Champions League exklusiv selbst zeigen, sondern ist seinerseits eine Vereinbarung mit dem Internet-TV-Anbieter DAZN eingegangen, wonach die Übertragungen zwischen DAZN und Sky aufgeteilt werden.[470] Die Aufteilung der Rechte führt dazu, dass in unterschiedlichen Phasen des Fußballwettbewerbs jeweils einer der Medienanbieter einzelne nicht vorab festgelegte Spiele exklusiv übertragen kann.[471] Ein Zuschauer, der z. B. die Spiele eines bestimmten Vereins als Live-Übertragung verfolgen möchte, wird dadurch voraussichtlich gezwungen sein, zwei Abonnements für Pay-TV-Übertragungen mit Sky und DAZN abzuschließen.

853. Zwar ist eine Aufteilung der Übertragungsrechte auf verschiedene Übertragungsanstalten auch bei den von den Kartellbehörden geforderten Alleinerwerbsverboten im Rahmen der Vermarktung der nationalen Ligen möglich. Allerdings haben die Alleinerwerbsverbote zum Zweck, eine Aufteilung zur Intensivierung des Wettbewerbs und zum Vorteil der Verbraucher zu ermöglichen. Die Behörden versuchen dabei, die mit einer Auftrennung der Rechte auch möglichen Effizienzverluste – siehe auch Punkt 2 in Tz. 850 – gering zu halten, etwa indem wichtige Teile der Übertragung bei einem Anbieter zusammengehalten werden.[472] Das Ergebnis der aktuellen Vermarktungsrunde deutet derweil auf hohe Effizienzverluste durch die Aufteilung hin, sodass angenommen werden kann, dass bei der Vermarktung vor allem eigene finanzielle Interessen den Ausschlag gegeben haben.

854. Ein anderes auffälliges Ergebnis des Vermarktungsmodells betrifft die Übertragung von Begegnungen im deutschen frei empfangbaren Fernsehen. Bis zur aktuellen Vermarktungsrunde wurde jeweils ein Spiel pro Spieltag – gewöhnlich am Mittwoch – zusätzlich im frei empfangbaren Fernsehen durch das ZDF übertragen. Bei der Vermarktung der Spielzeiten 2018/19 bis 2020/21 hat weder das ZDF noch ein anderer Sender im frei empfangbaren Fernsehen einen entsprechenden Zuschlag erhalten.[473] Während in Deutschland erstmalig die Übertragungsrechte ausschließlich an Pay-TV-Anbieter gegangen sind, waren in anderen Mitgliedstaaten bereits bei früheren Vermarktungsrunden der UEFA ausschließlich Bezahlangebote erfolgreich. Auch in diesen Fällen hat sich jedoch das jeweilige Vermarktungsmodell erst nach der Freistellungsentscheidung der Europäischen Kommission in diese Richtung entwickelt.[474]

855. Aus wettbewerbsökonomischer Perspektive entfällt mit dem Wegfall eines frei empfangbaren Angebotes auch die Disziplinierungswirkung auf das Bezahlangebot. Letzteres ist danach kaum Wettbewerbsdruck ausgesetzt, wodurch höhere Endkundenpreise zu erwarten sind. Die hohen Endkundenpreise sind auch auf die wettbewerbsbeschränkende Wirkung der Zentralvermarktung zurückzuführen. Denn ohne Zentralvermarktung ist üblicherweise eine Einzelvermarktung anzunehmen. Bei dieser würden die die Rechte vermarktenden Vereine erheblich stärker berücksichtigen, dass Sponsorengelder, Merchandisingeinnahmen und Erlöse aus Banden- und Trikotwerbung auch davon abhängen, wie viele

---

[470] Ob DAZN zunächst versucht hat, selbst die Primärrechte an der Übertragung zu erwerben, und ob die Teilung/Unterlizenzierung gegebenenfalls eine Vorgabe aus dem Vermarktungsmodell war, ist nicht bekannt geworden.

[471] Frankfurter Allgemeine Zeitung, So kompliziert zeigen Sky und DAZN die Champions League, zuletzt aktualisiert am 14. März 2018, http://www.faz.net/aktuell/sport/fussball/champions-league/champions-league-ab-2018-19-bei-sky-und-dazn-15494046.html.

[472] So wurde im Rahmen der Bundesligavermarktung für die Spielzeiten 2017/18 bis 2020/21 vom Bundeskartellamt ein Alleinerwerbsverbot akzeptiert, dass die Herauslösung eines von mehreren teils kleineren Übertragungspaketen bei einem Anbieter vorsah und alternativ eine parallele Übertragung bestimmter Samstagsspiele durch einen OTT-Anbieter ermöglicht hätte.

[473] Vgl. aber § 4 Abs. 2 Nr. 5 des Rundfunkstaatsvertrages betreffend die Vorgaben zur Übertragung von Großereignissen im Free-TV, wozu nach dieser Bestimmung auch das Endspiel der Champions League gehört, vorausgesetzt, es findet unter Beteiligung eines deutschen Vereins statt.

[474] Ein Beispiel ist hier etwa die Vermarktung in England, bei der im Jahr 2002 – dem Zeitraum, in dem das später freigestellte Vermarktungsmodell der UEFA mit der Europäischen Kommission diskutiert wurde – neben dem Bezahlsender BSkyB auch das frei empfangbare ITV ein Rechtepaket gewann. In späteren Vermarktungsrunden verschwand die Champions League zunehmend ins Bezahlfernsehen. Vgl. Guardian, Sky and ITV win Champions League rights, 25. September 2002, https://www.theguardian.com/football/2002/sep/25/newsstory.sport4; Telegraph, Exclusive: Channel 4 could show Champions League football for the first time, 20. Februar 2017, https://www.telegraph.co.uk/football/2017/02/20/channel-4-could-show-champions-league-football-first-time.

Zuschauer ein Spiel im Fernsehen ansehen könnten. Deshalb ist bei einer Einzelvermarktung das Interesse an einer Übertragung im Free-TV oder zu günstigen Preisen im Pay-TV erheblich höher.

856. Schließlich hatte die Europäische Kommission in ihrer Freistellungsentscheidung von 2003 die Übertragung im frei empfangbaren Fernsehen an verschiedenen Stellen hervorgehoben. So geht sie bei der Beschreibung der wettbewerblichen Probleme stets von Paketen sowohl für das „frei empfangbare" als auch das „Bezahlfernsehen" aus.[475] In Bezug auf ein bestimmtes, im damaligen Vermarktungsmodell vorgesehenen Rechtepaket, das die Vereine selbst nur an Bezahlfernsehsender verkaufen sollten, stellte die Europäische Kommission bei der Prüfung einer hinreichenden Verbraucherbeteiligung fest:

> „Wie [...] dargelegt führt die [...] enthaltende Verpflichtung der Vereine, diese Rechte nur an Bezahlfernsehanbieter zu verkaufen, jedoch nicht zu einer Verbesserung der Warenerzeugung oder -verteilung oder zu einer Förderung des technischen oder wirtschaftlichen Fortschritts. Auch für die Verbraucher sind von dieser Beschränkung keine Vorteile zu erwarten. Die UEFA hat diese Einschränkung vor allem mit ihrer Befürchtung [ge]rechtfertigt, dass die wichtigen Rechtepakete ohne eine solche Einschränkung wirtschaftlich entwertet würden. Allerdings ist schwer vorstellbar, wie eine Beschränkung, die der Absicherung oder Anhebung von Preisen dient und Anbietern frei empfangbarer Fernsehkanäle Programminhalte vorenthalten soll, als vorteilhaft für die Verbraucher angesehen werden könnte."[476]

857. Zusammenfassend zeigt sich, dass sich die bekannt gewordenen Merkmale des Vermarktungsmodells der Champions League für die Spielzeiten 2018/19 bis 2020/21 stark von den Merkmalen der im Jahr 2003 freigestellten Vermarktung unterscheiden. Während bei der kontinuierlich kartellrechtlich überwachten Vermarktung der nationalen Ligen eine Tendenz zu zunehmend strengeren Auflagen mit angemessener Verbraucherbeteiligung festzustellen ist, zeigen sich bei der Vermarktung der Champions League gegenteilige Entwicklungen. Letztere lassen eine Vereinbarkeit mit den Wettbewerbsregeln derzeit eher fraglich erscheinen.

3.5.3 Erfordernis der kartellbehördlichen Überprüfung der Champions League-Vermarktung

858. Wie im vorstehenden Abschnitt herausgearbeitet wurde, weist die Zentralvermarktung der Übertragungsrechte für die Champions League für die Spielzeiten ab 2018/19 typische wettbewerbsbeschränkende Merkmale vergangener Zentralvermarktungsmodelle auf. Zudem könnten die bereits von Kartellbehörden entwickelten Maßstäbe für eine Effizienzrechtfertigung nicht ausreichend erfüllt worden sein. Die bestehende Disparität gegenüber den Zentralvermarktungsmodellen für die medialen Rechte an den nationalen Ligawettbewerben, die kontinuierlich von den Kartellbehörden überprüft wurden, wirft die Frage eines Kontrolldefizits auf, der hier näher nachgegangen werden soll.

859. Zunächst ist zu betonen, dass die Verfolgung von Kartellrechtsverstößen sowohl nach deutschem als auch nach Unionsrecht im pflichtgemäßen Ermessen der Kartellbehörden liegt. Dies bedeutet, dass die Kartellbehörde grundsätzlich frei entscheiden kann, ob sie einen Sachverhalt überprüft. Auch wenn also der Verdacht eines kartellrechtswidrigen Verhaltens besteht, ist die Behörde nicht verpflichtet, den mutmaßlichen Verstoß zu ermitteln und ihn – bei Vorliegen der gesetzlichen Voraussetzungen – festzustellen bzw. zu sanktionieren. Vielmehr hat sie ein weites Aufgreif- und Ahndungsermessen.[477] Es kann überzeugende Gründe dafür geben, trotz eines Anfangsverdachts auf die Einleitung eines (formellen) Ermittlungsverfahrens zu verzichten. So können die Kartellbehörden nicht jeden Verstoß verfolgen, sondern müssen ihre Ressourcen effektiv einsetzen. Dies führt zwangsläufig zu einer bestimmten Priorisierung etwa dergestalt, dass vorrangig besonders schwerwiegende Verstöße (vor allem Hardcore-Kartelle) verfolgt werden oder solche, die eine große Anzahl von Personen betreffen und deshalb ökonomisch von hervorgehobener Bedeutung sind. Das der Behörde eingeräumte Ermessen ist freilich nicht grenzenlos, sondern muss vielmehr pflichtgemäß ausgeübt

---

[475] EU-Kommission, Entscheidung vom 23. Juli 2003, COMP/C-2/37.398, Tz. 19

[476] Ebenda, Tz. 173.

[477] Da es vorliegend um die Frage geht, ob die Zentralvermarktung überhaupt kartellbehördlich hätte untersucht werden sollen (Aufgreifermessen), ist die Feststellung bzw. Sanktionierung eines etwaigen Rechtsverstoßes (Ahndungsermessen) von untergeordneter Bedeutung und soll deshalb im Folgenden grundsätzlich außer Acht bleiben.

werden. Demnach begründet unter anderem die Verfolgung zweck- oder sachfremder Erwägungen einen Ermessensfehler. Das Ermessen der Behörde kann allerdings nur ausnahmsweise dergestalt reduziert sein, dass lediglich eine einzige fehlerfreie Entscheidung in Betracht kommt (sog. „Ermessensreduzierung auf null"). Im Hinblick auf die Zentralvermarktung der Übertragungsrechte für die Bundesliga-Spielzeiten ab 2013/14 hat das OLG Düsseldorf z. B. angenommen, dass das Bundeskartellamt verpflichtet sei, bereits bei Vorliegen einer Erstbegehungsgefahr eine Untersagungsverfügung zu erlassen, um eine effektive nachträgliche gerichtliche Kontrolle der Entscheidung zu ermöglichen.[478]

860. Obgleich nach den vorstehenden Grundsätzen eine Pflicht der Behörden zur kartellrechtlichen Überprüfung der Zentralvermarktung der Champions League von vornherein ausscheidet, ist ein Kontrolldefizit dennoch augenscheinlich, weshalb eine kartellbehördliche Begleitung ähnlicher Vermarktungsmodelle in Zukunft sinnvoll erscheinen könnte. Hierfür spricht der Umstand, dass die Zentralvermarktung der Übertragungsrechte für die Champions League die erwähnten, aus wettbewerblicher Sicht negativen, Elemente aufweist, die gerade auch im Vergleich zu früheren Vermarktungsmodellen dazu führen, dass die Effizienzen der Zentralvermarktung geringer sind und insbesondere die Verbraucher weniger stark von ihr profitieren. Dabei hat das OLG Düsseldorf in einem Beschluss vom 24. Mai 2017 betreffend die Zentralvermarktung der Übertragungsrechte für die Bundesliga noch die Frage aufgeworfen, ob die bereits gegenüber früheren Auflagen verschärfte Vorgabe der Kartellbehörde zur Ausgestaltung eines Alleinerwerbsverbots überhaupt für eine Freistellung von dem Kartellverbot ausreichend ist.[479]

861. Im Vergleich zur Bundesliga-Vermarktung könnte allerdings der geringere, vom Bundeskartellamt berechnete Marktanteil der UEFA dazu führen, dass die Auswirkungen der Champions-League-Zentralvermarktung auf den Wettbewerb als weniger schwerwiegend anzusehen sind. Diese Überlegung erfolgt hier vor dem Hintergrund, dass zuweilen von einem einheitlichen Markt für die Übertragungsrechte an ganzjährig regelmäßig ausgetragenen Fußballwettbewerben (in Deutschland also Bundesliga, DFB-Pokal, Champions League etc.) ausgegangen wird. Auf einem solchen Markt wäre der Marktanteil der die Bundesliga sowie den DFB-Pokal zentral vermarktenden DFL deutlich höher als der der UEFA.[480] Allerdings hat sich die Monopolkommission bereits kritisch gegenüber der Annahme eines einheitlichen Marktes verschiedener Fußballwettbewerbe geäußert, insbesondere, da die einzelnen Veranstaltungen aus der – jedenfalls mit zu berücksichtigenden – Zuschauersicht eher komplementär erscheinen.[481] Die Annahme separater Märkte hätte hinsichtlich der Champions-League-Vermarktung die Existenz eines Monopols der UEFA und möglicherweise entsprechend erhebliche wettbewerbsbeschränkende Wirkungen zur Folge. Solche wettbewerbsbeschränkenden Wirkungen hatte auch die Europäische Kommission in ihrer Entscheidung betreffend die Zentralvermarktung der Champions League festgestellt, obgleich bereits zu diesem Zeitpunkt der entsprechende Markt für die Übertragungsrechte an ganzjährig regelmäßig ausgetragenen Fußballwettbewerben angenommen wurde.[482]

862. Problematisch könnte aus Behördensicht indes der Umstand sein, dass die UEFA ihren Sitz in der Schweiz hat. Materiell-rechtlich gilt sowohl im deutschen als auch im Unionsrecht das Auswirkungsprinzip, wonach das deutsche bzw. das Unionsrecht auch dann Anwendung findet, wenn der Kartellrechtsverstoß zwar außerhalb des jeweiligen Hoheitsgebiets begangen wird, sich aber dort auswirkt (§ 185 Abs. 2 GWB). Gleichwohl mag das Vorgehen gegen ein Unternehmen in einem Drittstaat schwierig sein und insbesondere bei der Durchsetzung einer möglicherweise zu erlassenden behördlichen Entscheidung mit praktischen Problemen verbunden sein. Jedoch haben sowohl die Europäische Kommission als auch das Bundeskartellamt bereits Kartellverfahren gegen Sportverbände mit Sitz in der Schweiz geführt oder

---

[478] OLG Düsseldorf, Beschluss vom 16. September 2009, VI-Kart 1/09 (V) – DFL-Vermarktungsrechte, Rz. 35 (zit. nach Juris).

[479] OLG Düsseldorf, Beschluss vom 24. Mai 2017, VI-Kart 6/16 (V), Rz. 62 (zit. nach Juris). In diesem Zusammenhang hat das Gericht das Vorliegen eines tatbestandsmäßigen Verstoßes gegen das Kartellverbot unterstellt.

[480] BKartA, Beschluss vom 11. April 2016, B6-32/15, Tz. 91.

[481] Monopolkommission, XXI. Hauptgutachten, a. a. O., Tz. 372 ff., insbesondere Tz. 383.

[482] EU-Kommission, Entscheidung vom 23. Juli 2003, COMP/C-2/37.398, Tz. 63.

führen sie noch.[483] Dies spricht dafür, dass der Sitz der UEFA in einem Drittstaat jedenfalls kein absoluter Ausschlussgrund für eine kartellbehördliche Überprüfung der Champions-League-Zentralvermarktung ist.

863. Gibt es nach alledem gute Gründe für eine kartellrechtliche Überprüfung der Zentralvermarktung der Übertragungsrechte für die Champions League in Deutschland, stellt sich die Frage, welche Wettbewerbsbehörde in dieser Sache eine Überprüfung anstrengen sollte. Ausgehend von dem Grundsatz, dass es hinsichtlich der Durchführung von Kartellverfahren keine feste Zuständigkeitsverteilung zwischen der Europäischen Kommission und den Wettbewerbsbehörden der Mitgliedstaaten gibt,[484] wäre eine Befassung des Sachverhaltes durch das Bundeskartellamt nur dann naheliegend, wenn der Schwerpunkt der wettbewerbsbeschränkenden Auswirkungen in Deutschland läge.[485]

864. Betrachtet man die Zentralvermarktung der Champions League durch die UEFA, die sich auf eine Übertragung in allen Mitgliedstaaten sowie einigen Drittstaaten bezieht, als ein Netz ähnlicher Vereinbarungen, erscheint die Europäische Kommission im Sinne der vorgenannten Bestimmung *„besonders gut geeignet, sich [des] Falls anzunehmen"*[486]. Allerdings ist davon auszugehen, dass von der UEFA spezifische Rechte für die Übertragung in einzelnen Mitgliedstaaten angeboten werden. Selbst im möglichen Fall einer gemeinsamen Vermarktung der Rechte für eine Übertragung in Deutschland, Österreich und der Schweiz dürfte die Durchführung eines Verfahrens seitens des Bundeskartellamtes – unter Umständen parallel zu entsprechenden Verfahren der Bundeswettbewerbsbehörde in Österreich sowie der Wettbewerbskommission in der Schweiz[487] – in Betracht kommen.[488] In diesem Zusammenhang ist auch zu berücksichtigen, dass sich die Vermarktungsmodelle in einzelnen Mitgliedstaaten – jedenfalls in Teilen – voneinander unterscheiden können und folglich auch die Auswirkungen auf den Wettbewerb jeweils verschieden stark sind. Hinzu kommen besondere Gegebenheiten der nationalen Märkte, die von der Wettbewerbsbehörde des jeweiligen Mitgliedstaates möglicherweise besser adressiert werden können.[489]

865. Schließlich kann man die Entscheidungen der Europäischen Kommission betreffend die Zentralvermarktung der Champions League (2003), der Bundesliga (2005) und der Premier League (2006) als Musterverfahren in diesem Bereich ansehen, die in der Folge ein Tätigwerden der nationalen Kartellbehörden begründen könnten. Wie im vorstehenden Abschnitt herausgearbeitet, hat die Europäische Kommission in diesen Entscheidungen ihre Einschätzung zur rechtlichen Bewertung der Zentralvermarktung sowie die Voraussetzungen für eine Freistellung vom Kartellverbot deutlich gemacht. Die von der Europäischen Kommission im Zuge dieser Verfahren entwickelten Vorgaben werden von den

---

[483] Wie erwähnt hat die Europäische Kommission bereits ein Verfahren gegen die UEFA wegen der Zentralvermarktung der Übertragungsrechte für die Champions League geführt; vgl. Tz. 852. Zu dem kürzlich abgeschlossenen Verfahren der Europäischen Kommission gegen die ISU sowie dem laufenden Verfahren des Bundeskartellamtes gegen unter anderem das IOC siehe Tz. 584, 601. Die UEFA hat ihren Sitz in Nyon, Schweiz; ISU und IOC haben ihren Sitz in Lausanne, Schweiz.

[484] Siehe aber die – nicht verbindliche – Bekanntmachung der Kommission über die Zusammenarbeit innerhalb des Netzes der Wettbewerbsbehörden, ABl. C 101, 27. April 2004, S. 43 („Bekanntmachung Zusammenarbeit").

[485] Siehe EU-Kommission, Bekanntmachung Zusammenarbeit, a. a. O., Tz. 10: *„Hieraus folgt, dass eine einzelne nationale Wettbewerbsbehörde im Regelfall gut geeignet ist, Verfahren betreffend Vereinbarungen oder Verhaltensweisen durchzuführen, die den Wettbewerb hauptsächlich innerhalb ihres Hoheitsgebiets wesentlich beeinträchtigen."*

[486] Nach der Bekanntmachung Zusammenarbeit ist eine Zuständigkeit der Europäischen Kommission vorgesehen, *„wenn eine oder mehrere Vereinbarungen oder Verhaltensweisen, darunter Netze ähnlicher Vereinbarungen oder Verhaltensweisen, in mehr als drei Mitgliedstaaten (grenzübergreifende Märkte, bei denen mehr als drei Mitgliedstaaten oder mehrere nationale Märkte betroffen sind) Auswirkungen auf den Wettbewerb haben"*. Siehe EU-Kommission, Bekanntmachung Zusammenarbeit, a. a. O., Tz. 14.

[487] Auf eine solche Möglichkeit deutet der vorliegende Sachverhalt zur Vergabe der Übertragungsrechte für die Champions League für die Spielzeiten ab 2018/19 hin, wonach Ausschreibungsbeginn und -ende in diesen drei Ländern auf den gleichen Tag fielen. Vgl. Media rights sales: 2018-21 UEFA Champions League/UEFA Super Cup, Last Update: 26th February 2018, https://www.uefa.com/MultimediaFiles/Download/Publications/uefaorg/Marketing/01/62/45/02/1624502_DOWNLOAD.pdf.

[488] Siehe EU-Kommission, Bekanntmachung Zusammenarbeit, a. a. O., Tz. 12: *„Ein paralleles Vorgehen durch zwei oder drei nationale Wettbewerbsbehörden kann dann angemessen sein, wenn eine Vereinbarung oder Verhaltensweise hauptsächlich in deren jeweiligen Hoheitsgebieten wesentliche Auswirkungen auf den Wettbewerb hat und das Vorgehen lediglich einer nationalen Wettbewerbsbehörde nicht ausreichen würde, die gesamte Zuwiderhandlung zu beenden bzw. sie angemessen zu ahnden."* Die Wettbewerbskommission ist nicht Mitglied im Netzwerk der europäischen Wettbewerbsbehörden.

[489] Vgl. z. B. die Vorgaben zur Übertragung von Großereignissen im Free-TV in Deutschland gemäß § 4 Abs. 2 Nr. 5 des Rundfunkstaatsvertrages; dazu Fn. 473.

Wettbewerbsbehörden der Mitgliedstaaten unter Berücksichtigung der besonderen Gegebenheiten der nationalen Märkte bereits ausgefüllt, wenn eine Prüfung nationaler Ligavermarktungsmodelle vorgenommen wird. Auch dies spricht dafür, dass etwa im Fall der Vermarktung der Übertragungsrechte für die Champions League in Deutschland zunächst das Bundeskartellamt eine Prüfung anstrengt. Sollte das Bundeskartellamt dabei feststellen, dass aufgrund der Konzeption des Vermarktungsmodells ein Eingriff der Europäischen Kommission eher angezeigt ist, kann in diesem Fall eine Abstimmung zwischen den Kartellbehörden stattfinden.

866. Für eine stärkere Rolle der Europäischen Kommission bei der Kontrolle von Zentralvermarktungsmodellen bei Fußballwettbewerben sprechen allerdings bestimmte externe Wirkungen, die mit einer nationalen Überprüfung einhergehen. Ein Problem kann hier deshalb auftreten, weil die Vermarktungserlöse in einem Mitgliedstaat durch ein besonders strenges Tätigwerden der Kartellbehörden geringer ausfallen könnten als in einem anderen. Ursächlich für die externe Wirkung sind vor allem die internationalen Spielermärkte, auf denen europäische Vereine unabhängig von dem Sitz in einem bestimmten Mitgliedstaat untereinander im direkten Wettbewerb stehen. Dieser Wettbewerb könnte durch eine uneinheitliche Anwendung des Kartellrechts verfälscht werden. Sollten die von der Europäischen Kommission geführten Musterverfahren nicht ausreichend sein, um diesem Risiko zu begegnen, könnte zudem – wie die Monopolkommission in ihrem XXI. Hauptgutachten bereits vorgeschlagen hat – durch den Erlass von Leitlinien seitens der Europäischen Kommission eine Harmonisierung der Rechtsanwendung herbeigeführt werden.[490]

3.5.4 Schlussfolgerungen und Empfehlung

867. Die Zentralvermarktung der Champions League für die Spielzeiten ab 2018/19 weist aus wettbewerblicher Sicht und auch im Vergleich mit der früheren Vermarktung von Fußballwettbewerben einige Elemente auf, die dafür sprechen, dass eine Effizienzrechtfertigung nach den Maßstäben der nationalen Ligawettbewerbe hier nicht gegeben ist. Die Monopolkommission empfiehlt dem Bundeskartellamt, die Vermarktung der Champions League in Zukunft kartellbehördlich zu begleiten und insbesondere darauf hinzuwirken, dass die Vermarktungsmodelle ausreichend wettbewerbliche Elemente aufweisen und eine Beteiligung der Verbraucher sichergestellt ist. Entsprechendes gilt für die Vermarktungsmodelle anderer Fußballwettbewerbe, sollten sich hier aus wettbewerblicher Sicht negative Entwicklungen ergeben. Zudem erinnert die Monopolkommission an ihre Empfehlung, nach der die Europäische Kommission durch den Erlass von Leitlinien eine harmonisierte Rechtsanwendung zwischen den Mitgliedstaaten sicherstellen sollte.

3.6 Einwand der Schadensweitergabe bei Kartellschadensersatzklagen

868. In Kartellschadensersatzverfahren kann sich der Schädiger grundsätzlich mit dem Einwand verteidigen, der Geschädigte habe den bei ihm eingetretenen Schaden – gegebenenfalls teilweise – auf seine Abnehmer abgewälzt, sodass der Geschädigte letztlich keinen Anspruch auf Schadensersatz habe bzw. dieser im Umfang der Schadensabwälzung reduziert sei. Der BGH hat in der Rechtssache ORWI diese sog. „Passing-on-Defense" im Wege der Vorteilsausgleichung allgemein zugelassen; seit Inkrafttreten der 9. GWB-Novelle ist der Einwand in § 33c GWB auch gesetzlich geregelt. In der Rechtsprechung wurde der Passing-on-Einwand zuletzt jedoch wiederholt mit den zweifelhaften Argumenten ausgeschlossen, es fehle an einem wettbewerblich geprägten Anschlussmarkt sowie an einer „unmittelbaren Relation" zwischen dem Schadensereignis und den dem Abnehmer zufließenden Vorteilen.

3.6.1 Die Grundsätze zur Schadensweitergabe

3.6.1.1 Grundsatzurteil des BGH in der Rechtssache ORWI

869. Das Urteil des BGH in der Rechtssache ORWI[491] erging noch zur alten Rechtslage vor Inkrafttreten der 9. GWB Novelle;[492] insbesondere die für die vorliegenden Zwecke relevanten Ausführungen des BGH zum Vorliegen eines An-

---

[490] Monopolkommission, XXI. Hauptgutachten, a. a. O., Tz. 498, 502.

[491] BGH, Urteil vom 28. Juni 2011, KZR 75/10 – ORWI, BGHZ 190, 145.

[492] Zu der neuen Rechtslage und ihrer zeitlichen Anwendbarkeit Tz. 875 f.

schlussmarktes sowie zu dem Zusammenhang zwischen dem Schadensereignis und der Vorteilsentstehung sind jedoch weiterhin von Bedeutung.

870. Der BGH befasst sich in seinem ORWI-Urteil, das zum Selbstdurchschreibepapier-Kartell[493] erging, in erster Linie mit der Frage der Aktivlegitimation eines mittelbaren Abnehmers, der in diesem Fall seine Schadensersatzforderung an den Kläger abgetreten hat. Jedoch betrifft die Entscheidung auch den Einwand des beklagten Kartellanten, der mittelbare Abnehmer habe den Schaden seinerseits auf die nächste Absatzstufe abgewälzt. Die Frage, ob dieser Passing-on-Einwand zuzulassen ist, ist dabei mit der Aktivlegitimation eines mittelbaren Abnehmers eng, aber nicht unmittelbar verknüpft. So setzt der Eintritt eines Schadens aufseiten des mittelbaren Abnehmers zwar denklogisch eine – zumindest teilweise – Schadensabwälzung durch die vorgelagerte Absatzstufe voraus. Dies bedeutet allerdings noch nicht, dass dem beklagten Kartellanten bei der Abwehr eines Schadensersatzanspruchs der Einwand der Schadensabwälzung aus rechtlicher Sicht auch tatsächlich zuzugestehen ist. So war das OLG Karlsruhe in der Vorinstanz zu dem ORWI-Urteil des BGH der Ansicht, die Zulassung des Passing-on-Einwands im Wege der Vorteilsausgleichung (dazu sogleich) widerspreche der erwünschten Abschreckungswirkung des Kartelldeliktsrechts, gefährde die private Kartellrechtsdurchsetzung und sei im Hinblick auf das Erfordernis einer effektiven Durchsetzung des Unionsrechts verfehlt. Sie führe dazu, dass der Kartellant dem unmittelbaren Abnehmer keinen Schadensersatz leisten müsse. Denn dieser sei am besten über die kartellbefangenen Geschäfte informiert, sodass ihm am ehesten der Nachweis gelinge, dass er aufgrund der kartellrechtswidrigen Absprache einen Schaden erlitten habe.[494]

871. Der BGH ist dieser Argumentation in seinem ORWI-Urteil entgegengetreten. Zunächst führt er zu den allgemeinen Grundsätzen der Vorteilsausgleichung aus, dass diese dem Schädiger zwar einerseits nicht unbillig entlasten, andererseits aber auch nicht dazu führen solle, dass er für denselben Schaden mehrfach in Anspruch genommen werde. Spiegelbildlich hierzu solle der Geschädigte – entsprechend dem allgemeinen schadensersatzrechtlichen Bereicherungsverbot – nicht bessergestellt werden, als er ohne das schädigende Ereignis stünde. Deshalb seien dem Geschädigten unter bestimmten Voraussetzungen diejenigen Vorteile zuzurechnen, die ihm in adäquatem Zusammenhang mit dem Schadensereignis zufließen. Es sind jedoch nicht alle durch das Schadensereignis bedingten Vorteile für den Schädiger zu berücksichtigen, sondern nur solche, deren Anrechnung mit dem Zweck des Schadensersatzanspruchs übereinstimmt, d. h., dem Geschädigten zumutbar ist und den Schädiger nicht unangemessen entlastet.[495]

872. Entgegen der Auffassung des OLG Karlsruhe führe die Möglichkeit der Vorteilsausgleichung nicht zu einer unangemessenen Entlastung des beklagten Kartellanten, sondern vermeide seine mehrfache Inanspruchnahme wegen desselben Schadens. Sie bewirke keinen Wegfall, sondern nur eine Verlagerung des Schadensersatzanspruchs auf die Marktteilnehmer der nächsten Absatzstufe. Es sei auch mit dem unionsrechtlichen Effektivitätsgebot vereinbar, den Ersatzanspruch nach nationalem Recht zu versagen, wenn sich anderenfalls eine ungerechtfertigte Bereicherung des Berechtigten ergeben würde. Für eine Vereinbarkeit mit dem Unionsrecht spreche zudem der Umstand, dass die Darlegungs- und Beweislast für die tatsächlichen Voraussetzungen der Vorteilsausgleichung und insbesondere für die Kausalität des Vorteils beim Schädiger liege. Hat sich auf der nachfolgenden Absatzstufe das Kartellpreisniveau durchgesetzt, so beruhe die Abwälzung des Preisaufschlags auch nicht auf einer besonderen Leistung des Abnehmers, die es rechtfertigen würde, dem Kartellanten die Vorteilsausgleichung zu versagen.[496]

873. Was den Nachweis der Schadensabwälzung betrifft, müsse der beklagte Kartellant anhand der allgemeinen Marktverhältnisse auf dem relevanten Absatzmarkt, insbesondere der Nachfrageelastizität, der Preisentwicklung und der Produkteigenschaften, plausibel dazu vortragen, dass eine Weiterwälzung der kartellbedingten Preiserhöhung zumindest ernsthaft in Betracht kommt.[497] Weitere Aussagen zu den für die Schadensabwälzung relevanten Verhältnissen auf

---

[493] EU-Kommission, Entscheidung vom 20. Dezember 2001, COMP/E-1/36.212 – Carbonless paper.

[494] OLG Karlsruhe, Urteil vom 11. Juni 2010, 6 U 118/05, ECLI:DE:OLGKARL:2010:0611.6U118.05.0A, Rz. 42 (zit. nach Juris).

[495] BGH, Urteil vom 28. Juni 2011, KZR 75/10 – ORWI, BGHZ 190, 145, Rz. 58 (zit. nach Juris).

[496] Ebenda, Rz. 62 ff. (zit. nach Juris).

[497] Ebenda, Rz. 69 (zit. nach Juris).

dem nachgelagerten Absatzmarkt – dem sog. Anschlussmarkt – finden sich in dem Urteil des BGH vor allem bei der Prüfung der Aktivlegitimation des mittelbaren Abnehmers. Dort führt der BGH unter anderem aus:

„Zu den Faktoren, die für die Prüfung erheblich sind, ob eine Preiserhöhung auf der nachfolgenden Marktstufe kartellbedingt ist, gehören die Preiselastizität von Angebot und Nachfrage, die Dauer des Verstoßes sowie die Intensität des Wettbewerbs auf dieser Stufe [...]. Müssen die meisten der dort auftretenden Anbieter den Kartellpreis entrichten und hat ihre Marktgegenseite keine oder nur geringe Ausweichmöglichkeiten, kann eine Kostenwälzung grundsätzlich jedenfalls dann als kartellbedingt angesehen werden, wenn der Wettbewerb auf dem Anschlussmarkt ansonsten funktionsfähig ist."[498]

874. Bei den Voraussetzungen der Vorteilsausgleichung im Rahmen der Prüfung des Passing-on-Einwands kommt der BGH dann jedoch erneut auf die Verhältnisse auf dem Anschlussmarkt zu sprechen und verweist hier insbesondere auf den oben (Tz. 870) bereits erwähnten Zusammenhang zwischen der Aktivlegitimation des mittelbaren Abnehmers und dem Einwand der Schadensabwälzung durch den beklagten Kartellanten:

„Die Kausalität des Kartells für den Vorteil, der dem Geschädigten in Form höherer Erlöse zufließt, ist vielmehr nach den gleichen Maßstäben zu beurteilen wie die Feststellung der kartellbedingten Preisabwälzung auf ihn. Sein kartellbedingter Vorteil ist das Spiegelbild des seinem Kunden kartellbedingt entstehenden Schadens [...]. Es ist also auch in diesem Zusammenhang anhand der ökonomischen Gegebenheiten auf den Anschlussmärkten zu beurteilen, ob die Preiserhöhung auf der nachfolgenden Marktstufe kartellbedingt ist."[499]

3.6.1.2 Vorschriften zur Schadensabwälzung nach Inkrafttreten der 9. GWB-Novelle

875. Mit Inkrafttreten der 9. GWB-Novelle am 9. Juni 2017 hat der deutsche Gesetzgeber die Vorschriften der EU-Kartellschadensersatzrichtlinie zur Schadensabwälzung (Art. 12 ff.) in nationales Recht umgesetzt. In § 33c Abs. 1 bzw. Abs. 2 GWB sind nun sowohl die Möglichkeit des beklagten Kartellanten, den Passing-on-Einwand zu erheben (Passivseite), als auch die durch eine Schadensabwälzung bedingte Schädigung des mittelbaren Abnehmers (Aktivseite) gesetzlich geregelt.

876. Zugunsten des mittelbaren Abnehmers gilt unter bestimmten Voraussetzungen eine widerlegliche Vermutung, dass der Schaden dem Grunde nach auf ihn abgewälzt wurde, wobei die Vermutung keine Anwendung findet, wenn der Kartellant glaubhaft machen kann, dass der Schaden nicht weitergegeben wurde (§ 33c Abs. 2 und 3 GWB).[500] Der Kartellant kann sich indes bei der Geltendmachung des Passing-on-Einwands nicht auf eine solche Vermutung stützen, sodass er stets den Nachweis der Schadensabwälzung zu erbringen hat. § 33c Abs. 5 GWB stellt schließlich klar, dass für die Entscheidung über den Umfang der Schadensabwälzung – und zwar sowohl auf Aktiv- als auch auf Passivseite – die Vorschrift des § 287 ZPO gilt. Im Gegensatz zu dem Vollbeweis des § 286 ZPO kann damit die Höhe der Schadensabwälzung vom Gericht geschätzt werden. Für die richterliche Überzeugung ist dabei eine überwiegende Wahrscheinlichkeit ausreichend mit der Folge, dass das „Ob" und das „Wie" der Beweiserhebung im Ermessen des Gerichts stehen.[501]

877. Allerdings sind die vorgenannten Regelungen – wie die meisten der neuen materiell-rechtlichen Vorschriften – gemäß der Übergangsbestimmung des § 186 Abs. 3 Satz 1 GWB (für § 33c Abs. 5 GWB gilt § 186 Abs. 4 GWB) erst auf solche Schadensersatzansprüche anwendbar, die nach dem 26. Dezember 2016 entstanden sind. Die Entstehung eines Schadensersatzanspruchs setzt insbesondere den Eintritt eines Schadens voraus. Da der betreffende Kartellrechtsverstoß zunächst einmal aufgedeckt und in einem kartellbehördlichen Verfahren festgestellt wird,[502] findet die Vorschrift

---

[498] Ebenda, Rz. 47 (zit. nach Juris).

[499] Ebenda, Rz. 59 (zit. nach Juris).

[500] Dazu ausführlich Kersting, in: Kersting/Podszun, Die 9. GWB-Novelle, München 2017, Kap. 7 Tz. 101 ff.

[501] Greger, in: Zöller, Zivilprozessordnung, 32. Aufl., Köln 2018, § 287 Tz. 1.

[502] Ein abgeschlossenes Verfahren einer Kartellbehörde ist zwar nicht Voraussetzung für die Geltendmachung von Schadensersatz, „Follow on"-Klagen sind aber die Regel. Maßgeblicher Grund hierfür ist die Bindungswirkung, die von der (bestandskräftigen) Feststellung eines Verstoßes in einer behördlichen Entscheidung für das Gerichtsverfahren ausgeht; vgl. § 33 Abs. 4 GWB a. F. bzw. § 33b GWB.

des § 33c GWB mit Ausnahme des Absatz 5 (dazu sogleich) in den zurzeit anhängigen und auch in der nahen Zukunft zu erwartenden Schadensersatzprozessen noch keine Anwendung.[503]

3.6.2 Die Rechtsprechung der Instanzgerichte zum Ausschluss des Passing-on-Einwands

878. Im Berichtszeitraum gab es mehrere erstinstanzliche Entscheidungen, die den Passing-on-Einwand der beklagten Kartellanten nicht zuließen. Begründet wurde dies in erster Linie – unter Berufung auf das Urteil des BGH in Sachen ORWI – mit dem Fehlen eines wettbewerblich geprägten Anschlussmarktes und zusätzlich mit dem Fehlen einer „unmittelbaren Relation" zwischen dem Schadensereignis und den dem Abnehmer zufließenden Vorteilen. Im Einzelnen sind die Begründungen der Gerichte, die jeweils Schadensersatzklagen einer Kommune oder eines kommunalen Unternehmens betreffen, nachfolgend wiedergegeben bzw. auszugsweise aufgeführt.

879. Soweit ersichtlich hat zuerst das LG Berlin in einer Entscheidung zum Aufzugs- und Fahrtreppenkartell[504] die Auffassung vertreten, dass der BGH in seinem ORWI-Urteil im Hinblick auf die Schadensabwälzung von dem Vorliegen eines wettbewerblich geprägten Anschlussmarktes ausgehe,

> „also der Weiterlieferung der mit einem Kartellaufschlag belegten Ware an eigene Abnehmer innerhalb eines durch Konkurrenz – sei es auf Anbieter- oder Nachfrageseite – geprägten Wirtschaftsraums"[505].

880. Das Gericht stellt sodann fest, dass in dem entschiedenen Fall auf dem Folgemarkt – betreffend die Verpachtung einer U-Bahn-Station, in die die kartellbefangenen Rolltreppen eingebaut worden sind – kein wettbewerbliches Marktgeschehen existiere. So stehe auf Anbieterseite isoliert die klagende Kommune, deren U-Bahn-Stationen weder untereinander noch gegen die anderer Städte austauschbar seien. Für die Nachfrageseite habe die Beklagte nicht vorgetragen, dass von einem Markt für die Verpachtung von U-Bahn-Stationen auszugehen sei.[506]

881. Schließlich ergänzt das LG Berlin, dass – anders als bei dem Weiterverkauf von Waren – weder der Pachtzins für den Betrieb der U-Bahn-Station noch der Fahrpreis für die Nutzung der U-Bahn, den der Betreiber von den Fahrgästen verlangt, in einer „unmittelbaren Relation" zum Einkaufspreis für bestimmte Infrastruktur stehe, sondern eine „Fülle anderer Faktoren" maßgeblich für deren Preisbildung sei:

> „Aus einem fehlenden Markt kann aber nicht geschlossen werden, dass die Klägerin dann ‚erst recht' in der Weitergabe des Kartellaufschlages frei war. Es ist zu berücksichtigen, dass die Preisbildung beim Pachtzins für U-Bahnstationen, anders als diejenige beim Weiterverkauf von Waren, in keiner unmittelbaren Relation zum Einkaufspreis für bestimmte Infrastruktur steht, sondern eine Fülle anderer Faktoren für die Bestimmung maßgeblich [ist]. Nicht die Rolltreppen wurden verpachtet, sondern die gesamte U-Bahnstation einschließlich ihrer sonstigen Infrastruktur (Notrufeinrichtungen, Entlüftung, Beleuchtung, Sitzgelegenheiten, Papierkörbe, die einer regelmäßigen Leerung bedürfen sowie ggf. Verkaufseinrichtungen)."[507]

882. Das LG Dortmund äußert in zwei Urteilen zum Schienenkartell[508] ebenfalls die Auffassung, dass der BGH in seinem ORWI-Urteil von einem wettbewerblich geprägten Anschlussmarkt ausgehe, um sodann festzustellen, dass hinsichtlich des Verkaufs von Fahrscheinen – geklagt hatte jeweils ein Nahverkehrsunternehmen – weder auf Anbieter- noch auf Abnehmerseite ein Marktgeschehen vorliege:

---

[503] So ist etwa das im Berichtszeitraum von der Europäischen Kommission sanktionierte LKW-Kartell (Beschluss vom 19. Juli 2016 gegen MAN, Volvo/Renault, Daimler, Iveco und DAF sowie Beschluss vom 27. September 2017 gegen Scania; AT.39824) bereits im Jahr 2011 aufgedeckt worden.

[504] EU-Kommission, Beschluss vom 21. Februar 2007, COMP/E-1/38.823 – PO/Elevators and Escalators.

[505] LG Berlin, Urteil vom 6. August 2013, 16 O 193/11 Kart, ECLI:DE:LGBE:2013:0806.16O193.11KART.0A, Rz. 60 (zit. nach Juris). Die Entscheidung fällt nicht in den Berichtszeitraum.

[506] Ebenda (zit. nach Juris).

[507] Ebenda (zit. nach Juris).

[508] Bericht des Bundeskartellamtes über seine Tätigkeit in den Jahren 2013/2014, BT-Drs. 18/5210 vom 15. Juni. 2014, S. 71.

> „Auf Anbieterseite steht isoliert die Klägerin, denn die U-Bahn- oder Straßenbahnlinien sind weder untereinander, noch gegen solche anderer Städte austauschbar. Dem Geschäftsgegenstand fehlt es aus Sicht der Marktgegenseite an der Substituierbarkeit. Erst recht ist ein Marktgeschehen nicht auf der Nachfrageseite ersichtlich, da es sich dort um Endverbraucher handelte, die naturgemäß nicht miteinander um Fahrtickets konkurrieren."[509]

883. Entsprechend den Ausführungen des LG Berlin ergänzt das LG Dortmund, dass die Preisbildung bei Fahrtickets in keiner „unmittelbaren Relation" zum Einkaufspreis für bestimmte Infrastruktur stehe, sondern hierfür eine Reihe anderer Faktoren maßgeblich sei.[510] Unter Bezugnahme auf eine in der juristischen Literatur vertretene Ansicht wirft das LG Dortmund schließlich in beiden Entscheidungen die Frage auf, ob der Passing-on-Einwand bei Streuschäden überhaupt Anerkennung finden könne, lässt diese Frage angesichts seiner vorherigen Argumentation, die bereits zum Ausschluss des Passing-on-Einwands führe, aber offen.[511]

884. Zuletzt hat das LG Hannover in einem Urteil zum LKW-Kartell[512] ausgeführt, dass der Passing-on-Einwand nach der ORWI-Rechtsprechung des BGH das Vorliegen eines wettbewerblich geprägten Anschlussmarktes voraussetze. Wie zuvor das LG Berlin und das LG Dortmund stellt das LG Hannover zunächst fest, dass hinsichtlich der – hier einschlägigen – Leistungen der Stadtreinigung nicht von einem Marktgeschehen auszugehen sei. So stehe auf Anbieterseite allein die Klägerin, deren Entsorgungs- und Reinigungsleistungen weder untereinander noch mit denen anderer Städte austauschbar seien, und auf Abnehmerseite stehen die Benutzer, die untereinander nicht um solche Leistungen konkurrierten.[513] Darüber hinaus seien die von der Klägerin für ihre Abfallwirtschaftsleistungen festgesetzten Benutzungsgebühren jedenfalls nicht ausschließlich das Ergebnis einer kaufmännischen Kalkulation:

> „Zwar gilt für die Gebührenkalkulation, worauf die Beklagte zu Recht hinweist, im Ausgangspunkt das Kostendeckungsprinzip (§ 5 Abs. 1 Satz 2 NKAG, § 12 Abs. 2 Satz 1 NAbfG). Daneben können mit der Gebührenkalkulation für die Leistungen der Stadtreinigung ... Entsorgungsbetriebe jedoch auch andere Zwecke verfolgt werden. So sollen nach § 12 Abs. 2 Satz 2 NAbfG die Gebühren für die Abfallbeseitigung so gestaltet werden, dass die Vermeidung und die Verwertung von Abfällen gefördert wird; auch können die Gebühren gemäß § 12 Abs. 6 Satz 2 NAbfG progressiv gestaltet sein, soweit die Gebührenhöhe nicht außer Verhältnis zur Leistung der kommunalen Abfallbewirtschaftung steht."[514]

3.6.3 Stellungnahme und Empfehlungen

3.6.3.1 Gründe für Ausschluss des Passing-on-Einwands nicht überzeugend

885. Die vorstehend wiedergegebene Rechtsprechung der Instanzgerichte zum Ausschluss des Passing-on-Einwands ist weder rechtlich noch ökonomisch überzeugend.

886. Aus rechtlicher Sicht gehen zunächst die in allen Entscheidungen befindlichen Bezugnahmen auf das ORWI-Urteil des BGH und das dort vermeintlich vertretene Erfordernis eines wettbewerblich geprägten Anschlussmarktes fehl. Zwar spricht der BGH tatsächlich von einem Anschlussmarkt.[515] Das Fehlen eines wettbewerblichen Marktgeschehens auf einem solchen Anschlussmarkt ist jedoch nicht damit gleichzusetzen, dass eine Abwälzung des Schadens von vornherein nicht in Betracht kommt. Vielmehr legt die Formulierung des BGH nahe, dass auch bei einem nicht wettbewerblich geprägten Anschlussmarkt eine Schadensabwälzung zumindest infrage kommt. Das Vorliegen eines wettbewerblich ge-

---

[509] LG Dortmund, Urteil vom 28. Juni 2017, 8 O 25/16 (Kart), ECLI:DE:LGDO:2017:0628.8O25.16KART.00, Rz. 96 (zit. nach Juris); Urteil vom 21. Dezember 2016, 8 O 90/14 (Kart), ECLI:DE:LGDO:2016:1221.8O90.14KART.00, Rz. 132 (zit. nach Juris).

[510] So zum Schienenkartell jüngst auch OLG München, Urteil vom 8. März 2018, U 3497/16 Kart, NZKart 2018, S. 230, 233.

[511] LG Dortmund, Urteil vom 28. Juni 2017, 8 O 25/16 (Kart), ECLI:DE:LGDO:2017:0628.8O25.16KART.00, Rz. 97 f. (zit. nach Juris); Urteil vom 21. Dezember 2016, 8 O 90/14 (Kart), ECLI:DE:LGDO:2016:1221.8O90.14KART.00, Rz. 133 f. (zit. nach Juris).

[512] Dazu Fn. 503.

[513] LG Hannover, Urteil vom 18. Dezember 2017, 18 O 8/17, ECLI:DE:LGHANNO:2017:1218.18O8.17.00, Rz. 99 f. (zit. nach Juris).

[514] Ebenda, Rz. 101 (zit. nach Juris).

[515] Dazu Tz. 873.

prägten Anschlussmarktes muss im Rahmen der Prüfung somit vielmehr als verstärkender Faktor und nicht als notwendige Bedingung verstanden werden. Es drängt sich deshalb der Eindruck auf, dass die Instanzgerichte das ORWI-Urteil insoweit zu eng auslegen.

887. Anstatt grundsätzlich auf das Bestehen eines wettbewerblich geprägten Anschlussmarktes abzustellen, ist davon auszugehen, dass der BGH ökonomische Kriterien benannt hat, auf deren Basis eine Weitergabe der durch das Kartell erhöhten Einkaufspreise naheliegend ist. Ein in Bezug auf den Anschlussmarkt entscheidendes Kriterium dürfte darin bestehen, ob die auf diesem Markt tätigen Anbieter gleichermaßen von den höheren Einkaufspreisen betroffen sind. Hintergrund hierfür ist, dass eine Steigerung variabler Einkaufskosten in den meisten ökonomischen Modellen zu höheren Preisen führt, sofern alle Anbieter die Kostensteigerung gleichermaßen berücksichtigen müssen. Trifft eine Kostensteigerung hingegen nur einzelne Anbieter, so können dessen Nachfrager möglicherweise auf Anbieter ausweichen, die zu geringeren Kosten produzieren können, sodass ein Passing-on nicht (vollumfänglich) möglich ist.

888. Aber auch wenn alle Anbieter auf dem Anschlussmarkt beim Einkauf gleichermaßen von einer kartellbedingten Preiserhöhung betroffen sind, stellt sich die Frage, ob in diesem Fall eine auf dem Anschlussmarkt zu beobachtende Preissteigerung auf eine Weitergabe der kartellbedingt gestiegenen Einkaufspreise schließen lässt. Wie der BGH zutreffend feststellt, ist dies insbesondere dann der Fall, wenn es sich bei dem Anschlussmarkt um einen durch Wettbewerb gekennzeichneten Markt handelt. Ursächlich für die Aussage dürfte der Umkehrschluss sein, dass auf nicht durch intensiven Wettbewerb gekennzeichneten Märkten auch aufgrund von – sich gegebenenfalls dynamisch verändernder – Marktmacht Preisaufschläge auf die (Grenz-)Kosten möglich sind, mit denen sich Preisveränderungen erklären lassen. In Märkten, die durch intensiven Wettbewerb gekennzeichnet sind, lassen sich Preisveränderungen demgegenüber in aller Regel auf Veränderungen der Inputkosten zurückführen.

889. Der wiedergegebenen Rechtsprechung der Instanzgerichte liegt insofern eine besondere Situation zugrunde, als es sich bei dem Anschlussmarkt jeweils um einen durch ein kommunales Angebot monopolisierten Markt handelt. Ein solcher Markt wird durch die Rechtsprechung des BGH aber gerade nicht von einem Passing-on ausgeschlossen. Zwar ist der Anschlussmarkt nicht durch ein intensives Wettbewerbsgeschehen gekennzeichnet, weil die Kommune bzw. das kommunale Unternehmen auf dem Markt der einzige Anbieter ist. Allerdings ist gerade in einem solchen Markt eine Weitergabe höherer Einkaufskosten wahrscheinlich. Handelt die Kommune hoheitlich, ist sie in der Regel kommunalrechtlich gezwungen, alle anfallenden Kosten auf entsprechende Gebühren umzulegen.[516] Fallen die Kosten dagegen in kommunalen Unternehmen an, die auf monopolisierten Märkten Preise (anstatt Gebühren) verlangen, z. B. im öffentlichen Nahverkehr, so ist festzustellen, dass diese Preise oftmals ebenso einem besonderen Kostendeckungsdruck unterliegen. Auch kann aus beihilferechtlichen Gründen häufig kein pauschaler Ausgleich von Mehrkosten durch die Kommune erfolgen.

890. Selbst wenn im Einzelfall eine Schadensweitergabe in einem durch ein kommunales Angebot monopolisierten Anschlussmarkt aus ökonomischer Sicht einmal weniger wahrscheinlich sein sollte, erscheint ein pauschaler Ausschluss des Passing-on-Einwands für den ohnehin darlegungs- und beweisbelasteten Kartellanten nicht gerechtfertigt.[517]

---

[516] Zu den Rechtsgrundlagen des Gebührenrechts Monopolkommission, XX. Hauptgutachten, a. a. O., Tz. 1218 f. Auch das LG Hannover verweist auf das kommunalrechtliche Kostendeckungsprinzip, meint aber zugleich, mit der Gebührenkalkulation könnten auch andere Zwecke verfolgt werden (dazu Tz. 884). Die von dem Gericht angeführten Vorschriften des Niedersächsischen Abfallgesetzes (NAbfG) stellen die Pflicht zur Umlage von Kosten in Gebühren aber tatsächlich nicht infrage, sondern machen lediglich Vorgaben für die Gebührenstruktur. Sofern Gebühren gemäß § 12 Abs. 2 Satz 2 NAbfG so gestaltet sein sollen, dass die Vermeidung von Abfällen gefördert wird, könnte die Vorschrift z. B. so ausgelegt werden, dass der feste Gebührenanteil gering und der variable (mengenabhängige) Anteil hoch angesetzt wird. Sofern die Gebühren gemäß § 12 Abs. 6 Satz 2 NAbfG progressiv gestaltet sein sollen, könnte dies seinerseits dazu führen, dass der variable Gebührenanteil bei größeren Mengen ungleich stärker zunimmt.

[517] Anders, aber ausdrücklich das LG Dortmund: *„Im Einklang mit dem unionsrechtlichen Effektivitätsgebot liegt die Darlegungs- und Beweislast für die tatsächlichen Voraussetzungen der Vorteilsausgleichung und insbesondere der Kausalität des Vorteils beim Schädiger (BGH KZR 75/10 Tz. 64). Dieser Darlegungslast sind die Beklagten letztlich schon nicht hinreichend nachgekommen. Doch kommt es auf die Frage, ob die Beklagten hierzu hinreichende Darlegungen getroffen haben, aufgrund der Besonderheiten des Falles schon gar nicht an. Zu berücksichtigen ist nämlich, dass der BGH in der vorstehend genannten Entscheidung (dort Tz. 47 ff.) von einem Anschlussmarkt ausgeht [...]."* LG Dortmund, Urteil vom 28. Juni 2017, 8 O 25/16 (Kart), EC-

891. Auch in einem weiteren Punkt ist die Rechtsprechung des LG Berlin sowie des LG Dortmund auffallend streng. Beide Gerichte verlangen eine „unmittelbare Relation" zwischen den Einkaufspreisen der klagenden Abnehmer und ihrer eigenen Preisbildung und meinen, dass eine solche bei dem Erwerb von Infrastruktur – anders als bei dem Weiterverkauf von Waren – nicht gegeben sei.[518] Zwar ist es ökonomisch zutreffend, dass auf Wettbewerbsmärkten kurzfristig nur Veränderungen bei den variablen (Grenz-)Kosten unmittelbar auf die Preise umzulegen sind, was beim Weiterverkauf von Handelswaren gewöhnlich gegeben ist. Gerade im Fall der hier betroffenen kommunalen Märkte wird die Preisbildung jedoch durch gesetzliche Vorgaben bestimmt, wodurch auch eine kurzfristige Weitergabe von Fixkosten möglich ist.

892. Das Erfordernis einer „unmittelbaren Relation" findet in dem ORWI-Urteil des BGH zudem keine Grundlage. Dort ist lediglich von einem adäquaten Zusammenhang zwischen einem Schadensereignis und der Vorteilsentstehung die Rede. Danach muss das Schadensereignis einerseits notwendige Bedingung für die Vorteilsentstehung sein („conditio sine qua non"), und andererseits sollen unangemessene Vorteile dem Schädiger nicht zugutekommen.[519] Da die Vorteilsausgleichung letztlich Ausfluss des allgemeinen zivilrechtlichen Grundsatzes von Treu und Glauben (§ 242 BGB) ist, liegt ihr vor allem eine normative Wertung zugrunde, namentlich der Ausgleich der widerstreitenden Interessen zwischen Schädiger und Geschädigtem (Bereicherungsverbot einerseits und unangemessene Entlastung andererseits).[520] Ob das – anscheinend – engere Kriterium einer „unmittelbare Relation" mit dieser Wertung zu vereinbaren ist, erscheint zweifelhaft.

893. Grundsätzlich denkbar ist es allenfalls, die Vorteilsausgleichung mit Verweis auf den Schutzzweck des Schadensersatzanspruchs und die Gefahr einer unbilligen Schädigerentlastung abzulehnen, wie es das OLG München sowie das LG Frankfurt am Main in zwei Urteilen zum Schienenkartell tun. Das LG Frankfurt am Main führt insofern aus:

„Dies kann auch dahinstehen, da jedenfalls der Schutzzweck des Schadensersatzanspruchs unter Berücksichtigung des Aspekts einer unbilligen Schädigerentlastung gegen die Zulässigkeit des Einwands einer Schadensabwälzung auf Kunden des öffentlichen Personennahverkehrs spricht. Bei diesem Personenkreis wird sich kaum ein konkreter Schaden ausmachen oder zumindest schätzen lassen. Und selbst wenn dies möglich wäre, würde kein Nahverkehrskunde seinen Schaden gegenüber den Kartellanten geltend machen, die hierdurch unbillig entlastet würden."[521]

Beide Aspekte – der Schutzzweck des Schadensersatzanspruchs sowie die Gefahr einer unbilligen Schädigerentlastung – sind bei der Frage, ob eine Vorteilsausgleichung zuzulassen ist, zu berücksichtigen.[522]

3.6.3.2 Stärkung der privaten Kartellrechtsdurchsetzung für Verbraucher

894. Lässt man entsprechend der vorstehenden Kritik den Passing-on-Einwand allerdings auch dann zu, wenn es an einem wettbewerblich geprägten Anschlussmarkt bzw. einer „unmittelbaren Relation" fehlt, besteht die Gefahr einer

---

LI:DE:LGDO:2017:0628.8O25.16KART.00, Rz. 95 f. (zit. nach Juris); Urteil vom 21. Dezember 2016, 8 O 90/14 (Kart), ECLI:DE:LGDO:2016:1221.8O90.14KART.00, Rz. 131 f. (zit. nach Juris); Hervorhebung nur hier.

[518] LG Berlin, Urteil vom 6. August 2013, 16 O 193/11 Kart, ECLI:DE:LGBE:2013:0806.16O193.11KART.0A, Rz. 60 (zit. nach Juris); LG Dortmund, Urteil vom 28. Juni 2017, 8 O 25/16 (Kart), ECLI:DE:LGDO:2017:0628.8O25.16KART.00, Rz. 97 (zit. nach Juris); LG Dortmund, Urteil vom 21. Dezember 2016, 8 O 90/14 (Kart), ECLI:DE:LGDO:2016:1221.8O90.14KART.00, Rz. 133 (zit. nach Juris). Vgl. auch OLG München, Urteil vom 8. März 2018, U 3497/16 Kart, NZKart 2018, S. 230, 233.

[519] Grüneberg, in: Palandt, Bürgerliches Gesetzbuch, 76. Aufl., München 2017, vor § 249 Tz. 69.

[520] Dazu Tz. 871.

[521] LG Frankfurt am Main, Urteil vom 30. März 2016, 2-06 O 464/14, ECLI:DE:LGFFM:2016:0330.2.06O464.14.0A, Rz. 160 (zit. nach Juris). Ähnlich OLG München, Urteil vom 8. März 2018, U 3497/16 Kart, NZKart 2018, S. 230, 233: *„Es kann dahinstehen, ob die Grundsätze der ‚passing-on defense' im Streitfall überhaupt Anwendung finden. Hieran bestehen erhebliche Zweifel, wenn – wie bei der Weitergabe eines kartellbedingten Preisaufschlags im Wege der Fahrpreiserhöhung an Fahrgäste – der Kartellschaden des unmittelbaren Abnehmers in Gestalt von sogenannten ‚Streuschäden' an eine Vielzahl von Endverbrauchern weitergegeben wird. Denn dies würde – zumindest weitgehend – zu einer unangemessenen Entlastung des Schädigers führen, da nicht damit zu rechnen ist, dass die einzelnen Fahrgäste ihrerseits wegen Kleinstbeträgen gegen die Kartellanten vorgehen."*

[522] Dazu Tz. 871, 892.

unbilligen Entlastung des Kartellanten. Diesem Risiko kann dadurch begegnet werden, dass die private Kartellrechtsdurchsetzung für Verbraucher gestärkt wird.

895. Zwar hat die Versagung des Passing-on-Einwands keine unmittelbare Auswirkung auf die Aktivlegitimation der Abnehmer auf den nachgelagerten Marktstufen, auf die der Schaden tatsächlich abgewälzt wurde. Denn die – aktive – Geltendmachung von Schadensersatz durch einen mittelbaren Abnehmer ist gegenüber der – passiven – Abwehr von Schadensersatzansprüchen durch einen Kartellanten rechtlich grundsätzlich privilegiert.[523] Allerdings sind praktische Probleme nicht ausgeschlossen, wenn in Bezug auf dasselbe Schadensereignis einem Kartellanten zunächst der Passing-on-Einwand versagt worden ist und anschließend ein mittelbarer Abnehmer einer nachgelagerten Marktstufe Schadensersatz verlangt. Wird auch dem mittelbaren Abnehmer Schadensersatz zugesprochen, haftet der beklagte Kartellant mehrfach und möglicherweise überkompensatorisch.[524] Wird dagegen dem mittelbaren Abnehmer der Schadensersatz versagt, bleibt dieser – im Fall einer tatsächlichen Schadensabwälzung – auf seinem Schaden sitzen.

896. Deutlich schwerer wiegt indes der Umstand, dass die Zulassung des Passing-on-Einwandes zu einer Schwächung der privaten Kartellrechtsdurchsetzung führen könnte. Denn soweit der beklagte Kartellant einwenden kann, dass der Schaden auf die Verbraucher abgewälzt worden sei, braucht er nach aktueller Rechtslage eine (erfolgreiche) Inanspruchnahme auf Schadensersatz kaum zu befürchten. Dies ist vor dem Hintergrund zu sehen, dass eine private Kartellrechtsdurchsetzung auf Ebene der Verbraucher derzeit nicht stattfindet und auch kaum stattfinden kann. Dieser Gedanke klingt sowohl in den beiden Urteilen des LG Dortmund an, das (kurz) die Frage aufwirft, ob der Passing-on-Einwand bei Streuschäden überhaupt Anerkennung finden könne, als auch – noch stärker – in den zitierten Passagen aus den Urteilen des OLG München sowie des LG Frankfurt am Main, wonach ein Nahverkehrskunde seinen Schaden – jedenfalls – nicht geltend machen werde.[525] Der Grund hierfür ist in dem Umstand zu sehen, dass bei Verbrauchern das rationale Desinteresse, Kleinst- bzw. Streuschäden zu verfolgen, entgegensteht.[526] Oftmals fehlen ihnen auch die entsprechenden Nachweismöglichkeiten, weil etwa Kaufbelege nicht mehr aufbewahrt worden sind. Insoweit hilft auch die Besserstellung des mittelbaren Abnehmers nach neuem Recht nicht weiter,[527] sondern alleine eine Stärkung des kollektiven Rechtsschutzes für Verbraucher.[528]

897. Die Monopolkommission hat sich in ihrem XXI. Hauptgutachten bereits für eine Stärkung des kollektiven Rechtsschutzes in Deutschland ausgesprochen. Sie begrüßt zunächst die geplante Einführung einer Musterfeststellungsklage;[529] hierzu hat die Bundesregierung mittlerweile einen entsprechenden Gesetzentwurf beschlossen.[530] Ob die Muster-

---

[523] Dazu Tz. 869 ff.; zum neuen – aber auf aktuelle Schadensersatzverfahren noch nicht anwendbaren – Recht Tz. 875 f..

[524] Zur Gefahr einer überkompensatorischen Haftung Monopolkommission, XXI. Hauptgutachten, a. a. O., Tz. 133 ff.

[525] Dazu Tz. 883, 893. Siehe auch Kersting, in: Kersting/Podszun, Die 9. GWB-Novelle, München 2017, Kap. 7 Tz. 82; Petrasincu, A., Kartellschadensersatz nach dem Referentenentwurf der 9. GWB-Novelle, WuW 2016, S. 330 ff. Kritisch zu solchen normativen Gesichtspunkten unter dem neuen Recht Fritzsche, A., Schadensabwälzung – Auslegungsfragen zum Kartellzivilrecht nach der 9. GWB-Novelle, NZKart 2017, S. 630, 635, der angesichts einer drohenden überkompensatorischen Haftung des Kartellanten darauf hinweist, dass sich aus der EU-Kartellschadensersatzrichtlinie ergebe, dass Schadensersatz nur für tatsächlich entstandene Schäden zugesprochen werden solle.

[526] Laut einer Studie der Europäischen Kommission aus dem Jahr 2011 würden 56 Prozent der befragten Verbraucher in der Europäischen Union eine Schadenssumme von bis zu EUR 200 und 41 Prozent der befragten Verbraucher eine Summe von bis zu EUR 500 nicht gerichtlich geltend machen; EU-Kommission, Consumer Empowerment in the EU, SEC(2011) 469 final, 7. April 2011, Tz. 11.

[527] Dazu Tz. 875 f.

[528] Um einer unbilligen Entlastung des Kartellanten entgegenzuwirken, kommt auch eine Vorteilsabschöpfung durch Verbände und Verbraucherschutzeinrichtungen gemäß § 34a GWB in Betracht. Da dieses Instrument bislang kaum genutzt worden ist, hat sich die Monopolkommission für eine Reform der Vorschrift ausgesprochen; vgl. Monopolkommission, XXI. Hauptgutachten, a. a. O., Tz. 178 f., 184. Zu einer Kompensation des geschädigten Verbrauchers kann die Vorteilsabschöpfung allerdings nicht beitragen.

[529] Monopolkommission, XXI. Hauptgutachten, a. a. O., Tz. 174, 182.

[530] Bundesregierung, Entwurf eines Gesetzes zur Einführung einer zivilprozessualen Musterfeststellungsklage vom 9. Mai 2018. Siehe auch Bundesministerium der Justiz und für Verbraucherschutz, Diskussionsentwurf: Entwurf eines Gesetzes zur Einführung einer Musterfeststellungsklage vom 31. Juli 2017. Beide Dokumente sind abrufbar unter: https://www.bmjv.de/SharedDocs/Gesetzgebungsverfahren/DE/Musterfeststellungsklage.html.

feststellungsklage, die laut dem Koalitionsvertrag bis spätestens zum 1. November 2018 umgesetzt werden soll,[531] tatsächlich zu einer wirksameren privaten Kartellrechtsdurchsetzung auf Ebene der Verbraucher beitragen kann, ist fraglich. Zwar ist ihre Einführung insofern zu begrüßen, als im Rahmen der Musterklage ausgewählter Verbraucherschutzverbände (vgl. § 606 Abs. 1 ZPO-E) bestimmte Tatsachen- oder Rechtsfragen geklärt werden können – etwa im Hinblick auf eine mögliche Schadensabwälzung –, die dann auch in etwaigen von Verbrauchern geführten Folgeverfahren Bindungswirkung haben. Ein Hindernis für einen signifikanten Beitrag der Musterfeststellungsklage zu einer wirksamen privaten Kartellrechtsdurchsetzung für Verbraucher könnte allerdings der Umstand sein, dass diese ihre Ansprüche im Anschluss an das Musterfeststellungsverfahren weiterhin individuell – und notfalls gerichtlich – durchsetzen müssen. Einer entsprechenden Geltendmachung könnte jedoch wiederum das rationale Desinteresse von Verbrauchern, Kleinst- bzw. Streuschäden zu verfolgen, entgegenstehen. Es ist, auch angesichts der bisherigen zurückhaltenden Nutzung der Vorteilsabschöpfung gemäß § 34a GWB,[532] zudem unklar, ob die Verbraucherschutzverbände in Kartellfällen wegen des damit verbundenen Aufwands überhaupt bereit und in der Lage sein werden, Musterklagen zu erheben.

898. Keine Verbesserung für Kartellgeschädigte bringt ein Richtlinienvorschlag, der von der Europäischen Kommission am 11. April 2018 als Teil eines Maßnahmenpakets zur Stärkung der Verbraucherrechte veröffentlicht wurde.[533] Danach sollen bestimmte qualifizierte Einrichtungen (insbesondere Verbraucherschutzverbände und öffentliche Stellen) stellvertretend für die betroffenen Verbraucher etwa auf Feststellung oder – insofern weitergehend als die im deutschen Recht geplante Musterfeststellungsklage – auf Zahlung von Schadensersatz klagen können (vgl. Art. 6 des Richtlinienvorschlags), wodurch das Erfordernis für eine nachfolgende individuelle Durchsetzung der Ansprüche entfiele. Für Fälle, in denen die Quantifizierung der den Verbrauchern individuell entstandenen Schäden aufwendig ist, ist lediglich eine Feststellungsklage vorgesehen. Geht es um Streuschäden („small amount of loss"), bei denen eine Weitergabe des Schadensersatzes an die betroffenen Verbraucher unverhältnismäßig wäre, soll die Entschädigung einem öffentlichen, den Verbraucherinteressen dienenden Zweck zugutekommen. Der Anwendungsbereich des Richtlinienvorschlags erstreckt sich indes nicht auf Kartellrechtsverstöße (vgl. Art. 2 Abs. 1 des Richtlinienvorschlags i. V. m. Annex I), sodass eine Stärkung der Position von Verbrauchern in diesem Bereich gerade nicht geplant ist.

899. Die Monopolkommission bewertet solche Verbandsklagen grundsätzlich positiv, wiederholt aber insbesondere ihre Empfehlung aus dem XXI. Hauptgutachten, die private Kartellrechtsdurchsetzung für Verbraucher durch die Einführung einer allgemeinen, in subjektiver Hinsicht nicht beschränkten Gruppenklage nach dem „Opt in"-Prinzip zu stärken. Die Gefahr des Entstehens einer „Klageindustrie", der mit der Beschränkung auf die Klagemöglichkeit von bestimmten Verbänden begegnet werden soll,[534] erachtet die Monopolkommission angesichts der maßvollen Gewährung von (Kartell-)Schadensersatz durch deutsche Gerichte sowie des grundsätzlichen Verbots einer erfolgsabhängigen Rechtsanwaltsvergütung (§ 49b Abs. 2 BRAO, § 4a RVG) als nicht sehr hoch. Vielmehr befürchtet sie, dass es – trotz der Stärkung der Klägerstellung im Zuge der Umsetzung der 9. GWB-Novelle – ohne die Einführung von Gruppenklagen gerade auf der Ebene der Verbraucher bei einem „under-enforcement" bleibt.[535] Im Übrigen lässt sich einer missbräuchlichen Ausnut-

---

[531] Koalitionsvertrag zwischen CDU, CSU und SPD vom 12. März 2018, Ein neuer Aufbruch für Europa – Eine neue Dynamik für Deutschland – Ein neuer Zusammenhalt für unser Land, Zeilen 5798 f., abrufbar unter: https://www.bundestag.de/dokumente/textarchiv/2018/kw11-koalitionsvertrag/546976.

[532] Dazu Fn. 528.

[533] EU-Kommission, Proposal for a Directive of the European Parliament and of the Council on representative actions for the protection of the collective interests of consumers, and repealing Directive 2009/22/EC, COM(2018) 184 final, 11. April 2018 („Richtlinienvorschlag").

[534] Bundesregierung, Entwurf eines Gesetzes zur Einführung einer zivilprozessualen Musterfeststellungsklage vom 9. Mai 2018, S. 24 („kommerzielle Klageindustrie"); EU-Kommission, Richtlinienvorschlag, S. 3, 5 („abusive litigation").

[535] Auch die Europäische Kommission hat sich in einer unverbindlichen Empfehlung bereits für die Einführung von Gruppenklagen nach dem „Opt in"-Prinzip ausgesprochen; vgl. EU-Kommission, Empfehlung vom 11. Juni 2013, Gemeinsame Grundsätze für kollektive Unterlassungs- und Schadensersatzverfahren in den Mitgliedstaaten bei Verletzung von durch Unionsrecht garantierten Rechten, ABl. L 201, 26. Juli 2013, S. 60. In einem kürzlich veröffentlichten Evaluierungsbericht gelangt sie zu dem Ergebnis, dass die Mitgliedstaaten ihre Empfehlung, den kollektiven Rechtsschutz im nationalen Recht zu stärken, insgesamt nur zögerlich umgesetzt haben; vgl. EU-Kommission, Report from the Commission to the European Parliament, the Council and the European Economic and Social Committee on the implementation of the Commission Recommendation of 11 June 2013 on common principles

zung des Klagesystems durch entsprechende gesetzliche Vorkehrungen begegnen.[536] Eine Gruppenklage nach dem „Opt in"-Prinzip kann das Problem des rationalen Desinteresses zwar nicht gänzlich beseitigen, da sich der Verbraucher einer solchen Klage aktiv anschließen muss, um von der Gruppenzugehörigkeit zu profitieren. Gegenüber der Erhebung einer Individualklage ist der Aufwand hierfür jedoch deutlich geringer. Angesichts des verfassungsrechtlichen Anspruchs auf rechtliches Gehör ist die Gruppenklage nach dem „Opt in"-Prinzip zudem einer solchen nach dem „Opt out"-Prinzip vorzuziehen.[537]

3.7 Ministererlaubnisverfahren nach der 9. GWB-Novelle

900. Im Zuge der 9. GWB-Novelle wurde auch das Ministererlaubnisverfahren reformiert. Die neuen Regelungen fanden erst zu einem späten Zeitpunkt – im Ausschuss für Wirtschaft und Energie des Deutschen Bundestages – Eingang in das Gesetzgebungsverfahren.[538] Anlass war das Ministererlaubnisverfahren Edeka/Kaiser's Tengelmann, in dem der Bundesminister für Wirtschaft und Energie nach einer Verfahrensdauer von ungefähr zehn Monaten eine Erlaubnisentscheidung erteilt hatte.[539] Im anschließenden einstweiligen Rechtsschutzverfahren hatte das OLG Düsseldorf unter anderem Kritik an der Verfahrensführung des Ministers geäußert.[540] Insbesondere die Dauer des Verfahrens sowie die Informationspolitik des Ministers gegenüber dem Deutschen Bundestag waren auch vonseiten der Politik auf Kritik gestoßen.[541]

901. Mit der 9. GWB-Novelle wurden verschiedene Regelungen eingeführt, die der Verfahrensbeschleunigung und Transparenz dienen sollen.[542] So bleibt es zwar bei der Sollvorschrift von vier Monaten für die Entscheidung des Bundesministers für Wirtschaft und Energie. Bei einem Überschreiten dieser Frist hat das Bundesministerium für Wirtschaft und Energie (BMWi) allerdings die Gründe hierfür dem Deutschen Bundestag unverzüglich schriftlich mitzuteilen, § 42 Abs. 4 Satz 2 GWB. Wird die Verfügung den antragstellenden Unternehmen nicht innerhalb von sechs Monaten nach Eingang des vollständigen Antrags zugestellt, wird gemäß § 42 Abs. 4 Satz 3 GWB die Ablehnung des Antrags fingiert. Laut § 42 Abs. 4 Satz 4 und 5 kann das Ministerium die Frist auf Antrag der antragstellenden Unternehmen um bis zu zwei Monate verlängern; in diesem Fall gilt die Fiktion des Satzes 3 nicht. Darüber hinaus bestimmt § 63 Abs. 2 Satz 2 GWB nunmehr, dass einem Dritten die Beschwerde gegen eine Ministererlaubnis nur zusteht, wenn er eine Rechtsverletzung geltend macht. Auch diese Neuregelung des Drittrechtsschutzes soll – ausweislich der Beschlussempfehlung – zur Verfahrensbeschleunigung beitragen.[543]

902. Ein weiteres Ziel der Novelle ist die Stärkung der Rolle der Monopolkommission im Ministererlaubnisverfahren. Zu diesem Zweck ist gemäß § 42 Abs. 1 Satz 4 GWB ein Abweichen vom Votum der Monopolkommission in der Ministerentscheidung künftig gesondert zu begründen. Zudem erhält die Monopolkommission gemäß § 56 Abs. 3 Satz 4 GWB das Recht, in der öffentlichen mündlichen Verhandlung gehört zu werden und ihre Stellungnahme zu erläutern. Mit den entsprechenden Maßnahmen sollen die Anforderungen an die Begründung der Entscheidung konkretisiert werden. Außerdem soll sichergestellt werden, dass alle für das Verfahren relevanten Aspekte Bestandteil der mündlichen Ver-

---

for injunctive and compensatory collective redress mechanisms in the Member States concerning violations of rights granted under Union law (2013/396/EU), COM(2018) 40 final, 25. Januar 2018.

[536] Monopolkommission, XXI. Hauptgutachten, a. a. O., Tz. 181.

[537] Ebenda, Tz. 180.

[538] Beschlussempfehlung und Bericht des Ausschusses für Wirtschaft und Energie, BT-Drs. 18/11446, S. 8 ff., 29 f.

[539] Bundesminister für Wirtschaft und Energie, Entscheidung vom 9. März 2016, I B 2 – 22 08 50/01, „Edeka/Kaisers' Tengelmann", https://www.bmwi.de/Redaktion/DE/Downloads/M-O/oeffentliche-entscheidung-edeka-kaisers-tengelmann.pdf?__blob=publicationFile&v=2.

[540] OLG Düsseldorf, Beschluss vom 12. Juli 2016, VI-Kart 3/16 (V), ECLI:DE:OLGD:2016:0712.VI.KART3.16V.00.

[541] Vgl. Dröge, K., MdB, Vortrag beim 44. FIW-Seminar, „Ist die Ministererlaubnis reformbedürftig?", Bonn, 16. Juni 2016.

[542] Vgl. zu der Thematik auch Kühling, J., Ministererlaubnisverfahren – Die Rolle und Perspektive der Monopolkommission, in: Körber/Immenga (Hrsg.), Aktuelle Entwicklungen in der Fusionskontrolle, Baden-Baden 2018 (im Erscheinen).

[543] Beschlussempfehlung und Bericht des Ausschusses für Wirtschaft und Energie, BT-Drs. 18/11446, S. 30

handlung sind. Darüber hinaus wurde in § 42 Abs. 5 Satz 3 GWB eine Sollfrist von zwei Monaten für die Stellungnahme der Monopolkommission eingeführt.

903. Sonstige Gesetzesänderungen betreffen die Einbindung der Kommission zur Ermittlung der Konzentration im Medienbereich in näher bezeichneten Fällen (§ 42 Abs. 5 Satz 2 GWB), die Klarstellung, dass das Ministererlaubnisverfahren ein Verwaltungsverfahren ist (§ 54 Abs. 1 Satz 3 GWB), sowie die Verpflichtung des BMWi, Leitlinien für das Verfahren zu erlassen (§ 42 Abs. 6 GWB).

904. Die dargestellten Gesetzesänderungen sind als ambivalent zu bewerten. Zunächst ist zu begrüßen, dass die Neuerungen weder die Abschaffung noch grundlegende inhaltliche Reformen des Instruments der Ministerentscheidung enthalten. Denn das Ministererlaubnisverfahren ermöglicht die Berücksichtigung wichtiger Gemeinwohlbelange im Ausnahmefall, gewährleistet Transparenz und entlastet das Bundeskartellamt von Druck durch Politik und Öffentlichkeit.[544] Allerdings sind insbesondere zwei Neuerungen kritisch zu bewerten: zum einen die neu eingeführte Sollfrist für die Monopolkommission, zum anderen die Regelung in § 63 Abs. 2 Satz 2 GWB betreffend den Rechtsschutz gegen Ministerverfügungen.

3.7.1 Beibehaltung der Entscheidungskompetenz des Ministers ist sachgerecht

905. Im Vorfeld der Novelle wurden in der Politik mehrere weit reichende Reformansätze diskutiert, die zum Teil die materielle Entscheidungskompetenz betrafen. Einer dieser Vorschläge war darauf gerichtet, die Ministererlaubnis durch eine Parlamentserlaubnis zu ersetzen.[545] Hiernach sollte der Minister für Wirtschaft und Energie einen Beschlussantrag vorbereiten und dem Parlament unterbreiten, das im Anschluss daran diesen Antrag beraten, gegebenenfalls ändern und beschließen sollte. Eine solche Übertragung der Entscheidungsbefugnis auf den Deutschen Bundestag ist gleichwohl abzulehnen. Bei der Ministerentscheidung handelt es sich um eine klassische Verwaltungsentscheidung.[546] Sie ist daher auch der Exekutive vorbehalten. Exekutiventscheidungen des Parlaments hingegen sind auf wenige Ausnahmefälle von besonderer Tragweite, wie etwa den Auslandseinsatz der Bundeswehr, begrenzt. Von einer Einbindung des Deutschen Bundestages in das fusionskontrollrechtliche Ministererlaubnisverfahren ist ferner wegen der damit verbundenen Verfahrensverlängerung abzuraten. Letzteres spricht ebenfalls gegen die Überlegung, dem Deutschen Bundestag ein Vetorecht gegen die vom Bundesminister für Wirtschaft und Energie beabsichtigte Entscheidung einzuräumen und die Ministererlaubnis im Fall eines Vetos auf die gesamte Bundesregierung zu verlagern.[547] Auch die – weniger weit reichende – Empfehlung, eine öffentliche Konsultation des Ministererlaubnis-Entscheidungsentwurfs innerhalb einer Frist von mindestens zwei Wochen einzuführen, begegnet ähnlichen Bedenken.[548]

906. Wenig überzeugend ist ferner die Überlegung, den Minister an das Votum der Monopolkommission zu binden. Die Idee einer stärkeren Einbindung einer unabhängigen Behörde in den Entscheidungsprozess der Erlaubniserteilung war schon bei Einführung der Fusionskontrolle angestellt worden. So sollte die staatliche Interventionstiefe reduziert werden.[549] Das schon damals dagegen vorgebrachte Argument ist auch noch heute gültig: Die Ministerentscheidung ist eine genuin politische Entscheidung, die mit den wettbewerblichen Gesichtspunkten einerseits und Gemeinwohlgründen

---

[544] Ein aktuelles Beispiel für hohen öffentlichen Druck ist der Zusammenschlussfall Bayer/Monsanto. Bei der für die Fusionskontrolle zuständigen Europäischen Kommission gingen über 50.000 E-Mails und über 5.000 Schreiben und Postkarten zu einer Petition, im Rahmen des Zusammenschlussverfahrens auch Umweltschutz-, Gesundheitsrisiken etc. zu berücksichtigen, ein, M. Vestager, Antwort auf eine Petition, Brüssel, 22. August 2017, http://ec.europa.eu/competition/elojade/isef/index.cfm?fuseaction=dsp_result&policy_area_id=2.

[545] Antrag der Abgeordneten Michael Schlecht, Klaus Ernst, Karin Binder, weiterer Abgeordneter und der Fraktion DIE LINKE. Parlaments- statt Ministererlaubnis im Kartellrecht, BT-Drs. 18/10240.

[546] So bereits Kühling, J./Wambach, A., Ministererlaubnisverfahren – Kein Anlass zu grundlegenden Reformen, WuW 2017, S. 1.

[547] Beschlussempfehlung und Bericht des Ausschusses für Wirtschaft und Energie, Begründung des Änderungsvorschlags der Fraktion BÜNDNIS 90/DIE GRÜNEN, BT-Drs. 18/11446, S. 16.

[548] Fuchs/Pfeiffer/Heider, Fünf Punkte zur Stärkung der Ministererlaubnis im Wettbewerbsrecht (§ 42 GWB), 13. November 2016. Zudem ist zu bedenken, dass sich Marktteilnehmer und Verbände, deren wirtschaftliche Interessen durch die Entscheidung erheblich berührt werden, schon bislang zum Verfahren beiladen lassen und in diesem Rahmen äußern können.

[549] CDU/CSU-Fraktion im Wirtschaftsausschuss, BT-Drs. 7/765, S. 8.

andererseits schwer Vergleichbares abzuwägen hat. Sie ist daher auch – letztentscheidend – von der Exekutive zu treffen, die sich anschließend dem Parlament gegenüber zu verantworten hat.[550]

3.7.2 Verzicht auf gesetzliche Verankerung von Gemeinwohlgründen ist zu begrüßen

907. Teilweise zielten Reformüberlegungen auch auf eine Auswahl bzw. Konkretisierung der Gemeinwohlgründe im Gesetz.[551] Eine gesetzliche Aufzählung gesamtwirtschaftlicher Vorteile und überragender Interessen der Allgemeinheit ist abzulehnen.[552] Gegen eine derartige Aufzählung spricht bereits die Vielzahl und Heterogenität möglicher Gemeinwohlvorteile. Darüber hinaus würde sie die Berücksichtigung solcher Gemeinwohlvorteile verhindern oder zumindest verzögern, die sich aufgrund künftiger Entwicklungen erst noch ergeben. Die gesetzliche Verankerung lediglich einiger ausgewählter Gemeinwohlgründe ist ebenfalls nicht empfehlenswert. Dies gilt vor allem dann, wenn sich diese Auswahl nur an einzelnen Ministererlaubnisentscheidungen orientiert. Die Erfahrung mit Ministererlaubnisverfahren der Vergangenheit zeigt, dass je nach den Umständen des Einzelfalls vielfältige Gemeinwohlvorteile – z. B. umwelt-, bildungs-, gesundheits- und beschäftigungspolitischer Natur – angeführt werden und zu diskutieren sind.[553]

908. Des Weiteren würde die gesetzliche Verankerung einiger ausgewählter Gemeinwohlvorteile die Rechtsunsicherheit eher vergrößern als verringern. Unklar wäre insbesondere, ob mit einer solchen Nennung auch eine besonders hohe Gewichtung der ausgewählten Gemeinwohlvorteile im Rahmen der erforderlichen Abwägung mit den wettbewerblichen Nachteilen eines Zusammenschlussvorhabens verbunden sein soll. Wäre eine solche besondere Gewichtung das Ziel der gesetzlichen Verankerung, würden Wertungswidersprüche entstehen, wenn anderen, insbesondere aus dem Primärrecht der Europäischen Union (z. B. Umweltschutz gemäß Art. 11 AEUV und Art. 37 Grundrechtecharta, Gesundheitsschutz gemäß Art. 168 Abs. 1 AEUV) oder aus dem Grundgesetz (z. B. die Freiheit der Forschung und Lehre gemäß Art. 5 Abs. 3 GG) folgenden Gemeinwohlgründen von vornherein ein geringeres Gewicht beigemessen würde. Durch die gesetzliche Betonung einzelner Gemeinwohlgründe würde schließlich das Prinzip unterlaufen, wonach die Entscheidung des Ministers stets den konkreten Umständen des jeweiligen Einzelfalls Rechnung tragen muss.

3.7.3 Neue Fristenregelung verbesserungsbedürftig

909. Als problematisch ist allerdings die in der 9. GWB-Novelle neu eingeführte Sollfrist für die Stellungnahme der Monopolkommission zu bewerten. Nach § 42 Abs. 5 Satz 3 GWB soll die Stellungnahme innerhalb von zwei Monaten nach Aufforderung durch das Bundesministerium für Wirtschaft und Energie vorliegen. Von dieser Frist kann laut Beschlussempfehlung nur bei Vorliegen wichtiger Gründe abgewichen werden.[554]

910. Angesichts der Funktion der Monopolkommission im Ministererlaubnisverfahren ist es wichtig, dass ihre Analyse und Empfehlung auf einer möglichst umfassenden Entscheidungsgrundlage basiert. Zu diesem Zweck berücksichtigt die Monopolkommission regelmäßig nicht nur den Erlaubnisantrag und die umfangreichen Verfahrensakten des Bundeskartellamts, sondern auch eine Reihe weiterer, eingereichter oder erbetener Unterlagen. Außerdem fanden in den bisherigen Ministererlaubnisfällen neben den obligatorischen Gesprächen mit den am Zusammenschluss beteiligten Unter-

---

[550] Siehe dazu die Auffassung der Mehrheit im Wirtschaftsausschuss, BT-Drs. 7/765, S. 8.

[551] So wird in dem Antrag der Abgeordneten und der Fraktion DIE LINKE die Bundesregierung aufgefordert, einen Gesetzentwurf vorzulegen, in dem ein überragendes Interesse der Allgemeinheit, insbesondere durch Berücksichtigung von Tarifbindung und/oder Betriebsratsstrukturen, des Erhalts von Arbeitsplätzen, Verbraucherschutzbelange, Versorgungs- und Angebotssicherheit insgesamt und insbesondere im ländlichen Raum, definiert wird. Antrag der Abgeordneten Michael Schlecht, Klaus Ernst, Karin Binder, weiterer Abgeordneter und der Fraktion DIE LINKE. Parlaments- statt Ministererlaubnis im Kartellrecht, BT-Drs. 18/10240.

[552] So bereits Kühling, J., Wettbewerb contra Gemeinwohl?, in: Mohr (Hrsg.), Energierecht im Wandel, Kolloquium zu Ehren des 75. Geburtstags von Franz Jürgen Säcker, 2018, S. 93–110.

[553] Siehe zu den Schwierigkeiten einer Systematisierung aus Sicht der Monopolkommission bereits exemplarisch Greiffenberg, H., Die Gemeinwohlabwägung im Ministererlaubnisverfahren der Fusionskontrolle – Der Beitrag der Monopolkommission, in: Fuchs/Schwintowski/Zimmer (Hrsg.), Wirtschafts- und Privatrecht im Spannungsfeld von Privatautonomie, Wettbewerb und Regulierung, Festschrift für Ulrich Immenga zum 70. Geburtstag, 2004, S. 173, 180 ff.

[554] Ausschuss für Wirtschaft und Energie, Beschlussempfehlung und Bericht, BT-Drs. 18/11446, S. 29.

nehmen üblicherweise weitere Gespräche und Anhörungen mit Marktteilnehmern, Arbeitnehmervertretern, Verbraucherverbänden etc. statt. Darüber hinaus war es häufig erforderlich, schriftliche Stellungnahmen einzuholen, deren Rücklauf und Analyse naturgemäß eine gewisse Zeitspanne in Anspruch nahm.

911. Vor diesem Hintergrund hat die Monopolkommission ihre Ministererlaubnisgutachten in der Vergangenheit regelmäßig innerhalb von zwei bis drei Monaten erstellt, vereinzelt wurden Stellungnahmen auch erst nach Ablauf von drei Monaten vorgelegt.[555] Die neu eingeführte Frist bedeutet daher eine Verkürzung der bisher in Anspruch genommenen Zeitspanne und dürfte angesichts der Erfahrungen in der Vergangenheit nur schwierig umzusetzen sein. Sie sollte aus den genannten Gründen bei der nächsten GWB-Reform wieder gestrichen, zumindest aber auf zehn Wochen erweitert werden.

912. Im Übrigen ist eher zweifelhaft, ob mit der neuen Fristenregelung der gewünschte Beschleunigungseffekt erzielt wird. Für die Entscheidung des Ministers bleibt es in § 42 Abs. 4 Satz 1 GWB zwar bei der bisherigen Soll-Vorschrift von vier Monaten. Neu ist jedoch, dass nach Ablauf von sechs Monaten die Fiktion der Ablehnung greift, soweit nicht die Unternehmen von der Möglichkeit eines Antrags auf Verlängerung der Frist um weitere zwei Monate Gebrauch machen (§ 42 Abs. 4 Satz 3–5 GWB). Insgesamt stehen dem Minister künftig also laut gesetzlicher Regelung bis zu acht Monate für den Erlass seiner Entscheidung zur Verfügung.

913. Eine Deckelung der Frist für die ministerielle Entscheidung ist grundsätzlich zu begrüßen, weil damit die Rechtssicherheit für alle Betroffenen erhöht werden kann. Betrachtet man jedoch die bisherigen Fälle, hätte die jetzt vom Gesetzgeber vorgenommene Deckelung der Frist nur in einem einzigen Verfahren zu einem früheren Abschluss führen müssen.[556] Demgegenüber ist nicht auszuschließen, dass sich durch die Möglichkeit der Fristverlängerung auf Antrag der am Zusammenschluss beteiligten Unternehmen die Wahrscheinlichkeit erhöht, dass künftig die Acht-Monats-Frist häufiger ausgeschöpft wird und es damit regelmäßig zu einer Verfahrensverlängerung kommen wird.

3.7.4 Falsches Signal durch beabsichtigte Einschränkung des Drittrechtsschutzes

914. Ebenfalls kritikwürdig ist die neu eingeführte Regelung des § 63 Abs. 2 Satz 2 GWB zum Drittrechtsschutz gegen Ministererlaubnisentscheidungen. Laut Beschlussempfehlung genügt künftig weder die Verletzung nur wirtschaftlicher Interessen noch die Verletzung von Rechtssätzen, in denen der Einzelne nur aus Gründen des Interesses der Allgemeinheit begünstigt wird, die also Reflexwirkung haben. Die Beschränkung des Kreises der Beschwerdeberechtigten auf diejenigen, die eine Verletzung in eigenen Rechten durch die Ministerentscheidung darlegen können, soll – wie die Neuregelung der Fristen – der Verfahrensbeschleunigung dienen.[557]

915. Vor der 9. GWB-Novelle stand jedem am Ministererlaubnisverfahren Beteiligten die Beschwerdemöglichkeit nach § 63 GWB offen. Die Verletzung eines subjektiven öffentlichen Rechts war nicht Voraussetzung der Beschwerde.[558] Dies galt nach der Rechtsprechung des BGH auch für Dritte, deren Antrag auf Beiladung nur aus verfahrensökonomischen Gründen abgelehnt worden war. Es genügte insofern eine materielle Beschwer, also eine nachteilige Berührung der eigenen wirtschaftlichen Interessen.[559]

916. Fraglich ist, ob die mit der Gesetzesänderung beabsichtigte Einschränkung des Drittrechtsschutzes überhaupt erreicht werden kann. Hiergegen werden unter anderem verfassungsrechtliche Bedenken angeführt.[560] Jedenfalls spre-

---

[555] Z. B. in dem Verfahren Edeka/Kaiser's Tengelmann. Hier hat der Bundesminister für Wirtschaft und Energie die Monopolkommission mit Schreiben vom 29. April 2015 um gutachterliche Stellungnahme gemäß § 42 Abs. 4 Satz 2 a.F. GWB gebeten. Die Stellungnahme wurde am 3. August 2015 vorgelegt.

[556] Die Erfahrungen mit vergangenen Ministererlaubnisverfahren zeigen, dass mit einer Ausnahme im Fall Edeka/Kaiser's Tengelmann alle Verfahren innerhalb von acht Monaten abgeschlossen waren.

[557] Beschlussempfehlung und Bericht des Ausschusses für Wirtschaft und Energie, BT-Drs. 18/11446, S. 30.

[558] BGH, Beschluss vom 24. Juni 2003, KVR 14/01 – Habet-Lekkerland, NJW 2003, S. 3776, 3777.

[559] BGH, Beschluss vom 7. November 2006, KVR 37/05 – pepcom, NJW 2007, S. 607, 608.

[560] Hierzu Bremer, E./Scheffczyk, F., Die Ministererlaubnis nach der 9. GWB-Novelle – Verfahren und Drittrechtsschutz, NZKart 2017, S. 464, 466 ff.

chen wettbewerbspolitische Gründe gegen eine solche Einschränkung. Die Ministererlaubnis hebt eine Untersagungsentscheidung des Bundeskartellamtes auf, mit der zuvor eine erhebliche Wettbewerbsbeschränkung auf den betroffenen relevanten Märkten festgestellt worden ist. Aus wettbewerbspolitischer Sicht ist deshalb ein effektiver Zugang zur gerichtlichen Kontrolle derartiger Erlaubnisentscheidungen sogar besonders wünschenswert. Dies gilt umso mehr vor dem Hintergrund, dass die Ministerentscheidung nur durch wenige inhaltliche Vorgaben beschränkt wird. Diese sind in § 42 Abs. 1 GWB festgelegt und betreffen zum einen das Auf- bzw. Überwiegen von im Einzelfall vorliegenden Gemeinwohlgründen, zum anderen die Notwendigkeit zur Berücksichtigung der Wettbewerbsfähigkeit der Unternehmen auf Märkten außerhalb des Geltungsbereichs des GWB. Entsprechend einer dritten Vorgabe darf der Minister eine Erlaubnis nicht erteilen, wenn das Ausmaß der Wettbewerbsbeschränkung die marktwirtschaftliche Ordnung gefährdet. Allgemein anerkannt ist daher, dass dem Minister ein weiter Beurteilungsspielraum bei seiner Entscheidung zukommt. Je weniger inhaltliche Vorgaben jedoch für die materielle Entscheidung bestehen, desto wichtiger wird die Ausgestaltung und Einhaltung der Verfahrensbestimmungen sowie die Möglichkeit der gerichtlichen Überprüfung insbesondere dieser Bestimmungen. Zwar ist – wie oben dargelegt – bislang offen, ob die Gesetzesänderung tatsächlich zu der beabsichtigten Einschränkung des Drittschutzes führt. Die Neuregelung setzt aber ein falsches Signal, weil schon die nunmehr bestehende Rechtsunsicherheit über die Voraussetzungen der Beschwerdebefugnis zu einer geringeren Bereitschaft Dritter, möglicherweise rechtswidrige Ministererlaubnisentscheidungen gerichtlich anzugreifen, führen dürfte.

917. Die Annahme liegt nahe, dass mit der Gesetzesänderung nicht nur eine Verfahrensbeschleunigung herbeigeführt, sondern ein anderes Problem – nämlich das „Herauskaufen aus dem Gerichtsverfahren" – gelöst werden soll.[561] Damit ist die Konstellation gemeint, dass dritte Unternehmen, beispielsweise Wettbewerber oder Lieferanten der am Zusammenschluss beteiligten Unternehmen, zunächst Beschwerde gegen die Ministererlaubnis einlegen, um sie anschließend nur gegen Gewährung finanzieller oder sonstiger Gegenleistungen durch die am Zusammenschluss beteiligten Unternehmen zurückzunehmen.[562] Derartige Vereinbarungen können erhebliche negative Folgen für den Wettbewerb und die nicht an der Vereinbarung beteiligten Verbraucher haben.

918. Zum einen besteht das dargestellte Problem allerdings nicht nur bei Ministererlaubnisentscheidungen, sondern kann auch bei Freigaben von Zusammenschlüssen durch das Bundeskartellamt auftreten. Letztere Konstellation ist von der Neuregelung des § 63 Abs. 2 Satz 2 GWB nicht erfasst.[563] Zum anderen existierten schon vor der 9. GWB-Novelle bereits weniger wettbewerbsschädliche Abhilfemöglichkeiten als das nun gewählte Mittel der Einschränkung von Rechtsschutzmöglichkeiten Dritter. Denn Vereinbarungen der oben geschilderten Art zwischen den an einem Zusammenschluss beteiligten Unternehmen und ihren Wettbewerbern oder anderen Dritten können gegen Art. 101 AEUV, § 1 GWB verstoßen und daher – bei entsprechenden Anhaltspunkten – von den zuständigen Kartellbehörden aufgegriffen und überprüft werden.[564] Bei entsprechender behördlicher Praxis ist davon auszugehen, dass ein Ausnutzen von Rechtsmitteln lediglich zum Zweck, sich dieses später abkaufen zu lassen, effektiv zurückgedrängt werden würde.[565]

919. Die Monopolkommission empfiehlt dem Gesetzgeber aus den dargestellten Gründen, die Vorschrift des § 63 Abs. 2 Satz 2 GWB anlässlich der nächsten GWB-Reform wieder zu streichen. Für den Fall, dass der Gesetzgeber dieser Empfehlung nicht folgen sollte, sollten die negativen Folgen der – möglichen – Einschränkung des Drittrechtsschutzes zumindest abgemildert werden. Eine Option bestünde darin, die in § 54 Abs. 2 Nr. 3 GWB genannten Verbraucherzentralen und andere Verbraucherverbände aus dem Anwendungsbereich des § 63 Abs. 2 Satz 2 GWB auszunehmen. Dadurch wäre jedenfalls insoweit die frühere Rechtslage wiederhergestellt und die Möglichkeit gegeben, dass die genannten

---

[561] Bechtold, R., Ministererlaubnis – ja, aber nicht so, NZKart 2016, S. 553, sowie mit Verweis hierauf Jungbluth, A., Die 9. GWB-Novelle, NZKart, 2017, 257, 258.

[562] Zuletzt war dieses Verhalten im Ministererlaubnisverfahren Edeka/Kaiser's Tengelmann, zuvor bereits im Verfahren E.ON/Ruhrgas zu beobachten.

[563] Auf das Problem der Ungleichbehandlung weisen Bremer und Scheffczyk hin: Bremer, E./Scheffczyk, F., Die Ministererlaubnis nach der 9. GWB-Novelle – Verfahren und Drittrechtsschutz, NZKart 2017, S. 464, 468.

[564] Anders als bei typischen Fällen des Art. 101 AEUV, § 1 GWB erlangen die Kartellbehörden in den genannten Fällen auch ohne Weiteres Kenntnis von möglichen kartellrechtswidrigen Vereinbarungen.

[565] Vgl. zur Problematik im Einzelnen und zu Empfehlungen der Monopolkommission für die kartellbehördliche Praxis Abschnitt 3.3 in diesem Kapitel.

Verbraucherverbände schon dann gerichtlich gegen eine Ministererlaubnis vorgehen können, wenn diese die Interessen der Verbände oder einer Vielzahl von Verbrauchern erheblich berührt. Das dürfte in den regelmäßig wirtschaftlich bedeutenden Ministererlaubnisverfahren ohne Weiteres zu bejahen sein. Anders als bei Beschwerden von Wettbewerbern oder sonstigen Unternehmen wäre bei Rechtsmitteln der Verbraucherverbände auch nicht mit Beschwerderücknahmen im Gegenzug zu verbraucherbelastenden Vereinbarungen zu rechnen.

3.7.5 Schlussfolgerungen und Empfehlung

920. Die Monopolkommission empfiehlt dem Gesetzgeber, im Zuge der nächsten GWB-Reform die Vorschrift des § 42 Abs. 5 Satz 3 GWB zur Sollfrist der Monopolkommission zu streichen, zumindest aber die Sollfrist auf zehn Wochen auszudehnen. Sie empfiehlt dem Gesetzgeber außerdem, die Vorschrift des § 63 Abs. 2 Satz 2 GWB wieder zu streichen. Mindestens sollte der Anwendungsbereich des § 63 Abs. 2 Satz 2 GWB so beschränkt werden, dass die in § 54 Abs. 2 Nr. 3 GWB genannten Verbraucherzentralen und andere Verbraucherverbände – bei Vorliegen der sonstigen in § 54 Abs. 2 Nr. 3 GWB genannten Voraussetzungen – aus dem Anwendungsbereich des § 63 Abs. 2 Satz 2 GWB ausgenommen sind.

3.8 Datengestützte Analysen im Berichtszeitraum

921. Die Ökonomisierung kartellrechtlicher Verfahren und der Stellenwert datengestützter Analysen in der kartellrechtlichen Praxis nehmen weiter zu. Dieser Entwicklung hat das Bundeskartellamt durch die Gründung des Referats für „Ökonomische Grundsatzfragen" im Jahr 2007 Rechnung getragen, das im Jahr 2014 um ein zusätzliches Grundsatzreferat „Datenerfassung und Ökonometrie" ergänzt wurde. Die beiden ökonomischen Grundsatzreferate unterstützen die Beschlussabteilungen in ihrer Fallpraxis und wirken an der Konzeption und Durchführung von Sektoruntersuchungen mit.

922. Das Bundeskartellamt stützt seine Entscheidungspraxis auf qualitative und quantitative Analysen und bindet die wissenschaftlichen Erkenntnisse der (wettbewerbs)ökonomischen Literatur, etwa bei der Entwicklung der Schadenstheorien, ein. Weiterhin wachsende Bedeutung kommt auch empirischen Analysen zu. Das Bundeskartellamt teilt die von ihm durchgeführten datengestützten Analysen selbst in zwei Fallgruppen ein.[566] Zum einen handelt es sich um häufig eingesetzte Standardmethoden, die verhältnismäßig einfach und schnell zu implementieren sind und damit in einer Vielzahl der Fälle – auch aufgrund ihrer Flexibilität – Anwendung finden können. Zum anderen sind dies anspruchsvolle und einzelfallspezifische ökonometrische Untersuchungen. Diese sind in der Regel zeit- und ressourcenaufwendig. Da sich solche Analysen nur in ausgewählten Fällen anbieten und das Bundeskartellamt vielfach an enge Fristen gebunden ist, spielen ökonometrische Analysen nach wie vor eine stark untergeordnete Rolle in der Amtspraxis. Ein prominentes Beispiel für eine solche ökonometrische Analyse stellt die Event-Analyse dar, die im Rahmen des Fusionskontrollverfahrens Edeka/Kaiser's Tengelmann durchgeführt worden ist.[567] Da im aktuellen Berichtszeitraum nach Kenntnisstand der Monopolkommission keine vergleichbar umfassenden ökonometrischen Untersuchungen wettbewerblich relevanter Fragestellungen durchgeführt wurden, beschränkt sich die folgende Darstellung auf Entwicklungen bei der räumlichen Marktabgrenzung sowie auf ausgewählte Standardmethoden in der Amtspraxis.

3.8.1 Marktabgrenzung anhand räumlich hochauflösender Daten

923. Eine Entwicklung im aktuellen Berichtszeitraum 2016/2017 betrifft die räumliche Marktabgrenzung. Traditionell grenzen das Bundeskartellamt und die Europäische Kommission den räumlichen Markt primär anhand von Indikatoren wie etwa Radien oder Isochronen[568] um den Unternehmensstandort, Transportkosten oder entlang politischer Grenzen ab. Diese angebotsseitige Betrachtung des räumlichen Marktes stellt eine Inkonsistenz zum Bedarfsmarktkonzept dar, das auf die Nachfragersicht abstellt und bei der Abgrenzung des sachlichen und des zeitlichen Marktes zur Anwendung

---

[566] BKartA, Tätigkeitsbericht 2015/2016, BT-Drs. 18/12760 vom 15. Juni 2017, S. 22 f.

[567] BKartA, Beschluss vom 31. März 2015, B2-96/14 – Edeka/Kaiser's Tengelmann.

[568] Isochronen sind Verbindungslinien aller Orte, die von einem Ausgangspunkt aus in derselben Zeit zu erreichen sind.

kommt. Im Berichtszeitraum hat das Bundeskartellamt hiervon abweichend in einigen Fällen sog. Liefer- oder Kundenstromanalysen zur Abgrenzung des räumlich relevanten Marktes vorgenommen.[569] Hierbei hat das Bundeskartellamt räumlich hochauflösende Daten eingesetzt, die eine detaillierte räumliche Betrachtung – etwa auf fünfstelliger Postleitzahlenebene – ermöglichen.[570]

924. Grundidee dieser Methodik ist es, anhand konkreter Liefer- und Kundenströme zu erfassen, welche Nachfrager tatsächlich im Einzugsgebiet eines Anbieters liegen und somit den räumlichen Markt darstellen. Damit findet das Bedarfsmarktkonzept auch bei der räumlichen Marktabgrenzung Anwendung. Vorzüge der Lieferstromanalyse liegen darin, dass die tatsächlichen Marktgegebenheiten berücksichtigt werden, da die Lieferströme das Zusammenspiel angebots- und nachfrageseitiger Faktoren widerspiegeln. Das Risiko, durch eine pauschale Abgrenzung – etwa anhand eines Radius – Gebiete außerhalb des Einzugsbereichs fälschlicherweise dem räumlichen Markt eines Unternehmens zuzuschlagen oder zum räumlichen Markt zugehörige Gebiete fälschlicherweise diesem nicht zuzurechnen, wird gemindert.

925. Gleichzeitig ergibt sich jedoch eine Reihe von Herausforderungen und Schwierigkeiten. Zunächst müssen räumlich hochauflösende Daten über tatsächliche Lieferströme aller Marktteilnehmer über einen entsprechend langen Zeitraum verfügbar sein, zusammengetragen und aufbereitet werden. Damit einher geht ein erheblicher zusätzlicher Aufwand im Vergleich zur traditionellen Methode. Ferner stellt sich für Bezugsanteile die Frage nach der korrekten Schwelle, ab welcher angenommen wird, dass ein Gebiet dem räumlich relevanten Markt zuzurechnen ist. Fraglich ist auch, wie Gebiete zu behandeln sind, die das jeweilige Kriterium nicht erfüllen, aber räumlich näher am Unternehmensstandort liegen als Gebiete, die den Schwellenwert überschreiten bzw. von solchen Gebieten eingeschlossen werden. Ferner gilt es zu bedenken, dass nur tatsächliche Lieferströme berücksichtigt werden. Gebiete, in denen ein Anbieter zwar aus Nachfragersicht in Betracht gezogen wird, mangels eines wettbewerblich attraktiven Angebots aber nicht oder nur von wenigen Nachfragern gewählt worden ist, werden nicht dem räumlich relevanten Markt zugerechnet.

3.8.2 Standardmethoden in der Amtspraxis

926. Eine wichtige Standardmethode der Datenanalyse in der Entscheidungspraxis des Bundeskartellamtes ist die Listenabgleichs- oder Überschneidungsanalyse.[571] Mit ihrer Hilfe lässt sich beispielsweise überprüfen, ob und in welchem Umfang Kunden Waren oder Dienstleistungen von einem oder mehreren Anbietern beziehen, ob Querlieferungsbeziehungen zwischen den Unternehmen bestehen und ob sich die Auslieferungsgebiete von Unternehmen überlappen.[572] Mit derselben Methodik lassen sich auch Übereinstimmungen im Warensortiment zweier Anbieter bestimmen. Je größer die Überschneidung hinsichtlich des untersuchten Indikators ausfällt, desto größer ist grundsätzlich die wettbewerbliche Nähe zwischen den untersuchten Unternehmen. Somit können Listen- und Überschneidungsanalysen einen wichtigen Beitrag daran leisten, die Wettbewerbssituation in einem Markt und das wettbewerbliche Verhältnis zwischen Unternehmen zu erfassen.

927. Insbesondere in Märkten, die durch hohe Transaktions- und Kundenzahlen oder eine große Angebotsvielfalt gekennzeichnet sind, müssen teilweise sehr umfangreiche Datensätze abgeglichen werden. Eine Herausforderung liegt darin, identische Kunden oder Produkte in den Datenquellen korrekt zu identifizieren. Erleichternd wirken sich hier standardisierte Warenkennzeichnungen, etwa in Form einheitlicher Produktnummern innerhalb einer Branche, oder eindeutige Produktmerkmale aus. Probleme ergeben sich bei uneinheitlichen Bezeichnungen und Schreibweisen sowie

---

[569] BKartA, B1-47/17 – Schwenk/Opterra, Fallbericht vom 12. Januar 2018; B5-50/17 und B5-37/16 – Cordes & Graefe/Gienger, Fallbericht vom 16. März 2017; Beschluss vom 24. März 2016, B3-191/15 – Blutspendedienste Städt. Kliniken München/Bayerisches Rotes Kreuz; Beschluss vom 23. November 2017, B4-31/17 – Rhenus/GRI.

[570] Liefer- oder Kundenstromanalysen verwendete das BKartA bereits früher beispielsweise in den Fällen Goodmills/PMG, Beschluss vom 24. März 2015, B2-112/14; H+H/Xella, Beschluss vom 8. März 2011, B1-30/11 und Dyckerhoff/CEMEX, B1-133/10, Fallbericht vom 10. Januar 2011. Bei Patientenstromanalysen hatte das BKartA in der Vergangenheit auch bereits hochauflösende Daten genutzt, z.B. BKartA, Beschluss vom 14. Mai 2014, B3-135/13 – Klinikum Esslingen/Kreiskliniken Esslingen und BKartA, Beschluss vom 27. Mai 2013, B3-17/13 – Kliniken Main-Taunus-Kreis/Klinikum Frankfurt-Höchst.

[571] BKartA, Beschluss vom 23. November 2017, B6-35/17 – CTS Eventim/Four Artists; Beschluss vom 4. Dezember 2017, B6-132/14-2 – CTS Eventim; B3-37/16 und B2-58/16 – Owens Corning/Ahlstrom, Fallbericht vom 23. September 2016.

[572] BKartA, Tätigkeitsbericht 2015/2016, BT-Drs. 18/12760 vom 15. Juni 2017, S. 23.

bei Eingabefehlern in den Datensätzen. In der Mehrzahl der Fälle, in denen kein eindeutiges Merkmal herangezogen werden kann, setzt das Bundeskartellamt einen fortlaufend weiterentwickelten Matching-Mechanismus ein, der die Zuordnung anhand des hinterlegten Namens automatisiert vornimmt.[573] Dabei kommt ein Programm zum Einsatz, das unterschiedliche Schreibweisen angleicht und verschiedene Unternehmensbezeichnungen oder sonstige Namenszusätze, auch anhand probabilistischer Verfahren, zusammenführt.

928. Ähnlich wie Lieferstromanalysen basieren Listenabgleiche ausschließlich auf tatsächlich getätigten und beobachteten Transaktionen. Potenzielle Alternativen, etwa hinsichtlich eines Anbieters oder Produktes, die ein Konsument in Erwägung gezogen, aber letztendlich nicht gewählt hat, bleiben notwendigerweise unberücksichtigt. Die tatsächliche Nähe zwischen zwei oder mehreren Unternehmen bzw. Produkten wird in diesen Fällen nicht adäquat erfasst und als zu gering eingestuft. Auch bei Sortimentsüberschneidungsanalysen besteht die Gefahr, dass die tatsächliche Nähe unterschätzt wird, wenn Produkte zweier oder mehrerer Anbieter zwar nicht identisch sind – und folglich unterschiedliche Namen und Produktkennzeichnungen haben –, aber aus Kundensicht vergleich- und substituierbar sind.

929. Ferner sind im aktuellen Berichtszeitraum Bieter- bzw. Ausschreibungsanalysen im Rahmen der Fusionskontrolle von Zusammenschlussvorhaben auf Ausschreibungsmärkten durchgeführt worden.[574] Auf Ausschreibungsmärkten konkurrieren die Unternehmen im Bieterverfahren um den Auftrag. Rückschlüsse auf die wettbewerbliche Nähe zwischen zwei Unternehmen lassen sich somit lediglich anhand abgegebener Gebote aus zurückliegenden Ausschreibungen gewinnen. Dazu hat das Bundeskartellamt in den genannten Fällen untersucht, wie häufig die Zusammenschlussbeteiligten in Ausschreibungen aufeinandergetroffen sind. Eine hohe Begegnungshäufigkeit stellt ein Indiz für eine gewisse wettbewerbliche Nähe dar. Aussagen hierzu lassen sich auch anhand der in einigen Fällen durchgeführten Zweitplatziertenanalysen treffen. Geben die beiden Zusammenschlussbeteiligten in einer Ausschreibung das erst- und zweitbeste Angebot ab, ist dies ein starker Hinweis darauf, dass diese beiden Unternehmen enge Wettbewerber sind. Ähnliches gilt für Wechselanalysen, die untersuchen, ob und wie häufig es nach einer Ausschreibung einen Wechsel des Vertragsinhabers von dem einen Zusammenschlussbeteiligten zum anderen gab.

930. Voraussetzung für aussagekräftige Bieteranalysen ist eine entsprechend hohe Zahl an Ausschreibungen im sachlichen und räumlichen Markt der Zusammenschlussbeteiligten. Ferner dürfen die in die Analyse einbezogenen Ausschreibungen nicht zu weit in der Vergangenheit liegen, da die zum Zeitpunkt der Ausschreibung vorherrschenden Marktverhältnisse nicht signifikant von den gegenwärtigen abweichen dürfen. Eine angemessene Anzahl an geeigneten Bieterverfahren könnte insbesondere dann nicht gegeben sein, wenn wenige Aufträge für (räumlich) große Märkte vergeben werden und es sich um lang laufende Verträge handelt.

3.8.3 Schlussfolgerungen und Empfehlung

931. Die Monopolkommission begrüßt – wie auch in den vorangegangenen Gutachten – die Anwendung datengestützter Analysewerkzeuge in der Fallpraxis des Bundeskartellamtes. Quantitative Untersuchungen können qualitative Erkenntnisse untermauern und entwickelte Schadenstheorien stützen. Ferner können sie zusätzliche Hinweise auf wettbewerbliche Zusammenhänge liefern, die bei einer rein theoretisch-ökonomischen Betrachtung nicht ohne Weiteres zu erkennen sind. Grundsätzlich erkennt die Monopolkommission die vom Bundeskartellamt gezeigte Sorgfalt bei der Konzeption und Durchführung datenbasierter Analyseverfahren in der Fallpraxis an. Im Hinblick auf die in der Fusionskontrolle kurzen Verfahrensfristen bewertet die Monopolkommission die Erweiterung, Verfeinerung und Automatisierung der Standardmethoden als positiv. Diese Entwicklung sowie die wachsende Erfahrung des Bundeskartellamtes erweitern den Einsatzbereich dieser Methoden und leisten damit einen wichtigen Beitrag zu einer evidenzbasierten Kartellrechtspraxis. Insbesondere in Kartell- und Missbrauchsverfahren, die im Gegensatz zu Fusionskontrollverfahren ohne strikte zeitliche Vorgaben geführt werden, sowie bei Sektoruntersuchungen würde die Monopolkommission die verstärkte Anwendung komplexerer ökonometrischer Methoden in geeigneten Fällen begrüßen.

---

[573] Ebenda.

[574] BKartA, B4-80/17 – EnBW/MVV, Fallbericht vom 16. Februar 2018; B7-31/17 – Hytera/Sepura, Fallbericht vom 29. Januar 2018; Beschluss vom 4. Juli 2016, B4-31/16 – Remondis/Bördner; B4-74/15 – DSGF/Sparkassen-Marktservice, Fallbericht vom 30. Juni 2016.

3.9 Wettbewerbsschutz und Verbraucherschutz

3.9.1 9. GWB-Novelle und Befugnisse des Bundeskartellamtes im Verbraucherschutz

932. Mit der 9. GWB-Novelle, die am 9. Juni 2017 in Kraft getreten ist, hat das Bundeskartellamt Befugnisse im Verbraucherschutzrecht erhalten. Nach § 32e Abs. 5 GWB kann das Bundeskartellamt Sektoruntersuchungen durchführen, wenn Anzeichen für gewichtige Verstöße gegen verbraucherrechtliche Vorschriften, die die Interessen einer Vielzahl von Verbrauchern und Verbraucherinnen beeinträchtigen, vorliegen. Zudem hat das Bundeskartellamt nach § 90 Abs. 6 GWB bei verbraucherrechtlichen gerichtlichen Streitigkeiten ein Recht zur Einsicht in die Unterlagen des Gerichts sowie das Recht zur Stellungnahme erhalten (Amicus-curiae-Funktion).

933. Anhaltspunkte zum Anwendungsbereich des § 32e Abs. 5 GWB ergeben sich aus den Gesetzesmaterialien zur 9. GWB-Novelle. In der Beschlussempfehlung des Ausschusses für Wirtschaft und Energie wird auf die Regelungen des Gesetzes gegen den unlauteren Wettbewerb, auf die AGB-rechtlichen Vorgaben im Bürgerlichen Gesetzbuch sowie auf die Verbraucherschutzgesetze nach § 2 Abs. 2 UKlaG Bezug genommen.[575] Hieraus wird deutlich, dass der Gesetzgeber bei den neuen Kompetenzen des Amts vornehmlich den wirtschaftlichen Verbraucherschutz im Blick hatte, sodass insbesondere die Verbrauchersicherheit oder die Verbrauchergesundheit nicht im Fokus des Bundeskartellamtes stehen sollen.

934. Wegen der unterschiedlichen Zielsetzung könnte fraglich sein, ob auch datenschutzrechtliche Vorschriften als verbraucherrechtliche Vorschriften im Sinne des § 32e Abs. 5 GWB zu verstehen sind. Datenschutzgesetze können zwar dem Schutz der Verbraucher dienen, knüpfen aber zumeist nicht an die Verbrauchereigenschaft, sondern vielmehr an die Persönlichkeitsrechte der Betroffenen an. Dass die Gesetzesmaterialien auf § 2 Abs. 2 UKlaG verweisen, spricht allerdings für den Willen des Gesetzgebers, Datenschutzrechtsvorschriften im Sinne des § 2 Abs. 2 Nr. 11 UKlaG in den Anwendungsbereich des § 32e Abs. 5 GWB aufzunehmen.

935. Der wirtschaftliche Verbraucherschutz ist bislang in Deutschland traditionell von privatrechtlicher Durchsetzung geprägt, d. h., in erster Linie werden Mitbewerber, Wirtschafts- und Verbraucherverbände sowie die Industrie- und Handelskammern bei Verbraucherrechtsverstößen tätig.[576] Daneben verfügen einzelne Bundesbehörden über spezifische verbraucherschutzrechtliche Befugnisse, etwa die Bundesnetzagentur nach dem Telekommunikationsgesetz (TKG) und Energiewirtschaftsgesetz (EnWG) sowie die Bundesanstalt für Finanzdienstleistungsaufsicht nach dem Finanzdienstleistungsaufsichtsgesetz (FinDAG).[577] Für den Datenschutz im nicht öffentlichen Bereich, d. h. bei Unternehmen, Vereinen, Verbänden etc., sind hingegen die jeweiligen Landesbehörden umfassend zuständig. Mit Inkrafttreten der 9. GWB-Novelle tritt das Bundeskartellamt neben die bislang im Verbraucher- und Datenschutz tätigen Behörden, wobei es – im Unterschied zu den genannten Bundesbehörden – einen branchenübergreifenden Aufgabenbereich hat. Die Regelung des § 32e Abs. 5 Satz 2 verhindert in diesem Zusammenhang Kompetenzüberschneidungen zwischen Bundesbehörden, allerdings nicht zu den Landesdatenschutzbehörden.

936. Um seinen neuen Aufgaben nachzukommen, hat das Bundeskartellamt eine Beschlussabteilung für Verbraucherschutz eingerichtet.[578] Derzeit führt die Beschlussabteilung zwei Sektoruntersuchungen durch. Die erste wurde im Oktober 2017 eingeleitet und betrifft Vergleichsportale im Internet.[579] Untersuchungsgegenstand sind Vergleichsportale aus den Bereichen Reise, Versicherungen, Finanzdienstleistungen, Telekommunikation und Energie. Es sollen mögliche Verstöße gegen verbraucherrechtliche Vorschriften aufgeklärt und konkretisiert werden. Das Amt untersucht Themen wie Rankings, Finanzierung, Verflechtungen, Bewertungen, Verfügbarkeiten oder die relevante Marktabdeckung. Eine zweite

---

[575] Beschlussempfehlung und Bericht des Ausschusses für Wirtschaft und Energie, BT-Drs. 18/11446.

[576] § 3 UKlaG, § 8 Abs. 3 UWG.

[577] Z. B. §§ 126 ff. i. V. m. §§ 43a ff. TKG, §§ 111a ff. EnWG, § 4a FinDAG.

[578] BKartA, Pressemitteilung vom 12. Juni 2017.

[579] BKartA, Pressemitteilung vom 24. Oktober 2017.

Sektoruntersuchung zu Smart-TVs folgte im Dezember 2017.[580] Dabei soll der Umgang der Hersteller von Smart-TVs mit den Nutzerdaten untersucht werden. Beide Sektoruntersuchungen sind noch nicht abgeschlossen, auch wurden bislang keine Zwischenergebnisse veröffentlicht.

3.9.2 Politikziel: Stärkung des Verbraucherschutzes

937. Die neuen Aufgaben des Bundeskartellamtes sind vor dem Hintergrund einer schon länger anhaltenden Debatte über eine Stärkung des Verbraucherschutzes zu sehen. Auf Unionsebene wurde bereits im Dezember 2017 die überarbeitete Verordnung zur Zusammenarbeit der nationalen Verbraucherschutzbehörden (Consumer-Protection-Cooperation-(CPC-)Verordnung) verabschiedet.[581] Im April 2018 legte die Europäische Kommission einen Richtlinienvorschlag als Teil eines Maßnahmenpakets zur Stärkung der Verbraucherrechte vor.[582] Danach sollen qualifizierte Einrichtungen in einer Musterklage auf Feststellung oder – insofern weitergehend als die im deutschen Recht geplante Musterfeststellungsklage – stellvertretend für die betroffenen Verbraucher auf Zahlung von Schadensersatz klagen können.

938. Auch die deutsche Politik sieht ausweislich des aktuellen Koalitionsvertrags[583] und des Koalitionsvertrags der Vorgängerregierung[584] Bedarf, den Verbraucherschutz zu stärken. Als Zielsetzungen werden in beiden Koalitionsverträgen eine bessere Information und Beratung von Verbrauchern genannt.[585] Darüber hinaus soll laut aktuellem Koalitionsvertrag das von der Vorgängerregierung geschaffene Instrument der Marktwächter für Finanzen und die „digitale Welt" verstetigt und auf eine rechtliche Grundlage gestellt werden.[586] Im Rahmen dieser Marktwächterprojekte beobachten die Verbraucherzentralen, ob in den genannten Bereichen Fehlentwicklungen zum Schaden der Verbraucher zu verzeichnen sind. Außerdem soll durch die Einführung einer Musterfeststellungsklage die Rechtsdurchsetzung für Verbraucher verbessert werden.[587]

939. In das Gesetzgebungsverfahren zur 9. GWB-Novelle gelangte der Vorschlag, dem Bundeskartellamt Befugnisse im Verbraucherschutz zu verleihen, erst in einem späten Stadium. Eine sog. Formulierungshilfe zum Gesetzentwurf der Bundesregierung sah umfassende Kompetenzen des Amtes, insbesondere auch Durchsetzungsbefugnisse, vor.[588] Diese reichten von der Möglichkeit zur Abstellung von Zuwiderhandlungen über den Erlass von Abhilfemaßnahmen bis zur Anordnung der Rückerstattung und der Vorteilsabschöpfung. Ebenfalls vorgesehen waren Maßnahmen des einstweiligen Rechtsschutzes. Im Wesentlichen deckten sich die geplanten Befugnisse daher mit den Verwaltungssanktionen, die dem Bundeskartellamt im Kartellrecht zur Verfügung stehen. Die Verhängung von Bußgeldern sollte hingegen auf den Verstoß gegen vollziehbare Anordnungen des Amtes beschränkt bleiben. Der Ausschuss für Wirtschaft und Energie ist

---

[580] BKartA, Pressemitteilung vom 13. Dezember 2017.

[581] Verordnung (EU) 2017/2394 des Europäischen Parlaments und des Rates vom 12. Dezember 2017 über die Zusammenarbeit zwischen den für die Durchsetzung der Verbraucherschutzgesetze zuständigen nationalen Behörden und zur Aufhebung der Verordnung (EG) Nr. 2006/2004, ABl. EU L345 vom 27. Dezember 2017, S. 1.

[582] EU-Kommission, Proposal for a Directive of the European Parliament and of the Council on representative actions for the protection of the collective interests of consumers, and repealing Directive 2009/22/EC , COM(2018) 184 final, 11. April 2018 („Richtlinienvorschlag"). Kartellrechtsverstöße werden von dem Anwendungsbereich des Richtlinienentwurfs allerdings nicht erfasst (vgl. Art. 2 Abs. 1 des Richtlinienvorschlags i. V. m. Annex I).,

[583] CDU, CSU, SPD, Ein neuer Aufbruch für Europa – Eine neue Dynamik für Deutschland – Ein neuer Zusammenhalt für unser Land, Koalitionsvertrag, 19. Legislaturperiode.

[584] CDU, CSU, SPD, Deutschlands Zukunft gestalten, Koalitionsvertrag, 18. Legislaturperiode.

[585] CDU, CSU, SPD, Ein neuer Aufbruch für Europa – Eine neue Dynamik für Deutschland – Ein neuer Zusammenhalt für unser Land, Koalitionsvertrag, 19. Legislaturperiode, S. 134; CDU, CSU, SPD, Deutschlands Zukunft gestalten, Koalitionsvertrag, 18. Legislaturperiode, S. 124.

[586] CDU, CSU, SPD, Ein neuer Aufbruch für Europa – Eine neue Dynamik für Deutschland – Ein neuer Zusammenhalt für unser Land, Koalitionsvertrag, 19. Legislaturperiode, S. 124.

[587] Ebenda.

[588] Formulierungshilfe für einen Änderungsantrag der Fraktionen der CDU/CSU und SPD zu dem Gesetzentwurf der Bundesregierung – Drucksache 18/10207 – Entwurf eines Neunten Gesetzes zur Änderung des Gesetzes gegen Wettbewerbsbeschränkungen, unveröffentlicht.

diesem weitreichenden Vorschlag im Rahmen der 9. GWB-Novelle nicht gefolgt, hat allerdings empfohlen, dem Amt die Befugnis zu Sektoruntersuchungen sowie die Amicus-curiae-Funktion zu übertragen.[589]

940. Als Beratungsgremium zu Wettbewerbsfragen äußert sich die Monopolkommission hier nicht dazu, ob und gegebenenfalls welche Defizite im wirtschaftlichen Verbraucherschutz und Datenschutz bestehen.[590] Sie gibt lediglich zu bedenken, dass vor einem grundlegenden Organisationswechsel des Verbraucherschutzes in Deutschland eine gründliche Analyse etwaiger Defizite vorgenommen werden sollte. Nur wenn insofern Klarheit besteht, ist es möglich, adäquate Maßnahmen zur Abstellung der festgestellten Mängel zu identifizieren und umzusetzen. Im Zusammenhang mit datenschutzrechtlichen Belangen ist daran zu erinnern, dass durch das Inkrafttreten der Datenschutzgrundverordnung ein wichtiger Schritt zur Behebung materiell-rechtlicher Defizite bereits erfolgt ist.[591]

3.9.3 Bundeskartellamt als Verbraucherschutzbehörde?

941. Wenn sich die Politik für die Schaffung einer Verbraucherschutzbehörde auf Bundesebene entscheiden sollte, könnte dies durch die Einrichtung einer neuen Behörde realisiert werden. Ebenso könnte eine bestehende Behörde zusätzliche Aufgaben und die erforderlichen Kompetenzen übertragen bekommen. Diese zweite Variante ist häufig vorzugswürdig, weil sie kostengünstiger und schneller umzusetzen ist.

942. Verschiedene vorhandene Bundesbehörden kommen als Verbraucherschutzbehörde infrage. So sah der Koalitionsvertrag 2013 vor, dass der Verbraucherschutz bei Bundesnetzagentur, Bundesanstalt für Finanzdienstleistungsaufsicht, Bundeskartellamt und Bundesamt für Verbraucherschutz und Lebensmittelsicherheit gleichberechtigtes Ziel ihrer Aufsichtstätigkeit wird.[592]

943. Die Zuweisung umfassender Durchsetzungsbefugnisse im Verbraucherschutz würde für jede der genannten Behörden eine Kompetenzausweitung bedeuten. So müssten die Zuständigkeiten des Bundesamts für Verbraucherschutz und Lebensmittelsicherheit, dessen Tätigkeitsfelder im nicht wirtschaftlichen Verbraucherschutz angesiedelt sind, auf den wirtschaftlichen Verbraucherschutz ausgeweitet werden. Im Fall des Bundeskartellamtes, das mit der 9. GWB-Novelle bereits Ermittlungskompetenzen im Bereich des wirtschaftlichen Verbraucherschutzes erhalten hat, wären diese Ermittlungskompetenzen um Durchsetzungskompetenzen zu ergänzen.

944. In einigen anderen Mitgliedstaaten der Europäischen Union wie dem Vereinigten Königreich, Italien und Dänemark sowie in den USA erfolgt die Durchsetzung von Wettbewerbsschutz und Verbraucherschutz durch eine gemeinsame Behörde. Im Zusammenhang mit einer entsprechenden Aufgabenerweiterung des Bundeskartellamtes muss allerdings berücksichtigt werden, wie sich eine derartige Ausweitung der Kompetenzen auf die Durchsetzung des Wettbewerbsrechts durch das Amt auswirken würde. Im Folgenden werden die zu erwartenden Konsequenzen einer Aufgabenerweiterung des Bundeskartellamtes um die Durchsetzung des Verbraucherschutzes auf die Anwendung des Wettbewerbsrechts dargestellt.

3.9.3.1 Das komplementäre Verhältnis von Wettbewerbsschutz und Verbraucherschutz

945. Hinsichtlich des Schutzziels ergänzen sich Wettbewerbsschutz und Verbraucherschutz. Beide Rechtsgebiete dienen dem Verbraucher. Allerdings wird dabei an unterschiedlichen Stellen angesetzt.[593] Mithilfe des Wettbewerbsrechts sollen das Entstehen, die Verstärkung und die Ausnutzung von Marktmacht sowie wettbewerbsbeschränkende Vereinba-

---

[589] Beschlussempfehlung und Bericht des Ausschusses für Wirtschaft und Energie, BT-Drs. 18/11446, S. 6, 10.

[590] Hierzu z. B. Tiedemann, A., „Mehr Personal für die ‚Zeitenwende' im Datenschutz – Wenn die EU-Datenschutzverordnung im Mai in Kraft tritt, braucht Johannes Caspar eigentlich doppelt so viele Mitarbeiter", Hamburger Abendblatt vom 21. Februar 2018.

[591] Verordnung (EU) 2016/679 des Europäischen Parlaments und des Rates vom 27. April 2016 zum Schutz natürlicher Personen bei der Verarbeitung personenbezogener Daten, zum freien Datenverkehr und zur Aufhebung der Richtlinie 95/46/EG (Datenschutz-Grundverordnung), ABl. L119 vom 4. Mai 2016, S. 1. Die Verordnung gilt seit dem 25. Mai 2018.

[592] CDU, CSU, SPD, Deutschlands Zukunft gestalten, Koalitionsvertrag, 18. Legislaturperiode, S. 125.

[593] Zu den unterschiedlichen Funktionen von Wettbewerbsschutz und Verbraucherschutz siehe Käseberg, T., Verbraucherschutz als Teil der Marktordnung, Wirtschaftsdienst 1, 2013, S. 33 ff. mit weiteren Verweisen.

rungen verhindert werden. Die gesetzlichen Regelungen hierzu finden sich im Gesetz gegen Wettbewerbsbeschränkungen. Demgegenüber zielt der Verbraucherschutz darauf ab, ein Marktversagen zu verhindern, das insbesondere auf Informationsproblemen beruht. Gesetzliche Regelungen, die dem Verbraucherschutz dienen, sind insbesondere das Gesetz gegen den unlauteren Wettbewerb, die AGB-rechtlichen Vorgaben im Bürgerlichen Gesetzbuch sowie weitere Verbraucherschutzgesetze nach § 2 Abs. 2 UKlaG. Auch das Datenschutzrecht könnte, zumindest soweit es um Daten von Verbrauchern geht, nach § 2 Abs. 2 Nr. 11 UKlaG als Teil des Verbraucherschutzes anzusehen sein und damit in den Kompetenzbereich einer Verbraucherschutzbehörde fallen.[594]

946. Wettbewerbsbehörden werden tätig, wenn Marktmachtmissbräuche, Zusammenschlüsse oder Absprachen und abgestimmte Verhaltensweisen das Funktionieren des Wettbewerbs unterminieren. Wettbewerbsdruck zwingt Unternehmen dazu, die ihnen zur Verfügung stehenden Ressourcen optimal einzusetzen. Der Schutz des Wettbewerbsprozesses kann daher Wohlfahrtseinbußen vorbeugen. Von den durch Wettbewerb begründeten Wohlfahrtssteigerungen profitieren häufig gerade Verbraucher. Als positive Folgen für Verbraucher sind niedrigere Preise, mehr Produktvielfalt und ein ausgeprägterer Innovationswettbewerb zu erwarten. Die Sicherstellung wirksamen Wettbewerbs ist damit grundsätzlich im Interesse der Verbraucher.

947. Eine Verbraucherschutzbehörde verfolgt nicht direkt das Ziel, den Wettbewerb zu schützen, sondern dient dem Verbraucherschutz. Dabei wird davon ausgegangen, dass Verbraucher davor geschützt werden sollten, dass die Akteure der Marktgegenseite bestehende Informationsprobleme zu ihrem Vorteil nutzen. Solche Informationsprobleme können insbesondere darauf beruhen, dass Unternehmen ihre Produkte und Dienstleistungen sowie das Marktumfeld, in dem sie sich bewegen, häufig besser kennen als die Verbraucher. Hinzu kommt, dass Verbraucher insbesondere bei alltäglichen Geschäftsvorgängen die genauen Vertragsbedingungen oft nicht überprüfen, weil der entsprechende Zeitaufwand unverhältnismäßig im Vergleich zu den erwartbaren Vorteilen erscheint. Dieses Phänomen wird als rationale Apathie der Verbraucher bezeichnet. Auf Anbieterseite liegt eine solche rationale Apathie hingegen gerade nicht vor. Beispielsweise können Anbieter allgemeine Geschäftsbedingungen aufstellen, die für alle von ihnen verkauften Produkte und Dienstleistungen gelten. Hierdurch haben Anbieter selbst bei geringwertigen Wirtschaftsgütern einen Anreiz, die Vertragsbedingungen aus ihrer Sicht (und zulasten ihrer Kunden) zu optimieren.

948. Ein besonderer Zusammenhang zwischen den beiden Rechtsgebieten ergibt sich allerdings daraus, dass auf Märkten, auf denen kein wirksamer Wettbewerb besteht, besondere Gefahren für den Verbraucher bestehen. Sofern Unternehmen über eine marktbeherrschende Stellung verfügen (oder einen ähnlichen Effekt über die Bildung eines Kartells erzielen), sind erstens häufig die Auswahlalternativen der Abnehmer eingeschränkt. Den marktbeherrschenden Unternehmen ist es dann möglich, Preise oder Konditionen zu verlangen, die oberhalb dessen liegen, was sich bei wirksamem Wettbewerb einstellen würde. Dies trifft zunächst die direkten Abnehmer der marktbeherrschenden Unternehmen. Sofern es sich dabei nicht um Endabnehmer handelt, können diese Abnehmer häufig zumindest teilweise ihrerseits die Preiserhöhung an ihre Abnehmer weitergeben. Als Endabnehmer bekommen daher häufig Verbraucher die Auswirkungen von Marktmachtmissbräuchen oder Kartellen zu spüren. Wettbewerbsbehörden können bei derartigen Fallgestaltungen bereits heute das Vorliegen eines Ausbeutungsmissbrauchs prüfen.[595] Zweitens kommt hinzu, dass auf Märkten, auf denen kein wirksamer Wettbewerb besteht, der Wettbewerb als Korrektiv bei Verbraucherschutzverletzungen entfällt. Es fehlt dann an konkurrierenden Unternehmen, die ein Interesse daran haben, verbraucherschädigendes Verhalten ihrer Wettbewerber aufzudecken und öffentlich zu machen, um sich durch bessere Produkte und Dienstleistungen im Wettbewerb abzusetzen.

949. Die grundsätzliche Komplementarität von Wettbewerbsschutz und Verbraucherschutz könnte dafür sprechen, die behördliche Durchsetzung in einer Behörde zu bündeln. Allerdings ist der Umfang der Synergien für die Rechtsanwendung, die sich aus dieser Komplementarität ergeben, unklar. So könnte argumentiert werden, dass im Bundeskartellamt ein Verständnis für wirtschaftliche Zusammenhänge besteht und dass es bereits Erfahrungen mit den sanktionsrechtlichen Instrumenten des GWB besitzt. Demgegenüber kann eine Behörde wie das Bundesamt für Verbraucherschutz und

---

[594] Siehe dazu bereits Tz. 934.

[595] Siehe hierzu Tz. 654 ff. in diesem Gutachten.

Lebensmittelsicherheit zwar möglicherweise keine entsprechenden Erfahrungen vorweisen, hat sich aber dafür schon intensiv mit anderen Aspekten des Verbraucherschutzes auseinandergesetzt.

3.9.3.2 Zielkonflikte zwischen Wettbewerbsschutz und Verbraucherschutz

950. Trotz der grundsätzlichen Komplementarität hinsichtlich des Schutzes von Verbrauchern bestehen zugleich Zielkonflikte zwischen den beiden Rechtsgebieten. Das wirtschaftliche Verbraucherschutzrecht enthält hauptsächlich Regelungen, durch die das Verhältnis zwischen Unternehmen und Verbrauchern zur Wahrung der Interessen der Verbraucher konkretisiert wird. Zumeist wird durch entsprechende Vorgaben die wirtschaftliche Freiheit der Unternehmen eingeschränkt. Das kann die wettbewerbliche Dynamik auf den Märkten verringern und die Funktion des Wettbewerbs als Entdeckungsverfahren einschränken. Hieraus folgt, dass der Schutz von Verbrauchern häufig nur auf Kosten des Schutzguts Wettbewerb durchzusetzen ist. Ebenso kann die Verfolgung des Wettbewerbsziels mitunter zulasten des Verbraucherschutzes gehen.

951. So können sich durch die Anwendung wettbewerbspolitischer Grundsätze negative Auswirkungen auf die Verbraucher ergeben. Der Schutz des Wettbewerbs zielt darauf ab, Märkte dynamisch und offen für neue Entwicklungen zu halten. Wenn auch davon auszugehen ist, dass Verbraucher von einem dynamischen Wettbewerbsgeschehen langfristig profitieren, gilt dies nicht für alle Verbraucher gleichermaßen und insbesondere nicht bei einer kurzfristigen Betrachtung. Beispielsweise kann die Insolvenz von Unternehmen, die sich im Wettbewerb nicht durchsetzen können, dazu führen, dass Verbraucher Garantieansprüche nicht geltend machen können.

952. Daneben könnte ein Verstoß gegen das Verbraucherschutzrecht auf einem Markt, in dem ein Unternehmen eine marktbeherrschende Stellung innehat, wettbewerbsfördernd sein, wenn die Wettbewerber des marktbeherrschenden Unternehmens den Verbraucherschutzverstoß dazu nutzen können, ihre eigene Marktposition zu verbessern und den damit verbundenen Wettbewerbsdruck auf das marktbeherrschende Unternehmen zu erhöhen.

953. Umgekehrt kann sich ein Verstoß gegen das Wettbewerbsrecht positiv auf die Verbraucher auswirken. Zu denken ist beispielsweise an preisbezogene Behinderungsmissbräuche wie etwa Kampfpreise. Kampfpreise zeichnen sich dadurch aus, dass marktbeherrschende Unternehmen ihre Produkte oder Dienstleistungen zu besonders günstigen Konditionen anbieten und damit ihre Wettbewerber behindern. Von den günstigen Konditionen profitieren zumindest kurzfristig die Verbraucher. Langfristig profitieren Verbraucher von Kampfpreisen dagegen nur, wenn ein solcher Verstoß gegen das Wettbewerbsrecht nicht dazu führt, dass das marktbeherrschende Unternehmen seine Stellung ausbaut und dann höhere (Monopol-)Preise verlangen kann (sog. Recoupment). Dieses Recoupment ist im deutschen Recht und im Unionsrecht jedoch keine Voraussetzung für den Missbrauchstatbestand. Kampfpreise können daher nach dem Wettbewerbsrecht verboten sein, auch wenn Verbraucher von ihnen profitieren würden.

3.9.3.3 Konsequenzen für die Anwendung des Wettbewerbsrechts

954. Es ist unklar, wie gravierend die Zielkonflikte zwischen Verbraucherschutz und Wettbewerbsschutz in der praktischen Umsetzung werden. Dennoch sind die negativen Auswirkungen auf das jeweils andere Schutzziel der Anwendung von Verbraucherschutzrecht und Wettbewerbsrecht inhärent. Insofern könnte es zu Änderungen bei der Wahrnehmung des Aufgreifermessens und der Entscheidungspraxis kommen, wenn ein und derselben Behörde Durchsetzungsbefugnisse in beiden Rechtsgebieten obliegen. Außerdem könnte es der Reputation einer Wettbewerbsbehörde schaden, wenn sie Verbraucherschutznormen durchzusetzen hat, die sich negativ auf den Wettbewerb in dem betroffenen Markt auswirken.

955. Eine Behörde, die Durchsetzungskompetenzen sowohl im Wettbewerbsschutz als auch im Verbraucherschutz hat, könnte versucht sein, im Rahmen des Aufgreifermessens Fälle zu meiden, bei denen der beschriebene Zielkonflikt offen zutage tritt. Das Bundeskartellamt ist mit einer Vielzahl potenzieller Verstöße gegen das Wettbewerbsrecht konfrontiert und muss eine Abwägung treffen, in welchen Fällen die Ressourcen des Amtes eingesetzt werden sollen. Neben den wettbewerblichen Wirkungen der Verhaltensweisen können hierbei auch andere Aspekte berücksichtigt werden. Wenn das Bundeskartellamt zukünftig neben dem Wettbewerbsschutz auch für den Verbraucherschutz zuständig wäre, dürfte dies dazu führen, dass der Verbraucherschutz auch bei der Ermessensentscheidung über das Aufgreifen eines bestimmten Wettbewerbsverstoßes ein größeres Gewicht bekommt. Diese Tendenz könnte dadurch verstärkt werden, dass auch das öffentliche Interesse zumeist größer ist, wenn Verbraucherinteressen unmittelbar berührt sind, und damit die öffentliche Erwartungshaltung an die Behörde, aktiv zu werden.

956. Eine Behörde, die mit der Durchsetzung zweier Schutzziele betraut ist, sollte diese beiden Schutzziele nicht intern zum Ausgleich bringen, da dadurch mögliche Widersprüche einer breiten öffentlichen Debatte entzogen werden. Der Gesetzgeber hat dem in Bezug auf die Fusionskontrolle durch die Einführung des Ministererlaubnisverfahrens nach § 42 GWB Rechnung getragen. Durch das Ministererlaubnisverfahren wird die Abwägung an sich inkommensurabler Werte dem Aufgabenbereich des Bundeskartellamtes enthoben und der politischen Sphäre zugewiesen. So wird außerhalb des Bundeskartellamtes entschieden, ob Gemeinwohlgründen wie der öffentlichen Sicherheit oder der Forschung im konkreten Fall eine größere Bedeutung als dem Schutz des Wettbewerbs beizumessen ist.

957. In Bezug auf die Berücksichtigung von Verbraucherinteressen in Wettbewerbssachen (bzw. Wettbewerbsaspekten im Verbraucherrecht) erfolgt die Grenzziehung über die Gesetzgebung. Sofern im Gesetz der Wettbewerb zulasten der Verbraucher geschützt wird oder Verbrauchern ein weitreichender Schutz zulasten des Wettbewerbs eingeräumt wird, sollte nicht eine Behörde im Rahmen ihres Aufgreifermessens „korrigierend" eingreifen. Diese Gefahr bestünde jedoch bei einer Erweiterung der Aufgaben des Bundeskartellamtes um Durchsetzungskompetenzen im Verbraucherschutz.

958. Nicht auszuschließen ist ferner, dass die Befassung mit Verbraucherschutz und die hierfür notwendige Entwicklung eines entsprechenden Leitbilds in der Behörde jedenfalls mittel- und langfristig auch auf das bisher rein wettbewerblich geprägte Leitbild einwirken. Dies würde sich mittelbar auch auf den Inhalt von Wettbewerbsentscheidungen auswirken. Dieser Effekt könnte allerdings auch in die umgekehrte Richtung erfolgen, sodass der Wettbewerbsschutz bei der Durchsetzung des Verbraucherschutzes eine größere Beachtung findet, als es sich aus dem gesetzlichen Rahmen unmittelbar ergibt.

3.9.3.4 Wettbewerbliche Auswirkungen der organisatorischen Eingliederung des Verbraucherschutzes innerhalb des Bundeskartellamtes

959. Das Ausmaß, in dem sich zusätzliche Kompetenzen im Bereich Verbraucherschutz auf das Agieren des Bundeskartellamtes in Wettbewerbssachen auswirken, hängt stark von der organisatorischen Eingliederung des Verbraucherschutzes in die bestehenden Strukturen des Bundeskartellamtes ab. Für die Wahrnehmung neuer Kompetenzen müsste das Bundeskartellamt mit den entsprechenden personellen Ressourcen ausgestattet werden. Diese Ressourcen könnten grundsätzlich auf zwei Wegen in die bestehende Organisationsstruktur des Bundeskartellamtes integriert werden: Erstens könnten die bestehenden Beschlussabteilungen, die derzeit das Wettbewerbsrecht durchsetzen, damit betraut werden, zugleich auch das Verbraucherschutzrecht durchzusetzen (integrierter Ansatz). Zweitens könnte organisatorisch ein zweiter Bereich innerhalb des Bundeskartellamtes angelegt werden, der lediglich für die Durchsetzung des Verbraucherschutzrechts zuständig ist und von den wettbewerbsrechtlichen Beschlussabteilungen getrennt ist. Die vorhandene Struktur des Kartellamtes könnte dann weitgehend unberührt bleiben (separierter Ansatz).

960. Für den separierten Ansatz spricht, dass hierdurch Erwägungen hinsichtlich des Schutzgutes des jeweils anderen Rechtsgebiets weniger Eingang finden. Zudem wäre für die Mitarbeiter eine größere Spezialisierung auf das jeweilige Rechtsgebiet möglich. Daher wäre aus der Sicht der Monopolkommission eine organisatorische Trennung zwischen Wettbewerbsschutz und Verbraucherschutz innerhalb der Behörde vorzugswürdig. Dies würde jedoch bedeuten, dass die Synergien einer Übertragung von Durchsetzungsbefugnissen im Verbraucherschutz an das Bundeskartellamt geringer ausfallen, als dies bei dem integrierten Ansatz der Fall wäre. Im integrierten Ansatz könnte die in den Beschlusskammern bestehende Branchenkenntnis für die Durchsetzung des Verbraucherschutzes stärker genutzt werden, was gerade bei der Einführung der neuen Kompetenzen vorteilhaft ist. Später könnten sich branchenspezifische Erkenntnisse aus der Anwendungspraxis beider Rechtsgebiete leichter für das jeweils andere Rechtsgebiet nutzbar machen lassen als im separierten Ansatz.

961. Zur Bestimmung der geeigneten Organisationsstruktur muss demnach zwischen diesen möglichen Synergieeffekten und etwaigen negativen Auswirkungen abgewogen werden. Dabei ist einerseits ungewiss, ob Synergieeffekte, die zu einer verbesserten und effizienteren Rechtsanwendung führen, überhaupt auftreten würden. Andererseits lässt sich kaum eine Aussage darüber treffen, ob es zu (gewünschten oder ungewünschten) Effekten auf die Rechtsanwendung in den beiden Rechtsgebieten kommen würde. Aus wettbewerblicher Sicht wiegt allerdings besonders schwer, dass sich zusätzliche Kompetenzen im Bereich Verbraucherschutz bereits auf das Aufgreifermessen des Amtes im Wettbewerbsrecht auswirken könnten. Vor diesem Hintergrund ist im Fall einer Aufgabenerweiterung der separierte Ansatz zu empfehlen.

3.9.4 Schlussfolgerungen und Empfehlung

962. Die Frage, ob eine allgemeine behördliche Durchsetzung des Verbraucherschutzes in Deutschland eingeführt werden sollte, bedarf einer gründlichen Analyse. Sofern eine Verbraucherschutzbehörde auf Bundesebene geschaffen wird, bestehen Gründe für und gegen eine Übertragung von Durchsetzungsbefugnissen im Verbraucherschutz an das Bundeskartellamt. Für eine Aufgabenerweiterung sprechen das Verständnis für wirtschaftliche Zusammenhänge, welches das Bundeskartellamt vorweisen kann, sowie dessen Erfahrungen mit den sanktionsrechtlichen Instrumenten des GWB. Gegen eine Aufgabenerweiterung spricht hingegen, dass dadurch der Verbraucherschutz bei Abwägungsentscheidungen, welche die Durchsetzung des Wettbewerbsrechts betreffen, eine größere Rolle spielen könnte und das bislang rein wettbewerblich geprägte Leitbild des Bundeskartellamtes im Wettbewerbsrecht verwässert werden könnte.

963. Sofern es zu einer Aufgabenerweiterung des Bundeskartellamtes kommen sollte, sollte innerhalb der Behörde eine organisatorische Trennung zwischen der Anwendung des Verbraucherschutzrechts und der Anwendung des Wettbewerbsrechts vorgesehen werden. Dies könnte die Auswirkungen einer solchen Aufgabenerweiterung auf Abwägungsentscheidungen bei der Anwendung des Wettbewerbsrechts verringern.

Kapitel IV
Wettbewerb audiovisueller Medien im Zeitalter der Konvergenz

Kurz gefasst

Summary

1 Einleitung

2 Marktstruktur und Wettbewerbsentwicklung im Bereich audiovisueller Medien

2.1 Der traditionelle Fernsehmarkt

2.2 Audiovisuelle Online-Medien

2.3 Nutzung von Fernsehen und Online-Videos im Vergleich

2.4 Wettbewerb zwischen Rundfunk und Presse mit Online-Angeboten

2.5 Die Entwicklung des Online-Werbemarktes

3 Der regulatorische Rahmen für audiovisuelle Medien

3.1 Verfassungsgerichtliche und unionsrechtliche Vorgaben zur Rundfunkregulierung

3.2 Umsetzung der Vorgaben höherrangigen Rechts durch das Rundfunkrecht

4 Überarbeitung des regulatorischen Rahmens geboten

4.1 Beschreibung: Auftrag der Rundfunkanstalten und zulässige Online-Angebote

4.2 Überarbeitung und Präzisierung des Auftrags der Rundfunkanstalten geboten

4.3 Rundfunkregulierung in anderen Bereichen überarbeitungsbedürftig

4.4 Weitere wettbewerbsrelevante Aspekte

5 Fazit mit Handlungsempfehlungen

Kurz gefasst

Die Monopolkommission untersucht in dem vorliegenden Kapitel die Markt- und Wettbewerbsentwicklung im Bereich audiovisueller Medien. Die Schwerpunkte der Analyse liegen auf den Online-Aktivitäten des öffentlich-rechtlichen Rundfunks sowie dem bestehenden regulatorischen Rahmen für audiovisuelle Mediendienste.

Der deutsche Staat und die Rundfunkanstalten müssen bei Online-Angeboten verfassungs- und unionsrechtliche Grenzen beachten. Die Rundfunkanstalten erfüllen zwar einen Grundversorgungsauftrag, der eine Bestands- und Entwicklungsgarantie umfasst. Allerdings sind die Rundfunkanstalten nicht nur verfassungsrechtlich berechtigt, sondern grundsätzlich auch unionsrechtlich verpflichtet, den Grundversorgungsauftrag so zu konkretisieren, dass private Wettbewerber ihre Tätigkeiten planen können und dass eine Kontrolle möglich ist. Den Staat trifft diesbezüglich eine Gewährleistungsverantwortung.

Nach dem Beihilfekompromiss zwischen der EU und Deutschland (2007) handelt es sich bei der Finanzierung der Rundfunkanstalten um bestehende Beihilfen, die laufend auf ihre Vereinbarkeit mit dem EU-Binnenmarkt zu überprüfen sind. Die Parameter für die Finanzierung des öffentlich-rechtlichen Online-Angebots lassen Bewertungsspielräume bestehen. Dadurch wird eine Finanzierung von Aktivitäten, mit denen die öffentlich-rechtlichen Rundfunkanstalten Wettbewerber durch Ausübung von Marktmacht verdrängen können, nicht ausgeschlossen. Der Drei-Stufen-Test, durch den die Einhaltung des Beihilfekompromisses auf nationaler Ebene sichergestellt wird, weist Mängel auf, die seine praktische Wirksamkeit nicht unerheblich beeinträchtigen.

Abgesehen von den beihilferechtlichen Anforderungen sind bei der Ausweitung öffentlich-rechtlicher Online-Angebote weitere Grenzen zum Wettbewerbsschutz zu beachten. Die Rundfunkanstalten dürfen namentlich andere Medienunternehmen nicht unter missbräuchlicher Ausnutzung von Marktmacht aus dem wirtschaftlichen und publizistischen Wettbewerb verdrängen. Eine solche Verdrängung ist möglich, soweit die Rundfunkanstalten ihr Angebot nicht auf gesellschaftlich-kulturell relevante Inhalte beschränken, die einen Mehrwert gegenüber den privat angebotenen Inhalten aufweisen (sog. „Public-Value"-Inhalte). Solche Aktivitäten könnten private Medienunternehmen mit eigenen Online-Angeboten wirtschaftlich behindern und gegebenenfalls auch die Rundfunk- bzw. Pressefreiheit solcher Medienunternehmen verletzen. Auch die sich jüngst abzeichnenden Anpassungen des Rundfunkstaatsvertrags beachten das nicht hinreichend.

Die Medienkonvergenz und die Markteintritte neuer Anbieter audiovisueller Medien, vor allem im Online-Medienbereich, haben zu einer Steigerung der Wettbewerbsintensität geführt. Hiermit geht tendenziell eine Erhöhung der Meinungsvielfalt einher, deren Sicherstellung ein wichtiges Ziel der Medienregulierung ist. Die Regulierung hat mit der Marktentwicklung sowie dem veränderten Nutzungsverhalten der Konsumenten jedoch nicht Schritt gehalten. Sie sollte daraufhin überprüft werden, ob sie den damit verfolgten Zielen (insb. dem Schutz der Meinungs- und Willensbildung) noch zugutekommt, ohne die Wettbewerbsbedingungen unverhältnismäßig zu verzerren. Insgesamt ergeben sich Spielräume zur Modifikation und Reduzierung der Medienregulierung.

Auf nationaler Ebene ist vor allem die Ausgestaltung der Medienkonzentrationskontrolle zu überprüfen. In der rundfunkrechtlichen Plattformregulierung erscheinen die diskutierten Regelungen zur privilegierten Auffindbarkeit und die bestehenden Belegungsvorgaben bzw. Must-Carry-Regelungen für infrastrukturgebundene Plattformen (z. B. Kabelnetzbetreiber) verzichtbar. Nicht erforderlich ist derzeit auch eine medienrechtliche Regulierung von Intermediären (z. B. Suchmaschinen, soziale Netzwerke) zur Sicherung der Meinungsvielfalt.

Auf europäischer Ebene wird die Novellierung der Richtlinie über audiovisuelle Mediendienste (AVMD-Richtlinie) zu einer Annäherung der Wettbewerbsbedingungen für lineare und nicht-lineare Mediendiensten führen. Mit Blick auf die Vorgaben zur Werberegulierung wäre es indes vorzugswürdig, die quantitativen Werbebeschränkungen für Fernsehveranstalter abzuschaffen. Die Mindestquote für europäische Werke für VoD-Dienste ist zumindest in ihrer derzeitigen Ausgestaltung fragwürdig. Die Ausweitung des Ursprungslandsprinzips und der kollektiven Rechtewahrnehmung in der geplanten SatCab-Verordnung ist bisher nicht wettbewerbsneutral ausgestaltet. In den geplanten Datenschutzregelungen (v. a. ePrivacy-Verordnung) ist ein fairer Ausgleich zwischen den personenbezogenen Interessen der Nutzer und den wirtschaftlichen Interessen der Unternehmen anzustreben.

Summary

In this chapter, the Monopolies Commission examines the developments concerning the market and competition in the sector for audiovisual media. The analysis focuses on the online activities of public broadcasters and the existing regulatory framework for audiovisual media services.

The German State and the public broadcasters must observe constitutional and EU law limits when offering journalistic content via online media. Public broadcasters fulfil a universal service mission that includes a guarantee for their existence and development. However, public broadcasters are not only constitutionally entitled, but in principle also obliged under EU law to specify the universal service mission in such a way that private competitors can plan their activities and that supervision is possible. The State has the duty to secure the fulfilment of this obligation.

According to the State aid compromise between the EU and Germany (2007), the financing of the public broadcasters is existing aid, which must be continuously reviewed for compatibility with the EU internal market. The parameters for financing of the public broadcasters' online services leave room for interpretation. It cannot be excluded that activities are financed through which public broadcasters can drive competitors out of the market by exercising market power. The three-step test, which is to ensure compliance with the aid compromise at national level, has shortcomings which have an appreciable impact on its practical effectiveness.

Apart from the requirements of EU State aid provisions, further limits for the protection of competition must be observed in the expansion of the public broadcasters' online services. Public broadcasters are not allowed to force other media companies out of economic and journalistic competition by abusing their market power. Such exclusionary practices are possible insofar as the broadcasters do not limit their offer to socially and culturally relevant content with an added value compared with privately offered content (so-called "public value" content). Such activities could commercially impede private media companies in providing their own online services and might also violate the freedom of broadcasting and the freedom of the press of such media companies. Adjustments to the Inter-State Broadcasting Treaty (Rundfunkstaatsvertrag) that have emerged recently do not take account of this sufficiently, either.

Media convergence and the market entries of new providers of audiovisual media, especially in the field of online media, have led to an increase in the intensity of competition. This tends to increase the diversity of opinions, the safeguarding of which is an important goal of media regulation. However, regulation has not kept pace with market developments and changes in consumer behaviour. It should be examined particularly whether the regulation still serves the objectives pursued (in particular, the protection of opinion-forming and decision-making) without disproportionately distorting the conditions of competition. Overall, there is scope for modifying and reducing media regulation.

At the national level, particularly the design of media concentration control should be revised. In the regulation of broadcasting platforms, the regulations discussed on privileged prominence and the existing regulations on allocation of platform capacities and must-carry regulations for infrastructure-based platforms (e.g., cable network operators) appear to be unnecessary. At present, media law regulation of intermediaries (e.g., search engines, social networks) is not necessary either to ensure the diversity of opinions.

At the EU level, the amendment of the Audiovisual Media Services Directive (AVMS Directive) will lead to an overall convergence of the conditions of competition between linear and non-linear media services. However, in view of the regulatory requirements for advertising, the abolition of quantitative advertising restrictions would have been preferable for television broadcasters. The minimum quota for European works for video-on-demand services is questionable, at least in its current form. The extension of the country of origin principle and the collective management of rights in the planned SatCab Regulation has not yet been made competition-neutral. In the currently planned data protection regulations (in particular, the ePrivacy Regulation), a fair balance between the personal data interests of users and the economic interests of companies must be sought.

1 Einleitung

964. Die im Medienbereich tätigen Unternehmen stehen einerseits in einem wirtschaftlichen Wettbewerb untereinander und erfüllen andererseits wichtige kultur- und gesellschaftspolitische Aufgaben. Zu diesen Aufgaben gehört insbesondere die Gewährleistung publizistischer Vielfalt. Dies gilt sowohl allgemein als auch speziell im Bereich audiovisueller Medien, welcher in diesem Sonderkapitel im Vordergrund steht. Als audiovisuelle Medien werden hier solche Medien bezeichnet, deren Hauptzweck die Bereitstellung fortlaufender (= linearer) oder abrufbarer (= nicht-linearer) Sendungen über elektronische Kommunikationsnetze ist.[1]

965. In Deutschland nimmt unter den Anbietern audiovisueller Mediendienste herkömmlich der öffentlich-rechtliche Rundfunk eine Sonderstellung ein. Dieser hat eine besondere Funktion für die demokratische Ordnung, indem er mittels der von ihm bereitgestellten Inhalte zur Meinungs- und Willensbildung in besonderem Maße beiträgt. Bei dem Angebot solcher Inhalte steht er zugleich in unterschiedlichem Umfang im wirtschaftlichen und publizistischen Wettbewerb mit anderen, privaten Anbietern medialer Inhalte.

966. Im wirtschaftlichen Wettbewerb hatte der öffentlich-rechtliche Rundfunk insbesondere mit seinem Fernsehangebot lange eine eindeutig dominierende Stellung.[2] Eine erste Veränderung ergab sich mit der Zulassung privater Rundfunkanbieter und der Entwicklung des sog. dualen Rundfunksystems. Die Marktstruktur hat sich mit der Durchsetzung des Internets fortentwickelt und weiter erheblich verändert. In den letzten Jahren haben reine Online-Dienstleister sowohl für die Zuschauer als auch z. B. für werbetreibende Unternehmen an Bedeutung gewonnen. Die wettbewerblichen Konfliktlinien beim Angebot über audiovisuelle Medien verlaufen heute grob gesagt zwischen den folgenden Gruppen von Marktteilnehmern:

a. öffentlich-rechtliche Rundfunkanstalten – private Rundfunkanbieter;

b. lineare Dienste (auch: Livestreaming-Dienste) – nicht-lineare Dienste (Abrufdienste);

c. Rundfunk – Presse;

d. Inhalteanbieter – Online-Intermediäre.

Der Schwerpunkt des Interesses in diesem Kapitel liegt auf dem Verhältnis von linearen und nicht-linearen Diensten sowie auf den Auswirkungen der erweiterten Online-Aktivitäten des öffentlich-rechtlichen Rundfunks auf private Anbieter audiovisueller Medien sowie die Presse. Die sonstigen Konfliktlinien werden nur betrachtet, soweit sie für die genannten Untersuchungsgegenstände relevant sind. Nicht im Fokus steht damit insbesondere das Wettbewerbsverhältnis zwischen öffentlich-rechtlichen und privaten Rundfunkveranstaltern im traditionellen linearen Fernsehen. Dementsprechend wird auch die zusätzliche Nutzung des offenen Internets als Verbreitungsweg für die Übertragung des traditionellen linearen Rundfunkprogramms nicht vertieft betrachtet.

967. Ein wesentliches Merkmal des wirtschaftlichen Wettbewerbs bei Angeboten über audiovisuelle Medien ist, dass die Grenzen zwischen einzelnen relevanten Märkten unscharf sind, da auch ein Wettbewerbsdruck von Angeboten auf jeweils anderen Märkten ausgehen kann (Substitutionswettbewerb) und weil die Digitalisierung dazu beiträgt, dass sich mediale Angebote bei einer marktübergreifenden Betrachtung aufeinanderzuentwickeln (Medienkonvergenz). In diesem Sonderkapitel soll deshalb zunächst ein Überblick über die Marktstruktur und die Marktentwicklung im Bereich audiovisueller Medien gegeben werden (Abschn. 2).

968. Die Herausforderung für die Regulierung besteht darin, in diesem vielschichtigen und sich verändernden Marktumfeld zu gewährleisten, dass wesentliche Regulierungsziele erreicht bzw. nicht beeinträchtigt werden. Im Vordergrund

---

[1] Definition angelehnt an Art. 1 Abs. 1 lit. a und Erwägungsgrund 11 der Richtlinie zur Koordinierung bestimmter Rechts- und Verwaltungsvorschriften der Mitgliedstaaten über die Bereitstellung audiovisueller Mediendienste (Richtlinie über audiovisuelle Mediendienste; AVMD-Richtlinie/AVMD-RL), ABl. L 95 vom 15. April 2010, S. 1. Zu beachten ist, dass der Anbieter audiovisueller Mediendienste im Sinne der Richtlinie zwingend redaktionelle Verantwortung trägt, was bei einzelnen hier betrachteten Diensten nicht der Fall sein muss (z. B. YouTube).

[2] Dabei ist davon auszugehen, dass das Fernsehangebot – ungeachtet seiner Beitragsfinanzierung – eine Markttätigkeit im Sinne der Wettbewerbsregeln darstellt; vgl. § 18 Abs. 2a GWB.

stehen hierbei aus verfassungsrechtlicher Sicht der Schutz der publizistischen Vielfalt und aus unionsrechtlicher Sicht der Schutz eines unverfälschten Wettbewerbs. Hinzu treten sonstige rechtlich anerkannte Regulierungsziele, z. B. der Schutz geistigen Eigentums (Urheberrechte u. Ä.), Datenschutz, Jugendschutz usw. Aus ökonomischer Sicht ist die Regulierung so auszugestalten, dass die betreffenden Ziele möglichst effizient verfolgt werden. In den weiteren Abschnitten dieses Sondergutachtens wird der bestehende regulatorische Rahmen für das Angebot audiovisueller Medien herausgearbeitet (Abschn. 3), bevor einzelne Bereiche untersucht werden, in denen die Marktentwicklung eine Überarbeitung dieses Regulierungsrahmens erforderlich macht (Abschn. 4).

969. Die Monopolkommission fasst in einem abschließenden Abschnitt die wesentlichen Erkenntnisse und ihre Handlungsempfehlungen zusammen (Abschn. 5).

2 Marktstruktur und Wettbewerbsentwicklung im Bereich audiovisueller Medien

970. Im Folgenden wird ein Überblick über die Märkte für audiovisuelle Medien gegeben. Hierzu wird zunächst die Marktstruktur im Bereich des traditionellen Fernsehens dargelegt. Anschließend wird auf die Marktentwicklung im Bereich von Videostreaming-Diensten skizziert. Zudem wird kurz auf das Wettbewerbsverhältnis zwischen Rundfunk und Presse im Internet sowie die Entwicklung des für die Refinanzierung werbefinanzierter Inhalteanbieter wichtigen Online-Werbemarktes eingegangen.

2.1 Der traditionelle Fernsehmarkt

971. In Deutschland existiert – wie in vielen anderen Staaten auch – ein sog. duales Rundfunksystem, in dem ein „geordnetes Nebeneinander" öffentlich-rechtlicher und privatwirtschaftlicher Sender besteht. Das öffentlich-rechtliche Fernsehangebot umfasst derzeit 13 Voll- und 8 Spartenprogramme.[3] Neben den beiden Hauptprogrammen Das Erste und ZDF existieren zahlreiche Regionalprogramme der ARD sowie Sender wie 3sat, arte oder KiKA. Die Finanzierung der öffentlich-rechtlichen Rundfunkanstalten erfolgt seit dem Jahr 2013 vor allem über den sog. Rundfunkbeitrag, der im Gegensatz zur früheren Rundfunkgebühr als Haushaltspauschale ausgestaltet ist. Der Gesamtertrag aus dem Rundfunkbeitrag, aus dem neben dem Fernsehen auch der öffentlich-rechtliche Hörfunk sowie die Online-Angebote finanziert werden, belief sich im Jahr 2016 auf ca. 7,98 Mrd. Euro.[4] Darüber hinaus erzielen die öffentlich-rechtlichen Sender in einem vergleichsweise geringen Umfang auch Werbeeinnahmen.

972. Neben den öffentlich-rechtlichen Sendern sind in Deutschland seit dem Jahr 1984 private Fernsehveranstalter tätig, die sich durch den Verkauf von Werbezeiten oder Abogebühren finanzieren. Im Jahr 2017 gab es in Deutschland 183 private Fernsehprogramme mit einer bundesweiten Zulassung, von denen insgesamt 160 Programme auf Sendung waren.[5] Hierzu gehörten 11 Vollprogramme, 63 Free-TV- und 86 Pay-TV-Spartenprogramme. Daneben existieren weitere Programme mit Lizenzen ausländischer Regulierungsbehörden sowie Teleshoppingsender. Die Anzahl der bundesweit empfangbaren privaten Fernsehprogramme ist in den vergangenen Jahren weiter angestiegen, wobei vor allem zusätzliche Spartenprogramme, sowohl im Free- als auch im Pay-TV, entstanden sind, während die Anzahl der Vollprogramme zurückgegangen ist. Neben den bundesweit empfangbaren Fernsehangeboten gab es in Deutschland im Januar 2017 zudem 214 regionale bzw. lokale Fernsehprogramme. Diese Programme entfallen mit etwa 80 Prozent überwiegend auf die sog. neuen Bundesländer, während in den alten Bundesländern – aufgrund gesetzlicher Vorgaben – vor allem landesweite Fensterprogramme in den Hauptprogrammen von RTL und Sat.1 bestehen.

973. Die Zusammensetzung des Programmangebots der öffentlich-rechtlichen sowie der privaten Sender unterscheidet sich im Hinblick auf die jeweiligen Programmsparten deutlich. Eine entsprechende Gegenüberstellung für den Zeitraum

---

[3] Kommission zur Ermittlung der Konzentration im Medienbereich (KEK), 19. Jahresbericht 2016/2017, S. 65 ff. Die Begriffe „Voll-" und „Spartenprogramm" sind im Rundfunkstaatsvertrag (RStV) definiert. Ein Vollprogramm ist „ein Rundfunkprogramm mit vielfältigen Inhalten, in welchem Information, Bildung, Beratung und Unterhaltung einen wesentlichen Teil des Gesamtprogramms bilden" (§ 2 Abs. 2 Nr. 3 RStV). Ein Spartenprogramm ist „ein Rundfunkprogramm mit im Wesentlichen gleichartigen Inhalten" (§ 2 Abs. 2 Nr. 4 RStV).

[4] ARD ZDF Deutschlandradio Beitragsservice, Jahresbericht 2016, Juni 2017, S. 33.

[5] KEK, 19. Jahresbericht 2016/2017, S. 64 f.

2014 bis 2016 zeigt, dass das Programm der öffentlich-rechtlichen Sender, letztlich ihrem Funktionsauftrag entsprechend, einen höheren Anteil an Informationen beinhaltet als das der privaten Sender.[6] Im Jahr 2016 lag der „Informationsanteil" im Programm Das Erste demnach bei 37 Prozent und im ZDF bei 43 Prozent, RTL kam auf einen Informationsanteil von 22 Prozent, Sat.1 auf 15 Prozent und ProSieben auf 9 Prozent. Der Sparte Information werden dabei Nachrichten, Magazine, Dokumentationen/Berichte/Reportagen, Ereignisübertragungen sowie bestimmte Talkshows, Diskussionen, Ansprachen usw. zugerechnet. In den privaten Programmen finden sich im Vergleich zu den öffentlich-rechtlichen Sendern mehr unterhaltende Angebote. Bei RTL und Sat.1 ist der Anteil nonfiktionaler Unterhaltung mit 38 bzw. 42 Prozent besonders stark ausgeprägt, bei ProSieben dominieren mit 67 Prozent fiktionale Inhalte.[7]

974. Betrachtet man die Zuschaueranteile, so haben in den letzten Jahren die öffentlich-rechtlichen Sender Zuschaueranteile gewonnen, während die privaten Sender insgesamt an Anteilen verloren haben (Abbildung IV.1). Der Zuschaueranteil des öffentlich-rechtlichen Rundfunks an der Gesamtbevölkerung (ab drei Jahren) ist von ca. 43,1 Prozent im Jahr 2010 auf ca. 46,7 Prozent im Jahr 2017 gestiegen.[8] 11,3 Prozent der Zuschaueranteile entfallen auf Das Erste, 13 Prozent auf das ZDF und 12,8 Prozent auf die ARD-Drittprogramme. Der Zuschaueranteil des privaten Rundfunks ist von 2010 bis 2017 dementsprechend von ca. 56,9 Prozent auf ca. 53,3 Prozent gesunken. Die Zuschaueranteile im privaten Rundfunk entfallen vor allem auf die zwei großen Sendergruppen, die Mediengruppe RTL Deutschland sowie die ProSiebenSat.1 Media SE. Die RTL-Gruppe erreichte 2017 einen Zuschaueranteil von ca. 23,2 Prozent, ProSiebenSat.1 erzielte einen Anteil von ca. 17,8 Prozent. Gleichzeitig zeigt sich, dass der Zuschaueranteil der beiden großen Sendergruppen in den letzten Jahren deutlich gesunken ist. So erreichten die RTL-Gruppe sowie ProSiebenSat.1 im Jahr 2010 noch Anteile von ca. 26,1 bzw. ca. 20,3 Prozent. Demgegenüber ist der Zuschaueranteil der von Sendergruppen unabhängigen privaten Programmveranstalter von 2010 bis 2017 von 10,5 auf 12,3 Prozent gestiegen.

975. Die Verschiebung der Zuschaueranteile zwischen öffentlich-rechtlichen und privaten Rundfunkanbietern dürfte unter anderem darauf zurückzuführen sein, dass insbesondere die für die privaten Anbieter wichtigen jüngeren Altersgruppen sich zunehmend vom linearen Fernsehen abwenden und stattdessen etwa Streaming-Dienste (z. B. Amazon Video, Maxdome, Netflix) nutzen. So zeigt eine Differenzierung der Zuschaueranteile nach dem Alter der Zuschauer, dass die öffentlich-rechtlichen Sender gerade bei der Gruppe der älteren Zuschauer hohe Anteile erreichen, während die privaten Sender vor allem bei den – häufig als werberelevante Zielgruppe bezeichneten – 14- bis 49-Jährigen vergleichsweise hohe Anteile erzielen. Bei Letzteren erreichten Das Erste und das ZDF im Jahr 2017 nur einen Zuschaueranteil von jeweils 6,1 Prozent.[9] RTL erzielte in dieser Altersgruppe hingegen einen Anteil von 12,2 Prozent statt 9,2 Prozent an der Gesamtbevölkerung, ProSieben von 9,5 Prozent statt 4,5 Prozent und Sat.1 von 8,4 Prozent statt 6,7 Prozent. Davon abgesehen verlieren die großen Sender auch in dieser werberelevanten Altersgruppe kontinuierlich Zuschaueranteile. So lag etwa im Jahr 2013 der Anteil von RTL noch bei 14,5, der von ProSieben bei 11,4 und der von Sat.1 bei 9,4 Prozent.[10] Diese Entwicklung dürfte unter anderem auf die zunehmende Anzahl von Spartensendern zurückzuführen sein.

---

[6] Krüger, U. D., Profile deutscher Fernsehprogramme – Angebotsentwicklung zur Gesamt- und Hauptsendezeit, Media Perspektiven 4/2017, S. 186–205.

[7] Nonfiktionale Inhalte umfassen journalistische Unterhaltungsformen (z. B. Magazine, bestimmte Talkshows), Factual Entertainment/Reality-Formate (z. B. (Scripted) Doku-Soaps) und konventionelle Unterhaltungsformen (z. B. Quizshows). Bei fiktionalen Inhalten handelt es sich vor allem um Spielfilme, Fernsehfilme und Fernsehserien mit Ausnahme spezifischer Kinderprogramme.

[8] KEK, 19. Jahresbericht 2016/2017, S. 90 ff.; KEK, Zuschaueranteile 2017 in Prozent, https://www.kek-online.de/fileadmin/user_upload/KEK/Medienkonzentration/Mediennutzung/Fernsehnutzung/Zuschaueranteile_2017.pdf, Abruf am 14. Juni 2018. Die Angaben basieren auf Daten der AGF in Zusammenarbeit mit GfK (TV Scope) und beziehen sich auf die Zuschaueranteile (Gesamt) im Tagesdurchschnitt der jeweils betrachteten Jahre.https://de.statista.com/statistik/daten/studie/170412/umfrage/marktanteile-der-tv-sender---zuschauer-ab-3-jahre/

[9] DWDL, Die Jahresmarktanteile 2017. ProSieben 2017 größter Verlierer, Vox einziger Gewinner, https://www.dwdl.de/zahlenzentrale/64907/prosieben_2017_grter_verlierer_vox_einziger_gewinner/page_3.html, Abruf am 14. Juni 2018.

[10] Statista, Zuschauermarktanteile ausgewählter TV-Sender bei den 14- bis 49-Jährigen in Deutschland in ausgewählten Jahren von 2013 bis 2016, https://de.statista.com/statistik/daten/studie/377736/umfrage/marktanteile-ausgewaehlter-tv-sender-14-bis-49-jahre, Abruf am 14. Juni 2018. Die Angaben basieren auf Daten von AGF, GfK und Media Control.

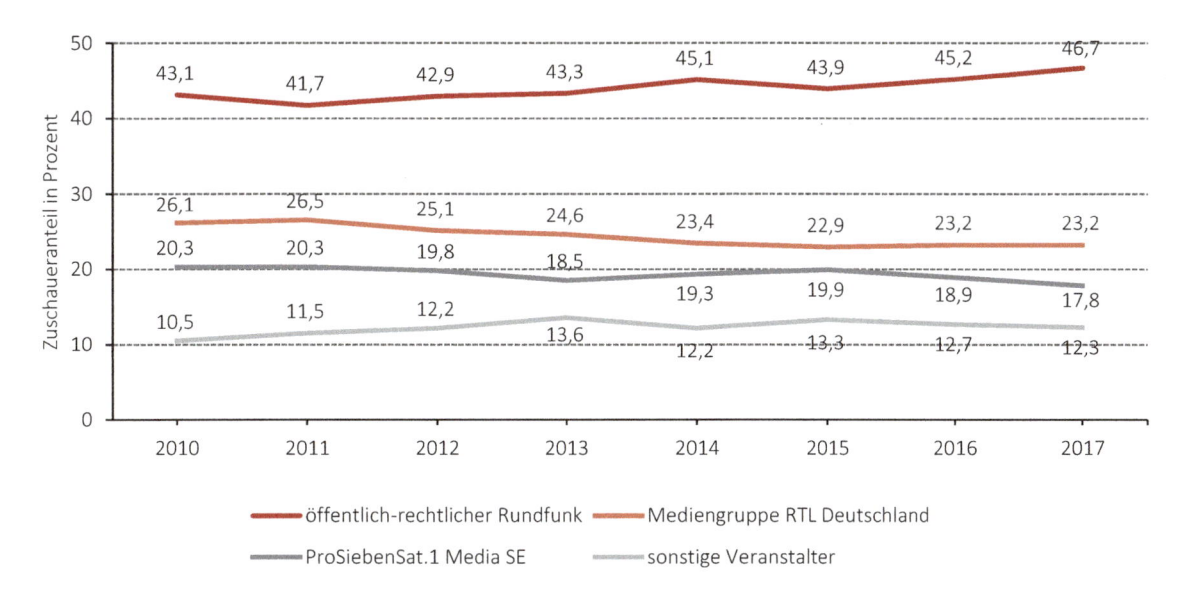

Abbildung IV.1: Entwicklung der Zuschaueranteile in Deutschland von 2010 bis 2017

Jahr	öffentlich-rechtlicher Rundfunk	Mediengruppe RTL Deutschland	ProSiebenSat.1 Media SE	sonstige Veranstalter
2010	43,1	26,1	20,3	10,5
2011	41,7	26,5	20,3	11,5
2012	42,9	25,1	19,8	12,2
2013	43,3	24,6	18,5	13,6
2014	45,1	23,4	19,3	12,2
2015	43,9	22,9	19,9	13,3
2016	45,2	23,2	18,9	12,7
2017	46,7	23,2	17,8	12,3

Quelle: AGF in Zusammenarbeit mit GfK; eigene Darstellung

976. Bei einer Betrachtung der Marktsituation im Bereich des linearen Fernsehens ist zu berücksichtigen, dass die Rundfunkveranstalter zwar beim Angebot für die Zuschauer sowie in Bezug auf die Beschaffung, Herstellung und Verwertung von Fernseh- und Filmproduktionen auf denselben Märkten tätig sein können, dass sie sich allerdings unterschiedlich finanzieren. Das Geschäftsmodell der privaten Free-TV-Anbieter ist als zweiseitige Plattform strukturiert, da sie ihre zuvor beschriebenen Markttätigkeiten über das Angebot von Fernsehwerbeplätzen finanzieren. Die Finanzierung des Pay-TV erfolgt hingegen weitestgehend auf demselben Markt (Pay-TV-Erlöse), die Finanzierung des öffentlich-rechtlichen Rundfunks im Wesentlichen außerhalb des Marktes, nämlich über Rundfunkbeiträge. Mit Blick auf die Finanzierung der privaten Fernsehveranstalter ist insofern auch die Entwicklung des Fernsehwerbemarktes sowie der Pay-TV-Erlöse von Bedeutung.

977. Der TV-Werbemarkt ist in den letzten Jahren insgesamt gewachsen, wobei zwischen den ausgewiesenen Brutto- und Nettowerbeumsätzen zu unterscheiden ist.[11] Besonders deutlich ist der Anstieg der Bruttowerbeumsätze, die von 2010 bis 2017 von 10,9 Mrd. Euro auf 15,3 Mrd. Euro zugenommen haben.[12] Die Nettowerbeumsätze sind im gleichen Zeitraum von 3,95 Mrd. Euro auf 4,59 Mrd. Euro angestiegen (Abbildung IV.2).[13] Das Gros der Nettowerbeumsätze entfiel im Jahr 2017 mit 4,25 Mrd. Euro auf private TV-Veranstalter[14], vor allem – den Zuschaueranteilen entsprechend – auf die beiden großen privaten Sendergruppen.[15] Demgegenüber waren die Nettowerbeumsätze von ARD und ZDF mit

---

[11] Die Bruttowerbeeinnahmen basieren auf den Listenpreisen für Werbespots. Die Nettowerbeeinnahmen ergeben sich nach Abzug von Rabatten und Provisionen.

[12] die medienanstalten, Jahrbuch 2016/2017, S. 90; Möbus, P./Heffler, M., Werbemarkt 2017 (Teil 1): Stabiles Wachstum, Media Perspektiven 3/2018, S. 129. Die Angaben basieren auf den Bruttodaten von Nielsen Media Research.

[13] VPRT, VPRT-Werbemarktanalyse 2017/2018, Audio- und audiovisuelle Werbung in Deutschland, S. 17. Damit lagen die Nettowerbeumsätze im Jahr 2017 leicht unter dem Niveau des Jahres 2000 (ca. 4,71 Mrd. Euro). Im Jahr 2002 lagen die Nettowerbeumsätze mit 3,96 Mrd. Euro auf dem Niveau des Jahres 2010.

[14] Zentralverband der deutschen Werbewirtschaft (ZAW), ZAW-Jahrbuch Werbung 2018, Berlin 2018, S. 112.

[15] Im Jahr 2016 erzielte ProSiebenSat.1 einen Bruttowerbeumsatz von ca. 6,36 Mrd. Euro und die Mediengruppe RTL einen Bruttowerbeumsatz von ca. 6,09 Mrd. Euro. Siehe hierzu KEK, Brutto-Werbeumsätze der Fernsehveranstalter (in Mio. Euro), https://www.kek-online.de/fileadmin/user_upload/KEK/Medienkonzentration/Medienrelevante_verwandte_Maerkte/Fernsehwerbung/2_Brutto-Werbeumsaetze_der_Fernsehveranstalter_Diagramm.jpg, Abruf am 14. Juni 2018.

ca. 184 bzw. ca. 157 Mio. Euro vergleichsweise gering. Das Bundeskartellamt sieht insofern ein marktbeherrschendes Duopol der beiden führenden privaten Sendergruppen auf dem Fernsehwerbemarkt.[16]

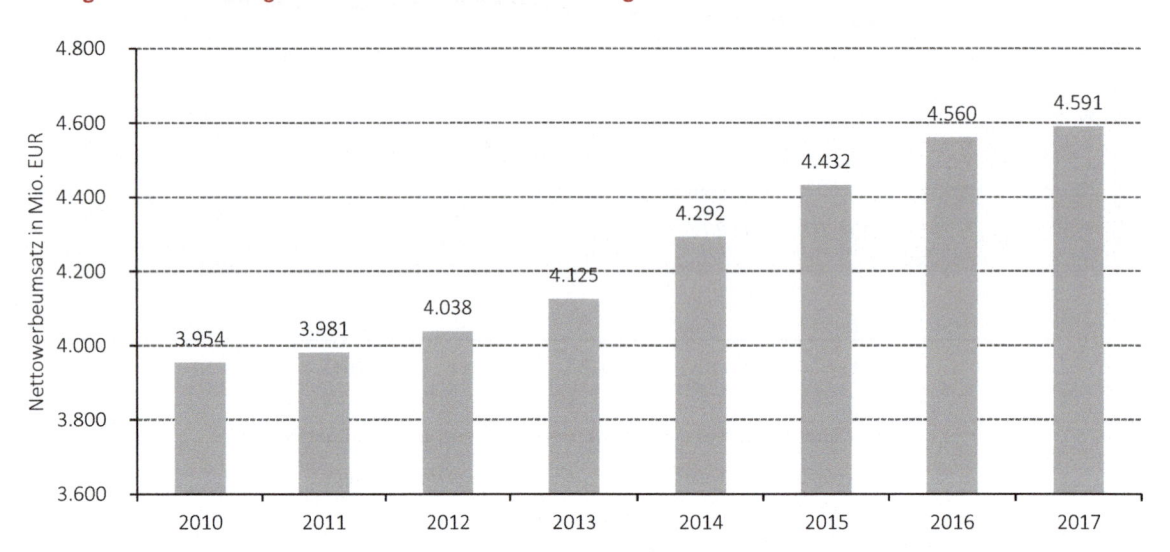

Abbildung IV.2: Entwicklung der Nettoumsätze mit TV-Werbung in Deutschland von 2010 bis 2017

Jahr	Nettowerbeumsatz in Mio. EUR
2010	3.954
2011	3.981
2012	4.038
2013	4.125
2014	4.292
2015	4.432
2016	4.560
2017	4.591

Quelle: VPRT/ZAW; eigene Darstellung auf Basis von VPRT, VPRT-Werbemarktanalyse 2017/2018, S. 17

978. Der Pay-TV-Markt hat seine Umsätze in den letzten Jahren ebenfalls gesteigert. Ein deutliches Wachstum ist insbesondere seit dem Jahr 2010 festzustellen. Von 2010 bis 2016 sind die Umsätze mit Pay-TV und Pay-TV-on-Demand in Deutschland von ca. 1,3 Mrd. Euro auf 2,2 Mrd. Euro angestiegen.[17] Im gleichen Zeitraum ist auch die Anzahl der Pay-TV-Abonnenten von 4,8 Millionen auf 7,6 Millionen gewachsen. Für 2017 wurde ein Umsatz von 2,3 Mrd. Euro sowie eine Abonnentenzahl von 7,9 Millionen prognostiziert.

979. Betrachtet man abschließend noch die für die Distribution von Fernsehprogrammen relevanten TV-Übertragungswege, so waren in Deutschland im Jahr 2017 das Fernsehkabel (45,9 Prozent) sowie der Satellitenempfang (45,7 Prozent) weiterhin die wichtigsten Verbreitungswege, deutlich vor der klassischen terrestrischen Übertragung (Antennenempfang) (7,4 Prozent) sowie dem IPTV[18] (6,9 Prozent).[19] In den letzten Jahren hat insbesondere das IPTV an Relevanz gewonnen. Im Jahr 2011 entfielen auf diese Verbreitungsart noch lediglich 3 Prozent. Anteile eingebüßt haben im gleichen Zeitraum das Fernsehkabel (2011: 50,2 Prozent) sowie die terrestrische Übertragung (2011: 11,8 Prozent), während die Verbreitung über Satellit seit Jahren weitgehend stabil ist (2011: 44,7 Prozent). Neben diese „geschlossenen" Verbreitungswege tritt mit der besseren Verfügbarkeit leistungsfähiger breitbandiger Internetanschlüsse zunehmend das offene Internet als zusätzlicher Verbreitungs- bzw. Empfangsweg. Ein Zugriff auf das lineare Fernsehprogramm ist hier vor allem über direkt bereitgestellte Livestreams der Sender auf ihren Websites sowie im Rahmen entsprechender Mediatheken-Apps oder über sog. Over-the-Top-(OTT-)Plattformen (z. B. Zattoo), die Fernsehprogramme ähnlich wie Kabelnetzbetreiber bündeln und über das offene Internet verbreiten, möglich. Da auf diese Angebote häufig auch direkt über die für den Fernsehkonsum besonders relevanten Endgeräte (z. B. Smart-TVs) oder über an diese angeschlossene Peripheriegeräte (z. B. Amazon-FireTV-Stick, Google Chromecast) zugegriffen werden kann, tritt das offene Internet zunehmend in Konkurrenz zu den anderen Übertragungswegen oder ergänzt diese (Connected-TV). Hiervon

---

[16] Vgl. BKartA, Beschluss vom 13. März 2011, B6-94/10 – „Amazonas".

[17] VPRT, Pay-TV in Deutschland 2017. Aktualisierter Marktüberblick zum Pressegespräch des VPRT-Arbeitskreises Pay-TV am 25. Juli 2017, https://www.vprt.de/system/files/documents/Pay-TV-in-Deutschland-2017.pdf, Abruf am 14. Juni 2018.

[18] Internet Protocol Television (IPTV) bezeichnet die Übertragung von Fernsehprogrammen mit Hilfe des Internet-Protokolls (IP).

[19] die medienanstalten, Digitalisierungsbericht 2017. Aufgedrängte Bereicherung: Braucht Vielfalt Privilegierung?, August 2017, S. 31. Aufgrund von Mehrfachnennungen übersteigt die Summe 100 Prozent.

profitieren neben den Zuschauern bzw. Nutzern auch die Programmveranstalter, die aufgrund dieser Entwicklung weniger auf die Verbreitung ihrer Inhalte über die traditionellen TV-Empfangswege angewiesen sind.

980. Eine bereits in der Vergangenheit von der Monopolkommission kritisierte Wettbewerbsbeschränkung auf der Distributionsebene ist das in der Betriebskostenverordnung verankerte „Nebenkostenprivileg", das es Vermietern erlaubt, die Kosten für einen Kabelanschluss im Rahmen der Nebenkostenabrechnung unabhängig von der tatsächlichen Nutzung auf die Mieter umzulegen.[20] Hierdurch wird letztlich der Markteintritt für Anbieter alternativer Übertragungsmöglichkeiten, wie etwa IPTV-Anbieter, erschwert, da Mieter, die für den Kabelanschluss bereits im Rahmen ihrer Nebenkostenabrechnung zahlen, kaum einen Anreiz haben, stattdessen einen anderen Anbieter zu nutzen.[21] Die Monopolkommission spricht sich insofern für eine Abschaffung des Nebenkostenprivilegs aus.

2.2 Audiovisuelle Online-Medien

2.2.1 Formen von Videostreaming-Diensten

981. In den vergangenen Jahren hat die Nutzung audiovisueller Online-Medien stark zugenommen. Im Gegensatz zu audiovisuellen Angeboten, die über traditionelle Wege verbreitet werden, kann auf Online-Video-Angebote bei Bestehen einer Internetverbindung prinzipiell ortsunabhängig zugegriffen werden. Eine Nutzung entsprechender Angebote erfolgt daher nicht nur über den Fernseher bzw. Smart-TV, sondern auch – und vor allem – über Computer, Tablets oder Smartphones. Der Zugriff erfolgt dabei entweder direkt über den Browser oder über Apps, die auf den Endgeräten installiert sind.

982. Audiovisuelle Online-Medien werden von zahlreichen Anbietern in unterschiedlicher Form angeboten. Zu unterscheiden sind dabei insbesondere lineare bzw. Livestreaming-Angebote sowie nicht-lineare Abrufdienste bzw. Video-on-Demand-(VoD-)Angebote. Eine besondere Stellung im Online-Video-Bereich nehmen zudem Videoportale bzw. Video-Sharing-Plattformen ein, über die sowohl Livestreams als auch VoD-Inhalte verbreitet werden können.

Livestreaming-Angebote

983. Bei Livestreaming-Angeboten erfolgt eine lineare Übertragung in Echtzeit über das Internet. Ein Beispiel hierfür sind zunächst die bereits angesprochenen, von traditionellen Fernsehveranstaltern zeitgleich zu ihrem linearen Fernsehprogramm über ihre Homepage oder eine App verbreiteten Livestreams sowie die Angebote von OTT-Plattformen, die traditionelle Fernsehprogramme bündeln und wie Kabelnetzbetreiber ihren Kunden anbieten. Solche Livestreaming-Angebote stellen neben dem Kabel-, Satelliten- und terrestrischen Fernsehen sowie dem IPTV einen weiteren Verbreitungsweg für das aktuelle lineare Fernsehprogramm dar.

984. Neben diesen Angeboten für das lineare Programm traditioneller Rundfunkveranstalter existieren zahlreiche Anbieter, die ihr Programm ausschließlich über das Internet und nicht über den klassischen Empfangsweg linear verbreiten. Hierzu gehören etwa Livestreams auf Videoportalen wie YouTube. Ein weiteres Beispiel ist der Streaming-Dienst DAZN, welcher unter anderem Live-Übertragungen von Sportereignissen sendet.

Abruf-/Video-on-Demand-Dienste

985. Begrifflich abzugrenzen von Livestreaming-Diensten sind Abruf- bzw. Video-on-Demand-Dienste, die Inhalte zum zeitlich unabhängigen Abruf bereitstellen. Der Begriff umfasst je nach Definition zahlreiche unterschiedliche Anbieter und Geschäftsmodelle, insbesondere klassische Video-on-Demand-Dienste (z. B. Netflix), Mediatheken der traditionellen Fernsehveranstalter sowie gegebenenfalls auch Videoportale bzw. Video-Sharing-Plattformen (z. B. YouTube). Eine Untergliederung der einzelnen Dienste ist anhand ihres Finanzierungsmodells möglich. Unterscheiden lassen sich vor

---

[20] Monopolkommission, XVI. Hauptgutachten, Mehr Wettbewerb auch im Dienstleistungssektor!, Baden-Baden 2006, Tz. 834.

[21] Siehe auch Körber, T., Ein Relikt aus analogen Zeiten – Das analoge Nebenkostenprivileg in der digitalen Medienwelt, pro media 04/2017, abrufbar unter: http://www.medienpolitik.net/2017/04/rundfunk-ein-relikt-aus-analogen-zeiten/, Abruf am 14. Juni 2018.

allem – wie auch im traditionellen TV-Markt – nutzerfinanzierte bzw. kostenpflichtige sowie werbefinanzierte VoD-Dienste. Daneben gibt es noch die werbefreien, beitragsfinanzierten öffentlich-rechtlichen Online-Angebote.

986. Bei kostenpflichtigen VoD-Diensten erfolgt die Finanzierung durch direkte Zahlungen der Rezipienten. Eine Untergliederung ist anhand der Abrechnungsform möglich. Zu unterscheiden sind Dienste, bei denen ein – häufig monatlich kündbares – Abonnement abgeschlossen wird (Subscription-Video-on-Demand – SVoD), und Dienste, bei denen die Nutzer für den Einzelabruf von Videos bezahlen (Transactional-Video-on-Demand – TVoD). Beim SVoD-Modell erhalten die Nutzer im Rahmen ihres Abonnements pauschal Zugriff auf einen mehr oder weniger umfangreichen Programmkatalog des Dienstes. Beim TVoD-Modell zahlen die Nutzer hingegen gemäß ihrer tatsächlichen Nutzung für den Einzelabruf der betrachteten Videos. Einige Anbieter, wie etwa Amazon Video, kombinieren auch beide Abrechnungsverfahren, sodass der Nutzer im Rahmen eines Abonnements Zugriff auf einen limitierten Programmkatalog erhält, während einige „Premiuminhalte" nur gegen zusätzliche Bezahlung im Einzelabruf verfügbar sind.

987. Da die Nutzer bei den genannten Angeboten – ähnlich wie bei einer Videothek – lediglich ein temporäres Nutzungsrecht an den Videoinhalten erwerben, werden diese Modelle auch als Download-to-Rent (DTR) bezeichnet. Hiervon abzugrenzen sind Angebote, bei denen ein unbegrenztes Nutzungsrecht erworben und der relevante Videoinhalt heruntergeladen und beliebig oft wiedergegeben werden kann. Diese Modelle werden auch als Download-to-Own (DtO) bzw. Electronic-Sell-Through (EST) bezeichnet.

988. In Abgrenzung von den kostenpflichtigen VoD-Diensten werden werbefinanzierte Abrufdienste auch als Advertising-Video-on-Demand (AVoD) bezeichnet. Bei werbefinanzierten Angeboten erfolgt die Finanzierung vor allem durch Werbeanzeigen vor und während der betrachteten Videoinhalte. Beispiele hierfür sind etwa die Mediatheken der werbefinanzierten privaten Fernsehveranstalter. Ökonomisch betrachtet handelt es sich bei werbefinanzierten VoD-Diensten wie auch bei werbefinanzierten Fernsehsendern um Plattformen bzw. zweiseitige Märkte, auf denen Werbetreibende und Rezipienten zusammengeführt werden. Letztere zahlen dabei für die Videoinhalte indirekt mit ihrer Aufmerksamkeit für Werbeanzeigen.

Videoportale/Video-Sharing-Plattformen

989. Bei Videoportalen handelt es sich um Intermediäre, die eine technische Plattform für das Bereitstellen und Anschauen von Videos zur Verfügung stellen, die aber in der Regel selbst keine eigenen Videoinhalte anbieten. Das mit Abstand größte Videoportal in Deutschland ist derzeit YouTube. Videoportale werden sowohl von professionellen Medienunternehmen zur Verbreitung oder zur Bewerbung ihrer eigenen Inhalte genutzt als auch von kleineren Inhalteanbietern. Die Vielzahl unterschiedlicher Anbieter auf Videoportalen spiegelt sich in der Heterogenität der angebotenen Videoinhalte, die von professionellen Produktionen, wie etwa Filmen und Serien, bis hin zu nutzergenerierten Videos, wie etwa privaten Urlaubsvideos, reichen.

990. Videoportale sowie die dort tätigen Inhalteanbieter finanzieren sich vor allem durch Werbung, die in die Videos der Inhalteanbieter eingebunden wird. Eine solche Einbindung von Werbung erfolgt allerdings nur, wenn (1) die Inhalteanbieter der Schaltung von Werbung zugestimmt haben, woran diese zwecks Monetarisierung ihrer Inhalte in der Regel ein Eigeninteresse haben, und (2) die Videoinhalte bestimmte Mindestvoraussetzungen erfüllen. Sind beide Bedingungen erfüllt, platzieren die Videoportale die Werbeanzeigen ihrer Werbekunden möglichst zielgerichtet in den Videos ihrer Inhalteanbieter, sodass diese durch die Zuschauer wahrgenommen werden. Die durch das Anschauen (Views) oder durch das Anklicken (Klicks) von Werbeanzeigen generierten Werbeeinnahmen werden zwischen dem Videoportal sowie dem Inhalteanbieter nach zuvor festgelegten Konditionen aufgeteilt.

991. Aus ökonomischer Sicht handelt es sich bei werbefinanzierten Videoportalen um eine mehr- bzw. in diesem Fall dreiseitige Plattform, auf der Inhalteanbieter, Werbetreibende und Rezipienten zusammengebracht werden. Zwischen den einzelnen Kundengruppen bestehen dabei indirekte Netzwerkeffekte, d. h., die Anzahl der Nutzer einer Kundengruppe hat Einfluss auf die Attraktivität der Plattform für die anderen Kundengruppen. Die von den einzelnen Nutzergruppen ausgehenden indirekten Netzwerkeffekte wirken allerdings unterschiedlich. Eine größere Anzahl von Videoanbietern dürfte die Plattform sowohl für die Zuschauer als auch für die Werbetreibenden attraktiver machen, sodass von diesen positive indirekte Netzwerkeffekte ausgehen. Gleiches gilt für die Gruppe der Zuschauer. Sind mehr Zuschauer auf der Plattform aktiv, steigt die Attraktivität der Plattform für Werbetreibende und Inhalteanbieter. Während zwischen den Anbietern von Videoinhalten und den Zuschauern somit wechselseitig positive indirekte Netzwerkeffekte bestehen, ist die von den Werbetreibenden ausgehende Wirkung auf die Attraktivität der Plattform weniger eindeutig. Tendenziell dürften von einer höheren Anzahl Werbetreibender, sofern sich diese in einem Mehr an Werbung und nicht nur in einer größeren Heterogenität der Werbung bei gleicher Werbeanzahl widerspiegelt, vor allem auf die Zuschauer eher negative Netzwerkeffekte ausgehen, da die Plattform bei zu viel Werbung aus Sicht der Zuschauer weniger attraktiv werden dürfte.

992. Die Entwicklung von Videoportalen hat eine neue Gruppe von Video-Inhalteanbietern hervorgebracht, die in Anlehnung an das führende Videoportal auch als YouTube-Stars oder „YouTuber" bezeichnet werden und über ihre Videokanäle teilweise ein Millionenpublikum erreichen. Um die Videoportale und diese neuen Inhalteanbieter herum ist wiederum mit den sog. Multi-Channel-Networks (MCN), die „YouTuber" unter Vertrag nehmen und bei der Entwicklung und Vermarktung ihrer Produkte unterstützen, ein eigener Wirtschaftszweig entstanden. Diese Multi-Channel-Networks finanzieren sich in der Regel über eine Beteiligung an den Werbeeinnahmen ihrer Klienten.

993. Für traditionelle Medienunternehmen, wie etwa Fernsehveranstalter, stellt sich die Frage nach einem angemessenen Umgang mit der neuen Konkurrenz der Videoportale. Einerseits können sie die Portale selbst nutzen, um ihre Videoinhalte einem größeren Publikum zugänglich zu machen. Andererseits besteht die Gefahr, dass sie durch das Ausspielen ihrer Videoinhalte über diese Drittanbieter ihre Konkurrenz stärken und ihre eigenen Online-Angebote, wie etwa Mediatheken, kannibalisieren. Viele traditionelle Medienunternehmen nutzen Videoportale daher auch, um etwa durch kurze Teaser bzw. Videoclips auf Inhalte in ihren eigenen Mediatheken aufmerksam zu machen.

2.2.2 Marktentwicklung im Bereich Online-Videos

994. Die Nutzung von Online-Videoangeboten ist in Deutschland speziell auf der Nutzerseite in den letzten Jahren stark angestiegen. Wie die ARD/ZDF-Onlinestudie 2017 zeigt, stagnierte die Online-Videonutzung zwar im Jahr 2017, insgesamt ist aber seit dem Jahr 2011 ein deutlicher Anstieg der Nutzung festzustellen.[22] Der Anteil der Befragten, die Online-Videoanwendungen mindestens selten genutzt haben, ist demnach von 2011 bis 2017 von 50 Prozent auf 72 Prozent angestiegen. Im Jahr 2017 nutzen 57 Prozent der Befragten zumindest selten Videoportale, 52 Prozent schauten live oder zeitversetzt Fernsehsendungen über das Internet, und 43 Prozent nutzten die Mediatheken der Fernsehsender. Ein besonders deutlicher Anstieg gegenüber den Vorjahren ist bei der Nutzung kostenpflichtiger Videostreaming-Dienste festzustellen. Während im Jahr 2013 lediglich 9 Prozent der Befragten diese Dienste zumindest selten nutzten, waren dies im Jahr 2016 bereits 18 und im Jahr 2017 sogar 38 Prozent. Der Anteil der Befragten, die Videostreaming-Dienste wöchentlich nutzten, hat sich von 2016 auf 2017 von 12 Prozent auf 23 Prozent nahezu verdoppelt. Bezogen auf die wöchentliche Nutzung sind Videostreaming-Dienste damit hinter Videoportalen (31 Prozent) die meistgenutzte Form von Online-Videoanwendungen.[23]

995. Betrachtet man das Alter der Nutzer, so zeigt sich zunächst wenig überraschend, dass die Nutzung von Online-Videoanwendungen in den jüngeren Altersgruppen deutlich intensiver ist.[24] Insgesamt nutzen 96 Prozent der 14- bis 29-Jährigen und 91 Prozent der 30- bis 49-Jährigen mindestens selten Online-Videoanwendungen, unter den 50- bis 69-Jährigen sind dies 63 Prozent, bei den ab 70-Jährigen noch 29 Prozent. Hiervon abgesehen verteilt sich auch die Nutzung auf die einzelnen Online-Videoanwendungen unterschiedlich. Während in den jüngeren beiden Altersgruppe neben Videoportalen und Fernsehsendungen (live oder zeitversetzt) auch Videostreaming-Dienste, Videos auf Facebook sowie die Mediatheken von relativ vielen Befragten genannt werden, konzentriert sich die Nutzung in den beiden älteren Altersgruppen – wenngleich auf einem deutlich niedrigeren Niveau – auf Fernsehsendungen (live oder zeitversetzt), die Mediatheken der Fernsehsender sowie Videoportale.

---

[22] Kupferschmitt, T., Ergebnisse der ARD/ZDF-Onlinestudie 2017. Onlinevideo: Gesamtreichweite stagniert, aber Streamingdienste punkten mit Fiction bei Jüngeren, Media Perspektiven 9/2017.

[23] ARD/ZDF Onlinestudie 2017, Multimedianutzung. Videonutzung im Internet 2016 und 2017, mindestens wöchentlich, Gesamtbevölkerung, in Prozent, http://www.ard-zdf-onlinestudie.de/multimedianutzung/video/, Abruf am 14. Juni 2018.

[24] Kupferschmitt, T., a. a. O.

996. Die insgesamt gestiegene Nutzung von Videostreaming-Diensten spiegelt sich auch in der Umsatzentwicklung wider, wenngleich die Angaben je nach Quelle sowie betrachteten Marktbereichen teilweise erheblich variieren. Eine Studie des Bundesverbands Informationswirtschaft, Telekommunikation und neue Medien (Bitkom) und von IHS Markit betrachtet etwa die Umsatzentwicklung in den Bereichen AVoD, SVoD und TVoD (Abbildung IV.3). In diesen Marktsegmenten ist der Umsatz in Deutschland von ca. EUR 114 Mio. im Jahr 2010 auf ca. EUR 800 Mio. im Jahr 2016 angestiegen.[25] Für das Jahr 2017 wurde ein Umsatz von voraussichtlich EUR 945 Mio. bzw. ein Wachstum um ca. 18 Prozent gegenüber dem Vorjahr prognostiziert. Von diesem prognostizierten Umsatz entfallen EUR 511 Mio. auf kostenpflichtige VoD-Dienste, davon EUR 275 Mio. auf SVoD- und EUR 236 Mio. auf TVoD-Angebote sowie EUR 434 Mio. auf werbefinanzierte Angebote (AVoD). Einer Studie von Statista DMO zufolge wurden demgegenüber im Jahr 2016 ca. EUR 439 Mio. mit SVoD und ca. EUR 104 Mio. mit TVoD umgesetzt.[26] Ein weiteres Wachstum wird vor allem für den SVoD-Bereich erwartet. Bis zum Jahr 2022 soll der Umsatz in diesem Bereich auf ca. EUR 690 Mio. ansteigen, während für den TVoD-Bereich für den gleichen Zeitraum nur ein Anstieg auf knapp EUR 120 Mio. erwartet wird. Eine aktuelle Studie von Goldmedia beziffert die Brutto-Umsätze im deutschen Pay-VoD-Bereich im Jahr 2017 auf ca. EUR 1,1 Mrd. und prognostiziert einen Anstieg auf EUR 2,5 Mrd. bis zum Jahr 2023.[27] Hiervon entfallen drei Viertel auf den Bereich SVoD.

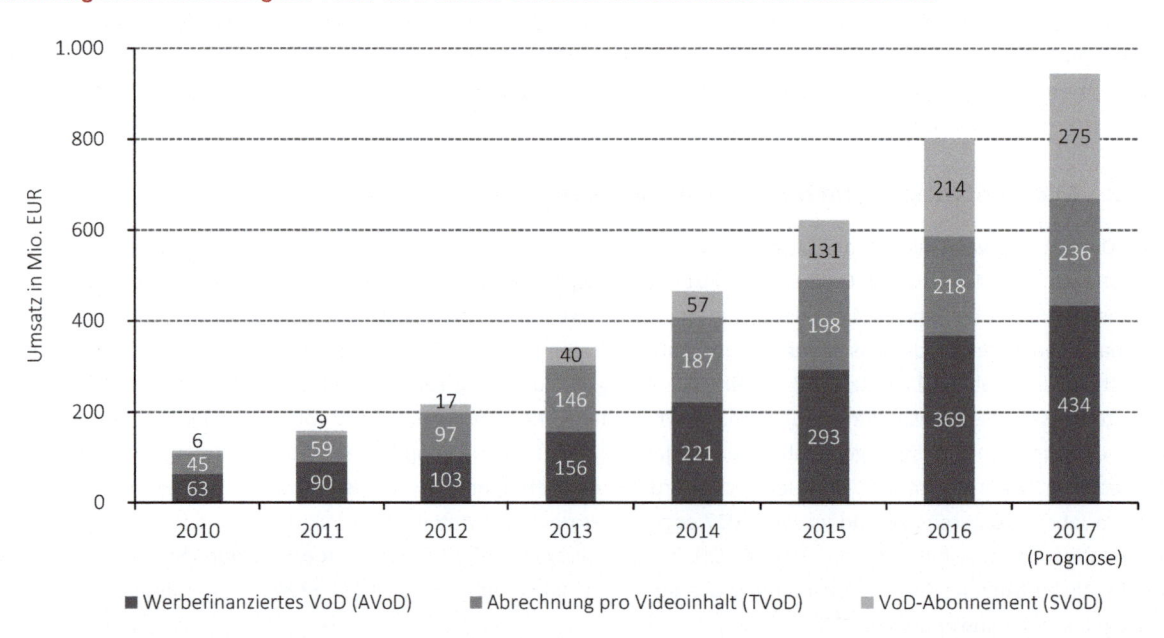

Abbildung IV.3: Entwicklung der Video-on-Demand-Umsätze in Deutschland von 2010 bis 2017

Jahr	AVoD	TVoD	SVoD
2010	63	45	6
2011	90	59	9
2012	103	97	17
2013	156	146	40
2014	221	187	57
2015	293	198	131
2016	369	218	214
2017 (Prognose)	434	236	275

■ Werbefinanziertes VoD (AVoD)   ■ Abrechnung pro Videoinhalt (TVoD)   ■ VoD-Abonnement (SVoD)

Quelle: IHS Markit; eigene Darstellung auf Basis von Bitkom, Presseinformation vom 16. Januar 2017

997. Der Umsatz mit kostenpflichtigen Film-Downloads (EST) ist in den letzten Jahren ebenfalls deutlich gestiegen. Während er nach Angaben des Bundesverbands Audiovisuelle Medien (BVV) im Jahr 2011 noch bei EUR 33 Mio. lag, wurden

---

[25] Bitkom, Presseinformation vom 16. Januar 2017, https://www.bitkom.org/Presse/Presseinformation/Umsatz-mit-Video-Streaming-knapp-an-der-Milliardengrenze.html, Abruf am 14. Juni 2018. Grundlage der Angaben sind Daten des Marktforschungsinstituts IHS Markit.

[26] Statista DMO, Umsätze im Markt für Digitale Videos in Deutschland im Jahr 2016 sowie eine Prognose bis 2022 (in Millionen Euro), https://de.statista.com/statistik/daten/studie/455498/umfrage/umsaetze-im-markt-fuer-digitale-videos-in-deutschland, Abruf am 14. Juni 2018.

[27] Goldmedia, Pressemitteilung vom 11. Juni 2018, https://www.goldmedia.com/fileadmin/goldmedia/2015/Studien/2018/VoD_Forecast/180611_Pressemeldung_VoD-Forecast_2018-2023_Goldmedia.pdf, Abruf am 14. Juni 2018. Die Angaben basieren auf Goldmedia, Pay-VoD in Germany – Forecast 2018-2023, Juni 2018.

im Jahr 2016 bereits EUR 118 Mio. umgesetzt.[28] Statista DMO weist für dieses Marktsegment im Jahr 2016 einen Umsatz von ca. EUR 125 Mio. aus und prognostiziert bis zum Jahr 2022 ein Wachstum auf ca. EUR 159 Mio.[29]

998. Betrachtet man schließlich noch die Anteile einzelner Unternehmen im Bereich audiovisueller Online-Angebote, so zeigt sich, dass vor allem die Angebote US-amerikanischer Unternehmen führend sind. Unter den Videoportalen bzw. Video-Sharing-Plattformen ist YouTube deutlicher Marktführer. Im ersten Halbjahr 2016 erzielte YouTube in Deutschland einen Marktanteil von ca. 81 Prozent, auf den Plätzen folgten das französische Videoportal Dailymotion mit ca. 4,5 Prozent, das Videoportal Clipfish der RTL Mediengruppe (heute: Watchbox) mit 3,8 Prozent sowie das auf die Übertragung von Videospielen spezialisierte Videoportal Twitch TV mit ca. 3,4 Prozent.[30] Die früheren deutschen Videoportale MyVideo und Sevenload sind demgegenüber inzwischen aus dem Markt ausgeschieden.[31]

999. Bei den kostenpflichtigen VoD-Diensten sind ebenfalls US-amerikanische Anbieter marktführend.[32] Unter Einbeziehung von SVoD, TVoD und EST weist Goldmedia für das dritte Quartal 2017 für Amazon Prime Video einen Nutzeranteil von 30,4 Prozent und für Netflix einen Nutzeranteil von 21,4 Prozent aus.[33] Dahinter rangieren Sky mit seinen Diensten Sky Go und Sky Ticket mit einem Anteil von insgesamt 15,3 Prozent sowie Maxdome und Google Play mit jeweils 8,6 Prozent. Betrachtet man lediglich den SVoD-Bereich, so entfallen auf Amazon Prime Video 38,7 Prozent, auf Netflix 34,1 Prozent, auf Sky Go und Sky Ticket zusammen 15,8 Prozent und auf Maxdome 6,5 Prozent. Daneben gibt es im VoD-Bereich mehrere Nischenanbieter, die sich beispielsweise auf bestimmte Filmgenres spezialisiert haben. Berichten zufolge beträgt der Marktanteil dieser spezialisierten Anbieter inzwischen rund 14 Prozent.[34] Die Marktführerschaft von Amazon Prime Video dürfte unter anderem auch darauf zurückzuführen sein, dass der Videodienst Bestandteil von Amazons Premium-Lieferservice-Angebot Amazon Prime ist.[35]

1000. Der Wettbewerb zwischen den einzelnen VoD-Anbietern erfolgt – abgesehen vom Preis – vor allem über die angebotenen Videoinhalte. Neben angekauften Inhalten sind für die Anbieter selbst produzierte bzw. in Auftrag gegebene exklusive Videoinhalte (Original Content) ein wichtiges Alleinstellungsmerkmal, um sich von der Konkurrenz abzuheben. Daneben spielen auch Aspekte wie die Aktualisierungsrate des Angebots, Empfehlungssysteme sowie eine möglichst unkomplizierte, geräteübergreifende Nutzbarkeit des Angebots für die Entscheidung der Nutzer eine Rolle. Aufgrund der Exklusivität vieler Videoinhalte müssen Zuschauer gegebenenfalls mehrere Dienste parallel nutzen bzw. mehrere Abonnements abschließen.

---

[28] BVV, Der Home Video Markt im Jahr 2016, https://www.bvv-medien.org/fileadmin/user_upload/businessreports/JWB2016.pdf, Abruf am 14. Juni 2018. Die Angaben basieren auf Daten der GfK im Auftrag der FFA.

[29] Statista DMO, Umsätze im Markt für Digitale Videos in Deutschland im Jahr 2016 sowie eine Prognose bis 2022 (in Millionen Euro), a. a. O.

[30] die medienanstalten, MedienVielfaltsMonitor. Ergebnisse 1. Halbjahr 2016, S. 37, https://www.blm.de/files/pdf1/alm_vielfaltsmonitor_1-halbjahr-2016-1.pdf, Abruf am 14. Juni 2018. Die Angaben basieren auf Daten von Nielsen Digital Content Measurement. Basis sind die Top-15-Video-Sharing-Plattformen. Die Marktanteile beziehen sich auf Unique User, also auf einzelne Nutzer. Dabei wird erfasst, wie viele unterschiedliche Personen in einem bestimmten Zeitraum auf eine Website zugegriffen bzw. Kontakt mit einem Werbeträger haben. Mehrere Zugriffe eines Nutzers werden nur einmal berücksichtigt.

[31] Das Videoportal Sevenload wurde bereits im Jahr 2014 eingestellt. Das zu ProSiebenSat1 gehörende Videoportal MyVideo hatte in den letzten Jahren mehrere Umstrukturierungen durchlaufen, bevor es im September 2017 eingestellt wurde.

[32] Der gerade in der Entstehungsphase kostenpflichtiger VoD-Dienste in Deutschland weit verbreitete Anbieter Watchever, ein Angebot des französischen Medienkonzerns Vivendi SA, ist Ende 2016 aus dem Markt ausgeschieden.

[33] Goldmedia, Pay-VoD in Deutschland weiter auf Wachstumskurs, Meldung vom 30. November 2017, https://www.goldmedia.com/aktuelles/info/article/pay-vod-in-deutschland-weiter-auf-wachstumskurs, Abruf am 14. Juni 2018. Die „Marktanteile" beziehen sich auf Personen in Deutschland, die Zugriff auf die genannten Videoplattformen haben (weitester Nutzerkreis). Die Erhebung fußt auf einer rollierenden Online-Befragung mit bis zu 65.000 Befragten pro Jahr.

[34] Reichert, M., Der Konkurrenzkampf spitzt sich zu: VoD-Plattformen zwischen Preiserhöhung, Überlebenskampf und Spezialisierung, 4. Dezember 2017, http://www.goldmedia.com/blog/2017/12/trendmonitor-2018-vod-plattformen-zwischen-preiserhoehung-ueberlebenskampf-und-spezialisierung, Abruf am 14. Juni 2018.

[35] Daten dazu, wie viele der regulären Amazon-Prime-Kunden das im Abonnement enthaltene Videopaket tatsächlich nutzen, werden von Amazon nicht veröffentlicht.

2.3 Nutzung von Fernsehen und Online-Videos im Vergleich

1001. Obige Ausführungen zeigen, dass die Nutzung und damit auch der Umsatz von Videostreaming-Diensten in den letzten Jahren in Deutschland erheblich zugenommen haben. Für die nächsten Jahre sind ein weiteres Wachstum – bei allerdings geringeren Wachstumsraten – sowie voraussichtlich auch neue Markteintritte zu erwarten. So hat etwa das US-amerikanische Unternehmen Walt Disney bereits angekündigt, seine Inhalte zukünftig über einen eigenen, kostenpflichtigen VoD-Dienst exklusiv anbieten zu wollen. Zudem wird im Bereich des werbefinanzierten Videostreamings ein Markteintritt des Dienstes „Watch" von Facebook, der in den USA seit August 2017 aktiv ist und vor allem ein Konkurrenzangebot zu YouTube darstellt, auch für Deutschland erwartet.

1002. Trotz dieses Wachstums werden Online-Videos im Vergleich zum klassischen linearen Fernsehen insgesamt weiterhin weniger genutzt. Dabei zeigen sich allerdings deutliche Unterschiede zwischen den Altersgruppen. Betrachtet man die tägliche Nutzungs- bzw. Sehdauer, so lag diese in der Gesamtbevölkerung (ab 14 Jahren) beim klassischen linearen Fernsehen in den Jahren 2016 und 2017 bei 239 bzw. 238 Minuten, während auf Online-Videos lediglich 11 bzw. 21 Minuten entfielen (Abbildung IV.4). Demgegenüber entfielen in der Altersgruppe der 14- bis 29-Jährigen nur 119 bzw. 105 Minuten auf das klassische lineare Fernsehen und 30 bzw. 59 Minuten auf Online-Videos. Gerade in der jüngeren Altersgruppe ist die tägliche Nutzungsdauer von Online-Videos somit innerhalb des letzten Jahres deutlich angestiegen.

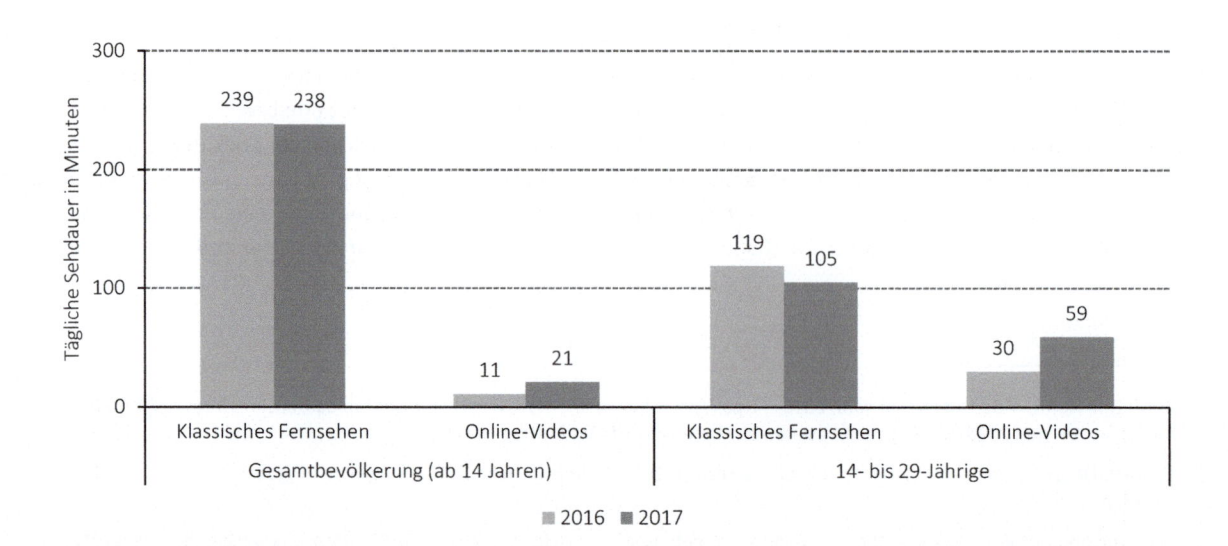

Abbildung IV.4: Nutzung des klassischen linearen Fernsehens und von Online-Videos in Deutschland 2016/17

Quelle: AGF in Zusammenarbeit mit GfK, ARD/ZDF-Onlinestudien; eigene Darstellung auf Basis von KEK, https://www.kek-online.de/medienkonzentration/mediennutzung/internetnutzung/

1003. Die zunehmende Bedeutung nicht-linearer Angebote verdeutlicht auch eine Betrachtung der durchschnittlichen Nutzungsanteile linearer und nicht-linearer Bewegtbildinhalte.[36] Im Jahr 2017 entfiel in der Gesamtbevölkerung ein Nutzungsanteil von 69,1 Prozent auf das klassische lineare Fernsehen, 17,9 Prozent auf VoD-Angebote, 6,6 Prozent auf selbst aufgezeichnete Sendungen und 4,6 Prozent auf Livestreams. Im Vergleich zum Vorjahr ist damit der durchschnittliche Nutzungsanteil des linearen Fernsehens leicht gesunken, während die Nutzung von VoD-Angeboten um 13,3 Prozent gestiegen ist. Besonders deutlich ist die Tendenz zur nicht-linearen Bewegtbildnutzung hingegen in der Gruppe der 14- bis 29-Jährigen: Hier überstieg die durchschnittliche Nutzung von VoD-Angeboten mit 44 Prozent sogar die Nutzung des linearen Fernsehens mit 38,3 Prozent. Im Vergleich zum Vorjahr ist die VoD-Nutzung um 21,5 Prozent angestiegen, während die lineare Fernsehnutzung um 17,8 Prozent gesunken ist. Der Nutzungsanteil von Livestreams lag im Jahr 2017 bei 9,2 Prozent. Dies entspricht einer Steigerung um 19,5 Prozent gegenüber dem Vorjahr.

---

[36] die medienanstalten, Digitalisierungsbericht 2017. Aufgedrängte Bereicherung: Braucht Vielfalt Privilegierung?, a. a. O., S. 38 f.

1004. Die unterschiedliche Bedeutung des linearen Fernsehens für die einzelnen Altersgruppen verdeutlicht auch ein weiterer Blick auf die Entwicklung der Nutzungszeiten im Zeitverlauf (Abbildung IV.5). Demnach stagniert die durchschnittliche tägliche Sehdauer des klassischen linearen Fernsehens in der Gesamtbevölkerung (ab drei Jahren) seit dem Jahr 2010 auf einem gleichbleibend hohen Niveau, nachdem diese in den Jahren zuvor kontinuierlich angestiegen war.[37] Im Jahr 2017 betrug die tägliche Sehdauer 221 Minuten.[38] Die Möglichkeit der Nutzung von Online-Videos hat somit zumindest in der Gesamtbevölkerung bislang nicht zu einem Rückgang der Nutzung des linearen Fernsehens geführt. Deutlich gesunken ist die tägliche Sehdauer des linearen Fernsehens hingegen in den jüngeren Altersgruppen. In der Altersgruppe der 14- bis 29-Jährigen ist diese von 2010 bis 2017 von 142 Minuten auf 105 Minuten zurückgegangen.

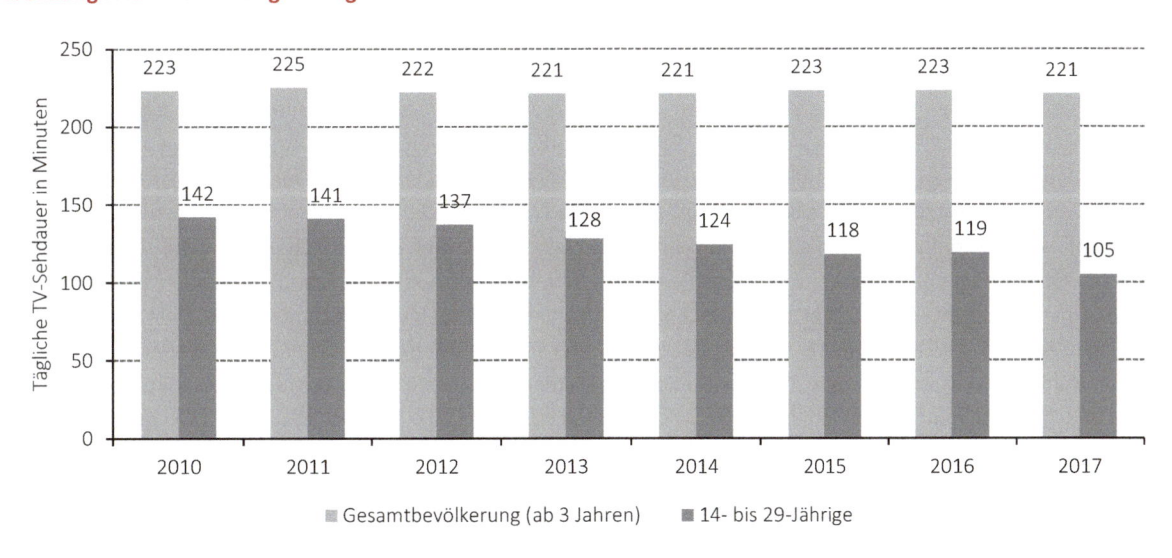

Abbildung IV.5: Entwicklung der täglichen TV-Sehdauer in Deutschland von 2010 bis 2017

Jahr	Gesamtbevölkerung (ab 3 Jahren)	14- bis 29-Jährige
2010	223	142
2011	225	141
2012	222	137
2013	221	128
2014	221	124
2015	223	118
2016	223	119
2017	221	105

Quelle: AGF in Zusammenarbeit mit GfK; eigene Darstellung

1005. Insgesamt zeigt sich, dass trotz der zweifelsohne vorhandenen und insbesondere in den jüngeren Altersgruppen sehr deutlichen Tendenz zur stärkeren Nutzung nicht-linearer Online-Videos zumindest zum gegenwärtigen Zeitpunkt das lineare Fernsehen – gemessen an der Nutzungsdauer – weiterhin das mit Abstand meistgenutzte Medium zum Konsum von Bewegtbildinhalten ist. Dessen ungeachtet hat der Markteintritt zahlreicher unterschiedlicher Online-Video-Angebote allerdings zu einer Erhöhung der Angebotsvielfalt und einer Verschärfung des Wettbewerbs im Bereich audiovisueller Medien geführt. Dabei sind die Wettbewerbsverhältnisse, wie gesagt, vielschichtig. So sind etwa kostenpflichtige VoD-Dienste einerseits ein neuer Konkurrent für die Veranstalter linearer Fernsehprogramme, insbesondere für Pay-TV-Anbieter. Andererseits dürften sie aber auch maßgeblich zu den Umsatzrückgängen im traditionellen Videoverleih sowie beim Verkauf physischer Datenträger beigetragen haben.[39]

2.4 Wettbewerb zwischen Rundfunk und Presse mit Online-Angeboten

1006. Abgesehen von dem zunehmenden Wettbewerb zwischen Anbietern audiovisueller Medieninhalte führt die Verbreitung von Medieninhalten über das Internet auch zu einer Annäherung vormals getrennter bzw. unterschiedlicher

---

[37] Im Jahr 2000 lag die tägliche Sehdauer in der Gesamtbevölkerung (ab drei Jahren) bei 190 Minuten.

[38] AGF in Zusammenarbeit mit GfK, TV Scope, Entwicklung der durchschnittlichen Sehdauer pro Tag/Person in Minuten, https://www.agf.de/daten/tvdaten/sehdauer, Abruf am 14. Juni 2018. Die Sehdauer gibt an, wie lange im Durchschnitt eine Person im Panel innerhalb eines bestimmten Zeitintervalls ferngesehen hat. In diesen Durchschnittswert gehen alle Panelmitglieder ein, gleichgültig, ob sie tatsächlich ferngesehen haben oder nicht.

[39] Zu Marktdaten siehe z. B. BVV, Der Home Video Markt im Jahr 2016, https://www.bvv-medien.org/fileadmin/user_upload/businessreports/JWB2016.pdf, Abruf am 14. Juni 2018.

Mediengattungen. Dies gilt insbesondere für das Verhältnis zwischen Rundfunk und Presse. So beschränken sich etwa die Rundfunkveranstalter nicht darauf, das Internet als zusätzlichen Verbreitungsweg für ihre audiovisuellen Inhalte in Form von Livestreams oder im Rahmen von Mediatheken zu nutzen. Vielmehr werden die audiovisuellen Inhalte in vielen Fällen internetspezifisch aufbereitet und mit Texten und Bildern angereichert. Zudem bieten viele Rundfunkveranstalter auch reine Text- und Bildinhalte ohne jeglichen Bezug zu Videoinhalten an.[40] Die gleiche Entwicklung findet sich umgekehrt auch bei den digitalen Angeboten der traditionellen Presseunternehmen. Während diese ihren Fokus weiterhin auf der Textberichterstattung haben, umfassen die Internetauftritte der Unternehmen in zunehmendem Maße auch Videoinhalte. Faktisch führt die spezifische Gestaltung der Online-Angebote somit zu einer Annäherung der vormals getrennten Mediengattungen.

1007. Von besonderer Relevanz ist die im Zuge der Medienkonvergenz entstehende Wettbewerbssituation zwischen Rundfunk und Presse im Internet mit Blick auf die Ausgestaltung der öffentlich-rechtlichen Online-Angebote. Denn während es privaten Rundfunkveranstaltern im Rahmen ihrer wirtschaftlichen Tätigkeit grundsätzlich offensteht, auch in andere Medienbereiche zu expandieren, sind den öffentlich-rechtlichen Rundfunkanstalten aufgrund ihrer Beitragsfinanzierung presseähnliche Online-Angebote zum Schutz der privaten Presse untersagt. Aus Wettbewerbssicht ist insofern von Bedeutung, wann ein öffentlich-rechtliches Online-Angebot als presseähnlich einzustufen ist bzw. wann der öffentlich-rechtliche Rundfunk mit seinen beitragsfinanzierten Online-Angeboten die Grenze zur Presse überschreitet. Dabei geht es im Wesentlichen um die Frage, in welchem Umfang dem öffentlich-rechtlichen Rundfunk Texte und Bilder in seinem Online-Angebot gestattet sind. Diese Frage war bereits wiederholt Gegenstand von Gerichtsverfahren. Das OLG Köln hat zuletzt im Jahr 2016 in einem Rechtsstreit um die Klage mehrerer Zeitungsverlage die Verbreitung der Tagesschau-App in ihrer Form vom 15. Juni 2011 aufgrund ihrer Presseähnlichkeit verboten, da ein Verstoß gegen § 11d des Rundfunkstaatsvertrags vorliege.[41] Hauptsächlich aus Textinhalten bestehende Beiträge ohne direkten Bezug zu Audio- und Bewegtbild-Inhalten seien demnach unzulässig. Nachdem der BGH die von NDR und ARD eingelegte Nichtzulassungsbeschwerde abgewiesen hat,[42] hat der NDR im Januar 2018 Beschwerde beim BVerfG eingereicht. Das Verbot der Presseähnlichkeit ist daneben ein wichtiger Aspekt der derzeitigen Überarbeitung des sog. Telemedienauftrags (§§ 11d ff. des Rundfunkstaatsvertrags), der die zulässigen Online-Aktivitäten des öffentlich-rechtlichen Rundfunks in Grundzügen beschreibt.[43]

1008. Der Frage der Presseähnlichkeit öffentlich-rechtlicher Online-Angebote kommt – abgesehen von der Frage der verfassungsrechtlichen Zulässigkeit – gerade in Anbetracht der schwierigen Refinanzierung von Presseinhalten im Internet eine hohe Bedeutung zu. Betrachtet man etwa die für die Refinanzierung von Presseangeboten wichtigen Werbeeinnahmen, so zeigt sich, dass die aufgrund der geringeren Auflage rückläufigen Werbeeinnahmen bei gedruckten Tages- und Wochenzeitungen nicht durch entsprechende Werbeeinnahmen im Online-Bereich ausgeglichen werden, sodass über die letzten Jahre ein deutlicher Rückgang der Werbeeinnahmen zu konstatieren ist (Abbildung IV.6). Gleichzeitig gestaltet sich eine alternative Refinanzierung der Online-Inhalte über Bezahlangebote aufgrund der offenbar geringen Zahlungsbereitschaft der Nutzer, die nicht zuletzt auf die zahlreichen unentgeltlichen Online-Angebote zurückzuführen sein dürfte, schwierig. Ein umfangreiches, dem Angebot der Presseunternehmen ähnliches, aber aufgrund der Beitragsfinanzierung ohne zusätzliches Entgelt verfügbares, werbefreies Online-Angebot der öffentlich-rechtlichen Rundfunkanstalten wird insofern als (zusätzliche) Bedrohung für die Online-Angebote der Presse gesehen. Insbesondere wird erwartet, dass ein ohne zusätzliches Entgelt verfügbares, presseähnliches Online-Angebot des öffentlich-rechtlichen Rundfunks die Möglichkeit zur Etablierung von Bezahlangeboten für die Presseunternehmen weiter einschränkt. Gerade

---

[40] Daneben bieten die privaten Medienkonzerne zahlreiche weitere Telemedien an, wie etwa Preisvergleichsportale, Partnerbörsen oder Portale für Online-Spiele, die nicht der klassischen Veranstaltung von Rundfunk zuzuordnen sind. Wesentliches Ziel dieser zusätzlichen Digitalangebote ist letztlich, nicht zuletzt in Anbetracht des nur noch geringen Wachstumspotenzials im Bereich der klassischen Fernsehwerbung, die Erschließung neuer Erlösquellen. Den öffentlich-rechtlichen Rundfunkanstalten sind viele dieser Telemedienangebote gemäß der Negativliste des RStV (Anlage 4) untersagt.

[41] OLG Köln, Urteil vom 30. September 2016, 6 U 188/12.

[42] BGH, Beschluss vom 14. Dezember 2017, 1 ZR 216/16.

[43] Siehe unten Tz. 1074, 1105 f.

seitens der Presseunternehmen wird insofern eine Fokussierung des öffentlich-rechtlichen Online-Angebots auf audiovisuelle Inhalte gefordert.

Abbildung IV.6: Entwicklung der Werbeumsätze von Zeitungen in Deutschland von 2012 bis 2021

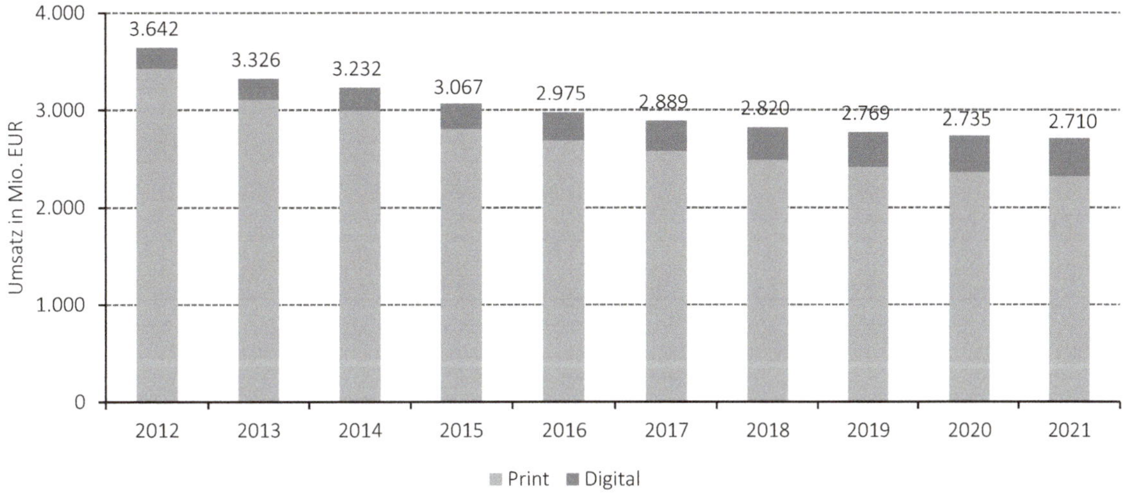

Jahr	Umsatz (Mio. EUR)
2012	3.642
2013	3.326
2014	3.232
2015	3.067
2016	2.975
2017	2.889
2018	2.820
2019	2.769
2020	2.735
2021	2.710

Anm.: Die Werte für 2017 bis 2021 basieren auf einer Prognose von PwC.

Quelle: PwC, Ovum, ZAW, BDZV; eigene Darstellung auf Basis von PwC – German Entertainment and Media Outlook 2017

2.5 Die Entwicklung des Online-Werbemarktes

1009. Werbung ist für viele Online-Medienangebote, nicht zuletzt in Anbetracht der dem Vernehmen nach geringen Zahlungsbereitschaft vieler Internetnutzer, die zentrale Finanzierungsform. Dementsprechend konkurrieren zahlreiche unterschiedliche Anbieter um Werbegelder, neben den unterschiedlichen Inhalteanbietern, wie etwa Anbietern von Presse- oder audiovisuellen Inhalten, insbesondere auch Online-Plattformen bzw. Intermediäre wie z. B. Suchmaschinen und soziale Netzwerke.

1010. Der deutsche Online-Werbemarkt ist in den vergangenen Jahren deutlich gewachsen, wobei die Marktdaten je nach Quelle und erfassten Werbeformen variieren. Einer Analyse von PwC zufolge sind die Umsätze im Online-Werbemarkt von ca. EUR 4,7 Mrd. im Jahr 2012 auf ca. EUR 6,6 Mrd. im Jahr 2016 angestiegen (Abbildung IV.7).[44] Hiervon entfielen ca. EUR 6 Mrd. auf stationäre und ca. EUR 0,6 Mrd. auf mobile Werbung.[45] Bis zum Jahr 2021 wird ein Anstieg auf ca. EUR 8,7 Mrd. erwartet. Betrachtet man ferner unterschiedliche Formen von Online-Werbung, so zeigt sich insbesondere die hohe Bedeutung der Suchwortvermarktung, auf die im Jahr 2016 ca. EUR 3,4 Mrd. entfielen. Auf Display-Werbung entfielen ca. EUR 1,6 Mrd., auf Videowerbung ca. EUR 0,5 Mrd. und auf Kleinanzeigen sowie Affiliate-Werbung zusammen ca. EUR 1 Mrd.[46]

---

[44] PwC, German Entertainment and Media Outlook 2017, Oktober 2017.

[45] Als stationäre Online-Werbung wird jegliche Online-Werbung bezeichnet, die über stationäre Geräte wie PCs und Laptops ausgespielt wird. Mobile Werbung umfasst insbesondere Online-Werbung auf mobilen Geräten wie Smartphones und Tablets.

[46] Display-Werbung umfasst, in Abgrenzung von suchgebundener Werbung, Online-Werbeformen, bei denen vor allem grafische Werbemittel wie Banner, Animationen oder Bilder eingesetzt werden. Affiliate-Werbung bzw. Affiliate-Marketing bezeichnet internetbasierte Provisionssysteme, bei denen die Betreiber einer Website für die Weiterleitung ihrer Nutzer über Verlinkungen auf bestimmte Angebote ihrer Werbepartner eine Provision erhalten, etwa wenn die Nutzer auf der Seite des Werbepartners ein Produkt kaufen.

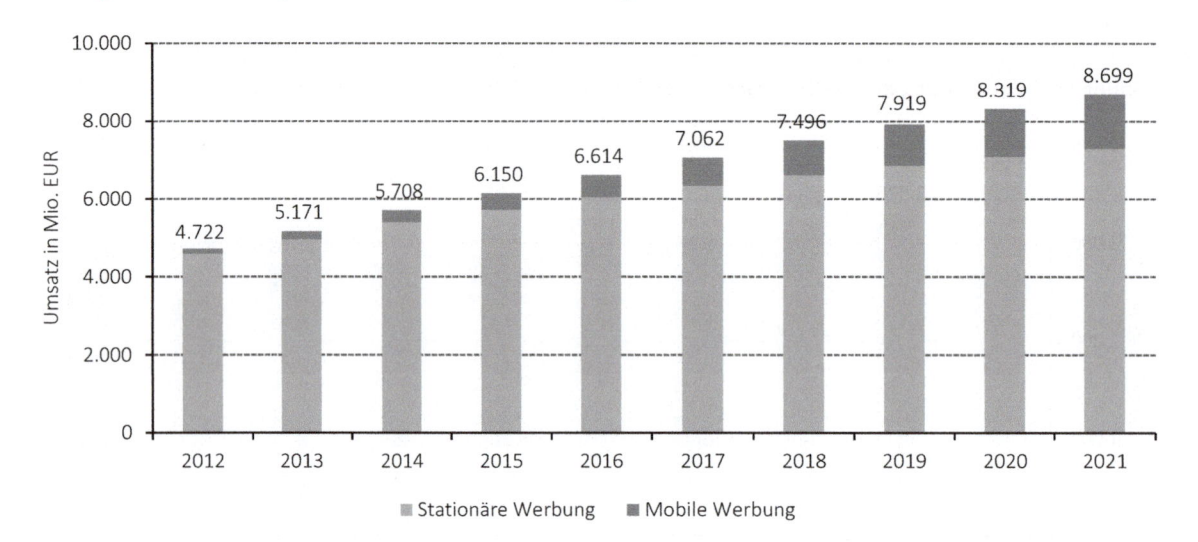

Abbildung IV.7: Entwicklung der Umsätze mit Online-Werbung in Deutschland von 2012 bis 2021

Jahr	2012	2013	2014	2015	2016	2017	2018	2019	2020	2021
Umsatz (Mio. EUR)	4.722	5.171	5.708	6.150	6.614	7.062	7.496	7.919	8.319	8.699

Stationäre Werbung ▪ Mobile Werbung

Anm.: Die Werte für 2017 bis 2021 basieren auf einer Prognose von PwC.

Quelle: PwC, Ovum; eigene Darstellung auf Basis von PwC, German Entertainment and Media Outlook 2017

1011. Die wachsende Bedeutung von Online-Werbung zeigt sich auch mit Blick auf den gesamten Werbemarkt. Nach Angaben des Online-Vermarkterkreises im BVDW (OVK) entfielen im Jahr 2016 in Deutschland 29,9 Prozent der Nettowerbeinvestitionen auf das Internet als Werbemedium (Suchmaschinen- und Display-Werbung).[47] Damit lagen die Investitionen in digitale Werbung erstmals knapp über denen in Fernsehwerbung (29,7 Prozent). Dahinter rangierten die Mediengattungen Tageszeitungen (16,5 Prozent), Außenwerbung (6,7 Prozent), Publikumszeitschriften (6,6 Prozent), Fachzeitschriften (5,6 Prozent) und Hörfunk (5 Prozent).

1012. Der Online-Werbemarkt ist vor allem durch die großen internationalen Online-Plattformen bzw. Intermediäre geprägt. Entsprechende Analysen für den weltweiten Online-Werbemarkt zeigen vor allem die herausgehobene Marktstellung von Google und Facebook. Im Jahr 2017 hatte Schätzungen zufolge Google einen Anteil von 31,7 Prozent und Facebook einen Anteil von 16,9 Prozent am weltweiten Umsatz mit digitaler Werbung (Abbildung IV.8). Vergleichbare Angaben für den deutschen Markt sind nicht verfügbar, da die Unternehmen ihre Umsätze nicht separat ausweisen. Dessen ungeachtet dürften beide Unternehmen aufgrund ihrer jeweils herausgehobenen Stellung in den Bereichen Suchmaschinen bzw. soziale Netzwerke auch hierzulande einen sehr hohen Anteil am Online-Werbemarkt haben. Die Organisation der Mediaagenturen (OMG) schätzt etwa den Nettoumsatz von Google auf rund EUR 4 Mrd. und den von Facebook auf rund EUR 1 Mrd. in Deutschland.[48]

---

[47] Bundesverband Digitale Wirtschaft (BVDW), OVK-Report für digitale Werbung 2017/02. Online und Mobile – Zahlen und Trends im Überblick, September 2017, https://www.bvdw.org/fileadmin/bvdw/upload/publikationen/ovk/bvdw_ovk_report_2017-02.pdf, Abruf am 14. Juni 2018.

[48] Horizont, OMG-Schätzung: So viel setzen Google und Facebook in Deutschland um, http://www.horizont.net/agenturen/nachrichten/OMG-Schaetzung-So-viel-setzen-Google-und-Facebook-in-Deutschland-um-161058, Abruf am 14. Juni 2018.

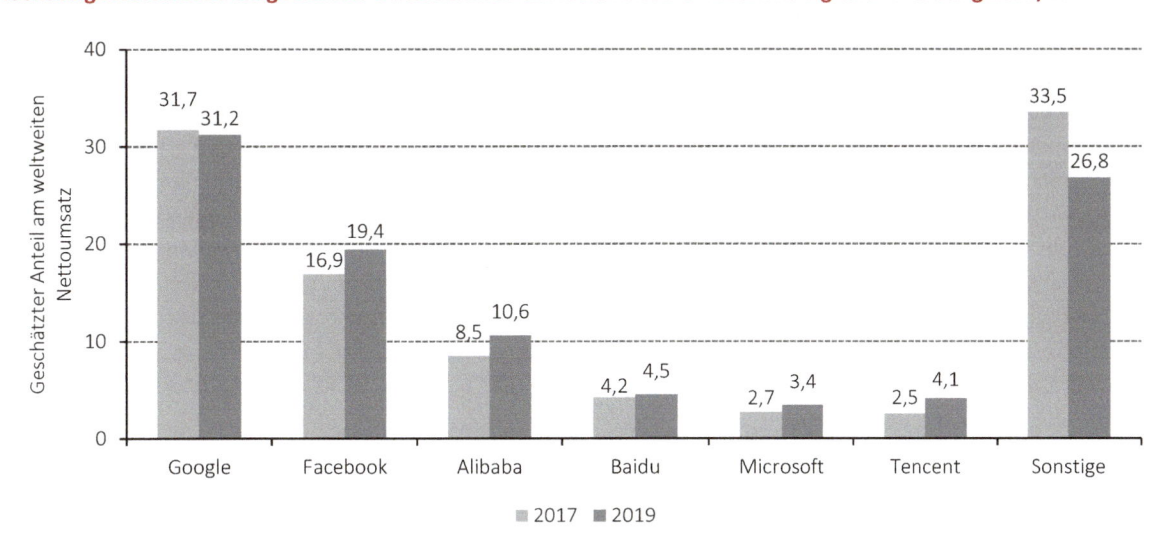

Abbildung IV.8: Anteile ausgewählter Unternehmen am weltweiten Umsatz mit digitaler Werbung 2017/19

Unternehmen	2017	2019
Google	31,7	31,2
Facebook	16,9	19,4
Alibaba	8,5	10,6
Baidu	4,2	4,5
Microsoft	2,7	3,4
Tencent	2,5	4,1
Sonstige	33,5	26,8

(Geschätzter Anteil am weltweiten Nettoumsatz)

Quelle: eMarketer (September 2017), eigene Darstellung

1013. Fraglich ist, inwieweit Online-Werbung und insbesondere Online-Videowerbung einen separaten sachlich relevanten Markt darstellt. Die Wettbewerbsbehörden und -gerichte gehen bislang weitestgehend von sachlich getrennten relevanten Werbemärkten für die einzelnen Werbeträger aus. Sie unterscheiden insofern nicht nur zwischen Online- und Offline-Werbung, sondern grenzen weitergehend unter anderem separate relevante Märkte für Fernseh-, Print- und Radiowerbung ab. Als wesentliche Gründe hierfür werden die unterschiedlichen Reichweiten der Werbeträger sowie deren unterschiedliche Eignung zur Übermittlung bestimmter Werbebotschaften angeführt, sodass diese aus Sicht der Werbetreibenden nicht funktional austauschbar seien. Der Fernsehwerbemarkt umfasst insbesondere das frei empfangbare Fernsehen (Free-TV). Dagegen bestehen unterschiedliche Auffassungen darüber, ob auch das Bezahlfernsehen (Pay-TV) dem gleichen sachlich relevanten Markt zuzuordnen ist.[49]

1014. Im Bereich der Online-Werbung wird insbesondere von der Europäischen Kommission eine Unterscheidung zwischen suchgebundener und nicht-suchgebundener Werbung diskutiert.[50] Die konkrete Marktabgrenzung wurde allerdings offengelassen.[51] Daneben hat die Europäische Kommission auch eine Unterscheidung zwischen mobiler und stationärer Online-Werbung geprüft. Auch in diesem Fall wurde allerdings keine abschließende Marktabgrenzung vorgenommen.[52] Mit Blick auf die für audiovisuelle Medien besonders relevante Online-Videowerbung hat auf nationaler Ebene das Bundeskartellamt darauf hingewiesen, dass zwischen In-Stream-Werbung und In-Page-Werbung unterschieden werden könne, wobei letztere auch Online-Videowerbung auf Webseiten umfasst.[53] Das OLG Düsseldorf hat eine solche Untergliederung im Bereich der Online-Videowerbung hingegen abgelehnt und unterscheidet eigenständige Teilmärkte für „Onlinewerbung mittels unbewegter (Text-) Bilder" und „Onlinewerbung mittels bewegter Bilder (Werbe-

---

[49] BKartA, Beschluss vom 27. Dezember 2012, B7-22/07, S. 23; OLG Düsseldorf, Beschluss vom 8. August 2012, VI-Kart 4/11 (V) – Amazonas, S. 18.

[50] Siehe hierzu auch Monopolkommission, Sondergutachten 68, Wettbewerbspolitik: Herausforderung digitale Märkte, Baden-Baden 2015, Tz. 135 ff.

[51] EU-Kommission, Entscheidung vom 11. März 2008, M.4731 – Google/DoubleClick.

[52] EU-Kommission, Entscheidung vom 3. Oktober 2014, M.7217 – Facebook/WhatsApp.

[53] BKartA, Beschluss vom 17. März 2011, B6-94/10 – Amazonas; BKartA, Beschluss vom 27. Dezember 2012, B7-22/07, S. 23. Bei In-Stream-Werbung handelt es sich um Werbespots, die vor, während oder nach dem Betrachten eines Videoinhalts innerhalb eines Videoplayers angezeigt werden. In-Page-Werbung bezeichnet allgemein Werbung auf Webseiten, etwa in Form von Werbebannern. Bei In-Page-Videowerbung handelt es sich um Werbevideos, die beim Aufruf von Webseiten (automatisch) abgespielt werden.

videos)".[54] Begründet wird diese Differenzierung vor allem mit signifikanten Unterschieden in der Werbewirksamkeit sowie beim Preis.

1015. Ungeachtet dieser grundsätzlichen Differenzierung zwischen Fernsehwerbung und Online-Videowerbung gehen sowohl das Bundeskartellamt als auch das OLG Düsseldorf von einer gewissen Substituierbarkeit beider Werbeformen aus. Insbesondere wird ein zunehmender Substitutionswettbewerb zwischen Online-Videowerbung und Fernsehwerbung anerkannt.[55] Das Bundeskartellamt hat insoweit auch darauf hingewiesen, dass In-Stream-Werbung perspektivisch möglicherweise sogar dem Fernsehwerbemarkt zuzuordnen sei.[56] Gleichzeitig wurde in der bisherigen Praxis eine vollständige Substituierbarkeit abgelehnt, weil Online-Videowerbung noch nicht die gleichen Reichweiten wie Fernsehwerbung erziele. In diesem Zusammenhang wird die Bedeutung der besseren Targetingmöglichkeiten von Online-Werbung unterschiedlich beurteilt. Während das OLG Düsseldorf diese als Differenzierungsmerkmal sieht und auf die höheren Streuverluste bei Fernsehwerbung hinweist, führt das bessere Targeting von Online-Videowerbung nach Ansicht des Bundeskartellamtes zumindest zu einer teilweisen Kompensation der bestehenden Reichweitenunterschiede und verstärkt dadurch die Substitutionseffekte.

1016. Insgesamt lässt sich festhalten, dass die Marktabgrenzung mit Blick auf den (Online-)Werbemarkt für audiovisuelle Medien bzw. Bewegtbildinhalte in der Vergangenheit zwar uneinheitlich war, die Wettbewerbsbehörden und -gerichte sich der zunehmenden Austauschbarkeit der Werbeträger und der technischen Weiterentwicklungen aber durchaus bewusst waren. Aus heutiger Perspektive ist insofern auf weitere Veränderungen hinzuweisen, durch die sich die Austauschbarkeit von Online-Videowerbung und Fernsehwerbung tendenziell weiter verstärkt. So haben sich in den letzten Jahren die Targeting-Möglichkeiten von Online-Werbung durch das Programmatic Advertising[57] weiter verbessert.[58] Gleichzeitig unterliegt auch die traditionelle Fernsehwerbung Veränderungen. Insbesondere die Entwicklung des sog. Addressable TV (ATV)[59] wird es zukünftig in einem stärkeren Umfang ermöglichen, auch im traditionellen Fernsehen Werbung zielgruppengerecht zu senden. Dies verdeutlicht, dass es sich bei der Marktabgrenzung immer nur um eine Bestandsaufnahme handeln kann und eine kontinuierliche Anpassung an neue Marktgegebenheiten erforderlich ist, wobei die Mehrseitigkeit werbefinanzierter Geschäftsmodelle, die hohe Dynamik der Medien- und Werbemärkte und ihre kovergente Entwicklung in die Marktbetrachtung einfließen müssen. Diese Aspekte sollten weiter in der Entscheidungspraxis der Wettbewerbsbehörden und in der Rechtsprechung der Gerichte berücksichtigt werden.

3   Der regulatorische Rahmen für audiovisuelle Medien

1017. Die Aufgabe der Regulierung des Angebots audiovisueller Medien besteht darin, in dem sich verändernden Marktumfeld zu gewährleisten, dass wesentliche Regulierungsziele erreicht bzw. nicht beeinträchtigt werden. Im Vordergrund steht hierbei aus verfassungsrechtlicher Sicht der Schutz der publizistischen Vielfalt und aus unionsrechtlicher Sicht der Schutz eines unverfälschten Wettbewerbs. Hinzu treten sonstige rechtlich anerkannte Regulierungsziele, z. B. der Schutz geistigen Eigentums (Urheberrechte u. Ä.), der Jugendschutz usw. Im Folgenden wird ein Überblick über diesen Regulierungsrahmen gegeben.

---

[54] OLG Düsseldorf, Beschluss vom 8. August 2012, VI-Kart 4/11 (V) – Amazonas, S. 20 f.

[55] BKartA, Beschluss vom 17. März 2011, B6-94/10 – Amazonas, Tz. 51; OLG Düsseldorf, Beschluss vom 8. August 2012, VI-Kart 4/11 (V) – Amazonas, S. 26.

[56] BKartA, Beschluss vom 17. März 2011, B6-94/10 – Amazonas, Tz. 51.

[57] Programmatic Advertising bezeichnet den automatisierten und individualisierten Ein- und Verkauf von Werbeflächen in Echtzeit. Den Nutzern werden hierdurch, auf Basis der vorhandenen Nutzerdaten, zielgerichtete Werbeanzeigen angezeigt.

[58] Siehe hierzu auch Monopolkommission, Sondergutachten 68, a. a. O. (Fn. 50), Tz. 125 ff.

[59] Addressable TV bezeichnet die Möglichkeit, auf internetfähigen Fernsehgeräten unabhängig vom ausgestrahlten linearen TV-Programm über eine bestehende Internetverbindung individualisierte Werbung auszuspielen. Hierdurch kann einzelnen Haushalten, in denen dasselbe TV-Programm läuft, anhand spezifischer Kriterien differenzierte und zielgerichtete Werbung angezeigt werden.

3.1 Verfassungsgerichtliche und unionsrechtliche Vorgaben zur Rundfunkregulierung

3.1.1 Einführung

1018. Der deutsche Gesetzgeber ist im Rahmen des höherrangigen Rechts darin frei, wie er die Regulierung auf den Märkten für Mediendienste ausgestaltet. Der Rahmen für diese Regulierung wird vorrangig durch das Grundgesetz gezogen. In bestimmten Bereichen sind daneben unionsrechtliche Vorgaben zu beachten. Diese betreffen vor allem die binnenmarktrelevanten Aspekte der Rundfunktätigkeit bei der Produktion und dem Vertrieb audiovisueller Mediendienste. Zum einen geht es um die allgemeine Frage, in welchem Umfang die EU-Wettbewerbsregeln anzuwenden sind. Zum anderen geht es um sonstige Aspekte, die für die Marktentwicklung im audiovisuellen Bereich relevant sind.

1019. Dabei soll auch für die Zwecke des vorliegenden Abschnitts unterstellt werden, dass der öffentlich-rechtliche Rundfunk auf Basis der Rechtsprechung des Bundesverfassungsgerichts (BVerfG) und des sog. EU-Beihilfekompromisses (2007) grundsätzlich in Übereinstimmung mit den Vorgaben des höherrangigen Rechts ausgestaltet worden ist.[60] Allerdings bleiben diese Vorgaben gerade auch bei der Weiterentwicklung des öffentlich-rechtlichen Rundfunks zu beachten. Das gilt sowohl, wenn der Rundfunk sich entscheidet, audiovisuelle Mediendienste wie z. B. Abrufdienste (Video on Demand – VoD) anzubieten, als auch – und hier in besonderem Maße –, wenn der Rundfunk textbasierte (= u. U. presseähnliche) Angebote entwickelt.

1020. Der vorliegende Abschnitt stellt die Vorgaben des höherrangigen Rechts mit Blick auf die Weiterentwicklung des deutschen öffentlich-rechtlichen Rundfunks dar. Dazu wird erst zusammengefasst, in welchem Umfang dem öffentlich-rechtlichen Rundfunk eine wirtschaftliche Tätigkeit überhaupt verfassungsrechtlich gestattet ist (Abschn. 3.1.2). Darauf folgend wird herausgearbeitet, dass die verfassungsrechtlich zulässige wirtschaftliche Tätigkeit der öffentlich-rechtlichen Rundfunkanstalten nur eingeschränkt den EU-Wettbewerbsregeln unterliegt (Abschn. 3.1.3). Hinzu treten anderweitige Vorgaben zu verschiedenen Aspekten des EU-Binnenmarktes (Abschn. 3.1.4).

3.1.2 Verfassungsrecht: Wirtschaftliche Tätigkeit ist privaten und öffentlich-rechtlichen Rundfunkanstalten in unterschiedlichem Umfang gestattet

1021. Das BVerfG hat in mehreren Rundfunkurteilen Grundsätze zu der in Artikel 5 Abs. 1 Satz 2 GG festgeschriebenen Rundfunkfreiheit sowie zur Rundfunkordnung entwickelt. Die Rundfunkfreiheit dient – wie auch die Pressefreiheit – gemäß der Rechtsprechung des BVerfG der freien individuellen und öffentlichen Meinungs- und Willensbildung. Der Rundfunkbegriff ist dabei verfassungsrechtlich nicht abschließend definiert, sondern bedarf einer einfachgesetzlichen Konkretisierung durch den Gesetzgeber. Das BVerfG hat allerdings herausgestellt, dass der verfassungsrechtliche Rundfunkbegriff entwicklungsoffen und dynamisch ist und somit prinzipiell auch neue „rundfunkähnliche" Dienste erfassen kann.[61]

1022. Dem Rundfunk kommt gemäß der Rechtsprechung des BVerfG eine besondere Rolle für die Meinungs- und Willensbildung der Rundfunknutzer und die Meinungsvielfalt zu. Das Gericht weist insoweit auf die Medium- und Faktorfunktion des Rundfunks hin. Der Rundfunk ist demnach einerseits Übermittler von Informationen (Mediumfunktion), wirkt andererseits aber durch die Darstellung und die Auswahl von Informationen auch selbst am Prozess der Meinungs- und Willensbildung mit (Faktorfunktion).[62] Des Weiteren betont das BVerfG die besondere „Breitenwirkung, Aktualität und Suggestivkraft" des Rundfunks.[63] Dieser wird insgesamt als Leitmedium für die Meinungs- und Willensbildung betrachtet.

---

[60] EU-Kommission, Entscheidung vom 24. April 2007, E3/2005 – Deutschland. Die Finanzierung der öffentlich-rechtlichen Rundfunkanstalten in Deutschland, K(2007) 1761 endg.

[61] BVerfG, Urteil vom 24. März 1987, 1 BvR 147 und 478/86, BVerfGE 74, 297.

[62] BVerfG, Urteil vom 28. Februar 1961, 2 BvG 1, 2/60, BVerfGE 12, 205.

[63] BVerfG, Urteil vom 22. Februar 1994, 1 BvL 30/88, BVerfGE 90, 60.

1023. Aufgrund seiner Sonderrolle für die Meinungs- und Willensbildung hat das BVerfG dem Gesetzgeber die Pflicht auferlegt, eine positive Ordnung für den Rundfunk zu gestalten, die sicherstellt, dass die Vielfalt der Meinungen möglichst breit und vollständig im Rundfunk abgebildet wird, sodass dieser seine öffentliche Aufgabe der Meinungs- und Willensbildung erfüllen kann. Insbesondere muss der Gesetzgeber Vorkehrungen gegen das Entstehen vorherrschender Meinungsmacht treffen.[64] Weitere Anforderungen des BVerfG betreffen das Programm, den Marktzugang für private Rundfunkveranstalter sowie die Aufsicht und Finanzierung des Rundfunks.

1024. Das heute bestehende duale Rundfunksystem ist durch ein „geordnetes Nebeneinander" öffentlich-rechtlicher und privater Rundfunkveranstalter gekennzeichnet, wobei die Vorgaben der Rechtsprechung des BVerfG beachtet worden sind. Die öffentlich-rechtliche Organisation des Rundfunks wurde dabei im ersten Rundfunkurteil als eine sachgerechte Lösung zur Erfüllung der öffentlichen Aufgabe des Rundfunks bestätigt.[65] Die Grundlage für den privaten Rundfunk wurde im dritten Rundfunkurteil gelegt, in dem das Gericht die Verfassungsmäßigkeit des privaten Rundfunks – unter Erfüllung bestimmter Voraussetzungen – grundsätzlich anerkannte.[66]

1025. Die Vorgaben für dieses duale Rundfunksystem wurden im vierten Rundfunkurteil konkretisiert.[67] Demnach ist es Aufgabe der öffentlich-rechtlichen Rundfunkanstalten, eine Grundversorgung der Bevölkerung mit Rundfunkprogrammen zu gewährleisten, insbesondere weil und soweit der private Rundfunk eine solche Grundversorgung nicht gewährleistet.[68] Solange diese Grundversorgung im Wesentlichen von den öffentlich-rechtlichen Anstalten erbracht wird, können an den privaten Rundfunk geringere Anforderungen mit Blick auf das Programmangebot sowie die Meinungsvielfalt gestellt werden, wenngleich der Gesetzgeber Vorkehrungen zur Sicherung der Meinungsvielfalt im privaten Rundfunk treffen muss.[69] Der Begriff der Grundversorgung ist schließlich nicht im Sinne einer Mindestversorgung, sondern als umfassendes Programmangebot für die Gesamtheit der Bevölkerung in der vollen Breite zu verstehen.[70] Hierzu gehören neben Bildungs- und Informationsangeboten etwa auch Unterhaltungssendungen und Sportübertragungen. Zur Erbringung dieser Grundversorgung hat das BVerfG dem öffentlich-rechtlichen Rundfunk eine Bestands- und Entwicklungsgarantie zugesprochen.[71] Der Gesetzgeber muss demnach die praktischen Voraussetzungen schaffen, damit der öffentlich-rechtliche Rundfunk seinen Grundversorgungsauftrag dauerhaft erfüllen kann.

1026. Eine Besonderheit des dualen Rundfunksystems in Deutschland ist, dass die öffentlich-rechtlichen und die privaten Rundfunkveranstalter unterschiedliche verfassungsrechtliche Rechte und Pflichten haben. Im Fall der privaten Rundfunkunternehmen handelt es sich bei der Veranstaltung von Rundfunk um eine wirtschaftliche Betätigung, die als solche grundrechtlich geschützt ist.[72]

1027. Dagegen handelt es sich bei den öffentlich-rechtlichen Rundfunkanstalten um vom Staat eingerichtete Anstalten des öffentlichen Rechts. Diese müssen einen Anstaltszweck verfolgen, der im Fall der öffentlich-rechtlichen Rundfunkanstalten darin besteht, dass sie als Teil der öffentlichen Verwaltung – neben den privaten Rundfunkunternehmen – Auf-

---

[64] BVerfG, Urteil vom 4. November 1986 , 1 BvF 1/84, BVerfGE 73, 118.

[65] BVerfG, Urteil vom 28. Februar 19611961, 2 BvG 1, 2/60, BVerfGE 12, 205.

[66] BVerfG, Urteil vom 16. Juni 1981, 1 BvL 89/78, BVerfGE 57, 295.

[67] BVerfG, Urteil vom 4. November 1986, 1 BvF 1/84, BVerfGE 73, 118.

[68] BVerfG, Urteil vom 5. Februar 1991, 1 BvF 1/85 und 1/88, BVerfGE 83, 238, Rz. 401; BVerfG, Urteil vom 25. März 2014, 1 BvF 1/11 und 4/11, Rz. 37 (jew. zit. nach Juris).

[69] BVerfG, Urteil vom 4. November 1986, 1 BvF 1/84, BVerfGE 73, 118.

[70] BVerfG, Beschluss vom 24.März 1987, 1 BvR 147 und 478/86, BVerfGE 74, 297 (325); Urteil vom 5. Februar 1991, 1 BvF 1/85, 1/88, BVerfGE 83, 238, Rz. 403 (zit. nach Juris).

[71] BVerfG, Urteil vom 5. Februar 1991, 1 BvF 1/85 und 1/88, BVerfGE 83, 238.

[72] Art. 12, 14, 2 Abs. 1 und Art. 3 GG. Siehe dazu BVerfG, Beschluss vom 8. Februar 1972, 1 BvR 170/71, BVerfGE 32, 311 (317); Beschluss vom 12. Oktober 1977, 1 BvR 216/75, BVerfGE 46, 120 (137); BVerwG, Urteil vom 17. Mai 1988, 1 A 42.84, BVerwGE 79, 326 (329); speziell für den Fall staatlicher Tätigkeit auch BVerwG, Urteil vom 18. April 1985, 3 C 34.84, BVerwGE 71, 183 (189 ff.); ferner Monopolkommission, XIX. Hauptgutachten, Stärkung des Wettbewerbs bei Handel und Dienstleistungen, Baden-Baden 2012, Tz. 1281.

gaben der öffentlichen Daseinsvorsorge übernehmen.[73] Die Rundfunkanstalten dürfen also grundsätzlich nur solche Tätigkeiten ausüben, die ihrem Anstaltszweck als Betreiber von Rundfunk zugutekommen. Das umfasst wegen der Entwicklungsoffenheit des Rundfunkbegriffs allerdings auch die Nutzung neuer Übertragungskanäle einschließlich Online-Medien.[74] Außerdem dürfen die Rundfunkanstalten als unterstützende Randbetätigung Druckwerke mit programmbezogenem Inhalt anbieten.[75] Daneben umfasst der Anstaltszweck zulässigerweise wirtschaftliche Tätigkeiten, die mit dem Anstaltszweck im Sachzusammenhang stehen.[76] Eine wirtschaftliche Tätigkeit, die mit dem Anstaltszweck in keinerlei Zusammenhang steht, wäre hingegen unzulässig.

1028. Eine weitere Besonderheit des dualen Rundfunksystems ist, dass die öffentlich-rechtlichen Rundfunkanstalten bei der Erfüllung ihres Anstaltszwecks grundrechtsfähig sind und dass sie somit – ebenso wie die privaten Rundfunkunternehmen – durch die grundrechtliche Rundfunkfreiheit geschützt sind (Art. 5 Abs. 1 Satz 2 GG).[77] Die Rundfunkfreiheit ist dabei verfassungsrechtlich nicht zweckfrei verbürgt, sondern hat vielmehr eine „dienende" Funktion.[78] Denn auch die freie Meinungs- und Willensbildung der Rundfunknutzer, welche die Tätigkeit der Rundfunkanstalten ermöglichen soll, ist grundrechtlich geschützt (Art. 5 Abs. 1 Satz 1 GG).

1029. Die Tatsache, dass die öffentlich-rechtlichen Rundfunkanstalten öffentliche Aufgaben erfüllen und zugleich selbst Grundrechtsträger sind, führt im vorliegenden Kontext zu Unwägbarkeiten. Denn beim Angebot audiovisueller Mediendienste treten die Rundfunkanstalten in einen sowohl wirtschaftlichen als auch publizistischen Wettbewerb mit anderen Medienunternehmen, die ihrerseits grundrechtlich geschützt sind.

1030. Dabei ist der Schutz der anderen Medienunternehmen im wirtschaftlichen Wettbewerb im Grundsatz geklärt. Denn als private Marktteilnehmer können die Medienunternehmen jedenfalls verlangen, dass ihre Wettbewerbsfreiheit durch staatliche Maßnahmen nicht „in unerträglichem Maße" eingeschränkt wird.[79] Das ist bei einer staatlichen Wirtschaftstätigkeit zumindest dann in Betracht zu ziehen, wenn ein Unternehmen in öffentlicher Hand eine Monopolstellung einnimmt oder durch Verdrängungswettbewerb die private Konkurrenz unmöglich macht oder auszehrt.[80] Die wirtschaftliche Tätigkeit der öffentlich-rechtlichen Rundfunkanstalten ist insoweit dem deutschen Staat zuzurechnen. Die Berufung auf eine darüber hinausgehende wirtschaftliche Betätigungsfreiheit ist den Rundfunkanstalten hingegen – anders den mit ihnen konkurrierenden privaten Medienunternehmen – nicht gestattet.

1031. Im Einzelnen ist zwar offen, wie weit der verfassungsrechtliche Schutz der wirtschaftlichen Betätigungsfreiheit der privaten Medienunternehmen reicht. Das kann hier allerdings dahinstehen. Denn hinsichtlich des Umfangs, in dem ein Schutz privater Rechte im Wettbewerb möglich ist, enthalten die EU-Wettbewerbsregeln ohnehin einen abschließenden

---

[73] BVerfG, Urteil vom 27. Juli 1971, 2 BvF 1/68, 2 BvR 702/68, BVerfGE 31, 314, Rz. 40 (zit. nach Juris).

[74] §§ 11a ff. RStV.

[75] § 11a Abs. 1 S. 2 RStV; dazu auch BVerfG, Urteil vom 5. Februar 1991, 1 BvF 1/85 und 1/88, BVerfGE 83, 238 (313).

[76] BVerfG, Kammerbeschluss vom 28. Oktober 1998, 1 BvR 341/93, NJW 1999, 709 (710) unter Verweis auf BVerfG, Urteil vom 5. Februar 1991, 1 BvF 1/85 und 1/88, BVerfGE 83, 238 (304 f.).

[77] Dabei handelt es sich um einen zugleich subjektiven und objektiven Schutz (Abwehrrecht bzw. institutionelle Garantie); dazu BVerfG, Urteil vom 16. Juni 1981, 1 BvL 89/78, BVerfGE 57, 295, Rz. 101; Urteil vom 28. Februar 1961, 2 BvG 1, 2/60, BVerfGE 12, 205, Rz. 179 (jew. zit. nach Juris).

[78] BVerfG, Urteil vom 5. Februar 1991, 1 BvF 1/85 und 1/88, BVerfGE 83, 238, Rz. 399; Beschluss vom 24.März 1987, 1 BvR 147, 478/86, BVerfGE 74, 297 (323).

[79] BVerwG, Urteil vom 30. August 1968, VII C 122.66, BVerwGE 30, 191 (198). Das gilt ungeachtet der Tatsache, dass – zumindest nach einer früheren Rechtsprechung des BVerfG – der Schutz der Rundfunkfreiheit den Gesetzgeber nicht zur Errichtung eines dualen Rundfunksystems verpflichtet, in dem auch private Rundfunkangebote möglich sind; BVerfG, Urteil vom 5. Februar 1991, 1 BvF 1/85, 1/88, BVerfGE 83, 238, Rz. 400.

[80] BVerwG, Urteil vom 22. Februar 1972, I C 24.69, BVerwGE 39, 329 (336 f.); Beschluss vom 1. März 1978, VII B 144.76, NJW 1978, 1539; Beschluss vom 21. März 1993, 1 B 211/94, DVBl. 1996, 152 (153).

Regelungsrahmen. Dieser trägt einerseits den Besonderheiten der öffentlich-rechtlichen Rundfunkanstalten Rechnung und geht andererseits dem deutschen Verfassungsrecht vor.[81]

1032. Der Schutz der privaten Medienunternehmen im publizistischen Wettbewerb ist demgegenüber noch weitgehend ungeklärt. Es steht lediglich fest, dass die Erfüllung von Daseinsvorsorgeaufgaben durch die Rundfunkanstalten mit den Grundrechten privater Unternehmen kollidieren kann, die sich mit audiovisuellen Medien am publizistischen Wettbewerb beteiligen (insb. Presse- bzw. Rundfunkfreiheit).

1033. Dabei spricht viel dafür, dass die Rundfunkanstalten ein publizistisches Angebot zumindest dann anbieten können müssen, wenn dieses Angebot mit den Angeboten privater Medienanbieter nicht wirklich konkurriert, sondern diese vielmehr ergänzt. Das betrifft namentlich gesellschaftlich-kulturell relevante Inhalte (sog. Mehrwert- bzw. „Public-Value"-Inhalte), die die Medienkonsumenten von sich aus nicht oder nicht in ausreichendem Maße nachfragen und für die sich infolgedessen kein privates Angebot entwickelt.

1034. Zwar gibt es kein fest umrissenes Konzept für „Public-Value"-Inhalte. Nach dem Verständnis der Monopolkommission lässt sich allerdings zumindest eingrenzen, was darunter zu fassen sein dürfte, wobei ein qualitäts- und kein spartenbezogener Ansatz zugrunde zu legen ist. Kein für sich genommen entscheidendes Merkmal sollte sein, ob es sich um massenattraktive Inhalte oder um Inhalte für ein Nischenpublikum handelt, denn es ist grundsätzlich durchaus wünschenswert, wenn „Public-Value"-Inhalte ein breites Publikum erreichen. Maßgeblich sollte vielmehr sein, ob das Angebot der öffentlich-rechtlichen Rundfunkanstalten einen unterscheidbaren Mehrwert gegenüber den Angeboten privater Medienunternehmen darstellt.[82] Dies kann angesichts der Programmautonomie der Rundfunkanstalten allerdings nicht allein vom Gesetzgeber vorgegeben werden und mag auch unterschiedlichen Sichtweisen unterliegen.

1035. Problematisch sind dagegen Bereiche, in denen das Angebot der öffentlich-rechtlichen Rundfunkanstalten mit dem Angebot privater Medienunternehmen publizistisch konkurriert. Diesbezüglich ist eine Grundrechtskollision deshalb möglich, weil die privaten Unternehmen sich ihrerseits als Grundrechtsträger publizistisch betätigen. Soweit es sich um private Rundfunkveranstalter handelt, können sie sich auf die Rundfunkfreiheit berufen.[83] Presseunternehmen können sich stattdessen auf die Pressefreiheit berufen.[84] Bei anderen Unternehmen (z. B. Kabel- und anderen Infrastrukturunternehmen mit eigenem Programmangebot, Betreibern sozialer Netzwerke) ist zwar fraglich, ob sie sich speziell auf die genannten Grundrechte berufen können. Aber auch diese Unternehmen ermöglichen durch ihre Tätigkeit zumindest einen Austausch meinungsrelevanter Informationen und tragen damit zumindest mittelbar zur Meinungs- und Willensbildung bei. Die Tätigkeit der jeweiligen privaten Anbieter leitet sich dabei aus einer Grundrechtsposition ab, die ihnen – anders als den öffentlich-rechtlichen Rundfunkanstalten – nicht nur wegen ihrer „dienenden" Funktion, sondern vorbehaltlos zusteht.

1036. Die Freiheit wirtschaftlicher Betätigung im Wettbewerb und die publizistischen Rechtspositionen der privaten Medienunternehmen sind bei einer Ausweitung des Angebots der öffentlich-rechtlichen Rundfunkanstalten im Bereich audiovisueller Mediendienste (Online-Medien u. Ä.) zu beachten und gestatten keine beliebige Verdrängung der ande-

---

[81] Siehe einerseits Protokoll Nr. 29 über den öffentlich-rechtlichen Rundfunk in den Mitgliedstaaten, ABl. C 202 vom 7. Juni 2016, S. 311, andererseits EuGH, Urteil vom 15. Juli 1964, 6/64 – Costa/ENEL, Slg. 1964, 1251, 1269 f., ECLI:EU:C:1964:34. Zu den verfassungsrechtlichen Grenzen dieses Vorrangs siehe BVerfG, Beschluss vom 7. Juni 2000, 2 BvL 1/97 - Bananenmarktordnung, BVerfGE 102, 147, 161, 164; Beschluss vom 13. März 2007, 1 BvF 1/05 – Treibhausgas-Emissionsberechtigungen, BVerfGE 118, 79, 95 (zu Grundrechten); Urteil vom 30. Juni 2009, 2 BvE 2, 5/08 u. a. – Lissabon, BVerfGE 123, 267; Beschluss vom 6. Juli 2010, 2 BvR 2661/06, BVerfGE 126, 286, 304 ff., insb. 313, 315 (zu anderen fundamentalen Rechtsgrundsätzen, z. B. Rechtsstaatlichkeit/gesetzlicher Richter). Zur wirtschaftlichen Betätigungsfreiheit (ohne Problematisierung der Frage des Anwendungsvorrangs) auch Ferreau, Öffentlich-rechtlicher Rundfunk und ökonomischer Wettbewerb, 2017, 3. Kap. B.V, S. 205 ff.

[82] Vgl. BVerfG, Urteil vom 11. September 2007, 1 BvR 2270/05, 1 BvR 809/06,1 BvR 830/06, Rz. 120 f. (zit. nach BVerfG-Website): „unterschiedlich[e] Programmorientierungen"; Beschluss vom vom 24. März 1987, 1 BvR 147, 478/86, BVerfGE 74, 297 (331 f.): Verbesserung durch „höhere Zahl von Programmen" bzw. eines „Mehr an inhaltlicher Vielfalt"; Beschluss vom 26. Oktober 2005, 1 BvR 396/98, BVerfGE 14, 371 (387 f.): Öffentlich-rechtlicher Rundfunk unterliegt „besonderen Anforderungen der Vielfaltsicherung".

[83] Art. 5 Abs. 1 Satz 2 Var. 2 GG.

[84] Art. 5 Abs. 1 Satz 2 Var. 1 GG.

ren Medienunternehmen aus dem wirtschaftlichen und publizistischen Wettbewerb. Dem steht nicht etwa entgegen, dass der Staat grundsätzlich frei darin ist, wie er die Rundfunkordnung ausgestaltet.[85] Denn nachdem er einmal ein duales Rundfunksystem mit privaten Rundfunkanbietern zugelassen hat, kann er diese nicht nach Belieben daran hindern, ihre grundrechtlichen Freiheiten zu nutzen und ein privates Rundfunkangebot zu erbringen. Im Pressebereich fehlt es von vornherein an Besonderheiten, die ein freiheitsbegrenzendes Tätigwerden durch die öffentlich-rechtlichen Rundfunkanstalten erfordern würden. Denn die Presse trägt zur Meinungs- und Willensbildung schon durch die unternehmerische Tätigkeit einer Vielzahl von Presseunternehmen bei.[86] Diese Wertung spiegelt sich nicht zuletzt im RStV, der den Rundfunkanstalten ein presseähnliches textbasiertes Angebot grundsätzlich verwehrt.[87] Gegenüber einem öffentlichen Tätigwerden sind in vergleichbarer Weise auch die anderen Unternehmen geschützt, die im Rahmen ihrer wirtschaftlichen Tätigkeit zur Meinungs- und Willensbildung beitragen, ohne sich möglicherweise auf die Rundfunk- oder Pressefreiheit berufen zu können.

1037. Mit Blick auf den gegenwärtigen Stand der Marktentwicklung lässt sich sogar hinterfragen, weshalb nach der Rechtsprechung des BVerfG zwar bei der Presse anzuerkennen ist, dass auch ein anzeigenbasiert finanziertes Presseangebot zur publizistischen Vielfalt beiträgt, beim Rundfunk aber ein werbefinanziertes Sendungsangebot unzureichend ist, um die Meinungsvielfalt in ausreichendem Umfang sicherzustellen.[88]

1038. Aus der Sicht der Monopolkommission spricht deshalb viel dafür, dass die öffentlich-rechtlichen Rundfunkanstalten jedenfalls mit solchen Inhalten am publizistischen Wettbewerb teilnehmen dürfen, die in erhöhtem Maße gesellschaftlich-kulturell relevant sind. Dagegen ist wesentlich schwieriger einzuschätzen, ob und in welchem Umfang die Anstalten auch sonstige Inhalte anbieten können müssen, wenn bei diesem Angebot ohnehin schon eine Nachfrage der Medienkonsumenten besteht, die durch ein Angebot privater Medienunternehmen im Rahmen ihrer normalen Markttätigkeit gedeckt werden kann.

1039. Diese Rechtsfragen sind im Einzelnen allerdings noch ungeklärt. Zurzeit ist ein Verfahren beim BVerfG anhängig, in dem das BVerfG zu entscheiden hat, inwiefern ein bestimmtes Medienangebot der öffentlich-rechtlichen Rundfunkanstalten (Tagesschau-App) zumindest teilweise mit den Rechtspositionen von Presseunternehmen vereinbar ist, die sich mit eigenen Angeboten am publizistischen Wettbewerb im Online-Bereich beteiligen. Die Auswirkungen des Verfahrens auf die hier behandelte Thematik sind noch nicht abzusehen.[89]

3.1.3 Zulässige wirtschaftliche Tätigkeit der öffentlich-rechtlichen Rundfunkanstalten unterliegt nur eingeschränkt EU-Wettbewerbsregeln (Art. 106 Abs. 2 AEUV i. V. m. Protokoll Nr. 29)

1040. Zusätzlich zu diesen verfassungsgerichtlichen Grundsätzen sind bei der Ausgestaltung der Rundfunkregulierung einige unionsrechtliche Vorgaben zu beachten. Anders als das BVerfG betrachtet das EU-Recht den Rundfunk primär als Wirtschaftsgut. Dabei gelten die auf die konkrete Wirtschaftstätigkeit anwendbaren Vorgaben für die privaten Rundfunkunternehmen im Wesentlichen ungeachtet der Tatsache, dass sie nach nationalem Recht eine besondere Funktion im dualen Rundfunksystem in Deutschland einnehmen.

1041. Abweichendes gilt hingegen für die wirtschaftliche Tätigkeit der öffentlich-rechtlichen Rundfunkanstalten. Insbesondere unterliegt diese Tätigkeit nur eingeschränkt den EU-Wettbewerbsregeln. Relevant ist insofern das Protokoll Nr.

---

[85] BVerfG, Urteil vom 4. November 1986, 1 BvF 1/84, BVerfGE 73, 118 (157).

[86] Dazu Monopolkommission, Sondergutachten 38, Zusammenschlussvorhaben der Georg von Holtzbrinck GmbH & Co. KG mit der Berliner Verlag GmbH & Co. KG. Ergänzendes Sondergutachten, 1. Aufl. 2003, Tz. 100; Sondergutachten 42, Die Pressefusionskontrolle in der Siebten GWB-Novelle, Baden-Baden 2004, Tz. 50.

[87] §§ 11a Abs. 1 S. 2, 11d Abs. 2 Satz 1 Nr. 3 Teilsatz 3 RStV; dazu BGH, Urteil vom 26. Januar 2017, I ZR 207/14; Urteil vom 30. April 2015, I ZR 13/14.

[88] Vgl. einerseits BVerfG, Urteil vom 4. April 1967, 1 BvR 414/64, BVerfGE 21, 271 (278 f.) und Beschluss vom 10. Mai 1983, 1 BvR 385/82, BVerfGE 64, 108 (114); andererseits BVerfG, Urteil vom 4. November 1986, 1 BvF 1/84, BVerfGE 73, 118 (155).

[89] Siehe schon oben Tz. 1007.

29 über den öffentlich-rechtlichen Rundfunk in den Mitgliedstaaten.[90] Nach diesem Protokoll berühren die Bestimmungen der Verträge

„nicht die Befugnis der Mitgliedstaaten, den öffentlich-rechtlichen Rundfunk zu finanzieren, sofern die Finanzierung der Rundfunkanstalten dem öffentlich-rechtlichen Auftrag, wie er von den Mitgliedstaaten den Anstalten übertragen, festgelegt und ausgestaltet wird, dient und die Handels- und Wettbewerbsbedingungen in der Union nicht in einem Ausmaß beeinträchtigt, das dem gemeinsamen Interesse zuwiderläuft, wobei den Erfordernissen der Erfüllung des öffentlich-rechtlichen Auftrags Rechnung zu tragen ist".

Das Protokoll ist nach Art. 51 EUV Bestandteil der EU-Verträge und ist insbesondere im Rahmen der Auslegung des Art. 106 Abs. 2 AEUV zu beachten, der allgemein bestimmt, in welchem Umfang die Vorschriften der EU-Verträge, insbesondere die Wettbewerbsregeln, für die Erbringung von Dienstleistungen von allgemeinem wirtschaftlichem Interesse gelten. Angebote, wie sie von den öffentlich-rechtlichen Rundfunkanstalten erbracht werden, können solche Dienstleistungen von allgemeinem wirtschaftlichem Interesse umfassen.[91]

1042. Art. 106 Abs. 2 AEUV i. V. m. dem Protokoll Nr. 29 ändert aber nichts an der Zuständigkeit der Europäischen Kommission (unter der letztverbindlichen Kontrolle des EuGH) zum Schutz des Wettbewerbs und damit der wirtschaftlichen Interessen der sonstigen Marktteilnehmer im EU-Binnenmarkt.[92] Die Europäische Kommission nimmt diese Zuständigkeit im Rahmen ihrer Aufgabe zur Überwachung der Anwendung von Art. 106 AEUV nach Absatz 3 der Vorschrift wahr.[93] Sie hat in diesem Zusammenhang insbesondere eine sog. Rundfunkmitteilung veröffentlicht, in der sie ihre Anforderungen an die Ausgestaltung des öffentlich-rechtlichen Rundfunks konkretisiert hat.[94]

1043. Die Europäische Kommission berücksichtigt im Rahmen ihrer Überwachungsaufgaben ansonsten zwar weitere Vorgaben, die aus den EU-Verträgen (Art. 14, 167 AEUV, Protokoll Nr. 26), internationalen Übereinkommen und Verlautbarungen der anderen Unionsorgane folgen.[95] Diese Vorgaben gehen inhaltlich und in ihrer Verbindlichkeit aber nicht über Art. 106 Abs. 2 AEUV i. V. m. Protokoll Nr. 29 hinaus.

1044. Zuletzt berücksichtigt die Europäische Kommission die Unionsgrundrechte, Menschenrechte und Grundfreiheiten der Marktteilnehmer, insbesondere deren durch Art. 11 der Grundrechte-Charta und Art. 10 EMRK geschützte Meinungsfreiheit. Allerdings ist offen, inwieweit die Europäische Kommission eine Schutzpflicht treffen könnte, durch Ausübung ihrer Kompetenzen neben den EU-Mitgliedstaaten z. B. für den Erhalt eines Rundfunkangebots zu sorgen.[96] Sie dürfte im Rahmen ihrer Überwachungsaufgaben auch nicht ohne Weiteres Schutzpflichten in Bezug auf andere individuelle Rechtspositionen der Marktteilnehmer haben.

3.1.4 Andere binnenmarktrelevante Regelungen auf der EU-Ebene

1045. Das EU-Recht enthält über die Wettbewerbsregeln in den europäischen Verträgen (Primärrecht) hinaus auf nachgelagerter Ebene (Sekundärrecht) weitere Vorschriften zum Schutz und zur Förderung des europäischen Binnenmarktes. Im vorliegenden Zusammenhang ist als bestehende Regelung insofern vor allem die Europäische Richtlinie über audiovi-

---

[90] ABl. C 202 vom 7. Juni 2016, S. 311.

[91] Dennoch sind die Begriffe „Dienstleistung von allgemeinem wirtschaftlichem Interesse" und „Daseinsvorsorge" nicht gleichbedeutend; siehe dazu zuletzt Monopolkommission, Sondergutachten 75, Stand und Perspektiven des Wettbewerbs im deutschen Krankenversicherungssystem, Baden-Baden 2017, Tz. 439 ff.

[92] EU-Kommission, Mitteilung über die Anwendung der Vorschriften über staatliche Beihilfen auf den öffentlich-rechtlichen Rundfunk (Rundfunkmitteilung), ABl. C 257 vom 27. Oktober 2009, S. 1, Tz. 11, 16, 38.

[93] EU-Kommission, Rundfunkmitteilung, Tz. 39; zu dieser Überwachungsfunktion siehe auch EuGH, Urteil vom 20. März 1985, C-41/83 – Italien/Kommission, Slg. 1985, 873, ECLI:EU:C:1985:120, Rz. 30; EuGH, Urteil vom 14. Juli 1971, 10/71 – Staatsanwaltschaft Luxemburg/Muller u. a., Slg. 1971, S. 723, ECLI:EU:C:1971:85, Rz. 8/12, 13/16.

[94] EU-Kommission, Rundfunkmitteilung (Fn. 92).

[95] EU-Kommission, Rundfunkmitteilung, Tz. 12 ff.

[96] EU-Kommission, Rundfunkmitteilung, Tz. 10; vgl. auch Protokoll 29 zu den EU-Verträgen konsol. Fassung, ABl. C 202 vom 7. Juni 2016, S. 311.

suelle Mediendienste (AVMD-Richtlinie) von Bedeutung, die derzeit novelliert wird.[97] Die AVMD-Richtlinie unterscheidet zwischen linearen audiovisuellen Mediendiensten (= Fernsehprogramme) und nicht-linearen audiovisuellen Mediendiensten (= Abrufdiensten). Sie enthält unter anderem Vorgaben zu Werbung und Sponsoring, zum Jugendschutz sowie zu Quoten für europäische Produktionen. Bei diesen Regelungen handelt es sich um Mindeststandards, die von den Mitgliedstaaten nicht unterschritten werden dürfen. Strengere Anforderungen sind hingegen grundsätzlich zulässig. In Deutschland wurde die Richtlinie im Wesentlichen durch den Rundfunkstaatsvertrag sowie den Jugendmedienschutz-Staatsvertrag umgesetzt. Im Gegensatz zum (relativ offenen) verfassungsgerichtlichen Rundfunkbegriff stellt die AVMD-Richtlinie vor allem auf das Merkmal der Konsumentensouveränität ab und verzichtet auf das Merkmal der Meinungs- und Willensbildungsrelevanz.

1046. Daneben existieren europäische Vorschriften, die im weiteren Sinne urheberrechtliche Aspekte in Bezug auf audiovisuelle Medien betreffen. Hierzu gehört etwa die im April dieses Jahres in Kraft getretene Portabilitätsverordnung[98], durch die der grenzüberschreitende Zugang zu audiovisuellen Mediendiensten verbessert werden soll. Daneben werden weitere Maßnahmen zur Erleichterung des grenzüberschreitenden Zugriffs auf audiovisuelle Medien diskutiert, z. B. die Ersetzung der bestehenden SatCab-Richtlinie durch eine SatCab-Verordnung.[99]

3.2 Umsetzung der Vorgaben höherrangigen Rechts durch das Rundfunkrecht

3.2.1 Regulierung linearer Fernsehangebote

1047. Aufgrund seiner besonderen Rolle für die Meinungs- und Willensbildung ist der Rundfunk in Deutschland ein, im Vergleich etwa zur Presse, stark regulierter Medienbereich. Die Gesetzgebungskompetenz für den Rundfunk liegt aufgrund der Kulturhoheit der Länder bei den Bundesländern. Die konkrete Ausgestaltung der Rundfunkregulierung erfolgt durch zahlreiche Ländergesetze sowie durch Staatsverträge, die zwischen den Ländern geschlossen werden. Von besonderer Bedeutung ist der „Staatsvertrag für Rundfunk und Telemedien" (Rundfunkstaatsvertrag – RStV), durch den bundeseinheitliche Grundsatzregelungen für den Rundfunk sowie für Telemedien geschaffen werden. Der RStV enthält unter anderem Regelungen zum dualen Rundfunksystem, zum Auftrag des öffentlich-rechtlichen Rundfunks, zur Sicherung der Meinungsvielfalt im privaten Rundfunk, zur Zulässigkeit sowie zum Umfang von Werbung und zur Förderung europäischer Werke. Weitere Staatsverträge sind etwa der Staatsvertrag über den Schutz der Menschenwürde und den Jugendschutz in Rundfunk und Telemedien (Jugendmedienschutz-Staatsvertrag – JMStV), der ARD-, der ZDF- sowie der DeutschlandRadio-Staatsvertrag. Ferner existieren auf Länderebene Landesrundfunk- sowie Landesmediengesetze.

1048. Der Rundfunkbegriff des RStV orientiert sich an der Begrifflichkeit der AVMD-Richtlinie, die – wie erwähnt – zwischen linearen (= Fernsehprogramme) und nicht-linearen audiovisuellen Mediendiensten (= Abrufdienste) unterscheidet. § 2 Abs. 1 Satz 1 und 2 RStV zufolge ist Rundfunk

> *„ein linearer Informations- und Kommunikationsdienst; er ist die für die Allgemeinheit und zum zeitgleichen Empfang bestimmte Veranstaltung und Verbreitung von Angeboten in Bewegtbild oder Ton entlang eines Sendeplans unter Be-*

---

[97] Richtlinie 2010/13/EU des Europäischen Parlaments und des Rates vom 10. März 2010 zur Koordinierung bestimmter Rechts- und Verwaltungsvorschriften der Mitgliedstaaten über die Bereitstellung audiovisueller Mediendienste (Richtlinie über audiovisuelle Mediendienste), ABl. L 95 vom 15. April 2010, S. 1. Als audiovisuelle Mediendienste werden in der Richtlinie Dienstleistungen bezeichnet, für die ein Mediendiensteanbieter die redaktionelle Verantwortung trägt und deren Hauptzweck die Bereitstellung von Sendungen zur Information, Unterhaltung oder Bildung der allgemeinen Öffentlichkeit über elektronische Kommunikationsnetze ist (Art. 1 Abs. 1 lit. a). Der Begriff umfasst sowohl Fernsehprogramme als auch audiovisuelle Mediendienste auf Abruf, außerdem die audiovisuelle kommerzielle Kommunikation.

[98] Verordnung (EU) 2017/1128 des Europäischen Parlaments und des Rates vom 14. Juni 2017 zur grenzüberschreitenden Portabilität von Online-Inhaltediensten im Binnenmarkt, ABl. L 168 vom 30. Juni 2017, S. 1.

[99] Richtlinie 93/83/EWG des Rates vom 27. September 1993 zur Koordinierung bestimmter urheber- und leistungsschutzrechtlicher Vorschriften betreffend Satellitenrundfunk und Kabelweiterverbreitung, ABl. L 248 vom 6. Oktober 1993, S. 15. Zur Kabelweiterverbreitung siehe Art. 8 und 9 der Richtlinie; EU-Kommission, Vorschlag für eine Verordnung des Europäischen Parlaments und des Rates mit Vorschriften für die Wahrnehmung von Urheberrechten und verwandten Schutzrechten in Bezug auf bestimmte Online-Übertragungen von Rundfunkveranstaltern und die Weiterverbreitung von Fernseh- und Hörfunkprogrammen, COM(2016) 594 final vom 14. September 2016.

nutzung elektromagnetischer Schwingungen. Der Begriff schließt Angebote ein, die verschlüsselt verbreitet werden oder gegen besonderes Entgelt empfangbar sind."

§ 2 Abs. 3 RStV führt zudem näher aus, wann Angebote keinen Rundfunk im Sinne des RStV darstellen. Kein Rundfunk sind demnach Angebote, die

„1. jedenfalls weniger als 500 potenzielle Nutzer zum zeitgleichen Empfang angeboten werden, 2. zur unmittelbaren Wiedergabe aus Speichern von Empfangsgeräten bestimmt sind, 3. ausschließlich persönlichen oder familiären Zwecken dienen, 4. nicht journalistisch-redaktionell gestaltet sind oder 5. aus Sendungen bestehen, die jeweils gegen Einzelentgelt freigeschaltet werden."

1049. Sofern es sich bei einem audiovisuellen Mediendienst um Rundfunk handelt, benötigt dieser eine Lizenz bzw. Zulassung zur Rundfunkveranstaltung gemäß § 20 Abs. 1 RStV. Durch die Lizenzierungspflicht soll einerseits die Einhaltung der Vorschriften des RStV gesichert werden. Andererseits soll durch diese die Sicherung der Meinungsvielfalt bereits im Rahmen des Zulassungsverfahrens gewährleistet werden. Private Rundfunkveranstalter müssen die Rundfunkzulassung bei den Landesmedienanstalten beantragen. An das Erfordernis der Rundfunkzulassung sind zahlreiche Rechtsfolgen geknüpft, insbesondere programmbezogene Vorgaben, Regelungen zur Sicherung der Meinungsvielfalt, vergleichsweise strenge Werberegelungen sowie Quotenregelungen für europäische Inhalte.

1050. Mit Blick auf den öffentlich-rechtlichen Rundfunk beinhaltet der RStV, neben Vorgaben zur Finanzierung (§ 13 RStV), vor allem eine Festlegung des Programmauftrags. Gemäß § 11 RStV sollen die öffentlich-rechtlichen Rundfunkanstalten einen umfassenden Überblick über das internationale, europäische, nationale und regionale Geschehen in allen wesentlichen Lebensbereichen geben. Ihre Angebote sollen der Bildung, Information, Beratung und Unterhaltung dienen. Meinungsvielfalt soll im öffentlich-rechtlichen Rundfunk durch das Modell des Binnenpluralismus gesichert werden. Demnach muss die Meinungsvielfalt im Rahmen des Gesamtprogrammes der einzelnen Rundfunkanstalt sichergestellt werden. Gesichert werden soll dieser Binnenpluralismus durch den Rundfunkrat (ARD) bzw. Fernsehrat (ZDF). Beide Gremien setzen sich aus Vertretern aller gesellschaftlich relevanten Gruppen zusammen. Ihre Funktion besteht in der Beaufsichtigung der Rundfunkanstalten.

1051. Anders als im öffentlich-rechtlichen Rundfunk soll ein Mindestmaß an Meinungsvielfalt im privaten Fernsehen durch das Modell des Außenpluralismus sichergestellt werden. Demnach muss Meinungsvielfalt nicht innerhalb des Programms eines Rundfunkveranstalters, sondern kann auch durch die Vielzahl der Rundfunkveranstalter insgesamt gewährleistet werden. Neben Vorgaben zur Mindestanzahl empfangbarer privater Vollprogramme erfolgt die Sicherung der Meinungsvielfalt vor allem in Form der medienrechtlichen Konzentrationskontrolle, für welche die Kommission zur Ermittlung der Konzentration im Medienbereich (KEK) zuständig ist. Ziel der Medienkonzentrationskontrolle ist die Verhinderung der Entstehung vorherrschender Meinungsmacht eines Unternehmens. Sofern ein Unternehmen mit den ihm zurechenbaren Programmen vorherrschende Meinungsmacht hat, darf gemäß § 26 Abs. 3 RStV für weitere Programme keine Zulassung erteilt oder der Erwerb weiterer zurechenbarer Beteiligungen an Veranstaltern nicht als unbedenklich bestätigt werden. Zudem können gemäß § 26 Abs. 4 RStV Auflagen zur Begrenzung der Meinungsmacht des Unternehmens erteilt werden.

1052. Die Kontrolle vorherrschender Meinungsmacht erfolgt mittels des sog. Zuschaueranteilmodells. Gemäß § 26 Abs. 2 RStV wird vorherrschende Meinungsmacht vermutet, sobald der Zuschaueranteil eines Unternehmens 30 Prozent erreicht. Vorherrschende Meinungsmacht wird zudem bei einem Zuschaueranteil von 25 Prozent vermutet, sofern das Unternehmen auf einem medienrelevanten verwandten Markt eine marktbeherrschende Stellung hat oder eine Gesamtbeurteilung seiner Aktivitäten ergibt, dass der dadurch erzielte Meinungseinfluss mit einem Zuschaueranteil von 30 Prozent im Fernsehen gleichzusetzen ist. Praktisch werden als Zuschaueranteile die Sehdaueranteile herangezogen, die von der Gesellschaft für Konsumforschung (GfK) im Auftrag der Arbeitsgemeinschaft Fernsehforschung (AGF) gemessen werden. Entscheidend für die Feststellung vorherrschender Meinungsmacht sind somit der Zuschauerkontakt sowie die Dauer des Zuschauerkontakts.

1053. Zur Sicherung der Meinungsvielfalt im privaten Rundfunk bestehen neben der Medienkonzentrationskontrolle für einige Programmveranstalter sog. Fensterprogrammverpflichtungen, die zur inhaltlichen Vielfalt des privaten Fernsehprogramms beitragen sollen. Zu unterscheiden sind Dritt- und Regionalfenster. Gemäß § 26 Abs. 5 RStV gilt die Drittfenster-Verpflichtung für Veranstalter eines Voll- oder Spartenprogramms mit dem Schwerpunkt Information, der im Jahresdurchschnitt einen Zuschaueranteil von 10 Prozent oder mit ihm zurechenbaren Programmen einen Zuschaueranteil von 20 Prozent erreicht. Die Sendezeit für Drittfenster muss gemäß § 31 Abs. 2 Satz 1 RStV mindestens 260 Minuten pro Woche, davon mindestens 75 Minuten im Zeitraum von 19 Uhr bis 23.30 Uhr, umfassen. Neben Drittfensterprogrammen besteht gemäß § 25 Abs. 4 Satz 1 RStV für die beiden bundesweit reichweitenstärksten Fernsehvollprogramme die Verpflichtung zur Einrichtung von Regionalfensterprogrammen.

1054. Der RStV enthält daneben vor allem Werbe- sowie Quotenregelungen. In beiden Bereichen entsprechen die Vorschriften des RStV – mit Ausnahme der quantitativen Werbebeschränkungen für den öffentlich-rechtlichen Rundfunk – im Wesentlichen den Vorgaben der AVMD-Richtlinie. Mit Blick auf die Zulässigkeit von Fernsehwerbung existieren sowohl qualitative als auch quantitative Vorgaben. Qualitativ definiert § 7 RStV Werbegrundsätze sowie Kennzeichnungspflichten. Hierzu gehören unter anderem Vorschriften zur inhaltlichen Gestaltung und Platzierung von Werbung innerhalb des Programms, das Gebot der Trennung von Werbung und redaktionellen Inhalten sowie Sonderregelungen zu Sponsoring und Produktplatzierungen. Die qualitativen Werberegelungen werden in den Werberichtlinien der Landesmedienanstalten bzw. der ARD und des ZDF weiter konkretisiert. Quantitativ bestehen unterschiedliche Werberegelungen für öffentlich-rechtliche sowie private Rundfunkveranstalter. Während der Anteil von Werbung und Teleshopping im privaten Rundfunk gemäß § 45 Abs. 1 Satz 1 RStV bis zu 20 Prozent bzw. 12 Minuten innerhalb einer Stunde umfassen darf, dürfen von den öffentlich-rechtlichen Sendern nur ARD und ZDF Fernsehwerbung senden, die zudem auf maximal 20 Minuten pro Werktag begrenzt ist und vor 20 Uhr ausgestrahlt werden muss. Durch die strengere Regelung für den öffentlich-rechtlichen Rundfunk soll die Konkurrenz zu den privaten Rundfunkveranstaltern auf dem Werbemarkt begrenzt werden. Daneben ist gemäß § 7 Abs. 11 RStV regionale Werbung in bundesweit verbreiteten Fernsehprogrammen seit dem Jahr 2016 nur noch dann zulässig, wenn diese in den jeweiligen Landesmediengesetzen explizit gestattet wird. Hierdurch soll die private Presse geschützt werden.

1055. Neben den Werbebestimmungen gelten für Fernsehveranstalter auch Vorgaben zur Einbindung europäischer Werke in ihr Programm. Hierbei handelt es sich ebenfalls im Wesentlichen um eine Umsetzung der Vorgaben der AVMD-Richtlinie. Gemäß § 6 Abs. 2 RStV sollen die Fernsehsender den Hauptteil ihrer insgesamt für Spielfilme, Fernsehspiele, Serien, Dokumentarsendungen und vergleichbare Produktionen vorgesehenen Sendezeit europäischen Werken vorbehalten. Hierdurch soll die Vielfalt im deutschsprachigen und europäischen Raum dargestellt sowie ein Beitrag zur Förderung europäischer Film- und Fernsehproduktionen geleistet werden. Gemäß § 6 Abs. 3 RStV sollen Fernsehprogramme zudem einen wesentlichen Anteil an Eigenproduktionen sowie Auftrags- und Gemeinschaftsproduktionen aus dem deutschsprachigen und europäischen Raum enthalten.

1056. Schließlich haben Fernsehveranstalter sowohl bei ihrer Programmzusammenstellung als auch bei der Sendung von Werbung Jugendschutzbestimmungen zu beachten. Die relevanten Bestimmungen finden sich vor allem im JMStV. Zweck des JMStV ist der einheitliche Schutz von Kindern und Jugendlichen vor Angeboten, die deren Entwicklung oder Erziehung beeinträchtigen oder gefährden, sowie der Schutz vor Angeboten, die die Menschenwürde oder sonstige durch das Strafgesetzbuch geschützte Rechtsgüter verletzen (§ 1 JMStV). Der JMStV enthält unter anderem Bestimmungen zu unzulässigen (§ 4 JMStV) und entwicklungsbeeinträchtigenden Angeboten (§ 5 JMStV), zum Jugendschutz in Werbung und Teleshopping (§ 6 JMStV) sowie zur Bestellung eines Jugendschutzbeauftragen (§ 7 JMStV). So haben Anbieter etwa dafür Sorge zu tragen, dass Kinder oder Jugendliche Inhalte, die für ihre Altersstufe ungeeignet sind, üblicherweise nicht wahrnehmen können (§ 5 Abs. 1 JMStV). Speziell für den Rundfunk gibt es zudem Bestimmungen zur Festlegung der Sendezeit, zu Programmankündigungen sowie zur Kenntlichmachung von Sendungen (§§ 8 ff. JMStV). So können zum Beispiel die ARD, das ZDF, die Kommission für Jugendmedienschutz (KJM) oder von dieser anerkannte Einrichtungen der freiwilligen Selbstkontrolle jeweils in Richtlinien zeitliche Beschränkungen für die Ausstrahlung bestimmter Sendungen vorsehen (§ 8 JMStV). Gemäß der Freiwilligen Selbstkontrolle Fernsehen (FSF) dürfen etwa Sendungen ab 16 Jahren nur zwischen 22 und 6 Uhr und Sendungen ohne Jugendfreigabe nur zwischen 23 und 6 Uhr gesendet werden.[100]

---

[100] § 31 Abs. 2 Prüfordnung der Freiwilligen Selbstkontrolle Fernsehen (FSF-Prüfordnung) in der Fassung vom 1. Januar 2018.

3.2.2 Regulierung nicht-linearer Abrufdienste (Telemedien)

1057. Bei Onlinevideo-Angeboten kann es sich nach deutschem Recht je nach Ausgestaltung entweder um Rundfunk oder um sog. Telemedien handeln. Ein entscheidendes Abgrenzungskriterium zwischen beiden Kategorien ist die Linearität bzw. Nicht-Linearität des Angebotes. Lineare Onlinevideo-Angebote, also Livestreams, fallen prinzipiell unter den Rundfunkbegriff des RStV, sofern sie nicht aufgrund der in § 2 Abs. 3 RStV genannten Merkmale keinen Rundfunk darstellen. Anbieter von Livestreams, die unter den Rundfunkbegriff fallen, unterliegen daher grundsätzlich denselben regulatorischen Anforderungen wie traditionelle Fernsehveranstalter.

1058. Nicht-lineare Online-Videoangebote fallen demgegenüber unter den Begriff der Telemedien. Telemedien sind gemäß § 2 Abs. 1 Satz 3 RStV

> „alle elektronischen Informations- und Kommunikationsdienste, soweit sie nicht Telekommunikationsdienste nach § 3 Nr. 24 des Telekommunikationsgesetzes sind, die ganz in der Übertragung von Signalen über Telekommunikationsnetze bestehen oder telekommunikationsgestützte Dienste nach § 3 Nr. 25 des Telekommunikationsgesetzes oder Rundfunk nach Satz 1 und 2 sind".

Die wortgleiche Definition findet sich auch in § 1 Abs. 1 Satz 1 Telemediengesetz (TMG). Dementsprechend handelt es sich bei Telemedien um einen Oberbegriff, der neben Online-Videos beispielsweise auch Online-Verkaufsplattformen, Online-Spiele oder Suchmaschinen erfasst.

1059. Der RStV unterscheidet weitergehend drei Arten von Telemedien. Hierzu gehören (mit dem Rundfunk) vergleichbare bzw. an die Allgemeinheit gerichtete Telemedien (§ 50 RStV), Telemedien mit journalistisch-redaktionell gestalteten Angeboten (§ 54 Abs. 2 RStV) sowie Telemedien mit fernsehähnlichen Inhalten bzw. audiovisuelle Mediendienste auf Abruf (§ 58 Abs. 3 RStV).[101] Im Gegensatz zu linearen Rundfunkangeboten unterliegen Telemedien einer weniger strengen Regulierung. Insbesondere bestehen aufgrund ihrer annahmegemäß geringen Relevanz für die Meinungs- und Willensbildung keine Vorgaben zur Sicherung der Meinungsvielfalt. Telemedien sind gemäß § 54 Abs. 1 Satz 1 RStV grundsätzlich zulassungs- und anmeldefrei.

1060. Einzelne inhaltliche Anforderungen sind in den §§ 54 ff. RStV definiert und betreffen neben reinen Informationspflichten vor allem Werbe- und Sponsoringvorschriften. Für Telemedien gilt gemäß § 58 Abs. 1 RStV grundsätzlich ein Trennungsgebot, wonach Werbung klar erkennbar und von sonstigen Inhalten eindeutig zu trennen ist. Für fernsehähnliche Telemedien bzw. audiovisuelle Mediendienste auf Abruf gelten darüber hinaus gemäß § 58 Abs. 3 RStV die gleichen qualitativen Werbegrundsätze und Sponsoring-Bestimmungen wie für lineare Rundfunkangebote (§§ 7, 8 RStV). Gegen Einzelentgelt freigeschaltete Sendungen unterliegen ferner den gleichen quantitativen Werbebeschränkungen wie private Rundfunkveranstalter (§ 45 RStV). Für diese Angebote gelten zudem die Regelungen zu europäischen sowie Eigen-, Auftrags- und Gemeinschaftsproduktionen (§ 6 RStV). Schließlich bestehen auch für alle Telemedien inhaltliche Vorgaben zum Jugendschutz. Diese sind – wie für alle elektronischen Medien – im JMStV geregelt. Abgesehen von den bereits genannten Regelungen enthält der JMStV speziell für Telemedien Bestimmungen zu Jugendschutzprogrammen (§ 11 JMStV), durch die ein nach Altersstufen differenzierter Zugang zu Telemedien ermöglicht werden soll. Zudem besteht eine Kennzeichnungspflicht (§ 12 JMStV), wonach Anbieter von Telemedien insbesondere bei Filmen und Spielen auf eine Kennzeichnung nach dem Jugendschutzgesetz deutlich hinweisen müssen. In der Praxis bewerten die Anbieter ihr Programm selbst oder arbeiten mit der FSK zusammen bzw. übernehmen deren Bewertungen. Der Zugang zu altersbeschränkten Inhalten lässt sich in der Regel durch Jugendschutzfilter mit PIN-Abfragen einschränken.

---

[101] Audiovisuelle Mediendienste auf Abruf sind „fernsehähnlich", wenn sie „auf das gleiche Publikum wie Fernsehsendungen ausgerichtet sind und der Nutzer aufgrund der Art und Weise des Zugangs zu diesen Diensten vernünftigerweise einen vergleichbaren Regelungsschutz erwarten kann"; Bundesregierung, Entwurf eines Ersten Gesetzes zur Änderung des Telemediengesetzes (1.Telemedienänderungsgesetz), BT-Drs. 17/718, S. 8. Beispiele sind Online-Videotheken, zumindest wenn eine redaktionelle Auswahl von Inhalten erfolgt (z. B. Netflix, Maxdome; offen: YouTube).

3.2.3 Regulierung von Plattformen

1061. Neben regulatorischen Anforderungen an die Inhalteanbieter enthält der RStV auch Regelungen für Anbieter von sog. Plattformen (§§ 52 ff. RStV). Hierbei handelt es sich etwa um Anbieter wie Kabelnetzbetreiber, die zwischen den Programmveranstaltern und den Zuschauer stehen. Gemäß § 2 Abs. 2 Nr. 13 RStV ist

> „Anbieter einer Plattform, wer auf digitalen Übertragungskapazitäten oder digitalen Datenströmen Rundfunk und vergleichbare Telemedien (Telemedien, die an die Allgemeinheit gerichtet sind) auch von Dritten mit dem Ziel zusammenfasst, diese Angebote als Gesamtangebot zugänglich zu machen oder wer über die Auswahl für die Zusammenfassung entscheidet; Plattformanbieter ist nicht, wer Rundfunk oder vergleichbare Telemedien ausschließlich vermarktet".

Die Regelung ist weitgehend technologieneutral ausgestaltet und erfasst grundsätzlich alle digitalen Übertragungswege, also neben den klassischen Kabelnetzen auch Satellitenübertragungen, IPTV sowie terrestrische Übertragungen. Nicht erfasst sind hingegen analoge Angebote, zu denen die jeweiligen Landesmediengesetze Regelungen enthalten.

1062. Die Plattformregulierung wurde im Zuge des 10. Rundfunkänderungsstaatsvertrags (RÄStV) vor dem Hintergrund der zunehmenden Programmanzahl infolge der digitalen Technik und der damit einhergehenden Aggregation von Rundfunkprogrammen zu Programmpaketen durch Plattformanbieter eingeführt.[102] Da diese darüber entscheiden, welche Inhalte beim Endkunden ankommen, sah der Gesetzgeber aus Gründen der Vielfaltsicherung eine regulierungsbedürftige „Gatekeeper"-Stellung. Die Plattformregulierung zielt im Wesentlichen darauf, einen diskriminierungsfreien Zugang der Programmveranstalter zu gewährleisten und damit die Meinungs- und Angebotsvielfalt zu sichern.

1063. Die Plattformregulierung betrifft insbesondere Plattformen in geschlossenen Netzen bzw. infrastrukturgebundene Plattformen. Erfasst werden damit gegenwärtig vor allem die Angebote von Infrastrukturanbietern wie z. B. Kabelnetzbetreibern. Hiervon zu unterscheiden sind sog. privilegierte Plattformen sowie Programmplattformen, die von einzelnen Regulierungsvorschriften freigestellt sind. Zu den privilegierten Plattformen gehören gemäß § 52 Abs. 1 Satz 2 RStV neben Plattformen mit nur wenigen angeschlossenen Wohneinheiten oder nur wenigen Nutzern sowie solchen, die ein Gesamtangebot nur unverändert weiterleiten, vor allem Plattformen in offenen Netzen, soweit sie dort keine marktbeherrschende Stellung innehaben (z. B. Zattoo, Magine). Privilegierte Plattformen unterliegen lediglich gewissen Mindestanforderungen (§§ 52a und 52f RStV), da von ihnen annahmegemäß keine Gefahr für die Medienvielfalt ausgeht. Daneben existieren sog. Programmplattformen (z. B. Sky), die gemäß § 52b Abs. 3 RStV von den Belegungsregeln bzw. Must-Carry-Vorgaben (§ 52b Abs. 1 RStV) befreit sind.

1064. Plattformanbieter müssen gemäß § 52 Abs. 3 RStV den Betrieb ihrer Plattform mindestens einen Monat vor Inbetriebnahme der zuständigen Landesmedienanstalt anzeigen. Sie benötigen damit, anders als private Rundfunkveranstalter, keine Zulassung und unterliegen auch keiner Prüfung durch die KEK. § 52a RStV enthält einige allgemeine Bestimmungen für Plattformen. Neben der Bindung an die verfassungsgemäße Ordnung (§ 52a Abs. 1 RStV) ist insbesondere die sog. Signalintegrität bzw. das Veränderungsverbot (§ 52a Abs. 3 RStV) von Bedeutung, wonach Plattformanbieter ohne Zustimmung des jeweiligen Rundfunkveranstalters dessen Programme und vergleichbare Telemedien inhaltlich und technisch nicht verändern dürfen.

1065. § 52b RStV enthält zudem Belegungsregeln für Plattformen. Zu unterscheiden sind sog. „Must-Carry"- und „Can-Carry"-Pflichten. Gemäß § 52b Abs. 1 Satz 1 Nr. 1 lit. a–c RStV müssen Plattformanbieter Kapazitäten im Umfang von höchstens einem Drittel der technisch zur Verfügung stehenden Gesamtkapazität für die Verbreitung der bundesweiten öffentlich-rechtlichen Sender sowie der für das jeweilige Sendegebiet vorgesehenen öffentlich-rechtlichen Drittprogramme, privaten Fernsehprogramme mit Regionalfenstern sowie regionalen und lokalen Fernsehprogramme und offenen Kanäle vorsehen (Must-Carry). § 52b Abs. 1 Satz 1 Nr. 2 RStV definiert darüber hinaus einen Kapazitätsbereich – ebenfalls im Umfang von höchstens einem Drittel der Gesamtkapazität – mit gesetzlichen Vielfaltsvorgaben (Can-Carry). Bei der Belegung dieses Kapazitätsbereichs muss der Plattformanbieter eine Vielzahl von Programmveranstaltern und ein vielfältiges Programmangebot mit Vollprogrammen, nicht entgeltfinanzierten Programmen, Spartenprogrammen

---

[102] Zehnter Staatsvertrag zur Änderung rundfunkrechtlicher Staatsverträge (10. RÄStV), in Kraft getreten am 1. September 2008.

und Fremdsprachenprogrammen sowie vergleichbaren Telemedien und Teleshoppingkanälen „angemessen berücksichtig[en]". Eine Vorgabe zur Verbreitung spezifischer Sender besteht hier allerdings nicht. Die Belegung der verbleibenden Kapazitäten darf der Plattformanbieter gemäß § 52b Abs. 1 Satz 1 Nr. 3 RStV nach eigenem Ermessen vornehmen.

1066. Neben den Belegungsregeln enthält der RStV Vorgaben zum technischen Zugang zu Plattformen (§ 52c RStV) sowie zu Entgelten und Tarifen (§ 52d RStV). § 52c Abs. 1 Satz 2 RStV stellt insofern klar, dass Rundfunkveranstalter und Anbieter von Telemedien zur Sicherung der Meinungs- und Angebotsvielfalt weder unmittelbar noch mittelbar durch technische Maßnahmen bei der Verbreitung ihrer Angebote unbillig behindert oder ohne sachlichen Grund unterschiedlich behandelt werden dürfen. Hiervon erfasst sind auch Benutzeroberflächen, allerdings nur sog. Basisnavigatoren, die einfache Funktionen zur Anzeige und zum Einschalten von Programmen bieten. Ziel ist es, die Auffindbarkeit von Rundfunkangeboten zu gewährleisten und eine „Einstiegs-Diskriminierung" zu verhindern.[103] § 52d Satz 1 RStV verbietet den Plattformbetreibern zudem eine unbillige Behinderung und eine sachlich nicht gerechtfertigte Ungleichbehandlung von Programmveranstaltern durch die Ausgestaltung ihrer Entgelte und Tarife. Praktisch relevant ist diese Regelung vor allem für die Kabelnetze, da derzeit nur hier Entgelte für die Einspeisung und Weiterleitung von Programmen erhoben werden.[104] Die Entgelte und Tarife sind gemäß § 52d Satz 3 RStV gegenüber den Landesmedienanstalten auf Nachfrage offenzulegen. Eine telekommunikationsrechtliche Regulierung der Einspeiseentgelte der Kabelnetzbetreiber erfolgt seit 2010 nicht mehr.[105] Im Ergebnis ist die Erhebung von Einspeiseentgelten somit zwar Gegenstand von Verhandlungen zwischen Programmveranstaltern und Plattformbetreibern. Der Gleichbehandlungsgrundsatz wird durch die Medienanstalten bzw. die Kommission für Zulassung und Aufsicht (ZAK) allerdings eng ausgelegt, sodass den Netzbetreibern Entgeltdifferenzierungen nur begrenzt möglich sind.[106] Strittig ist zudem, inwieweit aus den Must-Carry-Regelungen eine Pflicht zur kostenlosen Einspeisung dieser Programme folgt. Diese Frage war zuletzt Gegenstand langjähriger Rechtsstreitigkeiten zwischen ARD und ZDF sowie den Kabelnetzbetreibern Unitymedia und Vodafone Kabel Deutschland.[107]

4 Überarbeitung des regulatorischen Rahmens geboten

4.1 Beschreibung: Auftrag der Rundfunkanstalten und zulässige Online -Angebote

4.1.1 Derzeitige Regelung des Telemedienangebots in §§ 11 ff. des RStV

1067. Die zulässigen Online-Aktivitäten der öffentlich-rechtlichen Sender ergeben sich aus den Vorgaben der §§ 11 ff. RStV. Dabei wurden die Vorgaben zu Telemedienangeboten im Zuge des am 1. Juni 2009 in Kraft getretenen 12. RÄStV geschaffen. Die betreffenden Regelungen der §§ 11 ff. RStV gehen insgesamt auf den sog. Beihilfekompromiss zwischen der Europäischen Kommission und Deutschland im Jahr 2007 zurück, in dem sich Deutschland dazu verpflichtet hatte,

---

[103] Schulz/Wagner, in: Binder/Vesting, Beck'scher Kommentar zum Rundfunkrecht, 4. Auflage, München 2018, § 52c RStV Tz. 47.

[104] Wagner, in: Binder/Vesting, a. a. O., § 52d RStV Tz. 3. Bei den Entgelten der Satellitenbetreiber für Satellitentransponderkapazitäten sowie der Netzbetreiber für terrestrische Ausstrahlung handelt es sich nicht um Entgelte für Plattformdienstleistungen, weil diese Anbieter nicht über die Zusammenstellung eines Gesamtangebots entscheiden und damit keine Plattformanbieter im Sinne des RStV sind. Ihre Entgelte für die Verbreitung von Rundfunksignalen unterliegen damit nicht den Regelungen des RStV.

[105] BNetzA, Beschluss vom 12. Oktober 2010, BK3b-10/085.

[106] So wurde es etwa dem Kabelnetzbetreiber NetCologne untersagt, im Rahmen von Vertragsumstellungen einige private Sender nur noch gegen Entgelt zu verbreiten, während andere Sender noch unentgeltlich eingespeist werden. Siehe ZAK, Pressemitteilung vom 23. Februar 2017.

[107] ARD und ZDF hatten ihre Einspeiseverträge mit den Kabelnetzbetreibern Unitymedia sowie Kabel Deutschland zum Ende des Jahres 2012 gekündigt und eine unentgeltliche Einspeisung ihrer Programme gefordert. In der Folge verklagten die Kabelnetzbetreiber die Rundfunkanstalten und forderten eine Fortsetzung der Einspeiseverträge bzw. einen Neuabschluss zu unveränderten Konditionen. Der BGH hat festgestellt, dass die Kabelnetzbetreiber zur Einspeisung der Programme aufgrund der gesetzlichen Must-Carry-Regelungen verpflichtet sind, gleichzeitig aber eine Verpflichtung zur Entrichtung eines bestimmten Entgelts als Gegenleistung verneint (BGH, Urteile vom 16. Juni 2015, KZR 83/13 und KZR 3/14). Die gemeinsame Kündigung der Einspeiseverträge durch ARD und ZDF wurde gleichwohl – insoweit nach Rückverweisung durch den BGH – vom OLG Düsseldorf aus kartellrechtlichen Gründen für unwirksam erklärt, weil die Kündigung auf der Grundlage einer unzulässigen Absprache zwischen den Rundfunkanstalten erfolgt sei (OLG Düsseldorf, Urteil vom 12. Juli 2017, VI-U (Kart) 16/13)). Inzwischen haben sich die ARD mit Vodafone und Unitymedia sowie das ZDF mit Vodafone auf neue, entgeltliche Einspeiseverträge geeinigt.

den Auftrag der öffentlich-rechtlichen Rundfunkanstalten insbesondere mit Blick auf die Online-Angebote genauer zu definieren.[108]

1068. Die §§ 11 ff. RStV haben die folgende Struktur: § 11 RStV weist den Rundfunkanstalten als Aufgabe die Erfüllung des Grundversorgungsauftrags im Sinne der Rechtsprechung des BVerfG zu. Die §§ 11a ff. RStV definieren sodann die zulässigen Medienangebote der Rundfunkanstalten und damit die zulässigen Tätigkeiten, mit denen die Rundfunkanstalten den Grundversorgungsauftrag erfüllen können. Im vorliegenden Zusammenhang sind vor allem die §§ 11d ff. RStV von Interesse, die sich speziell auf Online-Dienste beziehen (sog. Telemedienangebote).

1069. Nach § 11d Abs. 2 RStV sind die Rundfunkanstalten grundsätzlich zum Angebot von (1) Sendungen ihrer Programme auf Abruf, (2) sendungsbegleitenden bzw. sendungsbezogenen Telemedien, (3) nicht-sendungsbezogenen Telemedien sowie (4) Archiven mit zeit- und kulturgeschichtlichen Inhalten berechtigt, wobei die jeweiligen Angebote Beschränkungen unterliegen. Nicht zulässig sind gemäß § 11d Abs. 2 Nr. 3 RStV nicht-sendungsbezogene presseähnliche Angebote. Zudem dürfen gemäß § 11d Abs. 5 RStV keine angekauften Spielfilme sowie angekaufte Serienfolgen, die keine Auftragsproduktionen sind, zum Abruf bereitgestellt werden. Nicht zulässig sind ferner eine flächendeckende lokale Berichterstattung in Telemedien sowie bestimmte, in einer Negativliste genannte Angebotsformen (Anlage 4 zum RStV). Hierzu gehören etwa Anzeigen- und Preisvergleichsportale sowie weitere Telemedienangebote, die bereits offensichtlich nicht vom Funktionsauftrag eines öffentlich-rechtlichen Rundfunks erfasst sein können. Schließlich dürfen öffentlich-rechtliche Online-Angebote keine Werbung und kein Sponsoring enthalten.

1070. Für Sendungen und sendungsbezogene Telemedien, die länger als sieben Tage online abrufbar sein sollen, nicht-sendungsbezogene Telemedien sowie für Archive sind gemäß § 11f RStV sog. Telemedienkonzepte zu erstellen, in denen unter anderem die inhaltliche Ausrichtung der Angebote konkretisiert wird. Diese Telemedienkonzepte müssen durch die Gremien der Rundfunkanstalten genehmigt werden. In diesem Rahmen wird ein sog. Drei-Stufen-Test durchgeführt, durch den überprüft werden soll, inwieweit ein neues oder verändertes Online-Angebot durch den öffentlich-rechtlichen Auftrag gedeckt ist. Gemäß § 11f Abs. 4 RStV ist darzulegen, (1) inwieweit das Angebot den demokratischen, sozialen und kulturellen Bedürfnissen der Gesellschaft entspricht, (2) in welchem Umfang durch das Angebot in qualitativer Hinsicht zum publizistischen Wettbewerb beigetragen wird und (3) welcher finanzielle Aufwand für das Angebot erforderlich ist. Zu berücksichtigen sind zudem die Quantität und Qualität der vorhandenen frei zugänglichen Angebote, die marktlichen Auswirkungen des geplanten Angebots sowie dessen meinungsbildende Funktion angesichts bereits vorhandener vergleichbarer Angebote. Im Rahmen des Verfahrens ist Dritten Gelegenheit zur Stellungnahme zu geben.

1071. Mit Ausnahme von Archiven mit zeit- und kulturgeschichtlichen Inhalten dürfen öffentlich-rechtliche Online-Angebote nur für einen begrenzten Zeitraum abrufbar sein. Für die genannten Angebotsformen gelten dabei unterschiedliche zeitliche Begrenzungen bzw. maximale Verweildauern. Sendungen der Programme auf Abruf sowie sendungsbegleitende Telemedien dürfen bis zu sieben Tage nach ihrer Ausstrahlung angeboten werden, Aufzeichnungen von sportlichen Großereignissen und der Fußball-Bundesliga bis zu 24 Stunden. Für nicht-sendungsbezogene Telemedien sowie sendungsbezogene Telemedien, die länger als sieben Tage angeboten werden sollen, ist in den jeweiligen Telemedienkonzepten angebotsabhängig eine Befristung der Verweildauer vorzunehmen. Die jeweiligen Verweildauern variieren zwischen wenigen Monaten und mehreren Jahren.

4.1.2 Diskussion um die Ausweitung der zulässigen Online-Angebote

1072. Aufgrund der Medienkonvergenz sowie des veränderten Nutzungsverhaltens wird seit Längerem über eine Anpassung der gemäß den §§ 11a ff. RStV zulässigen Telemedienangeboten diskutiert. Eine erste Erweiterung des sog. Telemedienauftrags ist durch den 19. Rundfunkänderungsstaatsvertrag (RÄStV) erfolgt, der in weiten Teilen am 1. Oktober 2016 in Kraft getreten ist. Durch diesen wurden ARD und ZDF mit der Bereitstellung eines online-basierten Jugendangebots („funk") beauftragt (§ 11g RStV). Um die relevante Zielgruppe zu erreichen, wird dieses Angebot nicht nur über die Internetseiten der öffentlich-rechtlichen Sender, sondern auch über Online-Drittplattformen (YouTube)

---

[108] EU-Kommission, Entscheidung vom 24. April 2007, KOM(2007) 1761 endg. – Deutschland. Hintergrund des Beihilfekompromisses war eine Beschwerde des Verbands Privater Rundfunk und Telemedien (VPRT) bei der Europäischen Kommission bezüglich der Finanzierung des öffentlich-rechtlichen Rundfunks.

verbreitet. Das Angebot hat aufgrund der gesetzlichen Beauftragung keinen Drei-Stufen-Test durchlaufen. Gleichwohl wurde ein Markterkundungsverfahren durchgeführt, in dessen Rahmen Gutachten eingeholt wurden und den betroffenen Parteien die Möglichkeit zur Stellungnahme eingeräumt wurde.

1073. Die Ministerpräsidenten der Länder haben sich im Juni 2018, unter Berücksichtigung der Positionen der öffentlich-rechtlichen Rundfunkanstalten und der Presseverleger, auf eine weitere Anpassung der zulässigen Telemedienangebote im Rahmen eines 22. RÄStV geeinigt. Ein erster Vorschlag der Rundfunkreferenten für Änderungen war bereits Mitte 2017 veröffentlicht worden.[109] Später kursierte zwar ein weiterer Entwurf in den Staatskanzleien der Länder, dieser wurde aber nicht veröffentlicht. Die im Sommer 2018 gefundene Einigung bezieht sich nach den der Monopolkommission vorliegenden Informationen im Wesentlichen auf drei Änderungen: erstens eine Ausweitung öffentlich-rechtlicher Telemedienangebote, wobei diese stärker auf Bewegtbild- und Tonangebote im Online-Bereich fokussiert werden sollen, zweitens die Errichtung einer Schlichtungsstelle für Streitigkeiten zwischen öffentlich-rechtlichem Rundfunk und Presse über Online-Angebote der öffentlich-rechtlichen Rundfunkanstalten und drittens die Flexibilisierung der bisherigen Verweildauerbegrenzung für bestimmte abrufbare Programminhalte. Die Marktwirkungen der nun beschlossenen Änderungen sind zurzeit nur schwer abschätzbar. Die bisher bekannten Reaktionen der betroffenen Marktteilnehmer deuten darauf hin, dass die Änderungen der zulässigen Telemedienangebote das Potenzial haben, zu einem besseren Interessenausgleich zwischen Rundfunk und Presse zu führen. Problematisch wäre es jedoch, wenn es auf Basis dieser Änderung zu einer Ausdehnung des öffentlich-rechtlichen Telemedienangebots zum Nachteil privatwirtschaftlicher Angebote käme. Bedenklich erscheint zudem, dass die Einigung offenbar nicht alle betroffenen Interessen berücksichtigt.[110]

1074. Im Einzelnen sollen die Änderungen des 22. RÄStV den öffentlich-rechtlichen Rundfunkanstalten Telemedienangebote ungeachtet eines Sendungsbezugs gestatten, wenn sie journalistisch-redaktionell veranlasst und journalistisch-redaktionell gestaltet sind (§ 11d Abs. 1 RÄStV-E).[111] Die bisherige Unterscheidung zwischen sendungs- und nichtsendungsbezogenen Telemedienangeboten soll also entfallen. Die zulässigen Telemedienangebote werden nur noch beispielhaft genannt („insbesondere"). Sie umfassen über das bisher Zulässige hinaus nunmehr Programminhalte auf Abruf auch vor deren Ausstrahlung sowie eigenständige audiovisuelle Inhalte. Außerdem sollen die Rundfunkanstalten nicht selbst produzierte Programminhalte in Form von angekauften Spielfilmen bzw. Folgen von Fernsehserien mit Ausnahme außereuropäischer Produktionen für bis zu dreißig Tage nach deren Ausstrahlung in Deutschland auf Abruf bereitstellen dürfen (sog. Lizenzware). Die bestehende Archivregelung soll modifiziert werden, sodass „zeit- und kulturgeschichtliche Archive mit informierenden, bildenden und kulturellen Inhalten" angeboten werden können. Des Weiteren ist zurzeit auch ein Angebot von Telemedien unter Nutzung der für eine Sendung verwendeten Quellen und Materialien möglich, zumindest wenn das Telemedienangebot die Sendung thematisch und inhaltlich unterstützend vertieft und begleitet. Hieran wird in der Neufassung in einer sprachlich abweichenden Formulierung im Wesentlichen festgehalten (z. B. für Aktualisierungen und Hintergründe; § 11d Abs. 7 Satz 3 RÄStV-E). Dabei sollen allerdings Audio- und Videoangebote „nach Möglichkeit" eingebunden werden. Das für Telemedienangebote geltende Verbot der Presseähnlichkeit soll ebenfalls erhalten bleiben und um eine Konkretisierung ergänzt werden. Danach sind Telemedienangeboten „im Schwerpunkt" mittels Bewegtbild oder Ton zu gestalten, wobei „Text nicht im Vordergrund stehen darf". Angebotsübersichten, Schlagzeilen, Sendungstranskripte, Informationen über die jeweilige Rundfunkanstalt und Maßnahmen zum Zweck der Barrierefreiheit sollen von dem Verbot „unberührt" bleiben (§ 11d Abs. 7 Satz 1-2 RÄStV-E).

1075. Neben neuen Telemedienangeboten sollen nur noch „wesentliche" Änderungen bestehender Angebote einen Drei-Stufen-Test durchlaufen, wobei dieser allerdings für alle Telemedienangebote ungeachtet ihres Sendungsbezugs vorgeschrieben werden sollte (§ 11f Abs. 4 RStÄV-E). Die gesetzliche Verweildauerbegrenzung für abrufbare Programminhalte auf sieben Tage soll für Abrufangebote allgemein entfallen, also sowohl für Sendungen als auch für sendungsbe-

---

[109] Vorschlag der Rundfunkreferenten für eine Online-Konsultation zum Telemedienauftrag des öffentlich-rechtlichen Rundfunks (Stand: 17. Mai 2017), https://medien.sachsen-anhalt.de/fileadmin/Bibliothek/Politik_und_Verwaltung/StK/Medien/Dokumente/Konsultationsverfahren_Telemedienangebot/Telemedienauftrag_Anlage_1_20170517_Synopse.pdf, Abruf am 8. Juni 2018.

[110] Siehe unten Tz. 1078 f., 1101 ff., 1126.

[111] § 2 Abs. 2 Nr. 19 RStV in der Fassung des 22. RÄStV.

zogene Telemedien.[112] Allerdings soll sie durch differenzierte Verweildauerfristen, die im Rahmen des Drei-Stufen-Tests festgelegt werden (§ 11f Abs. 1 Satz 2 RÄStV-E), ersetzt werden. Eine Ausnahme gilt für Archive, die unbefristet zulässig sind. Der 22. RÄStV-E sieht gesetzliche Verweildauerbefristungen nur noch für den Abruf sportlicher Großereignisse und Spielen der 1. und 2. Bundesliga (7 Tage) sowie für zuvor ausgestrahlte angekaufte europäische Spielfilme und Serienfolgen (30 Tage) vor, die keine Auftragsproduktionen sind (§ 11d Abs. 2 RÄStV-E).

1076. Schließlich sollen die Rundfunkanstalten Telemedien auch außerhalb ihrer eigenen Portale anbieten dürfen, soweit dies zur Erreichung der jeweiligen Zielgruppe erforderlich ist (§ 11d Abs. 4 RÄStV-E). Werbung und Sponsoring bei der Verbreitung der Telemedienangebote über Online-Drittplattformen sowie Einnahmen aus Werbung und Sponsoring sollen nicht zulässig sein (§ 11d Abs. 6 RÄStV-E).

1077. Die Einigung auf den 22. RÄStV ist von den öffentlich-rechtlichen Sendern und den Verbänden der Pressewirtschaft begrüßt worden.[113] Schon im Vorfeld hatten die Sender auf das Erfordernis einer zeitgemäßen Ausgestaltung des eigenen Online-Angebots hingewiesen. Die Nutzer würden zu Recht erwarten, dass sie zeitsouverän und mobil auf die für sie relevanten Inhalte des öffentlich-rechtlichen Rundfunks zugreifen können. Es bedürfe einer Flexibilisierung der Verweildauern im Netz, einer Erweiterung der Spielräume für die Verbreitung angekaufter Filme und Serienfolgen sowie einer intensivierten Präsenz auf Drittplattformen zur Verbesserung der Auffindbarkeit öffentlich-rechtlicher Inhalte. Des Weiteren wurde auf die besondere Bedeutung des öffentlich-rechtlichen Rundfunks für die Meinungsbildung hingewiesen. Gerade in Anbetracht der heutigen Informationsflut sowie in Zeiten von Echokammern und Filterblasen sei ein öffentlich-rechtlicher Rundfunk, der unabhängig, verlässlich und glaubwürdig informiere, erforderlich. Demgegenüber würden Personalisierungsmaßnahmen und Empfehlungssysteme bestehende Nutzungsgewohnheiten oft nur verstärken und den Nutzern keine alternativen Inhalte näherbringen. Zudem lasse sich ein Qualitätsjournalismus im Internet nicht über den Markt finanzieren.

1078. Kritisch wird die Einigung demgegenüber von privaten Anbietern audiovisueller Medien sowie den Produzenten bzw. der Filmwirtschaft gesehen.[114] Die privaten Fernsehsender und der Branchenverband VAUNET (früher: VPRT) hatten von vornherein betont, dass die derzeitigen Schranken des Rundfunkstaatsvertrags einem gerechten Interessenausgleich im dualen Rundfunksystem und letztlich dem Schutz der privaten Wettbewerber im VoD-Bereich dienen würden. Eine Ausweitung der zulässigen Telemedienangebote stelle diesen Schutz infrage und erschwere die Refinanzierung privater Medien. Aus Sicht von Produzenten bzw. der Filmwirtschaft wird befürchtet, dass die Aufnahme von Lizenzware und die Ausdehnung der Verweildauern auf Kosten der Rechteinhaber gehen werde.

1079. In Bezug auf Fragen der Presseähnlichkeit öffentlich-rechtlicher Telemedienangebote ist insbesondere die vorgesehene Schlichtungsstelle umstritten. Die Presseunternehmen begrüßten diese Lösung, da sich so langwierige Gerichtsprozesse vermeiden lassen würden.[115] Die Presseunternehmen hatten ursprünglich darauf gedrängt, dass sich der öffentlich-rechtliche Rundfunk auf Bewegtbildinhalte beschränken solle, da die öffentlich-rechtlichen Telemedienangebote bereits heute vielfach in unzulässiger Weise presseähnlich seien.[116] Aus Sicht von Rundfunkjournalisten stellt die Schlichtungsstelle hingegen verfassungswidrig die Programmfreiheit der Sender infrage, weil damit Externe über Programminhalte mitentscheiden würden.[117]

---

[112] Siehe derzeit § 11 Abs. 2 Ziff. 1-2 RStV.

[113] BDZV und VDL, Pressemitteilungen vom 14. Juni 2018; Bouhs, Rundfunkstaatsvertrag wird geändert, tagesschau.de vom 14. Juni 2018; o. A. Einigung im Streit zwischen Verlegern und öffentlich-rechtlichem Rundfunk, Zeit online/AFP, dpa, vk vom 14. Juni 2018; Hanfeld, Presse zufrieden, Filmemacher fassungslos, FAZ.net vom 14. Juni 2018.

[114] jrk, Politik nimmt Filmbranche den Online-Markt, http://www.digitalfernsehen.de/Politik-nimmt-Filmbranche-den-Online-Markt.166095.0.html, Abruf am 15. Juni 2018; Hanfeld, Presse zufrieden, Filmemacher fassungslos, FAZ.net vom 14. Juni 2018; siehe auch schon zuvor VAUNET, Pressemitteilung vom 12. Juni 2018.

[115] BDZV, Pressemitteilung vom 14. Juni 2018; Döpfner wie zitiert in: Bouhs, Rundfunkstaatsvertrag wird geändert, tagesschau.de vom 14. Juni 2018.

[116] Die Presseähnlichkeit öffentlich-rechtlicher Telemedienangebote war bereits mehrfach Gegenstand von Gerichtsverfahren. Siehe hierzu Tz. 1007.

[117] DJV, Pressemitteilung vom 15. Juni 2018.

4.2 Überarbeitung und Präzisierung des Auftrags der Rundfunkanstalten geboten

4.2.1 Auftrag der Rundfunkanstalten beim Angebot von Inhalten über Online-Medien aus rechtlicher Sicht nicht hinreichend klar definiert

1080. Der Auftrag der Rundfunkanstalten mit Blick auf deren wirtschaftliches Angebot von Inhalten über Online-Medien dürfte zurzeit nicht hinreichend klar definiert sein, um den Anforderungen an einen wirksamen und diskriminierungsfreien Schutz des unverfälschten Wettbewerbs und der privaten Marktteilnehmer auf den relevanten Märkten Rechnung zu tragen.

1081. Das EU-Recht erkennt an, dass die öffentlich-rechtlichen Rundfunkanstalten einen den EU-Wettbewerbsregeln weitgehend entzogenen Auftrag erfüllen.[118] Dieser Auftrag ist von den Mitgliedstaaten allerdings grundsätzlich „so genau wie möglich" zu definieren.[119] Maßstab und Ziel ist es, dass die privaten Wettbewerber ihre Tätigkeiten planen können und dass eine Kontrolle durch die zuständigen Behörden in den Mitgliedstaaten möglich ist.[120] Der Auftrag ist folglich nach Möglichkeit so genau abzugrenzen, dass private Wettbewerber und Behörden erkennen können, welche wirtschaftlichen Tätigkeiten von diesem Auftrag umfasst sind und welche nicht.

1082. Eine ähnliche Pflicht könnte sich als Schutzpflicht auch aus dem nationalen Verfassungsrecht ableiten lassen. Denn danach können die privaten Marktteilnehmer verlangen, dass ihre Wettbewerbsfreiheit durch staatliche Maßnahmen nicht „in unerträglichem Maße" eingeschränkt wird.[121] Das ist bei staatlicher Wirtschaftstätigkeit zumindest im Grundsatz dann in Betracht zu ziehen, wenn ein Unternehmen in öffentlicher Hand eine Monopolstellung einnimmt oder durch Verdrängungswettbewerb die private Konkurrenz unmöglich macht oder auszehrt.[122] Es kann hier offenbleiben, was in den Einzelheiten hiermit gemeint ist. Denn hinsichtlich des Umfangs, in dem ein Schutz privater Rechte im Wettbewerb möglich ist, enthalten die EU-Wettbewerbsregeln einen abschließenden Regelungsrahmen, der auch deutschem Verfassungsrecht vorgeht.[123]

1083. Bei der Umsetzung der Pflichten des Unionsrechts im Rahmen des deutschen Rechts ist zu beachten, dass der Auftrag des Rundfunks, als Medium und Faktor zur Meinungs- und Willensbildung beizutragen, sowohl von den öffentlich-rechtlichen Rundfunkanstalten als auch – wenngleich nicht in vollem Umfang – von den privaten Rundfunkunternehmen erfüllt wird (sog. duales Rundfunksystem).[124] Das bedeutet, dass die privaten Rundfunkunternehmen bei der Bestimmung dieses Auftrags nicht außen vor gelassen werden können. Zusätzlich gilt, dass sich die verfassungsrechtlichen Aufgaben des Rundfunks nur auf eine Grundversorgung und nicht auf eine darüber hinausgehende und inhaltlich umfassende mediale Versorgung beziehen. Die Abgrenzung ist freilich unklar.

1084. Des Weiteren ist nach deutschem Recht zu beachten, dass der Rundfunk staatsfern ausgestaltet ist. Die Entscheidung darüber, was publizistisch erforderlich ist, steht allein den Rundfunkveranstaltern zu.[125] Das betrifft insbesondere

---

[118] Art. 106 Abs. 2 AEUV i. V. m. Protokoll Nr. 29 zu den EU-Verträgen, konsol. Fassung, ABl. C 202 vom 7. Juni 2016, S. 311.

[119] Art. 106 Abs. 3 AEUV i. V. m. EU-Kommission, Mitteilung über die Anwendung der Vorschriften über staatliche Beihilfen auf den öffentlich-rechtlichen Rundfunk („Rundfunkmitteilung"), ABl. C 257 vom 27. Oktober 2009, S. 1, Tz. 45.

[120] EU-Kommission, Rundfunkmitteilung, Tz. 46.

[121] BVerwG, Urteil vom 30. August 1968, VII C 122.66, BVerwGE 30, 191 (198); Urteil vom 18. April 1985, 3 C 34/84, BVerwGE 71, 183 (191 ff.). Das gilt ungeachtet der Tatsache, dass der Schutz der Rundfunkfreiheit den Gesetzgeber nicht zur Errichtung eines dualen Rundfunksystems verpflichtet, in dem auch private Rundfunkangebote möglich sind; BVerfG, Urteil vom 5. Februar 1991, 1 BvF 1/85, 1/88, BVerfGE 83, 238, Rz. 400 (zit. nach Juris).

[122] BVerwG, Urteil vom 22. Februar 1972, I C 24.69, BVerwGE 39, 329 (336 f.); Beschluss vom 1. März 1978, VII B 144.76, NJW 1978, 1539; Beschluss vom 21. März 1993, 1 B 211/94, DVBl 1996, 152 (153).

[123] Siehe die bereits in Fn. 81 zitierte Rechtsprechung.

[124] Siehe oben Tz. 971, 1024 ff.

[125] Die Rundfunkfreiheit ist insofern ein Abwehrrecht gegen die staatliche Indienstnahme für außerpublizistische Zwecke; siehe BVerfG, Beschluss vom 6. Oktober 1992, 1 BvR 1586/89 und 487/92, BVerfGE 87, 181, Rz. 78 (zit. nach Juris).

die Programmgestaltung.[126] Die Rundfunkveranstalter sind nach der Rechtsprechung des BVerfG berechtigt, den verfassungsrechtlichen Auftrag zur Unterstützung der Meinungs- und Willensbildung, den sie bei ihrer wirtschaftlichen Tätigkeit verfolgen, selbst zu konkretisieren.[127] Nach dem EU-Recht ist allerdings anzunehmen, dass die öffentlich-rechtlichen Rundfunkanstalten als Unternehmen in öffentlicher Hand zugleich unmittelbar selbst verpflichtet sind, eine solche Konkretisierung in Bezug auf ihre wirtschaftlichen Tätigkeiten vorzunehmen.[128] Die öffentliche Hand als Trägerin der Anstalten trifft daneben eine Gewährleistungsverantwortung.[129]

1085. Diesen unionsrechtlichen Pflichten steht beim Angebot von Inhalten über Online-Medien auch nicht entgegen, dass der öffentlich-rechtliche Rundfunk nach deutschem Recht über eine Bestands- und Entwicklungsgarantie verfügt, sodass er nicht auf den gegenwärtigen Entwicklungsstand beschränkt werden darf.[130] So ist es schon jetzt üblich, dass der deutsche Gesetzgeber im verfassungsrechtlich zulässigen bzw. gebotenen Umfang den Auftrag der öffentlich-rechtlichen Rundfunkanstalten, wie er im RStV wiedergegeben ist, sporadisch anpasst bzw. ausweitet, um den Rundfunkanstalten eine Weiterentwicklung ihres Angebots zu ermöglichen. Eine Anpassung des Auftrags kann infolgedessen auch unionsrechtlich verlangt werden.

1086. Eine Konkretisierung des Auftrags der öffentlich-rechtlichen Rundfunkanstalten, die die zuvor beschriebenen Vorgaben beachtet, ist bislang nicht erfolgt. Die bisherigen Regelungen durch den deutschen Gesetzgeber beschränken sich darauf, die Tätigkeitsbestimmungen in §§ 11a ff. RStV in Bezug auf zulässige Online-Medienangebote an die aktuellen Gegebenheiten anzupassen.[131] Eine Eingrenzung des Grundversorgungsauftrags in publizistischer Hinsicht fehlt dagegen bis heute.

1087. Die fehlende Konkretisierung des Auftrags der öffentlich-rechtlichen Rundfunkanstalten ist problematisch: Zum einen ist schon offen, ob es grundsätzlich ein ordnungspolitisch legitimes staatliches Interesse an einer inhaltlich umfassenden Grundversorgung durch die Bereitstellung von Online-Angeboten durch die öffentlich-rechtlichen Rundfunkanstalten gibt (dazu Abschn. 4.2.2). Zum anderen ist fraglich, ob die zurzeit diskutierten erweiterten Rechte der öffentlich-rechtlichen Rundfunkanstalten zur Nutzung von Online-Medien zur Erbringung ihres Angebots zu rechtfertigen sind (dazu Abschn. 4.2.3).

4.2.2 Öffentlich-rechtliches Online-Angebot allenfalls für „Public-Value"-Inhalte zu rechtfertigen

1088. Ordnungspolitisch ist die Bereitstellung eines öffentlich-rechtlichen Online- bzw. Telemedienangebots im Hinblick auf den damit zu erfüllenden Grundversorgungsauftrag zu hinterfragen. Dabei würde es zu kurz greifen, lediglich das verfassungsrechtlich verbürgte Recht der Rundfunkanstalten zu berücksichtigen, den Grundversorgungsauftrag selbstständig zu definieren und weiterzuentwickeln. Denn dieses Recht muss seine Grenze grundsätzlich dort finden, wo andere Marktteilnehmer die Aufgaben der Meinungs- und Willensbildung, denen der Grundversorgungsauftrag dient, durch ein bereits bestehendes wirtschaftliches Angebot erfüllen und durch das Tätigwerden der Rundfunkanstalten vom Markt verdrängt würden.

1089. Ein staatlicher Eingriff in das Marktgeschehen in Form eines öffentlich finanzierten Angebots sollte auch aus ordnungspolitischer Sicht nur dann erfolgen, wenn dadurch wettbewerbliche Angebote nicht in übermäßigem Maße ver-

---

[126] BVerfG, Urteil vom vom 22. Februar 1994, 1 BvL 30/88, BVerfGE 90, 60, Rz. 155 (zit. nach Juris).

[127] Vgl. oben Tz. 1022 und die dort zitierte Rechtsprechung.

[128] Siehe erneut EU-Kommission, Rundfunkmitteilung, Tz. 45 f.

[129] Art. 106 Abs. 1 AEUV.

[130] Vgl. BVerfG, Beschluss vom 24. März 1987, 1 BvR 147, 478/86, BVerfGE 74, 297 (350 f.); Urteil vom 5. Februar 1991, 1 BvF 1/85, 1/88, BVerfGE 83, 238.

[131] Siehe §§ 11d, 11f RStV; siehe dazu schon oben Tz. 1067 ff. Hinzu tritt eine Negativliste öffentlich-rechtlicher Angebote in der Anlage zu § 11d Abs. 5 S. 4 RStV. Diese Liste nennt freilich nur Medienangebote, bei denen ein Sachzusammenhang mit dem rundfunkbezogenen Anstaltszweck der Rundfunkanstalten häufig ohnehin fraglich ist (z. B. Anzeigenportale u. Ä., Branchenregister, Preisvergleichsportale, Partner-, Kontakt-, Stellen- und Tauschbörsen, Routenplaner, allgemeine Veranstaltungskalender).

drängt werden. Aus Sicht der Monopolkommission kommt eine Rechtfertigung allenfalls für das Online-Angebot von „Public-Value"-Inhalten in Betracht. Das wird im Folgenden näher erläutert.

1090. Von einem ökonomischen Standpunkt aus sollte ein staatlicher Eingriff in das Marktgeschehen in Form eines öffentlich finanzierten Angebots immer nur dann erfolgen, wenn eine rein privatwirtschaftliche Leistungserbringung zu gesamtwirtschaftlich ineffizienten Ergebnissen führt, d. h., wenn ein sog. Marktversagen vorliegt. Traditionell werden in der ökonomischen Literatur vier Marktversagenstatbestände unterschieden: (1) öffentliche Güter, (2) Marktmacht bzw. natürliche Monopole, (3) Informationsasymmetrien sowie (4) externe Effekte.[132] Ein öffentlich-rechtliches Online-Angebot ist demnach in solchen Bereichen zu rechtfertigen, in denen eine Bereitstellung über den Markt in quantitativer oder qualitativer Hinsicht zu unzufriedenstellenden bzw. ineffizienten Marktergebnissen führt, etwa weil aufgrund der Marktgegebenheiten bestimmte Programme, die eine hohe Bedeutung für die Meinungs- und Willensbildung haben, nicht oder nicht in ausreichendem Maße angeboten werden. Hierbei sind allerdings über das erforderliche Maß hinausgehende Angebote zur Vermeidung von Wettbewerbsverzerrungen zu vermeiden.

1091. Grundsätzlich nicht rechtfertigen lässt sich die Bereitstellung eines öffentlich-rechtlichen Online-Angebots mit dem Argument, es handle sich bei diesem um ein öffentliches Gut. Ökonomisch ist ein öffentliches Gut durch die Nicht-Ausschließbarkeit sowie die fehlende Rivalität im Konsum gekennzeichnet. Da bei öffentlichen Gütern der Marktmechanismus versagt bzw. eine Bereitstellung über den Markt nicht profitabel ist, ist in diesen Fällen eine öffentliche Bereitstellung sachgerecht. Bei Online-Medien handelt es sich indes nicht um öffentliche Güter im ökonomischen Sinne. Zwar besteht eine Nicht-Rivalität im Konsum, ein Ausschluss von Rezipienten vom Angebot ist durch Bezahlschranken allerdings grundsätzlich möglich, sodass eine privatwirtschaftliche Bereitstellung erfolgen kann. Fraglich ist somit allenfalls, wie sinnvoll ein solcher Ausschluss von Rezipienten ist, obwohl die Inhalte ohne nennenswerte Mehrkosten allen Rezipienten zugänglich gemacht werden könnten. Insofern ist zum einen darauf hinzuweisen, dass viele Medieninhalte in der Praxis aufgrund ihrer Werbefinanzierung für die Rezipienten unentgeltlich nutzbar bzw. frei zugänglich sind, da ein Ausschluss von Rezipienten zur Erreichung einer hohen Reichweite und damit zur Erzielung hoher Werbeeinnahmen nicht im Interesse der Medienunternehmen ist. Die für zweiseitige Medienmärkte typische Werbefinanzierung stellt insofern eine marktliche Lösung dar, durch die ein privates Angebot ermöglicht wird. Zum anderen wäre eine unentgeltliche Bereitstellung von Medieninhalten – sofern keine Werbefinanzierung vorliegt – nicht nachhaltig, da in diesem Fall aufgrund der fehlenden Refinanzierungsmöglichkeit kein Anreiz für Investitionen in neue Inhalte bestünde.

1092. Nicht begründbar ist die Notwendigkeit eines öffentlich-rechtlichen Online-Angebots zudem mit dem Vorliegen von Marktmacht bzw. Konzentrationstendenzen. Dieses Argument hatte insbesondere in der Anfangsphase des analogen Rundfunks aufgrund der technologisch bedingten Frequenzknappheit sowie der vergleichsweise hohen Fixkosten bei der Produktion von Rundfunkinhalten und der geringen Grenzkosten und damit einhergehenden Größenvorteilen seine Berechtigung. Aufgrund dieser Marktbedingungen war im Rundfunkbereich strukturell nur in begrenztem Maße Wettbewerb möglich. Im Internet ist eine solche Problematik in Anbetracht der geringen Markteintrittsbarrieren sowie der faktisch nicht vorhandenen Kapazitätsengpässe indes von vornherein nicht erkennbar. Zwar sind aufgrund sog. Netzwerkeffekte durchaus gewisse Konzentrationstendenzen erkennbar. Diese betreffen aber vor allem die Ebene der Plattformanbieter bzw. Intermediäre und nicht die im vorliegenden Fall relevante Ebene der Inhalteanbieter.[133] Hier ist vielmehr sowohl mit Blick auf audiovisuelle als auch mit Blick auf stärker textbasierte Inhalte eine kategorien- bzw. inhalteübergreifend sehr hohe Angebotsvielfalt sowie, damit einhergehend, eine hohe Wettbewerbsintensität zu konstatieren. Ein Marktmachtproblem, das durch die Bereitstellung eines öffentlich-rechtlichen Angebots adressiert werden müsste, ist insofern nicht festzustellen.

1093. Fraglich erscheint auch das Erfordernis eines öffentlich-rechtlichen Online-Angebots aufgrund von Informationsasymmetrien. Informationsasymmetrien treten insbesondere bei Erfahrungs- und Vertrauensgütern auf und erschweren es den Nachfragern, die Qualität und den Wert eines Produktes zu beurteilen. Informationsasymmetrien können prinzi-

---

[132] Fritsch, F., Marktversagen und Wirtschaftspolitik: Mikroökonomische Grundlagen staatlichen Handelns, Vahlens Handbücher der Wirtschafts- und Sozialwissenschaften, Ausgabe 9, München 2014.

[133] Zur ökonomischen und wettbewerblichen Einschätzung von Plattformen siehe auch Monopolkommission, Sondergutachten 68, a. a. O. (Fn. 50).

piell zu einer sog. adversen Selektion bzw. Negativauslese führen.[134] Von größerer Relevanz sind im Medienbereich allerdings mögliche Verzerrungen im Programmangebot der Anbieter (Media Bias), die teilweise auch empirisch feststellbar sind. Neben zufälligen Verzerrungen können Verzerrungen vor allem aufgrund der Werbefinanzierung oder aus ideologischen Gründen auftreten.[135] Insbesondere für werbefinanzierte Angebote kann ein Anreiz bestehen, die Berichterstattung an den Interessen der Werbeindustrie auszurichten bzw. Inhalte zugunsten von Werbekunden verzerrt darzustellen. Hieraus lässt sich allerdings noch keine pauschale Rechtfertigung für ein öffentlich-rechtliches Online-Angebot ableiten. Denn es ist zu berücksichtigen, dass sich die Medien im publizistischen Wettbewerb gegenseitig kontrollieren sowie dass private Anbieter sich eine Reputation für gute Qualität aufbauen können.[136] Dementsprechend hilft zur Sicherung einer qualitativ hochwertigen Berichterstattung ein funktionierender Wettbewerb mit einer Vielzahl unterschiedlicher Anbieter. Daneben können vereinzelte regulatorische Eingriffe, wie etwa die Pflicht zur Gegendarstellung, sinnvoll sein. Insgesamt lässt sich aus möglichen Informationsasymmetrien zumindest kein Erfordernis für ein umfangreiches öffentlich-rechtliches Online-Angebot ableiten, zumal es auch bei öffentlich-rechtlichen Anbietern zu Verzerrungen in der Berichterstattung kommen kann.

1094. Abgesehen von möglichen Verzerrungen zugunsten von Werbekunden wird zwar auch die mangelnde Angebotsvielfalt kommerzieller Medienangebote kritisiert. Gerade werbefinanzierte Medien würden sich aufgrund wirtschaftlicher Erwägungen zu stark an den Interessen der Mehrheit der Zuschauer bzw. der werberelevanten Zielgruppen orientieren. Weniger massenattraktive Inhalte würden demgegenüber nicht oder in einem zu geringen Umfang angeboten, sodass sich das Angebot der Medien insgesamt stark ähnele. Dieses Argument überzeugt jedoch nicht. Davon abgesehen, dass es sich hierbei um kein Marktversagen im eigentlichen Sinne handelt, ließe sich anhand dieser Argumentation allenfalls ein stark begrenztes, auf von privaten Unternehmen nicht angebotene Inhalte beschränktes öffentliches Angebot rechtfertigen. Hievon abgesehen dürften gerade im Internet in Anbetracht der Möglichkeit der zielgerichteten, vom Werbeumfeld unabhängigen Werbeansprache von Nutzern sowie der Möglichkeit der direkten Entgeltfinanzierung auch Nischenangebote profitabel angeboten werden können.

1095. Schließlich kommt als Rechtfertigung für ein öffentlich-rechtliches Online-Angebot noch das Vorliegen positiver externer Effekte in Betracht.[137] Positive (negative) externe Effekte liegen vor, wenn sich das Handeln eines Individuums positiv (negativ) auf den Nutzen Dritter auswirkt. Übertragen auf den Konsum von Medieninhalten wird insoweit teilweise argumentiert, dass sich der individuelle Konsum einzelner Medienangebote mit einem sog. „Public Value" positiv auf die Gesellschaft als Ganzes auswirke und damit auch Nichtnutzern zugutekomme, etwa weil ein höheres Bildungsniveau oder ein besserer Informationsstand der Bevölkerung einen positiven Einfluss auf die Beteiligung am Gemeinwesen bzw. die demokratische Willensbildung habe.[138] Da dieser positive externe Effekt von den Zuschauern bei ihrem individuellen Medienkonsum nicht berücksichtigt werde, würden insgesamt weniger „Public-Value"-Inhalte nachgefragt als aus gesamtgesellschaftlicher Perspektive wünschenswert. Kommerzielle Medienanbieter würden „Public-Value"-Inhalte daher in einem zu geringen Maße anbieten, da sie ihr Programm an der offenbarten Kundennachfrage ausrichten. Demgegenüber könnten bei der Bereitstellung eines öffentlich finanzierten, von kommerziellen Erwägungen unabhängigen Angebots die positiven Wirkungen von „Public-Value"-Inhalten berücksichtigt werden.

1096. Die Anwendung des Konzepts der positiven externen Effekte auf Rundfunk- bzw. Online-Angebote ist umstritten. Abgesehen von der fehlenden empirischen Messbarkeit bzw. Quantifizierbarkeit der externen Effekte ist insbesondere

---

[134] Bei einer adversen Selektion führen im Extremfall die Qualitätsunkenntnis und eine rückläufige Zahlungsbereitschaft der Nachfrager dazu, dass der Preis und die Qualität eines Gutes so lange sinken, bis nur noch schlechte Qualität gehandelt wird und der Markt für gute Qualität zusammenbricht. Nelson, P., Information and Consumer Behavior, Journal of Political Economy 78 (2), 1970, S. 311–329.

[135] Dewenter, R., Der Mediensektor zwischen Wettbewerb und Regulierung: Aktueller und zukünftiger (De-)Regulierungsbedarf, S. 12 f.

[136] Dewenter, R./Haucap, J., Ökonomische Auswirkungen von öffentlich-rechtlichen Online-Angeboten, Marktauswirkungen innerhalb von Drei-Stufen-Tests, Gutachten im Auftrag des VPRT, Baden-Baden 2009, S. 20 f.

[137] Siehe z. B. DIW, Öffentlich-rechtlicher Rundfunk in einer konvergenten Medienwelt, Politikberatung kompakt 119, Studie im Auftrag der ARD, 22. Februar 2017, S. 56 ff.

[138] DIW, Öffentlich-rechtlicher Rundfunk in einer konvergenten Medienwelt, a. a. O., S. 56 ff.

unklar, von welchen Mediengütern, die von den Nutzern aufgrund verzerrter Präferenzen nicht in ausreichendem Maße nachgefragt und daher vom Markt nicht angeboten werden, tatsächlich ein gesamtgesellschaftlicher Nutzen ausgehen soll und worin dieser Nutzen im Einzelnen besteht.[139] Problematisch ist vor allem der unklare Bewertungsmaßstab, sodass die Annahme einer Unterversorgung der Gesellschaft mit „Public-Value"-Inhalten letztlich auf einem Werturteil basiert. Ungeachtet dieser Kritik ist aus Wettbewerbssicht zumindest eine öffentliche Bereitstellung solcher „Public-Value"-Inhalte, die von kommerziellen Anbietern nicht erbracht werden, unproblematisch. Fraglich ist dann allenfalls, welche vom Markt nicht bereitgestellten Inhalte tatsächlich von einer solchen hohen gesellschaftlichen Relevanz sind, dass sie trotz der anders gelagerten Konsumentenpräferenzen angeboten werden sollen.

1097. Das kann hier offenbleiben, soweit es um das herkömmliche Angebot der Rundfunkanstalten geht. Denn für die Zwecke dieses Gutachtens wird unterstellt, dass die Rundfunkanstalten insoweit mit Inhalten am publizistischen Wettbewerb teilnehmen dürfen, die in erhöhtem Maße gesellschaftlich-kulturell relevant sind.[140] Bei den in diesem Sinne zulässigen Inhalten handelt es sich – wie immer diese im Einzelnen zu definieren sind[141] – um „Public-Value"-Inhalte. Daneben wird unterstellt, dass sie auch mit sonstigen Inhalten am publizistischen Wettbewerb teilnehmen können, soweit diese Inhalte Bestandteil der Grundversorgung durch den Rundfunk sind.

1098. Fraglich ist die Beurteilung jedoch, soweit die Rundfunkanstalten Inhalte online bereitstellen, die über ein Livestreaming des herkömmlichen linearen Programms hinausgehen. Diesbezüglich ist erneut zu unterstellen, dass die Rundfunkanstalten solche Inhalte anbieten können müssen, die in erhöhtem Maße gesellschaftlich-kulturell relevant sind und nicht von anderen Marktteilnehmern bereitgestellt werden. Hierbei handelt es sich um „Public-Value"-Inhalte im oben genannten Sinne. Demgegenüber ist zweifelhaft, ob und in welchem Umfang auch ein Angebot von darüber hinausgehenden Inhalten zu rechtfertigen ist. Dies dürfte insbesondere Inhalte betreffen, bei denen sich eine Unterscheidbarkeit des öffentlich-rechtlichen Angebots gegenüber privatwirtschaftlichen Angeboten typischerweise nur schwer feststellen lassen dürfte (z. B. Blockbuster, massenattraktive Sportübertragungen).[142] Insoweit ist einerseits zu berücksichtigen, dass ein beihilfefinanziertes Angebot solcher Inhalte durch die Rundfunkanstalten geeignet sein kann, andere Anbieter im wirtschaftlichen Wettbewerb zu verdrängen. Andererseits könnte – ähnlich wie dies beim klassischen Rundfunkangebot der Fall ist – argumentiert werden, dass den Rundfunkanstalten ein solches Online-Angebot jedenfalls gestattet werden sollte, soweit es zur Erzielung von Aufmerksamkeit bzw. Reichweite für die „Public-Value"-Inhalte dienen kann.

1099. Für das lineare Fernsehen wird auf die Notwendigkeit verwiesen, auch massenattraktive Inhalte anzubieten, um die Zuschauer durch eine attraktive Gestaltung des Gesamtprogramms dazu zu bewegen, die gesellschaftlich wertvollen Inhalte ebenfalls zu konsumieren (Audience Flow bzw. Lead-in-Effekt).[143] Allerdings erscheint fraglich, ob diese Argumentation auf zum Abruf bereitgestellte Online-Angebote übertragen werden kann. Zwar versuchen die Rundfunkanbieter teilweise auch hier, die Zuschauer in ihrem Angebot zu halten, etwa durch das automatische Abspielen neuer Videos oder durch entsprechende Empfehlungssysteme. Aufgrund der im Vergleich zum linearen Fernsehen höheren Konsumentensouveränität ist es allerdings ungleich schwerer, den Zuschauern ein aus gesellschaftlicher Sicht relevantes Programm „zufällig" vorzusetzen, das diese – trotz anders gelagerter individueller Präferenzen – auch konsumieren.[144] Dementsprechend dürfte die Bereitstellung massenattraktiver Inhalte im Internet, wie sie auch von privaten Anbietern angeboten werden, weniger dazu geeignet sein, Nutzer zum beiläufigen Konsum gesellschaftlich besonders relevanter

---

[139] Siehe hierzu etwa Dewenter, R./Haucap, J., Ökonomische Auswirkungen von öffentlich-rechtlichen Online-Angeboten, a. a. O., S. 16 ff.; Monopolkommission, XVI. Hauptgutachten, Mehr Wettbewerb auch im Dienstleistungssektor!, Baden-Baden 2006, Tz. 770.

[140] Siehe oben Tz. 1038.

[141] Dazu siehe oben Tz. 1080 ff. und noch unten Tz. 1118.

[142] Dabei ist zu berücksichtigen, dass bei den nicht-linearen Online-Angeboten die Unterscheidbarkeit, anders als im klassischen Rundfunk, nicht in Bezug auf das Gesamtprogramm, sondern für jedes einzelne Angebot festzustellen ist.

[143] Insofern wird beispielsweise die Ausstrahlung von Fußballspielen im öffentlich-rechtlichen Fernsehen teilweise damit begründet, dass die Zuschauer in der Halbzeitpause Nachrichten schauen und nicht umschalten.

[144] Die Abrufzahlen der Online-Angebote der Sender zeigen etwa, dass vor allem Filme, Serienfolgen sowie Unterhaltungsangebote abgerufen werden. Siehe hierzu z. B. AGF Videoforschung, Bewegtbildforschung in Deutschland. Hitlisten Videostreaming, https://www.agf.de/daten/videostreaming/hitlisten/, Abruf am 8. Juni 2018.

Inhalte zu bewegen. Demgegenüber besteht ein nicht unerhebliches Risiko, dass die Bereitstellung massenattraktiver Inhalte durch die Rundfunkanstalten im Internet geeignet ist, andere Online-Anbieter zu verdrängen. Denn gerade für massenattraktive Inhalte haben sich in den letzten Jahren neue Geschäftsmodelle und Märkte entwickelt oder sind noch dabei, sich zu entwickeln (z. B. im Bereich der Streamingdienste). Solche neuen Geschäftsmodelle können infrage gestellt, und die Marktentwicklung kann behindert werden, wenn die öffentlich-rechtlichen Rundfunkanstalten die betreffenden Inhalte ebenfalls im Internet anbieten.

1100. Insgesamt bleibt festzuhalten, dass ein öffentlich-rechtliches Online-Angebot aus Sicht der Monopolkommission allenfalls in einem begrenzten Umfang zu rechtfertigen ist. Ein solches Angebot sollte sich aber auf „Public-Value"-Inhalte beschränken, die als für die Gesellschaft besonders wichtig erachtet werden und von privaten Marktteilnehmern aufgrund ihrer eingeschränkten kommerziellen Verwertbarkeit nicht oder in einem nicht ausreichendem Maße angeboten werden. Demgegenüber ist zweifelhaft, in welchem Umfang sich auch ein Angebot von massenattraktiven Inhalten, die von anderen Online-Anbietern bereitgestellt werden, rechtfertigen lässt. Denn in diesen Fällen besteht ein nicht unerhebliches Risiko, dass das Angebot der Rundfunkanstalten im Internet geeignet ist, andere Online-Anbieter zu verdrängen.

4.2.3 Bestehende Möglichkeiten Online-Verbreitung von „Public-Value"-Inhalten ausreichend

1101. Vor dem Hintergrund der obigen Ausführungen (Tz. 1088 ff.) sind auch die konkret diskutierten Erweiterungen der zulässigen Online-Aktivitäten des öffentlich-rechtlichen Rundfunks aus ordnungspolitischer Perspektive kritisch zu sehen.[145] Grundsätzlich ist zwar nachvollziehbar, dass die Rundfunkanstalten ihre Telemedien „zeitgemäß" und dem veränderten Mediennutzungsverhalten der Konsumenten entsprechend ausgestalten wollen. In Anbetracht des umfangreichen und vielfältigen Medienangebots im Internet besteht hierfür jedoch allenfalls Bedarf, soweit „Public-Value"-Inhalte verbreitet werden sollen. Nur insoweit ist auch der mit einem solchen (öffentlichen) Angebot möglicherweise verbundene Eingriff in den Wettbewerb und die Rechte der privaten Marktteilnehmer zu rechtfertigen.[146]

1102. Ein auf „Public-Value"-Inhalte beschränktes Online-Angebot dürfte aber – im Rahmen des wettbewerblich Vertretbaren – bereits nach den derzeitigen §§ 11d ff. RStV möglich sein. Deshalb ist fraglich, weshalb es einer Neufassung der Rechte der Rundfunkanstalten bedarf. Dabei ist zu bedenken, dass die Neufassung durch den 22. RÄStV insgesamt eine erhebliche Ausweitung des öffentlich-rechtlichen Online-Angebots ermöglicht, insbesondere durch den Wegfall des Sendungsbezugs als Zulässigkeitsvoraussetzung für öffentlich-rechtliche Telemedienangebote, durch die Gestattung der Bereitstellung zusätzlicher Abrufinhalte (europäische Lizenzware) und durch das Entfallen der bisherigen Verweildauern. Eine Begrenzung auf „Public-Value"-Inhalte ist jedoch nicht vorgesehen. Es ist zumindest fraglich, ob dies wettbewerblich noch vertretbar ist. Anstelle einer Ausweitung in Bereiche, die möglicherweise bereits von privaten Anbietern umfassend bedient werden, dürfte es zum Schutz privater Marktakteure umgekehrt erforderlich sein, die Bereitstellung von Online-Inhalten durch die Rundfunkanstalten ausdrücklich auf die von privaten Anbietern nicht oder nicht in einem ausreichenden Maße angebotenen „Public-Value"-Inhalte zu beschränken.

1103. Speziell mit Blick auf die vorgesehene Einbeziehung europäischer fiktionaler Lizenzware in das Spektrum der zulässigen Online-Medienangebote fehlt im Grunde jegliche Rechtfertigung. Wie ausgeführt, ließ sich die Ausstrahlung massenattraktiver fiktionaler Inhalte im linearen Fernsehen herkömmlich vor allem mit der Schaffung von Aufmerksamkeit für weniger nachgefragte Inhalte, wie etwa Informationssendungen, begründen (Audience Flow). Diese Argumentation lässt sich, wie bereits angesprochen, in Anbetracht der höheren Konsumentensouveränität nur eingeschränkt auf die von einem Programmschema entkoppelten Abrufmedien übertragen. Damit ist ein Angebot von Online-Inhalten, die ebenso gut von kommerziellen Anbietern bereitgestellt werden können, weniger als bei klassischen Rundfunkangeboten zu rechtfertigen. In jedem Fall sind hiermit direkte Wettbewerbsverzerrungen zulasten privater VoD-Anbieter verbunden. Die Bereitstellung fiktionaler Inhalte in öffentlich-rechtlichen Telemedienangeboten sollte sich daher weiterhin

---

[145] Die Monopolkommission hatte sich bereits in ihrem 16. Hauptgutachten, also vor der Einführung der Telemedienregeln des RStV, gegen einen expliziten öffentlich-rechtlichen Funktionsauftrag für das Internet ausgesprochen. Siehe Monopolkommission, XVI. Hauptgutachten, Mehr Wettbewerb auch im Dienstleistungssektor!, Baden-Baden 2006, Tz. 805.

[146] Zu den kollidierenden Rechtspositionen vgl. Tz. 1029 ff.

allenfalls auf Eigenproduktionen beschränken. Der primäre Fokus öffentlich-rechtlicher Telemedienangebote sollte hiervon unabhängig auf von privaten Anbietern gegebenenfalls nur begrenzt angebotenen „Public-Value"-Inhalten liegen.

1104. Kritisch sind auch der weitgehende Wegfall gesetzlicher Verweildauerfristen für online abrufbare Programminhalte und die Neuregelung für Archive zu beurteilen. Zwar erscheint eine Ausweitung der Verweildauerfristen in Bezug auf „Public-Value"-Inhalte, mit denen die öffentlich-rechtlichen Sender nicht mit privaten Anbietern konkurrieren, unbedenklich. Allerdings könnte die Neuregelung in anderen Bereichen zu einer weiteren Verschärfung der aufgrund der Beitragsfinanzierung ohnehin bestehenden Wettbewerbsverzerrungen führen. Insbesondere dürfte die Durchsetzung von Bezahlangeboten im Internet erschwert werden, je nachdem, wie lange konkurrierende Inhalte in den öffentlich-rechtlichen Online-Medienangeboten kostenlos zum Abruf bereitstehen. Dies kann sich nicht nur auf die Anbieter solcher Bezahldienste, sondern auch auf Filmproduzenten, die mit der Online-Vermarktung kalkulieren, nachteilig auswirken. Hinzu tritt das Risiko, dass weitere Rechteinhaber durch die unentgeltliche Bereitstellung von Inhalten ohne zeitliche Beschränkung benachteiligt werden. Der Wegfall der Verweildauerfristen dürfte auch zu Überschneidungen mit der Regelung für zeitlich unbefristet vorhaltbare Archive führen. Archive sind ebenfalls nicht auf privat nicht angebotene „Public-Value"-Inhalte beschränkt, wenngleich die Ausrichtung auf „informierende, bildende und kulturelle Inhalte" solche Inhalte grundsätzlich umfassen dürfte.

1105. Problematisch sind ferner sehr textlastige bzw. „presseähnliche" öffentlich-rechtliche Online-Medienangebote, die in direkte Konkurrenz zu den Angeboten der digitalen Presse treten. Zwar sollte es dem öffentlich-rechtlichen Rundfunk grundsätzlich möglich sein, seine Inhalte zeitgemäß und internetspezifisch aufzubereiten, zumal das Internet nicht nur einen weiteren Verbreitungsweg, sondern ein eigenes Medium darstellt, in dem die traditionellen Darstellungsformen von Rundfunk und Presse teilweise miteinander verschmelzen. Dementsprechend ist es durchaus sachgerecht, dass die Online-Angebote neben Bewegtbildinhalten auch Textinhalte sowie Standbilder enthalten. Dessen ungeachtet sollte der eindeutige Fokus öffentlich-rechtlicher Telemedien weiterhin auf Bewegtbild- und Toninhalten liegen. Derzeit lässt sich nicht abschätzen, ob dies zukünftig gewährleistet ist. Denn nach dem 22 RÄStV sollen nicht mehr unmittelbar die Gerichte darüber entscheiden, ob ein „presseähnliches" Angebot vorliegt, sondern zunächst soll eine aus Vertretern von Verlagen und Sendern gebildete Schlichtungsstelle darüber befinden, ob die im RStV niedergelegten Kriterien für ein Bild- oder Tonangebot „im Schwerpunkt" erfüllt sind. Damit ergeben sich jedenfalls faktisch Spielräume, die von den Rundfunkanstalten zu Wettbewerbsvorstößen mit textlichen Angeboten genutzt werden können. Dies ist nicht nur in Anbetracht des Risikos ungerechtfertigter Grundrechtseingriffe zum Nachteil der digitalen Presse, sondern auch mit Blick auf die Beitragsfinanzierung des öffentlich-rechtlichen Rundfunks kritisch zu sehen.

1106. Die Refinanzierung digitaler Presseangebote gestaltet sich derzeit schwierig.[147] Auch hieraus kann jedoch noch keine Notwendigkeit für ein entsprechendes öffentlich-rechtliches Angebot abgeleitet werden. Vielmehr ist zu befürchten, dass ein beitragsfinanziertes Angebot das Errichten journalistisch-redaktioneller Bezahlangebote der privaten Presse zusätzlich behindern und die Refinanzierung weiter erschweren würde. Mögliche Folge wäre eine Verdrängung der Online-Angebote der privaten Presseunternehmen und damit einhergehend eine Verringerung der Angebots- und Meinungsvielfalt. Eine Ausdehnung öffentlich-rechtlicher Telemedien in die originären Bereiche der Presse sollte durch die Aufsichtsinstanzen – ungeachtet der konkreten Definition des Begriffs der Presseähnlichkeit – unterbunden werden.

1107. Nicht unproblematisch ist auch die erweiterte Berechtigung der öffentlich-rechtlichen Rundfunkanstalten, Inhalte außerhalb ihrer eigenen Portale zum Abruf auf Online-Plattformen (Intermediären) bereitzustellen, z. B. Videoportalen oder sozialen Netzwerken. In diesem Fall drohen Wettbewerbsverzerrungen auf den Märkten, auf denen diese Plattformen tätig sind. Zwar ist durchaus anzuerkennen, dass ein öffentlich-rechtliches Online-Medienangebot eine gewisse Reichweite erzielen muss, um von den Nutzern wahrgenommen zu werden und seine gesellschaftliche Funktion erfüllen zu können. Zur Erzielung dieser Aufmerksamkeit kann eine Verbreitung der jeweiligen Inhalte über reichweitenstarke Internetplattformen ein probates Mittel sein, insbesondere zur Erreichung jüngerer Zielgruppen. Gleichwohl ist zu beachten, dass eine Verbreitung beihilfefinanzierter Inhalte über diese Plattformen diese zugleich attraktiver für die Nutzer macht. Hierdurch wird die Wettbewerbsposition der begünstigten Plattformen gegenüber nicht begünstigten konkurrierenden Plattformen gestärkt. Die erhöhte Attraktivität dürfte sich auch positiv auf die Werbeerlöse der Plattformen

---

[147] Siehe dazu auch in diesem Hauptgutachten, Kapitel I, Abschn. 2, Tz. 93 ff.

auswirken, sodass deren ohnehin starke Marktstellung im Online-Werbemarkt, auf dem sie im direkten Wettbewerb mit werbefinanzierten privatwirtschaftlichen Inhalteanbietern stehen, noch verstärkt wird. Die Nutzung dieser Plattformen sollte sich daher im Wesentlichen auf Nutzungen zu Marketingzwecken beschränken, etwa um in Form kurzer Teaser bzw. Videoclips auf Inhalte im eigenen Onlineportal aufmerksam zu machen.

4.2.4 Vereinbarkeit der Ausweitung der öffentlich-rechtlichen Online-Angebote mit EU-Beihilferegeln ist gegenwärtig fraglich

1108. Es ist fraglich, ob die Ausweitung der öffentlich-rechtlichen Online-Angebote mit EU-Beihilferegeln in vollem Umfang vereinbar ist. Diese Aktivitäten sind staatlich finanziert, sofern dafür auf Rundfunkbeiträge zurückgegriffen wird. Die Europäische Kommission hatte diese Finanzierung bereits untersucht und hat das Verfahren auf Basis des sog. Beihilfekompromisses im Jahr 2007 eingestellt.[148] Nach Abschluss dieses Verfahrens handelt es sich bei der Finanzierung um bestehende Beihilfen, die laufend auf ihre Vereinbarkeit mit dem EU-Binnenmarkt zu überprüfen sind.[149]

4.2.4.1 Ausweitung der öffentlich-rechtlichen Online-Angebote unterliegt beihilferechtlicher Prüfung

1109. Die Ausweitung der öffentlich-rechtlichen Online-Angebote unterliegt ebenfalls der laufenden beihilferechtlichen Überprüfung. Ob diese Ausweitung beihilferechtlich überhaupt stattfinden kann, hängt vielmehr davon ab, ob die Europäische Kommission im Rahmen der laufenden Überprüfung feststellt, dass der Beihilfekompromiss auch die mit der Ausweitung möglicherweise verbundenen zusätzlichen Wettbewerbsbeschränkungen abdeckt, oder ob dies nicht der Fall ist, sodass die Ausweitung der öffentlich-rechtlichen Online-Angebote zunächst als neue Beihilfe zur Prüfung anzumelden ist.

1110. Das Vorliegen eines beihilferechtlich relevanten Vorteils ist durch die zwischenzeitlichen Änderungen des RStV auch nach der sog. Altmark-Rechtsprechung nicht ausgeschlossen.[150] Diese Rechtsprechung erfordert zunächst eine klare Definition gemeinwirtschaftlicher Verpflichtungen (= Auftrag).[151] Dieser Auftrag dürfte sich gerade auf „Public-Value"-Inhalte beziehen müssen, da andernfalls keine ohne Weiteres kompensationsfähigen Dienste von allgemeinem wirtschaftlichem Interesse vorliegen. Im Übrigen kommt eine Ausnahme vom Beihilfetatbestand nur dann in Betracht, wenn der für die Erfüllung dieser Verpflichtungen gezahlte Ausgleich wettbewerbsneutral ausgestaltet ist.[152] Das ist bezüglich der Finanzierung der öffentlich-rechtlichen Rundfunkanstalten beim Angebot von Online-Inhalten jedoch weiter zweifelhaft. Die Parameter für die Finanzierung der Wirtschaftstätigkeit belassen Bewertungsspielräume, wobei die Bewertung an den Zielen einer wettbewerbsfähigen Fortführung der bestehenden Rundfunkprogramme und der Entwicklung zulässiger neuer Rundfunkprogramme auszurichten ist. Die Kostenentwicklung stellt lediglich einen Faktor dar, der bei der Ausgleichsbemessung zu berücksichtigen ist. Möglich ist somit eine Finanzierung von Aktivitäten, durch welche die öffentlich-rechtlichen Rundfunkanstalten gegenüber privaten Anbietern wettbewerbsfähig bleiben, ebenso

---

[148] EU-Kommission, Entscheidung vom 24. April 2007, E3/2005 – Deutschland. Die Finanzierung der öffentlich-rechtlichen Rundfunkanstalten in Deutschland, K(2007) 1761 endg.

[149] Art. 108 Abs. 1 AEUV; dazu auch Art. 1 lit. b, 21 ff., 25 Abs. 1, 26 VO 2015/1589 über besondere Vorschriften für die Anwendung von Artikel 108 des Vertrags über die Arbeitsweise der Europäischen Union, ABl. 2015 L 248/9 ; EU-Kommission, Rundfunkmitteilung, Tz. 25-31 zur Abgrenzung von neuen Beihilfen bei Änderungen bzw. abtrennbaren Maßnahmen.

[150] EuGH, Urteil vom 24. Juli 2003, C-280/00 – Altmark Trans und Regierungspräsidium Magdeburg, Slg. 2003, I-7747, ECLI:EU:C:2003:415, Rz. 74 ff., insb. Rz. 95; dazu auch EuGH, Urteil vom 8. März 2017, C-660/15 P – Viasat, ECLI:EU:C:2017:178, Rz. 34; EuGH, Urteil vom 20. Dezember 2017, C-66/16 P - C-69/16 P – Comunidad Autónoma del País Vasco und Itelazpi/Kommission, ECLI:EU:C:2017:999, Rz. 56.

[151] EuGH, Urteil vom 24. Juli 2003, C-280/00 – Altmark Trans und Regierungspräsidium Magdeburg, Slg. 2003, I-7747, ECLI:EU:C:2003:415, Rz. 95 (1. Voraussetzung). Damit wird die in Abschn. 4.2.1 erörterte Voraussetzung wieder aufgenommen.

[152] EuGH, Urteil vom 24. Juli 2003, C-280/00 – Altmark Trans und Regierungspräsidium Magdeburg, Slg. 2003, I-7747, ECLI:EU:C:2003:415, Rz. 95 (2. und 3. Voraussetzung).

wie eine Finanzierung von Aktivitäten, mit denen sie Wettbewerber durch Ausübung von Marktmacht verdrängen können.[153]

1111. Soweit die Finanzierung der wirtschaftlichen Tätigkeit der öffentlich-rechtlichen Rundfunkanstalten mit beihilferelevanten Vorteilen einhergeht, ist des Weiteren – jedenfalls im Grundsatz – anzunehmen, dass diese Finanzierung geeignet ist, den Wettbewerb im Binnenmarkt zu verfälschen. Insoweit lässt sich auf die Gründe verweisen, die die Europäische Kommission bereits in ihrem Beschluss zur Einstellung des Beihilfeverfahrens im Jahr 2007 ausgeführt hat.[154] Das dort Ausgeführte gilt ohne Abstriche auch bezüglich der Ausweitung der öffentlich-rechtlichen Online-Angebote. Denn die Beihilfefinanzierung erschwert es privaten Wettbewerbern, sich gegenüber den Rundfunkanstalten mit einem eigenen Angebot durchzusetzen. Eine beihilferechtliche Rechtfertigung ist diesbezüglich nicht ersichtlich.[155]

1112. Zwar bleibt einschränkend zu berücksichtigen, dass nach dem Protokoll Nr. 29 nur solche Beihilfen unzulässig sind, welche die Handels- und Wettbewerbsbedingungen in der Union in einem Ausmaß beeinträchtigen, das dem gemeinsamen Interesse zuwiderläuft, wobei den Erfordernissen der Erfüllung des öffentlich-rechtlichen Auftrags Rechnung zu tragen ist. Die zuvor angesprochenen beihilferechtlichen Anforderungen lassen sich aber auch dann erfüllen, wenn man berücksichtigt, dass die Beitragsfinanzierung es den Rundfunkanstalten ermöglicht, ihren verfassungsrechtlich vorgegebenen Grundversorgungsauftrag zu erfüllen.

4.2.4.2 Drei-Stufen-Test als Verfahrensregelung auf nationaler Ebene effektiver gestalten

1113. Die Einhaltung der Vorgaben des Beihilfekompromisses wird bei Änderungen des RStV in Bezug auf öffentlich-rechtliche Online-Angebote auf der nationalen Ebene verfahrensmäßig im Wesentlichen durch den sog. Drei-Stufen-Test sichergestellt. Die Regelung des Drei-Stufen-Tests weist allerdings Mängel auf, welche die praktische Wirksamkeit dieses Instruments in einem nicht unerheblichen Maße beeinträchtigen.

1114. Nach geltender Rechtslage ist der Drei-Stufen-Test unter anderem für neue nicht-sendungsbezogene Angebote und bei der Veränderung bestehender derartiger Angebote durchzuführen.[156] Wie schon zuvor der Vorschlag der Rundfunkreferenten verzichtet die Einigung der Ministerrpäsidenten auf einen 22. RÄStV einerseits weitgehend auf das Kriterium des Sendungsbezugs (für nicht presseähnliche Angebote), sieht jedoch andererseits die Durchführung des Drei-Stufen-Tests nur noch für neue Angebote und eine „wesentliche Änderung" bestehender Angebote vor.[157] Eine sachgerechte Ausgestaltung dieses Testverfahrens ist und bleibt aus Wettbewerbssicht jedoch von herausgehobener Bedeutung.

1115. Der Drei-Stufen-Test wird von den Marktteilnehmern unterschiedlich beurteilt.[158] Aus der Sicht der öffentlich-rechtlichen Rundfunkanstalten hat er sich grundsätzlich bewährt: Wettbewerblichen Belangen werde durch den obligatorischen Markttest hinreichend Rechnung getragen. Problematisch sei allenfalls, dass das Verfahren sehr aufwendig und langwierig sei und mit nicht unerheblichen Kosten einhergehe. Insofern wird für eine Verfahrensvereinfachung plädiert. Einen anders gelagerten Nachbesserungsbedarf sehen die privaten Anbieter: Sie kritisieren vor allem, dass die genehmigten Telemedienkonzepte häufig sehr allgemein gehalten seien und eine konkrete Abschätzung der Marktauswirkungen nur selten ermöglichen würden. Abgesehen von Unklarheiten darüber, worin die Grundversorgung bei den konzipierten Maßnahmen besteht, werden vor allem zu enge Marktdefinitionen kritisiert, durch die faktisch ein ver-

---

[153] §§ 12 ff. RStV. Das gilt auch, soweit der Drei-Stufen-Test nach § 11f Abs. 4 RStV angewendet wird, da hierbei die „marktlichen Auswirkungen" des geplanten Angebots nur eines von mehreren Kriterien sind.

[154] EU-Kommission, Entscheidung vom 24. April 2007, E3/2005 – Deutschland. Die Finanzierung der öffentlich-rechtlichen Rundfunkanstalten in Deutschland, K(2007) 1761 endg., Tz. 184 ff., insb. Tz. 189.

[155] Siehe schon oben Tz. 1088 ff., 1101 ff. Dies gilt im Übrigen auch hinsichtlich Art. 107 Abs. 3 lit. d AEUV („Förderung der Kultur"); dazu EU-Kommission, Rundfunkmitteilung Tz. 32-35.

[156] § 11f Abs. 4 i. V. m. § 11d Abs. 2 Nr. 3 RStV.

[157] Siehe § 11f Abs. 4 in der Fassung des 22. RÄStV-E sowie zuvor Vorschlag der Rundfunkreferenten für eine Online-Konsultation zum Telemedienauftrag des öffentlich-rechtlichen Rundfunks (Stand: 17. Mai 2017), a. a. O. (Fn. 109).

[158] Vgl. auch oben Tz. 1077 f. (allgemein zur Ausweitung der Online-Aktivitäten der Rundfunkanstalten).

gleichbares Angebot von Wettbewerbern ausgeschlossen werde. Dies gelte insbesondere, wenn aufgrund der Anforderungskriterien private Bezahlangebote bei der Betrachtung explizit unberücksichtigt bleiben. Im Übrigen sei kein Telemedienkonzept bekannt, das aufgrund des Drei-Stufen-Tests umfassend angepasst worden sei.

1116. Aus der Sicht der Monopolkommission ist der Drei-Stufen-Test zwar grundsätzlich das richtige Instrument, um das Erfordernis sowie die Marktauswirkungen geplanter öffentlich-rechtlicher Telemedienangebote zu überprüfen. Problematisch ist allerdings die konkrete Ausgestaltung dieses Testverfahrens.

1117. Problematisch ist bereits, dass schwer zu bestimmen ist, wann ein „neues" Angebot oder die „Veränderung" (bzw., nach der eventuellen Neufassung, die „wesentliche Änderung") eines bestehenden Angebots vorliegt. Nach dem RStV kommt es insofern insbesondere auf die inhaltliche Gesamtausrichtung des Angebots und die angestrebte Zielgruppe an.[159] Im Übrigen müssen die Rundfunkanstalten in den Satzungen oder Richtlinien übereinstimmende Kriterien festlegen. Der RStV sieht trotz der insoweit unterschiedlichen Anforderungen des Verfassungsrechts und der EU-Wettbewerbsregeln allerdings nicht eindeutig vor, dass bei der Beurteilung, ob ein neues oder verändertes Angebot vorliegt, sowohl die publizistische als auch die wettbewerbliche Relevanz des Angebots zwingend zu berücksichtigen sind. Bereits hieraus können erhebliche Unsicherheiten für Außenstehende, die von einem solchen Angebot in ihren Rechten betroffen werden, folgen.

1118. Die Ausgestaltung des eigentlichen Tests ist vor allem wegen der dem Vernehmen nach häufig unpräzisen Angebotsbeschreibungen und Kriterien in den jeweiligen Telemedienkonzepten problematisch. Diese müssen bislang nicht die Voraussetzungen der Rundfunkmitteilung an einen klar definierten Auftrag erfüllen, um den Anforderungen des Drei-Stufen-Tests zu genügen. Dies erschwert es den privaten Anbietern, die Auswirkungen der geplanten Telemedienangebote konkret abzuschätzen, und beeinträchtigt zudem die Aussagekraft der obligatorisch einzuholenden Gutachten zu den Marktauswirkungen. Darauf, dass die Telemedienkonzepte bisher nicht hinreichend klar definiert sind, deutet auch hin, dass die bisherigen Online-Angebote der Rundfunkanstalten schon in verschiedenen Fällen zu Konflikten mit Wettbewerbern und mit den Kartellbehörden geführt haben.[160]

1119. Problematisch ist des Weiteren, dass auch bei der Festlegung der Kriterien des Drei-Stufen-Tests nicht klar zwischen der publizistischen und der wettbewerblichen Relevanz des Angebots unterschieden wird. Zwar sind bei der Durchführung des Tests „die marktlichen Auswirkungen des geplanten Angebots sowie dessen meinungsbildende Funktion angesichts bereits vorhandener vergleichbarer Angebote […] zu berücksichtigen"[161]. Nähere Regelungen, insbesondere, wie mit Fällen umzugehen ist, in denen ein Angebot zwar positive publizistische Auswirkungen hat, aber geeignet ist, andere Marktteilnehmer zu verdrängen, trifft der RStV indessen nicht.

1120. Darüber hinaus erscheint es unabdingbar, die prozeduralen Regelungen zur Durchführung des Drei-Stufen-Tests zu überprüfen. Die Abwägung zwischen den publizistischen Vorteilen und eventuellen wettbewerblichen Nachteilen ist bislang den Rundfunk- und Fernsehräten vorbehalten. Ein externes Gutachten zur Unterstützung der Abwägungsentscheidung muss nicht zwingend eingeholt werden.[162] Es ist allerdings fraglich, ob in den betreffenden Gremien die erforderliche Expertise hinreichend vorhanden ist, um die gebotene Abwägung der relevanten publizistischen bzw. ökonomischen Gesichtspunkte und insbesondere zwischen den maßgeblichen höchstrangigen Rechtsgütern des Unionsrechts (Wettbewerb, Binnenmarkt) und des Verfassungsrechts (Grundrechte, demokratische Willensbildung) vorzunehmen. Die Tatsache, dass die Gremienarbeit ehrenamtlich erfolgt und dass die Gremienzusammensetzung nur für einzelne Mandatsperioden fest ist, gibt ferner zu Zweifeln Anlass, ob die Gremienvertreter diese Expertise zumindest im Zeitverlauf aufbauen.

---

[159] § 11f Abs. 3 S. 2 RStV.

[160] Problematisch BGH, Urteil vom 30. April 2015, I ZR 13/14 – Tagesschau-App (zu einem textbasierten Angebot der ARD); vgl. auch BKartA, Entscheidung vom 18. Februar 2014, B6 – 81/11 (dazu Fallbericht vom 23. Februar 2015); Pressemitteilungen vom 11. März und 16. September 2013; Monopolkommission, XX. Hauptgutachten, Tz. 1051 ff., jeweils zum Fall „Germany's Gold".

[161] § 11 Abs. 4 S. 3 RStV.

[162] § 11 Abs. 5 S. 3 Halbs. 2 RStV; kritisch auch schon früh Dörr, ZUM 2009, 897 (902).

1121. In dem Verfahren vor der Europäischen Kommission, das im Jahr 2007 mit dem Beihilfekompromiss endete, war ursprünglich eine Übertragung des Drei-Stufen-Tests auf eine unabhängige Stelle vorgesehen.[163] Der im Vereinigten Königreich durchgeführte „Public-Value"-Test sieht ebenfalls vor, dass unabhängige und zugleich fachkundige Stellen (BBC Trust/Ofcom) eine Analyse sowohl der publizistischen als auch der wettbewerblichen Auswirkungen neuer Angebote vornehmen.[164] Eine öffentliche Konsultation findet auf Basis der Testergebnisse und nicht bereits nach der Veröffentlichung des Vorhabens statt.[165] Auch die verfahrensbeendende Entscheidung wird durch eine unabhängige fachkundige Stelle (den BBC Trust) getroffen.

1122. Zwar ist fraglich, ob das britische Beispiel in Deutschland ohne Konflikt mit den verfassungsrechtlich verbürgten Freiheiten der Rundfunkanstalten in vollem Umfang übernommen werden kann. Zumindest erscheint es jedoch erstens zwingend, durch zusätzliche Regelungen im RStV sicherzustellen, dass die zuständigen Rundfunkgremien auch mit Personen besetzt werden, bei denen bereits der Auswahlprozess Gewähr für fachliche Expertise in den relevanten publizistischen, ökonomischen und juristischen Fragen bietet. Zur Unterstützung der zu treffenden Abwägungsentscheidungen müsste zweitens die Einholung von Gutachten oder behördlicher Unterstützung vorgeschrieben werden, soweit die Gremienmitglieder nicht über die nötige Fachkunde verfügen.[166] Schließlich müssten drittens die Informationen, auf deren Basis das Gremium entscheidet, vor der Entscheidung veröffentlicht werden, um der Öffentlichkeit eine Möglichkeit zur Stellungnahme zu geben und so gegebenenfalls Anpassungen zu ermöglichen.

1123. Mit Blick auf die zurzeit diskutierte Neufassung des Drei-Stufen-Tests ist zuletzt zu bemängeln, dass im Rahmen des Drei-Stufen-Tests nach der Entwurfsfassung zukünftig explizit nur noch vergleichbare „frei zugängliche" Telemedienangebote berücksichtigt werden sollen (§ 11f Abs. 4 RStV-E). Dementsprechend würde zukünftig insbesondere ein Vergleich mit Bezahlangeboten nicht mehr erfolgen. Dies erscheint in Anbetracht der in vielen Bereichen auch zwischen öffentlich-rechtlichen sowie privaten Bezahlangeboten bestehenden Wettbewerbssituation nicht sachgerecht.

4.2.5 Bei grundsätzlich beihilferechtskonformer Ausgestaltung bleiben Vorgaben der übrigen EU-Wettbewerbsregeln zu beachten

1124. Abgesehen von den beihilferechtlichen Anforderungen an die Finanzierung der Ausweitung der öffentlich-rechtlichen Online-Angebote darf diese die Handels- und Wettbewerbsbedingungen in der Union nicht im Wege eines wettbewerbswidrigen Verhaltens im Sinne der Art. 101 f. AEUV in einem Ausmaß beeinträchtigen, bei dem der durch Protokoll Nr. 29 i. V. m. der Rundfunkmitteilung gezogene Rahmen missachtet wird.

1125. Diesbezüglich ist zu beachten, dass der Grundversorgungsauftrag im Hinblick auf die wirtschaftliche Tätigkeit der öffentlich-rechtlichen Rundfunkanstalten einer verfassungsrechtlichen Grenze unterliegt, soweit es um Aktivitäten geht, die über das hinausgehen, was erforderlich ist, damit die Anstalten im Wettbewerb mit den privaten Veranstaltern standhalten können („meeting competition").[167] Eine aktive Verdrängung anderer Unternehmen unter einseitiger oder koordinierter Ausnutzung von Marktmacht dürfte vom Grundversorgungsauftrag von vornherein nicht gedeckt sein („beating competition"). Diese verfassungsrechtliche Grenze ist, soweit ersichtlich, nicht umstritten und auch mit dem EU-Recht ohne Weiteres vereinbar.

---

[163] Dazu EU-Kommission, Mitteilung der Kommission über die Anwendung der Vorschriften über Staatliche Beihilfen auf den öffentlich-rechtlichen Rundfunk ABl. C 320 vom 15. November 2001, Tz. 42; Bundesregierung, Antwort auf eine Kleine Anfrage, BT-Drs. 16/11523, S. 6.

[164] Siehe dazu z. B. Henle, V., Wie testet man Public Value?, epd medien 92/07; Bauer, H. G./Bienenfeld, A., Der Public Value Test: Ein Vergleich zwischen dem BBC-Modell und dem geplanten Verfahren beim ZDF, http://medienpolitik.eu/der-public-value-test-ein-vergleich-zwischen-dem-bbc-modell-und-dem-geplanten-verfahren-beim-zdf/, Abruf am 15. Juni 2018.

[165] Vgl. insoweit § 11 Abs. 5 RStV zum deutschen Verfahren und Bauer, H. G./Bienenfeld, A, a. a. O., zum BBC-Modell.

[166] Denkbar wäre im Übrigen, die Aufgaben der nach den vorliegenden Informationen im 22. RÄStV vorgesehenen Streitschlichtungsstelle (siehe oben Tz. 1074) auf alle wettbewerblichen Konflikte zu erweitern, die im Rahmen des Drei-Stufen-Tests zutage treten können. Das würde allerdings voraussetzen, dass die Stelle auch mit Vertretern von privaten Anbietern audiovisueller Medien und gegebenenfalls von diesen unabhängigen Rechteinhabern besetzt wird oder dass ihre Besetzung situationsspezifisch angepasst wird.

[167] BVerfG, Urteil vom 22. Februar 1994, 1 BvL 30/8 , BVerfGE 90, 60, Rz. 156 (zit. nach Juris).

1126. Die Rundfunkanstalten dürfen daher eine etwaige Marktmacht insbesondere nicht durch Hebelung missbräuchlich in andere Bereiche übertragen.[168] Eine missbräuchliche Hebelung von Marktmacht kann durch einseitiges Verhalten ebenso wie durch Kooperationen erfolgen. Sie erscheint im vorliegenden Zusammenhang vor allem dann bedenklich, wenn sie sich zum Nachteil innovativer Angebote auswirkt, die das Potenzial haben, Funktionen des herkömmlichen Rundfunks als Medium und Faktor der Meinungs- und Willensbildung effektiv zu übernehmen. Denn in diesem Fall ist die Hebelung nicht nur wettbewerbsrechtlich bedenklich, sondern lässt sich auch nicht mit den Funktionen des Rundfunks für die Meinungs- und Willensbildung rechtfertigen.[169] Eine Gefährdung des Wettbewerbs in diesem Sinne kann beispielsweise dann anzunehmen sein, wenn die öffentlich-rechtlichen Rundfunkanstalten trotz ihrer starken Stellung beim Rundfunkangebot für Zuschauer eine gemeinsame Video-on-Demand-Plattform entwickeln und alternative Plattformen keinen oder nur begrenzt Zugang zu den dort angebotenen Videos erhalten.[170] Abhängig von der Marktstellung der Rundfunkanstalten im Online-Bereich kann auch die im 22. RÄStV nach den der Monopolkommission vorliegenden Informationen vorgesehene Ausweitung der zulässigen unentgeltlichen Angebote sendungs- und nichtsendungsbezogener Inhalte auf Abruf problematisch sein, etwa wenn dadurch entgeltlichen Angeboten bestimmter Inhalte effektiv der Marktzugang verschlossen wird.

1127. Daneben könnte es auch nach den Wettbewerbsregeln grundsätzlich Bedenken aufwerfen, wenn durch die Ausweitung der Online-Angebote der Rundfunkanstalten innovative Presseangebote vom Markt verdrängt werden oder gar nicht in den Markt eingeführt werden können. In diesem Fall ist es, abgesehen von wettbewerbsrechtlichen Nachteilen, möglich, dass es durch die betreffenden Aktivitäten zu einer übermäßigen Verkürzung der ihrerseits verfassungsrechtlich geschützten Pressefreiheit kommt.[171] Diese Problematik war, wie bereits ausgeführt, vor Kurzem Gegenstand eines zivilgerichtlichen Rechtsstreits um eine Mobil-Applikation („Tagesschau-App").[172] Die verfassungsrechtlichen Aspekte werden zurzeit durch das BVerfG geprüft. Eine Überprüfung derartiger Fälle im Überschneidungsbereich von Rundfunk und Presse durch die Wettbewerbsbehörden hat bislang allerdings noch nicht stattgefunden.

1128. Allgemein dürften an die Ausweitung der öffentlich-rechtlichen Online-Angebote wegen der damit möglicherweise einhergehenden Verdrängungswirkungen hohe Anforderungen an die Wettbewerbscompliance zu stellen sein. Die Monopolkommission empfiehlt den Rundfunkanstalten, hierauf bei der Weiterentwicklung ihrer Geschäftsmodelle ein besonderes Augenmerk zu legen.

4.3 Rundfunkregulierung in anderen Bereichen überarbeitungsbedürftig

1129. Die Rundfunkregulierung hat mit der Marktentwicklung im digitalen Bereich nur teilweise Schritt gehalten und ist in verschiedenen Bereichen überarbeitungsbedürftig. Dies gilt insbesondere für die Bestimmung der Dienste, die dem einfachgesetzlichen Rundfunkbegriff unterfallen und infolgedessen von der Rundfunkregulierung erfasst werden (Abschn. 4.3.1). Daneben bedarf es einer Anpassung der inhaltlichen Regulierungsvorgaben. Die entsprechenden unionsrechtlichen Vorgaben zur Mindestharmonisierung für lineare und nicht-lineare audiovisuelle Mediendienste werden zurzeit bereits überarbeitet (Abschn. 4.3.2). Auf nationaler Ebene stellen sich Fragen mit Blick auf Anpassungen der Medienkonzentrationskontrolle (Abschn. 4.3.3), der Plattformregulierung (Abschn. 4.3.4) und hinsichtlich einer speziellen medienrechtlichen Vielfaltsregulierung von Intermediären (Abschn. 4.3.5).

---

[168] Dazu EuGH, Urteil vom 14 November 1996, C-333/94 P – Tetra Pak II, Slg. 1996, I-5951, ECLI:EU:C:1996:436, Rz. 27 ff.; Urteil vom 15. März 2007, C-95/04 P – British Airways, Slg. 2007 p. I-2331, ECLI:EU:C:2007:166, Rz. 142 ff.; Monopolkommission, Sondergutachten 68, a. a. O. (Fn. 50), Tz. 497 m. Nachw.

[169] Im Gegenteil dürfte ein wettbewerbsrechtliches Eingreifen in solchen Fällen sogar verfassungsrechtlich geboten sein können, da konkurrierende Anbieter sich möglicherweise ihrerseits auf die Rundfunkfreiheit (Art. 5 Abs. 1 S. 2 Var. 2 GG) berufen und daraus Schutzgewähransprüche ableiten können.

[170] Vgl. BKartA, Fallbericht 23. Februar 2015 zur Entscheidung vom 18. Februar 2014, B6-81/11 – ARD und ZDF Online-Plattform „Germany's Gold"; dazu schon Monopolkommission, XX. Hauptgutachten, Eine Wettbewerbsordnung für die Finanzmärkte, Baden-Baden 2014, Tz. 1051 ff.

[171] Vgl. Art. 5 Abs. 1 S. 2 Var. 1 GG.

[172] Siehe BGH, Urteil vom 30. April 2015, I ZR 13/14, und zuletzt Beschluss vom 21. Dezember 2017, I ZR 216/16; dazu auch schon oben Tz. 1007, 1039 bzw. 1127.

4.3.1 Anpassung der Abgrenzung audiovisueller Mediendienste und des Zulassungsregimes

1130. Wie dargestellt, werden im RStV derzeit Rundfunk- sowie Telemedienangebote negativ voneinander abgegrenzt. Ein wesentliches Abgrenzungsmerkmal ist dabei das technische Merkmal der Linearität, also die zeitgleiche Rezeption audiovisueller Medien. Diese Unterscheidung basiert im Wesentlichen auf der Umsetzung der Vorgaben der AVMD-Richtlinie, die auf Basis des Merkmals der Linearität zwischen audiovisuellen Mediendiensten (bzw. Fernsehprogrammen) sowie audiovisuellen Mediendiensten auf Abruf differenziert. Grund für diese Unterscheidung ist, dass sich audiovisuelle Mediendienste auf Abruf von Fernsehprogrammen mit Blick auf die Auswahl- und Steuerungsmöglichkeiten der Nutzer sowie hinsichtlich ihrer medialen Auswirkungen auf die Gesellschaft unterscheiden. Dies rechtfertige weniger strenge Vorschriften für audiovisuelle Mediendienste auf Abruf.[173]

1131. Das Anknüpfen an das technische Merkmal der Linearität im RStV führt dazu, dass neben traditionellen Rundfunkveranstaltern und professionellen Livestreaming-Angeboten im Internet selbst relativ kleine Anbieter, die etwa über Videoportale Livestreams verbreiten, häufig als Rundfunk klassifiziert werden. Wie ausgeführt, ist dies der Fall, wenn sie potenziell mindestens 500 Zuschauer gleichzeitig erreichen, ihre Inhalte journalistisch-redaktionell gestalten und einen Sendeplan verfolgen. Dementsprechend unterliegen auch relativ kleine Anbieter von Livestreams, die für die Meinungs- und Willensbildung allenfalls von untergeordneter Bedeutung sein dürften, nach aktueller Rechtslage der Rundfunk- und nicht der Telemedienregulierung. Relevant ist dies in der Praxis vor allem mit Blick auf die lediglich für Rundfunk- und nicht für Telemedienangebote bestehende Pflicht zur Zulassung, deren Beantragung mit finanziellem sowie bürokratischem Aufwand einhergeht.[174] Die Eingruppierung von Livestreams als Rundfunk und die damit einhergehende Zulassungspflicht haben zuletzt dazu geführt, dass einige Anbieter, die über Videoportale Livestreams gesendet haben, ihren Betrieb eingestellt haben.[175]

1132. In Anbetracht der eingangs aufgezeigten Marktentwicklungen wird diskutiert, inwieweit das dem derzeitigen einfachgesetzlichen Rundfunkbegriff zugrunde liegende Merkmal der Linearität zur Abgrenzung audiovisueller Mediendienste sowie als Anknüpfungspunkt für eine unterschiedliche Regulierung noch sachgerecht ist. Hierbei ist allerdings zu berücksichtigen, dass die Terminologie des RStV, wie soeben erwähnt, im Wesentlichen auf der AVMD-Richtlinie basiert, die auch nach ihrer Novellierung weiterhin zwischen linearen und nicht-linearen Mediendiensten unterscheiden wird.[176] Dies bedeutet zwar nicht, dass der RStV weiterhin zwingend auf das technische Merkmal der Linearität abstellen muss, solange die Regelungsziele der AVMD-Richtlinie für die betroffenen Dienste auch anderweitig erreicht werden.[177] Eine Anpassung des Rundfunkbegriffs des RStV wird hierdurch allerdings zumindest verkompliziert.

1133. Aus der Sicht der Monopolkommission sollte in Anbetracht der voraussichtlich weiterhin zunehmenden Bedeutung des zeitunabhängigen Konsums audiovisueller Mediendienste zumindest mittelfristig auf das technische Merkmal der Linearität bei der Abgrenzung audiovisueller Mediendienste verzichtet werden. Zielführend erscheint vielmehr die

---

[173] Erwägungsgrund 58 der Richtlinie 2010/13/EU.

[174] Die Einholung einer Rundfunklizenz geht mit einmaligen Kosten in Höhe von 1.000 bis 10.000 Euro einher. Siehe Landesanstalt für Medien Nordrhein-Westfalen (LfM), Rundfunklizenzen für Live-Streaming-Angebote, http://www.lfm-nrw.de/aktuelle-meldungen/live-streaming-bei-web-tv.html, Abruf am 16. Februar 2018.

[175] Besonders prominent ist der Fall der sog. Let's Player „PietSmiet", die auf dem Livestreaming-Videoportal Twitch Computerspiele übertragen und kommentiert haben. Nachdem diese im März 2017 von der Landesmedienanstalt NRW zur Beantragung einer Rundfunklizenz aufgefordert wurden, haben sie ihre Live-Übertragungen beendet. Siehe Landesanstalt für Medien Nordrhein-Westfalen (LfM), Pressemitteilung vom 21.03.2017, http://www.lfm-nrw.de/service/pressemitteilungen/pressemitteilungen-2017/2017/maerz/zak-beanstandet-verbreitung-des-lets-play-angebots-pietsmiettv-per-internet-stream.html, Abruf am 16. Februar 2018; Lijnden, C., Rundfunklizenz für YouTube-Kanäle?, https://www.lto.de/recht/hintergruende/h/twitch-kanal-rundfunklizenz-pietsmiet-let s-play-landesmedienanstalt, Abruf am 16. Februar 2018.

[176] EU-Kommission, Vorschlag für eine Richtlinie des Europäischen Parlaments und des Rates zur Änderung der Richtlinie 2010/13/EU zur Koordinierung bestimmter Rechts- und Verwaltungsvorschriften der Mitgliedstaaten über die Bereitstellung audiovisueller Mediendienste im Hinblick auf sich verändernde Marktgegebenheiten, COM(2016) 287 final vom 25. Mai 2016; Standpunkt des Europäischen Parlaments vom 10. Mai 2017, A8-0192/2017; Allgemeine Ausrichtung des Rates der Europäischen Union vom 24. Mai 2017, 9691/17.

[177] Kluth, W./Schulz, W., Konvergenz und regulatorische Folgen, Gutachten im Auftrag der Rundfunkkommission der Länder, Oktober 2014, S. 86 ff.

Schaffung einer einheitlichen Basisregulierung für alle Bewegtbildinhalte, die für einzelne Angebote aufgrund spezifischer Gefährdungslagen gegebenenfalls um weitere Anforderungen ergänzt werden könnte.[178] Hierzu gehören insbesondere einheitliche Regelungen zum Jugend- und Verbraucherschutz sowie zur Werberegulierung. Eine fortbestehende Unterscheidung anhand des Merkmals der Linearität wäre demgegenüber allenfalls dann zu rechtfertigen, wenn der zeitgleiche und der zeitlich unabhängige Konsum audiovisueller Medienangebote tatsächlich mit deutlich unterschiedlichen Gefährdungslagen, insbesondere für die Meinungsbildung, einhergingen. Dies erscheint allerdings fraglich. So dürfte es mit Blick auf die Meinungsbildungsrelevanz z. B. kaum einen Unterschied machen, ob Nachrichten- oder Unterhaltungssendungen zeitgleich oder zeitversetzt konsumiert werden. Nicht unproblematisch sind insofern die langen Überarbeitungszyklen bei der Novellierung der AVMD-Richtlinie.

1134. Unabhängig von dem Merkmal der Linearität sollte auf nationaler Ebene eine Anpassung des Anwendungsbereichs der Rundfunkregulierung durch eine Überarbeitung des in § 2 Abs. 3 Nr. 1 RStV genannten Schwellenwerts von 500 potenziellen Nutzern geprüft werden. Neben einer Erhöhung dieses Schwellenwerts erscheint insbesondere ein Abstellen auf tatsächliche anstatt auf potenzielle Nutzer erwägenswert. Durch eine solche Anpassung könnte verhindert werden, dass bereits sehr kleine Anbieter audiovisueller Medien, wie insbesondere einige Livestreaming-Anbieter, als Rundfunk eingestuft werden und damit der im Vergleich zu Telemedien strengeren Rundfunkregulierung unterliegen.

1135. Ungeachtet der Möglichkeit einer Anpassung des medienrechtlichen Rundfunkbegriffs erscheint aus der Sicht der Monopolkommission eine Überarbeitung des bestehenden Zulassungsregimes geboten. Dies gilt sowohl bezüglich des Umgangs mit Livestreaming-Angeboten als auch bezüglich der Ungleichbehandlung von linearen und nicht-linearen Diensten. Diskutiert wird derzeit primär eine Anpassung des Zulassungsregimes für Livestreaming-Angebote. So empfehlen etwa die Medienanstalten, die Zulassungspflicht durch eine „qualifizierte Anzeigepflicht" zu ersetzen, wie es sie für Internetradios bereits gibt (§ 20b RStV).[179] Der Inhalt der Anzeige selbst könnte demnach auf wesentliche Aspekte, insbesondere Angaben zur Person des Anbieters sowie zum Inhalt des Angebots, beschränkt werden. Eine darüber hinausgehende, generelle Aufhebung der Zulassungspflicht wird hingegen vor allem seitens der traditionellen Rundfunkveranstalter gefordert.

1136. Mit Blick auf das Erfordernis einer medienrechtlichen Zulassungspflicht für Rundfunkanbieter ist darauf hinzuweisen, dass diese ursprünglich dazu diente, die Meinungsvielfalt im Rundfunk durch die Zuweisung knapper Frequenzen und Kabelkanäle zu sichern. Da eine solche Knappheitssituation heute weder im Bereich des traditionellen Fernsehens noch – und zwar erst recht nicht – bei der Verbreitung von Livestreams über das Internet vorliegt, ist der wesentliche Grund für diese Beschränkung des Marktzugangs entfallen. Vielmehr dürfte von der hohen Anzahl der traditionellen Rundfunkangebote und erst recht von den zahlreichen Livestreaming-Angeboten eine Bereicherung der Meinungsvielfalt ausgehen. Dementsprechend ist auch kein spezielles Zulassungsregime zur Sicherung der Meinungsvielfalt mehr erforderlich. Die Monopolkommission begrüßt insofern den Vorschlag der Medienanstalten, die Zulassungspflicht für Livestreaming-Angebote in eine qualifizierte Anzeigepflicht umzuwandeln. Je nach Ausgestaltung dieser Anzeigepflicht dürfte sich der bürokratische und finanzielle Aufwand, der mit der Beantragung einer Rundfunkzulassung einhergeht, für Livestreaming-Anbieter sowie die zuständigen Landesmedienanstalten deutlich reduzieren. Darüber hinaus könnte erwogen werden, das Erfordernis einer Anzeigepflicht für Streaming-Anbieter zusätzlich an bestimmte Schwellenwerte zu knüpfen. Hiermit würde dem Umstand begegnet, dass selbst bei einer Anzeigepflicht voraussichtlich noch eine Vielzahl an kleinen Anbietern, die keine besondere Meinungsbildungsrelevanz haben, ihre Tätigkeit anzeigen müssten. Daneben sollte geprüft werden, ob die Zulassungspflicht für traditionelle Fernsehveranstalter in Anbetracht der nicht mehr vorhandenen Frequenzknappheit ebenfalls in eine Anzeigepflicht überführt werden könnte.

---

[178] So im Grundsatz auch der Vorschlag der Bund-Länder-Kommission zur Medienkonvergenz sowie das hierauf aufbauende Positionspapier der Bundesrepublik Deutschland zur Novellierung der AVMD-Richtlinie. Siehe hierzu Bund-Länder-Kommission zur Medienkonvergenz, Abschlussbericht Juni 2016, S. 31–39; Bundesregierung, Positionspapier der Bundesrepublik Deutschland zur Novellierung der Audiovisuellen Mediendienste Richtlinie (AVMD), 3. November 2015, https://www.bundesregierung.de/Content/DE/_Anlagen/BKM/2015/2015-11-06-positionspapier-avmd.pdf?__blob=publicationFile&v=2, Abruf am 22. Mai 2018.

[179] Landesanstalt für Medien Nordrhein-Westfalen (LfM), Rundfunklizenzen für Live-Streaming-Angebote, a. a. O.

1137. Davon abgesehen ist darauf hinzuweisen, dass selbst im Fall einer Rückführung der Regulierung des „Rundfunks" durch die Einführung einer Anzeigepflicht weiterhin eine Ungleichbehandlung gegenüber Anbietern audiovisueller Abrufdienste, die weder einer Zulassungs- noch einer Anzeigepflicht unterliegen, besteht. Während derzeit neben Fernsehveranstaltern auch kleine Livestreaming-Anbieter eine Zulassung benötigen bzw. ihre Tätigkeit anzeigen müssen, besteht eine solche Verpflichtung selbst für große VoD-Anbieter, die sich an einen vergleichsweise größeren Teil der Allgemeinheit wenden, nicht. Diese Ungleichbehandlung von linearen und nicht-linearen Angeboten erscheint zumindest dann zweifelhaft, wenn man, wie oben dargelegt, davon ausgeht, dass mit Blick auf die Meinungsbildungsrelevanz kein wesentlicher Unterschied zwischen linearen und nicht-linearen Bewegtbildinhalten besteht. Vor diesem Hintergrund sollte genau geprüft werden, für welche audiovisuellen Angebote eine Anzeigepflicht aus sachlichen Gründen tatsächlich erforderlich ist. Dies schließt nicht aus, eine solche Anzeigepflicht zumindest auch für große Abrufdienste bzw. rundfunkähnliche Telemedien einzuführen.

4.3.2 Anpassung inhaltlicher Anforderungen – Novelle der AVMD-Richtlinie

1138. Wie aufgezeigt, bestehen für lineare und nicht-lineare audiovisuelle Mediendienste unterschiedliche Vorgaben hinsichtlich der inhaltlichen Gestaltung ihrer Angebote. Diese Regelungen basieren zu weiten Teilen auf der AVMD-Richtlinie, durch die eine Mindestharmonisierung auf mitgliedstaatlicher Ebene erfolgt. Aktuell wird eine Überarbeitung der Richtlinie verfolgt, um die Medienordnung dem veränderten Marktumfeld sowie dem veränderten Nutzungsverhalten anzupassen. Zu den Inhalten haben die Beteiligten des Trilogverfahrens Ende April 2018 eine Einigung erzielt. Danach soll die Richtlinie in ihrem Anwendungsbereich weiterhin zwischen linearen und nicht-linearen Mediendiensten unterscheiden und zukünftig zusätzlich Videoplattformdienste (z. B. YouTube) erfassen.[180] Änderungen sind insbesondere bei den Werberegelungen, den Quotenregelungen zur Förderung und Verbreitung europäischer Werke sowie bei den Jugend- und Verbraucherschutzvorgaben vorgesehen.

1139. Mit Blick auf die Werberegulierung ist insbesondere eine Lockerung bzw. Flexibilisierung der quantitativen Werbebeschränkungen für Fernsehveranstalter vorgesehen. Während aktuell der Anteil von Fernsehwerbe- und Teleshoppingspots 20 Prozent bzw. zwölf Minuten pro Stunde nicht überschreiten darf (Art. 23 Abs. 1 AVMD-RL), soll zukünftig eine Werbequote von 20 Prozent jeweils für den Zeitraum zwischen 6 und 18 Uhr sowie 18 und 0 Uhr gelten. Sendern wäre es somit möglich, innerhalb dieser beiden Zeiträume in einzelnen Sendestunden auch mehr als die bisher erlaubten zwölf Minuten Werbung zu senden. Hierdurch könnten die Fernsehsender etwa Werbezeiten von der Tageszeit (Daytime) in die lukrativere Hauptsendezeit (Primetime) verschieben und damit ihre Werbeerlöse steigern. Daneben sah der Vorschlag der Europäischen Kommission vor, dass Werbeunterbrechungen bei Fernsehfilmen, Kinospielfilmen und Nachrichten künftig alle 20 statt wie bisher alle 30 Minuten erlaubt sein sollen (Art. 20 Abs. 2 des Vorschlags). Nach aktuellem Informationsstand soll es insoweit aber zu keiner Änderung der AVMD-RL kommen.

1140. Neben Änderungen bei den quantitativen Werberegelungen sind zudem Anpassungen bei den qualitativen Werberegelungen vorgesehen. Dies betrifft zum einen Produktplatzierungen (Art. 11 Abs. 2 AVMD-RL), die zukünftig nicht mehr mit Ausnahme bestimmter Fälle verboten, sondern außer in Nachrichtensendungen, Sendungen zur politischen Information, Verbrauchersendungen, Sendungen religiösen Inhalts und Kindersendungen generell zulässig sein sollen. Die Regelungen zur Produktplatzierung sollen dabei weiterhin für alle audiovisuellen Mediendienste gleichermaßen gelten. Dementsprechend müssen beispielsweise auch Anbieter auf Videoplattformen wie z. B. YouTube Produktplatzierungen kennzeichnen. Zum anderen wird eine Ausweitung des Gebots zur Trennung von redaktionellen Inhalten und Werbung diskutiert. Hier bestehen in den Richtlinienentwürfen (jeweils Art. 9 Abs. 1 lit. a) unterschiedliche Positionen dahingehend, ob – abgesehen von der leichten Erkennbarkeit – das für Fernsehwerbung bestehende Merkmal der Unterscheidbarkeit von redaktionellen Inhalten (Art. 19 AVMD-RL) zukünftig für alle audiovisuellen Mediendienste gel-

---

[180] EU-Parlament, Pressemitteilung vom 26. April 2018; siehe zuvor EU-Kommission, Vorschlag für eine Richtlinie des Europäischen Parlaments und des Rates zur Änderung der Richtlinie 2010/13/EU zur Koordinierung bestimmter Rechts- und Verwaltungsvorschriften der Mitgliedstaaten über die Bereitstellung audiovisueller Mediendienste im Hinblick auf sich verändernde Marktgegebenheiten, COM(2016) 287 final vom 25. Mai 2016; Standpunkt des EU-Parlaments vom 10. Mai 2017, A8-0192/2017; Allgemeine Ausrichtung des Rates der Europäischen Union vom 24. Mai 2017, 9691/17. Für eine Synopse der unterschiedlichen Entwürfe sowie der aktuellen Trilogposition zum Stand 4. Juni 2018 siehe EMR, Synopsis AVMS Directive 2010/13/EU, https://emr-sb.de/wp-content/uploads/2018/06/EMR-Synopsis-AVMS-1806-01.pdf, Abruf am 18. Juni 2018.

ten soll. Dies wird insbesondere vom Europäischen Parlament gefordert. Nach aktuellem Informationsstand soll allerdings an der bestehenden Regelung festgehalten werden.

1141. Abgesehen von einer Überarbeitung der Werberegelungen sollen sich Videostreaming-Dienste zukünftig stärker an der Förderung europäischer Werke (derzeit Art. 13 AVMD-RL) beteiligen. Hierzu haben sich die EU-Institutionen im Trilog zum einen auf eine Mindestquote für europäische Produktionen im Programmkatalog von Videostreaming-Diensten von 30 Prozent geeinigt.[181] Zum anderen sollen VoD-Anbieter zukünftig durch direkte Investitionen in Inhalte oder durch Beiträge zu nationalen Fonds zur Entwicklung europäischer audiovisueller Produktionen beitragen.

1142. Geplant ist ferner eine Anpassung und Vereinheitlichung der für lineare und nicht-lineare audiovisuelle Mediendienste bestehenden Jugend- und Verbraucherschutzvorschriften. Die im Bereich Verbraucherschutz bereits weitgehend einheitlichen Regelungen, die zurzeit insbesondere das Verbot zur Aufstachelung zu Hass aufgrund von Rasse, Geschlecht, Religion oder Staatsangehörigkeit umfassen (Art. 6 AVMD-RL), sollen für alle audiovisuellen Mediendienste verschärft werden. Die Regelungen zum Schutz von Minderjährigen sind demgegenüber gegenwärtig für traditionelle Fernsehveranstalter (Art. 27 AVMD-RL) sowie Abrufdienste (Art. 12 AVMD-RL) noch unterschiedlich ausgestaltet. So muss im linearen Fernsehen beispielsweise gewährleistet werden, dass für Minderjährige ungeeignete Inhalte erst ab einer bestimmten Sendezeit oder aber verschlüsselt ausgestrahlt werden. Dagegen ist bei Abrufdiensten zwar sicherzustellen, dass entsprechende Inhalte üblicherweise nicht von Minderjährigen gesehen werden können. Allerdings erfolgt darüber hinaus keine weitere Konkretisierung etwaiger Maßnahmen. Zukünftig sollen für audiovisuelle Mediendienste einheitliche Regelungen gelten. Im vorläufigen Trilogergebnis (Art. 6a) werden als beispielhafte Maßnahmen zum Schutz Minderjähriger die Wahl der Sendezeit, Altersüberprüfungswerkzeuge sowie andere technische Maßnahmen aufgeführt.

1143. Schließlich sollen durch die Novelle Videoplattformdienste in den Anwendungsbereich der AVMD-Richtlinie einbezogen werden (Art. 1 Abs. 1 lit. aa der Entwürfe). Hierbei handelt es sich um Dienste, über die Sendungen oder von Nutzern erstellte Videos gespeichert und öffentlich zugänglich gemacht werden können, für die der Anbieter der Videoplattform selbst aber keine redaktionelle Verantwortung trägt (z. B. YouTube, Facebook). Videoplattformdienste sollen Maßnahmen zum Schutz Minderjähriger vor schädlichen Inhalten sowie zum Schutz aller Bürger vor Inhalten, die zu Gewalt und Hass aufstacheln, ergreifen. Die bestehenden Haftungsprivilegierungen für Hostdienste gemäß der E-Commerce-Richtlinie (2000/31/EG) sollen hiervon unberührt bleiben (Art. 28a Abs. 1 des vorläufigen Trilogergebnisses). Insgesamt zielen die vorgesehenen Regelungen für Videoplattformdienste somit auf organisatorische und nicht auf inhaltliche Verpflichtungen. Zudem sollen Videoplattformen zukünftig mit Blick auf kommerzielle Kommunikation, die von ihnen selbst vermarktet, verkauft und zusammengestellt wird, den Anforderungen des Art. 9 Abs. 1 AVMD-RL unterliegen (Art. 28a Abs. 1a des vorläufigen Trilogergebnisses). Abgesehen von inhaltlichen Regelungen ist insofern insbesondere von Bedeutung, dass kommerzielle Kommunikation auf Videoplattformen klar erkennbar sein muss. Mit Blick auf kommerzielle Kommunikation, die von Videoplattformen nicht selbst vermarktet, verkauft oder zusammengestellt wird, sollen sie geeignete Maßnahmen ergreifen, um die Anforderungen des Art. 9 Abs. 1 AVMD-RL zu erfüllen.

1144. Die Monopolkommission begrüßt grundsätzlich, dass die AVMD-Richtlinie weiterentwickelt und den neuen Entwicklungen im Medienbereich angepasst werden soll. Auch wenn die Richtlinie an der grundsätzlichen Unterscheidung zwischen linearen und nicht-linearen Mediendiensten festhält, wird sie in vielen Bereichen zu einer Vereinheitlichung der bisher unterschiedlichen regulatorischen Vorgaben führen, was aus Wettbewerbssicht sachgerecht ist. Gleichwohl wird die Novellierung zu keiner vollständigen Angleichung der Wettbewerbsbedingungen für die unterschiedlichen Formen audiovisueller Mediendienste führen, da einige regulatorische Unterschiede fortbestehen sollen. Kritisch ist insofern insbesondere zu beurteilen, dass bestehende Deregulierungspotenziale im Bereich der quantitativen Werberestriktionen für Fernsehveranstalter nicht ausgeschöpft werden. Daneben ist die Einführung von Mindestquoten für europäische Werke für Abrufdienste fragwürdig.

---

[181] Der Vorschlag der Europäischen Kommission sah eine Quote von 20 Prozent vor, die Vorschläge des Europäischen Parlaments und des Europäischen Rates jeweils eine Quote von 30 Prozent

1145. Mit Blick auf die quantitativen Werbebeschränkungen für traditionelle Fernsehveranstalter geht die vorgesehene Teil-Deregulierung zwar in die richtige Richtung. Besser wäre allerdings eine noch weitergehende Lockerung bzw. eine vollständige Aufhebung der quantitativen Werbebestimmungen, wie sie die Monopolkommission zuletzt in ihrem 68. Sondergutachten zu digitalen Märkten empfohlen hatte.[182] Auch Bund und Länder hatten sich in ihrem Positionspapier zur AVMD-Richtlinie für eine weitgehende Abschaffung der Werbezeitbeschränkungen ausgesprochen.[183] Die fortbestehende unterschiedliche Behandlung des traditionellen linearen Fernsehens einerseits und von Abrufdiensten andererseits, für die keine quantitativen Beschränkungen gelten, ist vor dem Hintergrund des zunehmenden Wettbewerbs zwischen den Angebotsformen problematisch. Letztlich werden durch die quantitativen Restriktionen die Erlösmöglichkeiten des werbefinanzierten Fernsehens eingeschränkt, das dadurch im Wettbewerb mit Abrufdiensten schlechtergestellt wird. Dabei ist nicht erkennbar, dass zeitliche Werbebeschränkungen, etwa zum Schutz der Zuschauer, erforderlich wären, da der zunehmende Wettbewerb – auch durch entgeltliche Abrufdienste – zur Folge hat, dass den Fernsehveranstaltern bei einer zu starken Ausweitung von Werbung die Abwanderung ihrer Zuschauer zu anderen Diensten droht. Nicht zu rechtfertigen ist eine quantitative Beschränkung von Werbezeiten aus wettbewerbspolitischer Sicht mit etwaigen Konkurrenzschutzgedanken. So wird teilweise vorgebracht, dass Werbezeitbeschränkungen im linearen Fernsehen zum Schutz der Presse bzw. zur fairen Verteilung von Werbebudgets zwischen den einzelnen Mediengattungen erforderlich wären. Aus der Sicht der Monopolkommission ist daher grundsätzlich eine Deregulierung der quantitativen Werbebeschränkungen angezeigt.

1146. Weiterhin erforderlich sind demgegenüber qualitative Werbevorschriften, die für alle Anbieter audiovisueller Mediendienste gleichermaßen gelten sollten. Insofern ist zu begrüßen, dass die Regelungen zur Produktplatzierung weiterhin für alle audiovisuellen Mediendienste, also auch für Anbieter auf Videoplattformen, gelten sollen. Grundsätzlich sachgerecht ist auch, dass künftig Videoplattformen ebenfalls bestimmte Anforderungen an die kommerzielle Kommunikation erfüllen müssen. Hiervon abgesehen erscheint eine weitgehend einheitliche Regelung zur Trennung von Werbung und sonstigen Inhalten sachgerecht. Die insoweit diskutierten Änderungen dürften hierzulande allerdings keine größeren Auswirkungen haben, da, wie aufgezeigt, für Telemedien bereits ein relativ striktes Trennungsgebot gilt (§ 58 Abs. 1 RStV) und speziell fernsehähnliche Telemedien dem gleichen Trennungsgebot wie Fernsehveranstalter unterliegen, wonach Werbung und Teleshopping nicht nur leicht erkennbar, sondern auch von redaktionellen Inhalten unterscheidbar sein müssen (§ 58 Abs. 3 Satz 1 i. V. m. § 7 Abs. 3 RStV).

1147. Abzulehnen ist die vorgesehene Quotenregelung für Videostreaming-Dienste zur Förderung der Produktion und Verbreitung europäischer Werke. Zwar ist die Förderung europäischer Kulturwerte als legitimes Ziel anzuerkennen. Die Quotenvorgabe stellt allerdings zum einen einen erheblichen Eingriff in die Programmgestaltungsfreiheit der Unternehmen dar. Zum anderen wird eine Vorgabe zur Vorhaltung europäischer Werke im Programmkatalog nicht per se dazu führen, dass diese Werke von den Nutzern auch tatsächlich abgerufen werden, selbst wenn sie besonders herausgestellt werden. Hierfür bedarf es vielmehr attraktiver Inhalte, die bei einem entsprechenden Zuschauerinteresse auch produziert werden. Demgegenüber dürfte die vorgesehene Quote – zumindest in ihrer geplanten Form – eher dazu führen, dass in den Programmkatalogen Masse statt Klasse vorgehalten wird. Insofern handelt es sich bei der Quote für europäische Werke um kein zielgenaues Instrument. Zur Vermeidung von Wettbewerbsverzerrungen zwischen Abrufdiensten und linearen Fernsehveranstaltern sollte darüber hinaus die für Letztere bestehende Quotenregelung, wonach der Hauptanteil der Sendezeit, der nicht auf Nachrichten, Sportberichte, Spielshows, Werbeleistungen, Videotextleistungen und Teleshopping entfällt, europäischen Werken vorbehalten sein soll (Art. 16 Abs. 1 AVMD-RL), kritisch auf ihre Zielgenauigkeit hin überprüft und gegebenenfalls abgeschafft werden. Grundsätzlich sollten eventuelle Maßnahmen zur Förderung europäischer Werke, regulierungsbedingte Wettbewerbsverzerrungen zwischen linearen Fernsehveranstaltern und nicht-linearen Abrufdiensten vermeiden („level playing field").

1148. Positiv ist die Vereinheitlichung der Regelungen zum Jugend- und Verbraucherschutz zu beurteilen. Hierdurch werden potenzielle Wettbewerbsverzerrungen aufgrund unterschiedlich umfangreicher Vorschriften vermieden. Bei der

---

[182] Monopolkommission, Sondergutachten 68, a. a. O. (Fn. 50), Tz. 167 ff.

[183] Bundesregierung, Positionspapier der Bundesrepublik Deutschland zur Novellierung der Audiovisuellen Mediendienste Richtlinie (AVMD), a. a. O.

Umsetzung in nationales Recht ist allerdings darauf zu achten, dass die gewählten Systeme zum Schutz Minderjähriger auch tatsächlich ein ähnlich hohes Schutzniveau bei linearen und nicht-linearen Diensten bewirken. Positiv sind in diesem Rahmen auch die vorgesehenen Regelungen für Videoplattformdienste zu beurteilen, da die Anbieter dieser Plattformen selbst noch am ehesten ein entsprechendes Schutzniveau auf ihren Plattformen sicherstellen können. Dass für Videoplattformdienste separate Vorgaben bestehen, erscheint dabei sachgerecht, da sich die Regelungen bei diesen nicht auf die Inhalte selbst, sondern auf deren Organisation beziehen.

1149. Abschließend ist darauf hinzuweisen, dass der Entwurf des Europäischen Parlaments zudem Regelungen zur besonderen Auffindbarkeit von Inhalten von besonderem gesellschaftlichen Interesse (Art. 7a Parlamentsentwurf) sowie zum Signalschutz bzw. zum Schutz der Inhalte von Programmveranstaltern vor Veränderungen (Art. 7b Parlamentsentwurf) beinhaltet. Diese Regelungen sind nach aktuellem Informationsstand auch Bestandteil der Einigung im Trilog. Ähnliche Regelungen werden aktuell auch auf nationaler Ebene im Rahmen einer Überarbeitung der Plattformregulierung diskutiert. Wie im nächsten Abschnitt ausführlicher dargestellt wird, sieht die Monopolkommission sowohl mögliche Regelungen zur privilegierten Auffindbarkeit als auch besonders weitgehende Regelungen zum Signalschutz kritisch.[184]

4.3.3 Anpassung der Medienkonzentrationskontrolle erforderlich

1150. Wie eingangs dargestellt, unterliegen die privaten Rundfunkanbieter einer medienrechtlichen Konzentrationskontrolle durch die KEK. Ziel dieser sektorspezifischen Konzentrationskontrolle sind die Sicherstellung einer ausgewogenen Meinungsvielfalt und die Verhinderung der Entstehung vorherrschender Meinungsmacht einzelner Unternehmen. Ihr liegt im Wesentlichen die vom BVerfG geprägte Annahme zugrunde, dass es sich beim Rundfunk aufgrund seiner Aktualität, Breitenwirkung und Suggestivkraft um das Leitmedium für die Meinungsbildung handelt. Die Prüfung knüpft im Wesentlichen an die Zuschaueranteile der Rundfunkanbieter an. Vorherrschende Meinungsmacht wird entweder ab einem durchschnittlichen jährlichen Zuschaueranteil von 30 Prozent vermutet oder bereits bei einem Zuschaueranteil von 25 Prozent, sofern das Unternehmen auf einem medienrelevanten verwandten Markt eine marktbeherrschende Stellung innehat oder dort so umfangreich tätig ist, dass der erzielte Meinungseinfluss insgesamt einem Zuschaueranteil von 30 Prozent entspricht.

1151. Die Monopolkommission hat sich in der Vergangenheit wiederholt kritisch zur Medienkonzentrationskontrolle geäußert.[185] Die wesentlichen Gründe hierfür waren einerseits die Loslösung der medienrechtlichen Konzentrationskontrolle vom allgemeinen Kartellrecht, da zwischen der wettbewerblichen und der medienrechtlichen Konzentrationskontrolle immer ein gewisses Konfliktpotenzial besteht, sowie andererseits der ungeklärte Zusammenhang zwischen Zuschauermarktanteilen und Meinungsmacht. Während diese Einwände im Grundsatz unverändert fortbestehen, kommen weitere Einwände aufgrund von Marktveränderungen hinzu. So dürfte eine rein fernsehzentrierte Konzentrationskontrolle in Anbetracht der aktuellen Zuschaueranteile der privaten Rundfunkveranstalter weitgehend ins Leere laufen, schon weil sie das im Zuge der Medienkonvergenz veränderte Mediennutzungsverhalten bzw. die Bedeutung der einzelnen Medien für die Meinungsbildung kaum noch adäquat abzubilden vermag. Selbst wenn das Fernsehen aktuell noch die Funktion eines Leitmediums innehat, sind die Merkmale der Aktualität, Breitenwirkung und Suggestivkraft keine Alleinstellungsmerkmale des traditionellen linearen Fernsehens mehr, da diese Merkmale weitestgehend auch auf nichtlineare Bewegtbildangebote im Internet zutreffen dürften.[186] Betrachtet man ferner Untersuchungen zum Mediennutzungsverhalten, zeigt sich zudem, dass das Fernsehen als Informationsmedium, relativ gesehen, an Bedeutung ver-

---

[184] Siehe hierzu unten, Tz. 1170 ff.

[185] Monopolkommission, XVI. Hauptgutachten, a. a. O., Tz. 793; Monopolkommission, XII. Hauptgutachten, Marktöffnung umfassend verwirklichen, Baden-Baden 1998, Tz. 552 ff.; Monopolkommission, XI. Hauptgutachten, Wettbewerbspolitik in Zeiten des Umbruchs, Baden-Baden 1996, Tz. 826 ff.

[186] KEK, Von der Fernsehzentrierung zur Medienfokussierung – Anforderungen an eine zeitgemäße Sicherung medialer Meinungsvielfalt. Bericht der Kommission zur Ermittlung der Konzentration im Medienbereich (KEK) über die Entwicklung der Konzentration und über Maßnahmen zur Sicherung der Meinungsvielfalt im privaten Rundfunk. Konzentrationsbericht der KEK nach § 26 Abs. 6 RStV, Leipzig 2015, S. 506.

liert.[187] Das lineare Fernsehen ist demnach zwar noch in der Gesamtbevölkerung das meistgenutzte Informationsmedium, in den jüngeren Altersgruppen dominiert aber bereits die Nutzung über das Internet verbreiteter Dienste.

1152. Vor dem Hintergrund der obigen Ausführungen ist die bestehende fernsehzentrierte Medienkonzentrationskontrolle weiterhin – und zunehmend – kritisch zu hinterfragen. Die Monopolkommission ist sich bewusst, dass der deutsche Staat verfassungsrechtlich gehalten ist, Vorkehrungen gegen das Entstehen vorherrschender Meinungsmacht zu treffen.[188] Hierbei handelt es sich um ein außerwettbewerbliches Ziel für den Gesetzgeber, das auch im Rahmen der wettbewerblichen Würdigung anzuerkennen ist. Das heißt aber nicht, dass die Medienkonzentrationskontrolle in ihrer gegenwärtigen Ausgestaltung hinzunehmen ist.

1153. Sofern auch zukünftig an der Konzentrationskontrolle im Medienbereich festgehalten werden soll, wäre aus der Sicht der Monopolkommission die Weiterentwicklung des fernsehzentrierten Modells hin zu einer medienübergreifenden Konzentrationskontrolle, wie sie von der KEK mit dem „Gesamtmeinungsmarktmodell" bereits seit Längerem vorgeschlagen wird, zu erwägen.[189] In diesem Fall würde nicht nur das lineare Fernsehen, sondern alle meinungsbildungsrelevanten, d. h. journalistisch-redaktionell gestalteten Medienangebote der Medienkonzentrationskontrolle unterliegen. Hierdurch könnten zukünftig medienübergreifende Zusammenschlüsse mit Blick auf ihre Auswirkungen auf die Meinungsvielfalt besser überprüft werden.[190] Durch eine solche Weiterentwicklung des Medienkonzentrationsrechts würde auch dem Umstand Rechnung getragen, dass annahmegemäß gerade durch die Kombination unterschiedlicher Medien Meinungsmacht entstehen oder verstärkt werden kann.

1154. Wesentliche Voraussetzung für die Einführung einer medienübergreifenden Konzentrationskontrolle sollte sein, dass das jeweilige Modell in der Lage ist, die Relevanz der unterschiedlichen Medien sowie die Bedeutung der einzelnen Medienanbieter mit Blick auf die Meinungsvielfalt bzw. Meinungsmacht wissenschaftlich und methodisch fundiert zu erfassen. Der Vorschlag der KEK sieht etwa vor, den relativen Anteil am Gesamtmeinungsmarkt, d. h. der Gesamtheit aller für das Inland bestimmten journalistisch-redaktionell gestalteten Angebote, anhand der Reichweite der einzelnen Medien sowie eines aufgrund der unterschiedlichen publizistischen Relevanz gewichteten „Meinungsvielfaltsfaktors" für die einzelnen Medien zu bestimmen.[191] Die Festlegung der Meinungsvielfaltsfaktoren soll dabei normativ anhand der bundesverfassungsgerichtlichen Kriterien der Aktualität, Breitenwirkung und Suggestivkraft ausgehend vom Fernsehen als wirkmächtigstem Medium erfolgen. Das Modell soll wissenschaftlich-empirisch untermauert werden, indem etwa Nutzer nach ihrer Einschätzung der Meinungsbildungsrelevanz einzelner Medien kontinuierlich befragt werden. Die Festlegung, ab welchem Anteil am Gesamtmeinungsmarkt vorherrschende Meinungsmacht besteht, wäre indes Aufgabe der Politik.

1155. In jedem Fall sollte das bisherige Kriterium der „vorherrschenden Meinungsmacht" in § 26 Abs. 2 RStV konkretisiert werden, um zu verhindern, dass die kartellbehördliche Fusionskontrolle und die Medienkonzentrationskontrolle dieselben Kriterien berücksichtigen. Diesbezüglich ist darauf hinzuweisen, dass die Fusionskontrolle herkömmlich vor allem vom sog. Bedarfsmarktkonzept ausgeht und die wettbewerblichen Auswirkungen eines Zusammenschlusses folglich mit Blick auf die Auswirkungen auf die (wirtschaftliche) Nachfrage beurteilt. Dies umfasst nach § 18 Abs. 2a GWB in der Fassung der 9. GWB-Novelle auch eine Prüfung der Zuschaueranteile der Zusammenschlussbeteiligten und die erwarteten Veränderungen bei einem Vollzug des Zusammenschlussvorhabens. Die Medienkonzentrationskontrolle soll hingegen sicherstellen, dass die Zuschauer bzw. Nutzer mit unterschiedlichen Inhalten erreicht werden. Das spricht

---

[187] Siehe hierzu etwa die medienanstalten, Gewichtungsstudie zur Relevanz der Medien für die Meinungsbildung, MedienGewichtungsStudie 2017 II, https://www.blm.de/files/pdf1/dlm_mediengewichtungsstudie_17.pdf, Abruf am 28. Mai 2017.

[188] BVerfG, Urteil vom vom 4. November 1986, 1 BvF 1/84, BVerfGE 73, 118 (172); dazu schon Tz. 1023.

[189] KEK, Von der Fernsehzentrierung zur Medienfokussierung – Anforderungen an eine zeitgemäße Sicherung medialer Meinungsvielfalt, a. a. O., S. 503 ff.

[190] Aktuell können sog. medienrelevante verwandte Märkte nur bei Erreichen bestimmter Zuschaueranteile in die Betrachtung einbezogen werden. Siehe hierzu BVerwG, Urteil vom 29. Januar 2014, 6 C 2.13.

[191] KEK, Von der Fernsehzentrierung zur Medienfokussierung – Anforderungen an eine zeitgemäße Sicherung medialer Meinungsvielfalt, a. a. O., S. 507 f.

dafür, die vorherrschende Meinungsmacht angebotsorientiert zu konkretisieren.[192] Die gegenwärtigen Regelungen setzen demgegenüber wirtschaftliche Macht und „Meinungsmacht" zumindest teilweise gleich.[193] Damit kommt es teilweise zu einer Doppelkontrolle auf Basis derselben Kriterien, wobei divergierende Entscheidungen nicht ausgeschlossen sind.

1156. Hiervon abgesehen bestehen noch weitere Ausgestaltungsfragen. Dies betrifft zunächst die Frage, ob die Veranstaltung von Rundfunk weiterhin Anknüpfungspunkt für die Konzentrationskontrolle sein sollte (fernsehbasiertes Konzentrationsrecht) oder ob hiervon unabhängig alle meinungsbildungsrelevanten Medien der Konzentrationskontrolle unterliegen sollten (fernsehunabhängiges Konzentrationsrecht). Daneben ist insbesondere zu klären, ob – wie teilweise vorgeschlagen – auch Intermediäre, die keine eigenen Inhalte bereitstellen, sowie andere nicht-publizistische Akteure in die medienrechtliche Konzentrationskontrolle einbezogen werden sollten.[194] Hingewiesen wird insoweit darauf, dass die traditionellen Medienunternehmen nicht zuletzt durch die Verlagerung ihrer Aktivitäten in nicht-publizistische und politisch irrelevante Bereiche an Meinungsmacht verlieren, während Intermediäre und nicht-publizistische Anbieter mit politischer Relevanz möglicherweise über teils erhebliche Meinungsmacht verfügen können. Hintergrund dieser Annahme ist, dass Intermediäre Netzwerke für die öffentliche Kommunikation bereitstellen und kontrollieren, durch die sie, etwa durch Techniken der strategischen Kommunikation sowie der algorithmischen Selektion, intendierte Wirkungen erzielen können. Ob bereits die Vermutung eines solchen Machtpotenzials – wie vorgebracht – die Einbeziehung dieser Anbieter in die Medienkonzentrationskontrolle rechtfertigt, sollte kritisch hinterfragt werden. Im Idealfall sollte eine Regulierung nur auf Basis gesicherter und im besten Fall auch empirisch nachweisbarer Gefährdungslagen und nicht allein auf Basis von Vermutungen erfolgen.

4.3.4 Vorschläge zur Weiterentwicklung der Plattformregulierung zu weitgehend

1157. Auf nationaler Ebene wird aktuell unter anderem eine Überarbeitung des bestehenden Regulierungsrahmens des RStV für Plattformen diskutiert, um der Bedeutung neuer Angebote und Dienste für die Medienvielfalt zu begegnen. Die Bund-Länder-Kommission zur Medienkonvergenz hat hierzu mehrere Änderungsvorschläge unterbreitet, die vor allem die Definition des Plattformbegriffs, die Must-Carry-Verpflichtungen, die Signalintegrität sowie die strukturelle und privilegierte Auffindbarkeit von Inhalten betreffen.[195]

- Um auch neuere Angebotsformen mit Meinungsbildungsrelevanz zu erfassen, soll die bisherige, vor allem auf Plattformen in geschlossenen Netzen ausgerichtete Regulierung durch eine abgestufte Regulierung ersetzt werden. Hierzu soll der weiter gefasste, technologieneutrale und entwicklungsoffene Begriff der Medienplattform eingeführt werden. Vorgeschlagen wurde eine Differenzierung nach technischen Plattformen (z. B. Kabelnetzbetreiber), Inhalteplattformen (z. B. OTT-Dienste wie Zattoo, Magine) sowie Zugangsplattformen (insb. Benutzeroberflächen, z. B. auf Smart-TVs). Für Medienplattformen sollen die Grundsätze der Transparenz, Diskriminierungsfreiheit, Chancengleichheit und Nutzerautonomie gelten.

- Die bestehenden Must-Carry-Regelungen sollen für technische Medienplattformen mit einer erheblichen Zahl von Kunden grundsätzlich fortbestehen.[196] Für Übertragungspflichten soll es prinzipiell die Möglichkeit zur vertraglichen Vereinbarung eines angemessenen Entgelts geben. Zur Frage einer Angebotspflicht (Must-Offer) für Anbieter bestimmter audiovisueller Inhalte gegenüber Plattformanbietern wird auf weiteren Prüfungsbedarf hingewiesen.

---

[192] Vgl. insoweit auch §§ 25 Abs. 4, 31 RStV.

[193] Siehe oben Tz. 1052; außerdem BVerwG, Urteil vom 29. Januar 2014, 6 C 2.13, Rz. 32 ff. (zit. nach BVerwG).

[194] die medienanstalten (Hrsg.), Lobigs, F./Neuberger, C., Meinungsmacht im Internet und die Digitalstrategien von Medienunternehmen. Neue Machtverhältnisse trotz expandierender Internet-Geschäfte der traditionellen Massenmedien-Konzerne, Gutachten für die Kommission zur Ermittlung der Konzentration im Medienbereich, Leipzig 2018, S. 88.

[195] Bund-Länder-Kommission zur Medienkonvergenz, Abschlussbericht Juni 2016, a. a. O., S. 23 ff.

[196] Der Freistaat Bayern gab eine Protokollerklärung ab, wonach ein „starker regulativer Eingriff wie das Festhalten an Must-Carry-Vorschriften angesichts der derzeitigen unklaren Empirie und der sich schnell weiterentwickelnden Technik auf den Prüfstand gestellt werden" sollte.

- Neu vorgesehen sind Regelungen für eine strukturelle Auffindbarkeit von Inhalten mit Bedeutung für die Meinungs- und Willensbildung. Alle Inhalte, die Zugang zu einer Plattform haben bzw. zu denen der Zugang durch die Plattform ermöglicht wird, sollen diskriminierungsfrei angezeigt werden. Hierzu soll der Anbieter der Plattform unterschiedliche Sortiermöglichkeiten vorhalten, die der Sortierung zugrunde liegenden Kriterien offenlegen und zudem eine freie Suche ermöglichen. Zu einer möglichen privilegierten Auffindbarkeit bestimmter Inhalte wurde aufgrund unterschiedlicher Auffassungen keine Empfehlung ausgesprochen.

- Die bestehenden Regelungen zum Signalschutz sollen um Vorgaben zur Zulässigkeit von Überblendungen und Skalierungen ergänzt werden. Inhalte mit Meinungsbildungsrelevanz sollen ohne Zustimmung des Inhalteanbieters grundsätzlich weder inhaltlich noch technisch durch den Anbieter der Plattform verändert werden dürfen. Verboten sein soll insbesondere eine Überlagerung von Inhalten oder eine Skalierung des Bildes zur zeitgleichen Anzeige von Werbung. Durch den Nutzer veranlasste Änderungen an der Darstellung sollen möglich sein.

1158. Aufbauend auf den Ergebnissen der Bund-Länder-Kommission hat die Staatskanzlei Nordrhein-Westfalen im April 2017 eine Diskussionsgrundlage für eine Neufassung der Maßgaben zur Plattformregulierung im Rundfunkstaatsvertrag vorgelegt.[197] Der Vorschlag sieht – entsprechend den Ergebnissen der Bund-Länder-Kommission – die Einführung des Begriffs der Medienplattform vor. Zudem sind explizite Regelungen für Benutzeroberflächen vorgesehen. Für infrastrukturgebundene Plattformen sollen die Must-Carry-Regelungen weitgehend fortbestehen. Für Benutzeroberflächen werden spezielle Auffindbarkeitsregelungen vorgeschlagen (§ 52e RStV-E).[198] Sofern eine privilegierte Auffindbarkeitsregelung für Inhalte, die in besonderem Maße zur Vielfalt beitragen, eingeführt werden sollte, sollen hierunter nach dem Entwurf die öffentlich-rechtlichen Rundfunkprogramme, private Vollprogramme und Spartenprogramme mit Schwerpunkt Information sowie rundfunkähnliche Telemedien mit vergleichbarem Inhalt fallen. Schließlich sind Regelungen zur Ausweitung des Signalschutzes vorgesehen (§ 52a Abs. 3 RStV-E).

1159. Die Überarbeitung der Plattformregulierung sowie der Entwurf der Staatskanzlei NRW wurden und werden in der Branche intensiv diskutiert. Im Grundsatz befürwortet wird eine Ausweitung der Plattformregulierung insbesondere von den TV-Veranstaltern sowie den Medienanstalten. Dagegen positionieren sich vor allem die Plattformanbieter selbst sowie die Gerätehersteller. Die Positionen unterscheiden sich dabei in nahezu allen betroffenen Regelungsbereichen, vom Regulierungserfordernis an sich über die Must-Carry-Vorgaben und den Signalschutz bis hin zu den Auffindbarkeitsregelungen. Das Erfordernis einer Ausweitung der Plattformregulierung wird von den Befürwortern vor allem mit der hohen Bedeutung eines diskriminierungsfreien und chancengleichen Zugangs sowie der Verbreitung und Auffindbarkeit auf Plattformen für die Sicherung der Angebots- und Anbietervielfalt begründet. Kritiker verweisen hingegen darauf, dass die der Plattformregulierung zugrunde liegende Knappheitssituation der Übertragungswege nicht mehr existiere und das Missbrauchspotenzial erheblich gesunken sei. Anstelle einer Ausweitung der Plattformregulierung sei insofern vielmehr eine Deregulierung angezeigt.

1160. Bei einer wettbewerblichen Würdigung der bestehenden und vorgesehenen Anpassungen im Bereich der Plattformregulierung ist zu beachten, dass mit dieser das Ziel der Sicherung der Meinungsvielfalt bzw. der kommunikativen Chancengleichheit verfolgt wird. Es handelt sich hierbei um ein außerwettbewerbliches, verfassungsrechtlich vorgegebenes Ziel für den Gesetzgeber, das auch im Rahmen der wettbewerblichen Würdigung anzuerkennen ist.[199] Gleichwohl sollte das Ziel der Vielfaltssicherung nicht dazu führen, den Wettbewerb über das erforderliche Maß hinaus zu beschränken. Insofern ist auch zu berücksichtigen, dass ein funktionierender Wettbewerb seinerseits zur Meinungsvielfalt beiträgt. Die Plattformregulierung sollte sich dementsprechend auf das notwendige Minimum beschränken und sich an tatsächlichen, möglichst auch empirisch belegbaren Gefährdungslagen orientieren. Dementsprechend sollten nur solche Angebote bzw. Dienste der Plattformregulierung unterliegen, die tatsächlich eine Gefahr für die Meinungsvielfalt dar-

---

[197] Die Stellungnahmen zur Diskussionsgrundlage sind abrufbar unter: https://mbem.nrw/de/plattformregulierung.

[198] Der Entwurf enthält Regelungen zur strukturellen sowie privilegierten Auffindbarkeit. Letztere sind allerdings in Klammern gesetzt, sodass vermutlich weiterer Diskussionsbedarf mit Blick auf eine mögliche Einführung bestand.

[199] Siehe parallel Tz. 1152 zur Medienkonzentrationskontrolle.

stellen. Aus der Sicht der Monopolkommission ist sowohl die bestehende als auch die vorgesehene Ausweitung der Plattformregulierung aus dieser Perspektive zu weitgehend.

1161. Die grundsätzliche Beibehaltung der bestehenden Regulierung für traditionelle infrastrukturgebundene Plattformen ist vor dem Hintergrund der aktuellen Marktentwicklungen ambivalent zu beurteilen. Grundsätzlich ist insofern festzustellen, dass die zunehmende Bedeutung des offenen Internets als Übertragungsweg für audiovisuelle Inhalte es den Inhalteanbietern ermöglicht, ihre Inhalte zusätzlich zu den Übertragungswegen Satellit, Kabel, Terrestrik sowie IPTV auch über eigene Online-Angebote, Videoportale oder OTT-Plattformen (z. B. Zattoo, Magine) zu verbreiten. Hierdurch sinkt einerseits tendenziell die Abhängigkeit der Inhalteanbieter von einzelnen Übertragungswegen bzw. Anbietern zur Verbreitung ihrer Inhalte. Andererseits stehen den Zuschauern bzw. Nutzern zahlreiche Empfangsmöglichkeiten zur Verfügung. Die potenzielle Gefahr von Plattformen für den Meinungsbildungsprozess ist damit zwar nicht vollständig aufgelöst, sie schwindet allerdings tendenziell, selbst wenn einige Zuschauer bzw. Nutzer weiterhin nur einen Empfangsweg nutzen. Insgesamt erscheint vor diesem Hintergrund zumindest das Erfordernis einer umfangreichen medienrechtlichen Regulierung von Plattformen fraglich.

1162. Dies betrifft insbesondere die bestehenden Must-Carry-Regelungen. Aus ökonomischer Sicht ist das Erfordernis dieser Belegungsvorgaben – zumindest aktuell – aufgrund der nicht mehr vorhandenen Frequenzknappheit fraglich. Zudem ist zu berücksichtigen, dass es sich bei vielen der „begünstigten" Sender um solche der großen Veranstaltergruppen handelt, die für das Programmangebot der Plattformanbieter ohnehin von besonderer Bedeutung sind. Insofern dürfte vielfach ein gegenseitiges Abhängigkeitsverhältnis zwischen Plattformanbietern einerseits und Fernsehveranstaltern andererseits vorliegen. Zur Sicherung der Meinungsvielfalt wäre hingegen – wenn überhaupt – noch am ehesten eine verpflichtende Einspeisung kleinerer Sender zu begründen. Insgesamt erscheinen die Must-Carry-Vorgaben in ihrer jetzigen Form verzichtbar und sollten abgeschafft werden. Ähnliches gilt im Grundsatz auch für die von einigen Plattformanbietern geforderte Must-Offer-Pflicht für Programmveranstalter, also eine Angebotspflicht bzw. ein Kontrahierungszwang. Auch hier ist kein Regelungsbedarf zu erkennen, weil die meisten Sender in der Regel ein Eigeninteresse an einer möglichst weiten Verbreitung bzw. hohen Reichweite haben dürften, insbesondere wenn sie werbefinanziert sind. Wenn überhaupt, wäre eine solche Angebotspflicht auf die derzeitigen Must-Carry-Sender zu beschränken. Hierdurch könnte im Zweifelsfall auch sichergestellt werden, dass die nach der Einschätzung des Gesetzgebers für die Meinungs- und Willensbildung besonders wichtigen Angebote auch tatsächlich ihren Weg zu den Zuschauern finden.

1163. Kritisch ist aus ökonomischer Sicht in diesem Zusammenhang zudem die als Kompensation für die verpflichtende Einspeisung von Must-Carry-Programmen von einigen Plattformanbietern geforderte und derzeit diskutierte Vergütungspflicht zu sehen. Insofern ist zu bedenken, dass es sich bei einer Rundfunk-Plattform um einen zweiseitigen Markt handelt, auf dem die unterschiedlichen Plattformseiten (Inhalteanbieter und Zuschauer) über indirekte Netzwerkeffekte miteinander verknüpft sind. Dies hat zur Folge, dass a priori nicht eindeutig ist, ob die Inhalteanbieter, die Zuschauer oder sogar beide Plattformseiten für die Dienstleistung der Plattform zahlen. Stattdessen ist die Preissetzung der Plattform von der Stärke der indirekten Netzwerkeffekte bzw. von der Bedeutung des jeweiligen Senders für den Plattformbetreiber bzw. dessen Kunden sowie der Bedeutung der Plattform für die Verbreitung der Rundfunkprogramme für die einzelnen Rundfunkveranstalter abhängig.[200] Je nach Konstellation zwischen Plattformbetreibern und Programmveranstaltern bestehen insofern auch unterschiedliche Einspeisevereinbarungen, wobei in der Praxis vor allem die großen Plattformanbieter eine Einspeisevergütung erzielen, während kleinere Plattformbetreiber Rundfunkprogramme häufig unentgeltlich einspeisen.[201] Auch wenn die Must-Carry-Vorschriften beibehalten werden sollten, sollte daher aus ökonomischer Sicht auf das Festschreiben einer Vergütungspflicht verzichtet werden. Stattdessen sollten die Einspeisekonditionen auch im Must-Carry-Bereich grundsätzlich frei verhandelbar sein, wenngleich durch die Übertragungspflicht zweifelsohne in die Verhandlungspositionen der jeweiligen Marktteilnehmer eingegriffen wird. Insofern ist zu betonen, dass die Must-Carry-Regelungen nicht als generelle Aufforderung zur kostenlosen Einspeisung dieser Programme interpretiert werden sollten.

---

[200] Siehe hierzu auch Dewenter, R., Kabelnetz: ARD und ZDF kündigen Verträge, Wirtschaftsdienst 92 (7), 2012, S. 429 f.

[201] Grundsätzlich denkbar ist die Situation, dass Plattformanbieter Programmveranstalter für die Einspeisung bestimmter Premium- oder Exklusivinhalte bezahlen, sofern hierdurch die Zahlungsbereitschaft der Kunden erhöht wird.

1164. Abgesehen von dem für Plattformen bestehenden medienrechtlichen Missbrauchsverbot könnte im Übrigen ein möglicher Missbrauch einer marktbeherrschenden Stellung durch Inhalteanbieter oder Plattformen mittels des Kartellrechts abgestellt werden. Der BGH hat im Rechtsstreit um die Einspeiseentgelte darauf hingewiesen, dass die öffentlich-rechtlichen Rundfunkanstalten als marktbeherrschende Nachfrager grundsätzlich dem Verbot des Marktmachtmissbrauchs unterliegen.[202] Zwar ist es noch kein missbräuchliches Verhalten in Form einer Diskriminierung, wenn Programme kostenlos eingespeist werden und die Rundfunkanstalten vor diesem Hintergrund eine Vergütung einzelner Plattformbetreiber verweigern.[203] Allerdings kann ein wettbewerbsrechtlicher Verstoß auch darin liegen, dass die Rundfunkanstalten eine Vergütung durch Bildung eines Kartells ausschließen oder dass sie ihre beherrschende Stellung missbräuchlich dazu einsetzen, eine kostenlose Einspeisung zu erzwingen.[204]

1165. Nicht sachgemäß erscheint die Ausdehnung des Anwendungsbereichs der Plattformregulierung auf Plattformen in offenen Netzen bzw. OTT-Plattformen, die Programme zusammenfassen und über das offene Internet zugänglich machen. Hiermit wird letztlich eine von den Landesmedienanstalten bereits heute vollzogene Praxis gesetzlich verankert. Die Einbeziehung von OTT-Plattformen in die Plattformregulierung ist vor allem deshalb kritisch zu werten, weil diese keine eigene Infrastruktur kontrollieren und in der Regel auch nicht über Marktmacht verfügen, sodass weder eine aus Vielfaltsgründen regulierungsbedürftige Gatekeeper-Stellung vorhanden ist noch ein Missbrauch einer marktbeherrschenden Stellung droht. Vielmehr stehen den Nutzern gerade im Internet zahlreiche andere Plattformen und Dienste zur (parallelen) Nutzung zur Verfügung.

1166. Positiv ist hingegen zu bewerten, dass der Anwendungsbereich der Plattformregulierung insgesamt auf solche Anbieter beschränkt bleiben soll, die Inhalte Dritter zu einem Gesamtangebot zusammenfassen. Damit sind insbesondere Videoportale, die lediglich Dritten die Möglichkeit zur Verbreitung ihrer Inhalte geben, die entsprechenden Inhalte selbst aber nicht zu einem Gesamtangebot zusammenfassen und auch über keine eigene Infrastruktur verfügen, weiterhin nicht von der Regulierung erfasst. Aus den gleichen Gründen ist auch positiv zu bewerten, dass sog. Intermediäre, wie etwa Suchmaschinen und soziale Netzwerke, nicht in den Bereich der Plattformregulierung aufgenommen wurden. Sofern überhaupt erforderlich, sollten für solche Intermediäre eigenständige Regelungen geschaffen werden.[205]

1167. Fraglich ist ferner, inwieweit ein Erfordernis zur Regulierung von Benutzeroberflächen, etwa auf Smart-TVs und Set-Top-Boxen, besteht. Eine Regulierung von Benutzeroberflächen wird teilweise für erforderlich gehalten, weil diese den Zugang der Inhalteanbieter zum Endkunden bzw. die Auffindbarkeit von Inhalten und damit die Auswahlmöglichkeit der Nutzer beeinflussen können. Ein Beispiel hierfür ist etwa die Reihenfolge von Sendern in elektronischen Programmführern (EPG) oder die Anordnung von „Kacheln" zum Zugriff auf bestimmte Online-Dienste. Benutzeroberflächen wird insofern teilweise eine ähnliche Gatekeeper-Stellung wie traditionellen infrastrukturgebundenen bzw. geschlossenen Plattformen zugesprochen.

1168. Grundsätzlich ist festzustellen, dass den Nutzern heute zahlreiche unterschiedliche Benutzeroberflächen zum Zugriff auf audiovisuelle Inhalte zur Verfügung stehen. Dies gilt insbesondere für den Zugriff auf über das offene Internet verbreitete audiovisuelle Inhalte, der nicht nur direkt über die Benutzeroberfläche von Smart-TVs und Set-Top-Boxen, sondern z. B. auch über Streaming-Sticks, BluRay-Player oder Spielekonsolen erfolgen kann. Zwar sind auf den einzelnen Benutzeroberflächen häufig nicht die gleichen Apps (vor)installiert. In vielen Fällen ist alternativ aber ein Zugriff über einen Webbrowser möglich. Daneben besteht häufig die Möglichkeit, mittels HbbTV bzw. des roten Knopfs der Fernbedienung auf die Online-Angebote der jeweiligen Programmveranstalter zuzugreifen. Weniger Zugriffsmöglichkeiten bestehen hingegen bei den über die traditionellen Übertragungswege ausgestrahlten Fernsehprogrammen. Hinzu kommt,

---

[202] BGH, Urteile vom 16. Juni 2015, KZR 83/13, Rz. 46 und KZR 3/14, Rz. 45.

[203] BGH, Urteile vom 16. Juni 2015, KZR 83/13, Rz. 50 und KZR 3/14, Rz. 49.

[204] Siehe zu Ersterem BGH, Urteile vom 16. Juni 2015, KZR 83/13, Rz. 53 ff. und KZR 3/14, Rz. 52 ff.; zu Letzterem EuGH, Urteil vom 28. März 1985, 298/83 – CICCE, Slg. 1985, 1105, ECLI:EU:C:1985:150 (dort zur Nachfrage nach Filmen durch Fernsehsender).

[205] Siehe hierzu Abschnitt 4.3.5.

dass in der Praxis viele Nutzer offenbar nicht von der Möglichkeit Gebrauch machen, Voreinstellungen der Hersteller bzw. der Benutzeroberflächen, wie z. B. die Sortierreihenfolge der Sender, anzupassen.[206]

1169. Sofern aufgrund des prinzipiell vorhandenen Diskriminierungspotenzials eine medienrechtliche Regulierung zur Sicherung der Medienvielfalt und der freien Meinungs- und Willensbildung für erforderlich gehalten wird, sollte sich diese auf einige grundsätzliche Anforderungen beschränken. Die Festschreibung von Diskriminierungsfreiheit und Chancengleichheit erscheint insofern vertretbar. Dies gilt im Grundsatz auch für die vorgesehenen Regulierungen zur strukturellen Auffindbarkeit, wenngleich die Anbieter von Benutzeroberflächen kaum Anreize haben dürften, die Auffindbarkeit einzelner Inhalte auf ihrer Benutzeroberfläche gezielt zu erschweren. Gleichzeitig ist aus Wettbewerbssicht allerdings darauf hinzuweisen, dass die Benutzeroberfläche ein wichtiges Differenzierungsmerkmal, insbesondere der Hersteller von Endgeräten, im Wettbewerb darstellt. Außerdem ist offen, ob sich die in Betracht gezogenen Regelungen überhaupt praktisch durchsetzen lassen, z. B., wenn Kunden die relevanten Geräte aus dem europäischen oder außereuropäischen Ausland beziehen. Der Gesetzgeber sollte entsprechende Vorgaben zumindest auf wenige grundlegende Kriterien bzw. Anforderungen beschränken und die konkrete Gestaltung den Anbietern der Benutzeroberflächen bzw. den Nutzern überlassen.

1170. Kritisch sind die angedachten Regelungen zur privilegierten Auffindbarkeit von „Public-Value"-Inhalten (Must-be-Found) zu beurteilen. Begründet wird das Erfordernis einer solchen Regelung vor allem mit dem Argument, ein Diskriminierungsverbot allein reiche nicht aus, um zu gewährleisten, dass gesellschaftlich besonders wertvolle Inhalte vom Nutzer wahrgenommen werden. Die Notwendigkeit einer solchen Regelung erscheint in Anbetracht der vorhandenen Angebotsvielfalt sowie der bestehenden Möglichkeiten, Inhalte auf modernen Benutzeroberflächen gezielt anzusteuern bzw. zu finden, fraglich. Daneben bedeutet eine Privilegierung einzelner Angebote auch einen Eingriff in die Rundfunk- und Medienfreiheit der „verdrängten" Inhalteanbieter. Speziell aus Wettbewerbssicht ist zu kritisieren, dass durch eine solche Regelung in zweifelhafter Weise in den Wettbewerb zwischen Inhalteanbietern eingegriffen wird, da eine privilegierte Auffindbarkeit einzelner Anbieter bzw. Inhalte zwingend auch eine Benachteiligung anderer Anbieter bzw. Inhalte bedingt.

1171. Sollte sich der Gesetzgeber aus Gründen der Vielfaltssicherung gleichwohl für eine privilegierte Auffindbarkeit bestimmter Inhalte entscheiden, so sollte die Regelung „minimalinvasiv" und möglichst objektiv ausgestaltet sein. Die Formulierung im Diskussionsentwurf der Staatskanzlei NRW, wonach die öffentlich-rechtlichen Rundfunkanstalten sowie private Vollprogramme und Spartenprogramme mit Schwerpunkt Information sowie rundfunkähnliche Telemedien mit vergleichbarem Inhalt bevorzugt auffindbar sein sollen, erscheint insofern zu weitgehend. Da es sich bei den Begünstigten zu weiten Teilen zudem um die marktführenden Medienunternehmen handelt, erscheint auch die teilweise vorgebrachte Kritik, die Regelung käme einer „Marktanteilssicherungsregulierung" gleich, nicht völlig unbegründet.[207] Sachgerechter wäre demgegenüber etwa der Vorschlag der Medienanstalten, wonach im RStV lediglich bestimmte Kriterien, die einzelne Inhalte oder Programme als „Public Value" qualifizieren, festgeschrieben werden, anhand derer sodann – beispielsweise durch die Medienanstalten – eine konkrete Auswahl privilegierter Inhalte oder Programme erfolgen kann.[208] Dies gilt jedenfalls, soweit es verfassungsrechtlich zulässig wäre, derartige „Public-Value"-Kriterien im RStV festzuschreiben, ohne dass dies die Rechte der Rundfunkanstalten zur eigenen Konkretisierung ihres Grundversorgungsauftrags und die entsprechenden Rechte der Plattformbetreiber beeinträchtigen würde. Allerdings ist nicht auszuschließen, dass eine solche Regelung ihrerseits zumindest zu Rechtsstreitigkeiten und damit zu Rechtsunsicherheit führen dürfte.

---

[206] die medienanstalten, Digitalisierungsbericht 2017. Aufgedrängte Bereicherung: Braucht Vielfalt Privilegierung?, a. a. O., S. 43 ff.

[207] So etwa Wagner, C., Gewogen und für zu leicht befunden. Zum Entwurf der neuen Plattformregulierung, http://www.medienpolitik.net/2017/06/netzpolitik-gewogen-und-fuer-zu-leicht-befunden/, Abruf am 20. April 2018.

[208] die medienanstalten, Stellungnahme der Medienanstalten zur Diskussionsgrundlage der Staatskanzlei NRW für eine Neufassung der Maßgaben zur Plattformregulierung im Rundfunkstaatsvertrag, 15. Juni 2017, https://mbem.nrw/sites/default/files/asset/document/landesmedienanstalten_-_2017-06-15_medienanstalten-stellungnahme_zum_diskussionspapier_nrw_plattformregulierung.pdf, Abruf am 20. April 2018.

1172. Bei den umstrittenen Regelungen zur „Signalintegrität" bzw. zum Schutz vor sog. Überblendungen (Overlays) handelt es sich schließlich vor allem um eine Frage der Darstellung von Inhalten auf den Endgeräten der Nutzer. Aus Wettbewerbssicht ist vor allem von Bedeutung, dass die gesetzliche Ausgestaltung die wettbewerblichen Möglichkeiten der einzelnen Marktteilnehmer nicht in einem unangemessenen Maße beeinträchtigt. Der Gesetzgeber ist somit aufgefordert, einen Ausgleich zwischen den berechtigten Interessen von Inhalteanbietern einerseits und jenen der Plattformbetreiber andererseits zu finden. Grundsätzlich angemessen ist insofern ein Verbot von Werbeüberblendungen. Weitergehende Beschränkungen mit Blick auf Überblendungen und Skalierungen erscheinen hingegen nicht erforderlich. Insbesondere sollte vermieden werden, dass durch eine zu starke Ausweitung des Signalschutzes mögliche Produktinnovationen, wie etwa neuartige Bedienelemente, Such- oder Empfehlungssysteme, beschränkt werden. Naheliegend ist, die Entscheidung über zulässige Veränderungen an der Darstellung von Inhalten weitestgehend den Nutzern selbst zu überlassen.

4.3.5 Medienrechtliche Vielfaltsregulierung von Intermediären abzulehnen

1173. Neben einer Überarbeitung der Plattformregulierung wird auch eine medienrechtliche Regulierung von Suchmaschinen und sozialen Netzwerken diskutiert. Hintergrund ist in diesem Fall – anders als bei Plattformen, die Inhalte Dritter zu einem Gesamtangebot zusammenfassen – die hohe Bedeutung von Intermediären für den Zugang zu sowie die Auffindbarkeit von Medieninhalten im Internet. Aus dieser zentralen Stellung im Kommunikationsprozess wird teilweise das Erfordernis einer medienrechtlichen Regulierung abgeleitet. Diese medienrechtliche Regulierung soll vor allem zur Vielfaltssicherung und mithin dazu beitragen, Beschränkungen des Zugangs zu den für die Meinungs- und Willensbildung relevanten Inhalten vorzubeugen. Diese Regulierung steht auch im vorliegenden Abschnitt im Vordergrund. Hiervon zu unterscheiden sind sonstige Regulierungsziele wie z. B. die Verhinderung von Hassrede („hate speech"), Jugendschutz und Irreführungsgefahren durch unzureichend gekennzeichnete Werbung. Diese Ziele sind jeweils mit dem binnenmarktrelevanten Ziel unverfälschter Wettbewerbsbedingungen („level playing field") in Ausgleich zu bringen. Insoweit ist, wie bereits angesprochen, z. B. positiv zu bewerten, dass gemäß der Novelle der AVMD-Richtlinie zukünftig auch Videoplattformdienste Maßnahmen zur Sicherung des Jugend- und Verbraucherschutzes ergreifen müssen. Auch das auf nationaler Ebene erlassene Netzwerkdurchsetzungsgesetz ist – trotz aller Kritik – im Hinblick auf das Ziel, soziale Netzwerke an der Bekämpfung von Verletzungen der Persönlichkeitsrechte zu beteiligen, im Grundsatz geeignet, zu einem „level playing field" beizutragen.

1174. Vorschläge zur Regulierung von Intermediären wurden unter anderem von der Bund-Länder-Kommission erarbeitet.[209] Vorgeschlagen wurden zum einen allgemeine Transparenzvorgaben für Intermediäre, die auch in das Positionspapier der Bundesrepublik Deutschland zur EU-Konsultation zu Online-Plattformen[210] eingegangen sind. Demnach sollen „geschäftliche Intermediäre" bzw. Online-Plattformen unter anderem die zentralen Kriterien einer algorithmusbasierten Aggregation, Selektion und Präsentation von Inhalten, ihre Gewichtung sowie Informationen über die Funktionsweise ihrer Algorithmen veröffentlichen. Ferner sollen sie etwa Informationen zu den für den Zugang zu sowie den Verbleib auf einer Online-Plattform relevanten Kriterien und zur Bevorzugung von eigenen Inhalten oder Inhalten Dritter bereitstellen. Neben Transparenzvorgaben wird zudem seitens der Länder die Einführung eines medienrechtlichen Diskriminierungsverbots für Intermediäre, die auch Aufmerksamkeit für Angebote Dritter mit besonderer Meinungsbildungsrelevanz erzeugen und die einen potenziell hohen Einfluss auf die Nutzung dieser Inhalte haben, in Aussicht gestellt. Unzulässig sein soll demnach eine Diskriminierung im Sinne einer sachlich nicht gerechtfertigten Ungleichbehandlung bei der Aggregation, Selektion und Präsentation von für die Nutzer meinungsrelevanten Inhalten. Hierdurch soll der potenziellen Gefahr begegnet werden, dass Intermediäre ihre Nutzer bevorzugt zu eigenen Inhalten oder solchen von Geschäftspartnern und nicht zu Inhalten Dritter weiterleiten. Schließlich soll die bereits angesprochene Möglichkeit einer Einbeziehung von Intermediären in die medienrechtliche Konzentrationskontrolle geprüft werden.

---

[209] Bund-Länder-Kommission zur Medienkonvergenz, Abschlussbericht Juni 2016, a. a. O., S. 31–39.

[210] Bundesregierung, Positionspapier der Bundesregierung zur EU-Konsultation zum Regelungsumfeld für Plattformen, Online-Vermittler, Daten, Cloud Computing und die partizipative Wirtschaft (Konsultation der EU), https://www.bundesregierung.de/Content/DE/_Anlagen/BKM/2016/2016-04-22-positionspapier-plattformregulierung.pdf?__blob=publicationFile&v=2, Abruf am 22. Mai 2018.

1175. Die Monopolkommission hat insbesondere in ihrem Sondergutachten zu digitalen Märkten die Rolle von Intermediären bzw. Online-Plattformen, insbesondere von Suchmaschinen und sozialen Netzwerken, aus wettbewerblicher Sicht untersucht.[211] In diesem Gutachten hat sie herausgearbeitet, dass aus Wettbewerbsgründen kein spezifischer Regulierungsbedarf besteht, da das geltende Wettbewerbsrecht zur Erfassung etwaiger Marktmachtmissbräuche grundsätzlich geeignet ist. Insbesondere hat sie Vorschläge zur Regulierung der Suchalgorithmen von Suchmaschinenanbietern abgelehnt. Zur Frage, inwieweit abgesehen von der wettbewerblichen Kontrolle eine spezielle medienrechtliche Regulierung von Intermediären erforderlich sein könnte, hat sie zwar allgemeine Regelungen zur Erhöhung der Transparenz der Bedingungen eines Leistungsangebots für weitgehend unproblematisch gehalten, eine inhaltsbezogene Regulierung aus wettbewerbspolitischer Sicht allerdings abgelehnt.[212]

1176. Auch wenn eine Erhöhung der Transparenz im Prinzip zu begrüßen ist, erscheinen die angedachten Transparenzvorgaben der Bund-Länder-Kommission insgesamt zu weitgehend. Vertretbar erscheint grundsätzlich, dass die Nutzer auf eine Bevorzugung eigener Dienste oder solcher von Kooperationspartnern des Intermediärs hingewiesen werden müssen. Eine Veröffentlichung der für die Suchalgorithmen relevanten Kriterien ist hingegen – wenn sich der damit verbundene Eingriff in Geschäftsgeheimnisse und das Eigentum unions- und verfassungsrechtlich überhaupt rechtfertigen lässt – medien- und wettbewerbspolitisch problematisch. Auch wenn es sich hierbei noch um keine Regulierung oder Offenlegung der Suchalgorithmen handelt, so profitieren von einer Veröffentlichung der Kriterien im Zweifelsfall lediglich die großen und finanzstarken Unternehmen, die die entsprechenden Mittel für Maßnahmen zur Suchmaschinenoptimierung ihrer Websites bzw. Inhalte haben. Dies dürfte in der Konsequenz eher zu einer Verengung des Kommunikationsprozesses führen.

1177. Ein medienrechtliches Diskriminierungsverbot wird seitens der Bund-Länder-Kommission unter anderem deshalb für erforderlich gehalten, weil kartellrechtlich selbst marktbeherrschenden Unternehmen eine Bevorzugung eigener Inhalte und Dienste nicht per se untersagt ist. Hieraus wird geschlossen, dass das Kartellrecht nur mittelbar einen Beitrag zur Sicherung der Meinungsvielfalt und kommunikativen Chancengleichheit leisten könne. Auch wenn diese Feststellung für sich genommen zutreffend ist, begegnet ein über das allgemeine Kartellrecht hinausgehendes sektorspezifisches Diskriminierungsverbot aus der Sicht der Monopolkommission Bedenken. Hinzuweisen ist zunächst auf die einer solchen Regelung zugrunde liegende zweifelhafte Tatsachenbasis. Zwar kann für Intermediäre, wie für alle Unternehmen, grundsätzlich ein Anreiz zur Bevorzugung eigener Angebote oder solcher von Kooperationspartnern bestehen. Bislang gibt es für eine solche auch medienrechtlich relevante Bevorzugung durch Intermediäre in der Praxis aber keine Anhaltspunkte. Ferner stellt sich die Frage, ob die Einhaltung eines solchen Diskriminierungsverbots in der Praxis überhaupt überprüfbar ist. Schließlich ist zu beachten, dass die Nutzer nicht nur einen Intermediär zur Informationsbeschaffung und Meinungsbildung nutzen können, sondern – abgesehen von weiteren Intermediären – beispielsweise auch direkt auf die Angebote von Inhalteanbietern, online wie offline, zugreifen können. Das mögliche Beeinflussungspotenzial von Intermediären aufgrund ihrer zentralen Stellung zwischen Nutzern und Inhalteanbietern im Internet wird insofern durch andere Wege der Informationsbeschaffung begrenzt. Zudem ist zu beachten, dass Intermediäre, sofern Nutzer eine Verzerrung der ihnen angezeigten Inhalte bemerken sollten, einen erheblichen Reputationsverlust befürchten müssen.

1178. Insgesamt ist aus der Sicht der Monopolkommission zum derzeitigen Zeitpunkt eine umfangreiche medienrechtliche Vielfaltsregulierung von Intermediären abzulehnen. Noch am ehesten vertretbar erscheinen einfache Transparenzvorgaben, die die Bedingungen des Leistungsangebots der Intermediäre konkretisieren. Darüber hinaus könnte aus der Sicht der Monopolkommission erwogen werden, Intermediäre dazu zu verpflichten, Nutzern die Möglichkeit einzuräumen, neben personalisierten auch neutrale bzw. nicht-personalisierte (Such-)Ergebnisse zu erhalten. Ein spezielles Diskriminierungsverbot für bestimmte Intermediäre sollte demgegenüber nur dann im RStV verankert werden, wenn die Stellung dieser Dienste im Meinungsbildungsprozess bzw. das bisher abstrakte Gefährdungspotenzial empirisch erhärtet wurde.

---

[211] Monopolkommission, Sondergutachten 68, a. a. O. (Fn. 50).

[212] Ebenda, Tz. 565 f.

4.4 Weitere wettbewerbsrelevante Aspekte

1179. Neben den soeben dargestellten spezifischen rundfunkrechtlichen Regelungen sind einige weitere Entwicklungen auf europäischer Ebene für die Wettbewerbsentwicklung im Bereich audiovisueller Mediendienste von Bedeutung. Diese betreffen insbesondere den grenzüberschreitenden Zugang zu audiovisuellen Mediendiensten (Abschn. 4.4.1) sowie Anpassungen im Datenschutzrecht (Abschn. 4.4.2).

4.4.1 Grenzüberschreitende Nutzung audiovisueller Mediendienste

1180. Die Europäische Kommission verfolgt aktuell das Ziel der Schaffung eines digitalen Binnenmarktes. In diesem Rahmen soll auch die grenzüberschreitende Nutzung bzw. der grenzüberschreitende Zugang zu audiovisuellen Mediendiensten verbessert werden, indem einerseits die portable Nutzung bestimmter Online-Inhalte im EU-Ausland ermöglicht und andererseits das derzeit häufig praktizierte Geoblocking[213] eingeschränkt wird. Von Bedeutung sind mit Blick auf audiovisuelle Medien insbesondere die im April 2018 in Kraft getretene Portabilitätsverordnung[214] sowie der Vorschlag für eine SatCab-Verordnung[215]. Keine Auswirkungen auf den audiovisuellen Bereich wird demgegenüber – zumindest zunächst – die Geoblocking-Verordnung[216] haben, da audiovisuelle Medien von deren Anwendungsbereich explizit ausgenommen sind.

1181. Die Portabilitätsverordnung betrifft die Nutzung von im Wohnsitzmitgliedstaat abonnierten bzw. kostenpflichtig erworbenen Streaming-Diensten im EU-Ausland. Die Verordnung ermöglicht es Verbrauchern, ihre abgeschlossenen Streaming-Abonnements zukünftig nicht mehr nur im betreffenden Mitgliedstaat, sondern auch bei einem vorübergehenden Aufenthalt im EU-Ausland ohne Zusatzkosten weiter zu nutzen. Die Verordnung sieht hierzu eine legale Fiktion vor, wonach der Nutzer bei einem vorübergehenden Aufenthalt im europäischen Ausland „das Territorium mitnimmt", sodass die Nutzung rechtlich als im Inland erfolgt eingestuft wird. Die Portabilitätsverordnung wird von nahezu allen Marktteilnehmern begrüßt. Auch die Monopolkommission erachtet die Regelung für sachgerecht, da sie den Nutzern lediglich ermöglicht, auch aus dem europäischen Ausland auf ihre bereits bezahlten Online-Dienste zuzugreifen. Die Verordnung führt zwar zu einer Einschränkung des im Urheberrecht sowie für verwandte Schutzrechte geltenden Territorialitätsprinzips und des Geoblockings, stellt allerdings keinen massiven Eingriff in bestehende Verwertungsmechanismen im Bereich audiovisueller Medien dar.

1182. Kontrovers diskutiert wird demgegenüber die geplante SatCab-Verordnung, die Teil des im September 2016 von der Europäischen Kommission vorgeschlagenen Urheberrechtspakets ist. Der Verordnungsentwurf verfolgt das Ziel, den grenzüberschreitenden Zugang zu Fernseh- und Hörfunkprogrammen über digitale Verbreitungswege durch einen vereinfachten Rechteerwerb zu erleichtern, indem die Regelungen für Online-Übertragungen an jene für Satelliten- und Kabelübertragungen angepasst werden. Hierzu soll zum einen das sog. Ursprungslandprinzip für rundfunknahe „ergänzende Online-Dienste" von Rundfunkveranstaltern, wie Livestreams des linearen Fernsehprogramms sowie Catch-up-

---

[213] Bei Geoblocking handelt es sich um einen technischen Vorgang, durch den anhand der IP-Adresse verhindert werden kann, dass Nutzer auf für ihre Region nicht lizenzierte Online-Inhalte zugreifen. Geoblocking ermöglicht damit die Gewährleistung des im Urheberrecht und für verwandte Schutzrechte geltenden Territorialitätsprinzips, wonach Verwerter für jedes Land, in dem sie ein geschütztes Werk anbieten wollen, eine Gebietslizenz erwerben müssen. Es dient anderen Zwecken als die Rundfunkregulierung, da es hier nicht um den Schutz der Meinungs- und Willensbildung geht.

[214] Verordnung (EU) 2017/1128 des Europäischen Parlaments und des Rates vom 14. Juni 2017 zur grenzüberschreitenden Portabilität von Online-Inhaltediensten im Binnenmarkt.

[215] EU-Kommission, Vorschlag für eine Verordnung des Europäischen Parlaments und des Rates mit Vorschriften für die Wahrnehmung von Urheberrechten und verwandten Schutzrechten in Bezug auf bestimmte Online-Übertragungen von Rundfunkveranstaltern und die Weiterverbreitung von Fernseh- und Hörfunkprogrammen, COM(2016) 594 final vom 14. September 2016.

[216] Verordnung (EU) 2018/302 des Europäischen Parlaments und des Rates vom 28. Februar 2018 über Maßnahmen gegen ungerechtfertigtes Geoblocking und andere Formen der Diskriminierung aufgrund der Staatsangehörigkeit, des Wohnsitzes oder des Ortes der Niederlassung des Kunden innerhalb des Binnenmarkts und zur Änderung der Verordnungen (EG) Nr. 2006/2004 und (EU) 2017/2394 sowie der Richtlinie 2009/22/EG.

Dienste[217], eingeführt werden (Art. 2). Zum anderen soll das System der obligatorischen kollektiven Rechtewahrnehmung für die Kabelweiterverbreitung von Fernseh- und Hörfunkprogrammen aus anderen Mitgliedstaaten auf neue Formen von Weiterverbreitungsdiensten ausgeweitet werden (Art. 3).

1183. Die im Verordnungsentwurf der Europäischen Kommission vorgesehene Ausweitung des Ursprungslandprinzips auf ergänzende Online-Dienste – und damit die Beeinträchtigung des sonst geltenden Territorialitätsprinzips – hätte zur Folge, dass Rundfunkveranstalter, die ihre Online-Inhalte EU-weit zugänglich machen wollen, hierfür nur noch die Rechte in einem Mitgliedstaat erwerben müssten. Die bisher erforderliche und nach Ansicht der Europäischen Kommission häufig schwierige Rechteklärung in den übrigen Mitgliedstaaten würde somit entfallen. Vorbild dieser Regelung ist letztlich das für Satellitenübertragungen geltende Sendelandprinzip, mit dem im Rahmen der Satelliten- und Kabelrichtlinie (SatCab-Richtlinie)[218] dem technisch nicht verhinderbaren „Overspill" von Satelliten, also der Möglichkeit zum Empfang von Satellitensendungen außerhalb ihres Zielbereichs bzw. in Gebieten, die nicht dem konkreten Lizenzgebiet entsprechen, urheberrechtlich begegnet wurde.

1184. Die Ausweitung des Ursprungslandprinzips auf ergänzende Online-Dienste bzw. die damit einhergehende Beschränkung des Territorialitätsprinzips ist umstritten. Befürworter dieser Regelung sind vor allem die öffentlich-rechtlichen Rundfunkanstalten sowie Verbraucherverbände. Sie betonen in erster Linie den Umstand, dass eine Ausweitung des Ursprungslandprinzips es Sendern ermöglichen würde, auf das Inland ausgerichtete Inhalte, für die keine vertraglichen Einschränkungen wie z. B. Geoblocking-Maßnahmen bestehen und für die die territoriale Rechtevermarktung durch eine ungeblockte Verbreitung nicht eingeschränkt würde, im Sinne des Medienpluralismus und „free flow of information" auch grenzüberschreitend online zugänglich zu machen. Gegen die Ausweitung des Ursprungslandprinzips positionieren sich vor allem die Produzenten sowie die privaten Rundfunkveranstalter. Sie kritisieren, dass durch die Verordnung das für die Rechteverwertung wichtige Territorialitätsprinzip und damit die Möglichkeit einer exklusiven Rechtevergabe beeinträchtigt werde, und befürchten negative Auswirkungen auf die Wertschöpfungskette sowie wirtschaftliche Einbußen und damit einhergehende negative Folgen für die Produktion audiovisueller Inhalte. Zudem wird vorgebracht, dass Rechteinhaber als Konsequenz der Verordnung zukünftig möglicherweise nur noch deutlich teurere paneuropäische Lizenzen vergeben würden, welche sich nur noch die großen, vor allem US-amerikanischen Unternehmen leisten könnten. Das Europäische Parlament sowie der Rat haben diese Bedenken in ihren Entwürfen zur SatCab-Verordnung geteilt und den Anwendungsbereich des Ursprungslandprinzips gegenüber dem Kommissionsentwurf daher stark eingeschränkt. Der Vorschlag des Europäischen Parlaments sieht etwa vor, das Ursprungslandprinzip auf die Bereiche „news" und „current affairs" zu beschränken.[219]

1185. Die Monopolkommission begrüßt prinzipiell die Bestrebungen der Europäischen Kommission, die grenzüberschreitende Verbreitung von Fernsehsendungen innerhalb der EU zu erleichtern. Die mit einer Ausweitung des Ursprungslandprinzips einhergehende mögliche größere Angebotsvielfalt für die Verbraucher ist insofern positiv zu beurteilen. Das gilt – aus Sicht der Monopolkommission – jedenfalls für die Vermittlung von „Public-Value"-Inhalten. Gleichzeitig ist allerdings zu berücksichtigen, dass die Finanzierung audiovisueller Inhalte in hohem Maße auf der exklusiven bzw. territorialen Rechteverwertung basiert und dass die Ausweitung des Ursprungslandprinzips wettbewerbliche Auswirkungen im Verhältnis unterschiedlicher Online-Anbieter zueinander hat.

1186. Eine Anwendung des Ursprungslandprinzips auf ergänzende Online-Dienste von Rundfunkveranstaltern sollte daher nur unter der Bedingung erfolgen, dass vertragliche Vereinbarungen zwischen Rechteinhabern und Rundfunkveranstaltern zu territorialen Beschränkungen und hierfür erforderliche technische Maßnahmen, namentlich das Geoblocking, weiterhin grundsätzlich möglich sind. Andernfalls ist zumindest nicht auszuschließen, dass entweder die Lizenz-

---

[217] Catch-up bezeichnet die Möglichkeit eines zeitlich befristeten Online-Abrufs von Sendungen, die zuvor im linearen Fernsehen ausgestrahlt wurden. Ein Catch-up ist häufig z. B. über die Mediatheken der Sender möglich.

[218] Richtlinie 93/83/EWG des Rates vom 27. September 1993 zur Koordinierung bestimmter urheber- und leistungsschutzrechtlicher Vorschriften betreffend Satellitenrundfunk und Kabelweiterverbreitung. Zur Kabelweiterverbreitung siehe Art. 8 und 9 der Richtlinie.

[219] Standpunkt des Europäischen Parlaments zum Vorschlag der Europäischen Kommission für eine SatCab-Verordnung vom 27. November 2017, A8-0378/2017.

preise deutlich steigen, was insbesondere für kleinere Unternehmen den Rechteerwerb erschweren würde, oder dass die Rechteinhaber ihre Inhalte bevorzugt über andere Vertriebswege vertreiben. Nach Ausführungen der Europäischen Kommission sollen solche vertraglichen Vereinbarungen zwar möglich sein. Insbesondere die Frage, ob es sich bei einer vertraglichen Vorgabe des Geoblockings um zulässige Lizenzbedingungen oder um eine unzulässige Marktaufteilungsvereinbarung handelt, ist allerdings – vorbehaltlich einer möglichen Rechtfertigung solcher Vereinbarungen – umstritten.[220] Davon abgesehen ist nicht auszuschließen, dass die Einführung des Ursprungslandprinzips tendenziell negative Auswirkungen auf die Verhandlungsposition der Rechteinhaber haben wird, wenngleich im Verordnungsentwurf vorgesehen ist, dass diese für die grenzüberschreitende Verfügbarkeit ihrer Inhalte kompensiert werden sollen.

1187. Speziell aus Wettbewerbssicht ist darüber hinaus kritisch zu beurteilen, dass durch die Ausweitung des Ursprungslandprinzips lediglich die ergänzenden Online-Dienste traditioneller Rundfunkveranstalter begünstigt werden sollen. Diese Kopplung an eine Primärsendung von Rundfunkveranstaltern über traditionelle Übertragungswege führt zu einem – in persönlicher Hinsicht – nur begrenzten Anwendungsbereich des Ursprungslandprinzips. Dadurch werden allerdings konkurrierende audiovisuelle Online-Dienste, insbesondere Webcasting-Dienste, die nur über das Internet und nicht über einen traditionellen Übertragungsweg senden, im Wettbewerb benachteiligt.[221] Die tatsächlichen Auswirkungen einer Ausweitung des Ursprungslandprinzips auf ergänzende Online-Dienste sowie das Ausmaß etwaiger Wettbewerbsverzerrungen werden letztlich davon abhängen, (1) welche Inhalte bzw. Kategorien vom Ursprungslandprinzip erfasst werden (nur Nachrichten oder auch Filme, Serien und Sportinhalte) und (2) wie lange diese Inhalte nach ihrer linearen Ausstrahlung im Rahmen von Catch-up-Diensten noch online verfügbar sind. Insofern ist der Vorschlag des Europäischen Parlaments zu begrüßen, das Ursprungslandprinzip – in sachlicher Hinsicht – im Wesentlichen auf begrenzte Bereiche wie „news" und „current affairs" zu beschränken. In Bezug auf diese Inhalte sind Wettbewerbsverzerrungen in einem geringeren Ausmaß zu erwarten als bei reinen Unterhaltungsangeboten (z. B. Serien oder Spielfilmen).

1188. Des Weiteren kommt – in zeitlicher Hinsicht – der Verfügbarkeit der Inhalte im Rahmen der Catch-up-Dienste eine hohe Bedeutung zu, denn je länger die relevanten Inhalte online frei verfügbar sind, desto stärker wird eine mögliche territoriale Auswertung in anderen Ländern und damit auch der Wettbewerb zwischen den unterschiedlichen Online-Diensten beeinträchtigt. Dies dürfte insbesondere für andere als „Public-Value"-Inhalte gelten. Eine Möglichkeit zur Begrenzung möglicher negativer Auswirkungen des Ursprungslandprinzips wäre insofern auch, Catch-up-Dienste aus dem Anwendungsbereich der Verordnung zu streichen.

1189. Ebenfalls in dem Entwurf für die SatCab-Verordnung angelegt, von der Diskussion um das Ursprungslandprinzip aber zu trennen, ist die vorgesehene Ausweitung der im Rahmen der SatCab-Richtlinie für die Kabelweitersendung eingeführten obligatorischen kollektiven Rechtewahrnehmung auf neue Formen von Weiterverbreitungsdiensten (Art. 3). Der Anwendungsbereich der Verordnung beschränkt sich dabei auf die zeitgleiche, unveränderte und vollständige Weiterverbreitung von Sendungen aus einem anderen Mitgliedstaat. Ziel der durch die SatCab-Richtlinie eingeführten Regelungen war insbesondere, Kabelnetzbetreibern durch den kollektiven Rechteerwerb über Verwertungsgesellschaften die Einholung der für die Kabelweitersendung erforderlichen Rechte zu erleichtern und damit den Betrieb von Kabelfernsehen rechtssicher zu ermöglichen. In Deutschland ist das Recht der Kabelweitersendung in § 20b UrhG geregelt. Gemäß § 20b Abs. 1 UrhG kann das Kabelweitersendungsrecht nur über eine Verwertungsgesellschaft ausgeübt werden. Eine Ausnahme besteht für Weitersendungsrechte, die einem Sendeunternehmen für seine eigenen Sendungen zustehen. Die Regelung umfasst dabei, anders als die SatCab-Richtlinie, sowohl Sendungen aus dem EU-Ausland als auch inländische Sendungen.

1190. Nach dem Verordnungsentwurf soll die kollektive Rechtewahrnehmung zukünftig auch auf solche Weiterverbreitungsdienste Anwendung finden, die Kabelweiterverbreitungsdiensten gleichwertig sind. Explizit genannt werden Weiterverbreitungsdienste über Satellit, digitale terrestrische Netze, geschlossene internetprotokollgestützte Netze, Mobil-

---

[220] Vgl. EuGH, Urteil vom 4. Oktober 2011, C-403/08 und C-429/08 – Football Association Premier League, Slg. 2011, I-9083; dazu auch Monopolkommission, XX. Hauptgutachten, Tz. 1034 ff., insb. Tz. 1041.

[221] Centrum für Europäische Politik, TV und Radio: Digital und über Grenzen, cepAnalyse Nr. 02/2017, https://www.cep.eu/fileadmin/user_upload/cep.eu/Analysen/COM_2016_594_TV_und_Radio/cepAnalyse_COM_2016__594_TV_und_Radio_Digital_und_ueber_Grenzen.pdf, Abruf am 4. April 2018.

funknetze sowie ähnliche Netze.[222] Nicht erfasst werden sollen hingegen Weiterverbreitungsdienste im offenen Internet, also etwa OTT-Plattformen (z. B. Zattoo), da diese nicht mit einer bestimmten Infrastruktur verbunden sind und eine kontrollierte Umgebung nur bedingt gewährleisten können. Diese Dienste werden damit von der Möglichkeit des gebündelten Rechteerwerbs über Verwertungsgesellschaften ausgeschlossen und müssen die zur Weiterverbreitung erforderlichen Rechte weiterhin einzeln von den jeweiligen Rechteinhabern einholen.

1191. Die mögliche Ausweitung des Systems der kollektiven Rechteklärung ist ebenfalls umstritten. Befürworter einer solchen Ausweitung sind vor allem die öffentlich-rechtlichen Rundfunkanstalten, Netzbetreiber, Internetverbände, Verwertungsgesellschaften sowie Verbraucherschützer. Sie verweisen auf die ohne die Einschaltung von Verwertungsgesellschaften schwierige Rechteklärung, die mit einem hohen Aufwand sowie Rechtsunsicherheit einhergehe und die Bereitstellung innovativer Dienste erschwere. Mit Blick auf den Ausschluss von Weiterverbreitungsdiensten im offenen Internet wird teilweise zudem die fehlende Technologieneutralität kritisiert, die zu Wettbewerbsverzerrungen führe. Ablehnend stehen einer Ausweitung der kollektiven Rechtewahrnehmung die meisten privaten Rundfunkveranstalter sowie die Produzenten gegenüber. Sie verweisen darauf, dass kein Marktversagen vorliege bzw. dass keine Regulierungsnotwendigkeit bestehe. Zudem gebe es keinen Grund, neue Formen von Weiterverbreitungsdiensten, die im Gegensatz zu Kabelnetzbetreibern nicht in die Infrastruktur investiert hätten, beim Rechteerwerb zu privilegieren. Befürchtet wird auch eine Beeinträchtigung der Verhandlungspositionen der Rechteinhaber und Rundfunkunternehmen, die zu finanziellen Einbußen und entsprechend negativen Folgen für das Programmangebot führen könnte.

1192. Aus der Sicht der Monopolkommission ist die angedachte Ausweitung der Regelungen zur Kabelweitersendung auf neue Weiterverbreitungsdienste ambivalent zu beurteilen. Einerseits ist festzustellen, dass der gebündelte Erwerb der Rechte über Verwertungsgesellschaften mit geringeren Transaktionskosten verbunden ist und damit aus ökonomischer Sicht prinzipiell effizienzsteigernd wirken kann. Andererseits stellt die Verwertungsgesellschaftspflicht einen nicht unerheblichen Eingriff in die Vertragsfreiheit sowie das Eigentum der Rechteinhaber dar, der rechtfertigungsbedürftig ist. Für eine Gesamtbeurteilung ist daher entscheidend, inwieweit die Einholung der erforderlichen Rechte für die Weiterverbreitung von Sendungen aus einem anderen Mitgliedstaat in der Praxis tatsächlich mit Schwierigkeiten verbunden ist bzw. ob die Verwertungsgesellschaftspflicht zur rechtssicheren Weiterverbreitung von Inhalten erforderlich ist. Der Monopolkommission wurden hierzu unterschiedliche Sichtweisen vorgetragen. Grundsätzlich lässt sich an dieser Stelle festhalten, dass, sofern in der Praxis Probleme bei der Rechteklärung bestehen sollten, diese alle Weiterverbreitungsdienste unabhängig vom jeweiligen Verbreitungsweg betreffen. Insofern ist aus Wettbewerbssicht nicht nachvollziehbar, wieso Weiterverbreitungsdienste im offenen Internet, insbesondere wenn diese einen geschlossenen Nutzerkreis haben, von der kollektiven Rechtewahrnehmung ausgeschlossen werden sollen. Ist hingegen die Rechteklärung grundsätzlich problemlos möglich, besteht auch kein Anlass für einen regulatorischen Eingriff in Form einer obligatorischen kollektiven Rechtewahrnehmung.

1193. Schließlich ist darauf hinzuweisen, dass der Verordnungsentwurf lediglich den vereinfachten Rechteerwerb zur Weiterverbreitung von Sendungen aus einem anderen Mitgliedstaat betrifft, während rein nationale Weiterverbreitungen weiterhin der nationalen Gesetzgebung unterliegen. Sofern Probleme bei der Rechteklärung bestehen, sollte daher auch eine Anpassung des Systems der kollektiven Rechteklärung zur Weiterverbreitung von inländischen Programmen gemäß § 20b UrhG geprüft werden. Dies würde auch dem Vorgehen im Rahmen der Umsetzung der SatCab-Richtlinie entsprechen. In jedem Fall sollte ein sachgerechter Regulierungsrahmen sicherstellen, dass innovative bzw. dem heutigen Nutzungsverhalten entsprechende Angebote, wie beispielsweise die mobile Nutzung unterwegs (Out-of-Home), möglich sind und nicht am Rechteerwerb scheitern.

4.4.2 Auswirkungen datenschutzrechtlicher Bestimmungen

1194. Ein weiterer Aspekt, der für die Anbieter werbefinanzierter (audiovisueller) Online-Medien von herausgehobener Bedeutung ist, sind Bestrebungen zur weiteren europaweiten Vereinheitlichung und Stärkung des Datenschutzes bzw.

---

[222] In Deutschland sind IPTV-Dienste nach herrschender Meinung bereits von der Kabelweitersendung gemäß § 20b UrhG erfasst.

der Privatsphäre. Während die Datenschutzgrundverordnung (DSVGO)[223] am 25. Mai 2018 in Kraft getreten ist, steht die Verabschiedung der sog. ePrivacy-Verordnung[224], die ursprünglich zeitgleich mit der DSGVO in Kraft treten sollte und diese mit Blick auf den Bereich der elektronischen Kommunikation ergänzen soll, noch aus. Die ePrivacy-Verordnung soll die derzeit noch geltende ePrivacy-Richtlinie[225] sowie die Cookie-Richtlinie[226] ablösen und zu einer Vereinheitlichung sowie Stärkung der derzeit teilweise noch unterschiedlichen nationalen Datenschutz- und Privatsphäre-Bestimmungen im Bereich der elektronischen Kommunikation beitragen. Da sich der Ministerrat noch nicht auf einen gemeinsamen Standpunkt geeinigt hat, wird der Beginn der Trilogverhandlungen zwischen der Europäischen Kommission, dem Ministerrat und dem Europäischen Parlament erst für die zweite Jahreshälfte 2018 erwartet.

1195. Mit Blick auf die in diesem Gutachten behandelten Mediendienste sind insbesondere die in der ePrivacy-Verordnung angelegten Regelungen relevant, durch die die Erhebung und Verarbeitung von Nutzerdaten zu Werbezwecken beschränkt wird. Dies betrifft insbesondere Artikel 8 zum Schutz der in Endeinrichtungen der Endnutzer gespeicherten oder sich auf diese beziehenden Informationen sowie Artikel 10 zu bereitzustellenden Informationen und Einstellungsmöglichkeiten zur Privatsphäre. Gemäß Artikel 8 wäre unter anderem der Einsatz sog. Tracking- bzw. Third-Party-Cookies, die von Drittanbietern wie etwa Werbenetzwerken im Endgerät der Nutzer hinterlegt werden und z. B. zur Erstellung von Nutzerprofilen, zur Ausspielung personalisierter Werbung oder zur Reichweitenmessung von Online-Werbung genutzt werden, nur noch nach einer aktiven Zustimmung der Nutzer zulässig (sog. Opt-in).[227] Gemäß Artikel 10 sollen die Nutzer zudem bereits bei der Installation ihres Webbrowsers ihre Privatsphäre-Einstellungen festlegen, wobei nach dem Vorschlag des Europäischen Parlaments die Voreinstellungen den Einsatz von Cookies standardmäßig verhindern sollen (Privacy by Design/Default).

1196. Während Daten- und Verbraucherschützer die geplante ePrivacy-Verordnung begrüßen, wird vor allem seitens der Digitalwirtschaft sowie der Werbewirtschaft massive Kritik geübt. Befürchtet werden negative Auswirkungen auf die Möglichkeiten des Online-Marketings und damit auf die Refinanzierungsmöglichkeiten digitaler Geschäftsmodelle. Hingewiesen wird insbesondere darauf, dass eine restriktivere Handhabung von Tracking-Cookies bzw. ein aktives Zustimmungserfordernis der Nutzer die Möglichkeiten zur Schaltung personalisierter bzw. zielgerichteter Online-Werbung erheblich einschränken dürfte, da die meisten Nutzer der Hinterlegung von Tracking-Cookies nicht aktiv zustimmen würden. In der Folge wären insbesondere die zielgerichtete Werbeansprache in Form des Online Behavioral Advertising sowie die programmatische Vermarktung von Werbeflächen kaum mehr möglich. Wesentliche Folge wären eine geringere Zielgenauigkeit und damit höhere Streuverluste von Online-Werbung, was sich negativ auf die Zahlungsbereitschaft von Werbetreibenden und damit die Erlösmöglichkeiten vieler Inhalteanbieter auswirke. Dies könnte wiederum negative Auswirkungen auf die Finanzierung vieler Online-Angebote haben. Profitieren würden demgegenüber die großen Online-Plattformen bzw. die sog. „Log-in-Giganten", da diese über die Einwilligung ihrer Nutzer zur Datennutzung verfügen und weiterhin zielgerichtete Werbung schalten können.

---

[223] Verordnung 2016/679 des Europäischen Parlaments und des Rates vom 27. April 2016 zum Schutz natürlicher Personen bei der Verarbeitung personenbezogener Daten, zum freien Datenverkehr und zur Aufhebung der Richtlinie 95/46/EG (Datenschutz-Grundverordnung), ABl. L 119 vom 4. Mai 2016, S. 1.

[224] EU-Kommission, Vorschlag für eine Verordnung des Europäischen Parlaments und des Rates über die Achtung des Privatlebens und den Schutz personenbezogener Daten in der elektronischen Kommunikation und zur Aufhebung der Richtlinie 2002/58/EG (Verordnung über Privatsphäre und elektronische Kommunikation), COM(2017) 10 final vom 10. Januar 2017.

[225] Richtlinie 2002/58/EG des Europäischen Parlaments und des Rates vom 12. Juli 2002 über die Verarbeitung personenbezogener Daten und den Schutz der Privatsphäre in der elektronischen Kommunikation (Datenschutzrichtlinie für elektronische Kommunikation), ABl. L 201 vom 31. Juli 2002, S. 37.

[226] Richtlinie 2009/136/EG zur Änderung der Richtlinie 2002/22/EG über den Universaldienst und Nutzerrechte bei elektronischen Kommunikationsnetzen und -diensten, der Richtlinie 2002/58/EG über die Verarbeitung personenbezogener Daten und den Schutz der Privatsphäre in der elektronischen Kommunikation und der Verordnung (EG) Nr. 2006/2004 über die Zusammenarbeit im Verbraucherschutz, ABl. EU L 337 vom 18. Dezember 2009, S. 11

[227] Derzeit ist der Einsatz von Cookies in Deutschland gemäß TMG ohne die aktive Zustimmung des Nutzers möglich (Opt-out-Regelung), während in mehreren anderen Mitgliedstaaten eine aktive Einverständniserklärung erforderlich ist (Opt-in-Regelung).

1197. Die möglichen wirtschaftlichen Auswirkungen der ePrivacy-Verordnung wurden unter anderem in einer Studie von WIK-Consult für das BMWi untersucht.[228] Kurzfristig sei demnach von einer Reduktion des gesamten digitalen Werbebudgets von etwa einem Drittel auszugehen. Betroffen hiervon seien insbesondere Display- und Affiliate-Werbeformate, während für Suchwerbung sowie Werbung in sozialen Netzwerken nur geringe bis keine Auswirkungen zu erwarten seien. Mittel- bis langfristig wird eine Verschiebung von Werbebudgets in geschlossene Log-in-Systeme erwartet. Zudem könnte es zu einer Fragmentierung der Internetangebote durch eine Vielzahl geschlossener Log-in-Systeme sowie Bezahlschranken-Lösungen kommen.

1198. Aus der Sicht der Monopolkommission ist insgesamt ein fairer Ausgleich zwischen den Interessen der Nutzer an Privatsphäre und Datenschutz einerseits sowie den wirtschaftlichen Interessen der Unternehmen anderseits erforderlich. Eine Stärkung und europaweite Vereinheitlichung der Regelungen zur Privatsphäre und zum Datenschutz im Bereich der elektronischen Kommunikation sind für sich genommen zwar zu begrüßen. Die bisherigen Entwürfe zur ePrivacy-Verordnung erscheinen allerdings unausgewogen. Die Verordnung dürfte bei einer Umsetzung dieser Entwürfe einerseits die Position der ohnehin marktstarken Akteure im Online-Werbebereich, also der großen Online-Plattformen, im Vergleich zu anderen Marktteilnehmern weiter stärken, obwohl sie zugleich auch deren Geschäft negativ beeinflussen dürfte. Andererseits werden die Möglichkeiten anderer Anbieter im Werbemarkt und die Refinanzierungsmöglichkeiten kleinerer Inhalteanbieter geschwächt. Im Übrigen wäre hiermit auch dem Datenschutz sowie der Privatsphäre der Nutzer kaum geholfen. In Anbetracht der möglichen negativen Auswirkungen sollte insofern genau geprüft werden, für welche Art der Datennutzung eine explizite Einwilligung der Nutzer tatsächlich obligatorisch sein sollte.[229]

5 Fazit mit Handlungsempfehlungen

1199. Die Monopolkommission hat in dem vorliegenden Kapitel die Markt- und Wettbewerbsentwicklung im Bereich audiovisueller Medien untersucht. Die zunehmende Medienkonvergenz sowie die zahlreichen Markteintritte neuer Anbieter audiovisueller Medien, insbesondere im Bereich der Online-Medien, dürften insgesamt nicht nur zu einer Steigerung der Wettbewerbsintensität, sondern in der Tendenz auch zu einer Erhöhung der Meinungsvielfalt, deren Sicherstellung das wesentliche Ziel des Gesetzgebers im Bereich der Rundfunkregulierung ist, beigetragen haben. Wie aufgezeigt, hat die Regulierung audiovisueller Medien mit dieser Marktentwicklung sowie dem veränderten Nutzungsverhalten allerdings nicht Schritt gehalten. Die Monopolkommission begrüßt insofern grundsätzlich das Bestreben des nationalen sowie des europäischen Gesetzgebers, den Regulierungsrahmen zu überarbeiten. Einige der bereits beschlossenen sowie der geplanten Maßnahmen zur Aktualisierung des Rechtsrahmens für audiovisuelle Medien stoßen aus Wettbewerbssicht allerdings auf Bedenken. Dies betrifft zum einen die Online-Angebote des öffentlich-rechtlichen Rundfunks, die insgesamt stärker auf „Public-Value"-Inhalte ausgerichtet werden sollten. Zum anderen besteht zur Schaffung eines „level playing field" in mehreren Bereichen der Rundfunkregulierung Anpassungsbedarf und in der Tendenz vor allem Deregulierungspotenzial. Zur Stärkung des Wettbewerbs im Bereich audiovisueller Medien macht die Monopolkommission folgende Handlungsempfehlungen:

Empfehlungen mit Blick auf den öffentlich-rechtlichen Rundfunk:

- Für Fälle, in denen die öffentlich-rechtlichen Rundfunkanstalten Inhalte online verbreiten, muss ihr publizistischer Auftrag (§ 11 RStV) klarer definiert werden, um den Anforderungen an einen wirksamen und diskriminierungsfreien Schutz des unverfälschten Wettbewerbs und der privaten Marktteilnehmer auf den relevanten Märkten Rechnung zu tragen. Die bestehenden §§ 11a ff. RStV sind insoweit nicht ausreichend, denn sie grenzen lediglich die Online-Medienangebote ein, welche die Rundfunkanstalten zur Erfüllung ihres Auftrags bereitstellen dürfen. Die Auftragsdefinition muss so eindeutig sein, dass die privaten Wettbewerber der Rundfunkanstalten ihre Tätigkeiten planen können und dass eine Kontrolle durch die zuständigen Behörden möglich ist. Bei der Auftragsdefinition sind die privaten Wettbewerber nach Möglichkeit einzubeziehen (Tz. 1080 ff.).

---

[228] WIK-Consult, Wirtschaftliche Auswirkungen der Regelungen der ePrivacy-Verordnung auf die Online-Werbung und werbefinanzierte digitale Geschäftsmodelle, Studie im Auftrag des BMWi, November 2017.

[229] Siehe auch Monopolkommission, Sondergutachten 68, a. a. O. (Fn. 50), Tz. 104.

- Wenn die öffentlich-rechtlichen Rundfunkanstalten Online-Angebote verbreiten, sollten sie dieses Angebot zur Vermeidung einer Verdrängung privater Medienanbieter auf gesellschaftlich-kulturell relevante Inhalte beschränken, die einen Mehrwert gegenüber den privat angebotenen Inhalten aufweisen (sog. Mehrwert- bzw. „Public-Value"-Inhalte). Weitergehende Aktivitäten können nämlich private Medienunternehmen mit eigenem Online-Angebot in ihrer wirtschaftlichen Betätigung behindern und gegebenenfalls auch die Rundfunk- bzw. Pressefreiheit solcher Medienunternehmen verletzen (Tz. 1033 ff., 1088 ff.).

- Die jüngste Einigung der Ministerpräsidenten zur Änderung des Rundfunkstaatsvertrags ist insoweit nicht überzeugend, da sie problematische Wettbewerbswirkungen zeitigen kann. Zu begrüßen ist zwar, dass eine stärkere Fokussierung der öffentlich-rechtlichen Rundfunkanstalten auf Bewegtbild- und Tonangebote im Online-Bereich erfolgen soll. Auch die Errichtung einer Schlichtungsstelle für Streitigkeiten zwischen öffentlich-rechtlichem Rundfunk und Presse über Online-Angebote der öffentlich-rechtlichen Rundfunkanstalten kann zielführend sein. In beiden Fällen hängt jedoch alles von der konkreten Ausgestaltung ab. Die Ausweitung öffentlich-rechtlicher Telemedienangebote durch den Wegfall des Sendungsbezugs als Zulässigkeitsvoraussetzung für öffentlich-rechtliche Telemedienangebote, durch die Gestattung der Bereitstellung zusätzlicher Abrufinhalte (europäische Lizenzware) und durch die Flexibilisierung der bisherigen Verweildauern ist grundsätzlich problematisch. Die erweiterten Rechte der öffentlich-rechtlichen Rundfunkanstalten gehen mit der Gefahr einher, dass private Marktakteure mit ihrem Angebot verdrängt werden (Tz. 1098 ff., 1126).

- Die Parameter für die Finanzierung der öffentlich-rechtlichen Rundfunkanstalten beim Angebot von Online-Inhalten gemäß den §§ 12 ff. RStV belassen im Übrigen Bewertungsspielräume. Diese müssen verringert werden, um zu gewährleisten, dass die Finanzierung nur Online-Aktivitäten dient, durch welche die öffentlich-rechtlichen Rundfunkanstalten gegenüber privaten Anbietern wettbewerbsfähig bleiben. Dagegen muss eine Finanzierung von Aktivitäten verhindert werden, mit denen die Rundfunkanstalten Wettbewerber durch Ausübung von Marktmacht verdrängen können (Tz. 1110).

- Der Drei-Stufen-Test ist zu stärken und zum Schutz von Wettbewerbern wirksamer auszugestalten. Dazu ist erstens sicherzustellen, dass die zuständigen Rundfunkgremien auch mit Personen besetzt werden, bei denen bereits der Auswahlprozess Gewähr für die im Rahmen der wettbewerblichen Bewertung erforderliche fachliche Expertise bietet. Zur Unterstützung der zu treffenden Abwägungsentscheidungen müsste zweitens die Einholung von Gutachten oder behördlicher Unterstützung vorgeschrieben werden, soweit in den Gremien nicht die nötige Fachkunde zur Verfügung steht. Schließlich müssten drittens die Informationen, auf deren Basis das Gremium entscheidet, vor der Entscheidung veröffentlicht werden, um der Öffentlichkeit eine Möglichkeit zur Stellungnahme zu geben und so gegebenenfalls Anpassungen zu ermöglichen. Bei den Marktauswirkungen sollten grundsätzlich alle vergleichbaren und nicht nur vergleichbare „frei zugängliche" Telemedienangebote berücksichtigt werden (Tz. 1113 ff.).

- Die öffentlich-rechtlichen Rundfunkanstalten sollten bei der Ausweitung ihrer Online-Angebote ihre Wettbewerbscompliance fortlaufend überprüfen. Ziel muss es sein, einer (gegebenenfalls kartellrechtswidrigen) Verdrängung privater Anbieter durch öffentlich-rechtliche Online-Angebote vorzubeugen (Tz. 1124 ff.).

Empfehlung zur Überarbeitung der Rundfunkregulierung:

- Die Definition des einfachgesetzlichen Rundfunkbegriffs des RStV sollte überarbeitet werden. In Anbetracht des sich verändernden Nutzungsverhaltens und der voraussichtlich weiterhin zunehmenden Bedeutung des zeitunabhängigen Konsums audiovisueller Mediendienste sollte zumindest mittelfristig auf das technische Merkmal der Linearität bei der Abgrenzung audiovisueller Mediendienste verzichtet werden. Zielführend erscheint vielmehr die Schaffung einer einheitlichen Basisregulierung für alle Bewegtbildinhalte, die für einzelne Angebote aufgrund spezifischer Gefährdungslagen gegebenenfalls um weitere Anforderungen ergänzt werden könnte. Um zu vermeiden, dass auch sehr kleine Anbieter von der Rundfunkregulierung erfasst werden, sollte eine Anpassung des dem Rundfunkbegriff zugrunde liegenden Schwellenwerts von 500 potenziellen Nutzern geprüft und auf tatsächliche anstatt auf potenzielle Nutzer abgestellt werden (Tz. 1130 ff.).

- Das bestehende Zulassungsregime für Rundfunkanbieter sollte in Anbetracht der entfallenden Frequenzknappheit bzw. nicht vorhandenen Knappheitssituation angepasst werden. Die Zulassungspflicht sollte insbesondere für Livestreaming-Anbieter abgeschafft und, gegebenenfalls geknüpft an bestimmte Schwellenwerte, in eine Anzeigepflicht umgewandelt werden. Daneben erscheint auch das Erfordernis einer Zulassungspflicht für traditionelle Fernsehveranstalter fraglich. Grundsätzlich sollte geprüft werden, für welche Bewegtbildangebote eine Zulassungs- oder Anzeigepflicht aus Gründen der Vielfaltssicherung unabhängig von dem technischen Merkmal der Linearität erforderlich ist (Tz. 1135 ff.).

- Die im Rahmen der Novelle der AVMD-Richtlinie beschlossene Liberalisierung bzw. Flexibilisierung der Werbezeitenregulierung im linearen Fernsehen greift zu kurz. Zur Vermeidung von Wettbewerbsverzerrungen zwischen linearen und nicht-linearen Diensten sollte weiterhin eine vollständige Aufhebung der quantitativen Beschränkungen im linearen Fernsehen angestrebt werden. Weiterhin erforderlich sind demgegenüber qualitative Werberegelungen, die im Grundsatz für alle audiovisuellen Mediendienste gleichermaßen gelten sollten (Tz. 1145 f.).

- Die Quote für europäische Werke in Höhe von 30 Prozent für Videostreaming-Dienste ist in ihrer geplanten Form abzulehnen. Zwar ist die Förderung europäischer Kulturwerte als legitimes Ziel anzuerkennen. Bei der vorgesehenen Quote handelt es sich allerdings um kein zielgenaues Instrument. Die Regelung stellt einen erheblichen Eingriff in die Programmgestaltungsfreiheit der Unternehmen dar. Eventuelle Maßnahmen zur Förderung europäischer Werke sollten regulierungsbedingte Wettbewerbsverzerrungen zwischen linearen Fernsehveranstaltern und nicht-linearen Abrufdiensten vermeiden („level playing field") (Tz. 1147).

- Videoplattformdienste sollten in die Durchsetzung des Jugend- und Verbraucherschutzes einbezogen werden sowie besonderen Anforderungen an die kommerzielle Kommunikation unterworfen werden. Dies dürfte durch die Aufnahme von Videoplattformdiensten in den Anwendungsbereich der AVMD-Richtlinie gewährleistet werden (Tz. 1148).

- Die bisher fernsehzentrierte Medienkonzentrationskontrolle sollte daraufhin überprüft werden, ob ein medienübergreifendes Konzentrationsrecht besser geeignet ist, Gefahren für die freie Meinungs- und Willensbildung vorzubeugen. Die Weiterentwicklung der Konzentrationskontrolle im Sinne des von der KEK vorgeschlagenen „Gesamtmeinungsmarktmodells" sollte geprüft werden. Grundsätzlich sollte die Konzentrationskontrolle nur auf Basis gesicherter und im besten Fall auch empirisch nachweisbarer Gefährdungslagen und nicht allein auf Basis von Vermutungen reformiert werden (Tz. 1156).

- Das Kriterium der „vorherrschenden Meinungsmacht" in § 26 Abs. 1 und 2 RStV sollte überarbeitet werden, um zu verhindern, dass die kartellbehördliche Fusionskontrolle und die Medienkonzentrationskontrolle dieselben Kriterien berücksichtigen. Der Zuschaueranteil ist ein kartellbehördliches Prüfkriterium und sollte nicht zugleich zur Feststellung vorherrschender Meinungsmacht verwendet werden. Für deren Feststellung bieten sich vielmehr angebotsorientierte Merkmale an (z. B. vorhandene inhaltliche Vielfalt; fehlende Möglichkeit einzelner Anbieter, Meinungen aufzuzwingen) (Tz. 1155).

- Die rundfunkrechtliche Plattformregulierung gemäß den §§ 52 ff. RStV sollte überarbeitet werden. Anstatt der derzeit diskutierten Ausweitung der Vorschriften erscheint insgesamt eine Rückführung der Regulierung angezeigt. Insbesondere sollten die für traditionelle infrastrukturgebundene Plattformen (z. B. Kabelnetzbetreiber) bestehenden Belegungsvorgaben bzw. Must-Carry-Regelungen in Anbetracht der nicht mehr vorhandenen Frequenzknappheit sowie der zunehmenden Übertragungs- und Empfangsmöglichkeiten abgeschafft werden (Tz. 1161 ff.).

- Das Erfordernis einer speziellen Regulierung von Benutzeroberflächen zur Sicherung der Meinungsvielfalt ist fraglich. Wenn überhaupt, sollten sich entsprechende Regelungen auf die Festschreibung von Diskriminierungsfreiheit und Chancengleichheit beschränken. Verzichtet werden sollte auf Regelungen zur privilegierten Auffindbarkeit von „Public-Value"-Inhalten. Zum einen ist nicht ersichtlich, dass eine solche Regelung in Anbetracht der vorhandenen Angebotsvielfalt sowie der Möglichkeit, Inhalte auf modernen Benutzeroberflächen gezielt anzusteuern bzw. zu finden, zur Sicherung der Meinungsvielfalt erforderlich wäre. Zum anderen bedeutet eine Privilegierung einzelner Angebote immer auch einen Eingriff in die Rundfunk- und Medienfreiheit der „verdrängten" Inhalteanbieter. Schließlich wird durch eine privilegierte Auffindbarkeit auch in zweifelhafter Weise in den Wettbewerb zwischen Inhalteanbietern eingegriffen. Die angedachten Regelungen zur Signalintegrität bzw. zum Schutz von Inhalten sollten sich auf ein Verbot von Werbeüberblendungen beschränken. Die Entscheidung über anderweitige Veränderungen der Darstellung von Inhalten sollte weitestgehend den Nutzern überlassen bleiben (Tz. 1157 ff.).

- Eine spezielle medienrechtliche Regulierung von Intermediären (z. B. Suchmaschinen, sozialen Netzwerken) aus Gründen der Vielfaltssicherung ist derzeit nicht erforderlich. Wenn überhaupt, sollte die Einführung einfacher Transparenzvorgaben, die die Bedingungen des Leistungsangebots konkretisieren, oder einer Vorgabe, neben den personalisierten auch nicht personalisierte (Such-)Ergebnisse anzuzeigen, erwogen werden. Ein spezielles Diskriminierungsverbot ist aufgrund des allenfalls abstrakten und empirisch nicht untermauerten Gefährdungspotenzials von Intermediären für die Meinungsbildung zumindest derzeit abzulehnen (Tz. 1173 ff.).

Weitere wettbewerbsrelevante Aspekte:

- Das in der Betriebskostenverordnung verankerte „Nebenkostenprivileg" sollte abgeschafft werden. Die Regelung, die es Vermietern erlaubt, die Kosten für einen Kabelanschluss im Rahmen der Nebenkostenabrechnung unabhängig von der tatsächlichen Nutzung auf die Mieter umzulegen, erschwert den Marktzutritt von Anbietern alternativer Übertragungsmöglichkeiten und wirkt daher wettbewerbsverzerrend (Tz. 980 ff.).

- Der grenzüberschreitende Zugang zu audiovisuellen Inhalten sollte weiter verbessert werden. Zu begrüßen ist in diesem Rahmen insbesondere die seit April dieses Jahres geltende Portabilitätsverordnung, durch die Nutzern der Zugriff aus dem europäischen Ausland auf ihre bereits bezahlten Online-Dienste bei einem vorübergehenden Auslandsaufenthalt ermöglicht wird. Kritisch ist hingegen die im Rahmen der SatCab-Verordnung geplante Anwendung des Ursprungslandprinzips auf ergänzende Online-Dienste von Rundfunkveranstaltern zu sehen. Zur Vermeidung von Wettbewerbsverzerrungen könnte, ähnlich wie vom Europäischen Parlament gefordert, der Anwendungsbereich der SatCab-Verordnung in sachlicher Hinsicht auf besondere Inhalte, namentlich „news" und „current affairs", beschränkt werden (Tz. 1180 ff.).

- Die SatCab-Verordnung sieht vor, das System zur kollektiven Rechteklärung der Kabelweiterverbreitung für Sendungen aus einem anderen Mitgliedstaat (Verwertungsgesellschaftenpflicht) auf neue Formen von Weiterverbreitungsdiensten auszuweiten. Eine solche Ausweitung sollte nur erfolgen, wenn die Einholung der erforderlichen Rechte in der Praxis mit Schwierigkeiten verbunden ist bzw. mit Rechtsunsicherheit einhergeht. Im Fall einer solchen Regelung sollten hiervon alle Weitersendedienste profitieren, die einen geschlossenen Nutzerkreis garantieren können. OTT-Dienste, die Sendungen über das offene Internet weiterverbreiten, sollten nicht, wie bisher vorgesehen, pauschal ausgeschlossen werden. Weiter sollte auf nationaler Ebene geprüft werden, inwiefern aufgrund möglicher Probleme bei der Rechteklärung zur Weiterverbreitung von inländischen Programmen eine Ausweitung der Verwertungsgesellschaftenpflicht gemäß § 20b UrhG erforderlich ist (Tz. 1189 ff.).

- Mit Blick auf die geplante ePrivacy-Verordnung sollte in Anbetracht möglicher negativer Auswirkungen auf den Online-Werbemarkt und die Refinanzierungsmöglichkeiten von Inhalteanbietern genau geprüft werden, für welche Art der Datennutzung eine explizite Einwilligung der Nutzer obligatorisch sein sollte. Insgesamt bedarf es eines fairen Ausgleichs zwischen den Interessen der Nutzer an Privatsphäre und Datenschutz einerseits sowie den wirtschaftlichen Interessen der Unternehmen andererseits (Tz. 1194 ff.).

A. Anhang zu Kapitel II

Methodische Erläuterungen zu Kapitel II.2

1.1 Die Ermittlung der inländischen Wertschöpfung der Unternehmen

Berechnung der Wertschöpfung von Industrie-, Handels- und Dienstleistungsunternehmen

1200. Die Monopolkommission berechnet die inländische Wertschöpfung mithilfe der „direkten Wertschöpfungsstaffel". Bei dieser Berechnungsmethode wird das Ergebnis vor Zinsen, Beteiligungen und Steuern (EBIT) um Aufwendungen, die Bestandteil der Wertschöpfung sind, wie beispielsweise der Personalaufwand, korrigiert.[1] Ergebnis dieser Berechnung ist die Nettowertschöpfung zu Faktorkosten.

1201. Für Unternehmen, die nicht dem Kredit- oder Versicherungsgewerbe angehören, berechnet sich die inländische Wertschöpfung wie folgt:

   Ergebnis vor Zinsen und Steuern (EBIT)
   + Personalaufwand
   + Vergütungen für die Mitglieder des Aufsichtsrates und vergleichbarer Gremien
   ./. sonstige Steuern
   + unkonsolidiertes Zinsergebnis von in den Konsolidierungskreis einbezogenen Kreditinstituten
   = Nettowertschöpfung zu Faktorkosten

1202. Das Zinsergebnis wird im Rahmen der Volkswirtschaftlichen Gesamtrechnung bei der Berechnung der Wertschöpfung von Kreditinstituten anders erfasst als bei Nichtkreditinstituten. Zinserträge tragen zur Wertschöpfung von Kreditinstituten, nicht aber zu derjenigen von Nichtkreditinstituten bei. Auf der anderen Seite stellen Zinsaufwendungen bei Nichtkreditinstituten einen Teil der Wertschöpfung dar, nicht aber bei Kreditinstituten. Daher muss die Behandlung des Zinsergebnisses zur Ermittlung der Wertschöpfung der Großkonzerne von der Branchenzugehörigkeit der einzelnen Tochterunternehmungen abhängig gemacht werden, um eine Größe zu erhalten, die der Wertschöpfung aller Unternehmen in Deutschland vergleichbar ist. Aus diesem Grund wird bei Nichtkreditinstituten unter Verwendung der direkten Wertschöpfungsstaffel das Ergebnis vor Zinsen und Steuern um das unkonsolidierte Zinsergebnis von in den Konsolidierungskreis einbezogenen Kreditinstituten korrigiert.

Berechnung der Wertschöpfung von Kreditinstituten

1203. Die inländische Wertschöpfung einzelner Kreditinstitute wird seit dem XVIII. Hauptgutachten aus der Summe des Zins- und Provisionsergebnisses abzüglich der um den Personalaufwand korrigierten Vorleistungen berechnet.[2] Zudem erfolgt analog zum Vorgehen bei Nichtkreditinstituten eine Korrektur um das unkonsolidierte Zinsergebnis der in den Konsolidierungskreis einbezogenen Nichtkreditinstitute.

---

[1] Die indirekte Wertschöpfungsstaffel führt zu den gleichen Ergebnissen. Zu der Gesamtleistung des Unternehmens werden im Wesentlichen sonstige Erträge addiert, Aufwendungen für Vorleistungen, sonstige Aufwendungen, Abschreibungen auf Sachanlagen und Finanzanlagen und sonstige Steuern subtrahiert. Diese Methode ist rechnerisch aufwendiger und wird aus diesem Grund hier nicht verwendet.

[2] Monopolkommission, Anlage B zum XVIII. Hauptgutachten, Mehr Wettbewerb, wenig Ausnahmen, Baden-Baden 2010, Tz. 5.

1204. Die inländische Nettowertschöpfung von Unternehmen, die dem Kreditgewerbe angehören, umfasst die folgenden Positionen:

	Zinsüberschuss
+	Provisionsüberschuss
./.	Verwaltungsaufwendungen (abzüglich Personalaufwand)
./	unkonsolidiertes Zinsergebnis der konsolidierten Nichtkreditinstitute
=	Nettowertschöpfung zu Faktorkosten

1205. Diese Methodik weicht von dem im Rahmen der Volkswirtschaftlichen Gesamtrechnung verwendeten FISIM-Konzept ab. Bei dem Konzept der „Finanzserviceleistung, indirekte Messung" (FISIM) wird mithilfe einer Modellrechnung der Zinsanteil, der bei Kreditzinsen oberhalb und bei Einlagezinsen unterhalb eines Referenzzinssatzes liegt, als Produktionswert der Banken in der Volkswirtschaftlichen Gesamtrechnung erfasst. Als Referenzzinssatz wird dabei der Interbankenzinssatz zugrunde gelegt.[3] Da das FISIM-Konzept auf mehrstufigen Modellrechnungen mit aggregierten Daten basiert, die in mehreren Schritten mit den in den Gewinn-und-Verlust-Rechnungen der Banken ausgewiesenen Zinseinnahmen und -ausgaben abgeglichen werden, ist dieses Konzept nicht ohne Weiteres auf eine einzelwirtschaftliche Betrachtung übertragbar. Aufgrund dieser methodischen Probleme wurde die Berechnung der einzelwirtschaftlichen Wertschöpfung von Kreditinstituten im Berichtsjahr 2008 lediglich modifiziert, um eine bessere Vergleichbarkeit zur Ermittlung der Wertschöpfung von Kreditinstituten im Rahmen der Volkswirtschaftlichen Gesamtrechnung herzustellen.

Berechnung der Wertschöpfung bei Versicherungsunternehmen

1206. Die Berechnung der Wertschöpfung von Versicherungsunternehmen entspricht im Wesentlichen derjenigen von Industrie- und Dienstleistungs- und Handelsunternehmen. Hier wird ausgehend vom Jahresüberschuss/Jahresfehlbetrag um einige Positionen korrigiert, um die Nettowertschöpfung zu Faktorkosten zu erhalten.

1207. Die inländische Nettowertschöpfung von Versicherungsunternehmen umfasst die folgenden Positionen:

	Jahresüberschuss/Jahresfehlbetrag
./.	außerordentliches Ergebnis
+	Personalaufwand
+	Vergütung für Mitglieder der Beiräte, der Aufsichtsräte und vergleichbarer Gremien
+	Steuern vom Einkommen und vom Ertrag
./.	Erträge aus Verlustübernahme
./.	Erträge aus Kapitalanlagen ohne Erträge aus Grundstücken, grundstücksgleichen Rechten und Bauten einschließlich der Bauten auf fremden Grundstücken
+	Aufwendungen aus Kapitalanlagen ohne hierin enthaltenen Personalaufwand
+	aufgrund einer Gewinngemeinschaft, eines Gewinnabführungs- und Teilgewinnabführungsvertrags abgeführte Gewinne
+	unkonsolidiertes Zinsergebnis von in den Konsolidierungskreis einbezogenen Kreditinstituten
+	Verzinsung gegenüber den Versicherten
=	Nettowertschöpfung zu Faktorkosten

1208. Die Position „Verzinsung gegenüber den Versicherten" spiegelt eine Besonderheit des Versicherungsgeschäfts wider: Der überwiegende Teil der Passiva einer Versicherung besteht aus versicherungstechnischen Rückstellungen, deren Zweck die Abdeckung erwarteter Schadensfälle ist. Bei einem Teil dieser Rückstellungen handelt es sich um das Kapital der Versicherten, das diesen gegenüber verzinst werden muss. Der Zinsbetrag, der den Versicherten zusteht, ist Teil der Wertschöpfung einer Versicherung, geht jedoch aus der Gewinn-und-Verlust-Rechnung nicht hervor. Daher wird

---

[3] Hierzu ausführlich Eichmann, W., Finanzserviceleistung, indirekte Messung (FISIM), WISTA – Wirtschaft und Statistik 07/2005, S. 710–716.

dieser Teil der Wertschöpfung geschätzt, indem der Anteil der versicherungstechnischen Rückstellungen an der Summe der Passiva mit dem Saldo der Erträge und Aufwendungen aus Kapitalanlagen multipliziert wird.

1209. Die Verzinsung gegenüber den Versicherten wird wie folgt berechnet:

(versicherungstechnische Rückstellungen$^+$

+   Verbindlichkeiten aus dem selbst abgeschlossenen Versicherungsgeschäft$^+$

./. Ansprüche für geleistete Abschlusskosten$^+$)

/   (Bilanzsumme$^+$

./. ausstehende Einlagen auf das gezeichnete Kapital$^+$

./. eigene Anteile$^+$

./. Ansprüche für geleistete Abschlusskosten$^+$

./. Bilanzverlust$^+$)

*   (Erträge aus Kapitalanlagen ohne Erträge aus Grundstücken, grundstücksgleichen Rechten und Bauten einschließlich der Bauten auf fremden Grundstücken

./. Aufwendungen aus Kapitalanlagen ohne hierin enthaltenen Personalaufwand)

Bei den mit (+) markierten Werten handelt es sich um einen Zweijahresdurchschnitt.

1.2   Verfahren zur Schätzung der inländischen Wertschöpfung

1210. In Fällen, in denen die für die Berechnung der Wertschöpfung erforderlichen Daten für den Inlandskonzern nicht oder nur teilweise vorliegen, die weltweite Wertschöpfung der zu betrachtenden wirtschaftlichen Einheit jedoch anhand des veröffentlichten Konzernabschlusses ermittelt werden kann, wird die Wertschöpfung des inländischen Konzerns anhand von Größenrelationen geschätzt. Dazu werden in Abhängigkeit von der Datenverfügbarkeit die Anzahl der Beschäftigten, der Personalaufwand und/oder das Geschäftsvolumen[4] verwendet.

1211. Die Schätzung der inländischen Wertschöpfung auf der Grundlage des Verhältnisses von inländischer Referenzgröße und der Referenzgröße des Weltkonzerns erfolgt nach dem folgenden Schema:

$$Wertschöpfung_{Inland}^{geschätzt} = \frac{\text{Referenzgröße}_{Inland}}{\text{Referenzgröße}_{Welt}}\ Wertschöpfung_{Welt}$$

1212. Die Schätzverfahren auf der Grundlage von Größenrelationen beruhen auf der Annahme, dass das Verhältnis der jeweiligen Referenzgröße des inländischen Konzerns zu der des Gesamtkonzerns dem Verhältnis der inländischen Wertschöpfung zur Wertschöpfung des gesamten Konzerns entspricht. Vor dem Hintergrund der Datenverfügbarkeit einerseits und der Genauigkeit der Schätzung andererseits haben sich regelmäßig die Verwendung des Mittelwerts der Quotienten inländisches/gesamtes Geschäftsvolumen und im Inland Beschäftigte/Gesamtzahl der Beschäftigten sowie der Quotient Personalaufwand des inländischen Konsolidierungskreises/Personalaufwand des gesamten Konzerns als praktikabel erwiesen.

1213. Die Qualität der verwendeten Schätzmethoden wurde in der Vergangenheit regelmäßig überprüft, indem in Fällen, in denen sowohl für die inländische als auch für die weltweite Wertschöpfung detaillierte Angaben zur Ermittlung vorlagen, die tatsächliche inländische Wertschöpfung der mithilfe der verschiedenen Verfahren geschätzten inländischen Wertschöpfung gegenübergestellt wurde. Der Personalaufwand zeigte als Referenzgröße dabei die geringsten Abweichungen und wird daher bevorzugt verwendet. Die vergleichsweise hohe Genauigkeit der Schätzungen über den Personalaufwand ist darauf zurückzuführen, dass diese Größe ein wesentlicher Bestandteil der Wertschöpfung ist. Da es infolge entgegengesetzter Abweichungsrichtungen häufig zu Neutralisierungseffekten kommt, wenn Umsatz und Beschäftigte als Referenzgrößen verwendet werden, liefert den Untersuchungen zufolge aber auch diese Methode zufriedenstellende Ergebnisse.

---

[4]   Unter Geschäftsvolumen wird bei Industrie-, Dienstleistungs- und Handelsunternehmen der Umsatz, bei Kreditinstituten die Bilanzsumme und bei Versicherungsunternehmen die Brutto-Beitragseinnahmen verstanden.

1214. Für das Berichtsjahr 2016 erfolgte eine Schätzung der Wertschöpfung der Unternehmen aus dem Kreis der „100 Größten" anhand der Wertschöpfung des Gesamtkonzerns in 22 Fällen (2014: 25). Aufgrund der anhaltenden Bereitschaft vieler Unternehmen, der Monopolkommission die benötigten Daten in der Abgrenzung auf den inländischen Konzernbereich zur Verfügung zu stellen, bleibt die Qualität der Datenbasis somit erhalten. Soweit die Wertschöpfung einzelner Unternehmen geschätzt werden musste, wird dies in Tabelle II.1 des Hauptgutachtens kenntlich gemacht.

1215. Im Rahmen des XXII. Hauptgutachtens wurde zur Schätzung der inländischen Wertschöpfung in fünf Fällen der Personalaufwand als Referenzgröße verwendet. Betroffen waren die folgenden Unternehmen aus dem Kreis der „100 Größten": Rethmann SE & Co. KG, C. H. Boehringer Sohn AG & Co. KG, Rheinmetall AG, Otto Group, Carl Zeiss AG. In 15 Fällen wurde die Wertschöpfung der „100 Größten" anhand des Durchschnitts der Geschäftsvolumen- und Beschäftigtenrelation geschätzt. Betroffen waren: AVECO Holding AG, Airbus-Gruppe Deutschland, DEKRA SE, Deutsche Post AG, Dr. August Oetker KG, HDI Haftpflichtverband der Deutschen Industrie V. a. G., INA-Holding Schaeffler GmbH & Co. KG, INGKA-Gruppe Deutschland, Liebherr-International-Gruppe Deutschland, maxingvest AG, Nestlé-Gruppe Deutschland, ProSiebenSat.1 Media SE, Roche-Gruppe Deutschland, STRABAG-Gruppe Deutschland und VINCI-Gruppe Deutschland. Im Fall der Dr. August Oetker KG wurde, wie im vergangenen Berichtsjahr, zur Berechnung der inländischen Wertschöpfung ausschließlich der Personalaufwand des Gesamtkonzerns mit der Geschäftsvolumen- und Beschäftigtenrelation gewichtet, da weiterhin keine Angaben zum Ergebnis vor Zinsen und Steuern vorlagen. Bei der United Internet AG und der Rolls-Royce-Gruppe Deutschland erfolgte die Schätzung ausschließlich auf Basis der Beschäftigtenrelation.

1216. Aufgrund der vorherrschenden Organisationsstrukturen im Lebensmitteleinzelhandel und des damit verbundenen Mangels an veröffentlichten Daten liegen den ausgewiesenen Werten für die inländische Wertschöpfung dieser Unternehmen ebenfalls Schätzungen auf Basis von Größenrelationen zugrunde. Die Wertschöpfung der EDEKA-Gruppe, der Schwarz-Gruppe, der REWE-Gruppe und der Aldi-Gruppe wurde jeweils anhand des mit der Wertschöpfung/Umsatz-Relation von zur Gruppe gehörenden Tochterunternehmen gewichteten Inlandsumsatzes der Gruppe geschätzt. Mit Ausnahme der REWE-Gruppe beruhen die Inlandsumsatzerlöse wiederum auf Schätzungen bzw. Hochrechnungen des Datenanbieters TradeDimensions. Bei der Aldi-Gruppe wurde aufgrund der besseren Datenqualität die Wertschöpfung/Umsatz-Relation des Geschäftsjahres 2015 verwendet. Die Wertschöpfung/Umsatz-Relation der Schwarz-Gruppe basiert auf Daten aus dem Geschäftsjahr 2016 (Kaufland-Stiftung & Co. KG) und 2015 (Lidl-Stiftung & Co. KG).[5]

1217. Wird die inländische Wertschöpfung zu einem überwiegenden Teil von einigen wenigen Gesellschaften im Inland erwirtschaftet, kann die Summierung der Wertschöpfung dieser Gesellschaften als alternative Schätzmethode verwendet werden. Sie wurde insbesondere in Fällen verwendet, in denen weder die Befragung noch eine Auswertung von veröffentlichten Gesamtkonzernunterlagen die notwendigen Inlandskennzahlen liefern konnten. Auch bei Verwendung dieser Schätzmethode ist nicht mit allzu großen Verzerrungen im Vergleich zur tatsächlichen Wertschöpfung des inländischen Konzerns zu rechnen.[6] Teilkonzerne, deren Wertschöpfung durch diese Additionsmethode ermittelt wurde, sind in Tabelle II.1 des Hauptgutachtens mit der Erläuterung „S" gekennzeichnet. Bei folgenden Unternehmen wurde die inländische Wertschöpfung im Berichtsjahr 2016 mithilfe dieser Methode geschätzt: Shell-Gruppe Deutschland, Procter-&-Gamble-Gruppe Deutschland. Ähnlich wurde die inländische Wertschöpfung einer Unternehmensgruppe mithilfe der Auswertung eines einzelnen Abschlusses geschätzt, wenn der überwiegende Teil des Inlandsgeschäfts einer Unternehmensgruppe von einem einzigen Unternehmen abgewickelt wird. Die Unternehmen, bei denen diese Methode verwendet wurde, sind in Tabelle II.1 des Hauptgutachtens mit der Erläuterung „E" gekennzeichnet. Im Berichtsjahr 2016 wurde auf diese Weise die inländische Wertschöpfung folgender Unternehmen geschätzt: General Motors-Gruppe Deutschland, LyondellBasell-Gruppe Deutschland, Philip Morris International-Gruppe Deutschland, Sanofi-Gruppe Deutschland, Adecco-Gruppe Deutschland.

---

[5] Der Konzernabschluss der Lidl Stiftung und Co. KG für das Geschäftsjahr 2016 lag bei Abschluss der Datenerfassung noch nicht vor.

[6] Zu den Gründen ausführlich: XXI. Hauptgutachten, Wettbewerb 2016, Baden-Baden 2016, Tz. 1451.

2 Ergänzende Tabellen zu Kapitel II.2

Tabelle A.1 Reale Wertschöpfung der „100 Größten" im Zeitraum 1978 bis 2016

Jahr	Reale[1] Wertschöpfung „100 Größte"		Reale[1] Wertschöpfung Gesamtwirtschaft		Anteil
	in Mio. EUR	Veränderung zur Vorperiode (%)	in Mio. EUR	Veränderung zur Vorperiode (%)	in %
1978	181.311		935.951		19,37
1980	190.240	4,9	964.995	3,1	19,71
1982	184.796	−2,9	952.020	−1,3	19,41
1984	191.162	3,4	1.010.725	6,2	18,91
1986	203.317	6,4	1.061.539	5,0	19,15
1988	211.848	4,2	1.122.504	5,7	18,87
1990	225.508	6,4	1.233.102	9,9	18,29
1992	204.414	−9,4	1.161.148	−5,8	17,60
1994	233.699	14,3	1.191.425	2,6	19,62
1996	236.585	1,2	1.365.467	14,6	17,33
1998	266.856	12,8	1.428.083	4,6	18,69
2000	300.140	12,5	1.495.606	4,7	20,07
2002	257.559	−14,2	1.532.689	2,5	16,80
2004	260.652	1,2	1.597.447	4,2	16,32
2006	292.891	12,4	1.678.030	5,0	17,45
2008	270.921	−7,5	1.754.521	4,6	15,44
2010	273.256	0,9	1.705.155	−2,8	16,03
2012	282.261[2]	3,3	1.780.605[3]	4,4	15,85
2014	285.694[2]	1,2	1.827.648[3]	2,6	15,63
2016	281.080	−1,6	1.890.363	3,4	14,87

[1] Die Größen in jeweiligen Preisen wurden mithilfe des impliziten Preisindexes der gesamtwirtschaftlichen Wertschöpfung deflationiert (Vorjahrespreisbasis, Referenzjahr: 2010; Quelle: eigene Berechnungen auf der Grundlage von Daten des Statistischen Bundesamtes, Fachserie 18 Reihe 1.5, S. 53, Rechenstand August 2017). Bei der Interpretation der Werte in konstanten Preisen ist zu beachten, dass sich der zur Deflationierung der nominalen Größen genutzte implizite Preisindex für die Jahre vor 1991 auf das frühere Bundesgebiet bezieht und ein Vergleich mit den Jahren nach 1991 nur eingeschränkt möglich ist.

[2] Der zur Deflationierung der nominalen Größen genutzte implizite Preisindex wurde gegenüber dem XXI. Hauptgutachten aktualisiert.

[3] Die zugrunde liegenden Nominalwerte sowie der zur Deflationierung der nominalen Größen genutzte implizite Preisindex wurden gegenüber dem XXI. Hauptgutachten aktualisiert.

Quelle: eigene Berechnungen auf der Grundlage von Daten des Statistisches Bundesamtes sowie eigener Erhebungen

Tabelle A.2: Struktur der Anteilseigner aller Unternehmen aus dem Kreis der „100 Größten" 2016 und 2014

Rang[1]	Jahr	Unternehmen (betrachtete rechtliche Einheit)	Kapitalanteil (%)					
			Unternehmen aus den „100 Größten"	Identifizierte ausländische Investoren	Öffentliche Hand	Einzelpersonen, Familien (-Stiftungen)	Streubesitz	Sonstige
1	2016	Volkswagen AG		18,01	20,00	52,20	9,79	
1	2014			18,10	20,00	53,10	8,80	
2	2016	Daimler AG	1,14	28,27			67,09	3,50
2	2014		1,20	25,61			69,69	3,50
3	2016	Bayerische Motoren Werke AG		10,26		46,40	43,34	
3	2014			9,49		46,40	44,11	
4	2016	Robert Bosch GmbH				99,40		0,60
7	2014					99,40		0,60
5	2016	Siemens AG	1,29	11,48		6,00	76,48	4,75
4	2014		5,33	17,44		6,00	68,19	3,04
6	2016	Deutsche Bahn AG			100,00			
6	2014				100,00			
7	2016	Deutsche Telekom AG	14,50	7,64	17,50		60,36	
5	2014		17,40	7,98	14,30		60,32	
8	2016	Deutsche Post AG	22,86	13,24			62,90	1,00
8	2014		22,27	9,45			67,23	1,05
9	2016	INA-Holding Schaeffler GmbH & Co. KG				100,00		
30	2014					100,00		
10	2016	Bayer AG		19,92			80,08	
12	2014		1,09	21,90			77,01	
11	2016	Commerzbank AG	1,44	10,55	15,00		73,01	
23	2014			21,13	17,15		61,72	
12	2016	BASF SE	1,33	17,79			80,88	
9	2014		1,46	16,26			82,28	
13	2016	Deutsche Lufthansa AG	5,58	36,62			56,61	1,19
13	2014		3,98	22,82			73,20	
14	2016	SAP SE	2,81	8,55		17,83	67,81	3,00
14	2014		5,03	7,35		21,60	63,06	2,96
15	2016	Fresenius SE & Co. KGaA	6,47	15,80		26,44	50,22	1,07
15	2014		2,85	16,10		26,72	48,33	6,00

A. Anhang zu Kapitel II

Rang[1]	Jahr	Unternehmen (betrachtete rechtliche Einheit)	Kapitalanteil (%)					
			Unternehmen aus den „100 Größten"	Identifizierte ausländische Investoren	Öffentliche Hand	Einzelpersonen, Familien (-Stiftungen)	Streubesitz	Sonstige
16	2016	REWE-Gruppe						100,00
17	2014	(REWE Deutscher Supermarkt AG & Co. KGaA)						100,00
17	2016	Schwarz-Gruppe				100,00		
19	2014	(Kaufland und Lidl Stiftung & Co. KG)				100,00		
18	2016	Airbus-Gruppe Deutschland	11,09	38,46			50,45	
16	2014	(Airbus Group SE)[2]	12,89	34,72	1,71		50,68	
19	2016	Vonovia SE	2,53	40,44			57,03	
-	2014							
20	2016	thyssenkrupp AG		23,45		23,03	53,52	
26	2014		2,11	23,92		23,03	50,94	
21	2016	Allianz SE	2,96	18,42			77,43	1,19
27	2014		1,98	17,72			80,30	
22	2016	Deutsche Bank AG	1,74	35,14			59,22	3,90
10	2014		1,10	25,84			69,07	3,99
23	2016	EDEKA-Gruppe (Edeka						100,00
25	2014	ZENTRALE AG & Co. KG)						100,00
24	2016	ZF Friedrichshafen AG			100,00			
24	2014				100,00			
25	2016	Roche-Gruppe Deutschland		100,00				
53	2014	(Roche Dld. Holding GmbH)		100,00				
26	2016	Aldi-Gruppe				100,00		
28	2014					100,00		
27	2016	METRO AG		6,10		49,87	44,03	
21	2014		2,32	24,11		45,78	27,79	
28	2016	Ford-Gruppe Deutschland		100,00				
52	2014	(Ford-Werke GmbH)		100,00				
29	2016	Bertelsmann SE & Co. KGaA				100,00		
29	2014					100,00		
30	2016	Evonik Industries AG	1,01	6,23	67,90		24,86	
32	2014			22,54	67,90		9,56	

Rang[1]	Jahr	Unternehmen (betrachtete rechtliche Einheit)	Kapitalanteil (%)					
			Unternehmen aus den „100 Größten"	Identifizierte ausländische Investoren	Öffentliche Hand	Einzelpersonen, Familien (-Stiftungen)	Streubesitz	Sonstige
31	2016	Münchener Rückversiche-	4,66	20,00			74,28	1,06
31	2014	rungs-Gesellschaft AG	1,78	29,96			68,26	
32	2016	Sanofi-Gruppe Deutschland		100,00				
20	2014	(Sanofi-Aventis Dld. GmbH)		100,00				
33	2016	C. H. Boehringer Sohn				100,00		
38	2014	AG & Co. KG				100,00		
34	2016	KfW Bankengruppe			100,00			
35	2014				100,00			
35	2016	Asklepios Kliniken GmbH				100,00		
37	2014					100,00		
36	2016	IBM-Gruppe Deutschland		100,00				
36	2014	(IBM Deutschland GmbH)		100,00				
37	2016	Rethmann SE & Co. KG				100,00		
41	2014					100,00		
38	2016	General Motors-Gruppe		100,00				
33	2014	Deutschland (Adam Opel AG)		100,00				
39	2016	HGV Hamburger Gesellschaft			100,00			
45	2014	für Vermögens- und Beteiligungsmanagement mbH			100,00			
40	2016	Adolf Würth GmbH & Co. KG				100,00		
46	2014					100,00		
41	2016	Sana Kliniken AG	47,30				19,20	33,50
50	2014		60,40					39,60
42	2016	Fraport AG Frankfurt Airport	9,92	18,29	51,32		20,47	
56	2014	Services Worldwide	8,45	10,65	51,37		29,53	
43	2016	Otto Group				100,00		
43	2014	(Otto (GmbH & Co KG))				100,00		
44	2016	BP-Gruppe Deutschland		100,00				
-	2014	(BP Europa SE)						
45	2016	UniCredit-Gruppe Deutschland		100,00				
40	2014	(UniCredit Bank AG)		100,00				

Rang[1]	Jahr	Unternehmen (betrachtete rechtliche Einheit)	Kapitalanteil (%)					
			Unternehmen aus den „100 Größten"	Identifizierte ausländische Investoren	Öffentliche Hand	Einzelpersonen, Familien (-Stiftungen)	Streubesitz	Sonstige
46	2016	DZ Bank AG						100,00
39	2014							100,00
47	2016	STRABAG-Gruppe Deutschland		100,00				
44	2014	(STRABAG AG)		93,63			6,37	
48	2016	Adecco-Gruppe Deutschland		100,00				
-	2014	(Adecco Germany Holding SA & Co. KG)						
49	2016	Deutsche Börse AG	1,11	18,17			80,72	
57	2014			33,89			60,17	5,94
50	2016	Salzgitter AG		10,89	26,50		51,43	11,18
49	2014			8,06	26,50		52,34	13,10
51	2016	Merck KGaA		7,91		70,00	22,09	
51	2014					70,00	30,00	
52	2016	Henkel AG & Co. KGaA		4,30		63,32	32,38	
54	2014					60,84	39,16	
53	2016	Carl Zeiss AG				100,00		
64	2014					100,00		
54	2016	Procter & Gamble-Gruppe		100,00				
61	2014	Deutschland (Procter & Gamble Manufacturing GmbH)		100,00				
55	2016	Wacker Chemie AG	2,96	6,41		60,00	25,89	4,74
47	2014		1,41	6,79		60,85	26,20	4,75
56	2016	maxingvest AG				100,00		
63	2014					100,00		
57	2016	Nestlé-Gruppe Deutschland		100,00				
98	2014	(Nestlé Deutschland AG)		100,00				
58	2016	PricewaterhouseCoopers				100,00		
65	2014	Aktiengesellschaft Wirtschaftsprüfungsgesellschaft				100,00		
59	2016	KPMG AG Wirtschaftsprüfungsgesellschaft				100,00		
68	2014			100,00				
60	2016	Norddeutsche Landesbank			100,00			
92	2014	Girozentrale			100,00			

Rang[1]	Jahr	Unternehmen (betrachtete rechtliche Einheit)	Kapitalanteil (%)					
			Unternehmen aus den „100 Größten"	Identifizierte ausländische Investoren	Öffentliche Hand	Einzelpersonen, Familien (-Stiftungen)	Streubesitz	Sonstige
61	2016	AXA-Gruppe Deutschland		100,00				
–	2014	(AXA Konzern AG)						
62	2016	Landesbank Baden-			100,00			
55	2014	Württemberg			100,00			
63	2016	Bayerische Landesbank			100,00			
62	2014				100,00			
64	2016	HDI Haftpflichtverband der						
75	2014	Deutschen Industrie V. a. G.[3]						
65	2016	AVECO Holding AG				100,00		
71	2014					100,00		
66	2016	DEKRA SE						100,00
70	2014							100,00
67	2016	Rheinmetall AG	3,19	38,82			53,99	4,00
97	2014			37,84			59,15	3,01
68	2016	INGKA-Gruppe Deutschland		100,00				
–	2014	(IKEA Holding Deutschland GmbH & Co. KG)						
69	2016	Liebherr-International-Gruppe		100,00				
58	2014	Deutschland (Liebherr-International Dld. GmbH)		100,00				
70	2016	EWE AG			84,00		10,00	6,00
87	2014		26,00		74,00			
71	2016	Axel Springer SE		25,64		55,57	18,79	
95	2014					59,80	40,20	
72	2016	ProSiebenSat.1 Media SE	3,23	35,52			59,45	1,80
82	2014		3,85	37,85			55,70	2,60
73	2016	Dr. August Oetker KG				100,00		
84	2014					100,00		
74	2016	B. Braun Melsungen AG				100,00		
86	2014					100,00		
75	2016	LANXESS AG	5,17	41,71			50,06	3,06
76	2014		1,91	22,11			75,98	

Rang[1]	Jahr	Unternehmen (betrachtete rechtliche Einheit)	Kapitalanteil (%)					
			Unternehmen aus den „100 Größten"	Identifizierte ausländische Investoren	Öffentliche Hand	Einzelpersonen, Familien (-Stiftungen)	Streubesitz	Sonstige
76	2016	ABB-Gruppe Deutschland (ABB AG)		100,00				
73	2014			100,00				
77	2016	dm-drogerie markt Verwaltungs-GmbH				50,00		50,00
77	2014					33,33		66,67
78	2016	Vivantes – Netzwerk für Gesundheit GmbH			100,00			
–	2014							
79	2016	MAHLE GmbH						100,00
–	2014							
80	2016	Ernst & Young-Gruppe Deutschland (Ernst & Young GmbH Wirtschaftsprüfungsgesellschaft)				100,00		
85	2014					100,00		
81	2016	Rolls-Royce-Gruppe Deutschland (Rolls-Royce Power Systems AG)		100,00				
96	2014			100,00				
82	2016	Miele & Cie. KG				100,00		
94	2014					100,00		
83	2016	Stadtwerke Köln GmbH			100,00			
81	2014				100,00			
84	2016	Shell-Gruppe Deutschland (Deutsche Shell Holding GmbH)		100,00				
–	2014							
85	2016	Hella KGaA Hueck & Co.	1,92			60,00	36,58	1,50
74	2014					72,30	27,70	
86	2016	Saint-Gobain-Gruppe Deutschland (Compagnie de Saint-Gobain Zweigniederlassung Deutschland)		100,00				
66	2014			100,00				
87	2016	Freudenberg & Co. KG				100,00		
78	2014					100,00		
88	2016	HUK-COBURG[3]						
90	2014							
89	2016	DFS Deutsche Flugsicherung GmbH			100,00			
80	2014				100,00			

Rang[1]	Jahr	Unternehmen (betrachtete rechtliche Einheit)	Kapitalanteil (%)					
			Unternehmen aus den „100 Größten"	Identifizierte ausländische Investoren	Öffentliche Hand	Einzelpersonen, Familien (-Stiftungen)	Streubesitz	Sonstige
90	2016	LyondellBasell-Gruppe		100,00				
–	2014	Deutschland (Basell Polyolefine GmbH)						
91	2016	VINCI-Gruppe Deutschland		100,00				
–	2014	(VINCI Deutschland GmbH)						
92	2016	Linde AG	1,06	28,48			70,46	
72	2014		2,85	31,50			65,65	
93	2016	United Internet AG	6,72	10,52		40,00	39,67	3,09
–	2014							
94	2016	Krones AG	4,61	10,32		51,58	33,49	
99	2014		2,81	9,58		51,67	28,86	7,08
95	2016	Philip Morris International-		100,00				
–	2014	Gruppe Deutschland (Philip Morris GmbH)						
96	2016	K+S AG	1,88	31,25			66,87	
60	2014			26,46			73,54	
97	2016	Rhön-Klinikum AG	39,17	4,17		15,44	38,03	3,19
34	2014		34,95	28,43		11,27	25,35	
98	2016	Debeka-Gruppe[3]						
69	2014							
99	2016	Charité Universitätsmedizin			100,00			
–	2014	Berlin KöR						
100	2016	Stadtwerke München			100,00			
91	2014	GmbH			100,00			
–	2016	RWE AG						
11	2014		1,39	14,07	15,00		69,54	
–	2016	Continental AG						
18	2014		48,32	9,08			42,60	
–	2016	E.ON SE						
22	2014		1,79	32,03	1,89		59,58	4,71
–	2016	Vattenfall-Gruppe						
42	2014	Deutschland		100,00				

A. Anhang zu Kapitel II

Rang[1]	Jahr	Unternehmen (betrachtete rechtliche Einheit)	Kapitalanteil (%)					
			Unternehmen aus den „100 Größten"	Identifizierte ausländische Investoren	Öffentliche Hand	Einzelpersonen, Familien (-Stiftungen)	Streubesitz	Sonstige
–	2016	BSH Hausgeräte GmbH						
59	2014		100,00					
–	2016	HP-Gruppe Deutschland (Hewlett-Packard GmbH)						
67	2014			100,00				
–	2016	Signal-Iduna Gruppe[3]						
79	2014							
–	2016	TOTAL-Gruppe Deutschland (TOTAL Dld. GmbH)						
83	2014			100,00				
–	2016	H & M Hennes & Mauritz-Gruppe Deutschland (H & M Hennes & Mauritz B.V. & Co. KG)						
88	2014			100,00				
–	2016	Voith GmbH						
89	2014					100,00		
–	2016	Bilfinger SE						
93	2014		2,49	42,46			46,72	8,33
–	2016	Kühne + Nagel-Gruppe Deutschland (Kühne + Nagel (AG & Co.) KG)						
100	2014			100,00				

[1] In den Fällen, in denen anstelle einer Rang- bzw. Zahlenangabe ein Strich erscheint, befand sich das betreffende Unternehmen in dem Jahr nicht unter den „100 Größten".

[2] Aufgrund der besonderen Struktur der Anteilseigner wird bei der Airbus-Gruppe Deutschland die Struktur der Anteilseigner der Airbus SE ausgewiesen, obwohl diese ihren Sitz im Ausland hat.

[3] Als Versicherungsvereine auf Gegenseitigkeit weisen die in der Debeka-Gruppe, dem HDI Haftpflichtverband der Deutschen Industrie V. a. G. und der Signal-Iduna Gruppe organisierten Versicherungsunternehmen sowie die HUK-COBURG keine der Aktie vergleichbaren Kapitalanteile auf. Vielmehr wird das Eigenkapital eines Versicherungsvereins allein aus den versteuerten Unternehmensgewinnen und Beiträgen der Mitglieder gebildet. Daher kann die Struktur der Anteilseigner nicht in vergleichbarer Weise dargestellt werden.

Quelle: eine Berechnungen auf der Grundlage der Datenbank „Orbis Europe All Companies" des Anbieters Bureau van Dijk (Stand: Januar 2017 bzw. Dezember 2014)

Tabelle A.3: Aufschlüsselung der „100 Größten" 2014 und 2016 nach Arten der Beteiligungsverhältnisse

Beteiligungsverhältnis	Anzahl der Unternehmen		Anteil an der Wertschöpfung der „100 Größten" (in %)		Durchschnittliche Wertschöpfung (Mio. EUR)	
	2014	2016	2014	2016	2014	2016
Mehrheit im Besitz von Einzelpersonen, Familien und Familienstiftungen	27	27	25,4	27,1	2.867	3.121
Über 50 % Streubesitz	23	23	38,9	39,8	5.152	5.373
Mehrheit im Besitz identifizierter ausländischer Investoren	19	21	9,0	10,3	1.443	1.521
Mehrheit im Besitz der öffentlichen Hand	14	15	10,3	10,8	2.250	2.227
Sonstiger Mehrheitsbesitz	9	8	5,2	5,0	1.752	1.948
Ohne Mehrheitsbesitz	8	6	11,1	7,0	4.235	3.631
Mehrheit im Besitz eines Unternehmens aus dem Kreis der „100 Größten"	0	0	0	0	0	0
Alle Unternehmen	100	100	100,0	100,0	3.045	3.106

Quelle: eigene Berechnungen auf der Grundlage der Datenbank „Orbis Europe All Companies" des Anbieters Bureau van Dijk (Stand: Januar 2017 bzw. Dezember 2014) sowie veröffentlichter Geschäftsberichte

Tabelle A.4: Die personellen Verflechtungen zwischen den „100 Größten" 2016 und 2014

Rang[1]		Unternehmen[2] (betrachtete rechtliche Einheit)	Anzahl der Unternehmen ...					
			... mit denen das genannte Unternehmen über das eigene Geschäftsführungsgremium verbunden ist		... mit denen das genannte Unternehmen über Geschäftsführer im eigenen Kontrollgremium verbunden ist[3]		... mit denen das genannte Unternehmen über sonstige Mandatsträger in den Kontrollgremien verbunden ist	
2016	2014		2016	2014	2016	2014	2016	2014
1	1	Volkswagen AG			1		2	2
2	2	Daimler AG	1	2	1	1	7	10
3	3	Bayerische Motoren Werke AG	1		1	1	9	11
4	7	Robert Bosch GmbH		2	1		9	8
5	4	Siemens AG	1	2		1 (1)	10	12
6	6	Deutsche Bahn AG	1		1 (1)		4	3
7	5	Deutsche Telekom AG	2	1	3 (2)	1 (1)	8	7
8	8	Deutsche Post AG			4 (2)	3 (1)	6	6
9	30	INA-Holding Schaeffler GmbH & Co. KG (Schaeffler AG)		1			2	4
10	12	Bayer AG			1	1	8	10
11	23	Commerzbank AG		1		1 (1)	5	6
12	9	BASF SE			1	2 (1)	6	6
13	13	Deutsche Lufthansa AG	2	3	1	1	5	8

A. Anhang zu Kapitel II

Rang[1]		Unternehmen[2] (betrachtete rechtliche Einheit)	Anzahl der Unternehmen ...					
			... mit denen das genannte Unternehmen über das eigene Geschäftsführungsgremium verbunden ist		... mit denen das genannte Unternehmen über Geschäftsführer im eigenen Kontrollgremium verbunden ist[3]		... mit denen das genannte Unternehmen über sonstige Mandatsträger in den Kontrollgremien verbunden ist	
2016	2014		2016	2014	2016	2014	2016	2014
14	14	SAP SE					4	4
15	15	Fresenius SE & Co. KGaA	1		1		4	3
18	16	Airbus-Gruppe Deutschland (Airbus Group SE)			1		2	6
19	–	Vonovia SE					5	
20	26	thyssenkrupp AG			2 (1)	1	5	8
21	27	Allianz SE	1	3	1		9	9
22	10	Deutsche Bank AG		2	1	1	6	8
24	24	ZF Friedrichshafen AG					2	2
27	21	AG				1 (1)	5	7
28	52	Ford-Gruppe Deutschland (Ford Werke GmbH)	1				1	1
29	29	Bertelsmann SE & Co. KGaA	1	1	2	4	5	7
30	32	Evonik Industries AG			1		5	3
31	31	Münchener Rückversicherungs-Gesellschaft AG	1	1			10	10
33	38	C. H. Boehringer Sohn AG & Co. KG	2					
34	35	KfW Bankengruppe	4	3			5	7
35	37	Asklepios Kliniken GmbH						1
36	36	IBM-Gruppe Deutschland (IBM Deutschland GmbH)			1		1	
39	45	HGV Hamburger Gesellschaft für Vermögens- und Beteiligungsmanagement mbH					1	1
40	46	Adolf Würth GmbH & Co. KG			1 (1)	1 (1)		
41	50	Sana Kliniken AG			1 (1)	2 (2)		
42	56	Fraport AG Frankfurt Airport Services Worldwide	4	1			3	4
43	43	Otto Group		1				
46	39	DZ Bank AG	1	1				
49	57	Deutsche Börse AG	1				6	4
50	49	Salzgitter AG			1 (1)	2 (1)	2	3
51	51	Merck KGaA		3		1	3	3
52	54	Henkel AG & Co. KGaA	1	1	2	1	4	6
53	64	Carl Zeiss AG	3	1			3	2
55	47	Wacker Chemie AG		1			1	1
56	63	maxingvest AG					2	1
57	98	Nestlé-Gruppe Deutschland (Nestlé Dld. AG)					4	5

Rang[1]		Unternehmen[2] (betrachtete rechtliche Einheit)	Anzahl der Unternehmen ...					
			... mit denen das genannte Unternehmen über das eigene Geschäftsführungsgremium verbunden ist		... mit denen das genannte Unternehmen über Geschäftsführer im eigenen Kontrollgremium verbunden ist[3]		... mit denen das genannte Unternehmen über sonstige Mandatsträger in den Kontrollgremien verbunden ist	
2016	2014		2016	2014	2016	2014	2016	2014
60	92	Norddeutsche Landesbank Girozentrale	1	2			3	2
61	–	AXA-Gruppe Deutschland (AXA Konzern AG)			1		2	
62	55	Landesbank Baden-Württemberg						1
63	62	Bayerische Landesbank					2	1
64	75	HDI Haftpflichtverband der Deutschen Industrie V. a. G. (Talanx AG)			1	2	3	3
65	71	AVECO Holding AG					1	1
66	70	DEKRA SE			1 (1)	2 (1)		
67	97	Rheinmetall AG					1	1
70	87	EWE AG				1	1	
71	95	Axel Springer SE					3	4
72	82	ProSiebenSat.1 Media SE	1	1			1	2
73	84	Dr. August Oetker KG			1	2	1	2
74	86	B. Braun Melsungen AG				1	4	3
75	76	LANXESS AG				1		3
76	73	ABB-Gruppe Deutschland (ABB AG)				1 (1)	1	1
77	77	dm-drogerie markt Verwaltungs-GmbH					1	
78	–	Vivantes – Netzwerk für Gesundheit GmbH					1	
79	–	MAHLE GmbH					1	
84	–	Shell-Gruppe Deutschland (Shell Dld. Oil GmbH)					1	
86	66	Saint-Gobain-Gruppe Deutschland (Compagnie de Saint-Gobain S.A.)					1	3
87	78	Freudenberg & Co. KG					1	2
88	90	HUK-COBURG (Haftpflicht-Unterstützungs-Kasse kraftfahrender Beamter Deutschlands a. G.)	1	1				
89	80	DFS Deutsche Flugsicherung GmbH				1 (1)		2
92	72	Linde AG		1		1 (1)	10	10
94	99	Krones AG					1	2
96	60	K+S AG	1	1			2	2
97	34	Rhön-Klinikum AG					2	2

A. Anhang zu Kapitel II

Rang[1]		Unternehmen[2] (betrachtete rechtliche Einheit)	Anzahl der Unternehmen ...					
			... mit denen das genannte Unternehmen über das eigene Geschäftsführungsgremium verbunden ist		... mit denen das genannte Unternehmen über Geschäftsführer im eigenen Kontrollgremium verbunden ist[3]		... mit denen das genannte Unternehmen über sonstige Mandatsträger in den Kontrollgremien verbunden ist	
2016	2014		2016	2014	2016	2014	2016	2014
98	69	Debeka-Gruppe (Debeka Lebensversicherungsverein a. G.)	1	1				
99	–	Charité Universitätsmedizin Berlin KöR			1		3	
–	11	RWE AG				1		8
–	18	Continental AG				2 (1)		5
–	22	E.ON SE		2				6
–	42	Vattenfall-Gruppe Deutschland (Vattenfall GmbH)						1
–	48	Energie Baden-Württemberg AG		1		1		
–	59	BSH Hausgeräte GmbH				2		
–	79	Signal-Iduna Gruppe (Signal Iduna Krankenversicherung a. G.)		1				1
	83	TOTAL-Gruppe Deutschland (TOTAL S. A.)						3
–	89	Voith GmbH		2				9
–	100	Kühne + Nagel-Gruppe Deutschland (Kühne + Nagel International AG)				1 (1)		1
		Summe Verbindungen	34	45	34 (10)	45 (16)	113	140
		Anzahl Unternehmen	23	30	26 (8)	32 (15)	61	64

[1] In den Fällen, in denen anstelle einer Rang- bzw. Zahlenangabe ein Strich erscheint, befand sich das betreffende Unternehmen in dem Jahr nicht unter den „100 Größten".
[2] Unternehmen, für die in keinem der Jahre 2016 und 2014 zumindest eine Verbindung festgestellt wurde, werden in der Tabelle nicht aufgelistet. Die Aufsichtsgremien von Gruppen wurden aus den in Klammern aufgeführten Unternehmen erfasst. Zu Anmerkungen, die Umfirmierung und Umstrukturierung von Unternehmen oder Konzernen betreffen, vgl. die Fußnoten zu Tabelle II.1.
[3] Die Zahl in Klammern gibt die Anzahl von Banken und Versicherungen an, die in der erstgenannten Zahl enthalten sind.

Quelle: eigene Berechnungen auf der Grundlage veröffentlichter Geschäftsberichte

Tabelle A.5: Zusammenschlussaktivitäten der „100 Größten"

Rang 2016	Rang 2014	Unternehmen (betrachtete rechtliche Einheit)[1]	Anmeldungen[2] 2016/17	Anmeldungen[2] 2014/15	Freigaben[3] 2016/17	Freigaben[3] 2014/15
1	1	Volkswagen AG	3	4	3	4
2	2	Daimler AG	4	5	4	5
3	3	Bayerische Motoren Werke AG	1	3	1	3
4	7	Robert Bosch GmbH	6	3	6	3
5	4	Siemens AG	10	2	10	3
6	6	Deutsche Bahn AG	6	1	6	1
7	5	Deutsche Telekom AG	4	8	4	9
8	8	Deutsche Post AG	0	2	0	2
9	30	INA-Holding Schaeffler GmbH & Co. KG	3	4	3	4
10	12	Bayer AG	0	1	0	2
11	23	Commerzbank AG	11	2	11	2
12	9	BASF SE	2	2	2	2
13	13	Deutsche Lufthansa AG	3	3	2	2
14	14	SAP SE	0	0	0	0
15	15	Fresenius SE & Co. KGaA	5	0	4	0
16	17	REWE-Gruppe (REWE-Zentralfinanz eG)	10	1	9	2
17	19	Schwarz-Gruppe (Kaufland und Lidl Stiftung & Co. KG)	1	3	1	3
18	16	Airbus-Gruppe Deutschland (Airbus Group SE)	2	1	2	1
19	–	Vonovia SE	1	-	1	-
20	26	thyssenkrupp AG	5	3	5	3
21	27	Allianz SE	8	0	8	0
22	10	Deutsche Bank AG	5	2	5	2
23	25	EDEKA-Gruppe (EDEKA Zentrale AG & Co. KG)	4	4	4	3
24	24	ZF Friedrichshafen AG	3	2	3	2
25	53	Roche-Gruppe Deutschland (Roche Holding AG)	0	1	0	1
26	28	Aldi-Gruppe	0	0	0	0
27	21	METRO AG	3	2	3	2
28	52	Ford-Gruppe Deutschland (Ford Motor Company Inc.)	1	1	1	1
29	29	Bertelsmann SE & Co. KGaA	8	7	8	7
30	32	Evonik Industries AG	4	1	4	1
31	31	Münchener Rückversicherungs-Gesellschaft AG	2	0	2	0
32	20	Sanofi-Gruppe Deutschland (Sanofi S.A.)	1	0	1	0
33	38	C. H. Boehringer Sohn AG & Co. KG	0	0	0	0
34	35	KfW Bankengruppe	0	0	0	0
35	37	Asklepios Kliniken GmbH	3	0	3	0
36	36	IBM-Gruppe Deutschland (IBM International Business Machines Corporation)	4	0	4	0
37	41	Rethmann SE & Co. KG	23	29	20	26
38	33	General Motors-Gruppe Deutschland (General Motors Corporation)	0	2	0	2
39	45	HGV Hamburger Gesellschaft für Vermögens- und Beteiligungsmanagement mbH	0	1	0	1
40	46	Adolf Würth GmbH & Co. KG	0	1	0	1
41	50	Sana Kliniken AG	7	3	6	3
42	56	Fraport AG Frankfurt Airport Services Worldwide	1	1	1	1
43	43	Otto Group (OTTO Aktiengesellschaft für Beteiligungen)	2	0	2	0
44	–	BP-Gruppe Deutschland (BP p.l.c.)	2	-	2	-
45	40	UniCredit-Gruppe Deutschland (UniCredit S.p.A.)	2	2	2	1
46	39	DZ Bank AG	21	16	21	18

Rang		Unternehmen (betrachtete rechtliche Einheit)[1]	Anmeldungen[2]		Freigaben[3]	
2016	2014		2016/17	2014/15	2016/17	2014/15
47	44	STRABAG-Gruppe Deutschland (STRABAG SE)	4	17	3	17
48	–	Adecco-Gruppe Deutschland (Adecco Group AG)	1	-	1	-
49	57	Deutsche Börse AG	2	0	2	0
50	49	Salzgitter AG	0	0	0	1
51	51	Merck KGaA (E. Merck KG)	0	1	0	1
52	54	Henkel AG & Co. KGaA	2	2	2	2
53	64	Carl Zeiss AG	1	1	1	1
54	61	Procter & Gamble-Gruppe Deutschland (Procter & Gamble Company (The))	0	0	0	0
55	47	Wacker Chemie AG	0	0	0	0
56	63	maxingvest AG	2	0	2	0
57	98	Nestlé-Gruppe Deutschland (Nestlé S.A.)	1	2	1	1
58	65	PricewaterhouseCoopers GmbH Wirtschaftsprüfungsgesellschaft (PWC Europe SE)	1	0	1	0
59	68	KPMG AG Wirtschaftsprüfungsgesellschaft	0	0	0	0
60	92	Norddeutsche Landesbank Girozentrale	1	2	1	2
61	–	AXA-Gruppe Deutschland (AXA S.A.)	2	-	2	-
62	55	Landesbank Baden-Württemberg	2	16	2	12
63	62	Bayerische Landesbank (BayernLB Holding AG)	1	0	0	0
64	75	HDI Haftpflichtverband der Deutschen Industrie V. a. G.	2	0	2	0
65	71	AVECO Holding AG	2	1	2	1
66	70	DEKRA SE	1	0	1	0
67	97	Rheinmetall AG	1	1	1	1
68	–	INGKA-Gruppe Deutschland (INGKA HOLDING B.V.)	0	-	0	-
69	58	Liebherr-International-Gruppe Deutschland (Liebherr-International AG)	0	0	0	0
70	87	EWE AG	2	3	2	3
71	95	Axel Springer SE	3	10	3	10
72	82	ProSiebenSat.1 Media SE	9	9	9	9
73	84	Dr. August Oetker KG	1	1	1	2
74	86	B. Braun Melsungen AG	2	1	2	1
75	76	LANXESS AG	0	0	0	0
76	73	ABB-Gruppe Deutschland (ABB Ltd.)	1	1	1	1
77	77	dm-drogerie markt GmbH + Co. KG	0	0	0	0
78	–	Vivantes – Netzwerk für Gesundheit GmbH	0	–	0	-
79	–	MAHLE GmbH	1	–	1	-
80	85	Ernst & Young-Gruppe Deutschland (Ernst & Young GmbH Wirtschaftsprüfungsgesellschaft)	4	1	4	1
81	96	Rolls-Royce-Gruppe Deutschland (Rolls-Royce Holdings Plc)	2	1	2	1
82	94	Miele & Cie. KG	1	0	1	0
83	81	Stadtwerke Köln GmbH	3	2	2	2
84	–	Shell-Gruppe Deutschland (Royal Dutch Shell plc)	1	–	2	–
85	74	Hella KGaA Hueck & Co.	0	0	0	0
86	66	Saint-Gobain-Gruppe Deutschland (Compagnie de Saint-Gobain S.A.)	5	0	5	0
87	78	Freudenberg & Co. KG	2	1	2	1
88	90	HUK-COBURG	3	3	3	3
89	80	DFS Deutsche Flugsicherung GmbH	0	0	0	0
90	–	LyondellBasell-Gruppe Deutschland (LyondellBasell Industries N.V.)	0	–	0	–
91	–	VINCI-Gruppe Deutschland (VINCI S.A.)	5	–	4	–

Rang		Unternehmen (betrachtete rechtliche Einheit)[1]	Anmeldungen[2]		Freigaben[3]	
2016	2014		2016/17	2014/15	2016/17	2014/15
92	72	Linde AG	0	1	0	1
93	–	United Internet AG	6	–	6	–
94	99	Krones AG	1	0	1	0
95	–	Philip Morris International-Gruppe Deutschland (Philip Morris International Inc.)	0	–	0	–
96	60	K+S AG	0	0	0	0
97	34	Rhön-Klinikum AG	1	3	1	4
98	69	Debeka-Gruppe (Debeka Lebensversicherungsverein a.G. und Debeka Krankenversicherungsverein a.G.)	4	1	3	1
99	–	Charité Universitätsmedizin Berlin KöR	0	–	0	–
100	91	Stadtwerke München GmbH	1	2	1	2
–	11	RWE AG	–	23	–	19
–	18	Continental AG	–	5	–	5
–	22	E.ON SE	–	13	–	13
–	42	Vattenfall-Gruppe Deutschland (Vattenfall AB)	–	0	–	0
–	48	EnBW Energie Baden-Württemberg AG	–	16	–	16
–	59	BSH Hausgeräte GmbH	–	0	–	0
–	67	HP-Gruppe Deutschland (Hewlett-Packard Company Inc.)	–	2	–	1
–	79	Signal-Iduna Gruppe (Iduna Vereinigte Lebensversicherung a. G. und Signal Krankenversicherung a. G.)	–	2	–	2
–	83	TOTAL-Gruppe Deutschland (Total S.A.)	–	1	–	1
–	88	H & M Hennes & Mauritz-Gruppe Deutschland (H & M Hennes & Mauritz AB)	–	0	–	0
–	89	Voith GmbH	–	1	–	1
–	93	Bilfinger SE	–	0	–	0
–	100	Kühne + Nagel-Gruppe Deutschland (Kühne + Nagel International AG)	–	0	–	0
Insgesamt			265	269	254	262
Anzahl Unternehmen			73	65	72	66
Gesamtzahl aller Anmeldungen/Freigaben			2.530	2.407	2.397	2.290
Anteil der „100 Größten" an der Gesamtzahl aller Fälle (in %)			10,5	11,2	10,6	11,4

[1] Einzelne Tochterunternehmen wurden den Unternehmen aus dem Kreis der „100 Größten" auf der Grundlage ihrer Konzernstruktur zum 31. Dezember 2016 zugeordnet.

[2] Gezählt werden Vorgänge, die zwischen dem 1. Januar 2016 und dem 31. Dezember 2017 beim Bundeskartellamt angemeldet wurden und bei denen das Unternehmen entweder selbst Erwerber, die Obergesellschaft zu einem der Erwerber oder selbst Erworbener ist.

[3] Anzahl der zwischen dem 1. Januar 2016 und dem 31. Dezember 2017 entweder im Vor- oder Hauptprüfverfahren, mit und ohne Nebenbestimmungen freigegebenen Vorgänge oder wenn für den Fall keine Kontrollpflicht bestand.

Quelle: eigene Berechnungen auf der Grundlage von Daten des Bundeskartellamtes

Tabelle A.6: Entwicklung der inländischen Umsätze in der Industrie (1978–2016)

Jahr	Reales[1] Geschäftsvolumen der 50 größten Industrieunternehmen[2]		Reales[1] Geschäftsvolumen aller Industrieunternehmen[3]		Anteil in %
	in Mio. EUR	Veränderung zur Vorperiode in %	in Mio. EUR	Veränderung zur Vorperiode in %	
1978	443.189		1.431.842		30,95
1980	508.119	14,7	1.629.468	13,8	31,18
1982	539.733	6,2	1.617.432	−0,7	33,37
1984	563.729	4,4	1.696.437	4,9	33,23
1986	531.866	−5,7	1.651.847	−2,6	32,20
1988	537.344	1,0	1.688.279	2,2	31,83
1990	597.845	11,3	1.841.489	9,1	32,47
1992	535.727	−10,4	1.669.854	−9,3	32,08
1994	485.287	−9,4	1.761.754	5,5	27,55
1996	518.912	6,9	1.763.623	0,1	29,42
1998	545.371	5,1	1.889.303	7,1	28,87
2000	644.631	18,2	2.087.526	10,5	30,88
2002	633.233	−1,8	2.057.849	−1,4	30,77
2004	648.555	2,4	2.021.128	−1,8	32,09
2006	764.481	17,9	2.295.632	13,6	33,30
2008	797.337	4,3	2.525.350	10,0	31,57
2010	761.192	−4,5	2.389.821	−5,4	31,85
2012	907.524[4]	19,2[4]	2.607.448[4]	9,1[4]	34,81
2014	893.058[4]	−1,6[4]	2.521.617[4]	−3,3[4]	35,42
2016	835.181	−6,5	2.484.257	−1,5	33,62

[1] Sowohl die aggregierten Umsätze der zehn größten Handelsunternehmen als auch die Summe der Umsatzerlöse aller Handelsunternehmen wurden mithilfe des impliziten Preisindexes der gesamtwirtschaftlichen Wertschöpfung deflationiert (Vorjahrespreisbasis, Referenzjahr: 2010; Quelle: eigene Berechnungen auf der Grundlage von Daten des Statistischen Bundesamtes, Fachserie 18 Reihe 1.5, S. 53, Rechenstand August 2017). Hier ist zu beachten, dass sich der zur Deflationierung der nominalen Größen genutzte implizite Preisindex für die Jahre vor 1991 auf das frühere Bundesgebiet bezieht und ein Vergleich mit den Jahren nach 1991 nur eingeschränkt möglich ist.

[2] Die Angaben beziehen sich auf die inländischen Konzernbereiche inklusive der Umsätze mit ausländischen verbundenen Unternehmen.

[3] Die zugrunde liegenden Nominalwerte entsprechen der Summe der Umsatzerlöse der Wirtschaftsabschnitte B (Bergbau), C (verarbeitendes Gewerbe), D (Energieversorgung), E (Wasserversorgung, Abwasser- und Abfallentsorgung) sowie F (Baugewerbe) gemäß Umsatzsteuerstatistik. Bei der Interpretation der Anteilswerte ist zu berücksichtigen, dass die gesamtwirtschaftliche Vergleichsgröße seit dem Berichtsjahr 2010 auf der Grundlage der Klassifikation der Wirtschaftszweige, Ausgabe 2008 (WZ 2008) berechnet wurde, während die Zuordnung in den Vorperioden auf der Wirtschaftszweigklassifikation 2003 (Klassifikation der Wirtschaftszweige, Ausgabe 2003 (WZ 2003)) beruht. Da die Umstellung zahlreiche Änderungen auch auf der Ebene der Wirtschaftsabschnitte mit sich bringt, ist ein Vergleich mit Vorperioden nur beschränkt möglich.

[4] Der zur Deflationierung der nominalen Größen genutzte implizite Preisindex wurde gegenüber dem XXI. Hauptgutachten aktualisiert.

Quelle: eigene Berechnungen auf der Grundlage von Daten des Statistischen Bundesamtes sowie eigener Erhebungen

Tabelle A.7: Entwicklung der inländischen Umsätze im Handel (1978–2016)

Jahr	Reales[1] Geschäftsvolumen der zehn größten Handelsunternehmen[2]		Reales[1] Geschäftsvolumen aller Handelsunternehmen[3]		Anteil in %
	in Mio. EUR	Veränderung zur Vorperiode in %	in Mio. EUR	Veränderung zur Vorperiode in %	
1978	72.865		962.349		7,57
1980	74.621	2,4	1.034.408	7,5	7,21
1982	77.493	3,8	1.005.950	−2,8	7,70
1984	77.008	−0,6	1.048.577	4,2	7,34
1986	71.232	−7,5	1.033.748	−1,4	6,89
1988	79.810	12,0	1.093.973	5,8	7,30
1990	86.034	7,8	1.243.700	13,7	6,92
1992	83.144	−3,4	1.180.228	−5,1	7,04
1994	91.565	10,1	1.247.924	5,7	7,34
1996	105.153	14,8	1.264.734	1,3	8,31
1998	113.286	7,7	1.330.066	5,2	8,52
2000	128.895	13,8	1.456.412	9,5	8,85
2002	135.462	5,1	1.428.187	−1,9	9,48
2004	160.160	18,2	1.473.111	3,1	10,87
2006	167.869	4,8	1.639.516	11,3	10,24
2008	173.248	3,2	1.750.556	6,8	9,90
2010	165.050	−4,7	1.652.601	−5,6	9,99
2012	170.020[4]	3,0[4]	1.781.343[4]	7,8[4]	9,54
2014	191.601[4]	12,7[4]	1.768.018[4]	−0,7[4]	10,84
2016	188.570	−1,6	1.784.149	0,9	10,57

[1] Sowohl die aggregierten Umsätze der zehn größten Handelsunternehmen als auch die Summe der Umsatzerlöse aller Handelsunternehmen wurden mithilfe des impliziten Preisindexes der gesamtwirtschaftlichen Wertschöpfung deflationiert (Vorjahrespreisbasis, Referenzjahr: 2010; Quelle: eigene Berechnungen auf der Grundlage von Daten des Statistischen Bundesamtes, Fachserie 18 Reihe 1.5, S. 53, Rechenstand August 2017). Hier ist zu beachten, dass sich der zur Deflationierung der nominalen Größen genutzte implizite Preisindex für die Jahre vor 1991 auf das frühere Bundesgebiet bezieht und ein Vergleich mit den Jahren nach 1991 nur eingeschränkt möglich ist.

[2] Die Angaben beziehen sich auf die inländischen Konzernbereiche inklusive der Umsätze mit ausländischen verbundenen Unternehmen.

[3] Die zugrunde liegenden Nominalwerte entsprechen den Umsatzerlösen des Wirtschaftsabschnitts G (Handel; Instandhaltung und Reparatur von Kraftfahrzeugen) gemäß Umsatzsteuerstatistik. Bei der Interpretation der Anteilswerte ist zu berücksichtigen, dass die gesamtwirtschaftliche Vergleichsgröße seit dem Berichtsjahr 2010 auf der Grundlage der Klassifikation der Wirtschaftszweige, Ausgabe 2008 (WZ 2008) berechnet wurde, während die Zuordnung in den Vorperioden auf der Wirtschaftszweigklassifikation 2003 (Klassifikation der Wirtschaftszweige, Ausgabe 2003 (WZ 2003)) beruht. Da die Umstellung zahlreiche Änderungen auch auf der Ebene der Wirtschaftsabschnitte mit sich bringt, ist ein Vergleich mit Vorperioden nur beschränkt möglich.

[4] Der zur Deflationierung der nominalen Größen genutzte implizite Preisindex wurde gegenüber dem XXI. Hauptgutachten aktualisiert.

Quelle: eigene Berechnungen auf der Grundlage von Daten des Statistischen Bundesamtes sowie eigener Erhebungen

Tabelle A.8: Entwicklung der inländischen Umsätze im Verkehrs- und Dienstleistungssektor (1978–2016)

Jahr	Reales[1] Geschäftsvolumen der zehn größten Verkehrs- und Dienstleistungsunternehmen[2]		Reales[1] Geschäftsvolumen aller Verkehrs- und Dienstleistungsunternehmen[3]		Anteil in %
	in Mio. EUR	Veränderung zur Vorperiode in %	in Mio. EUR	Veränderung zur Vorperiode in %	
1978	23.746		303.125		7,83
1980	26.927	13,4	342.044	12,8	7,87
1982	27.834	3,4	354.566	3,7	7,85
1984	29.432	5,7	379.911	7,1	7,75
1986	26.709	−9,3	410.977	8,2	6,50
1988	27.800	4,1	470.257	14,4	5,91
1990	30.079	8,2	563.862	19,9	5,33
1992	28.146	−6,4	576.477	2,2	4,88
1994	91.732	225,9	599.015	3,9	15,31
1996	94.615	3,1	658.276	9,9	14,37
1998	110.045	16,3	740.230	12,4	14,87
2000	132.282	20,2	842.956	13,9	15,69
2002	133.468	0,9	899.015	6,7	14,85
2004	130.970	−1,9	897.823	−0,1	14,59
2006	140.321	7,1	1.004.814	11,9	13,96
2008	136.701	−2,6	1.061.307	5,6	12,88
2010	124.388	−9,0	952.529	−10,2	13,06
2012	129.931[4]	4,5	951.590[4]	−0,1[4]	13,65
2014	127.140[4]	−2,1[4]	946.997[4]	−0,5[4]	13,43
2016	129.412	1,8	973.440	2,8	13,29

[1] Sowohl die aggregierten Umsätze der zehn größten Verkehrs- und Dienstleistungsunternehmen als auch die Summe der Umsatzerlöse aller Verkehrs- und Dienstleistungsunternehmen wurden mithilfe des impliziten Preisindexes der gesamtwirtschaftlichen Wertschöpfung deflationiert (Vorjahrespreisbasis, Referenzjahr: 2010; Quelle: eigene Berechnungen auf der Grundlage von Daten des Statistischen Bundesamtes, Fachserie 18 Reihe 1.5, S. 53, Rechenstand August 2017). Hier ist zu beachten, dass sich der zur Deflationierung der nominalen Größen genutzte implizite Preisindex für die Jahre vor 1991 auf das frühere Bundesgebiet bezieht und ein Vergleich mit den Jahren nach 1991 nur eingeschränkt möglich ist.

[2] Die Angaben beziehen sich auf die inländischen Konzernbereiche inklusive der Umsätze mit ausländischen verbundenen Unternehmen.

[3] Die zugrunde liegenden Nominalwerte entsprechen der Summe der Umsatzerlöse der Wirtschaftsabschnitte H (Verkehr und Lagerei), J (Information und Kommunikation), L (Grundstücks- und Wohnungswesen), M (Erbringung von freiberuflichen, wissenschaftlichen und technischen Dienstleistungen), N (Erbringung von sonstigen wirtschaftlichen Dienstleistungen), R (Kunst, Unterhaltung und Erholung) sowie S (Erbringung von sonstigen Dienstleistungen) gemäß der Umsatzsteuerstatistik des Statistischen Bundesamtes. Bei der Interpretation der Anteilswerte ist zu berücksichtigen, dass die gesamtwirtschaftliche Vergleichsgröße seit dem Berichtsjahr 2010 auf der Grundlage der Klassifikation der Wirtschaftszweige, Ausgabe 2008 (WZ 2008) berechnet wurde, während die Zuordnung in den Vorperioden auf der Wirtschaftszweigklassifikation 2003 (Klassifikation der Wirtschaftszweige, Ausgabe 2003 (WZ 2003)) beruht. Da die Umstellung zahlreiche Änderungen auch auf der Ebene der Wirtschaftsabschnitte mit sich bringt, ist ein Vergleich mit Vorperioden nur beschränkt möglich.

[4] Der zur Deflationierung der nominalen Größen genutzte implizite Preisindex wurde gegenüber dem XXI. Hauptgutachten aktualisiert.

Quelle: eigene Berechnungen auf der Grundlage von Daten des Statistischen Bundesamtes sowie eigener Erhebungen

Tabelle A.9: Entwicklung der Bilanzsummen im Kreditgewerbe (1978–2016)

Jahr	Reales[1] Geschäftsvolumen der zehn größten Kreditinstitute[2]		Reales[1] Geschäftsvolumen aller Kreditinstitute[3]		Anteil in %
	in Mrd. EUR	Veränderung zur Vorperiode in %	in Mrd. EUR	Veränderung zur Vorperiode in %	
1978	801		2.148		37,28
1980	855	6,8	2.315	7,8	36,93
1982	880	2,9	2.456	6,1	35,82
1984	982	11,7	2.684	9,3	36,60
1986	1.071	9,1	2.927	9,0	36,61
1988	1.206	12,5	3.232	10,4	37,31
1990	1.453	20,5	4.031	24,7	36,05
1992	1.446	−0,5	3.810	−5,5	37,95
1994	1.760	21,7	4.239	11,3	41,52
1996	2.217	26,0	5.045	19,0	43,94
1998	3.076	38,7	6.314	25,1	48,72
2000	4.010	30,4	7.712	22,1	52,00
2002	3.927	−2,1	7.796	1,1	50,38
2004	3.776	−3,9	7.909	1,4	47,74
2006	4.330	14,7	8.447	6,8	51,26
2008	4.426	2,2	8.828	4,5	50,13
2010	4.661	5,3	9.481	7,4	49,16
2012	5.103[4]	9,5[4]	9.068[4]	−4,4[4]	56,28
2014	4.282[4]	−16,1[4]	8.060[4]	−11,1[4]	53,12
2016	4.033	−5,8	7.649	−5,1	52,73

[1] Die Bilanzsumme der zehn größten Kreditinstitute in Deutschland sowie diejenige aller Kreditinstitute wurden mithilfe des impliziten Preisindexes der gesamtwirtschaftlichen Wertschöpfung deflationiert (Vorjahrespreisbasis, Referenzjahr: 2010; Quelle: eigene Berechnungen auf der Grundlage von Daten des Statistischen Bundesamtes, Fachserie 18 Reihe 1.5, S. 53, Rechenstand August 2017). Hier ist zu beachten, dass sich der zur Deflationierung der nominalen Größen genutzte implizite Preisindex für die Jahre vor 1991 auf das frühere Bundesgebiet bezieht und ein Vergleich mit den Jahren nach 1991 nur eingeschränkt möglich ist.

[2] Bis einschließlich 1996 wurde für die Gegenüberstellung mit der gesamtwirtschaftlichen Vergleichsgröße die konsolidierte Bilanzsumme der zehn größten Kreditinstitute verwendet. Seit 1998 wird der Anteil der zehn größten Kreditinstitute anhand der unkonsolidierten Bilanzsumme ermittelt.

[3] Für die zugrunde liegenden Nominalwerte vgl. Deutsche Bundesbank, Bankenstatistik, Statistisches Beiheft 1 zum Monatsbericht, Januar 2018, S. 106. Die Deutsche Bundesbank ermittelt die Bilanzsummen anhand der Einzelabschlüsse der Kreditinstitute.

[4] Der zur Deflationierung der nominalen Größen genutzte implizite Preisindex wurde gegenüber dem XXI. Hauptgutachten aktualisiert.

Quelle: eigene Berechnungen auf der Grundlage eigener Erhebungen sowie der Bankenstatistik der Deutschen Bundesbank

Tabelle A.10: Entwicklung der Beitragseinnahmen im Versicherungsgewerbe (1978–2016)

Jahr	Reales[1] Geschäftsvolumen der zehn größten Versicherungsunternehmen[2]		Reales[1] Geschäftsvolumen aller Versicherungsunternehmen[3]		Anteil in %[4]
	in Mio. EUR	Veränderung zur Vorperiode in %	in Mio. EUR	Veränderung zur Vorperiode in %	
1978	34.492				
1980	39.512	14,6			
1982	41.963	6,2			
1984	43.923	4,7			
1986	46.967	6,9			
1988	52.862	12,6			
1990	55.650	5,3	134.469		41,38
1992	63.716	14,5	136.370	1,4	46,72
1994	76.390	19,9	155.726	14,2	49,05
1996	76.219	−0,2	164.247	5,5	46,41
1998	96.123	26,1	173.046	5,4	55,55
2000	110.986	15,5	191.889	10,9	57,84
2002	125.716	13,3	209.484	9,2	60,01
2004	133.139	5,9	224.406	7,1	59,33
2006	138.997	4,4	226.305	0,8	61,42
2008	137.996	−0,7	220.294	−2,7	62,64
2010	136.700	−0,9	229.271	4,1	59,62
2012	139.591[5]	2,1[5]	236.146[5]	3,0[5]	59,11
2014	140.811[5]	0,9[5]	240.215[5]	1,7[5]	58,62
2016	143.294	1,8	240.822	0,3	59,50

[1] Die Beitragseinnahmen in jeweiligen Preisen wurden mithilfe des impliziten Preisindexes der gesamtwirtschaftlichen Wertschöpfung deflationiert (Vorjahrespreisbasis, Referenzjahr: 2010; Quelle: eigene Berechnungen auf der Grundlage von Daten des Statistischen Bundesamtes, Fachserie 18 Reihe 1.5, S. 53, Rechenstand August 2017). Hier ist zu beachten, dass sich der zur Deflationierung der nominalen Größen genutzte implizite Preisindex für die Jahre vor 1991 auf das frühere Bundesgebiet bezieht und ein Vergleich mit den Jahren nach 1991 nur eingeschränkt möglich ist.

[2] Die zugrunde liegenden Nominalwerte beziehen sich auf die Beitragseinnahmen der inländischen Konzernbereiche.

[3] Für die zugrunde liegenden Nominalwerte vgl. Bundesanstalt für Finanzdienstleistungsaufsicht, Statistik der Bundesanstalt für Finanzdienstleistungsaufsicht – Erstversicherungsunternehmen und Pensionsfonds – 2016, S. 9. Die Bundesanstalt für Finanzdienstleistungsaufsicht ermittelt das Beitragsvolumen aller Versicherungsunternehmen anhand von Einzelabschlussdaten.

[4] Bis einschließlich 1996 beruht der Anteil auf den konsolidierten Beitragseinnahmen der zehn größten Versicherungsunternehmen. Ab 1998 beruht der Anteil auf den unkonsolidierten inländischen Beitragseinnahmen der zehn größten Versicherungsunternehmen.

[5] Der zur Deflationierung der nominalen Größen genutzte implizite Preisindex wurde gegenüber dem XXI. Hauptgutachten aktualisiert.

Quelle: eigene Berechnungen auf der Grundlage eigener Erhebungen sowie der Statistik der Bundesanstalt für Finanzdienstleistungsaufsicht

3 Formale Herleitung und Schätzung von Preisaufschlägen zu Kapitel II.3

1218. Anbieter i nutzt zum Zeitpunkt t folgende Produktionstechnologie, die von V verschiedenen variablen Produktionsfaktoren X_{it}^V (zum Beispiel Arbeit, Zwischenprodukte, Elektrizität) ohne Anpassungskosten, dem Kapitalstock K_{it} und der Produktivität ω_{it} abhängig ist:

$$Q_{it} = Q_{it}(X_{it}^1, \ldots, X_{it}^V, K_{it}, \omega_{it}). \tag{1}$$

Wenn die Produzenten im Markt ihre Kosten minimieren, lässt sich dieses Optimierungsproblem als Lagrange-Funktion mit $P_{it}^{X^v}$ und r_{it} als Inputkosten für variable Inputs und Kapital darstellen:

$$L(X_{it}^1, \ldots, X_{it}^V, K_{it}, \lambda_{it}) = \sum_{v=1}^{V} P_{it}^{X^v} X_{it}^v + r_{it} K_{it} + \lambda_{it}(Q_{it} - Q_{it}(\cdot)) \tag{2}$$

Die Bedingung erster Ordnung für einen beliebigen variablen Produktionsfaktor stellt sich folgendermaßen dar, wobei die Grenzkosten der Produktion zu einem gegebenen Outputlevel als $\frac{\partial L_{it}}{\partial Q_{it}} = \lambda_{it}$ gegeben sind:

$$\frac{\partial L_{it}}{\partial X_{it}^v} = P_{it}^{X^v} - \lambda_{it} \frac{\partial Q_{it}(\cdot)}{\partial X_{it}^v} \stackrel{!}{=} 0 \tag{3}$$

Durch Umstellen der Bedingung erster Ordnung ergibt sich folgende Bedingung, welche die optimale Inputnachfrage bestimmt. Die linke Seite der Gleichung (4) stellt dabei die Outputelastizität eines variablen Produktionsfaktors dar (im Folgenden bezeichnet als θ):

$$\frac{\partial Q_{it}(\cdot)}{\partial X_{it}^v} \frac{X_{it}^v}{Q_{it}} = \frac{P_{it}^{X^v}}{\lambda_{it}} \frac{X_{it}^v}{Q_{it}} \tag{4}$$

Mit der Annahme von Preisaufschlägen μ als Verhältnis des Preises zu den Grenzkosten $\mu_{it} \equiv \frac{P_{it}}{\lambda_{it}}$ [7] kann die Gleichung (4) wie folgt umgeschrieben werden und ergibt Preisaufschläge im Optimum als Verhältnis der Outputelastizität eines Produktionsfaktors und des Umsatzanteils der Kosten dieses Faktors:

$$\theta_{it}^X \equiv \frac{\partial Q_{it}(\cdot)}{\partial X_{it}^v} \frac{X_{it}^v}{Q_{it}} = \mu_{it} \frac{P_{it}^X X_{it}}{P_{it} Q_{it}} \Leftrightarrow \mu_{it} = \theta_{it}^X \left(\frac{P_{it}^X X_{it}}{P_{it} Q_{it}}\right)^{-1} \tag{5}$$

1219. Die Outputelastizität wird durch Schätzung einer Produktionsfunktion ermittelt. Hierbei ergibt sich grundsätzlich das Problem, dass unbeobachtete Faktoren das Outputwachstum beeinflussen können (unbeobachtete Produktivitätsschocks). Die Durchführung der Schätzung basiert auf dem sog. Proxy-Ansatz nach Olley und Pakes (1996), Levinsohn und Petrin (2003) sowie Ackerberg u. a. (2015).[8] Es wird dabei für unbeobachtete Produktivität als Funktion beobachteter Faktoren kontrolliert (Investitionen bzw. Materialnachfrage zum Beispiel nach Energie oder Zwischenprodukten). Zur Schätzung von θ wird die Produktion als Hicks-neutral mit gemeinsamen Technologieparametern für alle Produzenten eines Wirtschaftsbereichs restringiert:

$$Q_{it} = F(X_{it}^1, \ldots, X_{it}^V, K_{it}; \beta) \, exp(\omega_{it}). \tag{6}$$

Hicks-neutral bedeutet hier, dass der Produktivitätsterm keinen Einfluss auf das Verhältnis zwischen den Inputfaktoren hat, da dieser multiplikativ mit der übrigen Produktionsfunktion zusammenhängt. Diese Einschränkung erlaubt die gängigen Spezifikationen wie eine Cobb-Douglas- oder eine Translog-Produktionsfunktion. Die hier verwendete Translog-Spezifikation schätzt konstante Koeffizienten der Produktionsfunktion über alle Unternehmen hinweg, erlaubt allerdings Elastizitäten, die von den jeweils gewählten Inputmengen abhängen, wodurch die Elastizitäten zwischen Unternehmen und über die Zeit variieren können. Die Koeffizienten β der Produktionsfunktion können mittels des Proxy-Ansatzes geschätzt werden. Durch Logarithmieren ergibt sich folgende Gleichung:

$$y_{it} = \ln Q_{it} + \varepsilon_{it} = f(x_{it}, k_{it}; \beta) + \omega_{it} + \varepsilon_{it}. \tag{7}$$

---

[7] Vgl. Gliederungspunkt 3.4.2.

[8] Olley, G./Pakes, A., The Dynamics of Productivity in the Telecommunications Equipment Industry, Econometrica, 64(6), 1996, S. 1263–1297; Levinsohn, J./Petrin, A., Estimating Production Functions Using Inputs to Control for Unobservables, Review of Economic Studies, 70(2), 2003, S. 317–341; Ackerberg, D./Caves, K./Frazer, G., Identification properties of recent production function estimators, Econometrica, 83(6), 2015, S. 2411–2451.

1220. In Gleichung (7) ist $f(\cdot)$ die Modellspezifikation und ε der unerwartete Schock, der nicht vor der Entscheidung über die Inputmenge seitens der Unternehmen beobachtbar ist (im Gegensatz zu ω). ε erfasst demnach Messfehler und unerwartete Produktivitätsschocks. Die Produktionsfunktion wird für jeden Wirtschaftszweig separat geschätzt. Es muss dabei für Produktivitätsschocks kontrolliert werden, die nicht in den Daten beobachtet werden können, die aber den Unternehmen bekannt sind und deren Entscheidung über variable Inputs beeinflussen können. Es wird der Ansatz nach Levinsohn und Petrin verwendet und die Materialnachfrage $m_{it} = m_t(k_{it}, \omega_{it}, \mathbf{z}_{it})$ herangezogen, um die Produktivität zu approximieren. $\mathbf{z}$ beinhaltet dabei Variablen, die Unterschiede der variablen Inputwahl erklären können, wie zum Beispiel Faktorpreise.

1221. In einem zweistufigen Schätzverfahren wird zunächst mit der Methode der kleinsten Quadrate folgende Gleichung geschätzt, um den unsystematischen Fehler ε_{it} vom erwarteten Output $\widehat{\phi_{it}}$ zu isolieren:

$$y_{it} = \beta_l l_{it} + \beta_k k_{it} + \beta_{ll} l_{it}^2 + \beta_{kk} k_{it}^2 + \beta_{lk} l_{it} k_{it} + h_t(m_{it}, k_{it}, \mathbf{z}_{it}) + \varepsilon_{it} \quad (8)$$

$$y_{it} = \phi(l_{it}, k_{it}, m_{it}, \mathbf{z}_{it}) + \varepsilon_{it}. \quad (9)$$

In der zweiten Stufe können sodann die Koeffizienten geschätzt werden, indem die „fitted values" $\widehat{\phi_{it}}$ für die Berechnung der Produktivität ω für jede Ausprägung von β benutzt werden $\left(\omega_{it}(\beta) = \widehat{\phi_{it}} - \beta_l l_{it} - \beta_k k_{it} - \beta_{ll} l_{it}^2 - \beta_{kk} k_{it}^2 - \beta_{lk} l_{it} k_{it}\right)$. Für die Schätzung wird ein nicht parametrisches GMM-Schätzverfahren angewendet, in welchem die Abhängigkeit der Produktivität zu einem Zeitpunkt von der Produktivität der Vorperiode angenommen wird und $g(\cdot)$ durch Polynome approximiert wird $\left(\omega_{it}(\beta) = g(\omega_{it-1}(\beta) + \xi_{it})\right)$. Anschließend kann die Outputelastizität mit den geschätzten Koeffizienten der Produktionsfunktion bestimmt werden:

$$\widehat{\theta_{it}^L} = \widehat{\beta_l} + 2\widehat{\beta_{ll}} l_{it} + \widehat{\beta_{lk}} k_{it}. \quad (10)$$

Die Momente basieren auf dem Arbeitsinput der Vorperiode, da der Arbeitseinsatz der aktuellen Periode mit den Produktivitätsschocks korreliert ist. Die Arbeit der Vorperiode kann nur als valides Instrument verwendet werden, wenn Inputpreise über die Zeit hinweg korreliert sind, wovon im Allgemeinen ausgegangen werden kann. Dies basiert auf der Annahme, dass der Kapitaleinsatz für eine Periode bereits in der Vorperiode bestimmt wird, also bevor ω bekannt ist, jedoch die Unternehmen ihren Arbeitseinsatz in Periode t unter Kenntnis von ω bestimmen. Dadurch soll das Endogenitätsproblem behoben werden, welches entsteht, wenn ξ_{it} mit ω_{it} korreliert ist.[9]

---

[9] Schlussendlich kann der Preisaufschlag gemäß Gleichung (5) berechnet werden, wobei der beobachtete Output unter Verwendung der geschätzten Fehler der Kleinste-Quadrate-Schätzung korrigiert wird, um die Variation der Ausgabenanteile unberücksichtigt zu lassen, welche auf Outputschwankungen zurückzuführen sind, die nicht mit $\phi(l_{it}, k_{it}, m_{it}, \mathbf{z}_{it})$ korreliert sind.

4 Datengrundlage zu Kapitel II.3

1222. Wie bereits in vergangenen Hauptgutachten verwendet die Monopolkommission für ihre Analysen eine europäische Unterstichprobe der Orbis-Unternehmensdatenbank des privaten Datenanbieters Bureau van Dijk. Die Orbis-Datenbank insgesamt enthält Informationen zu über 170 Mio. Unternehmen weltweit. Für die Ermittlung von Gewinnmargen und Preisaufschlägen wurden vor allem Informationen zu Finanzkennzahlen aus Handelsbilanzen und Gewinn- und-Verlust-Rechnungen verwendet, die von nationalen Vertragspartnern für Bureau van Dijk zusammengetragen werden. Die Aufbereitung findet in einem standardisierten Format statt, um eine internationale Vergleichbarkeit zu ermöglichen. Diese Datengrundlage ermöglicht grenzüberschreitende mikrodatenbasierte Analysen mit einer Vielzahl verfügbarer Variablen, wie sie mit Daten nationaler statistischer Ämter nicht mit vergleichbarem Aufwand möglich wären. Darüber hinaus können Einzelunternehmen identifiziert werden, und es besteht grundsätzlich eine bessere Verfügbarkeit von Informationen im Zeitverlauf, da der Berichtskreis in amtlichen Erhebungen in der Regel nach einigen Jahren wechselt, um die Belastung der befragten Unternehmen durch die Beantwortung der Fragebögen zu reduzieren.[10]

1223. Zu beachten gilt es jedoch, dass es sich bei der verwendeten Stichprobe weder um eine Vollerhebung noch um eine repräsentative Stichprobe im Sinne beispielsweise einer geschichteten Stichprobenziehung handelt. Rückschlüsse auf die gesamte Unternehmenspopulation sind somit nur eingeschränkt möglich. Eine Gegenüberstellung der in den verwendeten Daten erfassten Unternehmensumsätze mit Umsatzschätzungen von Eurostat für das produzierende Gewerbe nach Wirtschaftsbereichen und Ländern zeigt jedoch, dass die Abdeckungsquote in 24 von 30 Ländern bei über 50 Prozent, in 17 Ländern bei über 70 Prozent und in 12 Ländern bei über 80 Prozent liegt.[11]

1224. Die zur Analyse von Preisaufschlägen und Renditekennzahlen aufbereitete Stichprobe umfasst neben börsennotierten Unternehmen auch nicht öffentlich gehandelte Unternehmen jeglicher Größenklassen in 18 EU-28-Mitgliedstaaten zuzüglich Norwegen. Insgesamt standen für die Analyse rund 3,7 Mio. Abschlüsse für den Zeitraum 2007–2015 zur Verfügung. Für Deutschland waren es rund 174.000. Tabelle A.11 zeigt die Fallzahlen der Stichprobe sowie deren Verteilung nach Ländern. Es wurden jeweils Abschlüsse auf der niedrigsten verfügbaren Konsolidierungsebene berücksichtigt. Um die individuellen Preisaufschläge schätzen zu können, wurden lediglich Beobachtungen berücksichtigt, die Angaben zu den folgenden Variablen aufweisen: Wirtschaftszweig des Umsatzschwerpunktes, unternehmensspezifische Identifikationsnummer, Land, Umsatz, Materialkosten, Anlagevermögen, Personalkosten und Anzahl der Beschäftigten. Weiterhin wurden unplausible Angaben von der Analyse ausgeschlossen, wie etwa negative Umsätze, negatives Anlagevermögen oder keine Beschäftigten. Länder- und Wirtschaftszweigkategorien wurden pauschal von der Analyse ausgeklammert, wenn in einem der Jahre weniger als 100 Beobachtungen vorlagen. Um die Ergebnisse weiterhin robust gegenüber außergewöhnlichen Ausprägungen zu machen, wurden Beobachtungen mit einer Umsatzrendite von weniger als −200 Prozent oder mehr als 100 Prozent sowie das höchste und niedrigste Prozent der Beobachtungen in Bezug auf Preisaufschläge von der Analyse ausgeschlossen. Variablen mit Angaben in EUR wurden mithilfe des Produzentenpreisindexes von Eurostat nach Jahr und Wirtschaftszweigen deflationiert. Dabei wurde für die Bereiche Müll, Recycling und Handel ersatzweise ein allgemeiner Dienstleistungspreisindex verwendet.

---

[10] Vgl. hierzu auch Pinto Ribeiro, S./Menghinello, S./De Backer, K., The OECD ORBIS Database: Responding to the Need for Firm-Level Micro-Data in the OECD, OECD Statistics Working Papers 2010/01, 25. März 2010.

[11] Monopolkommission, XXI. Hauptgutachten, Wettbewerb 2016, Baden-Baden 2016, Tabelle B.V.1.

Tabelle A.11: Fallzahlen und Verteilung nach Ländern im Beobachtungszeitraum 2007–2015

Land	Anzahl	%
Belgien	97.636	2,67
Bulgarien	66.807	1,81
Tschechien	153.044	4,15
Deutschland	173.776	4,71
Estland	21.150	0,57
Spanien	804.976	21,83
Finnland	96.328	2,61
Frankreich	495.672	13,44
Kroatien	50.407	1,37
Ungarn	62.184	1,69
Italien	1.078.240	29,24
Norwegen	48.242	1,31
Polen	92.263	2,50
Portugal	166.063	4,50
Rumänien	127.700	3,46
Schweden	39.258	1,06
Slowenien	40.719	1,10
Slowakei	72.707	1,97
Insgesamt	3.687.172	100,00

Anm.: Berücksichtigt wurden Abschlüsse auf der niedrigsten verfügbaren Konsolidierungsebene.

Quelle: eigene Berechnungen auf Basis der Orbis-Unternehmensdatenbank (Bureau van Dijk)

5 Ergänzende Abbildung zu Kapitel II.3

Abbildung A.1: Überprüfte EU-Fusionsfälle nach Wirtschaftszweig und Ergebnis (2007–2015)

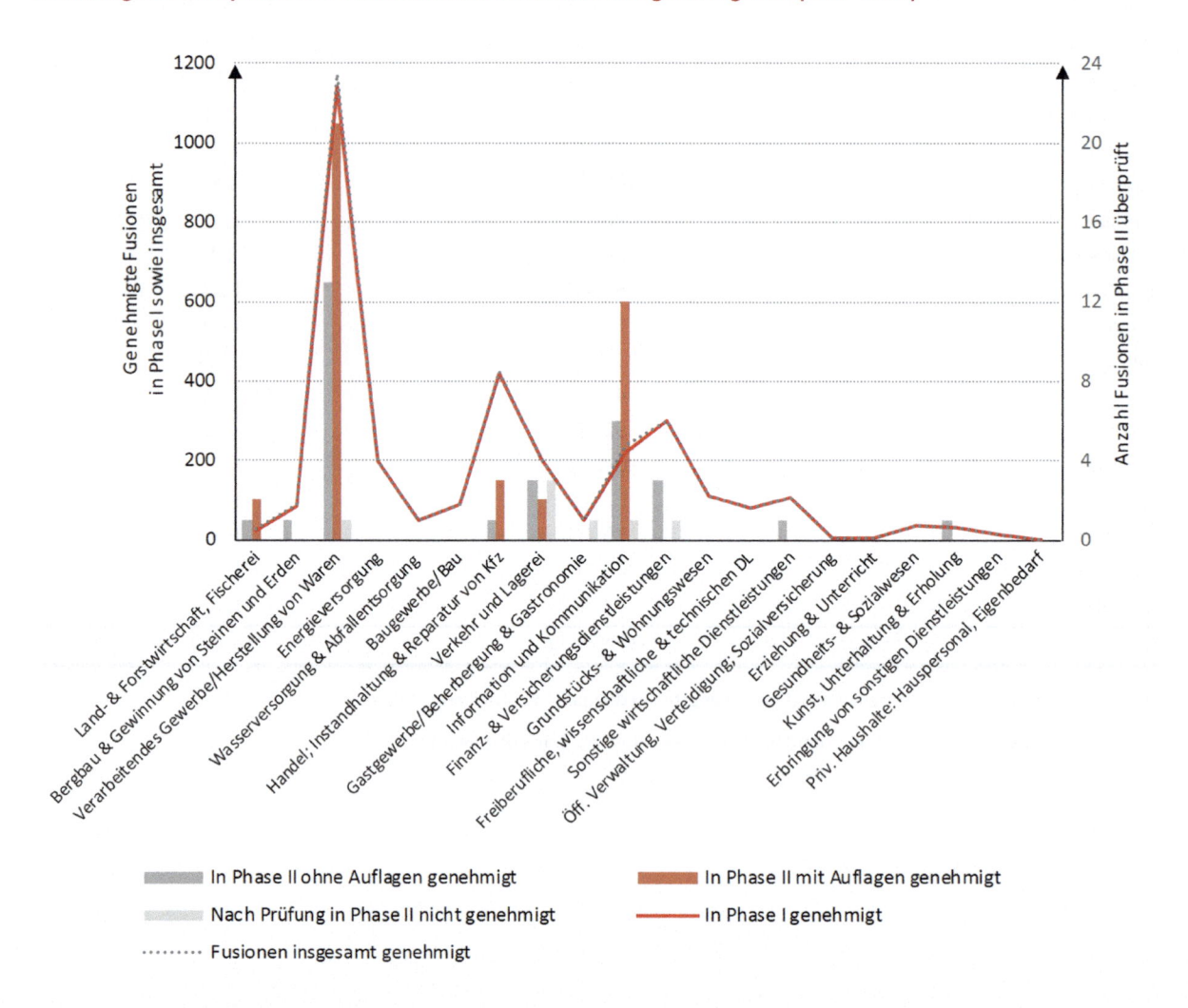

Legende:
- In Phase II ohne Auflagen genehmigt
- In Phase II mit Auflagen genehmigt
- Nach Prüfung in Phase II nicht genehmigt
- In Phase I genehmigt
- Fusionen insgesamt genehmigt

Anm.: Zuordnung nach dem Benachrichtigungsdatum (Notification Date). Mehrfachzählung von Fusionen, die in verschiedenen Wirtschaftszweigen verzeichnet sind

Quelle: eigene Darstellung auf der Grundlage der Competition Database der Europäischen Kommission

6 Anhang zu Kapitel II.4

6.1 Modelltheoretische Herleitung des MHHI

1225. Ausgangspunkt ist die von den Standardmodellen der ökonomischen Theorie abweichende Annahme, dass Unternehmen nicht ihre eigenen Gewinne maximieren, sondern dass Unternehmen im Interesse ihrer Anteilseigner agieren, indem sie deren Renditen maximieren.[12] Die Rendite eines Anteilseigners i aus seinen Beteiligungen an N Unternehmen ist gegeben durch:

$$\Pi^i = \sum_{j=1}^{N} \beta_{ij} \pi_j$$

1226. Dabei stellt π_j den Gewinn von Portfoliounternehmen j dar, und β_{ij} ist die von Anteilseigner i gehaltene Beteiligung an Unternehmen j. Die Zielfunktion[13] des Portfoliounternehmens j kann jetzt als die gewichtete Summe der Renditen seiner M Anteilseigner wie folgt dargestellt werden:

$$\max \Pi_j = \sum_{i=1}^{M} \gamma_{ij} \Pi^i$$

$$= \sum_{i=1}^{M} \gamma_{ij} \sum_{k=1}^{N} \beta_{ik} \pi_k$$

1227. Der Ausdruck γ_{ij} beschreibt das Einflussgewicht, das den Einfluss, den Anteilseigner i auf die Unternehmensentscheidungen von j ausüben kann, quantifiziert. Das Unternehmen j berücksichtigt die Interessen seiner Anteilseigner in der hier dargestellten Zielfunktion relativ zum Einfluss, den der jeweilige Anteilseigner ausübt.[14]

1228. Zur Veranschaulichung, welche Rolle der eigene Unternehmensgewinn des Unternehmens und die Gewinne der Konkurrenten in der Zielfunktion spielen, kann diese wie folgt umgestellt werden:

$$\max \Pi_j = \pi_j + \sum_{k \neq j}^{N} \frac{\sum_i \gamma_{ij} \beta_{ik}}{\sum_i \gamma_{ij} \beta_{ij}} \pi_k$$

1229. Der Ausdruck $\sum_i \gamma_{ij} \beta_{ik} / \sum_i \gamma_{ij} \beta_{ij}$, mit dem der Gewinn eines Konkurrenten k in die Gewinnkalkulation eingeht, kann als Anreiz aufgrund der Verflechtung von Unternehmen j und k interpretiert werden. Aus ihm lassen sich einige interessante Erkenntnisse ableiten.[15] Betrachtet man zunächst den Fall, dass es keinen Anteilseigner gibt, der einerseits an Unternehmen j beteiligt ist und Einfluss ausüben kann und der andererseits Anteile am Konkurrenten k hält, ist dieser Ausdruck im Hinblick auf Unternehmen k gleich null. In diesem Fall misst Unternehmen j den Gewinnen, die k erzielt, bei seinen eigenen unternehmerischen Entscheidungen keine Bedeutung zu. Gilt dies für alle Konkurrenzunternehmen, trifft Unternehmen j seine Entscheidung einzig auf Basis der eigenen Gewinne. Dies ist der Fall, wenn es keine indirekten Horizontalverflechtungen gibt oder die Anteilseigner, die gleichzeitig finanzielle Beteiligungen an Konkurrenten haben, keinen Einfluss ausüben.

1230. Gibt es hingegen Anteilseigner, die sowohl einen gewissen Einfluss auf Unternehmen j ausüben als auch gleichzeitig ein finanzielles Interesse an k haben, ist der Anreizterm größer als null. Dann berücksichtigt Unternehmen j die Auswirkungen seiner Unternehmensentscheidungen auf den Gewinn des Konkurrenten k, da dieser wiederum Einfluss auf

---

[12] Die nachfolgende Darstellung orientiert sich stark an der Herleitung des MHHI in Salop, S./O'Brien, D., a. a. O., S. 609 ff.

[13] Als Zielfunktion bezeichnet man die Funktion, die ein Akteur durch die entsprechende Wahl seiner Entscheidungsparameter zu maximieren versucht.

[14] Zu den unterschiedlichen Möglichkeiten, Einflussgewichte zu bestimmen, siehe bereits Tz. 489.

[15] Siehe hierzu auch Salop, S./O'Brien, D., a. a. O., S. 612 f.

die Rendite des eigenen Anteilseigners hat. Wie stark die Gewinne von k allerdings gewichtet werden, hängt von einer Reihe von Faktoren ab. Grundsätzlich gilt, dass ceteris paribus die Berücksichtigung des Gewinns von k steigt, je mehr Anteilseigner an beiden Unternehmen beteiligt sind. Gleichzeitig gilt, dass der Faktor $\sum_i \gamma_{ij}\beta_{ik}/\sum_i \gamma_{ij}\beta_{ij}$ ceteris paribus zunimmt, je stärker die indirekten Horizontalverflechtungen zwischen j und k ausgeprägt sind. Dies erfasst der Zähler des Anreizterms, $\sum_i \gamma_{ij}\beta_{ik}$. Gleichzeitig gilt ceteris paribus, dass die Gewinne des Konkurrenten k desto weniger stark gewichtet werden, je größer die Bedeutung von j für die Anteilseigner ist. Dies spiegelt der Nenner des Anreizterms, $\sum_i \gamma_{ij}\beta_{ij}$, wider.

1231. Unter der Annahme, dass die Unternehmen im Mengenwettbewerb (Cournot-Wettbewerb) stehen, ein homogenes Produkt herstellen und konstante Grenzkosten der Produktion aufweisen, lässt sich zeigen, dass die industrieweiten Margen – auch als Lerner-Index bezeichnet – als Funktion des in Tz. 481 bzw. Tz. 484 dargestellten modifizierten Herfindahl-Hirschman-Indexes dargestellt werden können:

$$\eta \underbrace{\sum_{j=1}^{N} s_j \frac{P - GK_j}{P}}_{Lerner-Index} = \underbrace{\sum_{j=1}^{N} \sum_{k=1}^{N} \frac{\sum_{i=1}^{M} \sum_i \gamma_{ij}\beta_{ik}}{\sum_{i=1}^{M} \sum_i \gamma_{ij}\beta_{ij}} s_j s_k}_{MHHI}$$

$$= \underbrace{\sum_{j=1}^{N} s_j^2}_{HHI} + \underbrace{\sum_{j=1}^{N} \sum_{\substack{k=1 \\ k \neq j}}^{N} \frac{\sum_{i=1}^{M} \gamma_{ij}\beta_{ik}}{\sum_{i=1}^{M} \gamma_{ij}\beta_{ij}} s_j s_k}_{MHHI-Delta}$$

1232. Der Ausdruck η beschreibt dabei die Elastizität der Nachfrage. Der Preis des homogenen Gutes ist P, und GK_j beschreibt die konstanten Grenzkosten der Produktion von Unternehmen j. Demnach steigen die Margen proportional mit der durch den MHHI abgebildeten Marktkonzentration an. Marktkonzentration und Margen steigen – analog zur Berücksichtigung von Gewinnen der Konkurrenz in der eigenen Zielfunktion – mit den jeweiligen Anreiztermen. Da die Anreizterme mit den Marktanteilen der jeweiligen Unternehmen, $s_j s_k$, multipliziert werden, steigt der wettbewerbsschädliche Effekt mit den Marktanteilen der jeweiligen Unternehmen j und k. Dieser Zusammenhang ergibt intuitiv Sinn, da der wettbewerbsmindernde Effekt von Horizontalverflechtungen dann größer sein sollte, wenn große Marktteilnehmer ihre Auswirkungen auf Konkurrenten in ihren Unternehmensentscheidungen berücksichtigen, als wenn dies kleine tun.

1233. Zwar ergibt sich aus dem aufgezeigten Zusammenhang, dass ceteris paribus ein höherer MHHI unter den genannten Annahmen zu höheren Margen führt. Ein hoher MHHI muss jedoch nicht zwangsläufig mit hohen Margen verbunden sein. Sind die Konsumenten hinreichend preissensitiv, sind die Margen auch bei hoher Marktkonzentration gering. Ist die Nachfrage hingegen wenig preiselastisch, kann bereits eine geringe Marktkonzentration zu hohen Margen führen. Dieser Zusammenhang besteht ebenso für den traditionellen HHI.

6.2 Berechnungsbeispiele für den MHHI

1234. Die Funktionsweise des MHHI bei unterschiedlichen Konstellationen soll nachfolgend anhand einiger einfacher Zahlenbeispiele veranschaulicht werden. Aus Gründen der besseren Darstellbarkeit beschränken sich die nachfolgenden Szenarien auf zwei konkurrierende Unternehmen U_1 und U_2, deren Marktanteile durch s_{U_1} und s_{U_2} gegeben sind. Es existieren ferner zwei Anteilseigner I_1 und I_2. Anteilseigner I_1 hält Anteile an U_1 und U_2 in Höhe von $\beta_{I_1 U_1}$ bzw. $\beta_{I_1 U_2}$. Sein Einfluss auf U_1 und U_2 ist gegeben durch $\gamma_{I_1 U_1}$ und $\gamma_{I_1 U_2}$. Die Anteile und Einflussgewichte von I_2 sind entsprechend $\beta_{I_2 U_1}, \beta_{I_2 U_2}, \gamma_{I_2 U_1}$ und $\gamma_{I_2 U_2}$.

1235. Für den Fall mit zwei Unternehmen und zwei Anteilseignern lässt sich die allgemeine MHHI-Formel wie folgt umschreiben:

$$MHHI = s_{U_1}^2 + s_{U_2}^2 + \frac{\gamma_{I_1 U_1} * \beta_{I_1 U_2} + \gamma_{I_2 U_1} * \beta_{I_2 U_2}}{\gamma_{I_1 U_1} * \beta_{I_1 U_1} + \gamma_{I_2 U_1} * \beta_{I_2 U_1}} s_{U_1} s_{U_2} + \frac{\gamma_{I_1 U_2} * \beta_{I_1 U_1} + \gamma_{I_2 U_2} * \beta_{I_2 U_1}}{\gamma_{I_1 U_2} * \beta_{I_1 U_2} + \gamma_{I_2 U_2} * \beta_{I_2 U_2}} s_{U_2} s_{U_1}$$

Ausgangsszenario: keine indirekten Horizontalverflechtungen

1236. In den folgenden Szenarien sei stets angenommen, dass U_1 über einen Marktanteil von 60 Prozent verfügt und die restlichen 40 Prozent auf U_2 entfallen. Als Ausgangslage sei ferner angenommen, dass I_1 der alleinige Anteilseigner von U_1 ist und die alleinige Kontrolle ausübt. I_2 ist der alleinige und kontrollierende Anteilseigner von U_2.

Tabelle A.12: MHHI – Ausgangsszenario

		Unternehmen 1	Unternehmen 2
Marktanteil		60	40
Anteilseigner 1	Finanz. Beteiligung	100	0
	Einflussgewicht	100	0
Anteilseigner 2	Finanz. Beteiligung	0	100
	Einflussgewicht	0	100

Anm.: Marktanteile, finanzielle Beteiligungen und Einflussgewichte sind in Prozent.

1237. Durch Einsetzen der Werte ergibt sich folgender MHHI:

$$MHHI = 60^2 + 40^2 + \frac{100*0 + 0*100}{100*100 + 0*0} * 60 * 40 + \frac{0*100 + 100*0}{0*0 + 100*100} * 40 * 60 = 3600 + 1600 + 0 + 0 = 5200$$

1238. In diesem Beispiel fällt der MHHI mit dem HHI zusammen. Dies ist der Fall, weil beide Anteilseigner jeweils nur in einem der beiden Unternehmen investiert sind. Somit bestehen keine indirekten Horizontalverflechtungen, und jedes Unternehmen maximiert den eigenen Gewinn.

Alternativszenario I: indirekte Horizontalverflechtung durch (stille) Beteiligungen eines diversifizierten Anteilseigners

1239. Nun sei abweichend vom Ausgangsszenario angenommen, dass Anteilseigner I_1 zusätzlich eine stille Beteiligung an U_2 in Höhe von 30 Prozent hält. Da es sich um eine stille Beteiligung handelt, erlangt I_1 keinen Einfluss auf U_2.

Tabelle A.13: MHHI – Alternativszenario I

		Unternehmen 1	Unternehmen 2
Marktanteil		60	40
Anteilseigner 1	Finanz. Beteiligung	100	30
	Einflussgewicht	100	0
Anteilseigner 2	Finanz. Beteiligung	0	70
	Einflussgewicht	0	100

Anm.: Marktanteile, finanzielle Beteiligungen und Einflussgewichte sind in Prozent.

1240. Der hieraus resultierende MHHI beträgt:

$$MHHI = 60^2 + 40^2 + \frac{100 * 30 + 0 * 70}{100 * 100 + 0 * 0} * 60 * 40 + \frac{0 * 100 + 100 * 0}{0 * 30 + 100 * 70} * 40 * 60 = 3600 + 1600 + 720 + 0$$

$$= 5920$$

1241. Durch die stille Beteiligung von I_1 an U_2 erhöht sich der MHHI um 720. Diese Veränderung spiegelt wider, dass U_1 den Einfluss seiner unternehmerischen Entscheidungen auf den Gewinn des rivalisierenden Unternehmens 2 einkalkuliert, da Anteilseigner I_1 auch an U_2 beteiligt ist. Da I_1 jedoch eine stille Beteiligung hält und keinen Einfluss auf U_2 ausübt, maximiert U_2 weiterhin seinen eigenen Gewinn, ohne Auswirkungen auf den Unternehmensgewinn von U_1 zu berücksichtigen. Dies zeigt sich darin, dass der letzte Term null ist.

Alternativszenario II: indirekte Horizontalverflechtung durch Beteiligungen eines diversifizierten Anteilseigners

1242. Wie im ersten Alternativszenario sei angenommen, dass I_1 30 Prozent an U_2 hält. Diesmal handelt es sich jedoch nicht um eine stille Beteiligung, und das Einflussgewicht von I_1 beträgt 30 Prozent.

Tabelle A.14: MHHI – Alternativszenario II

		Unternehmen 1	Unternehmen 2
Marktanteil		60	40
Anteilseigner 1	Finanz. Beteiligung	100	30
	Einflussgewicht	100	30
Anteilseigner 2	Finanz. Beteiligung	0	70
	Einflussgewicht	0	70

Anm.: Marktanteile, finanzielle Beteiligungen und Einflussgewichte sind in Prozent.

1243. Daraus ergibt sich der folgende MHHI:

$$MHHI = 60^2 + 40^2 + \frac{100 * 30 + 0 * 70}{100 * 100 + 0 * 0} * 60 * 40 + \frac{30 * 100 + 70 * 0}{30 * 30 + 70 * 70} * 40 * 60 \approx 3600 + 1600 + 720 + 1241$$

$$= 7161$$

1244. Wie im vorhergehenden Szenario berücksichtigt U_1, dass seine Entscheidungen die Gewinne von U_2 und damit die Rendite von I_1 beeinflussen. Der nun zusätzliche Einfluss von I_1 auf U_2 führt dazu, dass jetzt auch U_2 die finanziellen Interessen von I_1 berücksichtigt, indem es die Auswirkungen auf den Gewinn von U_1 in seine unternehmerischen Entscheidungen einbezieht. Infolgedessen steigt der MHHI um 1241. I_2 ist als nicht diversifizierter Anteilseigner unverändert ausschließlich an Gewinnen von U_2 interessiert.

A. Anhang zu Kapitel II

Alternativszenario III: indirekte Horizontalverflechtung durch Beteiligungen von zwei diversifizierten Anteilseignern

1245. Nun sei zudem angenommen, dass auch I_2 ein diversifizierter Anteilseigner ist, der Anteile an U_2 in Höhe von 20 Prozent hält und dazu proportional Einfluss auf U_2 ausüben kann.

Tabelle A.15: MHHI – Alternativszenario III

		Unternehmen 1	Unternehmen 2
Marktanteil		60	40
Anteilseigner 1	Finanz. Beteiligung	80	30
	Einflussgewicht	80	30
Anteilseigner 2	Finanz. Beteiligung	20	70
	Einflussgewicht	20	70

Anm.: Marktanteile, finanzielle Beteiligungen und Einflussgewichte sind in Prozent.

1246. Durch Einsetzen der Werte ergibt sich folgender MHHI:

$$MHHI = 60^2 + 40^2 + \frac{80*30 + 20*70}{80*80 + 20*20} * 60 * 40 + \frac{30*80 + 70*20}{30*30 + 70*70} * 40 * 60 \approx 3600 + 1600 + 1341 + 1572$$

$$= 8113$$

1247. Dadurch, dass jetzt beide Investoren diversifiziert sind und entsprechenden Einfluss auf beide Unternehmen ausüben, berücksichtigen beide Unternehmen die Gewinne des jeweils anderen stärker in ihren Unternehmensentscheidungen. Als Folge nimmt die Konzentration weiter zu, und der MHHI steigt um 952.

Alternativszenario IV: indirekte Horizontalverflechtung durch Beteiligungen von zwei identischen diversifizierten Anteilseignern

1248. Das vierte Alternativszenario ähnelt stark dem vorhergehenden, jedoch sind beide Anteilseigner jeweils mit 50 Prozent an beiden Unternehmen beteiligt und verfügen über Einflussgewichte von jeweils 50 Prozent.

Tabelle A.16: MHHI – Alternativszenario IV

		Unternehmen 1	Unternehmen 2
Marktanteil		60	40
Anteilseigner 1	Finanz. Beteiligung	50	50
	Einflussgewicht	50	50
Anteilseigner 2	Finanz. Beteiligung	50	50
	Einflussgewicht	50	50

Anm.: Marktanteile, finanzielle Beteiligungen und Einflussgewichte sind in Prozent.

1249. Der MHHI in diesem Szenario ist gegeben durch:

$$MHHI = 60^2 + 40^2 + \frac{50*50 + 50*50}{50*50 + 50*50} * 60 * 40 + \frac{50*50 + 50*50}{50*50 + 50*50} * 40 * 60 \approx 3600 + 1600 + 2400 + 2400$$

$$= 10.000$$

1250. In diesem Fall gewichten beide Unternehmen die eigenen Gewinne und die Gewinne des Konkurrenzunternehmens gleich, da die Renditen der Anteilseigner gleich stark von Gewinnen der beiden Portfoliounternehmen abhängen.

Dies bedeutet, dass die Unternehmen die gemeinsamen Gewinne maximieren, was der Monopollösung entspricht. Der MHHI erreicht in diesem Fall einen Wert von 10.000.

6.3 Verbreitung indirekter Horizontalverflechtungen in Deutschland und Europa

Tabelle A.17: Anzahl Portfoliounternehmen nach größten Investoren in Deutschland (2014)

	BlackRock	Vanguard	State Street	Fidelity	JPMorgan Chase	Bank of New York	Axa	Goldman Sachs	Prudential	BNP Paribas	UBS	Deutsche Bank	Wellington	Norwegen	Wells Fargo	Deka Bank	BPCE	Union	Anzahl Portfoliounternehmen größter Investoren insgesamt
Land- und Forstwirtschaft	1	1	0	0	1	0	0	0	0	1	1	3	1	1	0	0	0	0	3
Bergbau und Gew. von Steinen und Erden	1	1	0	0	1	1	2	0	0	0	1	2	0	5	0	1	1	1	8
Herst. von Nahrungsmitteln und Tabak	1	1	1	0	1	0	1	0	0	0	0	0	0	1	0	1	0	1	1
Herstellung von Textilien	4	4	2	0	1	3	3	2	2	2	3	6	3	0	1	4	1	1	6
Herst. von Holz-, Papier-, Druckwaren u. a.	1	2	1	0	3	0	0	0	0	0	1	5	1	1	0	1	0	1	8
Herst. chemischer Erzeugnisse	10	12	8	0	6	5	5	2	3	5	8	8	2	3	0	9	6	7	13
Herst. pharmazeutischer Erzeugnisse	4	3	3	0	2	2	3	0	3	2	6	6	2	1	0	5	3	3	12
Herst. von Kunststoff-, Gummi-, Glas- u. Keramikwaren	4	3	3	0	4	3	1	3	1	2	4	6	0	0	1	4	2	2	7
Metallerzeugung und -erzeugnisse	3	3	2	0	2	2	0	1	1	1	4	3	1	2	0	3	2	0	9
Herst. von Datenverarbeitungsgeräten u. a.	17	12	6	0	12	8	4	5	2	6	10	17	5	2	1	10	8	8	30
Herst. von Maschinen und Fahrzeugen	24	21	13	0	18	12	12	6	7	13	19	27	4	6	1	19	14	13	46
Energieversorgung und Umweltdienstleistungen	3	3	3	0	2	2	1	1	0	2	2	3	0	5	0	3	2	2	9
Handel	5	5	2	1	9	3	5	1	8	4	4	10	1	2	1	4	3	2	31
Baugewerbe und Infrastruktur	7	8	6	0	3	4	5	0	3	3	8	20	2	4	0	9	6	3	32
Verlagswesen, Medien und Telekommunikation	13	11	8	0	14	7	8	4	1	7	8	14	2	2	0	13	10	7	29
Dienstleistungen Informations- und Kommunikationstechnik	7	4	7	5	7	4	5	1	2	4	4	16	3	0	0	11	7	5	38
Grundstücks- und Wohnungswesen	8	8	7	0	4	4	22	4	12	11	10	143	2	7	0	6	4	18	200
Sonstige Dienstleistungen	12	7	10	3	14	6	19	13	20	17	14	282	12	9	1	19	16	9	409

Anm.: Berücksichtigt wurden direkte Beteiligungen und indirekte Beteiligungen über mehrheitlich kontrollierte Tochtergesellschaften auf der niedrigsten verfügbaren Konsolidierungsstufe mit Sitz in Deutschland. Zuordnung der Portfoliounternehmen zu Wirtschaftsbereichen nach Umsatzschwerpunkt.

Quelle: eigene Berechnungen mit Daten von Bureau van Dijk

Tabelle A.18: Anzahl Portfoliounternehmen nach größten Investoren in Europa (2014)

	BlackRock	Vanguard	State Street	Fidelity	JPMorgan Chase	Bank of New York	Axa	Goldman Sachs	Prudential	BNP Paribas	UBS	Deutsche Bank	Amundi	Legal & General	Wellington	Norwegen	Wells Fargo	Deka Bank	BPCE	Union	Anzahl Portfoliounternehmen größter Investoren insgesamt
Land- und Forstwirtschaft	8	6	5	0	11	3	4	0	3	7	7	7	2	4	3	4	1	1	5	2	33
Bergbau und Gew. von Steinen und Erden	84	62	67	3	70	37	61	45	45	76	72	54	5	35	20	110	8	13	19	14	271
Herst. von Nahrungsmitteln und Tabak	60	57	49	4	50	35	43	19	25	37	53	28	8	24	11	26	4	15	34	13	116
Herstellung von Textilien	26	20	15	2	14	13	20	8	11	16	19	13	2	9	7	7	2	7	13	10	57
Herst. von Holz-, Papier-, Druckwaren u. a.	40	42	31	3	36	20	26	17	16	32	29	24	1	16	9	24	4	6	15	11	90
Herst. chemischer Erzeugnisse	52	44	37	3	31	26	37	15	20	34	44	26	5	13	8	24	4	19	25	16	93
Herst. pharmazeutischer Erzeugnisse	59	48	41	5	49	34	47	29	24	42	61	37	4	17	18	29	5	19	29	15	137
Herst. von Kunststoff, Gummi-, Glas- u. Keramikwaren	40	37	28	1	34	22	23	14	13	20	24	16	3	12	5	13	3	9	18	9	88
Metallerzeugung und -erzeugnisse	64	49	35	2	46	21	33	21	23	38	50	29	4	17	13	20	6	7	23	9	127
Herst. von Datenverarbeitungsgeräten u. a.	117	84	82	5	91	64	86	45	43	63	93	62	8	32	32	49	16	46	62	25	225
Herst. von Maschinen und Fahrzeugen	130	115	87	4	90	59	78	49	46	90	99	74	15	30	24	40	6	47	82	37	273
Energieversorgung und Umweltdienstleistungen	53	48	41	2	36	30	38	17	55	29	38	26	5	19	6	95	3	23	23	16	221
Handel	101	81	74	10	93	66	87	38	57	84	77	52	18	48	20	65	8	25	93	28	324
Gastgewerbe	21	19	17	1	22	13	22	14	10	18	19	13	5	18	8	15	1	4	22	5	70
Baugewerbe und Infrastruktur	113	105	85	4	94	60	96	43	61	201	84	80	74	67	22	62	4	25	174	29	662
Verlagswesen, Medien und Telekommunikation	118	90	79	13	81	57	83	37	46	86	88	56	25	40	22	94	9	35	74	23	309
Dienstleistungen Informations- und Kommunikationstechnik	55	31	38	46	34	29	65	24	20	67	38	40	14	24	15	37	5	16	98	18	335
Grundstücks- und Wohnungswesen	80	78	72	4	50	35	141	41	107	184	143	184	74	76	10	86	0	27	332	43	1152
Sonstige Dienstleistungen	140	90	108	24	138	89	185	80	131	215	140	385	76	90	43	214	17	30	267	32	1489

Anm.: Berücksichtigt wurden direkte Beteiligungen und indirekte Beteiligungen über mehrheitlich kontrollierte Tochtergesellschaften auf der niedrigsten verfügbaren Konsolidierungsstufe. Zuordnung der Portfoliounternehmen zu Wirtschaftsbereichen nach Umsatzschwerpunkt.
Quelle: eigene Berechnungen mit Daten von Bureau van Dijk

B. Gesetz gegen Wettbewerbsbeschränkungen (Auszug: §§ 44 bis 47)

In der Fassung der Bekanntmachung vom 26. Juni 2013 (BGBl. I S. 1750, 3245)

zuletzt geändert durch Art. 10 Abs. 9 G zur Neuregelung des Schutzes von Geheimnissen bei der Mitwirkung Dritter an der Berufsausübung schweigepflichtiger Personen vom 30. Oktober 2017 (BGBl. I S. 3618)

Kapitel 8

Monopolkommission

§ 44

Aufgaben

(1) [1]Die Monopolkommission erstellt alle zwei Jahre ein Gutachten, in dem sie den Stand und die absehbare Entwicklung der Unternehmenskonzentration in der Bundesrepublik Deutschland beurteilt, die Anwendung der Vorschriften über die Zusammenschlusskontrolle würdigt sowie zu sonstigen aktuellen wettbewerbspolitischen Fragen Stellung nimmt. [2]Das Gutachten soll die Verhältnisse in den letzten beiden abgeschlossenen Kalenderjahren einbeziehen und bis zum 30. Juni des darauffolgenden Jahres abgeschlossen sein. [3]Die Bundesregierung kann die Monopolkommission mit der Erstattung zusätzlicher Gutachten beauftragen. [4]Darüber hinaus kann die Monopolkommission nach ihrem Ermessen Gutachten erstellen.

(2) [1]Die Monopolkommission ist nur an den durch dieses Gesetz begründeten Auftrag gebunden und in ihrer Tätigkeit unabhängig. [2]Vertritt eine Minderheit bei der Abfassung der Gutachten eine abweichende Auffassung, so kann sie diese in dem Gutachten zum Ausdruck bringen.

(3) [1]Die Monopolkommission leitet ihre Gutachten der Bundesregierung zu. [2]Die Bundesregierung legt Gutachten nach Absatz 1 Satz 1 den gesetzgebenden Körperschaften unverzüglich vor und nimmt zu ihnen in angemessener Frist Stellung. [3]Die Gutachten werden von der Monopolkommission veröffentlicht. [4]Bei Gutachten nach Absatz 1 Satz 1 erfolgt dies zu dem Zeitpunkt, zu dem sie von der Bundesregierung der gesetzgebenden Körperschaft vorgelegt werden.

§ 45

Mitglieder

(1) [1]Die Monopolkommission besteht aus fünf Mitgliedern, die über besondere volkswirtschaftliche, betriebswirtschaftliche, sozialpolitische, technologische oder wirtschaftsrechtliche Kenntnisse und Erfahrungen verfügen müssen. [2]Die Monopolkommission wählt aus ihrer Mitte einen Vorsitzenden.

(2) [1]Die Mitglieder der Monopolkommission werden auf Vorschlag der Bundesregierung durch den Bundespräsidenten für die Dauer von vier Jahren berufen. [2]Wiederberufungen sind zulässig. [3]Die Bundesregierung hört die Mitglieder der Kommission an, bevor sie neue Mitglieder vorschlägt. [4]Die Mitglieder sind berechtigt, ihr Amt durch Erklärung gegenüber dem Bundespräsidenten niederzulegen. [5]Scheidet ein Mitglied vorzeitig aus, so wird ein neues Mitglied für die Dauer der Amtszeit des ausgeschiedenen Mitglieds berufen.

(3) [1]Die Mitglieder der Monopolkommission dürfen weder der Regierung oder einer gesetzgebenden Körperschaft des Bundes oder eines Landes noch dem öffentlichen Dienst des Bundes, eines Landes oder einer sonstigen juristischen Person des öffentlichen Rechts, es sei denn als Hochschullehrer oder als Mitarbeiter eines wissenschaftlichen Instituts, angehören. [2]Ferner dürfen sie weder einen Wirtschaftsverband noch eine Arbeitgeber- oder Arbeitnehmerorganisation repräsentieren oder zu diesen in einem ständigen Dienst- oder Geschäftsbesorgungsverhältnis stehen. [3]Sie dürfen auch nicht während des letzten Jahres vor der Berufung zum Mitglied der Monopolkommission eine derartige Stellung innegehabt haben.

§ 46

Beschlüsse, Organisation, Rechte und Pflichten der Mitglieder

(1) Die Beschlüsse der Monopolkommission bedürfen der Zustimmung von mindestens drei Mitgliedern.

(2) ¹Die Monopolkommission hat eine Geschäftsordnung und verfügt über eine Geschäftsstelle. ²Diese hat die Aufgabe, die Monopolkommission wissenschaftlich, administrativ und technisch zu unterstützen.

(2a) Die Monopolkommission kann Einsicht in die von der Kartellbehörde geführten Akten einschließlich Betriebs- und Geschäftsgeheimnisse und personenbezogener Daten nehmen, soweit dies zur ordnungsgemäßen Erfüllung ihrer Aufgaben erforderlich ist.

(3) ¹Die Mitglieder der Monopolkommission und die Angehörigen der Geschäftsstelle sind zur Verschwiegenheit über die Beratungen und die von der Monopolkommission als vertraulich bezeichneten Beratungsunterlagen verpflichtet. ²Die Pflicht zur Verschwiegenheit bezieht sich auch auf Informationen, die der Monopolkommission gegeben und als vertraulich bezeichnet werden oder die gemäß Absatz 2a erlangt worden sind.

(4) ¹Die Mitglieder der Monopolkommission erhalten eine pauschale Entschädigung sowie Ersatz ihrer Reisekosten. ²Diese werden vom Bundesministerium für Wirtschaft und Technologie im Einvernehmen mit dem Bundesministerium des Innern festgesetzt. Die Kosten der Monopolkommission trägt der Bund.

§ 47

Übermittlung statistischer Daten

(1) ¹Für die Begutachtung der Entwicklung der Unternehmenskonzentration werden der Monopolkommission vom Statistischen Bundesamt aus Wirtschaftsstatistiken (Statistik im produzierenden Gewerbe, Handwerksstatistik, Außenhandelsstatistik, Steuerstatistik, Verkehrsstatistik, Statistik im Handel und Gastgewerbe, Dienstleistungsstatistik) und dem Statistikregister zusammengefasste Einzelangaben über die Vomhundertanteile der größten Unternehmen, Betriebe oder fachlichen Teile von Unternehmen des jeweiligen Wirtschaftsbereichs

a) am Wert der zum Absatz bestimmten Güterproduktion,

b) am Umsatz,

c) an der Zahl der tätigen Personen,

d) an den Lohn- und Gehaltsummen,

e) an den Investitionen,

f) am Wert der gemieteten und gepachteten Sachanlagen,

g) an der Wertschöpfung oder dem Rohertrag,

h) an der Zahl der jeweiligen Einheiten

übermittelt. ²Satz 1 gilt entsprechend für die Übermittlung von Angaben über die Vomhundertanteile der größten Unternehmensgruppen. ³Für die Zuordnung der Angaben der Unternehmensgruppen übermittelt die Monopolkommission dem Statistischen Bundesamt Namen und Anschriften der Unternehmen, deren Zugehörigkeit zu einer Unternehmensgruppe sowie Kennzeichen zur Identifikation. ⁴Die zusammengefassten Einzelangaben dürfen nicht weniger als drei Unternehmensgruppen, Unternehmen, Betriebe oder fachliche Teile von Unternehmen betreffen. ⁵Durch Kombination oder zeitliche Nähe mit anderen übermittelten oder allgemein zugänglichen Angaben darf kein Rückschluss auf zusammengefasste Angaben von weniger als drei Unternehmensgruppen, Unternehmen, Betrieben oder fachlichen Teile von Unternehmen möglich sein. ⁶Für die Berechnung von summarischen Konzentrationsmaßen, insbesondere Herfindahl-Indizes und Gini-Koeffizienten, gilt dies entsprechend. ⁷Die statistischen Ämter der Länder stellen die hierfür erforderlichen Einzelangaben dem Statistischen Bundesamt zur Verfügung.

(2) ¹Personen, die zusammengefasste Einzelangaben nach Absatz 1 erhalten sollen, sind vor der Übermittlung zur Geheimhaltung besonders zu verpflichten, soweit sie nicht Amtsträger oder für den öffentlichen Dienst besonders Verpflichtete sind. ²§ 1 Abs. 2, 3 und 4 Nr. 2 des Verpflichtungsgesetzes gilt entsprechend. ³Personen, die nach Satz 1 besonders verpflichtet worden sind, stehen für die Anwendung der Vorschriften des Strafgesetzbuches über die Verletzung von Privatgeheimnissen (§ 203 Abs. 2, 4, 5; §§ 204, 205) und des Dienstgeheimnisses (§ 353b Abs. 1) den für den öffentlichen Dienst besonders Verpflichteten gleich.

(3) ¹Die zusammengefassten Einzelangaben dürfen nur für die Zwecke verwendet werden, für die sie übermittelt wurden. ²Sie sind zu löschen, sobald der in Absatz 1 genannte Zweck erfüllt ist.

(4) Bei der Monopolkommission muss durch organisatorische und technische Maßnahmen sichergestellt sein, dass nur Amtsträger, für den öffentlichen Dienst besonders Verpflichtete oder Verpflichtete nach Absatz 2 Satz 1 Empfänger von zusammengefassten Einzelangaben sind.

(5) ¹Die Übermittlungen sind nach Maßgabe des § 16 Abs. 9 des Bundesstatistikgesetzes aufzuzeichnen. ²Die Aufzeichnungen sind mindestens fünf Jahre aufzubewahren.

(6) Bei der Durchführung der Wirtschaftsstatistiken nach Absatz 1 sind die befragten Unternehmen schriftlich zu unterrichten, dass die zusammengefassten Einzelangaben nach Absatz 1 der Monopolkommission übermittelt werden dürfen.

C. Untersagungen durch das Bundeskartellamt

Seit Beginn der Fusionskontrolle (Anfang 1974) bis November 2017 wurden 189 Untersagungen vom Bundeskartellamt ausgesprochen. Die weitere Verfahrensentwicklung dieser Fälle wurde bis Ende Mai 2018 erfasst:

130 Untersagungen sind rechtskräftig oder übereinstimmend für erledigt erklärt

1. Haindl/Holtzmann
   Beschluss des BKartA vom 4. Februar 1974, B6-46/73, WuW/E BKartA 1475

2. Kaiser/Preussag Aluminium
   (nach Ablehnung des Antrags auf Ministererlaubnis)
   Beschluss des BKartA vom 23. Dezember 1974, B8-251/74, WuW/E BKartA 1571
   Verfügung des BMWi vom 26. Juni 1975, WuW/E BWM 149

3. Lech-Elektrizitätswerke AG/Erdgas Schwaben[1]
   (Erledigungserklärung nach Rückverweisung durch den Bundesgerichtshof)
   Beschluss des BKartA vom 9. März 1976, B8-119/75, WuW/E BKartA 1647
   Beschluss des KG vom 23. März 1977, Kart 11/76, WuW/E OLG 1895
   Beschluss des BGH vom 12. Dezember 1978, KVR 6/77, WuW/E BGH 1533

4. GKN/Sachs
   (nach Rechtsbeschwerde beim Bundesgerichtshof und Rücknahme des Antrags auf Ministererlaubnis)
   Beschluss des BKartA vom 12. Mai 1976, B7-67/75, WuW/E BKartA 1625
   Beschluss des KG vom 1. Dezember 1976, Kart 51/76, WuW/E OLG 1745
   Beschluss des BGH vom 21. Februar 1978, KVR 4/77, WuW/E BGH 1501

5. Alsen-Breitenburg/Zementwerk Klöckner-Werke AG
   (nach Rechtsbeschwerde beim Bundesgerichtshof)
   Beschluss des BKartA vom 22. Dezember 1976, B7-24/76, WuW/E BKartA 1667
   Beschluss des KG vom 15. März 1978, Kart 1/77, WuW/E OLG 1989
   Beschluss des BGH vom 23. Oktober 1979, KVR 3/78, WuW/E BGH 1655

6. RWE/Gesellschaft für Energiebeteiligung
   (nach Beschwerde beim Kammergericht)
   Beschluss des BKartA vom 16. September 1977, B8-37/77, AG 1978, S. 109
   Beschluss des KG vom 15. März 1979, Kart 23/77, WuW/E OLG 2113

7. Bergedorfer Buchdruckerei (Springer)/Elbe-Wochenblatt
   (nach Rechtsbeschwerde beim Bundesgerichtshof)
   Beschluss des BKartA vom 18. Januar 1978, B6-62/77, WuW/E BKartA 1700
   Beschluss des KG vom 1. November 1978, Kart 4/78, WuW/E OLG 2109
   Beschluss des BGH vom 18. Dezember 1979, KVR 2/79, WuW/E BGH 1685

8. Bertelsmann/Deutscher Verkehrsverlag
   (nach Rücknahme der Beschwerde)
   Beschluss des BKartA vom 22. Februar 1978, B6-75/77, WuW/E BKartA 1709

9. Andreae-Noris Zahn/R. Holdermann
   (nach Rücknahme der Beschwerde)
   Beschluss des BKartA vom 31. März 1978, B8-170/77, WuW/E BKartA 1747

10. AVEBE/KSH-Emslandstärke

---

[1] Die Statistik wurde der Zählweise des Bundeskartellamtes angepasst. Bis zum Achten Hauptgutachten wurde dieser Fall unter der Rubrik „vom Kartellamt zurückgenommen oder in sonstiger Weise erledigt" geführt.

C. Untersagungen durch das Bundeskartellamt

(durch einstweilige Anordnung)
Beschluss des BKartA vom 3. Mai 1978, B6-187/77, WuW/E BKartA 1716

11. Springer Verlag/Münchener Zeitungsverlag
(nach Rechtsbeschwerde beim Bundesgerichtshof)
Beschluss des BKartA vom 6. Juli 1978, B6-88/76, WuW/E BKartA 1733
Beschluss des KG vom 24. Oktober 1979, Kart 19/78, WuW/E OLG 2228
Beschluss des BGH vom 29. September 1981, KVR 2/80, WuW/E BGH 1854

12. Münchener Wochenblatt Verlags- und Werbegesellschaft mbH/3 Münchener Anzeigenblätter
(nach Rechtsbeschwerde beim Bundesgerichtshof)
Beschluss des BKartA vom 22. November 1979, B6-12/79, AG 1980, S. 283
Beschluss des KG vom 7. November 1980, Kart 2/80, WuW/E OLG 2457
Beschluss des BGH vom 16. Februar 1982, KVR 1/81, WuW/E BGH 1905

13. Bayer AG/Röhm GmbH[2]
(Erledigung in der Hauptsache)
Beschluss des BKartA vom 28. Januar 1980, B8-117/79, AG 1980, S. 196

14. Deutsche Uhrglasfabrik/Eurotech Mirrors International Ltd.
Beschluss des BKartA vom 27. Mai 1980, B7-163/79, WuW/E BKartA 1875

15. Springer Verlag (Ullstein GmbH)/Verlag Haupt & Koska GmbH & Co. KG
(nach Rechtsbeschwerde beim Bundesgerichtshof)
Beschluss des BKartA vom 23. Oktober 1980, B6-125/79, AG 1981, S. 260
Beschluss des KG vom 3. Juli 1981, Kart 22/80, WuW/E OLG 2527
Beschluss des BGH vom 28. September 1982, KVR 8/81, WuW/E BGH 1954

16. Süddeutsche Zucker AG/KWS Kleinwanzlebener Saatzucht AG
Beschluss des BKartA vom 6. November 1980, B6-116/79, AG 1981, S. 288

17. Gruner & Jahr AG & Co./Zeitverlag Bucerius AG
(Rückverweisung durch den Bundesgerichtshof)
Beschluss des BKartA vom 9. Januar 1981, B6-95/80, WuW/E BKartA 1863
Beschluss des KG vom 24. November 1982, Kart 11/81, AG 1983, S. 285
Beschluss des BGH vom 2. Oktober 1984, KVR 5/83, WuW/E BGH 2112
Beschluss des KG vom 7. Februar 1986, Kart 17/84, WuW/E OLG 3807
Beschluss des BGH vom 22. September 1987, KVR 5/86, WuW/E BGH 2433

18. Rewe-Zentral-Handelsgesellschaft mbH/Florimex Verwaltungsgesellschaft mbH
(nach Beschwerde beim Kammergericht)
Beschluss des BKartA vom 30. Januar 1981, B6-44/80, WuW/E BKartA 1876
Beschluss des KG vom 22. März 1983, Kart 17/81, WuW/E OLG 2862

19. VPM Rheinmetall Plastikmaschinen GmbH/Württembergische Metallwarenfabrik
(nach Rechtsbeschwerde beim Bundesgerichtshof und Rücknahme des Antrags auf Ministererlaubnis)
Beschluss des BKartA vom 4. März 1981, B7-35/80, WuW/E BKartA 1867
Beschluss des KG vom 9. September 1983, Kart 19/81, WuW/E OLG 3137
Beschluss des BGH vom 25. Juni 1985, KVR 3/84, WuW/E BGH 2150

20. Deutsche Lufthansa AG/f.i.r.s.t.-Reisebüro GmbH
(nach Rücknahme der Rechtsbeschwerde)
Beschluss des BKartA vom 14. August 1981, B6-162/80, WuW/E BKartA 1908

---

[2] Vgl. vorherige Fn.

Beschluss des KG vom 8. Dezember 1982, Kart 42/81, WuW/E OLG 2849

21. Nordwest-Zeitung Druck- und Pressehaus GmbH/Ammerland-Echo Verlags GmbH & Co. KG
(nach Rücknahme der Beschwerde)
Beschluss des BKartA vom 1. September 1981, B6-8/81, WuW/E BKartA 1931

22. Burda GmbH/Axel Springer Gesellschaft für Publizistik KG
(nach Rücknahme der Beschwerde und des Antrags auf Ministererlaubnis)
Beschluss des BKartA vom 23. Oktober 1981, B6-47/81, WuW/E BKartA 1921

23. Co op AG/Supermagazin GmbH
(nach Rücknahme der Beschwerde der Beigeladenen vom Bundesgerichtshof zurückgewiesen)
Beschluss des BKartA vom 23. März 1982, B9-2002/82, WuW/E BKartA 1970
Beschluss des KG vom 19. Januar 1983, Kart 18/82, WuW/E OLG 2970
Beschluss des BGH vom 10. April 1984, KVR 8/83, WuW/E BGH 2077

24. Schaper Zentralverwaltung/Discounthaus zum "bösen Wolf", Theodor Wolf GmbH & Co. KG
(nach Beschwerde beim Kammergericht)
Beschluss des BKartA vom 17. Februar 1983, B9-2054/82, WuW/E BKartA 2022
Beschluss des KG vom 7. Dezember 1983, Kart 7/83, WuW/E OLG 3213

25. Deutag-Mischwerke GmbH & Co. KG/Oberbergische Asphaltmischwerke GmbH & Co. KG
(nach Rechtsbeschwerde beim Bundesgerichtshof)
Beschluss des BKartA vom 21. Februar 1983, B1-34/82, WuW/E BKartA 2077
Beschluss des KG vom 28. Februar 1984, Kart 5/83, WuW/E OLG 3417
Beschluss des BGH vom 1. Oktober 1985, KVR 6/84, WuW/E BGH 2169

26. Stadtwerke Bremen AG + Gasversorgung Wesermünde GmbH/Gasversorgung Schwanewede GmbH
Beschluss des BKartA vom 28. Februar 1983, B8-183/82, WuW/E BKartA 2107

27. Süddeutscher Verlag GmbH/Donau-Kurier Verlagsgesellschaft A. Ganghofer'sche Buchhandlung, Courier Druckhaus KG
(nach Rechtsbeschwerde beim Bundesgerichtshof)
Beschluss des BKartA vom 24. Oktober 1983, B6-7/83, WuW/E BKartA 2103
Beschluss des KG vom 11. Juli 1984, Kart 28/83, WuW/E OLG 3303
Beschluss des BGH vom 27. Mai 1986, KVR 7/84, WuW/E BGH 2276

28. Panorama Anzeigenblatt GmbH + Rhein-Erft GmbH/Anzeigenblätter
(nach Rechtsbeschwerde beim Bundesgerichtshof)
Beschluss des BKartA vom 22. Dezember 1983, B6-96/82, AG 1984, S. 164
Beschluss des KG vom 4. März 1986 Kart 1/84, WuW/E OLG 3767
Beschluss des BGH vom 26. Mai 1987, KVR 3/86, WuW/E BGH 2425

29. Südkurier GmbH/Singener Wochenblatt GmbH & Co. KG
(nach Rechtsbeschwerde beim Bundesgerichtshof)
Beschluss des BKartA vom 3. Mai 1984, B6-32/82, WuW/E BKartA 2140
Beschluss des KG vom 23. April 1986, Kart 8/84, WuW/E OLG 3875
Beschluss des BGH vom 10. November 1987, KVR 7/86, WuW/E BGH 2443

30. Siemens, Philips, AEG, SEL, kabelmetal/GfL Gesellschaft für Lichtwellenleiter GmbH & Co. KG
Beschluss des BKartA vom 8. Juni 1984, B7-18/82, WuW/E BKartA 2143

31. Touristik Union International GmbH & Co. KG/Air-Conti Flugreisen GmbH & Co. KG
(nach Rücknahme der Beschwerde)
Beschluss des BKartA vom 19. Juli 1984, B6-89/83, WuW/E BKartA 2169

32. Pillsbury Company/Sonnen-Bassermann-Werke Sieburg & Pförtner GmbH & Co. KG
    (nach Beschwerde beim Kammergericht)
    Beschluss des BKartA vom 26. März 1985, B2-146/84, AG 1985, S. 281
    Beschluss des KG vom 7. November 1985, Kart 6/85, WuW/E OLG 3759

33. Karstadt AG + Kaufhof AG/NUR-Touristik GmbH + ITS International Tourist Services Länderreisedienste GmbH
    Beschluss des BKartA vom 23. September 1985, B6-26/85, AG 1986, S. 377

34. Kampffmeyer Mühlen GmbH/Georg Plange GmbH & Co. KG
    (nach Rechtsbeschwerde beim Bundesgerichtshof)
    Beschluss des BKartA vom 8. November 1985, B2-10/85, WuW/E BKartA 2223
    Beschluss des KG vom 16. Dezember 1987, Kart 73/85, WuW/E OLG 4167
    Beschluss des BGH vom 7. März 1989, KVR 3/88, WuW/E BGH 2575

35. Linde AG/Agefko Kohlensäure-Industrie GmbH
    Beschluss des BKartA vom 13. Dezember 1985, B3-54/85, WuW/E BKartA 2213

36. Weiss-Druck + Verlag GmbH & Co. KG/S-W Verlag GmbH & Co. für Lokalinformationen
    (nach Beschwerde beim Kammergericht)
    Beschluss des BKartA vom 16. Dezember 1985, B6-71/84, AG 1986, S. 371
    Beschluss des KG vom 15. Januar 1988, Kart 1/86 WuW/E OLG 4095

37. Darmstädter Echo Verlag und Druckerei GmbH/Südhessische Post GmbH
    (nach Rücknahme der Beschwerde)
    Beschluss des BKartA vom 12. Mai 1986, B6-16/85, AG 1986, S. 370

38. Hüls AG/Condea Chemie GmbH
    Beschluss des BKartA vom 8. Dezember 1986, B3-58/86, WUW/E BKartA 2247

39. Hamburger Wochenblatt Verlag GmbH/Schlei-Verlag GmbH
    (nach Rücknahme der Beschwerde)
    Beschluss des BKartA vom 14. Januar 1987, B6-108/86, WuW/E BKartA 2251

40. Lübecker Nachrichten GmbH/Stormarner Tageblatt Verlag und Druckerei GmbH & Co.
    (nach Rechtsbeschwerde beim Bundesgerichtshof)
    Beschluss des BKartA vom 18. Februar 1988, B6-24/87, WuW/E BKartA 2290
    Beschluss des KG vom 12. Juli 1990, Kart 4/88, WuW/E OLG 4547
    Beschluss des BGH vom 15. Oktober 1991, KVR 3/90, WuW/E BGH 2743

41. Heidelberger Zement AG/Malik Baustoffe GmbH & Co.KG
    (nach Rücknahme der Beschwerde)
    Beschluss des BKartA vom 27. Juli 1988, B1-107/87, WuW/E BKartA 2297

42. Wieland-Werke AG/Langenberg Kupfer- und Messingwerke KG
    (nach Beschwerde beim Kammergericht)
    Beschluss des BKartA vom 18. August 1988, B5-92/88, WuW/E BKartA 2304

43. Melitta Werke Bentz & Sohn/Kraft GmbH
    (nach Rechtsbeschwerde beim Bundesgerichtshof)
    Beschluss des BKartA vom 14. April 1989, B3-137/88, WuW/E BKartA 2370
    Beschluss des KG vom 23. Mai 1991, Kart 13/89, WuW/E OLG 4771
    Beschluss des BGH vom 7. Juli 1992, KVR 14/91, WuW/E BGH 2783

44. DLT Deutsche Luftverkehrsgesellschaft mbH/Südavia Fluggesellschaft mbH
    Beschluss des BKartA vom 23. Mai 1989, B5-256/88, WuW/E BKartA 2391

45. Westdeutscher Rundfunk Köln/Radio NRW GmbH
    (Erledigungserklärung im Rechtsbeschwerdeverfahren)
    Beschluss des BKartA vom 18. Juli 1989, B6-71/88, WuW/E BKartA 2396
    Beschluss des KG vom 26. Juni 1991, Kart 23/89, WuW/E OLG 4811

46. MAN B & W Diesel AG/Gebr. Sulzer AG
    (nach Ablehnung des Antrags auf Ministererlaubnis)
    Beschluss des BKartA vom 23. August 1989, B4-64/89, WuW/E BKartA 2405
    Verfügung des BMWi vom 24. Januar 1990, WuW/E BWM 207

47. WMF Württembergische Metallwarenfabrik AG/Kistra Beteiligungsgesellschaft mbH
    (nach Beschwerde beim Kammergericht)
    Beschluss des BKartA vom 25. August 1989, B1-28/89, WuW/E BKartA 2414
    Beschluss des KG vom 28. Juni 1991, Kart 25/89, WuW/E OLG 4865

48. Meistermarken-Werke GmbH/Martin Braun Backmittel und Essenzen KG
    (nach Rücknahme der Beschwerde)
    Beschluss des BKartA vom 19. Oktober 1989, B2-62/89, WuW/E BKartA 2421

49. Tengelmann Handelsgesellschaft/Gottlieb Handelsgesellschaft mbH
    Beschluss des BKartA vom 20. November 1989, B9-2056/89, WuW/E BKartA 2441

50. Axel Springer Verlag AG/A. Beig Druckerei und Verlag GmbH & Co.
    (nach Rechtsbeschwerde beim Bundesgerichtshof)
    Beschluss des BKartA vom 25. April 1990, B6-59/86, WuW/E BKartA 2477
    Beschluss des KG vom 13. Februar 1991, Kart 12/90, WuW/E OLG 4737
    Beschluss des BGH vom 6. Oktober 1992, KVR 24/91, WuW/E BGH 2795

51. Mainpresse Richter Druck und Verlag GmbH/Bote vom Grabfeld GmbH
    (nach Beschwerde beim Kammergericht)
    Beschluss des BKartA vom 29. Mai 1990, B6-22/90
    Beschluss des KG vom 14. November 1990, Kart 14/90, WuW/E OLG 4637

52. MAN AG + Daimler Benz AG/ENASA
    (nach Rücknahme des Antrags auf Ministererlaubnis)
    Beschluss des BKartA vom 13. Juli 1990, B5-271/89, WuW/E BKartA 2445

53. GfB Gesellschaft für Beteiligungsbesitz mbH & Co. KG/Zeitungsverlag Iserlohner Kreisanzeiger und Zeitung (IKZ)
    Wichelhoven Verlags-GmbH & Co. KG
    (nach Rechtsbeschwerde beim Bundesgerichtshof)
    Beschluss des BKartA vom 9. August 1990, B6-116/89, WuW/E BKartA 2471
    Beschluss des KG vom 12. Juni 1991, Kart 16/90, WuW/E OLG 4835
    Beschluss des BGH vom 19. Januar 1993, KVR 32/91, WuW/E BGH 2882

54. BayWa AG/WLZ Raiffeisen AG
    (nach Ablehnung des Antrags auf Ministererlaubnis)
    Beschluss des BKartA vom 27. Dezember 1991, B2-42/91, AG 1992, S. 130
    Verfügung des BMWi vom 16. Juni 1992, WuW/E BWM 213

55. Wandsbek Kurier Verlag GmbH/Stadt-Anzeiger Werbe- und Verlagsgesellschaft mbH, Leipzig
    Beschluss des BKartA vom 26. Februar 1992, B6-157/91, WuW/E BKartA 2515

56. Werner & Pfleiderer GmbH/Franz Daub und Söhne (GmbH & Co.)
    (nach Rechtsbeschwerde beim Bundesgerichtshof)
    Beschluss des BKartA vom 13. Mai 1992, B4-173/91, AG 1992, S. 406

C. Untersagungen durch das Bundeskartellamt

Beschluss des KG vom 15. Dezember 1993, Kart 15/92, WuW/E OLG 5271
Beschluss des BGH vom 24. Oktober 1995, KVR 17/94, WuW/E BGH 3026

57. Gillette Company/Wilkinson Sword Europe
(nach Rücknahme der Beschwerde)
Beschluss des BKartA vom 23. Juli 1992, B5-42/90, AG 1992, S. 363

58. Zahnradfabrik Friedrichshafen AG/Allison Transmission Division
(nach Rücknahme der Beschwerde)
Beschluss des BKartA vom 15. April 1993, B5-117/92, WuW/E BKartA 2521

59. Fresenius/Schiwa
(nach Rücknahme der Rechtsbeschwerde)
Beschluss des BKartA vom 23. August 1993, B3-52/92, WuW/E BKartA 2591
Beschluss des KG vom 18. Oktober 1995, Kart 18/93, AG 1996, S. 268

60. Raiffeisen Hauptgenossenschaft Nord AG/Raiffeisen Haupt-Genossenschaft eG, Hannover
(Rückverweisung durch den Bundesgerichtshof – beiderseitige Erledigungserklärung)
Beschluss des BKartA vom 20. September 1993, B2-35/93, AG 1993, S. 571
Beschluss des KG vom 9. November 1994, Kart 20/93, WuW/E OLG 5364
Beschluss des BGH vom 19. Dezember 1995, KVR 6/95, WuW/E BGH 3037

61. ATG Automobiltransportlogistik GmbH, Eschborn/Menke Holding GmbH & Co. KG/Silcock & Colling Ltd.
(nach Rücknahme der Beschwerde)
Beschluss des BKartA vom 20. Juni 1994, B9-2013/94, WuW/E BKartA 2659

62. Narva Spezialampen GmbH (Philips GmbH)/Lindner Licht GmbH
(Beschwerde vom Kammergericht zurückgewiesen, da kein Feststellungsinteresse
nach Aufgabe des Vorhabens)
Beschluss des BKartA vom 11. August 1994, B7-56/94, WuW/E BKartA 2669
Beschluss des KG vom 6. September 1995, Kart 17/94, WuW/E OLG 5497

63. Hannover Braunschweigische Stromversorgungs-AG/Stadtwerke Garbsen GmbH
(nach Rechtsbeschwerde beim Bundesgerichtshof)
Beschluss des BKartA vom 30. September 1994, B8-111/94, WuW/E BKartA 2701
Beschluss des KG vom 10. Januar 1996, Kart 23/94, WuW/E OLG 5621
Beschluss des BGH vom 15. Juli 1997, KVR 21/96, WuW/E DE-R 32

64. Hochtief AG/Philipp Holzmann AG
(Erledigung in der Hauptsache)
Beschluss des BKartA vom 24. Januar 1995, B1-252/94, WuW/E BKartA 2729
Beschluss des KG vom 18. März 1998, Kart 3/95, WuW/E DE-R 94

65. RWE Energie AG/Stromversorgung Aggertal GmbH
(nach Rechtsbeschwerde beim Bundesgerichtshof)
Beschluss des BKartA vom 22. Februar 1995, B8-178/94, WuW/E BKartA 2713
Beschluss des KG vom 20. März 1996, Kart 4/95, WuW/E OLG 5601
Beschluss des BGH vom 15. Juli 1997, KVR 33/96, WuW/E DE-R 24

66. T & N plc/Kolbenschmidt AG
(nach Rücknahme der Beschwerde)
Beschluss des BKartA vom 6. Juli 1995, B5-25/95, WuW/E BKartA 2829

67. Société d'Application, Routières S.A./Limburger Lackfabrik GmbH
Beschluss des BKartA vom 12. Dezember 1995, B3-50/95, WuW/E BKartA 2820

68. WMF Württembergische Metallwarenfabrik AG/Auerhahn Besteckfabrik GmbH[3]
    (Erledigungserklärung im Rechtsbeschwerdeverfahren)
    Beschluss des BKartA vom 9. Februar 1996, B5-33/95, AG 1996, S. 282
    Beschluss des KG vom 16. April 1997, Kart 2/96, WuW/E OLG 5879

69. Tukan Verlagsgesellschaft mbH & Co. KG/Adolf Deil GmbH & Co. KG
    (nach Rechtsbeschwerde beim Bundesgerichtshof)
    Beschluss des BKartA vom 23. Februar 1996, B6-51/95, AG 1996, S. 477
    Beschluss des KG vom 12. März 1997, Kart 5/96, WuW/E OLG 5907
    Beschluss des BGH vom 8. Dezember 1998, KVR 31/97, WuW/E DE-R 243

70. Veba Energiebeteiligungs-GmbH/Stadtwerke Bremen AG
    Beschluss des BKartA vom 29. Mai 1996, B8-148/95, AG 1996, S. 378

71. Axel Springer Verlag/PSG Postdienst Service GmbH
    Beschluss des BKartA vom 3. Januar 1997, B6-108/96, WuW/E BKartA 2909

72. Merck/KMF Laborchemie Handels GmbH
    (nach Rücknahme der Beschwerde)
    Beschluss des BKartA vom 3. Juni 1997, B3-132/96, WuW/E BKartA 2905

73. Herlitz AG/Landré GmbH[4]
    Beschluss des BKartA vom 6. Februar 1997, B10-54/96
    Beschluss des KG vom 20. Oktober 1999, Kart 8/97

74. Potash Corporation of Saskatchewan (PCS)/Kali + Salz
    (nach Ablehnung des Antrags auf Ministererlaubnis)
    Beschluss des BKartA vom 27. Februar 1997, B3-103/96, WuW/E BKartA 2885
    Verfügung des BMWi vom 22. Juli 1997, WuW/E BWM 225

75. Moksel/Südfleisch/Ost-Fleisch GmbH
    (nach Rechtsbeschwerde beim Bundesgerichtshof)

    Beschluss des BKartA vom 21. August 1997, B2-13/97, WuW/E DE-V 9
    Beschluss des KG vom 29. September 1999, Kart 23/97, WuW/E DE-R 439
    Beschluss des BGH vom 8. Mai 2001, KVR 12/99, WuW/E DE-R 711

76. Axel Springer Verlag AG/Stilke Buch- und Zeitschriftenhandelsgesellschaft mbH
    (nach Rechtsbeschwerde beim Bundesgerichtshof)
    Beschluss des BKartA vom 6. November 1997, B6-136/96, WuW/E DE-V 1
    Beschluss des KG vom 28. Oktober 1998, Kart 26/97, WuW/E DE-R 270
    Beschuss des BGH vom 21. November 2000, KVR 16/99, WuW/E DE-R 607

77. Verlag Dierichs GmbH & Co. KG/Werra Verlag Kluthe KG
    (nach Rechtsbeschwerde beim Bundesgerichtshof)
    Beschluss des BKartA vom 27. Januar 1998, B6-152/96, WuW/E DE-V 19
    Beschluss des KG vom 23. Dezember 1998, Kart 13/98, WuW/E DE-R 317, 369
    Beschluss des BGH vom 6. März 2001, KVR 18/99, WuW/E DE-R 668

---

[3] Das Verfahren wurde von beiden Parteien übereinstimmend für erledigt erklärt, weil der Zusammenschluss nach neuer Rechtslage nicht mehr kontrollpflichtig ist.

[4] Nachdem das Rechtsbeschwerdeverfahren von den Verfahrensbeteiligten sechs Monate lang nicht weiterbetrieben wurde, hat der Bundesgerichtshof die Weglegung der Akten nach § 7 Aktenordnung verfügt. Beim Bundeskartellamt wurde das Verfahren auf dieser Basis 2005 zu den Akten gelegt.

C. Untersagungen durch das Bundeskartellamt 447

78./79. Westdeutsche Allgemeine Zeitungsverlag GmbH & Co. Zeitschriften- und Beteiligungs KG/Zeitungsverlag Iserlohn Iserlohner Kreisanzeiger und Zeitung (IKZ) Wichelhoven Verlags-GmbH & Co. KG[5]
(nach Rechtsbeschwerde beim Bundesgerichtshof)
Beschluss des BKartA vom 27. Februar 1998, B6-154/96, WuW/E DE-V 40
Beschluss des KG vom 16. Dezember 1998, Kart 14/98, WuW/E DE-R 336
Beschluss des BGH vom 21. November 2000, KVR 21/99, WuW/E DE-R 613

80. Bertelsmann AG/Premiere Medien GmbH & Co. KG
(nach Rücknahme der Beschwerde)
Beschluss des BKartA vom 1. Oktober 1998, B6-72/98, WuW/E DE-V 53

81. PTB Pay-TV Beteiligungs GmbH (Kirch-Gruppe)/Premiere Medien GmbH & Co. KG[6]
(nach Rücknahme der Beschwerde)
Beschluss des BKartA vom 1. Oktober 1998, B6-78/98, WuW/E DE-V 53

82. Thüringische Landeszeitung Verlag/R&B Werbe- und Verlagsgesellschaft mbH
(nach Rücknahme der Beschwerde)
Beschluss des BKartA vom 23. November 1998, B6-35/98

83. Betonschwellenwerk Coswig GmbH & Co. KG/Pfleiderer AG/Waiss & Freitag AG
(nach Rücknahme der Beschwerde)
Beschluss des BKartA vom 21. April 1999, B1-275/98, WuW/E DE-V 145

84. Henkel KGaA/Luhns GmbH
Beschluss des BKartA vom 20. September 1999, B3-20/99

85. Westdeutsche Allgemeine Zeitungsverlag GmbH & Co. Zeitschriften und Beteiligungs KG/OTZ Ostthüringer Zeitung Verlag GmbH & Co. KG
(nach Beschwerde beim Oberlandesgericht Düsseldorf und Ablehnung der Nichtzulassungsbeschwerde)
Beschluss des BKartA vom 12. Januar 2000, B6-118/98
Beschluss des OLG Düsseldorf vom 31. Januar 2001, Kart 5/00, WuW/E DE-R 647
(Auflösungs-)Beschluss des BKartA vom 27. November 2003, B6-51/02, WuW/E DE-V 885

86. Melitta Bentz KG/Airflo Europe N.V./Schultink
(Rückverweisung durch den Bundesgerichtshof)
Beschluss des BKartA vom 21. Juni 2000, B10-25/00, WuW/E DE-V 275
Beschluss des OLG Düsseldorf vom 30. April 2003, Kart 9/00 (V), WuW/E DE-R 1112
Beschluss des BGH vom 5. Oktober 2004, KVR 14/03, WuW/E DE-R 1355
Beschluss des OLG Düsseldorf vom 14. Juni 2006, VI-Kart 9/00 (V)

87. Sanacorp/Andreae-Noris Zahn/DG-Bank
(Rückverweisung durch den Bundesgerichtshof)
Beschluss des BKartA vom 18. September 2001, B3-59/01
Beschluss des OLG Düsseldorf vom 30. Oktober 2002, Kart 40/01 (V), WuW/E DE-R 1033
Beschluss des BGH vom 13. Juli 2004, KVR 2/03, WuW/E DE-R 1301
Beschluss des OLG Düsseldorf vom 29. September 2006, Kart 40/01 (V), WuW/E DE-R 1987

88. Deutsche Post AG/trans-o-flex Schnell-Lieferdienst GmbH
(nach Rechtsbeschwerde beim Bundesgerichtshof)

---

[5] Im vorliegenden Fall geht es formal um zwei Untersagungen. Mit Wirkung zum 1. Oktober 1992 und zum 1. Juli 1994 hatte die WAZ Anteilserwerbe an der IKZ durch eine dritte natürliche Person finanziert.

[6] Das Verfahren wurde als einheitlicher Vorgang mit Bertelsmann/Premiere (Nr. 76) behandelt.

Beschluss des BKartA vom 21. November 2001, B9-100/01, WuW/E DE-V 501
Beschluss des OLG Düsseldorf vom 13. August 2003, Kart 52/01 (V), WuW/E DE-R 1149
Beschluss des BGH vom 21. Dezember 2004, KVR 26/03, WuW/E DE R 1419

89. Liberty/KDG
Beschluss des BKartA vom 22. Februar 2002, B7-168/01, WuW/E DE-V 558

90. Brunata/Viterra
Beschluss des BKartA vom 3. Juli 2002, B10-177/01, WuW/E DE-V 618

91. Holtzbrinck/Berliner Verlag
(nach Rücknahme des Antrags auf Ministererlaubnis)
Beschluss des BKartA vom 10. Dezember 2002, B6-98/02, WuW/E DE-V 695

92. K. Nehlsen, Rethmann Entsorgung,swb/Bremerhavener Entsorgungsgesellschaft
Beschluss des BKartA vom 17. Dezember 2002, B10-104/02, WuW/E DE-V 759

93. E.ON Energie AG/Stadtwerke Eschwege
(nach Rechtsbeschwerde beim Bundesgerichtshof)
Beschluss des BKartA vom 12. September 2003, B8-21/03, WuW/E DE-V 823
Beschluss des OLG Düsseldorf vom 6. Juni 2007, VI-2 Kart 7/04 (V), WuW/E DE-R 2093
Beschluss des BGH vom 11. November 2008, KVR 18/08, WuW/E DE-R 2451

94. E.ON Hanse/Stadtwerke Lübeck
Beschluss des BKartA vom 20. November 2003, B8-84/03, WuW/E DE-V 837

95. Holtzbrinck/Berliner Verlag II
(nach Beschwerde beim Oberlandesgericht Düsseldorf)
Beschluss des BKartA vom 2. Februar 2004, B6-120/03, WuW/E DE-V 871
Beschluss des OLG Düsseldorf vom 10. April 2004, VI-Kart 7/04 (V), WuW/E DE-R 1361

96. Synthes-Stratec/Mathys
(nach beidseitigen Erledigungserklärungen vom 26. Oktober 2004)
Beschluss des BKartA vom 24. März 2004, B4-167/03, WuW/E DE-V 931

97. Lausitzer Rundschau/Wochenkurier Verlagsgesellschaft
(nach Zurückweisung der Beschwerde durch das Oberlandesgericht Düsseldorf)
Beschluss des BKartA vom 2. April 2004, B6-81/03, WuW/E DE-V 977
Beschluss des OLG Düsseldorf vom 24. November 2004, VI-2 Kart 10/04 (V), WuW/E DE-R 1390

98. Agrana/Atys
(Erledigung in der Hauptsache)
Beschluss des BKartA vom 21. April 2004, B2-160/03; WuW/E DE-V 923
Beschluss des OLG Düsseldorf vom 17. November 2004, VI-Kart 13/04 (V), WuW/E DE-R 1435

99. Deutsche Bahn/KVS Saarlouis
(nach Rechtsbeschwerde beim Bundesgerichtshof)
Beschluss des BKartA vom 9. Juni 2004, B9-16/04, WuW/E DE-V 937
Beschluss des OLG Düsseldorf vom 4. Mai 2005, VI-Kart 19/04 (V), WuW/E DE-R 1495
Beschluss des BGH vom 11. Juli 2006, KVR 28/05, WuW/E DE-R 1797

100. Mainova AG/Aschaffenburger Versorungs AG
(nach Beschwerde beim Oberlandesgericht Düsseldorf)
Beschluss des BKartA vom 22. Juli 2004, B8-27/04, WuW/E DE-V 983
Beschluss des OLG Düsseldorf vom 23. November 2005, Kart 14/04 (V), WuW/E DE-R 1639

C. Untersagungen durch das Bundeskartellamt

101. G+J/RBA
(nach Rechtsbeschwerde beim Bundesgerichtshof)
Beschluss des BKartA vom 3. August 2004, B6-45/04, WuW/E DE-V 955
Beschluss des OLG Düsseldorf vom 15. Juni 2005, VI-Kart 25/04 (V), WuW/E DE-R 1501
Beschluss des BGH vom 16. Januar 2007, KVR 12/06, WuW/E DE-R 1925

102. DuMont Schauberg/Bonner Zeitungsdruckerei
(nach Beschwerde beim Oberlandesgericht Düsseldorf)
Beschluss des BKartA vom 8. September 2004, B6-27/04, WuW/E DE-V 968
Beschluss des OLG Düsseldorf vom 6. Juli 2005, VI-Kart 26/04 (V), WuW/E DE-R 1581

103. Leggett & Platt/AGRO
(nach Rücknahme der Beschwerde)
Beschluss des BKartA vom 29. September 2004, B5-170/03, WuW/E DE-V 1048

104. Rethmann/Tönsmeier
(nach Beschwerde beim Oberlandesgericht Düsseldorf und Ablehnung der Nichtzulassungsbeschwerde)
Beschluss des BKartA vom 16. November 2004, B10-74/04, WuW/E DE-V 995
Beschluss des OLG Düsseldorf vom 2. November 2005, VI-Kart 30/04 (V), WuW/E DE-R 1625

105. Rhön-Klinikum AG/Kreiskrankenhäuser Bad Neustadt, Mellrichstadt
(nach Ablehnung des Antrags auf Ministererlaubnis und Rechtsbeschwerde beim Bundesgerichtshof)
Beschluss des BKartA vom 10. März 2005, B10-123/04, WuW/E DE-V 1987
Verfügung des BMWi vom 22. Mai 2006
Beschluss des OLG Düsseldorf vom 11. April 2007, VI-Kart 6/05 (V), WuW/E DE-R 1958
Beschluss des BGH vom 16. Januar 2008, KVR 26/07

106. S-W Verlag/Wochenspiegel (Mayen/Cochem/Zell)
Beschluss des BKartA vom 1. März 2005, B6-103/04, WuW/E DE-V 1135

107. Rhön-Klinikum/Krankenhaus Eisenhüttenstadt
(nach Rücknahme der Beschwerde)
Beschluss des BKartA vom 23. März 2005, B10-109/04

108. Volksfreund-Druckerei/TW Wochenspiegel
Beschluss des BKartA vom 31. Mai 2005, B6-106/04, WuW/E DE-V 1072

109. RUAG Deutschland GmbH/MEN Metallwerk Eisenhütte GmbH
(nach Beschwerde beim Oberlandesgericht Düsseldorf)
Beschluss des BKartA vom 30. Juni 2005, B4-50/05, WuW/E DE-V 1081
Beschluss des OLG Düsseldorf vom 3. Januar 2006, VI-Kart 14/05 (V), WuW/E DE-R 1654

110. Axel Springer/ProSiebenSat.1 Media
(nach Rechtsbeschwerde beim Bundesgerichtshof)
Beschluss des BKartA vom 19. Januar 2006, B6-103/05, WuW/E DE-V 1163
Beschluss des OLG Düsseldorf vom 29. September 2006, VI-Kart 7/06 (V), WuW/E DE-R 1839
Beschluss des BGH vom 25. September 2007, KVR 30/06, WuW/E DE-R 2221
Beschluss des OLG Düsseldorf vom 3. Dezember 2008, VI-Kart 7/06 (V), WuW/E DE-R 2593
Beschluss des BGH vom 8. Juni 2010, KVR 4/09, WuW/E DE-R 3067

111. Süddeutscher Verlag/„Südost-Kurier"
(nach Beschwerde beim Oberlandesgericht Düsseldorf)
Beschluss des BKartA vom 26. Januar 2006, B6-138/05, WuW/E DE-V 1191
Beschluss des OLG Düsseldorf vom 14. März 2007, VI-Kart 8/06 (V), WuW/E DE-R 1973

112. Coherent/Excel Technology
    (nach Rücknahme der Beschwerde)
    Beschluss des BKartA vom 25. Oktober 2006, B7-97/06, WuW/DE-V 1325

113. RWE Energy/Saar Ferngas
    (nach Rücknahme der Beschwerde)
    Beschluss des BKartA vom 12. März 2007, B8-62/06, WuW/E DE-V 1357

114. LBK/Mariahilf
    (nach Beschwerde beim Oberlandesgericht Düsseldorf und Rücknahme des Antrags auf Ministererlaubnis)
    Beschluss des Bundeskartellamtes vom 6. Juni 2007, B3-6/07, WuW/E DE-V 1407
    Beschluss des OLG Düsseldorf vom 8. Oktober 2008, VI-Kart 10/07 (V)

115. Cargotec/CVS Ferrari
    (nach Zurückweisung der Nichtzulassungsbeschwerde)
    Beschluss des BKartA vom 24. August 2007, B5-51/07, WuW/E DE-V 1442
    Beschluss des OLG Düsseldorf vom 7. Mai 2008, VI Kart 13/07 (V)

116. A-TEC Industries AG/Norddeutsche Affinerie AG
    (nach Beschwerde beim Oberlandesgericht Düsseldorf)
    Beschluss des BKartA vom 27. Februar 2008, B5-198/07, WuW/E DE-V 1553
    Beschluss des OLG Düsseldorf vom 12. November 2008, VI-Kart 5/08 (V), WuW/E DE-R 2462

117. Loose/Poelmeyer u. a.
    (nach Beschwerde beim Oberlandesgericht Düsseldorf)
    Beschluss des BKartA vom 2. Juli 2008, B2-359/07, WuW/E DE-V 1591
    Beschluss des OLG Düsseldorf vom 27. Mai 2009, VI-Kart 10/08

118. Intermedia/Health & Beauty
    Beschluss des BKartA vom 29. August 2008, B6-52/08, WuW/E DE-V 1643

119. Assa Abloy AB/SimonsVoss AG
    (nach Beschwerde beim Oberlandesgericht Düsseldorf)
    Beschluss des BKartA vom 5. November 2008, B5-25/08, WuW/E DE-V 1652
    Beschluss des OLG Düsseldorf vom 21. Oktober 2009, VI-Kart 14/08, WuW/E DE-R 2885

120. Total Deutschland GmbH/OMV Deutschland GmbH
    (nach Rechtsbeschwerde beim Bundesgerichtshof)
    Beschluss des BKartA vom 29. April 2009, B8-175/08, WuW/E DE-V 1719
    Beschluss des OLG Düsseldorf vom 4. August 2010, VI-2 Kart 6/09 (V), WuW/E DE-R 3000
    Beschluss des BGH vom 6. Dezember 2011, KVR 95/10, BGHZ 192, 18

121. Gesundheit Nordhessen/Gesundheitsholding Werra-Meißner-Kreis
    Beschluss des BKartA vom 18. Juni 2009, B3-215/08, WuW/E DE-V 1734
    Beschluss des OLG Düsseldorf vom 15. Oktober 2010, VI-Kart 6/09 (V)
    Beschluss des BGH vom 8. November 2011, KVZ 14/11

122. Magna Car Top Systems GmbH/Karmann GmbH
    (Erledigung in der Hauptsache)
    Beschluss des BKartA vom 21. Mai 2010, B9-13/10

123. ProSiebenSat.1 Media AG/RTL Interactive GmbH
    Beschluss des BKartA vom 17. März 2011, B6-94/10
    Beschluss des OLG Düsseldorf vom 8. August 2012, VI-Kart 4/11 (V)

C. Untersagungen durch das Bundeskartellamt

124. GU Haspa Finanzholding/Kreissparkasse Herzogtum Lauenburg/Kreis Herzogtum Lauenburg
    Beschluss des BKartA vom 28. Februar 2012, B4-51/11

125. Klinikum Worms GmbH/HDV gemeinnützige GmbH
    Beschluss des BKartA vom 5. September 2012, B3-43/12

126. Lenzing AG / Kelheim Hygiene Fibres GmbH
    Beschluss des BKartA vom 22. November 2012, B3-64/12
    Beschluss des OLG Düsseldorf vom 15. Mai 2013, VI-Kart 10/12 (V), NZKart 2013, 299-300 = WuW/E DE-R 3943-3946
    Beschluss des BGH vom 21. Januar 2014, KVR 38/13, NZKart 2014, 149-151 = WuW/E DE-R 4135-4138

127. Kabel Deutschland Holding AG/Tele Columbus GmbH
    Beschluss des BKartA vom 22. Februar 2013, B7-70/12

128. Klinikum Esslingen/Kreiskliniken Esslingen
    Beschluss des BKartA vom 14. Mai 2014, B3-135/13

129. Xella International Holdings S.a.r.l./H+H International A/S
    Beschluss des BKartA vom 12. März 2012, B1-30/11
    Beschluss des OLG Düsseldorf vom 25. November 2013, VI-Kart 4/12 (V)
    Beschluss des BGH vom 23. September 2014, KVZ 82/13

130. Tönnies Holding GmbH & Co. KG/Heinz Tummel GmbH & Co. KG
    Beschluss des BKartA vom 16. November 2011, B2-36/11
    Beschluss des OLG Düsseldorf vom 1. Juli 2015, VI Kart 8/11

17 Beschlüsse wurden vom Bundeskartellamt zurückgenommen

1. Bitumenverkaufsgesellschaft
   (nach Änderung im Beschwerdeverfahren)
   Beschluss des BKartA vom 29. Mai 1974, B8-95/73, WuW/E BKartA 1517

2. Mannesmann AG/Brüninghaus Hydraulik GmbH
   (Erledigungserklärung nach Rückverweisung durch den Bundesgerichtshof)
   Beschluss des BKartA vom 18. Mai 1977, B7-86/76, WuW/E BKartA 1685
   Beschluss des KG vom 18. Mai 1979, Kart 13/77, WuW/E OLG 2120
   Beschluss des BGH vom 24. Juni 1980, KVR 5/79, WuW/E BGH 1711

3. Klöckner-Werke AG/Becorit Grubenausbau GmbH
   (Erledigungserklärung nach Rückverweisung durch den Bundesgerichtshof)
   Beschluss des BKartA vom 15. Dezember 1978, B7-20/78, WuW/E BKartA 1831
   Beschluss des KG vom 28. August 1979, Kart 4/79, WuW/E OLG 2182
   Beschluss des BGH vom 2. Dezember 1980, KVR 1/80, WuW/E BGH 1749

4. Mobil Oil AG/Wilh. Mertl
   Beschluss des BKartA vom 8. Dezember 1980, B8-128/80, AG 1981, S. 290

5. Deutsche Total GmbH/Mineralölhandel Speier
   Beschluss des BKartA vom 17. August 1981, B8-66/81, TB BKartA 1981/82, S. 41

6. Philip Morris Inc./Rothmans Tobacco Holding Ltd.
   (nach Änderung des Zusammenschlusses erneute Untersagung)
   Beschluss des BKartA vom 24. Februar 1982, B6-49/81, WuW/E BKartA 1943
   Beschluss des KG vom 1. Juli 1983, Kart 16/82, WuW/E OLG 3051

Beschluss des BKartA vom 9. Juli 1985, B6-71/85, WuW/E BKartA 2204
Beschluss des BGH vom 29. Oktober 1985, KVR 1/84, WuW/E BGH 2211

7. Metro Vermögensverwaltung GmbH & Co. KG/Kaufhof AG
(Erledigungserklärung nach Rückverweisung durch den Bundesgerichtshof)
Beschluss des BKartA vom 20. Juni 1983, B9-2056/82, WuW/E BKartA 2060
Beschluss des KG vom 16. Oktober 1984, Kart 14/83, WuW/E OLG 3367
Beschluss des BGH vom 11. März 1986, KVR 2/85, WuW/E BGH 2231

8. Klöckner-Werke AG/Seitz Enzinger Noll Maschinenbau AG
(nach Rücknahme des Antrags auf Ministererlaubnis; Beschwerde eingelegt, aber zurückgenommen nach Erklärung des Bundeskartellamtes, aus dem Untersagungsbeschluss keine Rechte mehr geltend zu machen)
Beschluss des BKartA vom 10. Oktober 1984, B7-106/83, WuW/E BKartA 2178

9. Badenwerk AG/Energie- und Wasserwerke Rhein-Neckar AG – Gasversorgung
Beschluss des BKartA vom 13. Mai 1985, B8-236/84, AG 1985, S. 337

10. Vereinigte Elektrizitätswerke Westfalen AG – BGE Beteiligungsges. für Energieunternehmen/Ruhrkohle AG
(nach Ablehnung des Antrags auf Ministererlaubnis wegen Formfehlers; Beschwerde eingelegt; Untersagung zurückgenommen)
Beschluss des BKartA vom 19. Juni 1985, B8-31/85, AG 1986, S. 335
Verfügung des BMWi vom 20. Februar 1986, WuW/E BWM 185

11. Westdeutsche Allgemeine Zeitungsverlagsges. mbH & Co./Borbecker Nachrichten + Werdener Nachrichten Wilhelm Wimmer GmbH & Co.KG[7]
(nach Erledigungserklärung im Beschwerdeverfahren)
Beschluss des BKartA vom 19. Mai 1987, B6-88/86, AG 1987, S. 354

12. Messer Griesheim GmbH/Buse Gase GmbH
(nach Änderung, im Beschwerdeverfahren)
Beschluss des BKartA vom 2. August 1988, B3-35/88, WuW/E BKartA 2319

13. Nordfleisch e. G. Raiffeisen Vieh- und Fleischzentrale Schleswig-Holstein/Centralgenossenschaft Vieh und Fleisch e. G.
(nach Änderung, im Beschwerdeverfahren)
Beschluss des BKartA vom 30. November 1989, B2-75/89, WuW/E BKartA 2428

14. Axel Springer Verlag AG/Erich Lezinsky Verlag und Buchdruckerei GmbH
(nach Erledigungserklärung im Beschwerdeverfahren)
Beschluss des BKartA vom 14. Mai 1990, B6-56/89, WuW/E BKartA 2497

15. Bayerische Asphalt-Mischwerke GmbH & Co. Kommanditgesellschaft für Straßenbaustoffe/H + W Asphalt-Mischwerke GmbH
(nach Erledigungserklärung im Beschwerdeverfahren)
Beschluss des BKartA vom 1. Oktober 1990, B1-104/88, WuW/E BKartA 2488

16. Westdeutsche Allgemeine Zeitungsverlag GmbH & Co. Zeitschriften und Beteiligungs KG/Ostthüringer Nachrichten Verlag GmbH & Co.KG
(Erledigung in der Hauptsache)
Beschluss des BKartA vom 25. Oktober 1990, B6-103/90, WuW/E BKartA 2483

---

[7] Das ursprüngliche Vorhaben wurde umstrukturiert. Vgl. Monopolkommission, VII. Hauptgutachten 1986/1987, Die Wettbewerbsordnung erweitern, Baden-Baden 1988, Tz. 372.

C. Untersagungen durch das Bundeskartellamt 453

17. Gebr. Gerstenberg GmbH & Co./Druckerei und Verlag E. Jungfer GmbH & Co. KG – Sarstedter Kurier-Kreisanzeiger
    (Rücknahme der Beschwerde, Erledigungserklärung durch das Bundeskartellamt)
    Beschluss des BKartA vom 17. Januar 1994, B6-153/92, WuW/E BKartA 2641

31 Verfügungen wurden rechtskräftig aufgehoben

1. Johnson/Hahn

    Beschluss des BKartA vom 18. November 1974, B8-259/74, WuW/E BKartA 1561
    Beschluss des KG vom 16. Februar 1976, Kart 4/75, WuW/E OLG 1712

2. Teerbau/Makadam
    (nach Rückverweisung durch den Bundesgerichtshof vom Kammergericht aufgehoben)
    Beschluss des BKartA vom 24. Mai 1978, B6-108/77, WuW/E BKartA 1753
    Beschluss des KG vom 10. Januar 1979, Kart 17/78, WuW/E OLG 2093
    Beschluss des BGH vom 12. Februar 1980, KVR 4/79, WuW/E BGH 1763
    Beschluss des KG vom 9. Dezember 1981, Kart 13/80, WuW/E OLG 2633

3. RWE/Stadt Leverkusen
    Beschluss des BKartA vom 30. Juni 1978, B8-78/77, WuW/E BKartA 1727
    Beschluss des KG vom 19. September 1979, Kart 20/78, WuW/E OLG 2202

4. Deutscher TransportbetonVertrieb GmbH, Ratingen/Transportbeton-Vertrieb Sauerland GmbH
    (nach Rückverweisung durch den Bundesgerichtshof vom Kammergericht aufgehoben)
    Beschluss des BKartA vom 21. September 1978, B6-184/77, WuW/E BKartA 1771
    Beschluss des KG vom 24. Oktober 1979, Kart 25/78, WuW/E OLG 2265
    Beschluss des BGH vom 22. Juni 1981, KVR 7/80, WuW/E BGH 1810
    Beschluss des KG vom 12. März 1982, Kart 33/81, WuW/E OLG 2655

5. Deutscher TransportbetonVertrieb GmbH, Ratingen/Verkaufsbüro Siegerländer Transportbeton GmbH & Co. KG
    (nach Rückverweisung durch den Bundesgerichtshof vom Kammergericht aufgehoben)
    Beschluss des BKartA vom 21. September 1978, B6-172/77, WuW/E BKartA 1779
    Beschluss des KG vom 24. Oktober 1979, Kart 24/78, WuW/E OLG 2259
    Beschluss des BGH vom 22. Juni 1981, KVR 7/80, WuW/E BGH 1810
    Beschluss des KG vom 12. März 1982, Kart 33/81, WuW/E OLG 2655

6. Tonolli International B.V./Blei- und Silberhütte Braubach GmbH
    Beschluss des BKartA vom 30. März 1979, B8-137/78, WuW/E BKartA 1799
    Beschluss des KG vom 16. Januar 1980, Kart 14/79, WuW/E OLG 2234
    Beschluss des BGH vom 22. Juni 1981, KVR 5/80, WuW/E BGH 1824

7. Braun Melsungen AG/Almo-Erzeugnisse Erwin Busch GmbH
    Beschluss des BKartA vom 24. Juni 1980, B8-45/79, WuW/E BKartA 1853
    Beschluss des KG vom 26. Mai 1981, Kart 14/80, WuW/E OLG 2539
    Beschluss des BGH vom 29. Juni 1982, KVR 7/81, WuW/E BGH 1949

8. Hastra Hannover-Braunschweigische Stromversorgungs-AG (Veba)/Stadt Wolfenbüttel GmbH
    Beschluss des BKartA vom 29. Juli 1980, B8-132/79, WuW/E BKartA 1857
    Beschluss des KG vom 16. Juni 1981, Kart 15/80, WuW/E OLG 2507

9. Bayer AG/Firestone France S.A.
    Beschluss des BKartA vom 23. September 1980, B8-45/80, WuW/E BKartA 1837
    Beschluss des KG vom 26. November 1980, Kart 17/80, WuW/E OLG 2411

10. Deutsche Texaco AG/Zerssen & Co.
    Beschluss des BKartA vom 28. Oktober 1980, B8-50/80, WuW/E BKartA 1840
    Beschluss des KG vom 2. Juli 1982, Kart 21/80, WuW/E OLG 2663
    Beschluss des BGH vom 4. Oktober 1983, KVR 3/82, WuW/E BGH 2025

11. Vereinigte Elektrizitätswerke Westfalen AG/Gelsenwasser AG
    Beschluss des BKartA vom 5. Dezember 1980, B8-136/80, AG 1981, S. 314
    Beschluss des KG vom 14. April 1982, Kart 23/80, WuW/E OLG 2677
    Beschluss des BGH vom 19. April 1983, KVR 1/82, WuW/E BGH 2013

12. Maschinenfabrik Buckau R. Wolf AG (Krupp)/Total-Kidde Gaslöschanlagen
    Beschluss des BKartA vom 31. März 1981, B7-92/80, WuW/E BKartA 1882
    Beschluss des KG vom 30. März 1983, Kart 25/81, WuW/E OLG 2887

13. Hussel Holding AG/Mara Kosmetik Parfümerie- und Drogerie GmbH
    Beschluss des BKartA vom 29. Juni 1981, B8-159/80, WuW/E BKartA 1897
    Beschluss des KG vom 24. April 1985, Kart 34/81, WuW/E OLG 3577
    Beschluss des BGH vom 18. November 1986, KVR 9/85, WuW/E BGH 2337

14. Verlagsgruppe Georg v. Holtzbrinck GmbH/Rowohlt Verlag GmbH
    Beschluss des BKartA vom 19. Oktober 1981, B6-76/81, AG 1982, S. 79
    Beschluss des KG vom 13. Oktober 1982, Kart 51/81, WuW/E OLG 2825

15. Co op Schleswig-Holstein e. G./Deutscher Supermarkt Handels-GmbH
    Beschluss des BKartA vom 23. August 1983, B9-2037/82, WuW/E BKartA 2114
    Beschluss des KG vom 22. Mai 1985, Kart 21/83, WuW/E OLG 3591
    Beschluss des BGH vom 24. März 1987, KVR 10/85, WuW/E BGH 2389

16. Thüringer Gas AG/Stadtwerke Westerland
    Beschluss des BKartA vom 9. September 1983, B8-79/83, WuW/E BKartA 2110
    Beschluss des KG vom 18. Februar 1985, Kart 24/83, WuW/E OLG 3469

17. Energie-Versorgung Schwaben AG/Technische Werke der Stadt Stuttgart AG
    Beschluss des BKartA vom 23. März 1984, B8-91/83, WuW/E BKartA 2157
    Beschluss des KG vom 28. Dezember 1984, Kart 6/84, WuW/E OLG 3443

18. Co op AG/H. Wandmaker GmbH
    Beschluss des BKartA vom 14. August 1984, B9-2006/84, WuW/E BKartA 2161
    Beschluss des KG vom 5. November 1986, Kart 15/84, WuW/E OLG 3917

19. Axel Springer Verlag + Axel Springer Gesellschaft für Publizistik GmbH & Co. KG/Kieler Zeitung, Verlags- und Druckerei KG GmbH & Co
    Beschluss des BKartA vom 29. April 1987, B6-111/86, WuW/E BKartA 2259
    Beschluss des KG vom 4. Dezember 1987, Kart 32/87, WuW/E OLG 4075
    Beschluss des BGH vom 19. Dezember 1989, KVR 2/88, WuW/E BGH 2620

20. Flensburger Zeitungsverlag GmbH/Schleswig-Holsteinische Landeszeitung Heinz Müller KG
    Beschluss des BKartA vom 20. Mai 1988, B6-30/87, WuW/E BKartA 2292
    Beschluss des KG vom 1. März 1989, Kart 14/88, WuW/E OLG 4379

21. Linde AG/Lansing GmbH
    Beschluss des BKartA vom 3. März 1989, B4-123/88, WuW/E BKartA 2363
    Beschluss des KG vom 22. März 1990, Kart 6/89, WuW/E OLG 4537
    Beschluss des BGH vom 10. Dezember 1991, KVR 2/90, WuW/E BGH 2731

22. Kaufhof AG/Saturn Elektro-Handelsgesellschaft mbH – Hansa-Foto Handelsgesellschaft

C. Untersagungen durch das Bundeskartellamt

Beschluss des BKartA vom 23. Oktober 1989, B9-2050/88, WuW/E BKartA 2437
Beschluss des KG vom 26. Oktober 1990, Kart 29/89, WuW/E OLG 4657
Beschluss des BGH vom 28. April 1992, KVR 9/91, WuW/E BGH 2771

23. Radio Ton-Regional/Lokalradio Services
(nach Rückverweisung durch den BGH erneut vom OLG Düsseldorf aufgehoben)
Beschluss des BKartA vom 23. April 2004, B6-56/03, WuW/E DE-V 1011
Beschluss des OLG Düsseldorf vom 6. Oktober 2004, VI-Kart 14/04 (V), WuW/E DE-R 1413
Beschluss des BGH vom 7. November 2006, KVR 39/05, WuW/E DE-R 1890
Beschluss des OLG Düsseldorf vom 30. April 2008, VI Kart 14/04 (V)

24. G+J/Lizenz für National Geographic
Beschluss des BKartA vom 2. August 2004, B6-26/04, WuW/E DE-V 947
Beschluss des OLG Düsseldorf vom 15. Juni 2005, VI-Kart 24/04 (V), WuW/E DE-R 1504
Beschluss des BGH vom 10. Oktober 2006, KVR 32/05, WuW/E DE-R 1979

25. MSV Medien Spezial Vertrieb GmbH & Co. KG/Presse Vertrieb Nord KG
Beschluss des BKartA vom 27. Oktober 2005, B6-86/05, WuW/E DE-V 1135
Beschluss des OLG Düsseldorf vom 28. Juni 2006,VI-Kart 18/05 (V), WuW/E DE-R 1805

26. DuPont/Pedex
Beschluss des BKartA vom 15. März 2006, B3-136/05, WuW/E DE-V 1247
Beschluss des OLG Düsseldorf vom 22. Dezember 2006, VI-Kart 10/06 (V), WuW/E DE-R 1881

27. Sulzer/Kelmix
Beschluss des BKartA vom 14. Februar 2007, B5-10/07, WuW/E DE-V 1163
Beschluss des OLG Düsseldorf vom 5. März 2007, VI-Kart 3/07 (V), WuW/E DE-R 1931
Beschluss des BGH vom 25. September 2007, KVR 19/07, WuW/E DE-R 2133

28. Phonak/GN ReSound
(nach Verfahren zum einstweiligen Rechtsschutz und (Fortsetzungsfeststellungs-)Beschwerde beim Oberlandesgericht Düsseldorf, Aufhebung des Untersagungsbeschlusses durch den Bundesgerichtshof)
Beschluss des BKartA vom 11. April 2007, B3-578/06, WuW/DE-V 1365
Beschluss des OLG Düsseldorf vom 8. August 2007, VI-Kart 8/07 (V), WuW/E DE-R 2069
Beschluss des OLG Düsseldorf vom 26. November 2008, VI-Kart 8/07 (V), WuW/E DE-R 2477
Beschluss des BGH vom 20. April 2010, KVR 1/09, WuW/E DE-R 2905

29. Faber/BAG/AML
(nach Rückverweisung durch den Bundesgerichtshof vom Oberlandesgericht Düsseldorf aufgehoben)
Beschluss des BKartA vom 15. November 2007, B1-190/07, WuW/E DE-V 1507
Beschluss des OLG Düsseldorf vom 26. Februar 2008, VI-Kart 18-07
Beschluss des BGH vom 14. Oktober 2008, KVR 60/07, WuW/E DE-R 2507
Beschluss des OLG Düsseldorf vom 29. April 2009, VI-Kart 18/07 (V), WuW/E DE-R 2622

30. LRP/Lotto Rheinland-Pfalz
Beschluss des BKartA vom 29. November 2007, B6-158/07, WuW/E DE-V 1517
Beschluss des OLG Düsseldorf vom 17. September 2008, VI-Kart 19/07 (V), WuW/E DE-R 2304

31. Neue Pressegesellschaft/Zeitungsverlag Schwäbisch Hall
Beschluss des BKartA vom 21. April 2009, B6-150/08, WuW/E DE-V 1071
Beschluss des OLG Düsseldorf vom 22. Dezember 2010, VI Kart 4/09 (V), WuW/E DE-R 3173

Neun Untersagungsfälle wurden vom Bundesminister für Wirtschaft vollständig oder unter Auflagen genehmigt[8]

1. Veba/Gelsenberg
   Beschluss des BKartA vom 7. Januar 1974, B8-33/73, WuW/E BKartA 1457
   Verfügung des BMWi vom 1. Februar 1974, WuW/E BWM 147

2. Babcock/Artos
   Beschluss des BKartA vom 25. März 1976, B7-127/75, WuW/E BKartA 1653
   Verfügung des BMWi vom 17. Oktober 1976, WuW/E BWM 155 (Erlaubnis mit Auflagen)

3. Rheinstahl (Thyssen)/Hüller
   Beschluss des BKartA vom 17. Dezember 1976, B7-36/76, WuW/E BKartA 1657
   Verfügung des BMWi vom 1. August 1977, WuW/E BWM 159 (Teilerlaubnis)
   Beschluss des KG vom 7. Februar 1978, Kart 2/77, WuW/E OLG 1921
   Beschluss des KG vom 7. Februar 1978, Kart 15/77, WuW/E OLG 1937

4. BP/Veba
   Beschluss des BKartA vom 27. September 1978, B8-92/78, WuW/E BKartA 1719
   Verfügung des BMWi vom 5. März 1979, WuW/E BWM 165 (Erlaubnis mit Auflagen)

5. IBH Holding/Wibau Maschinenfabrik Hartmann AG
   Beschluss des BKartA vom 3. Juli 1981, B7-44/80, WuW/E BKartA 1892
   Verfügung des BMWi vom 9. Dezember 1981, WuW/E BWM 177

6. Daimler-Benz AG/Messerschmitt-Bölkow-Blohm GmbH
   Beschluss des BKartA vom 17. April 1989, B7-137/88, WuW/E BKartA 2335
   Verfügung des BMWi vom 6. September 1989, WuW/E BWM 191 (Erlaubnis mit Auflagen)

7. E.ON/Ruhrgas[9]
   Beschluss des BKartA vom 17. Januar 2002, B8-109/01 (E.ON/Gelsenberg), WuW/E DE-V 511
   Beschluss des BKartA vom 26. Februar 2002, B8-149/01(E.ON/Bergemann), WuW/E DE-V 533
   Verfügung des BMWi vom 5. Juli 2002, WuW/E DE-V 573
   Verfügung des BMWi vom 18. September 2002 (modifiziert), WuW/E DE-V 643 (Erlaubnis mit Auflagen)

8. Universitätsklinikum Greifswald/Kreiskrankenhaus Wolgast[10]
   Beschluss des BKartA vom 11. Dezember 2006, B3-1002/06
   Verfügung des BMWi vom 17. April 2008, WuW/E DE-V 1691
   Beschluss des OLG Düsseldorf vom 7. Mai 2008, VI Kart 1/07 (V)

9. Edeka/Kaiser's Tengelmann
   Beschluss des BKartA vom 31. März 2014, B2-96/14
   Verfügung des BMWi vom 9. März 2016, I B 2 – 220850/01

   Die beim OLG Düsseldorf gegen die Ministererlaubnis eingelegten Beschwerden sind zurückgenommen worden, VI-Kart 4/16 (V). Das OLG Düsseldorf hat die gegen den Beschluss des Bundeskartellamtes eingelegten Beschwerden, die teilweise als Fortsetzungsfeststellungsbeschwerden weiterverfolgt wurden, mit Beschluss vom 23. August 2017,

---

[8] Vgl. nächste Fn.

[9] Die beiden Fälle E.ON/Gelsenberg und E.ON/Bergemann wurden zu einem Ministererlaubnisverfahren (E.ON/Ruhrgas) zusammengefasst. In der Gesamtzahl der bisher untersagten Zusammenschlüsse von 189 sind sie jedoch weiterhin als zwei Untersagungen enthalten.

[10] Obgleich der Zusammenschluss durch die Erteilung der Ministererlaubnis freigegeben wurde, hat das Bundeskartellamt Rechtsbeschwerde gegen die Aufhebung der Untersagungsverfügung durch das Oberlandesgericht Düsseldorf eingereicht, da in diesem Fall in einzelnen Rechtsfragen grundsätzlicher Klärungsbedarf bestand. Die Ministererlaubnis ist im Laufe des Rechtsbeschwerdeverfahrens bestandskräftig geworden. Daraufhin haben die Beschwerdeführerin und das Bundeskartellamt die Beschwerde übereinstimmend für erledigt erklärt.

VI-Kart 5/16 (V), zurückgewiesen. Gegen den Beschluss des OLG Düsseldorf wurde Nichtzulassungsbeschwerde beim Bundesgerichtshof eingelegt, KVR 65/17.

In sechs Fällen wurde die Ministererlaubnis versagt

(Diese Fälle werden unter den rechtskräftigen bzw. zurückgenommenen Untersagungen des Bundeskartellamtes aufgeführt.)

1. Kaiser/Preussag Aluminium
   Beschluss des BKartA vom 23. Dezember 1974, B8-251/74, WuW/E BKartA 1571
   Verfügung des BMWi vom 26. Juni 1975, WuW/E BWM 149)

2. Vereinigte Elektrizitätswerke Westfalen AG – BGE Beteiligungsges. für Energieunternehmen/Ruhrkohle AG
   Beschluss des BKartA vom 19. Juni 1985, B8-31/85, AG 1986, S. 335
   Verfügung des BMWi vom 20. Februar 1986, WuW/E BWM 185

3. MAN B&W Diesel AG/Gebr. Sulzer AG
   Beschluss des BKartA vom 23. August 1989, B4-64/89, WuW/E BKartA 2405
   Verfügung des BMWi vom 24. Januar 1990, WuW/E BWM 207

4. BayWa AG/WLZ Raiffeisen AG
   Beschluss des BKartA vom 27. Dezember 1991, B2-42/91, AG 1992, S. 130
   Verfügung des BMWi vom 16. Juni 1992, WuW/E BWM 213

5. Potash Corporation of Saskatchewan (PCS)/Kali + Salz
   Beschluss des BKartA vom 27. Februar 1997, B3-103/96, WuW/E BKartA 2885
   Verfügung des BMWi vom 22. Juli 1997, WuW/E BWM 225

6. Rhön-Klinikum AG/Kreiskrankenhäuser Bad Neustadt, Mellrichstadt[11]
   Beschluss des BKartA vom 10. März 2005, B10-123/04, WuW/E DE-V 1987
   Verfügung des BMWi vom 22. Mai 2006

In sieben Fällen wurden die Anträge auf Ministererlaubnis zurückgenommen

(Diese Fälle werden unter den rechtskräftigen bzw. zurückgenommenen Untersagungen des Bundeskartellamtes aufgeführt.)

1. GKN/Sachs
   Beschluss des BKartA vom 12. Mai 1976, B7-67/75, WuW/E BKartA 1625
   Beschluss des KG vom 1. Dezember 1976, Kart 51/76, WuW/E OLG 1745
   Beschluss des BGH vom 21. Februar 1978, KVR 4/77, WuW/E BGH 1501

2. VPM Rheinmetall Plastikmaschinen GmbH/Württembergische Metallwarenfabrik
   Beschluss des BKartA vom 4. März 1981, B7-35/80, WuW/E BKartA 1867
   Beschluss des KG vom 9. September 1983, Kart 19/81, WuW/E OLG 3137
   Beschluss des BGH vom 25. Juni 1985, KVR 3/84, WuW/E BGH 2150

3. Burda GmbH/Axel Springer Gesellschaft für Publizistik KG
   Beschluss des BKartA vom 23. Oktober 1981, B6-47/81, WuW/E BKartA 1921

---

[11] Die Ministererlaubnis war vom Landkreis Rhön-Grabfeld beantragt worden; unabhängig davon hat die Rhön-Klinikum AG Beschwerde beim Oberlandesgericht Düsseldorf eingelegt, die zurückgewiesen wurde. Die anschließende Rechtsbeschwerde beim Bundesgerichtshof hatte ebenfalls keinen Erfolg. Der Fall wird daher bei den rechtskräftigen Untersagungen unter der Nr. 105 aufgeführt.

4. Klöckner-Werke AG/Seitz Enzinger Noll Maschinenbau AG
   Beschluss des BKartA vom 10. Oktober 1984, B7-106/83, WuW/E BKartA 2178

5. MAN AG + Daimler Benz AG/ENASA
   Beschluss des BKartA vom 13. Juli 1990, B5-271/89, WuW/E BKartA 2445

6. Holtzbrinck/Berliner Verlag
   Beschluss des BKartA vom 10. Dezember 2002, B6-98/02, WuW/E DE-V 695

7. LBK Hamburg/Mariahilf
   Beschluss des BKartA vom 6. Juni 2007, B3-6/07, WuW/E DE-V 1407

Gegen eine Untersagung läuft ein Beschwerdeverfahren beim Oberlandesgericht

CTS Eventim/Four Artists
Beschluss des BKartA vom 23. November 2017, B6-35/17. Gegen den Beschluss wurde Beschwerde beim OLG Düsseldorf eingelegt, VI-Kart 3/18.

D. Veröffentlichungen von im Auftrag der Monopolkommission erstellten Gutachten

BAUM, Clemens/MÖLLER, Hans-Hermann:

Die Messung der Unternehmenskonzentration und ihre statistischen Voraussetzungen in der Bundesrepublik Deutschland. Meisenheim a. Glan: Hain 1976. (Wirtschaftswissenschaftliche Schriften. H. 11.)

MARFELS, Christian:

Erfassung und Darstellung industrieller Konzentration. Baden-Baden: Nomos Verlagsgesellschaft 1977. (Wirtschaftsrecht und Wirtschaftspolitik. Bd. 52.)

MÖNIG, Walter u. a.:

Konzentration und Wettbewerb in der Energiewirtschaft. München: Oldenbourg 1977. (Aktuelle Fragen der Energiewirtschaft. Bd. 10.)

MÖSCHEL, Wernhard:

Das Trennsystem in der U.S.-amerikanischen Bankwirtschaft. Baden-Baden: Nomos Verlagsgesellschaft 1978. (Studien zum Bank- und Börsenrecht. Bd. 3.)

OBERHAUSER, Alois:

Unternehmenskonzentration und Wirksamkeit der Stabilitätspolitik. Tübingen: Mohr 1979. (Wirtschaft und Gesellschaft. 13.)

PISCHNER, Rainer:

Möglichkeiten und Grenzen der Messung von Einflüssen der Unternehmenskonzentration auf industrielle Kennziffern. Berlin: Duncker & Humblot 1979. (DIW-Beiträge zur Strukturforschung. H. 56.)

MÖSCHEL, Wernhard:

Konglomerate Zusammenschlüsse im Antitrustrecht der Vereinigten Staaten von Amerika. In: Rabels Zeitschrift für ausländisches und internationales Privatrecht, Jg. 44, 1980, S. 203–256.

ALBACH, Horst:

Finanzkraft und Marktbeherrschung. Tübingen: Mohr 1981.

DIRRHEIMER, Manfred/WAGNER, Karin/HÜBNER, Thomas:

Vertikale Integration in der Mineralöl- und Chemischen Industrie. Meisenheim a. Glan: Hain 1981. (Sozialwissenschaft und Praxis. Bd. 28.)

KNIEPS, Günter/MÜLLER, Jürgen/VON WEIZSÄCKER, Carl Christian:

Die Rolle des Wettbewerbs im Fernmeldebereich. Baden-Baden: Nomos Verlagsgesellschaft 1981. (Wirtschaftsrecht und Wirtschaftspolitik. Bd. 69.)

SCHOLZ, Rupert:

Entflechtung und Verfassung. Baden-Baden: Nomos Verlagsgesellschaft 1981. (Wirtschaftsrecht und Wirtschaftspolitik. Bd. 68.)

PIETZKE, Rudolf:

Patentschutz, Wettbewerbsbeschränkungen und Konzentration im Recht der Vereinigten Staaten von Amerika. Köln u. a.: Heymanns 1983. (Schriftenreihe zum gewerblichen Rechtsschutz. Bd. 58.)

MÖSCHEL, Wernhard:

Konglomerate Zusammenschlüsse in den Vereinigten Staaten seit 1979. In: Rabels Zeitschrift für ausländisches und internationales Privatrecht, Jg. 48, 1984, S. 552–577.

SANDROCK, Otto:

Vertikale Konzentrationen im US-amerikanischen Antitrustrecht unter besonderer Berücksichtigung der Reagan-Administration. Heidelberg: Verlagsgesellschaft Recht und Wirtschaft 1984. (Schriftenreihe Recht der Internationalen Wirtschaft. Bd. 25.)

DONGES, Juergen B./SCHATZ, Klaus-Werner:

Staatliche Interventionen in der Bundesrepublik Deutschland. Kiel: Institut für Weltwirtschaft 1986. (Kieler Diskussionsbeiträge. 119/120.)

PFAB, Reinhard/TONNEMACHER, Jan/SEETZEN, Jürgen:

Technische Entwicklung und der Strukturwandel der Massenmedien. Berlin: Heinrich-Hertz-Institut für Nachrichtentechnik 1986. (Wirtschafts- und sozialwissenschaftliche Arbeitsberichte des Heinrich-Hertz-Instituts für Nachrichtentechnik. 1986/8.)

RÖPER, Horst:

Stand der Verflechtung von privatem Rundfunk und Presse 1986. In: Media Perspektiven 5/1986, S. 281–303.

FINSINGER, Jörg:

Verbraucherschutz auf Versicherungsmärkten. München: Florentz 1988. (Law and Economics. Bd. 9.)

HÜBNER, Ulrich:

Rechtliche Rahmenbedingungen des Wettbewerbs in der Versicherungswirtschaft. Baden-Baden: Nomos Verlagsgesellschaft 1988. (Wirtschaftsrecht und Wirtschaftspolitik. Bd. 96.)

KÜBLER, Friedrich/SCHMIDT, Reinhard H.:

Gesellschaftsrecht und Konzentration. Berlin: Duncker & Humblot 1988. (Schriften zur wirtschaftswissenschaftlichen Analyse des Rechts. Bd. 3.)

ULLRICH, Hanns:

Kooperative Forschung und Kartellrecht. Heidelberg: Verlag Recht und Wirtschaft 1988. (Abhandlungen aus dem gesamten Bürgerlichen Recht, Handelsrecht und Wirtschaftsrecht. H. 61.)

BASEDOW, Jürgen:

Wettbewerb auf den Verkehrsmärkten. Heidelberg: Müller 1989. (Augsburger Rechtsstudien. Bd. 5.)

BÜHNER, Rolf:

Die fusionskontrollrechtliche Bedeutung der Finanzkraft. In: Wirtschaft und Wettbewerb, Jg. 39, 1989, S. 277–284. FWU Forschungsgesellschaft für Wettbewerb und Unternehmensorganisation m. b. H. (Hrsg.): Versicherungsmärkte im Wettbewerb. Baden-Baden: Nomos Verlagsgesellschaft 1989.

HAMM, Walter:

Deregulierung im Verkehr als Aufgabe. München: Minerva Publ. 1989. (Studien des Forschungsinstituts für Wirtschaftspolitik an der Universität Mainz. 36.)

MESTMÄCKER, Ernst-Joachim u. a.:

Der Einfluß des europäischen Gemeinschaftsrechts auf die deutsche Rundfunkordnung. Baden-Baden: Nomos Verlagsgesellschaft 1990. (Law and Economics of International Telecommunications. Vol. 15.)

ESCH, Bastiaan van der:

Die Artikel 5, 3f, 85/86 und 90 EWGV als Grundlage der wettbewerbsrechtlichen Verpflichtungen der Mitgliedstaaten. In: Zeitschrift für das gesamte Handelsrecht und Wirtschaftsrecht, Bd. 155, 1991, S. 274–299.

BACH, Albrecht:

Wettbewerbsrechtliche Schranken für staatliche Maßnahmen nach europäischem Gemeinschaftsrecht. Tübingen: Mohr 1992. (Tübinger rechtswissenschaftliche Abhandlungen. Bd. 72.)

BLETSCHACHER, Georg/KLODT, Henning:

Strategische Handelspolitik und Industriepolitik. Tübingen: Mohr 1992. (Kieler Studien. 244.)

BURKERT, Thomas O. J.:

Die Zulässigkeit von Koppelungsgeschäften aus wettbewerbsrechtlicher Sicht. Baden-Baden: Nomos Verlagsgesellschaft 1992. (Wirtschaftsrecht und Wirtschaftspolitik. Bd. 122.)

SEUFERT, Wolfgang:

Die Entwicklung des Wettbewerbs auf den Hörfunk- und Fernsehmärkten der Bundesrepublik Deutschland. Berlin: Duncker & Humblot 1992. (Beiträge zur Strukturforschung. H. 133.)

TÄGER, Uwe Christian u. a.:

Entwicklungsstand und -perspektiven des Handels mit Konsumgütern. Berlin/München: Duncker & Humblot 1994. (Struktur und Wachstum. Reihe Absatzwirtschaft. H. 14.)

REUTER, Dieter:

Möglichkeiten und Grenzen einer Auflösung des Tarifkartells. In: Zeitschrift für Arbeitsrecht, Jg. 26, 1995, S. 1–94.

ENGEL, Christoph:

Medienordnungsrecht. Baden-Baden: Nomos Verlagsgesellschaft 1996. (Law and Economics of International Telecommunications. Bd. 28.)

KÖHLER, Helmut:

Zur Reform des GWB. In: Wettbewerb in Recht und Praxis, Jg. 42, 1996, S. 835–848.

BASEDOW, Jürgen:

Weltkartellrecht. Tübingen: Mohr 1998. (Beiträge zum ausländischen und internationalen Privatrecht. Bd. 63.)

FREDEBEUL-KREIN, Markus/SCHÜRFELD, Angela:

Marktzutrittsregulierungen im Handwerk und bei technischen Dienstleistungen. Köln: Institut für Wirtschaftspolitik 1998. (Untersuchungen zur Wirtschaftspolitik.112.)

MEYER, Dirk:

Wettbewerbliche Neuorientierung der Freien Wohlfahrtspflege. Berlin: Duncker & Humblot 1999. (Volkswirtschaftliche Schriften. H. 486.)

STUMPF, Ulrich/SCHWARZ-SCHILLING, Cara (unter Mitarb. von Wolfgang Kiesewetter):

Wettbewerb auf Telekommunikationsmärkten. Bad Honnef: wik 1999. (Diskussionbeiträge des Wirtschaftswissenschaftlichen Instituts für Kommunikationsdienste. Nr. 197.)

KLEINERT, Jörn/KLODT, Henning:

Megafusionen. Tübingen: Mohr 2000. (Kieler Studien. 302.)

STREIT, Manfred E./KIWITT, Daniel:

Zur Theorie des Systemwettbewerbs. In: Manfred Streit/Michael Wohlgemuth (Hrsg.): Systemwettbewerb als Herausforderung an Politik und Theorie, Contributiones Jenenses. Bd. 7, Baden-Baden: Nomos Verlagsgesellschaft 1999, S. 13–48.

WOLL, Artur:

Reform der Hochschulausbildung durch Wettbewerb. Berlin: Duncker & Humblot 2001. (Abhandlungen zu Bildungsforschung und Bildungsrecht. Bd. 10.)

ABERLE, Gerd/EISENKOPF, Alexander:

Schienenverkehr und Netzzugang. Hamburg: Deutscher Verkehrs-Verlag 2002. (Giessener Studien für Transportwirtschaft und Kommunikation. Bd.18.)

ENGEL, Christoph:

Verhandelter Netzzugang. Baden-Baden: Nomos Verlagsgesellschaft 2002. (Common Goods: Law, Politics and Economics. Vol. 7.)

VEELKEN, Winfried:

Die Abgrenzung zwischen Strukturauflage und laufender Verhaltenskontrolle in den Freigabeentscheidungen des Bundeskartellamts und bei der Ministererlaubnis. In: Wettbewerb in Recht und Praxis, Jg. 49, 2003, S. 692–724.

GERKE, Wolfgang/SCHWINTOWSKI, Hans-Peter:

Alterssicherung aus rechtlicher und ökonomischer Sicht. Baden-Baden: Nomos Verlagsgesellschaft 2004. (Versicherungswissenschaftliche Studien. Bd. 27.)

VOGELSANG, Ingo:

Resale und konsistente Entgeltregulierung. Bad Honnef: wik Wissenschaftliches Institut für Infrastruktur und Kommunikationsdienste 2005. (wik Diskussionsbeiträge. Nr. 269.)

EHRICKE, Ulrich:

Die EG-rechtliche Beurteilung der Rundfunkfinanzierung. Baden-Baden: Nomos Verlagsgesellschaft 2006.

ENGEL, Christoph:

Paketvermittelte Telefonie. Baden-Baden: Nomos Verlagsgesellschaft 2006. (Law and Economics of International Telecommunications. Bd. 55.)

EISENKOPF, Alexander/KNORR, Andreas (Hrsg.):

Neue Entwicklungen in der Eisenbahnpolitik. Berlin: Duncker & Humblot 2008. (Schriftenreihe der Hochschule Speyer. Bd. 189.)

HÖFFLER, Felix:

Engpassmanagement und Anreize zum Netzausbau im leitungsgebundenen Energiesektor. Baden-Baden: Nomos Verlagsgesellschaft 2009. (Common Goods: Law, Politics, and Economics. Vol. 20.)

LADEMANN, Rainer P.:

Marktstrategien und Wettbewerb im Lebensmittelhandel. Göttingen 2012. (Göttinger Handelswissenschaftliche Schriften e. V. Bd. 78)

KOETTER, Michael:

Market structure and competition in German banking. Frankfurt am Main 2014.

GRIMM, Veronika/ZÖTTL, Gregor/RÜCKEL, Bastian/SÖLCH, Christian:

Regionale Preiskomponenten im Strommarkt. Nürnberg 2015.

GRIMM, Veronika/ZÖTTL, Gregor/SÖLCH, Christian:

Regionalkomponenten bei der EE-Vergütung. Nürnberg 2017.

Die hier aufgeführten Veröffentlichungen stimmen größtenteils nicht mit der im Auftrag der Monopolkommission erstellten Fassung überein. Es handelt sich überwiegend um überarbeitete, gekürzte bzw. erweiterte oder zusammenfassende Darstellungen. In Einzelfällen sind Teile der für die Monopolkommission erstellten Untersuchungen in umfangreichere Veröffentlichungen eingeflossen.

E. Gutachten der Monopolkommission

Hauptgutachten I:	(1973/1975):	Mehr Wettbewerb ist möglich. 1976, 2. Aufl. 1977.
Hauptgutachten II:	(1976/1977):	Fortschreitende Konzentration bei Großunternehmen. 1978.
Hauptgutachten III:	(1978/1979):	Fusionskontrolle bleibt vorrangig. 1980.
Hauptgutachten IV:	(1980/1981):	Fortschritte bei der Konzentrationserfassung. 1982.
Hauptgutachten V:	(1982/1983):	Ökonomische Kriterien für die Rechtsanwendung. 1984.
Hauptgutachten VI:	(1984/1985):	Gesamtwirtschaftliche Chancen und Risiken wachsender Unternehmensgrößen. 1986.
Hauptgutachten VII:	(1986/1987):	Die Wettbewerbsordnung erweitern. 1988.
Hauptgutachten VIII:	(1988/1989):	Wettbewerbspolitik vor neuen Herausforderungen. 1990.
Hauptgutachten IX:	(1990/1991):	Wettbewerbspolitik oder Industriepolitik. 1992.
Hauptgutachten X:	(1992/1993):	Mehr Wettbewerb auf allen Märkten. 1994.
Hauptgutachten XI:	(1994/1995):	Wettbewerbspolitik in Zeiten des Umbruchs. 1996.
Hauptgutachten XII:	(1996/1997):	Marktöffnung umfassend verwirklichen. 1998.
Hauptgutachten XIII:	(1998/1999):	Wettbewerbspolitik in Netzstrukturen. 2000.
Hauptgutachten XIV:	(2000/2001):	Netzwettbewerb durch Regulierung. 2003.
Hauptgutachten XV:	(2002/2003):	Wettbewerbspolitik im Schatten „Nationaler Champions". 2005.
Hauptgutachten XVI:	(2004/2005):	Mehr Wettbewerb auch im Dienstleistungssektor! 2006.
Hauptgutachten XVII:	(2006/2007):	Weniger Staat, mehr Wettbewerb. 2008.
Hauptgutachten XVIII:	(2008/2009):	Mehr Wettbewerb, wenig Ausnahmen. 2010.
Hauptgutachten XIX:	(2010/2011):	Stärkung des Wettbewerbs bei Handel und Dienstleistungen. 2012.
Hauptgutachten XX:	(2012/2013):	Eine Wettbewerbsordnung für die Finanzmärkte. 2014.
Hauptgutachten XXI:	(2014/2015):	Wettbewerb 2016. 2016.

Sondergutachten 1:	Anwendung und Möglichkeiten der Mißbrauchsaufsicht über marktbeherrschende Unternehmen seit Inkrafttreten der Kartellgesetznovelle. 1975, 2. Aufl. 1977.
Sondergutachten 2:	Wettbewerbliche und strukturelle Aspekte einer Zusammenfassung von Unternehmen im Energiebereich (VEBA/Gelsenberg). 1975.
Sondergutachten 3:	Zusammenschlußvorhaben der Kaiser Aluminium & Chemical Corporation, der Preussag AG und der Vereinigte Industrie-Unternehmungen AG. 1975.
Sondergutachten 4:	Zusammenschluß der Deutsche Babcock AG mit der Artos-Gruppe. 1977.
Sondergutachten 5:	Zur Entwicklung der Fusionskontrolle. 1977.
Sondergutachten 6:	Zusammenschluß der Thyssen Industrie AG mit der Hüller Hille GmbH. 1977.
Sondergutachten 7:	Mißbräuche der Nachfragemacht und Möglichkeiten zu ihrer Kontrolle im Rahmen des Gesetzes gegen Wettbewerbsbeschränkungen. 1977.

Sondergutachten 8:	Zusammenschlußvorhaben der Deutschen BP AG und der VEBA AG. 1979.
Sondergutachten 9:	Die Rolle der Deutschen Bundespost im Fernmeldewesen. 1981.
Sondergutachten 10:	Zusammenschluß der IBH Holding AG mit der WIBAU AG. 1982.
Sondergutachten 11:	Wettbewerbsprobleme bei der Einführung von privatem Hörfunk und Fernsehen. 1981.
Sondergutachten 12:	Zusammenschluß der Burda Verwaltungs KG mit der Axel Springer GmbH/Axel Springer Gesellschaft für Publizistik GmbH & Co. 1982.
Sondergutachten 13:	Zur Neuordnung der Stahlindustrie. 1983.
Sondergutachten 14:	Die Konzentration im Lebensmittelhandel. 1985.
Sondergutachten 15:	Zusammenschluß der Klöckner-Werke AG mit der Seitz Enzinger Noll Maschinenbau AG. 1986.
Sondergutachten 16:	Zusammenschlußvorhaben der Vereinigte Elektrizitätswerke Westfalen AG mit der Société Sidéchar S.A. (Ruhrkohle AG). 1986.
Sondergutachten 17:	Konzeption einer europäischen Fusionskontrolle. 1989.
Sondergutachten 18:	Zusammenschlußvorhaben der Daimler-Benz AG mit der Messerschmitt-Bölkow-Blohm GmbH. 1989.
Sondergutachten 19:	Zusammenschlußvorhaben der MAN Aktiengesellschaft und der Gebrüder Sulzer Aktiengesellschaft. 1990.
Sondergutachten 20:	Zur Neuordnung der Telekommunikation. 1991.
Sondergutachten 21:	Die Mißbrauchsaufsicht über Gas- und Fernwärmeunternehmen. 1991.
Sondergutachten 22:	Zusammenschlußvorhaben der BayWa Aktiengesellschaft und der WLZ Raiffeisen Aktiengesellschaft. 1992.
Sondergutachten 23:	Marktstruktur und Wettbewerb im Handel. 1994.
Sondergutachten 24:	Die Telekommunikation im Wettbewerb. 1996.
Sondergutachten 25:	Zusammenschlußvorhaben der Potash Corporation of Saskatchewan Inc. und der Kali und Salz Beteiligungs Aktiengesellschaft. 1997.
Sondergutachten 26:	Ordnungspolitische Leitlinien für ein funktionsfähiges Finanzsystem. 1998.
Sondergutachten 27:	Systemwettbewerb. 1998.
Sondergutachten 28:	Kartellpolitische Wende in der Europäischen Union? 1999.
Sondergutachten 29:	Wettbewerb auf Telekommunikations- und Postmärkten? 2000.
Sondergutachten 30:	Wettbewerb als Leitbild für die Hochschulpolitik. 2000.
Sondergutachten 31:	Reform der Handwerksordnung. 2002.
Sondergutachten 32:	Folgeprobleme der europäischen Kartellverfahrensreform. 2002.
Sondergutachten 33:	Wettbewerbsentwicklung bei Telekommunikation und Post 2001: Unsicherheit und Stillstand. 2002
Sondergutachten 34:	Zusammenschlussvorhaben der E.ON AG mit der Gelsenberg AG und der E.ON AG mit der Bergemann GmbH. 2002.

Sondergutachten 35:	Zusammenschlussvorhaben der E.ON AG mit der Gelsenberg AG und der E.ON AG mit der Bergemann GmbH. Ergänzendes Sondergutachten. 2002.
Sondergutachten 36:	Zusammenschlussvorhaben der Georg von Holtzbrinck GmbH & Co. KG mit der Berliner Verlag GmbH & Co. KG. 2003.
Sondergutachten 37:	Wettbewerbsfragen der Kreislauf- und Abfallwirtschaft. 2003.
Sondergutachten 38:	Zusammenschlussvorhaben der Georg von Holtzbrinck GmbH & Co. KG mit der Berliner Verlag GmbH & Co. KG. Ergänzendes Sondergutachten. 2003.
Sondergutachten 39:	Telekommunikation und Post 2003: Wettbewerbsintensivierung in der Telekommunikation – Zementierung des Postmonopols. 2004.
Sondergutachten 40:	Zur Reform des Telekommunikationsgesetzes. 2004.
Sondergutachten 41:	Das allgemeine Wettbewerbsrecht in der Siebten GWB-Novelle. 2004.
Sondergutachten 42:	Die Pressefusionskontrolle in der Siebten GWB-Novelle. 2004.
Sondergutachten 43:	Wettbewerbsentwicklung bei der Telekommunikation 2005: Dynamik unter neuen Rahmenbedingungen. 2006.
Sondergutachten 44:	Wettbewerbsentwicklung bei der Post 2005: Beharren auf alten Privilegien. 2006.
Sondergutachten 45:	Zusammenschlussvorhaben der Rhön-Klinikum AG mit den Kreiskrankenhäusern des Landkreises Rhön-Grabfeld (Kreiskrankenhaus Bad Neustadt/Saale sowie Kreiskrankenhaus Mellrichstadt). 2006.
Sondergutachten 46:	Die Privatisierung der Deutschen Bahn AG. 2007.
Sondergutachten 47:	Preiskontrollen in Energiewirtschaft und Handel? Zur Novellierung des GWB. 2007.
Sondergutachten 48:	Wettbewerbs- und Regulierungsversuche im Eisenbahnverkehr. 2007.
Sondergutachten 49:	Strom und Gas 2007: Wettbewerbsdefizite und zögerliche Regulierung. 2008.
Sondergutachten 50:	Wettbewerbsentwicklung bei der Telekommunikation 2007: Wendepunkt der Regulierung. 2008.
Sondergutachten 51:	Wettbewerbsentwicklung bei der Post 2007: Monopolkampf mit allen Mitteln. 2008.
Sondergutachten 52:	Zusammenschlussvorhaben der Asklepios Kliniken Hamburg GmbH mit der Krankenhaus Mariahilf gGmbH. 2008.
Sondergutachten 53:	Zusammenschlussvorhaben des Universitätsklinikums Greifswald mit der Kreiskrankenhaus Wolgast gGmbH. 2008.
Sondergutachten 54:	Strom und Gas 2009: Energiemärkte im Spannungsfeld von Politik und Wettbewerb. 2009.
Sondergutachten 55:	Bahn 2009: Wettbewerb erfordert Weichenstellung. 2010.
Sondergutachten 56:	Telekommunikation 2009: Klaren Wettbewerbskurs halten. 2010.
Sondergutachten 57:	Post 2009: Auf Wettbewerbskurs gehen. 2010.
Sondergutachten 58:	Gestaltungsoptionen und Leistungsgrenzen einer kartellrechtlichen Unternehmensentflechtung. 2010.
Sondergutachten 59:	Energie 2011: Wettbewerbsentwicklung mit Licht und Schatten. 2012.
Sondergutachten 60:	Bahn 2011: Wettbewerbspolitik unter Zugzwang. 2011.

Sondergutachten 61:	Telekommunikation 2011: Investitionsanreize stärken, Wettbewerb sichern. 2012.
Sondergutachten 62:	Post 2011: Dem Wettbewerb Chancen eröffnen. 2012.
Sondergutachten 63:	Die 8. GWB-Novelle aus wettbewerbspolitischer Sicht. 2012.
Sondergutachten 64:	Bahn 2013: Reform zügig umsetzen. 2013.
Sondergutachten 65:	Energie 2013: Wettbewerb in Zeiten der Energiewende. 2014.
Sondergutachten 66:	Telekommunikation 2013: Vielfalt auf den Märkten erhalten. 2014.
Sondergutachten 67:	Post 2013: Wettbewerbsschutz effektivieren! 2014.
Sondergutachten 68:	Wettbewerbspolitik: Herausforderung digitale Märkte. 2015.
Sondergutachten 69:	Bahn 2015: Wettbewerbspolitik aus der Spur? 2015.
Sondergutachten 70:	Zusammenschlussvorhaben der Edeka Zentrale AG & Co. KG mit der Kaiser's Tengelmann GmbH. 2015.
Sondergutachten 71:	Energie 2015: Ein wettbewerbliches Marktdesign für die Energiewende. 2015.
Sondergutachten 72:	Strafrechtliche Sanktionen bei Kartellverstößen. 2015.
Sondergutachten 73:	Telekommunikation 2015: Märkte im Wandel. 2016.
Sondergutachten 74:	Post 2015: Postwendende Reform – Jetzt! 2016.
Sondergutachten 75:	Stand und Perspektiven des Wettbewerbs im deutschen Krankenversicherungssystem. 2017.
Sondergutachten 76:	Bahn 2017: Wettbewerbspolitische Baustellen. 2017.
Sondergutachten 77:	Energie 2017: Gezielt vorgehen, Stückwerk vermeiden. 2017.
Sondergutachten 78:	Telekommunikation 2017: Auf Wettbewerb bauen! 2018.
Sondergutachten 79:	Post 2017: Privilegien abbauen, Regulierung effektiv gestalten! 2018.
Sondergutachten 80:	Die Buchpreisbindung in einem sich ändernden Marktumfeld. 2018.

Alle Veröffentlichungen sind im Nomos-Verlag, Baden-Baden, erschienen.

Die Sondergutachten 4 bis 6, 10 und 12, 15 und 16, 41 und 42, 46 und 48 sowie 52 und 53 wurden jeweils in einem Band zusammengefasst. Das Sondergutachten 17 liegt auch in einer englischen und in einer französischen Fassung vor, die Sondergutachten 28, 32, 68 und 80 zusätzlich in einer englischen Fassung.